최신 개정 **보험법**
제2판

원래 보험법의 영역은 보험계약법과 보험업법을 망라하는 의미를 갖는다. 전자가 계약당사자의 법률관계를 다루고 있다고 한다면, 후자는 기본적으로 보험회사에 대한 규제, 감독의 영역으로 받아들이게 된다. 여러 해 동안 보험법이라는 명칭하에 주로 보험계약관계에 치중하면서 학생들과 보험에 관한 이론과 실무를 설명하였다. 다른 영역도 마찬가지겠지만, 보험법 역시 새로운 사회의 변화에 기민하게 대응해야 한다. 시대를 반영하지 못하는 법률은 이미 죽은 것이나 다름없지 않을까 하는 생각이 나를 제자리에 머물러 있지 못하도록 한다.

씨아이알

개정판 머리말

보험법을 출판한 지 꽤 오랜 시간이 지났다. 상법 제4편(보험편)은 주로 보험계약관계를 다루고 있다는 점에서, 출간 당시 보험계약법의 내용이 주로 다루어졌다. 대학의 보험법 강의용으로 학생들에게 내용을 쉽게 이해시키기 위한 목적으로 집필되었기 때문에, 복잡한 법률적 이슈보다는 기초적인 내용과 사례 위주로 구성되었었다. 이는 학생들의 흥미를 유발하고자 하는 의도도 있었다. 시간이 흐르면서 보험법에 대한 흥미와 시각이 확대됨에 따라 다양한 지식과 실무적인 내용을 보험법에 다루는 것이 좋겠다는 생각을 하게 되었고, 실무적인 정보는 삼성화재의 김형진 박사가 관련 자료와 정보를 제공해 주었다. 또한 정년이 다가오면서 새로운 세대에게 의미 있고, 도움이 될 만한 내용을 전달해 주어야 한다는 의무감도 발동하였다. 그런 마음이 금번 보험법 개정으로 이어지게 된 것이다.

금번 개정판은 다음과 같은 점을 수정·보완·확대하였다.

첫째, 상법 보험편에 해당되는 것은 아니지만 보험 영역에서 디지털화 발전 과정을 설명하고자 하였다. 우리가 살고 있는 세상은 이제 디지털금융의 세계를 간과할 수 없게 되었다. 보험 역시 디지털과의 관계를 이해하지 않으면 아니될 것이다.

둘째, 보험계약자 등의 고지의무와 관련하여 고지의무의 수동화 부분을 보완하였다. 주요국의 입법적 변화는 우리나라 역시 고지의무의 시각을 다른 관점에서 보지 않으면 아니 된다. 이 점이 고려되었다.

셋째, 보험금을 부정으로 취득하고자 하는 목적으로 체결하는 누적적 보험계약의 문제점을 다루어야 할 필요성이 강하게 요구되었던 바 금번 개정은 이 부분에 상당한 분량을 할애하였다.

넷째, 보험사기에 대한 내용이 포함되어 있기는 하였지만 산발적으로 다루어져 있었기 때문에 보험사기를 방지해야 한다는 점이 강조되지 않은 면이 발생하였던 바, 이를 해소하고자 보험사기방지특별법의 내용을 독립적으로 설명해 보았다.

다섯째, 금융회사지배구조법이 제정·발효됨에 따라 보험실무에서 동법의 내용이 무엇인지, 동법이 미치는 영향이 무엇인지, 또 어느 정도의 파급효과가 있는 것인지에 대한 궁금함이 제기되고 있는바, 이 점을 분석하고 검토하였다.

여섯째, 운송보험이나 자동차보험의 미흡하거나 부족한 내용을 보완하고자 하였다. 기본적인 내용에 그쳐 보다 심도 있는 내용을 원하는 독자들을 위하여, 이에 대한 내용을 다루어야 할 필요성이 있었다.

일곱째, 15세 미만자 등의 보험계약 금지를 규정하고 있는 상법 제732조의 개정 이슈가 여러 차례 논의되었던바, 이 부분이 간과되어서는 아니된다는 생각을 하게 되었다. 학교안전법과의 관계 속에서 어떠한 방식으로 다루어야 할 것인가를 담았다.

여덟째, 상해보험과 관련된 기초적인 내용을 설명해야 할 필요성과 실무에서 발생하고 있는 상해보험약관의 쟁점들을 다루었다. 이는 상해보험을 이해하고, 앞으로 상해보험의 법률적 정비의 필요성을 인식하게 될 것이다.

아홉째, 실손의료보험 관련 내용을 담았다. 실손의료보험 역시 상법 보험편에 포함되는 것은 아니지만 실무상 많은 문제점이 노출되었고, 특히 의료법 이슈와 관련하여 비급여 통제의 필요성이 강하게 제기된 바, 이를 이해하고자 하는 차원에서 포함하게 되었다.

이 책의 마무리는 베트남의 하노이에서 이루어졌다. 경영법률학회 하계 국제학술대회를 마치고 나의 벗 최만규 교수와 함께 하노이에 머물면서, 미진한 부분을 정리하는 시간을 가졌다. 친구의 도움에 감사드리며, 그의 건투를 빈다. 출판 관련 도움을 주신 도서출판 씨아이알 신은미 님, 양서를 출간하고자 분투하고 계시는 김성배 대표께도 심심한 감사를 드린다.

2025년 8월

유주선 교수

머리말

　원래 보험법의 영역은 보험계약법과 보험업법을 망라하는 의미를 갖는다. 전자가 계약당사자의 법률관계를 다루고 있다고 한다면, 후자는 기본적으로 보험회사에 대한 규제, 감독의 영역으로 받아들이게 된다. 강남대학교에서 자리를 잡은 지 여러 해 동안 보험·해상법이라는 명칭으로 한 학기씩 강의하면서, 주로 보험계약관계에 치중하며 학생들과 보험에 관한 이론과 실무를 설명하였다. 보험법에 익숙하지 않았던 학생들이 시간이 지나면서 이 분야에 관심을 갖게 되고, 이제 몇 명은 대학원에 가서 더 깊은 공부를 하고자 하는 학생들, 나아가 외국에 가서 공부하는 학생들도 등장하게 되었다.

　보험법이라는 책자는 이미 2013년에 발간된 바 있다. 당시 지난 몇 년간의 강의 자료와 연구된 자료를 수집하여 출판 작업을 통하여 소그마한 책자를 마련한 바 있다. 5년이 지나 당시의 자료들이 이미 의미를 잃은 분야도 있고, 새롭게 연구된 분야도 있기 때문에 다시 작업을 하지 않으면 안 되는 상황에 직면하게 되었다. 또한 다음 학기에 학생들과 함께 학습하여야 할 새로운 교재의 필요성도 제기되어 이 책자를 제공하게 되었다. 본 서는 5년 전에 발간된 책자와 체계에 있어서는 크게 다르지 않다. 제1편에 보험법의 기초를 설명하고, 제2편에서는 보험계약의 일반론에 대한 내용을 다루었다. 제3편에서는 손해보험의 일반적인 내용을 설명한 후, 제4편에서는 손해보험 각론 분야, 그리고 제5편에서는 인보험의 보험계약관계인 생명보험과 상해보험 등의 내용을 설명하였다. 학생들의 이해를 도모하기 위하여, 가능한 한 상법 제4편 보험의 편제에 따라 기술하고자 하였다. 당시 출판된 저서와 마찬가지로, 체계는 당시와 크게 바뀌지 않았지만 기초적인 내용을 보다 강화하였고, 보험계약관계에 보다 치중하는 동시에 새로운 판례 등을 보강하였다. 약 6년간의 독일 생활로, 익숙한 독일 보험계약법의 내용을 다수 포함시키고자 하였으나, 막상 학생들을 상대로 강의 교재로 사용한다는 생각에 그 양은 대폭 축소하여 일부의 내용에 그치게 되었다.

　다른 영역도 마찬가지이겠지만, 새로운 사회의 변화에 법률은 언제나 기민하게 대응해야 한다. 시대를 반영하지 못하는 법률은 이미 죽은 것이나 다름없지 않을까 하는 생각이 나를 제자리에 머물러 있지 못하도록 한다. 보험법에 관한 내용을 총망라해야 한다는 열정은 충만하지만, 생각만큼 모두 여기에 담지는 못했다. 부족한 부분은 강의를 진행해나가면서 차츰 보강해나갈 생각이다. 독자들의 질책을 마다하지 않을 것이다. 이 책의 마지막 작업은 캐나다 동쪽 맨

끝단 뉴펀들랜드 메모리얼 대학교에서 마무리하게 되었다. 열정과 근면한 생활 끝에 이 학교 경영학과에 자리를 잡은 박찬수 교수는 약 한 달간 나의 이곳 생활이 불편하지 않도록 애써주었다. 감사와 함께 건투를 빈다. 또한 출판 작업에 애를 써주신 도서출판 씨아이알 김동희 님에게도 감사를 드린다.

2018년 7월 31일
캐나다 뉴펀들랜드 메모리얼 대학교에서
유주선 교수

목차

제2편 보험계약 일반적인 영역

제3편 손해보험 일반적인 영역

제6편 생명보험 각론

제34장 생명보험상 사망사고와 피보험자의 서면동의_587

제35장 상법 제732조 15세 미만자 등의 보험계약의 금지_605

제36장 생명보험계약상 보험수익자 지정_623

제7편 상해보험과 제 약관 쟁점

제37장 상해보험_645

제38장 무면허·음주운전면책약관_653

제8편 실손의료보험

제1편

보험법의 기초

제1장
보험제도의 의의

I. 보험의 개념

사람은 삶을 개척해 감에 있어 뜻밖의 경제적 어려움에 직면하게 된다. 우연한 경제적 어려움을 대처하기 위한 제도로는 저축, 공제 등 여러 가지가 있지만, 대표적인 것이 바로 보험이다. 보험과 비교할 만한 것으로는 저축과 공제 외에도 보증, 도박 등이 있다.

1. 의의

보험이란 동일한 위험에 처한 다수의 사람들이 우연한 사고의 발생과 그로 인한 경제적 수요에 대비하고자 하는 하나의 제도이다.[1] 보험은 위험단체를 구성하고 그 단체 내에서 통계적 기초와 대수의 법칙에 따라 산출된 일정한 금액을 미리 갹출하여 공동기금이 존재해야 한다. 공동기금은 보험자와 보험계약자 사이의 약정에 따라 보험계약자는 일정한 금액을 납입하고 일정한 기간 내에 보험사고가 발생하면, 보험자는 일정한 금액을 보험계약자에게 지급하여 그의 경제생활의 안정을 도모하는 기능을 하게 된다. 대법원은 보험사업과 보험에 대하여 다음과 같이 정의하고 있다.

---

1   양승규, 보험법, 제5판, 삼지원, 2004, 20면.

> **대법원 1989. 1. 31. 선고 87도2172 판결**
>
> "보험업법 제5조 제1항에 규정된 보험사업은 보험의 본질적 요건을 구비한 경제제도를 목적으로 하는 사업으로서 여기에서 말하는 보험이라는 개념은 반드시 명확하지는 않으나 동질적인 경제상의 위험에 놓여 있는 다수인이 우연한 사고가 발생하는 경우에 재산상의 수요를 충족시키기 위하여 미리 일정률의 금액, 즉 보험료를 출연하여 공동준비재산을 구성하고 현실적으로 재해를 입은 사람에게 일정한 금액, 즉 보험금을 지급하여 경제생활의 불안을 제거 또는 경감시키려는 제도라 할 것이고, 따라서 그 본질적인 특징은 첫째, 우연한 사고의 발생에 대한 경제적인 불안에 대비하는 제도일 것, 둘째, 경제적인 불안을 제거, 경감하기 위하여 다수의 경제주체가 공동으로 비축금을 마련하는 제도일 것, 셋째, 그 방법으로서 이른바 대수의 법칙을 응용한 확률계산에 의하여 급부와 반대급부의 균형을 유지하도록 하는 제도라야 할 것이다."

2. 특징

보험의 본질적인 특징은 다음과 같이 설명할 수 있다.[2] 첫째, 우연한 사고의 발생에 대한 경제적인 불안에 대비하는 제도이다. 둘째, 경제적인 불안을 제거 경감하기 위하여 다수의 경제주체가 공동으로 비축금을 마련하며, 셋째, 공동의 자금을 형성하기 위하여 대수의 법칙을 응용한 확률계산에 의하여 급부와 반대급부의 균형을 유지하도록 한다. 이런 측면에서 대수의 법칙, 급여와 반대급여의 원칙 등은 보험의 중요한 원칙으로 여겨지고 되고, 이와 더불어 수지상등의 원칙 또한 보험의 특징에서 배제될 수 없는 개념에 해당한다.

3. 보험에 적용되는 원칙

대수의 법칙이라 함은 개개의 경제주체에 대하여서만 본다면 극히 우연하고 예측할 수 없는 사실도, 다수의 경제주체에 대하여 볼 경우 일정한 기간 안에 소수의 경제주체만이 이에 조우하지만, 그 빈도는 평균적으로는 거의 일정한 것이 경험적·통계적으로 알려져 있다는 것을 말한다.[3] 수지상등의 원칙이란 보험료의 총액은 보험급여의 총액이 대등하도록 보험료와 보험급여가 설정되는 것이라면, 급부와 반대급부의 균등의 원칙은 보험계약자가 지급하는 보험료와 보험사고발생때 보험자가 지급하는 보험금의 합계액이 같다는 원칙을 말한다. 수지상등의 원

---

2   대법원 1989. 1. 31. 선고 87도 2172 판결.
3   최기원, 보험법, 제3판, 박영사, 2002, 8면.

칙과 급부와 반대급부 균등의 원칙의 차이점은 전자가 보험료의 총액과 보험급여의 총액이 일치하도록 하는 것이라면, 후자는 보험계약자가 지급하는 보험료는 우연한 사실이 발생할 확률에 따라 정하는 것을 의미한다. 특히, 후자에서 중요한 의미를 갖는 것은 보험계약에서 개인이 부담하는 보험료는 개인의 위험만큼에 해당된다는 점이다. 즉, 개개인의 보험계약자와 보험자 간의 관계에서 지켜야 할 원칙이 급부와 반대급부 균등의 원칙이라면, 수지상당의 원칙은 전체 보험계약자와 보험회사간의 관계에서 지켜야 할 원칙에 해당된다고 할 것이다.

결국, 이러한 원칙들을 토대로 하여 보험은 "같은 위험에 놓여 있는 사람들이 하나의 위험단체를 구성하여 통계적 기초에 의하여 산출된 금액(보험료)을 내어 기금을 마련하고, 그 우연한 사고를 당한 사람에게 재산적 급여(보험금)를 하는 제도"로 정의될 수 있다(다수설). 여기에서 우연한 사고(보험사고)라 함은 계약성립 당시 특정의 사고가 그 발생여부, 발생시기가 불확정하다는 것을 의미하는 것으로, 그 불확정성은 객관적임을 요하지 아니하고 주관적으로 계약당사자에게 불확정하면 되는 것이므로, 보험은 사행성을 그 특질로 하는 한편 보험사고는 일정한 기간(보험기간) 내에 생긴 것이어야 한다.[4]

II. 보험의 종류

1. 공영보험과 민영보험

공공정책의 실현과 순수한 사경제적 작용이라는 각각의 목적에 따라 공영보험과 사보험이 구분될 수 있다.

공영보험은 국가, 지방자치단체 등의 사회복지정책, 경제정책 등을 이행하기 위한 목적을 가지고 있다. 국민·공무원·군인·사학연금보험, 국민건강보험, 산업재해보상보험, 고용보험, 노인장기요양보험 등이 사회보험에 해당하는 것이라면, 무역보험이나 환변동보험 및 경협보험 등은 경제보험에 해당한다.

민영보험은 정책의 실현의 목적을 갖는 것이 아니라 사적인 자유가 인정되는 영역으로 책임보험과 정책보험으로 구분될 수 있다. 환경책임보험, 자동차책임보험, 원자력손해보험, 가스사고배상책임보험, 화재보험(특수건물·다중이용시설) 등이 책임보험의 영역에 해당되고, 농

---

4   대법원 1987. 9. 8. 선고 87도565 판결.

작물·양식수산물·가축재해보험, 풍수해보험, 농기계종합보험 등은 정책보험에 해당한다.

2. 영리보험과 상호보험

영리를 목적으로 운영되는 보험이 영리보험이라면, 상호보험은 상호부조를 목적으로 하는 보험이다. 보험업법에서 인정되고 있는 상호보험과 선주상호보험조합법에 의한 선주상호보험이 있다. 상호회사는 보험업법에 의해 설립되는 특수한 회사에 해당되고(보험업법 제2조 제7호), 영리추구를 목적으로 하지 않으므로, 상법상 회사로 볼 수 없다(상법 제169조 참조). 상호회사는 각 구성원이 출자의무를 부담하는 사단법인에 해당된다.

3. 손해보험과 인보험

보험계약을 규정하고 있는 상법 보험편은 손해보험과 인보험으로 구분하고 있다. 이러한 구분은 보험목적과 보상방식에 따른 구분으로 볼 수 있다.

손해보험은 보험목적이 재산이고, 보상방식은 비정액보상의 형태를 띤다. 비정액보상방식이라 함은 실제 손해액만큼 보상하는 방식을 의미한다. 반면, 인보험의 보험목적은 사람이다. 다만, 보상방식에 있어서는 손해보험과 달리 비정액방식이라고 하는 보상방식에 한정하지 않고 정액 또는 비정액 중 모두 가능하다.

생명보험이 정액방식이라고 한다면, 상해보험과 질병보험은 당사자의 약정을 통하여 정액보상방식과 비정액보상방식 가능하다.

4. 가계보험과 기업보험

보험계약자의 지위를 가지고 분류하는 방식이다. 가계보험은 보험자에 비하여 열등한 경제적 지위에 있는 보험계약자를 당사자로 하여 체결하는 보험을 의미하고, 기업보험은 보험자와 대등한 지위를 가지고 있는 계약당사자가 되는 보험을 의미한다.

상법의 입법자는 기업보험의 경우 양 계약당사자가 대등한 지위를 가지고 있기 때문에 사적 자치를 인정하지만(상법 제663조 단서), 가계보험의 경우 양자의 지위가 동등하지 않다는 점을 고려하여, 계약의 당사자가 상법 보험편에 비하여 보험계약자 등에게 불리한 내용으로 계약을 체결해서는 아니 된다고 하는 상대적 강행규정을 인정하였다(상법 제663조 본문).

5. 임의보험과 강제보험

보험가입의 여지가 자유로운 영역이 임의보험이라고 한다면, 강제보험은 일정한 영역에서 의무적으로 보험가입이 체결되어야 하는 보험을 말한다. 대부분의 민영보험은 가입 여부가 자유로운 임의보험에 해당하지만, 예외적으로 자동차보험 중 대인배상책임보험이나 대물배상책임보험은 강제보험에 해당하다.

무역보험은 공영보험에 해당하지만, 임의보험의 대표적인 사례에 해당된다. 공영보험으로서 사회보험 가운데 국민건강보험과 산업재해보상보험은 의무보험에 해당된다. 정책보험에 해당되지만 강제보험이 아닌 임의보험에 해당되는 것으로는 풍수해보험과 농기계종합보험 등을 들 수 있다.

Ⅲ. 보험과 유사한 제도

보험과 유사한 제도는 다양하게 존재한다. 그들은 보험과 비슷한 면도 있지만, 동시에 보험이 가지고 있는 본질적인 면에서 차이를 보이고 있다.[5]

1. 자가보험

자가보험은 보험이라는 명칭을 사용하고 있기 때문에 보험과 매우 유사한 면을 가지고 있다. 그러나 자가보험은 다수의 사람에 의하여 형성되는 위험공동체를 형성하는 것이 아니라, 한 사람이 일정한 형태의 수많은 시설을 이용하고 있는 경우에 그 시설에 생기는 손실을 전보하기 위하여 그 설비의 이용에서 생기는 이익의 일부를 합리적인 계산에 의하여 적립하는 형태를 말한다.

2. 도박·복권

우연한 사건의 발생에 의하여 당사자 사이의 급여와 반대의 급여가 생겨난다는 점에서 도박과 복권은 보험과 유사한 면이 있다. 그러나 보험은 위험단체를 통하여 위험을 분산시켜 우연한 사고의 발생에 따른 경제생활의 불안정에 대비하기 위한 제도인 반면에, 도박이나 복권은

---

5   이기수·최병규·김인현, 보험·해상법(상법강의 Ⅳ), 제9판, 박영사, 2015, 4면 이하.

행운을 기대하여 일확천금을 목적으로 한다는 점에서 양자는 차이가 있다.

3. 예금

일정한 금액을 은행 등 금융기관에 맡기고 일정한 기간이 지난 후에 원금과 이자를 지급받는 제도가 예금이다. 불확정한 사고가 발생한 경우에 보험금을 지급받는 보험과 달리, 은행은 일정한 시점에 예탁한 금액을 토대로 일정한 금액을 지급받게 된다.

4. 보증

주채무자가 이행하지 아니하는 채무를 이행할 의무를 부담하는 것을 보증이라 한다(민법 제428조 제1항). 이러한 의무를 주채무에 대하여 보증채무라 하고, 보증채무를 부담하는 자를 보증인이라 한다. 보증채무는 채권자와 보증인 간의 보증계약에 의하여 발생한다. 채무자가 채무를 이행하지 않아서 채권자가 입을 수도 있는 피해를 보호하기 위한 제도이다.

5. 상조

상조의 보험사업성 여부와 관련하여 실무상 다툼이 발생하곤 한다. 사업자가 가입자의 건강상태를 고려하지 않은 채 상조회 회원으로 가입시킨 것이 문제되었다. 대법원은 "보험사업을 규제하는 보험업법의 정신에 비추어 볼 때 보험사업의 범위는 그 사업의 명칭이나 법률적 구성형식에 구애됨이 없이 그의 실체 내지 경제적 성질을 실질적으로 고찰하여 해석하여야 할 것인바, 피고인이 운영한 이 사건 상조사업은 실질적인 면에서 고찰할 때 동질적인 경제상의 위험에 놓여 있는 다수의 회원이 사망이라는 우연한 사고가 발생한 경우 재산상의 수요를 충족시키기 위하여 가입회비, 상조비라는 명목으로 일정한 금액을 출연하고 사고가 발생할 때 상조부의금의 명목으로 일정한 금액을 지급한다는 점에서 그 사업명칭이나 출연 또는 지급금의 명칭에 불구하고 보험사업을 영위한 것이라고 하여야 할 것이므로 피고인이 허가없이 위 상조사업을 영위한 것은 보험업법 위반행위에 해당한다고 할 것이다."라고 판시하였다.

대법원 1990. 6. 26. 선고 89도2537 판결

조회에 가입한 후 7년이 경과하거나 700회에 걸쳐 상조금을 출연하면 회원의 사망 여부에 불구하고 일정금액을 지급하기로 하였다면 이는 일종의 생사혼합 보험적 성질을 지닌 것이라고 보아야 하겠으며, 보험료에 상응하는 상조회비를 보험사고에 대비하여 현실적으로 미리 출연하는 것이 아니라 약관상 타회원이 사망할 때마다 상조회원이 일정액의 상조회비를 납부하도록 되어 있다고 하더라도 그 점만으로 반드시 보험의 본질에 반한다고 볼 수는 없고 상조회원이 입회비 명목의 금원을 먼저 납부하도록 되어 있는 것은 실질적으로 상조회원에게 사망이라는 사고가 발생하였을 때 보험금에 해당하는 상조부의금을 지급받기 위하여 출연하는 반대급부의 성질을 가지고 있는 보험료적 금원이라 할 수 있으므로 사고발생 전에 보험료의 출연이 전혀 없다고 하기도 어렵다.

또한 상조회에 가입한 후 100일 이내에 사망한 회원에게 상조부의금을 지급하지 아니하도록 되어 있다고 하더라도 이는 보험자의 보험금 지급책임에 관한 효력발생의 시기를 정한 것이며 이러한 특약이 있다고 해서 보험의 본질에 반한다고 해석할 수도 없으며 상조회원의 자격에 관하여 사망률이 낮은 연령층을 제외한 점과 건강상태를 고려함이 없이 회원으로 가입케 하면서도 100일이 경과하기 전에 사망한 경우에는 상조부의금을 지급하지 않도록 하고 있는 점이라든지 상조회원으로 가입한 기간이 길어짐에 따라 상조회비 출연의 기회가 많은 만큼 사망시에 지급되는 상조부의금액도 연차적으로 증가하도록 되어 있는 점 등을 보면 급부와 반대급부의 균형을 유지하기 위하여 대수의 법칙을 응용한 확률계산의 방법을 고려한 것이라고 할 수 있다.

따라서 피고인이 운영한 상조사업은 실질적인 면에서 고찰할 때 동질적인 경제상의 위험에 놓여 있는 다수의 회원이 사망이라는 우연한 사고가 발생한 경우의 재산상의 수요를 충족시키기 위하여 가입회비, 상조비라는 명목으로 일정한 금액을 출연하고 사고가 발생할 때 상조부의금의 명목으로 일정한 금액을 지급한다는 점에서 그 사업명칭이나 출연 또는 지급금의 명칭에 불구하고 보험사업을 영위한 것이라고 하여야 할 것이고 피고인이 허가 없이 이 사건 상조사업을 영위한 것은 보험업법위반행위에 해당한다고 할 것이다.

6. 공제

공제는 다수의 조합원이 단체를 구성하고 우연한 사고를 당한 사람에게 공제금을 지급한다는 점에서 보험과 유사하다. 그러나 일정한 직장, 직업 또는 지역적으로 한정하여 공제의 조합원이 될 수 있도록 한 점에서 보험과 차이가 있다. 다만, 대법원은 공제가 실제 보험사업과 동일한 기능을 하고 있다는 점에서, 특별한 사정이 없는 한, 상법 보험편이 준용될 수 있다고 판시한다.

대법원 1995. 3. 28. 선고 94다47094 판결

"보험금청구권에 대한 시효기간을 단축할 필요성에 있어서는 상호보험이나 주식회사 형태의 영리보험 간에 아무런 차이가 있을 수 없으므로, 단기시효에 관한 상법 제662조의 규정은 상법 제664조에 의하여 상호보험에도 준용된다고 보아야 할 것인데, 육운진흥법 제8조, 같은 법시행령 제11조의 규정에 의하여 자동차운송사업조합이나 자동차운송사업조합연합회가 하는 공제사업은 비록 보험업법에 의한 보험사업은 아닐지라도 그 성질에 있어서 상호보험과 유사한 것이므로, 결국 공제사업에 가입한 자동차운수사업자가 공제사업자에 대하여 갖는 공제금청구권의 소멸시효에 관하여도 상법 제664조의 규정을 유추적용하여 상법 제662조의 단기소멸시효에 관한 규정을 준용하여야 할 것이다."

대법원 1996. 12. 10. 선고 96다37848 판결

"육운진흥법 제8조, 같은법시행령 제11조의 규정에 의하여 자동차운송사업조합연합회가 하는 이 사건 공제사업은 비록 보험업법에 의한 보험사업은 아닐지라도 그 성질에 있어서 상호보험과 유사한 것이므로, 상법 제664조를 유추적용하여 보험료의 지급과 지체의 효과에 관한 상법 제650조, 보험계약자 등의 불이익변경금지에 관한 같은 법 제663조를 준용할 수 있다고 할 것이다."

우체국 예금·보험에 관한 법률 제3조에 의거하여 보험사업을 경영하는 국가가, 그 소속 직원이 보험모집을 함에 있어 보험계약자에게 가한 손해에 대하여 보험업법 제102조 제1항(동조는 보험업법에서 삭제되고 현재 금융소비자보호법 제44조에 '금융상품판매업자 등의 손해배상책임'이라는 제목으로 변경됨)에 따른 배상책임을 지는지 여부에 대한 문제가 발생하였다. 대법원은 다음과 같은 요지로 판단하였다.

대법원 2007. 9. 6. 선고 2007다30263 판결

보험업법은 제1조에서 "이 법은 보험업을 영위하는 자의 건전한 운영을 도모하고 보험계약자·피보험자 그 밖의 이해관계인의 권익을 보호함으로써 보험업의 건전한 육성과 국민경제의 균형 있는 발전에 기여함을 목적으로 한다."고 규정하고, 같은 법에서 사용하는 용어의 정의에 관하여 제2조 제5호에서 "보험회사라 함은 제4조의 규정에 의한 허가를 받아 보험업을 영위하는 자를 말한다."고 규정하며, 제102조 제1항 본문에서 "보험회사는 그 임원·직원·보험설계사 또는 보험대리점이 모집을 함에 있어서 보험계약자에게 가한 손해를 배상할 책임을 진다."고 규정하고 있고, 한편 우체국 예금·보험에 관한 법률은 제3조에서 "우체국예금사업과 우체국보험사업은 국가가 경영하며, 정보통신부장관이 이를 관장한다."고 규정하고 있는바, 위 보험업법 제102조 제1항의 규정은 보험모집에 관하여 보험계약자에게 가한 손해에 대하여 보험사업자에게, 그 손해가 보험사업자의 임원·직원의 행위로 인한 경우에는 무과실책임을 지우고 보험모집인과 보험대리점의 행위로 인한 경우에는 무과실책임에 가까운 손해배상책임을 지움으로써 보험계약자의 이익을 보호함과 동시에 보험사업의 건전한 육성을 기하고자 하는 데 그 의의가 있는 것으로서(대법원 1998. 11. 27. 선고 98다23690 판결 등 참조), 보험업법 제1조가 정한 위에서 본 같은 법의 목적 및 제102조 제1항의 위와 같은 입법취지에 비추어 보면, 우체국 예금 · 보험에 관한 법률 제3조에 의거하여 보험사업을 경영하는 국가 역시 '국가로부터 허가를 받아 보험업을 영위하는 자'와 마찬가지로 그 소속 직원이 보험모집을 함에 있어 보험계약자에게 가한 손해에 대하여는 보험업법 제102조 제1항에 따라 이를 배상할 책임을 진다고 보아야 할 것이다.

중개업자와 한국공인중개사협회가 체결한 공제계약이 유효하게 성립하려면 공제계약 당시 공제사고 발생 여부가 확정되어 있지 않아야 하는지 여부에 대하여 대법원은 다음과 같이 판단한 바 있다.

대법원 2014. 10. 27. 선고 2014다212926 판결

"구 공인중개사의 업무 및 부동산 거래신고에 관한 법률(2013. 3. 23. 법률 제11690호로 개정되기 전의 것)은 부동산중개업을 건전하게 지도 · 육성하고 공정하고 투명한 부동산거래질서를 확립함으로써 국민경제에 이바지함을 목적으로 제정된 법으로서(제1조), 중개업자가 중개행위를 하면서 고의 또는 과실로 인하여 거래당사자에게 발생하게 한 재산상의 손해에 대한 배상책임을 보장하기 위하여 보증보험이나 국토해양부장관의 승인을 얻은 공제규정에 기초하여 공인중개사협회가 하는 공제사업에 의한 공제에 가입하거나 공탁을 하여야 한다고 규정하고(제30조 제3항, 제42조) 있다. 이와 같이 위 공제는 비록 보험업법에 의한 보험사업은 아닐지라도 성질이 상호보험과 유사하고 중개업자가 그의 불법행위 또는 채무불이행으로 인하여 거래당사자에게 부담하게 되는 손해배상책임을 보증하는 보증보험적 성격을 가진 제도로서, 중개업자와 한국공인중개사협회 사이에 체결된 공제계약은 기본적으로 보험계약으로서의 본질을 가지고 있으므로, 적어도 공제계약이 유효하게 성립하기 위하여는 공제계약 당시에 공제사고의 발생 여부가 확정되어 있지 않아야 한다."

2014년 개정 전 상법 제664조는 "상호보험은 성질에 반하지 않는 범위에서 상법 보험편을 준용한다."고만 규정하고 있었다. 그러나 공제를 상호보험과 같다고 하면서 지속적으로 상법 제664조를 유추 적용했던 대법원의 입장을 반영하여, 현 상법 제664조는 "성질에 반하지 않는 범위 내에서 상호보험, 공제, 그 밖에 이에 준하는 계약에 준용한다."고 규정하였다.

IV. 보험업법 위반 여부

보험업법 제2조는 정의규정으로, 제1호는 보험상품에 대한 개념을 정의하고 있다. 이 규정에서 보험상품의 개념요소 중 '그 밖의 급여'에 포함되는 용역이 경제적 위험보장을 목적으로 제공되는 용역만을 의미하는지가 문제되었다. 여기서 대법원은 "이 사건 SMP 서비스는 심각한 의료상태라는 우연적 사건의 발생으로 인하여 경제적 가치 있는 급부인 이송 내지 송환 서비스를 제공한다는 점에서 우연성 및 경제적 보상의 요소가 있다고 볼 수 있지만, 이러한 서비스를 제공받음으로써 가입자가 결과적으로 비용을 지출하지 아니하게 되는 것은 서비스 제공에 따른 부수적 효과에 불과할 뿐이고 이러한 비용보상의 효과만으로 당연히 이 사건 SMP 서비스가 경제적 위험보장을 주된 목적으로 하고 있다고 볼 수는 없다."고 판단하였다.

대법원 2014. 5. 29. 선고 2013도10457 판결

피고인 2(이하 '피고인 회사'라고 한다)가 정부기관, 공공기관 및 일반기업 등의 해외파견 직원을 대상으로 제공하는 긴급의료지원서비스는 의료상담과 의료기관 알선 서비스(이하 '의료상담 서비스'라고 한다) 및 심각한 의료 상태에 있는 회원의 이송과 본국 송환 서비스(이하 '이송 및 송환 서비스'라고 한다)를 주된 내용으로 하는 사실, 피고인 회사가 이러한 서비스를 제공함에 있어서 Service Membership Program 방식(이하 'SMP 방식'이라고 한다)으로 계약을 체결하는 경우에는 가입자로부터 모든 서비스 비용을 미리 지급받아 약정된 서비스를 제공하게 되고, Access Membership Program 방식(이하 'AMP 방식'이라고 한다)으로 계약을 체결하는 경우 의료상담 서비스에 대하여는 가입자로부터 미리 비용을 지급받고, 이송 및 송환 서비스에 대하여는 심각한 의료상태가 발생한 회원에게 먼저 서비스를 제공하고 사후에 그 비용을 지급받는 사실, 이송 및 송환 서비스는 회원들을 다른 지역의 의료기관으로 이송하거나 본국으로 송환하는 서비스를 제공하는 것이므로 직접적인 치료나 치료비 지급과는 차이가 있고, 피고인 회사에서 필요하다고 판단될 경우에만 제공되는 것으로서 서비스 제공 여부에 관한 결정권이 피고인 회사에 있는 사실 등을 알 수 있다.

오히려 이 사건 SMP 서비스에서 제공하는 이송 및 송환 서비스는 단순히 병원으로 이송하거나 본국으로 송환하는 비용을 보상하는 것이 아니라, 심각한 의료상태에 처한 회원을 어느 지역의 병원으로 이송할 것이냐 하는 의학적인 판단, 이용할 수 있는 운송수단에 관한 판단 및 현실적인 이송 및 송환서비스까지 포함하는 종합적이고 전문적인 서비스를 제공하는 것이고, 서비스 제공 여부, 그 제공의 방식과 시기 등에 대한 판단을 서비스제공자인 피고인 회사가 하는 것이므로, 단순히 이송비용만 지급하거나 정산함으로써 피보험자 등이 부담하게 되는 경제적 손해의 전보를 목적으로 하는 보험급여와는 성격을 달리하고 있다.

　　교통범칙금 상당액을 보상해 주기로 약정하고 연회비를 납부받은 영업행위가 실질적으로 무허가 보험사업으로 유사수신행위의규제에관한법률 제2조 제4호 소정의 '유사수신행위'에 해당하는지 여부에 대하여, 대법원은 이는 유사수신행위에 해당한다고 보았다.

대법원 2001. 12. 24. 선고 2001도205 판결

피고인 2 주식회사(아래에서는 '피고인 2' 라고만 한다)는 금융감독위원회의 허가 없이 '라이선스보장' 이라는 이름 아래 회원이 연회비를 납부하면 회원가입일로부터 1년간 차량운행중 도로교통법시행령 제73조에 규정된 59종의 위반행위(일부 위반행위는 보상하는 범위에서 제외)로 적발되어 범칙금을 통보받는 경우 회수 및 금액에 불문하고 회원에게 그 범칙금 상당액을 지급하는 대신 국가에 이를 전부 대납함으로써 보상해 주는 내용의 상품을 내걸고 회원과 계약을 체결하였는데, 상품의 종류는 일반회원의 경우 위반행위 발생가능성의 정도를 예상하여 가입대상차량 및 연령에 따라 승용차 운전자는 I종(40세 미만은 A형, 40세 이상은 B형으로 나눔, 이하 모두 같다), 비영업용 승합차량, 4t 이하 화물자동차 운전자는 II종, 영업용 차량, 4t 초과 화물자동차, 특수차량 운전자는 III종으로 나누어, 연회비로 I종 A형 가입자는 83,000원, I종 B형 가입자는 78,000원, II종 A형 가입자는 88,000원, II종 B형 가입자는 83,000원, III종 A형 가입자는 110,000원, III종 B형 가입자는 105,000원을 납부하되, II종 가입자는 I종까지, III종 가입자는 I종 및 II종까지 보상하고, 대리점 회원(일반회원을 모집할 수 있는 회원)의 경우 대리점가입비 및 회원가입비로 237,000원을 납부하면 일반회원 I종의 해당 범칙금을 보상하여 주기로 약정하였으며, 이에 따라 피고인 2는 2000. 1. 12.경부터 같은 달 17일경까지 사이에 공소외 신순재 등 775명과 위와 같은 계약을 체결하고 연회비로 합계 184,140,000원을 납부받은 사실을 알 수 있는바, 피고인 2의 위와 같은 영업행위는 실질적으로 무허가 보험사업에 해당한다 할 것이어서 유사수신행위의규제에관한법률 제2조 제4호 소정의 '유사수신행위' 에 해당한다.

제2장
상법 보험편의 체제

    상법 제4편 보험편에서 보험계약관계를 규정하고 있다. 상법 제4편(보험)은 다음과 같이 보험영역을 다루고 있다.

제1장 통칙
제2장 손해보험
  제1절 통칙
  제2절 화재보험
  제3절 운송보험
  제4절 해상보험
  제5절 책임보험
  제6절 자동차보험
  제7절 보증보험
제3장 인보험
  제1절 통칙
  제2절 생명보험
  제3절 상해보험
  제4절 질병보험

상법 제4편 보험은 총 3장, 통칙과 손해보험 및 인보험으로 구성되어 있다. 제1장은 통칙규정으로 손해보험과 인보험에 공통적으로 적용되는 일반적 내용들이 규정되어 있다. 보험계약의 의의, 보험계약의 성립, 보험계약자 등의 보험료지급의무, 고지의무나 위험변경 증가통지의무 및 위험유지의무 등과 보험자의 보험약관 설명의무 및 보험증권교부의무 등을 포함한 여러 가지의 내용들이 규정되어 있다. 손해보험에는 화재보험, 운송보험, 해상보험, 책임보험, 자동차보험 및 보증보험에 대한 법적 관계를 규정하고 있고, 이에 대한 공통적 적용을 의미하는 통칙규정을 두고 있다. 인보험 역시 통칙규정을 두면서, 생명보험과 상해보험 및 질병보험에 관한 내용을 규정하고 있다. 보증보험과 질병보험은 2014년 보험계약법 개정 시 도입된 것으로 비교적 최근에 상법에 명시적으로 도입된 바 있다.

제3장

보험계약의 성립

I. 보험계약의 의의

보험계약이 무엇인가에 대한 물음이 제기된다. 우리 상법은 보험계약에 대한 정의규정을 두고 있다. 보험계약은 당사자 일방이 약정한 보험료를 지급하고 상대방이 재산 또는 생명이나 신체에 관하여 불확정한 사고가 생길 경우에 일정한 보험금액 기타의 급여를 지급할 것을 약정함으로써 효력이 생긴다(상법 제638조).

보험계약을 손해보험과 정액보험으로 구분하여 설명하고 있는 우리 상법의 체계가 타당한가에 대한 물음이 제기된다. 보험제도는 해상보험과 화재보험에서부터 시작된 것으로 알려져 있다. 당시의 보험제도는 계약을 체결한 후 사고가 발생하면 발생한 손해를 전보해주는 것으로 이해하고 있었다. 그러나 손실보상의 전보 방법과 달리 보험계약을 체결할 당시에 사고가 발생하면 약정한 일정액을 지급하기로 하는 생명보험의 출현은 보험계약의 본질에 대한 논의를 촉발시켰다. 또한 보험의 영역이 확장될수록 보험계약이 무엇이고, 또 어떻게 보험계약을 정의해야 하는 것이 타당한가에 대한 물음이 제기되고 있다.

II. 보험계약의 본질

보험계약이 무엇인가에 대한 논의가 있다.[1] 이는 보험계약에 대한 본질을 탐구하는 문제로서 다양한 견해가 제시된다.

1. 손해보상계약설

1) 의의

보험자가 보험계약자로부터 대가를 징수하고 보험사고에 의하여 보험계약자 또는 피보험자에게 발생하는 손해를 보상할 것을 약속하는 계약을 보험계약으로 보는 입장이 손해보상계약설이다. 보험계약을 체결하는 자의 목적을 중심으로 보험계약을 이해하려고 하는 입장이다.

2) 한계

손해보상을 목적으로 하는 손해보험의 경우에 적용이 가능하지만, 정액보험의 성격을 가지고 있는 생명보험의 영역에서 적용하기에는 무리가 있다. 손해만을 보상하는 시기에 발달하였던 보험제도 초기에 통용되었던 입장이다.

2. 경제적 수요충족설

1) 의의

보험계약은 보험자가 상대방으로부터 보험료를 받아 우연한 사고의 발생으로 인하여 상대방 또는 제3자에게 생긴 경제적 수요를 충족시킬 것을 인수하는 계약이라고 보는 입장이다. 보험의 기능에 초점을 두면서 보험의 경제적 목적에만 중점을 두는 입장으로, 수요의 충족이 보험계약의 본질로 본다.

---

1   이기수 · 최병규 · 김인현, 보험 · 해상법(상법강의 IV), 제9판, 박영사, 2015, 58면 이하.

2) 한계

경제적 수요충족설의 경우 수요의 의미가 너무나 막연하여 보험계약이 다른 계약과의 차이점을 알려주지 못한다는 지적과 함께, 연금보험이나 생명보험의 경우 경제적 수요충족으로 설명하는 것은 한계가 있다.

3. 기술적 기초설

1) 의의

보험계약은 보험사업의 주체가 사고발생의 개연율을 기술적으로 계산하여 대수의 법칙을 이용하여 많은 보험가입자로부터 보험료를 받고 보험사고 발생 시에 상대방에게 일정한 금액을 지급하기로 약정하는 계약으로 보는 입장이다.

2) 한계

기술적 기초설을 주장하는 입장은 보험계약이라고 하는 것이 개연율과 대수의 법칙을 통하여 발생한 것이라는 것은 알 수 있지만, 보험계약의 본질이 무엇인가에 대하여는 명확하게 제시하지 못하고 있다는 지적을 면하기 어렵다.

4. 이원설

1) 의의

성질상 손해보험과 정액보험은 차이를 보이고 있으므로 보험계약의 통일적 정의를 포기하고, 손해보험은 보험사고가 발생할 경우 피보험자에게 발생한 손실을 보상하는 계약이고, 정액보험은 보험사고가 발생할 경우 보험수익자에게 미리 약정한 일정금액을 지급하기로 하는 계약, 즉 이원적으로 정의하고자 하는 입장이다.

2) 한계

이원설은 보험계약을 정액보험과 손해보험의 영역으로 구분하여 명확하게 제시한 점에서 인정을 받을 수 있지만, 정액보험의 성질과 손해보험의 성질이 동시에 나타나고 있는 보험에 대하여는 적정한 답을 제공하지 못하고 있다.

5. 금액급여설

1) 의의

금액급여설은 보험자가 대가를 받고 계약에서 정한 우발적 사고가 발생한 때에 약정한 취지에 따라 일정한 금액을 지급할 것을 약속하는 계약이 보험계약이라고 하면서, 금전의 지급하는 것에 초점을 둔다.

2) 한계

오늘날 보험자는 급부를 제공함에 있어 반드시 금액만을 지급하는 것이 아니라 유리보험과 같이 현물을 보험금에 갈음하여 제공할 수 있다. 그러므로 금액급여설은 그 타당성이 진부한 입장이라고 할 것이다.

6. 소결

당사자 일방이 약정한 보험료를 지급하고 상대방이 재산 또는 생명이나 신체에 관하여 불확정한 사고가 생길 경우에 일정한 보험금액 기타의 급여를 지급할 것을 약정함으로써 보험계약의 효력이 생긴다고 하면서 우리 상법 제638조는 보험계약을 정의하고 있다. 그러나 보험계약의 의미에 대한 중요한 시사점은 독일 보험계약법에서 발견된다. 독일 보험계약법에 따르면, "보험자는 약정한 보험사고가 발생한 경우에 급부를 통하여 보험계약자나 제3자의 특정 위험을 담보할 의무가 있다. 보험계약자는 보험자에게 약정한 보험료를 지급해야 할 의무가 있다"고 규정하고 있다. 독일의 경우 "계약전형의 의무"라는 표제로 손해보험과 인보험을 포괄적으로 정의하고자 하는 면을 띤다. 이는 보험계약의 유상성과 쌍무계약성이라는 계약적 특징을 반영하면서, 보험의 전형적인 특징인 특정위험에 대한 보험사고를 담보한다는 사행계약성을 반영하고 있다.

보험계약을 통일적으로 정의하는 것은 간단하지 않다. 독일 보험계약법의 경우 보험계약당사자인 보험자와 보험계약자의 의무를 제시함으로써 보험계약을 정의하고자 하였다. 이는 손해보험의 성질과 인보험의 성질을 한 조문에 담아내기가 어렵다는 판단하에 보험계약의 특징을 '계약형태상의 의무'라는 개념 표현을 통하여, 다양한 보험의 영역을 담기 위해 포괄적인 용어를 사용한 것으로 판단할 수 있다.

III. 보험계약의 특징

1. 낙성계약

보험계약은 불요식의 낙성계약의 성질을 가지고 있다. 보험계약당사자 사이에 보험의 목적, 보험사고, 보험기간, 보험료와 보험금액 등에 관하여 당사자의 합의가 이루어지면 효력이 생기기 때문이다(상법 제638조).

실무상 보험계약청약서를 통하여 보험계약이 이루어지고, 보험증권의 교부에 의하여 승낙통지를 갈음하기도 하지만 이는 거래의 편의를 위한 것에 불과한 것이다. 그러므로 낙성계약이라는 성질에 반하는 것이 아니다.

2. 유상계약·쌍무계약

보험계약은 유상계약이면서 쌍무계약의 성질을 가지고 있다. 채권계약에서 양 당사자의 재산의 출연을 동반하는 것을 유상계약이라고 하고, 상호 의무를 부담해야 하는 관계를 쌍무계약이라고 한다.

보험계약자가 보험료를 지급해야 하고, 보험사고 발생 시 보험자가 보험금을 지급해야 한다는 점에서 보험계약은 유상계약적인 성질을 가지고 있고, 양 당사자 모두 보험료지급과 보험금지급이라고 하는 의무를 동반한다는 점에서 쌍무계약의 성질을 가지고 있다(상법 제638조).

3. 사행적인 성질

보험계약의 체결은 사행성의 성질을 동반하게 된다. 보험계약자는 보험기간 동안에 보험사고의 발생이라고 하는 장래의 우연한 사건에 따라 거액의 보험금을 보험자로부터 수령하게 된다. 그러나 우연한 사건이 발생하지 않게 되면 보험금을 지급받지 못하는 경우도 발생한다. 그런 측면에서 보험계약은 도박계약과 마찬가지로 사행성을 가지고 있다.

4. 선의에 기초한 계약

보험계약은 당사자의 선의(good faith)에 기초를 둔 인적 선의계약이라고 하는 특수한 원칙을 가지고 있다. 영국 해상보험법 제17조는 "해상보험계약은 최대선의를 기초로 하는 계약이다"라고 하여 보험계약의 선의성을 명시적으로 밝히고 있다.

대법원 2000. 2. 11. 선고 99다49064 판결

"생명보험계약은 사람의 생명에 관한 우연한 사고에 대하여 금전을 지급하기로 약정하는 것이어서 금전을 취득할 목적으로 고의로 피보험자를 살해하는 등의 도덕적 위험의 우려가 있으므로, 그 계약 체결에 관하여 신의성실의 원칙에 기한 선의(이른바 선의계약성)가 강하게 요청되는바, 당초부터 오로지 보험사고를 가장하여 보험금을 취득할 목적으로 생명보험계약을 체결한 경우에는 사람의 생명을 수단으로 이득을 취하고자 하는 불법적인 행위를 유발할 위험성이 크고, 이러한 목적으로 체결된 생명보험계약에 의하여 보험금을 지급하게 하는 것은 보험계약을 악용하여 부정한 이득을 얻고자 하는 사행심을 조장함으로써 사회적 상당성을 일탈하게 되므로, 이와 같은 생명보험계약은 사회질서에 위배되는 법률행위로서 무효이다."

대법원 2015. 2. 12. 선고 2014다73237 판결

"특히 보험계약자가 자신의 수입 등 경제적 사정에 비추어 부담하기 어려울 정도로 고액인 보험료를 정기적으로 불입하여야 하는 과다한 보험계약을 체결하였다는 사정, 단기간에 다수의 보험에 가입할 합리적인 이유가 없음에도 불구하고 집중적으로 다수의 보험에 가입하였다는 사정, 보험모집인의 권유에 의한 가입 등 통상적인 보험계약 체결 경위와는 달리 적극적으로 자의에 의하여 과다한 보험계약을 체결하였다는 사정, 저축적 성격의 보험이 아닌 보장적 성격이 강한 보험에 다수 가입하여 수입의 상당 부분을 그 보험료로 납부하였다는 사정, 보험계약 시 동종의 다른 보험 가입사실의 존재와 자기의 직업·수입 등에 관하여 허위의 사실을 고지하였다는 사정 또는 다수의 보험계약 체결 후 얼마 지나지 아니한 시기에 보험사고 발생을 원인으로 집중적으로 보험금을 청구하여 수령하였다는 사정 등의 간접사실이 인정된다면 이는 보험금 부정취득의 목적을 추인할 수 있는 유력한 자료가 된다고 할 것이다(대법원 2014. 4. 30. 선고 2013다69170 판결 참조)."

5. 계속적인 계약

보험계약은 일정한 기간을 가지고 보험계약당사자가 계약을 체결하게 된다. 이 기간 동안 보험계약자는 보험료를 지급해야 하고, 보험자는 보험사고가 발생하게 되면 보험금을 지급해야 할 의무가 발생하게 된다. 보험계약은 일정한 기간 동안 양 계약당사자가 일정한 의무를 계속하여 부담하게 된다는 점에서 계속적 계약의 성질을 가지고 있다.

6. 부합적인 계약

한 보험자와 다수의 보험계약자 간에 보험계약이 체결되기 때문에 보험자는 미리 정형화된 보통보험약관을 마련하게 된다. 보험자가 제공하는 보통보험약관은 당사자의 상호 합의에 의하여 마련된 것이 아니고 보험자가 다소 임의에 따라, 물론 행정기관의 감독을 받기는 하지만, 정하게 된다. 보험계약의 부합계약적인 성질을 볼 수 있다.

보험자가 일방적으로 보험약관을 작성하여 보험계약자에게 제시하게 되므로, 보험계약의 내용을 자세히 알지 못하는 보험계약자를 포함한 피보험자나 보험수익자는 본의 아니게 피해를 입을 수 있다. 그러므로 보험업을 감독하는 보험업법에서는 보험회사가 주무관청의 허가를 받아야만 보통보험약관을 사용하도록 하고 있다. 또한 상법 제663조에서 당사자의 특약으로 보험자가 보통보험약관을 통하여 보험계약자 등을 불이익하게 변경하는 것을 금지하고 있다.

7. 상대적 강행규정

독일의 보험계약법은 개별적인 규정에 의하여 절대적 강행규정, 상대적 강행규정 및 상호합의가 가능한 규정 등으로 구분하여 정하고 있는 반면에, 우리 상법 보험편은 보험계약자 등을 불이익하게 변경하는 것을 금지하고 있다(상법 제663조 본문). 즉, 상대적 강행규정성을 명시적으로 밝히고 있다. 이는 보험계약에 대한 전문적인 지식이 부족한 보험계약자가 화재보험이라든가 생명보험 등 가계보험에서 그들이 보호되어야 한다는 측면이 고려된 것이다. 대표적인 예시로는, 분납 보험료 연체 시 납입유예 기간의 경과로 구 상법(1991. 12. 31. 법률 제4470호로 개정되기 전의 것) 제650조 소정의 최고 및 해지절차 없이 곧바로 보험계약이 실효되도록 하는 보험약관의 효력에 대한 대법원 판결이 있다.[2]

---

2   대법원 1995. 11. 16. 선고 94다56852 전원합의체 판결.

> ### 대법원 1995. 11. 16. 선고 94다56852 전원합의체 판결
>
> "구 상법(1991. 12. 31. 법률 제4470호로 개정되기 전의 것) 제650조는 보험료가 적당한 시기에 지급되지 아니한 때에는 보험자는 상당한 기간을 정하여 보험계약자에게 최고하고 그 기간 내에 지급하지 아니한 때에는 계약을 해지할 수 있도록 규정하고, 같은 법 제663조는 위 규정을 보험당사자 간의 특약으로 보험계약자 또는 보험수익자의 불이익으로 변경하지 못한다고 규정하고 있으므로, 분납 보험료가 소정의 시기에 납입되지 아니하였음을 이유로 그와 같은 절차를 거치지 아니하고 막바로 보험계약이 해지되거나 실효됨을 규정하고 보험자의 보험금지급 책임을 면하도록 규정한 보험약관은 위 상법의 규정에 위배되어 무효이다."

그러나 재보험과 해상보험 기타 이와 유사한 보험의 경우에는 계약당사자의 사적 자치를 인정하고 있다. 이 경우에는 보험계약자가 보험자와 대등한 관계에서 보험계약에 대한 사항을 상호 합의해도 큰 문제가 없다는 점을 고려한 것이다. 상법 제663조에 규정된 '보험계약자 등의 불이익변경 금지원칙'이 기업보험계약의 체결에 대해서도 적용되는지 여부에 대한 대법원 판결이 있다.[3]

> ### 대법원 2005. 8. 25. 선고 2004다 18903 판결
>
> "상법 제663조 소정의 보험계약자 등의 불이익변경 금지원칙은 보험계약자와 보험자가 서로 대등한 경제적 지위에서 계약조건을 정하는 이른바 기업보험에 있어서의 보험계약 체결에 있어서는 그 적용이 배제된다(대법원 1996. 12. 20. 선고 96다23818 판결, 2000. 11. 14. 선고 99다52336 판결 참조)."
>
> "원심은, 이 사건 보험계약은 ① 직원의 횡령 등으로 인한 손해를 보상하는 신원보증이나 재정보증 또는 신원보증보험에서 보상할 수 없는 금융기관 직원이나 제3자에 의한 대형 사고에 대한 대책으로 1990년대에 처음 국내에 도입된 것인 점, ② 보험계약상 보상한도액이 고액이고 보험의 성격상 국제적인 유대가 강하며 실무적으로도 동일한 내용의 영문 보험약관이 이용되고 보상액의 절대적인 비율이 해외에 재보험되고 있는 점, ③ 보험계약의 당사자가 모두 금융기관으로서 서로 대등한 경제적 지위에서 계약조건을 정할 수 있어 보험계약자의 이익보호를 위한 법의 후견적 배려가 필요하다고 보이지 아니하는 점 등에 비추어, 원래 경제적으로 약한 처지에 있는 일반 대중을 보호하기 위하여 인정된 상법 제663조 본문 소정의 불이익변경 금지원칙은 상법 제663조 단서의 규정에 의하여 이 사건 보험계약에는 그 적용이 배제된다고 판단하였는바, 위 법리에 비추어 기록을 살펴보면, 이러한 원심의 판단은

---

3   대법원 2005. 8. 25. 선고 2004다18903 판결. 일반소비자를 대상으로 하는 영역이 가계보험이라고 한다면, 기업보험은 기업이 경영을 목적으로 이용하는 보험으로, 주로 임직원을 대상으로 하는 보험을 말한다.

> 옳고, 거기에 상법 제663조 본문의 불이익변경 금지원칙에 관한 법리를 오해한 위법이 있다고 할 수 없다."

한편, 대법원은 '자기신체사고에 대하여 약관에서 정한 보험금에서 사고 상대방 차량이 가입한 자동차보험의 대인배상약관에 의하여 보상받을 수 있는 금액을 공제한 액수만을 지급하기로 하는 약정의 유효 여부'에 대한 판단을 한 바 있다.[4]

> ### 대법원 2001. 9. 7. 선고 2000다21833 판결
>
> "인보험에 관한 상법 제729조는 보험자가 보험사고로 인하여 생긴 보험계약자 또는 보험수익자의 제3자에 대한 권리를 대위하여 행사하지 못하도록 규정하면서, 다만 상해보험계약의 경우에 당사자간에 다른 약정이 있는 때에는 피보험자의 권리를 해하지 아니하는 범위 안에서 그 권리를 대위하여 행사할 수 있도록 규정하고 있고, 한편 자기신체사고 자동차보험은 피보험자가 피보험자동차를 소유·사용·관리하는 동안에 생긴 피보험자동차의 사고로 인하여 상해를 입었을 때에 약관이 정하는 바에 따라 보험자가 보험금을 지급할 책임을 지는 것으로서 인보험의 일종이기는 하나, 피보험자가 급격하고도 우연한 외부로부터 생긴 사고로 인하여 신체에 상해를 입은 경우에 그 결과에 따라 정해진 보상금을 지급하는 보험이어서 그 성질상 상해보험에 속한다고 할 것이므로, 그 보험계약상 타 차량과의 사고로 보험사고가 발생하여 피보험자가 상대차량이 가입한 자동차보험 또는 공제계약의 대인배상에 의한 보상을 받을 수 있는 경우에 자기신체사고에 대하여 약관에 정해진 보험금에서 위 대인배상으로 보상받을 수 있는 금액을 공제한 액수만을 지급하기로 약정되어 있어 결과적으로 보험자 대위를 인정하는 것과 같은 효과를 초래한다고 하더라도, 그 계약 내용이 위 상법 제729조를 피보험자에게 불이익하게 변경한 것이라고 할 수는 없다."

IV. 보험계약의 요소

1. 보험계약의 관계자

1) 보험자

보험계약 체결의 당사자로서 보험자는 보험계약자로부터 보험료를 지급받고 그 대가로 보

---

4   대법원 2001. 9. 7. 선고 2000다21833 판결.

험사고 발생 시 보험금지급에 대한 책임을 부담하는 자이다(상법 제638조). 보험자의 지위를 갖기 위해서는 보험업법이 인정하고 있는 자본 등 일정한 요건을 갖추고, 금융위원회의 허가를 받아야 한다(보험업법 제4조 제1항). 이에 대한 위반 시 일정한 형사처벌을 받게 된다(보험업법 제200조 제1호).

2) 보험계약자, 피보험자 및 보험수익자

보험계약자는 손해보험이나 인보험에서 공통적으로 사용되는 개념으로, 보험자에 대한 다른 계약당사자에 해당한다. 손해보험과 인보험에서 보험계약자는 공히 보험료지급의무(상법 제638조), 고지의무(상법 제651조), 위험변경·증가 통지의무(상법 제652조), 위험유지의무(상법 제653조) 및 보험계약임의해지권(상법 제649조) 등을 행사할 수 있다. 피보험자의 개념은 손해보험과 인보험에서 그 의미를 달리한다. 손해보험에서 피보험자는 보험금을 청구할 수 있는 지위에 있는 자를 의미하고, 인보험에서 피보험자는 보험사고의 객체를 의미한다.

한편, 상해보험에서 태아의 피보험자 적격성 여부가 문제되었다. 대법원은 계약자유의 원칙상 태아를 피보험자로 하는 상해보험계약은 유효하고, 그 보험계약이 정한 바에 따라 보험기간이 개시된 이상 출생 전이라도 태아가 보험계약에서 정한 우연한 사고로 상해를 입었다면 이는 보험기간 중에 발생한 보험사고에 해당한다고 판단하였다.[5]

> **대법원 2019. 3. 28. 선고 2016다211224 판결**
>
> "상해보험은 피보험자가 보험기간 중에 급격하고 우연한 외래의 사고로 인하여 신체에 손상을 입는 것을 보험사고로 하는 인보험이므로, 피보험자는 신체를 가진 사람(인)임을 전제로 한다(상법 제737조). 그러나 상법상 상해보험계약 체결에서 태아의 피보험자 적격이 명시적으로 금지되어 있지 않다. 인보험인 상해보험에서 피보험자는 '보험사고의 객체'에 해당하여 그 신체가 보험의 목적이 되는 자로서 보호받아야 할 대상을 의미한다. 헌법상 생명권의 주체가 되는 태아의 형성 중인 신체도 그 자체로 보호해야 할 법익이 존재하고 보호의 필요성도 본질적으로 사람과 다르지 않다는 점에서 보험보호의 대상이 될 수 있다. 이처럼 약관이나 개별 약정으로 출생 전 상태인 태아의 신체에 대한 상해를 보험의 담보범위에 포함하는 것이 보험제도의 목적과 취지에 부합하고 보험계약자나 피보험자에게 불리하지 않으

---

5   대법원 2019. 3. 28. 선고 2016다211224 판결.

므로 상법 제663조에 반하지 아니하고 민법 제103조의 공서양속에도 반하지 않는다. 따라서 계약자 유의 원칙상 태아를 피보험자로 하는 상해보험계약은 유효하고, 그 보험계약이 정한 바에 따라 보험기간이 개시된 이상 출생 전이라도 태아가 보험계약에서 정한 우연한 사고로 상해를 입었다면 이는 보험기간 중에 발생한 보험사고에 해당한다."

보험수익자는 손해보험에는 존재하지 않고, 인보험에만 존재하는 개념으로 보험금을 청구할 수 있는 지위에 있는 자를 의미하게 된다. 그러므로 이 자를 보험금청구권자라고도 한다.

3) 보험을 모집할 수 있는 자

보험계약을 체결함에 있어서 그 대리 또는 중개를 보험계약의 모집이라고 한다(보험업법 제2조 제12호). 보험업법상 보험을 모집할 수 있는 자로는 보험설계사·보험대리점·보험중개사·보험회사의 임직원 등을 들 수 있고, 보험회사의 임원 가운데 대표이사, 사외이사, 감사 및 감사위원은 모집이 배제된다.

2. 보험사고와 보험목적

1) 보험사고

보험목적에 손해를 야기하는 사고로, 그 발생에 의해서 보험자의 보험금지급책임이 구체화되는 것이 보험사고이다. 보험의 종류에 따라 보험사고는 다양하게 나타난다. 화재보험의 화재가 보험사고에 해당되고, 생명보험의 경우 생존이나 사망이 보험사고가 되며, 상해보험에서는 사람의 상해가 보험사고가 된다.

2) 보험목적

보험사고가 발생하는 대상 또는 객체가 보험목적이다. 물건보험에서 보험목적은 해당 물건이 되고, 인보험에서 보험목적은 사람을 의미한다. 인보험에서 보험목적은 피보험자가 된다.

3. 피보험이익

피보험자가 보험목적에 대하여 갖게 되는 경제적 이익을 피보험이익이라고 한다. 상법은 손해보험에서 피보험이익을 명시적으로 요구하고 있다(상법 제668조). 상법은 피보험이익을 "보험계약의 목적(상법 제668조, 제672조 참조)"이라고 규정하고 있지만, 판례는 피보험이익으로 표현하고 있다. 피보험이익은 보험이 도박이 될 수 있는 여지를 차단하는 기능을 하기도 하고, 인위적인 사고를 예방하는 기능도 갖게 된다.

4. 보험료, 보험금액, 보험금, 보험가액

보험자가 보험금지급책임을 부담하는 대가로 수령하는 금액이 보험료이다. 보험료지급의무는 보험계약자가 부담하는 것이 원칙이다.

보험금액은 보험사고의 발생 후 보험자가 지급책임을 부담할 금액으로, 당사자의 약정으로 정해진다. 보험금액은 정액보험과 비정액보험에서 구분되는데, 정액보험에서 보험금액은 보험사고가 발생하는 경우 보험자가 지급해야 하는 금액 자체라고 한다면, 비정액보험에서 보험금액은 보험사고가 발생하는 경우 보험자가 지급해야 하는 금액의 상한액을 의미한다.

보험금은 실제로 보험자가 지급해야 하는 금액을 말한다. 정액보험에서는 보험금액과 보험금이 일치한다. 그러나 비정액보험에서는 보험금액과 보험금이 일치하기도 하지만, 보험금은 보험금액보다 작을 수 있다.

보험가액은 보험사고가 발생하였을 경우에 보험목적에 발생할 수 있는 손해액의 최고한도액을 말하며 손해보험에만 존재하는 개념이다. 보험가액의 경우 때와 장소에 따라 변동할 가능성이 있고, 책임보험이나 인보험 등은 평가 자체가 불가능하기 때문에 보험금액을 기준으로 하여 보험자의 보상한도를 정하게 된다.

보험금액은 보험가액의 범위 내에서 정해져야 하며 보험가액을 초과하였을 경우에 그 초과한 금액에 대해서는 보험자가 보상하지 않는다.

5. 보험기간, 보험료기간

보험기간과 보험료기간은 구분되어야 한다. 보험자가 보상책임을 지기 위해 보험사고가 발생해야만 하는 기간을 보험기간이라고 한다면, 보험료기간은 보험료를 산정하기 위해서 보험사고의 발생률을 예측할 때 이를 예측하는 최소의 단위기간을 의미한다. 즉, 보험료 산정의 기초가 되는 기간이 보험료기간이며, 이 기간을 기준으로 위험이 일어날 가능성을 측정하여 보험료를 결정한다.

제4장

보통거래약관

I. 의 의

일상생활을 함에 있어 신용카드를 사용하고자 하는 경우, 화물의 운송 또는 보험계약을 체결함에 있어 계약당사자와 계약을 체결함에 있어 개별적인 사항에 대하여 합의를 하는 것이 아니라, 보통거래약관이라고 하는 것을 통하여 이루어진다. 약관규제법은 약관에 대한 개념을 정의하고 있다. 약관이라 함은 그 명칭이나 형태 또는 범위를 불문하고 계약의 일방 당사자인 사업자가 다수의 상대방(고객)과 계약을 체결하기 위하여 일정한 형식에 의하여 미리 마련한 계약의 내용을 말한다(약관의 규제에 관한 법률: 약관규제법 제2조 제1항). 사업자란 계약의 한쪽 당사자로서 상대 당사자에게 약관을 계약의 내용으로 할 것을 제안하는 자를 말하고, 고객이란 계약의 한쪽 당사자로서 사업자로부터 약관을 계약의 내용으로 할 것을 제안받은 자를 말한다.

다만, 사업자와 고객이 교섭한 사항은 약관규제법상 약관의 범위에서 제외한다. 대법원은 약관에 대하여 "약관의 규제에 관한 법률에 규제 대상인 '약관'이라 함은 그 명칭이나 형태 또는 범위를 불문하고 계약의 일반 당사자가 다수의 상대방과 계약을 체결하기 위하여 일정한 형식에 의하여 미리 마련한 계약의 내용이 되는 것을 말하고, 구체적인 계약에서 일방 당사자와 상대방 사이에 교섭이 이루어져 계약의 내용으로 된 조항은 일방적으로 작성된 것이 아니므로 약관의 규제에 관한 법률의 규제 대상인 약관에는 해당하지 않는다."라고 판시하고 있다.[1] 이 경우

---

1   대법원 2011. 2. 10. 선고 2009다81906 판결.

원칙적으로 개개의 조항별로 교섭의 존재 여부를 살펴야 하며, 약관 조항 중 일부의 조항이 교섭되었음을 이유로 그 조항에 대해서 약관규제법의 적용이 배제되더라도 교섭되지 아니한 나머지 조항들에 대해서 여전히 약관규제법이 적용되어야 한다고 판시하고 있다.[2] 부동산임대업자가 미리 부동문자로 인쇄한 임대차계약서를 제시하여 임대차계약을 체결한 사안에 대하여, 대법원은 계약의 일방 당사자가 약관 형식의 계약서를 미리 마련하여 두었으나 계약서상의 특정 조항에 관하여 개별적인 교섭을 거친 경우, 그 특정조항이 약관의 규제에 관한 법률의 규율대상이 되는지 여부 및 개별적인 교섭의 존재를 인정하기 위한 요건에 관한 사항을 제시한 바 있다.

대법원 2008. 7. 10. 선고 2008다16950 판결

"계약의 일방 당사자가 다수의 상대방과 계약을 체결하기 위해서 일정한 형식에 의하여 미리 계약서를 마련하여 두었다가 어느 한 상대방에게 이를 제시하여 계약을 체결하는 경우에도 그 상대방과 특정 조항에 관하여 개별적인 교섭(또는 흥정)을 거침으로써 상대방이 자신의 이익을 조정할 기회를 가졌다면, 그 특정 조항은 약관의 규제에 관한 법률의 규율대상이 아닌 개별약정이 된다고 보아야 하고, 이때 개별적인 교섭이 있었다고 하기 위해서는 비록 그 교섭의 결과가 반드시 특정 조항의 내용을 변경하는 형태로 나타나야 하는 것은 아니라 하더라도, 적어도 계약의 상대방이 그 특정 조항을 미리 마련한 당사자와 거의 대등한 지위에서 당해 특정 조항에 대하여 충분한 검토와 고려를 한 뒤 영향력을 행사함으로써 그 내용을 변경할 가능성은 있어야 한다."

"부동산임대업자가 미리 부동문자로 인쇄한 임대차계약서를 제시하여 임대차계약을 체결한 사안에서, 그 계약서에 기재된 임대차계약 종료일로부터 인도 또는 복구된 날까지의 통상 차임 및 관리비와 임대차보증금에 대한 월 1%의 비율에 의한 이자의 합산액의 2배를 배상액으로 정하고 있는 '임대차 목적물의 명도 또는 원상복구 지연에 따른 배상금' 조항은 개별적인 교섭을 거침으로써 상대방이 자신의 이익을 조정할 기회를 가졌다고 할 수 없어 약관에 해당하고, 또한 고객인 임차인에 대하여 부당하게 과중한 손해배상의무를 부담시키는 조항이므로 약관의 규제에 관한 법률 제8조에 의하여 무효"이다.

II. 기 능

보통거래약관은 사법상의 거래행위에 있어서 다양한 기능을 부여한다. 사법행위를 규율함에 있어 민법이나 상법에 관련 규정이 없는 경우에 보통거래약관은 이를 보완하는 기능을 한

---

2   대법원 2008. 7. 10. 선고 2008다16950 판결.

다.[3] 또한 민법이나 상법에 해당 규정이 있다고 할지라도 보통거래약관은 임의법규에 우선하여 적용된다. 그러므로 민사법상의 전형계약을 변경하기도 하고 새로운 계약형태를 발전시켜 주는 기능도 한다.

보통거래약관은 특히 대량거래와 반복적 거래가 발생하는 경우에 매우 유용한 면이 있다. 또한 대량거래에서 보통거래약관을 작성하여 사용함으로써 이를 타방에게 일방적으로 제시하게 된다. 보통거래약관은 사업자에 의하여 일방적으로 작성되는 특징을 갖는다는 점에서, 부합계약성을 띠고 있다. 사용자가 일방적으로 작성한다고 하는 사실은 계약상대방을 불이익하게 하는 작용을 하기도 한다.

III. 법적 성질

보통거래약관의 법적 성질을 어떻게 보아야 할 것인가에 대한 다툼이 있다. 두 가지 입장이 있다. 의사설과 규범설이 그것이다.

의사설은 전통적인 법률행위에 입각하여 설명하고자 하는 입장이다. 전통적인 법률행위에 서 있기 때문에, 약관은 그 자체가 결코 법규범이 될 수 없다.[4] 이를 계약설이라고도 한다. 기업이 약관에 의한다는 점을 설명하고 또 그것을 소비자가 볼 수 있게 약관을 제시한 경우에 한하여 개별적인 계약의 내용을 구성하게 된다는 입장이다. 대법원과 다수설의 입장이다.

약관규제법은 명시적으로 이 점을 밝히고 있다. 즉, 약관규제법은 사업자로 하여금 약관의 명시 및 설명의 의무를 부과하고 있고, 이러한 의무를 위반한 경우에는 동 약관은 계약내용을 편입하지 못하도록 하고 있다(약관규제법 제3조).[5]

보통거래약관 그 자체가 독자적인 법원으로서 당사자의 의사에 관계없이 계약내용을 규율하는 규범으로서 구속력을 갖는다는 입장이 규범설이다. 이러한 규범설은 다시 다양한 견해로 나누어지는데, 약관은 당해 거래권에서 만든 자치법의 일종으로 구속력을 갖는다는 자치법설,

---

3 정찬형, 상법강의(상), 제16판, 박영사, 2013, 41면.
4 대법원 1985. 11. 26. 선고 84다카2543 판결; 대법원 1986. 10. 14. 선고 84다카122 판결.
5 대법원 1986. 10. 14. 선고 84다카122 판결; 대법원 1991. 9. 10. 선고 91다20432 판결. 특히 보험과 관련된 판례에서 대법원은 지속적으로 보험약관에 대하여 의사설의 입장에서 판시하고 있다. 대법원은 "보통보험약관이 계약당사자에 대하여 구속력을 갖는 것은 그 자체가 법규범 또는 법규범적 성질을 가진 약관이기 때문이 아니라 보험계약 당사자 사이에서 계약내용에 포함시키기로 합의하였기 때문이라고 볼 것이다."

국가가 특정 기업에게 약관을 작성할 권한을 부여하였으므로 구속력을 갖는다는 수권설, 약관이 만들어진 거래권에서는 일반적으로 약관에 의해 계약을 체결한다는 관습법을 주장하기도 하고, 사실인 관습이 형성되어 있으므로 구속력을 갖는다는 입장 등이 있다.

IV. 약관에 대한 규제

1. 규제의 필요성

보통거래약관을 통한 거래의 유용성은 인정되지만, 약관사용자인 사업자가 일방적으로 약관을 작성하여 사용함으로써 경제적 약자인 소비자의 계약 자유를 제한하여 계약당사자의 불평등을 야기할 가능성이 발생한다. 즉, 사업자의 일방적 이익만을 도모하는 약관의 조항은 공정한 거래와 소비자보호의 차원에서 규제의 필요성이 있다.

2. 규제방법

1) 입법적 방법

약관에 대한 사전적 규제방식이다. 규제범위에 대하여는 개별적인 방법을 통하여 할 수도 있고, 포괄적인 방법을 통하여도 가능하다. 개별적인 방법은 방문판매법, 할부판매법과 같은 관련 단행 법률을 제정함으로써 입법적 규제를 하게 된다.

보험계약과 관련하여 보통보험약관을 사용하는 경우, 상법은 보험계약법의 경우 상대적 강행규정을 입법화하여 소비자인 보험계약자를 보호하고 있다.[6] 전형적인 입법적 규정에 속한다.

2) 행정적 방법

행정적 방법은 약관의 작성단계에서 인·허가 또는 기타 행정적 조치를 통하여 약관을 규제하는 방법이다. 보통보험약관에 대하여 정부는 약관의 내용을 공정하도록 하기 위하여 약관의 작성·변경·사용에 있어서 보험감독기관의 인가를 받도록 요구하고 있다. 즉, 정부는 보험자

----

6   상법 제663조를 보라. 대표적인 사전적인 규제방식이다.

에 의하여 운영되는 보통보험약관에 대한 강력한 감독권을 부여하고 있다. 예를 들면, 보험자가 보험사업의 허가를 받고자 할 때에 그 신청서에 기초서류로써 보통보험약관을 첨부하도록 하고 있고, 변경할 때에도 정부에 신고해야 한다. 또한 약관에 법령을 위반하거나 보험계약자에게 불리한 내용이 있다고 인정하는 경우에는, 청문을 거쳐 그 보통보험약관의 변경 또는 사용의 정지를 명할 수 있도록 하고 있다.

3) 사법적 방법

사법적 방법은 사후적으로 보통보험약관을 규제하는 방법에 속한다. 법원은 법률의 해석과 적용을 담당하는 기관에 해당한다. 법원은 분쟁이 발생한 경우에 보통보험약관을 해석하거나 적용을 통하여 최종적으로 해당 약관의 유·무효를 판단하게 된다. 보통보험약관이 유효한 것인지 또는 약관의 내용에 있어서 해석에 의문이 있는 경우라면, 법원을 통하여 해결을 도모하게 되는데, 법원이 약관에 대하여 행하는 구체적 내용통제의 내용과 기준에 대하여 다음과 같은 점을 고려한다.

> **대법원 2008. 12. 16. 자 2007마1328 결정**
>
> "법원이 약관의 규제에 관한 법률에 근거하여 사업자가 미리 마련한 약관에 대하여 행하는 구체적 내용통제는 개별 계약관계에서 당사자의 권리·의무를 확정하기 위한 선결문제로서 약관조항의 효력 유무를 심사하는 것이므로, 법원은 약관에 대한 단계적 통제과정, 즉 약관이 사업자와 고객 사이에 체결한 계약에 편입되었는지의 여부를 심사하는 편입통제와 편입된 약관의 객관적 의미를 확정하는 해석통제 및 이러한 약관의 내용이 고객에게 부당하게 불이익을 주는 불공정한 것인지를 살펴보는 불공정성통제의 과정에서, 개별사안에 따른 당사자들의 구체적인 사정을 고려해야 한다."

V. 약관의 해석원칙

1. 의의

약관규제법은 법원이 약관을 해석함에 있어서 몇 가지 원칙을 규정하고 있다. 보통거래약관은 사업자가 약관을 작성함에 있어 알기 쉽고, 표준화·체계화된 용어를 사용하도록 하였음에도 불구하고, 모호하고 불명확한 문구나 내용이 포함될 수 있다. 이때 문제가 되는 내용에 대한 법원의 해석이 필요하게 된다. 약관규제법은 약관을 해석함에 있어 불공정한 약관에 해당하는 것이라면, 해당 약관은 무효임을 명백하게 밝히고 있다.

2. 해석원칙

1) 신의성실의 원칙

약관의 해석원칙으로 신의성실의 원칙을 들 수 있다. 약관규제법은 약관의 해석은 신의성실의 원칙에 따라야 함을 규정하고 있다. 약관규제법 제5조 제1항이 이를 명시적으로 밝히고 있고, 사법 전반에 걸쳐 적용되는 민법 제2조 역시 이와 같은 내용을 담고 있다.

신의성실의 원칙을 제시하고 있는 대법원의 대표적인 사례로는 화재보험 사건을 들 수 있는데, 해당 사건은 '보험계약자 또는 피보험자가 손해의 통지 또는 보험금청구에 관한 서류에 고의로 사실과 다른 것을 기재하였거나 그 서류 또는 증거를 위조하거나 변조한 경우 피보험자는 손해에 대한 보험금청구권을 잃게 된다.'는 보험약관 조항과 밀접한 관련을 맺고 있다.

대법원은 "피보험자 등이 서류를 위조하거나 증거를 조작하는 등 신의성실의 원칙에 반하는 사기적인 방법으로 과다한 보험금을 청구하는 경우에는 그에 대한 제재로서 보험금청구권을 상실하도록 하려는 데 있는 것으로 보아야 할 것인데, 독립한 여러 물건을 보험목적물로 하여 체결된 화재보험계약에서 피보험자가 그중 일부의 보험목적물에 관하여 실제 손해보다 과다하게 허위의 청구를 한 경우에 허위의 청구를 한 당해 보험목적물에 관하여 위 약관조항에 따라 보험금청구권을 상실하게 되는 것은 당연하다 할 것이나, 만일 위 약관조항을 피보험자가 허위의 청구를 하지 않은 다른 목적물에 관한 보험금청구권자까지 한꺼번에 상실하게 된다는 취지로 해석한다면 이는 허위 청구에 대한 제재로서의 상당한 정도를 초과하는 것으로 고객에게 부당하게 불리한 결과를 초래하여 신의성실의 원칙에 반하는 해석이 된다고 하지 않을 수 없으므로, 위 약관에 의해 피보험자가 상실하게 되는 보험금청구권은 피보험자가 허위의 청구를 한 당해 보험목적물의 손해에 대한 보험금청구권을 의미한다고 해석함이 상당하다."고 판시하고 있다.[7]

또한 약관이 계약내용의 일부로서 상대방의 법률상 지위에 중대한 영향을 미치는 경우에, 대법원은 "법률행위는 당사자의 내심적 의사에 관계없이 당사자가 그 표시행위에 부여한 객관적

---

7   대법원 2007. 2. 22. 선고 2006다72093 판결.

의미를 합리적으로 해석하여야 하며, 특히 당사자 일방이 작성한 약관이 계약의 일부로서 상대
방의 법률상 지위에 중대한 영향을 미치게 되는 경우에는 약관의 규제에 관한 법률 제6조 제1항
(신의성실의 원칙), 제7조 제2호(면책사항의 금지)의 규정 취지에 비추어 더욱 엄격하게 해석하
여야 한다."고 판시한 바 있다.[8]

2) 개별약정우선의 원칙

(1) 의의

약관규제법은 약관에서 정하고 있는 사항에 관하여 사업자와 고객이 약관의 내용과 다르게
합의한 사항이 있을 때에는, 그 합의 사항은 약관보다 우선하여 적용하도록 하고 있다(제4조).
이를 개별약정우선의 원칙이라 한다. 그러므로 계약의 해석에 있어서 개별약정과 상충되는 약
관조항의 적용은 배제된다. 그러나 개별약정이 무효가 되거나 약관의 조항과 동일하게 변경된
경우에는 편입된 약관이 적용된다고 보아야 한다.

(2) 요건

사업자가 약관에 의한 계약을 체결하면서 상대방과 특정 조항에 관하여 개별적인 교섭을 거
친 경우, 대법원은 그 특정 조항은 약관의 규제에 관한 법률의 규율 대상이 아닌 개별약정이 되
는지 여부 및 이때 개별적인 교섭이 있었다고 하기 위한 요건과 그에 관한 증명책임에 관하여
판단하였다.[9]

> **대법원 2010. 9. 9. 선고 2009다105383 판결**
>
> "계약의 일방 당사자가 다수의 상대방과 계약을 체결하기 위해서 일정한 형식에 의하여 미리 계약서를
> 마련하여 두었다가 어느 한 상대방에게 이를 제시하여 계약을 체결하는 경우에도 그 상대방과 사이에
> 특정 조항에 관하여 개별적인 교섭(또는 흥정)을 거침으로써 상대방이 자신의 이익을 조정할 기회를 가
> 졌다면, 그 특정 조항은 약관의 규제에 관한 법률의 규율대상이 아닌 개별약정이 된다고 보아야 한다.
> 이때 개별적인 교섭이 있었다고 하기 위해서는 비록 그 교섭의 결과가 반드시 특정 조항의 내용을 변경
> 하는 형태로 나타나야 하는 것은 아니라 하더라도, 적어도 계약의 상대방이 그 특정 조항을 미리 마련한

---

8   대법원 2006. 9. 8. 선고 2006다24131 판결.
9   대법원 2010. 9. 9. 선고 2009다105383 판결.

> 계약서의 내용에 구속되지 아니하고 당사자와 사이에 거의 대등한 지위에서 당해 특정 조항에 대하여 충분한 검토와 고려를 한 뒤 영향력을 행사함으로써 그 내용을 변경할 가능성이 있어야 하고, 약관 조항이 당사자 사이의 합의에 의하여 개별약정으로 되었다는 사실은 이를 주장하는 사업자 측에서 증명하여야 한다."

개별약정우선의 원칙과 관련된 또 다른 대법원 판결이 있다. 피고회사의 보험설계사가 보험금지급이 거절되는 사고의 내용을 설명하지 아니하여 보험계약자가 그 약관의 내용을 알지 못하는 경우에, 보통보험약관의 구속력을 인정할 수 있는가에 대하여 대법원이 판단하였다.

대법원 1991. 9. 10. 선고 91다20432 판결

> "보통보험약관이 계약당사자에 대하여 구속력을 갖는 것은 그 자체가 법규범 또는 법규범적 성질을 가진 약관이기 때문이 아니라 보험계약 당사자 사이에서 계약내용에 포함시키기로 합의하였기 때문이라고 볼 것이며, 일반적으로 당사자 사이에서 보통보험약관을 계약내용에 포함시킨 보험계약서가 작성된 경우에는 계약자가 그 보험약관의 내용을 알지 못하는 경우에도 그 약관의 구속력을 배제할 수 없는 것이 원칙이나, 당사자 사이에서 명시적으로 약관의 내용과 달리 약정한 경우에는 위 약관의 구속력은 배제된다."

"보험회사가 보험계약자와 사이에 1종 특수면허가 있어야 운전할 수 있는 차량에 대하여 1종 대형면허 소지자를 주운전자로 한 보험계약을 체결한 경우, 1종 대형면허가 취소, 정지된 상태에서 이루어진 운전이 아닌 한 무면허 운전 면책약관을 배제하는 개별 약정이 있었다"고 대법원은 인정한 바 있다.[10]

대법원 1998. 10. 13. 선고 97다3163 판결

> "보험계약자는 소외 1, 소외 1의 직업은 한국중량, 주운전자는 소외 2, 차량업주·사용용도는 한국중량·기계운반용, 면허번호 (대형운전면허등록번호 생략)으로 되어 있고, 차량의 등록번호는 (차량등록번호 1 생략), 차량 종별은 렉카크레인으로 기재되어 있는 사실(갑 제4호증, 기록 50면 참조), 이 사건 보험계약 체결 시 적용한 기본보험료는 대인배상(무한)이 485,700원, 대물배상(2,000만 원 한도)이

---

10 대법원 1998. 10. 13. 선고 97다3163 판결.

290,400원, 합계 금 776,100원으로 되어 있는데, 이는 "자동차관리법시행규칙 중 자동차의 종류에 의한 특수 자동차로서 사람, 화물을 운반하는 구조를 가지지 않고 특수 작업을 하는 구조를 가진 자동차(중기관리법의 적용을 받는 중기 제외)"인 특수 작업용 자동차의 요율을 적용한 것이고, 여기의 특수 작업용 자동차에는 렉카(구난형)나 주레라(견인형)는 포함되지 아니하는 사실, 위와 같은 특수 작업용 자동차는 특수면허(렉카)가 아닌 1종 대형면허로도 운전할 수 있는 차량인 사실 등을 인정할 수 있는바, 사정이 이와 같다면 이 사건 계약 체결 시 피고는 이 사건 차량을 1종 대형면허로 운전이 가능한 것으로 판단하고 이 사건 보험계약을 체결한 것으로 보아야 할 것이고, 여기에 앞서 본 차량의 종류가 '렉카크레인'으로 되어 있는 점, 차량의 용도도 '기계운반용'으로 되어 있는 점, 기중기장치 특별요율을 적용한 점 등을 고려하여 보면 결국 피고는 주운전자인 소외 2가 소지한 1종 대형면허로 이 사건 차량을 운전하더라도 그 운전이 운전면허가 취소, 정지된 상태에서 이루어진 것이 아닌 한 그 운전으로 인한 사고로 인한 손해를 보상하여 주기로 하는 약정을 한 것으로 인정함이 상당하다고 할 것이다."

보험약관에 대한 설명의무 위반의 효과, 설명의무 위반으로 보험계약이 나머지 부분만으로 유효하게 존속하는 경우, 보험계약의 내용을 확정하는 방법 및 보험계약자가 확정된 보험계약의 내용과 다른 내용을 보험계약의 내용으로 주장하기 위한 요건 및 민사소송에서 당사자 일방이 일부가 훼손된 문서를 증거로 제출하였는데 상대방이 훼손된 부분에 잔존 부분의 기재와 상반된 내용이 기재되어 있다고 주장하는 경우, 증거가치 판단과 사실인정의 방법에 대하여 대법원은 다음과 같이 판단하고 있다.

대법원 2015. 11. 17. 선고 2014다81542 판결

"보험자 또는 보험계약의 체결 또는 모집에 종사하는 자는 보험계약을 체결할 때에 보험계약자 또는 피보험자에게 보험약관에 기재되어 있는 보험상품의 내용, 보험료율의 체계 및 보험청약서상 기재사항의 변동사항 등 보험계약의 중요한 내용에 대하여 구체적이고 상세하게 설명할 의무를 지고, 보험자가 이러한 보험약관의 설명의무를 위반하여 보험계약을 체결한 때에는 약관의 내용을 보험계약의 내용으로 주장할 수 없다[상법 제638조의3 제1항, 약관의 규제에 관한 법률(이하 '약관규제법'이라고 한다) 제3조 제3항, 제4항]. 이와 같은 설명의무 위반으로 보험약관의 전부 또는 일부의 조항이 보험계약의 내용으로 되지 못하는 경우 보험계약은 나머지 부분만으로 유효하게 존속하고, 다만 유효한 부분만으로는 보험계약의 목적 달성이 불가능하거나 그 유효한 부분이 한쪽 당사자에게 부당하게 불리한 경우에는 그 보험계약은 전부 무효가 된다(약관규제법 제16조).

그리고 나머지 부분만으로 보험계약이 유효하게 존속하는 경우에 보험계약의 내용은 나머지 부분의 보험약관에 대한 해석을 통하여 확정되어야 하고, 만일 보험계약자가 확정된 보험계약의 내용과 다른 내용을 보험계약의 내용으로 주장하려면 보험자와 사이에 다른 내용을 보험계약의 내용으로 하기로 하는 합의가 있었다는 사실을 증명하여야 한다(약관규제법 제4조)."

3) 객관적 해석의 원칙

객관적 해석의 원칙을 명문으로 규정한 사항은 약관규제법 제5조 제1항에서 볼 수 있다. 동 조항은 신의 성실의 원칙을 규정하고 있기도 하지만, 보통거래약관이 고객에 따라 다르게 해석되는 것 역시 금지하고 있다. 보통보험약관은 계약 당사자 사이에 구체적인 거래를 대상으로 하여 작성된 것이 아니다. 그러므로 약관을 해석함에 있어서 개별 계약당사자가 기도한 목적이나 의사를 기준으로 하지 않고 평균적 고객의 이해가능성을 기준으로 하되 보험단체 전체의 이해관계를 고려하여 객관적이면서도 획일적인 기준으로 해석하여야 한다.

대법원은 "보통거래약관 및 보험제도의 특성을 비추어볼 때 약관의 해석은 일반 법률행위와는 달리 개개 계약 당사자가 기도한 목적이나 의사를 기준으로 하지 않고 평균적 고객의 이해가능성을 기준으로 하되 보험단체 전체의 이해관계를 고려하여 객관적·획일적으로 해석하여야 하므로, 자동차종합보험의 가족운전자 한정운전 특별약관에 정한 기명피보험자의 모에 기명피보험자의 법률상의 모가 아닌 기명피보험자의 부의 사실상의 배우자는 포함되지 아니한다."고 판시한 바 있다.[11]

4) 작성자불이익의 원칙

약관규제법 제5조 제2항은 작성자불이익의 원칙을 규정하고 있다. 약관은 사업자에 의하여 일방적인 의도와 목적에 작성되는 부합계약적인 성질을 가지고 있다. 그러므로 사업자는 약관의 주요 사항에 대하여 불명확하거나 다의적인 해석이 가능하도록 할 수 있다. 약관규제법은 다른 모든 약관해석의 원칙들을 우선적으로 적용하여 그 의미를 파악하도록 하면서, 그렇게 한다고 할지라도 그 의미가 모호한 경우에 해당하면, 최종적으로 작성자불이익의 원칙이 적용되도록 하고 있다.[12]

갑 보험회사의 보험계약 약관에서 말하는 암 수술급여금의 지급대상인 '수술'에 폐색전술이 해당하는지 여부가 쟁점이 되었던 사안이 있었다.[13]

---

11 대법원 2009. 1. 30. 선고 2008다68944 판결.
12 대법원 2019. 3. 14. 선고 2018다260930 판결: 박세민, 보험법, 제8판, 박영사, 2025, 125면.
13 대법원 2010. 7. 22. 선고 2010다28208·28215 판결.

대법원 2010. 7. 22. 선고 2010다28208·28215 판결

"보험계약 약관 제5조에서는 암 보험급여의 대상이 되는 수술을 특정암 또는 일반암의 치료를 직접적인 목적으로 수술을 받는 행위라고만 규정하고 있을 뿐 의료계에서 표준적으로 인정되는 수술이라고 제한하고 있지 않고, 위 약관에서 수술의 의미를 구체적으로 명확하게 제한하고 있지도 않으므로, 가는 관을 대동맥에 삽입하여 이를 통해 약물 등을 주입하는 색전술도 넓은 의미의 수술에 포함될 여지가 충분히 있고, 갑 보험회사는 병원에 직접 을의 치료내용을 확인한 후 3년 3개월 동안 19회에 걸쳐 합계 1억 1,400만 원의 암 수술급여금을 지급해 왔으므로, 을이 받은 폐색전술은 보험계약 약관 제5조의 수술에 해당한다고 봄이 상당하고, 이러한 해석론이 약관해석에 있어서의 작성자 불이익의 원칙에도 부합하는 것이라고 하여, 폐색전술이 보험계약 약관상 수술에 해당하지 않는다고 본 원심판결을 파기한다"

작성자불이익의 원칙과 관련된 사건으로 신용보증기금 약관에 대한 내용이 있다.

대법원 2005. 10. 28. 선고 2005다35226 판결

"보통거래약관의 내용은 개개 계약체결자의 의사나 구체적인 사정을 고려함이 없이 평균적 고객의 이해가능성을 기준으로 하여 객관적·획일적으로 해석하여야 하고, 고객보호의 측면에서 약관 내용이 명백하지 못하거나 의심스러운 때에는 고객에게 유리하게, 약관작성자에게 불리하게 제한해석하여야 한다(대법원 1996. 6. 25. 선고 96다12009 판결 등 참조).

그런데 이 사건 약관 제7조 제1항 제9호는 '기금이 채권자에게 채무자를 신용보증사고기업으로 정하여 통지한 때'를 독립된 신용보증사고의 하나로 규정하고 있고, 이는 위 약관 제7조 제1항 제1호 내지 제8호 소정의 신용보증사고 사유와는 달리 보증책임을 부담하는 피고가 대출은행인 채권자로부터의 통지가 없이도 독자적인 판단에 따라 채무자에 대한 신용보증을 철회하거나 일시 유보할 필요가 있다고 인정되는 사유가 발생할 경우를 대비하여 피고의 신용보증사고기업 지정통지 자체를 보증부대출의 취급금지사유인 신용보증사고의 하나로 규정한 취지라고 해석되므로, 이 경우 위 약관 제7조 제3항에 의하여 '신용보증사고가 발생된 후 당해 사고사유가 해소되어 처음부터 그 신용보증사고가 발생되지 아니한 것'으로 보기 위해서는 피고가 채권자에게 채무자에 대한 신용보증사고기업 지정을 해제한다거나 장래 보증부대출을 취급하여도 무방하다는 취지의 통지(이하 '정상화통지'라 한다)를 하여야만 하는 것으로 해석함이 상당하고, 이와 달리 피고의 신용보증사고기업 지정통지의 원인이 된 사유가 해소되었다고 하여 피고의 정상화통지 없이도 신용보증사고사유가 해소된다고 볼 수는 없으며, 위 약관의 내용이 명백하지 못하거나 의심스러운 사정이 있다고는 인정되지 아니하므로 위 약관의 내용을 약관의 규제에 관한 법률 제5조 제2항에 따라 고객에게 유리하게 제한해석하여야 할 여지도 없다. 이와 같은 취지의 원심판단은 정당하고, 거기에 상고이유에서 지적하는 바와 같이 약관의 해석에 관한 법리오해, 심리미진, 이유불비 등의 위법이 있다고 할 수 없으므로, 상고이유의 주장은 모두 이유 없다."

5) 축소해석의 원칙

축소해석의 원칙은 면책약관과 관련이 있다. 사업자는 일반적인 면책약관을 통하여 그의 책임범위를 넘어서 확대 적용하고자 하는 경향이 있다. 약관을 해석함에 있어, 약관조항은 엄격하게 제한적으로 해석이 이루어져야 하는 것이다.

대법원 2010. 1. 25. 선고 2010다45777 판결

"이 사건 공제약관은 제15조 제1항 제1호 본문(면책조항)에 의하여 고의적인 자살이나 자해로 인한 사망 또는 1급장해의 경우를 공제사고에서 제외시킴으로써 그에 대한 피고의 책임을 면제하는 한편, 그 단서 후단(면책제한조항)에서는 그러한 자살이나 자해로 인한 사망 또는 1급장해가 계약의 책임개시일로부터 1년이 경과한 후 발생한 때에는 다시 그 면책을 제한하고 있다. 결국 이 사건 면책제한조항은 자살 또는 자해가 계약의 책임개시일로부터 상당기간이 경과한 후 이루어진 경우에는 그 자살 또는 재해에 공제금을 취득하려는 부정한 동기나 목적이 있는지 여부를 판정하기 어렵다는 점을 고려하여 그 면책의 예외를 인정한 것으로서, 이 사건 면책조항에 의하여 줄어든 '재해 외의 원인으로 인한 공제사고의 객관적 범위'를 다시 일부 확장시키는 규정이라고 해석될 뿐 '재해로 인한 공제사고의 객관적 범위'에까지 확장하기 위하여 둔 규정이라고는 볼 수 없다. 이상에서 본 바를 종합해보면 이 사건 면책조항 및 면책제한조항은, 재해에 해당하지 아니하는 원인으로 사망하거나 1급장해가 발생한 때에는 재해를 원인으로 하는 장해연금이 아니라 유족위로금이 그 공제금으로 지급되어야 하는데, 계약의 책임개시일로부터 1년 이내에 피공제자가 자살 또는 자해를 하여 위와 같은 공제사고가 발생한 경우라면 피고가 유족위로금 지급책임을 면하지만 그 후의 자살 또는 자해로 인한 경우라면 그 지급책임을 면하지 못한다는 취지로 해석함이 자연스럽고 합리적이다."

VI. 약관규제법과 민법

보통거래약관에서 발생하는 다양한 폐해를 방지하기 위하여 각국에서는 여러 가지 법률을 제정하여 그것을 규제하고 있다. 우리나라에서도 약관에 대한 입법적 규제의 필요성이 제기되어 1986년 '약관의 규제에 관한 법률(약관규제법)'을 제정하기에 이르렀다. 약관규제법은 독일에서 제정된 보통거래에 관한 법률(일명 약관규제법: Gesetz zur Regelung des Rechts der Allgemeinen Geschäftsbedingungen: AGB-Gesetz)에 그 근원을 두고 있다. 독일 약관규제법은 독립된 법전하에 30개의 조문을 가지고 규정되어 있었다.

2002년 독일에서 민법 개정은 약관규제법의 지위에도 상당한 영향을 미쳤다. 당시 민법, 특히 채권법에 대한 내용의 개정작업을 하던 중 보통거래약관을 어떻게 해야 할 것인가에 대한 문제가 발생하였다. 해결책은 보통거래약관의 규정을 민법으로 통합하는 것으로 결론이 났다. 보통거래약관이 민법전으로 통합하게 된 이유는 다음과 같다.[14] 첫째, 민법전이 아닌 특별사법으로서 독일 약관규제법을 존치시키는 것은 전체 법률 내용을 체계적으로 일관하여 살펴보는 것에 어려움이 있다는 것이다. 민법으로 통합하여 법률에 대한 명료성과 이해의 정도를 보다 더 제고하기 위한 목적에서 통합이 이루어진 것이다. 둘째, 약관규제법 내의 실체법적인 규정들은 이미 사법의 일부를 이루면서 내용적으로도 민법과 밀접하게 연관되어 있기 때문에, 굳이 약관규제법을 민법으로부터 분리하는 것이 타당성이 없다는 점을 고려하여 민법에의 통합으로 발전하게 되었다. 셋째, 약관규제법을 특별법으로 존치시키는 경우에, 상이한 이해원칙·개념화 및 가치척도 등이 만들어질 위험이 커질 수 있다는 점과 민법으로 통합하게 되면 그러한 위험이 제거된다는 점이 제시되었다.

독일의 입법자는 약관의 규제내용을 민법의 원칙으로 통합함으로써 동일하게 적용되도록 하는 틀을 제공하고자 하였고, 궁극적으로 민법의 재통합화를 달성하고자 하는 취지가 담겨 있다고 하겠다.

....

14 B-T Drucks. 14/6040. S. 91 f., 97, 149 f.

제5장

디지털금융의 발전과 보험산업

I. 서 론

　서비스업 중심으로 코로나19 이후 비대면 수요가 급격히 증가하고 있는 모습이다. ICT 기술과 대형 플랫폼을 기반으로 하는 기업들이 광고, 유통, 정보통신, 미디어, 운송, 여가, 교육 업종 등 다양한 분야로 자신의 사업 범위를 확대하고 있다. 특히, 규모가 큰 네이버, 카카오 등 회사들은 지급 결제와 은행 부문에서 단기간에 다수 고객을 확보하고 보험의 영역까지 자신의 영업 범위의 확대를 추진하고 있다. 이들 기업은 소비자 편익 확대라고 하는 긍정적인 영향을 미치지 않는 것은 아니지만, 다양한 부작용도 제기되고 있다. 이는 先 시장의 지배력을 확대한 후, 後 기존 산업의 질서를 무너뜨리면서 자신들이 원하는 방향으로 시장 질서를 만들어가고자 하는 모습이다.

　온라인 플랫폼 기업의 금융업 진출에 따른 시장 리스크 확대 우려도 제기되고 있다. 기존 보험사는 그동안 두텁게 쌓여온 규제로 인해 자체 플랫폼 등 활용한 서비스 및 비금융 서비스 진출이 어려운 상황이다. 보험사는 자체 플랫폼을 통한 다양한 비금융 서비스 분야의 진출을 하고자 하지만 부수·겸영업무 금지, 자회사에 대한 규제, 1사2라이선스 불허 정책 등과 관련된 법규는 기존 보험회사의 다양한 서비스 운영 가능성에 대한 불투명성을 야기하고 있다.

II. 디지털 플랫폼 기업의 보험업 진출과 영향

1. 금융업 진출 배경

대규모 고객 기반을 가진 거대 정보기술(IT) 회사들이 있다. 이는 중소형 핀테크 기업과는 구별되는 기업으로, 전자상거래, SNS메신저, 검색엔진 등의 고유사업을 기반으로 확보한 브랜드 인지도, 고객정보 등을 통해 금융 및 지급결제 분야로 진출하고 있다.

플랫폼을 통해 축적한 금융데이터, 전자상거래 데이터를 통해 금융업에 진출한 이 기업들은 신규 서비스를 창출하고 기존 비즈니스를 더욱 강화하고 있는 모습이다.[1] 특히, 이들 기업은 비대면(언택트) 금융거래에 익숙할 뿐만 아니라, 미래 잠재고객으로서 MZ세대가 편리함과 개별 맞춤형 특화 서비스에 우선 가치를 두면서 금융산업의 디지털화를 추동하고 있는 모습이다.

이러한 현상은 플랫폼 이용자의 편익을 제고한다는 측면도 있지만, 플랫폼의 선순환 기능을 통해 그 지배력을 확대하게 하는 특징을 갖는다. 또한 이들 기업의 금융업에 대한 진출은 소비자 편익 제고 및 금융혁신을 위한 금융당국의 규제 완화 정책에 기인하고 있다고 평가할 수 있다.

2. 보험업 진출 현황

디지털 플랫폼 기업들의 가능한 금융영역으로는 은행(인터넷전문은행)을 통한 여·수신업무, 지급결제(간편결제)로서 선불·직불·후불서비스가 있고, 증권(CMA 제휴) 및 보험사와 제휴 또는 자회사를 통한 금융서비스 등을 들 수 있다.[2] 우리나라의 대표적인 사업자들에는 네이버, 카카오, 토스(비바리퍼블리카) 등이 있다. 이 기업들은 보험 영역에도 점진적으로 그 범위와 점유율을 확대하고 있는데, 2020년 6월 네이버파이낸셜은 '엔에프(NF)보험서비스' 상호로 법인 등록을 마친 상태다. 서비스의 범위에는 보험대리점업, 통신판매업, 전화권유판매업, 소프트웨어 개발 및 공급업, 콜센터마케팅 서비스업 등이 포함된다. 다만, 아직 보험업라이선스를 획득하지 않은 것으로 보이지만, 보험사 제휴를 통해 사실상 보험대리점(GA)과 같은 유통을 전담할 것으로 예상된다.

금융위원회가 카카오손해보험의 보험업 진출을 공식적으로 허가했다. 금융위원회는 2022

1 　이보미, "빅테크의 금융업 진출 현황 및 시사점", 주간 금융브리프, 29(1), 2020, 13면.
2 　김시홍, "빅테크플랫폼의 보험산업 진입과 법적 과제", 보험법연구, 16(1), 2021, (해외 빅테크 사례에 대하여는) 171-172면. (국내 사례에 대하여는) 173면.

년 4월 13일 카카오손해보험이 자본금 요건, 사업계획 타당성, 건전 경영요건 등을 모두 충족한다고 판단해 허가 결정을 내렸다.[3] 기존 보험사가 아닌 신규 사업자가 디지털 보험사 허가를 받은 것이다.[4] 보증보험과 재보험을 제외한 손해보험업의 모든 종목을 다루게 된다. 소비자가 참여하는 'DIY 보험', 플랫폼 연계 보험 등의 상품을 포함하여, 동호회·휴대전화 파손 보험, 카카오 키즈 연계 어린이보험, 카카오 모빌리티 연계 택시 안심·바이크·대리기사 보험 등을 개발할 예정이다. 카카오손해보험은 카카오톡과 카카오페이를 통한 간편 가입, 플랫폼을 통한 간편 청구, 인공지능(AI)을 활용한 신속한 보험금 지급 심사 등은 기존 보험사와 비교하여 강점이 될 것이다.

핀테크 유니콘 기업으로 성장한 토스(비바리퍼블리카) 또한 토스증권과 토스인슈어런스(보험)를 설립하며 종합금융플랫폼으로 도약하고 있으며, 토스뱅크도 2021년부터 런칭을 시작했다. 토스는 기존 보험사와 MOU를 통해 토스 플랫폼에서 보험사들의 상담·가입 창구를 제공하고 있고, 규제 샌드박스를 통해서도 우회적으로 보험서비스를 제공하고 있다. 토스(토스인슈어런스)는 플랫폼과 GA의 전문설계사 조직간 협업(대면설계사 매칭서비스)을 중점 추진하고 있다. 설계사 전용 영업지원 앱 '토스보험파트너'에 11만 명(생보·손보 등록 설계사의 약 25%, 2021.12 현재)이 넘는 설계사들이 가입하고 있다.

3. 영향

코로나19로 인해 가속화 되고 있는 금융산업의 디지털화 추세 속에서, 디지털 플랫폼 기업은 매년 금융부문에 사업 비중을 넓혀 가고 있고, 네이버나 카카오 등 대형 플랫폼기업의 보험업에 대한 비중과 그 점유율을 높아지고 있다.[5] 하지만 대형 플랫폼 기업의 사업범위의 확대는 약탈적 가격인상이라든가 타업체로의 비용 전가 등 다양한 부작용도 발생하고 있다.[6] 실제로, OO택시의 경우 택시 호출시장 80% 이상 점유 후 일방적으로 요금을 인상한다든가, OO커머스의 경

3　카카오손해보험의 자본금은 1천억 원이며, 출자자는 카카오페이(60%)와 카카오(40%)로서, 카카오손해보험은 통신판매 전문 보험회사(디지털 보험사) 방식으로 운영된다.

4　교보라이프플래닛생명(교보생명)과 캐롯손해보험(한화손보)도 디지털 보험사로 금융당국의 허가를 받았으나 기존 보험사의 허가 사례에 해당한다.

5　현재 이들 3사 기업은 국내 4대 금융지주사 시가총액을 합한 것과 맞먹거나 이를 상회하는 규모로 확대되고 있다. 2017년 인터넷전문은행을 보유한 카카오는 계열사 102개를 거느리고 금융 및 플랫폼 산업으로 확장을 지속해 나가고 있다.

6　이보미, "빅테크의 금융업 진출 현황 및 시사점", 주간 금융브리프, 29(1), 2020, 14면.

우 입점업체에 경쟁몰 가격인상 요구나 판촉 비용 전가 등은 대표적인 부작용 사례에 해당한다. 이러한 부작용 외에도 다양한 문제점도 발생하고 있다.

진입 규제와 관련된 문제점이 있다. 플랫폼 기업의 경우 혁신금융서비스로 인정받으면 일정한 기간 동안 보험업법이나 자본시장법 등의 적용을 면제받게 되는데, 금융업 라이선스를 취득받지 않으면서 금융회사의 본질적 업무 또는 부수업무 수행을 허용하는 효과가 발생한다.

건전성 규제에서도 유사한 현상이 발생한다. 보험회사의 경우 BIS(자기자본)비율, 순자본비율, RBC(지급여력)비율 등 엄격한 자본 규제를 준수해야 하나, 플랫폼 기업의 경우 대체로 낮은 수준의 건전성 규제가 이루어진다. 보험업법의 규율을 받는 것이 아니라 신용정보법이나 전자금융거래법 등으로 규율을 받게 된다.

이러한 현상은 영업행위 규제에서도 발생한다. 보험회사의 경우 소비자 보호를 위해 이해상충 방지, 정보교류 차단, 투자권유나 불공정거래 금지, 상품설명이나 공시 등에 있어서 엄격한 영업행위 규제를 적용받는다. 하지만 플랫폼 기업의 경우 금융업 라이선스 없이 유사 금융서비스를 제공하며 영업행위 규제를 거의 받지 않게 된다.

이와 같이 대형 플랫폼사와 전통 금융사 간 진입 규제, 건전성 규제, 행위 규제의 영역에서, '금융혁신'이라는 명분 아래 플랫폼 기업은 금융업 영위시 금융사보다 낮은 수준의 규제 적용을 받는 '기울어진 운동장' 현상이 발생한다.

III. 보험회사의 디지털신사업 진출과 주요 법적 과제

1. 플랫폼사와 금융업 간 진입 규제 정책의 차별성

보험업의 경우 신규로 인·허가 사항, 자회사 지분율 및 업종, 부수업무와 겸영업무 신고를 함에 있어서 보험업법과 금융산업구조개선에 관한 법률 등에 의하여 엄격한 규제를 받게 된다.[7] 고유업무와 부수업무, 겸영업무로 구분하여 살펴보도록 한다.[8]

----

[7] 은행의 경우에도 동일한 논의에 대하여는 고동원, "은행의 경쟁력 향상을 위한 은행업무 범위의 확대 방안", 은행법, 1(1), 2008, 4-35면.

[8] 이성남, 보험업법, 씨아이알, 2022, (고유업무에 대하여는) 234-235면, (부수업무에 대하여는) 240-242, (겸영업무에 대하여는) 235-239면.

1) 고유 업무

고유업무는 해당 금융권역이 취급하는 핵심업무로서 감독당국의 별도 인허가를 얻지 못하면 타권역이 영위할 수 없는 업무이다. 보험업의 고유업무는 보험계약의 인수라고 할 수 있다. 이 점은 보험업법 제2조 정의 규정에서 찾아볼 수 있다.

보험업법

제2조(정의) 이 법에서 사용하는 용어의 뜻은 다음과 같다. 〈개정 2015. 7. 31., 2021. 4. 20.〉 생략함.

2. "보험업"이란 보험상품의 취급과 관련하여 발생하는 보험의 인수(引受), 보험료 수수 및 보험금 지급 등을 영업으로 하는 것으로서 생명보험업 · 손해보험업 및 제3보험업을 말한다.

3. "생명보험업"이란 생명보험상품의 취급과 관련하여 발생하는 보험의 인수, 보험료 수수 및 보험금 지급 등을 영업으로 하는 것을 말한다.

4. "손해보험업"이란 손해보험상품의 취급과 관련하여 발생하는 보험의 인수, 보험료 수수 및 보험금 지급 등을 영업으로 하는 것을 말한다.

5. "제3보험업"이란 제3보험상품의 취급과 관련하여 발생하는 보험의 인수, 보험료 수수 및 보험금 지급 등을 영업으로 하는 것을 말한다.

6. 이하 생략함.

보험업법 제2조 제2호는 '보험업', 제3호는 '생명보험업', 제4호는 '손해보험업', 제5호는 '제3보험업' 용어에 대하여 정하고 있는데, 이를 규정들을 통하여 보험업의 고유한 업무는 '보험의 인수', '보험료 수수 및 보험금 지급' 등임을 알 수 있다.

2) 부수 업무

부수업무는 본업은 아니지만 고유업무에 수반되는 업무로서 보험회사가 부수업무를 개시하기 위해서는 그 업무를 하려는 날의 7일 전까지 금융위원회에 신고해야 한다(보험업법 제11조의2 제1항).

보험업법

제11조의2(보험회사의 부수업무) ① 보험회사는 보험업에 부수(附隨)하는 업무를 하려면 그 업무를 하려는 날의 7일 전까지 금융위원회에 신고하여야 한다. 다만, 제5항에 따라 공고된 다른 보험회사의 부수업무(제3항에 따라 제한명령 또는 시정명령을 받은 것은 제외한다)와 같은 부수업무를 하려는 경우에는 신고를 하지 아니하고 그 부수업무를 할 수 있다. 〈개정 2020. 12. 8.〉

② 금융위원회는 제1항 본문에 따른 신고를 받은 경우 그 내용을 검토하여 이 법에 적합하면 신고를 수리하여야 한다. 〈신설 2020. 12. 8.〉

③ 금융위원회는 보험회사가 하는 부수업무가 다음 각 호의 어느 하나에 해당하면 그 부수업무를 하는 것을 제한하거나 시정할 것을 명할 수 있다. 〈개정 2020. 12. 8.〉

1. 보험회사의 경영건전성을 해치는 경우

2. 보험계약자 보호에 지장을 가져오는 경우

3. 금융시장의 안정성을 해치는 경우

이하 생략함.

구 보험업법 제16조를 보면 부수업무에 대하여 구체적으로 제시하고 있었다.[9] 하지만 현 보험업법은 부수업무의 범위에 대하여 명확하게 규정하고 있지 않고, 고유업무에 수반되는 업무로서 부수업무에 대하여 네가티브 방식을 띠고 있다. 긍정적인 측면에서 본다면, 폭넓게 해석할 수 있다는 점을 엿볼 수 있지만, 열거식에서 포괄식, 이른바 네가티브 방식으로 변경을 했음에도 불구하고 부수업무의 해당 여부에 대해서는 과거 사례로 판단하고 있다는 점에서 적용의 한계가 있다.

3) 겸영 업무

타 권역의 고유업무라도 개별적으로 감독당국의 별도 인허가를 받으면 '겸영업무'의 형태로 영위가 가능하다. 겸영업무는 보험업법 제11조와 보험업법 시행령 제16조에서 열거하고 있다. 2008년에는 전자금융거래법 제28조 제2항 제1호에 따른 전자자금이체업무가 겸영업무로 추가되면서 수익증권 판매에 수반되는 수익증권 환매대금 이체 등의 업무가 전자자금이체업무에 포함되었고(동법 시행령 제16조 제1항 제4호), 최근에는 외국환거래법 제3조 제16호에 따른 외

---

[9] 보험수리업무, 보험사고 및 보험계약 조사업무, 보험에 관한 연수·간행물·도서출판업무, 보험업과 관련된 전산시스템 또는 소프트웨어 등의 대여 및 판매 업무, 보험관련 인터넷 정보서비스 제공 업무 등을 포함 22개 업무를 열거하고 있었다. 이용석, 최신보험업법, 도서출판 두남, 2011, 223-224면.

국환업무가 겸영업무에 추가되었다(동법 시행령 제16조 제2항 제7호). 그리고 2022년 '보험업에 부수하는 업무의 수행에 필요한 범위에서 영위하는 전자금융거래법에 따른 선불전자지급수단의 발행 및 관리 업무'가 겸영업무로 새롭게 도입되었다(동법 시행령 제16조 제2항 제9호).

4) 투자 제한

금산분리원칙이라 함은 금융과 산업이 분리되어야 함을 의미한다. 동 원칙에 따라, 제조업 또는 서비스업 회사가 금융자본을 소유하는 것이 금지되고, 금융회사 역시 비금융회사 지배를 금지하는 것이, 보험업의 경우 원칙적으로 다른 회사의 지분에 15% 이상 출자가 불가능하다.[10]

보험업법

제109조(다른 회사에 대한 출자 제한) 보험회사는 다른 회사의 의결권 있는 발행주식(출자지분을 포함한다) 총수의 100분의 15를 초과하는 주식을 소유할 수 없다. 다만, 제115조에 따라 금융위원회의 승인(같은 조 제1항 단서에 따라 승인이 의제되거나 같은 조 제2항 및 제3항에 따라 신고 또는 보고하는 경우를 포함한다)을 받은 자회사의 주식은 그러하지 아니하다. 〈개정 2020. 12. 8.〉 [전문개정 2010. 7. 23.]

보험회사는 혁신적인 고객경험을 제공하기 위해 타산업과 차별화된 플랫폼 기반의 생활서비스 제공을 지속적으로 검토하고 있으나, 투자제한의 규정으로 인하여 현재 해당 서비스의 영위가능 여부가 불명확한 상태이다(보험업법 제109조).

5) 문제점

보험업의 경우 보험업법 관련 규정에 명시된 고유업무, 부수업무 및 겸영업무에 한정된다. 특히, 부수업무는 열거식으로 되어 있던 것을 포괄식의 형태로 변경을 가했지만, 실질적으로 과거 사례를 토대로 하여 판단하고 있는 상황이다. 겸영업무로는 유동화자산 관리, 전자자금이체, 집합투자업 등 14개 업무 등을 명시적으로 규정하고 있다. 이와 같이 보험업의 경우 보험업법에 따른 업무범위와 신고 사항 등 엄격한 진입에 대한 규제와 다른 회사에 대한 출자 제한을

---

10 한기정, 보험업법, 박영사, 2019, 736-737면.

받고 있음을 알 수 있다.

반면, 플랫폼 기업의 경우에는 이러한 별도의 규제사항이 존재하지 않으며, 혁신금융서비스로 인정받는 경우 일정 기간 자본시장법을 포함하여 보험업법 등의 적용 면제의 혜택을 받게 된다. 특히, 금융혁신지원특별법은 금융업 라이선스를 취득하지 않고 금융회사의 본질적 업무 또는 부수업무 수행을 허용하는 효과를 주고 있다.

이와 반대로 보험사의 경우 플랫폼 기반의 생활서비스 제공 등 보험사가 축적하고 있는 전문성과 핀테크·주택관리·반려동물 등 스타트업이 지닌 창의성을 결합하여 새로운 보험산업의 성장동력을 모색하고 있으나, 현행 법률상 그 한계가 드러나고 있다.

보험업법은 보험사가 비금융회사에 대해 15% 이상의 지분 보유를 금지하고 있다. 이 점은 제휴 및 투자가 활성화되지 않은 결과를 초래하고 있다. 반면, 플랫폼 기업은 아무런 제약을 받지 않고 이러한 사업을 자유롭게 영위할 수 있다. 보험회사와 같은 디지털금융업무를 영위함에도 플랫폼 기업은 전혀 규제를 받지 않음에도 불구하고, 보험회사는 금융기업이라는 이유만으로 차별을 받고 있는 것이다. 이른바 '기울어진 운동장'이라는 차별적 규제책이라는 비판을 면하기 어렵다고 하겠다.

2. 보험회사 자회사 소유 및 가능 업무

보험사의 새로운 상품과 서비스 제공을 위한 신사업 추진에 걸림돌이 되는 자회사 제한과 관련된 규제사항을 살펴보도록 한다.

1) 현 법률규정

보험회사가 자회사를 소유하고 업무를 할 수 있는 사항에 대하여는 보험업법 제115조와 동법 시행령 제59조에 규정되어 있다.

보험업법 제115조

제115조(자회사의 소유) ① 보험회사는 다음 각 호의 어느 하나에 해당하는 업무를 주로 하는 회사를 금융위원회의 승인을 받아 자회사로 소유할 수 있다. 다만, 그 주식의 소유에 대하여 금융위원회로부터 승인 등을 받은 경우 또는 금융기관의 설립근거가 되는 법률에 따라 금융위원회로부터 그 주식의 소유에 관한 사항을 요건으로 설립 허가·인가 등을 받은 경우에는 승인을 받은 것으로 본다. <개정

2015. 3. 11., 2020. 2. 4., 2020. 12. 8.>

1. 「금융산업의 구조개선에 관한 법률」 제2조제1호에 따른 금융기관이 경영하는 금융업

2. 「신용정보의 이용 및 보호에 관한 법률」에 따른 신용정보업 및 채권추심업

3. 보험계약의 유지·해지·변경 또는 부활 등을 관리하는 업무

4. 그 밖에 보험업의 건전성을 저해하지 아니하는 업무로서 대통령령으로 정하는 업무

이하 생략함.

보험업법 시행령 제59조

제59조(자회사의 소유) ① 삭제 <2021. 6. 1.>

② 법 제115조제1항제4호에서 "대통령령으로 정하는 업무"란 다음 각 호의 어느 하나에 해당하는 업무를 말한다. <개정 2019. 6. 25., 2021. 6. 1.>

1. 외국에서 하는 사업(제3항제15호에 해당하는 사업은 제외한다)

2. 기업의 후생복지에 관한 상담 및 사무처리 대행업무

2의2. 「신용정보의 이용 및 보호에 관한 법률」에 따른 본인신용정보관리업

3. 그 밖에 제3항 및 제4항에 따른 업무가 아닌 업무로서 보험회사의 효율적인 업무수행을 위해 필요하고 보험업과 관련되는 것으로 금융위원회가 인정하는 업무

③ 법 제115조제2항에서 "대통령령으로 정하는 업무"란 다음 각 호의 업무를 말한다. <신설 2021. 6. 1.>

1. 보험회사의 사옥관리업무

2. 보험수리업무

3. 손해사정업무

4. 보험대리업무

5. 보험사고 및 보험계약 조사업무

6. 보험에 관한 교육·연수·도서출판·금융리서치 및 경영컨설팅 업무

7. 보험업과 관련된 전산시스템·소프트웨어 등의 대여·판매 및 컨설팅 업무

8. 보험계약 및 대출 등과 관련된 상담업무

9. 보험에 관한 인터넷 정보서비스의 제공업무

10. 자동차와 관련된 긴급출동·차량관리 및 운행정보 등 부가서비스 업무

11. 보험계약자 등에 대한 위험관리 업무

12. 건강·장묘·장기간병·신체장애 등의 사회복지사업 및 이와 관련된 조사·분석·조언 업무

13. 「노인복지법」 제31조에 따른 노인복지시설의 설치·운영에 관한 업무 및 이와 관련된 조사·분석·조언 업무

14. 건강 유지·증진 또는 질병의 사전 예방 등을 위해 수행하는 업무

15. 외국에서 하는 보험업, 보험수리업무, 손해사정업무, 보험대리업무, 보험에 관한 금융리서치 업무, 투자자문업, 투자일임업, 집합투자업 및 부동산업

이하 생략함.

2) 자회사 소유 규제 이유

보험회사의 자회사 규제에 대해서는 다양한 이유가 제시될 수 있다.[11] 첫째, 타인의 자금으로 보험회사가 자회사를 보유해서는 안 된다는 것이다. 둘째, 보험회사가 금융업이나 다른 업종을 자회사로 두는 경우 보험회사의 재무건전성이나 보험계약자 보호의 문제 발생가능성이 있다는 것이다. 셋째, 모회사인 보험회사의 주업무와 연관성이 없는 업종을 영위하는, 이른바 문어발식 업종 확장을 제한하고자 하는 뜻이 있다.

하지만 첫째 사항에 대하여는 현재 보험회사의 자회사에 대한 투자한도의 기준이 자기자본으로 변경되었기 때문에[12] 그 설득력이 떨어진다. 둘째 사항에 대하여는 자회사가 주식회사나 유한회사인 경우 유한책임의 원칙에 따라 투자한 만큼만 책임을 부담하기 때문에 보험계약자 보호는 그리 큰 문제가 될 수 없다고 하겠다. 다만, 보험업이 자회사를 통하여 일반 제조업 운영 등 문어발식 확장은 바람직한 방향이 아니라 할 것이다.

한편, 2019년 보험업법 개정으로 인하여 핀테크 자회사 소유 근거가 마련된 바 있다. 이는 은행법 제37조 제2항에 따라 금융위가 정하는 업종에 대하여는 '은행업, 금융투자업, 보험업 저축은행업 등 금융업', '은행업부 수행과 직접 관련된 금융전산업', '열거된 업무 외 그에 준하는 것으로 금융위가 인정하는 업무' 등에 대하여 자회사를 인정하고 있다.[13] 이는 금융지주회사법에도 동일하게 등장한다.[14] 보험업법 역시 자회사에 대한 업무범위에 대하여는 은행법이나 금융지주회사법과 유사한 입법 태도를 보이고 있는데, 2021년 6월 1일 22개로 지정된 자회사 소유 관련 업무범위 사항을 삭제하고, 본인신용정보관리업 허용(동법 시행령 제59조 제2항 제2의2)과 함께 헬스케어 업무 도입(동법 시행령 제59조 제3항 제14호) 및 "⋯ 보험회사의 효율적인 업무 수행을 위해 필요하고 보험업과 관련되는 것으로서 금융위원회가 인정하는 업무"라고 규정하고 있는 사항(동법 시행령 제59조 제2항 제3호)에서 그러한 면을 볼 수 있다.

11　성대규, 안종만, 한국보험업법, 도서출판 두남, 2015, 495-496면.

12　예를 들면 보험업법 제106조 제1항 제7호. 동일한 자회사에 대한 신용공여는 일반계정에서 자기자본의 100분의 10으로 하고 있다.

13　은행법 제37조 제2항과 은행법감독규정 제49조 참조.

14　금융지주회사법 제2조 제1호는 자회사에 대한 개념을 규정하고 있고, 동법 시행령에는 법 제2조 제1항 제1호에서 "금융업의 영위와 밀접한 관련이 있는 회사"를 정함에 있어 '금융기관과 직접적인 관련이 있거나 금융기관의 효율적인 업무수행을 위하여 필요한 사업으로서 금융위가 정하여 고시하는 사업'을 규정하고 있다.

3) 비교법적 검토

(1) 미국

미국 뉴욕 주의 경우 과거에는 보험회사가 소유할 수 없는 자회사의 범위를 열거하여 은행 등에 소유를 금지하였으나 1998년 보험회사의 자회사업무 규제가 철폐되면서 은행 등을 자회사로 보유할 수 있게 되었다.[15] 다만 자회사 투자에 대한 양적 제한 규정을 두고 있고, 연방법상 보험회사가 은행을 자회사로 소유하고자 하는 경우에는, 보험회사는 은행지주회사법에 준하는 금융지주회사가 되어야 한다. 보험회사의 업무영역은 보험업 및 그 부수업무로 한정하고 있다. 그러나 보험회사는 직간접적으로 자신이 지배하는 자회사(subsidiary)를 통해 보다 다양한 업무를 수행할 수 있다. 보험지주회사법은 보험회사의 자회사에 대해, 그것이 합법적인 한, 자회사라는 이유만으로 업무영역의 범위를 제한되지 않는다고 규정하고 있다.[16]

한편, NAIC 440-1은, 상기 §2A에 대한 대체조항으로서, 각 주가 보험회사의 자회사 업무영역을 비보험 업무로까지 확대할 경우에 사용할 수 있는 조항(NAIC 440-1 Alternative §2A)을 별도로 제시하고 있다. 이 대체 조항에 열거되어 있는 보험회사의 자회사 업무영역에는 i) 보험업무, ii) 보험중개인 및 보험대리점, iii) 자기 계정 또는 그 모회사, 모회사의 자회사, 관계회사 계정상의 유가증권 투자·재투자·거래, iv) 1940년 투자회사법에 따른 투자회사의 관리, v) 1934년 증권거래법에 따른 브로커-딜러, vi) 투자자문 제공, vii) 계리, 회계, 채권추심 등 보험 관련 서비스 제공, viii) 모회사가 직접 소유·관리할 수 있는 자산의 소유·관리, ix) 보험기능을 수행하는 정부기구의 관리대리인, x) 보험료 납부를 위한 신용공여 등 소비자 금융, xi) 보험업무에 대한 보조업무로 보험감독관이 결정한 업무, xii) 상기 허용 업무만을 수행하기 위해 설립된 회사의 소유 등이 포함되어 있다. 즉 보험회사의 자회사 업무영역을 비보험 업무(non-insurance business)로까지 확대하는 경우에도 주로 보험 관련 또는 금융관련 업무일 것을 일반적으로 예정하고 있을 뿐, 이것이 비금융 업무(general commerce)를 주된 사업으로 하는 산업자본을 보험회사의 자회사로 직접 지배하는 것을 아무런 제약 없이 허용한다는 의미는 아니라 할 것이다.

---

[15] 이성남, "보험회사의 업무영역의 규제에 관한 연구", 고려대학교대학원 석사학위논문, 2008, 147-148면.

[16] 다만, NAIC(National Association of Insurance Commissioners)는 보험회사의 자회사의 업무영역을 보험업 외의 다른 업무로까지 확대할 것인지 또는 보험관련 업무로만 제한할 것인지에 대해 표준법안에서 명확히 규정할 의도가 없으며, 이에 대한 정책적 판단 권한은 어디까지나 각 주에 있음을 분명히 하고 있다.

(2) 일본

일본의 경우, 우리나라와 유사하게 보험업법상 자회사 대상회사를 열거해 두고 그 이외의 회사는 자회사로 할 수 없도록 하고 있다(일본 보험업법 제106조 제1항). 소유가 허용된 자회사로 보험업법은 생명·손해보험, 소액단기보험회사, 은행, 보험업, 은행업을 영위하는 외국회사등 금융업을 영위하는 회사 외에 종속업무자회사, 금융관련업무 자회사, 신규사업 분야를 개척하는 회사로서 내각부령(시행규칙)에서 정하는 회사 등을 열거하고 있다.[17] 종속업무는 주로 보험회사의 시설과 인력을 활용한 업무로 다른 사업자의 임직원을 위한 복리후생사무, 물품 구입이나 관리, 직업소개사업, 컴퓨터에 관한 사무업 등 총 24개호로 열거되어 있다. '그에 준하는 업무로 금융청 창관이 정하는 업무 및 그에 부대하는 업무'도 영위가 가능하다(일본 보험업법 시행규칙 제56조의2 제1항 제1호 내지 제26호 참조). '금융관련 업무'는 보험모집, 보험사고조사, 금융기관의 데이터 처리, 건강유지·증진을 위한 운동시설 등 운영, 건강, 복지 또는 의료에 관한 조언업무 등 총 45개호로 열거되어 있으며, 종속업무와 같이 '그에 준하는 업무 내지 부대업무'에 대한 근거조항을 두고 있다(동조 제2항 제1호 내지 제47호 참조).

예기치 못한 새로운 서비스의 등장으로 자회 업무범위를 재차 확대해야 할 필요가 발생할 수 있다. 이를 대비하여 일본은 보험법령을 변경하여, 종속업무24개, 금융관련업무45개 및 '그에 준하는 업무로 내각부령이 정하는 업무'를 두어 해석의 길을 열어주고 있다.

4) 문제점

미국의 경우는 보험회사의 자회사는 은행업무 및 은행 유사업무를 제외하고는 원칙적으로 업무범위에 대한 제한이 없다. 즉, 보험회사는 직·간접적으로 자신이 지배하는 자회사를 통해 보다 다양한 업무를 수행할 수 있도록 하고 있다. 일본 역시 동일한 방향성을 가지고 있다. 다양한 부수업무를 인정하면서 해석을 통하여 보다 유연하게 포용하고자 하는 정책을 두고 있고, 최근 저출산 고령화하는 사회 변화 속에서 보험서비스에 부수하여, 혹은 일체적으로 제공될 것으로 기대되는 서비스 내용도 변화하고 있어 구체적 수요가 있고 사회적 의의가 있는 경우 자회사 업무 범위를 확대해야 한다는 논의가 제기되고 있다.

구 보험업법과 동법 시행령은 보험회사가 자회사로 소유할 수 있는 업무를 제한적으로 열거

17　양승현, "보험회사 업무영역 확대를 위한 자회사 범위 관련 법률체계 검토", KiRi 리포트 (2019. 1. 21). 5면.

하고 있었다. 즉, '금융산업구조개선법상 금융업', '신용정보법에 따른 신용정보업', '보험계약의 유지·해지·변경·부활 등을 관리하는 업무 및 보험경영과 밀접한 관련이 있는 업무 중' 시행령에서 정하는 22개 업종에 한하여 자회사 소유가 가능하도록 한 입법체제를 가지고 있었지만, 이러한 입법태도는 신기술의 발전과 함께 보험회사가 자회사로 영위할 수 있는 업무범위 관련 유연한 신사업 확장에 바람직한 방향은 아니라는 점에서, 주요국의 입법정책과 궤를 같이하는 모습을 띠고 있다. 이는 긍정적인 방향이라 평가할 수 있다.

하지만 현 보험업법은 또 다른 문제점과 한계를 드러내고 있는데, 2021년 6월 보험업법 시행령 제59조(자회사의 소유)의 개정으로 말미암아 자회사의 허용업무에 '건강 유지·증진 또는 질병의 사전 예방 등을 위해 수행하는 업무'인 헬스케어 업무의 새로운 등장은 환영할 만하다. 하지만 헬스케어 업무와 관련하여 특별이익 관련한 모호한 규정에 대한 문제점과 헬스케어 업무에 선불전자지급수단 발행업무가 포함되는지 여부가 다시 실무에서 논란이 되고 있다.

3. 보험회사 1사 1라이선스 원칙과 소액단기전문보험회사

1) 논의 배경

우리나라의 경우 IMF 당시 다수의 보험회사가 일시에 시장에서 퇴출되는 경험을 하였고, 이후 규제당국은 금융안정성 차원에서 다소 제한적으로 허가하는 방식을 택했다. 우리나라에서 보험산업의 규제 정책은 혁신과 금융안정성이라는 두 가지 목표를 모두 담당하고자 한다. 하지만 금융안정성 유지와 관련된 역할 비중이 주요 다른 국가에 비하여 다소 높은 편이다. 제한적인·허가 정책 가운데 대표적인 하나로 금융그룹 내에 생명보험회사와 손해보험회사 각각 1개씩만을 보유하도록 하는 1사 1라이선스 방식을 들 수 있다. 다만, 온라인 채널 전문보험회사의 경우에는 예외를 두어 생명보험업이나 손해보험업에서 두 개 회사를 보유할 수 있도록 하고 있다. 예를 들면, 교보생명은 온라인 채널 전문 생명보험회사인 교보라이프플래닛을 자회사로 두고 있고, 한화그룹은 한화손해보험회사 외에 온라인 채널 전문 손해보험회사인 캐롯손해보험회사를 두고 있다. 하지만 현 판매채널정책은 신기술 등장을 반영하지 못하고 있을 뿐만 아니라 새로운 시장 창출에 한계점을 야기하고 있다. 반면 타 업권은 이를 이미 전향적으로 인정한 바 있는데,[18] 보험업에 있어서는 다소 보수적인 정책으로 일관하고 있다.

18　일부 지방은행 간 M&A는 합병하지 않고 별도 법인 형태를 유지하는 경우(부산은행과 경남은행 간 합병 사례와

2003년 보험업법 전면 개정을 통해 업별 허가제도에서 종목별 허가제도로 전환이 이루어졌고, 통신판매전문보험회사제도가 도입되었고.[19] 2021년 6월 소규모 보험회사의 진입을 촉진하기 위하여 소액단기전문보험회사제도를 도입하였다.[20] 하지만 소액단기전문보험회사의 도입은 판매채널 및 보험상품 개발과 관련하여 또 다른 문제를 야기하고 있다.

2) 소액단기전문보험회사 도입과 한계

2020. 12. 8.자 보험업법 개정 시 도입된 소액단기전문보험회사(미니보험사)는 소규모 자본으로 소비자 실생활 밀착형 소액·간단보험만을 전문적으로 취급하는 보험회사이다. 미니보험은 보험료가 소액이고 위험보장 내용도 상대적으로 단순하고 간단한 실생활 밀착형 상품을 통칭한다고 할 수 있다. 개정된 보험업법시행령은 미니보험사의 세부 기준을 신설하고 있다(제13조의2).

여기서 주목해야 할 몇 가지 사항으로는 우선 보험기간이다. 보험업법 시행령은 보험기간을 2년 이내의 범위로 하고 있지만(동법 시행령 제13조의2 제1항 제2호), 보험업감독규정은 그 기간을 1년으로 정하고 있다. 이는 예상치 못한 위험발생을 고려한 것이다. 보험금의 상한액으로 5천만 원으로 정하고 있는데(동법 시행령 제13조의2 제1항 제3호), 이는 예금자보호 상한액을 염두해 둔 것으로 평가할 수 있다. 자본금에 대하여는 보험업법은 10억을 기준하고 있지만(동법 제9조 제2항 제2호), 동법 시행령은 20억 원으로 하고 있는 사항(동법 시행령 제13조의2 제2항)도 유념할 필요가 있다.

금융당국이 소액단기전문보험업, 이른바 '미니보험사'의 문턱을 대폭 낮추었고 2021년 설립을 지원하기 위해 1:1 컨설팅에 나서기도 했으나. 아직 신청한 기업이 없는 것으로 알려지고 있다. 이는 미니보험 비중이 전체 판매채널 중 그렇게 높지 않은 편이고 보험사의 수익성에도 별

전북은행과 광주은행 간 합병사례를 들 수 있고, 금융투자업의 경우에도 2019년 증권회사와 자산운용회사 관련하여 1사 1라이선스 규제를 완화한 바 있으며, 사모운용사에 대해서는 2019년 이전에 이미 1그룹 1운용사 원칙이 폐지되어 복수운용사를 자유롭게 설립하는 것이 가능하였다.

19 업법 허가제도하에서는 생명보험업과 손해보험업의 최저자본금이 300억 원이었는데, 보험종목별 허가제도 도입으로 300억 원 이하로 인하가 이루어졌다. 또한 통신판매전문보험회사의 최저자본금은 일반보험회사의 3분의 2 수준으로 낮췄다.

20 보험기간은 1년, 보험금액상한은 5,000만 원의 소액단기보험만을 취급할 경우 최저자본금을 20억 원으로 인하한 것이다. 보험산업의 역동성 제고는 '새로운 기업의 진입'과 함께 '새로운 조직 형태의 도입'에 의해 가능한데, 지금까지 허가정책은 주로 전자에 초점이 맞추어졌다. 최저자본금 인하를 통해 상품이나 채널에 특화된 전문보험회사 소규모 보험회사의 진입을 촉진하기 위한 정책이 이루어진 것이다.

다른 도움이 안 된다는 전망이 지배적이기 때문이다.

3) 주요국의 경우

메트라이프(MetLife)그룹은 2017년 미국 내 생명보험 사업 가운데 개인시장 관련 사업을 분리하여 별도 법인 Brighthouse Financial을 설립하였다.[21] 메트라이프는 기업고객을 대상으로 하는 단체시장에 특화하고, Brighthouse Financial은 개인시장에 특화한 것이다. 메트라이프 그룹의 분사는 상대적으로 요구 자본량이 많은 개인시장 관련 사업을 시간을 두고 매각하기 위한 목적에서 이루어졌다.[22] 뉴욕생명보험의 경우, 모회사인 New York Insurance는 유배당 상품을 중심으로, 그리고 자회사인 New York Life Insurance and Annuity Corporation는 무배당 상품을 중심으로 판매하였다.

전통 판매채널 유지를 위해 다이렉트(온라인) 보험업 진출에 소극적이었으나 경쟁 대형사의 다이렉트 소액단기보험의 진출, MZ세대의 디지털 수용과 소액·단순 보장 니즈에 신속하에 대응할 수 있는 사업모델이 필요하였다. 도쿄해상홀딩스는 복수의 부동산보험 전문소액단기보험회사를 보유하고 있다.[23] SBI홀딩스는 보험회사만을 별도로 지배하기 위해 중간지주회사 SBI Insurance Holdings를 2017년 설립하여, 다수의 자회사를 통한 경영정책을 영위하고 있는 모습이다.[24]

2006년 중국 정부는 연금보험, 건강보험, 책임보험 등과 같은 특정종목 상품공급 확대를 위해 전문보험회사 설립을 허용하였다.[25] 생명보험그룹은 그룹 산하에 종합생명보험회사 이외에

---

21 주력상품별 채널운영에 대하여는 안철경·권오경, "독립판매채널의 성장과 생명보험회사의 대응", 정책, 경영 보고서 (2010-01), 2010, 48면.

22 현재는 손해보험사업을 매각하였지만, 메트라이프 그룹은 손해보험 관련 9개의 자회사를 두고, 'MetLife Auto & Home'이라는 브랜드하에 가계성(Personal Lines)손해보험을 판매하였다. 자동차보험의 경우 대상 고객군을 상대적으로 위험도가 낮은 우량 고객군과 위험도가 높은 비표준(불량)고객군으로 구분하고 계열사별로 특화하였다. 예를 들어, Metropolitan Casualty Insurance는 우량 고객군을, 그리고 Metropolitan General Insurance Company는 비표준(불량)고객군을 대상으로 자동차보험 판매를 하였다.

23 2008년 이래아 소액단기보험회사를 인수하고 회사명을 도쿄해상미래아로 변경하였고, 2014년에는 도쿄해상 West소액단기보험회사를 신설하였다. 모회사는 도쿄해상과 자회사인 소액단기보험회사는 각각 대형과 중소형 부동산회사를 위탁 대리점으로 활용하는 방식으로 역할을 분담하였다. 소액단기보험회사인 도쿄해상미래아와 도쿄해상West는 각각 관서지역 영업과 관서 이외 지역 영업으로 역할을 분담하였다.

24 SBI Insurance Holdings 아래에 SBI 생명보험, SBI 손해보험, 소액단기보험 지주회사(SBI SSI Holdings)를 자회사로 소유하고 있다. 그리고 소액단기보험 지주회사 아래에는 5개의 소액단기보험회사를 자회사로 보유하고 있다.

25 임준·이소양, "중국 전문보험회사 현황 및 시사점", KiRi리포 (2017. 12. 18), (생명보험에 대하여는) 3-5면; (손해보험에 대하여는) 6-7면.

연금전문보험회사와 건강전문보험회사를 자회사로 보유하였다. 중국 보험그룹의 경우 내 동일 보험업 관련 복수의 보험회사를 보유하고 있는 경우 대개는 종합보험회사 1개와 2~3개의 전문보험회사로 구성되어 있다. 예를 들어, 생명보험업 관련 복수의 보험회사를 보유한 경우 대개 종합생명보험회사 1개, 연금전문보험회사 1개, 그리고 건강전문보험회사 1개로 구성되어 있다.

4) 소결

개별회사 차원이 아닌 그룹 차원에서 경영전략상 계열사 간 차별화 내지 전문화가 필요한 경우 1사 1라이선스 허가정책 예외 확대를 적용하는 방안을 모색해 볼 수 있다. 온라인 채널 전문화에 한해 적용하던 1사 1라이선스 허가정책 예외를 '상품별 전문화', '채널별 전문화', '고객별 전문화', '구조조정 목적의 전문화'에 대해서도 확대 적용하는 방안을 고려해 볼 수 있다.

현행 규제는 보험회사의 다양한 온라인 상품개발에 지장을 초래, 혁신을 저해하고 소비자의 불편을 야기하고 있다는 점이 핵심이다. 즉, 한화손보 자회사인 캐롯손해보험은 운행거리에 연동하여 보험료를 산출하는 혁신적인 자동차보험상품을 개발하여 온라인 판매하고 있다. 1사 1라이선스 정책에 따른다면, 모회사인 한한손해보험은 온라인으로 일반적인 자동차보험 상품을 판매할 수 없는 상황에 직면하게 된다. 보험회사가 소비자의 니즈에 맞춰 다양한 온라인 상품을 개발·판매할 수 있도록, 판매하는 상품이 다른 경우라면 모회사-자회사 간 판매채널 중복을 허용하는 방안이 마련되어야 할 것이다.

IV. 개선방안

1. 자회사 업종 제한의 유연화와 자회사 소유 시 신고요건 완화

1) 업종 제한 유연화

은행법은 '열거된 업무에 준하는 것으로 금융위가 인정하는 업무', 금융지주회사법 및 금산법은 "고유업무와 직접 관련 또는 효율적인 업무수행을 위하여 필요한 사업" 등 자회사 업종을 폭넓게 해석하고 적용하고 있다. 현 보험업법은 2021년 보험업법을 개정하여 법령상 열거된 자회사 업종 제한에 대한 유연화 작업을 통하여 보험회사의 신사업 진출을 활성화시킬 수 있는 동력을 토대가 마련된 것으로 평가할 수 있다(보험업법 제115조와 동법 시행령 제59조 참조). 하지만 여전히 제기되고 있는 특별이익 관련 사항과 선불전자지급수단발행업무 가능여부에 대한 불확성을 제거할 필요가 있다.

2) 자회사 소유 시 신고요건 완화

보험회사가 '새로운 상품과 서비스 제공을 목적으로 하는 자회사 소유 시 신고요건를 완화하도록 하는 규정을 신설해야 할 필요성이 있다.[26] 관련 규정으로는 감독규정 제5-13조의 4(중소기업 창업투자회사 등에 대한 특례)를 들 수 있다. 정책목적 달성을 위해 이미 운영중인 유사한 예외 인정 법규를 준용하여, 현재의 지분 15%에서 30%까지 허용하는 방안을 고려해 볼 수 있을 것이다.

보험업감독규정

제5-13조의4(중소기업창업투자회사 등에 대한 특례) 보험회사가 다음 각 호의 어느 하나에 해당하는 회사(이하 이 조에서 "회사등"이라 한다)의 업무집행사원 또는 무한책임사원이거나 유한책임사원으로서 회사등(무한책임사원 및 투자대상이 동일한 회사등은 하나의 회사등으로 본다) 출자총액의 100분의 30을 초과하여 지분을 보유하는 경우 해당 회사등을 법 제115조제1항에서 정하는 자회사로 본다. [본조신설 2014. 1. 2.] 〈개정 2014. 12. 31.〉

1. 「중소기업창업 지원법」에 따른 중소기업창업투자조합(「자본시장과 금융투자업에 관한 법률」 제269조제4항의 내용을 규약에 반영하고 준수하는 경우로 한정한다) 〈신설 2014. 12. 31.〉
2. 「여신전문금융업법」에 따른 신기술사업투자조합(「자본시장과 금융투자업에 관한 법률」 제269조제4항의 내용을 규약에 반영하고 준수하는 경우로 한정한다) 〈신설 2014. 12. 31.〉
3. 「벤처기업육성에 관한 특별조치법」에 따른 한국벤처투자조합(「자본시장과 금융투자업에 관한 법률」 제269조제4항의 내용을 규약에 반영하고 준수하는 경우로 한정한다) 〈신설 2014. 12. 31.〉
4. 「자본시장과 금융투자업에 관한 법률」에 따른 경영참여형 사모투자집합기구 〈신설 2014. 12. 31., 2016. 12. 29.〉

---

26 이러한 개정방안은 다음과 같은 효과를 기대할 수 있다. 첫째, 고객의 편익이 제고될 것이다. 보험사·타업종 간 합작회사는 소비자에게 새로운 상품과 서비스를 유연하게 제공할 수 있는 가능성이 발생한다. 둘째, 보험산업의 혁신이 야기될 것이다. 성장이 둔화된 시장에서 새로운 동력이 확보될 것이다. 셋째, 공정경쟁의 환경이 마련될 것이다. 대형 플랫폼사와 보험사의 규제차익 해소되어 동일한 조건에서 경쟁할 수 있는 환경이 조성될 것이다.

3) 보험업과 관련된 소프트웨어 개발 및 공급업 신설

보험업법 시행령 제59조 제3항 제16호를 신설하여 '보험업과 관련된 소프트웨어 개발 및 공급업(비금융서비스 관련 플랫폼 등'이라는 내용을 포함시키는 방안이 모색될 수 있다. 보험회사는 혁신적인 고객경험을 제공하기 위해 타산업과 차별화된 플랫폼 기반의 생활서비스 제공을 지속적으로 검토하고 있다. 하지만 현재 해당 서비스의 영위 가능 여부가 불명확한 상태이다. 그러므로 보험회사가 자회사 및 부수업무 형태로 다양한 생활서비스를 플랫폼을 통해 영위할 수 있도록 보험업법에 명확히 규정하는 방안이 모색되어야 할 것이다.[27]

보험업법 시행령 개정(안)

현 행	개정(안)
제59조(자회사의 소유) ③ 법 제115조제2항에서 "대통령령으로 정하는 업무"란 다음 각 호의 업무를 말한다. 1. 보험회사의 사옥관리업무 (생략) … 15. 외국에서 하는 보험업, 보험수리업무, 손해사정업무, 보험대리업무, 보험에 관한 금융리서치 업무, 투자자문업, 투자일임업, 집합투자업 및 부동산업 <신 설>	제59조(자회사의 소유) ③ 법 제115조제2항에서 "대통령령으로 정하는 업무"란 다음 각 호의 업무를 말한다. 1. 보험회사의 사옥관리업무 (생략) … 15. 외국에서 하는 보험업, 보험수리업무, 손해사정업무, 보험대리업무, 보험에 관한 금융리서치 업무, 투자자문업, 투자일임업, 집합투자업 및 부동산업 16. 보험업과 관련된 소프트웨어 개발 및 공급업(비금융 서비스 관련 플랫폼 등)

보험회사 등 금융회사가 플랫폼 기업과 동등한 경쟁을 수행할 수 있도록, 현행 플랫폼 기반 선불전자지급업을 실시할 수 있도록 확대하는 방안[28]과 함께 향후 전자금융거래법 처리 시 보험회사 등 금융회사의 마이페이먼트업이나 종합지급결제업을 포함하는 전자지급서비스 참여를 허용하는 방안을 고려해 볼 필요가 있다.

---

[27] 2022년 6월 27일 금융위원회는 보험회사도 경영이나 보험업무와 관련하여 선불전자지급수단 발행, 관리 업무를 영위할 수 있다는 법령해석을 결정한 바 있다.

[28] 보험사는 소비자 건강관리 노력·성과에 따라 자체 포인트를 지급하고, 소비자는 건강용품 구매, 보험료 납부 등에 포인트를 사용할 수 있게 된다.

4) 헬스케어 스타트업 등 자회사 투자 시 업무절차 간소화 방안

보험회사는 헬스케어 자회사 소유 등 신사업 추진을 위한 스타트업 투자를 진행하고 있다. 이미 2021년 6월 보험업법 시행령 개정으로 인하여 보험회사의 헬스케어 자회사 소유가 허용된 바 있다. 하지만 보험업감독규정에 따르면, 자회사 신고 시 이사회 의견서를 제출하게 되어 있어, 스타트업 등에 대한 소액 투자에도 불필요한 절차라는 문제가 제기되고 있다. 보험회사가 전략적 제휴를 위해 소규모로 헬스케어 스타트업 등의 자회사에 투자를 하는 경우 이사회 의결을 면제하는 방안을 고려해 볼 수 있다.

보험업감독규정 별지 12-2

현행	개정(안)
자회사 소유 승인신청(신고)내용 [첨부서류] 보험회사의 자회사 소유 관련 이사회 의사록 사본	자회사 소유 승인신청(신고)내용 [첨부서류] 보험회사의 자회사 소유 관련 이사회 의사록 사본(다만, 총 취득 예정가액이 보험회사 연결자기자본금액의 1% 미만인 경우에는 투자의사결정 관련 서류(투자심사보고서 사본 등)으로 대체 가능

5) 특별이익 규정의 완화

보험회사가 소비자에게 제공하는 걷기, 운전 등 습관 관리 디지털 서비스 포인트의 합계가 특별이익제공 금지 규정의 한도인 3만 원을 초과하더라도 예외를 인정하는 방안이 모색되어야 할 것이다. 소비자의 참여 수준에 따라 각 디지털서비스의 포인트 지급 합계가 현 특별이익한도(연 보험료 10%, 3만 원 중 적은 금액) 초과발생이 가능하게 된다.

보험회사 기보유고객이 건강·안전 관련 서비스참여 시 보험업법 시행령 제46조(특별이익의 제공 금지)를 개정하여, 지급하는 디지털 포인트는 특별이익 제공의 예외로 인정할 필요가 있다. 자동차보험, 운전자보험 등 기존 가입 고객이 안전운전, 걷기 등으로 획득할 수 있는 포인트 한도를 폐지할 경우, 실질적인 보험료 인하로 소비자 편익이 증대되는 효과가 발생하게 될 것이다.

6) 개인용 건강관리기기 서비스 제공 가능 확대 방안

'건강증진형 보험상품 개발·판매 가이드라인'상 건강증진 건강증진형 상품가입자에 한해 이미 허용중으로, 건강관리기기 최대가액 20만 원 제공이 가능하다. 하지만 이러한 개인용 의료 기기를 활용한 측정은 심전도, 혈압, 혈당 등에만 적용되고 있으나, 서비스 활성화를 위해 그 대상 범위를 확대하는 방안을 고려해 볼 필요가 있다. 보건복지부 "비의료 건강관리서비스 가이드라인"을 개정하여, '소변검사, 혈액성분수치검사' 등을 추가하여 소비자에게 실질적인 서비스 제공을 확대하는 방안을 모색할 수 있을 것이다.

2. 보험사 1사 2라이선스 정책의 전향적 허용

보험사는 자회사 및 스타트업 제휴 등을 통해 인터넷, 플랫폼 등 다양한 채널을 활용한 보험 상품(동물, 날씨, 도난 등) 판매를 추진중이다. 하지만 1사 2라이선스 제도가 허용되지 않아 채널, 상품 다양화를 할 수 없는 상황에 직면해 있다. 채널, 상품을 중복하여 허용하지 않는 금융 정책으로 인해 「모회사-자회사」 간 영업채널/보험종목 중복이 불가능한 상태이다. 보험회사의 자회사 소유 제한이 해소되더라도 모회사에서 영위하고 있는 영업채널, 보험종목 취급이 불가하여 결국 플랫폼 등 다양한 분야와의 협업이 불가능한 상황에 직면하게 된다. 또한 현행 규제는 보험회사의 다양한 온라인 상품개발에 지장을 초래하여 혁신을 저해하고 소비자 불편을 야기한다. 예를 들면 한화손보의 자회사 캐롯손보는 운행거리에 연동하여 보험료를 산출하는 혁신적인 자동차보험상품을 개발하여 온라인 판매중이다. 하지만 1사 1라이선스 정책으로 인해, 모회사 한화손보가 온라인으로 일반적인 자동차보험 상품을 판매할 수 없는 결과를 초래하게 된다.

또 다른 문제로서 지분투자한 자회사가 동물보험 판매 시, 1사 1라이선스 정책으로 말미암아 모회사 보험회사는 동물보험을 판매할 수 없게 된다. 이와 같이 보험회사가 지분 투자를 통해 플랫폼 스타트업을 자회사로 소유하게 될지라도, 모회사인 보험회사는 종목이 중복되는 자회사 상품 판매가 불가하게 되는 것이다. 이러한 불합리한 정책은 변경되어야 할 것이다. 이를 해소하기 위하여, 모회사가 지분 100%를 보유한 경우는 규제유지가 필요하다고 하더라도, 일부 지분투자가 이루어진 경우에도 일률적으로 모회사 영업을 제한하는 것은 과도한 규제라 할 것이며, 이를 예외적으로 허용할 필요가 있다.

판매채널 규제는 시장환경에 따른 유연한 대처를 위해 최근 인터넷·모바일·플랫폼 등 '빠른 시장변화 속도'에 부응할 수 있는 새로운 규제체계 정립이 필요하다. 기존CM 채널과 새로운 플랫폼 채널 특성을 감안하여 다른 채널로 규정하는 중복 이슈를 해소할 필요가 있다.

이러한 방향에서 다음 두 가지가 우선적으로 개선되어야 할 것이다.

첫째, 모회사-자회사 간 동일한 상품을 유사한 채널에서 판매할 수 있도록 1사 2라이선스 정책을 신속하게 허용할 필요가 있다.

둘째, 지분 15% 이상이더라도 "새로운 서비스 제공" 또는 "사업영위에 협업이 필요한 경우"라면 채널과 상품 중복을 허용하는 방안이 마련되어야 할 것이다.

3. 소액단기전문보험회사의 활성화

보험산업의 혁신과 경쟁력 강화를 위해서는 새로운 시도를 하는 보험회사의 진입이 확대되어야 하며, 이러한 취지로 마련된 소액단기전문보험업이 활성화될 필요가 있다. 소액단기전문보험업 제도가 소비자, 기존 보험회사, 신규 사업자 모두에게 이로운 기회를 제공할 수 있도록 실효성을 제고할 필요가 있다.[29]

국내 소액단기전문보험업 제도는 자본금 요건이 완화되었지만 여타 요건이 종합보험회사와 동일하여 진입 이후 운영 부담이 높은 상태이므로, 소액단기전문보험회사의 진입과 성장이 어려운 상태이다. 국내 소액단기전문보험회사는 종합보험회사와 마찬가지로 인적 및 물적 요건을 충족해야 하며, 업무개시 후 3년간 사업계획서 등을 제출해야 하고, 준법감시인, 선임계리사, 손해사정사 또는 손해사정업무수탁자, 전산전문인력 및 영업·계약·보전·보험금 지급 등 보험업 수행에 필요한 인력을 확보해야 하고 적정한 전산설비를 갖추어야 한다.

연간 보험료 규모와 보험종목이 제한되어 있음에도 시가기준 지급여력제도(K-ICS)를 동일하게 적용해야 한다. 단기보험이지만 시가방식의 부채평가를 위한 시스템 구축 및 평가를 위한 전문인력 채용 등 많은 비용이 발생한다.

소액단기전문보험회사의 진입 활성화를 위해서는 진입 요건뿐만 아니라, 진입 이후 운영 부담과 국내 환경을 고려하여 지급여력제도, 계약자보호제도 등을 완화시킬 필요가 있다. 지급여력의 경우, 연간 보험료 규모와 보험종목이 제한되어 있음에도 불구하고, 종합보험회사와 동일하게 시가기준 지급여력제도(K-ICS)를 적용해야 하므로 시스템 구축 및 관리 비용이 큰 문제를

---

29 노건엽·조영현·이승주, "소액단기전문 보험업 활성화를 위한 과제", KIRI 리포트 (2021. 12. 27), 5-6면.

해결할 필요가 있다. 보험기간이 1년 이하임을 고려하여 K-ICS의 리스크 측정 대상에서 금리리스크를 제외하고 보험리스크 및 운영리스크만 측정하는 방안, 유럽 Solvency II 방식의 비례성 원칙을 적용하여 K-ICS 적용을 면제하고 RBC[30]를 적용하는 방안 및 계약자보호제도로서 예금자보험기구 가입 대신 보증금 공탁 등의 방식으로 대체하는 방안 등이 마련되어야 할 것이다.

인적 요건으로는 상품구조가 단순하고 만기가 짧은 상품을 취급하는 것을 감안하여 일부 인적 요건 완화할 필요도 있다. 자본금의 경우, 시행령에 제시된 20억 원의 최저자본금 요건을 10억 원으로 낮추는 것이 타당하다. 보험업법에서는 소액단기전문보험회사의 자본금을 10억 원 이상의 범위에서 정하도록 되어 있다.

아울러 운용자산의 안정성을 높이고, 경영상태에 대한 모니터링을 강화함으로써 소액단기전문보험회사의 부실 위험을 관리할 필요가 있다. 자산은 예금, 국채, 지방채 등 유동성이 높고 안전한 자산으로만 운용하도록 제한하는 방안이 타당하다고 본다.[31]

V. 결 론

ICT 기술을 기반으로 하여 다양한 업무범위로 확장하고 있는 플랫폼 기업의 비금융 영역에서 금융분야로 확대하고 있는 반면에 보험회사는 자체 플랫폼을 통하여 다양한 비금융서비스를 검토중에 있다. 대표적인 분야로는 웨어러블 기기 활용, 운동처방 등을 연계한 헬스케어 영역, 차량공유나 택시 또는 대리운전이나 공유자전거 등과 보험이 연계되는 모빌리티 영역, 동물보험 전문 온라인 보험사 설립과 보험과 연계한 동물병원예약 서비스 제공 등의 반려동물 영역 등을 들 수 있다. 하지만 현재 법령은 자회사 규제, 부수·겸영업무 규제, 1사 1라이선스 정책 등으로 서비스 운영 가능 여부가 불확실한 상태이다.

최근 금융당국은 '동일한 기능, 동일한 규제' 원칙을 강조하면서 대형 플랫폼 기업과 금융회사가 공정하게 경쟁할 수 있는 제도적 장치 필요성을 강조한 바 있다. 소비자 보호를 위해 엄격

---

30 보험사의 지급여력비율을 의미하는 것으로, 보험계약자가 보험금을 요청했을 경우 보험회사가 보험금을 제때 지급할 수 있는 비율이다.

31 미국의 앙리앙츠는 주택화재보험 전문 인슈어테크사인 Lemonade를 대상으로 300만 달러 규모 투자 참여하고 있고, 독일의 Munich Re는 중소기업을 주요 고객으로 하는 인슈어테크사인 Next Insurance에 250만 달러 규모 투자를 참여하고 있다. 이처럼 글로벌 보험사는 인슈어테크사에 대한 투자 및 제휴로 소비자 편익을 증대시키고 있는 모습이다.

한 최소 자본 요건과 유동성 요건을 충족시켜야 하는 금융회사와 마찬가지로 대형 플랫폼 기업이 금융업을 영위하고자 한다면 동일한 원칙이 적용되어야 한다는 측면과 함께, 보험회사의 새로운 상품과 서비스 제공을 위한 신사업 추진에 장애가 되는 자회사, 겸영업무 제한, 투자제한 등의 규제를 전향적으로 유연화하는 작업이 필요한 시점이라 하겠다.

판매채널은 시장환경에 따른 유연한 대처가 필요한 사항이다. 채널과 상품을 중복하여 허용하지 않는 정책은 인터넷이나 플랫폼 등 다양한 채널을 활용한 동물보험, 날씨보험, 도난보험 등의 상품 판매를 불확실하게 하는 요인으로 등장할 수 있다. 1사 1라이선스 정책 완화와 최근 도입한 소액단기전문보험회사의 비활성화 원인을 분석하여, 소액단기 상품개발과 함께 신채널이 활성화될 수 있는 계기가 되어야 할 것이다.

제2편
보험계약 일반적인 영역

제6장

보험약관의 교부·설명의무

I. 보통보험약관

1. 의의

보통보험약관은 보험계약에 있어서 당사자 사이에 다른 약정이 없는 한 계약당사자가 그에 따라야 하는 보험계약 관련 조항이 담겨 있다. 그러므로 그 보험약관의 내용이 합리적이고 당사자 간에 반대의 특약이 없는 한, 그 보험약관은 당사자를 구속하게 되는 것이다.

2. 보험약관의 법적 성질

보통보험약관이 당사자를 당연히 구속하게 되는 근거에 대한 학설의 다툼이 있다.

1) 규범설

보통보험약관은 감독관청의 인가를 얻게 되어 사회적으로도 합리성이 인정되고 있으므로 당사자의 구체적인 의사와 관계없이 일정한 거래권내에서는 법규와 같은 규범력을 갖게 된다는 입장이 규범설이다.[1] 이 견해를 지지하는 근거는 상법 제638조의3 제2항이 제시된다. 즉, 동

---

1   양승규, "보험계약의 성립과 약관의 교부·명시의무", 사법행정, 1992. 5, 69면.

규정은 "보험자가 보험계약 체결 시에 보험약관의 교부·명시의무를 위반한 때에는 보험계약자는 보험계약이 성립한 날로부터 3월 내에 그 계약을 취소할 수 있다"고 규정하고 있는데, 이는 보험계약자에 의한 보험계약의 취소가 없는 한 보험자의 설명의무의 이행이 없다고 할지라도, 일정한 기간이 도과되면 그 약관의 효력이 발생할 수 있음을 의미하게 된다. 보통보험약관은 하나의 규범에 해당하는 것으로 보기 때문에 객관주의적인 이론 구성을 하게 된다.

2) 계약설

보통보험약관은 보험자가 일방적으로 작성한 계약의 모형에 불과하므로 이것이 당연히 구속력을 갖는다고 할 수는 없고, 당사자들이 이를 계약의 내용으로 하고자 하는 합의를 한 때에만 구속력을 갖게 된다는 입장이 계약설이다.[2] 계약설은 의사설이라고도 한다. 이 입장에 의하면, 약관은 그 자체로서 결코 법규범이 될 수 없고, 그 약관이 개별약관의 내용을 이루기 때문에 전통적인 법률행위 이론에 의하여 당사자가 구속되어야 한다고 주장한다. 보통보험약관에 대한 구속력의 근거를 당사자의 의사에서 구하기 때문에 주관주의적인 이론 구성을 하고 있다.[3]

대법원 2000. 4. 25. 선고 99다68027 판결

"보통보험약관이 계약당사자에 대하여 구속력을 가지는 것은 그 자체가 법규범 또는 법규범적 성질을 가진 약관이기 때문이 아니라 보험계약 당사자 사이에서 계약내용에 포함시키기로 합의하였기 때문이라고 볼 것인바, 일반적으로 당사자 사이에서 보통보험약관을 계약내용에 포함시킨 보험계약서가 작성된 경우에는 계약자가 그 보험약관의 내용을 알지 못하는 경우에도 그 약관의 구속력을 배제할 수 없는 것이 원칙이나, 다만 당사자 사이에서 명시적으로 약관에 관하여 달리 약정한 경우에는 위 약관의 구속력은 배제된다 할 것이고, 약관의 내용이 일반적으로 예상되는 방법으로 명시되어 있지 않다든가 또는 중요한 내용이어서 특히 보험업자의 설명을 요하는 경우에는 위 약관의 구속력은 배제된다."

3) 판례의 입장

대법원은 계약설의 입장을 지지하고 있다. 대법원은 "상법 제638조의3 제1항 및 약관의 규제에 관한 법률 제3조의 규정에 의하여 보험자 및 보험계약의 체결 또는 모집에 종사하는 자는 보

---

2   최기원, 보험법, 제3판, 박영사, 2002, 39면.
3   최준선, 상법사례연습(하), 삼조사, 2005, 302면.

험계약의 체결에 있어서 보험계약자 또는 피보험자에게 보험약관에 기재되어 있는 보험상품의 내용, 보험료율의 체계, 보험청약서상 기재 사항의 변동 및 보험자의 면책사유 등 보험계약의 중요한 내용에 대하여 구체적이고 상세한 명시(교부)·설명의무를 지고 있다고 할 것이어서, 만일 보험자가 이러한 보험약관의 명시(교부)·설명의무에 위반하여 보험계약을 체결한 때에는 그 약관의 내용을 보험계약의 내용으로 주장할 수 없다고 할 것이다."라고 판시하고 있다.[4]

> ### 대법원 2001. 9. 18. 선고 2001다14917, 14924 판결
>
> "이 사건 보험계약에 적용되는 '다른 자동차 운전담보 특별약관'에 의하면, '무보험 자동차에 의한 상해'를 담보하는 보험[5]에 가입한 피고가 다른 자동차를 운전 중 생긴 대인사고 또는 대물사고로 인하여 법률상 손해배상책임을 짐으로써 손해를 입은 때에는 원고가 피고 운전의 다른 자동차를 보통약관상의 피보험자동차로 간주하여 보통약관의 배상책임에서 규정하는 바에 따라 보상하여 주기로 되어 있고, 한편 위 특별약관에 따른 보상을 하지 아니하는 손해 중의 하나로 '피보험자가 자동차정비업, 주차장업, 급유업, 세차업, 자동차판매업 등 자동차 취급업무상 수탁받은 자동차를 운전 중 생긴 사고로 인한 손해'(이하 '이 사건 면책약관'이라 한다)를 규정하고 있는 사실을 인정하고, 이 사건 면책약관이 보험계약의 중요한 내용에 대한 것으로서 설명의무의 대상이 된다고 판단하였는바, 피고가 자동차판매업자로서 그 소유의 차량 이외에도 다른 차량을 운전할 기회가 많은 것으로 보이는 점에 비추어 볼 때 원심의 판단은 수긍되고 거기에 설명의무의 대상에 관한 법리오해 등 상고이유(제2점)가 지적하는 위법이 있다고 할 수 없다."

또 다른 사건에서 대법원은 보통보험약관이 계약당사자에 대하여 구속력을 갖는 것은 그 자체가 법규범 또는 법규범적 성질을 가진 약관이기 때문이 아니라 보험계약당사자 사이에서 계약내용에 포함시키기로 합의하였기 때문이라고 하면서 계약설의 입장에 따르고 있다.[6]

4　대법원 2001. 9. 18. 선고 2001다14917, 14924 판결.

5　동 보험은 자동차보험의 피보험자가 무보험자동차에 의하여 생긴 사고로 죽거나 다쳤을 때 그 손해에 대하여 배상의무가 있을 경우 그 손해를 보상하는 보험을 말한다. 무보험상해특약은 피보험자와 그 배우자의 부모 또는 자녀 등의 운전자가 보험을 가입하지 않은 무보험차량이나 뺑소니차량에 치여 상해를 입거나 사망으로 하게 되는 경우 가입금액의 한도 내에서 보상을 하는 보험이다.

6　대법원 1985. 11. 26. 선고 84다카2543 판결; 대법원 1986. 10. 14. 선고 84다카122 판결; 대법원 1989. 3. 28. 선고 88다카4645 판결; 대법원 1990. 4. 24. 선고 89다카24070 판결; 대법원 1996. 10. 11. 선고 96다19307 판결.

II. 입법취지

1. 규정내용

　　보험계약은 보험자와 보험계약자의 청약과 승낙이라는 합의를 통하여 이루어지는 낙성계약이다. 보험계약은 보험자와 보험계약자의 개별적인 의사합치로 이루어지나, 위험단체를 전제로 하는 보험제도의 성질상 보험자는 수많은 보험계약자를 상대로 동일한 내용의 계약을 되풀이하여 맺어야 하는 것이므로, 그 계약조항은 보통보험약관에 정하고 있다.[7] 그러므로 보험계약자가 보험약관의 내용을 명확히 인식하고 보험계약을 체결하도록 하기 위하여, 상법은 제638조의3 제1항에 "보험자는 보험계약을 체결할 때에 보험계약자에게 보험약관을 교부하고 그 약관의 중요한 내용을 알려주어야 한다."고 규정하고 있다. 그리고 동조 제2항에는 "보험자가 보험약관의 교부·설명의무에 위반한 때에는 보험계약자는 보험계약이 성립한 날로부터 3월 내에 그 계약을 취소할 수 있다"고 규정하고 있다.

2. 취지

　　1991년 상법 개정 시에 제638조의3을 신설한 것은, 보험자와 상대적으로 약자인 보험계약자 사이에 보험계약이 성립하는 경우에, 보험계약자가 구속되는 내용을 미리 알고 보험계약을 청약하도록 하려는 뜻이 있다. 일반의 보험계약자가 보통보험약관을 잘 모르는 일이 많아 그로 인하여 불이익을 당하는 경우가 많은데, 보험자는 그 중요한 내용을 미리 알려줌으로써, 보험계약자는 보험약관을 이해할 기회를 제공받게 된다. 그러므로 본 규정은 경제적 강자인 보험자로부터 경제적 약자인 보험계약자를 보호하기 위하여 두고 있는 규정이라고 할 수 있다.

III. 보험약관의 중요내용

1. 중요한 사항 인정 여부

　　상법 제638조의3 제1항은, 약관의 중요한 내용을 알려주어야 할 의무를 보험자에게 부과하

7　　양승규, 보험법, 제5판, 삼지원, 2004, 113면.

고 있다. 여기서 중요한 내용이라 함은 '객관적으로 보아 보험계약자가 그러한 사실을 알았더라면 보험회사와 보험계약을 체결하지 아니하였으리라고 인정될 만한 사항'을 의미한다.[8] 보험료와 그 지급방법, 보험금액, 보험기간, 보험사고의 내용과 보험자의 면책사유 그리고 보험계약의 해지사유 등을 들 수 있다.[9]

2. 중요한 사항으로 인정한 사례

대법원은 '보험계약을 체결할 때에 오토바이 운전자에게는 보험금의 지급이 제한된다는 약관조항',[10] '자동차보험약관에서 사고일 기준으로 만 26세 미만인 사람이 운전하면 보험자가 면책된다는 규정',[11] '자동차종합보험계약상 가족운전자 한정운전특별약관',[12] '연금보험에서 향후 지급받는 연금액은 중요사항이며, 수학식에 의한 복잡한 연금계산방법 자체는 제외하더라도, 대략적인 연금액과 함께 그것이 변동될 수 있는 것이면 그 변동 가능성',[13] '기왕장해 감액규정[14]은 보험자의 책임범위를 제한하는 것',[15] '상해보험에서 피보험자가 전문등반·스카이다이빙·스쿠버다이빙·행글라이딩 또는 이와 비슷한 위험한 운동을 하는 동안에 생긴 손해를 면책사항으로 규정한 약관조항'[16] 등에 대하여 약관의 중요한 사항으로 인정하고 있다.

3. 중요한 사항으로 인정되지 않는 사례

대법원은 '자동차보험약관과 관련하여 「보험증권에 기재된 피보험자 또는 그 부모, 배우자 및 자녀가 죽거나 다친 경우에는 보상하지 아니합니다」라고 하면서 여기의 배우자에 사실혼 관계의 배우자도 포함된다고 규정한 조항',[17] '무보험자동차에 의한 상해보상특약에 있어서 보

---

8 대법원 1996. 6. 25. 선고 96다12726 판결.
9 손지열, "약관의 계약편입과 명시, 설명의무", 민법학논총, 제2, 1995, 302면.
10 대법원 2005. 10. 28. 선고 2005다38713 판결.
11 대법원 1998. 6. 23. 선고 98다14191 판결.
12 대법원 2014. 9. 4. 선고 2013다66966 판결.
13 대법원 2015. 11. 17. 선고 2014다81542 판결.
14 기왕장해 감액규정이라 함은 피보험자가 보상하는 손해에서 정한 상해를 입은 경우 이미 존재한 신체상해 또는 질병의 영향으로 상해가 중하게 된 경우 회사는 그 영향이 없었던 때에 상당하는 금액을 결정하여 지급하는 규정을 말한다.
15 대법원 2015. 3. 26. 선고 2014다229917 판결.
16 대법원 1999. 3. 9. 선고 98다43342 판결.
17 대법원 1994. 10. 25. 선고 93다39942 판결.

험금액의 산정기준이나 방법',[18] '자동차종합보험계약상 가족운전자 한정운전특별약관에서 가족의 범위에 기명피보험자인 원고의 딸과 사실혼관계에 있는 사위는 포함되지 않는다는 점'[19] 등에 대하여는 중요한 사항으로 받아들이지 않았다.

IV. 설명의무위반과 법적 효과

1. 의의

우리 상법 제638조의3 제1항은 보험자가 보험약관의 중요내용을 설명해주어야 할 의무를 규정하고 있다. 제2항은 설명의무를 위반한 경우에 대한 내용을 담고 있다. 그런데 제2항이 보험계약자는 3월 내에 체결한 보험계약을 취소할 수 있다고만 규정하고 있지, 설명의무를 위반한 경우 어떠한 법률적 효과가 발생하는가에 대하여는 아무런 내용을 규정하고 있지 않아 학자들 사이에 다툼이 발생하였다.

2. 상법단독적용설

보험약관의 설명의무를 특별히 규정한 상법의 취지를 존중하여 보험계약자의 취소권은 3월의 경과로 보험계약관계가 그대로 유지되어야 한다는 견해이다. 이러한 입장을 따르게 되면, 보험약관의 교부·설명의무에 대하여는 상법 제638조의3이 우선 적용되고 그 한도 내에서 약관규제법 제3조의 적용은 배제된다.[20] 따라서 그 위반에 대한 보험계약자의 취소권을 따로 인정하는 이상, 이를 3월 내에 행사하지 않으면 약관내용에 따른 계약이 존속하게 된다. 결국 이러한 견해는 '보험의 단체성'이라는 특성을 근거로 하여 개별소비자의 보호보다는 상위의 위험단체를 구성하고 있는 일반 소비자의 보호를 우선해야 한다는 입장을 견지하고 있다.[21]

---

18 대법원 2004. 4. 27. 선고 2003다7302 판결.
19 대법원 2014. 9. 4. 선고 2013다66966 판결.
20 양승규, 보험법, 제5판, 삼지원, 2004, 114면; 최준선, 보험법·해상법, 삼영사, 2005, 34면.
21 한창희, "보험약관의 구속력의 근거 및 고지의무의 개정론", 소비자 중심의 보험법 개정 토론회, 2007. 12, 50면.

3. 중첩적용설

중첩적용설에 따르면, 보험자의 교부 또는 설명되지 아니한 약관조항에 대하여 보험계약자는 상법 제638조의3 제2항에 따라 취소기간 내에 계약을 취소할 수도 있고, 약관규제법 제3조 제4항에 의해 교부 또는 설명되지 아니한 약관조항의 적용배제를 주장할 수도 있다. 상법 제638조의3 제2항과 약관규제법 제3조 제4항과의 사이에는 아무런 모순이나 저촉이 없고, 상법에 취소를 하지 않은 경우의 법률관계를 규정하고 있지 않기 때문에, 보험계약자가 취소하지 않을 경우에 약관규제법 제3조 제4항을 적용함에 있어 하등 문제가 발생되지 않는다는 것이다. 이러한 견해는 개별보험계약자를 보호하는 측면을 띠게 된다.

대법원 1998. 11. 27. 선고 98다32564 판결

"상법 제638조의3 제2항은 보험자의 설명의무 위반의 효과를 보험계약의 효력과 관련하여 보험계약자에게 계약의 취소권을 부여하는 것으로 규정하고 있으나, 나아가 보험계약자가 그 취소권을 행사하지 아니한 경우에 설명의무를 다하지 아니한 약관이 계약의 내용으로 되는지 여부에 관하여는 아무런 규정도 하지 않고 있을 뿐만 아니라 일반적으로 계약의 취소권을 행사하지 아니하였다고 바로 계약의 내용으로 되지 아니한 약관 내지 약관 조항의 적용을 추인 또는 승인하였다고 볼 근거는 없다고 할 것이므로, 결국 상법 제638조의3 제2항은 약관의 규제에 관한 법률 제16조에서 약관의 설명의무를 다하지 아니한 경우에도 원칙적으로 계약의 효력이 유지되는 것으로 하되 소정의 사유가 있는 경우에는 예외적으로 계약 전체가 무효가 되는 것으로 규정하고 있는 것과 모순·저촉이 있다고 할 수 있음은 별론으로 하고, 약관에 대한 설명의무를 위반한 경우에 그 약관을 계약의 내용으로 주장할 수 없는 것으로 규정하고 있는 약관의 규제에 관한 법률 제3조 제3항과의 사이에는 아무런 모순·저촉이 없으므로, 따라서 상법 제638조의3 제2항은 약관의 규제에 관한 법률 제3조 제3항과의 관계에서는 그 적용을 배제하는 특별규정이라고 할 수가 없으므로 보험약관이 상법 제638조의3 제2항의 적용 대상이라 하더라도 약관의 규제에 관한 법률 제3조 제3항 역시 적용이 된다."

---

4. 판례의 입장

보험약관의 설명의무와 관련하여 대법원은, 보험자가 보험약관의 교부·설명의무에 위반한 경우에는 보험자는 이러한 약관의 내용을 보험계약의 내용으로 주장할 수 없고, 보험계약의 성립일로부터 3월 내에 취소권을 행사하지 않았다고 하여 보험계약자는 보험자가 교부·명시(설명)의무에 위반한 약관내용의 법률효과를 주장할 수 없다거나 혹은 보험자의 이런 의무가 치유되는 것은 아니라고 판시한다.[22]

또 다른 판결에서 대법원은 '보험자가 보험약관의 중요 내용에 대한 명시(교부)·설명의무를 위반한 경우, 보험계약자의 고지의무 위반을 이유로 보험계약을 해지할 수 있는지 여부'와 '보험계약자가 상법 제638조의3 제2항에 정한 기간 내에 계약 취소권을 행사하지 아니한 경우, 보험자의 설명의무 위반의 하자가 치유되는지 여부'에 대한 쟁점을 다루었다.[23]

대법원 1996. 4. 12. 선고 96다4893 판결

"원심은 그 판시사실을 인정한 다음, 이 사건 보험계약자인 피고가 이 사건 보험계약을 체결할 당시 실제로는 자신의 아들인 소외 서승원이 이 사건 차량의 주운전자인데도 자신의 처인 소외 홍순동을 주운전자로 허위 고지함으로써 보험계약의 중요 사항에 대하여 고지의무를 위반하였으므로 특별한 사정이 없는 한 원고는 약관에 따라 이 사건 보험계약을 해지할 수 있다고 하면서도, 한편 원고가 이 사건 보험계약을 체결함에 있어 피고에게 주운전자제도와 관련된 보험약관의 내용, 특히 그 부실고지의 경우에 입게 되는 계약해지의 불이익 등에 관하여 구체적이고도 상세한 설명을 하여 주었다는 점에 부합하는 그 판시증거를 믿지 아니하고 달리 이를 인정할 만한 증거가 없어 원고가 주운전자에 관한 보험약관의 명시·설명의무를 이행하였음을 인정할 수 없는 이상, 피고의 주운전자에 관한 고지의무 위반을 이유로 한 원고의 이 사건 보험계약 해지는 부적법한 것으로서 그 해지의 효력이 없다고 판단하였는바, 기록에 비추어 살펴보면 원심의 위와 같은 사실인정과 판단은 옳고 거기에 소론과 같은 보험계약자의 고지의무 위반과 보험자의 설명의무 위반의 효과, 설명의무 위반의 입증책임 및 그 증명 정도 등에 관한 법리오해의 위법이 있다고 할 수 없다."

"상법 제638조의3 제2항에 의하여 보험자가 약관의 교부 및 설명의무를 위반한 때에 보험계약자가 보험계약 성립일로부터 1월 내에 행사할 수 있는 취소권은 보험계약자에게 주어진 권리일 뿐, 의무가 아님이 그 법문상 명백하므로 보험계약자가 보험계약을 취소하지 않았다고 하더라도 보험자의 설명의무 위반의 법률효과가 소멸되어 이로써 보험계약자가 보험자의 설명의무 위반의 법률효과를 주장할 수 없다거나 보험자의 설명의무 위반의 하자가 치유되는 것은 아니라고 할 것인바, 원심이 이와 같은 취지에서 "원고의 설명의무 위반에도 불구하고 피고가 이 사건 보험계약이 성립한 날로부터 1월 내에 취소권을 행사한 바가 없으므로 피고는 원고의 설명의무 위반의 점을 가지고 원고에게 대항할 수 없다."라는 원고의 주장을 배척하였음은 옳고, 거기에 소론과 같은 상법 제638조의3 제2항에 관한 법리오해의 위법이 있다고 할 수 없다."

---

22 대법원 1996. 4. 12. 선고 96다4893 판결: 대법원 1998. 6. 23. 선고 98다14191 판결.
23 대법원 1996. 4. 12. 선고 96다4893 판결.

5. 정리

약관의 교부·설명의무를 위반한 경우에 약관의 효력을 부인하고 있는 약관규제법과 달리, 상법 제638조의3 제2항에는 보험계약자에게 일정한 기간의 취소권을 부여하고 있다. 상법 제638조의3이 보험약관에 대하여 약관법에 대한 특별법적인 성격을 띠고 있다는 점과 취소권은 소정의 기간 내에 행사되지 아니하는 경우에 유효한 법률관계가 된다는 점에서 본다면, 해석론적인 의미에서 상법 제638조의3만이 적용되어야 할 것이다. 보험자의 일방적이고 임의적인 보험약관상의 면책조항이 보험자에 의해 설명되지 않은 경우에, 보험계약자가 취소기간 내에 취소하지 않는 한 설명되지 않은 면책조항이 그대로 계약으로 적용되어 보험자가 보험금의 지급을 면하는 상황이 발생하게 될 것이다.

상법단독적용설을 주장하게 되면 개별 보험계약자 보호에 문제가 발생할 뿐만 아니라, 계약당사자의 평등이라는 이념에 비추어볼 때 우리 헌법 제11조를 위반할 소지가 발생하게 된다.[24] 현 실정법의 미비에서 나타나는 현상 때문에, 대법원은 법리적인 측면보다 보험계약자를 보호해야 한다는 측면에서 약관규제법을 적용한 것으로 볼 수 있다.

독일 보험계약법에는, 정보제공의무의 위반에 대한 효과를 구체적으로 규정하고 있기 때문에, 이러한 문제가 제기되지 않는다. 그러므로 보험약관 설명의무 위반에 대한 증명책임을 명확히 규정하는 방안이나 정보제공의무를 규정하고 있는 독일 보험계약법상 입법 태도를 수용하는 방안 등이 모색될 필요가 있다고 할 것이다.

V. 설명의무의 배제

1. 명문규정

약관규제법 제3조는 사업자의 약관작성 및 설명의무를 규정하고 있다. 설명의무배제와 관련하여 약관규제법상 우리의 주목을 끄는 두 가지 사항이 있다.

첫째, 일정한 분야에 대한 사업자의 설명의무 배제에 관한 사항인데, 동조 제2항 단서는 '여객운송업, 전기·가스 및 수도사업, 우편업, 공중전화 서비스제공 통신업에는 명시 및 교부의무

24　　이철송, 상법총칙·상행위, 제5판, 박영사, 2007, 35면.

를 면제한다'고 하면서, 사업자의 이러한 의무를 배제하고 있다. 그러나 보험계약은 단서에 포함되지 않기 때문에, 여기에 해당되지 않게 된다.

둘째, 계약 성질상 설명하는 것이 현저하게 곤란한 경우에는 설명의무를 배제하도록 하고 있다. 그러나 보험계약의 성질상 현저하게 곤란한 유형으로 보기는 어렵다.

결국 약관규제법상 보험약관에 대한 설명의무를 배제하는 것은 용이하지 않음을 알 수 있다.

2. 판례에 등장한 배제사항

대법원은 보험약관의 설명의무와 관련하여 그 의무가 배제될 수 있음을 제시하고 있다. 판례에서 등장하고 있는 설명의무의 배제사항은 크게 세 가지로 분류된다.

첫째, 보험계약자가 충분히 잘 알고 있는 약관조항은 설명의무 등이 배제되고, 그 대리인이 이미 약관내용을 충분히 숙지하고 있는 경우라면, 역시 보험자의 설명의무가 배제되는 것으로 본다.

둘째, 거래상 보험계약자에게 일반적이고 공통된 것이어서 별도의 설명을 하지 않고도 충분히 예상할 수 있는 사항이라면 보험자의 설명의무는 배제된다.

셋째, 법령을 반복 또는 부연하는 경우에도 설명의무는 배제된다.

하지만 이러한 유형은 구체적인 각각의 사례에서 설명의무의 배제 여부가 달라지고 있어 법적 안정성에 혼란을 야기하는 경우도 발생하고 있다. 예를 들면, '보험계약을 체결한 후 피보험자동차의 구조변경 등 중요한 사항에 변동이 있을 때 또는 위험이 뚜렷이 증가하거나 적용할 보험료에 차액이 생기는 사실이 발생한 때, 보험계약자 등은 지체 없이 보험자에게 알려야 한다고 규정한 약관조항은, 상법 제652조에서 이미 정해진 위험변경증가의 통지의무를 자동차보험에서 구체적으로 부연한 정도에 해당하므로 설명의무 등이 면제된다'고 판시한 사례가 있는가 하면,[25] '보험계약을 체결할 때에 피보험자에 대하여 이륜자동차 운전을 제외한 직업 또는 직무에 해당하는 상해급수가 적용되었기에, 그 후 피보험자가 이륜자동차를 직접 사용하게 된 경우에는 사고발생의 위험이 현저하게 변경 또는 증가된 경우에 해당하여 보험자에게 지체 없이 통지해야 한다는 약관조항은 단순히 상법 제652조 등 법령에 의하여 정하여진 것을 되풀이하거나 부연하는 정도에 불과하다고 볼 수가 없다'고 판시한 사례도 있다.[26]

----

25 대법원 1998. 11. 27. 선고 98다32564 판결.
26 대법원 2010. 3. 25. 선고 2009다91316 판결.

3. 보험약관의 설명의무 대상 여부

보험자의 보험약관 설명의무를 배제할 수 있다고 본 흥미로운 최근 대법원 판결이 있는데, 이를 살펴보도록 한다. 갑이 을을 피보험자로 하여 병 보험회사와 체결한 보험계약에는 '갱신형 질병입원의료비' 특약이 포함되어 있고, 위 특약에 관한 약관 조항은 '국민건강보험법에서 정한 요양급여 중 본인부담금(본인이 실제로 부담한 금액)의 90%에 해당하는 금액과 비급여(본인이 실제로 부담한 금액)의 80%에 해당하는 금액을 합한 금액'을 보험금 지급대상으로 정하고 있는데, 을이 병원 입원치료 중 면역항암제를 전액본인부담으로 처방받아 의료기관에 약제비용을 지급한 후 위험분담제에 따라 제약회사로부터 약제비용의 일부를 환급받았는데도, 갑이 환급금을 포함한 본인부담금 전부를 보상하여야 한다며 병 회사를 상대로 보험금 지급을 구한 사안이다.[27]

> **대법원 2024. 7. 11. 선고 2024다223949 판결**
>
> "위 약관 조항은 피보험자가 국민건강보험공단이나 제약회사로부터 위험분담제에 따라 환급을 받아 실제로 부담하지 않는 부분은 보험금 지급대상에 포함되지 않는다는 의미로 일의적으로 해석되고, 피보험자가 제약회사로부터 위험분담제에 따라 약제비용의 일부를 환급받음으로써 환급금 상당액을 실제 부담하지 아니하게 되었다면, 위 환급금 상당액이 보험계약에서 보상하는 손해에 포함되지 아니한다는 사정은 피보험자나 보험계약자가 별도의 설명이 없더라도 충분히 알 수 있으므로 병 회사의 명시·설명의무의 대상에 해당하지 않는다."

VI. 설명의무와 고지의무 위반의 충돌

보험자가 보험약관의 설명의무를 위반한 점과 보험계약자 등이 고지의무를 위반한 점이 충돌하는 경우가 실무에서 다수 발생하고 있다. 보험자가 고지의무의 대상인 중요사항과 관련된 보험약관 설명의무를 위반한 경우에, 보험계약자가 그에 대한 고지의무를 위반했다는 이유로 보험계약을 해지할 수 있는가의 문제가 발생한다. 원칙적으로 대법원은 보험자의 계약해지권을 인정하지 않는다.

---

27 대법원 2024. 7. 11. 선고 2024다223949 판결.

대법원 1992. 3. 10. 선고 91다31883 판결

"보험자 및 보험계약의 체결 또는 모집에 종사하는 자는 보험계약의 체결에 있어서 보험계약자 또는 피보험자에게 보험약관에 기재되어 있는 보험상품의 내용, 보험료율의 체계 및 보험청약서상 기재 사항의 변동 사항 등 보험계약의 중요한 내용에 대하여 구체적이고 상세한 명시·설명의무를 지고 있어서, 보험자가 이러한 보험약관의 명시·설명의무에 위반하여 보험계약을 체결한 때에는 그 약관의 내용을 보험계약의 내용으로 주장할 수 없으므로, 보험계약자나 그 대리인이 그 약관에 규정된 고지의무를 위반하였다 하더라도 이를 이유로 보험계약을 해지할 수는 없다."

"원심은, 그 거시의 증거에 의하여 이 사건 보험계약 체결 당시 보험모집인인 소외 1이 보험계약자인 원고나 그 대리인인 소외 2에게 원고가 이 사건 자동차를 운전하는지의 여부에 관하여 묻거나 주운전자가 누구인가에 따라 운전자의 성향요율이 달라져서 결국 보험료율이 달라지게 된다는 등 주운전자에 관한 보험계약상의 고지의무에 관하여 아무런 설명도 하지 아니한 채 스스로 그 보험청약서를 작성하면서 보험계약을 소개한 소외 3으로부터 이 사건 자동차의 주운전자에 관하여 원고와 상의해 보지는 않았으나 차량 소유자인 원고로 하면 별다른 문제가 없을 것이라는 말만을 듣고서 주운전자를 원고로 일방적으로 기재하고 원고의 동의를 받아 조각하여 소지하고 있던 원고의 도장을 위 보험청약서의 원고 이름 옆에 날인하였을 뿐만 아니라, 피고 회사의 보험약관을 교부하거나 그 보험약관에 기재되어 있는 주운전자나 보조운전자 등 이 사건 자동차종합보험계약의 중요한 내용에 대하여 구체적이고 상세한 설명을 하지 아니한 사실을 인정하였는바, 기록에 비추어 보면 원심의 위와 같은 사실인정은 옳고 거기에 소론과 같은 채증법칙 위배로 인한 사실오인의 위법이 있다고 할 수 없다."

궁극적으로 "이 사건 보험모집인인 소외 1 또는 보험자인 피고 회사가 이 사건 보험계약을 체결함에 있어서 보험계약자인 원고나 그 대리인인 소외 2에게 보험계약의 주요 내용인 주운전자의 고지의무에 관한 설명의무를 다하지 못하였다고 보아야 할 것이므로, 위에서 본 법리에 비추어 피고로서는 이 사건 보험계약자의 고지의무 위반을 들어 이 사건 보험계약을 해지할 수 없다."

한편, 전동킥보드 사용의 위험변경 통지에 대한 보험자 설명 미이행으로 상해사망을 인정한 사례도 있다.[28]

대법원 2020. 1. 16. 선고 2018다242116 판결

"보험자는 피보험자의 주기적인 오토바이 운전 사실이 보험계약 인수조건에 영향을 미치는 중요한 사항으로 보험사에 고지되어야 하고 이를 고지하지 않을 경우 보험계약이 해지되어 보험금을 지급받지 못할 수도 있다는 점과 이를 고지하지 않은 채 보험계약을 체결하더라도 A가 오토바이를 운전하다 사고를 당하게 되면 결과적으로 보험금을 지급받을 수 없다는 점 등을 상세히 설명하여 보험계약자인 B가 이를 충분히 납득·이해하고 보험계약에 가입할 것인지 여부를 결정할 수 있도록 했어야 한다."

---

28   대법원 2020.1.16. 선고 2018다242116 판결.

또한 피보험자가 오토바이 사용자인 경우는 가입할 수 없도록 한 상해보험이 약관조항에 대하여 보험자가 설명의무를 위반하고 보험계약자 역시 고지의무를 위반한 사례에 대하여 대법원은 다음과 같이 판단하였다.[29]

대법원 1995. 8. 11. 선고 94다52492 판결

"원심은, 피고가 1994. 10. 초순경 원고와 사이에 부산8고5885호 베스타 6밴 소형 화물자동차 1대 (이하 이 사건 차량이라고 한다)에 관한 업무용 자동차 종합보험계약(이하 이 사건 보험계약이라 한다)을 체결함에 있어서, 이 사건 차량을 피고가 경영하는 한일상회의 종업원인 소외 장한우, 소외 1로 하여금 주로 운전하게 할 예정이었음에도, 원고에게 주운전자를 피고로 표기한 업무용 자동차 종합보험청약서를 작성하여 제출한 사실, 한일상회의 종업원인 소외 1이 보험기간 중인 판시 일시경 이 사건 차량을 운전하다가 사고를 야기하여 이 사건 차량에 승차하고 있던 소외 김종도, 이용범 등을 사망케 하고, 소외 김광윤, 김일환 등에게 상해를 입히고, 소외 1 자신도 상해를 입은 사실, 그런데 원고의 자동차종합보험보통약관에는 보험계약을 맺을 때에 보험계약자, 피보험자 또는 이들의 대리인이 고의 또는 중대한 과실로 인하여 보험청약서 기재 사항에 대하여 알고 있는 사실을 알리지 아니하거나, 사실과 다르게 알린 때에는 보험자는 보험계약을 해지할 수 있고, 보험자가 보험계약을 해지한 때에는 해지 이전에 생긴 사고에 대하여도 보상하지 아니한다고 규정(제40조 제1항, 제3항)하고 있는 사실을 인정한 다음, 피고가 이 사건 보험계약을 체결하면서 이 사건 차량을 한일상회의 종업원인 장한우, 소외 1로 하여금 주로 운전하게 할 예정이었음에도 이 사건 차량의 주운전자를 피고로 허위 고지함으로써 보험계약의 중요 사항에 대하여 고지의무를 위반하였다고 하면서도, 한편 원고가 이 사건 보험계약을 체결함에 있어 피고에게 주운전자제도와 관련된 보험약관의 내용, 특히 부실 신고의 경우에 입게 되는 계약해지의 불이익 등에 관하여 구체적이고도 상세한 설명을 하여주었다는 점에 부합하는 증거들을 모두 배척하고, 그 판결에서 들고 있는 증거들에 의하면, 피고는 이 사건 차량 외에도 4대의 차량을 소유하면서 이를 한일상회의 업무에 사용하고 있는데, 4대의 차량 중 2대는 종업원인 장한우를 주운전자로, 1대는 피고의 아버지인 소외 김태성을 주운전자로, 나머지 1대는 피고를 주운전자로 고지하여 원고 또는 소외 럭키화재해상보험 주식회사, 삼성화재해상보험 주식회사 등과 사이에 자동차 종합보험계약을 체결한 사실, 원고는 이 사건 보험계약 체결 후 피고에게 보험약관을 우송하면서 주운전자를 허위로 기재하면 보험금을 지급받지 못하는 경우가 있으므로 기존의 계약 내용 중 잘못된 부분이 있으면 이를 즉시 수정 신고하여야 한다는 취지의 안내문을 동봉하여 우송한 사실을 인정할 수 있으나, 이러한 사정만 가지고서 바로 피고가 주운전자제도와 관련된 보험약관의 구체적인 내용을 알고 있었다거나, 원고가 피고에게 주운전자제도를 부실 신고한 경우에 입게 되는 계약해지의 불이익에 관하여 구체적이고도 상세한 설명을 하였음을 추인하기에는 부족하고, 그 밖에 달리 이를 인정할 만한 증거가 없으며, 이처럼 원고

---

29 대법원 1995. 8. 11. 선고 94다52492 판결.

> 가 주운전자에 관한 보험약관의 명시·설명의무를 이행하였음을 인정할 수 없는 이상, 피고의 주운전자에 관한 고지의무 위반을 이유로 한 원고의 이 사건 보험계약 해지는 부적법한 것으로서 그 해지의 효력이 없다고 판단하였다."

기본적으로 대법원은 보험자의 설명의무와 보험계약자의 고지의무가 상호 충돌하는 경우 보험자의 설명의무에 대한 책임을 더 두텁게 보려는 입장이다. 보험계약자가 상법 제651조에 규정한 고지의무를 위반했다고 할지라도 보험자가 보험약관에 대한 중요한 내용을 상세하게 설명하지 않았다면, 보험자는 보험금을 지급해야 한다는 것이다. 보험자가 보험계약자의 고지의무 위반을 이유로 보험금을 지급하지 아니하려고 하는 경우나 해당 계약을 해지하고자 하는 보험자의 주장에 제동을 걸고, 보험계약자를 보다 더 보호하고자 하는 면이 있다고 하겠다.

다만, 보험약관에 상법 제651조의 고지의무를 반복하거나 부연한 조항에 대하여는 보험약관 설명의무가 배제된다. 이는 제652조도 마찬가지이다.[30]

대법원 2011. 7. 28. 선고 2011다23743 판결

"화재보험보통약관에서 '보험계약을 맺은 후 보험의 목적에 아래와 같은 사실이 생긴 경우에는 보험계약자나 피보험자는 지체 없이 서면으로 회사에 알리고 보험증권에 확인을 받아야 한다'고 규정하면서 그중 하나로 '그 이외에 사고발생의 위험이 현저히 증가한 경우'를 들고 있는 경우, 이러한 위험증가 사실의 통지의무는 상법 제652조 제1항에서 규정하고 있는 통지의무를 되풀이하는 것에 불과하여 이에 관하여 보험자가 보험계약자에게 별도로 설명할 의무가 있다고 볼 수 없다."

"손해보험회사인 갑 주식회사와 폐기물 처리업자인 을 주식회사가 체결한 공장화재보험계약의 화재보험보통약관에서 보험계약자 등의 통지의무 대상으로 '위험이 뚜렷이 증가할 경우'를 규정하고 있는데, 을 회사가 갑 회사에 대한 통지 없이 다량의 폐마그네슘을 반입하여 보관하던 중 화재가 발생한 사안에서, 갑 회사가 보험계약을 체결하면서 폐마그네슘과 같은 위험품을 취급할 경우 이를 통지해야 한다는 내용을 설명하지 않았더라도, 위 약관규정은 상법 제652조 제1항에서 이미 정하여 놓은 통지의무를 화재보험에서 구체적으로 부연한 정도의 규정에 해당하여 보험자에게 별도의 설명의무가 인정되지 않는다."

보험계약자가 보험약관의 내용을 충분히 잘 알고 있는 경우에도 보험자에게 그 약관 내용을

따로 설명할 의무가 있는지 여부에 대하여 대법원은 다음과 같이 판시하였다.[31]

대법원 1998. 4. 14. 선고 97다39308 판결

"원심은, 소외 1은 이 사건 덤프트럭을 구입하면서 이 사건 트럭의 지입회사 관리과장인 소외 2를 통하여 피고의 보험대리점 운영자 소외 3에게 이 사건 트럭의 소유자인 소외 4(소외 1의 처) 명의로 이 사건 영업용자동차종합보험을 청약한 사실, 위 청약 당시 위 소외 1은 소외 5로 하여금 트럭을 운전하게 할 예정이었음에도 위 소외 5보다 나이가 많아 보험료율이 낮은 6촌형으로서 이 사건 트럭의 운전과는 전혀 관계가 없는 소외 6을 주운전자로 고지한 사실, 그 후 이 사건 트럭은 위 소외 5가 운전하여 왔는데 위 소외 1은 소외 5가 없는 사이 이 사건 트럭을 운전하다가 1994. 12. 7.경 이 사건 교통사고를 일으킨 사실, 한편 피고는 1994. 12. 12. 이 사건 사고 경위를 조사한 결과 이 사건 트럭의 주운전자가 위 소외 5임에도 소외 6(원심판결의 소외 1은 오기임이 명백함)으로 허위 고지한 사실을 발견하고 1995. 1. 10. 피보험자인 소외 4에게 위 허위 고지를 이유로 이 사건 보험계약을 해지한 사실을 인정한 다음, 위 소외 4나 소외 1 혹은 그 대리인인 소외 2는 보험사고 발생 위험의 측정과 보험료율을 결정함에 있어서 기준이 되는 중요한 사항인 주운전자에 대하여 고의로 사실과 다르게 피고에게 알린 것이므로 피고는 보험약관 및 상법규정에 따라 보험계약을 해지할 수 있다고 판단하고 있다."

---

31   대법원 1998. 4. 14. 선고 97다39308 판결.

제7장
보험자의 낙부통지의무와 승낙의제

보험계약은 계약당사자에 의한 청약과 승낙이라고 하는 의사의 합치에 의하여 성립하게 된다.

I. 청약의 구속력

계약자 일방의 청약과 다른 계약상대방의 승낙을 통한 합의로써 계약은 성립하게 된다. 상대방에 대하여 계약을 청약한 자는 그 청약에 구속되기 때문에 청약이 상대방에 도달하게 되면 청약자는 임의대로 철회할 수 없는 것이 대륙법의 원칙이다. 독일 민법 제145조나 우리 민법 제527조는 그것을 명문으로 규정하고 있다. 청약을 철회할 수 없도록 한 이유는 상대방에 대한 불측의 손해를 방지하여 그를 보호하고자 하는 측면과 거래안전의 측면을 고려한 것이다.

일반적인 계약관계에서 낙약자는 청약을 한 청약자에 대하여 승낙기간의 기간을 정한 계약의 청약에 있어서는 그 기간 내에 승낙의 통지를 받지 아니하면 그 효력이 상실되고(민법 제528조 제1항), 승낙기간을 정하지 아니한 계약에서는 청약자가 상당한 기간 내에 승낙의 통지를 받지 아니하면 그 효력을 상실하게 된다(민법 제529조). 다만, 상인이 상시 거래관계 있는 자로부터 그 영업부류에 속한 계약의 청약을 받은 때에는 지체 없이 낙부의 통지를 발송해야 하고, 이를 해태한 경우에는 승낙한 것으로 본다(상법 제53조).

II. 실무상 보험계약 체결 시 문제점

보험거래는 일반적인 거래와 달리, 보험설계사의 권유에 의하여 보험계약을 체결하고자 하는 청약자가 청약서를 작성한 후 보험료의 전부 또는 일부에 상당하는 금전을 보험자에게 지급하게 된다. 그러나 보험자는 보험계약자가 작성하고 교부한 청약서를 근거로 보험의 인수를 결정함에 있어 상당한 기간을 요하고 있다. 문제는 인수를 결정하기 위하여 필요로 하는 기간 동안, 즉 낙부통지가 없는 그 기간에 보험사고가 발생한 경우 보험계약자가 보험금을 청구할 수 있는가의 문제가 제기될 수 있다.

III. 보험자의 낙부통지의무와 승낙의제

이러한 문제를 해결하기 위하여 상법은 상시 거래관계가 아님에도 불구하고 보험계약관계에서 "보험자가 보험계약자로부터 보험계약의 청약과 함께 보험료상당액의 전부 또는 일부의 지급을 받은 때에는 다른 약정이 없으면 30일 내에 그 상대방에 대하여 낙부의 통지를 발송해야 하고(제638조의2 제1항), 이를 게을리한 때에는 청약자의 청약을 보험자는 승낙한 것으로 본다(제638조의2 제2항)."라는 규정을 수용하였다.

IV. 보험자의 책임

상법은 "보험자가 보험계약자로부터 청약과 함께 보험료상당액의 전부 또는 일부를 받은 경우에 그 청약을 승낙하기 전에 보험사고가 생긴 때에는 그 청약을 거절할 사유가 없는 한 보험자는 책임을 부담하지 않으면 아니 된다(제638조의2 제3항)"고 하면서, 보험자가 보험계약을 승낙하기 전에 보험사고가 발생한 경우, 특별하게 보험자의 책임을 명시하고 있다.

V. 예 외

통칙에 규정된 승낙의제와 승낙 전 보험자의 책임문제는 인보험계약에서 주목해야 할 사항이 있다. 승낙의제와 관련하여 인보험계약의 피보험자가 신체검사를 받아야 하는 경우에 승낙의 기간은 신체검사를 받은 날로부터 기산한다(상법 제638조의2 제1항 단서). 또한 보험자의 책임과 관련하여, 인보험계약의 피보험자가 신체검사를 받아야 하는 경우에 그 검사를 받지 아니한 때에는 보험자가 책임이 없음을 규정하고 있다(상법 제638조의2 제3항 단서).

제8장

보험계약자 등의 고지의무

I. 고지의무의 의의

1. 개념

고지의무라 함은 보험계약자 또는 피보험자가 보험계약을 체결함에 있어 중요한 사실을 고지하고, 중요한 사실에 관하여 부실한 사실을 고지하지 아니할 의무(상법 제651조)를 말한다.[1] 계약체결 전에 발생하는 의무라는 점에서 특색이 있다. 즉, 보험계약자 등에 대하여 보험계약의 체결에 즈음하여 보험사고발생의 가능성을 측정하고자 하는 목적이 있다. 고지의무는 중요한 사실에 관하여 보험계약자 등에게 진실을 알릴 것을 요구하는 보험계약법상의 특수한 문제라고 하겠다. 계약 성립 후에 통지의무(상법 제652조) 등과는 구별된다.

2. 법적 성질

고지의무는 의무라는 명칭으로 나타나고 있지만, 일반적인 의무와는 차이가 있다. 일반적인 의무는 그 의무를 이행하지 아니하면, 상대방이 그 이행을 강제하거나 손해배상청구의 대상이 될 수 있지만, 보험계약자 등이 고지의무를 위반한 경우에는 보험자가 그 이행을 강제하거나 또는 그 불이행에 대하여 손해배상청구를 할 수 없다. 단지 보험계약자 등의 고지의무자가 자신의

---

1   이기수·최병규·김인현, 보험해상법(상법강의 IV), 제9판, 박영사, 2015, 100면.

의무를 고의 또는 중과실로 위반하면 보험자가 이를 이유로 계약의 해지권을 행사할 수 있을 뿐이다. 진정한 의무라고 하는 직접의무(Pflicht)가 아니라 간접의무(Obliegenheit)에 해당한다.

3. 기능

보험계약은 우연한 사고의 발생을 전제로 하는 일종의 사행계약에 속한다. 1인의 보험자는 다수의 보험계약자와 보험계약을 체결하게 된다. 보험자는 보험계약을 체결함에 있어서 보험기술상 개별적인 위험의 상황에 관하여 정확하게 파악할 필요가 있다. 보험자가 스스로 자발적인 조사를 할 수도 있으나, 보험계약은 다른 계약과 달리 다수의 보험계약자를 대상으로 하고 있다는 점에서 난점이 있다. 보험자는 보험계약자 또는 피보험자의 협조를 얻어 위험선택을 할 수밖에 없는 것이다. 보험계약자 등의 협조의무가 바로 고지의무인 것이고, 보험계약의 특성에서부터 발생하는 것이 바로 고지의무이다.

4. 법적 근거

보험사고발생의 개연율을 측정하기 위한 위험선택의 자료를 얻고자 하는 데 있다는 입장이 있다. 이를 위험측정설이라고 한다. 보험계약에서 보험금과 보험료의 균형적인 산출을 위하여 위험률을 측정할 필요가 있는데, 위험의 기초사실을 관리하고 지배하고 있는 보험계약자 등은 보험자에게 고지하여 위험의 측정에 협조해야 할 의무가 있다고 한다.

반면, 선의계약성을 주장하는 입장이 있는데, 동 입장은 보험계약을 체결하고자 하는 자는 자신이 불리한 사실이 있다고 할지라도 보험자에게 고지해야 한다고 하면서 그 이유가 보험계약이라고 하는 것은 고도의 신의성실이 요구되는 선의계약 또는 사행계약이라는 점을 근거로 제시하고 있다.

II. 고지의무의 당사자

1. 보험계약자

고지의무를 이행해야 하는 주체는 보험계약자 또는 피보험자이다. 인보험에서 보험수익자는 고지의무의 주체는 아니다. 보험계약자의 대리인이 보험계약자를 대신하여 고지의무를 이행할 수 있는가에 대한 물음이 제기었다.

대법원은 "비록 소외 1이 피고의 어머니이고 소외 2가 피고의 이모라고 하더라도 이 사건 보험계약 체결 당시 피고가 갑상선결절의 진단을 받은 사실을 당연히 알았거나 쉽게 알 수 있었다고 단정할 수는 없다 할 것이고, 고지사항 서면의 양식으로 보더라도 피보험자인 피고의 신체상태 등에 관한 사항은 보험계약자 외에 피보험자 본인으로부터 별도로 확인하고 자필서명을 받도록 되어 있는 이상, 소외 1이나 소외 2가 위 고지사항 서면을 작성하면서 피고가 최근 진단 등을 받은 사실이 있는지를 적극적으로 확인하지 않은 결과 사실과 달리 표기하였다고 하여 당연히 중대한 과실로 고지의무를 위반한 경우에 해당한다고 하기는 어렵다고 할 것이다. 그뿐만 아니라 보험계약자를 대리한 소외 2가 피고의 진단 사실 유무에 대한 답변으로 '아니요'라는 칸에 표기를 했다고 해서 그것이 반드시 진단 사실이 부존재한다는 취지를 고지한 것이라고 단정할 수 있는지도 의문이다."라고 하면서, 보험계약자의 대리인은 보험계약자를 대신해서 고지의무를 이행할 수 있다고 판시하고 있다.[2] 통설도 같은 입장이다.

그러나 이 경우에도 대리인이 고지의무자는 될 수 없으며, 고지의무자는 여전히 보험계약자가 되어야 한다는 입장도 있다.[3]

2. 피보험자

손해보험이든 생명보험이든 피보험자는 보험자에게 모두 고지의무를 부담해야 한다. 손해보험에서 피보험자는 보험목적에 대한 피보험이익을 가지고 있는 자이므로, 그가 위험에 관한 정보를 가지고 있다. 그러므로 고지의무를 부담해야 하는 것이다. 인보험에서 피보험자는 보험사고의 객체인 보험목적에 해당되므로, 역시 위험에 관한 정보를 피보험자 자신이 가지고 있다. 그러므로 손해보험과 인보험의 영역에서 각각 피보험자 지위를 가지고 있는 자는 각각 고지의무를 부담해야 한다.

3. 고지의무의 상대방

고지를 수령할 수 있는 자는 보험자이다. 즉, 보험계약자나 피보험자는 보험자에게 고지의

---

2   대법원 2013. 6. 13. 선고 2011다54631,54648 판결.
3   한기정, 보험법, 제3판 박영사, 2021, 212면.

무를 이행해야 한다. 보험자의 대리인 역시 고지의무를 수령할 수 있다. 대리권을 가지고 있는 자는 고지수령권 역시 가지고 있다. 하지만 대리인 지위를 가지고 있지 않은 보험설계사는 고지수령권이 없다고 보아야 한다. 구 보험업법상 보험모집인의 지위 및 보험모집인이 통지의무의 대상인 '보험사고발생의 위험이 현저하게 변경 또는 증가된 사실'을 알게 된 경우, 이로써 곧 보험자가 위와 같은 사실을 알았다고 볼 수 있는지 여부에 대하여, 대법원은 이를 인정하지 않았다.[4]

> **대법원 2006. 6. 30. 선고 2006다19672,19689 판결**
>
> "구 보험업법(2003. 5. 29. 법률 제6891호로 전문 개정되기 전의 것)상의 보험모집인은 특정 보험자를 위하여 보험계약의 체결을 중개하는 자일 뿐 보험자를 대리하여 보험계약을 체결할 권한이 없고 보험계약자 또는 피보험자가 보험자에 대하여 하는 고지나 통지를 수령할 권한도 없으므로, 보험모집인이 통지의무의 대상인 '보험사고발생의 위험이 현저하게 변경 또는 증가된 사실'을 알았다고 하더라도 이로써 곧 보험자가 위와 같은 사실을 알았다고 볼 수는 없다."

보험중개사 역시 보험자를 위한 고지를 수령할 수 있는 권한이 없는 것이 원칙이다. 실정법상 보험중개사는 보험계약자 등으로부터의 보험계약에 관한 고지사항의 수령권한이 없다는 점을 적은 서면을 미리 보험계약자에게 발급하고 설명해야 한다(보험업법 제92조 제1항, 동법 시행령 제41조 제3항 제2호, 동법 시행규칙 제24조 제1호).

4. 이행시기와 방법

보험계약자와 피보험자의 고지의무이행 시기는 보험계약체결 전에 하여야 한다. 그러므로 보험계약에 대한 청약의 의사표시를 교부했다고 할지라도 그 청약 이후 보험계약이 성립하기 이전에 발생한 중요사항도 고지해야 한다.

---

4   대법원 2006. 6. 30. 선고 2006다19672,19689 판결.

> **대법원 2012. 8. 23. 선고 2010다78135,78142 판결**
>
> "보험계약은 원칙적으로 보험계약자의 청약에 대하여 보험자가 승낙함으로써 성립하고, 보험자가 보험계약자로부터 보험계약의 청약과 함께 보험료 상당액의 전부 또는 일부의 지급을 받은 때에는 다른 약정이 없으면 30일 내에 상대방에 대하여 낙부의 통지를 발송하여야 하며, 보험자가 기간 내에 낙부의 통지를 해태한 때에는 승낙한 것으로 본다(상법 제638조의2 제1, 2항). 한편 보험계약자 또는 피보험자는 상법 제651조에서 정한 '중요한 사항'이 있는 경우 이를 보험계약의 성립 시까지 보험자에게 고지하여야 하고, 고지의무 위반 여부는 보험계약 성립 시를 기준으로 하여 판단하여야 한다."

고지의무의 이행방법에는 제한이 없기 때문에 구두 또는 서면(전자서면 포함한다) 고지도 가능하다. 명시적 또는 묵시적 고지도 무방하며, 직접고지 및 대리인이나 대행자 및 이행보조자를 통한 고지도 가능하다는 것이 통설의 입장이다.

III. 고지의무위반

1. 객관적 요건

상법 제651조는 고지의무에 관한 내용을 규정하고 있다. 고지의무위반이 되기 위해서는 보험계약자가 보험계약상 '중요한 사항'을 보험자에게 고지하지 아니하거나 사실과 다른 것을 고지해야만 한다. 상법은 '중요한 사항'이라고만 하고 있지, 무엇이 중요한 사항인가에 대하여는 밝히지 않고 있다. 그러나 보험자가 위험의 인수 여부 및 보험료액을 판단하는 데 영향을 미칠 수 있는 사실은 중요한 사항에 해당하는 것으로 보아야 할 것이다.

대법원은 "갑이 오토바이를 소유·운전하면서도 '비소유 및 비탑승'으로 고지하여 을 보험회사와 상해사망 시 보험금이 지급되는 보험계약을 체결한 후 자신의 오토바이를 운전하다가 상해사고로 사망하자, 을 회사가 고지의무 위반을 이유로 보험계약을 해지한 사안에서, 위 보험계약 체결 당시 갑은 자신의 오토바이를 피보험차량으로 하여 을 회사의 자동차보험에 가입하고 있었으므로 고지의무 위반 사실에 대한 을 회사의 악의 또는 중대한 과실이 인정되는데도, 이와 달리 보아 보험계약 해지를 인정한 원심판결에는 자유심증주의의 한계를 벗어나 사실을 잘못 인정한 위법이 있다"고 판시한 바 있다.[5] 피보험자의 오토바이 소유 및 탑승 여부는 보험자의 입장에서 보험계약의 체결 여부에 대한 결정과 보험가입금액 한도 제한, 보험료 할인할증 등 보험계약의 내용을 정함에 영향을 미친다는 점에서 중요한 사항으로 보았다는 점과 동일 회사에 자동차보험이 있는 자가 상해사망보험 체결 시 보험자의 악의 또는 중과실을 인정한 점은 주목할 만한 사항이다.

또한, 대법원은 "보험회사의 질문표에 기재된 질문사항은 다른 특별한 사정이 없는 한 그 보험계약에 있어서의 중요한 사항에 해당한다고 추정할 것이므로, 그 질문표에 사실과 다른 기재를 하였다면 고지의무위반이 된다"라고 판시하고 있다.[6] 만약 위험의 인수 여부에 영향을 미칠 수 있는 사항들을 보험자가 알았다고 한다면, 계약을 체결하지 않거나 적어도 같은 조건으로 계약을 체결하지 않을 것이라고 생각되는 객관적인 사실들은 중요한 사항에 해당한다고 보아야 할 것이다.[7]

대법원 1996. 12. 23. 선고 96다27971 판결

"보험계약자나 피보험자가 보험계약 당시에 보험자에게 고지할 의무를 지는 상법 제651조에서 정한 '중요한 사항'이란 보험자가 보험사고의 발생과 그로 인한 책임부담의 개연율을 측정하여 보험계약의 체결여부 또는 보험료나 특별한 면책조항의 부가와 같은 보험계약의 내용을 결정하기 위한 표준이 되는 사항으로서, 객관적으로 보험자가 그 사실을 안다면 그 계약을 체결하지 않든가 또는 적어도 동일한 조건으로 계약을 체결하지 않으리라고 생각되는 사항을 말하고, 어떠한 사실이 이에 해당하는가는 보험의 종류에 따라 달라질 수밖에 없는 사실인정의 문제로서 보험의 기술에 비추어 객관적으로 관찰하여 판단되어야 하고, 최종적으로는 보험의 기술에 정통한 전문가의 감정에 의하여 결정될 수밖에 없다."

생명보험에서 고혈압,[8] 직장 건강검진에서 갑상선에 대한 진단과 함께 추적검사해야 한다는 의사의 소견,[9] 암치료 종료 후 5년이 지나 검사를 실시한 결과 의사로부터 암 재발의 가능성을 고지받고 확진을 위한 재검사 요구를 받은 사실[10] 등은 중요한 사항에 해당되는 것으로 대법원은 판단하고 있다.

---

5 대법원 2011. 12. 8. 선고 2009다20451 판결.
6 대법원 1969. 2. 18. 선고 68다2082 판결.
7 대법원 1996. 12. 23. 선고 96다27971 판결.
8 대법원 2010. 7. 22. 선고 2010다25353 판결.
9 대법원 2011. 4. 14. 선고 2009다103349 판결.
10 대법원 1999. 11. 26. 선고 99다37474 판결.

2. 주관적 요건

고지의무의 주관적 요건이 충족되기 위해서는 중요한 사실에 대한 불고지 또는 부실고지가 보험계약자 또는 피보험자의 고의 또는 중대한 과실로 인한 것이어야 한다. 상법 제651조에서 의미하는 고의라 함은 사기 등의 방법으로 보험자를 착오에 빠지게 함으로써 적극적으로 어떤 이익을 꾀하려는 것이 아니고, 단순히 그 사실을 알면서 묵비하거나 거짓의 진술을 하는 것을 의미한다. 대법원은 "보험계약에 있어 고지의무위반이 성립하기 위해서는 고지의무자에게 고의 또는 중대한 과실이 있어야 하고, 여기서 말하는 중대한 과실이란 고지하여야 할 사실은 알고 있었지만, 현저한 부주의로 인하여 그 사실의 중요성의 판단을 잘못하거나 그 사실이 고지하여야 할 중요한 사실이라는 것을 알지 못하는 것을 말한다."라고 판시한 바 있고,[11] "피보험자 갑이 을 보험회사와 보험계약을 체결하면서 갑상선 결절 등의 사실을 고지하지 않은 사안에서, 건강검진 결과 통보 내용에 비추어 갑으로서는 어떠한 질병을 확정적으로 진단받은 것으로 인식하였다고 보기 어려운 점, 위 검진 이후 2년여 동안 별다른 건강상의 장애나 이상증상이 없었으며 갑상선 결절과 관련된 추가적인 검사나 치료도 받지 않았던 점 등에 비추어, 피보험자 갑이 고의 또는 중대한 과실로 인하여 중요한 사실을 고지하지 아니한 것으로 단정하기 어렵다."고 하면서 원심판단을 수긍한 사례도 있으며,[12] "갑이 손해보험업을 영위하는 을 주식회사와 냉동창고건물에 관한 보험계약을 체결하였는데, 체결 당시 보험의 목적인 건물이 완성되지 않아 잔여공사를 계속하여야 한다는 사정을 을 회사에 고지하지 않은 사안에서, 위 냉동창고건물은 형식적 사용승인에도 불구하고 냉동설비공사 등 주요 공사가 완료되지 아니하여 잔여공사를 계속하여야 할 상황이었고, 이러한 공사로 인하여 완성된 냉동창고건물에 비하여 현저히 높은 화재 위험에 노출되어 있었으며, 위험의 정도나 중요성에 비추어 갑은 보험계약을 체결할 때 이러한 사정을 고지하여야 함을 충분히 알고 있었거나 적어도 현저한 부주의로 인하여 이를 알지 못하였다고 봄이 타당하다."고 판시하였다.[13]

3. 입증책임

보험계약자 등의 고지의무에 대한 위반을 이유로 하여 보험자가 해지권을 행사하고자 한다

---

11 대법원 1996. 12. 23. 선고 96다27971 판결.

12 대법원 2011. 4. 14. 선고 2009다103349,103356 판결.

13 대법원 2012. 11. 29. 선고 2010다38663,38670 판결.

면, 보험자는 보험계약자 등의 고지의무가 고의 또는 중대한 과실로 인한 것이라고 하는 것을 입증해야만 한다. 즉, 보험자는 고지의무위반의 전제조건인 사실이 불고지 또는 부실고지된 경우에는 그러한 사실이 존재 또는 거짓이라는 것과 그것이 보험계약자 등의 고의 또는 중대한 과실로 인하여 생긴 것임을 입증하여야 한다.[14]

4. 보험계약 체결 당시 이미 존재하는 위험을 고지하지 않았고, 그 위험이 계약 이후에도 계속되는 경우 통지의무 위반이 인정되는지 여부

대법원은 "상법 제651조의 고지의무는 중요한 사실이 보험계약 성립 시에 존재하는 경우에 발생하고, 상법 제652조의 통지의무는 보험계약 성립 시에는 존재하지 않았지만 그 이후 보험기간 중에 사고발생의 위험이 새롭게 변경 또는 증가된 경우에 발생한다고 보아야 한다. 한편, 보험계약자 또는 피보험자가 고지의무를 위반함으로써 보험계약 성립 시 고지된 위험과 보험기간 중 객관적으로 존재하게 된 위험에 차이가 생기게 되었다는 사정만으로는 보험기간 중 사고발생의 위험이 새롭게 변경 또는 증가되었다고 할 수 없다. 이 경우 보험자는 상법 제651조의 고지의무 위반을 이유로 계약을 해지할 수는 있어도 상법 제652조의 통지의무 위반을 이유로 계약을 해지할 수는 없다. 이는 고지의무 위반에 따른 해지권 행사의 제척기간이 경과하여 보험자가 고지의무 위반을 이유로 계약을 해지할 수 없게 된 경우에도 마찬가지이다."라고 판단하였다.[15]

IV. 고지의무위반의 효과

1. 보험자의 해지권

보험계약자 등의 고지의무위반이 있으면, 상법 제651조에 따라 보험자는 단지 해당 보험계약을 해지할 수 있다. 해지권은 보험자가 고지의무위반의 사실을 입증하고 일방적으로 행사할 수 있으므로 일종의 형성권에 속한다. 보험자가 해지권을 행사한 때에는 그 계약은 장래에 대하여 효력을 잃는다(민법 제550조). 다만, 보험사고의 발생 후에 계약을 해지한 경우에는 보험

14　양승규, 보험법, 제5판, 삼지원, 2004, 123면.
15　대법원 2024. 6. 27. 선고 2024다219766 판결.

자는 보험금액을 지급할 책임이 없고, 이미 지급한 보험금액의 반환을 청구할 수 있다(상법 제655조 본문). 그러나 인보험의 경우에는 보험수익자를 위한 적립금을 보험계약자에게 지급하여야 한다(상법 제736조 제1항).

2. 해지권의 제한

1) 보험자의 고의 또는 중대한 과실

보험자의 해지권은 예외적으로 제한될 수 있다. 대법원은 "보험계약 당시에 보험계약자 또는 피보험자가 고의 또는 중대한 과실로 인하여 중요한 사항을 고지하지 아니하거나 부실의 고지를 하였다고 하더라도 보험자가 계약 당시에 그 사실을 알았거나 중대한 과실로 인하여 알지 못한 때에는 그 고지의무 위반을 들어 계약을 해지할 수 없다고 할 것인바, 여기에서 말하는 보험자의 악의나 중대한 과실에는 보험자의 그것뿐만 아니라 이른바 보험자의 보험의를 비롯하여 널리 보험자를 위하여 고지를 수령할 수 있는 지위에 있는 자의 악의나 중과실도 당연히 포함된다."고 판시하고 있는바,[16] 보험자가 계약 당시에 고지의무의 위반사실을 알았거나 중대한 과실로 알지 못한 때에는 보험자의 해지권이 제한된다(상법 제651조 단서). 대법원도 밝힌 바와 같이 보험의가 안 것은 보험자가 안 것으로 된다. 그러나 보험설계사가 안 것은 보험자가 안 것으로 인정되지 않는다.

2) 해지권행사의 경과

보험자가 고지의무위반의 사실을 안 날로부터 1개월간 해지권을 행사하지 아니하거나 계약체결 시부터 3년이 경과한 때에는 보험자는 해지권을 행사할 수 없다(상법 제651조 본문). 대법원은 "보험계약자가 중요 사항에 관한 고지의무를 위반하고 체결한 보험계약이라도 해지권 행사 기간 도과 후의 해지통지는 그 효력이 없다"고 판시하고 있다. 이 기간은 소멸시효가 아니고 제척기간에 해당된다.

16　대법원 2001. 1. 5. 선고 2000다40353 판결.

3) 보험사고의 발생이 고지의무 위반사실에 기인하지 아니한 경우

2014년 상법 개정 전 제655조는 "보험사고가 발생한 후에도 보험자가 제650조, 제651조, 제652조와 제653조의 규정에 의하여 계약을 해지한 때에는 보험금액을 지급할 책임이 없고 이미 지급한 보험금액의 반환을 청구할 수 있다. 그리고 고지의무 위반한 사실 또는 위험의 현저한 변경이나 증가된 사실이 보험사고의 발생에 영향을 미치지 아니하였음이 증명된 때에는 그러하지 아니하다"라고 규정하고 있었다. 이 '그러하지 아니하다'라는 문구의 모호함으로 인하여 해석상의 다툼과 그로 인한 법적 불안정성이 야기됨에 따라 '그러하지 아니하다'는 '보험금을 지급할 책임이 있다'로 변경하게 되었다. 이러한 입법태도는 인과관계와 해지권은 무관하다는 이전 판례[17]의 입장을 반영한 것이라 하겠다.

> **대법원 2010. 7. 22. 선고 2010다25353 판결**
>
> "상법 제651조는 고지의무 위반으로 인한 계약해지에 관한 일반적 규정으로 이에 의하면 고지의무에 위반한 사실과 보험사고 발생 사이에 인과관계를 요하지 않는 점, 상법 제655조는 고지의무 위반 등으로 계약을 해지한 때에 보험금액청구에 관한 규정이므로, 그 본문뿐만 아니라 단서도 보험금액청구권의 존부에 관한 규정으로 해석함이 상당한 점, 보험계약자 또는 피보험자가 보험계약 당시에 고의 또는 중대한 과실로 중요한 사항을 불고지·부실고지하면 이로써 고지의무 위반의 요건은 충족되는 반면, 고지의무에 위반한 사실과 보험사고 발생 사이의 인과관계는 '보험사고 발생 시'에 비로소 결정되는 것이므로, 보험자는 고지의무에 위반한 사실과 보험사고 발생 사이의 인과관계가 인정되지 않아 상법 제655조 단서에 의하여 보험금액 지급책임을 지게 되더라도 그것과 별개로 상법 제651조에 의하여 고지의무 위반을 이유로 계약을 해지할 수 있다고 해석함이 상당한 점, 고지의무에 위반한 사실과 보험사고 발생 사이의 인과관계가 인정되지 않는다고 하여 상법 제651조에 의한 계약해지를 허용하지 않는다면, 보험사고가 발생하기 전에는 상법 제651조에 따라 고지의무 위반을 이유로 계약을 해지할 수 있는 반면, 보험사고가 발생한 후에는 사후적으로 인과관계가 없음을 이유로 보험금액을 지급한 후에도 보험계약을 해지할 수 없고 인과관계가 인정되지 않는 한 계속하여 보험금액을 지급하여야 하는 불합리한 결과가 발생하는 점, 고지의무에 위반한 보험계약은 고지의무에 위반한 사실과 보험사고 발생 사이의 인과관계를 불문하고 보험자가 해지할 수 있다고 해석하는 것이 보험계약의 선의성 및 단체성에서 부합하는 점 등을 종합하여 보면, 보험자는 고지의무를 위반한 사실과 보험사고의 발생 사이의 인과관계를 불문하고 상법 제651조에 의하여 고지의무 위반을 이유로 계약을 해지할 수 있다. 그러나 보험금액청구권에 관해서는 보험사고 발생 후에 고지의무 위반을 이유로 보험계약을 해지한 때에는 고지

---

17   대법원 2010. 7. 22. 선고 2010다25353 판결.

> 의무에 위반한 사실과 보험사고 발생 사이의 인과관계에 따라 보험금액 지급책임이 달라지고, 그 범위 내에서 계약해지의 효력이 제한될 수 있다."

V. 고지의무위반과 보험사기

1. 상법단독적용설

고지의무제도는 보험계약에서 인정되고 있는 특수한 제도라는 측면에서, 상법 제651조가 규정하고 있는 보험자의 해지권만을 행사할 수 있다는 주장이 있었다. 보험계약의 성질인 선의성, 단체성 및 기술성에 근거하여 특별하게 인정되고 있는 고지의무의 위반 시 상법은 해지권만을 인정하고 있는 이상, 입법자는 비록 사기에 의한 보험계약을 체결하였다 하더라도 법문에 충실하게 보험자의 해지권만을 인정할 수 있다는 입장이다.

2. 상법·민법 적용설

보험계약 역시 민법상의 계약에 해당한다. 보험계약자의 청약에 의하여 보험자는 승낙을 함으로써 보험계약이 성립하게 되는데, 보험계약자의 사기에 의한 청약을 한 경우라면, 보험자는 민법의 원칙에 따라 사기에 의한 의사표시를 취소할 수 있다(민법 제110조)는 입장이다.[18] 보험자가 취소권을 행사하면, 취소권은 소급효가 있기 때문에 처음부터 무효가 된다(민법 제141조). 판례 역시 같은 입장이다. 대법원은 "보험계약자가 불실의 사실을 고지하지 않고 실제로 체결된 매매계약의 내용을 그대로 보험자에게 고지하였더라면, 보험자로서는 보증보험 계약체결을 거절하거나 또는 보험계약자로 하여금 보험금액에 상응하는 물적 담보를 제공하게 하는 등 보다 엄격한 조건하에 보험계약을 체결하였을 것이라는 사실을 인정한 다음, 보험자는 보험계약자인 회사의 대표이사가 보험청약을 함에 있어 보다 용이하고 유리한 조건으로 보험계약을 체결하기 위하여 허위의 사실을 고지함으로써 이에 속아 넘어가 보증보험계약을 체결하게 된 것인 때에는 보험계약자의 고지의무위반이 사기에 해당하는 경우로서 보험자는 상법의 규정

---

18   양승규, 보험법, 제5판, 삼지원, 2004, 124면 이하.

에 의하여 계약을 해지할 수 있음은 물론 민법의 일반원칙에 따라 그 보험계약을 취소할 수 있는 것이다."라고 판시하고 있다.[19]

3. 사기계약을 무효로 한 약관의 효력

상법 제663조는 보험자가 보통보험약관을 작성함에 있어 그 약관내용이 보험계약자 등을 불이익하게 변경하지 못하도록 하고 있다. 보험계약을 다루고 있는 상법은 단지 보험자에게 보험계약자 등이 고지의무를 위반한 경우에 계약해지권만을 인정하고 있는데, 보통보험약관에서 사기보험계약의 경우에 그 계약을 무효로 한다고 규정하고 있다면, 그 약관내용은 상법 제663조에 의하여 무효가 되는가의 문제가 발생할 수 있다. 상법 제663조는 선의인 보험계약자 등의 이익을 보호하기 위한 규정이라는 측면에서, 사기에 의한 고지의무를 위반하여 보험계약을 체결한 보험계약자를 보호할 필요가 없다는 측면에서 동 약관의 유효성을 인정할 필요성이 있지만, 사기문제의 심각성을 고려하여 입법의 문제로 해결하는 것이 타당하다. 특히, 국회에서 2년 반 동안 계류하다가 2016년 3월 통과된 후 동년 9월 30일 시행되고 있는 보험사기방지특별법 등은 보험사기를 방지하기 위한 일환으로 중요한 의미가 있다. 또 다른 측면에서 보험사기의 문제를 근절하기 위한 입법 방안으로는 사법적 해결책도 모색해야 한다는 주장이 지속되고 있다.

4. 보험사기 기수시기

보험금사기는 보험금 수령시에 기수가 된다는 점에 대체로 이견이 없으나, 보험계약사기는 보험계약체결 시 또는 해지권이나 취소권이 확정적으로 소멸할 때가 기수가 되는 것이 아닌가 하는 물음이 제기되었다. 대법원은 기망 및 고지의무 위반으로 보험계약을 체결하는 '보험계약사기'의 경우, 보험계약체결 시가 아니라 보험금 수령 시에 사기죄 기수가 성립된다고 판시하였다.[20]

> **대법원 2019. 4. 3. 선고 2014도2754 판결**
> "보험계약자가 고지의무를 위반하여 보험회사와 보험계약을 체결한다 하더라도 그 보험금은 보험계약의 체결만으로 지급되는 것이 아니라 보험계약에서 정한 우연한 사고가 발생하여야만 지급되는 것이

---

19 대법원 1991. 12. 27. 선고 91다1165 판결.
20 대법원 2019. 4. 3. 선고 2014도2754 판결.

다. 상법상 고지의무를 위반하여 보험계약을 체결하였다는 사정만으로 보험계약자에게 미필적으로나마 보험금 편취를 위한 고의의 기망행위가 있었다고 단정하여서는 아니 되고, 더 나아가 보험사고가 이미 발생하였음에도 이를 묵비한 채 보험계약을 체결하거나 보험사고 발생의 개연성이 농후함을 인식하면서도 보험계약을 체결하는 경우 또는 보험사고를 임의로 조작하려는 의도를 갖고 보험계약을 체결하는 경우와 같이 그 행위가 '보험사고의 우연성'과 같은 보험의 본질을 해할 정도에 이르러야 비로소 보험금 편취를 위한 고의의 기망행위를 인정할 수 있다(대법원 2012. 11. 15. 선고 2010도6910 판결 등 참조). 피고인이 위와 같은 고의의 기망행위로 보험계약을 체결하고 위 보험사고가 발생하였다는 이유로 보험회사에 보험금을 청구하여 보험금을 지급받았을 때 사기죄는 기수에 이른다."

VI. 수동적 고지의무

1. 의의

　보험계약이 부합계약적 성격을 가짐에 따라 보험계약자 입장에서는 무엇이 고지의 대상인지를 스스로 정하기 어렵다. 이에 따라 등장한 수동적 고지의무는 보험계약 체결 시 보험계약자가 자발적으로 보험자에게 고지해야 하는 것이 아니라, 보험자에 의해 행해진 서면 질문에 대한 정직한 응답으로 충분하다는 것을 의미한다. 이 방식에 따르면 보험계약자 측은 보험자가 질문하지 않은 사실에 대해서는 고지할 의무가 없다. 보험계약자의 자발적인 고지제도를 보험자의 질문에 대한 응답의무로 전환하자는 고지의무의 수동화 논의는 중요사항 판단의 곤란을 겪는 보험계약자에게 중요사항에 대한 판단의 위험을 부담하게 하는 것이 계약당사자 사이에 공평한 위험이 분배되는 것인지에 대한 의문에서 출발한다.[21]

　계약당사자 간 정보의 비대칭성에 대한 형평적 균형관계의 재고 측면뿐만 아니라 고지의무의 대상범위를 보험자가 고지의무자에게 인식시키는 것이 옳다는 취지에서 수동적 답변의무가 본격적으로 제기된 것이다.[22]

　주요국의 입법례 또한 위와 같은 방향성을 따르고 있다. 수동적 고지의무의 규정을 제·개정

21　한기정, "고지의무의 수동화 – 자발적 고지의무에서 수동적 응답의무로 – ", 비교사법 제16권 제3호, 한국비교사법학회, 2009, 326면.

22　김은경, "보험계약법상 고지의무 및 설명의무에 대한 비교법적 고찰", 경영법률 제19권 제2호, 한국경영법률학회, 2009, 479면.

한 주요 국가들의 입법적 동향을 살펴본다.

2. 주요 입법례

1) 프랑스

프랑스보험법은 해상보험에 관한 규정을 1807년의 상법전에 편입시켜 해상보험에 관한 세계 최초의 통일된 법전으로서의 지위를 가지게 된 후 프랑스민법전 제1964조에 규정된 사행규정으로서의 보험계약과 병존하면서 규정하였다. 이후 1930년 7월 독립적인 보험법전(Loi du 13 juillet 1930)을 시작으로 1976년 7월 보험계약법과 보험감독법규를 포함한 단행법으로 재편성하였다.[23] 이후 고지의무 관련한 규정은 프랑스에서 보험법의 현대화를 이루었다고 평가받은 1989. 12. 31. 보험법(Le Code des Assurances)에서 내용이 대폭 개정된 후 2019년 4월을 마지막으로 현재에 이르고 있다.

1989년 개정 이전 보험법에서는 보험계약자는 자신이 알고 있는 것으로 계약 체결 시에 보험자가 중요하다고 평가할 것을 고지해야 한다고 하여 자발적 고지의무를 규정하였다. 그러나 이후 개정 보험법은 고지해야 할 사항을 보험계약자가 '알고 있는 것(connues de lue)'만으로 국한시키고 있으며, 그가 알지 못한 사항이 과실로 인한 것인지 여부는 문제 삼지 않는다.[24]

> **제L.113-2조[25] : 피보험자는 다음과 같은 의무를 부담한다.[26]**
> **(2)** 보험계약을 체결할 때에 보험자가 부담하는 위험을 측정하게 하는 성질의 상황에 관한 질문, 특히 보험자의 위험 신고 양식에 의한 질문에 정확히 답변할 의무를 진다.

---

23 김성태, "프랑스보험법전(Le Code des Assurances, 1976)의 성립경위와 기본체제", 보험학회지, 제19집, 한국보험학회, 1981, 249-268면 참조.

24 정진세 · 김성태, 프랑스 보험계약법, 법무부, 2016, 41면.

25 Code des Assurances Article L113-2 - L'assure est oblige : 2° De repondre exactement aux questions posees par l'assureur, notamment dans le formulaire de declaration du risque par lequel l'assureur l'interroge lors de la conclusion du contrat, sur les circonstances qui sont de nature a faire apprecier par l'assureur les risques qu'ilprend en charge.

26 손해보험이나 인보험에서 보험자를 상대로 보험계약을 체결하는 주체는 보험계약자이다. 물론 보험계약이 예정된 효력을 발생하는 데에는 피보험자와 이해관계가 크겠지만 보험료의 지급의무는 보험계약을 체결함에 있어 보험계약자가 부담하는 것인 순리인바 본조에서 고지의무자를 피보험자로 규정한 것은 의문이다(Lambert-Faivre · leveneur, *Droit des assurances*, 12°édition, PrécisDolloz 2005, n°196, p. 182 참조(정진세 · 김성태, 프랑스 보험계약법, 법무부, 2016, 41면).

이에 따르면 보험계약자는 보험계약 체결 시에 보험자가 인수하는 위험을 평가함에 있어서 필요한 사실에 대해 보험자의 질문표인 위험고지양식(formulaire de déclaration du risque)에 의한 질문에 대해서 정확하게 회답하여야 한다. 이때 질문표는 제한적 열거이어야 하고 만일 보험자가 위험의 중요한 사항을 생략한 경우에는 보험계약자에게 고지의무위반의 책임을 묻지 못하게 된다. 그러므로 보험자는 질문표가 가능한 완전하고 망라적인 효력을 가질 수 있도록 작성하여야 한다.[27]

만일 보험자의 질문이 포괄적·추상적 용어(termes gènèraux)로 표현되어 있는 경우에는 보험계약자가 질문에 대해 모호한(imprècise) 답변을 하였다고 하여 이의를 제기할 수 없고,[28] 판례 또한 불완전한 질문을 불명확한 질문과 동일하게 보고 이를 보험자의 귀책사유로 보아 제재할 수 없다고 하였다.[29]

결국 프랑스 보험법에서도 보험계약자가 질문표에 기재되어 있는 질문에 대해서 정확하게 답변하는 한, 질문표에 기재되어 있지 않은 중요사실에 대해서 고지하지 않았다는 점을 이유로 책임지는 경우는 없게 된다. 오히려 중요사항을 질문표에 기재하지 않거나 질문표 등에 의한 표현이 애매하고 추상적인 질문임에 따라 부정확한 답변이 이루어진 경우에는 보험자는 고지의무위반을 주장할 수 없게 된다.[30] 결국 추상적·포괄적 질문에 대해서는 보험계약자 측의 응답의무가 면제되는 것과 같은 효과가 생기게 된다.

2) 독일

독일 보험계약법(VVG)은 1908년 이후부터 시행되어 오다가 거의 100년 만인 2007년에 대폭 개정하였는데, 그중 고지의무의 부분이 개정의 중요한 부분을 차지하고 있다. 고지의무에서 가장 특징적인 사항은 자발적 고지의무를 보험자의 질문에 대한 답변의무로 전환한 점과 (고지의무위반에는 적용되지 않았지만) 보험계약자의 의무위반 시 보상방식에 대해 전부 또는 전무 원칙을 포기하고 중과실비례보상제도를 도입한 점이다. 구체적으로 구 보험계약법은 보험자의

---

27   박은경, "2014 상법 보험편 고지의무조항에 관한 비판적 고찰", 상사판례연구, 제27집 제3권, 한국상사판례학회, 2014. 55면.

28   Code des Assurances Article L112-3. - Le contrat d'assurance et les information transmises par l'assureur au souscripteur mentionnées dans le présent code sont rédigés, en français, en caractére apparents (보험계약서와 보험자가 보험계약자에게 전달하는 본 법전에 기재된 안내문은 서면으로, 프랑스어로, 명확한 글자로 작성된다).

29   Lambert-Faivre · leveneur, *op. cit.*, p. 259.

30   김은경, 보험계약법, 보험연수원, 2016, 228면.

정보 부족에 초점을 둔 반면, 개정 보험계약법은 보험계약자의 정보 부족에 중점을 두고 보험소비자 보호에 주력한 것으로 평가된다.[31]

개정 독일 보험계약법은 제19조부터 제22조까지 고지의무 관련한 종래의 내용을 수정하였을 뿐 아니라, 고지의무위반의 효과에 있어 전과 다른 새로운 체계를 도입하였다. 고지의무 수동화로서의 출발점이 되는 규정은 제19조 제1항이다.

> **제19조 (고지의무)[32]**
> **(1)** 보험계약자는 합의된 내용으로 계약을 체결함에 있어 보험자가 결정하는 데 중요하다고 여겨지는 사항을 텍스트 형식으로 질의한 것에 대해 보험계약자에게 알려진 위험사항을 계약의 체결의사를 보낼 때까지 보험자에게 고지하여야 한다. 보험자가 보험계약자의 계약의 의사표시 후, 계약의 인수 전에 제1문의 취지에 따른 질문을 한 경우에도 보험계약자는 고지를 할 의무가 있다.

개정 보험계약법 제19조 제1항 제1문에 의하면 보험계약자는 보험자와 합의된 내용으로 계약을 체결함에 있어 자신에게 알려진 위험사항으로서 중요한 사항과 보험자가 그에 대하여 텍스트 형식으로(in Textform) 질문한 경우 이를 고지하여야 한다고 규정하고 있다. 여기에서 텍스트 방식은 독일민법 제126b조에 따라 "법률에 의하여 텍스트 방식이 정해진 경우에 의사표시는 서면으로 또는 문자로의 지속적 재생에 적합한 다른 방법으로 행해야 하며, 신원이 표시되어야 하고 또한 의사표시의 종결이 서명의 모사 등에 의해서 인식될 수 있어야 한다"고 해석된다.[33]

이처럼 개정법에서 보험계약자가 자발적 고지의무가 아니라 응답의무만을 부담하는 것으로 변경됨에 따라, 보험자는 우선 해당계약에서 알고자 하는 내용과 장래 분쟁이 발생할 경우 증명이 필요한 사항에 대해서 선별을 통해 텍스트 형식으로 명확하게 질문하는 것이 무엇보다

---

31 Rüffer · Halbach · Schimikowski, Versicherungsvertragsgesetz, Nomos, 2008, § 19 Rn. 1(한기정, "고지의무의 수동화 — 자발적 고지의무에서 수동적 응답의무로 — ", 비교사법 제16권 제3호, 한국비교사법학회, 2009, 330면.

32 VVG §19 Anzeigepflicht - (1) Der Versicherungsnehmer hat bis zur Abgabe seiner Vertragserklärung die ihm bekannten Gefahrumstande, die fur den Entschluss des Versicherers, den Vertrag mit dem vereinbarten Inhalt zu schliesen, erheblich sind und nach denen der Versicherer in Textform gefragt hat, dem Versicherer anzuzeigen. Stellt der Versicherer nach der Vertragserklärung des Versicherungsnehmers, aber vor Vertragsannahme Fragen im Sinn des Satzes 1, ist der Versicherungsnehmer auch insoweit zur Anzeige verpflichtet.

33 독일민법에서는 텍스트 형식과 서면 형식을 구분하고 있다(제126b조 참조). 한편 텍스트 형식은 서류상의 서면 형식뿐만 아니라 인터넷을 이용한 문서 등을 포함하는 개념이며, 의사표시는 이메일, 팩스 등으로 통지해도 가능하다.

중요해졌다.[34] 이로 인하여 위험을 판단하는데 있어 질문에 대한 답변사항이 중요한 것인지 아닌지에 대한 오판의 위험성은 보험계약자가 아닌 보험자에게 이전되게 되었다. 그런데 보험자가 보험계약자에게 텍스트 형식으로 질문하여야 할 법적 의무로의 변화는 증명책임에 있어 오히려 보험자에게 유리한 것일 수도 있다. 고지의무위반은 보험계약자의 청약 시 질문에 대한 인식을 전제조건으로 하므로 보험자가 보험계약자의 주관적 인식을 증명하여야 하는데 개정 보험법에 의하여 보험계약자에게 구두가 아닌 텍스트 형식으로 질문한 것을 가지고 보험계약자의 인식여부를 증명할 수 있기 때문이다.[35]

한편, 개정 보험계약법에서는 구법에서 보험자가 명시적으로 서면으로 질문한 사항에 대해서 의심이 있는 경우 중요한 사항으로 본다는 법률상 간주 조항을 삭제하였다.

3) 일본

일본 보험법은 2008년 개정되기 전까지 거의 100여 년간 우리나라와 마찬가지로 상법의 보험편에 규정되어 있었다. 그동안 일본에서도 상법 보험편이 급격히 변화하는 사회·경제적 흐름을 반영하지 못한다는 지적이 계속되었고, 오랜 개정 논의 끝에 상법에서 보험편을 분리하여 '보험법'으로 명명(命名)하고 보험편 전부분에 걸친 개정을 단행하였다.[36]

2008년 일본 보험법에서 특히 주목할 부분은 고지의무제도의 변화로, 그중 고지의무를 수동화하여 보험계약자를 보다 두텁게 보호하는 규정을 둔 것이다.[37] 실무상 우리나라보다 고령화를 먼저 경험한 일본에서 이전에 보험시장에서 소외되었던 유병자(有病者)와 고령자를 대상으로 한 무심사 상품 및 간편심사 상품을 도입한 것도 영향을 미친 것으로 보인다.[38] 일본에서

---

34 최병규, "외국의 개정 보험계약법과 고지의무의 나아갈 방향", 경영법률, 제19집 제3호, 한국경영법률학회, 2009, 96면.

35 김은경, 보험계약법, 보험연수원, 2016, 213면.

36 일본보험법의 개정 동향에 대해 보다 자세한 내용은 김선정, "일본 보험법상 고지의무제도의 개혁", 기업법연구, 제22권 제4호, 한국기업법학회, 2008, 383면; 김선정, "일본 보험법 개정과 시사점 – 총론과 공통규정을 중심으로 – ", 상사법연구, 제28권 제4호, 한국상사법학회, 2010; 맹수석, "일본 개정보험법의 주요 내용", 월간생명보험, 통권 제360호, 생명보험협회, 2009, 7면 참조.

37 이러한 변화는 보험계약자 보호의 관점에서 고지누락을 이유로 한 지급보험금의 누락 등을 개선하기 위한 목적에서 비롯되었다(김선정, "일본 보험법상 고지의무제도의 개혁", 기업법연구, 제22권 제4호, 한국기업법학회, 2008, 389면).

38 일본의 간편심사 보험상품은 2006년 중반 도입 당시 보험자로서는 간편심사 보험상품을 통해 영업의 범위를 확대할 수 있고, 보험계약자 또는 피보험자는 전통적인 완전고지(Full Underwriting) 상품 대비 보험가입을 더 쉽게 할 수 있다는 장점을 바탕으로, 최초에는 표준체 보험가입 거절자들을 인수하기 위해 고안되었으나 이후 고령자 및 유병력자들을 판매대상으로 꾸준히 성장하고 있다(김석영·변혜원, "테마진단: 간편심사 보험상품 활성화

도입한 간편심사 보험상품은 보험가입 시 전통적인 가입심사(언더라이팅, Underwriting) 대신, 보험계약자가 보험자에 반드시 알려야 하는 내용을 피보험자의 건강상태에 대한 몇 가지 질문으로 축소하여 가입심사를 거치도록 하는 상품으로 보험자가 제시한 질문사항에 대답만 하면 쉽게 보험계약이 체결되는 점에서 수동적 고지의무의 필요성이 고려되었다고 볼 수 있다.

일본에서의 보험법 현대화 작업은 보험소비자 보호를 근간으로 하는 입법을 실현하고자 하는 의지에서 출발하였으며, 주로 보험정보의 비대칭성을 시정하기 위해 임의규정을 보완하거나 동시에 적당하게 강행규정을 두어 보험소비자 보호에 대한 최소한의 필요성을 강조하였다.[39]

현행 일본 보험법은 손해보험, 생명보험, 상해질병정액보험으로 나누어 각 보험에 필요한 부분을 반복하여 규정하고 있는 입법체계의 특성을 가지고 있으며, 각 내용상 차이는 거의 없다. 고지의무의 개념과 관련한 규정은 아래와 같다.[40]

제4조 (고지의무)[41]

보험계약자 또는 피보험자가 되는 자는 손해보험계약의 체결 시에 손해보험계약에 의해 전보하게 되는 손해의 발생가능성(이하 이 장에서 「위험」이라 한다)에 관한 중요한 사항 중에 보험자가 고지를 요구한 것(제28조 제1항 및 제29조 제1항에서 「고지사항」이라 한다)에 대하여 사실을 고지하여야 한다.

일본에서도 과거 보험계약자가 보험자의 질문사항에 대해 응답하는 것 이외에 자발적 고지의무가 존재하는지 여부와 관련하여 논란이 있었는데 판례 및 다수설은 긍정하는 입장을 취하여 왔다.[42] 일본의 개정 보험법에서는 보험계약자나 피보험자가 계약 체결 시에 보험자가 고지를 요구한 것에 한하여 사실의 고지를 하도록 하고 고의 또는 중과실로 불고지나 부실고지를 하였을 경우 계약을 해제할 수 있도록 규정함으로써 보험계약자 스스로 고지의 대상에 대한 판단

방안", 보험동향, 제70권, 보험연구원, 2014. 8., 7면).

39 김은경, 보험계약법, 보험연수원, 2016, 83면.

40 일본보험법에서 고지의무 관련한 규정은 손해보험은 제4조, 제28조, 제31조에서, 생명보험은 제37조, 제55조, 제59조에서, 상해질병보험은 제66조, 제84조, 제88조에서 각각 규정하고 있는데 그 내용은 차이가 없다.

41 保険法 第四条 - 保険契約者又は被保険者になる者は, 損害保険契約の締結に際し, 損害保険契約によりてん補することとされる損害の発生の可能性(以下この章において「危険」という.)に関する重要な 事項のうち保険者になる者が告知を求めたもの 第二十八条第一項及び第二十九条第一項において「告知事項」という,) について, 事実の告知をしなければならない.

42 山野嘉朗, 保険契約と消費者保護の法理, 成文堂, 2007, 9頁.

을 할 필요가 없게 되었다.[43] 아울러 제7조에서는 제4조에서 정한 고지의무의 내용과 범위에 반하는 특약을 무효로 함으로써 고지의무와 관련하여 보험계약자를 두텁게 보호하려는 취지의 강행규정을 두고 있다.[44]

4) 중국

중국 보험법은 1995년 6월 30일 제정·공포되어 WTO 가입을 계기로 2002년 10월 28일 보험법을 대폭 개정(제1차 개정)하였고, 금융산업 발전에 따른 새로운 규범체제를 입법하기 위해 2009년 2월 28일 개정(제2차 개정)한 후 2009년 10월 1일 제3차 개정을 통해 현재까지 시행되고 있다. 특히, 제3차 개정에서는 보험감독 영역뿐만 아니라[45] 계약법적 부분에서 보험선진국의 보험법 현대화의 영향을 특히 많이 받았고, 각종 의견들을 수렴한 결과 폭넓은 개정으로 평가할 수 있다.[46]

고지의무와 관련하여서는 제16조에서 포괄적인 규정을 두고 있다.

> **제16조(고지의무)**[47]
> **(1)** 보험계약 체결 시에 보험자가 보험가입자에게 보험목적물이나 피보험자와 관련한 사항을 질문하는 경우 보험가입자는 사실대로 고지하여야 한다.

동조 제1항에서는 보험자가 보험목적 또는 피보험자와 관련된 질문에 대하여 보험가입자는 고지의무를 성실히 이행할 의무를 부여하였다. 이러한 중국 보험법의 규정은 영국의 법률개정위원회의 고지의무에 관한 보고서를 채택한 것으로 추정된다.[48] 이처럼 중국 보험법 제16조에서 언급하고 있는 고지의무는 보험계약자의 수동적 답변의무라고 본다. 다만, 제17조에 의하

---

43 최병규, "외국의 개정 보험계약법과 고지의무의 나아갈 방향", 경영법률, 제19집 제3호, 한국경영법률학회, 2009, 99면.

44 일본보험법 제7조(강행규정) - 제4조의 규정에 반하는 특약으로 보험계약자 또는 피보험자에게 불리한 것 및 제5조 제2항의 규정에 반하는 특약으로 보험계약자에게 불리한 것은 무효로 한다.

45 중국의 보험법은 다른 국가의 보험법과는 달리 계약법적 측면과 감독법적 측면을 모두 한 법에 담고 있는 것이 특징이다.

46 김은경·황지연, "중국의 개정 보험법상 고지의무에 대한 고찰", 법학연구, 제51권 제1호, 부산대학교 법학연구소, 2010, 692면. 당시 중국 내에서의 보험업의 빠른 발전 속도에 맞추어 보험감독 과정에서 발생한 여러 문제를 치유하는 과정에서 여러 가지 해법을 고려하여 주로 보험감독에 관한 사항을 중심으로 개정이 이루어진 것이었다.

47 保險法 第十六条 - 订立保险合同, 保险人就保险标的或者被保险人的有关情况提出询问的, 投保人应当如实告知.

48 이정표, "한국 상법 개정법률안(보험편)과 중국 보험법상 보험계약의 비교", 국제상학, 제27권 제2호, 한국국제상학회, 2012. 6., 56면.

면,[49] 보험자는 먼저 보험계약자 측에 보험계약과 관련한 내용에 대해 설명한 후에야 보험계약자 측에게 관련사항에 대하여 질의를 할 수 있고 이에 대해 보험계약자는 사실대로 답변하는 정도로 고지의무를 이행할 수 있다. 결국 보험계약자 측의 고지의무의 이행은 보험자의 질의를 전제로 한다는 것이다.[50]

5) 영국

영국은 MIA 1906 시행 이래로 보험계약자가 알고 있는 중요한 사실에 대하여 자발적 고지의무를 지울 뿐만 아니라,[51] 고지의무위반의 경우 보험계약자의 귀책사유 유무 및 인과관계를 묻지 않고 보험자는 언제나 계약을 취소할 수 있으며 보험금지급책임을 면하는 것으로 적용하여 왔다.[52] 그러나 개별 사안에서 보험계약자 측이 고지해야 하는 모든 중요한 사실을 판단하는 것은 결코 쉬운 일이 아닐 뿐더러 보험계약자들은 자신이 자발적인 고지의무를 부담하고 있다는 사실에 관해 인식이 없는 경우도 있을 것이고, 보험계약자 측이 정직하고 합리적으로 고지의무를 이행한 경우에도 신중한 보험자의 관점에서 볼 때 결과적으로 중요한 사항을 고지하지 않은 경우에는 고지의무위반에 해당하게 된다는 것이 문제로 지적되어 왔다.[53]

이러한 법적용에 대해 보험소비자에게 지나치게 엄격하다는 비판과 함께 1970년대부터 법을 개정해야 한다는 여론이 이어졌다.[54] 이에 따라 1980년 영국 법률개정위원회(The Law Commission)에서 보험법의 현대화와 보험계약자 보호를 기치로 고지의무 개정에 관한 보고서

---

49 保險法 第十七条 - 订立保险合同, 采用保险人提供的格式条款的, 保险人向投保人提供的投保单应当附格式条款, 保险人应当向投保人说明合同的内容(보험계약의 체결은 보험자가 제공한 양식조항을 채택하며, 보험자는 보험계약자에게 제공하는 보험가입증서에 반드시 양식조항을 첨부하고 계약의 내용을 설명하여야 한다).

50 김은경 · 황지연, "중국의 개정 보험법상 고지의무에 대한 고찰", 법학연구, 제51권 제1호, 부산대학교 법학연구소, 2010, 703면.

51 MIA 1906 제18조 제1항에서는 피보험자(the insured)는 보험계약 체결 전에 자신이 알고 있거나 일상적 업무수행 과정에서 알고 있는 것으로 간주되는 모든 중요한 사항을 보험자에게 고지하여야 하고 이러한 고지의무를 위반한 경우 보험자는 보험계약을 취소할 수 있도록 규정하였다. 이에 따른 판례도 보험계약자가 어떤 사실 자체를 알거나 업무과정에서 알 수 있는 사항이고 그것이 객관적으로 중요한 사항이면 불고지로 인한 의무위반이 되는 것으로 해석하며, 그것이 고지할 중요사항이라는 사실에 대한 인식여부는 묻지 않는다(Birds, John, *op. cit.*(p. 121). 이러한 점으로 영국 판례법이 보험계약자에게 가혹하다는 평가를 받는다.

52 한기정, "보험계약상 고지의무에 대한 입법론적 고찰", 서울대학교 법학, 제52권 제3호, 서울대학교 법학연구소, 2011, 354면.

53 Susan Hodges, *Cases and Materials on Marine Insurance Law*, Cavendish Publishing, 1999, p. 254.

54 Malcolm A, Clarke, *The Law of Insurance Contracts*, 6th ed., Informa Law, 2009, p. 722. 다만 실정법에 기속될 수밖에 없는 영국 법원의 입장과는 달리 영국 보험계약 실무는 소비자보험과 관련해서는 소비자보험법이 시행되기 전까지 영국 보험자협회의 자율규제 및 자율규범, 금융옴부즈만 등을 통하여 고지의무제도를 완화하여 해석 · 적용하였다.

를 발간하였고, 2012. 3. 8. 소비자보험법[Consumer Insurance (Disclosure and Representation) Act 2012, 이하 "2012 영국소비자보험법"이라고 한다]을 제정하기에 이르렀다.[55],[56]

2012년 영국 소비자보험법은 종래 영국 보험학계와 실무계 비판의 대상이 되어 온 영국 해상보험법상 고지의무의 불합리한 점을 개선하는 데 주안점을 두었고, 이러한 비판은 보험소비자의 자발적 정보제공의무를 삭제하도록 하는 결과를 야기하였다.[57] 이러한 소비자보험법의 제정에 따라 보험계약자가 소비자이거나 영세사업자인 경우 더 이상 MIA 1906은 적용되지 않게 되었을 뿐 아니라[58] 비소비자보험계약에도 그 적용이 없다.[59]

고지의무 이행방식과 관련한 소비자보험법의 구체적 규정은 다음과 같다.

> **제2조 (계약 체결 이전의 고지의무)**[60]
> **(1)** 본조는 가계보험계약 체결 시 소비자가 보험자에게 고지하여야 할 사항을 규정한다.
> **(2)** 소비사는 보험사에게 부실고지를 하지 않도록 합리적인 주의를 하여야 한다.
> **(3)** 소비자는 보험자에 의하여 주어진 특정사항에 관하여 확인 또는 수정요청을 이행하지 아니한 경우 이 법에 의한 부실고지로 본다.
> **(4)** 소비자의 제2항의 의무는 이 법 시행 이전에 존재하던 고지의무를 대체하는 것이다.

---

55 영국소비자보험법의 입법동향에 대한 내용으로는 이정원, "2015년 영국보험법상 고지의무제도에 대한 고찰", 해사법연구, 제28권 제2호, 한국해사법학회, 2016, 7., 42면; 이진수, "영국보험법상 기업보험에서 고지의무제도 개혁논의의 동향", 상사법연구, 제32권 제2호, 한국상사법학회, 2013, 309면; 한창희, "영국의 개정 고지의무제도에 관한 연구", 법학논총, 제29권 제2호, 국민대학교 법학연구소, 2016, 395면 참조.

56 이러한 영국소비자보험법의 제정 배경에는 유럽 각국 및 EU차원에서 진행된 보험계약법의 개혁 작업이 있다는 점을 부인하기 어렵다. 특히 글로벌 금융시장에서 영국과 여타 EU국 사이의 보험법제의 차이를 보통법과 대륙법이라는 법제의 차이로 강변하기에는 역부족이라는 현실적 배경 또한 소비자보험법 제정의 하나의 동인이었다는 점을 지적할 수 있을 것이다(이정원, "2012년 영국소비자보험(고지의무)법에 관한 고찰", 저스티스, 통권 제133호, 한국법학원, 2012, 101면).

57 이 법의 적용대상이 되는 '소비자'란 보험계약을 체결하는 전반적 또는 주된 목적이 자신의 영업이나 거래 또는 직업과 무관한 개인적 목적으로 보험계약을 체결하는 자를 말한다(동법 제1조).

58 소비자보험법에서는 소비자보험계약과 관련한 한도에서는 영국해상보험법 제17조의 적용이 배제된다는 점을 명확히 하면서(동법 제2조 제5항), 해상보험법 제18조 내지 제20조의 규정들의 적용을 폐지하였다(동법 제11조 제1항).

59 영국법상 고지의무제도의 문제점들은 소비자보험계약뿐만 아니라 비소비자보험에도 공통되는 것으로서 비소비자보험계약의 경우에도 고지의무에 대한 개혁의 요구는 지속되었는바 이에 따라 영국 법률개정위원회에서는 비소비자보험계약의 고지의무제도에 대한 개혁작업을 진행한 결과 2015. 8.부터 "The Insurance Act 2015"(이하 "2015 영국보험법"이라고 한다)을 제정·시행하고 있다(이정원, "2015년 영국보험법상 고지의무제도에 대한 고찰", 해사법연구, 제28권 제2호, 한국해사법학회, 2016, 7., 40-41면.

60 CIA 2. Disclosure and representations before contract or variation
    (1) This section makes provision about disclosure and representations by a consumer to an insurer before a consumer insurance contract is entered into or varied.

동 규정에 따라, 보험소비자 측의 고지의무는 보험자의 질문에 성실하게 답변하여야 할 소극적 의무로 전환되며 보험자가 묻지 않은 사항에 대하여는 보험소비자 측은 고지의무가 없다. 이제 보험자는 적절한 질문을 하여야 하며 보험계약자는 이러한 질문에 대하여 성실하고 진실하게 응답해야 한다.[61] 소비자인 보험계약자 등은 계약체결을 함에 있어 보험자의 질문에 부정직하게 답변하지 않아야 한다(동조 제2항). 다만, 보험자에 의해 주어진 질문표 등의 특정항목에 대한 확인이나 수정을 정확하게 하지 않은 것도 부실고지로 본다(동조 제3항).

소비자보험법은 고지의무위반에 대해 '신중한 보험자(Prudent insurer)'를 기준으로 삼고 있는 영국 판례와 달리, 원칙적으로 '합리적 소비자 내지 보험계약자(Reasonable consumer)'를 기준으로 하고 있다(제3조 제3항). 그리고 보험계약자가 합리적 주의의무(Reasonable care)를 이행했는지 대해서는, 보험계약의 체결 양태라든가 시점 등 보험계약을 둘러싼 제반 사정을 종합적으로 고려하여 판단하도록 하면서, 그 사정으로 ① 문제가 된 보험의 유형 및 대상시장(Target market), ② 보험자에 의해 제공된 관련 설명자료나 홍보물, ③ 보험자 질문의 명확성과 구체성(how clear, and how specific), ④ 보험자의 질의에 대한 답변의 중요성과 그 효과에 대한 설명의 명확성, ⑤ 보험계약 체결을 위한 보험계약자의 대리인 존재 여부 등을 예시로 제시하고 있다(제3조 제1항 및 제2항). 그러나 만약 보험자가 보험계약자의 특별한 사정이나 주변 사항들을 알고 있었거나 알았어야 하는 경우에는 이러한 사정들은 보험계약자의 합리적 주의의무 이행 여부의 판단에 참작되어야 한다(제3조 제4항). 또한 부실고지가 부정직하게 된 경우(A misrepresentation made dishonestly)에는 항상 합리적인 주의의무가 결여된 것으로 간주된다(제3조 제5항). 이러한 소비자보험법의 입장은 영국 보험계약실무와 금융옴부즈만의 판단기준을 실정법화 한 것으로 평가되고 있다.[62]

한편, 증명책임과 관련하여 보험자가 소비자에게 고지의무위반의 책임을 물을 수 있기 위해서는, 먼저 소비자에게 요구되는 합리적 주의를 다하지 않았다는 점과 소비자의 부실고지가 없었다면 보험계약을 체결하지 않았거나 다른 조건으로 보험계약을 체결하였을 것이라는 사실

......

(2) It is the duty of the consumer to take reasonable care not to make a misrepresentation to the insurer.

(3) A failure by the consumer to comply with the insurer's request to confirm or amend particulars previously given is capable of being a misrepresentation for the purposes of this Act (whether or not it could be apart from this subsection).

(4) The duty set out in subsection (2) replaces any duty relating to disclosure or representations by a consumer to an insurer which existed in the same circumstances before this Act applied.

61 Peter Tyldesley, *Consumer Insurance Law*, Bloomsbury Professional, 2013, p. 186.

62 The Law Commission and The Scottish Law Commission, *Consumer Insurance Law : Pre-Contract Disclosure and Misrepresentation*, 2009, p. 63.

을 보험자는 증명해야만 한다.[63]

6) 유럽보험계약법원칙(PEICL)

1999년 유럽공동체(European Community: 'EC')[64] 유럽경제사회위원회(EESC)의 보험계약법 통일화 공론화에 따라 유럽공동체 각 나라의 학자들로 구성된 연구단체(일명 'Restatement Group')가 설립되어 보험계약법 통일화를 위한 유럽보험계약법 원칙(Principles of European Insurance Contract Law: 이하 "PEICL"이라고 한다)의 제정 작업에 착수하였다. 이후 꾸준한 연구 끝에 2007년 12월 보험의 특수 분야에 관한 규칙을 제외하고 일반적인 원칙과 기준을 포함한 규칙(중간본)을 완성하였고, 2015년에 보험계약 각론까지 규정하여 완성하였다.[65]

유럽연합(EU) 회원국에 유럽보험계약법원칙을 적용하는 것은 동 원칙 제1:102조에 따른 선택법(option law) 방식에 의한다.[66] 이는 각 회원국의 보험사가 보험계약을 체결할 때 부여하는 계약조건에 분쟁이 발생하면 계약자의 자국법을 적용할지 또는 유럽보험계약법원칙을 적용할지를 결정함으로써 법적용에 있어 충돌을 최소화하고 본 법의 입법목적인 보험계약법의 통일화를 최대한 실현시키기 위한 것이다.[67]

PEICL에서는 일반 정의규정을 필두로 한 후 보험계약의 흐름에 따라 제2:101조에서 수동적 고지의무를 규정하고 있다.

----

63 두 번째 요건은 영국해상보험법상 고지의무위반의 요건으로서 판례가 인정하여 오고 있던 실질적 유인기준을 명문화 하였다는 점에서 의의가 크다(이정원, "보험계약자의 고지의무위반과 보험자의 보험금지급책임에 관한 고찰", 법학연구, 제53권 제3호, 부산대학교 법학연구소, 2012. 8., 13면.

64 EC는 1967. 7. 벨기에·프랑스·서독·이탈리아·룩셈부르크·네덜란드를 중심으로 창립되었으며, 1973년에는 덴마크·아일랜드·영국이, 1981년에는 그리스가, 1986년에는 포르투갈과 스페인이, 그 후 스웨덴·핀란드·오스트리아가 가입하여 회원국이 모두 15개국으로 늘어났다. 1994. 1.부터 EU(European Union:유럽연합)로 공식명칭을 바꾸고 2004년, 2007년, 2013년에 걸쳐 회원국은 28개국에 이르렀으나 2020. 1. 31. 영국이 탈퇴를 결정함으로써 현재 27개국이 되었다(네이버백과 참조).

65 김은경, 보험계약법, 보험연수원, 2016, 79면; 김은경·김성태·최병규, "보험법제 선진화를 위한 유럽보험계약법원칙(PEICL)의 우리 법제 도입여부 고찰", 법무부, 2011, 10면.

66 유럽보험계약법원칙 제1:102조(선택적 적용) - 국제사법상 법의 선택에 관한 제한에 관계없이 양당사자가 계약에 PEICL을 적용하도록 합의를 한 경우 PEICL이 적용된다. 제1:103조(강행성)에 따라 특정 규정을 배제하지 않고 PEICL이 일괄 적용된다.

67 김은경, 보험계약법, 보험연수원, 2016, 80면.

> **제2:101 (고지의무)**[68]
> **(1)** 계약 체결 시에 청약자는 보험자의 명확하고 정확한 질문에 대해 자신이 알았거나 알 수 있었을 사항을 보험자에게 알려야 한다.
> **(2)** 제1항의 사항은 피보험자가 알았거나 알았어야 할 것을 포함한다.

동조에 따르면 보험계약을 체결하기를 원하는 가입예정자가 보험자로부터 계약내용과 관련하여 계약체결 전에 보험계약 체결에 중요한 내용을 이룰 만한 사항에 대하여 정보를 제공하여야 하는데, 이를 위하여 보험자는 가입예정자에게 정확하고 명백한 질문(clear and precise question)의 형식을 취하여 보험계약에서 요율을 결정하거나 계약체결 여부를 결정할 만한 정보를 제공받을 수 있음을 함께 규정하고 있다. 특히, 보험가입 예정자가 이행하여야 할 고지의 대상은 피보험자에게 존재했던 상황이나 인식할 수 있었던 것을 모두 포함한다. 이러한 고지의무 이행은 보험계약자 측의 수동적 고지의무로서의 특징을 가진다.[69] 다만, 고지의무가 면제되는 경우로[70] ① 질문이 답변할 수 없거나 명백히 불완전하고 정확하지 않은 경우, ② 중요하지 않은 사항, ③ 보험자가 고지할 필요가 없다고 믿도록 유인하여 제공된 정보, ④ 보험자가 알았거나 알았어야 하는 정보를 들고 있다.

3. 소결

고지의무의 방법을 수동적으로 전환한 입법례로 1989년 프랑스보험법, 2007년 독일보험계약법, 2008년 일본보험법, 2009년 중국보험법과 2012년 영국소비자보험법, 2015년 유럽보험계약법원칙(PEICL) 등 다수의 사례가 있다.

해상보험이나 재보험·기업보험을 제외하고 대부분의 보험계약자는 보험의 전문가인 보험자와는 달리 무엇이 중요사항인지에 대한 판단에 어려움을 겪는다. 그럼에도 보험계약자가 자신이 알고 있는 사항이 중요사항에 해당하는지를 스스로 판단하여 자발적으로 보험자에게 고

---

68 PEICL Article 2:101 (Duty of Disclosure)
   (1) When concluding the contract, the applicant shall inform the insurer of circumstances of which to be aware, and which are the subject of clear and precise question put to him by the insurer.
   (2) The circumstances referred to in para. 1 include those of which the person to be insured was or should have been aware.
69 김은경, 보험계약법, 보험연수원, 2016, 227면.
70 유럽보험계약법원칙 제2:103조(예외) - 제2:101조에 규정된 제재는 다음의 경우에는 적용하지 아니한다.

지하도록 하고 그렇지 않은 경우 계약해지나 보험금 부지급 등의 불이익을 부과한다는 것은 불합리하다. 이러한 문제점은 주요국 입법례에서 수동적 고지의무로 전환한 입법취지에 잘 반영되어 있다.

특히, 우리나라와 같이 보험자의 질문사항을 중요사항으로 추정하는 규정 또한 일본의 경우 보험법 제정과정에서 검토하였으나 도입하지 않았고, 독일은 구보험계약법에서 보험자가 명시적으로 서면에 의해 질문한 사항은 의심스러운 중요사항으로 본다는 법률상 추정규정을 삭제하고 텍스트 방식으로 질문한 사항에 대해서도 추정력이 미치지 않게 하였음은 의미 있는 개정례로 평가할 수 있다.[71]

보험의 전문가인 보험자가 중요사항을 판단한 후에 보험계약자에게 질문하고 보험계약자로부터 응답을 이끌어내는 것이 합리적이라고 볼 수 있다. 결국 오늘날 고지의무는 보험기술의 발달과 더불어 고지의무자가 고지사항을 찾아내어 적극적 · 능동적으로 알리는 것이 아니라, 보험자의 질문에 기계적으로 대답하는 수준의 수동적 · 소극적 의무로 변화하는 것이 불가피한 방향성에 해당한다.

VII. 계약의 효력 및 보상책임

1. 의의

고지의무는 보험계약자 측으로부터 보험자에게 정보제공을 요구한다는 점에서 그 위반의 요건을 넓게 해석하거나 그 효과가 보험계약자에게 불합리하게 적용될 경우 소비자 측에 예측하지 못한 손해를 발생시킬 위험성이 있다. 다른 한편으로는 보험자의 위험 사정 및 그에 따른 계약 체결 및 계약내용의 형성에 기초가 되는 정보가 진실하게 고지될 수 있는 제도적 장치의 필요성이 있다.[72]

이처럼 고지의무는 보험자와 보험가입자 간 정보의 비대칭성을 해소하고 보험계약 체결 시 당사자 사이의 계약체결 및 존속의 대등성을 보장하기 위한 제도이므로 그 위반에 대해서 법적

---

71   한기정, "고지의무의 수동화 – 자발적 고지의무에서 수동적 응답의무로 – ", 비교사법, 제16권 제3호, 한국비교사법학회, 2009, 356면.
72   인정이유에 대하여는 한기정, 보험법, 제3판, 박영사, 2021, 208면.

제재가 가하여져야 한다는 것은 당연하다. 그런데 그 법적 제재를 어떻게 가할 것인가에 대해서는 각 입법례에 따라 다르다. 고지의무위반이 확인된 경우 보험계약을 당연히 무효로 하는 무효주의(구일본상법), 보험계약을 해제할 수 있도록 하는 해제주의(개정 전 독일 보험계약법, 현재 일본 보험법), 보험자가 보험계약을 해지할 수 있는 해지주의(우리 상법), 고의에 의한 고지의무위반의 경우에는 계약을 무효로 하고 고의의 증명이 없는 고지의무위반 시에는 보험료의 증액 또는 보험금액의 감액을 청구할 수 있게 하는 절충주의(스위스, 프랑스) 등이 있다.[73]

우리 상법은 보험계약자 측의 고의 또는 중대한 과실로 인한 고지의무위반이 보험사고의 발생과 인과관계가 있는 경우 보험계약 해지 외에 전부면책의 원칙[74]을 채용하고 있다(상법 제651조 및 제655조 참조). 고지의무위반의 효과로서 계약의 효력과 보험자의 보상책임에 관한 주요 국가의 입법례를 검토하고자 한다. 계약조정 외 비례보상을 시행하지 않은 독일, 계약변경 및 비례보상을 모두 시행하고 있는 영국, 프랑스, PEICL, 그리고 우리와 같이 전부해지 및 전부면책을 고수하고 있는 일본·중국의 순으로 살펴본다.

2. 주요 입법례

1) 독일

독일 보험계약법에서는 고지의무위반의 효과에 대해 제19조 제1항 이하 조항에서 상세하면서도 체계적으로 규정하고 있다.

보험계약법 제19조

(2) 보험계약자가 제1항에 따른 고지의무를 위반한 경우 보험자는 계약을 해제할 수 있다.

(3) 보험계약자가 고지의무를 고의 또는 중과실로 위반한 것이 아닌 경우에는 보험자의 해제권은 행사할 수 없다. 이 경우 보험자는 한 달 안에 계약을 해지할 수 있다.

(4) 보험자가 고지되지 않은 사항을 알았거나 또는 다른 조건이 있음에도 불구하고 계약을 체결하였을 경우라면, 보험자는 중과실로 고지의무위반을 하였다는 이유로 해제권과 제3항 제2문에 따른 해지권을 행사할 수 없다. 보험계약자에게 귀책사유를 물을 수 없는 의무위반의 경우 그

---

[73] 송달섭, "고지의무에 대한 입법론적 고찰 – 보험소비자 보호의 관점에서 – ", 법과 정책연구, 제8집 제1호, 한국법정책학회, 2008, 43면.

[74] 영미에서는 "All or Nothing Principle", 독일에서는 "Alles oder Nichts Prinzip"이라 불린다.

> 다른 조건은 보험자의 청구에 따라 계속 중인 보험기간부터 소급적으로 계약의 요소가 된다.
> **(5)** 보험자가 보험계약자에게 텍스트 형식으로 통지하여 고지의무위반의 결과를 알려준 경우라면 제3항과 제4항에 따른 권리가 보험자에게 귀속된다. 보험자가 고지되지 않은 위험상황 또는 고지내용의 부정확성을 알았다면 그 권리는 주장할 수 없다.
> **(6)** 제4항 제2문의 경우 계약변경을 통하여 보험료가 10% 이상 증가하거나 고지되지 아니한 상황에 대한 위험을 담보하지 않는다면 보험계약자는 보험자의 통지가 도달한 후 한 달 안에 계약을 해지할 수 있다. 이때 보험자는 보험계약자에게 통지하여 이상의 권리를 알려주어야 한다.

(1) 계약의 해제 또는 해지

보험자가 위험성이 상당한 상황에 대해 텍스트 형태로 질문했음에도 보험계약자가 고의 또는 중대한 과실로 고지하지 않거나 잘못된 고지를 하는 경우, 구법과 같이 원칙적으로 계약해제에 중심을 두었다(제19조 제2항). 다만 이에 대해서는 아래와 같이 법문상 예외사유가 존재한다.

먼저 보험계약자 측의 고의 또는 중과실이 아닌 경과실 또는 책임이 없는 것으로 판단되는 고지의무위반의 경우 보험자의 해제권은 배제되고, 1월의 기간 내에 계약해지권을 가질 뿐이다(제19조 제3항 제2문). 이때 보험자가 고지되지 않은 중요한 사항을 알았더라면 다른 조건으로 체결하였을 경우, 즉 경과실 또는 무과실로 고지하지 않은 사항이 계약조건 변경사유에 해당하는 경우에는 그 변경된 조건이 소급하여 계약의 내용이 된다. 반면, 중대한 과실로 인한 해제권과 경과실 또는 무과실로 인한 해지권은 배제된다고 하여(제19조 제4항), 보험계약자 측에 고의 또는 중과실에 의한 의무위반 등의 비난가능성이 없는 경우 보험자의 해제권을 인정하지 않는다.

보험자가 텍스트 형식으로 고지의무위반의 결과를 알려주지 않았거나 보험자가 고지의무위반 사항이나 고지내용의 부정확성을 이미 알았던 경우에도 계약해제권을 포함하여 해지권을 행사할 수 없게 된다(제19조 제5항 제1문 및 제2문). 보험자는 계약과 관련하여 보험계약자의 의무위반을 알려주고 지시해야 하는 지위에 있다. 불고지이든 부실고지이든 보험계약자의 고지의무위반이 보험자가 보험계약을 승낙하기로 결정하는 영향을 미치지 않는다면, 보험자는 원래 인수하려던 계약이었으므로 해당 계약을 유지하게 하는 것이 합리적일 것이다.[75]

----

75 김은경, 보험계약법, 보험연수원, 2016, 221면.

(2) 계약의 변경

개정 독일 보험계약법에서 보험자의 보험계약 변경권을 인정한 점도 주목할 만하다. 특히, 고지의무위반에 대한 보험계약자 측의 책임이 비교적 가벼운 경우에 가급적 해당 보험계약자에 대해 보험보호를 잃지 않도록 고려하고 있다. 이 계약변경권(Recht auf Vertragsänderung)은 보험자의 해제권 또는 해지권의 행사 대신 계약을 변경시키는 상황이 될 경우 다른 조건하에서 계약의 구성요건을 형성시키는 것을 말하며, 보험자가 계약인수결정에 있어 어떠한 사항의 고지가 어느 정도 비중을 가지고 있는지의 기준을 사전에 정하여 두는 것을 전제로 하고 있다.[76]

계약변경권의 법적 근거로는 독일민법 제313조의 '행위기초의 장애(Störung der Geschäftsgrundlage)'를 들 수 있다. 동조 규정은 계약상 또는 법률상의 위험분배를 고려하여 본래의 계약 내용 그대로의 이행을 기대할 수 없는 경우, 계약의 변경을 할 수 있도록 한 것이다. 계약의 유지가 기대될 수 없는 계약당사자는 먼저 동조 제1항에 따라 계약의 수정(Anpassung des Vertrags)을 청구할 수 있다. 이는 구체적으로 급부의 경감 또는 소위 대상청구권(Ausgleichanpruch)의 행사를 통한 반대급부의 증액으로 행해지는 것이다. 동 규정에 따라 권한 있는 계약당사자는 다른 계약당사자에 대하여 계약수정의 청구권을 갖게 되고, 이를 통하여 당사자들은 우선 계약수정을 위한 협의를 진행하게 된다. 만일 계약의 수정이 불가능하거나 다른 당사자에게 기대될 수 없는 경우에 권한이 있는 당사자는 제313조 제3항 제1문에 따라 계약을 해제할 수 있으며, 계속적 계약관계에서는 제2문에 따라 계약을 해지할 수 있다. 다만, 계약의 해소는 계약의 수정이 불가능하거나 계약의 존속이 기대불가능한 경우에 최후의 수단으로 고려되어야 한다.[77]

계약변경의 효력과 보험자가 변경권을 행사하는 경우, 다른 권리인 보험자 또는 보험계약자의 해제권 또는 해지권과의 관계를 살펴본다.

(가) 계약변경의 효력

보험계약자 측의 고지의무위반 시 보험자가 이를 제대로 알았더라면 계약을 체결하지 않았을 것이라고 판단되는 경우, 즉 인수거절사유에 해당하는 때에는 원칙적으로 계약을 해제할 수 있다. 다만, 보험계약자에게 경과실 또는 책임이 없는 경우, 그리고 고의가 아닌 고지의무위반의 경우에 보험자가 고지되지 않은 중요한 사항을 알았더라면 다른 조건으로 계약을 체결하였

---

76 Rüffer · Halbach · Schimikowski, *Versicherungvertragsgesetz*, 2008, § 19 Rn. 28.

77 김대경, "사정변경으로 인한 계약의 해제", 경희법학, 제46권 제1호, 경희대학교 법학연구소, 2011, 211면; 박규용, "행위기초론에 관한 소고", 법학연구, 제36집, 한국법학회, 2009, 113면.

을 것으로 보이는 조건변경사유에 해당하는 경우에는 계약의 해제 · 해지권은 배제되고 그 다른 조건이 계약의 내용으로 된다(제19조 제4항 제1문).[78] 이때 보험자는 계약체결 시점에 적용된 영업상의 기준에 따라 보험료의 증액을 청구하거나 고지위반이 있는 위험부분에 대해 보험보호를 하지 않을 수 있다. 계약변경 효력의 적용시점은 보험계약자의 경과실이나 중과실인 경우에는 소급적으로 적용되나, 책임 없는 고지의무위반이 있는 경우에는 예정보험기간부터 효력이 있게 된다(제19조 제4항 제2문 참조).[79]

(나) 계약변경 시 보험계약자의 해지권

보험계약 변경으로 인해 보험료가 10% 이상 인상되거나 고지하지 않은 사항에 대해 보험보호를 담보 받지 못하게 되면 보험계약자는 보험자의 계약변경 통지가 도달한 후 1개월 내에 계약을 해지할 수 있다(제19조 제6항 제1문). 이 경우에 보험자는 통지 시 보험계약자에게 해지권의 존재에 대해 알려주어야 하는 것이 전제요건이 된다.[80]

(다) 보험자의 권리행사

보험계약자가 고지의무를 위반한 때에 보험자가 위의 권리를 행사하고자 하는 경우 그 구체적 실행과 관련한 사항은 제21조에서 정하고 있다.

> **제21조 (보험자의 권리행사)**
> **(1)** 보험자는 제19조 제2항에서 제4항에 근거하여 부여된 권리를 한 달 안에 서면으로 주장할 수 있다. 보험자가 고지의무의 위반을 안 때로부터 기산 점은 시작된다. 보험자는 권리를 실행할 때 자신의 의사표시에 근거가 되는 상황을 알려야 한다; 그 의사표시에 관하여 제1문에 나타난 기간을 경과하지 않는 한 자신의 의사표시를 증명하기 위하여 그 이외의 상황을 추가적으로 알려야 한다.
> **(2)** 보험사고가 발생한 후 제19조 제2항에 따라 계약을 해제하게 되는 경우 고지의무위반이 보험사고의 발생 또는 확정, 보험자의 급부이행의 확정 또는 범위에 인과관계가 있는 경우 보험자는 급부의무가 없다.
> **(3)** 제19조 제2항과 제3항에 따른 보험자의 권리는 계약체결로부터 5년이 경과하면 소멸한다. 보험계약자가 고지의무를 고의 또는 악의로 위반한 경우에 그 기간은 10년으로 한다.

---

78 증명책임은 계약해지를 피하고자 하는 보험계약자가 부담하며, 고지되지 않은 사실이 계약체결시점에 적용된 영업상의 기준에 따라서도 계약체결을 거절할 수 있는 사정이라는 점은 보험자가 증명하여야 한다.

79 Rüffer · Halbach · Schimikowski, a. a. O., § 19 Rn. 28

80 김은경, 보험계약법, 보험연수원, 2016, 223면.

① 인과관계 요건

　제21조 제2항에서는 보험사고와 고지위반과의 인과관계존부에 따른 보험자의 보상책임을 규정하였다. 보험사고가 발생한 후 보험자가 보험계약을 해제하는 경우 고지의무위반이 보험사고의 발생과 보험자의 급부이행 또는 범위에 영향을 미친 인과관계가 있으면 보험자는 보상책임을 면하게 된다. 다만, 보험계약자가 인과관계가 없음을 증명하면 보험자는 보험금 지급책임을 면하지 못한다. 동 규정은 보험자의 해제권행사 전에 발생한 보험사고에만 적용되며, 해제권 행사 이후에 발생한 보험사고에 대해서는 인과관계 유무와 관계없이 보험자의 급부의무는 면제된다.

　한편, 보험계약자가 악의적 기망에 의해 고지의무를 위반한 경우에는 인과관계를 요구하지 않고 보험자는 계약을 취소할 수 있으며 보험금 지급의무를 면하게 된다(제22조).[81]

② 제척기간

　독일 보험계약법에서도 보험계약자 측의 고지의무위반이 있는 경우 일정기간이 경과하였다면, 보험자가 의도적으로 계약을 청산하려 하거나 소급적으로 계약을 조정하려는 것을 방지하고 보험계약의 선의성을 확보하기 위하여 제척기간을 두고 있는데, 제21조 제1항과 제3항에서 각각 기간별로 규정하고 있다.

　먼저, 동조 제1항에서는 보험자가 고지의무위반에 따른 계약해제·해지권, 계약변경권을 행사하는 경우 고지의무위반을 안 날로부터 1개월 내에 서면으로 의사표시와 함께 근거를 제시하도록 하였다. 만일 그 기간을 도과하거나 서면에 근거가 없는 경우 보험자는 권리를 상실하게 된다. 그리고 동조 제3항에서는 보험계약자에게 고지의무위반과 관련한 경과실 또는 중과실이 있는 경우 계약체결일로부터 5년이 경과한 때에는 보험자의 권리는 배제되도록 하였다.[82] 더 나아가 고의와 악의에 의한 고지의무위반의 경우에는 그 기간을 10년으로 연장함으로써 고의성이 있는 보험계약자가 짧은 제척기간으로 이익을 향유할 수 있는 가능성을 최소화하고자 하였다.

81　독일 보험계약법 제22조(사기) 사기를 이유로 계약을 취소할 수 있는 보험자의 권리는 배제되지 않는다.

82　의료보험의 경우 3년으로 유지하고 있는데 비해 장기로 하는 이유에 대해서 보험자의 권리에 비교적 짧게 제척기간을 인정한다면 위험과 상관관계가 있는 사실을 침묵하거나 그릇되게 고지하려는 동기가 보험계약자에게 제공될 수도 있으므로 이러한 부정적 요소를 억제하기 위한 취지라고 한다(김은경, 보험계약법, 보험연수원, 2016, 225면.

독일보험계약법상 고지의무위반의 귀책사유에 따른 계약의 효력 및 보상책임

구 분		계약의 효력	보상책임
악의적 기망(사기)		취 소	면책(인과관계 불문)
고 의		해 제	면책(인과관계 有)
중과실	인수거절사유	해 제	면책(인과관계 有)
	조건변경사유	계약변경	부책
경과실 · 무과실	인수거절사유	해 지	면책(해지 시 1월 후)
	조건변경사유	계약변경	부책

개정 독일 보험계약법에서는 고지의무위반에 대해서는 고의 또는 과실의 정도에 따라 계약변경권 및 해지 · 해제권을 인정하고 있을 뿐 중과실에 의한 비례보상을 적용하고 있지 않다. 이는 다른 법정 의무와 달리 보험자가 인수하는 구체적인 위험에 대한 평가는 오로지 보험계약자의 정확한 고지에 의해서만 가능하므로, 부정확한 고지에 대하여는 보다 강력한 법적 효과가 필요하다고 판단했기 때문이다.[83] 이러한 입법취지는 고지의무의 법적 기능을 강조한 것으로 볼 수 있으나, 현실적으로 보험자와 보험계약자 간 보험금지급과 관련한 분쟁이 고지의무위반 시 중과실에서 특히 문제가 된다는 점과 위험증가에서는 비례보상을 적용하고 있다는 점을 고려한다면, 중과실비례보상을 적극적으로 고려해 볼 필요가 있을 것이다.[84]

2) 프랑스

프랑스는 1930년 7월 보험법을 통해 가장 먼저 고지의무위반의 효과로 비례보상제도를 도입한 국가로서 1989년 12월 그 내용이 대폭 개정되었으나 비례보상규정은 그대로 유지되어 현재에 이르고 있다.[85] 프랑스보험법은 고지의무위반의 효과에 대해 보험계약자의 악의(mauvaise foi)에 의한 경우와 악의에 의하지 않은 경우로 나누어 달리 정하고 있다.[86]

---

83 이진수, "현대 주요국의 보험법 개정동향의 주요내용과 그 시사점", 보험학회지, 제93집, 한국보험학회, 2012, 170면.

84 장혜진, "보험계약법상 중과실비례보상제도에 관한 연구", 부산대학교 대학원 박사학위 논문, 2013, 74면.

85 프랑스보험법의 비율적 보상의 원칙은 오랜 동안 운용을 통하여 호주보험계약법과 영국법률개정위원회의 고지의무 검토보고서 등에 채용되어 그 모델이 되었다.

86 프랑스보험법 제L.113-8조 제1항은 '의도적(intentionnelle)', 제L.113-9조 제1항은 '악의로 증명되지 않은(dont la mauvaise foi n'est pas établie)'으로 구분하고 있지만, 전자는 '보험자를 기망할 의도로'로 해석하여 이를 '악의(mauvaise foi)', 후자를 '선의(bonne foi)'로 표현하는 것이 보통이다(한기정, "보험계약상 고지의무에 대한 입법론적 고찰", 서울대학교 법학, 제52권 제3호, 서울대학교 법학연구소, 2011, 351면.

> **제L.113-8조**
> **(1)** 피보험자가 악의로 고지사항을 묵비하거나 허위의 고지를 한 때에는 고지되지 아니한 위험이 보험사고에 전혀 영향을 미치지 아니하였다고 하더라도 계약을 취소할 수 있다.
> **(2)** 이때 보험자는 이미 납입한 보험료는 반환하지 않으며 납입기일이 도래한 보험료에 대해서는 손해배상을 청구할 수 있다.
> **(3)** 다만 제2항의 규정은 생명보험에는 적용되지 않는다.
>
> **제L.113-9조**
> **(1)** 피보험자가 불고지 또는 부실고지를 한 때에 그 악의가 증명되지 않는 한 계약이 무효로 되는 것은 아니다.
> **(2)** 불고지 또는 부실고지가 보험사고 발생 전에 발견된 경우에는, 보험자는 보험계약자의 동의를 얻어 보험료를 증액하고 보험계약을 유지하거나 보험계약자에 대해 등기우편으로 통지한 때로부터 10일이 경과하면 보험계약을 해지할 수 있다. 이 경우 이미 지급한 보험료 중에서 보험이 존속하지 않는 기간에 해당하는 부분은 보험계약자에게 반환하여야 한다.
> **(3)** 불고지 또는 부실고지가 보험사고 발생 후에 발견된 때에는, 보험금은 위험이 완전하고 정확하게 고지되었더라면 지급하여야 할 보험료에 대한 실제 지급한 보험료의 비율에 따라 감액보상한다.

(1) 악의의 경우

보험계약자 측이 악의로 고지의무를 위반한 경우 그것이 보험사고에 영향을 미치지 않은 경우에도 보험자는 보험계약을 취소(l'annulation)할 수 있다. 이때 계약은 소급하여 무효로 되고 보험자는 보험금 지급의무를 지지 않으며 지급한 보험금은 반환을 청구할 수 있다.[87] 또한 이미 지급한 보험료는 보험자에게 귀속되고 지급기일이 도래한 보험료 전액에 대해서는 손해배상으로 청구할 수 있다(제L.113-8조). 보험자가 보험계약을 취소하기 위해서는 보험자가 보험계약자의 악의를 적극 증명하여야 한다. 다만, 이 규정은 생명보험에는 적용되지 않는다.

본 조를 근거로 한 보험계약의 무효주장은 보험계약자뿐만 아니라 피보험자에게도 가능하며, 보험수익자 등 보험계약에 이해관계를 갖는 제3자에 대해서도 무효로 대항할 수 있다.[88]

---

87 Bonnard, *Droit des assurance*, LexisNexis, 2007, n° 327.

88 김성태, "프랑스보험계약법상의 고지·통지의무", 경희법학, 제21권 제2호, 경희대학교 법학연구소, 1986, 88면.

(2) 선의의 경우

고지의무위반이 악의에 의하지 않은 경우에는 보험사고가 발생했는지 여부를 기준으로 구분하여 효과를 규정하고 있다.

(가) 보험사고 발생 전

고지의무위반이 보험사고 발생 전에 발견된 경우 보험자는 아래 두 가지 사항 중 하나를 선택하여 행사할 수 있다(제L.113-9조 제2항). 첫째, 보험료를 증액하여 계약을 계속 유지할 수 있다. 이 경우 보험계약자의 동의를 받아야 하는데 그 시점으로부터 보험계약은 변경된 것으로 본다. 만일 보험계약자 측이 거부하게 되면 보험자는 보험계약을 해지할 수 있을 뿐 아니라 해지로 인한 손해배상을 청구할 수 있다.

둘째, 보험계약자가 다른 보험계약을 체결할 수 있도록 미경과보험료를 반환하고 등기우편을 통해 통지를 하고 나서 10일이 경과하면 계약을 해지할 수 있다. 이처럼 미경과보험료는 반환하도록 함으로써 오랫동안 논란이 되어 왔던 미경과 보험기간에 해당하는 보험료의 귀속문제에 대한 문제를 확정지었다.[89] 우리의 경우 보험료불가분의 원칙을 고수하면서도 이로 인한 부당함을 해결하는 방법으로 개별약관을 통하여 보험계약이 해지되면 이미 경과된 보험료를 일할 계산한 금액을 제외한 보험료를 반환하고 있는 보험실무와 대조되는 것이다.[90]

(나) 보험사고 발생 후

통상 고지의무위반은 보험사고 발생 후에 발견되는데 이때 비례보상방식을 적용하고 있으며, 그 방법으로 보험계약 당시 고지의무가 정확하게 이행되었다면 지급해야 할 보험료와 실제로 지급한 보험료와의 비율에 따라 감액된 보험금이 지급된다(동조 제3항). 선의에 의한 경우 고지의무위반 사실과 보험사고 발생 사이에 인과관계가 없더라도 보험자가 해지권 등을 행사할 수 있는지에 대해서는 명시적 규정이 없으나 판례는 악의와 마찬가지로 가능하다고 본다.[91]

프랑스의 보험금의 비례감액원칙은 불고지 또는 부실고지한 사실이 보험사고발생에 영향

---

[89] 2007년 개정 독일보험계약법에서도 보험계약상 급부이행청구권이 존재하지 않는 보험기간의 부분에 대하여 보험계약자가 보험료를 지불하지 않도록 함으로써 보험료불가분의 원칙을 명문으로 포기하기에 이르렀다(제74조 참조).

[90] 김은경, 보험계약법, 보험연수원, 2016, 139면.

[91] Bigot et al., *Traité, de Droit des Assurance, Tome3 Le Contrat D'assurance*, L.G.D.J., 2002, n° 929(한기정, 보험법, 제3판, 박영사, 2021, 265면.

을 미치지 아니한 때에도 동일하게 적용된다. 이는 고지의무위반 자체가 보험기술적 균형관계를 왜곡하였기 때문이라고 본다.[92] 프랑스에서 비례보상적용의 제척기간과 인과관계부존재 특약이 없는 것은 보험계약자에게 불리한 측면이 없는 것은 아니지만, 비례보상을 고지의무위반의 제재가 아닌 사후적인 조정기능을 중요시 하는 것으로 보고 있다.[93]

1930년 프랑스보험법에서 비례보상을 채용한 배경은 선의의 고지의무위반자에 대해 객관주의를 적용하여 전부면책하는 것이 보험계약자에게 가혹하다는 비판에 따라 과거부터 비례보상을 적용하고 있던 화재보험 실무약관을 참고한 것이다. 다만, 프랑스에서는 생명보험의 대부분이 보장성 보험이 아닌 저축성 보험이기 때문에 고지의무위반의 효과로서 납입보험료 미반환이 충분한 제재효과가 있고, 비례보상제도를 보험소비자보다는 보험자의 이익을 위한 제도로 인식하고 있어 생명보험분야에는 거의 활용되지 않고 손해보험의 영역에서 악의 없는 고지의무위반의 경우에 적용되고 있다.[94]

3) 영국

MIA 1906의 고지의무위반 시 취소의 법률효과만 인정하는 태도에 대해 각국의 입법례에서 채택하고 있는 '비율적 내지 비례적 보상원칙'에 따라 적절한 보상을 하는 것과 비교하여 보험소비자의 보호에 미흡하다는 비판이 이어져 왔다.[95] 2012년 영국 소비자보험법에서는 고지의무위반이 있는 경우 보험자는 일률적으로 보험계약을 해지하는 것이 아니고 고지의무위반의 주관적 정도에 따라 그 효과를 달리하고 있다. 보험자의 대응에 대해서는 보험계약자의 내심의 상태에 따라 '의도적 또는 무모한' 부실고지와 '부주의한' 부실고지로 나누어 동법 Schedule(이하 "별표"라고 한다) 1에서 상세히 규정하고 있다.[96]

---

92 김성태, "프랑스보험계약법상의 고지·통지의무", 경희법학, 제21권 제1호, 경희대학교 법학연구소, 1986, 89면.

93 田口 城, "生命保險契約の告知義務に係いわゆるプロ·ラタ主義の導入について, 生命保險論集, 弟158号, 生命保險文化センタ-, 2007, 22頁.

94 장혜진, "보험계약법상 중과실비례보상제도에 관한 연구", 부산대학교 대학원 박사학위 논문, 2013, 93-94면.

95 이정원, "2015년 영국보험법상 고지의무제도에 대한 고찰", 해사법연구, 제28권 제2호, 한국해사법학회, 2016, 43면.

96 2015년 영국보험법 제8조에서는 고지의무위반행위를 'qualifying breach'라고 규정하고 있는데, 그 효과에 대해서도 고의적인 경우(Deliberate or Reckless)와 그러지 않은 경우(neither deliberate nor reckless)로 구분하여 각 위반유형에 따라 보험자의 구제책을 달리 규정하고 있다.

(1) 의도적 · 무모한 부실고지

의도적(deliberate) 또는 무모한(reckless) 부실고지란 보험계약자가 자신이 고지한 사항이 진실하지 않거나 오해를 불러올 수 있다는 점을 인식하였거나 그러한 점에 대해 전혀 주의를 기울이지 아니하였고, 자신이 부실고지한 사실이 보험자와 관련이 있는 중요한 사항이라는 점을 인식하였거나 그러한 점에 대해 전혀 주의를 기울이지 않은 경우를 말한다(동법 제5조 제2항).[97]

이때 보험자는 보험금 지급을 거절할 수 있고 보험계약을 소급적으로 취소할 수 있으며, 이미 수령한 보험료는 반환할 필요가 없다(별표 1 제2조). 이러한 소비자보험법의 태도는 보험계약이 소급적으로 취소된 경우 보험계약자 측에 사기(fraud)나 위법성(illegality)이 없는 한 보험자로 하여금 보험료를 원칙적으로 반환하도록 규정한 MIA 1906 제84조 제3항과는 상이한 모습이다. 고의적 요소가 있는 부실고지에 대해 보험자의 취소권과 함께 보험료반환을 부인한 취지는 고의적 부실고지에 대한 보험자의 대응책으로써 잠재적 보험계약자 등에 대한 일반예방 효과를 거두기 위한 목적을 포함하고 있으며, 과거 판례의 대도를 입법화한 것으로 볼 수 있다.[98]

한편, 증명과 관련하여서는 소비자인 보험계약자의 고지가 의도적이거나 무모한 부실고지에 해당한다는 점에 대해서 보험자가 증명책임을 진다(동법 제5조 제4항).

(2) 부주의에 의한 부실고지

부주의(careless)에 의한 부실고지란 의도적이거나 무모한 부실고지를 제외한 주의력 부족으로 인한 부실고지를 일컫는 것으로 '부주의'는 합리적 주의의무를 다하지 않은 경우로 우리법상 '과실'로 해석된다.

----

97   Law Commission, *Consumer Insurance Law : Pre-Contract Disclosure And Misrepresentation*, 2009, para 6.15, para 6.66. '의도적(Deliberate)'은 부실고지한 것이 진실하지 않다는 것을 알고 있는 것으로 보통법상 '고의(Fraud)'로 분류되고, '무모한(Reckless)'의 의미에 대해서는 그것이 진실인지 아닌지 여부에 대해 주의를 기울이지 않고 사실인지 여부를 확인하는 충분한 주의를 기울이지 않는 경우로 우리법상 '중과실'과 유사한 것으로 보는 견해가 다수 입장으로 보이나(김인현, "운송인의 포장당 책임제한이 배제된 해상 사례", 인권과 정의, 제370호, 대한변호사협회, 2007. 6., 174면; 박은경, "2014 상법 보험편 고지의무조항에 관한 비판적 고찰", 상사판례연구, 제27집 제3권, 한국상사판례학회, 2014, 57면; 이윤석, "보험계약상 최대선의의무와 고지의무", 한양법학, 제32집, 한양법학회, 2010. 11., 276면), 영미법상으로 recklessness란 행위자가 유해한 결과의 발생을 적극적으로 원하지는 않지만 그러한 유해한 결과의 발생가능성을 예견하고도 실행에 옮기는 행위로서 의도적인 악행과 단순한 과실의 중간에 해당한다고 보는 견해(Bryan A. Garner, *Black's Law Dictionary*, 3rd Ed., St. Paul, MN, Thomson West, 2006, pp. 596-597)와 영국 판례법상으로 악행(wilful misconduct)에 해당하여 중과실보다는 고의에 더 가깝다거나 미필적 고의에 해당한다고 하는 견해도 확인된다(최종현, 해상법상론, 박영사, 2009, 158-161면).

98   London Assurance v. Clare(1937) 57 Ll.L.R. 254; 동 판례에서는 보험자는 고의적 부실고지의 경우 이미 보험금을 지급한 경우에도 부실고지를 이유로 보험금의 반환을 청구할 수 있다고 하였다(한기정, "보험계약상 고지의무에 대한 입법론적 고찰", 서울대학교 법학, 제52권 제3호, 서울대학교 법학연구소, 2011, 359면).

　과실로 인한 부실고지의 경우에는 그 부실고지에 해당하는 사유가 인수거절사유인지 또는 계약조건변경사유에 해당하는지에 따라 그 효과가 나뉜다. 이에 따라 전자의 경우에는 취소권을, 후자의 경우에는 조건변경 사유에 따라 보험자의 비례보상과 계약변경권 및 해지권을 인정하고 있다. 위의 사유에 따른 효력을 주장하기 위해서는 피보험자 등의 고지의무위반이 없었더라면 보험계약을 체결하지 않았거나 다른 조건으로 보험계약을 체결하였을 것이라는 사실을 보험자가 증명하여야 한다.

(가) 인수거절사유

　과실로 인한 고지의무 위반사항이 인수거절사유에 해당하는 경우, 즉 고지의무위반이 없었더라면 보험자가 보험계약자와 보험계약을 체결하지 않았을 경우에는 보험자는 보험계약을 취소할 수 있을 뿐 아니라, 모든 보험금청구도 거절할 수 있지만 이미 수령한 보험료는 반환하여야 한다(별표 1 제5조). 이 규정의 취지는 보험자에 대하여 계약취소권을 부여함으로써 보험계약이 처음부터 존재하지 않았던 것과 같은 법률효과를 부여하여 보험금청구를 거절할 권리를 부여함과 동시에, 이미 수령한 보험료를 반환하는 것이 형평에 맞고 보험계약의 소급적 소멸의 법적 효과에도 부합한다고 본 것이다.[99]

(나) 계약조건 변경사유

　소비자보험법은 보험계약자의 고지의무위반이 고의적이거나 무모한 것이 아닌 경우, 그리고 보험자가 보험계약을 체결하지 않으리라고 보이는 경우가 아니라면 원칙적으로 보험계약자 등에 의한 부실고지가 없었을 상황을 상정하여 부실고지가 있는 현재의 보험금청구 상황과 부실고지가 없었을 경우의 상황을 대비하여 각 경우에 따라 그 보험자의 구제책을 달리하고 있다(별표 1 제4조). 여기서 주의할 점은, 소비자보험법은 보험자를 부실고지가 없었더라면 체결되었을 계약상 지위에 돌려놓고 보험금지급책임을 논한다는 것이지, 보험계약자 등의 귀책사유의 정도는 보험금지급과 관련이 없다는 점이다.

99　이정원, "보험계약자의 고지의무위반과 보험자의 보험금지급책임에 관한 고찰", 법학연구, 제53권 제3호, 부산대학교 법학연구소, 2012, 16면.

① 계약조건의 변경

과실에 기한 부실고지의 경우 보험계약자가 정확히 고지하였다면 이미 체결된 보험계약과 동일한 조건으로 체결하지 않았거나 보험료와 관련된 것이 아닌 다른 조건으로 체결하였을 것이라고 인정되는 경우로서, 보험자의 요청에 따라 보험계약은 부실고지가 없었을 경우에 체결되었을 것이라고 볼 수 있는 조건으로 체결된 것으로 간주된다(별표 1 제6조). 예를 들어 보험계약 체결 전에 고지하지 않은 특정질환이 이후에 확인된 경우 그 질환을 담보하지 않는 조건으로 보험계약을 체결하였을 것이라고 인정된다면 보험자는 당해 특정질환에 대해서는 보험금지급책임을 면하지만 이를 제외한 다른 질환이나 다른 사유에 의한 보험금에 대해서는 지급의무가 발생한다.[100]

소비자보험법은 조건변경사유가 보험료와 관련되는지에 따라 효과를 달리 가져가고 있는데, 만일 고지의무위반이 없었더라면 보험자가 보험계약자와 변경된 내용으로 보험계약을 체결하지 않았을 경우에는 보험자는 보험계약의 변경이 없었던 것으로 취급할 수 있다. 그러나 이 경우 이미 수령한 보험료 중 계약변경으로 인한 추가보험료를 반환하여야 한다.

한편, 보험자가 보험료를 제외한 다른 조건으로 계약변경을 하였을 경우에는 보험자가 원하는 계약조건으로 보험계약이 체결된 것으로 다루어진다.

② 비례보상방식의 적용

구체적 보험사고 발생 시 부실고지가 없었더라면 인상된 보험료로 보험계약을 체결하였으리라 보여지는 보험료 증액사유에 해당하는 경우에는 보험자는 비율적으로 감액된(reduce proportionately) 보험금을 지급할 수 있다(별표 1 제7조). 이때 비례보상의 방법으로는 부실고지가 없었더라면 인상된 보험료로 보험계약을 체결하였을 경우에는 실제로 수령한 보험료를 부실고지가 없었더라면 수령하였을 보험료로 나눈 비율만큼 감액하는 방법을 취하고 있다(별표 1 제8조). 이에 따른 지급보험금 산정방식은 아래와 같다.

> 실제 지급될 보험금(X) = [실제 지급한 보험료(Premium actually charged) / 부실고지가 없었더라면 부과되었을 보험료(Higher premium)] × 지급이 약정된 보험금

---

[100] 이정원, "보험계약자의 고지의무위반과 보험자의 보험금지급책임에 관한 고찰", 법학연구, 제53권 제3호, 부산대학교 법학연구소, 2012, 16면.

예를 들어 보험자가 보험계약자의 부실고지로 인해 보험계약을 체결하고 그에 따라 이미 수령한 보험료가 100파운드이었는데 만일 정확하게 고지되었더라면 부과될 보험료가 300파운드인 경우, 보험사고로 인해 실제 지급될 보험금은 부실고지가 없었을 경우 체결되었을 보험계약의 조건에 따라 지급될 금액의 1/3이 될 것이다.[101]

소비자보험법의 보상방식은 고의나 중과실만을 보험자의 면책으로 하고 경과실에 의한 고지의무위반의 효과에 대해서 보험자의 전부부책을 전제로 하고 있으므로 비례보상의 도입범위를 중과실에만 고려하고 있는 우리 보험계약법의 논의와는 다소 차이가 있다. 그럼에도 불구하고 과거에 과실의 정도를 불문하고 고지의무위반이 있는 경우 보험자의 전부면책으로 하였던 것을 과실의 정도에 따라 그 효과를 달리 운영하고 있는 점[102]과 비례보상의 방법으로 보험료와 보험료 외의 다른 조건으로 변경되었을 사유로 별도로 규정하고 있는 점은 다른 입법례와 구별된다. 이러한 입법규정은 2015년 영국보험법(Insurance Act 2015)에도 반영되어 시행되고 있다.[103]

③ 계약의 장래효

위의 내용은 보험계약자 측의 보험금지급 청구의 경우를 상정하고 있으나 소비자보험법은 보험금지급 청구가 없는 경우에도 과실에 의한 부실고지가 있는 보험금지급 청구의 경우와 같이 취급하고 있다. 이에 따라 부실고지가 없었더라면 보험계약을 체결하지 않았을 경우에는 보험계약을 취소할 수 있고, 보험료를 제외한 다른 조건으로 변경된 계약을 체결하였을 경우에는 그 변경된 조건으로 보험계약을 변경할 수 있다(별표 1 제9조 제2항). 그리고 제7조 및 제8조의 비율적 보상원칙 또한 장래의 보험계약에도 적용되므로 보험자는 인상된 보험료를 청구할 수 있다(동조 제3항). 한편, 보험자가 고지의무위반의 보험계약에 대해 조건변경권을 행사하거나 보험금의 비율적 감액보상을 하는 경우 보험자는 보험계약자에게 그 효과에 대해 통지한 후 보험계약을 계속 유지하거나 해지할 수 있는 선택권을 가진다(동조 제4항). 그러나 생명보험의 경우 보험자는 위 조항에 따라 보험계약을 해지하지 못한다(동조 제5항). 그 이

---

101 이정원, "보험계약자의 고지의무위반과 보험자의 보험금지급책임에 관한 고찰", 법학연구, 제53권 제3호, 부산대학교 법학연구소, 2012, 16면.

102 과거 영국해상보험법상 고지의무위반에 대해 보험계약을 취소함으로써 보험계약자는 보험금액을 전혀 지급받지 못하는 불합리성에 대해 최근 각국이 보험법을 개정하면서 보험소비자 보호를 위해 보험계약자 등의 내심의 상태 등에 따른 '비율적 내지 비례적 보상원칙'에 따라 적절한 보상을 하는 입법례를 반영한 것으로 볼 수 있다 (이정원, "2012년 영국소비자보험(고지의무)법에 관한 고찰", 저스티스, 통권 제133호, 한국법학원, 2012, 95면).

103 동법 별표(Schedule) Part2(Variation) 제10조에서는 보험계약자의 과실로 인한 고지의무위반의 경우 보험자는 고지의무가 이행되었더라면 받았을 보험료에 대한 실제 보험료의 비율로 감액하여 지급한다고 규정하고 있다.

유는 생명보험에서 피보험자가 이미 심각한 중병에 걸린 경우 보험자가 부실고지를 이유로
보험계약을 해지한다면 보험계약자 측에 지나치게 가혹하게 되며, 생명보험은 장기간의 계
약관계라는 특성상 보험자가 보험기간 초기에 위험에 비해 많은 보험료를 수령하는 것이 일
반적이기 때문에 보험자의 비율적 보상책임을 인정하는 것이 타당하다는 정책적 고려의 결과
라고 하겠다.[104]

한편, 보험자가 계약조건 변경권을 행사한 경우 보험계약자는 보험자에 대한 적절한 통지를
함으로써 보험계약을 해지할 수 있으며(동조 제6항), 보험계약당사자 중 일방이 보험계약을 해
지하는 경우 보험자는 해지된 이후 잔여기간에 해당하는 보험료에 대한 반환의무를 부담한다
(동조 제7항). 그러나 보험계약의 해지는 소급효가 없으므로 해지 이전에 발생한 보험금지급청
구에 대해서는 아무런 영향을 미치지 않는다(동조 제8항).

4) 유럽보험계약법원칙(PEICL)

PEICL에서도 보험계약자 측 고지의무위반의 경우 보험자의 해지권 외에 계약변경권과 비율
적 보상책임을 인정하고 있다.

제2:102 (위반)

(1) 보험계약자가 제2:101조(고지의무)를 위반한 경우 보험자는 본 조 제2항부터 제5항에 따라 계약의 합리적인 변경을 제안하거나 계약을 해지할 수 있고 이를 위해서 보험자는 고지의무위반 사실을 알았거나 명백한 때 로부터 1월 이내에 서면통지를 하여야 한다.

(2) 보험자가 계약에 대해 합리적 변경을 제안한 경우 보험계약자가 제1항의 통지를 받은 때로부터 1월 이내에 계약을 해지할 수 있다. 그렇지 않으면 그 계약은 변경된 제안에 따라 유지된다.

(3) 보험계약자가 제2:101조의 위반에 대해 책임이 없는 경우 보험자가 그러한 사실을 알았더라면 계약을 체결하지 않았을 것이라는 점을 증명하지 않는 한, 보험자는 계약을 해지할 수 없다.

(4) 계약의 해지는 보험계약자가 제1항에 따른 서면 통지를 받은 때로부터 1월이 지나면 효력이 발생하고 계약의 변경은 당사자가 합의한 바에 따라 효력이 발생한다.

(5) 보험사고가 보험계약자의 과실 있는 불고지 또는 부실고지의 대상이 된 위험의 요소에 의해 야기되었고 계약의 해지 또는 변경이 효력을 발생하기 전에 일어난 경우 보험계약자가 해당사실을 알았더

---

[104] 한기정, "보험계약상 고지의무에 대한 입법론적 고찰", 서울대학교 법학, 제52권 제3호, 서울대학교 법학연구소, 2011, 361면.

라면 계약을 체결하지 않았을 것이라면 보험금은 지급되지 아니한다. 다만 보험자가 보험료를 증액하거나 다른 조건으로 계약을 체결하였을 것이라면 보험금은 비례적으로 또는 당해조건에 따라 지급될 수 있다.

(1) 계약의 해지 또는 변경

보험자는 보험계약자의 고지의무위반 시 그 사실을 알았거나 알 수 있었을 때로부터 1개월 내에 서면을 통해 보험계약 내용의 합리적인 변경(reasonable variation)을 제안하거나 그 계약을 해지할 수 있다(제2:102조 제1항). 이러한 보험자의 해지권과 계약변경권은 보험계약자의 무과실인 경우에도 인정된다. 이때 계약의 변경은 최초에 보험계약자로부터 고지된 내용과 그 후에 보험자가 인식한 내용의 차이에 따라 보험자가 보험료의 증액을 청구하는 내용의 계약변경을 의미하는 것으로서, 서면을 통해 합리적 근거를 제시하여 통지하여야 한다.[105]

만일 보험계약자가 보험자의 변경통지를 받은 날로부터 1개월 내에 다른 의사표시를 하지 않은 경우 변경된 조건으로 보험계약은 유지된다(제2:102조 제4항). 보험계약자가 수용도 거절도 하지 않은 경우 묵시적으로 수용하였다고 보는 것으로, 보험계약자가 응답하지 않더라도 보험보호를 전혀 하지 않는 것보다는 보험자에 의해 제안된 바에 따라 변경된 보험 혜택을 부여하는 것이 보험계약자 보호에 더 부합하다는 이유에서 비롯된 것이다.[106] 이처럼 보험사고가 발생하기 전에 보험자가 보험계약의 변경을 제안할 수 있도록 함으로써 보험사고 발생 후 고지의무 위반으로 보험자가 면책되어 피보험자가 불이익을 입는 것을 사전에 방지할 수 있다는 점에서 시사점이 크다.

보험계약자가 보험자의 변경통지를 받은 날로부터 1개월 내에 서면을 통해 거절의사를 표시한 경우 보험자는 그 의사의 수령 후 1개월 내에 보험계약을 해지할 수 있다(제2:102조 제2항). 다만, 보험계약자가 악의 없이 고지의무를 위반한 경우 보험자가 고지된 정보를 알았다면 계약을 체결하지 않았을 것이라는 점을 증명하지 못하면 계약을 해지할 수 없다(제2:102조 제3항).

그 외에 악의에 의한 사기로 고지의무를 위반한 경우에는 과실의 경우와 달리 보험자의 의사에 따라 취소를 통해 제한 없이 보험계약의 효력을 상실시킬 수 있고 기한이 도래한 보험료도

---

[105] 김은경, 보험계약법, 보험연수원, 2012, 227면.

[106] 한기정, "보험계약상 고지의무에 대한 입법론적 고찰", 서울대학교 법학, 제52권 제3호, 서울대학교 법학연구소, 2011, 368면.

반환할 필요가 없다(제2:104조[107]).[108] 그 취소의 의사표시는 보험자가 고지의무위반이 사기에 의한 것임을 안 날로부터 2개월 내에 보험계약자에게 서면으로 통지하여야 한다.

(2) 비례보상

보험자는 보험계약자의 경과실을 포함하여 과실에 의한 고지의무위반 시 사고와 인과관계가 있거나 고지위반사실이 인수거절사유에 해당하면 보험금지급책임을 면한다.[109] 그러나 그러한 경우가 아니라면 사고발생 후에 보험계약자가 과실로 고지의무를 위반한 것이 확인된 경우 보험자의 비율적 보상책임을 인정하고 있다(제2:102조 제4항). 이에 따라 만약 보험자가 관련 정보를 알았더라면 보험료를 증액하거나 다른 조건으로 보험계약을 체결하였을 경우라면 당해 보험사고로 인한 보험금은 증액된 보험료에 따라 비율적으로 지급하거나[110] 그 조건에 따라 지급할 수 있다.

이러한 비례보상방식은 경과실을 포함한 과실을 내상으로 하는 점과 보험료 외에 변경된 계약조건을 보상기준으로 삼는 점에서 최근의 영국소비자보험법의 입법례를 반영한 것이라 하겠다. 보험료 외에 다른 조건의 변경사유를 비례보상의 산정기준으로 삼은 것은 보험료만으로 산정이 어려운 사정을 고려한 것으로 구체적 타당성 측면에서 합리적이라고 할 수 있다.

영국과 달리 PEICL은 불고지 또는 부실고지와 사고발생 사이의 인과관계의 존재를 요건으로 함으로써, 인과관계가 없는 경우에는 비례보상이 아닌 전부지급대상에 해당하게 된다. 이는 계약의 효력과는 달리 보험자의 보상책임에서 있어서는 인과관계를 고려함으로써 보험소비자를 보호하기 위한 취지이다. 결국 PEICL에서는 고지의무위반의 경우 해지권 및 계약변경권이 인정되는데, 보험사고 발생 시 보험자는 면책되거나 보험금을 비례적으로 감축할 수 있고 악의적 기망의 경우 계약취소권을 선택할 수도 있다.

---

107 유럽보험계약법원칙 제2:104조(사기적 위반) - 보험계약자가 제2:101조(고지의무)를 사기적으로 위반하여 계약 체결을 유도한 경우 제2:102조에 규정된 제재의 내용을 침해하지 아니하고 보험자는 그 계약을 취소하고 납입된 보험료를 취득할 수 있다.

108 악의적 기망이 있는 경우 보험자가 보험료를 계속 보유할 수 있게 한 것은 일반 예방적 효과를 고려한 것이다(한 기정, "보험계약상 고지의무에 대한 입법론적 고찰", 서울대학교 법학,제52권 제3호, 서울대학교 법학연구소, 2011, 369면).

109 다만, 무과실의 경우에는 계약변경과는 별개로 보험금이 면제되거나 감액되지 않고 전액을 인정받을 수 있으며, 보험자의 귀책사유가 있거나 손해와 인과관계가 없는 경우에도 마찬가지이다. 이는 과실 없는 위반에 대해서 귀책사유 없는 보험계약자를 보호하기 위한 것이다.

110 이때 실제 지급할 보험금은 실제 수령한 보험료액과 보험자가 보험계약자의 부실고지를 알았더라면 증액되었을 보험료액을 기준으로 한다.

유럽보험계약법의 통일적 모델을 만들고자 하는 시도로서 유럽 각국의 저명한 학자들의 비교법적 연구를 통해 산출된 PEICL의 내용과 그에 대한 주석은 향후 우리나라의 입법과정에서도 많은 시사점을 줄 것이다.[111]

5) 일본

(1) 계약의 해제

일본 보험법이 보험소비자 보호를 위한 현대화 작업 중 가장 심혈을 기울인 부분은 고지의무 관련 규정으로 특히, 수동적 고지를 통한 고지의무의 완화라는 점이다. 다만, 고지의무위반의 효과는 우리 상법 내지 약관규정과 크게 다르지 않다.[112]

> **제28조 (고지의무위반으로 인한 해제)**
> ① 보험자는 보험계약자 또는 피보험자가 고지사항에 대하여 고의 또는 중대한 과실로 사실을 고지하지 아니하거나 부실한 고지한 때에는 손해보험계약을 해제할 수 있다.
> ② 보험자는 전항의 규정에도 불구하고 다음의 경우에는 손해보험계약을 해제 할 수 없다.
> 1. 손해보험계약 체결 시에 보험자가 전항의 사실을 알거나 과실로 인해 알지 못한 때
> 2. 보험자를 위하여 보험계약 체결의 중개를 할 수 있는 자(보험자를 위해 보험계약 체결의 대리를 할 수 있는 자를 제외한다. 이하 「보험중개인」이라 한다)가 보험계약자 또는 피보험자가 전항의 사실을 고지하는 것을 방해한 때
> 3. 보험중개인이 보험계약자 또는 피보험자에 대하여 전항의 사실을 고지 하지 아니하거나 부실한 고지할 것을 권유한 때
> ③ 전항 제2호 및 제3호는 해당 각 호에서 규정하는 보험중개인의 행위가 없었다고 하여도 보험계약자 또는 피보험자가 제1항의 사실을 고지하지 아니하거나 부실한 고지를 하였다고 인정되는 경우에는 적용하지 아니한다.
> ④ 제1항에 따른 해제권은 보험자가 동항에 따른 해제의 원인이 있다는 것을 안 때로부터 1개월 동안 이를 행사하지 아니한 때에는 소멸한다. 손해보험계약 체결 시부터 5년이 경과한 때에도 같다.

보험자는 보험계약자가 중요사항에 대해 고의 또는 중과실에 의한 불고지 또는 부실고지를

---

111 Jürgen Basedow · John Birds · Malcolm Clarke · Herman Cousy · Helmut Heiss · Leander Loacker, *Principles of European Insurance Contract Law(PEICL)*, 2nd Expanded Edition, ottoschmidt, 2016.

112 생명보험은 제37조에, 상해질병보험은 제66조에서 각각 규정하고 있다.

하는 경우 계약을 '해제'할 수 있으며, 이때 고지의무위반 사실과 사고 사이에 인과관계가 존재하여야 한다는 점은 우리와 같다. 다만, 보험법상에 보험계약 체결의 매개(媒介)를 할 수 있는 자(여기에서는 "보험중개인"이라고 한다)가 소위 고지 방해나 불고지를 권유를 했을 때에는 보험자는 계약을 해제할 수 없도록 하는 규정을 추가하였다(제28조 제2항 제2호 · 제3호). 그러나 이 경우에도 보험중개자의 고지방해가 없었더라도 보험계약자가 고지사항에 관한 사항을 고지하지 않거나 부실의 고지를 하였다고 인정되는 경우에는 적용되지 아니한다(제28조 제3항).[113] 우리나라의 경우에는 동일한 내용에 대해 실무 표준약관에서 해지권 제한사유로 규정하고 있다(생명보험표준약관 제14조 제1항 제5호 참조).

그 외 우리 상법과의 차이로 일본은 해제권 행사 제척기간으로 계약체결 시로부터 5년까지의 범위 내에서 가능한데, 이와 달리 우리 상법은 3년으로 하고 있다.[114] 고지의무의 제척기간에 대하여는 편면적 강행규정성을 인정하지 않아 당사자 간의 약정으로 이와 달리 정할 수 있다(제33조 제1항).[115]

(2) 해제의 효력

> **제31조 (해제의 효력)**
> ① 손해보험계약의 해제는 장래에 대해서만 그 효력이 있다.
> ② 보험자는 각 호의 규정에 따라 손해보험계약의 해제를 한 경우에는 당해 각 호에 정하는 손해를 전보할 책임을 지지 아니한다.
> **1. 제28조 제1항** 해제가 된 때까지 발생한 보험사고에 의한 손해. 다만 동항의 사실에 의거하지 아니하고 발생한 보험사고에 의한 손해에 관하여는 그러하지 아니하다.

위 제28조에 따라 고지의무위반 시 계약을 '해제'할 수 있다고 규정하여 그 해제의 효과로서 보험사고가 발생하더라도 보험금을 지급하지 않게 된다. 그러나 보험료의 귀속에 대해서는 명확치 않은데 동조를 통해 위 해제는 장래에 관하여만 그 효력을 가지는 것으로 하는 특별규정을

---

[113] 종래 보험자의 보험모집인에 대한 선임감독상의 과실이라는 형태로 보험자가 '과실로 알지 못한 경우'에 해당(구 상법 제644조 단서, 제678조 제1항)하는 경우로 볼 것인지 논의되던 것을 입법적으로 해결한 것이다.

[114] 한편 중국보험법은 계약성립일로부터 2년을 경과하면 계약을 해제할 수 없도록 규정하고 있다(제16조 제3항 제2문).

[115] 박은경, "2014 상법 보험편 고지의무조항에 관한 비판적 고찰", 상사판례연구, 제27집 제3권, 한국상사판례학회, 2014, 53면.

둠으로써 보험자가 이미 경과된 보험기간에 대한 보험료만을 취득할 수 있다는 점을 일반적인 해석론과 일치하게 하였다. 보험자가 경과보험료의 반환의무를 면하는 것은 보험계약자의 고지의무위반에 대한 제재적 측면과 계약소멸에 의한 손실의 보상(계약체결 비용의 회수 등)의 취지라고 한다.[116]

일본 보험법이 해제의 일반 법리에 따라 보험금을 지급하지 않고 별도로 보험료도 돌려주지 않는다고 규정고 있고, 우리 상법 역시 '해지'하되 보험금을 지급하지 아니한다고 규정한 것은 결과적으로는 차이가 없다고 하겠다.[117]

(3) Pro-rata 원칙의 도입 논의

(가) 논의 과정

2008년 일본 개정보험법 과정에서 특히 주목할 부분은 고지의무제도의 변화이다. 그중 우리의 관심을 끌었던 사항 하나는 보험자의 면책과 관련하여 이른바 'Pro-rata'[118] 주의를 채용할지 여부였다.[119] 일본에서의 'Pro-rata'는 고지의무위반이 보험자의 인수범위 내의 사실로서 바르게 고지하였더라면 보다 높은 보험료의 지급을 약정하거나 담보범위를 한정하는 등의 방법으로 보험계약을 체결하였으리라고 인정되는 경우 보험계약을 해제하지 않고 고지의무위반의 정도에 따라 일정한 방법으로 보험금을 감액하는 방법이다.

Pro-rata 주의에 대한 논의가 이루어진 것은 스위스, 프랑스, 이탈리아 등에서 채용되어 시행하고 있다는 점과 고의로 고지의무를 위반한 경우를 제외하고, 보험소비자에 대한 제재적 효과를 최소화하기 위한 것이라고 한다.[120] 보험자가 올바르게 고지를 받았다면 인수가 가능한 경우에도 전부면책주의에 따라 보험금청구권을 상실케 하는 것은 과잉이라는 불합리성을 개선하고, 보험자의 위험선택 기회와 고지의무위반의 제재적 효과에 따른 보험계약자 측의 불이익과의 균형을 가능한 맞추려는 시도이다.[121]

---

116 山下友信, 保險法, 有斐閣, 2005, 305頁.

117 송옥렬, 상법강의, 제9판, 홍문사, 2019, 265면; 김선정, "일본 보험법상 고지의무제도의 개혁", 기업법연구, 제22권 제4호, 한국기업법학회, 2008, 386면.

118 일본에서는 중과실비례보상제도를 '비례하여'라는 의미의 라틴어인 "Pro-rata"라는 용어를 일관되게 사용하고 있으므로 일본의 중과실비례보상제도를 논할 경우에는 "Pro-rata 원칙"으로 통일하여 사용하기로 한다(山下友信, "告知義務·通知義務に關する立法論的課題の檢討", 企業法 理論 下卷(江頭憲治郎敎授 記念 論文集), 商事法務, 2008, 397頁).

119 萩本 修, "保險法の制定に至る經緯と槪要", 法律のひろば, 第61卷 第8号, ぎょうせい, 2008, 10頁.

120 田口 城, "生命保險契約の告知義務に係いわゆるプロ·ラタ主義の導入について, 前揭論文, 2頁.

보험법 개정과정에서 보험법부회에서 일본 법제심의회에 제시한 개정안은 현재 상법의 입장을 그대로 유지하는 것과 이른바 Pro-rata 주의를 도입하는 두 가지 방안이었다. 전자는 보험계약자 측의 고의 또는 중과실로 보험계약이 해제될 때 이미 보험사고가 발생한 경우 "보험계약자 또는 피보험자가 고지하지 않은 사실과 보험사고 사이에 인과관계가 없음을 보험계약자가 증명한 경우를 제외하고 보험자는 책임을 면하는 것으로 한다."는 전부면책주의(All or Nothing 주의)를 말한다. 후자는 ① 보험계약자 또는 피보험자에게 고의가 있었을 경우에는 고지하지 않은 사실과 보험사고 사이에 인과관계 없음을 보험계약자가 증명한 경우를 제외하고 보험자는 책임을 면하고, ② 보험계약자와 피보험자에게 중과실이 있는 경우에는 정확하게 고지하였다면 보험자가 보험계약을 체결하지 않을 경우에는 고지하지 않은 사실과 보험사고 사이에 인과관계 없음을 보험계약자가 증명한 경우를 제외하고 보험자는 책임을 면하며, ③ 그 밖의 경우(예를 들면 정확한 고지가 있었다면 보험자가 보다 높은 보험료로 계약을 체결하였을 경우)에는 고지하지 않은 사실과 보험사고 사이에 인과관계 없음을 보험계약자가 증명한 경우를 제외하고는 일정한 방법에 의해 보험금이 감액되는 것으로 하는 감액면책주의(Pro-rata 주의)가 이에 해당한다. 보험법부회가 현행상법 유지안과 Pro-rata 주의 채용안을 함께 제안한 것은 각 장단점을 고려한 것이었다. 하지만 이 Pro-rata를 도입함에 따른 위험부담도 적지 않았던 것으로 판단된다.[122]

일본 보험법 입법과정에서 법제심의회 보험법부회에서 논의된 Pro-rata 주의 도입의 찬반론은 다음과 같다.[123,124]

(나) 도입 찬반론

Pro-rata의 도입에 대해서는 찬성과 반대 논리가 첨예하게 대립하였는데 법 개정에 참여한 학자들과 달리 실무에서는 부정적인 반응이 대부분이었다.

----

121 김선정, "일본 보험법상 고지의무제도의 개혁", 기업법연구, 제22권 제4호, 한국기업법학회, 2008, 391면.

122 김선정, "일본 보험법상 고지의무제도의 개혁", 기업법연구, 제22권 제4호, 한국기업법학회, 2008, 393면.

123 보험법의 제정 과정에서 고지의무위반의 효과로서의 Pro-rata주의에 대해 설명한 문헌으로는, 山下友信, "告知義務·通知義務に關する立法論的課題の檢討", 前揭論文, 2008; 田口 城 "生命保險契約の告知義務に係いわゆるプロ·ラタ主義の導入について, 前揭論文, 1頁; 社団法人生命保険協会編, "生命保険契約に係るいわゆるプロ·ラタ主義に関する海外調査報告書(フランス·イギリス·ドイツ)", 生命保険協会, 2007 등이 있다.

124 법제심의회보험법부회 관련 내용은 法務省民事局参事官室, "保険法の見直しに関する中間試案の補足説明", 別冊商事法務』弟321号, 商事法務, 2008; 萩本 修, 保険法立案関係資料 − 新法の概説·新旧旧新対照表 − (別冊商事法務,弟321号), 商事法務, 2008 참조.

동 제도의 도입에 우려하는 의견을 종합적으로 정리해 보면[125] ① 가장 현실적인 문제점으로 실무상 경과실과 중과실의 경계와 중과실의 단계를 구분하는 것이 용이하지 않고 그 기준을 정하는 것도 매우 복잡하며 다양한 사안을 모두 포함하기도 쉽지 않다는 점, ② 중과실에 대해 보험자의 전부면책을 인정하지 않거나 일부의 보험금을 받게 한다면 보험계약자는 자기의 재산 등에 대해 충분한 주의의무를 다하지 않거나 도덕적 위험을 유발할 가능성이 높아진다는 점, ③ 동 제도를 통해 과실로 잘못 고지한 경우에도 어느 정도 보험보호를 받게 됨으로써 정직하게 고지한 보험계약자와의 형평성의 의미는 퇴색되게 된다는 점,[126] ④ 중과실의 경우까지 보험자의 담보범위를 확대한다면 타인의 중과실에 의한 불성실한 행위로 인한 보험금 증가에 따른 보험단체의 보험료 상승과 중과실 여부 판단 따른 분쟁 증가로 사회·경제적 비용이 소요되고 종국적으로는 선의의 보험계약자에게 피해를 줄 수 있다는 점, ⑤ 고지의무에 대한 법률규정은 상대적 강행규정이므로 반드시 법률에 규율할 필요는 없고 필요시 개별약관에 Pro-rata 주의의 법적 효과를 규정하면 된다는 점,[127] ⑥ 지금까지 상법이 채용해 온 전부면책주의는 보험계약자 측에 고의 또는 중과실이 있는 경우에 한정되어 있고 인과관계 존재의 요건이나 해제권 행사의 제척기간이 존재하는바, 이들은 전부면책주의에 따른 의무위반의 효과의 가혹함을 완화하는 기능을 가지며 여러 외국의 법제와 비교해도 보험계약자 보호의 면에서 크게 뒤지지 않으므로 특별히 문제가 없다면 현행법과 다른 입장을 선택할 필요가 없다는 점,[128] ⑦ 향후 고지의무에 대해 법률상 응답의무를 채용하여 질문사항의 구체성·명확성이 확보되면 중과실에 해당되는 경우가 감소될 것이 예상되므로 전부면책주의를 기본으로 하더라도 보험계약자 보호에 부족함이 없을 것이라는 점, ⑧ Pro-rata 원칙 아래서 소송이 제기될 경우 소송상 증명단계에서 보험자의 인수기준이 알려짐으로써 이로 인한 역선택과 도덕적 위험이 조장될 우려가 있다는 점, 그 외 Pro-rata 주의의 채용 시 보험금 감액 방법의 어려움 등을 문제점으로 제기하였다.[129]

반면, 찬성하는 입장은 ① Pro-rata 적용 시 보험의 분쟁이 예상되기는 하지만, 이는 일시적인 현상으로 제도 시행 후 사례와 판례가 축적됨에 따른 예측가능성도 확보될 수 있을 것이므로 이에 따른 소송증가나 비용증가는 크게 문제되지 않을 것이라는 점,[130] ② 보험계약자 측의 중과

---

125 石田成則, "保險契約法現代化の持つ經濟學的意味−告知義務法制ぬをぐってー", 保険學雜誌, 第599号, 日本保険学会, 2007, 83-84頁.

126 村田敏一, "新保険法の意義と課題", 保険學雜誌, 第600号, 日本保険学会, 2007, 19頁.

127 竹濱修, "保険法制定の背景と今後の展望", 法律のひろば, 第61巻 第8号, ぎょうせい, 2008, 18頁.

128 保険法部会資料 17 ; 2頁, 第17回 議事録1, 4頁.

129 장혜진, "보험계약법상 중과실비례보상제도에 관한 연구", 부산대학교 대학원 박사학위 논문, 2013, 102-104면.

실에 의한 고지의무위반은 보험자가 작성한 질문서가 명확하지 않거나 보험모집인의 부실한 안내로 인한 경우 등 보험자 측에도 원인이 있을 수 있는데 이를 전부면책하는 것은 부당하다는 점, ③ 보험계약자 사이의 형평성에 문제가 발생한다는 점에 대해서 비례보상주의 자체가 모든 보험계약자를 대상으로 적용되는 것으로서 중과실에 기한 고지의무위반의 경우 구제받을 수 있는 가능성은 모든 보험계약자에게 존재하는 점, ④ 종전의 상법규정이 고지의무위반의 효과를 고의와 중과실에 따른 효과를 구분하지 않고 특정할 필요성이 없었던 사정에 근거하므로 향후 보험자의 질문사항을 구체화, 명확화 시킨다면 고의에 대한 판단도 용이하게 되고 고의와 중과실을 구별하여 운용이 가능하리라는 점,[131] ⑤ 이미 동 제도를 보험계약법에서 시행하고 있는 스위스와 독일의 입법과정 중에 제기된 문제점에 대해서 축적된 판례와 사례들의 유형화작업을 통해 문제를 해결하고 있다는 점, ⑥ 중과실로 비례보상을 할 경우 보험계약자 측의 도덕적 해이를 초래할 수 있다는 지적에 대해 비례보상을 하더라도 과실의 정도에 따라서는 보험금이 거의 지급되지 않는 경우도 있기 때문에 도덕적 위험을 조장한다고 보기 어려운 점,[132] ⑦ 보험료 인상 우려에 대해서도 어느 정도 상승은 있을 수 있으나 선량한 보험계약자라 하더라도 중과실에 의한 보험사고를 일으키거나 의무를 위반할 수 있다는 점에서 약간의 보험료 상승과 부담은 감수해야 할 부분이라는 의견이 제시되었다.[133]

2007년 10월 1일 동 제도를 심의한 제17회 법제심의회의 보험법부회에서는 고지의무위반의 효과에 관한 현황 인식으로 독일 보험계약법에서 고지의무위반의 효과에 대해서는 비례보상원칙을 적용하고 있지 않은 점, Pro-rata 주의를 실시하고 있는 제외국의 경우에 제도시행에 따른 장점과 단점을 실제로 파악하기 어려운 점, 그리고 현행 고지의무위반 규정이 인과관계 존재 요건과 해제권 행사의 제척기간을 두고 있는 점에서 보험계약자 보호에 크게 부족함이 없고 고의에 가까운 중과실의 고지의무위반자를 특별히 보호할 실익은 없다는 점에서 현행 'All or Nothing' 원칙을 유지하는 것으로 결정하였다. 일본은 100여 년 만의 보험법 개정과정에서 고지의무 관련 Pro-rata 원칙을 도입하지 않았다.[134]

---

130 山下友信, 前揭論文, 397頁.

131 小林道生, "告知義務違反の效果とプローラタ主義", 保險學雜誌, 第607号, 日本保險学会, 2008, 47頁.

132 潘 阿憲, "重過失による保險事故招致と保險者免責の再檢討(二・完)", 法學學雜誌, 第48卷, 第1号, 日本保險学会, 2007, 120頁.

133 장혜진, "보험계약법상 중과실비례보상제도에 관한 연구", 부산대학교 대학원 박사학위 논문, 2013, 164면.

134 김선정, "일본 보험법상 고지의무제도의 개혁", 기업법연구, 제22권 제4호, 한국기업법학회, 2008, 388면.

(다) Pro-rata 주의의 재평가

일본에서는 여러 가지 이유로 결론적으로는 전부면책주의를 유지하기로 하였지만, 비례보상제도가 이론적으로는 결코 뒤떨어지지 않는다는 평가도 여전히 존재하고 있다.[135] 따라서 일본에서의 도입 논의 시 이루어졌던 찬반 의견들은 우리나라의 입법 논의 시 동일하게 적용될 수 있다.

비례보상주의를 지지하는 입장에서는 고지의무위반의 효과로서 일률적인 전부면책은 고지의무의 제도적 기능의 관점에서 과도하며, 보험계약자 측의 주관적 태양 등 어떠한 구분기준을 두어 일정한 경우에는 보험금 지급이 인정되는 방향으로 비례보상의 재평가가 되어야 한다고 한다. 이러한 재평가의 논의는 고의·중과실이라는 주관적 요건에 국한되지 않고 고지의무의 대상인 '위험에 관한 중요한 사항' 및 인과관계 특칙과 함께 검토될 필요가 있다.

비례보상의 정도 측정에 있어서 주관적 요건 외에 고지사항의 중요도에 따라 고지의무위반의 정도를 측정하고 의무위반의 효과를 이에 대응시킬 수 있다. 또한 비례보상주의 재평가는 인과관계 존부의 요건을 어떻게 해석해야 하는지와도 관련이 있다. 종래 입법론적 논의에도 불구하고 인과관계 요건의 특칙을 현행 보험법에서도 유지하고, 이를 편면적 강행규정으로 둔 것은 전부면책주의에서 보험계약자에 대한 보호가 결여될 수 있다는 우려하에 이루어진 것이라 하겠다. 따라서 비례보상주의를 도입하더라도 인과관계 요건의 유지는 필요하다고 할 것이다. 다만, 사고발생에 기여한 인과관계의 정도에 따라 비례보상의 적용비율에 반영하는 방법을 모색할 수 있을 것이다.

일본에서 비례보상제도를 도입하지 않기로 한 것은 우리 보험계약법에 시사하는 바가 크다. 일본에서의 Pro-rata 주의 도입을 둘러싼 논의가 고지의무위반 효과규정의 기본방향에 대한 재검토의 계기가 된 것은 의미가 있으며, 여전히 Pro-rata 주의와 관련된 해석론도 존재하기 때문에 그에 대한 실질적 논의는 지금도 불가결하다고 할 수 있다.[136]

(라) 비례보상의 유형

비록 일본에서의 Pro-rata 원칙의 도입이 좌절되기는 하였지만 비례보상을 도입한 세계적 추세에 비추어 볼 때, 일본 보험법 개정과정에서 논의되었던 내용들은 향후 우리 보험계약법에서 도 동 제도의 도입 여부에 중요한 시사점을 제공할 것이다.

---

135 小林道生, 前揭論文, 51頁.
136 김선정, "일본 보험법상 고지의무제도의 개혁", 기업법연구, 제22권 제4호, 한국기업법학회, 2008, 394면.

비례보상제도의 도입을 검토할 경우, 일본의 보험법 개정과정 당시 법제심의회에서 제시되었던 비례보상의 유형과 그에 따른 방식을 이해하는 것은 매우 의미 있는 일이라 하겠다. 이때 비례보상 유형에 따른 용어는 위 논의과정에서 山下友信 교수가 제시한 비례보상방식에 따라 비례감액원칙, 인수기준감액원칙, 비율적 감액원칙으로 사용하기로 한다.[137]

① 비례보상의 방식

㉮ 비례감액원칙

프랑스, 벨기에, 영국 소비자보험법, PEICL 등 고지의무위반의 효과로서 비례보상을 실시하고 있는 대부분의 국가가 채용하고 있는 방식이다.

동 원칙에 따르면, 보험자가 바르게 고지하였더라면 보험계약을 체결하지 않았으리라고 인정되는 경우에는 보험자는 책임을 전부 면하고, 바르게 고지하였더라면 보다 높은 보험료를 받았을 것으로 인정되는 경우에는 보험자는 약정했던 보험료와 본래 지급하였어야 할 보험료의 비율에 따라 감액된 보험금을 지급한다. 보험계약자가 실제 납입한 보험료와 위험에 대한 사실이 정확하게 고지되었더라면 보험계약자가 납입했어야 할 보험료의 비율만큼 보험사고 발생 시에 보험금을 감액하여 지급하는 방식으로 이를 다시 산식으로 정리하면 다음과 같다.

> □ 지급보험금 = 약정보험금 X (고지위반으로 체결된 납입보험료 / 고지이행 시 산정될 정상 보험료)

예를 들어 생명보험계약에서 특정 병력(기왕증)을 고지하지 않은 상태에서 보험료가 1만 엔, 사고발생 시 보험금이 1천만 엔으로 보험계약이 성립한 경우 만약 당해 질병이 제대로 고지되었다면 보험료가 2만 엔, 보험금이 1천만 엔으로 체결되었을 경우 그 보험금은 500만 엔으로 감액된다.[138]

고지의무위반의 사례는 아니지만 우리나라 현행 질병·상해보험의 보상실무상 보험계약 체결 후 직업 또는 직무가 변경된 사실을 알리지 않은 경우 그 효과로서 직업·직무가 변경되기 전의 보험료율과 직업·직무가 변경된 후에 적용할 보험료율에 대한 비율에 따라 보험금을 감

---

137 山下友信, 前揭論文, 399頁 참조. 다만 동 논문에서 사용한 '割合的減額原則'은 일본식 표현으로 이를 '비율적 감액원칙'으로 변경하고 일부 '비례체감원칙'으로 사용하는 용어도 '비례감액원칙'으로 통일한다.

138 산식: 1천만 엔(지급대상보험금) × 1만 엔 / 2만 엔 = 500만 엔(지급보험금)

액하여 지급하도록 한 규정이 이 방식에 해당한다(동 약관 제15조 제5항 참조). 예를 들어 피보험자(남성)가 보험계약 체결 당시에는 공무원(사무직)으로 보험에 가입한 후 실직하여 건설현장 노무자로 직업을 변경하였으나, 이러한 직업변경사실을 보험회사에 알리지 아니한 채 건설현장에서 작업 추락사고로 영구장해 진단을 받은 경우에 후유장해 보험가입금액을 기준으로 변경 전후 위험요율[139]에 따른 계산식에 의해 산출된 보험금을 지급받을 수 있다.[140] 이와 같은 직업·직무변경 통지의무는 상해보험에서만 적용되며, 생명보험이나 질병보험에는 일반적으로 적용되지 않는다.[141]

한편, 직업·직무변경을 제외한 상해보험과 질병보험의 경우에는 성별, 연령, 기왕증 유무, 위험직업군 여부, 흡연 여부 등 각 개인의 사정에 따라 보험료가 달라질 수 있기 때문에 상품별로 세분화된 보험요율표를 정하는 것이 어렵고,[142] 간혹 요율표로 해결할 수 없는 특이체질이나 가족력에 의한 유전병 등 예상 밖의 사례가 발생할 수도 있다는 문제점이 있다. 또한 재산을 담보하는 손해보험의 경우에도 보험의 목적이 보험상품 별로 다양하고 그 종류도 무수히 많기 때문에 정확하게 고지하였을 때 납입하여야 할 보험료를 책정하는 것이 현실상 불가능하다는 난점이 있다.[143]

㉯ 비율적 감액원칙

비율적 감액은 고지해야 할 사항이 중요한 사항인지를 몰랐던 것에 중과실이 있는 경우 그 정

---

[139] 손해보험에서 직업·직무의 위험도는 1급, 2급, 3급 순서대로 높아지며, 직업·직무 적용에 따른 위험요율은 보험요율 산출기관(보험개발원)이 산정한 참조순보험요율을 각 보험회사별로 반영한 요율에 따른다. 장기손해보험의 일반상해 위험요율을 예로 들면 다음과 같다.

구 분	1급		2급		3급	
	남자	여자	남자	여자	남자	여자
사망	0.000711	0.000316	0.001358	0.000604	0.001942	0.000863
후유장해	0.000182	0.000081	0.000347	0.000154	0.000496	0.000220

[140] 동 예시에서 "후유장해 보험가입금액: 1억 원", "후유장해지급률 10%"라고 하였을 때 산식에 따른 지급보험금은, "1억 원 × 0.000182(1급, 변경전 요율)/0.000496(3급, 변경후 요율) × 10% = 370만 원"이 될 것이다.

[141] 상해보험은 피보험자에게 발생한 급격하고도 우연한 외래의 사고를 담보하기 때문에 직업이나 직무의 변경이 실제 위험의 증가에 영향을 미치는 점을 고려하여 직업과 직무별로 보험료를 달리 산출하고 있다. 그러나 사람의 생존과 사망을 보험사고로 하는 생명보험에서는 계약 성립 전에 노화나 질병 또는 사망의 위험에 대한 평가가 이미 반영되어 있기 때문에 보험기간 중 위험의 증가에 따른 비례보상이 적용될 가능성이 적다(유관우·이현열, 인보험약관해석, 엘림G&P, 2006, 404면.

[142] 이러한 문제를 해결하기 위하여 프랑스에서는 요율표에 의하거나 요율표가 없는 경우에는 법원에서 적정하게 보험료액을 결정하도록 하고 있다(山野嘉朗, 前揭書, 139頁).

[143] 山下友信, 前揭論文, 400頁

도를 판단해 중과실의 정도에 비례하여 보험금을 지급하는 방식으로, 비례감액원칙처럼 미리 정해진 요율이나 기준에 의하지 아니하고 개별사안의 구체적 사정에 따라 유연하게 결정한다. 보험자는 고지되지 않은 사실이 보험사고 발생이나 손해의 확대에 미친 영향, 보험계약자의 의도 또는 과실 정도, 그 외의 사정 등을 고려하여 합리적인 범위 내에서 보험금을 감액 지급하는 것이다.[144]

이 원칙을 채용하고 있는 국가는 스웨덴 소비자보험법, 핀란드 보험계약법, 그리고 독일 보험계약법에서 고지의무위반을 제외한 보험사고의 초래나 위험의 증가 등에서 채택하고 있는 방식이다. 특히, 스웨덴 소비자보험법 제30조에서는 중과실에 의한 고지의무위반의 경우 실제 보험계약자의 의도 또는 과실 및 그 외의 사정이 보험사고의 발생, 손해의 범위 등에 미치는 영향을 고려하여 합리적으로 결정하도록 규정하고 있다.[145]

비율적 감액원칙은 개별사정에 따라 감액을 결정하기 때문에 전부면책원칙을 채택할 경우의 불균형을 피할 수 있고, 비례감액원칙과 같이 어떤 획일적 기준에 따라 지급보험금을 결정함으로써 야기되는 소비자보호의 문제점 등을 고려할 때 보다 합리적인 기준에 해당한다.[146] 그러나 개별사정에 있어서 과실의 정도와 비율을 결정하는 것이 기술적으로 어렵고, 이와 같은 유연한 원칙에 의한 해결은 보험자가 지급할 보험금에 대한 예측가능성과 법적 안정성이 떨어진다는 것이 단점이다.[147]

㉔ 인수기준감액원칙

인수기준감액원칙은 고지가 정확하게 이루어졌다면 성립되었을 보험계약의 내용인 최초 인수기준에 따라 보험금지급책임을 부담하는 보상방식으로 고지의무위반 사실이 인수기준의 범위 내인지 외인지에 따라서 보험자의 해지권 행사여부와 보상범위를 달리하는 방법이다. 즉, 인수기준에 의해 판단한 결과 보험인수가 가능한 범위를 벗어나면 보험자는 전부면책되고, 인수기준 내이면 일부면책으로 감액 지급하는 것이다.[148] 대표적으로 독일의 보험계약법이 이

---

144 小林道生, 前揭論文, 43頁.

145 山下友信, 前揭論文, 403頁.

146 장혜진, "보험계약법상 중과실비례보상제도에 관한 연구", 부산대학교 대학원 박사학위 논문, 2013, 154면.

147 송달섭, "고지의무에 대한 입법론적 고찰 – 보험소비자 보호의 관점에서 – ", 법과 정책연구, 제8집 제1호, 한국법정책학회, 2008, 47면.

148 엄격한 의미에서 고지의무위반에 따른 비례보상이라고 보기 어렵고, 고지의무 위반의 효과로서의 급부제한이라고 할 수 있다.

방식을 채용하고 있는데, 이에 따르면 만일 고지의무위반에 해당하는 사항이 보험자의 인수거절사유에 해당하는 경우에는 보험자는 계약을 해지하고 보험금지급책임을 면할 수 있으나 다른 조건으로 계약을 체결하였을 경우에는 해지 또는 해제권을 행사할 수 없고 그 다른 조건이 소급적으로 계약내용이 된다(동법 제19조 제4항 참조).

예를 들어 질병을 담보하는 경우 과거 특정 질병을 앓은 적이 있는 피보험자가 제대로 기왕병력을 고지하였다면 보험계약을 체결하지 않았으리라 판단되는 경우에는 보험자는 면책되고, 정확하게 고지하였다면 보험자가 보험료를 인상하였거나 당해 질병에 의한 보험사고는 담보하지 않는다는 조건을 붙이고 계약을 체결하게 된다. 이에 따라 보험사고가 당해 기왕병력에 의한 것인 때에는 보험자는 인수기준에 따라 소급하여 감액 보상할 수 있고, 부담보의 경우에는 보험금 지급을 거절할 수 있다.

구체적으로 당해 질병이 제대로 고지되었다면 보험료가 1만 엔, 보험금이 1천만 엔으로 하지만 만일 당해 질병으로 인한 보험사고에 대해서는 담보하지 않는다는 조건으로 계약을 체결한 경우 보험사고가 당해 질병으로 인한 경우에는 보험금 지급책임을 지지 않지만 다른 원인에 의한 것인 경우에는 보험자가 약정한 1천만 엔을 전부 지급책임을 부담하게 된다.

생명보험표준약관에서는 '고의 또는 중과실로 중요한 사항에 대하여 사실과 다르게 알린 경우에는 회사가 별도로 정하는 방법에 따라 계약을 해지하거나 보장을 제한할 수 있다'고 규정하고 있는데, 특히 직업·직무의 고지의무위반으로 인한 보험사고가 발생한 때에는 계약을 해지하지 않고 실제 직업이나 직종에 따라 가능하였던 가입한도나 보상비율 범위 내에서 보험금 지급을 제한하는 것을 그 예로 들 수 있다(동 약관 제14조 제1항 참조).

인수기준감액원칙은 위 생명보험약관에서 명시적으로 규정하고 있는 직업·직무 급수 외에 질병에 대한 고지의무위반의 경우에는 의학적 증명의 어려움으로 인해 보험계약자가 정확하게 고지를 하였더라면 보험계약이 성립되었을 것이라는 점과 그에 따른 보험계약의 내용에 대해 획일적 적용이 어려운 문제가 있다.[149] 그리고 보험자에게 인수기준감액원칙에 따라 책임을 지우기 위해서는 보험계약자 측이 증명책임을 져야 하는데 그 기준이 되는 인수지침(인수기준)에 관한 정보는 기업비밀로서 보험자만이 가지고 있으므로 보험금청구권자가 보험자의 인수기준에 따른 보험계약의 내용을 증명하도록 하는 것은 적절치 않다.[150]

---

149 송달섭, "고지의무에 대한 입법론적 고찰 – 보험소비자 보호의 관점에서 – ", 법과 정책연구, 제8집 제1호, 한국법정책학회, 2008, 45면.
150 보험금 지급범위에 대해서 보험자가 증명책임을 져야 한다는 견해가 있다(송달섭, "고지의무에 대한 입법론적

② 검토

실무상 중과실비례보상에 있어서 실제 어떤 기준과 방법을 적용할 것인지는 제도시행에 있어 매우 중요하다. 또한 각국의 보험 관련 법과 제도의 상황이나 보험의 종류나 목적에 따라 다를 수 있기 때문에 비례보상기준의 유형화는 어려운 작업으로 우리나라에 도입될 경우 논란이 될 수 있을 것이다. 다만, 동 제도를 이미 시행하고 있는 프랑스, 독일, 영국, 벨기에, 스위스 등 유럽 국가의 모델은 우리 입장에서 참고할 만한 모범례가 될 수 있다.

위 세 가지 비례보상방법 중에서 인보험에 공통적으로 적용 가능한 방법은 인수기준감액방식이 될 것이다. 이 방식은 위험이 높은 계약인수 대상 건에 대해서는 보험료 할증 또는 보험금 감액으로 대응할 수 있고 인수기준에 따른 기술적 적용이 가능하여 다른 방식에 비해 분쟁의 소지가 적다. 특히, 직업·직무에 대해서는 직업분류 및 상해위험등급의 체계화가 가능한 점에서 크게 무리는 없다고 하겠다. 또한, 질병에 있어서도 보험상품 별로 연령, 성별, 직업군, 질병군, 기왕증 여부 등 다양한 기준으로 인수기준원칙을 정할 수 있고, 바르게 고지하였다면 체결되었을 인수기준표에 따라서 비례보상 할 수 있다는 장점이 있다. 이에 따라 보험자의 인수기준은 영국 소비자보험법이나 PEICL에서와 같이 보험료로만 정하는 것이 아니라 보험료 이외의 다른 조건으로 나누어 각 인수기준 범위가능여부에 따라 보험료를 할증하거나 보상범위에 제한을 두는 방법, 또는 일정 비율의 보험금을 삭감하는 방법 등 다양한 방법으로 비례보상을 할 수 있다.

그러나 위험선택기준(인수기준)은 보험자가 가지고 있기 때문에 보험계약자가 본래 지급해야 하는 보험료와 보험자가 체결하였으리라고 보여지는 계약내용에 대해 알기 어렵고, 보험자 또한 다양한 보험종류 및 상품에 따라 획일적·기계적 적용보다는 각 구체적이고 개별적인 사례에 따른 재량적 판단에 위임하는 경우가 발생할 개연성이 높다.[151] 따라서 우리나라에 만일 고지의무위반에 따른 비례보상제도를 도입한다면 그 보상방법으로 인수기준감액방식만을 고수할 것이 아니라, 독일보험계약법의 위험의 증가의 규정과 같이 보험계약자의 과실정도에 따라 보험급부여부를 판단하는 비율적 감액방식을 병행하여 적용하는 것이 타당하다고 하겠다. 이를 통해 전부면책으로 제기되는 불합리함도 회피할 수 있고 비례감액원칙에서의 요율산정의 어려움이나 인수기준에 따른 획일적 적용의 부작용도 줄일 수 있다. 물론 개별사정에 따른 과실의 정도와 비율을 판단하는 문제와 법적 안정성이 떨어진다는 지적에 대해서는 합리적인

고찰 - 보험소비자 보호의 관점에서 - ", 법과 정책연구, 제8집 제1호, 한국법정책학회, 2008, 46면).

151 장혜진, "보험계약법상 중과실비례보상제도에 관한 연구", 부산대학교 대학원 박사학위 논문, 2013, 153면.

기준 마련이 필요하고, 이는 동 제도의 도입과정 중에 보험자가 해결해야 할 가장 큰 과제가 될 것이다.

3. 소결

1) 귀책사유 및 인과관계

우리나라는 고의·중과실의 경우 계약해지와 함께 인과관계가 있는 경우 보험금 면책이라는 일정한 효과를 부여하고 있으며 경과실·무과실에는 아무런 효과를 부여하지 않고 비례보상 또한 고려하지 않고 있다. 이는 일본, 중국과 동일하다. 그러나 그 외의 입법례에서는 아래와 같이 경과실 뿐 아니라 무과실의 경우에도 각각 효과를 부여하고 있다.

(1) 무과실의 경우

보험계약자에게 귀책사유가 없거나 보험계약자를 비난할 수 없는 경우에도 장래에 대해 계약의 해지나 변경을 가능하게 한 입법태도는 여러 나라의 예에서 확인된다. 프랑스, 독일, PEICL은 해지권과 함께 계약변경권을 부여하여 장래에 대한 실효 또는 계약변경을 가능케 하고 프랑스는 비례보상도 가능하도록 하였다.

다만, 독일과 PEICL은 보험계약자의 귀책사유가 없는 경우에는 보험자의 면책은 허용되지 않는다. 이러한 점은 보험계약자에게 귀책사유가 없더라도 고지의무위반은 보험자가 위험률을 잘못 판단하여 계산·적용하였으므로 적어도 장래에 대해서는 이를 조정할 필요가 있다는 점이 반영된 것이다.[152]

(2) 경과실의 경우

무과실의 경우에 일정한 법률효과를 부여하고 있는 독일, 프랑스, PEICL, 영국은 경과실의 경우에도 당연히 일정한 효과를 부여하고 있다. 다만 프랑스, 영국은 무과실의 경우와 효과가 같은 반면, 독일과 PEICL은 보다 강한 효과가 부여되는데 독일의 경우 계약변경권 행사에 소급효가 부여되고 PEICL은 일정한 조건하에 보험금의 면책 또는 비례적 감액이 인정된다.

---

152 한기정, "보험계약상 고지의무에 대한 입법론적 고찰", 서울대학교 법학, 제52권 제3호, 서울대학교 법학연구소, 2011, 371면.

(3) 인과관계 요건

주관적 귀책사유 외에 '인과관계 요건'이 필요한지에 대하여 독일, 일본, PEICL은 인과관계를 필요로 하는 반면 프랑스와 영국은 인과관계가 없는 경우에도 면책을 인정하는 엄격한 입장을 취하고 있다. 인과관계를 필요로 하는 전자는 인과관계에 대한 고려 없이 보험자가 면책되는 것은 보험계약자에게 너무 가혹하다는 근거로, 후자는 보험단체의 선의성, 과실책임의 원칙, 도덕적 위험의 방지 등을 근거로 제시한다.

한편, 고지의무위반의 객관적 성립요건으로서 보험자의 보상책임에 있어서는 보험계약자에게 어느 정도의 보험보호를 부여하고 보험자 사이에 일정한 이해관계의 조정을 위해서 인과관계의 존재는 필요하다. 일본 보험법 제정 시에도 이와 같은 문제가 논란이 되었으나 인과관계를 유지하는 방향으로의 결론을 참고할 필요가 있다.[153] 따라서 중과실비례보상제도를 도입하더라도 인과관계 요건을 유지함으로써, 고지위반 사실이 보험사고와 인과관계가 없는 경우에는 전부지급하고 인과관계기 있는 경우에만 비례보상의 대상으로 취급하는 것이 타당하다고 하겠다.[154]

2) 계약변경권의 인정

각국 입법례에서 보험자에게 계약해지권 외에 경과실을 넘어 과실이 없는 경우까지 계약변경이라는 일정한 권리를 부여하는 것은 객관적으로 계약 체결 당시 고지의무위반이 있었던 이상 현재의 보험계약이 위험률을 잘못 반영하고 있다는 것을 근거로 한다. 따라서 위험과 보험계약을 일치시키고 동일한 보험집단에 속해 있는 보험계약자들을 대상으로 공평한 처우를 위해 적어도 장래에 대해서는 위험과 계약의 내용을 일치시킬 필요가 있다.[155]

계약변경권을 인정하고 있는 입법례에서 공통적인 성립요건은 고의로 위반하지 않은 경우로서 보험자가 고지의무위반 사실을 알았더라면 다른 조건으로 계약을 체결하는 계약조건 변경사유에 해당할 경우 인정된다. 독일 보험계약법에서는 중과실 이하의 고지의무위반의 경우 계약조정이 가능하다면 일률적으로 해제 또는 해지하는 대신 계약을 조정하여 유지하도록 하고, 보험사고가 발생하게 되면 소급적으로 조정된 계약의 내용에 따라 보험금을 지급하도록 하

---

153 法務省民事局参事官室, 前揭論文, 92頁.
154 同旨: 장혜진, "보험계약법상 중과실비례보상제도에 관한 연구", 부산대학교 대학원 박사학위 논문, 2013, 186면.
155 한기정, 보험법, 제3판, 박영사, 2021, 274면.

였다. 영국 소비자보험법은 과실에 의한 고지의무위반에 한하여 인수거절사유와 조건변경사유로 나누고 특히, 조건변경사유를 다시 보험료 할증사유와 그 밖의 사유로 구분하고 있다는 점에서 독일과 차이가 있다.

독일과 영국이 경과실의 고지의무위반자에 대해서도 계약을 해제하거나 취소할 수 있도록 한 과거 법규정을 개정하여 계약변경권을 도입하였다는 점에서 의미가 있다. 특히, 독일이 중과실에 대해서도 위험평가의 측면에서 계약조정의 대상으로 삼은 것은 바람직한 방향이다. 또한 계약조정권과 해제권·해지권에 대해 독일에서는 계약변경을 하는 경우 해제권과 해지권을 배제하는 반면, 그 외 국가에서는 양자를 선택할 수 있도록 하였는데, 전자가 보험계약자에게 보다 유리한 방식이라고 할 수 있다.[156]

3) 비례보상주의의 채택

중과실비례보상제도는 1910년 발효된 스위스 보험계약법(제14조 제2항)에서 보험사고가 보험계약자 측의 중과실에 의한 경우, 그 과실 정도에 따라 보험자의 책임을 감면하여 보험금을 지급하는 내용으로 개정[157]한 이래로 프랑스, 이탈리아, 벨기에, 독일 그리고 최근 영국 소비자보험법에 이르고 있다. 다만, 각국의 중과실비례보상의 적용 영역과 방법 등에 차이가 확인되는데, 적용 영역별로 보면 중과실에 의한 보험사고 초래와 고지의무위반의 경우로 나눌 수 있다. 전자의 중과실에 의한 보험사고초래에 한하여 비례보상을 규정하고 있는 국가는 스위스를 들 수 있으며, 2007년 독일 계약법에서는 고지의무위반을 제외한 중과실면책 영역 전반에 걸쳐 동 제도를 시행하고 있다. 고지의무위반의 효과로서 가장 먼저 비례보상제도를 도입한 프랑스의 경우 인과관계존재 특칙이 없고 단순과실과 경과실에서도 비례보상을 적용하고 있다.

고지의무위반의 경우에 이를 다시 중과실에 한하여 비례보상 하는 경우와, 고의와 과실로 구별하여 과실의 경우에 비례보상을 하는 경우로 나뉜다. 1930년 프랑스, 1992년 벨기에, 2012년 영

---

156 한기정, 보험법, 제3판, 박영사, 2021, 274면.

157 당시 중과실비례보상제도를 도입하기 위한 예시로 삼았던 것은 방화와 실화에 관한 사안으로 사기의 의사로 보험자에 대하여 보험금을 청구할 계획하에 자신의 농가에 보험사고를 스스로 발생시켜 방화를 한 농부와 불이 붙은 파이프의 대롱뚜껑이 열린 채 건초가 쌓여있는 마구간으로 가서 중과실로 건초에 불이 붙게 했던 농부를 동일하게 취급하여 방화자와 실화자인 농부 모두에게 보험자의 면책을 주장한다는 것은 옳지 않다는 것이었다. 이러한 사례를 놓고 격론을 벌이는 과정에서 도출된 것이 중과실비례보상제도로 1908년에 해당 법안에 대하여 합의가 이루어졌고, 1910년 1월에 동법이 발효되어 역사적인 중과실비례보상제도가 시작된 것이다(Caroline Suter, Die schuldhafte Herbeiführung des Versicherungsfalls - Art. 14 und 15 VVG auf dem Prüfstand, Zürich, 1999, S. 4); 김은경, "보험계약법상 중과실비례보상제도의 도입", 강원법학, 제41권 제1호, 강원대학교 비교법학연구소, 2014, 355면.

국 소비자보험법, 그리고 2015년 PEICL 등에서 고지의무위반의 효과로서 비례보상을 시행하고 있다. 다만, 프랑스는 보험료만을 기준으로 하나 영국과 PEICL은 보험료 이외의 다른 조건이 변경되었을 사유에서도 인정하고 있다. 후자가 전자에 비해 구체적 타당성과 합리성이 있다.

비례보상 적용대상 및 범위에 대한 비교

구 분	스위스	독일	프랑스	영국	PEICL	일본·중국
중과실	O (보험사고 초래에 限)	O (단, 고지의무 제외)				-
과 실			O	O	O	

외국의 입법례를 고려할 때 우리 상법에서도 객관적으로 고지의무위반이 있더라도 위험과 보험계약을 일치시키고 조정함으로써 가급적 계약의 존속을 도모하는 계약변경권의 도입을 적극 고려할 필요가 있다. 보험자의 보상책임에 있어서도 과실의 정도에 따른 비례보상의 도입 가능성 검토를 통해 소비자와 분쟁을 합리적으로 조정할 수 있는 방안이 마련되어야 할 것이다.

고지의무위반의 귀책사유에 따른 법률효과 비교

국 가		독일		영국(2012)		PEICL		프랑스	
구 분		계약 효력	보상 책임	계약 효력	보상 책임	계약 효력	보상 책임	계약 효력	보상 책임
고 의		해제	면책	취소	면책	취소	면책	취소	면책
과 실	인수 거절	해제	면책	취소	면책	해지· 계약 변경	면책	해지· 계약 변경	비례 보상
과 실	조건 변경	계약 변경	부책	해지· 계약 변경	비례 보상	해지· 계약 변경	비례 보상	해지· 계약 변경	비례 보상
무과실	인수 거절	해지	면책	유지	부책	해지· 계약 변경	부책	해지· 계약 변경	비례 보상
무과실	조건 변경	계약 변경	부책	유지	부책	해지· 계약 변경	부책	해지· 계약 변경	비례 보상

제9장

보험계약자의 철회권 행사 여부

I. 서 론

보험에 관한 법규 전체를 가리키는 보험법은 크게 보험공법과 보험사법으로 구분된다.[1] 보험에 관한 공법적인 법규의 총체를 보험공법의 영역이라고 한다면, 영리보험과 같은 사보험(Privatversicherung)에 관한 법규의 총체는 보험사법에 속한다. 영리보험에서 보험계약법은 중요한 의미를 가지고 있다. 보험계약법은 계약의 한 당사자로서 보험자의 권리와 의무 및 보험계약자의 권리와 의무 등을 다루고 있다. 보험관계를 입법하고 있는 형태는 각국마다 차이를 보이고 있다. 독자적인 보험계약법을 가지고 있는 나라도 있는가 하면, 보험계약관계를 다루고 있기는 하지만 보험법이라는 명칭을 사용하는 국가도 있다.[2] 보험계약법에 대한 다른 국가들의 독자적인 입법추세와는 달리 우리의 경우 상법 보험편에서 보험계약관계를 다루고 있다.

계약관계를 규정하고 있는 보험계약법과 달리, 보험업법은 보험업을 영위하는 자에 대한 감독과 통제 등을 규정하고 있는 법률이라고 할 수 있다. 보험업법은 보험회사에 대한 임직원 및 지배구조에 관하여 일정한 요건을 규정하고 있고, 보험회사의 형태인 주식회사와 상호회사의 설립과 운영 등 다양한 내용을 통하여 보험계약자·피보험자 및 이해관계인의 권익을 보호하

---

1   양승규, 보험법, 제5판, 삼지원, 2004, 52면.
2   독일의 경우는 보험계약법(Versicherungsvertragsgesetz)으로 하고 있고, 일본의 경우는 보험법이라는 명칭하에 보험계약관계를 다루고 있다.

고자 한다. 또한 자산운용에 대한 사항, 손해사정인에 관한 내용 및 보험모집과 관련한 다양한 규정을 통하여 보험업을 건전하게 육성하고, 이를 통하여 국민경제의 균형 있는 발전에 기여하고자 하는 목적하에 보험업법이 제정되었다.

철회권을 보험계약법(정확하게 말하자면 우리 상법 보험편)에 규정하는 것이 타당한가에 대한 물음과 철회권 입법 시 고려해야 할 다양한 법적 문제들이 발생한다.

II. 보험계약자의 권리로서 철회권

1. 계약관계상 철회권

1) 원칙

계약자 일방의 청약과 다른 계약상대방의 승낙을 통한 합의로써 계약은 성립하게 된다. 상대방에 대하여 계약을 청약한 자는 그 청약에 구속되기 때문에 청약이 상대방에 도달하게 되면 청약자는 임의대로 철회할 수 없는 것이 대륙법의 원칙이다. 독일 민법 제145조나 우리 민법 제527조는 그것을 명문으로 규정하고 있다. 청약을 철회할 수 없도록 한 이유는 상대방에 대한 불측의 손해를 방지하여 그를 보호하고자 하는 측면과 거래안전의 측면을 고려한 것이다.[3] 그러나 격지자 간에 철회의 의사표시가 청약의 의사표시보다 상대방에게 먼저 도달하거나 동시에 도달하는 경우에는 청약의 의사표시가 발생하지 않도록 명문으로 규정된 입법국가도 있는가 하면,[4] 우리의 경우 단지 "상대방 있는 의사표시는 그 통지가 상대방에게 도달한 때로부터 그 효력이 생긴다"라고 규정된 민법 제111조 제1항의 해석을 통하여 청약의 철회가능성이 인정된다.

2) 특수한 판매형식의 경우

청약의 의사표시가 도달된 이후에는 청약을 철회할 수 없도록 한 민법의 근본 원칙에 대한 변화는 1985년과 1997년 제정된 독일의 "방문판매거래(Haustürgeschäft)"와 "통신판매계약(Fernabsatzverträge)"

---

3   곽윤직, 채권각론, 박영사, 2003, 38면 이하.
4   독일 민법은 "격지자 간에 있는 타인에게 교부하는 의사표시는 상대방에게 도달되는 경우에 효력이 발생한다. 상대방에게 도달되기 전이나 도달과 동시에 철회의 의사표시가 상대방에게 도달되는 경우에는 그러한 의사표시는 효력이 발생하지 아니한다"고 제130조 제1항에서 규정하고 있다.

에서 볼 수 있다. 독일 민법 제130조 제1항과 달리, 양 계약에서 독일의 입법자는 계약이 성립되었다 할지라도 청약을 철회할 수 있는 권리를 부여하고 있다. 2002년 독일은 종래 방문판매법이나 통신판매법을 민법전에 수용하는 민법의 대폭적인 현대화 작업을 하였다. 민법에 수용된 이후에도 유효하게 성립된 특정한 소비자계약에 있어서, 원상회복관계로 전환시키는 철회권은 계속해서 인정되고 있다.

우리나라 역시 "방문판매 등에 관한 법률" 제8조와 "할부거래에 관한 법률" 제8조에서 일정한 요건하에 매수인이 행한 청약의 의사표시는 정당한 이유가 없다고 할지라도 청약을 철회할 수 있는 예외를 인정하고 있다. 철회권의 인정은 경솔하게 매수를 결정한 소비자로 하여금 신중을 기할 수 있도록 한다. 이것은 "재고의 기간(Überlegungsfrist)"이라 할 수 있다. 철회권은 계약이 성립한 후에 계약상대방이 아무런 이유를 제시하지 않고도 교부한 청약의 의사표시를 무효로 돌릴 수 있는 법적 효과를 갖게 된다.[5]

2. 보험계약에서 철회권의 안내 방법

1) 청약서를 통한 안내

보험계약 역시 사법상 하나의 계약에 해당되기 때문에, 우리 민법 제527조에 따라 청약의 구속력을 인정하는 것이 원칙이다. 그러나 실무상 생명보험의 영역에서 보험계약자의 철회권을 인정하고자 하는 예가 나타났다. 일반적으로 무진단보험의 경우에 보험계약자는 계약당사자인 보험자와 직접 보험계약을 체결하는 것이 아니라, 보험설계사를 통하여 보험계약청약서를 교부받고 계약을 체결하게 된다. 만약 보험계약자가 보험설계사와 잘 알고 지내는 사이라고 하면, 당시 그의 권유를 거절하지 못한 채 즉흥적으로 청약의 의사표시를 하는 경우가 발생할 수 있다. 이러한 상황을 방지하기 위하여 보험계약자가 청약의 의사표시를 교부하였다 할지라도 일정한 기간 동안 신중히 고려하여 청약의 의사표시를 철회할 수 있는 제도가 마련된 것이다.[6]

청약철회제도를 인정한 초창기를 보면, 보험계약청약서를 통하여 안내되고 있는 것을 볼 수 있다. 당시 청약철회 안내문을 보면, 단체보험 또는 건강진단을 받은 보험계약 이외의 보험계약을 청약한 자는 청약일 또는 제1회 보험료가수증을 발급받은 날로부터 15일 이내에 그 계약

---

5 Armbrüster, Das allgemeine Widerrufsrecht im neuen VVG, r＋s 2008, 493 f.; Wandt/Ganster, Die Rechtsfolgen des Widerrufs eines Versicherungsvertrags gem. § 9 VVG 2008, VersR 2008, 425 ff.

6 우리나라에서 청약철회제도는 생명보험의 영역에서 1993년 7월부터 인정되고 있는 것으로 알려지고 있다.

의 청약을 철회할 수 있도록 하였다. 그 청약의 철회는 서면으로 하여야 하고 등기우편으로 보험자에게 그 기일 안에 발송하거나 본인이 직접 청구하도록 하였다. 또한 지급한 보험료의 반환에 대하여는 청약철회청구서를 접수한 날로부터 3일 이내에 돌려주어야 하며, 청약철회청구서를 발송한 날 이후 보험사고가 발생한 경우에는 면책된다는 사항을 안내하고 있었다.

2) 생명보험표준약관을 통한 안내: 2022년 2월 16일 개정

생명보험표준약관 제17조는 보험계약자의 청약에 대한 철회권을 명문으로 규정하고 있다. 제1항은 보험계약자가 철회권을 행사할 수 있다는 점과 철회권을 행사할 수 있는 기간에 대하여 규정하고 있다.[7]

보험자와 생명보험계약을 체결한 보험계약자는 보험증권을 받은 날부터 15일 이내에 그 청약을 철회할 수 있다. 다만, 회사가 건강상태 진단을 지원하는 계약, 보험기간이 90일 이내인 계약 또는 전문금융소비자가 체결한 계약은 청약 철회권이 인정되지 않는다(동 약관 제17조 제1항). 제1항에도 불구하고 청약한 날부터 30일이 초과된 계약은 청약을 철회할 수 없다제2항). 제4항은 철회 접수에 따른 보험자의 보험료반환에 대한 사항을 규정하고 있다. 보험계약자가 청약을 철회한 때에는 보험회사는 청약의 철회를 접수한 날로부터 3일 이내에 이미 납입한 보험료를 돌려주도록 하고 있고, 보험회사가 보험료의 반환을 지체하고 있는 경우에는, 반환이 늦어진 기간에 대하여 이 계약의 보험계약대출 이율을 연 단위 복리로 계산한 금액을 더하여 지급해야 한다. 다만, 계약자가 제1회 보험료를 신용카드로 납입한 계약의 청약을 철회하는 경우에는 회사는 청약을 철회한 날부터 3영업일 이내에 해당 신용카드회사로 하여금 대금을 청구하지 않도록 하며, 이 경우 회사는 보험료를 반환한 것으로 본다(제4항 단서).

제5항은 철회권과 보험사고에 대한 급부내용을 담고 있다. 보험계약자가 청약을 철회할 당시에 이미 보험금 지급사유가 발생한 경우를 상상할 수 있다. 보험계약자가 그 보험금 지급사유의 발생사실을 알지 못한 경우에 해당된다면, 보험계약자의 청약철회의 효력은 발생하지 아니하고 보험자는 보험금을 지급해야 한다.

---

[7]   생명보험표준약관의 주요 개정 내용에 대하여는 맹수석, "개정 생명보험표준약관의 검토", 한국보험학회 보험법위원회 2010년 춘계세미나, 2010년 6월 11일, 4면 이하.

3. 보험업법 등의 청약철회에 관한 내용

보험계약자의 권리로서 철회권을 인정하고 있는 생명보험표준약관의 경우와 달리, 보험업법과 보험업법시행령 및 전자서명법은 통신수단을 통한 청약철회의 가능성을 보여주고 있다. 보험업법 제96조는 보험회사가 통신수단(전화, 우편 및 컴퓨터 통신 등)을 이용하여 보험계약을 청약한 자가 그 청약을 철회하고자 하는 경우 통신수단을 이용할 수 있음을 규정하고 있고, 보험업법시행령은 보험회사가 통신수단을 이용하여 보험계약을 청약한 자가 전화를 이용하여 그 청약을 철회하고자 하는 경우에는, 상대방의 동의를 얻어 철회하고자 하는 청약내용·청약자 본인 여부를 확인하고 그 내용을 음성 녹음하는 등 증거자료를 확보, 유지하여야 함(제46조 제5항)을 규정하고 있다. 또한 보험회사는 통신수단을 이용하여 보험계약을 청약한 자가 컴퓨터 통신을 이용하여 그 청약을 철회하고자 하는 경우에는 전자서명법상 공인전자서명을 이용하여 청약자 본인인지 여부를 확인하여야 함(제6항)을 규정하고 있다. 보험업법, 보험업법시행령 및 전자서명법은 통신수단을 이용한 모집에 있어서 간접적으로 보험계약 청약자에 의한 청약철회권을 인정하고 있는 것을 볼 수 있다.

보험업감독업무시행세칙에서도 청약철회에 대한 내용을 볼 수 있다.[8] 상품설명서에 보험가입자의 권리와 의무에 관한 사항으로서 청약철회제도를 포함시키고 있고(제5-11조 제1항 제6호), 표준사업방법서에서는 보험계약청약서에 청약철회 청구안내 및 청약철회신청서에 관한 사항을 필수적으로 기재하도록 하고 있다(제11조 제1항). 그리고 보험회사는 계약자로부터 청약철회의 신청을 접수한 때에는 지체 없이 이미 납입 받은 보험료를 반환하도록 하고 있다(제26조 제2항).

III. 철회권 입법에 관한 논의

1. 입법의 필요성

보험계약자의 철회권을 법률에 규정하는 것이 타당한가에 대한 물음이 제기될 수 있다. 우리의 경우 보험계약자의 철회권이 보험계약법에 규정되어 있는 것이 아니라, 생명보험표준약관

---

8   유주선, "2010년 보험업법의 주요 개정내용과 평가", 생명보험 2011년 2월, 7면 이하.

등에 규정되어 있다. 보험계약은 정보의 비대칭성이라고 하는 특징을 가지고 있다. 전문적인 지식을 습득하고 있는 보험자는 상대적으로 열악한 지식을 가지고 있는 보험계약자와 계약을 체결하게 된다. 보험계약은 보험자가 제시하는 보험약관을 통하여 이루어지고, 보험약관의 설명은 보험자의 일방적인 측면에 의존하여 이루어지게 된다. 또한 보험상품의 매매는 보험설계사라고 하는 보험모집종사자에 의하여 이루어지기 때문에 철회권을 인정하게 된다면, 이는 보험계약자에게 매우 중요한 의미를 부여한다.

독일의 경우 이미 30여 년 전에 소비자 보호의 필요성을 중요시해야 하는 영역인, "방문판매"와 "통신판매" 등에서 계약이 성립되었다 할지라도 청약철회권을 실정법에서 인정하였고, 이를 민법에서 수용하여 계약이 성립되었다 할지라도 일정한 기간 내에 소비자의 청약철회권을 인정하고 있다. 보험계약 역시 동일한 방향에서 바라보고 있는 것으로 판단된다. 우리나라 역시 이러한 취지를 고려해야 할 것이다. 그러므로 생명보험표준약관에서 인정되고 있는 보험계약자의 철회권을 법률에 명백하게 입법하는 것이 타당하다.[9] 보험계약에 관한 법적 관계를 규정하고 있는 해당 법률에 보험계약자의 철회권을 규정하여, 소비자로서의 지위를 가지고 있는 보험계약자가 명확하게 철회권을 인식할 수 있도록 해야 할 것이다.[10]

2. 규정방법: 보험계약법 아니면 보험업법

청약철회제도를 실정법에서 명백하게 규정하고자 한다면, 어디에 입법하는 것이 타당한가에 대한 물음이 제기된다. 보험계약자의 권리인 철회권의 도입 시, 보험회사를 관리하고 통제하는 목적을 가지고 입법된 보험업법에 규정하자는 입장[11]이 있다. '통신수단을 이용하여 모집한 경우 보험계약을 청약한 자가 그 청약을 철회하고자 할 때 통신수단을 이용하여 가능하도록 규정하고 있다(보험업법 제96조 제2항)'는 점에 착안하여 보험업법에 보험계약자의 청약철회

---

9   유주선, "보험계약자의 보험계약에 대한 철회 – 우리나라와 독일의 비교법적인 관점에서 – ", 경영법률, 제19집 제4호, 2009. 09, 104면 이하; 맹수석, "보험계약상 청약철회제도의 법적 쟁점과 개선 방안 – 일본 보험업법의 검토를 중심으로 – ", 보험학회지, 제87집, 2010. 12, 131면.

10   독일 보험계약법 제8조와 제9조는 철회권에 대하여 규정하고 있다. 자세히는 Langheid/Wandt, Münchener Kommentar zum Versicherungsvertragsgesetz, C.H.Beck, 2010. Looschelders/Pohlmann, Versicherungsvertragsgesetz, Carl Heymanns Verlag, 2010, S. 299 ff.; Prölss/Martin, Versicherungsvertragsgesetz, Kommentar zu VVG und EGVVG sowie Kommentierung wichtiger Versicherungsbedingungen-unter Berücksichtigung des ÖVVG und österreichischer Rechtsprechung, 28. Aufl. 28., 2010. Terbillel, Versicherungsrecht, 2. Aufl., Verlag C.H.Beck München 2008, S. 51 f.

11   맹수석, "보험계약상 청약철회제도의 법적 쟁점과 개선 방안 – 일본 보험업법의 검토를 중심으로 – ", 보험학회지, 제87집, 2010. 12, 131면.

권을 인정해야 한다고 주장하고 있는 것으로 판단된다. 더 나아가 보험계약의 유효한 성립을 전제로 하여 채무불이행 등을 이유로 행사하는 해제권이나 해지권과 달리, 청약철회권은 청약 후 일정 기간 내에 무조건 철회할 수 있는 특수한 권리이기 때문에 보험계약법보다는 보험업법에 규정하는 것이 타당하다고 주장한다.

그러나 철회권은 계약상대방이 행사할 있는 권한들 가운데 하나의 권리에 해당한다. 계약이 성립하게 되면, 그 성립에 따라 계약당사자는 권리를 갖게 되고 동시에 의무를 부담하게 된다. 보험계약도 하나의 사법상의 계약에 해당한다. 그러므로 보험계약 당사자의 권리관계를 규정하고 있는 보험계약법의 영역에 철회권이 규정되어야 한다. 이러한 원칙을 독일은 보험계약법에서 명확하게 실현하고 있다.

우리의 보험업법에 상응하는 독일의 보험감독법이 보험업을 통제하는 법률의 영역이라고 한다면, 보험계약법은 보험계약자와 보험자 사이의 법적 관계를 규정하는 영역에 속한다. 그러므로 우리의 경우 보험계약관계를 규정하고 있는 상법 보험편에 철회권을 규정하는 것이 마땅하리라 생각한다.

IV. 철회권과 관련한 실정법상 논의

1. 보험자의 설명의무

우리 상법 제638조의3은 보험자의 약관에 대한 교부의무와 설명의무를 규정하고 있다. 보험자가 보험약관을 교부하지 않고 중요한 내용만을 설명한 경우라든가, 보험약관을 교부하였다고 하더라도 중요한 내용을 설명하지 않은 경우라면 보험자의 설명의무 위반이 발생하게 된다. 우리 상법이 보험자에게 보험약관 교부의무와 설명의무를 인정하고 있는 이유는 보험계약자가 알지 못하는 가운에 약관에 정하여진 중요한 사항이 계약의 내용으로 포함되어, 예측하지 못한 보험계약자의 불이익을 방지하고자 함에 있다.[12]

상법 보험편의 내용을 보면, 보험약관의 '명시의무'를 '설명의무'로 용어를 바꾸고 취소권 행사의 취소기간을 연장하였다. 그리고 입법에 반영되지 않았지만, 동조 제2항 단서에 "보험계약자가 보험계약을 취소하지 아니한 때에는 보험계약관계는 그 보험약관의 규정에 따른다"라고

12　대법원 1999. 2. 12. 선고 98 다51374(본소) · 51381(반소) 판결.

하는 내용을 도입하는 안이 제기된 바 있었다.

상법 제638조의3을 해석하게 되면, 보험계약자는 계약을 체결할 때에 보험약관을 보험계약자에게 교부해야 하고 약관의 중요한 사항을 설명해야 한다. 설명을 하지 않았다거나 약관과 다른 설명을 했다고 할지라도, 보험계약자가 그것을 알았건 알지 못했건 보험계약 성립 후 3개월 이내에 계약을 취소해야지, 만약 보험계약자가 그 계약을 취소하지 아니하면 그의 취소권은 배제된다는 해석의 가능성이 존재하게 된다. 물론 보험계약자가 설명의무를 인식하고서 취소권을 행사하지 아니한 경우라면, 그는 설명의무의 위반을 수용한 것으로 생각할 수 있기 때문에 큰 문제는 발생하지 않을 것이다. 그러나 보험자가 설명의무를 위반하고, 보험계약자가 계약의 내용과 자신이 알고 있는 내용이 다르다는 점을 모르고 있다면 그것은 문제가 될 수 있다. 개정 전에는 제2항의 단서 규정이 없었기 때문에, 보험계약자가 몰랐다 하더라도 일정기간이 지나면 약관내용의 효력이 발생되어야 한다는 일부 학자들의 입장[13]이 있었고, 판례는 반대의 입장[14]을 피력하면서 보험계약자를 보호하고자 하는 양상을 띠었다. 만약 개정(안)의 단서 내용이 받아들여졌다면, 취소권의 행사기간이 도과함으로써 아무런 이의 없이 보험자는 보험약관의 내용을 주장할 수 있는 상황으로 전개될 수 있었다. 비록 신설하고자 한 제2항의 단서 규정은 삭제되었다. 단서 삭제와 관계없이 여전히 보험자의 약관에 대한 설명의무와 보험계약자가 행사할 수 있는 취소권의 문제는 해결되지 않은 채로 남아 있다.

2. 보험계약자의 취소권

미성년자는 법률행위를 함에 있어서 법정대리인의 동의를 얻어야 한다(민법 제5조).[15] 미성년자가 법정대리인의 동의를 얻지 못하면, 미성년자는 자기가 한 법률행위를 단독으로 취소할 수 있다. 민법상 취소권은 착오로 인한 의사표시의 경우(민법 제109조), 사기·강박으로 행해진 의사표시(민법 제110조) 경우에도 발생한다. 그러한 법률행위에 대하여 취소할 수 있는 자는 제한능력자, 하자 있는 의사표시를 한 자, 그 대리인 또는 승계인에 한한다(민법 제140조). 취소권자가 취소권을 행사하면 유효하게 성립되었던 법률행위는 취소권의 행사 이후 행위를 한 때에 소급하여 소멸하게 된다(민법 제141조). 취소권은 법률행위에 기초하여 형성된 법률관계를 무

---

13   양승규, 보험법, 제5판, 삼지원, 2004, 114면.

14   대법원 1998. 11. 27. 선고 98다32567 판결.

15   이영준, 민법총칙, 박영사, 2007, 727면.

효화할 것을 내용으로 하는 상대방 있는 일방적 의사표시에 해당한다.[16]

우리 상법 제638조의3 제2항은 보험자가 설명의무를 위반한 경우, 일정한 기간 내에 보험계약자가 보험계약을 취소할 수 있도록 하고 있다. 보험계약자에게 취소권을 행사할 수 있도록 한 이유에 대하여는 정확하게 알 수 없지만,[17] 보험자가 보험약관에 대하여 사기나 기망 또는 보험자의 설명으로 인하여 보험계약자가 착오를 일으킨 경우를 상상할 수 있다. 이러한 경우 입법자는 일정한 기간의 취소권을 행사할 수 있도록 하고, 취소권이 도과하면 그러한 사유가 있다 할지라도 보험약관의 내용을 계약의 내용으로 수용하고자 하는 의도가 있는 것으로 판단된다.

그러나 보험설계사의 설명을 듣고 계약을 체결했더니, 나중에 보험약관과 차이가 있는 내용이 담겨 있었고 취소기간이 지났기 때문에 보험계약자가 보험계약을 취소할 수 없다고 한다든가, 약관의 중요한 내용을 설명하지 않았다 할지라도 일정한 기간이 지나면 취소권을 배제시킨다고 하면, 그것은 보험계약의 성질 가운데 하나에 불과한 '단체성'을 지나치게 강조한 사고에 기인하고 있는 것이 아닌가 하는 생각이 든다.

3. 보험계약자의 이의제기권

보험계약자는 보험증권에 대한 교부와 재교부를 청구할 수 있는 권리(우리 상법 제640조, 제641조) 및 보험증권에 대하여 이의를 제기할 수 있는 권리가 있다. 증거증권으로서 보험증권은 증권에 기재되어 있는 계약의 내용이 실제의 사실과 다른 경우가 발생할 수 있다. 이때 계약당사자는 그 사실을 입증하여 실제의 내용으로 수정하게 하는 권리가 인정되어야 할 필요가 있다. 우리 상법은 약정을 통하여 보험계약의 당사자에게 보험증권의 교부가 있은 날로부터 그 증권내용의 정부에 관한 이의를 제기할 수 있도록 하고 있다(상법 제641조 제1문). 보험계약의 당사자가 이의약관을 정할 수 있도록 한 것은 실제의 보험계약의 내용과 보험증권상의 기재내용이 다른 경우 제기될 분쟁의 소지를 확정적으로 해소하기 위한 것이다. 그러나 그 기간은 1월을 넘지 않도록 하고 있다(상법 제641조 제2문). 이의약관은 명시적으로 정함이 있는 때에만 그 효력이 인정되고, 이의약관의 정함이 있는 경우에 보험계약의 당사자는 약관에서 정한 기간 내에만 그 증권상의 기재내용의 정정을 청구할 수 있다. 그리고 그 기간이 지나면 보험증권의 기재내용은 확정적 효력을 갖는다고 본다.[18]

....

16   곽윤직, 민법총칙(민법강의 I), 제7판, 박영사, 2007, 295면.

17   장경환, "보험약관의 교부·설명의무 − 입법취지와 성격을 중심으로 − ", 보험학회지, 제46집, 1995. 10. 104면.

독일의 보험계약법에도 이와 유사한 사항이 규정되어 있다.[19] 즉 보험증권에 청약과 다른 사항이 규정되어 있거나 보험계약 당사자 간 합의된 사항이 아닌 내용이 기재되어 있는 경우에, 보험계약자는 보험증권의 도달 후 1개월 이내에 그 내용에 대하여 이의를 제기할 수 있는 권리가 있다(독일 보험계약법 제5조 제1항). 그러나 보험증권의 도달 후 1개월 이내에 이의를 제기하지 아니하면 그러한 차이는 승인된 것으로 보게 된다(제5조 제2항). 보험자는 이러한 법적 효과를 미리 보험계약자에게 알려주어야 하고, 보험증권의 도달은 보험자가 입증하도록 하고 있다. 이의를 제기함에 있어서는 특별한 이유를 요구하지 않는다. 보험계약자는 차이가 있는 사항을 인정하지 않겠다고 사항을 서면으로 제시하는 것만으로 가능하다. 보험계약자가 개별적인 사항에 대하여 차이점을 표시하였다면, 단지 이것만이 차이가 있는 것으로 인정된다. 그러나 그 밖의 사항에 대해서는 전체적인 차이점이 있는 것으로 판단한다.[20]

보험계약자의 보험증권에 대한 '이의제기권'은 우리나라나 독일의 경우 거의 동일하게 적용되고 있음을 알 수 있다. 특히 양국이 보험증권의 도달 후 이의를 제기할 수 있는 기간을 1개월로 하고 있고, 그 기간에 이의를 제기하지 아니하면 보험증권의 내용대로 확정된다는 점 또한 동일하다. 다만, 우리나라는 이의약관을 통하여 이의제기권이 양 당사자에게 발생하지만, 독일의 경우 보험계약법에 명문으로 규정되어 있다는 점에 차이가 있다.

V. 결 론

상법 제638조의3의 설명의무와 관련하여 취소권을 삭제하고 보험약관의 중요한 설명을 위반한 경우에 생명보험표준약관 등에 규정되어 있는 철회권을 입법할 것을 제안한다. 보험계약 체결 후 보험계약자는 아무런 이유 없이 일정한 기간 내에 보험계약을 철회할 수 있는 권리를 부여하되, 보험자가 설명의무를 위반 시에는 일정 기간이 지난 후에도 철회권을 인정함으로써,

---

18 양승규, 보험법, 제5판, 삼지원, 2004, 136면.

19 개정 전의 내용에 대하여는 손주찬, "독일보험계약법상의 보험증권", 보험학회지, 1982. 12, 5면 이하.

20 보험청약에 대한 내용은 해석을 통하여 이행된다. 청약의 내용과 달리 보험증권에서 연 보험료 대신에 월 보험료로 기재되어 있거나, 유효기간변경이 받아들여지는 경우에는 청약과 차이점이 있다. 보험증권에 보험자가 보험청약에 잘못 제시된 요금표를 정한 경우에도 동일하게 적용된다(참고할 판례로는 OLG Hamm VersR 1988, 709). 청약서 이외에 다른 서면을 통하여 설명된 보충사항들 역시 청약의 내용이 된다. 보험증권의 내용이 보험계약자의 청약이나 합의한 바와 차이가 있는 경우, 보험계약자에게 유리하게 발생하는 것뿐만 아니라 불리하게 발생한다 할지라도 동일하게 적용된다(BGH VersR 1976, 478; BGH VersR 1989, 396).

보험계약의 설명의무와 철회권을 연결시키는 방법을 모색해야 할 것이다.

현재 우리 상법 제638조의3의 제2항은 여러 가지 문제점을 가지고 있다. 문제를 제거하고자 제시되었던 단서 내용이 배제됨에 따라 다툼의 갈등은 계속되리라 생각된다. 그러나 참고할 만한 사항이 독일의 보험계약법에서 발견되고 있다. 개정 전 독일 보험계약법은 보험자가 보험계약자의 청약 시 보험약관을 교부하지 아니하였거나 보험감독법 제10a조에 의한 소비자정보를 제공하지 아니한 경우에는, 보험계약자가 보험증권·보험약관 기타 당해 계약내용의 토대가 된 소비자정보에 관한 서류를 받은 후 14일 이내에 이의를 제기하지 아니하면 계약은 체결된 것으로 하였다. 그러나 2008년 개정된 독일 보험계약법은 계약내용의 승인과 관련하여 우리의 취소권에 상응하는 '이의제기권'을 삭제하고, 오히려 보험계약자의 철회권과 연계시키고 있는 것을 볼 수 있다. 그 결과 독일 보험계약법상 '이의제기권'은 단지 보험증권에서 일정한 기간 내에 이의를 제기할 수 있는 권리로 제한되고, 그 권리를 행사하지 아니하면 보험증권 대로 효력이 발생하는 것으로 계약당사자는 받아들이는 효과만을 갖게 된다. 이 점은 우리에게 매우 의미 있는 시사점을 주고 있다.

제10장

보험자의 보험금지급채무와 보험계약자의 분할지급청구권

I. 서 론

우리 상법 보험편은 계약당사자인 보험계약자와 보험자 사이의 권리와 의무에 대하여 규정하고 있다. 유상·낙성계약의 특징을 갖는 보험계약에 따라, 보험계약자는 보험사고가 발생한 경우 보험금급부의 대가로 보험료를 지급하게 된다.

일반적인 계약관계에서 채무자는 채무내용에 좇아 그 내용을 실현해야 하고, 채무자의 이행을 통하여 채권자의 권리는 소멸하게 된다. 계약과 관련하여 민법 제387조는 채무의 이행기에 관하여 규정하고 있다. 반면 보험계약에 대하여는 일반계약과 달리 특별한 규칙을 정하고 있다. 우리 상법 제658조는 보험금액의 지급에 대하여 약정기간이 있는 경우와 약정기간이 없는 경우를 구분하고 있다. 약정기간이 있는 경우에는 그 기간 내에 보험자가 보험금액을 지급하면 되고, 약정기간이 없는 경우에는 보험사고 발생 후 보험계약자가 발송한 통지를 받은 후 지체없이 지급할 보험금을 정하고 그 정하여진 날부터 10일 내에 피보험자 또는 보험수익자에게 보험금액을 지급하도록 하고 있다.

보험기간 중 보험사고가 발생하면 보험계약자 측은 보험료지급에 대한 대가로써 보험자로부터 가능한 한 빨리 보험금을 수령하고자 한다. 상법에서 규정하고 있는 바와 같이, 가능한 한 신속하게 보험금을 지급해야 하는 것은 사실이지만, 보험계약의 경우 채무자라 할지라도 보험계약자인 채권자의 요구에 따라 바로 채무를 이행해야 할 의무는 없다. 보험사고 발생의 통지를 수령한 후, 보험자는 면책사유에 대한 해당 여부를 조사해야 하고 장해와 상해등급에 따른 보험금액의 산정을 확정하지 않으면 아니 된다. 더 나아가 보험계약자 측의 보험금 청구가 정당한가의 여부 등을 심사하기 위한 일정한 시간이 요구된다. 이러한 상황은 보험계약자 측과 보험자 사이에 미묘한 갈등관계를 야기하게 된다.

II. 보험금지급채무에 대한 특칙

1. 의의

일반적인 계약관계에서 급부의 시기가 정해지지 않은 경우 청구권이 발생하면 채권자는 즉시 급부에 대한 청구권을 행사할 수 있다. 시기가 정해진 경우라 할지라도 의심스러울 때에는, 정해진 시기 전에도 채무자는 급부의 실행이 가능하다. 독일 민법은 제271조[1]에서 이러한 내용을 규정하고 있고, 우리 민법 역시 유사한 내용을 제387조[2]에서 규정하고 있다.

독일 민법 제271조가 채권·채무관계의 지급기한에 대한 일반조항의 역할을 하고 있다면,[3] 독일 보험계약법 제14조[4]는 이익형량에 맞춰 보험자가 보험금지급을 언제 이행해야 하는가에 대한 특별한 규칙을 정하고 있다.[5] 독일 보험계약법은 보험자의 보험금지급에 대하여, 채무이행은 금전급부의 범위에 대한 필수적인 검증(Erhebung)이 종료된 후에야 가능하고(제1항), 보험계약자가 보험사고를 통지했음에도 불구하고 보험사고가 1개월 내에 종료되지 아니하면 보험계약자에게 분할지급을 청구할 수 있는 권리를 부여하고 있다(제2항 제1문). 그러나 보험계약자의 과실로 보험사고의 검증이 종료될 수 없는 경우에는 제2항 제1문에 주어진 1개월의 기간은 진행되지 않도록 하였고(제2항 제2문), 보험자가 지연이자를 면제할 수 있는 여지를 배제

1　독일 민법 제271조(급부시기) ①급부의 시기가 정해지지 아니하고 제반 사정으로부터도 이를 추단할 수 없는 경우에는, 채권자는 즉시 급부를 청구할 수 있고, 채무자는 즉시 이를 실행할 수 있다. ②[급부의] 시기가 정하여진 경우에, 의심스러운 때에는, 채권자는 그 시기 전에 급부를 청구할 수 없으나 채무자는 이를 미리 실행할 수 있다.

2　우리 민법 제387조(이행기와 이행지체) ① 채무이행의 확정한 기한이 있는 경우에는 채무자는 기한이 도래한 때로부터 지체책임이 있다. 채무이행의 불확정한 기한이 있는 경우에는 채무자는 기한이 도래함을 안 때로부터 연대책임이 있다. ② 채무이행의 기한이 없는 경우에는 채무자는 이행청구를 받은 때로부터 지체책임이 있다.

3　Palandt, Bürgerliches Gesetzbuch, 69. Aufl., Verlag C.H.Beck, 2010, Rdn. 8에서는 일반규정과 차이를 보이는 특별규정으로서 보험계약 외에도 임차계약, 노무계약 등을 제시하고 있다.

4　이필규·최병규·김은경 역저, 2009년 독일 보험계약법(VVG), 세창출판사, 2009, 이 책은 2008년 1월 1일부터 시행되고 있는 독일 보험계약법 전문을 번역하고 있다. 본 논문에서 독일 보험계약법 한글 번역은 위 역저를 참고로 하고 있다.

5　개정 전의 내용에 대하여는 Hoffmann, Privatversicherungsrecht, 4. Aufl., Verlag C.H.Beck, 1998, S. 178 f.

하였다(제3항).

2. 목적

독일 민법에 따른다면, 채권자는 채무자에 대하여 즉시 채무를 이행하라고 요구할 수 있고 그 요구가 이행되지 아니하면 채무자의 이행지체가 발생하게 된다. 그러나 보험계약법은 보험사고의 발생을 통하여 보험계약자가 보험금에 대한 청구권을 행사할 수 있기는 하지만 보험사고의 발생과 함께 바로 보험자가 보험금을 지급하도록 하고 있지 않다. 실제로 보험사고의 존재에 대한 사실관계와 계약내용으로부터 보험자가 급부를 이행하지 않으면 안 되는가에 대한 법적 문제를 검토한 후에야 비로소 보험자는 보험금의 지급 여부를 판단할 수 있도록 하고 있다.[6] 이러한 사항을 적절하게 고려하기 위하여, 독일 보험계약법 제14조는 보험계약자의 보상청구권에 대하여 보험자의 보험금 지급기한을 특별하게 규정하고 있다. 그러한 사항 외에도 독일 보험계약법 제14조는 요구되는 검증을 종료하고 보험자가 급부를 인정하였거나 최종적으로 그의 급부를 거절한 경우에만 보험계약자의 급부청구권이 행사될 수 있다는 점, 일정한 경우에 보험계약자의 분할청구권을 인정하고 있다는 점 및 보험자와 보험계약자의 계약상 합의를 통한 보험자의 급부의무에 대하여 보험자가 지급기한을 지연할 수 있는 가능성을 제한하고 있다는 점에서, 보험자와 보험계약자의 이해관계를 적정하게 고려하고 있다.[7]

3. 적용범위

독일 보험계약법은 제14조는 보험자의 급부에 대하여 '금전에 한정'하고 있고, 계약관계에서 발생하는 '보험금청구권'에만 적용하고 있다. 그러므로 보험계약자가 보험자에 대하여 행사하는 보험료 반환청구권이라든가, 보험자에 대한 잉여배당에 대한 지급청구권 또는 보험계약법 제83조[8]와 제85조[9]에 따른 비용보상이나 손해조사 비용보상청구권과 같은 부차적인 청구권은 보험

---

6   Bruck/Möller/Johannsen, VVG, 9. Aufl., De Gruyter, 2009, § 14 Rdn. 3.

7   Looschelders/Pohlmann/Schneider, Versicherungsvertragsgesetz, Carl Heymann Verlag, 2010, § 14 Rdn. 1.

8   독일 보험계약법 제83조(비용보상) (1) 제82조 제1항과 제2항에 따라 보험계약자가 지출한 비용에 대하여 주어진 상황에 따라 필요하다고 인정되는 한 보험자는 이를 상환하여야 한다. 보험계약자의 청구가 있는 경우 지출에 필요한 비용은 선급하여야 한다. (2) 보험자가 급부를 감액할 수 있는 경우 비용도 제1항에 따라 그에 상응하게 감액할 수 있다. (3) 보험자의 지시에 따른 결과 발생한 비용이 기타의 손해보상과 합하여 보험금액을 초과하는 경우에도 지급되어야 한다. (4) 동물보험의 경우에 사료, 관리 및 동물병원에서의 진료 및 처치비용은 제1항 내지 제3항에 따라 상환되어야 하는 비용에 포함되지 아니한다.

계약법 제14조의 적용대상에 포함되지 않는다.[10] 의무보험법(PflVG: Pflichtversicherungsgesetz)상 피해자의 직접청구권 역시 적용되지 않고, 법률비용보험자(Rechtschutzversicherer)의 배려급부 (Sorgeleistung)에 대한 청구권행사와 법률비용보험의 영역에서 일반보통약관에 의한 비용면제, 책임보험의 영역에서 일반보통보험약관에 의한 책임보험자의 법률비용급부 및 보험계약법(제 100조,[11] 제106조[12])에 의한 채무면제 역시 보험계약법 제14조의 적용대상이 아니다.[13]

III. 보험금지급채무의 지급기한

보험자의 금전급부에 대한 지급기한이 되기 위해서는, 보험사고가 존재하는가에 대한 여부 와 손해범위를 확정하기 위한 검증기간이 보험자에게 필요하다. 검증기간이 경과할 때에만, 금 전급부의 지급기한이 개시된다. 또한 보험자가 산정된 보험금의 지급을 동의하였거나 거절한 경우에도 지급기한이 발생한다.

1. 보험자의 검증

보험사고에 해당하는가의 확정·책임기간에 보험에 부쳐진 위험(부보)의 실현 여부·부보 된 이익에 대한 침해 유무 및 손해의 범위 등에 대한 보험자의 검증이 종료된 후에야 보험자의 보험금급부가 이행된다.[14] 사실문제와 법적인 문제가 아주 명확하게 파악되었거나 불명확한

---

9 독일 보험계약법 제85조(손해조사비용) (1) 보험자가 배상해야 할 손해를 조사하고 이를 확정을 하는 데에 소요 되는 비용을 상황에 따라 지출이 이루어졌을 것이냐에 따라 보험자는 보험계약자에게 지급하여야 한다. 이 비용 은 그 외의 보상을 가산한 금액이 보험금액을 초과할지라도 지급하여야 한다. (2) 보험계약자가 계약상 감정을 할 의무가 있거나 보험자에 의하여 요구된 것이 아닌 한, 보험계약자에게 감정인이나 소송보조인의 감정을 통하 여 생기는 비용을 보험자는 지급할 필요는 없다. (3) 이행급부를 감액할 권한이 보험자에게 있는 경우 보험자는 비용의 보상도 그에 상응하여 감액할 수 있다.

10 Looschelders/Pohlmann/Schneider, Versicherungsvertragsgesetz, Carl Heymanns Verlag. 2010, § 14 Rdn. 6.

11 제100조(보험자의 급부) 책임보험의 보험자는 보험기간 중에 발생한 사고에 대한 보험계약자의 책임에 의거하 여 제3자가 주장한 청구를 면하게 하고, 근거없는 청구를 방어할 의무가 있다.

12 제106조(보험급부의 확정기) 보험자는 제3자의 청구권이 기판력 있는 판결, 승인 또는 화해를 통하여 확정된 시 점으로부터 2주 내에 보상금을 지급하여야 한다. 보험계약자가 보험자에 확정적 효력이 있는 방법으로 제3자에 게 이행한 경우 보험자는 2주 내에 보험계약자에게 보상을 하여야 한다. 보험자는 계산서의 통지 이후 2주 내에 제102조에 의하여 보상하여 하는 비용을 지급하여야 한다.

13 Zur Rechtsschutzversicherung Deutsch, Das neue Versicherungsvertragsrecht, 6. Aufl., VVW Karlsruhe, 2008, S. 202 ff.

14 Bruck/Möller/Johannsen, VVG, 9. Aufl., Verlag C.H.Beck, 2008, § 14 Rdn. 3.

사실문제에 관련하여 더 이상 조사가 불가능한 경우, 혹은 또 다른 입증방법이나 인식의 가능성이 더 이상 이행될 수 없는 것으로 인정되는 경우에는 검증이 종료된다.[15]

1) 보험사고의 확정과 손해범위

보험사고가 발생하면 보험계약자 측은 보험금을 청구하게 된다. 보험자는 제기된 청구권에 대한 다양한 사항들을 "검증"하지 않으면 아니 된다.[16] 보험자는 보험사고와 관련된 서류를 보험계약자 측에게 요구하기도 하고, 보험사고와 관련이 있는 사람이나 제3자로부터 정보를 수집하는 작업을 하게 된다. 공공기관이 조사를 하고 있다면 그것에 대한 정보를 수집하는 일 또한 보험자는 소홀히 해서는 아니 된다. 검증의 명백성을 위하여 보험자는 손해사정인에게 위임을 할 수 있다. 종종 보통보험약관에는 보험금청구권의 지급기한이 발생하기 위해서, 보험계약자는 보험자에게 제출해야 하는 서류들과 보험자에게 알리지 않으면 아니 되는 내용들이 제시되어 있다. 그러나 제시된 사항들은 단지 최소한의 요구사항에 해당하는 것이고, 또 다른 보험자의 조사를 배제하지 않는다.

검증 후 검증한 사항이 보험자에게 유익하지 않거나 적절하지 않은 것으로 판명되었다고 할지라도, 검증할 당시 급부문제의 설명에 기여하는 것으로 보험자가 받아들인 경우라면 그러한 검증은 지급기한의 개시를 중단하게 한다. 보험계약자가 주장하는 사항에 대하여 보험자는 아무런 제한을 받지 않고 검증을 할 수 있다. 급부의무와 급부범위를 검토하고 보험사고와 보험급부의 대상자를 확인하기 위하여 보험자는 그가 할 수 있는 모든 사항들을 검증하여야 하고,[17] 보험금을 청구한 자에게 타당하면서도 명확하게 지급하기 위하여 보험자는 숙고시간이 필요한 것이다.[18]

보험금을 지급해야 하는 보험자는 보험계약의 청약 시 보험계약자가 부적절하게 진술한 사항 역시 검증해야 한다. 그런 측면에서 보험금지급 시 보험자는 보험계약법 제19조 제2항에 따른 해제권이나 보험계약법 제22조 악의에 의한 취소권의 행사 여부 역시 고려하지 않으면 아니

---

15 Looschelders/Pohlmann/Schneider, a.a.O., § 14 Rdn. 10.

16 Terbille, Versicherungsrecht, Münchener Anwalts Handbuch, 2. Aufl., Verlag C.H.Beck, 2008, § 2 Rdn. 305.

17 BGHZ 62, 103 = VersR 1974, 639; OLG Hamm VersR 1977, 954; r＋s, 1993, 443; OLG Saarbrücken, VersR 2004, 1301.

18 BGH 1. 2. 1974-IV ZR 2/72, VersR 1974, 639; OLG Köln 21. 1. 1982-5 U 93/81, zfs 1983, 56; OLG Karlsruhe 6. 5. 1999-12 U 185/97. r＋s 1999, 468; OLG Hamm 30. 10. 1959-9 W 50/59, VersR 1961, 118; LG Münster 12. 7. 1976-16 O 135/76, VersR 1977, 658; LG Bonn 26. 9. 1989-13 O 239/89, VersR 1990, 303; LG Köln 21. 9. 1981-74 O 283/80, VersR 1983, 385; LG Köln 29. 10. 1998-24 O 44/98, r＋s 2000, 191; OLG Bremen 16. 3. 1965-3 U 5/65, VersR 1965, 653.

된다.[19] 그 이외에도 보험계약자가 이행해야 할 간접의무(Obliegenheit)를 위반하였거나 보험계약법 제81조[20]와 제103조[21]에 따른 주관적인 위험배제에 대한 검증 및 그것과 관련하여 발생하는 보험금청구권에 대한 면책이나 감액 등 역시 보험자는 고려하지 않으면 아니 될 것이다.

2) 보험계약자의 협조의무

보험사고를 명확하게 검증하기 위하여 보험자는 보험계약자의 협조를 필요로 한다. 보험계약자는 보험자가 검증할 수 있도록 보험사고를 통지해야 하고,[22] 보험자가 보험금청구권에 대한 사항을 판단할 수 있도록, 보험계약자는 관련된 서류[23]들을 교부해야 한다.[24] 검증을 위하여 요구된 서류들이 보험자에게 교부되지 않는 이상 지급기한은 도래하지 않는다.[25] 필수적인 서류의 예로는, 상속증명서·손해평가서 원본·전문의의 소견서·질병서류 등과 보험계약자가 열람하여 얻을 수 있는 정보들을 들 수 있다.[26] 보험자가 제3자로부터 정보를 수집해야 하는 경우라면, 보험계약자는 그러한 사항에 대하여 관련된 설명을 사실에 입각하여 명확히 이행하여야 한다(예를 들면 의사나 병원에게서 개인과 관련된 정보 조사의 경우가 여기에 해당할 수 있다).[27]

보통보험약관에 보험계약자가 특정한 서류를 제출해야만 한다는 내용이 규정되어 있다면, 그 서류들이 교부되기 전에는 지급기한이 개시되지 않는다.[28] 또 다른 검증과 필요한 서류들의

---

19 LG München I r ＋ s 1993, 202.

20 독일 보험계약법 제81조(보험사고의 초래) (1) 보험계약자가 보험사고를 고의로 초래한 경우 보험자는 면책된다. (2) 보험계약자가 보험사고를 중과실에 의하여 일으켰다면 보험자는 자신의 급부를 보험계약자의 과실의 정도에 상응하여 감액할 권한이 있다.

21 독일 보험계약법 제103조(보험사고의 초래) 보험계약자가 제3자에 대하여 그에 관한 책임을 지는 사실의 발생을 고의로 위법하게 초래한 경우에는 보험자는 면책된다.

22 OLG Hamm 24. 10. 1990-20 U 290/89, VersR 1991, 869.

23 독일 보험계약법 제31조를 보라. 제31조(보험계약자의 통지의무) (1) 보험계약자가 보험사고의 확정을 위하여 또는 보험자의 급부의무의 범위를 정하는 데 필요한 정보를 제공할 것을 보험자는 보험사고가 발생한 후에 요구할 수 있다. 증거자료가 보험계약자에게 당연히 유리할 것이라면 보험자는 이 증거자료를 요청할 수 있다. (2) 보험자의 계약상 급부에 대하여 권리가 제3자에게 귀속된 경우 제3자는 제1항에 따른 의무를 이행하여야 한다.

24 BGH 13. 3. 2002-IV ZR 40/01, VersR 2002, 698; OLG Saarbrücken 26. 7. 2004-5 W 85/04, VersR 2004, 1301; OLG München 18. 3. 2003-25 U 455/02, NJW-RR 2003, 1034; AG Bonn 9. 7. 2003-9C 773/02, zfs 2003, 551.

25 Vgl. Vorgängervorschrift LG Schweinfurt 27. 7. 1989-2 O 371/88, VersR 1990, 617.

26 LG München 20. 1. 1993-4 O 12156/92, r ＋ s 1993, 202.

27 보험계약법 제213조는 제3자가 가지고 있는 개인건강정보의 입수에 대하여 규정하고 있다.

28 BGH VersR 2002, 698; OLG Karlsruhe VersR 2009, 668.

요청이 보통보험약관을 통하여 배제되지 않는 것이 일반적이다. 보험금청구권을 승계한 자가 보험금을 청구하고자 한다면, 그자 역시 보험계약을 근거로 하여 제출해야 할 서류들을 알고 있어야 한다. 교부해야 할 내용들을 알려줄 의무(Hinweispflicht)는 보험자에게 존재하지 않는 것이 일반적이다. 그러나 보험계약자가 이행해야 할 사항과 제출해야 할 서류를 보험자로부터 지침을 받지 못해 보험금청구권자가 알고 있지 않다면, 보험자는 보험계약자가 간접의무의 위반을 주장할 수 없게 된다.[29]

증거서류의 제출이 보험계약자에게 가능하다고 판단되는 한, 보험자는 보험계약자에게 그 서류를 요청할 수 있다. 그렇지 아니한 경우에는 조사는 종료된 것으로 간주한다.[30] 보험자가 요구한 정보나 자료를 제공함으로써 보험계약자에게 비용이 발생한 경우에는, 보험계약법 제85조[31]에 따라 보험자는 비용지급에 대한 의무를 부담하게 된다. 만약 제3자가 보상청구권을 주장하는 경우에는, 제3자 역시 협력의무가 있다고 보아야 할 것이다. 보험계약자 자신의 잘못으로 협력의무를 위반한 경우라면, 고의적인 행위 시 보통보험약관에 인과관계의 반대입증이 보험계약자에게 유보되어 있는 한, 그의 의무위반은 보험자의 면책을 야기할 수 있다. 또한 보험계약자에 대한 소멸시효의 개시가 유예된다.[32]

보험계약자가 협조행위를 하지 않아 보험자가 향유할 수 있는 이익을 현저하게 침해하는 경우에는, 협조행위가 순수하게 이행됐어야만 하는 시점까지만 소멸시효가 개시될 수 있다.[33] 더 나아가 보험계약자가 설득력 있는 이유 없이 보험자에게 협조의무를 이행하지 않으면서, 보험자의 급부의무에 대한 이의와 관련하여 보험자의 지위를 악화시키고자 하는 경우에는, 비록 그 것이 의도적인 것이 아니라 할지라도 보다 이른 시기에 소멸시효가 개시된다. 그 외에 보험계약자 자신의 과실 있는 행위를 한 경우에는 지급기한의 개시를 불가능하게 할 뿐만 아니라 분할지급에 대한 청구권을 행사할 수 없다.

....

29 AG Bonn ZfS 2003, 551.

30 OLG Oldenburg VersR 1995, 90; OGH VersR 1979, 170; LG Schweinfurt VersR 1990, 617.

31 보험계약법 제85조(손해조사비용) (1) 보험자가 배상해야 할 손해를 조사하고 이를 확정하는 데에 소요되는 비용은 상황에 따라 지출이 이루어졌을 것이냐에 따라 보험자가 보험계약자에게 지급하여야 한다. 이 비용은 그 외의 보상을 가산한 금액이 보험금액을 초과할지라도 지급하여야 한다. (2) 보험계약자가 계약상 감정을 할 의무가 있거나 보험자에 의하여 요구된 것이 아닌 한, 보험계약자에게 감정인이나 소송보조인의 감정을 통하여 생기는 비용을 보험자는 지급할 필요는 없다. (3) 이행급부를 감액할 권한이 보험자에게 있는 경우 보험자는 비용의 보상도 그에 상응하여 감액할 수 있다.

32 BGH 13. 3. 2002-IV ZR 40/01. VersR 2002, 698.

33 Looschelders/Pohlmann/Schneider, a.a.O., § 14 Rdn. 23.

3) 손해사정절차

보통보험약관에 손해사정절차의 가능성이 규정되어 있다면, 그것이 필요로 하는 한 손해사정절차의 이행은 지급기한의 전제요건이 된다.[34] 보험자가 이전에 그의 급부의무를 최종적으로 거절하지 않았다고 한다면, 그는 "손해사정절차가 아직 이행되지 않았다"거나 "손해사정에 따른 확정은 구속될 수 없다"라는 이의제기를 소송과정에서 주장할 수 있다.[35] 손해범위를 확정하기 위한 손해사정절차의 가능성이 보험계약자를 위하여 고려되는 경우에, 확인의 소가 허용되고 그 소를 근거로 하여 보험자의 손해에 대한 산정의무가 설명된다.[36]

4) 제3자에 의한 조사

보험자가 그의 면책을 판단하기 위한 검증을 함에 있어, 경찰이나 검찰 또는 법원과 같은 제3자의 도움을 필요로 하기도 한다. 해당분야의 전문가 또한 제3자의 범위에 속할 수 있다. 제3자의 개입으로 인하여 검증은 다소 기간이 길어질 수도 있고, 그 결과 보험계약자의 경제적 실존에 대한 위험이 발생할 수가 있다. 이 경우 보험자는 그 전문가에게 신속한 보고서를 촉구할 수 있다.[37]

보험자가 그 스스로 조사를 하지 않고, 제3자가 알게 된 사실을 활용하는 것이 아주 중요한 것은 아니다. 그러므로 원칙적으로 공공기관의 조사과정 중 형사재판소의 행위는 보험급부의 지급기한에 대하여 아무런 작용을 갖지 못한다. 그러나 예외적으로 조사결과가 보험자의 지급의무나 지급범위에 대하여 영향을 미치는 경우에, 공공기관의 조사는 보험계약법 제14조에 따른 지급기한의 개시를 연기하게 된다.[38] 손해와 관련된 조사대상은 보험계약자·대표자·피보험자가 되지만 그것으로 제한되는 것은 아니다. 공공기관의 조사 결과 보험자의 급부에 대한 적절한 사실을 받아들일 수 있는 요인이 발생한 경우라면, 알려져 있지 않은 사람(Unbekannte)이나 이미 언급되지 않은 제3자에 대한 검증절차가 지급기한을 연기할 수 있다.[39] 그러나 제3자의

---

34 OLG Hamm VersR 1989, 906; VersR 1991, 1369; OLG Koblenz r＋s 1998, 404.

35 OLG Frankfurt VersR 1990, 1384; KG NVersZ 1999, 526; OLG Koblenz r＋s 1998, 404; OLG Köln r＋s 2002, 188.

36 BGH VersR 1986, 675; r＋s 1998, 117; OLG Köln r＋s 2002, 188.

37 OLG Hamm 23. 6. 1993-20 U 91/93, VersR 1994, 717＝r＋s 1994, 23.

38 BGH 9. 1. 1991-IV ZR 97/89, VersR 1991, 331＝NJW-RR 1991, 537＝r＋s 1991, 100; OLG Frankfurt 16. 5. 2001-7 U 111/00, VersR 2002, 566; KG Berlin 20. 10. 996-6 U 3638/97, NVersZ 1999, 387; aA Magnussons, MDR 1994, 1160; vgl. im Hinblick auf Vorschusszahlungen OLG Köln 12. 5. 1995-9 U 232/94, r＋s 1995, 265.

청구권에 관련되어 있으면서, 보험계약자의 위법행위 시 보험자가 그 제3자에 대하여 급부의무를 부담해야 하는 것이 남아 있는 경우에 보험계약자에 대한 조사는 지급기한을 연기할 수 없게 된다. 보험사고의 확정에 대한 조사절차가 매우 중요하다고 할지라도, 보험자가 공공기관의 조사에 대하여 인식의 가능성을 가지고 있기 전에는 지급기한이 발생하지 않는다.[40] 그러므로 보험자는 충분하고도 자주 서류열람을 위한 노력을 기울여야 한다.[41]

"공공기관이나 형사적인 조사가 이행되는 한 보험자는 지급을 연기할 수 있다"는 보통보험약관에 규정된 합의사항은 보험계약법 제14조를 위반한 것으로 볼 수 없다. 그러므로 약관규제법적으로 (현행 민법 제305~제310조) 이의를 제기할 수 없다고 판단된다.

5) 검증기간

보험자의 검증기간은 일반적으로 약 2주나 3주 정도가 주어진다.[42] 그러나 사례에 따라 특별히 검증범위가 넓고 복잡한 사정이 있는 경우에는 주어진 기간보다 더 장기간이 될 수도 있고, 그러한 기간이 경과한 다음에야 지급기한이 개시된다. 급부의무를 확정하고자 함에 있어 전체 과정을 정한 기간은 존재하지 않을 뿐만 아니라, 최소한의 기간 역시 정해진 바 없다.[43]

보험자는 그에게 주어진 일반적인 기간을 언급하는 것이 가능하지 않다. 중요한 것은 각 사례에 따라 기간의 정도가 달라진다는 사실이다. 그럼에도 불구하고 보험자는 가능한 한 신속하게 보험사고를 확정해야만 한다. 그렇지 않으면 민법 제242조에 규정된 신의 성실의 원칙에 따른 책임문제가 등장할 수 있다.[44] 보험사고의 발생으로 말미암아 보험계약자가 경제적으로 현저하게 어려운 상황에 처해 있거나 생존에 큰 우려가 발생하는 경우 보험금의 지급에 대한 신속함이 특히 요구된다.[45] 전문가인 제3자가 검증과정에 투입되는 경우에 보험자는 그 자에게 신속하게 작업을 할 수 있도록 요청하지 않으면 아니 된다.[46]

---

39   OLG Oldenburg VersR 1998, 1502.

40   BGH VersR 1974, 639; r + s 1993, 188.

41   BGH r + s 1993, 188; OLG Hamm VersR 1987, 602.

42   BGH VersR 1974, 639; OLG Karlsruhe r + s, 1999, 468.

43   Ehrenzweig, Deutsches Versicherungsvertragsrecht, S. 166 und Fn. 5; Veenker, Die Fälligkeit von Geldleistungen des Versicherers, 2008, S. 32 f.

44   OLG München VersR 1965, 173; OLG Frankfurt VersR 1986, 1009; OLG Saarbrücken VersR 1996, 1494; Veenker, a.a.O., S. 96 ff.; Asmus, Erheblichkeit der Erhebungen in § 11 I VVG, NVersZ 2000, 361 (363 f.).

45   BGHZ 96, 88 = VersR 1986, 77; OLG Hamm VersR 1987, 602; r + s 1994, 23.

46   OLG Hamm VersR 1994, 717.

합당한 이유를 제시하지 못하면서 보험자가 보험금지급을 지연하거나 보험금지급의 전제조건인 조사를 전혀 이행하지 않는 경우에는, 조사가 종료되었을 것이라고 인정되는 시점에 지급기한은 개시되는 것[47]으로 보아야 한다. 보험자가 부당하게 지체하였다는 사실과 조사가 종료되었을 것이라고 인정되는 시점에 대하여는, 보험계약자가 설명하고 입증을 해야 한다.[48] 지체로 인한 손해가 발생한 경우 독일 민법 제286조가 정하는 조건을 충족하는 한, 보험계약자는 보험자에게 손해배상을 청구할 수 있다.[49]

2. 급부지급 여부에 대한 통지

1) 급부의 동의

검증에 대한 상황을 고려하지 않고 보험자가 보험금지급에 대한 승낙을 하게 되면, 보험자의 급부는 지급기한이 된다.[50] 보험자가 급부의무를 부담하겠다는 것을 설명하는 것과 동시에 그는 더 이상의 검증을 하지 않겠다는 의사를 표현하게 된다. 보험금을 청구하는 자에 의하여 신청된 청구권이 급부의 일부에 대해서만 보험자가 인정하였다면, 남아 있는 부분과 관련하여 현재까지 확인된 사항 이외의 더 이상의 조사를 필요로 하는 것이 아닌 한, 전체의 청구권이 지급기한이 된다.[51] 특정 서류의 제출 후에 보험급부를 보험자가 약속한 경우라면, 그는 요청된 서류를 수령하는 즉시 지급기한이 개시된다.[52]

2) 급부의 거절

보험자가 최종적으로 급부거절을 하게 되면, 그것과 함께 지급기한이 개시될 수 있다.[53] 보험자가 더 이상의 조사를 하지 않겠다는 표현과 함께 급부거절을 하고, 실질상 보상의무가 발생하는 보험사고가 존재하는 경우가 여기에 해당한다. 보험자가 급부를 거절함으로써, 그에게 허

----

47   OLG Düsseldorf VersR 1994, 1460; OLG Hamm r + s 2001, 263; OLG Saarbrücken r + s 2006, 385.

48   OGH VersR 1985, 652; Asmus, a.a.O., NVersZ 2000, 361 (364).

49   Asmus, a.a.O., NVersZ 2000, 361 (363 f.).

50   Ehrenzweig, a.a.O., S. 166.

51   OLG Schleswig VersR 1996, 93.

52   VGl. KG VersR 1951, 73.

53   BGH VersR 1954, 388; VersR 1984, 1137; VersR 2000, 753; VesR 2002, 472; VersR 2007, 537; OLG Hamm VersR 1987, 1081; VersR 1990, 82.

용된 지급기한의 연기는 종료된다. 보험금지급에 대한 거절문서의 도달과 함께 지급기한이 개시된다.[54] 보험자가 그의 최종적인 거절통지가 화해신청과 함께 결합되어 있는 경우 역시 동일한 효력이 발생한다.[55] 하지만 화해신청이 종종 또 다른 조사를 예방하기 위하여 이행되기 때문에, 화해신청의 제출이 반드시 조사의 종료되었음을 의미하는 것은 아니다. 최종적인 이행거절 후에는 당연히 지급기한이 개시된다.[56] 일반적으로 최종적인 거절과 동시에 지급지체가 발생하게 된다.

보험자가 소송의 기각을 신청한 경우라면, 최종적으로 급부를 거절하고 있다고 판단된다. 보험자가 보험계약에 대한 취소권(보험계약법 제22조)을 행사하거나 해제권(보험계약법 제19조)을 행사하는 경우, 역시 급부에 대한 최종적인 거절을 의미한다. 그러므로 결과적으로 보상청구권의 지급기한을 초래하게 된다.[57] 보험자가 최종적으로 보험급부를 거절한 후에, "손해배상청구권에 대하여 법률상 중요한 이유 때문에 보험계약자에 대하여 전문가가 개입되어 조사절차가 이행되는 경우, 보험급부가 비교적 장기를 두고 거절될 수 있다"는 보통보험약관의 규정을 주장할 수 없다.[58] 또한 지급거절 후 "보험계약자가 충분히 그의 협력의무를 하지 않았기 때문에, 지급기한이 개시되지 않았다"라고 보험자는 주장할 수 없다.[59]

3. 법적 효과

지급기한이 개시되는 순간부터 보험금 청구권자는 보험급부에 대한 지급을 요구할 수 있고, 이행소송의 방법에서 그것을 관철시킬 수 있다. 보험금청구권자의 소제기가 보험자의 책임개시의무에 대한 확인만을 고려하고 있는 한, 그러한 소제기는 급부소송과는 다른 사항이다.[60] 보험계약법 제173조[61]는 직업능력상실보험에서 보험자의 보상승인에 대하여 규정하고 있는데,

---

54 BGH VersR 1990, 153; VersR 1994, 1460; VersR 2000, 753; OLG Hamm r＋s 1994, 241; OLG Köln VersR 1990, 373.

55 OLG Köln VersR 1987, 1210.

56 BGH VersR 2002, 472.

57 LG Köln VersR 1982, 387.

58 BGH VersR 1954, 388; VersR 2007, 537; OLG Hamm VersR 1986, 567.

59 BGH VersR 2002, 472; OLG Nürnberg r＋s 2007, 469.

60 OLG Hamm VersR 1991, 1369.

61 독일 보험계약법 제173조(보상승인) (1) 보험자는 급부신청 이후 만기 시에 자신의 급부의무를 승인하는지 여부를 서면으로 밝혀야 한다. (2) 그 승인은 단 1회에 한하여 시간상의 제한을 할 수 있다. 그 승인은 그 기간의 만료 시까지 구속력이 있다.

동 규정에 따라 보험자는 지급기한에 자신의 급부의무를 받아들이는지 여부를 서면으로 밝혀야만 한다.

보험계약을 체결함에 있어 계약당사자가 상인에 해당되어 상거래에 속하게 되면(독일 상법 제343조, 제344조), 지급청구를 함에 있어 보험계약자는 5%에 해당하는 지급기한이자를 청구할 수 있다(독일 상법 제353조, 제352조 제1항 제1문). 그 이외에도 독일 민법 제286조 이하에 따른 다른 전제조건을 충족하면, 보험계약자는 지급지체로 인한 손해를 주장할 수 있다. 끝으로 보험계약자가 행사할 수 있는 보상청구권에 대한 3년의 소멸시효(독일 민법 제195조)는 그 청구권의 지급기한과 함께 개시된다. 중요한 것은 청구권의 발생, 즉 보험사고의 발생이 아니라, 비상시 급부가 소송의 방법에서 관찰될 수 있는 시점, 즉 보험계약법 제14조의 의미에서 청구권의 지급기한이다.

지급기한에도 불구하고 보험자가 급부를 거절하면, 보험계약자는 각각의 사례에서 중대한 사유를 근거로 하여 보험계약에 대한 해지권을 행사할 수 있다(독일 민법 제314조). 해지권을 행사한다고 할지라도 손해배상청구권은 배제되지 않는다.

IV. 분할지급청구권과 분할지급기간의 정지

1. 분할지급청구권

보험사고에 대한 필수적인 검증은 여러 달이나 한 해가 걸리는 것은 비일비재하다. 경제적인 이유로 인하여 보험계약자는 가능한 한 빨리 보험자로부터 보험금을 지급받고자 한다. 그러한 보험계약자의 이익을 고려하여 보험계약자에게 분할지급청구권이 인정되고 있다.[62]

1) 청구권의 전제조건

분할지급청구권은 보험자의 책임개시의무가 이미 존재하는 경우에만 발생한다.[63] 손해사고에 대한 책임이 설명되지 않고서는 보험계약자가 보험자에게 금전급부를 청구할 수 없도록

---

62   Langheid/Wandt, Münchner Kommentar zum Versicherungsvertragsgesetz, Verlag C.H.Beck München, 2010, § 14 Rdn. 81 ff.

63   RGZ 89, 351; 108, 201; BGH VersR 1986, 77; LG Essen VersR 1973, 558.

하고 있다. 그러나 보상청구권의 범위에 대하여 정해진 바가 없기 때문에, 양 당사자 사이에서 범위에 대한 다툼이 발생할 가능성이 있다.[64]

손해사고에 대한 통지가 있은 후 한 달이 지난 후에 보험계약자 측은 분할지급청구권을 행사할 수 있다. 보험자에게 최소한의 검증기간을 부여하고 있지 않기 때문에, 조기에 검증이 종결되면, 급부는 지체 없이 지급기한이 된다.[65]

보험계약자나 청구권을 행사할 수 있는 권한이 있는 제3자는 분할지급청구권을 행사하기 위하여 또 다른 요구사항들을 충족시켜야 한다. 손해사고의 통지 후 한 달이 지나야만 분할지급의 지급기한이 되지만, 보험계약자는 반드시 1개월의 기간경과를 기다려야 되는 것은 아니다.[66] 또한 보험계약자는 명백하게 분할지급을 요구할 필요는 없지만, 지급요구의 개별적인 형식이나 단순한 소견서의 송부만으로는 충분하지 않다.[67] 보험계약자의 설명을 근거로 하여, 보험계약자는 전체손해에 대한 금액이 아니라 보험자가 지체 없이 책임을 부담해야 하는 금액만을 요구할 수 있나.[68] 그러므로 단순한 손해의 통지만으로는 충분하지 않다.

분할지급의 청구를 위한 전제조건들이 충족되고 한 달의 기간이 경과된 경우, 보험계약자의 분할지급에 대한 청구권은 곧바로 지급기한이 된다(독일 민법 제271조). 그러나 지급을 초래하기 위한 적정한 기간이 보험자에게 허용되어야 한다. 보험계약자가 요청하고 있는 금액이 지급되지 않으면, 지급지체로 인한 부가적인 손해가 보상될 수 있다.

2) 분할지급의 범위

분할지급의 금액은 각각의 사례에 따라 달라질 수 있다. 현재 조사상황에 따라 분할지급이 정해지고 그 금액이 지급기한이 된다.[69] 전문가의 검증에 의하여 손해범위가 정해지지 않았지만, 최소한의 손해가 이미 확정된 경우라면 그 금액이 지급기한이 된다. 이미 분할지급이 이행되었다 할지라도, 지급된 금액이상의 분할지급이 가능한 경우라고 한다면 보험계약자는 여러 차례에 걸쳐 분할지급을 청구할 수 있다. 보험자에 의하여 지급되는 잔액은 보험사고에 대한

---

64   OLG Köln r + s 1989, 142.

65   OLGR Zweibrücken 2005, 59.

66   LG Essen VersR 1973, 558.

67   A.M. (zu weit gehend) OLG Hamm r + s 1997, 356; LG Essen VersR 1973, 558.

68   OGH VersR 1995, 607; OLG Köln r + s 1989, 558.

69   BGH VersR 1986, 77/ OLG Hamm VersR 1991, 1369.

조사의 종료 시에야 지급기한이 된다. 분할지급을 수령한 후 조사가 계속 진행 중에 있고, 사고에 대한 조사결과 보상의무가 없는 것으로 판명된다면 수령한 급부는 민법 제812조에 따라 부당이득의 반환문제가 발생한다.

3) 보험계약자의 책임 여부

보험계약자의 책임 있는 사유로 검증이 종료될 수 없는 경우라면, 1개월의 기간은 정지된다. 보험계약자가 협조의무와 설명의무를 이행하지 않았을 경우가 전형적인 사례이다.[70] 여기서 책임 있는 사유라 함은 고의와 (경)과실로 인한 위반을 의미한다.

보험계약자의 책임 있는 사유뿐만 아니라 피보험자의 경우에도 동일하게 적용된다(보험계약법 제41조 제1항). 제3자가 보험계약자의 대표자에 관한 사항이라면, 그 제3자의 책임 있는 사유 역시 동일하게 적용된다.[71]

2. 지급기간의 정지

독일 보험계약법상 보험계약자 측에 의한 분할지급청구권은 보험사고 통지 후 한 달이 지난 후에만 가능하다. 보험자가 보험사고를 검증함에 있어 보험계약자 자신의 잘못으로 인하여 그 검증이 지연되는 경우에는, 주어진 한 달의 기간은 정지된다. 보험계약자가 충분한 설명을 하지 않았다거나 전문가를 임명해야 함에도 불구하고 그러하지 아니한 경우에, 보험계약자의 책임으로 인하여 발생한 지체로 인정된다.[72] 또한 한 달의 기간이 경과하게 되면, 보험계약자가 또 다른 행위를 한다고 할지라도 이자발생에 아무런 영향을 미치지 못한다.[73]

---

70 Prölss/Martin, Versicherungsvertragsgesetz, 28. Aufl., Verlag C.H.Beck, § 14 Rdn. 18 f.

71 Dazu Hoffmann, a.a.O., S. 172 f.; 독일 대표자의 책임의 우리나라에서 수용가능성을 연구한 자료로는 유주선, "독일 보험계약법상 대표자책임에 관한 고찰 – 대표자책임의 타당성과 우리의 수용가능성 – ", 보험법연구, 제2권 제1호, 2008, 43면 이하.

72 Rüffer/Halbach/Schimikowski, Versicherungsvertragsgesetz, § 14 Rdn. 29.

73 Vgl. BGH 10. 4. 1984-VI ZR 222/82, VersR 1984, 1136.

V. 결 론

보험자의 급부이행이 보험사고와 이행범위의 확정을 위한 검증의 종료 후에 이루어진다고 하는 보험계약법 제14조 제1항은 강행규정이 아니므로, 양 당사자는 구체적인 사례에 대하여 지급기한을 합의할 수도 있고, 일반적으로 보통보험약관을 통하여 규정할 수도 있다. 그러나 보험계약자가 행사할 수 있는 분할지급청구권에 대하여는 상대적 강행규정으로 정하고 있다 (보험계약법 제18조). 그러므로 보험계약법 제14조 제2항에 규정되어 있는 내용보다 보험약관 에서 보험계약자에게 불이익한 내용을 보험자는 규정해서는 아니 될 것이다. 보험자는 보험금 의 지급이 지체되는 경우에 발생하는 지연이자를 지급하지 않기 위하여 보통보험약관에 "지연 이자의 지급의무에 대한 책임이 없다"는 규정을 둘 가능성이 있다. 그것을 예방하기 위하여 독 일 보험계약법은 제14조 제3항은, 양 당사자의 그러한 합의는 무효라고 명백히 규정하고 있다.

금전급부의 지급기한에 대한 증명책임은 보험금의 청구권자인 보험계약자나 제3자에게 있 다. 청구권을 제기하는 자는 일반적인 급부에 대한 전제요건 이외에도 보험자가 할 수 있었던 검증이 충분히 이루어졌음을 설명하고 입증해야만 한다. 보험금지급청구와 마찬가지로 분할 지급에 대한 청구권 역시 동일함이 적용된다. 보험자의 보험금 지급지체에 대한 사항 역시 보 험계약자가 입증해야 하며 지급지체의 전제요건에 대하여도 마찬가지이다. 그러나 보험계약 법 제14조 제2항에 따른 분할지급에 대한 청구권의 정지에 대하여는 보험자가 입증책임이 있 다고 보아야 할 것이다.

제11장

보험모집종사자

I. 서 론

　일반적으로 계약을 체결하게 되면, 각 당사자는 권리와 의무를 부담하게 된다. 그러나 보험계약은 보험계약자가 보험료를 지급했다고 할지라도 보험기간에 보험사고가 발생하지 아니하면, 계약상대방인 보험자로부터 아무런 반대급부를 받을 수 없는 상황에 직면한다. 일정한 사고가 발생해야만 상대방으로부터 반대급부의 혜택을 받을 수 있는 보험은 계약의 체결과 함께 바로 보험계약자 측의 만족감이 드러나지 않는 성질을 가지고 있다. 다른 계약과 마찬가지로, 보험계약도 보험계약자의 청약과 보험자의 승낙으로 체결된다. 그러나 실제로 보험계약은 보험모집종사자가 상품의 구매를 설득하고 권유하여 성립하게 된다. 보험자는 모집을 중개하거나 대리하는 자의 도움을 받지 않을 수 없다. 그러한 측면에서 보험모집종사자의 중요성을 간과할 수 없는 것이다. 보험업법은 보험을 모집하고 중개할 수 있는 자로 보험설계사, 보험대리점 및 보험중개사 등을 허용하고 있다. 보험회사 등의 설립, 조직, 운영 등의 사법적 내용과 보험회사에 대한 규제와 감독 등 공법적 내용을 함께 규정하고 있는 보험업법에서 보험모집을 할 수 있는 자에 대한 자격을 제한하고 있는 것을 볼 수 있다. 보험업을 경영하는 자의 건전한 경영을 도모하고 보험업의 건전한 육성과 국민경제의 균형 있는 발전에 목적을 두고 제정된 보험업법에서 보험모집종사자에 대한 일정한 자격과 모집질서를 규제, 감독하는 것은 타당한 면이 있다.

　보험모집질서를 규제하고 감독하는 영역이 아닌, 계약법적인 관점에서 보험모집종사자의 권리와 의무를 규율해야 할 필요성이 제기되었다. 상법 제4편 보험편은 보험계약자와 보험자의 법적 관계를 규율하는 보험계약법에 해당한다. 보험계약법에는 보험자의 권리와 의무, 보험계약자의 권리와 의무 등을 규정하고 있을 뿐만 아니라 이해관계자로서 피보험자나 보험수익자의 보험자에 대한 법적 관계까지 규정하고 있다. 2014년 3월 11일 상법 보험편이 개정되었다. 1991년 12월 31일 보험계약에 관한 대폭적인 개정된 후, 약 15년 만에 이루어진 것이기 때문에 그 개정 내용에 많은 기대가 있었다. 그러나 예상과는 달리 2007년부터 발족된 상법개정위원회에 의하여 제출된 개정 내용은 대부분 배제되고, 그 가운데 일부의 사항만이 신설되는 개정이 되고 말았다.

'보험대리상 등의 권한'을 규정하고 있는 상법 제646조의2 규정은 2014년 3월 11일 개정 시 이루어진 것이다. 일단, 보험모집종사자의 한 형태인 '보험대리상'이 보험계약법에 신설된 점에 대하여는 환영을 표하지만, 신설된 법규는 보험모집종사자에 대한 상세한 법률관계를 규율하지 않았다는 비판을 면하기 어렵게 되었다.

II. 보험업법상 보험모집종사자

보험업법 제83조는 보험설계사, 보험대리점, 보험중개사 및 보험회사의 임원 또는 직원 등 일정한 자에게 보험모집을 할 수 있도록 하고 있다.[1] 여기서는 보험모집과 관련하여 보험설계사, 보험대리점 및 보험중개사를 중심으로 살펴보도록 한다.[2]

1. 보험설계사

1) 보험료수령권, 고지수령권과 통지수령권 여부

보험설계사는 일정한 범위에서의 대리권을 가지고 영업상의 업무에 종사하는 자가 아니다. 대리권을 전제로 하는 지배인이나 부분적 포괄대리권을 가진 사용인의 지위를 갖지 못한다. 그러므로 상업사용인과는 차이점이 있다. 보험설계사는 보험회사와 위탁계약을 체결한 개업사업자로서 소득세법상 사업소득자로 분류되어 과세대상이 된다는 점에서, 보험설계사의 근로

1 　유주선, "보험모집조직에 관한 법률적 문제", 안암법학, 통권 제39호, 한국안암법학회, 2012, 79면 이하.
2 　한기정, "각국 보험가입보조자에 대한 비교연구", 법학논집, 제8권 제2호, 이화여자대학교 법학연구소, 2004, 93면 이하.

자성을 인정할 수 없다.[3] 대법원은 보험설계사의 보험료 수령권을 인정한 반면에 고지와 통지의 수령권한은 없는 것으로 판단하고 있다.

대법원 2000. 1. 28. 선고 98두9219 판결

"원고는 위에서 본 조회나 석회에 참석의무가 있다고 할 수 없고, 조회, 석회 자리에서 이루어지는 보험상품의 내용이나 판매기법 등에 관한 교육이나 실적확인은 참가인 회사가 위탁자의 지위에서 행하는 보험모집인의 수탁업무의 원활한 수행을 위한 교육과 최소한의 지시에 불과하며, 원고는 위촉계약에서 수탁한 업무만을 수행하고 제공한 근로의 내용이나 시간과는 관계 없이 보험모집인 제 수당 지급규정에 의하여 오로지 자신의 노력으로 체결된 보험계약의 계약고, 수금액 등 실적에 따라 그 지급항목 및 지급액이 결정되는 수당을 지급받고, 위 규정에 정해진 실적에 미치지 아니하면 기본수당도 지급받지 못하며, 법률(보험업법 제148조 제2항)에 의하여 다른 보험회사를 위한 보험의 모집은 할 수 없지만 참가인 회사의 보험모집인으로 활동하면서 다른 종류의 영업에 종사하는 것이 금지되어 있는 것도 아니고 또 그것이 사실상 곤란한 것도 아니며, 타인의 노동력의 이용 등 업무수행방식에 제한이 없고, 한편 업무수행과정에서 아무 때나 임의로 이탈할 수 있으며 실제로 참가인 회사 보험모집인의 영업활동일수는 월 평균 15일 정도임을 알 수 있다.

사정이 이와 같다면, 원고가 제공하는 노무는 참가인 회사의 사업의 중요한 부분에 속하고, 또 보험모집인의 업무수행이 개인의 자율과 능력에 달려 있는 것이어서 그 업무수행에 관한 참가인 회사의 지시감독은 간접적인 형태로 이루어질 수밖에 없다는 특성을 감안하더라도, 원고의 근로시간 및 근로내용이 참가인 회사에 의하여 지배, 관리된다고 볼 수는 없으므로 원고가 참가인 회사와 종속적인 관계에서 노무를 제공하였다고 할 수 없다.

따라서 원심이 원고는 참가인 회사에 대하여 종속적 근로관계에 있었다고 할 수 없다는 이유로 근로기준법상의 근로자에 해당되지 아니한다고 판단한 것은 수긍이 가고, 거기에 근로기준법상의 근로자의 개념, 취업규칙, 사용종속관계 등에 관한 법리오해의 위법이 있다고 할 수 없다."

제1회 보험료수령권과 관련하여 대법원은 다음과 같이 판시하였다.[4]

---

3 대법원 2000. 1. 28. 선고 98두9219 판결.
4 대법원 1989.11.28 선고 88다카33367 판결.

> **대법원 1989.11.28 선고 88다카33367 판결**
>
> "생명보험의 모집인이 그의 권유에 응한 청약의 의사표시를 한 보험계약자로부터 제1회 보험료로서 선일자 수표를 발행받고 보험료 가수증을 해준 경우에는 비록 보험설계사가 소속 보험회사와의 고용계약이나 도급적 요소가 가미된 위임계약에 바탕을 둔 소속보험회사의 사용인으로서 보험계약의 체결대리권이나 고지수령권이 없는 중개인에 불과하다 하여도 오늘날의 보험업계의 실정에 비추어 제1회 보험료의 수령권이 있음을 부정할 수는 없다."

통지수령 권한 및 고지수령권과 관련하여 대법원은 "뚜렷한 위험의 증가 시 보험설계사가 통지의무의 대상인 '보험사고발생의 위험이 현저하게 변경 또는 증가된 사실'을 알았다고 하더라도, 그것이 곧 보험자가 위와 같은 사실을 알았다고 볼 수는 없다."고 하면서 그의 통지 수령 권한을 인정하지 않았다.[5] 또한 "보험가입청약서에 기왕병력을 기재하지 아니하고 보험회사의 외무사원인 보험설계사에게 이를 말한 것만으로는 기왕병력을 보험회사에 고지하였다고 볼 수 없다."고 하면서 고지의무 수령권한을 인정하지 않았다.[6]

> **대법원 2006. 6. 30. 2006다19672, 19689 판결**
>
> "구 보험업법(2003. 5. 29. 공포 법률 제6891호로 전문 개정되어 3월 경과한 날부터 시행되기 전의 것)상의 보험모집인은 특정 보험자를 위하여 보험계약의 체결을 중개하는 자일 뿐 보험자를 대리하여 보험계약을 체결할 권한이 없고 보험계약자 또는 피보험자가 보험자에 대하여 하는 고지나 통지를 수령할 권한도 없으므로(대법원 1979. 10. 30. 선고 79다1234 판결, 1998. 11. 27. 선고 98다32564 판결 등 참조), 보험모집인이 통지의무의 대상인 '보험사고발생의 위험이 현저하게 변경 또는 증가된 사실'을 알았다고 하더라도 이로써 곧 보험자가 위와 같은 사실을 알았다고 볼 수는 없다."고 하면서, "이 사건 보험목적 건물에서 영위하고 있는 업종이 변경된 사실을 보험모집인인 소외인이 알았다고 하더라도 보험자인 원고(반소피고, 이하 반소에 관한 당사자 호칭은 생략한다)가 이러한 사실을 알았다거나 피고가 원고에게 위와 같은 업종변경사실을 통지한 것으로 볼 수 없다."

---

5   대법원 2006. 6. 30. 2006다19672, 19689 판결.
6   대법원 1979. 10. 30. 선고 79다1234 판결.

> **대법원 1979. 10. 30. 선고 79다1234 판결**
>
> "보험가입을 권유하던 피고회사 외무사원 소외 2에게 위 기왕병력을 말하였다는 것이나 보험가입을 권유하는 사람에게 말한 것으로는 피고에의 고지라 할 수 없을 뿐 아니라 원심 의용의 본건 보험가입청약서인 을 제3호증(을 제2호란 기재는 오기)에 기왕병력이 없다고 기재되어 있는 점을 보아도 병력을 고지 아니한 것이 분명하다고 할 것이다."

반면, 통지의무와 관련된 다음의 사례는 다른 관점에서 바라보아야 한다. 하나의 보험회사에 대하여 피보험자가 다른 여러 개의 보험계약이 체결된 사안에서 대법원 다음과 같이 판시하고 있다.

> **대법원 2024. 11. 28. 2022다238633 판결**
>
> "보험기간 중에 보험계약자 또는 피보험자가 사고발생의 위험이 현저하게 변경 또는 증가된 사실을 안 때에는 지체 없이 보험자에게 통지하여야 하고, 보험자가 위 위험변경증가의 통지를 받은 때에는 1월 내에 보험료의 증액을 청구하거나 계약을 해지할 수 있다(상법 제652조). 이때 하나의 보험회사에 대하여 피보험자가 동일한 여러 개의 보험계약이 체결되어 있는 경우 여러 개의 보험계약에 관하여 보험계약자 또는 피보험자가 위험변경증가 통지의무를 이행하였는지 여부는 보험회사와 사이에 체결된 보험계약의 내역, 보험계약자 또는 피보험자가 보험회사에 알린 내용과 알리게 된 경위, 이후 보험회사의 처리경과 등 여러 사정을 종합하여 판단하여야 한다. 이러한 법리는 피보험자의 직업이나 직무에 따라 적용해야 할 보험요율에 차이가 있는 상해보험계약 약관에서 피보험자가 보험계약 체결 후 직업 또는 직무를 변경하는 경우 보험계약자나 피보험자가 보험자에게 그 사실을 알리도록 규정하고 있는 때에도 마찬가지이다."

갑이 을 보험회사와 피보험자를 병, 피보험자의 직업을 일반 경찰관으로 하는 상해보험계약을 체결한 상태에서 병이 보험요율에 차이가 있는 화물차 운전기사로 직업을 변경하였고, 이후 갑이 을 회사와 피보험자를 병으로 하는 운전자 보험계약을 체결하면서 신규 발급된 운전자 보험증권에 병의 직업이 일반 경찰관으로 기재되어 있음을 확인하자 운전자 보험계약 체결 관련 업무를 담당하는 보험설계사에게 병의 직업 변경 사실을 통지하였는데, 그 후 병이 교통사고로 상해를 입게 되어 갑이 을 회사를 상대로 상해보험계약에 따른 보험금을 청구하자, 을 회사가 보험약관에서 정한 계약 후 알릴 의무 위반을 이유로 보험금을 감액하여 지급한다고 통지한 사안에서, 대법원은 "갑이 보험설계사에게 병의 직업 변경을 통지할 무렵 상해보험계약에 관하여도 을 회사에 상법 제652조 또는 상해보험약관에서 정한 '위험의 변경 또는 증가'와 관련한 통지의무를 이행하였다."고 판단하였다.

2) 근로자성 인정 여부

(1) 지점장보험설계사의 근로자성

> **대법원 2022. 4. 14. 선고 2020다238691 판결**
>
> "근로기준법상 근로자에 해당하는지는 계약의 형식보다 근로제공 관계의 실질이 근로자가 사업 또는 사업장에 임금을 목적으로 종속적인 관계에서 사용자에게 근로를 제공하였는지에 따라 판단하여야 한다. 여기에서 종속적인 관계가 있는지는, 업무 내용을 사용자가 정하고 취업규칙 또는 복무(인사)규정 등의 적용을 받으며 업무 수행 과정에서 사용자가 상당한 지휘·감독을 하는지, 사용자가 근무시간과 근무장소를 지정하고 근로자가 이에 구속을 당하는지, 노무제공자가 스스로 비품·원자재나 작업도구 등을 소유하거나 제3자를 고용하여 업무를 대행하게 하는 등 독립하여 자신의 계산으로 사업을 영위할 수 있는지, 노무제공을 통한 이윤의 창출과 손실의 초래 등 위험을 스스로 안고 있는지와, 보수의 성격이 근로 자체의 대가적 성격인지, 기본급이나 고정급이 정하여졌는지 및 근로소득세를 원천징수하는지 등의 보수에 관한 사항, 근로제공 관계의 계속성과 사용자에 대한 전속성의 유무와 정도, 사회보장제도에 관한 법령에서의 근로자 지위 인정 여부 등의 경제적·사회적 여러 조건을 종합하여 판단하여야 한다. 다만 기본급이나 고정급이 정하여졌는지, 근로소득세를 원천징수하였는지, 사회보장제도에 관하여 근로자로 인정받는지 등의 사정은 사용자가 경제적으로 우월한 지위를 이용하여 마음대로 정할 여지가 크다는 점에서, 그러한 점들이 인정되지 않는다는 것만으로 근로자성을 쉽게 부정하여서는 안 된다(대법원 2006. 12. 7. 선고 2004다29736 판결, 대법원 2019. 4. 23. 선고 2016다277538 판결, 대법원 2020. 12. 24. 선고 2018다298775,298782 판결 등 참조)"

대법원은 "갑 보험회사와 위촉계약을 체결한 후 위임직 지점장으로 업무를 수행한 을이 근로기준법상 근로자에 해당하는지 문제 된 사안에서, 을이 정규직 지점장과 마찬가지로 '지점 운영 매뉴얼' 등에 따라 갑 회사의 지휘·감독하에 업무를 수행하였던 것으로 보이는 등 제반 사정을 종합하면 을은 임금을 목적으로 종속적인 관계에서 갑 회사에 근로를 제공한 근로자에 해당한다."고 본 원심판단을 수긍하였다.[7]

----

7 대법원 2022. 4. 14. 선고 2020다238691 판결.

(2) 텔레마케터의 근로자성 여부

> **대법원 2020. 12. 24. 선고 2018다298775, 298782 판결**
>
> "피고(반소원고, 이하 '피고'라 한다)와 위촉계약을 체결하고 피고로부터 고객정보 데이터베이스를 제공받아 이를 이용하여 고객에게 전화를 걸어 보험계약의 체결을 권유하는 업무를 수행한 원고(반소피고, 이하 '원고'라 한다)들이 피고와 사이에 임금을 목적으로 종속적인 관계에서 근로를 제공하였다고 보기는 어려우므로 근로기준법의 적용을 받는 근로자에 해당하지 않는다고 판단하고, 이를 전제로 한 원고들의 퇴직금 청구를 기각하였다."

갑 보험회사와 위촉계약을 체결하고 갑 회사로부터 고객정보 데이터베이스를 제공받아 이를 이용하여 고객에게 전화를 걸어 보험계약의 체결을 권유하는 업무를 수행한 을 등이 근로기준법상 근로자에 해당하는지 문제 된 사안에서, 대법원은 "을 등이 임금을 목적으로 종속적인 관계에서 근로를 제공하였다고 보기 어려우므로 근로기준법의 적용을 받는 근로자에 해당하지 않는다."고 본 원심판단을 수긍하였다.[8]

3) 설명의무 범위 관련 사항

> **대법원 2024. 12. 12. 2022다200317, 200324 판결**
>
> "구 보험업법(2020. 3. 24. 법률 제17112호로 개정되기 전의 것) 제102조 제1항은 "보험회사는 그 임직원·보험설계사 또는 보험대리점(보험대리점 소속 보험설계사를 포함한다)이 모집을 하면서 보험계약자에게 손해를 입힌 경우 배상할 책임을 진다. 다만 보험회사가 보험설계사 또는 보험대리점에 모집을 위탁하면서 상당한 주의를 하였고 이들이 모집을 하면서 보험계약자에게 손해를 입히는 것을 막기 위하여 노력한 경우에는 그러하지 아니하다."라고 규정한다. 위 규정은 보험 모집 과정에서 보험설계사 등의 행위로 보험계약자가 입은 손해에 대하여 보험회사에 무과실에 가까운 손해배상책임을 부담하게 함으로써 보험계약자의 이익을 보호함과 동시에 보험사업의 건전한 육성을 기하고자 하는 데에 그 의의가 있다.
>
> 생명보험은 피보험자의 사망, 생존, 사망과 생존에 관한 보험사고가 발생할 경우에 약정한 보험금을 지급하는 내용의 보험이고(상법 제730조), 보험계약자는 보험수익자를 지정 또는 변경할 권리를 가진다(상법 제731조 제1항). 보험계약자는 피보험자의 사망 등에 관한 보험사고로 인하여 발생할 불이익에 대비하여 일정한 사고 발생 시 자신이 지정하는 보험수익자에게 보험금이 지급되도록 할 목적으로 생

---

8   대법원 2020. 12. 24. 선고 2018다298775, 298782 판결.

보험계약을 체결한다. 따라서 보험계약자와 보험수익자가 다른 타인을 위한 생명보험에서 보험계약자는 유효한 보험계약 체결과 보험금 지급에 관한 법적 이해관계 내지 이익을 가진다. 보험설계사의 위법행위로 보험계약이 무효가 되거나 일정한 사고를 담보하지 못하여 보험계약자가 지정한 보험수익자에게 보험금이 지급되지 않은 경우 그와 상당인과관계가 있는 것으로서 보험계약자에게 발생한 손해는 보험설계사의 위법행위가 없었으면 보험계약자의 의사에 따라 정해지는 보험수익자에게 지급되었을 전체 보험금 상당액이라고 봄이 타당하다.”

갑이 을 보험회사 소속 보험설계사인 병의 권유에 따라 남편인 정을 피보험자로, 정의 법정상속인을 사망보험금의 수익자로 하는 보험계약을 체결하였고, 위 보험계약에는 이륜자동차 운전 중 상해 부담보특약이 포함되어 있었는데, 보험계약 체결 당시 을 회사의 계열사의 협력사 직원으로 근무하던 정이 이륜자동차를 운전하여 출근하던 중 발생한 교통사고에 의한 상해로 사망한 사안에서, 대법원은 “을 회사는 위 특약에도 불구하고 피보험자가 을 회사의 계열사 직원으로 이륜자동차로 회사에 출퇴근하는 경우에 한하여 ‘회사에 출퇴근 시 이외에는 이륜자동차를 운행하지 않는다.’는 취지의 비운행 확인서와 계열사 출입증을 제출하여 보험계약에 가입한 경우에는 출퇴근 시 발생한 이륜자동차 교통사고로 인한 상해 및 사망 보험금을 지급하고 있고, 이는 위 특약의 적용 범위에 관한 것으로서 보험금 지급 여부를 결정짓는 중요한 사항이며, 갑이 보험계약을 체결할 것인지를 결정하는 데에도 직접적인 영향을 미치는 사항으로서, 보험설계사인 병은 특약의 적용 범위 및 보험금 지급 여부를 결정짓는 중요사항인 보험금 지급요건 사실을 갑이 이해할 수 있도록 구체적으로 설명하여 갑으로 하여금 정이 자필서명한 비운행 확인서 및 출입증을 제출할 수 있는 기회를 제공해야 함에도 그와 같은 의무를 위반하여 보험계약을 체결하게 하였고, 그 결과 보험사고의 발생에도 불구하고 갑이 지정한 보험수익자의 보험금청구권이 발생하지 않았는데, 병의 의무 위반이 없었다면 갑이 지정한 보험수익자에게 전체 보험금 상당액이 지급되었을 것이므로 보험계약자인 갑은 보험회사인 을 회사를 상대로 구 보험업법 제102조 제1항(2020. 3. 24. 법률 제17112호로 개정되기 전의 것)에 기한 손해배상으로 보험계약에 따른 전체 보험금 상당액의 지급을 청구할 수 있는데도, 을 회사가 갑에게 보험계약에 따른 보험금 상당액 중 갑의 상속분에 해당하는 부분에 대하여만 손해배상책임을 부담한다.”고 판시하였다.[9]

---

9 대법원 2024. 12. 12. 2022다200317, 200324 판결.

2. 보험대리점

　보험업법상 보험대리점이란 보험회사를 위하여 보험계약의 체결을 대리하는 자(법인이 아닌 사단과 재단을 포함한다)로서 제87조에 따라 등록된 자를 말한다.[10] 보험대리점은 크게 중개대리점과 체약대리점으로 구분된다. 체약대리점은 보험자의 명의로 계약을 체결하고 그 계약을 변경, 해제, 해지하고, 통지 및 고지를 수령한다. 또한 보험료의 지급을 받을 권한이 있다. 체약대리점의 지·부지가 보험자의 지·부지와 동일시된다(민법 제116조 제1항: 상법 제646조). 표현대리에 관한 규정도 적용된다(민법 제125조). 중개대리점은 계약의 체결을 위한 대리권이 없기 때문에 고지 수령권한이나 보험료 수령권한이 없다. 그의 지·부지도 당연히 보험자의 지·부지와 동일시되지 않는다. 계약상대방이 중개대리상을 체약대리상으로 알고 계약을 체결한 후 보험계약의 이익이 상실되었다는 이의를 제기하는 경우가 발생하곤 한다. 보험업법에서 사용하고 있는 보험대리점은 상법에서 규율하고 있는 대리상의 일종에 해당한다(상법 제87조).[11]

대법원 2022. 8. 11. 선고 2022다229745 판결

"원고 보험회사가 보험대리점 계약을 체결하고 보험모집을 위탁한 피고 카드회사 소속 텔레마케터의 보험판매 과정에서 불완전판매가 있었음을 이유로 금융감독원으로부터 제재를 받자 보험가입 고객들에게 보험료 전액(납입보험료와 해지환급금액의 차액 포함)을 반환하고, 피고 회사에게 보험대리점계약 제6조 제2항에 따라 관련 계약에 대한 수수료 전액 반환을 청구하자, 피고 회사는 보험료 반환이 피고 회사의 전적인 잘못에 의한 것이 아닌 이상 수수료 전액 반환은 부당하다고 주장한 사건이 있었다. 대법원은 "갑 보험회사가 을 주식회사와 보험대리점 계약을 체결하면서 대리점 수수료에 관하여 '을 회사는 그 취급 보험계약의 조건 등의 변경, 무효, 효력 상실 또는 해지 등에 의하여 갑 회사가 영수한 보험료의 전부 또는 일부를 보험계약자에게 환급하는 경우에는 당해 환급보험료에 상당하는 금액을 갑 회사에 즉시 환급하여야 한다.'고 정한 조항을 두었는데, 위 조항의 해석이 문제 된 사안에서, 위 조항은 보험대리점인 을 회사가 취급한 보험계약의 효력이 전부 또는 일부 상실되어 갑 회사가 보험계약자에게 보험료를 환급한 경우의 정산관계를 정한 것에 불과하지, 이를 오로지 보험대리점의 귀책사유로 보험계약이 상실되어 보험료가 환급된 경우에 한정하여 제한적으로 적용된다고 볼 근거는 없다."

　2022다229745 판결에서, 대법원은 원심판결 이유를 관련 법리와 원심이 적법하게 채택한 증

10　보험업법 제2조 제10호. 70년대에 일찍이 이 문제에 대하여 검토한 자료로는 이필규, "보험대리점의 법적지위", 보험학회지, 한국보험학회, 1975, 183면 이하.

11　양승규, 보험법, 제5판, 삼지원, 2004, 94면.

거에 따른 아래의 사정을 더하여 살펴보면, 이 사건 보험대리점 계약 제6조 제2항의 해석에 관한 원심의 판단은 그대로 수긍할 수 없다고 판단하였다.

첫째, 이 사건 보험대리점 계약 제6조 제2항의 문언상으로도 보험계약의 모집·체결과정에서 발생하는 위험 부담, 귀책사유의 존부·정도·비율 등에 관하여 아무런 정함이 없고, 단지 피고가 취급한 보험계약의 효력이 전부 또는 일부라도 상실됨에 따라 원고가 이에 상응하는 보험료를 보험계약자에게 환급한 경우의 정산관계를 정한 것에 불과하며, 이 사건 보험대리점 계약 및 부속약정의 전체적인 내용·체계·구조상으로도 위 조항이 오로지 보험대리점의 귀책사유로 보험계약이 일부라도 상실됨에 따라 보험료가 환급된 경우에 한정하여 제한적으로 적용된다고 볼 근거가 없다.

둘째, 이 사건 보험대리점 계약 제6조 제2항은 보험계약의 전부 또는 일부 실효에 따른 보험회사와 보험대리점 사이의 약정에 따른 정산관계에 대한 권리·의무를 규정한 것이어서 과실상계나 책임제한이 적용·준용되지 않는 것이 원칙이지만, 보험계약의 모집·체결 과정은 물론 보험계약의 효력이 상실되어 보험계약자에게 보험료를 환급하기까지의 경위를 종합하여 인정되는 원고·피고의 귀책사유의 존부·정도·비율 등 구체적 사정에 비추어 피고로 하여금 위 조항에 따른 대리점 수수료 전액의 환급을 명하는 것이 신의칙 또는 형평의 원칙에 반하는 경우에는 합리적 범위 내에서 반환범위를 제한할 수도 있으므로(대법원 2002. 5. 24. 선고 2000다72572 판결 참조), 피고가 위 조항에 따라 대리점 수수료의 반환의무를 부담하더라도 반드시 그 전액을 반환하여야 하는 것도 아니다. 따라서 이 사건 보험대리점 계약 제6조 제2항에 따른 책임의 합리적 제한이 불가능함을 전제로, 위 계약의 효력을 부정하거나 혹은 그 계약상 책임의 발생요건 자체를 문언과 달리 축소 해석할 필요성이 있다고 보이지도 않는다.

셋째, 보험회사와 보험대리점의 관계를 비롯한 보험업계의 업무 실태, 이 사건 보험대리점 계약 제6조 제2항과 같은 규정이 도입된 경위 등에 비추어 보더라도, 보험계약의 모집·체결 과정에서 원고와 같은 보험회사의 과실이 일부라도 인정된다는 이유만으로 이 사건 보험대리점 계약 제6조 제2항의 적용범위에서 처음부터 제외하는 것은 사실상 위 조항을 사문화시키는 것임은 물론 보험계약이 실효되는 다양한 경우에 보험회사와 보험대리점 사이의 대리점 수수료의 정산관계를 사전에 정하여 둔 당사자의 진정한 의사·목적에도 배치되고, 결과적으로 상황에 따른 구체적·합리적 해결기준을 제시하는 것이 된다고 보기도 어렵다.

이러한 사항을 근거로 하여 대법원은 "원심의 판단에는 처분문서 및 계약의 해석에 관한 법리를 오해함으로써 판결에 영향을 미친 잘못이 있다"고 판단하였다.

3. 보험중개사

보험업법상 보험중개사란 독립적으로 보험계약의 체결을 중개하는 자(법인이 아닌 사단과 재판을 포함한다)를 말한다(제2조 제11호). 보험중개사가 되기 위해서는 일정한 시험에 합격한 후 대통령령이 정하는 바에 따라 금융위원회에 등록해야 한다. 보험중개사는 예전 보험중개인이라고 하는 명칭을 사용하였지만, 현재 보험중개사로 불리고 있다.[12] 상법에서 인정되고 있는 중개인은 오랜 경험을 가지고 해당 분야의 숙련된 전문가에 해당한다. 중개인으로서 보험중개사 역시 상품이나 리스크관리 등의 문제를 상담하거나 대규모의 위험에 대하여 부보를 원하는 보험계약자에게 적지 않은 도움을 제공하게 된다.[13] 계약체결 시 계약내용의 작성, 계약조건에 대한 내용 검토 및 다양하면서도 전문적인 서비스를 제공한다. 상법에서 인정되고 있는 중개인의 경우 쌍방중개인으로 추정하지만, 보험중개사는 보험계약자를 대리하여 보험계약을 체결하고 보험금을 수령할 권한이 있다는 점에서, 원칙적으로 보험계약자를 위한 일방중개인으로 본다.

4. 등록 등의 규제

보험업법은 보험설계사, 보험대리점 및 보험중개사에게 보험모집을 할 수 있는 자격을 부여하면서 일정한 사항에 대한 규제를 하고 있다. 보험설계사의 등록이라든가 모집의 제한, 불공정 행위에 대한 금지 및 등록의 취소 등의 내용을 규정하고 있고, 보험대리점에 대한 등록, 보험대리점의 등록 취소 등을 규정하고 있으며, 보험중개사에 대한 등록, 업무범위 및 등록 취소 등의 내용을 담고 있다. 다만, 보험업법은 제92조에서 보험중개사에 대하여 "보험계약의 체결을 중개할 때 그 중개와 관련된 내용을 대통령령으로 정하는 바에 따라 장부에 적고 보험계약자에게 알려야 하며, 그 수수료에 관한 사항을 비치하여 보험계약자가 열람할 수 있도록 하여야 하고(제1항)", "보험중개사는 보험회사의 임직원이 될 수 없으며, 보험계약의 체결을 중개하면서 보험회사·보험설계사·보험대리점·보험계리사 및 손해사정사의 업무를 겸할 수 없다."고 하면서 일정한 의무를 부과하고 있다.

보험계약을 모집하는 종사자에 대한 자격이나 등록, 등록취소등에 관하여는 보험업을 감독

---

12   장덕조, "보험중개인에 관한 고찰", 한림법학, FORUM 제7권, 1998, 186면 이하.

13   김기현, 재보험실무, 보험연수원, 1996, 197면.

하고 통제하는 보험업법에서 규정하는 것은 타당하다. 그러나 보험계약 체결 과정에서 보험모집종사자 역시 중요한 법률관계를 형성하고 있다는 점에서, 그들에 대한 권리와 의무를 규정해야 할 필요성이 있다. 보험업법에서 일부 권한이 규정되기도 하였지만, 보험모집종사자에 대한 권리와 의무는 계약관계를 다루는 보험계약법에 규정해야 한다. 2014년 3월 11일 '보험대리상 등의 권한'이라는 명칭으로 상법 제646조의2가 신설된 점은 긍정적이지만, 그 내용적 측면에 있어서는 여러 가지 부족한 면이 발견되고 있다. 이하에서는 보험모집보조자에 대한 내용을 상세하게 규정하고 있는 독일 보험계약법의 관련 규정을 살펴보도록 한다.

III. 독일 보험계약법상 보험모집보조자

1. 보험중개자

1) 구분

보험계약법은 제59조 이하에서 보험모집종사자에 대하여 규정하고 있다.[14] 독일의 보험모집종사자로서는 보험대리인과 보험중개인이 있다. 보험대리인(Versicherungsvertreter)과 보험중개인(Versicherungsmakler)을 포함하는 개념으로 보험중개자(Versicherung svermittler)를 사용할 수 있는데(보험계약법 제59조 제1항), 보험중개자와 보험상담사(Versicherungsberater)는 독일 모집종사자의 대표적인 구분형태에 해당된다.[15] 한편, 보험에 대한 조언자(Tippgeber)는 보험중개자에 해당되지 않는다.

2) 권한

보험중개자는 보험계약자도 아니고 보험자에 해당되지도 않으면서 보험상의 보호를 위하여 법률행위상의 업무를 처리할 수 있는 권한의 일부나 또는 전부를 처리할 수 있는 자이다.[16] 보

---

14 최병규, "보험모집보조자의 법적 지위에 관한 한독 비교연구", 기업법연구, 제24권 제1호(통권 제40호), 한국기업법학회, 2010, 331면 이하.

15 김은경, "보험모집조직에 대한 법적 소고 − 독일 보험모집조직의 종류 비교를 중심으로 − ", 외법논집 제35권 제1호, 한국외국어대학교 법학연구소, 2011, 101면 이하.

16 BGH 22. 5. 1985, BGHZ 94, 356 (358).

험자나 보험대리인으로부터 위임을 받지 않고 보험계약의 중개나 체결을 영업으로 인수한 자를 보험중개인이라고 한다면(보험계약법 제59조 제3항), 보험대리인은 보험자나 보험대리인으로부터 영업상 보험계약을 중개하거나 체결할 권한을 위임받은 자에 해당한다(보험계약법 제59조 제2항).

3) 의무

(1) 내용

보험중개자는 정보제공의무(Informationspflicht)를 포함한 상담의무(Beratungspflicht)와 서면화의무(Dokumentationspflicht)를 이행해야 한다. 보험중개자는 제공된 보험을 판단하는 데 있어서 어려움이 있거나 보험계약자의 관련자, 그들의 상황에 따라 이에 대한 이유가 있는 때에는 보험계약자의 요청이나 필요에 따라 보험계약자에게 질문을 해야 할 의무가 있다(보험계약법 제61조 제1항). 상담을 함에 있어 상담비용과 보험계약자로부터 지급되어야 하는 보험료 사이의 적절한 관계를 고려하여 상담하여야 한다. 또한 특정의 보험과 관련하여 개개의 상담근거를 보험계약자에게 표시하여야 할 의무가 있다. 보험중개자는 보험계약을 체결과정에 있어서 상담의무를 부담하는 것 외에, 상담을 함에 있어서 이를 서면의 방법으로 기록을 해야 한다.

(2) 형식

보험중개자는 상담을 하는 과정에서 보험계약자가 필요로 하는 정보를 계약의 의사표시(청약)를 하기 전에 제공해야 하며, 보험계약자에게 제공하는 정보는 명백하면서도 이해할 수 있도록 텍스트 형식으로 제공되어야 한다(보험계약법 제62조 제1항).[17] 그러나 보험계약자가 정보제공을 필요로 하지 않거나, 보험자가 잠정적인 보상을 보장한 경우에는 텍스트 형식이 아니라 구두로도 가능하다(보험계약법 제62조 제2항 제1문).[18] 이 경우 보험자는 계약체결 후 지체없이 동 정보를 텍스트 형식을 통하여 보험증권과 함께 전달해야 한다(보험계약법 제62조 제2항 제2문).

17　Langheid/Wandt/, VVG, § 62 Rdn. 5.

18　Palandt, BGB, 69. Aufl., C.H.Beck, 2010, § 126 b BGB Rdn. 1 ff. 독일 민법 제126b조가 텍스트 형식을 규정하고 있다. 텍스트 형식이란 의사표시가 서면이나 지속적인 재생을 위한 다른 문서방법으로 이행되는 것을 의미한다.

4) 책임

보험중개자가 상담의무나 서면화의무를 위반하여 보험계약자에게 손해발생을 야기한 경우에는 그것에 합당한 배상책임을 부담해야 한다(보험계약법 제63조 제1문). 보험계약자 보호의 관점에서 발생한다. 보험계약법 제60조는 보험중개자의 상담근거와 그 근거에 따라 상담을 해야 하고 서면의 방법으로 이행해야 하는 의무를 위반하는 경우를 제재하기 위한 규정이다.[19] 그러나 보험중개자가 그러한 의무위반에 대하여 책임이 없는 사유로 발생한 경우에는, 손해배상책임을 부담하지 않는다(보험계약법 제63조 제2문).

2. 보험대리인

1) 권한의 포괄성

보험계약법 제69조에서 규정되어 있는 법정 대리권은 보험대리인에게 적용된다.[20] 보험대리인은 보험계약의 체결을 위한 청약과 그와 관련한 이의, 보험계약의 체결 전에 해야 하는 고지 및 기타 의사표시를 보험계약자로부터 수령할 권한(제1호), 보험계약의 연장 또는 변경에 대한 청약, 그에 대한 이의, 해지, 철회, 기타 보험관계와 관련한 의사표시 및 보험계약 기간에 해야 할 고지 등을 보험계약자로부터 수령할 권한(제2호), 보험자로부터 교부된 보험증권이나 연장증권을 보험계약자에게 전달할 권한(제3항) 등의 대리권을 행사할 수 있다.

2) 중개대리상의 수동대리

(1) 의의

구 보험계약법 제43조에는 보험영업에 대하여 중개에 대하여 위임을 받은 경우, 이를 수령대리권이 있는 자로 중개대리인(Vermittlungsvertreter)이 규정되어 있었다.[21] 그러나 2008년 개정된 보험계약법 제69조 제1항은 중개대리나 체약대리에 대한 특정사항을 기술하지 아니하고 보험대리에 관한 일반론으로부터 출발하고 있다.

---

19 Rüffer/Schimikowski/Münkel, VVG, § 63 Rdn. 5.
20 구 보험계약법 제43조에 대한 자세한 설명으로는 이필규, "독일 보험계약법상의 보험대리인 – 독일보험계약법(VVG) 제43조를 중심으로 –", 보험학회지, 손주찬교수회갑기념호, 1984, 97면 이하.
21 Zum alten § 43 VVG Prölss/Martin/Kollhosser, VVG, § 43 Rdn. 3 f.

(2) 내용

제1항은 보험대리인의 수동적 대리권한을 인정하고 있다. 보험대리인은 보험계약의 체결을 위한 청약과 그와 관련된 이의, 보험계약의 체결 전에 이행하여야 할 고지사항 및 의사표시를 보험계약자로부터 수령한 권한이 있다(제1호). 또한 보험계약의 연장이나 변경에 대한 청약, 그에 대한 이의, 해지, 철회 그 외 보험관계와 관련한 의사표시 및 보험계약기간에 해야 할 고지 등을 보험계약자로부터 수령할 권한이 인정된다(제2호). '보험대리인은 보험자가 보는 것과 듣는 것이 동일하다'고 하는 대법원 판결의 핵심적인 내용이 보험계약법 제69조 제1호와 제2호에 규정된 것으로, 보험대리인의 지위에 대하여 단적인 사실을 제시하고 있다.[22]

3) 체약대리상의 능동대리

중개대리인과 달리, 체약대리인은 적극적 대리권한이 있는 자이다(민법 제164조 제1항). 체약대리인은 중개대리인이 가지고 있는 소극적인 권리를 행사할 수 있을 뿐만 아니라, 더 나아가 보험자를 위하여 보험계약을 변경하고, 연장하기도 하며 해지 및 철회권 등 적극적 권리를 행사할 수 있다(보험계약법 제71조). 그러므로 체약대리상은 그 대리권의 범위가 매우 포괄적이라 할 것이다.

3. 보험중개인

1) 정의

보험중개인(Versicherungsmakler)[23]은 보험자나 보험대리인으로부터 위탁을 받지 아니하면서 보험계약을 중개하거나 체결을 영업으로 인수하는 자를 말한다. 실무상 위임은 보험계약자로부터 받는 경우가 많다.[24] 보험중개인은 위임자의 대변인 또는 관리인 역할을 맡게 된다. 보험자를 위하여 계약체결을 보조하는 자에 해당하지 않고, 장래 보험계약자가 될 가능성이 있는 고객에게 도움을 주는 역할을 하게 된다. 고객과의 중개인계약(Maklervertrag)에 따라, 그는 그

---

22   Erstmals BGH 11. 11. 1987 VersR 1988, 234.

23   독일의 Versicherungsmakler를 보험중개사나 보험중개인으로 번역할 수 있다. 우리나라도 보험중개인이라는 명칭을 사용한 바 있고, 보험중개인이 법률적인 면에 가깝다는 면을 고려하여 독일의 문헌에서는 보험중개인이라는 용어를 사용한다.

24   Rüffer/Schimikowski/Münkel, VVG, § 59 Rdn. 23.

계약내용에 구속된다. 그 계약에 따라 보험중개인은 상응하는 분석을 통하여 고객이 필요로 하는 것을 조사하여 시장에서 합당한 보험보호를 제공해야 한다.[25]

2) 법률관계

보험자와 보험중개인 사이의 법률적인 채권관계가 형성되기 때문에, 보험중개인은 보험자의 이익을 대변할 의무가 생기는 것으로 인식될 수 있다. 그러나 보험중개인은 중복적 법률관계, 즉 보험자와 보험중개인 사이의 일정한 법률관계와 보험계약자와 보험중개인과의 법률관계를 형성하게 되는 것이다. 그럼에도 불구하고 보험중개인과 보험계약자와의 사이의 법률관계가 보험중개인과 보험자 사이의 법률관계보다도 보다 더 밀접한 관련성을 가지고 있다. 실제로 보험중개인은 보험계약자 편에 서서 그의 이익을 위해 보호하게 된다.

3) 구분

독일 상법 제93조에서 규정되어 있는 중개상과 달리, 보험중개인은 그의 고객과 상시적인 위임관계를 바탕으로 하여 종사하게 된다.[26] 그러므로 상법 제93조는 보험중개인에 대하여 더 이상 적용되지 않는다.[27] 보험중개인 역시 상법상의 중개상과 마찬가지로 보험계약을 중개하기는 하지만, 그 당사자들 사이에 피상적인 법적 관계에 놓여 있는 것이 아니라 지속적인 관계를 통하여 보험계약자를 대리하기 위하여 그와 연결되어 있다.

보험중개인은 보험자에 의하여 위임을 받는 것이 아니라 고객의 중개행위를 가지고 그에 의하여 위임을 받는 점에서 보험대리인과의 차이가 있다.[28] 보험대리인이 보험자의 이익을 위하여 영업업무를 이행하고 있다면, 보험자와의 관계에서 보험중개인은 고객의 입장에서 그의 이익을 옹호하고 대변한다.[29]

---

25 Koch, Der Versicherungsmakler im neuen Vermittlerrecht, VW 2007, 248, Ziff. 1b.

26 Koch, Der Versicherungsmakler im neuen Vermittlerrecht, VW 2007, 248 Ziff. 1b.

27 이 점을 이미 지적한 자로는 Julius von Gierke, Versicherungsrecht II, 1947, S. 124.

28 Bruck/Möller, VVG, 9. Aufl., De Gruyter, § 59 Rdn. 65.

29 BT-Druck, 16/1935, S. 22 f.

4) 권리

중개상이 양 당사자의 이익을 고려해야 하는 반면에, 보험중개인은 기본적으로 보험계약자를 위하여 조언하고 협력을 하는 지위에 있다. 그럼에도 불구하고 보험중개인은 보험자로부터 수수료를 수령하게 되는데, 이 점은 보험중개인의 중요한 특징에 해당한다.[30] 보험중개인이 고객에게 할애한 상담에 대한 일정한 보수를 청구하거나, 보험계약자 스스로가 보험계약이 체결되는 결과에 대한 보수를 지급하는 것과는 별개의 문제이다.[31]

5) 의무

보험중개인의 의무는 한편으로는 보험계약법으로부터 발생하고, 또 한편으로는 중개계약으로부터 발생한다.[32] 보험중개인은 시장에서 제공되고 있는 보험계약들과 보험자들의 충분한 개연성에 따라 충분한 조언을 제공해야 할 의무가 있다(보험계약법 제60조 제1항 제1문). 그러나 보험중개인은 각각의 사례에서 보험자 및 보험계약을 선택함에 있어서 제한될 수 있음을 명백하게 알려주는 것이 허용된다(보험계약법 제60조 제1항 제2문). 보험계약법 제61조에 따라 상담의무와 서면화의무를 부담해야 한다. 이러한 의무들은 고객인 보험계약자가 청약의 의사표시를 하기 전에 이행해야 한다(보험계약법 제62조). 제60조와 제61조로부터 발생하는 의무들을 보험중개인이 위반하면, 그의 손해배상의 책임을 면하지 못한다(보험계약법 제63조).

4. 보험상담사

1) 정의

보험상담사는 보험자로부터 경제적인 이익을 얻지 않거나 다른 방법으로 그에게 종속되지 아니하고 보험계약에 대한 합의, 변경 또는 조사의 경우 또는 보험사고 시 보험계약으로부터 청구권의 대리행사와 관련하여 영업상 상담을 하거나 재판 외에서 보험자에 대하여 대리하는 자이다(보험계약법 제59조 제4항).

---

30 BGH 20. 1. 2005 NJW 2005, 1357; BGH 20. 1. 2005 VersR 2005, 404; BGH 14. 6. 2007 VersR 2007, 1127.

31 So der Wortlaut der Klausel in der Entscheidung vom 20. 1. 2005 VersR 404; inhaltsgleich die Klausel in der Entscheidung des BGH vom 20. 1. 2005 NJW 2005, 1357.

32 Bruck/Möller, VVG, 9. Aufl., De Gruyter, § 59 Rdn. 86.

2) 특징

보험중개자가 부담하는 의무와 같은 상담의무나 서면화의무 등이 보험상담사에게 발생할 수 있다(보험계약법 제68조 제1문). 이러한 경우에는 보험중개자에게 적용되는 정보의 시점과 형식(보험계약법 제62조 참조) 및 손해배상의무(보험계약법 제63조) 등이 보험상담사에게도 적용가능하게 된다.

IV. 상법 제646조의2의 주요 내용과 한계

1. 개정 법규

> **제646조의2(보험대리상 등의 권한)** ① 보험대리상은 다음 각 호의 권한이 있다.
> 1. 보험계약자로부터 보험료를 수령할 수 있는 권한
> 2. 보험자가 작성한 보험증권을 보험계약자에게 교부할 수 있는 권한
> 3. 보험계약자로부터 청약, 고지, 통지, 해지, 취소 등 보험계약에 관한 의사표시를 수령할 수 있는 권한
> 4. 보험계약자에게 보험계약의 체결, 변경, 해지 등 보험계약에 관한 의사표시를 할 수 있는 권한
> ② 제1항에도 불구하고 보험자는 보험대리상의 제1항 각 호의 권한 중 일부를 제한할 수 있다. 다만, 보험자는 그러한 권한 제한을 이유로 선의의 보험계약자에게 대항하지 못한다.
> ③ 보험대리상이 아니면서 특정한 보험자를 위하여 계속적으로 보험계약의 체결을 중개하는 자는 제1항 제1호(보험자가 작성한 영수증을 보험계약자에게 교부하는 경우만 해당한다) 및 제2호의 권한이 있다.
> ④ 피보험자나 보험수익자가 보험료를 지급하거나 보험계약에 관한 의사표시를 할 의무가 있는 경우에는 제1항부터 제3항까지의 규정을 그 피보험자나 보험수익자에게도 적용한다.

2. 주요 내용

1) 체약대리상의 권한

보험대리상이라 함은 일정한 보험자를 위하여 상시 그 영업부류에 속하는 보험계약의 체결을 대리하거나 중개하는 것을 영업으로 하는 자를 말한다. 보험대리상은 보험자로부터 지시와 감독을 받지 않은 독립된 상인으로서 보험회사에 대한 보조적인 상인으로서의 지위를 갖는다.[33] 그러한 측면에서 상업사용인과 구별이 이루어져야 한다. 대리상은 체약대리상과 중개대

리상과 구분된다.[34] 일정한 상인인 보험회사를 위하여 상시 그 영업부류에 속하는 보험계약의 체결을 대리하는 것을 영업으로 하는 독립된 상인을 체약대리상이라고 한다(상법 제87조).

2014년 3월 11일 공포된 개정 상법은 "보험대리상 등의 권한"이라는 제목으로 보험대리상에 대한 권한을 명시적으로 신설하였다.[35] 제646조의2 제1항은 보험대리상에게 보험료 수령권, 보험자가 작성한 보험증권을 그 대신에 보험계약자에게 교부할 수 있는 권리, 보험계약자로부터 청약, 고지, 통지, 해지, 취소 등 보험계약에 대한 의사표시를 수령할 수 있는 권한 및 보험계약자로부터 보험계약의 체결, 변경, 해지 등 보험계약에 관한 의사표시를 할 수 있는 권한 등을 규정하고 있다. 상법 제87조가 대리상에 관한 일반적인 규정을 정하고 있다면, 상법 제646조의2는 보험의 영역에서 대리상이 갖는 권한을 예시하면서 규정하고 있다는 점에서, 그 의미를 찾을 수 있다.

2) 중개대리상의 권한

일정한 상인인 보험회사를 위하여 상시 그 영업부류에 속하는 보험계약의 체결을 중개하는 것을 영업으로 하는 독립된 상인을 중개대리상이라고 한다(상법 제87조). 상법 제646조의2 제1항과 비교하여 제2항은 중개대리의 면을 고려한 것으로 판단된다.[36] 제1항에서 보험자가 행사할 수 있는 권리 가운데 계약에 대한 체결을 대리할 수 있는 권리 등을 부여하고, 제2항에서는 계약체결에 대한 권리 가운데 일부를 제한할 수 있도록 한 점은 보험계약의 중개라고 하는 사실을 상정해 둔 것이라 할 수 있다. 그렇다고 할지라도, 제3자가 일부의 권한을 제한받은 중개대리상에 대하여 그 권한을 제한받았다는 사실을 알지 못하는 경우라면 보험자는 이를 제3자에게 대항할 수 없도록 하고 있다.

---

33 이성남, "개정 상법상 보험대리상 등에 관한 규정의 법적 쟁점 연구", 기업법연구, 제28권 제2호(통권 제57호), 한국기업법학회, 2014, 264면.

34 박세민, 보험법, 제8판, 박영사, 2025, 150-151면.

35 김영국, "상법 제646조의2 '보험대리상 등의 권한' 규정에 관한 법정책적 소고", 법이론실무연구, 제2권 제1호, 한국법이론실무학회, 2014, 217면 이하.

36 이성남, "개정 상법상 보험대리상 등에 관한 규정의 법적 쟁점 연구", 기업법연구, 제28권 제2호(통권 제57호), 한국기업법학회, 2014, 262면.

3) 대리상 아닌 보험계약 중개하는 자

상법 제646조의2 제3항은 '특정한 보험자를 위하여 계속해서 보험계약의 체결을 중개하는 자'라고 하여 보험설계사를 상정하는 개념을 도출하는 시도가 엿보인다. 이 자에게는 보험대리상이 가지고 있는 권리로서 보험계약자로부터 보험료를 수령할 수 있는 권한과 보험자가 작성한 보험증권을 보험계약자에게 교부할 수 있는 권한을 인정한다. 다만, 보험료 수령권한과 관련하여 보험자가 작성한 영수증을 보험계약자에게 교부한 경우에만 가능하다.[37] 동 규정은 보험계약 체결 과정에서의 보험설계사의 지위를 확보하고자 하는 의도가 있다고 판단된다. 입법자는 특정한 보험자를 위하여 계속해서 보험계약의 체결을 중개하는 자에게 보험료 수령권한과 보험증권 교부권한을 인정하여 보험회사를 보조하는 이 자에 대한 권한을 명확히 제시함으로써, 법적인 지위를 확보하는 효과를 제공하였다.

4) 피보험자 및 보험수익자 보호

동조 제3항은 피보험자나 보험수익자가 보험료를 지급하거나 보험계약에 관한 의사표시를 할 의무가 있는 경우에는 제1항부터 제3항까지의 규정을 그 피보험자나 보험수익자에게도 적용하는 것으로 규정하고 있다. 이는 보험계약자에 준하는 지위를 가지고 있는 자를 보호하고자 하는 면이 있다.

3. 평가

2014년 3월 11일 개정된 상법에 보험모집종사자에 대한 내용이 신설된 것만 해도 그 개정의 의의를 인정할 수도 있을 것이다. 그러나 상법 제646조의2의 규정을 검토해 보면, 입법자는 보험대리상 등이라는 이름으로, 보험자를 대신하여 포괄적인 권한을 행사할 수 있는 체약대리상을 원칙적으로 인정하고, 그러한 권한 가운데 계약체결권 등을 행사할 수 있는 권리를 배제하여 계약의 중개만을 행사할 수 있는 중개대리상을 보험자가 선택할 수 있는 방안을 마련하였다. 제3자가 상법 제646조의2 제1항의 권한을 알지 못하는 가운데 중개대리상과 계약을 체결할 가능성이 발생하게 되는 점을 예방하기 위하여, 입법자는 보험자는 제3자에게 중개대리상이 일정한 권한이 제한되어 있음을 인식할 수 있도록 하였다. 만약 보험계약자가 그러한 권리의 제

---

[37] 대법원 1989. 11. 28. 선고 88다카 33367 판결.

한이 있음을 모르는 경우라면, 보험회사는 이러한 제3자에 대하여 대항하지 못하도록 한 것이다. 대리상 권한의 제한이라는 규정을 통하여 보험대리상 권한을 일부 제한하는 규정을 두고 있다는 점에서, 비록 법규에 중개대리상이라는 개념을 사용하지는 않았지만, 제1항과 제2항의 관계를 통하여 제2항이 중개대리상이라는 지위를 추론할 수 있다. 그럼에도 불구하고 보험자가 자신의 임의대로 제1항의 일부 권한을 배제할 수 있다는 점에서, 보험중개대리상에게 체약대리상이 행사할 수 있는 일부의 권리인 보험료 수령권한, 보험증권 교부권한, 고지·통지수령 권한을 인정받을 수 있다. 입법자는 이번 개정에서 이러한 법적 근거를 마련해주었다는 점에서, 실무에서 긍정적인 효과를 가져올 수 있을 것이다.

4. 한계

개정 상법은 부분적으로는 긍정적 평가를 부여할 수 있지만, 다음과 같은 입법상의 한계점을 노출하고 있다.

첫째, 보험모집종사자의 개념이 명시적으로 제시되어 있지 않다. 보험모집종사자로서 보험대리상에 대하여는 제646조의2 제1항과 제2항에서, 보험모집인에 대하여는 제646조의2 제3항에서 규정하고 있는 모습을 보여주고 있는데, 역시 보험모집인에 대한 명시적 개념을 제시하고 있지 않다. 특히, 보험중개사에 대하여는 전혀 언급되지 않고 있는바, 이를 명시적으로 제시해야 할 필요성 있다.

둘째, 의무에 대한 내용이 누락되어 있다. 법적 관계를 정함에 있어 권한이 있다면 의무도 당연히 존재해야 할 것이다. 상법 제646조의2는 보험대리상을 중심으로 일정한 자에 대한 권한을 규정하고 있다. 일부 권한을 명시적으로 신설한 보험설계사도 있지만, 보험중개사에 대하여는 권한은 물론이거니와 의무도 부여하지 않았다. 보험중개사의 권한과 의무를 명시적으로 규정해야 할 필요성이 있다.

셋째, 설명의무와 그 의무이행 시점의 명확화 및 서면화의무에 대한 사항이다. 독일 보험계약법이 규정하고 있는 것과 같이 보험모집종사의 설명의무와 그 의무이행의 시점을 명확히 법률에 규정해야 할 필요가 있다. 다만, 다툼을 방지하기 위하여 서면화의무가 필요한가에 대한 심도 있는 논의의 필요성이 있다.

넷째, 의무위반에 대한 책임 규정의 필요성이 있다. 대리 개념을 근거로 한 대리상의 경우 보험자의 책임을 원칙으로 하되 규모가 일정 이상인 독립 보험대리상에 대하여는 자신의 1차적인 책임을 인정하는 방안이 모색될 수도 있고, 보험중개사는 자기책임을 인정하는 방식이 타당할 것이다.

다섯째, 제재 내용은 보험업법에 규정하는 것이 타당할 것이다. 보험모집종사자의 권한과 의무 등은 보험계약법에 규정해야 한다. 하지만 제재규정은 보험업법이나 보험업법시행령에 두어야 할 것이다.

V. 결 론

보험업법의 제정목적과 보험계약법의 제정취지를 정확하게 이해할 필요가 있다. 보험업법은 보험업을 영위하는 자의 건전한 운영을 도모하고 보험계약자·피보험자 그 밖의 이해관계인의 권익을 보호함으로써 보험업의 건전한 육성과 국민경제의 균형 있는 발전에 기여함을 목적으로 제정된 법률이다. 보험계약자와 보험자의 권리와 의무를 규정하고자 하는 목적은 보험업법에서 그리 큰 비중을 차지하지 못한다. 반면, 상법 보험편은 보험자와 보험계약자의 권리와 의무를 규정하고 있다. 그러한 측면에서 본다면, 보험모집종사자의 권리와 의무는 보험계약법, 즉 상법 보험편에 규정되어야 한다. 보험계약자에게 실질적으로 이해관계가 있는 것은 보험업법보다 보험계약법이다. 2014년 3월 11일 상법을 개정하면서, 계약관계를 다루는 보험편에 이들에 대한 법적 지위를 명시적으로 수용한 점에 대하여는 긍정적인 평가를 부여할 수 있다. 그러나 미흡한 점을 부인하기는 어렵다.

보험계약관계에서 보험모집종사자는 보험자와 보험계약자 사이에서 매우 중요한 역할을 한다. 일본으로부터 계수하여 개인보험 시장의 성장에 크게 기여한 보험설계사, 시간이 갈수록 대규모화되는 동시에 시장을 진입하는 비율이 점점 더 높아지고 있는 판매채널의 상징적인 보험대리점, 기업보험을 비롯하여 국내 시장에서 브로커로서의 입지와 해외 시장을 확대해가고 있는 보험중개사라고 하는 판매채널은 보험계약관계에서 간과되어서는 아니된다는 점에 보험계약자에게 주지되어야 할 것이다. 2014년 새롭게 도입된 보험모집종사 관련 내용의 부족함과 흠결을 차제에 보완하여야 할 것이고, 그들의 권리와 의무를 보다 명시적으로 신설하는 방안이 마련되어야 할 것이다.

제12장

보험자의 면책과 자살

I. 의 의

　자본주의 경제사회에서 개별적인 경제주체는 경제생활을 유지·운영·발전시키는 과정에서 예측할 수 없는 우연한 사고를 동반하게 된다. 그러므로 각종의 위험에 대비하기 위하여 여러 가지 대비책이 강구되어야 할 것이다. 그러한 대비책 가운데에서 보험은 동일한 위험에 놓여 있는 사람들이 하나의 위험단체를 구성하여 일정한 금액을 출연하여 기금을 마련하고, 사고를 당한 자에게 일정한 금액을 지급하여 경제생활의 안정을 도모하고자 하는 제도이다. 보험자와 보험계약자는 보험계약을 체결하고, 그 계약에 따라 보험계약자는 일정한 금액의 보험료를 납입한다. 보험자는 보험사고가 발생하였을 때에 그에 대한 반대급부로 보험금을 지급하게 된다.

　보험자가 책임을 부담하게 되는 보험금의 지급은 우연한 사고의 발생을 전제로 하게 되는데, 이러한 거액의 보험금을 수령하기 위하여 의도적으로 보험사고를 야기하는 경우가 발생할 수가 있다. 우리 상법에 의하면 보험자는 기본적으로 보험사고에 대하여 보험금을 지급해야 하지만, 보험계약이 투기 또는 도박 등의 목적으로 악용되는 것을 예방하기 위하여 보험자에게 보험금의 지급책임을 부담하지 않는 보험자의 면책규정을 두고 있다. 이러한 인위적인 보험사고의 경우에는 보험의 선의성·윤리성의 원칙을 위반한 것이므로 보험자에게 책임을 면하게 하는 것이다.

　개정 전 생명보험표준약관 제6조에는 보험금을 지급하지 아니하는 보험사고를 열거하면서, 제1항 제1호에 "피보험자가 고의로 자신을 해친 경우"를 제시하고 있었다. 하지만 단서조항에

"피보험자가 정신질환 상태에서 자신을 해친 경우와 계약의 책임개시일(부활의 경우는 부활청약일)로부터 2년이 경과된 후에 자살하거나 자신을 해침으로써 장해분류표 중 제1급의 장해상태가 되었을 경우에는 그러하지 아니하다"고 하면서 보험자 면책에 관한 내용을 규정하고 있었다.

2022년 9월 30일 개정된 생명보험표준약관은 아래와 같은 내용으로 제5조에 그와 같은 내용이 규정되어 있다.

> **제5조(보험금을 지급하지 않는 사유)** 회사는 다음 중 어느 한 가지로 보험금 지급사유가 발생한 때에는 보험금을 지급하지 않습니다.
> 1. 피보험자가 고의로 자신을 해친 경우. 다만, 다음 중 어느 하나에 해당하면 보험금을 지급합니다.
>   가. 피보험자가 심신상실 등으로 자유로운 의사결정을 할 수 없는 상태에서 자신을 해친 경우. 특히 그 결과 사망에 이르게 된 경우에는 재해사망보험금(약관에서 정한 재해사망보험금이 없는 경우에는 재해 이외의 원인으로 인한 사망보험금)을 지급합니다.
>   나. 계약의 보장개시일(부활(효력회복)계약의 경우는 부활(효력회복)청약일)부터 2년이 지난 후에 자살한 경우에는 재해 이외의 원인에 해당하는 사망보험금을 지급합니다.
> 2. 보험수익자가 고의로 피보험자를 해친 경우. 다만, 그 보험수익자가 보험금의 일부 보험수익자인 경우에는 다른 보험수익자에 대한 보험금은 지급합니다. 〈개정 2014.12.26.〉
> 3. 계약자가 고의로 피보험자를 해친 경우

우리 상법 제659조는 보험자의 면책사유로 보험계약자 등의 고의 또는 중대한 과실에 대하여 보험자가 면책된다고 정하고 있으면서, 생명보험표준약관에는 예외적으로 고의적인 자살의 경우에, 보험자가 책임을 부담한다고 규정하고 있어 양 규정이 충돌하고 있음을 볼 수 있다.

II. 보험자의 면책

보험계약법이나 생명보험약관은 약정보험기간 내에 보험사고가 발생한 경우에도 보험자가 보상책임을 면하게 하는 사유를 정하고 있는데, 이를 보험자의 면책사유라고 한다.[1] 이러한

---

1   양승규, 보험법, 제5판, 삼지원 (2004), 139면.

면책사유는 법규정에 의하여 계약당사자에게 손해배상책임이 발생함에도 불구하고, 그와는 달리 손해배상책임을 부담하지 않도록 약정하는 '면책특약'에 의하여 정하여지게 된다. 이와 같이 보험자가 보험계약법이나 보험약관에 면책사유를 두는 것은, 인위적 사고유발면책, 유가증권 소지품 면책(제외면책), 자동차종합보험 차량손해에서 부분품 단독 도난 등 도덕적 위험의 방지에 있다. 이 외에도 보험경영상의 이유에서 면책사유를 규정할 수도 있다. 전쟁위험이나 자연재해는 거대위험으로 보험자가 담보하였다가 이러한 사고가 발생하면 보험자가 도산할 수도 있기 때문에 보험자의 면책을 둔 것이다. 이들 외에도 다른 보험종목으로 담보하고 있기 때문에 담보범위에서 제외되는 경우도 있다. 채무를 이행하지 않았을 때에 제2차적으로 발생하는 책임을 면제시키는 역할을 하는 일반적인 계약상의 채무와는 달리, 보험계약에 있어서 면책사유는 처음부터 채무 자체의 발생을 저지하여 보험자의 보험금지급의무를 제한한다는 측면에서 법률적 성질이 다른 것이다.[2]

보험계약은 우연한 사고로 같은 위험에 놓여 있는 사람들의 모임인 보험단체 안에서 위험을 이전시키고 분배시키기 위한 조정제도라는 점, 그리고 보험계약자 등에 의한 도덕적 위험을 방지하고 나아가 보험사고의 건전한 관리를 위한다는 점에서 보험자의 면책조항이 요구되는 것이다. 결국 보험사고가 발생한 경우에 보험자는 피보험자 또는 보험수익자에게 보험금을 지급할 의무가 있는데, 법률은 일정한 경우 보험자의 면책사유를 인정하거나 보통보험약관에 보험자의 면책사유를 기재하고 있다.

III. 보험자면책의 종류

1. 법정면책과 약정면책

보험자의 면책사유가 법률에 의하여 인정되느냐 혹은 약관의 규정으로 일정한 사유가 있으면 면책될 수 있는 것으로 하느냐에 따른 분류이다. 전자를 법정면책사유, 그리고 후자를 약정면책사유라고 한다. 모든 보험계약에 공통적으로 적용될 면책사유로는 고의 또는 중과실로 인한 사고의 경우에 있어서의 면책(상법 제659조)이 있고, 모든 손해보험계약에 공통적으로 적용

---

2   채이식, "보험계약상 면책사유에 관한 소고", 기업환경의 변화와 상사법(춘강손주찬교수고희기념논문집), 삼성출판사, 1993, 605면 이하.

되는 면책사유로써 자연손해로 인한 면책(상법 제678조)이 있다. 또한 상법 제660조는 "보험사고가 전쟁이나 변란으로 인하여 발생한 때에는 당사자 간에 다른 약정이 없으면 보험자는 보험금액을 지급할 책임이 없다"고 하여 보험자의 면책을 규정하고 있다.

약정면책사유는 보험자와 보험계약자의 합의로 인정된 면책사유를 의미한다.[3] 이러한 약정면책사유는 여러 가지 다양한 모습으로 나타나게 되는데, 피보험자 등의 고의에 의한 경우나 전쟁위험 등으로 인한 경우를 면책사유로 규정하는 상법상의 법정면책사유(상법 제659조, 제660조)를 그대로 옮겨 놓은 경우도 있고, '자기차량손해에 있어서 피보험자동차에 생긴 흠이나 마멸, 부식 등으로 인한 손해는 보상하지 않는다.'는 자동차보험약관은 상법상의 면책규정(상법 제678조)을 변경한 형태라고 볼 수 있다. 이 외에 자동차보험의 자기신체사고에 있어서 피보험자동차를, '경기를 위한 연습용 등으로 사용하던 중 피보험자가 상해를 입은 때에는 보험자가 책임을 지지 않는다.'고 하는 규정은 자동차보험약관의 특유한 약정면책사유에 해당한다.

2. 주관적 면책과 객관적 면책

보험자의 면책되는 사유가 인위적인 행위에 의한 것이냐, 아니냐에 따른 분류이다. 주관적인 면책사유라 함은 보험사고가 보험계약자 등의 고의·중과실에 의하여 발생하는 경우를 말한다. 보험계약자 등이 인위적으로 보험사고를 일으킨 경우에는 보험자의 책임이 없다고 규정하고 있는 상법 제659조 제1항이 대표적인 주관적인 면책사유에 해당한다.[4] 객관적 면책사유는 인위적인 행위에 의한 것이 아닌, 즉 주관적 귀책사유인 고의 또는 중과실에 기인한 것이 아닌 경우의 면책사유를 말한다. 이러한 객관적 면책사유로는 보험사고가 전쟁이나 기타의 변란으로 인하여 생긴 때(상법 제660조), 보험목적의 성질 등으로 인한 손해의 경우(상법 제678조), 지진 등 천재지변으로 인한 손해의 경우(자동차보험표준약관 제8조 제1항 제4호 : 2022년 1월 1일 개정된 약관에 따른 것임) 등이 제시된다.

3. '책임면제'로 인한 면책과 '담보위험의 제외'로 인한 면책

보험사고의 원인과 관련하여 보험자의 책임을 면제하는 책임면제사유(Exceptions)와 보험계

---

3   양승규, 보험법, 제5판, 삼지원, 2004, 146면.
4   채이식, "보험계약상 면책사유에 관한 소고", 기업환경의 변화와 상사법(춘강손주찬교수고희기념논문집), 삼성출판사, 1993, 612면.

약에서 정한 보험사고의 범위에서 제외하는 담보위험제외사유(exclusion)로 나뉜다.[5] 담보위험의 선행원인 중 보험사고의 성질을 고려하여 보험자가 담보하는 것이 바람직하지 않다고 판단되는 위험을 면책위험으로 설정하게 되는데, 이것을 책임면제사유라고 한다. 고의 혹은 중과실면책, 전쟁위험면책, 천재지변면책 등이 여기에 속하게 된다. 보험사고의 원인에 관한 제한을 '책임면제사유'에 해당하는 것이라면, 보험사고의 결과에 대한 제한에 해당하는 것이 '담보위험제외사유'이다.[6]

IV. 보험자면책의 사유

1. 보험계약자 등의 고의나 중대한 과실로 인하여 보험사고가 발생한 경우

1) 고의

상법 제659조에 의하면, 보험사고가 보험계약자 또는 피보험자나 보험수익자의 고의 또는 중대한 과실로 인하여 생긴 때에는 보험자는 보험금액을 지급할 책임이 없다. 여기서 고의의 의미는 일정한 결과의 발생을 인식하면서 그것을 감히 행위하는 것을 의미한다. 피보험자의 방화, 자살, 자해행위, 보험수익자에 의한 피보험자의 살해 등이 전형적인 고의에 해당한다.[7] 하지만 일정한 결과를 발생케 하려는 구체적인 의사까지는 필요로 하지 않고, 일정한 결과의 발생에 대한 인식을 가지고 그것을 인용한 행위만 있으면 고의를 인정할 수 있다. 한편, 이러한 고의행위를 함에 있어서 보험계약자, 피보험자 혹은 보험수익자에게 책임능력은 있어야 한다.[8]

....

5 Edwin W. Patterson, Essentials of Insurance Law, 2nd ed., (New York: McGraw-Hill Book company. Inc., 1957). P. 246; Keeton/Widiss, Insurance Law, 1988, pp. 287 and 547.

6 이러한 구분은 특히 무면허운전에 의한 보험자의 면책과 관련하여 논하여지는데, 대법원 1990. 6. 22, 89다카32965 판결에서 대법원은 보험사고가 무면허운전과의 사이에 인과관계를 요하느냐에 대하여, "약관에서 '무면허운전을 하였을 때 생긴 손해'라고 규정하고 있지 '무면허운전으로 인하여 생긴 손해'라고 규정하고 있지 않으며, 위 약관의 취지는 무면허운전의 경우 사고의 위험성이 통상의 경우보다 극히 증대되는 것이어서 그러한 위험은 보험의 대상으로 삼을 수 없다는 취지 외에도, 보험자로서는 무면허운전과 사고 사이의 인과관계의 존재 여부를 입증하기가 곤란한 경우에 대비하여 사고가 무면허운전 중에 발생한 경우 인과관계의 존부에 상관없이 보험자는 면책되어야 한다는 취지도 포함되었다 할 것이므로, 이러한 약관의 규정이 결코 불합리하다고 할 수 없고 또 위 면책조항을 무면허운전과 보험사고 사이에 인과관계가 있는 경우에 한하여 적용되는 것으로 제한적으로 해석할 수 없다"고 판시하였다. 이러한 대법원의 판단에 대하여, 무면허운전의 면책사유를 보험계약에서 정한 보험사고의 범위에서 제외시키는 담보위험제외사유(exclusions)로 보면 타당할 수 있으나, 보험사고의 원인과 관련하여 보험자의 책임을 면하는 사유로 보는 책임면제사유(exceptions)로 보면 의문이 제기될 수 있다.

7 양승규, 보험법, 제5판, 삼지원, 2004, 142면.

고의면책 약관 인정여부와 관련하여, 다음과 같은 사건이 있었다. A는 2013년 12월 직장 동료들과 모임을 마치고 헤어지는 과정에서 한 번 더 음주를 요구하면서 B가 운전하는 자동차 보닛 위에 올라탔다. B는 A를 내려오도록 하기 위하여 차량을 서서히 움직이다 갑자기 제동, 그로 인하여 A는 보닛에서 떨어져 머리에 크게 상해를 입었다. 이에 A 가족들은 B가 운전한 차량의 보험사를 상대로 소송을 제기하였다. 쟁점은 자동차 보닛 위에 올라탄 동료에게 장난을 치려고 차를 움직이다 사고가 난 때에도 운전자의 보험사가 배상책임을 져야 하는가의 여부였다. 대법원은 "가해 차량 운전자가 의도한 결과와 피해자에게 실제 발생한 결과의 차이, 가해 차량 운전자와 피해자의 관계, 사고 경위와 전후 사정 등에 비추어 B는 A가 영구장해와 중증 의존 상태에 이르는 중상해를 입게 되리라는 것까지 인식하고 용인하였다고 볼 수는 없으므로, A의 손해는 B의 고의에 의한 손해라고 할 수 없어 위 사고에 대하여는 '피보험자의 고의에 의한 손해'를 보험자가 보상하지 아니하는 사항으로 정한 자동차보험의 면책약관이 적용되지 않는다."고 판단하였다.[9]

종래 법원은 보험자 면책사유인 '고의'를 엄격하게 해석하고 있다. 사망이나 식물인간 등 중대결과가 초래될 것인지를 예상하지 못한 경우에는 '고의'를 부정하고 있는 모습이다. 이 판결도 같은 맥락에서 면책사유인 '고의'에 해당함을 부정하였다. 고의와 중과실의 기준을 제시하는 것이 용이한 것은 아니지만, "가해 차량을 운전한 B는 A가 차량에서 떨어지면서 어느 정도의 상해를 입으리라는 것을 인식·용인했다고 볼 수 있지만, A가 입은 장해와 같이 영구장해, 중증 의존 상태에 이르는 중상해를 입게 되리라는 것까지 인식하고 용인했다고 볼 수는 없다는 점에서 고의를 인정하기 어렵다."고 한 것이다. 다만, 위험을 동반하는 행위에 대한 예방기능을 보험제도가 도모하는 것이 아니라, 오히려 조장할 수 있다는 비난을 면하기는 어려운 면도 제기된다.

2) 중과실

중대한 과실이라 함은 피보험자가 현저하게 주의를 다하지 아니하여 보험사고가 발생한 것을 말하는데, 가장 대표적인 예로 횡단보도 이외의 도로에서 무단으로 횡단하는 경우를 들 수

---

8   대법원 2001. 4. 24. 선고 2001다10199 판결에서 대법원은, 책임보험계약 당사자 간의 보험약관에서 고의로 인한 손해에 대하여는 보험자가 보상하지 아니하기로 규정된 경우에 고의행위라고 하기 위해서는 특별한 사정이 없는 한 구체적인 정신능력으로서의 책임능력이 전제되어 있다고 볼 것이어서 '피보험자의 고의에 의한 손해'에 해당한다고 하려면 그 피보험자가 책임능력에 장애가 없는 상태에서 고의행위를 하여 손해가 발생된 경우이어야 한다고 하였다.

9   대법원 2020. 7. 23. 선고 2018다276799 판결.

있다. 또한 신호를 위반하여 운전하는 경우나 음주를 하고 운전하는 경우 등이 여기에 해당한다.[10] 하지만 부주의한 행동이 있는 경우에 이를 경과실로 볼 것인가 아니면 중대한 과실로 볼 것인가에 대하여 구분을 짓는다는 것은 그리 쉬운 일이 아니다. 이와 관련하여 독일 판례는 음주운전을 한 경우,[11] 과로한 운전자가 운전하여 사고를 발생한 경우,[12] 거리사정을 고려하지 않고 과속운전을 한 경우[13] 등에 대하여 중과실을 인정하고 있다.

3) 입증책임

보험자가 보험금 지급의 책임을 면하려면, 사고발생의 객관적 요건뿐만 아니라 보험계약자, 피보험자 또는 보험수익자 등에게 고의 또는 중과실이 있음을 입증해야만 한다. '보험약관상 면책사유인 '피보험자 등의 고의에 의한 사고'에서의 '고의'의 의미와 그 입증 방법 및 보험사고의 발생에 복수의 원인이 존재하는 경우, 그중 하나가 피보험자 등의 고의행위임을 주장하여 보험자가 면책되기 위한 요건'에 대한 대법원 판결이 있다.[14]

> ### 대법원 2004. 8. 20. 선고 2003다26075 판결
>
> "보험약관에서 '피보험자 등의 고의에 의한 사고'를 면책사유로 규정하고 있는 경우 여기에서의 '고의'라 함은 자신의 행위에 의하여 일정한 결과가 발생하리라는 것을 알면서 이를 행하는 심리 상태를 말하는 것으로서 그와 같은 내심의 의사는 이를 인정할 직접적인 증거가 없는 경우에는 사물의 성질상 고의와 상당한 관련성이 있는 간접사실을 증명하는 방법에 의하여 입증할 수밖에 없고, 무엇이 상당한 관련성이 있는 간접사실에 해당할 것인가는 사실관계의 연결상태를 논리와 경험칙에 의하여 합리적으로 판단하여야 할 것임은 물론이지만, 보험사고의 발생에 기여한 복수의 원인이 존재하는 경우, 그중 하나가 피보험자 등의 고의행위임을 주장하여 보험자가 면책되기 위하여는 그 행위가 단순히 공동원인의 하나이었다는 점을 입증하는 것으로는 부족하고 피보험자 등의 고의행위가 보험사고 발생의 유일하거나 결정적 원인이었음을 입증하여야 할 것이다."

---

10 대법원 1991. 7. 12. 선고 91다6351 판결에서 대법원은, 중대한 과실이라 함은 통상인에게 요구되는 정도의 상당한 주의를 하지 않더라도 약간의 주의를 한다면 손쉽게 위법·유해한 결과를 예견할 수 있는 경우인데도 불구하고, 만연히 이를 간과함과 같은 거의 고의에 가까운 현저한 주의를 결여한 상태를 말한다고 정의하고 있다.

11 OLG Hamm VersR 1956, 513; OLG Köln VersR 1966, 971.

12 OLG Koblenz VersR 1955, 707; OLG München VersR 1963, 1044; OlG Celle VersR 1966, 946.

13 BGH VersR 1966, 1150.

14 대법원 2004. 8. 20. 선고 2003다26075 판결.

이러한 주관적 요건을 입증하는 것은 보험자에게 매우 어려운 일이다. 그러므로 보험자는 추정적 증거(Beweis auf erste Sicht)를 제시하는 것으로 하여 입증을 완화할 필요성이 있다.[15] 우리나라 대법원 역시 피보험자의 친족이나 고용인이 피보험자를 위하여 보험사고를 일으킨 경우에 그 보험사고의 발생에 피보험자의 고의 또는 중대한 과실이 개재된 것으로 추정하는 "일응적 추정" 혹은 "개연성을 근거로 한 사실의 입증"만으로 충분하다는 면을 피력하고 있다.[16]

2. 보험사고가 전쟁 그 밖의 변란으로 인하여 생긴 때

보험사고가 전쟁 그 밖의 변란으로 인하여 생긴 때에는 당사자 간에 다른 약정이 없는 한 보험자는 보험금을 지급할 책임이 없다고 상법 제660조가 규정하고 있다. 이때 전쟁이란 반드시 국제법상의 전쟁이어야 할 필요는 없고, 선전포고의 유무도 묻지 않는다. 또한 변란이라 함은 내란·폭동·소요 등과 같이 통상의 경찰력으로서는 치안을 유지할 수 없는 상태로서 전쟁에 준하는 비상사태[17]를 의미한다.

3. 보험약관의 정함이 있는 사유로 보험사고가 발생한 경우

보통보험약관에 보험자의 면책사유를 규정하고 있는데, 이것을 면책약관이라고 한다. 이러한 보험약관이 정하고 있는 면책사유는 보험계약법에서 정하고 있는 사유 이외에 그 보험의 특성에 따라 개별적으로 열거하고 있는 것을 볼 수 있다.[18] 원칙적으로 이러한 면책조항은 유효하다고 할 수 있다. 하지만 상법 제663조의 상대적 강행규정에 저촉되어서는 아니 된다. 본 규정에 저촉되지 않는 한, 보험약관상의 면책사유는 유효하게 되므로 보험자는 보험사고로 인한 보험금 지급책임을 면하게 된다.

---

15 Hoffmann, Privatrversicherungsrecht, 4. Aufl. (1998), S. 187.

16 대법원 1984. 1. 17. 선고 83다카1940 판결.

17 한편, 대법원 1994. 11. 22. 선고 93다55975 판결에서 대법원은, 대학생들의 폭력사태는 발생경위와 장소 및 당시에 있어서의 폭력행사의 정도 등에 비추어 그 지방의 평화 내지 평온을 해할 정도의 '소요 기타 이와 유사한 사태'라고 볼 수 없다고 판시하고 있다.

18 화재보험약관 제6조는 법률상의 면책사유 외에 따로 면책사유를 제시하고 있다.

V. 상법 제659조에서 보험계약자 등의 범위

1. 보험계약자가 법인이고 이사의 고의·중과실의 경우

보험자는 보험사고가 보험계약자, 피보험자 또는 보험수익자의 고의 또는 중대한 과실로 인하여 발생한 경우에는 책임을 면하게 된다. 보험계약자 등이 자연인이 아닌 법인이고, 법인의 이사의 고의 또는 중과실이 있는 경우에 보험자는 면책되는가에 대한 물음과, 면책을 위하여 이사에게 어떠한 자격을 요구하는가에 관한 물음이 제기된다.

전자의 문제와 관련하여, 보험약관에 정함이 있고 그 보험약관상의 면책사유가 상대적 강행규정의 상법 제663조를 저촉하지 않으면, 법인의 이사에게 고의 또는 중과실이 있는 경우 보험자는 그 책임을 면한다.[19] 한편, 후자의 문제에 있어서 대법원은 보험계약자 또는 피보험자 등이 법인인 경우에 기관은 원칙적으로 법인의 대표권 및 업무집행권을 가지는 대표기관을 의미한다고 하였다.[20] 만약에 법인의 대표권이 없는 이사의 경우에는 그 회사의 규모나 구성·보험사고의 발생 시에 해당 이사의 회사에 있어서의 업무내용이나 지위 및 영향력·해당 이사와 회사와의 경제적 이해의 공통성 내지 해당 이사가 보험금을 관리 또는 처분할 권한이 있는지 등의 여러 가지 사정을 종합하여, 해당 이사가 회사를 실질적으로 지배하고 있거나 또는 해당 이사가 보험금의 수령에 의한 이익을 직접 받을 수 있는 지위에 있는 등 해당 이사의 고의나 중과실에 의한 보험사고의 유발이 회사의 행위와 동일한 것이라고 평가할 수 있는 경우에, 면책약관에서 말하는 이사에 해당한다고 보고 있다.

2. 보험계약자 등과 특수한 관계에 있는 일정한 제3자의 경우

1) 대표자책임이론

보험사고의 발생이 피보험자 등과 법률상 또는 경제상 특별한 관계가 있는 가족이나 사용인의 고의 또는 중대한 과실로 발생한 때에 보험자의 책임을 면하게 할 것인가에 관한 물음이 제기된다. 독일에서는 보험계약자 등과 특별한 관계에 있는 대표자와 같은 제3자나 법정대리인의 고의나 중과실이 있는 경우에도 "대표자책임이론(Repräsentanthaftungstheorie)"에 의하여 동

---

19 최기원, 보험법, 제3판, 박영사, 2002, 205면.
20 대법원 2005. 3. 10, 선고 2003다61580 판결.

일하게 해석하여야 한다고 주장한다.[21] 이러한 견해를 따르게 되면 보험계약자와 동거하는 남편의 중과실로 인하여 보험사고가 발생하는 경우에도 보험자는 면책이 된다.[22] 하지만 대표자의 범위에 관하여 논란이 제기될 수 있는데, 독일의 판례에 의하면 어머니의 영업을 사실상 경영하는 아들의 경우,[23] 아버지의 건축 사업에 참가하고 있고 그의 자동차를 사용하는 아들의 경우[24] 등은 대표자로 인정할 수 있다. 하지만 아버지의 영업소에서 실습생으로 일하는 아들,[25] 어머니의 점포에서 견습생으로 일하는 아들,[26] 사위가 장인의 음식점의 경영에 관하여 포괄적인 대리권을 갖고 있더라도 장인의 개인용 자동차를 때때로 사용하던 중에 사고가 발생한 사례[27]에서 사위는 대표자에 해당되지 않는다. 이상과 같이 독일에서는, "보험계약자가 그의 기업의 계속적인 운영을 제3자에게 맡긴 경우에 보험사고가 그 제3자의 고의로 발생한 때에는 보험자는 보험금의 지급에 대한 책임을 부담하지 않는다"[28]는 것을 알 수 있다.

2) 대표자책임이론의 적용 여부

독일 판례에서 자주 활용되고 있는 "대표자책임이론"이 우리나라에도 적용[29]될 수 있을까에 대하여 다투어지고 있다.[30] 보험계약자 등의 법정대리인이나 지배인과 같이 특수한 지위에 있는 자의 고의나 중과실로 생긴 경우를 제외하고는 보험자의 면책을 인정할 수 없고, 다만 보험계약자 등과 밀접한 생활관계에 있는 가족이나 고용인 등에 의한 보험사고의 발생에 보험계약자 등의 공모, 교사 또는 방조와 같은 책임 있는 사유가 있는 경우에는 책임을 면한다고 하면

....

21   Bruck/Möller, § 61 Anm. 67; Hoffmann, a.a.O., S. 172 ff.

22   LG Braunschweig, VersR 1983, 453.

23   LG Köln, VersR 1958, 337.

24   LG Karsluhe, VersR 1967, 174.

25   BGH VersR 1964, 475.

26   OLG Neustadt, VersR 1953, 182 (183).

27   OLG Oldenburg, VersR 1969, 225 (226).

28   BGH VersR 1967, 990.

29   우리나라의 보험약관에 규정하고 있는 것으로는 화재보험표준약관을 들 수 있다. 동 약관 제8조에서 보험자가 보상하지 아니하는 손해 중에는 '보험계약자·피보험자(법인의 경우에는 그 이사 또는 법인의 업무를 집행하는 그 밖의 기관), 또는 이들의 법정대리인의 고의 또는 중대한 과실로 생긴 손해'(동조 1호), '피보험자에게 보험금을 받도록 하기 위하여 피보험자와 세대를 같이하는 친족 및 고용인이 고의로 일으킨 손해'(동조 2호)를 열거하고 있다.

30   반대하는 입장으로는 양승규, 보험법, 제5판, 삼지원, 2004, 144면 이하; 채이식, "보험계약상 면책사유에 관한 소고", 기업환경의 변화와 상사법(춘강손주찬교수고희기념논문집), 삼성출판사, 1993, 614면. 하지만 찬성하는 입장으로는 최기원, 보험법, 제3판, 박영사, 2002, 206면.

서 대표자책임이론을 반대하는 입장이 있다.[31] 하지만 독일의 판례에서 발전한 "대표자책임이론"은 피보험자와 특별한 관계에 있는 자가 보험사고를 일으킨 경우에 보험자의 면책을 인정해 온 것이다. 독일의 초기 판례는 "보험의 목적을 관리하는 사실상의 대리관계에 있는 자"를 대표자라고 하였으나, 그 이후의 판례를 보면 "보험의 목적을 필연적으로 계속적인 관리를 맡고 보험계약자의 권리와 의무를 실현하는 권능을 가진 자, 혹은 보험에 든 위험에 관하여 보험계약자의 위치에 있는 자"를 대표자라 하여, 대표자의 개념을 엄격하게 해석하고 있다. 이런 측면에서 보건대, 단지 판례에서 해석의 문제일 뿐이지 굳이 "대표자책임이론"을 받아들이지 않을 이유가 없다. 다만, 상법 제663조 상대적 강행규정에 저촉될 수 있는바, 이에 대한 합리적인 해석이 있어여 할 것이다.

VI. 자살 관련 보험자의 면 · 부책

1. 자살의 개념

자살이란 자기가 스스로를 파괴하는 행동으로 의식적 방법으로 행하여지며, 사망을 위한 수단 또는 결과를 자살이라고 한다.[32] 이러한 자살의 배경에는 더 이상 삶을 연장하는 것이 무익하고 무의미하다는 생각에서 자기의 삶에 대하여 스스로 사형을 집행하는 것이다. 생명보험계약에서 자살이라 함은 자기의 생명을 끊는다는 것을 의식하고, 그것을 목적으로 자기의 생명을 끊어 사망의 결과를 초래하는 행위를 의미한다. 그러므로 사리를 분별할 수 없는 정신장애자의 자살이나 심신상실 중의 자살 또는 과실로 인한 사망 등은 자기가 생명을 끊는다는 의사 자체가 결여되어 있으므로 생명보험계약의 자살에 해당하지 않게 된다. 다른 국가들 역시 의식을 가지고 스스로의 생명을 끊을 목적으로 실행되는 피보험자의 모든 행위를 자살로 해석한다. 하지만 피보험자가 단순히 사망 가능성을 예상하고 있는 것으로는 불충분하고, 사형집행 · 중과실에 의한 사망도 자살로 인정하기 어렵다.[33]

------

31 양승규, 보험법, 제5판, 삼지원, 2004, 145면.
32 문국진, "자살의 의미", 대한법의학회지, 대한법의학회, 1996, 87면.
33 김형기 · 이광호, "생명보험계약에 있어서 자살면책조항의 개선방향", 생명보험, 2004. 6, 9면.

2. 자살의 요건

자살이 성립하기 위해서는 피보험자의 고의가 요구된다. 이러한 피보험자의 자살에 있어 고의가 필요한 이유는 보험사고의 우연성과 보험계약당사자 간의 신뢰관계가 보험에서는 상당히 중요하기 때문이다. 피보험자의 고의가 성립하기 위해서는 자유로운 의사결정에 의한 것이어야 한다. 고의요건에 대하여는 원인행위에 고의가 존재하면 되는 것이지 그 결과의 발생에 대해서까지 인식하여야 하는 것은 아니라 할 것이다.

3. 보험자의 면책근거

보험자의 면책은 우리 상법 제659조와 생명보험표준약관 제5조 제1호 나목에 "계약의 보장개시일(부활(효력회복)계약의 경우는 부활(효력회복)청약일)부터 2년이 지난 후에 자살한 경우에는 재해 이외의 원인에 해당하는 사망보험금을 지급합니다."라고 규정되어 있다. 즉, 자살 역시 고의를 동반하기 때문에 보험자는 면책되는 것이 일반적이지만, 보장개시일로부터 2년이 지난 후 자살의 경우에는 자살이라 할지라도 보험자는 보험금을 지급해야 한다. 먼저, 자살의 경우에 보험자의 면책을 인정하는 이유를 살펴보자.

보험사고가 보험계약자 또는 피보험자나 보험수익자의 고의적인 행위에 의한 사고는 보험의 성질인 우연성을 상실하게 된다. 자기 자신이 보험사고를 유발하여 손실을 발생시키고 이를 타인에게 전가시키는 것은 우연한 손실을 담보하는 보험원리에서 요구되는 신의 성실의 원칙과 공서양속에 반하며 공익을 해칠 수 있기 때문에 인정될 수 없다. 보험계약은 그 사행성으로 인하여 사고의 발생을 전제로 하는 것이므로, 보험계약자 등의 고의나 중과실에 의하여 보험사고가 발생한 경우에도 보험자가 보험금을 지급해야 하는 것은 부당하다. 생명보험계약에서는 보험계약자 등이 보험금 취득을 노리고 보험사고를 유발할 가능성을 예상할 수 있다. 이러한 보험계약자 등의 인위적인 보험사고는 보험사고의 불확실성에 어긋난다는 점에서 보험자의 면책이 인정되는 것이다.

4. 자살과 보험자의 면책 인정 여부 - 판례에서 -

1) 피보험자가 정신질환 등으로 자유로운 의사결정을 할 수 없는 상태에서 발생한 사망의 경우(2022년 개정되기 전 약관 적용한 것임)

2006년 3월 10일 대법원 판례를 살펴본다. 사망을 보험사고로 하는 보험계약에 있어서 피보험자 등의 고의로 인하여 사고가 발생한 사건에 대한 보험자의 면책 여부가 쟁점이 되었는데,[34] '이 사고 이전부터 남편에 대한 재정보증 내지 경제적인 문제로 남편뿐만 아니라 시댁, 친정과 계속 갈등을 겪어 왔을 뿐만 아니라, 3자녀를 돌보면서 남편의 회사업무도 돕는 등으로 과도한 업무에 시달려 오기도 하였고 … 신체적·정신적으로 많이 쇠약해져 있었던 망인이 남편과의 격심한 말다툼을 하다가 베란다에서 뛰어내린 사건이다.

> **대법원 2006. 3. 10. 선고 2005다49713 판결**
>
> "상법 제659조 제1항은 보험사고가 보험계약자 또는 피보험자나 보험수익자의 고의 또는 중대한 과실로 인하여 생긴 때에는 보험자는 보험금액을 지급할 책임이 없다고 규정하고, 상법 제732조의2는 사망을 보험사고로 한 보험계약에서 사고가 보험계약자 또는 피보험자나 보험수익자의 중대한 과실로 인하여 생긴 경우에도 보험자는 보험금액을 지급할 책임을 면하지 못한다고 규정하고 있으므로 위 규정에 따르면 사망을 보험사고로 하는 보험계약에 있어서도 피보험자 등의 고의로 인하여 사고가 생긴 경우에 보험자는 보험금을 지급할 책임이 없다고 할 것인바, 이는 피보험자가 고의에 의하여 보험사고를 일으키는 것은 보험계약상의 신의성실의 원칙에 반할 뿐만 아니라, 그러한 경우에도 보험금이 지급된다고 한다면 보험계약이 보험금 취득 등 부당한 목적에 이용될 가능성이 있기 때문이다."
>
> "상법 제659조 제1항 및 제732조의2의 입법 취지에 비추어 볼 때, 사망을 보험사고로 하는 보험계약에 있어서 자살을 보험자의 면책사유로 규정하고 있는 경우, 그 자살은 사망자가 자기의 생명을 끊는다는 것을 의식하고 그것을 목적으로 의도적으로 자기의 생명을 절단하여 사망의 결과를 발생케 한 행위를 의미하고, 피보험자가 정신질환 등으로 자유로운 의사결정을 할 수 없는 상태에서 사망의 결과를 발생케 한 경우까지 포함하는 것이라고 할 수 없을 뿐만 아니라, 그러한 경우 사망의 결과를 발생케 한 직접적인 원인행위가 외래의 요인에 의한 것이라면 그 보험사고는 피보험자의 고의에 의하지 않은 우발적인 사고로서 재해에 해당한다."의 결과를 발생케 한 직접적인 원인행위가 외래의 요인에 의한 것이라면 그 보험사고는 피보험자의 고의에 의하지 않은 우발적인 사고로서 재해에 해당한다."
>
> 이러한 논거를 가지고 대법원은 "부부싸움 중 극도의 흥분되고 불안한 정신적 공황상태에서 베란다 밖으로 몸을 던져 사망한 경우, 위 사고는 자유로운 의사결정이 제한된 상태에서 망인이 추락함으로써 사

---

34 대법원 2006. 3. 10. 선고 2005다49713 판결.

> 망의 결과가 발생하게 된 우발적인 사고로서 보험약관상 보험자의 면책사유인 '고의로 자신을 해친 경우'에 해당하지 않는다"고 판단하였다.

2) 재해사망보험금 관련 약관의 해석

자살보험금 지급 여부와 관련하여, 2016년 대법원의 중요한 판결 두 건이 있었다. 첫 번째 판결은 5월 12일 선고된 사건으로 대법원은 "재해사망특약이 부가된 생명보험계약의 피보험자가 보험계약이 체결된 날로부터 2년이 경과한 시점에 자살하였더라도 자살은 재해에 해당하지 않지만, 약관에 작성된 이상 작성자불이익의 원칙에 따라 보험자는 재해사망보험금을 지급해야 한다."고 판단하였다.[35]

> **대법원 2016. 5. 12. 선고 2015다243347 판결**
>
> 갑이 을 보험회사와 주된 보험계약을 체결하면서 별도로 가입한 재해사망특약의 약관에서 피보험자가 재해를 직접적인 원인으로 사망하거나 제1급의 장해상태가 되었을 때 재해사망보험금을 지급하는 것으로 규정하면서, 보험금을 지급하지 않는 경우의 하나로 "피보험자가 고의로 자신을 해친 경우. 그러나 피보험자가 정신질환상태에서 자신을 해친 경우와 계약의 책임개시일부터 2년이 경과된 후에 자살하거나 자신을 해침으로써 제1급의 장해상태가 되었을 때는 그러하지 아니하다."라고 규정한 사안에서, 대법원은 "위 조항은 고의에 의한 자살 또는 자해는 원칙적으로 우발성이 결여되어 재해사망특약의 약관에서 정한 보험사고인 재해에 해당하지 않지만, 예외적으로 단서에서 정하는 요건, 즉 피보험자가 정신질환상태에서 자신을 해친 경우와 책임개시일부터 2년이 경과된 후에 자살하거나 자신을 해침으로써 제1급의 장해상태가 되었을 경우에 해당하면 이를 보험사고에 포함시켜 보험금 지급사유로 본다는 취지로 이해하는 것이 합리적이고, 약관 해석에 관한 작성자 불이익의 원칙에 부합한다."고 판단하였다.

3) 자살재해사망보험금의 소멸시효 완성 여부

앞에서 제시한 사건이 보험계약자 측에 유리한 판결로 귀결된 것이라면, 다음에 소개되는 판결은 다소 보험자에 유리한 결과로 표출되었다.

보험회사와 보험계약을 체결한 보험계약자이자 피보험자가 계약의 책임개시일로부터 2년

---

[35] 대법원 2016. 5. 12. 선고 2015다243347 판결.

후 자살하였는데 보험수익자가 보험회사를 상대로 재해사망특약에 기한 보험금의 지급을 구한 사안에서, 대법원은 "보험수익자의 재해사망보험금 청구권은 소멸시효의 완성으로 소멸하였고, 보험회사가 특약에 기한 재해사망보험금 지급의무가 있음에도 지급을 거절하였다는 사정만으로는 보험회사의 소멸시효 항변이 권리남용에 해당하지 않는다고 본 원심판단이 정당하다."고 판단하였다.[36]

보험금청구권이 구 상법 제662조에 의하여 자살이라는 사고발생일로부터 이미 2년이 경과하면 보험금청구권자의 청구권은 시효로 소멸되고, 보험회사의 소멸시효의 주장이 권리남용에 저촉되지 않는다는 것이다.

> ### 대법원 2016. 9. 30. 선고 2016다218713, 218720 판결
>
> "채무자의 소멸시효에 기한 항변권의 행사도 우리 민법의 대원칙인 신의성실의 원칙과 권리남용금지의 원칙의 지배를 받는 것이어서, 채무자가 시효완성 전에 채권자의 권리행사나 시효중단을 불가능 또는 현저히 곤란하게 하였거나, 그러한 조치가 불필요하다고 믿게 하는 행동을 하였거나, 객관적으로 채권자가 권리를 행사할 수 없는 장애사유가 있었거나, 또는 일단 시효완성 후에 채무자가 시효를 원용하지 아니할 것 같은 태도를 보여 권리자가 그와 같이 신뢰하게 하였거나, 채권자 보호의 필요성이 크고 같은 조건의 다른 채권자가 채무의 변제를 수령하는 등의 사정이 있어 채무이행의 거절을 인정함이 현저히 부당하거나 불공평하게 되는 등의 특별한 사정이 있는 경우에는 채무자가 소멸시효의 완성을 주장하는 것이 신의성실의 원칙에 반하여 권리남용으로서 허용될 수 없다."
>
> "다만, 실정법에 정하여진 개별 법제도의 구체적 내용에 좇아 판단되는 바를 신의칙과 같은 일반조항에 의한 법원칙을 들어 배제 또는 제한하는 것은 중요한 법가치의 하나인 법적 안정성을 후퇴시킬 우려가 있다. 특히 소멸시효 제도는 법률관계의 주장에 일정한 시간적 한계를 설정함으로써 그에 관한 당사자 사이의 다툼을 종식시키려는 것으로서, 누구에게나 무차별적·객관적으로 적용되는 시간의 경과가 1차적인 의미를 가지는 것으로 설계되었음을 고려하면, 법적 안정성의 요구는 더욱 선명하게 제기된다. 따라서 소멸시효 완성의 주장이 신의성실의 원칙에 반하여 허용되지 아니한다고 평가하는 것은 신중을 기할 필요가 있다."

---

36   대법원 2016. 9. 30. 선고 2016다218713(본소), 2016다218720(반소) 판결.

4) 자유로운 의사결정을 할 수 없는 상태에서 사망의 결과가 발생하였는지 판단하는 기준

대법원은 "사망을 보험사고로 하는 보험계약에서 자살을 보험자의 면책사유로 규정하고 있는 경우에도 피보험자가 정신질환 등으로 자유로운 의사결정을 할 수 없는 상태에서 사망의 결과를 발생하게 한 경우까지 포함하는 것은 아니므로, 피보험자가 자유로운 의사결정을 할 수 없는 상태에서 사망의 결과를 발생하게 한 직접적인 원인행위가 외래의 요인에 의한 것이라면, 그 사망은 피보험자의 고의에 의하지 않은 우발적인 사고로서 보험사고인 사망에 해당할 수 있다. 정신질환 등으로 자유로운 의사결정을 할 수 없는 상태에서 사망의 결과가 발생하였는지 여부는 사망한 사람의 나이와 성행, 육체적·정신적 상태, 정신질환의 발병 시기 및 진행경과와 정도, 자살에 즈음한 시점의 구체적인 증상, 사망한 사람을 에워싸고 있는 주위 상황과 자살 무렵의 사망한 사람의 행태, 자살행위의 시기 및 장소, 자살의 동기, 그 경위와 방법 및 태양 등을 종합적으로 고려하여 판단하여야 한다."고 판단하였다.[37]

VII. 생명보험표준약관상 자살의 경우에 보험자의 부책

1. 부책조항의 의의

구 생명보험표준약관 제17조 제1항에 의하면, '피보험자가 고의로 자신을 해친 경우에 보험자는 책임을 면한다.'고 규정하고 있었다. 이는 피보험자가 책임개시일(부활계약의 경우는 부활청약일)로부터 2년 이내에 자살하거나 스스로 자신을 해침으로써 고도의 장해상태가 되었을 경우를 의미한다.

우리 상법 제659조 제1항에서 보험자의 면책을 인정하고 있는 것은, 보험계약 당사자 사이에 요구되는 신의성실의 원칙에 반하고 공익을 해치기 때문이다. 동 조항을 근거로 하여 고의에 의한 보험사고에 대하여 보험자 면책의 절대성을 주장하는 견해도 있지만, 신의성실의 원칙이나 공익에 반하지 않는 이상 약관규정에 의하여 예외적인 상황에서, 보험계약자 등의 고의에 의한 사고의 경우에도 부책이 인정될 수 있는 여지는 존재하는 것이다. 특히 자살면책약관에서

37　대법원 2024. 5. 9. 선고 2021다297529 판결.

보험자의 책임을 인정하고 있는 것은, 생명보험계약을 체결 내지는 책임개시일로부터 일정기간 경과한 후의 자살이 보통 보험금을 취득할 목적으로 보기 어렵다는 측면이 고려된 것이다.

2. 부책조항의 인정근거

자살은 종교적이나 윤리적으로 비난을 받아야 할 행위에 해당하지만, 피보험자가 자살한 것이기 때문에 유족들에게 직접적인 책임을 인정하기는 어렵다. 그리고 자살로 인하여 보험금을 수령하는 보험수익자는 피보험자의 유족들이라는 것이 일반적이다. 보험사고가 발생하면 보험금을 수령할 수 있을 것이라는 보험제도와 피보험자의 신뢰가 위반되어서는 안 될 것이다. 정책적으로 경제적 손실을 보상한다는 보험의 취지에서, 보험법은 망인의 유족들에게 고의적인 보험사고임에도 불구하고 보험자로 하여금 보험금을 지급하도록 한 것이다. 그러므로 보험자의 책임개시 후 일정기간이 경과한 후에 자살을 한 경우에 보험금을 지급하기로 한 약정은 당연히 무효라고 할 수 없다.

또한 자살이라 할지라도 심신상실 등의 병적 원인에 의한 자살이거나 보험금 수령의 목적과는 전혀 관련이 없는 자살에 대해서는 고의성이 존재한다고 볼 수 없다. 이러한 보험사고는 보험금을 수령하겠다는 고의성이 없는 자살이므로, 보험자는 보험금지급책임을 부담하게 된다. 이런 측면을 고려하여 생명보험표준약관은 면책기간 2년을 경과한 자살에 대하여 보험자가 보험금 지급책임을 부담한다고 규정하고 있다. 보험계약체결 당시에 자살이라는 보험사고를 통하여 보험금을 지급받고자 하는 의도가 있는 계약으로 볼 수 없다는 점이 고려된 것이다. 또한 심신상실에 의한 자살에 대하여 보험자가 책임을 부담해야 한다고 본 것 역시, 피보험자의 고의성이 없는 것이라 하겠다.

VIII. 자살사고와 증명책임

1. 의의

증명책임은 심리의 최종 단계에 이르러도 사실주장이 진실인지 아닌지에 대한 아무런 확신이 서지 않을 때 누가 불이익을 부담하느냐의 문제를 말한다.[38] 증명책임 분배에 대해 여러 견해가 있으나, 법규의 구조를 기준으로 분배하는 법률요건분류설이 타당하다.[39] 즉, 증명책임은 사실주장의 진실여부가 불명한 경우에 법적용에 관한 문제이므로 법규의 구조, 조문의 형식이나 관계조문의 상호관계에 따라 증명책임이 분배될 것이다. 통설과 판례도 같은 입장이다.[40]

상해보험에서 피보험자가 자살한 경우 증명책임 분배가 다소 복잡한 면이 있다. 상해보험약관상 보험사고가 발생하기 위해서는 우연성이 필요한데, 보험자의 면책사유로 다시 "피보험자가 고의로 자신을 해친 경우"를 규정하고 있다. 그리고 그 면책사유도 "피보험자가 심신상실 등으로 자유로운 의사결정을 할 수 없는 상태에서 자신을 해친 경우"에 해당한다면 더 이상 적용되지 않는다. 이에 따라 '**우연한 사고 → 고의에 의한 사고 → 자유로운 의사결정 불능상태**'로 이어지는 각 단계들의 증명책임을 누구에게 어떻게 분배해야 하는지가 문제된다.

상해 · 질병보험표준약관: 2022년 9월 30일 개정

제5조(보험금을 지급하지 않는 사유) ① 회사는 다음 중 어느 한가지로 보험금 지급사유가 발생한 때에는 보험금을 지급하지 않습니다.

1. 피보험자가 고의로 자신을 해친 경우. 다만, 피보험자가 심신상실 등으로 자유로운 의사결정을 할 수 없는 상태에서 자신을 해친 경우에는 보험금을 지급합니다.
2. 보험수익자가 고의로 피보험자를 해친 경우. 다만, 그 보험수익자가 보험금의 일부 보험수익자인 경우에는 다른 보험수익자에 대한 보험금은 지급합니다. 〈개정 2014.12.26.〉
3. 계약자가 고의로 피보험자를 해친 경우
4. 피보험자의 임신, 출산(제왕절개를 포함합니다), 산후기. 그러나 회사가 보장하는 보험금 지급사유와 보장개시일부터 2년이 지난 후에 발생한 습관성 유산, 불임 및 인공수정 관련 합병증으로 인한 경우에는 보험금을 지급합니다. 〈개정 2022.9.30.〉
5. 전쟁, 외국의 무력행사, 혁명, 내란, 사변, 폭동

② 회사는 다른 약정이 없으면 피보험자가 직업, 직무 또는 동호회 활동목적으로 아래에 열거된 행위로 인하여 제3조(보험금의 지급사유)의 상해 관련 보험금 지급사유가 발생한 때에는 해당 보험금을 지급하지 않습니다.

1. 전문등반(전문적인 등산용구를 사용하여 암벽 또는 빙벽을 오르내리거나 특수한 기술, 경험, 사전훈련을 필요로 하는 등반을 말합니다), 글라이더 조종, 스카이다이빙, 스쿠버다이빙, 행글라이딩, 수상보트, 패러글라이딩
2. 모터보트, 자동차 또는 오토바이에 의한 경기, 시범, 흥행(이를 위한 연습을 포함합니다) 또는 시운

---

38   증명책임은 "민사소송의 척추"라는 말처럼 민사소송에서 매우 중요한 위치를 차지하고 있다(이시윤, 신민사소송법, 제11판, 박영사, 2017, 542면).

39   이시윤, 판례해설 민사소송법, 제4판, 박영사, 2021, 544면.

40   대법원 1998. 3. 13. 선고 97다45259 판결; 대법원 2007. 7. 12. 선고 2005다39617 판결; 대법원 2010. 6. 24. 선고 2010다12852 판결 등. 이시윤 · 조관행 · 이원석, 판례해설 민사소송법, 제4판, 박영사, 2021, 455면.

전(다만, 공용도로상에서 시운전을 하는 동안 보험금 지급사유가 발생한 경우에는 보장합니다)
3. 선박에 탑승하는 것을 직무로 하는 사람이 직무상 선박에 탑승하고 있는 동안 〈개정 2020.7.31.〉

2. 자살사고 발생 시 '고의'에 대한 증명책임

1) 개요

상해보험에서 보험사고가 되는 상해란 "급격하고도 우연한 외래의 사고"이다(질병·상해 표준약관 제2조, 제3조). 여기서 '우연한 사고'라 함은 피보험자가 예측할 수 없는 원인에 의하여 발생하는 사고로서 '고의에 의한 것이 아니고', 그의 의사와 무관하고 뜻하지 않게 입은 우발적인 사고를 말한다. 즉, 우연한 사고란 고의가 아니라는 것에 초점이 있다.[41]

동시에 상해보험은 "피보험자가 고의로 자신을 해친 경우"를 보험자의 면책사유로 규정한다. 상해보험약관에서 고의사고를 보험자의 면책사유로 규정한 것은 상법의 규정을 확인한 것이다.[42]

이처럼 상해보험약관은 보험금청구권자의 권리근거규정에서 우연한 사고(즉, 고의의 부존재)를 요건으로 두면서도, 권리장애규정에서 고의사고를 보험자의 면책사유로 규정한다. 그러므로 자살사고가 발생한 경우 망인에게 고의가 있었다는 사정에 대한 증명책임이 누구에게 있는 것인지 견해 대립이 있다.[43]

2) 학설의 검토

(1) 보험금청구자 증명책임설

보험금청구권의 발생요건의 증명책임은 청구권자에게 있고, 상해의 세 가지요건 중 하나인 우연성 또한 보험사고를 한정한 것인 이상 본래 청구자에게 증명책임이 있다고 하는 견해로[44]

---

41 박세민, 보험법, 제8판, 박영사, 2025, 11837면.

42 상법 제659조 제1항은 보험사고가 보험계약자 등의 고의 또는 중대한 과실로 인하여 생긴 때에는 보험자는 보험금을 지급할 책임이 없다고 규정하고, 상법 제732조의2는 사망을 보험사고로 한 보험계약에서 사고가 보험계약자 등의 중대한 과실로 인하여 생긴 경우에도 보험자는 보험금액을 지급할 책임을 면하지 못한다고 규정하며, 상법 제739조에서 상해보험에 관하여도 위 규정을 준용하고 있다.

43 한기정, 보험법, 제3판, 박영사, 2021, 827면.

44 김성태, 보험법강론, 법문사, 2001, 868면. 이에 따르면 상해사고의 급격성, 외래성 및 우연성에 대한 증명책임을 보험금청구자에게 부과하고 있는 취지에 따라 우연성을 따로 떼어 증명책임을 논할 실익이 없다고 본다.

종래의 다수설 및 전통적인 판례의 입장이기도 하다.[45] 이 견해에 의하면, 상해보험은 '사망' 자체를 보험금의 지급요건으로 하는 생명보험과 달리 급격, 우연, 외래의 사고와 상해 사이의 상당인과관계를 요하는 외에 그 상해를 직접원인으로 하여 사망한 경우에 보험금을 지급하기로 정하고 있으므로 보험금청구자가 그에 대한 증명책임을 부담해야 한다고 해석한다.[46]

민사소송법상 증명책임에 관한 통설·판례의 입장인 법률요건분류설에 의하더라도 우연성의 존재가 보험금청구권의 발생요건이므로 그 증명책임은 보험금청구자가 부담하게 된다.

(2) 보험자 증명책임설

상해보험에서 우연성의 증명책임은 보험자에게 있다는 견해로 현재 다수설의 입장이다. 이에 따르면 사망을 포함한 상해사고 발생 시 그 우연성은 추정되고 보험자가 고의사고임을 입증해야 보험금 지급책임을 면할 수 있다고 본다.[47] 그 이유로 아래의 논거를 제시하고 있다.

첫째, 보험금청구자가 사고의 목격자나 객관적인 물증이 없는 상황에서 그 사고가 피보험자의 고의에 의하지 않은 것이라는 소극적 사실을 명백히 입증하는 것은 사실상 불가능하거나 현저히 곤란하다.[48]

둘째, 사고 발생원인이 불분명한 경우까지 보험자의 면책사유에 대한 증명책임을 피보험자 측에 전가하는 것은 부당하고, 실제로 피보험자가 우연성을 증명하는 것은 불가능에 가까워서 소송으로 진행 시 피보험자 측의 청구가 대부분 기각될 가능성이 높다.[49]

셋째, 상해보험 약관에서 부보범위 정의규정을 두고 있다고 할지라도, 부보범위에 포함되는 보험사고의 내용이 무엇인지에 따라 누가 증명책임을 지는지가 달라지는 것은 보험계약자 보호라는 관점에서 타당하지 않다.[50]

....

45   대법원 2001. 8. 21. 선고 2001다27579 판결; 대법원 2001. 11. 9. 선고 2001다55499·55505 판결; 대법원 2003. 11. 28. 선고 2003다35215·35222 판결 등 참조. 그런데 손해보험인 화재보험에서 화재발생의 우연성의 증명책임에 관한 대법원 판결에서는 화재사고의 경우 "일단 우연성의 요건을 갖춘 것으로 추정되고, 다만 화재가 보험계약자 측의 고의 또는 중과실에 의해 발생하였다는 사실을 보험자가 증명하는 경우에는 위의 추정이 번복되는 것으로 보아야 한다"고 하여 우연성이 추정된다고 하여 인보험과는 다른 판단을 하였다(대법원 2009. 3. 26. 선고 2008다72578·72585 판결; 대법원 2009. 12. 10. 선고 2009다56603·56610 판결 참조).

46   이균용, "상해보험계약에서 입증책임", 대법원판례해설 제38호, 법원도서관, 2002, 403면.

47   김은경, "상해보험에서 우연성에 대한 증명책임", 금융법연구 제32권 제2호, 한국금융법학회, 2018, 90면.

48   장덕조, "보험계약상 우연성의 개념 및 입증책임", 보험학회지 제85집 10-4, 한국보험학회, 2010, 156면.

49   최기원, 보험법, 제3판, 박영사, 2002, 642-643면; 장덕조, 보험법, 제5판, 법문사, 2020, 511면; 유주선, "상해보험 정신질환 면책약관에 관한 연구", 경영법률, 제28권 제1호, 한국경영법률학회, 2017, 93면.

넷째, 판례는 화재보험에서 사고의 우연성이 추정되고, 면책사유인 피보험자의 고의 또는 중과실에 의하여 발생하였다는 사실을 보험자가 증명하는 경우에는 위와 같은 추정이 번복된다고 판시한 바 있는데,[51] 손해보험분야이든 인보험분야이든 우연성이 가지는 의미를 달리 취급해야 할 합리적 이유가 없으므로 상해보험의 우연성에 대한 증명책임 역시 보험자에게 있다고 보아야 한다. 손해보험약관에서 보험계약자 측의 고의 또는 중대한 과실로 발생한 손해는 보상하지 않는다고 규정한 취지는 보험자가 보험금지급책임을 면하기 위해서는 위 면책사유를 증명할 책임이 보험자에게 있다는 것을 의미한다.[52]

3) 비교법적 검토

(1) 일본

일본에서도 보험금청구자를 보호한다는 취지에서 상해의 우연성에 대한 증명책임이 논해졌다. 과거 일본 최고재판소는 우리 대법원과 마찬가지로 사고의 우연성에 대한 객관적 책임은 보험금청구자 측에 있다고 보았다.[53] 그 논거로는 약관에 의해 권리발생요건으로 되어 있는 점과 부당청구를 억제해야 한다는 점 등을 들고 있다. 그런데 이에 대해 우연성의 증명은 일응의 추정으로 해결해야 한다는 비판론이 다수설로 제기되었다. 그 이유로 불가능에 가까운 보험사고의 우연성을 증명하지 못하면 보험금을 청구할 수 없고, 약관의 규정을 통해 우연성의 증명을 전적으로 청구자에게 부담시키게 된다는 우려를 들고 있다.[54]

2008년 단일법으로 개정·공포된 일본 보험법 제80조는 "보험자의 면책"이라는 제목으로 피보험자 등의 고의에 의한 사고를 규정하고 있고, 보험자가 피보험자의 고의, 즉 사고의 우연성

....

50 한기정, 보험법, 제3판, 박영사, 2021, 753면. 이에 의하면 보험약관상 부보범위의 정의규정과는 무관하게, 사고의 우연성 여부는 보험자의 항변사항으로서 보험계약자 측의 고의로 인한 보험자 면책 단계에서 판단하는 것이 타당하다고 본다.

51 판례는 화재보험과 같은 손해보험에서는 사고의 우연성이 추정되므로 피보험자의 고의 또는 중과실에 의하여 발생하였다는 사실을 보험자가 증명하는 경우에는 위와 같은 추정이 번복된다고 보고 있으나(대법원 2009. 12. 10. 선고 2009다56603·56610 판결), 인보험에서는 사고의 우연성에 대한 책임은 보험금청구자에게 있다고 보고 있다(대법원 2001. 11. 19. 선고 2001다55499·55505 판결).

52 김은경, "상해보험에서 우연성에 대한 증명책임", 금융법연구, 제32권 제2호, 한국금융법학회, 2018, 91면. 이에 따라 화재보험에서 우연성을 추정하는 취지를 상해보험에도 적용해볼 여지 또한 충분하다고 한다.

53 日本最判 昭和55(1908)年 9月 11日 昭和53(オ)1213 判決·民集55卷3号683頁; 志田原信三, 「判例解說」, 法曹時報, 第56卷 第3号, 法曹會, 2004, 264頁.

54 山下友信, 「オール·リク損害保険と保険金請求訴訟における立證責任の分配」(取引法判例10年軌跡), 商事法務, 2004, 517頁 이하.

에 대해 증명하여야 함을 정한 것으로 해석된다.[55]

(2) 독일

우리나라 및 일본과는 달리, 독일은 상해사고의 요건과 관련하여 우연성의 증명책임에 대하여 보험계약법(VVG)에 명시적으로 규정하고 있다는 점에서 차이가 있다. VVG 제178조(보험자의 급부) 제2항에서는 전문(前文)에 "보험사고는 피보험자의 급격한(plözlich), 외래의(von außen) 사고로 인하여 우연하게(unfreiwillig) 건강에 손상을 입었을 경우에 존재한다"라는 내용으로 상해사고의 성립요건에 대한 내용이 담겨 있고, 후문에서는 "우연성은 반대의 증명이 있기까지 추정된다"[56]라고 규정하고 있다.[57]

여기에서 "우연"에 해당하는 "Unfreiwilligkeit"는 피보험자의 "비자발적" 또는 "자유의사에 기인하지 않는"이라는 의미로 피보험자 등의 고의에 방점을 두고 있는 것으로 해석된다.[58]

3. 자유로운 의사결정 불능상태에 대한 증명책임

1) 고의와 자유로운 의사결정 불능상태의 관계

상해보험약관은 피보험자가 고의로 자신을 해친 경우를 보험자의 면책사유로 규정하면서도, 피보험자가 심신상실 등으로 자유로운 의사결정을 할 수 없는 상태에서 자신을 해쳤다면 보험금을 지급한다고 규정한다.[59] 자유로운 의사결정 불능상태에 대한 증명책임 문제를 설명하기에 전에, 보험자의 면책요건인 피보험자의 고의와 보험금 지급사유 요건인 자유로운 의사결정 불능상태가 어떤 관계에 있는지를 먼저 살펴보도록 한다.

대법원은 피보험자가 자유로운 의사결정 불능상태에서 사망의 결과를 발생케 한 경우 그 사망은 피보험자의 고의에 의하지 않은 우발적인 사고에 해당한다고 본다.[60] 이러한 입장에 따르

55　竹濱修, "および生命保険傷害疾病保険契約特有の事項", 「ジュリスト」第1364号, 有斐閣, 2008, 48頁.

56　Die Unfreiwilligkeit wird bis zum Beweis des Gegenteils vermutet.

57　이필규·최병규·김은경, 2009년 독일보험계약법(VVG), 세창출판사, 2009, 77-78면.

58　장덕조, 보험법, 제5판, 법문사, 2020, 143면.

59　자살이라는 고의사고에 대해 상해사망보험금을 지급하는 것이 보험제도의 원리에 비추어 볼 때 타당한지에 대한 의문을 제기하는 견해도 있다(장경환, "상해보험 및 생명보험에서의 피보험자의 정신장애와 의식장애", 법학, 제49권 제4호, 서울대학교 법학연구소, 2008, 362면; 박세민, "자살에 대한 재해사망보험금 지급에 관한 문제 – 재해사망특약의 면책사유 해석 –", 고려법학, 제80호, 고려대학교 법학연구원, 2016, 295면).

60　대법원 2006. 3. 10. 선고 2005다49713 판결; 대법원 2008. 8. 21. 선고 2007다76696 판결; 대법원 2015. 6. 23. 선고 2015다

면 피보험자가 자유로운 의사결정에 빠졌다는 사실이 입증되면 저절로 고의 없음이 증명된다. 자유로운 의사결정 불능상태와 피보험자의 고의는 어느 한쪽이 긍정되면 다른 쪽이 부정되는 관계가 되는 것이다.[61] 하지만 이러한 입장은 다음과 같은 이유로 받아들이기 어렵다.

첫째, 고의와 자유로운 의사결정 불능상태의 개념을 정확히 구별할 필요가 있다. 고의란 일반적으로 일정한 경과의 발생을 인식하면서 감히 그것을 행하는 심리상태로 정의한다.[62] 따라서 고의란 구체적 사실에 대한 인식과 의사이다. 반면, "심신상실 등으로 자유로운 의사결정을 할 수 없는 상태"란 이미 존재하고 있는 고의가 어떤 과정으로 형성되었는지에 관한 것이다. 특히 자유로운 의사결정 불능상태의 한 例인 "심신상실"이란 심신장애로 사물에 대한 변별력이 없거나 의사를 결정하지 못하는 상태를 말한다.[63] 민법 제754조는 심신상실을 고의·과실이 아닌 책임능력의 요건으로 다루고 있으며, 일반적 설명에 따르더라도 책임능력은 고의·과실과는 다른 개념으로 법률상 비난받는 것임을 인식하는 정신능력이다.[64] 행위자가 위법행위를 하였으나 자신의 행위를 통제할 수 없는 자에게까지 책임비난을 가하는 것은 책임주의 원칙에 부합하지 않기 때문에 심신상실 등과 같은 심신장애자들의 책임을 부정하고 있는 것이다.[65] 따라서 자유로운 의사결정 불능상태에 있다고 하여 자동적으로 자살 고의가 사라진다고 볼 수는 없다. '스스로 목숨을 끊겠다'는 결과에 대한 인식과 의도가 있었다고 하더라도 그 행위를 결단한 의사 형성에 부자유가 있을 수 있고,[66] 그 부자유 상태를 의미하는 것이 '자유로운 의사결정' 개념이라고 볼 수 있기 때문이다.[67] 즉, 양자는 택일적 관계가 아니다.

5378 판결 등 참조.

61 자유로운 의사결정을 할 수 없는 상태에서 자살을 한 경우 더 이상 고의사고가 아니라는 것이 학계의 일반적 견해이기도 한 것으로 판단된다(박세민, "생명보험약관의 자살부책조항에서 심신상실 상태에서의 자살과 관련된 해석상의 문제점에 관한 연구", 고려법학, 제76호, 고려대학교 법학연구원, 2015, 357면).

62 이는 상법 제659조에서 말하는 고의라고 하여 다르지 않다(정동윤 편, 주석상법(보험), 한국사법행정학회, 2015, 256면).

63 최정식, "생명보험약관상 심신상실상태의 자살면책에 관한 연구(대법원 2021. 2. 4. 선고 2017다281367 판결을 중심으로)", 법학논총 제51권, 숭실대학교 법학연구소, 2021, 465면.

64 곽윤직, 채권각론, 제6판, 박영사, 2005, 393면.

65 김연지, "책임능력의 의의와 심신장애의 정합적 판단에 관하여", 형사법연구, 제31권 제1호, 한국형사법학회, 2019, 78면.

66 서완석, "정신질환자의 자살에 대한 보험회사의 면·부책 법리", 상사판례연구, 제31권 제4호, 한국상사판례학회, 2018, 185면.

67 대상판결 사안에서도 이것이 제대로 구별되지 않고 있다. 대법원은 대상판결 사안에서 망인의 사망이 피보험자의 고의에 의하지 않은 우발적 사고라는 취지로 원심을 파기하였다. 그러나 망인이 평소 우울증을 앓다가 차량을 주차시킨 후 차 내에서 스스로 번개탄을 피우고 사망한 것으로 그 정황상 망인에게는 사망에 대한 인식과 의사가 있다고 보아야 하고, 다만, 극심한 우울증이 망인의 의사 형성에 영향을 미쳐 자유로운 의사결정 상태에 있지 않았다고 보는 것이 정확한 평가이다.

둘째, 현행 상해보험약관의 구조를 살피더라도 자살의 고의와 자유로운 의사결정 불능상태는 택일적 관계에 있지 않다. 자살면책조항은 원칙적으로 "피보험자의 고의"로 인한 사고를 면책사유로 규정하면서도 단서에서 그 고의사고 중 "자유로운 의사결정 불능상태"에서 발생한 사고에 대해서만큼은 보험금을 지급하겠다는 구조를 취한다. 따라서 "자유로운 의사결정을 할 수 없는 상태"는 "피보험자의 고의"를 전제한다. 피보험자의 고의로 인한 사고가 발생하였으나, 그가 자유로운 의사결정을 할 수 없는 상태라면 보험금을 지급하겠다는 뜻으로 해석하여야 하는 것이다.[68] 만약 자유로운 의사결정 불능상태에 있는 피보험자에게는 저절로 자살의 고의가 부정된다면 굳이 보험약관에서 단서 조항을 규정한 이유를 설명할 수 없다. 단서 조항 없이 "피보험자의 고의"로 인한 사고만을 면책사유로 규정하더라도 어차피 심신상실 상태의 사고에는 그 면책조항이 적용되지 않기 때문이다.[69]

셋째, 고의사고를 면책사유로 규정하는 취지를 고려하더라도 고의와 자유로운 의사결정 불능상태가 택일적 관계에 있는 것이 아니라, 자살의 고의가 있음에도 자유로운 의사결정 불능상태로 인해 부책되는 것으로 해석해야 그 면책구조를 체계적으로 이해할 수 있다.[70]

상법은 피보험자 등의 고의로 인하여 사망한 보험사고의 경우에 보험자가 면책된다는 취지로 규정하고 있으나, 이는 어떠한 예외도 허용하지 않는 강한 의미의 강행성을 갖는 규정이 아니다. 고의사고가 발생한 경우 그 면책 여부나 어느 범위에서 면책을 허용할 것인지는 각 보험계약의 목적과 내용에 따라 얼마든지 달리 결정할 수 있다.[71] 자살에 대해서는 보험자가 면책되는 것이 원칙이지만, 그 자살의 종류나 태양에 따라 일정한 경우에는 보험자가 보상하는 영역

---

68 이성남, "자살 관련 그간의 법적 쟁점의 정리 및 자살에 대한 보험법적 대응방안", 일감법학, 제50호, 건국대학교 법학연구소, 2021, 240면.

69 윤은경, "생명보험계약상 면책기간 내 피보험자의 정신질환으로 인한 자살에 대한 보험자의 재해사망보험금 지급의무 – 대법원 2016. 5. 12. 선고 2015다243347 판결, 대법원 2006. 3. 10. 선고 2005다49713 판결 – ", 법학연구, 제57권 제3호, 부산대학교 법학연구소, 2016, 227면도, 피보험자가 정신질환상태에 놓여 있더라도 스스로 목숨을 끊는다는 점과 그 실행의 결과를 인식할 수 있는 경우가 있고 대법원이 이러한 경우까지 우연성을 결여한 보험사고라고 판단하면 보험약관에서 별도로 자살부책조항을 두지 않더라도 보험사고에 해당하므로 자살부책조항을 두는 의의를 상실한다고 설명한다.

70 이성남, "자살 관련 그간의 법적 쟁점의 정리 및 자살에 대한 보험법적 대응방안", 일감법학, 제50호, 건국대학교 법학연구소, 2021, 240면에서도 심신상실 등으로 자유로운 의사결정을 할 수 없는 상태에서의 자살이란 고의에 의한 자살을 전제로 책임능력이 없는 자살을 의미하는 것으로 이해한다.

71 예를 들어, 이미 자살면책 조항에서 피보험자가 자유로운 의사결정을 할 수 없는 상태인 경우에는 보험금을 지급한다는 단서를 두고 있는 것 이외에도, 생명보험에서 자살면책기간 2년이 지난 이후에는 보험금을 지급한다는 예외를 두고 있고, 상해보험약관에서는 사망보험금의 수익자가 두 사람 이상일 때는 고의사고를 일으킨 수익자 이외의 수익자에 대하여는 보험자가 여전히 보험금지급의무를 부담한다고 규정하며, 보증보험에서도 그 성질상 보험계약자의 고의로 인한 보험사고의 경우 보험자의 면책을 규정한 상법 제659조는 적용되지 않는 등 고의사고 면책에는 다양한 예외가 존재한다.

을 인정할 수도 있다.

그렇다면 자살이 아무리 고의사고라고 할지라도 자유로운 의사결정 불능상태에서 일어났다면 예외적으로 보험회사의 보상책임 영역으로 둘 여지가 있다. 자유로운 의사결정 불능상태에서 자살을 하더라도 그것은 병적인 원인에 기초한 것으로 도덕적 위험과는 거리가 있고 보험계약의 선의성이 파괴되었다고 보기 어려운 사례도 있기 때문이다. 피보험자가 자유로운 의사결정 불능상태에 있었다면 그 의사를 형성하거나 이행하는 과정이 비정상적이므로 일반적인 자살과 반드시 같게 취급할 수는 없는 것이다.[72]

결국, 자살을 면책사유로 규정하면서도 "심신상실 등 자유로운 의사결정을 할 수 없는 상태"라면 보험금 지급책임을 인정하는 까닭은 피보험자가 자유로운 의사결정 상태에 빠지면 저절로 고의가 부정되어서라고 볼 수 없다. 오히려 피보험자가 자신의 생명을 절단한다는 인식과 의도하에 자살을 실행한 것은 맞지만, 그가 심신상실과 같은 자유로운 의사결정 불능상태에 처해 있었다는 특수한 사정이 그 자살이나 자해 고의에 대한 비난가능성을 현저히 감소시키기 때문이라고 보아야 한다. 그 경우 보험금을 지급하더라도 고의사고 면책약관의 기본정신이 훼손되지 않는다.[73]

2) 고의와 구별되는 "자유로운 의사결정 불능상태"의 내용

"자유로운 의사결정을 할 수 없는 상태"라 함은 구체적으로 무엇을 의미한다고 보아야 하는가. 이를 파악해야 자유로운 의사결정 불능상태를 입증하기 위해서는 무엇을 증명해야 하는지 기준을 마련할 수 있다.

우리나라 상해보험약관의 면책사유 예외조항과 유사한 법률규정을 가지고 있는 독일의 논의를 참고할 필요가 있다. 독일은 자유로운 의사결정이 배제된 경우에 관한 명문의 규정을 두고 있다. 독일 보험계약법 제161조 제1항은 "사망보험에서 피보험자가 보험계약의 체결 후 3년이 경과하기 전에 자살한 경우에는, 보험자는 보험금지급책임을 지지 아니한다. 그 행위가 자

---

72 김혜영, "피보험자의 자살과 보험약관상 정신질환 면책조항에 대한 고찰", 보험법연구, 제10권 제1호, 한국보험법학회, 2016, 138면 참조.

73 형법에서 심신장애상태를 책임능력을 손상시키는 사유로 보는 이유는 구체적 행위자에게 비난가능성이 없거나 미약하기 때문이듯(김연지, "책임능력의 의의와 심신장애의 정합적 판단에 관하여", 형사법연구, 제31권 제1호, 한국형사법학회, 2019, 77면), 이에 빗대어 표현해보자면 생명보험이나 상해보험에서 "심신상실 등 자유로운 의사결정을 할 수 없는 상태"에서 고의사고가 발생한 경우 부책된다고 인정하는 것은 그 자살이나 자해에 대한 비난가능성이 없거나 미약하여 보험계약에서 요구되는 신의성실의 원칙이나 보험의 선의성이 파괴되지 않고 유지되기 때문이라고 볼 수 있다.

유로운 의사결정을 할 수 없게 하는 정신적 장애상태에서 행해진 경우에는 그러하지 아니하다.”라고 규정하고 있다.[74] 독일 보험계약법은 하나의 조문에서 전단은 자살이 보험자의 면책사유라고 규정하고, 후단은 정신질환자의 자살이 부책이라고 규정한다. 그래서 독일에서는 정신질환자의 자살도 고의사고인 자살에 포함되는지는 애당초 논란이 생기지 않는다. 조문 구조상 정신질환자의 자살도 자살에 포함된다는 것은 명백하기 때문이다. 다만, 정신질환자의 자살도 고의사고인데 어째서 이를 부책으로 처리하는 것인지, 그리고 그 정당성이 어디에 있는지를 찾으려는 논의가 전개될 뿐이다.

독일에서는 자유로운 의사결정을 할 수 없게 하는 정신작용의 병적인 장애상태가 있었는지는 “피보험자가 이해득실을 신중하게 검토할 수 있고, 그 이해득실을 음미하는 냉정한 능력이 존재하고 있었는지” 여부를 기준으로 판단하자는 견해(Langheid)는[75] “객관적으로 냉정하게 이해득실을 비교·검토하였는지” 여부로 판단하자는 견해(Schneider), “죽음이라는 선택에 대한 이해득실의 비교·검토가 가능했는지” 여부로 판단하자는 견해(Winter) 등이 제시되고 있다.[76] 즉, 독일에서는 정신질환자가 자살하였을 때 사망에 대한 인식(즉, 고의)이 없기 때문에 면책된다고 보지 않고, 기대가능성이나 귀책성이 없기 때문에 면책된다고 본다. 그래서 피보험자가 고의가 있었다고 할지라도 ‘귀책성 있는 고의’가 없으면 보험자의 책임은 여전히 인정되는 것으로 해석한다.[77]

국내에서도 ① 정신질환상태에서 피보험자가 자살을 한 경우 ‘고의가 아예 없다고 볼 수 있는 경우’와 ‘고의는 있으나 책임조각인 경우’로 구별할 수 있다는 견해가 있다. 전자는 고의가 부정되므로 보험사고 요건을 충족하고, 후자에 대해서는 피보험자의 유족 보호를 위해 별도로 규정한 자살부책조항에 근거하여 보험금을 지급해야 한다는 것이다.[78] 나아가 ② 독일의 논의를

---

74 동조의 ‘정신적 장애상태’는 심신박약, 중대한 명정상태(예컨대, 혈중알코올농도 0.3% 이상), 치매, 정신분열증, 망상적 장애, 중증 우울증 등을 들 수 있다(장경환, “상해보험 및 생명보험에서의 피보험자의 정신장애와 의식장애”, 법학, 제49권 제4호, 서울대학교 법학연구소, 2008, 339-340면). 한편 2013년 목돈마련생명보험약관 제5조 제2항 단서는 “그 행위가 자유로운 의사결정을 할 수 없게 하는 상황하에서 정신적 장애로 이루어진 것이 보험자에게 증명되는 경우에는 보험에 의하여 보호를 받는다”고 규정하여 심신상실의 상태에 대한 증명책임이 보험수익자에게 있음을 명확히 하였다(박영준, “생명보험의 면책사유에 대한 소고”, 보험법연구, 제7권 제2호, 한국보험법학회, 2013, 129면).

75 土岐孝宏, “精神障害中の自殺有責法理の研究─ドイツ法からの示唆を得て─”, 中京法学, 第51卷 第4号, 中京大学法学会, 2017, 408頁.

76 土岐孝宏, “精神障害中の自殺有責法理の研究─ドイツ法からの示唆を得て─”, 中京法学, 第51卷 第4号, 中京大学法学会, 2017, 430-431頁.

77 서완석, “정신질환자의 자살에 대한 보험회사의 면·부책 법리”, 상사판례연구, 제31권 제4호, 한국상사판례학회, 2018, 179면.

수용하여 피보험자에게 '공감할 수 있는 동기'가 존재했다는 것이 의사결정무능력상태에서 자살한 것이 아니라는 징표가 된다는 견해도 있다. 만약 피보험자에게 객관적으로 공감할 수 있는 자살의 동기가 있다면, 피보험자의 자살은 삶의 긍정적인 면과 부정적인 면을 깊이 교량하고 이를 근거로 죽기로 결정한 것이므로 이른바 '결산자살(決算自殺)'이 되어 의사결정 무능력상태를 인정할 수 없게 한다는 것이다.[79] ③ 유사한 관점에서 자유로운 의사결정이 배제되어 있었다고 할 수 있는지 여부는 죽음이라는 선택에 대한 "이해득실의 비교 · 검토가 가능했는지의 여부"를 기준으로 판단해야 한다는 견해도 있다. 피보험자가 이해득실을 따져 죽음을 선택했다면 그의 이성이 작동하고 있다고 보아야 한다는 것이다.[80]

　이러한 견해들을 종합하면, 피보험자가 고의로 죽었을 때 그가 '차라리 죽는 게 낫겠다'는 식으로 죽음의 결과를 냉정히 검토하였다면[81] 그가 자유로운 의사결정 불능상태에 있었다고 보기 어려울 것이고, 보험제도로 그 고의사고를 보장하는 것도 바람직하지 않게 된다. 반면, 피보험자가 그 죽음의 결과를 냉정하게 검토한 것이 아니라 심신상실 상태와 같은 병리적 상태로 인해 비합리적인 자살을 한 것이라면 자유로운 의사결정 불능상태에 있었다고 볼 수 있을 것이다. 보험단체의 입장에서 보더라도 그 자살은 비난가능성이 크지 않다.

　이러한 해석론은 기존 대법원 판례를 이해하는 데에도 도움을 줄 수 있다. 대법원은 자유로운 의사결정 불능상태에 있으면 자살의 고의가 부정된다고 보는 입장이나, 이는 두 개념의 관계를 잘못 파악하고 있는 것에 불과하다. 아래와 같이 자유로운 의사결정 불능상태를 인정한 사건들의 구체적인 사실관계를 들여다보면 모두 망인이 스스로 생명을 절단한다는 인식과 의도하에 자살을 실행하고 있으니, 오히려 자살의 고의가 명백하다. 다만, 자유로운 의사결정 불능상태에 처해 있었다는 사정이 그 자살 고의에 대한 비난가능성을 현저히 감소시키고 있는 것이다.

　가령 ① 대법원 2006. 3. 10. 선고 2005다49713 판결은 피보험자가 남편과 베란다에서 싸우다가 자녀들이 싸움을 말린 상태에서 베란다 밖으로 뛰어내린 사안인데, 피보험자가 위협상황이 해

78　윤은경, "생명보험계약상 면책기간 내 피보험자의 정신질환으로 인한 자살에 대한 보험자의 재해사망보험금 지급의무 – 대법원 2016. 5. 12. 선고 2015다243347 판결, 대법원 2006. 3. 10. 선고 2005다49713 판결 – ", 법학연구, 제57권 제3호, 부산대학교 법학연구소, 2016, 227-230면.

79　양승규 · 장경환, "피보험자의 자살과 사망보험금", 보험법연구, 제4권 제2호, 한국보험법학회, 2010, 215면. 다만, 이 견해는 피보험자가 의사결정무능력상태에서 자살 또는 자해를 하면 고의에 의하지 않은 사고가 되어 우연성이 있어 보험사고가 된다고 본다.

80　서완석, "정신질환자의 자살에 대한 보험회사의 면 · 부책 법리", 상사판례연구, 제31권 제4호, 한국상사판례학회, 2018, 201면.

81　예컨대, 막대한 채무를 면하고자 또는 수사를 피하고자 자살을 선택한 경우를 들 수 있다.

소된 상태에서 스스로 뛰어내렸으니, 망인은 부부싸움 도중 급격한 심정적 변화를 일으켜 목숨을 끊는다는 인식하에 자살하였다고 봄이 타당하다. 다만, 대법원이 지적하듯 망인은 "극도의 흥분되고 불안한 심리상태를 이기지 못하고 순간적인 정신적 공황상태"를 맞이하였고 "극도로 모멸스럽고 격분된 순간을 벗어날 방편으로" 베란다에서 뛰어내렸으니, 사망의 결과를 이성적 판단하에 냉정하게 따져보고 결정을 내린 것은 아니어서 자유로운 의사결정 불능상태를 인정할 수 있다.

② 대법원 2008. 8. 21. 선고 2007다76696 판결에서도 망인이 신병을 비관하는 넋두리를 심하게 하고 베란다에서 뛰어내린다는 객기를 부리다가 실제 뛰어내려 사망하였는데, 이미 뛰어내리겠다는 객기를 부리던 상태였으므로 뛰어내리는 것이 무엇을 의미하는지 분명히 인식하고 있어 자살에 대한 고의가 있다고 보아야 한다.[82] 하지만 망인이 사망 당시 "술에 취한 나머지 판단능력이 극히 저하된 상태"[83]였고 극도의 심리불안정 상태를 겪고 있었으므로 그 또한 사망이 가져다 줄 이해득실을 냉정히 따져보고 자살을 실행한 것이라고 볼 수 없을 것이다.[84]

③ 대법원 2015. 6. 23. 선고 2015다5378 판결에서도 망인이 등산을 가겠다며 직접 운전하여 산으로 간 후 소나무 가지에 나일론 끈을 묶어 목을 메어 사망했으므로, 당연히 망인이 자신의 생명을 절단한다는 명확한 인식과 의사가 있음을 부인할 수 없다. 다만, 망인은 정신분열증의 발병으로 수회 입원하여 신경정신과 치료를 받으면서 우울증 치료에 관한 약을 복용하여 왔고 약 3개월간 신경정신과병원에 입원하였다가 퇴원하였으며 그 퇴원일로부터 약 일주일 후 자살에 이르렀다. 그렇다면 망인은 중증우울증으로 인한 인지왜곡 현상으로 사망하였다고 볼 수 있는 것이고, 그 사망이 냉정하고 합리적 판단에 입각한 자살이라고 보기는 어려워 비난 가능성이 줄어든다.

결국, 위 사례들을 보면 알 수 있듯이 피보험자가 자유로운 의사결정 불능상태에 빠졌다고 하여 자살의 고의가 사라지지 않는다. 그들에게도 자살의 인식과 의사가 있음은 분명하지만, 순간적 충동, 주취명정, 중증우울증 등의 특수한 사정들이 그 고의를 이른바 '책임 없는 고의'로 만들었고, 이로 인하여 그들이 '자유로운 의사결정 상태'에 있었다고 보기 어렵다고 할 것이다.

---

82 박세민, "생명보험약관의 자살부책조항에서 심신상실 상태에서의 자살과 관련된 해석상의 문제점에 관한 연구", 고려법학, 제76호, 고려대학교 법학연구원, 2015, 367면.
83 사망 당시 망인은 혈중알코올 농도 0.278%의 만취상태였다.
84 대법원 2003. 7. 22. 선고 2003다24451 판결.

3) 자유로운 의사결정 불능상태에 대한 증명책임 귀속

피보험자의 고의와 자유로운 의사결정 불능상태가 본질적으로 다른 개념이라면 각각 요건에 대한 증명책임을 누구에게 귀속시켜야 하는 것인지 문제된다.[85] 피보험자의 고의는 보험자의 면책사유이고, 그 면책조항의 단서에서 피보험자의 자유로운 의사결정 불능상태를 고의면책의 예외로 규정하고 있으므로, 통설인 법률요건분류설에 따를 때 규범의 구조상 피보험자의 자유로운 의사결정 불능상태 사실에 대하여는 보험금청구권자가 증명해야 할 것이다. 판례도 보험금청구권자에게 증명책임을 지우고 있다.[86]

결국, 보험금청구권자가 피보험자의 사망사실을 입증하여 상해사망보험금을 청구한 경우, 보험자가 면책되기 위해서는 피보험자의 고의를 증명하여야 한다. 그리고 피보험자의 고의사고임이 증명되었더라도 보험금청구권자가 피보험자의 자유로운 의사결정 불능상태를 증명한다면 그 고의사고 항변에 대한 재항변이 되므로 보험금을 청구할 수 있게 된다. 따라서 실무상으로도 자살로 추정되는 사안의 상해사망보험금 청구에 대해서는, 먼저 고의·자살 여부(적극적 요건)를 검토한 후 고의·자살로 판단되는 경우에 자유로운 의사결정상태(소극적 요건)인지 여부를 판단하는 순서로 검토하는 것이 타당하다.[87]

IX. 상해보험실무상 구체적인 증명내용

1. 고의 면책사유에 대한 보험자의 증명내용

1) 판례의 입장

고의와 같은 내심의 의사는 이를 인정할 직접적인 증거가 없는 경우에는 사물의 성질상 고의

---

85 대법원은 자유로운 의사결정 불능상태가 인정되면 자살의 고의가 없다는 듯한 설시를 하고 있는데, 이러한 태도에 따르면 자유로운 의사결정 불능상태와 고의가 마치 동면의 양면과 같아져 증명책임에 관하여 곤란한 문제를 야기한다. 즉, 보험금청구권자가 자유로운 의사결정 불능상태를 입증하는 방법으로 피보험자의 고의 없음을 증명하게 되는 것인지, 아니면 보험자가 피보험자의 고의를 입증함에 따라 피보험자의 자유로운 의사결정 가능상태가 입증되는 것인지 불분명해지는 것이다.

86 대법원 2009. 12. 24. 선고 2009다80934·80941 판결 등.

87 서울고등법원 2018. 4. 19. 선고 2017나2053485 판결, 대전지방법원 2022. 11. 2. 선고 2021나115656 등에서는 자살로 추정되는 사안의 상해사망보험금 청구에 대해, 먼저 고의자살 여부를 검토한 후 고의자살로 판단되는 경우에 자유로운 의사결정상태에 대해 판단하는 순서로 검토하고 있다.

와 상당한 관련성이 있는 간접사실을 증명하는 방법에 의하여 입증할 수밖에 없고, 무엇이 상당한 관련성이 있는 간접사실에 해당할 것인가는 사실관계의 연결상태를 논리와 경험칙에 의하여 합리적으로 판단하여야 할 것이다.[88]

한편, 보험계약의 보통보험약관에서 '피보험자가 고의로 자신을 해친 경우'를 보험자의 면책사유로 규정하고 있는 경우, 보험자가 보험금 지급책임을 면하기 위해서는 위 면책사유에 해당하는 사실을 증명할 책임이 있는바, 이 경우 ① 자살의 의사를 밝힌 유서 등 객관적 물증의 존재나, ② 일반인의 상식에서 자살이 아닐 가능성에 대한 합리적 의심이 들지 않을 만큼 명백한 주위 정황사실을 증명하여야 한다.[89]

2) 실무상 고의의 증명을 위한 사실관계

(1) 유서 또는 이에 준하는 객관적 물증

유서는 자살 직전 망인 스스로 사망의 이유와 작별의 말 등을 남기는 문서이므로 망인 자신이 목숨을 끊는다는 인식과 의사가 있다는 사실을 강력히 증명하는 자료가 될 것이다.

정식적인 유서가 아니더라도 유서의 성격을 띠는 유형들로 사망 전에 피보험자가 심경을 정리한 메모, 일기장, 개인 블로그나 SNS 등에 작성한 내용, 그리고 지인들에게 보낸 문자메세지 등도 유서에 준해서 판단할 수 있는 자료들일 것이다.

(2) 주위 정황사실

망인이 유서를 남기지 않았다고 하더라도 고의에 의한 자살임을 증명하기 위해서는 아래와 같은 주위 정황사실을 확인할 필요가 있다.

① 사고 당시의 정황이나 행적

평소 자살 등 고민에 대해 주변인에 전한 호소 내용, 자살 시도 경력, 사고 직전 지인이나 가족과의 통화 또는 문자 메세지 내용, 사망 장소가 평소 동선이나 생활근거지에서 벗어나는 곳인지 여부, 사고 전에 인터넷 등을 통해 자살방법이나 장소 등을 검색한 흔적, 생활 흔적이나 관련

---

88 대법원 2001. 3. 9. 선고 2000다67020 판결, 대법원 2004. 8. 20. 선고 2003다26075 판결 등.
89 대법원 2002. 3. 29. 선고 2001다49234 판결 등 참조.

물품 등 주변 정리 여부 등

② 보험가입 사항

전체 가입건수, 단기간 집중적 체결 여부,[90] 보험료 합계액과 재정상태, 다수 보험계약이 보장성 인지 저축성 인지 여부, 모집인의 소개가 아닌 TM(Telemarketing) 등을 통한 자발적 가입 여부 등[91]

③ 경제 사정

사고 당시의 직업 또는 수입사항, 압류·파산·보증·빚독촉과 같은 채무사항 등

④ 가정·직장·건강 등 고민사항

금전이나 자녀문제로 인한 가정 내 갈등, 이혼·별거 등 불화 여부, 직장 내에서 업무과다·부적응·실적·진급·인사이동·내부 감사 등 업무 스트레스,[92] 왕따 등 동료·선후배관계, 질병이나 건강악화에 따른 정신적·육체적 고통 여부, 형·민사 소송 분쟁에 휘말린 사정이 있었는지 등

⑤ 사고 직후 출동 및 의료기록

사고 직후 출동한 응급구조대나 경찰관의 출동기록(119구급활동 일지 등) 또는 전언 내용, 사

---

90 특히 보험계약자가 합리적 이유 없이 자발적으로 여러 보험회사에 분산하여 과다한 수의 보험(특히 보장성 보험)에 가입하였다면 도덕적 위험의 개재 가능성이 더욱 높다고 볼 수 있다(김형진, "보험금부정취득 목적 다수보험계약에 대한 소송실무상의 쟁점", 재산법연구, 제36권 제1호, 한국재산법학회, 2019, 247-250면).

91 한편, 보험계약자가 다수의 보험계약을 통하여 보험금을 부정취득할 목적으로 보험계약을 체결한 경우, 이와 같은 보험계약은 민법 제103조에서 정한 선량한 풍속 기타 사회질서에 반하여 무효라고 할 것이다(대법원 2000. 2. 11. 선고 99다49064 판결 등 참조). 이처럼 보험계약자가 보험금을 부정취득할 목적으로 다수의 보험계약을 체결하였는지에 관하여는, 이를 직접적으로 인정할 증거가 없더라도 보험계약자의 직업 및 재산상태, 다수 보험계약의 체결 경위, 보험계약의 규모, 보험계약 체결 후의 정황 등 제반 사정을 종합하여 그와 같은 목적을 추인할 수 있다(대법원 2005. 7. 28. 선고 2005다23858 판결 등 참조).

92 근로복지공단을 상대로 한 행정소송에서 자살을 업무상 재해로 인정한 경우 산업재해보상보험법령상의 고의에 의한 사망 중 예외적으로 업무상 재해로 인정되는 정신적 이상 상태에서의 자해행위는 보험약관에서 정하는 면책사유와 거의 일치한다고 본 대법원 판결이 있다(대법원 2020. 7. 9. 선고 2019다302718 판결). 그러나 행정소송의 승소는 업무와 망인의 사망 사이에 상당인과관계가 인정된다는 이유에 따른 것으로, 이 사건의 쟁점인 보험자의 면책사유로서의 심신상실 등으로 자유로운 의사결정을 할 수 없는 상태에서 자살한 것인지 여부와는 그 판단기준이 다르다고 할 것이다(부산지방법원 2022. 6. 15. 선고 2021가합41156 판결 참조). 따라서 업무로 인한 자살이 업무상 재해로 인정된다고 하더라도 그것이 바로 상해보험에서 상해사망보험금의 지급대상에 해당되지 않는다고 보아야 한다(이와 유사한 판단을 내린 판결로, 서울고등법원 2020. 3. 26. 선고 2019나2018646 판결, 서울중앙지방법원 2017. 8. 11. 선고 2016나39018 판결, 창원지방법원 2019. 9. 20. 선고 2019가단107015 판결 등이 있다). 한편, 서울고등법원 2019. 4. 12. 선고 2018나2065157 판결에서는 양자의 차이를 인정하면서도 여러 정황상 망인이 자유로운 의사결정을 할 수 있는 상태에서 자살하였다고 하여 보험자의 보상책임을 인정하기도 하였다.

고 후 내원한 의료기관의 의료기록 및 간호사 등 의료진의 소견, 변사자검시조사 결과보고서 등

⑥ 경찰 조사 등 수사내용

사체 발견 당시의 상황, 최초 목격자의 진술 및 사고 즈음의 상황에 대한 관련자 진술, 경찰수사결과 보고자료[93] 등

2. 자유로운 의사결정 불능상태에 대한 유족 측의 증명내용

1) 판례의 입장

대법원은 망인이 자유로운 의사결정 불능상태에 있었는지를 판단하기 위한 기준을 이미 제시한 바 있다. 즉, 자살자의 나이와 성행, 자살자의 신체적 · 정신적 심리상황, 그 정신질환의 발병 시기, 그 진행 경과와 정도 및 자살에 즈음한 시점에서의 구체적인 상태, 자살자를 에워싸고 있는 주위 상황과 자살 무렵의 자살자의 행태, 자살행위의 시기 및 장소, 기타 자살의 동기, 그 경위와 방법 및 태양 등을 종합적으로 고려하여 판단해야 한다는 것이다.[94]

법원이 자유로운 의사결정 불능상태로 인해 자살하였다고 인정한 사안을 유형화하면 크게 ① 극도로 흥분된 상태(정신적 공황상태)에서 자살한 경우,[95] ② 만취된 상태(명정상태)에서 자살한 경우,[96] ③ 중증우울증 등 정신질환 상태에서 자살한 경우 등 세 가지 유형으로 나누어 볼 수 있다. 실무에서 압도적 다수를 이루는 사례는 정신질환 상태에서 자살한 경우로, 특히 우울증으로 자살한 사안을 들 수 있다.

2) 실무상 자유로운 의사결정 불능상태 증명을 위한 사실관계

(1) 자살자의 나이와 성행 및 신체적 · 정신적 심리상황

만약 망인의 연령이 어리거나 지나치게 높다면[97] 이는 정신적으로 성숙하지 못함을 나타나

---

93 경찰에서 자살가능성에 무게를 두고 조사를 하였으나 상해사망보험금 청구 등을 고려한 유족 측 항의로 인해 내사결과보고서상 자살을 언급하지 않는 경우도 다수 확인된다.

94 대법원 2011. 4. 28. 선고 2009다97772 판결 등.

95 대법원 2006. 3. 10. 선고 2005다49713 판결.

96 대법원 2008. 8. 21. 선고 2007다76696 판결.

97 전체 우울증 환자 중 10세 단위별 환자 비율을 살펴보면, 2017년에는 60대 환자가 전체의 18.7%(12만 9,330명)로 가장 큰 비중을 차지했으나, 2021년에는 20대 환자가 전체의 19.0%(17만 7,166명)로 가장 많았다. 최근 5년(2017~2021

는 징표가 되어 자유로운 의사결정 불능상태를 인정할 근거가 된다.[98] 또한, 망인의 평소 성향이 외향적인 경우보다는 내향적인 경우가 우울증 상황에서 사회적 고립을 초래할 가능성이 더 높다. 그러므로 망인이 내성적 성행을 가지고 있을수록 자유로운 의사결정 불능상태가 더 쉽게 인정될 가능성이 있다.[99]

(2) 그 정신질환의 발병 시기, 진행경과와 정도 및 자살에 즈음한 시점에서의 구체적인 상태

실무상 정신질환의 대표적 증상으로 우울증을 들 수 있다. 그런데 우울증상의 기복에 따라 판단력 또는 분별력의 장애 정도는 달라질 수 있다. 의학계에서는 자유로운 의사결정능력이 결여된 상태에 대하여 "환각(지각의 손상), 망상(사고의 장해) 등 정신병적 상태를 보이는 심각한 정신질환, 의식의 변화와 정신병적 상태 그리고 인지손상을 일시적으로 보이는 심한 섬망상태, 치매나 정신지체에서의 인지기능의 심각한 손상상태, 중독물질이나 과도한 음주로 인한 명정상태 등으로 적질한 판단력과 의식이 심각하게 손상된 상태에서 자신의 행동이나 그로 인하여 초래될 결과에 대한 인식을 제대로 못하고, 자신의 의지와 행위를 이성적으로 통제하거나 억제할 능력이 상실된 상태로 보고 있다.[100] 이러한 점을 고려할 때 우울증을 포함한 정신질환이 피보험자의 사고 당시의 행위를 전반적으로 지배할 정도에 이르는 직접적인 원인이 되어 자신을 해친 경우에 면책예외사유에 해당한다.[101]

이와 같은 상태에 이르렀는지를 판단하기 위한 구체적 기준을 살펴보자면, 정신질환의 발병 시기가 오래되고 그 정도가 심할수록 자유로운 의사결정 불능상태로 인하여 자살하였음을 인

년) 10세 단위별 우울증 환자수 통계에 따르면, 2017년 대비 2021년 환자수는 20대 127.1%(연평균 22.8%), 10대 90.2%(연평균 17.4%)로 대폭 증가한 것으로 나타났다(건강보험심사평가원, "최근 5년(2017~2021년) 우울증과 불안장애 진료현황 분석", 2022. 6. 24.자 보도자료 3면).

98 미성년자의 경우에는 정신적으로 성숙되지 못하였거나 걱정과 고민을 나눌 수 있는 상대가 부족하다는 점을 들고 있다(울산지방법원 2017. 5. 31. 선고 2016가합536 판결; 서울중앙지방법원 2015. 10. 23. 선고 2014가합574759 판결).

99 자살자의 성행을 언급한 판결로는 대법원 2015. 9. 24. 선고 2015다217546 판결이 있다. 피보험자가 조용하고 내성적인 성격으로 즐겁다고 느끼는 날이 거의 없었고 늘 저조한 기분으로 지내면서 친구들이 사소한 것에도 재미있어 하고 열을 내는 것에 이질감을 느껴 친구들을 스스로 멀리하여 대인관계가 매우 협소하였다는 성행을 자유로운 의사결정 불능상태를 인정하는 하나의 논거로 언급하였다; 대법원 2008. 7. 10. 선고 2008다30116 판결(심리불속행, 원심 : 광주고등법원 2008. 3. 26. 선고 2007나1240 판결)도, 망인의 성격이 당초 내성적인 성격임을 언급하며 우울증의 대표적인 증상인 자살 충동이 망인의 자유로운 의사결정에 영향을 미쳤다고 판단하였다.

100 서울중앙지방법원 2021. 11. 4. 선고 2021나8926 판결 참조(대법원 2021다297352 판결에서 대법원은 "원심은 피보험자가 환각이나 망상 증세가 없었고 자살을 계획적으로 실행했다는 점을 근거로 자유로운 의사결정이 가능했다고 판단했으나, 이는 정신질환과 자살의 관련성을 충분히 고려하지 않은 잘못이 있다."고 하면서 서울중앙지방법원으로 환송하였다.).

101 울산지방법원 2022. 5. 19. 선고 2021가합11523 판결 참조.

정할 가능성이 높아진다.[102] 그리고 정신질환으로 입원하였던 피보험자가 퇴원한지 얼마 지나지 않아 자살하였다면 퇴원 당시 피보험자에게 잔존하였던 정신적 이상상태가 자살사고에 영향을 미쳤다고 볼 여지가 있어 자유로운 의사결정 상태를 배제할 하나의 근거가 될 수 있다.[103]

반면, 정신질환이 있더라도 치료 사실이 없거나 비교적 최근에 발병하여 몇 차례 진료를 받지 않은 경우, 또는 사망 당시 정신질환이 호전되어 일상생활을 정상적으로 수행한 경우 등은 피보험자가 죽음에 이르기 전 자유로운 의사결정이 가능했음을 나타내주는 단서가 될 수 있다.[104]

물론 망인이 장기간 계속적인 정신장애를 가지고 있었는지 여부는 망인이 자유로운 의사결정 불능상태에 있는지를 판단하기 위한 중요한 요소이지만, 판례는 충동적·발작적 정신장해에 기하여 자살한 경우에도 자유로운 의사결정을 할 수 없는 상태에서 자살한 것으로 인정하고 있다. 그러므로 이러한 경우에 해당한다면 자살자가 계속적인 정신장애를 가지고 있지 않았더라도 자유로운 의사결정 상태가 배제될 수 있다고 하겠다.[105]

한편, 대상판결에서 언급한 DSM-5의 주요우울장애는 2주 정도 거의 매일 우울한 기분을 느끼고 거의 모든 활동에 있어 흥미나 즐거움의 상실을 보이는 것이 특징적이다. 식욕과 체중 변화, 수면의 질 저하, 정신운동 활동의 변화, 에너지 저하, 무가치감이나 죄책감, 집중력의 저하와 결정하기의 어려움, 죽음에 대한 반복적인 생각 또는 자살 생각이나 계획 및 시도 등이 나타난다. 이런 증상으로 인해 사회적·직업적 기능의 손상이 임상적으로 뚜렷하게 나타날 때 주요우울장애 진단을 내릴 수 있다.[106] DSM-5에서의 주요우울장애는 다음 표에서 '① 또는 ②가 포함

----

102 대법원 2013. 7. 25. 선고 2013다205457 판결, 대법원 2015. 6. 23. 선고 2015다5378 판결.

103 전주지방법원 2014. 9. 2. 선고 2013나11501 판결은 망인이 우울증으로 입원하였다가 퇴원한 지 불과 6일 만에 투신한 점을 자유로운 의사결정 불능상태를 인정하는 하나의 근거로 언급하고 있다.

104 대법원 2006. 4. 14. 선고 2005다70540·70557 판결; 대법원 2011. 4. 28. 선고 2009다97772 판결.

105 한편, 음주와 우울증은 밀접한 관계가 있어 수일 이상 과음하는 경우 주요우울장애에서 보이는 증상들이 다수 나타날 수 있고, 음주는 우울증세 등을 촉진 또는 강화시키는 요인으로 작용할 수 있다. 예를 들어, 우울장애를 앓고 있으면서 과하게 술을 마셔 판단능력이 저하된 상태에서 언쟁을 벌이다 극도의 심리적 불안 내지 급작스런 정신적 공황상태에 빠져 충동적으로 투신하였다고 하여 보험금 지급책임을 인정한 사례가 있다(대전지방법원 2020. 1. 17. 선고 2019나1051120 판결). 다만, 의사결정에 영향을 받을 만큼 술에 취한 상태였는지는 사고장소에 남아있는 술병 개수나 혈중알코올농도 외에 망인의 평소 주량, 술을 마시기 시작한 시간과 경과 시간, 사고 당시까지 마신 술의 양을 종합하여 판단하여야 한다.

106 이우경, DSM-5에 의한 최신 이상심리학, 학지사, 2022, 112면. 기존의 진단 체계와 진단 기준을 대폭적으로 개정한 DSM-5는 일상에서 흔히 볼 수 있는 가벼운 증상들을 정신 장애로 등재하여 출간하자마자 의학계 안팎에서 논쟁의 대상이 되기도 하였다. 편람 간행에 지속적으로 참여했던 정신의학자 앨런 프랜시스(Allen Frances) 박사는 2014년 출간된 "정신병을 만드는 사람들: 한 정신 의학자의 정신병 산업에 대한 경고(Saving Normal: An Insider's Revolt against Out-of-Control Psychiatric Diagnosis, DSM-5, Big Pharma, and the Medicalization of Ordinary Life)"에서 일시적이고 일상적인 심리 증상들 다수를 정신 질환으로 규정하고 있음을 지적하며 그 결과 정신 장애의 과잉 진단과 의약품 과잉 처방, 주기적인 정신병의 유행이 초래되었음을 밝히기도 하였다(출처: https://100.daum.net/

된 5개 이상의 증상이 2주 연속으로 지속되며 이전의 기능 상태와 비교할 때 변화를 보이는 경우'에 진단기준을 제시하고 있는데, 그중에는 '반복적인 죽음에 대한 생각, 구체적인 계획 없이 반복되는 자살사고 또는 자살시도나 자살수행에 대한 구체적인 계획'도 하나의 증상으로 포함되어 있다. 이처럼 주요우울장애와 자살의 관련성에 관한 아래의 의학적 판단기준을 근거로, 이에 해당하면 주요우울장애로 자유로운 의사결정을 할 수 없는 상태에 이르러 자살하였다고 보고 있다.

> A. 다음의 증상 중 5가지 이상이 거의 매일 적어도 2주 이상 지속된다.
> ① 하루 중 대부분 거의 매일 우울한 기분이 지속
> ② 대부분 일상활동에 대한 흥미나 즐거움이 현저히 감소
> ③ 다이어트를 하지 않아도 체중이 현저히 감소하거나 증가, 거의 매일 식욕의 감소나 증가가 나타남
> ④ 거의 매일 불면증이나 과다수면
> ⑤ 거의 매일 정신운동성 초조나 지체
> ⑥ 거의 매일 피로나 에너지 상실
> ⑦ 거의 매일 무가치감과 부적절하거나 지나친 죄책감
> ⑧ 거의 매일 사고력·집중력의 감소 또는 우유부단함
> ⑨ 반복적으로 죽음에 대한 생각을 하거나 구체적인 계획 없이 반복적인 자살사고 또는 자살 시도나 자살 수행에 대한 구체적인 계획
> B. 증상이 사회적, 직업적 또는 다른 중요한 기능 영역에서 임상적으로 유의한 고통이나 손상을 초래한다.

주요우울장애의 필수증상은 적어도 2주 동안의 우울 기준 또는 거의 모든 활동에 있어서 흥미나 즐거움의 상실이다. 주요우울장애로 인한 죽음에 대한 생각, 자살사고 또는 그 시도가 흔하다. 이러한 생각은 아침에 일어나고 싶지 않다는 소극적인 소망 또는 자신이 죽는 것이 다른 사람들에게 나을 거라는 믿음에서 순간적이지만 반복적인 자살시도에 대한 생각 또는 자살방법에 대한 구체적 계획에 이르기까지 범위가 다양하다. 좀 더 심각하게 자살을 고려하는 사람들은 주변을 정리하고(예, 유언 작성, 빚 청산 등), 자살에 필요한 물건(예, 번개탄 또는 독극물 등)을 구입하거나 자살시도 시기와 장소를 선택하기도 한다. 이처럼 주요우울장애는 높은 사망률과 연관되어 있고, 자살이 많은 경우를 차지하지만 그렇다고 하여 이것이 유일한 원인은 아니다.[107]

....

encyclopedia/view/47XXXXXXb559).
107 APA 집필, 강진령 역, DSM-5 우울장애, 학지사, 2017, 32면.

(3) 자살자를 에워싸고 있는 주위 상황과 자살 무렵의 자살자의 행태

평소 망인을 둘러싼 인간관계의 갈등, 고립, 외면으로 인한 상태에 놓여 있거나 불우한 가정 환경 등에 처해 있어 제대로 돌봄 받을 수 없는 상황이라면 정신질환이 더욱 심각해질 수 있으 므로 자유로운 의사결정이 배제될 가능성이 높아진다.[108]

만약 유서가 존재한다면 자살을 미리 계획하거나 자살의 결과를 명확히 인식한 상태에서 목 숨을 끊었다는 의미가 되므로 자유로운 의사결정을 할 수 있는 상태라는 점을 인정할 가능성이 높아질 것이다.[109] 특히, 망인이 유서에서 지인에게 자신의 사후처리를 부탁하는 내용을 남겼 거나 가족 등에게 미안하고 고마운 마음을 밝히면서 자신이 왜 죽는지를 밝히는 내용이 있다면 더욱 그러하다.[110]

다만, 유서를 남겼더라도 그 필체나 내용이 정돈되지 않아 망인에게 통상의 인지력이 남아 있지 않다고 인정될 경우에는 그러한 유서는 망인이 오히려 자유로운 의사결정 불능상태에 있 었다는 근거가 된다.[111]

만일, 유서를 남기지 않았다면 이는 망인이 '우발적'으로 자살하였을 가능성을 인정할 수 있 는 근거가 될 수 있기는 하다.[112] 하지만 유서를 남기지 않았더라도 그밖의 자살의 동기, 자살행 위 전과 당일의 행적, 자살행위의 시기와 장소 등을 종합적으로 고려하여 자유로운 의사결정을 할 수 있었는지를 판단하여야 한다.[113]

한편, 소송실무상 정신질환에 대한 진료사실이 있는 경우에는 진료기록감정촉탁 또는 사실

---

108 판례 가운데 피보험자의 아버지는 정신병 증세를 보이다가 간경화로 사망하였고 어머니도 피보험자를 제대로 돌보지 못하였다는 등 가족관계를 언급한 사례로 대법원 2015. 9. 24. 선고 2015다217546 판결(원심 : 서울중앙지방 법원 2015. 4. 24. 선고 2014나50028 판결)이 있다.

109 망인이 자살을 준비하면서 전날 직장 동료들에게 전화를 하고 가족들에게 유서를 남기고 그 유서의 내용에 미안 함과 재산, 상속 문제까지 언급한 것을 보면 망인의 알코올중독증 및 우울증이 자살에 이르는 간접적이고 부수적 인 한 원인으로 평가될 수 있음은 별론으로 하더라도, 망인으로 하여금 자살이라는 자신의 행위를 인식하지 못할 정도로 자유로운 의사결정을 할 수 없는 상태를 초래하였다고 보기 어렵다(서울중앙지방법원 2017. 11. 30. 선고 2016가단5054875 판결).

110 대법원 2011. 4. 28. 선고 2009다97772 판결, 서울중앙지방법원 2018. 7. 3. 선고 2017가단5060891 판결, 울산지방법원 2022. 5. 19. 선고 2021가합11523 판결 등.

111 대법원 2020. 7. 9. 선고 2019다302718 판결. 망인이 사망 직전 작성한 유서가 있으나 수신자의 기재조차 없어 누구 에게 쓴 것인지 알 수가 없고, 그 내용도 '말, 사람, 너무 어렵다' 등 순간의 감정을 남긴 수준이어서 여기에 통상의 인지력을 인정할 수 있을 정도로 망인의 유지가 제대로 정리되어 있다고 보이지도 않는다고 판단했다.

112 망인이 유서를 작성하지 않았다는 사실을 망인이 자유로운 의사결정을 할 수 없는 상태에 있었음을 뒷받침하는 논거로 사용한 사안으로는 대법원 2008. 8. 21. 선고 2007다76696 판결(원심 : 서울고등법원 2007. 9. 21. 선고 2006나 74497 판결), 대법원 2015. 6. 23. 선고 2015다5378 판결(원심 : 부산고등법원 2014. 12. 23. 선고 2014나1935 판결) 등이 있다.

113 대전지방법원 2020. 8. 11. 선고 2019가단123844 판결 참조.

조회 결과 등을 바탕으로 망인이 우울증 정도를 판단하는데, 진료사실이 없거나 자료가 미미한 경우 유족 측에서는 심리부검을 신청하기도 한다.[114] 심리부검은 주로 업무 또는 공무상 자살사건의 행정소송에서 이루어지고 있으며,[115] 보험금청구소송에서도 최근에 이르러 유족 측의 신청이 제기되고 있으나 그 활용도는 미미한 실정이다.[116]

그 이유로는 산재보험법에서 예외적으로 업무상 재해로 인정되는 정신적 이상 상태가 상해보험약관에서 정하는 면책예외사유와 성격이 다르다는 점, 심리부검은 자살 당사자가 아닌 다른 사람의 기억이나 정황 등을 참고로 하므로 변별력 있는 결론을 도출해 내는 데 한계가 있는 점, 연구자와 유가족 간의 직접적·심층적인 만남 자체가 어려운 점, 실용적이고 통일화된 연구자 및 조사도구가 미비하다는 점 등으로 인해 심리부검이 복합적인 심리적 요인들을 포괄적으로 분석하기에는 부족하기 때문이다.[117]

(4) 자살의 동기

뚜렷한 자살의 동기가 있다면 피보험자가 삶과 죽음의 이익을 교량하여 자살하였다는 근거가 된다. 따라서 이른바 '결산자살'이 되어 자유로운 의사결정 상태에 있었다고 인정할 여지가 많다. 그러므로 피보험자의 경제상황의 악화 등으로 유족 등 보험금청구권자에게 보험금을 취득시킨다는 동기가 존재하는지 여부, 피보험자 본인이나 그 가족의 병고, 실직, 가정불화, 실연, 직장 내 업무스트레스 등 고민의 유무 등이 문제가 될 것이다.[118]

반면, 피보험자에게 뚜렷한 자살의 동기가 없다면 피보험자가 합리적 판단하에 자살하였다

---

114 '심리부검'이란 어떤 사람이 자살하였을 때, 망인의 가족 및 친척, 친구, 직장동료 등 망인과 가까웠던 사람들을 대상으로 심층 면접하고 망인의 일기나 유서, 이메일 등의 개인적 기록(세부적으로 인터넷 사이트 접속 및 키워드 검색 이력, 트위터, 페이스북, 블로그 등 개인 SNS 포함) 등을 수집하여 왜 그 사람이 자살할 수밖에 없었는가를 과학적으로 규명하는 것이다[자살예방 및 생명존중문화 조성을 위한 법률(약칭 : 자살예방법) 제11조의2(심리부검), 시행령 제4조 제4항 참조]. 이는 기존의 의료감정과는 다른 차원의 감정이라고 할 것이다(황태윤, "심리적 부검의 개념과 그 소송상 활용에 대한 기초적 고찰", 동북아법연구, 제10권 제1호, 전북대학교 동북아법연구소, 2016. 5., 344면).

115 행정소송에서는 서울고등법원 2013. 12. 19. 선고 2012누27505 판결에서 처음으로 '심리적 부검'을 활용하여 업무상 스트레스와 우울장애 등에 따른 근로자의 자살을 업무상 재해로 인정한바 있다.

116 신수원·서종한, "심리부검의 증거 효용성에 관한 논의: 토픽모델링을 통한 심리부검의 판례 분석", Journal of the Korean Data Analysis Society, 제24권 제6호, 한국자료분석학회, 2022, 2420면.

117 김태연·강버들, "우리나라 심리부검에 대한 고찰", 수산해양교육연구, 제34권 제5호, 한국수산해양교육학회, 2022, 914면. 실제 최근 보험금 소송에서도 심리적 부검결과에 대해, 유족 측 면담 및 그 제출자료를 근거로 한 심리학자의 심리결과에 해당할 뿐 의학적 판단으로 볼 수 없다고 하여 배척한 사례가 있다; 서울고등법원 2022. 4. 28. 선고 2020나2027127 판결 참조(대법원 2022다238640호에서 심리불속행으로 확정되었다).

118 권영문, "생명보험에서 피보험자의 자살과 보험자의 면책 여부", 판례연구, 제23집, 부산판례연구회, 2012, 805면.

고 볼 여지가 줄어든다.[119] 그러므로 이는 망인이 자유로운 의사결정이 아니라 정신질환 등으로 인해 자살을 한 것이라고 인정할 수 있게 하는 요소가 되고, 자유로운 의사결정 불능상태를 인정할 여지가 많아진다.[120]

(5) 자살행위의 시기 및 장소, 그 경위와 방법 및 태양

망인이 자살행위의 시기, 장소, 방법을 치밀하게 계획하면 할수록 자유로운 의사결정 상태를 인정할 여지가 높아진다. 그 계획성으로 말미암아 망인이 자신의 생명을 끊는다는 점을 뚜렷하게 인식하였다는 점을 인정할 수 있기 때문이다.

우선, 자살을 실행한 장소와 시간에서 망인의 계획성이 드러날 수 있다. 가령 망인이 가족들이 모두 외출하고 혼자 남게 된 때를 고르거나, 다른 사람들이 쉽게 발견하기 어려운 장소를 일부러 선택하여 자살을 한 것이라면 자살의 계획성과 의도성을 강하게 확인할 수 있다.[121]

또한, 실무에서 확인되는 자살의 방법 및 태양으로는 추락사, 익사, 액사(목맴), 음독사, 연탄(가스)질식·중독사, 분신·화재사, 흉기·총기류를 이용한 자살, 촉탁살인 또는 동반자살, 차량을 이용한 교통사고 등을 들 수 있는데,[122] 망인이 자살 직전 사망 방법과 장소를 미리 파악하는 등 준비행위를 하였다면 이 또한 자살의 계획성과 의도성을 확인할 수 있는 사실이 된다.[123]

특히, 목을 매는 자살방법은 준비물을 마련하는 준비행위가 필요하고, 목이 졸려가는 과정에서 중간에 스스로 그만둘 수 있음에도 자살을 강행한 것이어서 계획성과 의도성이 강하게 인정되는 방법이다. 따라서 높은 곳에서 뛰어내리거나 눈에 보이는 물건으로 충동적으로 자해하

---

119 대법원 2013. 7. 25. 선고 2013다205457·205464 판결, 대법원 2015. 6. 23. 선고 2015다5378 판결.

120 대법원 2008. 8. 21. 선고 2006나74497 판결(원심 : 서울고등법원 2007. 9. 21. 선고 2006나74497 판결)은 망인이 술에 취한 나머지 판단능력이 극히 저하되어 음주로 인한 병적인 명정으로 자유로운 의사결정 불능상태에서 자살한 것으로 인정하였는데, 그 근거 중 하나로 망인이 평소 등산을 하며 건강관리를 하는 등 뚜렷한 자살의 동기를 발견할 수 없는 점 등을 들고 있다.

121 서울중앙지방법원 2018. 7. 18. 선고 2018가단5032251 판결(항소 취하로 종결), 서울고등법원 2016. 6. 2. 선고 2015나2065958 판결.

122 소송 실무에서 각 자살을 선택하는 방법에 따라 자유로운 의사결정 불능상태 여부를 확인하기 위한 내용 등을 살펴보면 다음과 같다. 추락사의 경우 당시 목격자 외에 망인의 키와 추락장소의 난간 또는 구조물의 높이, 사고장소 주변에 의자나 신발 등의 유품이 있었는지 등의 확인, 익사의 경우에도 실족 가능성을 판단하기 위해 사고장소에 이르게 된 경우와 시각 및 평소 동선, 최종 연락시점과 발견 시간 등의 확인, 액사의 경우 발견장소와 자살에 쓰인 도구(의자 외 노끈, 넥타이, 허리띠, 스카프 등) 및 방법 등의 확인이 언급되고 있다. 음독사나 분신·화재사의 경우에도 사후 부주의에 의한 것이라고 주장하는 경우가 다발하므로 독극물(농약, 양잿물, 수면제 등)과 인화물질(시너, 부탄가스, 번개탄 등)의 구입경위(용도)와 개수, 사고일과의 간격 등이 확인이 필요하다.

123 서울중앙지방법원 2021. 11. 4. 선고 2021나8926 판결.

는 경우 등과 비교해 볼 때 망인이 자유로운 의사결정 상태에 있었다고 인정될 가능성이 높다.[124] 또한, 번개탄 등을 이용하여 자살한 경우에도 필요한 물품을 사전에 준비하고 번개탄에 불을 붙여 일산화탄소가 치사량에 이르기까지 그 실행을 중단할 수 있는 시간이 있음에도 계속 진행한 것이므로, 목을 매는 방법과 마찬가지로 망인이 자유로운 의사결정 상태에 있었다는 사실을 인정할 여지가 많다.[125] 제초제와 같은 농약에는 오인 복용이나 자살 목적으로 사용되는 것을 막기 위하여 구토 유발제와 악취 유발제가 들어있는데, 이를 사전에 구입하여 준비한 것이라면 그 자살의 계획성이 인정된다고 할 것이다.[126]

반면, 망인의 자살방법이 지나치게 비정상적이라면 이것은 망인의 정신질환 등이 심각하였다는 사실을 뒷받침하는 근거가 될 수 있다. 따라서 이 경우에는 자유로운 의사결정 불능상태가 인정될 가능성이 높고 보험금 지급사유에 해당할 여지가 높아진다.[127]

3. 소결

'고의'의 사실적 측면과 '자유로운 의사결정 불능상태'의 규범적 측면

고의는 피보험자가 스스로 생명을 절단시키는 것에 대한 사실적인 인식과 의사를 말한다. 이러한 고의사고는 보험계약의 선의성을 해하므로 원칙적으로 보험보장의 범위를 벗어난다. 하지만 아무리 사실적 차원에서 피보험자에게 자살의 고의가 있다고 할지라도 그 의사결정 과정의 비정상적 상태로 말미암아 규범적 차원에서 보험보장의 범위 내에 포섭하더라도 무방한 경우가 있을 수 있다. 상해보험약관에서 피보험자가 자유로운 의사결정 불능상태에 있었던 경우

---

124 서울고등법원 2022. 4. 28. 선고 2020나2027127 판결; 전주지방법원 2021. 7. 21. 선고 2021나1912 판결; 서울중앙지방법원 2020. 9. 8. 선고 2019가단5137344 판결; 수원지방법원 2020. 4. 7. 선고 2019나63249 판결; 부산지방법원 2017. 11. 22. 선고 2017나47953 판결; 인천지방법원 2016. 6. 16. 선고 2016가단214987 판결 등.

125 대상판결 사안처럼 번개탄을 이용하여 차량 안에서 자살을 선택하는 경우도 있지만, 방에서 사망한 경우에는 테이프로 방문과 유리창 틈을 막아놓는 사례도 흔히 확인된다. 이 경우에는 자기의 생명을 끊는다는 것을 의식하고 그것을 목적으로 의도적으로 자살한 것으로 보는 것이 합리적이다(서울남부지방법원 2019. 5. 3. 선고 2018가단200819 판결 등).

126 서울중앙지방법원 2015. 2. 26. 선고 2014가단5108174 판결.

127 울산지방법원 2014. 9. 17. 선고 2013가합8614, 2014가합3173(반소) 판결은 망인이 딸과 함께 죽으려고 시도하였고 이 사건 사고 당시 가족이 옆방에 있는데도 불구하고 목을 맨 것에 비추어 볼 때 정신질환의 정도가 상당히 중하였다고 보인다고 판단하였고, 부산고등법원 2013. 3. 12. 선고 2013나2191 판결에서도 망인이 함께 동거하였던 A가 욕실 샤워실에서 사망한 것을 발견하고 하루도 지나지 않아 A와 동일한 방법과 옷차림으로 목숨을 끊은 사안에서 망인이 자유로운 의사결정을 할 수 없는 상태에서 사망하였다고 판단하였는데, 이는 A의 사망으로 인한 정신적 충격이 망인의 자살에 큰 영향을 미친 것으로 보인다고 지적하였다.

를 보상대상으로 규정한 까닭이 여기에 있다. 그런데 주요우울장애로 자유로운 의사결정을 할 수 없는 상태에 이르렀다고 볼 만한 의학적 견해가 제출되었다면 함부로 이를 부정할 수 없다며 의학적 소견에만 집중하는 입장을 제시하였고, 그 이후 최근 자살의 동기나 자살의 방법 및 태양, 자살 무렵의 주위상황이나 자살자의 행태, 자살행위의 시기 및 장소 등은 판단의 부수적 사항으로 격하되는 경향이 두드러지고 있다.[128]

하지만 망인의 의학적 정신상태는 '자유로운 의사결정 불능상태'라는 추상적인 요건사실을 구성하는 주요사실의 일부일 뿐이다. 특히, '자유로운 의사결정 상태'라는 요건의 본질이 비난가능성에 있다고 본다면, 자유로운 의사결정 상태에 있었는지를 판단하는 일은 통상적으로 사실관계를 확정하는 것과는 다르다. 규범적 요소를 아울러 고려하며 이루어져야 하는 것이다.[129] 피보험자의 자연적 의식상태를 살펴보는 것만으로는 부족하다. 제반사정에 비추어 피보험자가 의사결정에 이르게 된 과정과 그 실행행위에 대한 규범적 평가도 필요하다. 이로써 그 행위의 동기나 방법이 과연 보험계약에 수반하는 신의성실의 원칙이나 보험의 선의성에 어긋나는지, 과연 그 고의사고가 보험 보장의 범위 내에 들어와도 무방한 것인지에 대한 가치판단도 필요하다.

이를 위해서는 다양한 요소들을 종합적으로 고려하여야 한다. 대법원도 이미 자유로운 의사결정 상태인지를 판단하기 위해 다양한 요소를 고려하여 '종합적'으로 판단해야 한다고 하였다.[130] 따라서 피보험자가 자살 당시 정신질환 상태에 있었는지에 관하여는, 구체적 사안에 따라 자살자 주변의 상황·환경, 자살자의 성행, 병력, 자살의 동기·목적 및 경위·수단방법 등을 종합적으로 탐지하여 자살자 본인이 과연 자살 당시 정상적인 분별력과 자유로운 의사결정으로 자살을 결정할 수 있는 상태였는지를 신중히 판단하여야 한다.[131] 피보험자의 정신장애 상태

---

128 대표적으로 가장 최근의 판결인 대법원 2022. 12. 15. 선고 2020다263567 판결에서 그러한 경향이 확인된다.

129 앞서 언급한 바와 같이 생명보험 표준약관은 2010년 1월 이전 '정신질환 등'이란 말을 '심신상실 등'이란 말로 변경하였다. 그 약관 문구 변경에 관하여, 최정식, "생명보험약관상 심신상실상태의 자살면책에 관한 연구(대법원 2021. 2. 4. 선고 2017다281367 판결을 중심으로)", 법학논총, 제51권, 숭실대학교 법학연구소, 2021, 463면은 자유로운 의사결정 불능상태를 '정신질환 등'으로 표기하면 의학적으로 정신장애, 의식장애와 같은 정신병으로 한정하여 해석될 여지가 있지만, '심신상실 등'이란 표현은 책임능력과 연관이 있는 법률용어적 성격과 함께 더 광범위하게 자유로운 의사배제상태를 내포하는 의미에서 변경한 것으로 생각된다고 한다. 이러한 견해에 따르면 현행 약관이 '정신질환 등'이 아니라 '심신상실 등'이란 용어를 사용하고 있는 것은, 자유로운 의사결정 상태가 단순히 의학적 사실확정의 문제가 아니라 법적인 규범판단 문제라는 점을 더욱 강조하는 것이라 볼 수 있다.

130 대법원 2021. 2. 4 선고 2017다281367 판결; 대법원 2011. 4. 28. 선고 2009다97772 판결 등 참조. 그 종합적 판단의 주요한 요소로 '정신병의 증세' 및 '동기의 유무', '자살의 태양' 등을 들 수 있다.

131 송달섭, "생명보험표준약관상의 자살면책조항에 관한 소고", 기업법연구, 제21권 제2호(통권 제29호), 한국기업법학회, 2007, 263면.

를 측정하기 위해 법원이 의사의 감정을 참고할 수 있다고 할지라도 자유로운 의사결정 불능상태인지 여부가 근본적으로 규범적 사실의 영역이라는 점은 인식하여야 한다. 자유로운 의사결정 불능상태를 판단할 때 감정결과에 전적으로 의존하거나 규범적 검토 없이 감정결과를 기계적으로 적용하는 식이 되어서는 곤란하다.[132] 결국 심신상실 상태였는지 여부는 전문가의 감정을 토대로 법관이 결정해야 할 규범적 사실판단의 문제이다.[133]

----

132 민사분쟁에서의 인과관계는 의학적 · 자연과학적 인과관계가 아니라 사회적 · 법적 인과관계이므로, 그 인과관계가 반드시 의학적 · 자연과학적으로 명백히 증명되어야 하는 것은 아니라는 것이 대법원의 일관된 입장이다(대법원 2008. 4. 24. 선고 2006다72734 판결, 대법원 2010. 9. 30. 선고 2010다12241 · 12258 판결 등).

133 참고로, 손해배상소송에서도 노동능력상실률을 정하기 위한 보조자료의 하나인 의학적 신체기능장애율에 대한 감정인의 감정결과는 사실인정에 관하여 특별한 지식과 경험을 요하는 경우에 법관이 그 특별한 지식, 경험을 이용하는 데 불과한 것이며, 궁극적으로는 피해자의 제조건(나이, 학력, 직업 등)과 경험칙에 비추어 규범적으로 결정되어질 수밖에 없다는 것이 대법원의 입장이다(대법원 2002. 9. 4. 선고 2001다80778 판결, 대법원 2009. 2. 12. 선고 2008다73830 판결 등).

제13장

대표자책임

I. 의 의

보험자와 보험계약자 사이에 보험계약의 내용에 대한 합의가 이루어지면 보험계약은 성립하게 된다. 그리고 그 보험계약은 종료하기 전까지 보험계약관계가 존속하게 되는 것이 일반적이다. 보험계약은 유상계약이므로 보험계약이 성립하면 보험계약자는 보험자에게 보험료를 지급할 의무를 부담하게 되고, 보험자는 보험기간 안에 보험사고가 발생한 경우에 피보험자 또는 보험수익자에게 보험금을 지급할 의무를 부담하게 된다(상법 제638조).

보험계약법이나 보험약관은 보험기간 안에 보험사고가 생긴 경우에도 보험자의 보험금지급책임을 면제하는 사유를 예외적으로 인정하고 있다.[1] 보험자의 면책을 인정하고 있는 이유는, 보험계약자 등에 의한 도덕적 위험을 방지하고자 할 뿐만 아니라 보험사업의 합리적인 관리를 위한 목적이 있다.

보험자의 면책사유와 관련하여, 독일은 오랜 역사적인 관점과 본질적인 근거를 가지고 사적 보험계약에서 아주 특별한 지위를 받아들이면서,[2] 독일 민법과는 다른 이례적인 몇 가지의 법적 원칙을 인정하고 있는데 그러한 원칙 중의 대표적인 것이 '보험계약자를 대행하고 있는 자의 행

....

1   양승규, 보험법, 제5판, 삼지원, 2004, 138면 이하.
2   보험법의 특수발전에 대한 역사적인 근거에 대해서는 Neugebauer, Versicherungsrecht vor dem Versicherungsvertragsgesetz, 1990, S. 113 f.

위로 인하여 보험계약자가 책임을 부담하게 되는 대표자책임(Repräsentantenhaftung)문제이다.[3]

보험계약법에서 대표자책임은 본래 간접의무(Obliegenheit)의 영역에서 발생하였다. 동 이론은 보험계약법상 간접의무를 보험계약자(피보험자) 이외의 제3자가 위반하였을 때 이를 보험계약자에게 귀속시키는 문제를 다루기 위하여 나타난 것이다. 일반적인 법적 의무에 있어서 이행보조자의 고의 또는 과실을 채무자에게 귀속시키는 규정은 독일이나 우리 민법에 규정되어 있다(독일 민법 제278조, 우리 민법 제391조). 그러나 보험계약법상 간접의무는 법적 의무가 아니어서 이러한 민법상의 규정이 보험계약법에 적용되기 어렵다. 그리하여 독일 판례법은 제3자에 의한 간접의무의 위반 시에 법적 의무의 이행보조자에 해당하는 대표자라는 개념을 만들어낸 것이다. 독일의 대표자책임은 제3자에 의한 고지의무나 통지의무 이외의 간접의무 위반 시 보험자의 면책을 유도하기 위한 이론으로 출발하였으나, 그 후 제3자에 의한 고의나 중과실에 의하여 보험사고가 발생한 경우에도 적용하게 되었다.[4]

독일 보험계약법에서 인정되고 있는, 보험계약자나 피보험자가 특별한 관계에 있는 일정한 제3자를 보험계약자나 피보험자의 대표자로 보고, 이러한 자에 의한 보험사고초래의 경우를 피보험자의 사고초래의 경우와 동일하게 보아 보험자의 면책을 인정한다.

이하에서는 독일 판례법에서 인정되고 있는 대표자책임을 다루고, 이 대표자책임이 우리나라의 판례와 실무에서 수용할 수 있는가에 대한 탐색을 하고자 한다.

II. 대표자책임의 의미와 적용범위

1. 대표자의 개념

1) 문헌상 대표자 개념과 구분

일반적으로 대표자책임이라 함은 보험계약자와 보험자 사이의 관계에서 어떠한 사람(제3자)의 작위나 행위에 대하여 보험계약자(피보험자)에게 귀속이 가능한가에 관한 문제이다.[5]

---

3 법인의 대표기관의 행위에 의하여 직접 법인이 권리·의무를 취득하는 것을 대표하고 한다, 이영준, 민법총칙, 박영사, 2007, 515면. 본 논문은 대표자를 독일의 'Repräsentanten'를 번역한 것이다. 대리인과는 다른, 제3자가 특정한 범위에서 한 행위에 대하여 보험계약자의 이행책임으로 귀속시키게 되는데, 이때 제3자를 '대표자'라고 한다.

4 이론의 발전과정에 대해서는 김정호, "보험계약법상의 책무론", 법학논집, 제31집, 고려대학교 법학연구소, 1995, 402면 이하.

대표자의 개념은 학자들 사이에 약간 상이하게 나타나고 있는데, "보험계약자(피보험자)의 이익과 보험단체의 이익을 공정히 고려하여, 그것이 건전한 국민감정에 합치하는 경우 보험계약자(피보험자)는 제3자의 행위 및 부작위에 관하여 책임을 부담하여야 한다"는 개념[6]을 사용하거나, 보다 구체적으로 "피보험자의 계속적 관리를 필요로 하는 것 및 이러한 관리를 대표자에게 위탁하여 피보험자는 그 관리를 완전히 포기할 것을 요건으로 한다"고 설명하면서 대표자란 "보험계약자(피보험자)가 자기를 대신하여 피보험물에 관하여 필요한 계속적 관리를 할 지위에 있는 자"[7]라고 규정한다.

대표자책임에 대한 근거는 "어떤 자와 피보험자 간에 반드시 법률관계가 있어야 한다는 사항이 되는 것은 아니며, 오히려 그 자가 사실상 피보험자로부터 전면적으로 피보험이익의 관리를 위탁받고 있는 경우에 그 자를 피보험자의 대표자로 보아야 한다"는 점이다.[8] 이 경우 보험사고초래를 피보험자 자신의 보험사고초래와 동일시하여 이를 보험자의 면책사유로 보고자 한다. 결국 이러한 논의의 근저에는 보험계약의 단체성을 강조하여 "단체구성원은 자신의 위험을 타인에게 관리시킴으로써 이를 스스로 관리하는 다른 단체구성원보다도 유리한 지위에 설 수는 없다"는 점, 즉 "피보험단체구성원은 다른 단체구성원 모두에 대하여 자기의 피보험위험을 적절하게 관리할 책임을 진다"고 하는 사상에서 유래한 것이라 볼 것이다.[9]

대표자라고 하는 개념은, 보험계약자로부터 고지나 통지의무의 이행을 위탁받은 자를 의미하는 인지표시대리인(Wissenserklärungsvertreter)이나 자신의 특정사실에 대한 인지 혹은 인식의 효과가 보험계약자에게 미치는 자를 뜻하는 인지대리인(Wissensvertreter)과는 구별된다.[10] 보험계약자가 인식과 의사표시의 교부나 수령을 위하여 그것의 인식이나 표시에 대한 권한을 가지고 있는 경우에, 독일 민법 제166조 제1항의 유추해석에 의하여 그것의 이해와 의사표시가 보험계약자에게 귀속하게 되는 자를 인지대리인이라면,[11] 고지의무나 정보제공에 대한 통지의무의 이행에 있어서 보험계약자에 의하여 지속적으로 교부하는 의사표시의 내용을 알고 있

----

5   Langheid, Rechtsprechungsübersicht zum Versicherungsvertragsrecht 1989/1990, NJW 1991, S. 268.

6   Prölls, J.R.P.V., S. 38.

7   Möller, Verantwortlichkeit des Versicherungsnehmer für das Verhlaten Dritter, 1939, S. 95.

8   Möller, a.a.O., S. 71.

9   Möller, a.a.O., S. 9 und 92.

10   Kampmann, Änderung der höchstrichterlichen Rechtsprechung zum Repräsentenbegriff, VersR 1994, 277 (278).

11   Hoffmann Edgar, Privatversicherungsrecht, 4. Aufl. 1998, S. 172. 운송회사의 소유자인 보험계약자가 차량 운전자에게 회사소유의 하자 있는 차를 수선공으로 하여금 수리하도록 언급하였다면, 발생하는 위험증가의 인식과 관련하여 자동차운전자는 보험계약자의 인지대리인으로 인정된다.

는 자가 인지표시대리인이라고 할 수 있다.[12] 그러므로 인지대리인은 전혀 법률행위를 통하여 권한을 받은 자가 아니다.

2) 판례상 대표자 개념의 변화

대표자라는 개념은 제국법원에서부터 출발하고 있다. 제국법원은 '실질적인 대리관계에 기하여 보험목적물에 관한 감독을 행사하는 자(die Person, wer aufgrund eines tatsächlichen Vertretungsverhältnisses die Obhut über die versicherten Sache ausübt)'를 대표자라고 지칭하였다.[13] 이러한 개념은 나중에 두 번째 형태로 변형되는데 제국법원은, '보험계약자에 갈음하여 대리관계나 대리관계와 유사한 관계에 기하여 보험목적에 속하는 업무범위에서 개입하는 자(die Person, wer in dem Geschäftsbereich, zu dem das versicherte Risiko gehört, auf Grund eines Vertretungs- oder eines ähnlichen Verhältnisses an die Stelle des Versicherungsnehmers getreten ist)'를 대표자라고 하거나,[14] 또는 '당해업무의 범위에 있어서 보험계약에 기하여 피보험자에게 생긴 권리의무를 관리하는 것도 포함하여, 피보험자를 위하여 독자적으로 법률행위를 할 수 있는 권한을 가진 자'를 대표자라고 하였다.[15]

그 뒤 제국법원은, '피보험이익이 속하는 업무의 관리가 일반적으로 타인을 사용할 필요가 있는 정도의 것인가 아닌가를 구별할 필요가 있다고 하여 보험관계가 업무', 즉 '적어도 상당한 중요성을 가지는 업무의 범위에 관련이 있는 것(das Vertretungsverhältnis sich auf einen Geschäftsbetrieb, mindestens einen Geschäftsbereich von einiger Bedeutung bezieht und die Befugnis zu selbständigem rechtsgeschäftlichem Handeln für den Versicherungsnehmer besteht)'을 요구한다.[16] 즉, 보험계약자가 스스로 그 업무를 관리할 수 없거나 또는 그렇게 할 의욕이 없어, 정황에 의하여 공정히 생각하면 보험계약자에게 그것을 기대할 수 없는 사정이 존재하는 것을 요구하고 있다. '보험관계에 속하는 업무가 그 규모에 있어서 상당한 중요성을 가지고, 피보험자가 스스로 그 업무를 관리할 수 없으며, 더욱이 그 의도도 없다는 것이 명확하고 피보험자 스스로 관리할 것을 기대할 수

12　OLG Köln VersR 1981, 669 (670). 자동차책임보험을 가입한 자동차의 차량손해처리를 위하여 보험계약자로부터 위탁받은 제3자가 차량의 실제가격보다 높은 금액으로 기재한 경우, 제3자의 고의적인 허위기재로 인하여 발생하는 불이익을 보험계약자가 인정해야 한다고 판시한 사안.

13　Gruch 47, 991 = JW 03, 251; RG 9, 121; RG 37, 149.

14　RGZ 51, 20; RGZ 83, 43; RGZ 117, 327; JR 32, 341; JR 34, 360.

15　RGZ 135, 370

16　"Bedürfnis nach Repräsentanz" RGZ 149, 69.

없는 경우', 예컨대 '피보험자를 대신하여 관리할 자'를 대표자로 인정한 것이다. 그러므로 법인의 기관, 무능력자의 법정대리인, 파산관재인, 대규모 경영의 지배인 등을 대표자 개념의 범위에 포함시킨 것이다.

　제국법원에서 발전하고 있는 대표자의 적용범위는 연방대법원에서도 계승된다. 연방대법원은 대표자의 개념을 '대표자란 타인의 영업영역에서 계약 혹은 이와 유사한 관계하에 보험계약에 갈음하여 활동하는 자로서 법률행위적인 대리권을 전제로 하지 않으나 일정한 범주 내에서 보험계약자의 권리와 의무를 대신해주는 자(Repräsentant ist, wer in dem Geschäftsbereich, zu dem das versicherte Risiko gehört, auf Grund eines Vertrages oder ähnlichen Verhältnisses an die Stelle des Versicherungsnehmers getreten ist, wobei eine rechtsgeschäftliche Vertretungsbefugnis nicht vorausgesetzt wird. Er muss befugt sein, in einem gewisen nicht ganz unbedeutenden Umfang für den Betriebsinhaber zu handeln und dabei auch dessen Rechte und Pflichten als Versicherungsnehmer wahrzunehmen)'로 정의하였다.[17] 그 뒤 연방대법원은 '보험계약자를 대신하여 일정한 상당한 범위에서 보험목적을 필연적으로 계속적인 관리를 맡고 보험계약자의 권리와 의무를 실현하는 권능을 가진 자(die Person, der an die Stelle des Versicherungsnehmers getreten ist und die Befugnis hat, selbständig in einem gewissen, nicht ganz unbedeutenden umfang die notwendige laufende Betreuung der versicherten Sachen vorzunehmen, mithin die Rechte und Pflichten des Versicheurngsnehmers wahrzunehmen)'를 대표자로 보고 있다.[18] 그리고 비교적 최근 판례에서 연방대법원은, '보험에 든 위험에 속하는 영업범위에서 대리관계나 그와 유사한 관계에서 보험계약자를 대신하여 등장하는 자'를 대표자로 인정하고 있다.[19]

　결론적으로 대표자의 개념을 정의한다면, 보험목적에 대한 감독의 순수한 양도는 대표자책임을 인정함에 있어서 충분하지 않고 상당한 영역에서 독자적인 책임을 갖고 있는 자로서, 보험계약자로부터 지속적으로 보험위험의 관리나 보험목적의 관리가 허용된 자만이 인정될 수 있을 것이다(Risikoverwaltung: 위험관리). 제3자가 보험계약으로부터 권리와 의무를 이행해야만 하는 것을 요구하지도 않는다(Vertragsverwaltung: 계약관리). 만약 대리관계나 대리와 유사한 관계에 기하여 보험계약의 관리를 독자적으로 행사한다면, 보험목적의 양도와 관계없이 대표자의 지위를 인정할 수 있을 것이다.

....

17　　BGH NJW 1971, 538 (539).

18　　BGH NJW 81, 1098; BGH NJW 89, 1861; BGH VersR 90, 620.

19　　BGH NJW 93, 1862.

2. 대표자책임의 영역

대표자책임에 대하여는 간접의무위반의 영역(개정 전 독일 보험계약법 제6조)뿐만이 아니라, 고의 중과실로 인한 보험사고를 야기한 경우(개정 전 독일보험계약법 제61조)에도 적용된다.[20]

보험계약법상 간접의무(Obliegenheit)는 보험계약의 성립 전후를 불문하고 보험계약자나 피보험자 등에게 일정한 용태를 요구하고 있다. 간접의무는 우리 상법 역시 보험사고 발생 전에는 고의 또는 중대한 과실로 보험사고의 발생 가능성을 증대시켜서는 안 되는 의무(우리 상법 제653조), 보험기간 중에는 위험의 현저한 변경이나 증가 시 보험자에게 통지하여야 할 의무(우리 상법 제652조), 보험계약체결 시에는 계약체결에 중요한 사항을 묵비하거나 부실고지를 하여서는 안 되는 의무(우리 상법 제651조) 등을 규정하고 있다.[21] 일반 채권법에서 발생하는 법적 의무와 달리 간접의무는 의무자가 그 이행을 하지 아니할 때 그 이행의 강제를 할 수 없다. 그리고 그 불이행의 경우에도 손해배상의 청구를 할 수 없다. 단지 간접의무위반이 당해 의무자의 일정한 불이익을 야기한다는 점이다. 간접의무위반사항과 관련하여 보험계약자는 우선적으로 보험목적에 대하여 주의를 해야만 할 것이다. 예를 들면 독일의 수돗물보험(Leitungswasserversicherung)에 따르면, 보험계약자는 이용하지 않는 건물에서 수도관(Wasserleitung)을 차단하거나 비우는 일을 하여야 한다.[22] 만약 보험계약자가 외국에 있는 초빙교수로 가게 되었다고 상상해보자. 그러면 그의 비어 있는 집은 이웃을 통하여 보호받을 수 있도록 하여야 할 것이다. 만약에 이웃이 겨울에 그 수도관을 돌보지 않아 수도관이 파열되었다면, 보험자의 보험금지급의무는 이웃의 과책(Verschuld)이 보험계약자에게 귀속될 수 있는가에 달려 있게 된다.

두 번째 중요한 대표자책임의 적용범위는, 보험사고의 중대한 과실로 인하여 발생한 경우에 보험자의 면책에 관한 것이다(이른바 위험배제조항). 만약 이웃이 화재보험에 가입된 건물에 대하여, 고의나 중대한 과실로 화재를 야기하였다고 하자. 이 경우 개정 전 독일 보험계약법 제61조(우리 상법 제659조)와 관련하여, 보험계약자는 제3자의 과책에 대하여 책임을 부담해야 하는가에 대한 물음이 제기된다.[23]

---

20 Bach, Entwicklung eines differenzierten Repräsentantenbegriff, VersR 1990, 235 (236). Der Repräsentantenbegriff ist entwickelt worden, um eine Haftung des VN für Dritte in denjenigen Bereichen zu definieren, in denen das gesetzliche (§ 61 VVG) oder das vertragliche (§ 6 VVG) Gebot besteht, dass zur sachgerechten Risikoverwaltung bestimmte Verhaltensnormen einzuhalten sind.

21 보험계약법 외의 책무에 관한 규정으로는 상사매수인의 매매목적물에 대한 하자의 조사와 통지의무를 부과하고 있는 상법 제69조와 채권법상 채권자지체에서 나타나는 채권자의 협조의무 등을 들 수 있다. 자세히는 하경효, "채권자지체와 그 효과로서의 위험이전", 고시연구, 1995년 11월, 183면 이하.

22 § 9 Nr. 2 b VGB 62, abgedruckt und kommentiert bei Kollhosser in Prölss/Martin, VVG 26. Aufl., 1998, S. 1081.

3. 간접의무조항과 위험배제조항

간접의무는 이행되지 못하는 경우에 보험계약자나 피보험자에게 보험자의 면책이나 책임감경으로 인한 불이익이 야기되는 것을 의미한다. 그러나 보험자가 면책에 이르게 되는 방식 면에서 구별되어야 할 개념이 있는데 바로 위험배제조항이다. 이 양자는 보험자가 면책에 이르는 과정이나 방식이 다른 면을 띠게 된다.[24]

위험배제의 경우에는 그 사유만 존재하면 곧바로 보험자는 그 사유의 존재와 피보험자 측에 발생된 손해가 그로 말미암아 야기되었다는 사실을 입증함으로써 면책된다. 주관적 위험배제 사유를 규정하고 있는 우리 상법 제659조의 고의 중과실로 인한 보험사고의 유발의 경우가 대표적인 사례이다.[25] 즉, 보험자는 보험사고가 피보험자 측의 고의나 중과실로 말미암아 유발되었다는 사실만 입증되면 바로 책임을 면하게 된다.

반면, 간접의무위반의 경우는 보험자가 면책에 이르는 방식에 있어서 위험배제의 경우와 다르다.[26] 즉, 위험배제사유와는 달리 간접의무위반사실만으로 당연히 보험자의 보상의무의 존재가 부정되는 것이 아니라 간접의무위반이 피보험자 측의 고의나 과실 등 책임비난의 여지가 있어야 하고, 그러한 간접의무위반과 보험사고 발생 간의 인과관계가 요구되며 나아가 보험자가 원칙적으로 면책이 되기 위해서는 보험계약관계를 해지함으로 피보험자와의 법률관계를 명확히 할 것을 요구하고 있다.[27]

---

23 우리나라의 실무에서 제기된 것으로는 대법원 1984. 1. 17. 선고 83다카1940 판결. 여기서 대법원은 "화재보험약관 중 '피보험자에게 보험금을 받도록 하기 위하여 피보험자와 세대를 같이하는 친족 또는 고용인이 고의로 사고를 일으킨 손해에 대해시는 보험자가 보상하지 않습니다'라는 부분에 대하여 피보험자가 자신의 고의나 중과실이 없었음을 입증하면 면책조항의 적용은 당연히 배제된다는 내용이다. 즉 이러한 약관조항은 '…피보험자가 이를 교사·공모하거나 감독상의 과실이 큰 경우가 허다하므로 일단 보험사고의 발생에 피보험자의 고의 또는 중과실이 게재된 것으로 추정하여 보험자를 면책하려는 취지'이므로, 따라서 피보험자가 자신의 과실이 게재되지 아니하였음을 입증한 때에는 이 조항이 적용되지 않는다"고 판시하였다.

24 자세히는 김정호, "보험계약법상의 책무론", 법학논집, 제31집, 고려대학교 법학연구소, 1995, 394면 이하.

25 보험자면책에 대해서는 유주선, "보험자의 면책과 생명보험표준약관상 자살부책조항", 경영법률, 제18집 1호, (사)한국경영법률학회, 2007. 10, 318면 이하.

26 김정호, 상법강의(하), 법문사, 2000, 386면.

27 채무(schuldrechtliche Pflicht)와 책무(Obliegenheit)의 차이에 대해서는 이기수·최병규·김인현, 보험·해상법(상법강의), 제9판, 박영사, 2015, 101면.

III. 대표자책임의 정당성

대표자책임을 인정하기 위해서는 우선적으로 대표자책임의 정당성에 대하여 살펴보아야 한다. 독일 민법이나 보험계약법이 효력을 발생하기 전에 이미 대표자책임은 발전되었기 때문에, 대표자책임이 법적 형성으로서 가능 여부, 인정 근거 및 실정법 체계에서 대표자책임이 인정될 수 있는가에 대하여 살펴보도록 한다.

1. 법형성으로서 대표자책임

대표자책임(Repräsentantenhaftung)은 오랜 전통을 가지고 있다. 동 책임은 19세기 말 제국법원에 의하여 발전되었고,[28] 독일 민법과 보험계약법의 발효 이후에도 유지되었으며[29], 오늘날 관습법으로서 인정[30]되고 있다. 이러한 법 원칙이 오래전부터 존재하며 유지되어 온 것에 대하여 놀라움이 많으면 많을수록, 예로부터 동 원칙의 정당성에 대하여는 다툼이 지속되어 왔다. 이미 1907년 독일 보험계약법 초안을 심의함에 있어, 제국의회심의회의 구성원은 대표자책임에 대하여 판례에 나타난 '이러한 결정은 일반적 법 감정에 상응하지 않을 것이라는 점에서 인정될 수 없다'는 지적을 제시하였다. 그 후에도 이러한 비판은 그치지 않았다.

그 외에 생각해 볼 만한 사항은 비교법적인 관점에서 오스트리아 보험계약법과의 비교이다. 오스트리아 보험계약법의 해당 규정은 독일 보험계약법의 규정과 거의 완전히 일치한다. 하지만 독일에서와는 달리, 보험계약자의 책임 의무가 오스트리아에서는 부인되고 있다.[31] 이러한 배경 앞에, 독일 민법과 보험계약법이 발효한 이후 대표자책임의 원칙이 정말로 앞으로 유지되어야만 하는 '하나의 성공적인 법형성(Rechtsfortbildung)'인가에 대한 물음이 제기된다.[32]

------

28 RGZ 9. 118 (123); RGZ 37, 149 (150 f.); RGZ 51, 20 (21 ff.).

29 독일 민법과 보험계약법의 발효 이후 'Repräsentant'에 대한 법적 형상의 유지에 대하여는 RGZ 83, 43 (44).

30 OLG Oldenburg VersR 51, 272 (273); Bruck/Möller, VVG 8. Aufl. § 61 Anm. 74, Cyrus, Repräsentantenhaftung des Versicherungsnehmers, 1998. Rdn. 209; Deutsch, Versicherungsvertragsrecht, 3. Aufl. 1993, Rdn. 209.

31 Looschelders, Die Haftung des VN für seinen Repräsentanten -eine gelungene Rechtsfortbildung?, VersR 1999, 666 (668).

32 Larenz, Methodenlehre der Rechtswissenschaft, 6. Aufl. 1991, S. 366 ff. 하나의 법형성(Rechtfortbildung)이 되기 위해서는 다음의 사항을 전제조건으로 하고 있다. 먼저, 법형성이 허용되기 위해서는 흠결이 보충되는지의 여부를 검토해야 한다. 그리고 흠결이 보충될 수 있다면, 둘째, 실체적인 법원칙의 타당한 실현(sachgemäße Verwirklichung eines materiellen Rechtsprinzips)이 가능한가를 따져보아야 한다. 셋째, 현존하고 있는 법질서의 전체에 흔적 없이 합치되어야만 한다. 즉 법형성의 판결은 현행법에 체계를 깨뜨리거나 현행법의 결함을 야기해서는 아니 된다. 또한 법형성에 의한 흠결보충을 해결하는 문제보다 더 많은 문제점을 야기한다면, 그러한 법형성에 의한 흠결보충은 부인되어야 할 것이다.

2. 대표자책임의 인정 근거

독일 법원은 제3자의 귀속에 있어서 제한적인 경향—보험계약의 기능으로부터—을 인식하고 있지만, 왜 보험계약자가 보험계약자를 대행하는 자의 행위에 대해서 책임을 부담해야 하는가에 대한 물음에 대하여는 설명하고 있지 않다. 그러나 대표자책임의 인정과 관련하여, 제국법원은 1903년 4월 22일 판결[33]에서 매우 중요한 근거를 제시하고 있다. 본 판결은 "보험계약자가 보험목적의 관리에 있어서 고유한 과실에 대하여 책임을 부담해야 한다는 것에서 출발하고 있다. 하지만 보험계약자가 보험목적을 관리하지 못하고, 피보험자의 대리인의 과실로 인하여 보험자에게 발생하는 손상이 보험자를 보호하지 못하는 결과를 가져오는, 즉 보험계약자가 감독의 포기를 통하여 보험자의 상황을 더 악화시키는 것에 대하여 보험계약자는 자유롭지 말아야 한다"고 하였다.

대표자책임은 보험급부와 보험료의 균형에 대한 장애를 예방하는 목적을 가지고 있다. 그러므로 대표자책임은 '행위기초이론(Lehre von der Geschäftsgrundlage)'[34]과 유사하게 균형을 이루는 계약정당성(ein Problem der ausgleichenden Vertragsgerechtigkeit)의 문제와 관련이 깊다. 우선적으로 계약정당성의 보장이 양 당사자의 본질이기는 하지만 이러한 사고에 지향된 법형성의 당위성은 의심할 수 없는 것이다. 왜냐하면 실질적인 정당성에 상응하여 양 당사자 사이에 이익갈등을 해결하기 위하여 계약법에서 입법자가 노력을 해야 하는 것과 마찬가지로, 판사 역시 만약 법형성의 과정에서 계약법을 보충하는 경우에는 이러한 목적을 지향해야만 하기 때문이다. 그러므로 대표자책임이 실질적인 계약정당성을 적절하게 구체화시키는가 아니면 그렇지 않은가는 매우 중요한 것이라 하겠다.

이러한 문제에 대하여 출발해야 하는 것은 보험목적의 관리와 관련하여 개정 전 보험계약법 제61조(Schuldhafte Herbeiführung des Versicherungsfalls)[35]에 따른 위험배제와 마찬가지로 보험계약자의 간접의무가 보험자의 급부의무를 제한해야 하는가이다.[36] 위험관리에 있어서 제3자가

---

33 RG JW 1903. 여기에 연방대법원의 판결이 연결되고 있다. BGHZ 107, 229 (232 f.) = VersR 89, 737 (738).

34 행위기초이론은 일반적으로 민법 제2조의 신의 성실의 원칙에서 다루게 되는데, 보통 사정변경의 원칙이라고도 한다. 김형배, 채권각론(계약법), 박영사, 1998, 60면에 의하면, 계약이 성립할 때에 그 기초로 삼았던 사정이나 환경이 그 후 변경됨으로써 처음에 정한 계약내용을 그대로 유지·강제하는 것이 신의칙상 부당한 결과를 가져오는 경우가 있는바, 이러한 경우에 계약내용을 변경 또는 수정하거나 계약관계의 해제를 인정하여 구체적 사안에 적합하게 계약관계를 정리하는 것을 사정변경의 원칙(claussula rebus sic standtibus)의 기능이라고 할 것이다.

35 개정 전 보험계약법 제61조는 고의 또는 중과실에 대하여 보험자의 면책을 규정하고 있었던 반면에, 2008 독일 보험계약법은 제1항에 보험계약자의 고의에 대한 보험자의 면책을 규정하고, 제2항에는 과책에 따른 비율보상을 규정하고 있다.

보험계약자를 대신하는 경우에는 보험계약자가 제3자의 과책에 대하여 책임을 부담해야만 이른바 '제한의 목적(Begrenzungszweck)'이 도달될 수 있다. 만약 그렇지 않으면 보험계약자는 "아무것도 하지 않는 자는 역시 아무런 잘못도 하지 않는다"는 격언을 따를 수 있을 것이다. 반면에 제3자는 동시에 아무런 걱정 없이 행위할 수 있을 것이다. 그 결과 보험자의 급부의무만 남아 있게 된다.

위험관리(Risikoverwaltung)를 행하고 잘못된 행동에 대해서는 보험청구권의 상실을 예상해야만 하는데, 그렇지 않으면서 '보험계약자의 관계자(der Betreffende gegenüber all den Versicherungsnehmer)'가 유리한 지위를 갖게 되면 될수록 '부보된 위험(das versicherte Risiko)의 확대'는 정당하다고 할 수 없을 것이다. 그러므로 대표자책임은 보험자의 이익을 보호할 뿐만 아니라, 보험료의 증가라는 좋지 못한 결과에 대한 책임을 부담케 함으로써 선의의 보험계약자 이익도 보호하는 기능을 하게 된다.[37] 그런 측면에서 대표자책임의 원칙은 모든 관련 당사자들의 이익들 사이에 적절한 혜택이 돌아가는 것을 보장해 준다고 할 수 있다.

3. 실정법의 체계에서 대표자책임

독일 보험계약법상 보험계약자는 자기 고유의 과책에 대해서는 그 스스로 책임을 부담해야 한다.[38] 반면에 민법상의 일반규정이 보험법과 마찬가지로 기본적으로 사법상의 특별예시의 적용을 고려하는 경우에 보험계약자는 민법 제278조에 따른 이행보조자의 과책을 대신 이행해야만 하는 것으로 볼 수 있다.[39] 여기서 독일 보험계약법상 보험계약자의 대표자에 대한 이행의무가 아무런 이의 없이 독일의 실정 사법에서 받아들여질 수 있는가에 대한 물음이 제기된다.

1) 자기과책주의에 대한 실정법의 해석

보험계약법의 입법자는 제3자의 과책(Drittschulden)문제를 철두철미하게 검토한 것으로 파악된다. 입법위원회에서 '단지 자기 고유의 과책만이 보험으로부터 청구권을 배제해야 한다'

---

36   Weyer, Versicherungsvertragsrecht, 2. Aufl. 1995, Rdn. 301 ff., 309 ff. und 547. 제61조의 기능에 대하여는 Prölss/Martin, VVG 26. Auf. 1998, § 61 Rdn. 1.

37   Möller, Verantwortlichkeit des Versicherungsnehmers für das Verhalten Dritter, 1939, S. 95.

38   Bruck, Reichsgesetz über den Versicherungsvertrag, 7. Aufl. 1932, § 6 Anm. 14 f. und § 61 Anm. 10f.; Prölss/Martin, a.a.O., § 61 Rdn. 3 ff.

39   Prölss, Versicherungsvertragsrecht, 14. Aufl., 1963, § 6 Anm. 7; vgl. LG und OLG Bremen VersR, 51, 196.

는 것을 명백하게 규정해야 할지, 아니면 규정하지 말아야 할지에 대한 물음이 제기되었다.[40] 하지만 이러한 규정의 도입은 거부되었다. 중요하게 고려해야 할 사항은 대리인에 대한 광범위한 책임배제는 필연적으로 '작은 것'보다 '큰 것'을 유리하게 해야 한다는 것이었다. 대부분 대리인은 그의 업무를 스스로 인식하게 되고 누구나 제3자의 포괄적인 범위에서 이득을 얻고자 하는 경향을 띠기 때문에 입법화하지 않은 것으로 보인다. 그러므로 보험계약법이 보험계약자의 과책에 관하여, '보험계약자는 단지 자기 고유의 과책에 대해서만 책임을 부담해야 한다'는 것을 제시하지 않았다. 입법자는 "단지 과책이 없는 책임은 보험계약자를 관련시키지 못한다"는 것을 명확히 하고자 하였다. 즉 이러한 의도는 보험계약자가 아닌 제3자의 과책이 있다면 언제든지 보험계약자의 책임을 귀속시킬 수 있다는 것을 의미하게 된다.

2) 민법 제278조의 적용가능성

제3자의 행위와 관련하여 독일 보험계약법은 독일 민법 제278조상의 이행보조자의 책임과는 다른 상이한 하나의 상을 제시한다. 중과실로 보험사고를 야기한 경우에 입법위원회의 구성원들은 민법 제278조를 적용이 가능하지 않은 것으로 판단하였다. 왜냐하면 개정 전 독일 보험계약법 제61조는 보험사고를 면하기 위하여 보험계약자의 의무를 전제조건으로 하고 있는 것이 아니라 중대한 과실로 인한 보험사고에 대한 보험자의 면책(이른바 주관적인 위험배제)을 규정한 반면에, 민법 제278조는 위험을 축소하고 손해의 감소를 위하여 '의무(Pflichten)'에 당연히 적용되기 때문이다.[41] 하지만 이익충돌의 해결을 위한 실질적인 결정은 이러한 사항을 고려하지 않았기 때문에 양 사례에서 해결책이 열려 있다고 할 수 있을 것이다.[42]

보험법적인 행위규범의 법적 성질에 관한 다툼은 오늘날에도 커다란 의미를 가지고 있다. 개정 전 독일 보험계약법 제6조[43]에서 독일 민법 제278조의 적용가능성은 보험계약자의 간접의

---

40   Bericht der XIII. Kommission RT-Drucks. Nr. 364 12. Legislaturperiode I. Sesseion 1907 Anl. II S. 60.

41   Bericht der XIII. Kommission RT-Drucks. Nr. 364 12. Legislaturperiode I. Sesseion 1907 Anl. II S. 60f.

42   입법자의 가치결정에 대한 구속성에 대하여는 Looschelders/Roth, Juristische Methodik im Prozeß der Rechtsanwendung, 1996, S. 155 ff.

43   개정 전 독일 보험계약법 제6조(계약상 간접의무) 제1항, "보험사고의 발생 전에 보험자에게 이행하여야 할 간접의무를 위반한 때에는, 보험자는 보험금을 지급할 의무가 면제된다고 계약에 규정한 경우에, 그 위반이 고의 또는 과실에 기인하지 아니한 때에는 합의된 법률효과가 발생하지 아니한다. 보험자는 그 위반이 고의 또는 과실에 기인하는 한 해약통고기간을 지키지 아니하는 때에는 안 때부터 1일 이내에 해약을 통고할 수 있다. 보험자가 1월 이내에 통고하지 아니하는 때에는 합의된 보험금 지급면제를 주장하지 못한다." 제2항, "위험의 감소나 위험증가의 방지의 목적으로 보험계약자로부터 보험자에게 이행해야 할 간접의무를 위반한 경우에, 보험사고의 발생이나 그에게 지배되어 있는 급무에 대한 영향력을 갖지 않은 경우에, 보험자는 합의된 면책을 원용할 수 없다." 제

무(Obliegenheiten)가 법적 의무로서 인정될 수 있는가에 달려 있다.[44] 독일 민법 제278조의 적용하기 어려움은 개정 전 보험계약법 제61조의 영역에서 예나 지금이나 보험사고를 면하기 위하여 법적 의무가 없다는 것에 있다.[45] 비록 보험계약자가 보험사고를 야기하거나 또는 간접의무를 위반한다고 할지라도, 보험목적을 어떠한 방법으로 다루는가에 대하여는 보험계약자의 자유이다. 그러므로 간접의무에 대하여 보험계약법상 법적 의무를 부담시킬 수 없는 것이고 때때로 보험자 역시 급부의무가 없다는 점에서, 보험자의 이익은 이미 그것으로 충분하다. 법적 의무가 존재하기 않는다는 것은 독일 민법 제278조의 적용에 상응하지 않는다는 것을 의미한다. 독일 민법에서 이행보조자에 대한 이행의무는 '채무자의 급부약속에서 거래는 채무자가' 보조자의 합당한 행위에 대한 보장'을 받아들여야 한다'는 사고를 바탕으로 하고 있다.[46] 여기에서 중요한 것은 이익에 대한 형량조정이다.[47] 만약 채무자가 근로부분을 유리하게 이용하는 경우라면, 채무를 이행함에 있어서 채무자는 그의 보조자가 손실을 야기하는 위험에 대하여 책임을 부담해야 한다.

　그러나 이와 같은 이익가치에 대한 평가(Interessentwertung)는 보험자와 보험계약자 사이의 관계로 넘기게 해서는 아니 된다. 대부분의 보험계약자가 갖는 흥미는 '보험목적에 대한 보호

3항, "보험사고 발생 후에 보험자에게 이행하여야 간접의무를 위반한 때에는 급부를 면제한다고 합의한 경우에라도 그 위반이 고의 또는 중대한 과실로 인한 것이 아닌 때에는 합의된 법률효과는 발생하지 아니한다. 중대한 과실로 위반한 때에라도 그 위반이 보험사고의 확정 또는 보험자가 이행하여야 할 급부의 확정이나 범위에 영향을 미치지 아니한 경우에는 보험자는 급부하여야 한다." 제4항, "간접의무의 위반 시 보험자가 철회권을 행사할 수 있다고 하는 합의는 효력이 없다." 한편 2008 독일 보험계약법은 간접의무에 대하여 제28조(계약상 고지의무의 위반)이라는 제목으로 약간 수정된 내용을 담고 있다. 제1항, "보험사고 발생 전에 보험계약자로부터 보험자에게 이행해야 할 계약상 간접의무를 위반한 경우에, 보험자는 그가 그것을 안 후 1개월 안에 그 계약을 기한유지 없이 해지할 수 있다. 그러나 그 위반이 고의나 중과실에 기인하지 아니한 경우에는 그러하지 아니하다." 제2항, "보험계약자로부터 이행되어야 할 계약상 간접의무의 위반 시 보험자가 급부를 면한다는 계약을 한 경우에, 보험계약자가 고의로 간접의무를 위반한 경우에는 보험자는 면책된다. 중대한 과실로 인한 간접의무를 위반한 경우에, 보험자는 보험계약자의 과책의 비율에 따라 급부를 줄일 수 있다. 중과실이 존재하지 않는다는 입증은 보험계약자가 부담한다." 제3항, "제2항과 달리 간접의무의 위반이 보험사고의 발생이나 확증에 대하여뿐만 아니라, 보험자의 급부의무의 확증이나 범위에 대하여 원인관계가 없는 한, 보험자는 급부의무를 부담하게 된다. 하지만 보험계약자가 간접의무를 악의적으로 위반한 경우에는 1문은 효력이 없다." 제4항, "보험사고의 발생 후에 나타나는 알려줄 간접의무나 설명의 간접의무를 위반한 경우, 제2항에 따라 보험자의 온전하거나 부분적인 면책은, 보험자는 보험계약자에게 서면으로 된 특별한 고지를 통하여 법적 효과를 알려주어야 한다는 전제조건을 갖는다.

44　인정되지 않는다는 견해로는 RGZ 62, 190 (191 f.); BGH VersR 81, 321; Bruck/Möller, a.a.O., § 61. Anm. 73; Knappmann, Zurechnung des Verhaltens Dritter zu Lasten des VN, VersR 97, 261 (262); Römer/Langheid, VVG, 1997, § 6 Rdn. 114; a.A. Prölss/Martin, a.a.O., § 6 Rdn. 30 und 48.

45　RGZ 83, 43 (44); BGHZ 11, 120 (122 f.) = Versr 53, 494; Bruck/Möller, VVG 8. Aufl. 1961, § 61 Anm. 2; Cyrus, a.a.O., Rdn. 31.

46　Mot. II, S. 30.

47　Palandt, Bürgerliches Gesetzbuch, 52. Aufl. 1993, § 278 Rdn. 1 ff.

가 어느 때나 그 스스로 행사될 필요는 없다'는 점일 것이다. 예를 들면 보험계약자는 보험목적에 대한 보호를 그의 부인에게 위탁하거나, 아니면 그의 친구에게 빌려줄 수도 있다. 그는 사용임대차로 이용할 수도 있다. 또한 그가 휴가를 떠난 동안에 그의 이웃을 통하여 관리될 수 있도록 할 수도 있을 것이다. 영업과 관련된 범위에서는, 보험계약자의 종사자가 보험목적에 대한 보호를 이행해야 하는 다양한 사례를 예상할 수 있다. 그러므로 보험계약은 '조력자(Obhutsgehilfen)'의 잘못된 행동으로 인하여 발생하는 손상에 대하여 보험계약자를 보호해야만 할 것이다. 만약 보험계약자에게 그러한 과실이 귀속되어야 한다면 그는 보험목적에 대한 일상적인 보호에 대한 완화를 포기하거나, 보험보호에서 점증하는 하자를 받아들이는 상황, 즉 양자를 판단하는 입장에 설 수도 있다.[48] 그러므로 보험계약의 특수한 기능은 민법 제278조에 따른 '일상적인' 채무자와 같이 이행보조자의 과실에 대하여 보험계약자가 책임을 부담해야 하는 상황을 배제하게 되는 것이다.[49]

여기에서 고려해야 할 사항은 '순수한 보험보조자'의 보험계약자에 대한 귀속문제이다. '순수한 보호보조자'에 대한 보험계약자의 책임은 보험료정당성의 원칙에 충돌하는 것은 아니라고 할 것이다. 왜냐하면 이러한 상황은 '위험의 범위에 있어서 각각의 차이가 보험료의 액수를 감소시키는 것'을 제공하는 것은 아니기 때문이다.[50] 어떠한 순간에도 보험목적은 지나치다 싶은 정도로 조심스러운 한 명(sorgfältiger Single)[51]이 주어지는 것이 타당하겠지만, '보호보조자'의 개입은 아주 일상적인 현상이기 때문에 그것에 결합된 위험은 '일상적인' 보험보호로부터 벗어나서는 아니 될 것이다. 반면에 보험계약자가 보험목적의 관리를 완전히 제3자에게 양도한 것은 일상적인 것이라 볼 수 없다. 그러므로 보상을 요구하는 계약의 정당성 측면에서 제3자에 대한 보험계약자의 이행의무를 인정하게 되는 것이다.

채권법 통칙과 사법 질서의 통일성을 가지고 보다 더 명확히 하고자 제3자의 책임을 적용함에 있어 민법 제278조를 엄격하게 적용하고자 하는 요구도 있었다.[52] 하지만 그러한 해결책은

------

48 Martin, Sachversicherungsrecht, 3. Aufl. 1992, Rdn. O II 41: "Der Versicherer kann nicht erwarten und der Versicherungsnehmer rechnet nicht entfernt damit, dass mit Rücksicht auf einen Versicherungsvertrag Einwirkungen Dritter auf versicherte Sachen entweder möglichst reduziert werden müßten oder zu einer Lücke im Versicherungsschutz führen könnten."

49 Bruck/Möller, a.a.O., § 61 Anm. 72; Cyrus, Repräsentantenhaftung des Versicherungsnehmers, 1998. Rdn. 32 ff.; Römer, a.a.O., § 6 Rdn. 114; Malß, ZHR 13 (1869), 45 (58).

50 Martin, a.a.O., Rdn. O II 44.

51 여기서 조심스러운 독신이란, 보험목적이 보험계약자에게만 관리되는 것을 의미한다.

52 R. Schmidt, Die Obliegenheiten, 1953, S. 246.

오히려 문제해결에 있어서 혼란을 가중시킬 가능성이 있다. 왜냐하면 대표자책임을 통한 보험계약자의 이행책임은 독일 민법 제278조의 가치를 끌어올 수 있는 것이 아니기 때문이다. 사법질서의 통일을 명확히 하는 것은 비록 보험학자들에게 진심으로 관심 속에 있는 중요한 문제이다.[53] 하지만 이러한 관심사는 보험법의 특수한 원칙을 민법의 일반적인 영역으로 변형시켜 적용하는 것을 통하여 실현될 수 있는 것이 아니다.[54] 그런 측면에서 대표자책임은 우리 사법 질서에 배열될 수 있는 계약상 제3자 귀속(vertragliche Drittzurechnung)의 독자적인 표현이라고 할 것이고,[55] 민법 제278조를 통해 유추 적용하려는 입장은 타당하다고 할 수 없는 것이다.[56]

4. 오스트리아 보험계약법과의 비교법적인 검토

제3자의 행위에 대한 법적 효과로서 보험자의 면책을 야기하는 대표자책임이 보험법에서 이익조정의 계약정당성에 상응하는 유일한 해결책인가라는 질문이 제기될 수 있다. 이러한 질문은 같은 대륙법계의 오스트리아의 보험법의 비교를 통하여 고찰하게 된다.

오스트리아에서 보험계약의 실무는 대표자책임과 같은 원칙을 받아들이지 아니하고 합리적인 이익조정이 이루어지고 있다고 한다. 오스트리아의 법원은 대표자책임 대신에 제3자의 개입사례에서 아주 엄격한 기준을 따라 보험계약자의 선발이나 감독의 과책을 가지고 판단한다.[57] 이는 위험영역의 명백한 이전을 야기하게 된다.

제3자가 대표자로 인정되는 한 독일에서는 보험계약자에게 엄격한 이행의무를 부담하게 한다. 일반적인 이행보조자의 경우는 오스트리아 법이 더 엄격하다. 왜냐하면 그러한 이행보조자와 관련하여 선발과 감독의 과책이 독일에서는 거의 받아들여지지 않기 때문이다.[58] 어떠한 해

---

53 이러한 관심사의 의미에 대하여는 Weyer, a.a.O., Rdn. 119 ff. und 124.

54 Lorenz, Bemerkung zu den "Tendenzen" und zur "Objektivität" in der wissenschaftlichen Arbeit am Privatversicherungsrecht, 1977, S. 31.

55 Looschelders, Die Haftung des VN für seinen Repräsentanten -eine gelungene Rechtsfortbildung?, VersR 1999, 666 (670).

56 법학방법론적으로 유추 적용을 하기 위해서는 기본적으로 '진정입법의 흠결(Planwidrige Regelung)'과 '유사성(Vergleichbarkeit)'이 검토되어야 한다. 전자는, 입법적 흠결이 입법자가 전혀 예상하지 못한 사정으로서 만약 입법자가 예상하였거나 할 수 있었다면 당연히 그에 대한 입법을 하였을 것으로 판단되는 것인 경우를 말한다. 이와 같은 진정입법흠결의 경우, 그러한 흠결은 실제 재판에서 법관법을 통해 보완될 수 있다. 후자는 법적 규정이 정하고 있는 이해관계가 법적 규정으로 정한 바 없는 문제되는 사정에서의 이해관계와 그 구도를 같이함으로써, 이른바 비교가능한 경우에 비로소 유추 적용이 인정된다고 할 것이다. 자세히는 Larenz, Methodenlehre der Rechtswissenschaft, 6. Aufl. 1991, S. 381 ff.

57 오스트리아 판례의 조심스러운 분석과 그것에 이어서 비교법적인 설명에 대해서는 Cyrus, a.a.O., Rdn. 391 ff. und 419 ff.

58 Cyrus, a.a.O., Rdn. 464.

결책이 더 우수한가에 대하여는 결정이 쉽지 않다. 그러나 보험법의 특수성을 고려하여 보건대 이익을 조정하는 계약정당성의 사고를 실현하기 위한 목적에서 자기책임을 실정법에 인정하고 있지 않은 한, 독일의 대표자책임은 하나의 적합한 도구임에는 틀림없다고 하겠다.

IV. 우리 보험계약에서 대표자책임의 인정 여부

1. 논의의 실익

독일에서 활발히 논의되고 있는 대표자책임을 우리 보험계약영역에서도 인정해야 할 것인가에 대한 물음이 제기된다. 프랑스 보험계약법은 "민법 제1384조에 의하여 피보험자가 사법상 책임을 지게 되는 자의 행위로 인하여 생기는 손해에 대하여는 그 자의 과실의 종류 및 정도 여하를 묻지 아니하고 보험자는 이를 보상할 책임을 진다"고 규정하여 매우 엄격한 자기책임주의를 인정하고 있다. 피보험자 이외의 제3자의 보험사고초래에 대하여 보험자의 면책을 인정하지 않는 자기책임주의하에서는 대표자책임을 인정하기가 어렵다고 할 수 있다. 하지만 스위스 보험계약법은 제14조 제3항에 "보험계약자 또는 청구권자의 동거가족, 그의 행위에 대하여 보험계약자 또는 청구권자가 책임을 지게 되는 자의 고의 또는 과실로 보험사고가 생기고 이들의 감독, 선임, 채용에 있어서 중대한 과실이 있는 경우에는 보험자는 보험계약자 또는 청구권자의 책임의 정도에 상응하는 비율에 따라 보험금을 감액할 수 있다"는 규정에서 알 수 있듯이, 자기책임주의를 인정하면서 보험자책임에 대한 감경가능성을 유보하고 있고 독일이나 일본 및 우리나라 역시 보험계약법상 자기책임주의를 명백하게 규정하고 있는 조문은 존재하지 않는다.[59] 따라서 독일이나 오스트리아에서 대표자책임이 학설이나 판례에서 계속 논의되고 있고 일반규정이 없는 우리나라 역시 보험계약자의 위치에 서서 보험의 목적을 필연적으로 계속적인 관리를 맡고 보험계약자 등의 권리와 의무를 실현하는 권능을 가진 자에 대한 대표자책임을 인정할 것인가에 대한 논의가 벌어질 수 있다.

---

[59] 한국에서는 대표자책임이 그다지 상세히 논해지고 있지는 않지만, 피용자가 사용자에게 보험금을 취득시킬 목적으로 방화한 사건에 관하여 피보험자와 세대를 같이하는 친족 또는 고용인의 고의에 의한 보험사고의 경우에 면책된다는 보험약관이 상법 제663조에 위배되어 무효인지의 여부에 관한 논의(대법원 1984. 1. 17. 선고 83다카1940 판결)가 있었다. 이에 대하여는 양승규, "피용자의 보험사고유발과 보험자의 책임", 법학, 제25권 2, 3호, 서울대학교 법학연구소, 1984, 184면 이하.

2. 인정불가능하다는 입장

대표자책임이론을 우리나라에 수용하는 것에 대하여 반대하는 입장으로는 다음과 같은 근거를 제시하고 있다.[60]

첫째, 독일 판례에 의하여 인정되어온 대표자 책임이론은 그 본체가 반드시 명확한 근거를 가지고 증명되어 있지는 않다는 것이다. 대표자책임이론을 인정하는 판례와 학설이, 그 대표자 개념의 규정에 관하여 명확히 제시하고 있지 않다는 점에서 이론적 근거를 결하고 있다고 한다.

둘째, 제3자가 대표자책임에서 말하는 소위 사실상 피보험위험의 관리자인 지위에 있다고 할지라도 당해보험계약에 관하여 명문규정이 없는 한 그 제3자의 행위에 대하여 보험계약자(피보험자)가 보험자에 대하여 당연히 책임을 져야 할 이유가 없다는 것이다. 왜냐하면 그 관리를 맡고 있다는 것이 보험자에 대한 채무의 이행으로 다루어질 수도 없고,[61] 또한 그 관리자의 행위로 보험사고 생긴 것이 보험자에 대한 가해행위로는 볼 수 없기 때문이라는 것이다.[62]

셋째, 상법 제692조가 "보험사고가 송하인 또는 수하인의 고의 또는 중대한 과실로 인하여 발생한 때에는 보험자는 이로 인하여 생긴 손해를 배상할 책임이 없다"라고 하여 운송보조자의 고의 또는 중과실에 의한 보험사고를 피보험자의 그것과 마찬가지로 보험자의 면책사유로 하고 있으나, 이 규정은 송하인 또는 수하인은 피보험자가 아니더라도 "운송계약상 일정한 권리와 의무(상법 제139~제141조)를 가지기 때문에 그들의 고의 또는 중과실로 인한 보험사고를 보험자의 면책사유로 한 것에 지나지 않다는 것이다. 결국 이 규정을 가지고 대표자 책임이론을 연관시킬 수는 없다는 것이다.

넷째, 상법 제659조 제1항이 "보험사고가 보험계약자 또는 피보험자나 보험수익자의 고의 또는 중대한 과실로 인하여 생긴 때에는 보험자는 보험금액을 지급할 책임이 없다"고 규정하고, 다시 제663조에서는 "이편 규정은 당사자 간의 특징으로 보험계약자 또는 피보험자나 보험수익자의 불이익으로 변경하지 못한다"고 규정하고 있기 때문에 보험계약자(피보험자)와 특별한 제3자에 의한 보험사고초래와 책무위반은 보험계약자(피보험자)에게 귀책사유가 없는 한 당연히는 보험자의 귀책사유로 되지 않는다는 것이다. 그러므로 피보험자의 가족이나 피용

---

60 이종근, "보험계약법에 있어서 제3자의 Obliegenheit의 위반과 소위 대표자 책임 이론", 법조, 1985년 10월호, 29면 이하.

61 Ehrenzweig, Deutsches (Österreichisches) Versicherungsvertragsrecht, 1952, S. 267.

62 양승규, "피용자의 보험사고유발과 보험자의 책임", 법학, 제25권 2, 3호, 서울대학교 법학연구소, 1984, 185면.

자의 단순한 고의 또는 중대한 과실로 인한 보험사고를 보험자의 면책사유로 하는 보험약관은 무효라는 것이다.

결론적으로 프랑스 보험계약법상 자기책임주의를 규정하고 있지 않지만, 우리나라에서는 대표자책임을 인정할 수 없고 보험계약(피보험자)와 특별한 관계에 있는 제3자의 책무위반의 경우에 이행보조자의 과실의 법리에 의한 규정(독일 민법 제278조와 우리 민법 제391조)을 유추적용하는 것이 타당하다고 한다.[63]

3. 인정가능하다는 입장

대표자 개념에 대한 명확한 기준의 부재로 대표자책임을 거부하는 입장에 대하여 받아들이기 어렵고, 이 이론 자체가 상당히 오랜 세월 속에서 다수의 판례를 통하여 성립된 것이므로 우리나라에도 인정가능하다는 견해가 있다.[64] 외국의 생활 사안에 대한 접근이 용이하지 못한 점에 비추어 대표자 적격에 대한 명확한 기준을 비교법적으로 쉽게 유도하는 것이 어렵기는 하지만, 제3자에 의한 보험사고 유발 시 보험자와 보험계약자 간의 위험분산기준인 대표자책임의 수용을 거부할 이유는 없다는 것이다.

이들의 견해에 따르면, 자기책임주의하에 있다는 스위스보험계약법도 보험자 책임의 감경 가능성을 유보하고 있고(동법 제14조 제2항) 나아가 상법 제659조와 관련하여 제663조의 상대적강행규정을 내세워 대표자책임을 배제하는 입장도 타당하지 않다고 한다.[65] 상법 제659조의 고의 또는 중과실로 인한 보험사고의 유발이 제3자에 의하여 야기된 경우만을 놓고 대표자책임을 논하고 있으나, 이들에 의하면 대표자책임론은 본래 상법 제659조가 아니라 고지 내지 통지의무 나아가 정보제공의무 이외의 책무위반이 제3자에 의해서 야기되었을 때, 그 간접의무의 법적 성질이 법적 의무가 아니어서 민법 제391조(이행보조자의 책임)를 적용키 어려우므로 이를 해결하기 위하여 독일 판례가 제시한 '이익형량의 원칙인 대표자책임'을 수용하고자 한다. 따라서 고의 또는 중과실로 보험사고 유발되지 않은 경우 이외의 간접의무의 위반이 제3자를 통하여 이루어지게 되는 경우 일정 요건에 따라서 대표자책임을 인정하여 보험자의 면책을

---

63 이종근, "보험계약법에 있어서 제3자의 Obliegenheit의 위반과 소위 대표자 책임 이론", 법조, 1985년 10월호, 31면.
64 최기원, 보험법, 제3판, 박영사, 2002, 205면 이하; 김정호, "보험계약법상의 책무론", 법학논집, 제31집, 고려대학교 법학연구소, 1995, 409면 이하.
65 김정호, 상법강의(하), 2000, 법문사, 436면.

가능하도록 해야 한다고 주장한다.[66]

상법 제659조와 제663조 외에도 상법 제653조, 제663조를 통한 약관내용의 통제가능성은 배제될 수 없으나 대표자책임은 보험자와 보험계약자(피보험자) 간의 위험분산을 보험계약법의 특수성을 고려한 신의 측에 의한 해결 수단이기 때문에, 대표자책임이 우리 상법 제663조의 내용통제로 인하여 수용될 수 없다고 단정하기는 어렵다고 한다.[67]

V. 결 론

독일 보험계약법상 제3자의 과책에 대한 보험계약자 책임과 관련하여 규정상의 하자(Regelungslücke)가 존재함을 알 수 있다. 이러한 문제를 해결하기 위하여 독일의 판례는 오래전부터 대표자책임을 인정하였고, 이는 하나의 성공한 법형성이라 여겨진다. 독일에서 발전된 대표자책임은 보험계약의 기능에 상응하는 모든 당사자들의 이익을 보상하는 것을 실현하기 때문에 독일의 대법원은 대표자책임을 유지함으로써 그러한 하자를 봉합하고자 하였다. 그런 측면에서 자기책임주의를 성문화하고 있지 않은 독일 학계에서 활발하고 논의되고 있고 또 독일 판례가 그것을 인정하고 있는 이상, 우리나라에서 대표자책임의 수용에 대한 여지가 충분히 있다고 하겠다.

특히 주관적 위험배제영역과 관련하여, '피용자의 고의로 보험사고가 생긴 경우에도 보험계약자 또는 피보험자의 귀책사유가 없는 이상 보험자는 보험금 지급의무를 면하지 못할 것이고, 또 보험약관에 의하여 피보험자의 가족이나 피용자의 단순한 고의 또는 중대한 과실로 생긴 보험사고에 대하여 보험자의 면책사유로 하는 것은 무효이다'라고 하면서, 대표자책임의 수용이 우리 법제에 어렵다는 주장에 일리가 없는 것은 아니다. 대법원 역시 보험계약자(피보험자)와 특별한 관계에 있는 제3자의 고의 또는 중대한 과실로 보험사고가 발생한 경우에도 피보험자의 공모·교사 또는 방조와 같이 보험계약자에게 일정한 귀책사유가 있는 경우에 한하여 보험자의 면책을 인정한 바 있다.[68]

------

66   특히 김정호, "보험계약법상의 책무론", 법학논집, 제31집, 고려대학교 법학연구소, 1995, 410면.
67   최기원, 보험법, 제3판, 박영사, 206면. 독일에서 대표자로 인정한 사례와 인정하지 않은 사례를 구체적으로 제시하고 있다.
68   대법원 1984. 1. 17. 선고 83다카1940 판결.

그러나 동 판례의 사실관계를 자세히 보면, 제3자가 영업주로부터 경영을 맡아 달라는 제의를 받기는 하였지만, 그 점원의 지위는 '단순한 요리사의 지위'에 해당된다는 점에 유의해야 한다. 독일 연방대법원이 인정하고 있는 것과 같이, 만약 그 종업원이 지점 경영을 위임받은 '지배인'이었다고 한다면, 혹은 '상당한 범위에서 보험목적을 필연적이고 계속적인 관리를 맡고 보험계약자의 권리와 의무를 실현하는 권능을 가지고 있는 자'였다면, 우리 대법원 역시 피보험자의 공모·교사 또는 방조와 같은 귀책사유가 없다고 할지라도 그 종업원에 대하여 영업주의 대표자로 인정하고 보험자는 책임을 면할 수 있었음을 추측할 수 있다. 이와 같은 면을 고려해 보건대, 동 판례에서 우리의 대법원이 대표자책임을 반드시 배제하고자 하였던 것이라고는 생각되지 않는다.

주관적인 위험배제영역 외에, 특정한 제3자의 행위를 보험계약자에게 귀속시키기 위하여 독일 판례는 간접의무에서도 대표자책임을 인정하고 있다. 우리나라와 달리 독일은 개정 전 독일 보험계약법 제6조(개정 후 동법 제28조)에 '계약상의 간접의무(vertragliche Obliegenheit)'를 규정하고 그에 대한 위반에 대하여도 법적 효과를 제시하고 있다. 즉 개정 전에는 제1항에 "보험사고발생 전의 간접의무에 대하여는 과실에 없는 때에는 간접의무의 위반이 발생하지 아니한다"고 규정하고 있었고, 제3항에는 "보험사고 발생 후의 간접의무에 대하여는 고의 또는 중대한 과실에 기인한 때에는 간접의무의 위반이 발생하지 않는다"고 규정하고 있었다. 그리고 개정법 제28조에 역시 '계약상 간접의무의 손상'에 대한 규정을 두고 있다. 이에 반하여 우리 상법은 제663조에 상대적 강행규정을 규정하여 계약에 의한 보험계약자 등의 불이익변경금지를 규정하고 있다. 독일과 같이 간접의무에 대한 일반규정이 없기 때문에, 간접의무에 대한 해석론이 가능한가에 대한 물음이 제기될 수 있다. 우리나라에 독일과 같은 간접의무에 대한 일반조항이 존재하지는 않지만, 우리 상법 제663조는 계약상 간접의무의 존재를 전제로 하고 있다고 생각된다. '계약상의 간접의무'인 일반규정을 전제하고 우리의 입법자는 보험계약자 등에게 불리하게 변경하지 못하도록 상법 보험편을 포괄적으로 상대적 강행법규한 것이라 하겠다. 하지만 독일의 일반적인 간접의무를 담고 있는 조항이 없다고 하여 우리 보험계약법상 간접의무를 해석하는 데 있어 장애물이 있다고는 생각되지 않는다.

대표자책임과 관련하여 오스트리아는 자기책임주의의 입각하에 문제를 해결하고자 한 것으로 보인다. 하지만 왜 독일이 실무상 그리 효과적이지 않는 사용자의 감독이나 선발 등을 통한 자기책임주의의 방법으로 제3자의 책임문제를 해결하지 않고, 대표자라는 개념을 가지고 제3자의 행위에 대하여 보험계약자의 이행채무를 인정하고자 하는가에 대하여 주목해야 한다.

그런 측면에서 독일에서 제시하고 있는 대표자책임의 수용을 조심스럽게 제안한다. 독일 역시 고민하고 있는 대표자의 범위를 세밀하게 고찰하여 대표자에 대한 기준을 마련한다면, 우리의 보험실무에서도 이익형량의 원칙으로서 대표자책임을 수용할 수 있으리라고 본다.

제14장
계약법상 보험사기 문제

I. 서 론

인간이 경제생활을 하다보면 각종 우발적 위험에 직면하게 된다. 이러한 위험으로부터 스스로를 보호하기 위한 장치는 여러 가지가 있지만, 보험제도는 인간이 만들어낸 가장 우수한 제도 중의 하나이다. 보험제도는 우연한 사고로 인한 경제생활의 불안정을 극복하도록 하는 장점을 제공하기는 하지만, 적은 보험료를 내고 고의적으로 사고를 유발하여 거액의 보험금을 받고자 하는 보험사기의 유혹에 빠지기 쉬운 단점 역시 존재한다. 보험사기의 유혹은 보험금을 수령하기 위하여 보험자를 속이는 것으로 그치지 아니하고, 타인을 사망하도록 하거나 또는 실제로 타인을 살해하는 사건들이 끊임없이 등장하면서 크나큰 사회문제가 되고 있다.

보험계약 역시 하나의 민사계약에 해당한다. 보험계약자와 보험자는 청약과 승낙이라고 하는 의사표시를 통하여 계약을 체결하게 된다. 다른 계약과 달리, 보험계약은 피보험자를 동반하고 생명보험의 경우 보험금을 청구하는 보험수익자가 따로 존재한다. 피보험자와 보험수익자는 보험계약자 자신이 될 수도 있지만, 보험계약자가 아닌 타인이 되는 경우도 있다. 이들은 모두 보험계약의 이해관계인으로서 보험자와 밀접한 관련을 맺고 있다. 이들의 밀접한 관련성 때문에, 보험계약법은 이들에게 고지의무(상법 제651조)라든가 위험변경 증가 통지의무(상법 제652조) 또는 위험유지의무(상법 제653조) 등의 다양한 의무를 부과하고 있고, 이러한 의무를 위반하는 경우에는 보험자가 일정한 기간 내에 해지권을 행사할 수 있도록 하고 있다.

II. 계약법상 보험사기의 유형

1. 사기로 인한 초과보험계약

보험계약의 당사자가 약정에 의하여 정한 보험자의 급여의무의 최고한도액을 보험금액이라고 하고, 피보험이익을 금전으로 평가한 금액을 보험가액이라 한다.[1] 물건이나 건물 등의 보험에서 당사자가 정한 보험금액이 보험가액을 현저하게 초과하는 보험이 바로 초과보험이다.[2] 초과보험은 보험계약체결 시에 발생할 수도 있지만, 체결 당시에는 하등의 문제가 없었으나 경기변동이나 예기치 않은 상황으로 피보험이익의 가치가 하락한 경우에도 발생할 수 있다. 초과보험은 손해보험에서 주로 나타나고, 정액보험에서는 발생할 여지가 없다. 초과보험에는 당사자의 의도와 관계없이 생겨나는 단순한 초과보험과 보험계약자의 사기에 의하여 초과보험이 발생할 수도 있다.[3]

2. 사기로 인한 중복보험

보험계약자가 다수의 보험자와 피보험이익에 대하여 보험계약을 체결하면서, 보험금액의 총액이 보험가액을 초과하는 보험을 중복보험이라고 한다.[4] 중복보험은 여러 개의 보험계약이 보험의 목적·보험사고·보험기간·피보험자·피보험이익 등의 전부가 동일한 경우뿐만 아니라, 피보험이익을 제외하고 이들이 서로 다르지만 공통되는 부분이 있어서 보험사고가 발생했을 때 여러 개의 보험계약상 보험금청구가 가능한 경우에도 발생한다.[5]

여러 개의 보험계약을 2인 이상의 보험자와 체결해야 하는 요건이 충족되어야 하기 때문에,

---

1   양승규, 보험법, 제5판, 삼지원, 2004, 204면.

2   최기원, 보험법, 제3판, 박영사, 2002, 290면.

3   초과보험은 다음과 같은 형태에서 발생할 수 있다. 1) 1억 원짜리 가옥이 있다고 하자. 이 경우 보험계약자가 보험에 가입할 수 있는 최대 보험가액은 1억 원에 해당한다. 보험계약자가 보험사고 발생 시 1억 5천만 원을 받게 된다면, 5천만 원은 부당이득이 된다. 이 경우 보험가액을 현저하게 초과한 경우에 해당하게 되어 초과보험이 발생하게 된다. 2) 건물의 보험가액이 2억 원이라고 하자. 보험가입 시 매매가인 5억 원의 보험금액으로 하는 보험계약을 체결하는 경우가 있다. 이 경우 역시 초과보험에 해당한다. 1)이나 2)의 경우 모두 초과보험에 해당한다. 다음의 경우는 앞의 두 사례와 약간 차이가 있다. 3) 건물의 가재도구 등 시설물에 대한 금액을 허위로 초과해서 보험을 가입하는 경우가 있다. TV가 50만 원에 해당하는데, 보험금액 200만 원 받을 수 있도록 보험계약을 체결했다거나, 내부인테리어 비용에 1,000만 원이 들었는데 3,000만 원의 보험금으로 체결하는 경우가 여기에 해당한다. 이 경우에는 보험계약자의 고의에 의한 사기적 초과보험에 해당한다고 하겠다.

4   박세민, 보험법, 제8판, 박영사, 2025, 565면.

5   이기수·최병규·김인현, 보험·해상법(상법강의 IV), 제9판, 박영사, 2015, 191면 이하.

동일한 보험자와 이와 같은 보험계약을 여러 개 체결하는 경우에는 단순한 초과보험이 발생한 것이지, 중복보험이 발생한 것은 아니다. 수인의 보험자와 각각 별도로 보험계약을 체결한 경우에도 위험 또는 보험기간이 다른 경우에는 중복보험에 해당하지 않는다. 중복보험이 발생하는 것은 고가물에 대하여 보험계약을 체결하는 경우라든가, 혹은 1인의 보험자와 체결되는 보험계약의 경우 보험자의 자력 등의 우려감 때문에 발생하게 된다. 그러나 이러한 경우라 할지라도 보험금의 합계가 보험가액의 합계를 초과하는 이상 그 초과부분은 보상이 인정되어서는 아니 된다.

3. 다수의 고액 생명보험계약

지방의 한 고속도로에서 연인관계로 추정되는 30대 초반 남성과 20대 여성이 타고 있던 승용차가 터널 입구를 들이받는 사고가 발생했다. 운전자였던 남성과 동승자인 여성은 그 자리에서 사망하였다. 단순한 교통사고라고 인정될 수 있는 사건이었다. 그러나 운전자인 남성의 사고발생 불과 며칠 전 고액인 동시에 여러 건 체결된 생명보험과 유족의 생명보험금청구가 의혹으로 발생하게 되었다. 운전자 남성은 자신이 사망할 경우 가족 2명이 각각 약 10억 원과 약 7억 원의 보험금을 수령할 수 있는 보험에 가입하였던 것이다. 남성은 그의 동승자였던 여성 앞으로도 3억~4억 원가량이 지급되는 보험에 가입해둔 사실도 밝혀졌다. 수령금액만 20억 원이 넘는 보험이 보험사고 발생 며칠 전에 가입된 것이다. 사기가 농후한 고액 다건 생명보험계약에 해당하는 사안이다.

4. 보험계약자 등의 사기로 인한 고지의무위반

보험계약자가 사기로 인한 고지의무를 위반하는 경우가 있다. 민법 제110조는 사기나 강박에 의한 의사표시는 취소할 수 있음을 규정하고 있다. 강박에 의한 의사표시도 고지의무위반이 발생할 수도 있지만, 그러한 사례는 판례에서 거의 보이지 않고 있다. 다만, 보험계약자 등이 사기의 의도로 의사표시를 교부한 경우가 발생할 수 있다. 보험계약체결 시 보험계약자가 중요한 사항을 고지하지 않거나 부실고지를 하여 사기에 해당하는 경우, 상법 제651조에 규정된 보험자의 해지권만을 인정해야 할 것인지, 아니면 민법의 규정까지 적용하여 해당 보험계약에 대하여 보험자가 취소권까지 행사할 수 있는가에 대한 물음이 제기될 수 있다.[6]

제기될 수 있는 또 다른 문제는 보험자가 제공한 보험약관에 "고지의무위반을 이유로 한 보험자의 계약해지권에 대한 일정한 제척기간을 두고 있고, 또 사기로 인한 보험계약의 경우 무효로 한다"는 조항이 있는 경우에, 동 약관의 유·무효에 관한 사항이다. 상법 제663조 본문은 보험자가 보험약관을 작성함에 있어 상법의 내용보다 보험계약자 등을 불이익 하도록 하는 내용을 보험약관에 규정할 수 없도록 하고 있다.[7] 보험자에 의하여 임의적으로 작성되는 보험약관의 통제를 통하여, 보험자에 비하여 전문성이나 경제적인 면에서 열등한 보험계약자 등의 이익을 보호하고자 하는 목적을 가지고 있다. 보험계약의 내용을 규정하고 있는 상법 보험편의 규정은 고지의무의 위반 시 보험자의 해지권을 인정하고 있고, 보험계약도 민법 계약법의 적용을 받는 이상 사기로 인한 계약은 취소하는 것이 가능할 것이다. 그런데 보험약관에 사기로 인한 보험계약에 대하여, 보험자가 동 보험계약을 무효로 하게 된다면 보험계약자 측의 불이익이 발생할 수 있다는 지적이 있고, 이 경우 보험계약자 등을 불이익하게 변경하지 못한다는 상법 제663조 본문을 벗어난 행위로 보아 본 약관을 무효로 보아야 하는가의 문제가 발생하게 된다.[8]

5. 이해관계인이 아닌 제3자의 사기행위

고지의무위반과 관련하여, 보험사기는 보험계약당사자인 보험계약자나 피보험자가 동 의무의 위반을 통하여 보험자를 기망함으로써 발생하게 된다. 그러나 타인을 위한 생명보험계약에서 계약에 참가하지 않은 제3자의 사기로 인하여 보험계약이 체결된 경우 보험자는 이 계약을 취소할 수 있는가에 대한 물음이 제기될 수 있다.

갑은 자신을 보험계약자이자 피보험자로, 아내 을이 보험수익자로 하는 생명보험계약을 보험자 정과 가입하기 위하여 건강검진을 받고자 한다. 건강검진을 한 결과 갑에게는 위장암이 발견되었다. 의사 병은 갑에게 이러한 사실을 알리지 않기 위해 건강검진 진단서에 위장암이 있다는 사실을 기재하지 않았다. 대신 이러한 사실을 보험수익자인 아내 을에게 말해주었다. 보험자가 제공한 건강검진진단서를 토대로 하여 생명보험계약이 체결되었다. 얼마 지난 후 피보험자인 갑은 위장암이 악화됨으로써 사망하게 되었고, 보험수익자인 아내 을은 보험자에게 보험금을 청구하였다. 그러나 보험금지급심사를 하던 도중 건강검진 당시에 이미 위장암이 있었다는 사실을 알게 된 보험자는 사기를 이유로 보험계약의 의사표시를 취소하고자 한다. 이

---

6 대법원 1988. 6. 12. 선고 97다53380 판결; 대법원 1991. 12. 27. 선고 91다1166 판결.
7 김혜란, "상법 제663조에 대한 연구", 보험법연구, 제5권 제1호, 2011, 57면 이하.
8 양승규, 상법사례연습, 삼영사, 1998, 206면.

경우 보험자의 취소권 행사 여부에 대한 다툼이 제기될 수 있다.[9]

6. 사기적 보험금청구의 경우

직물제조 공장을 운영하는 자가 있다. 그 자는 보험계약자로서 보험회사와 동 공장에 대한 화재보험계약을 체결하였다. 보험기간에 화재가 발생하여 공장 건물이 전소되는 사건이 발생하였고, 이에 따라 보험계약자이자 피보험자는 보험자에게 보험금지급을 청구할 수 있는 권리를 행사하고자 한다. 그러나 그는 보험자에 대하여 실제 손해액의 5배에 이르는 피해를 입었다고 주장하면서 보험금을 청구하였고, 그 과정에서 허위의 매매계약서, 견적서 등을 제출하였다.

반면, 보험자는 "계약자 또는 피보험자가 손해의 통지 또는 보험금의 청구에 관한 서류에 고의로 사실과 다른 것을 기재하였거나 그 서류 또는 증거를 위조 또는 변조한 경우 피보험자는 손해에 대한 보험금청구권을 상실한다"는 보험약관에 따라 보험금청구권은 상실한 것이라고 주장한다. 이 사안은 적극적으로 허위의 손해내역을 창출함으로써 사기적인 방법으로 과다한 보험금청구를 한 경우에 해당한다. 전형적인 보험사기의 유형 중 하나라고 볼 수 있다.[10] 대법원은 동 약관이 유효하다는 입장[11]을 취하기도 하였지만, 시간이 지날수록 무효의 입장[12]에 있는 모습이다.

III. 사기유형에 따른 예방책과 그 한계

1. 보험계약법상 초과보험과 중복보험의 경우

1) 초과보험의 경우

상법은 보험금액이 보험가액의 현저한 초과 시 당사자가 선의인 경우에는 계약당사자는 보험료와 보험금액의 감액을 청구할 수 있도록 함으로써, 단순한 초과보험의 경우에 대하여 대처

----

9   이병준, 민법사례(총칙편), 제3판, 세창출판사, 2007, 163면.

10   대법원 2003. 5. 30. 선고 2003다15556 판결에서는 사기적보험금청구권의 취지에 설명하는 것으로 한정하면서 보험자의 설명의무와 관련된 내용을 다루고 있다.

11   대법원 2006. 11. 23. 선고 2004다20227(본소), 2004다20234(반소) 판결.

12   대법원 2007. 2. 22. 선고 2006다72093 판결; 대법원 2007. 6. 14. 선고 2007다10290 판결; 대법원 2007. 12. 27. 선고 2006다29105 판결.

하고 있다(상법 제669조 제1항). 보험가액이 보험기간 중에 현저하게 감소한 경우에도 계약당사자는 보험료와 보험금액의 감액을 청구할 수 있도록 하고 있다(제669조 제3항). 현저한 초과에 대한 판단은 거래의 관념에 따라 정해야 하고, 초과하였다는 사실에 대한 주장은 그것을 주장하는 쪽에서 입증하여야 한다. 보험료의 감액에 대하여는 장래에 대하여만 효력이 있는 것으로 하고 있다(상법 제669조 제1항 단서).

상법은 초과보험계약이 보험계약자의 사기로 인하여 체결된 때에는 그 계약을 무효로 하고 있다. 보험자는 그 사실을 안 때까지의 보험료를 청구할 수 있다. 특히, 보험계약자의 사기에 의하여 초과보험이 된 경우에는 그 보험계약은 초과부분뿐만 아니라 계약 전체가 무효가 되고, 보험사고가 발생하더라도 보험자는 보험계약상의 책임을 부담하지 않게 된다.

2) 중복보험의 경우

상법은 중복보험에 대한 규정을 두고 있다. 여러 개의 보험계약이 동시에 또는 순차로 체결된 경우에 그 보험금액의 총액이 보험가액을 초과하는 때에는 보험자는 각자의 보험금액의 한도에서 연대책임을 지고 각자의 보험금액의 비율에 따라 보상책임을 진다(상법 제672조 제1항). 연대비례보상책임을 인정하고 있는 것을 알 수 있다. 중복보험의 경우, 보험계약자는 통지의무를 부담해야 한다. 즉, 동일한 보험계약의 목적과 동일한 사고에 관하여 여러 개의 보험계약을 체결하는 경우에, 보험계약자는 각 보험자에 대하여 각 보험계약의 내용을 통지하도록 하고 있다(상법 제672조 제2항). 동 규정을 두고 있는 이유는 보험계약에서 피보험자가 동일한 피보험이익에 대하여 동일한 위험을 담보하는 다른 보험에 붙였느냐 아니냐는 중요한 사항에 해당하는 것으로서 보험계약체결 시에 고지할 사항에 해당한다고 보기 때문이다.[13] 또한 보험사고발생 시 각 보험자의 손해보상액의 합계가 실제의 손해액을 초과하는 경우가 있기 때문에 이를 방지하고자 하는 목적이 있다.

초과보험과 마찬가지로, 보험계약자가 다른 보험계약을 숨기기 위하여 그 통지를 하지 아니한 때에는 사기로 인한 보험계약으로 보아 모든 보험계약을 무효로 보고 있다(상법 제672조 제3항, 제669조 제4항). 보험계약자는 각 보험자가 중복보험계약이 보험계약자의 사기로 인한 경우에 그 사실을 안 때까지의 보험료를 지급해야만 한다.

....

13　양승규, 보험법, 제5판, 삼지원, 2004, 212면.

2. 다수의 중복 생명보험계약의 경우

동일한 보험목적과 동일한 보험사고에 관하여 다수의 보험계약을 보험계약자가 체결하고자 하는 경우가 발생할 수 있다. 상법은 손해보험의 경우 중복보험에 대하여 적절한 제재방안을 마련하고 있다. 그러나 생명보험은 피보험이익이라는 개념이 존재하지 않아 다수의 중복보험계약에 대한 체결을 인정하면서, 다른 대처방안을 마련하고 있지 않다. 다만, 판례는 민법 제103조를 통하여 사기로 인한 보험계약의 제재를 하고 있다. 판례의 입장을 간략히 고찰하고자 한다.

"다수의 생명보험계약이 체결되었고 그 보험료나 보험금이 다액이며 발생경위가 석연치 않은 교통사고로 보험계약자가 사망하였다는 사정만으로는 생명보험계약 체결의 동기가 자살에 의하여 보험금의 부정취득을 노린 반사회질서적인 것이라고 단정하기 어렵다"는 대법원의 판단[14]이 있지만, "생명보험계약은 사람의 생명에 관한 우연한 사고에 대하여 금전을 지급하기로 약정하는 것이어서 금전을 취득할 목적으로 고의로 피보험자를 살해하는 등의 도덕적 위험의 우려가 있으므로, 그 계약 체결에 관하여 신의성실의 원칙에 기한 선의가 강하게 요청되는 바, 당초부터 오로지 보험사고를 가장하여 보험금을 취득할 목적으로 생명보험계약을 체결한 경우에는 사람의 생명을 수단으로 이득을 취하고자 하는 불법적인 행위를 유발할 위험성이 크고, 이러한 목적으로 체결된 생명보험계약에 의하여 보험금을 지급하게 하는 것은 보험계약을 악용하여 부정한 이득을 얻고자 하는 사행심을 조장함으로써 사회적 상당성을 일탈하게 되므로, 이와 같은 생명보험계약은 사회질서에 위배되는 법률행위로서 무효"라고 하거나,[15] "보험계약자의 직업 및 재산상태, 다수의 보험계약의 체결 경위, 보험계약의 규모, 보험계약 체결 후의 정황 등 제반 사정상 보험계약체결이 순수하게 생명, 신체 등에 대한 우연한 위험에 대비하기 위한 것이라고 보기는 어렵고, 오히려 보험사고를 가장하거나 혹은 그 정도를 실제보다 과장하여 보험금을 취득할 목적으로 체결하였음을 추인할 수 있는 경우라면, 보험계약이 민법 제103조 소정의 선량한 풍속 기타 사회질서에 반한 무효"로 판단하고 있다.[16] 그렇게 본다면, 다수의 생명보험계약에서 보험금을 부정취득할 목적으로 체결한 것인가에 관하여 대법원은 고액인 보험료를 정기적으로 불입하여야 하는 과다한 보험계약을 체결하였다는 사정, 단기간에 다수의 보험에 가입할 합리적인 이유가 없음에도 불구하고 집중적으로 다수의 보험에 가입하였

14　대법원 2001. 11. 27. 선고 99다33311 판결.

15　대법원 2000. 2. 11. 선고 99다49064 판결.

16　대법원 2005. 7. 28. 선고 2005다23858 판결.

다는 사정, 보험설계사의 권유에 의한 기가입 등 통상적인 보험계약 체결 경위와는 달리 적극적으로 자의에 의하여 과다한 보험계약을 체결하였다는 사정, 저축성 성격의 보험이 아닌 보장적 성격이 강한 보험에 다수 가입하여 수입의 상당 부분을 그 보험료로 납부하였다는 사정, 보험계약 시 동종의 다른 보험가입사실의 존재와 자기의 직업이나 수입 등에 관하여 허위의 사실을 고지하였다는 사정 또는 다수의 보험계약 체결 후 얼마 지나지 아니한 시기에 보험사고 발생을 원인으로 집중적으로 보험금을 청구하여 수령하였다는 사정 등의 간접사실이 인정된다면, 이는 보험금 부정취득의 목적을 추인할 수 있는 유력한 자료로 보고 있다.[17]

3. 사기로 인한 고지의무위반의 경우

1) 의의

계약체결 당시에 고지해야 할 의무를 이행하지 않으면서, 사기로 인한 보험계약을 체결한 경우라면, 우선적으로 상법 제651조에 따른 고지의무를 위반한 것이다. 보험자는 그 위반의 사실을 가지고 보험계약을 해지할 수 있다. 보험계약자가 고의로 보험자를 기망하여 착오에 빠지게 하여 보험계약을 체결한 경우에, 민법에서 정하고 있는 일반원칙에 따라 사기로 인한 취소권을 행사할 수 있는가에 대한 논의가 있다.

2) 학설

민법과 상법을 적용해야 한다는 양법적용설과 민법의 적용을 배제해야 한다는 민법적용배제설이 맞서고 있다. 전자는 상법의 고지의무제도와 민법의 사기에 관한 규정은 그 근거와 요건 그리고 효과를 달리하고 있으므로 상법상 고지의무규정은 민법상 사기규정을 배제하지 않는다는 입장이다.[18] 반면, 후자는 상법에서 고지의무를 규정하면서 보험자에게 해지권을 부여하고 있는 것은 보험단체를 고려한 입법목적을 가지고 있는 것이므로, 민법 사기에 관한 규정은 적용되지 말아야 한다는 주장이다.[19] 후자를 따르게 되면, 보험자는 일정기간 내에 해지권을 행사할 수 있지만, 그 일정한 기간이 도과되면 보험자의 해지권은 사라지게 된다.

---

17 대법원 2014. 4. 30. 선고 2013다69170 판결.

18 양승규, 보험법, 제5판, 삼지원, 2004, 129면.

19 서돈각 · 정완용, 상법강의(하), 제4전정판, 법문사, 1998, 532면; 정희철, 상법학(하), 보정판, 박영사, 1990, 389면.

3) 판례

공사도급계약과 관련하여 체결되는 이행보증보험계약 또는 지급보증보험계약에 있어서 공사기간이나 선급금액을 허위로 고지한 경우 보험자가 이를 이유로 보험계약을 취소할 수 있는가와 관련한 판례에서 대법원은, "공사도급계약과 관련하여 체결되는 이행(계약)보증보험계약이나 지급계약보증보험에 있어 보험사고에 해당하는 수급인의 채무불이행이 있는지 여부는 보험계약의 대상으로 약정된 도급공사의 공사금액, 공사내용 및 공사기간과 지급된 선급금 등을 기준으로 판정하여야 하므로, 이러한 보증보험계약에 있어 공사기간이나 선급금액도 공사대금 등과 함께 계약상 중요한 사항으로서 이를 허위로 고지하는 것은 기망행위에 해당할 수가 있고, 따라서 이러한 경우에는 민법의 일반원칙에 따라 보험자가 그 보험계약을 취소할 수 있다"고 판시하고 있다.[20]

또 다른 사건에서 대법원은 "소외 회사가 새로운 매매계약서를 작성함에 있어 잔대금이 총 매매대금의 50퍼센트 미만이 되어야 보험인수가 가능한 피고의 영업지침에 부합되게끔 계약내용을 고친 점과 보험청약에 앞서 피고의 대리점을 경영하는 소외 조규성이 소외 회사와 보험청약에 관하여 상의한 사실이 엿보이는 점 등의 사정에 비추어 볼 때, 소외 회사는 피고 회사 측으로부터 계약내용의 구체적인 사항까지는 아니더라도 잔대금의 비율조정에 관하여는 그 변경의 필요성을 통보받았을 것으로 보이기는 하나, 한편 이 사건 보증보험의 목적은 잔대금지급의 이행보증으로서 그 잔대금의 액수나 지급방법은 보험계약상 핵심적인 사항에 관한 것으로써 건물분양으로 잔금지급에 갈음하는 방법은 보험사고의 위험이 현금지급의 경우보다 훨씬 적은 것이어서 피고가 보험을 인수함에 있어서 상당한 영향을 주는 사항으로 보아야 할 것이고, 소외 회사가 잔대금 지급 방법에 관한 계약내용을 고친 것이 피고 측의 지시나 요구에 의한 것이라거나 그와 같은 변경사실을 피고가 알았다는 점에 관한 아무런 주장이나 입증이 없는 이 사건에서 가사 소외 회사가 피고 회사로부터 잔대금의 비율이 피고의 영업지침에 맞도록 계약내용을 고칠 것을 요구받았다 하더라도 이에 더 나아가 보험계약의 중요부분인 잔대금의 지급방법을 위와 같이 고치고 이를 피고에게 알리지 않았다면 보험계약을 체결함에 있어 중요한 사실에 관하여 보험자를 속인 것이라 아니할 수 없다. 이와 같이 보험계약자의 고지의무위반이 사기에 해당하는 경우에는 보험자는 상법의 규정에 의하여 계약을 해지할 수 있음은 물론 민법의

---

20   대법원 1988. 6. 12. 선고 97다53380 판결.

일반원칙에 따라 그 보험계약을 취소할 수 있는 것이라고 할 것이다"라고 하면서 보험자의 해지권 및 취소권을 동시에 인정하고 있다.[21]

4) 사기로 인한 보험계약의 무효약관

(1) 무효약관의 의의

민법 제110조는 사기에 의한 의사표시는 취소할 수 있도록 하고 있다. 보험계약의 경우에도 보험계약자의 사기에 의하여 이루어졌다고 한다면, 그 의사표시는 보험자에 의하여 취소될 수 있게 된다. 이러한 취소권과 별도로, 보험회사는 "사기로 인한 보험계약은 무효로 한다"는 약관 규정을 두는 경우가 있다.

(2) 동 약관의 무효를 주장하는 입장

일반적으로 보험에 대하여 잘 모르는 보험계약자는 보험계약의 내용이나 조건에 대하여 보험자와 구체적인 협의를 하지 않고, 보험자가 일방적으로 작성한 보통보험약관에 의하여 보험계약을 체결하게 된다. 보험계약법은 보험에 관하여 전문적인 지식을 가지고 있지 않은 보험계약자를 보호하기 위하여 상법 제663조를 마련하고 있다. 상법 제663조 본문은 "이 편의 규정은 당사자 간의 특약으로 보험계약자 또는 피보험자나 보험수익자의 불이익으로 변경하지 못한다"고 규정하여 화재보험이나 생명보험의 영역에서 보험계약자의 이익이 침해되지 못하도록 하고 있다.[22] 만약 사기로 인한 계약을 무효로 하는 약관을 인정하게 된다면, 동 약관의 인정이 상법 제663조와 비교하여 보험계약자 등을 불이익하게 할 수 있다는 지적이 제기될 수 있다.[23]

(3) 동 약관의 유효를 주장하는 입장

동 약관은 보험자가 해지권을 행사할 수 있는 기간도과로 인하여 해지권을 행사할 수 없거나, 또는 민법상의 취소권을 행사할 수 없는 상황에서 보험자에게 상당한 매력을 제공하게 된다. 그러한 기간도과에 관계없이 보험자가 사기로 인한 계약의 경우에 무효를 주장하게 되는

---

21   대법원 1991. 12. 27. 선고 91다1165 판결.

22   비판적 입장으로는 김혜란, "상법 제663조에 대한 연구", 보험법연구, 제5권 제1호, 2011, 67면 이하.

23   상법 제663조 단서에서 "재보험 및 해상보험 기타 이와 유사한 보험의 경우에는 그러하지 아니하다"라고 하면서, 보험자와 대등한 지위를 가지고 있는 보험계약자에 대하여는 상법 제663조 본문과 달리 계약당사자의 사적자치를 인정하고 있다.

점에서, 보험사기를 예방할 수 있는 강력한 무기로 작동하게 되는 것이다. 사기로 인한 계약을 무효로 하는 약관의 효력을 인정하고자 하는 입장에 따르면, 상법 제663조는 선의의 보험계약자를 보호하고자 하는 규정이고, 사기로 인한 의사표시를 통하여 보험계약을 체결하고자 하는 경우는 전형적인 역선택에 해당하기 때문에, 비록 상법 제663조가 보험계약자 등의 불이익변경금지규정을 두고 있고 또 고지의무위반의 경우에 보험자에게 해지권을 인정하고 있다고 할지라도, 약관에 사기보험계약을 무효로 하는 것은 하등의 문제가 없다고 한다.[24]

5) 정리

고지의무와 사기가 결합된 경우에, 대법원은 상법과 민법, 양법이 적용될 수 있다는 입장을 취하고 있다.[25] 우리에게 많은 영향을 주었던 독일 보험계약법은 이를 명문으로 처리하고 있다. 독일 보험계약법 제22조는 '사기에 관한 민법의 규정이 고지의무위반의 경우에도 적용된다'는 사항을 명확하게 하기 위하여, '위험한 상황에 대한 사기로 인하여 계약을 취소할 수 있는 보험자의 권리는 영향을 받지 아니한다'고 규정하고 있다.

우리의 경우 상법에 명문규정이 존재하지 않지만, 일반적으로 고지에 관하여 보험계약자의 사기가 있는 경우 보험자는 상법상의 고지의무위반으로 인한 해지권과는 별도로 민법의 일반원칙인 사기로 인한 취소를 인정하는 주장[26]이 타당하다. 사기의 경우는 상대방을 기망하려는 의사의 존재를 요건으로 하기 때문에, 고지의무위반의 경우와 달라 양자는 일반법과 특별법의 관계에 있다고 할 수 없기 때문이다. 사기로 인하여 계약을 취소하는 경우에는 보험자는 보험계약자가 의식적으로 중요한 사항을 고지하지 않았거나 불실고지를 하였다는 것을 입증하여야 하지만, 이는 전형적인 경우에 생활의 경험상 보험자가 그 진정한 사실을 알았다면 보험계약을 체결하지 않거나 다른 조건으로 위험을 인수하였을 것이라는 사실만 일응 증명하면 된다고 할 것이다. '사기로 인한 계약을 무효로 한다'는 약관조항은 상법 제663조에 위반하여 무효로 판단될 가능성이 높다. 상법 제663조의 위반을 벗어나기 위해서는 상법에 '사기계약을 무효로 한다'는 명문규정을 두어야 할 것이다.

---

24   양승규, 상법사례연습, 삼영사, 1998, 212면.

25   대법원 1998. 6. 12. 선고 97다53380 판결.

26   양승규, 보험법, 제5판, 삼지원, 2004, 129면: 최기원, 보험법, 제3판, 박영사, 2002, 205면.

4. 사기적 보험금청구의 경우

1) 2004다20227(본소), 2004다20234(반소) 판결

사기적 보험금청구권과 관련하여, "보험금청구권의 상실이유는 보험계약에 있어서 신의성실의 원칙에 반하는 사기적 보험금청구행위를 허용할 수 없다는 취지에서 규정된 것으로 보험계약당사자의 윤리성이나 선의성을 요구하는 보험계약의 특징 및 보험의 투기화, 도박화를 막고 피보험자에게 실제의 피해 이상의 부당한 이득을 취하지 못하도록 하기 위하여 고의로 인한 보험사고의 경우에는 보험자의 면책을 인정하고, 사기초과보험의 경우 그 계약 자체를 무효로 규정하고 있다"는 점을 대법원[27]이 밝힌 이후, 신의성실의 원칙에 반하여 사기적인 방법으로 과다한 보험금을 청구하는 경우에는 그에 대한 제재로서 보험금청구권을 상실하도록 하는 것으로 보면서 동 약관의 유효성을 인정한 경우도 있다.

2) 2006다72093 판결

그러나 기본적으로 대법원은 "동 약관은 피보험자 등이 서류를 위조하거나 증거를 조작하는 등 신의성실의 원칙에 반하는 사기적인 방법으로 과다한 보험금을 청구하는 경우에는 그에 대한 제재로서 보험금청구권을 상실하도록 하려는 데 있는 것으로 보아야 한다"고 하면서, "독립한 여러 물건을 보험목적물로 하여 체결된 화재보험계약에서 피보험자가 그중 일부의 보험목적물에 관하여 실제 손해보다 과다하게 허위의 청구를 한 경우에 허위의 청구를 한 당해 보험목적물에 관하여 위 약관조항에 따라 보험금청구권을 상실하게 되는 것은 당연하다 할 것"이나, "만일 위 약관조항을 피보험자가 허위의 청구를 하지 않은 다른 보험목적물에 관한 보험금청구권까지 한꺼번에 상실하게 된다는 취지로 해석한다면 이는 허위 청구에 대한 제재로서의 상당한 정도를 초과한 것으로 고객에게 부당하게 불리한 결과를 초래하여 신의성실의 원칙에 반하는 해석이 된다고 하지 않을 수 없으므로, 위 약관에 의해 피보험자가 상실하게 되는 보험금청구권은 피보험자가 허위의 청구를 한 당해 보험목적물의 손해에 대한 보험금청구권을 의미한다고 해석함이 타당하다"고 하면서, 사기적 보험금청구권에 관한 약관조항을 인정하지 않고 있다.[28] 이렇게 본다면, 사기로 인한 보험금청구권을 근절하기 위해서는 대법원이 동 약관

---

27   대법원 2006. 11. 23. 선고 2004다20227(본소), 2004다20234(반소) 판결.

28   대법원 2007. 2. 22. 선고 2006다72093 판결.

을 유효한 것으로 인정해야 하는데, 이를 수용하지 않음에 따라 사기적 보험금청구를 근절하기 위한 적절한 방안이 이루어지지 않고 있다는 지적은 계속해서 제기될 수 있다.

3) 2017다48959 판결

대법원은 "갑 주식회사가 화재로 보험목적물인 윤전기 2대가 일부 훼손 또는 전손되는 손해를 입고 보험자인 을 보험회사로부터 손해사정을 거쳐 보험금을 지급받았는데, 이후 형사사건에서 갑 회사의 대표이사가 보험금을 청구하면서 매수가격이 부풀려진 허위의 손해사정자료를 제출하였음이 밝혀지자, 을 회사가 갑 회사 등을 상대로 불법행위에 따른 손해배상 또는 부당이득반환으로 보험금 전부 또는 일부의 반환을 구하는 소를 제기하였다가 이후 부당이득반환의 청구취지를 확장하여 갑 회사가 '보험계약자 또는 피보험자가 손해의 통지 또는 보험금청구에 관한 서류에 고의로 사실과 다른 것을 기재하였거나 그 서류 또는 증거를 위조하거나 변조한 경우에는 피보험자는 손해에 대한 보험금청구권을 잃게 된다.'는 내용의 약관조항에 따라 보험금청구권을 상실하였다고 주장하면서 지급한 보험금 전부의 반환을 구한 사안에서, 전손된 윤전기와 달리 보험가액이 아닌 수리비가 보험금으로 지급된 일부 훼손된 윤전기의 경우는 보험금 청구에 위 약관조항이 적용된다고 보기 어려운데도, 갑 회사가 위 약관조항에 따라 윤전기 2대에 대한 보험금청구권을 모두 상실하였다고 본 원심판단에는 법리오해의 잘못이 있다."고 판단하였다.[29]

5. 타인을 위한 보험계약에서 제3자가 사기를 인식한 경우

1) 의의

보험계약자가 보험계약을 체결할 때 사기에 의한 의사표시로 보험계약을 체결하게 된 경우 계약상대방인 보험자는 민법 제110조 제1항을 들어 취소권을 행사하게 된다. 그러나 계약당사자나 이해관계인이 아닌 제3자의 사기로 인하여 보험계약이 체결되었고, 보험계약자가 그 사실을 알지 못했다고 한다면, 민법 제110조를 근거로 하여 취소권행사는 불가능하다고 하겠다. 그러나 타인을 위한 생명보험계약에서 계약당사자는 아니지만 계약으로부터 직접적인 보험금청구권을 행사하게 되는 보험수익자가 제3자의 사기를 알았거나 알 수 있었을 경우에 민법

----

29 대법원 2022. 3. 11. 선고 2017다48959 판결.

제110조 제2항을 적용할 수 있는가에 대한 물음이 제기될 수 있다. 타인을 위한 생명보험계약에서 계약에 참가하지 않은 제3자의 사기로 인하여 보험계약이 체결된 경우에 계약당사자는 아니지만 계약으로부터 직접 권리를 취득하는 수익자가 제3자의 사기를 알았거나 알 수 있었다고 한다면, 민법 제110조 제2항에서 규정하고 있는 바에 따라 그 의사표시의 취소권을 인정해야 한다는 주장과 이를 부정해야 한다는 주장이 대립하고 있다.

2) 취소권을 긍정하는 견해

보험수익자가 사기사실을 알았거나 알 수 있었을 경우에는 보험자의 취소권을 인정하자는 입장이다.[30] 이 입장은 제3자를 위한 계약에 있어서 보험수익자도 상대방과 같이 취급하여야 하고, 이 경우 민법 제110조 제2항을 유추 적용할 수 있다고 한다. 동 규정을 유추 적용하게 되면, 수익자가 제3자의 사기를 알았거나 알 수 있었을 때에는 계약상대방의 인식가능성이 없다고 할지라도 보험자의 취소권행사는 가능하게 된다.

3) 취소권을 부정하는 견해

보험자의 취소권을 부정하는 입장은 보험수익자는 보험계약의 당사자가 아니라는 점에 주목한다.[31] 계약당사자가 아닌 이상 계약의 효과 모두가 제3자에게 발생하는 것이 아니기 때문에, 수익자 이외에 제3자가 의사표시의 당사자를 기망한 경우에는 오로지 의사표시 당사자만을 기초로 선의나 악의를 구별해야 한다는 것이다. 이 주장을 따르게 되면, 비록 보험수익자가 제3자의 사기사실을 알았다 하더라도 보험자의 취소권은 인정될 수 없게 된다.

4) 정리

실제로 타인을 위한 보험계약에서 수익자가 제3자의 사기에 의한 사실을 인식한 사례는 아직 실무에서 발견되지 않았지만, 언제든지 발생할 가능성이 있는 사례에 해당한다. 이를 입법적으로 해결하는 방안이 마련되어야 할 것이다.

---

30 김상용, 민법총칙, 전정판 증보, 법문사, 2003, 512면; 이은형, 민법총칙, 제3판, 박영사, 2004, 550면; 이영준, 민법총칙, 개정증보판, 박영사, 2007, 463면.

31 김형배, 채권각론(계약법), 박영사, 1998, 186면; 곽윤직, 채권각론, 박영사, 1990, 118면.

IV. 계약법상 보험사기에 대한 예방(안)에 대한 타당성 여부

상법은 사기로 인한 초과보험이나 중복보험에 대하여 무효라고 하면서, 두 영역에 있어서는 사기를 근절하기 위한 계약법상의 방안이 마련되어 있다. 그러므로 여기에서는 초과보험과 중복보험 영역 외의 사기적 보험계약과 보험금청구에 대하여는 아직 예방조치가 이루어지고 있지 않은 실정이다.[32]

1. 사기로 인한 보험계약의 경우

1) 사기계약의 무효

보험사기가 만연하게 되면 중대 범죄의 유발요인으로 작용할 뿐만 아니라 보험료 인상으로 작용하게 되어 선의의 보험계약자에게 피해를 주는 행위가 되는 것은 자명하다. 그럼에도 불구하고 보험계약법은 보험사기에 관한 규정이 없어 보험사기에 효과적으로 대처하지 못하고 있는 상황이다.[33] 보험계약자나 피보험자는 보험사고 발생 후에 사기사실이 발각되지 않으면 보험금을 받을 수 있고, 사기사실이 발각되더라도 보험료 전액을 돌려받을 수 있는 현 실정법상 보험계약자 측에서는 사기행위를 그만둘 이유가 없다.

또한 사기에 의한 고지의무 위반을 이유로 계약을 무효로 돌릴 수 있는 실무상의 약관은 상법 제663조의 보험계약자 등을 불이익하게 변경한 것이 아닌가 하는 다툼의 소지도 있다.[34] 그러므로 보험계약자나 피보험자의 사기에 의하여 체결된 계약의 효력을 부인할 수 있게 하고, 사기계약의 체결을 예방하기 위한 법적 근거를 마련하고자 상법 보험편에서 사기계약에 대한 무효규정을 두고자 하는 방안이 제시되었다.

개정(안) 내용을 보면, '보험계약자'의 사기로 인한 계약의 경우에, 그 사기를 이유로 계약의 효력을 부인하게 된다. 보험계약자와 피보험자가 서로 다른 계약에서는 '피보험자'의 사기로 인하여 계약이 체결된 경우도 계약효력의 부인이 적용된다.[35] 손해보험에 있어서 피보험자는

---

32 실정법상 보험사기의 예방책에 고찰한 것으로는 유주선, "보험사기의 문제점과 예방에 관한 고찰", 경영법률, 제18집 제4호, 2008. 7, 276면 이하.

33 장경환, "보험사기와 관련한 보험계약법상의 몇 가지 문제(2) – 생명보험과 상해보험을 중심으로 – ", 생명보험, 2006년 5월, 22면 이하.

34 최병규, "보험시장선진화와 보험법 개정의 의미", 소비자 중심의 보험법 개정 토론회, 2007. 12, 5면 이하.

35 손해보험에서 '타인을 위한 보험계약'과 인보험에서 '타인의 보험계약'에 관해서는 유주선, "타인의 생명보험계약

보험의 목적에 대하여 소유권 등의 피보험이익을 가지고 있는 자이고, 생명보험의 경우 피보험자는 자신의 생명과 신체를 보험에 붙인 자에 해당한다. 그 자는 위험사정에 관하여 오히려 보험계약자보다 더 잘 알 수 있고, 그 위험사정을 숨기거나 허위로 알릴 수 있는 지위에 있다는 사실을 알 수 있다. 이러한 이유로 고지의무나 위험변경증가통지의무는 이를 보험계약자뿐만 아니라 피보험자도 부담하도록 하고 있는 주장은 타당성을 잃지 않는다.

현행	상법 제655조의2 개정안 (사기에 의한 계약)
없음	① 보험계약의 당사자 또는 피보험자의 사기(詐欺)로 인하여 체결된 보험계약은 무효로 한다.

2) 보험료청구권의 부여

보험계약자 등의 사기행위로 인해 체결된 계약이 무효가 되거나 취소되어 보험자가 처음부터 보험보호를 해주지 않게 되더라도, 보험자에게 일정기간의 보험료청구권을 부여해야 하는가에 대한 논의가 있다.[36] 이 경우 '사기의 사실을 알게 된 때'까지의 보험료청구권을 허용하는 방안과 '사기의 사실을 알게 된 당해 보험료기간의 종료 시'까지의 보험료청구권을 허용하는 방안을 생각해 볼 수가 있다. 독일의 보험계약법이 보험료불가분의 원칙을 보험자에게 지나친 이익을 주게 된다는 이유로 이 원칙을 포기하였고,[37] 상법 제669조 제4항과 제672조 제3항도 초과보험계약과 중복보험계약이 사기로 인하여 무효가 되는 경우에 보험자가 '사기의 사실을 안 때'까지의 보험료를 청구할 수 있도록 규정하고 있는 것을 근거로 하여, '사기의 사실을 알게 된 때'로 개정하는 방안이 제시되었다.

현행	상법 제655조의2 개정안 (사기에 의한 계약)
없음	② 제1항의 경우에 보험자는 그 사실을 안 때까지의 보험료를 청구할 수 있다. 다만, 인보험(人保險)에서 보험수익자를 위하여 적립한 금액은 보험계약자에게 지급하여야 한다.

에서 피보험자의 동의요건에 관한 연구 - 개인보험과 단체보험에서 - ", 안암법학, 제25호(하권), 2007. 11, 947면 이하.

36 독일보험계약법 제39조 제1항 및 프랑스보험법 제113-8조 제2항을 참조.

37 2008년 독일 보험계약법 개정 전 제40조 제1항 참조, 그러나 현 독일 보험계약법 제74조 제2항 제2문 "보험계약이 무효가 되는 상황을 안 시점까지의 보험료가 보험자에게 귀속된다"고 하여 독일의 입법자는 '보험료불가분의 원칙'을 폐지하였다.

3) 정리

사기로 인한 보험계약을 무효인 것으로 하고자 하는 의도는 보험사기를 근절해야한다는 강한 요구를 반영한 것이다. 독일 보험계약법이 사기로 인한 계약을 취소로 하고 있는 반면에, 프랑스 보험법은 이를 무효로 하고 있다. 비교법적인 관점에서 보건대, 사기계약을 무효로 한다는 주장은 설득력이 없는 것은 아닐 것이다. 충분히 고려할 만한 주장이다.

2. 사기적 보험금청구의 경우

1) 의의

'보험계약자 등이 손해의 통지 또는 보험금의 청구에 관한 서류·증거의 위조, 변조하거나 이에 허위기재를 하는 등에 의해 손해를 부풀려 보험금을 청구하는 행위에 대해서 보험금청구권을 상실한다'고 하는 '보험금청구권상실조항'을 실무는 공공연하게 사용하고 있있다. 그러나 우리 상법이 '보험금청구권상실'에 관하여 규정한 바가 없기 때문에, 실권조항의 효력이 상법 제663조의 불이익변경금지에 위반되는 결과를 초래하게 된다.[38] 이러한 이의제기를 상쇄하기 위해서는 상법에 명문으로 '실권조항'에 상응하는 내용이 규정되어야 할 필요성이 있었다. 개정(안)은 사기로 인한 보험사고를 가장한 보험금청구를 예방하기 위한 법적 근거를 상법에 마련하고자 하는 시도를 하였고, 이를 통하여 보험금청구권실권조항에 대한 다툼을 지양하고자 하였다.

상법 제657조의2 개정(안)

현행	상법 제657조의2 개정안 (사기에 의한 보험금청구)
없음	① 보험계약자, 피보험자, 보험수익자 또는 보험금청구권을 가지는 제3자가 보험금을 청구한 경우에 사기의 목적으로 다음 각 호의 어느 하나에 해당하는 행위를 하여 보험금의 지급 여부 또는 그 산정에 중대한 영향을 미친 때에는 보험자는 그 사실을 안 날부터 1개월 이내에 보험금청구권이 상실된다는 뜻을 통지하여 보험금의 지급책임을 면할 수 있다. 1. 손해 통지 또는 보험금 청구에 관한 서면이나 증거를 위조하거나 변조하는 행위 2. 손해 통지 또는 보험금 청구에 관한 서면에 거짓된 사실을 기재하는 행위 3. 그 밖에 보험금의 지급 여부 또는 그 산정에 중대한 영향을 미치는 사항을 거짓으로 알리거나 숨기는 행위 ② 제1항의 경우 보험자가 이미 보험금을 지급한 경우에는 그 반환을 청구할 수 있다.

---

38   양승규, 보험법, 제5판, 삼지원, 2004, 226면.

그러나 동 개정(안)은 상법 보험편에 명시적으로 입법하는 것이 타당한가의 문제와, 보험계약자 등이 손해를 부풀려 과다한 보험금을 청구하는 경우에, 부풀리지 않은 손해부분(즉, 실제 발생한 손해부분)에 대하여도 보험자의 면책으로 하는 것이 타당한가에 대한 심한 다툼을 야기하게 되었다.

2) 반대하는 견해

보험사고 발생 시 사기적 보험금청구권을 행사하는 경우에, 실제로 손해가 발생하지 않은 부분에 대해서도 보험자는 보험금을 지급하지 말 것을 주장[39]하는 상법 개정(안)에 대하여 반대하는 입장은 사기에 대한 개념이 불분명하다는 점에서 개정(안)이 타당하지 않다고 주장한다.[40] 현행법하에서도 과다한 보험금청구는 그 보상액수에 있어서 불이익을 받을 수 있고 형법에 의하여 사기죄로 처벌받을 수 있는 등 제재의 수단이 있기 때문에 신중한 접근이 필요하다는 입장[41]도 같은 맥락이다. 또한 보험자의 면책사유는 사고발생 자체를 고의로 일으킨 것으로 이는 보험의 본질적 요소인 우연성에 반한다는 근거 등으로 보험자가 면책되는데, 보험금청구의 과정에서 일부 과다청구가 있다고 하여 면책사유와 동일한 처리를 한다는 것은 형평에 맞지 않을 수 있다고 하면서, 상법 제659조 인위적 사고로 인한 보험자 면책과 비교하여 가혹한 면이 없지 않다는 주장[42] 등이 제기되었다.

3) 찬성하는 견해

사기적 보험금청구권 개정(안)의 반대에 대하여, 보험금청구조항의 형태가 약관인 경우 효력 등과 관련하여 논란이 될 수 있으므로 구체적인 요건 및 효과를 정하여 실정법의 형태로 두는 것이 바람직하고, 그 효과는 당해 보험금청구권 상실과 함께 신뢰관계를 깬 불신행위를 이유로 보험계약을 해지할 수 있도록 하되, 그 효력은 사기적 보험금청구 시부터 발생하는 형태가 되어야 한다는 주장[43]이 있고, 보험계약자 등이 악의적으로 손해를 부풀려 과다한 보험금을

---

39 장경환, 상법 보험편 개정시안 공청회, 법무부, 주제발표(1), 2007, 31면 이하.

40 조연행, "상법 보험편 개정(안)에 대한 소비자의견", 보험법연구, 제1권 제2호, 한국보험법학회, 2007, 181면.

41 장덕조, "사기적 보험금청구 – 상법 보험편 개정안 비판", 인권과 정의, 통권 제386호, 대한변호사협회, 2008. 10, 65면.

42 한창희, "사기적 보험금청구", 법조, 통권 제623호, 법조협회, 2008. 08, 74면 이하.

43 배현모, "화재보험에서 사기적 보험금 청구의 규율방향에 관한 고찰", 저스티스, 통권 제125호, 2011, 08, 한국법학원, 50면.

청구하는 경우, 부풀리지 않은 실제 손해부분에 대하여 보험금을 지급해야 한다면, 보험계약자 등에게 '밑져야 본전'이라는 인식을 심어주게 되기 때문에 이를 제재해야 하며, 비교법적으로 보아도 영국과 호주는 과다청구에 대한 보험자면책을 인정하고 있고, 독일 보험계약법은 사기청구에 대한 직접적인 제재규정은 없지만 사기청구 시 약관상 면책조항을 둘 수 있음을 전제로 하여 그 효과를 규율하고 있는바 사기청구의 억제가 강하게 요구되는 상황하에서 사기청구에 대한 보험자면책의 인정은 과잉제재가 아니라고 한다.[44]

보험사기로 인하여 발생하는 부담은 다수의 선의보험계약자가 지게 되는 것이고, 이러한 악의적인 과다한 보험금 청구행위를 사전에 차단하기 위해서, 보험금청구권 자체를 박탈하여 한 푼의 보험금도 받을 수 없도록 하는 것은 타당성을 잃지 않는다는 주장[45]도 찬성의 입장에 서 있다. "보험회사가 불법행위로 손해배상을 청구할 수 있다고 하더라도 보험자가 일일이 보험계약자 등의 사기청구를 증명하여 손해배상을 받는다는 것은 현실적으로 그 노력과 비용의 문제로 쉽지 않고 또한 그 조사와 증명에 따르는 비용은 보험료로 전가되는 점"을 제기하는 동시에 "형사처벌은 형사법의 원리상 신중하게 이루어질 수밖에 없고 형사처벌의 대상이 되는 사기청구행위와 보험법의 입장에서 규제해야 할 사기청구행위가 반드시 일치하지 않으므로, 형사처벌의 제도로 사기청구를 대처하기에는 충분치 않다"는 주장[46]도 사기적 보험금청구를 입법해야 하는 당위성을 제공하고 있다.

4) 정리

사기적 보험금청구권에 관한 내용을 상법에 입법하는 방안은 여러 가지 어려운 점에 직면하게 된다. 보험사기를 예방하고 근절하고자 하는 입법 방향에 있어서는 지지를 얻을 수 있겠지만, 보험사기의 대처방안이 보험자의 자의에 의하여 행사될 수 있다는 점을 고려하면, 입법 방식에 있어서는 보험계약자 측의 지지를 얻기는 어려울 것이다. 이 부분은 계약법 영역보다는 우선적으로 형법에서 예방하는 방안을 마련하고, 차후 계약법적인 예방책을 숙고하는 방안이

---

44 한기정, "사기에 의한 보험금청구에 관한 연구", BFL, 제56호, 서울대학교 금융법센터, 2012. 11, 37면.

45 이에 대한 찬성의 견해로는 김선정, "법무부 상법개정안 재론", 비교법연구, 제9권 제1호, 2008. 10, 214면; 김형기, 보험업계 현안문제 해결을 위한 정책세미나 토론자료, 한국보험학회, 2008. 11. 14. 3면.

46 장경환, "보험사기청구에 대한 보험계약법상의 입법론의 검토 ─ 한국에서의 논의를 중심으로 ─", 건전한 사회와 보험(Insurance & Good Society) 보험사기와 소비자보호 ─ 한일 공동세미나 ─, 2014 보험관련 연합학술대회, 2014년 8월 20~21일, 8면.

제시되었으면 한다.

3. 다수 생명보험계약과 반사회질서 법률행위

1) 반사회질서 법률행위 옹호론

　생명보험계약은 주로 보험회사 간 치열한 유치경쟁을 통하여 이루어지는바, 보험회사가 사전에 과다한 보험계약의 체결을 방지하기 위한 아무런 노력도 기울이지 않은 채, 오로지 실적제고의 차원에서 경쟁적으로 보험계약을 체결한 다음 보험계약이 유효함을 전제로 보험료를 계속 징수하여 오다가 보험사고가 발생하면 이제야 그 무효를 주장하는 것은 신의성실 또는 금반언의 원칙에 반하는 것으로 허용되지 말아야 한다는 주장[47]도 있지만, 상해보험계약의 경우 피보험자의 수입 등을 참작하여 지나친 보험료를 부담하고 수많은 보험계약을 체결하면서 이를 보험자에게 고지 또는 통지하지 않은 때에는 일종의 도박보험으로 보아 그 보험계약의 효력을 부인해야 한다고 하면서, 이는 피보험자가 보험사고가 발생한 때에 고액의 보험금을 노려 수많은 상해보험계약을 체결하는 것은 도덕적 위험이 높고 또한 선량한 사회질서에도 어긋나는 것으로 보아 인보험계약의 경우에 반사회질서 법리를 적용하자는 입장[48]이 있고, 사기로 인한 무효를 인정하고 있는 일본의 경우를 참조하여 과다한 상해보험계약의 경우에는 공서양속 위반으로 인하여 무효의 법리는 사기로 인한 무효의 경우와 크게 다르지 않다는 점에서 반사회질서 법리가 사기적 보험금청구에 대응하기 위한 법논리로서 인정되어야 한다는 입장,[49] 보험자는 선의의 보험가입자를 위하여 보험단체를 관리하는 지위에 있고 불량한 보험가입자에게 보험보상을 하여 주는 경우 보험단체 자체의 건전한 발전을 해하는 것이므로 불량위험에 적극 대처한다는 차원에서 반사회질서 법리를 적극 활용해야 한다는 주장[50] 등이 있다.

2) 반사회질서 법률행위의 기준

　2014년 4월 30일 대법원의 판시는 다수의 생명보험계약을 체결한 보험계약자가 사기적으로

47　성낙송, "과다한 생명보험계약과 사회질서위반", 민사판례연구회, 제25권, 2003. 2. 144면 이하.

48　양승규, "사회질서에 어긋난 상해보험계약의 효력", 손해보험, 1999. 11, 98면 이하.

49　홍석한, "사기적 보험금청구와 공서양속의 원리, 변호사, 제30호, 서울지방변호사회, 2000. 1, 325면.

50　김창준, "상해보험에 있어서의 보상사고와 면책사고", 보험법의 쟁점, 법문사, 2000, 507면.

보험금을 취득하고자 하는 것에 대한 일정한 기준을 찾아볼 수 있다.[51] "비록 보험계약자가 보험금을 부정취득할 목적으로 다수의 보험계약을 체결한 것이라는 사실을 직접적으로 인정할 증거가 없다고 할지라도 보험계약자의 직업 및 재산상태, 다수 보험계약의 체결 시기와 경위, 보험계약의 규모와 성질, 보험계약 체결 후의 정황 등 제반 사정이 있다면, 민법 제103조에 규정된 반사회질서에 해당하여 그 계약은 무효로 볼 수 있음"을 판시한 것은 생명보험계약상 사기적 보험금취득에 대한 적극적인 예방책을 마련하고자 하는 당위성을 엿볼 수 있다.

3) 정리

보험금청구권의 역기능을 예방하기 위한 방안을 강구함에 있어, 입증이 용이하지 않은 주관적 사실에 대한 주장, 입증책임을 완화하고 객관적 사실들을 통한 정치한 요건을 확립하여 반사회질서의 법리를 인정하는 방안이 마련되어야 한다. 다만, 이 경우 보험자가 일정한 기준 없이 반사회질서의 법률행위를 주장함으로써 민법 제103조를 남용할 가능성이 없지 않으므로, 보험계약자의 직업 및 재산상태, 다수 보험계약의 체결 시기와 경위, 보험계약의 규모와 성질, 보험계약 체결 후의 정황 등이 존재하는 보험계약의 경우에는 반사회질서의 법률행위로 추정하고, 그 반사회질서의 법률행위가 아니라는 사실에 대하여는 보험계약자가 증명책임을 하도록 하는 방안이 타당하다고 하겠다.

4. 보험계약당사자가 아닌 제3자에 의한 사기의 경우

이 사안의 경우는 아직 우리 사건에 나타난 바가 없지만, 실무에서 나타날 가능성이 농후하고 또 학설의 다툼이 벌어질 가능성이 있다는 측면에서 입법적 해결이 타당하다. 독일 민법은 제123조 제2항 제2문에 "의사표시의 상대방이 아닌 자가 그 의사표시로부터 직접 권리를 취득하는 경우 그 자가 기망행위를 알았거나 알 수 있었던 경우에는 그 의사표시는 그 자에 대하여 취소할 수 있다"고 규정하고 있다.

우리 민법에 이러한 규정을 명문으로 입법하는 방안도 생각해 볼 수 있지만, 오히려 보험계약을 규정하고 있는 상법 보험편에 동 규정을 마련하여, 제3자를 위한 보험계약의 경우 수익자인 제3자가 사기의 사실을 알았거나 알 수 있었을 경우에는, 보험자가 보험계약을 취소할 수 있

도록 하는 방안이 마련되어야 할 것이다.

V. 결 론

보험계약은 사행성을 본질적으로 가지고 있고, 보험에서 발생하는 도덕적 위험 및 보험가입자의 역선택 등과 관련된 보험사기는 보험회사가 직면하고 있는 가장 중요한 문제에 해당한다. 보험사기로 인한 실질적 피해자는 보험사기와 전혀 무관한 대다수 선의의 보험계약자라는 사실을 잊어서는 아니 된다. 반드시 보험사기는 근절되어야 함을 의미한다.

민사법에서 발생하는 사기로 인하여 발생할 수 있는 보험계약에 관한 여러 가지 유형을 살펴보았다. 보험사기를 예방하기 위한 계약법적인 규율이 없는 관계로 불법행위책임을 물을 수밖에 없는 상황에서, 보험회사가 불법행위로 인한 손해배상청구권을 행사하는 것은 그 한계가 있다. 그런 측면에서 보험사기에 대한 계약법적인 접근방법은 의미가 있다.

제15장

보험금 부정취득 목적으로 체결한 누적적 보험계약의 효력

I. 서 론

손해보험과 달리 생명보험은 다수의 계약체결이 인정되고 있고, 특정한 보험계약자가 다수의 보험계약을 체결하고 있다고 하여 곧바로 개별적 보험계약 내용 자체가 사회적 상당성에 합당하지 않는다고 볼 수는 없다. 유독 한 사람에 의한 보험계약 다수 체결이나 과다한 보험료 납입, 보장성 상품에의 집중적인 가입 등은 보험제도의 특징인 우연성을 깨뜨리는 의도적인 면이 의심되기도 한다. 또한 보험가입금액과 보험사고 시 수령하게 되는 보험금의 총액, 보험료 합계액과 보험계약자의 재정상태, 보험가입 건수나 시기, 보험계약 체결에 대한 경위, 보험사고의 과장 또는 우연성 인정 여부 등은 보험금 부정취득을 목적으로 하는 보험계약 체결에 해당되는 징표로 등장하기도 한다.

최근 형사 무죄 판결을 받은 사건으로, 아내와 선착장에 있던 남편이 후진하다가 추락 방지용 난간을 들이받은 차의 상태를 확인한다며 혼자 차량 변속기를 중립 상태에서 하차했고, 경사로에 주차돼 있던 이 차량이 바다에 빠져 아내가 사망하였다.[1] 당시 아내 명의로 수령금 17억 원 상당의 보험 6개가 가입돼 있었고, 혼인신고 후 보험수익자 명의는 남편 명의로 변경되었다.

----

1   대법원 2020. 9. 24. 선고 2020도5503 판결.

이에 검찰은 남편을 변속기를 중립 상태에 넣고 하차한 뒤 자동차를 밀어 바다에 빠뜨렸다고 판단해 살인 혐의 등을 적용해 기소했지만, 살인죄는 인정되지 않았다.

형법적인 관점과 달리, 체결된 생명보험계약이 보험금의 부정적 취득을 목적으로 하는 보험계약에 해당되는지 여부와 이 경우 민법 제103조가 적용될 수 있는가에 대한 논의가 전개되고 있다. 증거재판주의를 원칙으로 하는 형사소송의 경우 입증의 정도나 방법에 있어서 매우 엄격성을 요구한다. 반면, 보험금청구와 관련된 민사소송은 고도의 개연성 있는 경험칙을 통한 간접사실을 추정하는 방안 등이 모색되어야 할 필요성이 제기된다.

이하에서는 보험금 부정취득을 목적으로 하는 다수보험계약의 무효법리인 민법 제103조 관련 내용을 다루기로 한다.[2] 우선, 캄보디아 아내 사망 사건에 대한 법원의 판단 결과를 살펴보고, 다수의 보험계약에서 반사회성으로 추단될 수 있는 요소와 민법 제103조 적용 가능성을 검토하며, 보험금 부정취득을 목적으로 하는 계약에서 발생하는 문제점에 대한 개선방안을 제시하기로 한다.

II. 캄보디아 아내 사망 사건과 법원의 판단 그리고 여수 금오도 사건

1. 사실관계

피고인 남편은 2008년 1월 21일 캄보디아 국적의 당시 24세인 피해자와 혼인하였다. 피고인은 2008년 6월 20일경 아내를 피보험자로, 피고인을 보험수익자로 하는 생명보험을 다수 가입하는 등 피보험자인 아내가 사망한 경우 사망보험금이 최대 약 31억 원에 달하는 생명보험에 가입한 것을 비롯하여 그 시점부터 2014년경까지 10개를 초과하는 보험회사에 피해자를 피보험자로, 피고인 자신을 보험수익자로 하는 25건의 생명보험에 가입하였다. 보험계약자가 납입하는 매월 보험료 합계는 약 360만 원에 달하였다. 당시 검찰의 기소내용에 따르면, 2014년 8월 23일 새벽 3시 41분쯤 남편은 천안시에 있는 경부고속도로 갓길에 정차되어 있는 화물차를 들이받아 교통사고를 냈다. 이 사고로 캄보디아 출신의 아내는 저혈량성 쇼크 등으로 숨졌다. 당시 아내는 임신 7개월이었다. 검찰은 남편이 아내 앞으로 25건, 약 95억 원에 이르는 보험에 가입한 점을 확

---

2 조규성, "다수보험계약 체결과 계약무효판단의 법리에 대한 고찰", 금융소비자연구, 제6권 제2호, 금융소비자학회, 2017, 33면 이하.

인하고 살인과 사기 혐의를 적용했었다.

2. 하급심과 원심의 판단

1심 재판부는 직접 증거가 없다며 무죄를 선고했다.[3] 반면 2심 재판부는 무기징역을 선고했는데, "남편이 경제적 상황이 어려워지자 약 95억 원의 보험금을 지급 받을 목적으로 아내를 살해했으며 보험회사가 합의금을 대신 지급하게 함으로써 동액 상당의 재산상 이익을 취득하였다."고 하면서, 살인과 사기 모두 유죄로 인정한 것이다.[4]

3. 대법원 판단

대법원과 파기환송심은 원심과 그 판단을 달리했다. 대법원은 범행동기가 확실치 않고, 졸음운전으로 판단했으며 보험은 재테크 활용으로 보았다. 대법원은 고의 사고라는 판단을 내릴 만큼의 정황증거가 충분하지 않다며 무기징역을 선고한 2심을 파기했다.[5] 통상 살인죄와 같은 무거운 범죄의 경우 직접증거가 없다면 간접증거만으로도 유죄 인정이 가능하다. 물론 이때의 간접증거는 직접증거에 버금가는 우월한 증명이 요구되기는 한다. 하지만 대법원은 이 사건의 경우 범행 동기가 명확하게 드러나지 않는다고 판단했다. 사고 발생 당시 정황을 알 수 있는 객관적 증거는 사고지점 반대편 휴게소에 설치된 CCTV 영상과 사건 이후의 정황뿐이었다. 또한 대법원은 "많은 금액의 보험금을 수령한다는 이유만으로 살해 동기를 인정할 수 있는지 보다 면밀히 살펴볼 필요가 있다."며 "살인이라는 극단적인 범행을 저지르기 위해서는 경제적으로 매우 절박한 상황에 있거나 범인의 인성이 원래부터 잔혹해야 한다."고 판단했다. 대법원은 남편의 월 수익이 약 1,500만 원으로 경제적으로 궁핍한 상황으로 보기는 어렵다고 판단하고, 지능검사 및 심리테스트 결과에서도 살인 범죄를 저지를 만한 심리적 위험 요인도 발견되지 않음을 인정하였다. 유죄의 정황 증거로 쓰였던 높은 금액의 보험의 경우, 남편이 다른 저축 수단은 전혀 이용하지 않고 보험을 예금이나 적금과 같은 금융거래 수단의 활용으로 보았다. 남편은 보험을 가입한 후에 필요에 따라 보험계약대출, 보험료 중도인출 등을 이용하여 보험을 일종의 자산운용 수단으로 이용한 것으로 판단한 것이다.

....

3   대전지방법원 천안지원 2015. 6. 10. 선고 2014고합271 판결.

4   대전고법 2017. 1. 13. 선고 2015노358 판결.

5   대법원 2017. 5. 30. 선고 2017도1549 판결.

이 사건은 파기환송되었고, 파기환송심을 맡은 대전고법도 대법원의 결정을 받아들여 살인과 사기 혐의에 대해서는 무죄를 선고했다.[6] 그 후 재상고심이 이루어졌지만, 피고인의 살인이 범의에 의한 것임이 합리적 의심을 할 여지가 없을 정도로 증명되었다고 보기 어렵다고 보아 무죄가 확정된 것이다.[7]

4. 여수 금오도 사건

1) 사실관계

A씨는 2018년 12월 31일 오후 10시경 전남 여수시 금오도의 한 선착장에서 아내 B씨가 탄 승용차를 바다에 빠뜨려 숨지게 한 혐의를 받았다. B씨는 추락하는 도중 휴대전화로 119에 구조를 요청했지만 사망했다. A씨는 당시 경찰 조사에서, 차가 순간적으로 바다로 추락해 아내를 구하지 못했다고 진술하였다. 사고 당시 아내와 선착장에 머물던 A씨는 후진을 하다가 추락 방지용 난간을 들이받고 "차의 상태를 확인한다"며 혼자 운전석에서 내렸다. A씨는 차량 변속기를 중립(N)에 위치한 상태로 하차했고, 경사로에 주차돼 있던 차량은 B씨가 탄 상태에서 그대로 바다에 빠졌다. 한편 B씨 명의로 수령금 17억 원 상당의 보험 6개가 가입돼 있었고, 혼인신고 이후 수익자 명의가 A씨로 변경된 것으로 조사됐다. 검찰은 A씨가 일부러 변속기를 중립에 두고 차에서 내린 뒤, 차를 밀어 바다에 빠뜨렸다고 판단해 살인 혐의 등을 적용, A씨를 기소했다.

2) 법원의 판단

1심은 A씨의 살인 혐의 등을 유죄로 판단하고 무기징역형을 선고했다. 반면 2심은 A씨의 살인 혐의에 대해 고의가 입증되지 않았다며 무죄로 판단하고, 검찰이 예비적 공소사실로 추가한 교통사고처리특례법상 치사 혐의만 유죄로 인정해 금고 3년을 선고했다. 대법원도 2020년 9월 피해자의 사망이 피고인의 고의적 범행으로 인한 것이 아닐 수 있다는 합리적 의심을 배제하기 어렵다고 하면서 원심을 확정하였다. 살인 혐의에 대해 무죄를 확정받은 A씨는 같은 해 11월 보험사 3곳을 상대로 12억 원의 보험금을 청구하는 소송을 제기하였다.

1심은 A 씨가 고의로 사망 사고를 발생시킨 것으로 판단된다며 원고패소 판결을 하였다. 하

---

6   대전고등법원 2020. 8. 10. 선고 2017노202 판결.
7   대법원 2021. 3. 11. 선고 2020도11686 판결.

지만 2심은 A씨가 고의로 사고를 일으켜 아내 B씨를 살해했다고 인정하기 부족하다며 보험사들에 12억 원의 보험금 지급 의무가 있다고 판단하였다. 당시 재판부는 이 사건에 대해 "피보험자인 B씨의 입장에서 예측할 수 없는 원인에 의해 발생한 우연한 사고이자, A씨가 승용차의 장치를 용법에 따라 사용하던 중 발생한 사고라고 하면서 각 보험계약에서 정한 보험사고에 해당한다"고 판단하였다. 보험금의 부정 취득을 목적으로 보험계약을 체결했는지 여부, 보험계약 체결 시 기망 여부 등에 대해 모두 인정하지 않았다.

대법원도 원심 판단을 그대로 수긍했다. 다만 소송촉진법상 지연손해금 기산점에 관한 부분은 대법원 판례에 위반된다며 파기했다.

III. 보험금 부정취득 목적의 주요 표지와 캄보디아 아내 사망 사건에의 적용

1. 의의

민법은 법률행위 자유의 원칙을 인정하여 법률행위가 행하여진 경우에는 그 목적이 이루어질 수 있도록 조력하는 역할을 한다. 그러나 법률행위의 목적이 사회적 타당성을 상실하고 있는 경우에, 이러한 법률행위를 인정하는 것은 바람직한 것이라 할 수 없을 것이다. 이 점을 고려하여 민법 제103조에서는 "선량한 풍속 기타 사회질서에 위반한 사항을 내용으로 하는 법률행위는 무효로 한다."고 규정하고 있다.[8] 즉, 법률행위가 개개의 강행법규에 위반하지 않는다 할지라도 그러한 법률행위가 선량한 풍속 기타 사회질서에 위반하는 사항을 내용으로 하는 경우라면, 사회적 타당성을 상실한 것으로 보고 그 효력을 인정하지 않고자 하는 것이다. 민법에서 인정되고 있는 이러한 반사회질서 법리는 계약법을 토대로 하고 있는 보험계약관계에서 역시 동일하게 적용되어야 할 것이다. 이하에서는 보험금 부정취득을 목적으로 하는 보험계약의 경우에 민법 제103조가 적용될 수 있는가에 대하여 검토하기로 한다.

---

8   입법과정과 관련하여, 이상욱 · 서호정, "민법 제103조 선량한 풍속의 위상에 관한 비교법적 고찰", 영남법학 제10권 제1호, 영남대학교 법학연구소, 2004, 171면 이하.

2. 보험금 부정취득 목적의 주요 표지-대법원 주요 판결을 중심으로-

1) 보험료와 보험금의 구조

다수 보험계약의 경우에 공서양속 위반이 인정된 대표적인 대법원 판례로는 99다49064 판결을 들 수 있다.[9] 동 판결의 사실관계를 간략하게 살펴본다. 소외 1은 자신의 경제사정이 악화되자, 자기 처인 소외 2를 피보험자로 하여 생명보험에 가입한 다음 소외 2를 살해하고서 보험사고로 위장하여 보험금을 편취하기로 마음먹고, 1997년 6월 초순경 소외 3과 사이에 교통사고로 가장하여 자신의 처를 살해하기로 공모하고 같은 해 7월 초순경 소외 3으로부터 살인 청부업자로 소외 4를 소개받은 다음, 같은 해 7월 9일 피고들과 사이에 보험계약자 및 피보험자를 소외 2, 보험수익자를 상속인으로 하여 원심 판시 생명보험계약들을 소외 2 몰래 각각 체결하고서 같은 날 제1회 보험료를 납부하였다. 같은 해 8월 초순경 소외 1은 소외 4에게 착수금으로 금 1천만 원을 지급하고 소외 4와 함께 소외 2를 살해하려고 수차 시도해 오던 중, 같은 해 9월 4일 02:10경 공사장에서 소외 4가 택시를 운전하여 소외 1이 그곳에 데리고 나온 소외 2를 들이받아 그 자리에서 사망하였다. 동 사례에서는 총 51건에 해당하는 보험계약이 체결되는 것을 볼 수 있는데, 시기순으로 보면 93년 2건, 94년 2건, 95년 20건, 96년 14건, 97년 13건이다. 총 보험료는 월평균 500만 원 정도이고 망인의 사망으로 인하여 유족들이 받을 수 있는 총보험금은 50억 원 정도에 해당하였다. 사망 당시 망인의 월수입은 250만 원 정도이고 일정금액을 투자하여 상당한 수입을 얻고 있었다.

대법원은 본 사건과 관련된 생명보험계약은 민법 제103조에 따라 사회질서에 위배되는 법률행위로서 무효라고 판단하였다. 이 사안에서 주목할 만한 점은 매월 납입하는 보험료와 보험사고 시 지급받게 되는 보험금의 월등한 차이와 월수입을 초과하는 지나친 보험료 납입구조이다.[10] 매월 납입하는 보험료 대비 보험수익자가 수령하게 되는 보험금의 구조는 보험사고 발생 시 위험 방지를 위한 보험제도의 원리를 상실한 것으로 판단한 것이다. 일반적으로 사람들은 자신의 수입을 근간으로 하여 목돈 마련이라는 목적으로 저축을 하게 되고, 예측할 수 없는 위험 헤지와 유족 보호라고 하는 명분으로 생명보험을 가입하게 되는 것인데, 월수입 대비 매월

---

9 대법원 2000. 2. 11. 선고 99다49064 판결.

10 대법원 2020. 3. 12. 선고 2019다290129 판결. 본 사안을 보면, 2005년부터 2011년 3월까지 다수 보험사들과 11건의 보험계약을 체결하고 있는데, 특히 2009년부터 2011년에는 7건을 집중적으로 가입하고 있다. 이 밖에도 총 36건의 보험계약을 체결하고 있는데, 매월 납입하는 보험료는 150여 만에 달하는데, 피고 아내는 당시 식당 종업원으로 일하고 있었고, 그의 남편 역시 뚜렷한 소득을 입증할 수 없는 형국이었다.

납입하는 보험료의 지나친 초과 상태에서 50억 원이라고 하는 보험금 수령은 유족보호라는 명분과 동떨어진 것이라 하겠다. 다만, 과다한 보험금액인가를 판단하는 것은 그리 용이한 것은 아닐 수 있겠지만, 객관적으로 보아 보험계약자가 보험가입의 목적을 고려한 합리적인 위험분산으로 볼 수 없는 정도라면 현저하게 과도한 것으로 평가할 수 있다고 본다.

2) 다수의 보험계약체결 경위 등

상기 판결과 달리, 망인이 1993년 4월 8일부터 1997년 6월 11일 사이에 피고들인 보험회사 세 곳 및 수협과 도합 14건의 각종 생명보험, 상해보험 및 공제계약(그중 1건은 중도해지)을 그 외 제소하지 아니한 14곳의 보험회사 및 농협 등과 37건의 각종 생명보험, 상해보험 및 공제계약을 체결한 사안에서 대법원은 민법 제103조에 따른 공서양속 위반을 인정하지 않았다.[11] 동 판결에서 대법원은 "이 사건 보험계약은 그 계약기간이 장기간(3년 내지 20년)이며 보험사고가 발생하지 아니한 경우에도 계약기간 내지 상당기간이 경과하면 보험수익자가 상당한 금액을 지급받기로 하는 내용의 저축적 성격을 가진 보험계약도 다소 있음을 알 수 있는바, 이러한 사정에 비추어 볼 때 이 사건 보험계약의 숫자가 많고 보험료와 보험금이 다액이며 이 사건 교통사고의 발생경위에 석연치 않은 점이 있다는 사유만으로 이 사건 보험계약 체결의 동기가 자살에 의하며 보험금의 부정취득을 노린 반사회질서적인 것이었다고 단정하기 어렵다."고 보았다.

또 다른 판결에서 대법원은 "피고와 그 가족들은 2010년 1년 동안 이 사건 각 보험계약을 포함하여 이 사건 각 보험계약과 보장내용 및 성질이 유사한 보험계약 47건을 체결한 점, 피고와 그 가족들이 위와 같이 이 사건 각 보험계약과 보장내용 및 성질이 유사한 다수의 보험에 단기간에 집중적으로 가입할 특별한 이유를 찾기 어려운 점, 피고와 그 가족들을 피보험자로 하는 위 각 보험의 월 보험료는 2,017,887원에 이르는데, 이는 피고와 그 가족들이 세무서에 신고한 수입금액 및 소득금액, 지방세 부과내역에 나타난 재산에 비추어 볼 때 매우 많은 금액으로 보이는 점, 피고와 그 가족들이 각 보험사로부터 지급받은 보험금이 적어도 183,627,901원에 이르는데, 이는 피고와 그 가족들의 소득 및 재산상황에 비추어 볼 때 매우 많은 금액으로 보이는 점 등 그 판시와 같은 사정을 종합하여 보면, 피고의 처인 소외인과 피고는 순수하게 생명, 신체 등에 대한 우연한 위험에 대비하기 위한 목적에서 이 사건 각 보험계약을 체결한 것이 아니라 다수의 보험

---

11   대법원 2001. 11. 27. 선고 99다33311 판결.

계약을 통하여 보험금을 부정취득할 목적으로 이 사건 각 보험계약을 체결하였다고 봄이 상당하므로, 이 사건 각 보험계약은 선량한 풍속 기타 사회질서에 반하여 무효"라고 판단하였다.[12] 이 사건에서는 '단기간에 유사한 보험을 다수 가입한 점'과 '보험계약자의 경제적인 상태' 및 '보험계약자의 수입 대비 보험료 규모' 등도 중요하지만, 다수의 보험계약을 체결하게 된 경위와 보험계약을 체결한 후 정황 등은 특히 주목할 만한 사항이다.[13] 보험금 부정취득을 목적으로 가입하는 사례를 보면, 거액보험에 대한 시선을 피하고자 의도적으로 여러 건의 보험계약으로 다수의 보험회사와 분산하여 보험계약의 체결이 이루어지고 있고, 보험설계사 등의 권유 등을 통하는 방식 대신에 인터넷이나 텔레마케팅 등을 통한 자발적인 보험가입이 선호되는 측면이 있다. 합리적인 이유 없이 보험계약자가 다수의 보험회사와 여러 건의 특정담보로 하는 보험계약을 체결하고자 하는 것은 도덕적 위험의 개재 가능성이 매우 높다고 할 수 있고, 보험상품의 비중에서 저축성보험 대신에 보험사고의 발생으로 고액의 보험금이 지급되는 보장성 보험이 지나치게 많은 보험계약체결은 합리적인 위험분산을 목적으로 하는 보험의 취지에서 벗어나 보험금 부정취득을 목적으로 하는 계약의 중요한 표지가 될 수 있다고 할 것이다.

3) 보험계약자의 경제적 상황

2005년 7월 28일 2005다23858 판결에서 대법원이 민법 제103조를 근거로 하여 보험자의 면책을 인정한 사안을 살펴보면,[14] 원고의 부모는 자녀들인 원고와 그 동생(1996년생) 명의로 1998년 11월 20일경까지 약 25건 정도의 보험계약을 체결한 바 있고, 그 보험계약의 대부분이 1998년 이후에 체결된 것이다. 1999년 말경까지 추가로 72건의 보험계약을 집중적으로 체결하여 자신들과 위 자녀들 명의로 15개 보험사에 97건의 보험계약을 체결하였는데 대부분이 상해보험이고, 월 보험료는 합계 3,749,890원 정도이며 보험가입 금액은 합계 15억여 원 정도에 달하였다.

본 판례에서 대법원은 원고의 부모는 이 사건 보험계약을 비롯하여 위 다수의 보험계약을 체결할 당시 특별한 직업이나 수입이 없어 원고의 모가 보유한 부동산을 처분하거나 담보로 제공하면서 생활하고 있었고 그럼에도 불구하고 단기간 내에 보험계약을 대량으로 체결하여야 할 합리적인 이유가 없다고 판단하였다. 보험계약자의 재정적 사정에 비추어 부담하기 어려울 정

---

12 대법원 2018. 9. 13. 선고 2016다255125 판결.

13 김선정, "보험금 부정취득 목적을 인정할 직접적인 증거가 없는 경우의 판단 방법 – 대법원 2016. 1. 14. 선고 2015다2016461 판결 – ", 월간 생명보험, 2016년 12월호, 생명보험협회, 2016, 35면 이하.

14 대법원 2005. 7. 28. 선고 2005다23858 판결.

도로 현저하게 고액인 보험료를 납입해야 하는 과다한 생명보험계약을 체결하였다면, 이러한 경우 고도의 도덕적 위험이 내포되어 의도적 보험사고 유발 가능성이 높아질 것이다. 보험계약자의 재정사정에 비추어 부담하기 어려울 정도의 보험료가 어느 정도인가를 파악하기 위한 근거자료로는 보험계약자의 매월 수입금액을 들 수 있다.

하지만 어려운 경제적 처지에서 과다 보험료를 납입하고 보험계약을 유지하는 것이 보험금 부정목적으로 하는 보험계약을 추단하는 중요사항이 된다고 하여, 보험계약자가 보험료를 부담 없이 낼 수 있는 경우에 보험금 부정목적이 배제되는 것으로 속단하는 방식은 바람직한 것이라 할 수 없다. 경제적 여력이 있다고 할지라도 부정한 목적으로 생명보험에 가입하는 경우도 얼마든지 존재할 수 있으며, 보장성 보험상품의 누적적 계약체결은 거액의 보험금을 취득할 수 있다는 심리가 작동되어 관련 계약이 증가될수록 의도적인 보험사고 발생가능성은 더욱 높아질 수 있다고 할 것이다.

4) 형사처벌과 민사적 판단 관계

생명보험의 경우 부부 간 보험계약자와 피보험자로 체결하는 계약구조를 왕왕 볼 수 있다. 배우자를 피보험자로 하여 다수 보험계약을 체결한 상태에서 배우자의 사망은 보험금 부정취득을 목적으로 하는 계약인지 여부, 형사상 살인죄나 보험사기죄에 해당하는지 여부 등과 관련하여 초미의 관심사로 등장하곤 한다.[15] 배우자를 피보험자로 하여 고액의 생명보험에 가입한 후 타인으로 하여금 배우자를 살해하도록 교사한 사례에서, 대법원은 보험금 부정취득을 목적으로 체결된 계약임을 이미 판단한 바 있다.[16] 이와 같이 명백하게 살인이라는 혐의가 입증된 사례의 경우, 민사의 경우에도 보험금 부정취득의 목적으로 체결된 보험계약의 인정이라는 자연스러운 결과를 도출할 수 있겠지만, 사고사인지 살인인지 여부가 분명하지 않아 형사재판에서 증거불충분으로 살인죄의 무죄가 선고된 경우 민사 제103조를 적용할 수 있는가의 문제가 제기될 수 있다.

보험금을 지급하기 위하여 보험자는 보험사고를 검토하게 되는데, 상기의 보험사고는 도덕적 위험과 같은 내심의 의사의 입증과 관련된다. 민사소송은 고도의 개연성이 있는 경험칙을

----

15 대법원 2020. 9. 24. 선고 2020도5503 판결(이른바 '여수 금오도 사건')과 캄보디아 아내 자동차 충돌사건을 들 수 있다.

16 대법원 2009. 5. 28. 선고 2009다12115 판결; 대법원 2000. 2. 11 선고 99다49064 판결.

이용하여 간접사실을 추정하는 것을 허용한다는 점에서, 증거재판주의를 원칙으로 하는 형사소송에서의 입증 정도 및 방법에 있어서 차이가 있다. 형사상 사기와 민사상 사기에 대한 제재규정은 입법목적도 다르고 법적 성격도 다르다. 그러므로 민사와 형사를 통일적으로 처리하는 방식은 바람직한 것이 아니라 할 것이다. 물론 다수보험계약에서는 형사상 사기죄로 처벌되었는지 여부가 보험계약의 무효여부를 판단하는 결정적인 요소임을 부인할 수는 없다. 물론 관련 형사사건의 판결에서 배척되거나 인용된 사실은 민사재판에서도 적용되는 것이 원칙이겠지만, 선의성을 특징으로 하면서 사행성을 동반하는 보험계약상 특별한 사유가 있는 경우에는, 형사상 판단의 결과를 곧바로 민사적 판단의 결과로 보는 도식적 결론은 타당한 것이 아니라 할 것이다.

3. 캄보디아 아내 사망 사건에 적용 검토

1) 보험계약자의 보험료 과다 지급 사항

(1) 수입 대비 보험료 지급액

피고인은 매월 피고인 본인뿐만 아니라 자신의 가족 등을 피보험자로 하는 보험의 보험료 합계 5,287,509원에 피해자를 피보험자로 하는 보험의 보험료 합계 4,272,156원을 더하여 총 9,559,665원의 보험료를 납입하고 있었다. 피고인은 2013년 4월 30일 신용협동조합부터 5,000만 원을 대출받았으나, 이 사건 사고 발생 당시까지 원금을 변제하지 못한 채 월 이자만 변제해오고 있었고, 피고인의 주거래 계좌에 이 사건 사고 발생 무렵 거의 매월 보험약관대출금 또는 중도인출금이 입금됨과 동시에 월 보험료가 출금되었다. 또한 현대캐피탈로부터 2,300만 원을 대출받아 위 카드론 및 위 보험약관대출금 등을 변제하기도 하였다. 그리고 이 사건 사고 발생 무렵 피고인의 신용협동조합 계좌 잔고는 238,580원, 농협계좌 잔고는 3,676,619원, 우체국 계좌 잔고는 2,031,691원에 불과하였다. 이를 자세히 들여다보면 보험계약자의 경제적인 상황이 그리 넉넉하지 않음에도 불구하고 보험계약자가 납입하는 보험료는 과다하지 않을 수 없는 금액에 해당한다. 피고인은 2014년 4월경부터 지인에게 상황이 어려우니 빌려준 돈을 갚아달라고 요구하기도 하였고, 약 4~5년 전부터 피고인의 장사에 어려움이 발생하기도 하였다. 즉, 피고인은 자신이 운영하던 작은 생활용품점의 매월 들어오는 수입, 지인에 대한 대여금 채권에 기한 약정이자 월 200~500만 원 상당, 보험에 기한 중도인출금 내지 약관대출금 등으로 매월 보험료 9,559,665원 및 생활비를 지출한 것으로, 수입 대비 보험료의 과다성을 인정하지 않을 수 없다고 할 것이다.

(2) 일반 가구 대비 지급 보험료

2017년 12월 1,000명의 성인 남녀를 대상으로 한 연구보고서에 따르면, 피고인과 같은 연간 가구소득 5천만 원 이상~7천만 원 미만 그룹의 경우 질병(건강)보장보험과 재해(상해)사망보장보험의 보험상품 보유 개수는 평균 1.2~1.3개이고, 다른 소득분위를 살펴보면 모두 1.5개 미만의 생명보험 상품을 보유하고 있었다.[17] 가계에서 각 생명보험 상품을 보유하고 있는 응답자만을 대상으로 각 상품에 매월 납입하는 보험료액수를 조사한 결과, 질병(건강)보장보험과 재해(상해)사망보장보험의 보험료 평균은 10만 원 미만으로 나타나고 있다. 반면, 저축성 보험과 변액보험, 연금보험 등의 보험상품에 대한 매월 납입 보험료는 14만 원 이상이었다. 하지만 피고인 그룹의 가계에서 보유한 보장성 보험과 저축성 보험의 보험료 합계액은 모두 96만 5천 원에 달하고 있있다. 이 액수는 비교집단과 비교히여 대략 10배에 해당하는 것으로 통상의 경우에 비교할 때 현저히 많은 액수에 해당한다. 상기 보고서에 따르면, 가계 소득 대비 보험료 수준은 5~10%가 적정하다는 응답자가 소비자 전체의 40.7%에 달하고, 30% 초과는 1.3%에 불과한 것으로 나타나고 있다.[18] 하지만 피고인은 월 평균 소득이 500만 원 정도에 불과함에도 불구하고 매월 900만 원 이상의 돈을 보험료로 지출하고 있었고,[19] 이를 충당하기 위해 주로 본인 명의의 저축보험에서 중도인출금과 약관대출금을 받거나 보험을 해지하는 등의 비상식적인 방식으로 보험료를 지출하고 있는 양태를 띠고 있다. 이러한 행태는 특정한 목적성을 가지고 보험가입을 하고 있음을 추단케 한다.

2) 저축성 보험과 보장성 보험의 점유 비율

피고인은 피고인 본인 또는 다른 가족을 피보험자로 하는 보험은 여러 개 해지한 반면, 피해자를 피보험자로 하는 보험은 연금보험 1건을 해지한 것 이외에 매월 276만 원 상당의 보험료를 부담하면서도 보장성 보험 대부분을 유지하고 있었다. 피고인은 2014년 4월경부터 2014년 5월

---

17 금융소비자연맹, "가계 보험가입 적정성에 대한 비교조사연구", 2017. 12. 조사기간 2017. 11. 1~ 11.7.

18 금융소비자연맹, "가계 보험가입 적정성에 대한 비교조사연구", 2017. 12. 조사기간 2017. 11. 1~ 11.7.

19 이는 피고인의 2014년 월평균 수입을 기준으로 한 것이고, 피고인의 과거 월평균 수입을 기준으로 할 때에는 이 차이는 더욱 심해진다. 2006~2007년 가입한 보험들의 대부분은 월평균소득을 200만 원으로 기재하고 있는 모습이다.

경 사이에 S생명 보험설계사로부터 보험가입을 권유받는 과정에서 추천받은 연금보험 대신에 피해자의 사망을 보험사고로 하는 보장성 보험에 다시 가입하는 태도를 보여주고 있다. 당시 피고인은 이미 피해자를 피보험자로 하는 상당수의 보장성 보험에 가입한 상태였다. 피고인은 자신을 피보험자로 한 보험은 주로 저축성 보험으로 가입한 반면, 피해자를 피보험자로 한 보험은 주로 보장성 보험으로 가입하여 유지하였다. 피고인의 저축성 보험의 중도인출금과 약관 대출금 등은 피해자를 피보험자로 한 보장성 보험의 보험료에 사용되고 있었다. 이런 사정이 무엇을 말해주고 있는지 우리는 의심을 하지 않을 수 없다.

3) 보험금 취득의 특정한 목적성

피고인이 가입하고 있는 보험상품의 구조를 자세히 들여다보면, 피고인은 자신의 보장성 보험을 가입함에 있어서 사망을 염두해 두기보다는 생전에 각종 질병을 얻게 될 경우를 주로 대비한 것으로 볼 수 있고, 피고인은 피해자를 피보험자로 보장성 보험을 가입함에 있어서는 생전의 각종 질병을 얻게 될 경우보다 사망을 중점적으로 대비한 흔적이 뚜렷하다고 판단할 수 있다. 피고인이 자신을 피보험자로 한 보험에 월 287만 원을 납입하면서도 사망보험금은 총 4억 8,000여 만 원에 불과하였던 반면, 피해자를 피보험자로 한 보장성 보험은 자신의 보험료보다도 적은 월 271만 원을 납입하면서 피고인은 사망보험금으로 대략 95억 원에 이르는 금액을 수령할 것으로 예상된다.[20] 이러한 사실은 피고인의 보험가입 형태가 피해자에 대한 보험사고가 발생하기만 하면 거액의 보험금을 받는다고 하는 특정한 목적성이 뚜렷이 드러나고 있다.

결국, 수입 대비 보험료 지급액 측면이나 보장성 보험의 집중적인 가입형태를 들여다 보면, 피고인의 지출행태는 특정한 목적을 가지고 보험계약을 체결하고 있다는 합리적 의심을 지울 수 없다고 할 것이다.

4. 소결

민법 제103조에 의하여 무효로 되는 반사회질서 행위에는 '법률행위의 목적인 권리의무의 내용이 선량한 풍속 기타 사회질서에 위반되는 경우뿐만 아니라 그 내용 자체는 반사회질서적

---

20 피고인이 이 사건 발생 무렵 납입하였던 월 보험료는 월 4,272,156원(논문 뒤편 순번 1 내지 26 기재 각 보험의 월 보험료 합계 3,600,406원 + 순번 27 내지 33 기재 각 보험료 671,750원)으로, 보험사고로 인정될 경우 피고인이 수령하게 될 보험금은 대략 95억 정도로 추산된다.

인 것이 아니라고 하여도 법률적으로 이를 강제하거나 법률행위에 반사회질서적인 조건 또는 금전적인 대가가 결부됨으로써 반사회질서적 성질을 띠게 되는 경우 및 표시되거나 상대방에게 알려진 법률행위의 동기가 반사회질서적인 경우라면 민법 제103조를 적용할 수 있다.[21]

당해 사건에서 보험계약자는 다수의 보험회사와 다수의 생명보험, 특히 저축성 보험보다는 보장성 보험을 중심으로 하여 집중적으로 가입하고 있다. 그것도 피해자를 피보험자로 하고 보험수익자는 피고인으로 하는 보장성 보험이 두드러지게 나타나고 있다. 보험계약자가 다수의 보험계약을 통하여 보험금을 부정취득할 목적으로 보험계약을 체결한 경우, 이러한 목적으로 체결된 보험계약에 의하여 보험금을 지급하도록 한다면, 이러한 보험계약을 악용하여 부정한 이득을 얻고자 하는 사행심을 조장하게 된다는 부작용을 예방할 수 없게 된다. 이러한 현상은 사회적 상당성을 일탈하도록 할 뿐만 아니라 합리적인 위험의 분산이라는 보험제도의 목적을 해친다는 점도 간과할 수 없다. 위험발생의 우발성을 파괴하며 다수의 선량한 보험가입자들의 희생을 초래하는 보험금 부정취득으로 목적하는 보험계약의 경우에는, 민법 제103조에 따라 해당 보험계약은 무효로 판단해야 할 것이다.

IV. 민법 제103조에 따른 보험계약의 무효범위와 보험계약법상 고의의 증명책임

1. 무효로 되는 보험계약의 범위

보험금 부정취득 목적이 인정되어 다수 보험계약이 민법 제103조에 따라 무효라고 한다면 그 무효의 범위가 어디까지인지, 즉 초기계약을 포함한 다수 계약 전체를 무효로 볼 수 있는지에 대한 검토가 요구된다.

우선, 첫 계약 또는 초기의 몇 건의 계약에 대하여는 부정목적을 인정할 수 없어 무효의 대상으로 할 수 없다는 견해가 있을 수 있다. 다수 계약을 조성하는 여러 건의 보험계약은 체결 시마다 별개의 법률행위를 통하여 성립한 것이라는 점을 강조하면, 하나의 법률행위의 일부분의 유·무효를 따지게 되는 일부무효의 법리(민법 제137조)를 다수계약을 하나로 묶어 적용할 수는 없다고 할 것이다. 이 입장에 따르면 지급한 보험금 중 무효로 되지 아니하는 보험계약, 예컨대 첫

---

21   대법원 2005. 7. 28. 선고 2005다23858 판결.

보험계약의 보험금은 부당이득이 아니며 보험자가 그 반환을 청구할 수는 없다고 할 것이다.

그러나 첫 계약과 이어지는 계약이 시간적으로 아주 떨어지지 않는 등 전체로서 불법목적의 다수계약의 구성부분으로 판단되는 경우에는 다수계약 모두를 무효로 하고 그에 따른 부당이득의 반환을 청구할 수 있다고 할 것이다.[22] 이와는 다른 입장으로 특정계약의 체결시점에서 판단할 때 반사회적 징표를 갖는 객관적 사실들이 인정되고 그로써 보험계약자의 주관적 불법목적이 추인되면 그때부터 비로소 과다한 생명보험계약의 반사회성을 인정해야 한다는 견해도 있다.[23] 대법원은 첫 번째 보험계약을 체결한 후 3년 4개월이 경과한 자가 2개월 정도 사이에 9건의 보험계약을 체결한 사안에서 시간적 격차가 있는 첫 계약을 포함한 10건의 보험계약 모두에 대하여 무효로 판단한 바 있다.[24]

다수의 보험계약 중에서 어느 시점을 기준으로 부정취득 목적을 추인할 것인가는 어려운 문제일 것이지만, 보험금액의 적정성 여부를 감안하여 적어도 평균 월수입을 초과하는 보험료를 매월 납입해야 하는 시점에 가입한 보험계약에 대해서는 보험계약자에게 위와 같은 부정목적의 의사가 있었다고 추인할 필요가 있다고 본다. 그러한 기준으로 계약이 시간적으로 아주 멀지 않은 등 전체적으로 불법목적으로 추인되는 다수계약의 구성부분으로 판단되는 경우에는 다수계약 모두를 무효로 할 수 있다고 할 것이다.

2. 다른 보험자의 보험계약 무효 주장 가능성

또 다른 문제로서 다른 보험자의 보험계약에 대한 무효를 주장할 수 있는가에 대한 물음이 제기될 수 있다. 다수계약이 비록 여러 보험자를 상대로 한 것이라고 하여 그 불법성을 조각(阻却)하는 것은 아니므로 여러 보험자는 모두 보험계약의 무효를 주장할 수 있다고 본다.[25] 그리고 이 경우 다수보험계약에 속하는 보험계약의 보험자 중 일부가 무효를 주장하고 남은 잔여계약에 대하여도 보험계약자가 계약의 유지를 주장할 수는 없다고 보아야 할 것이다. 또한 보험계약자가 다수계약 중 일부계약에 기하여 권리를 행사한 경우에, 아직 권리를 행사한 바 없는 나머지

<hr>

22 김선정, "보험금부정취득을 목적으로 체결한 다수보험계약의 효력 – 부산고등법원 창원 제2민사부 2014. 1. 10 선고 (창원)2013나1214 판결 – ", 월간 생명보험, 2014년 7월호, 생명보험협회, 2014, 48-49면.
23 김형진, "보험금부정취득 목적 다수보험계약에 대한 소송상의 쟁점 – 대법원 2018. 9. 13. 선고 2016다255125 판결에 대한 평석을 중심으로 – ", 재산법연구, 제36권 제1호, 한국재산법학회, 2019, 253-254면.
24 대법원 2010. 11. 12. 선고 2010다65889 판결.
25 김형진, "보험금부정취득 목적 다수보험계약에 대한 소송상의 쟁점 – 대법원 2018. 9. 13. 선고 2016다255125 판결에 대한 평석을 중심으로 – ", 재산법연구, 제36권 제1호, 한국재산법학회, 2019, 249면.

보험계약도 모두 해지할 수 있다고 보는 것이 타당하다고 하겠다.

3. 2019다267020 판결(신의칙 위반 시 보험자의 해지권 여부)

1) 사실관계

A는 2015년 B보험자와 '상해·사망 또는 후유장애 발생 시 정액 보험금을 본인(A)에게 지급하는' 내용의 보험계약을 맺었다. 그런데 A는 통원치료가 가능함에도 장기간 입원하는 등의 방법으로 B보험자 등 보험사로부터 실제 지급받을 수 있는 보험금보다 많은 보험금을 받았다. A는 이 같은 사실로 기소돼 징역 6개월에 집행유예 1년을 확정 받았다. B보험자는 A의 범행을 근거로 당초 지급된 보험금이 부당이득에 해당한다며 A를 상대로 반환을 요구하는 소송을 내 승소 확정판결을 받았다. A가 B보험자로부터 부당 편취한 금액은 약 1,100여 만 원에 달했다. 이에 B보험자는 2018년 7월 A에게 보험계약 해지를 통보했다. 해당 보험계약 약관은 '피보험자나 계약자의 고의를 원인으로 해 생긴 손해는 보장하지 않는다. 이러한 사유가 발생한 때에는 계약을 해지할 수 있다'고 규정했다. 이에 반발한 A는 소송을 냈다.[26]

2) 대법원 판단

대법원은 "(원고의) 보험금 청구와 관련한 부당 지급 보험금의 액수, 관련 형사사건의 경과 등의 사정을 고려하면, 원고의 보험금 청구로 보험계약의 기초가 되는 신뢰관계가 파괴되어 보험계약의 존속을 기대할 수 없는 중대한 사유가 있다고 인정할 수 있다."고 하면서, "보험계약은 당사자의 윤리성과 선의성이 강하게 요구되는 특성으로 인하여 당사자 사이에 강한 신뢰관계를 요구한다."며 "따라서 보험계약이 당사자 일방의 부당한 행위로 계약의 기초가 되는 신뢰관계가 파괴되어 상대방이 그 계약을 해지하는 경우, 신뢰관계를 파괴하는 당사자의 부당한 행위가 해당 보험계약의 주계약이 아닌 특약에 관한 것이라 하더라도 그 행위가 중대하여 이로 인해 보험계약 전체가 영향을 받고 계약 자체를 유지할 것을 기대할 수 없다면, 특별한 사정이 없는 한 해지의 효력은 해당 보험계약 전부에 미친다고 보아야 한다."고 판단하였다.

---

26 대법원 2020.10.29. 선고 2019다267020 판결.

3) 법적 쟁점

대상판결의 주된 쟁점은 보험계약에서 신뢰관계 파괴로 인한 해지권 행사 여부와 기본계약이 아닌 선택계약에서 신뢰관계 파괴가 문제되어 보험계약을 해지할 경우 해당 보험계약 전부를 해지할 수 있는가에 있다. 보험계약자는 보험사고 발생 전 언제든지 보험계약을 해지할 수 있는 권리가 있다. 이를 임의해지권이라고 한다. 반면, 보험자는 보험계약자나 피보험자 또는 보험수익자의 (간접)의무를 위반한 경우에 보험자의 해지권을 인정하는데, 이와 같이 상법에서 정한 해지사유에 해당하는 경우에만 보험자의 해지권이 인정된다. 여기에서는 법정 사유에 해당하지 않는 경우에도, 보험자가 보험계약을 해지하는 것이 타당한가에 있다.

4) 시사점

대법원이 주장하는 바와 같이, 보험계약의 해지권은 신의성실의 원칙을 정한 민법 제2조에 근거한 것으로, 보험계약 관계에 당연히 전제된 것이므로 보험자가 이러한 해지권이 있다는 점에 대하여 고객에게 사전 설명의무가 있는 것은 아니라는 점이 주요 시사점으로 제시될 수 있다. 다만, 신뢰관계가 파괴된 보험계약의 경우 계속적 계약이라는 특성을 고려하여 해지권이 인정되는 것으로 보아야 할 것이고, 그 인정 요건을 엄격하게 해석하여 보험자 해지권은 남용되어서는 아니 될 것이다.[27]

다음으로, 보험자의 해지권 행사범위에 대한 사항이다. 주계약과 특약은 하나의 보험증권을 단위로 일체로 체결되나 각각 독립성과 가분성이 인정된다.[28] 주계약이 소멸하면 특약은 소멸하겠지만, 특정 계약이 소멸하여도 주계약과 다른 특약은 원칙적으로 존속한다고 보아야 할 것이다. 우리 상법은 보험자의 일부해지를 인정하고 있고(상법 제649조), 보장과 저축의 기능을 함께 가지고 있는 경우 판례 역시 일부해지를 인정하고 있는 입장이다.[29] 해지는 신뢰관계 파괴 행위와 직접 관련된 특약에 한정되어야 하는 것으로 볼 수 있겠지만, 대법원은 대상 사건에서 전부해지설을 지지하고 있다. 신뢰관계를 파괴하는 중대사유가 인적 요소에 기초한다는 점을

---

27 대법원은 동 판결에서 "보험자의 해지권을 인정하기 위해서는 입원치료를 받게 된 경위, 보험금 부정 취득 목적이 있었는지, 입원치료 필요성이 없음을 알았는지, 입원치료의 필요성이 없는 입원 일수와 그에 대한 보험금 액수, 보험금 청구나 수령 횟수, 보험계약자 측이 가입한 다른 보험계약과 관련된 사정, 서류 조작 여부가 있었는지 등을 종합적으로 고려해서 판단해야 할 것이다."라고 밝히고 있다.

28 대법원 2016. 5. 12. 선고 2015다243347 판결.

29 대법원 2018. 12. 27. 선고 2015다50286 판결.

고려하면 현실적으로 계약의 계속을 기대할 수 없고, 보험상품이 유기적으로 결합된 하나의 계약으로 이루어진 경우 물리적인 가분성을 인정함에 한계가 있다고 할 것이다.

4. 보험계약법상 고의와 증명책임

1) 보험계약법상 고의의 의미

보험계약자 등의 고의라 함은 일정한 결과의 발생을 인식하면서 감히 행위하는 것으로서, 피보험자의 방화, 자살, 자해행위, 보험수익자에 의한 피보험자의 살해 등을 들 수 있다. 여기서 형사의 고의와 달리 보험계약자 등의 고의는 원인행위에 존재하면 되는 것으로 보는 것이 타당하다는 주장이 있는데,[30] 동 주장에 따른다면 그 결과의 발생에 대해서까지 인식할 필요는 없게 된다. 즉, 그 사고의 결과 보험금을 취득하는데 대한 고의를 요하지 않게 된다. 하급심 판결 역시 그러한 면을 고려한 바 있는데, 피보험자가 순간적으로 구타당한 데 대한 앙갚음을 할 생각으로 자동차를 급히 전진시켜 우측 범퍼와 후사경으로 피해자의 다리 부위를 충격하여 넘어지게 함으로써 피해자가 그 충격으로 인한 두개골 골절상으로 사망한 사건에서, 법원은 ˝이미 미필적 고의로 생긴 사고로서 보험약관에 정하여진 고의에 포함된다고 할 것이고, 원인행위에 대한 고의가 있었던 이상 사망이라는 결과가 초래된 경우에도 고의로 일으킨 사고라고 해석하여 보험자는 그로 인한 보험금지급의무를 면한다고 할 것이다.˝라고 판시한 바 있다.[31] 이러한 사고의 원인행위를 인식하면 고의를 인정할 수 있다는 입장을 따른다면, 고의개념을 지나치게 확장시킬 수 있다는 비판에 직면할 수 있다.[32]

2) 보험계약법상 고의개념의 해석

민법상 불법행위의 고의와 보험계약법상 고의는 구분해서 이해하여야 할 것이다.[33] 고의면

---

30 양승규, 보험법, 제5판, 삼지원, 2004, 142면: 김성태, 보험법강론, 법문사, 2001, 269면: 반대의견으로는 장덕조, 보험법, 제4판, 법문사, 2018, 167면. 장 교수는 과속으로 사람을 사상케 한 경우 과속은 위법행위이고 그 과속에 대한 고의만 있었다면 이는 원인행위에 대한 고의가 있는 경우이다. 이때 사상이라는 손해에 대한 미필적 고의도 전혀 없었다면 상법 제659조의 면책사유로 볼 수 없다고 한다. 결과의 모든 경우의 수에 대한 정확한 인식을 필요로 하는 것은 아닐지언정, 배상책임을 지게 되는 사망, 상해, 손괴 등 결과에 대한 인식이 있고 그 인식이 있음에도 불구하고 용인하고 행위한 경우, 즉 결과에 대한 미필적 고의가 있는 경우 여기서의 고의가 된다는 입장이다.

31 서울고등법원 1988. 12. 6. 선고 88나25712 판결.

32 장덕조, 보험법 제4판, 법문사, 2018, 154면.

33 참고자료로는 최병규, ˝필로폰검출과 상해사망보험금 지급여부˝, 경제법연구, 제17권 제1호, 한국경제법학회,

책은 보험계약자 등이 고의로 사고를 내서 보험금을 받는 것이 보험자에 대한 신의칙에 반하고 보험제도가 남용될 우려가 있다는 점을 고려한 것이다. 물론 보험료를 대가로 받은 보험자는 보상책임을 부담해야 할 것이다. 하지만 인위적인 사고를 조장할 위험성이 다분하고, 의도적인 사고 개연성이 높은 경우라면 가급적 보상책임을 부인하는 방향에서 보험제도의 단체성의 원리를 깨뜨리지 않는 것이 타당할 것이다.

기본적으로 대법원은 고의 개념을 좁게 해석하는 경향이다.[34] 말다툼 중 피해자가 승용차 보닛에 매달리자 운전자가 지그재그로 운전하다가 급히 좌회전하여 피해자가 떨어져 사망한 사건에서, 상해의 고의는 인정했지만 사망의 고의는 인정할 수 없다고 한 대법원 판결이 있고,[35] 단속 경찰관이 자동차에 매달려 가다가 떨어지며 지하철공사장의 철제 빔에 부딪혀 뇌손상으로 식물인간 상태가 된 사안에서, 대법원은 단속자가 달리던 차에서 떨어지면서 어느 정도의 상해를 입으리라는 점은 인식·용인하였지만 철제 H빔에 부딪혀 식물인간 상태가 되리라는 것까지 인식·용인했다고 볼 수는 없다고 판단한 바 있다.[36]

하지만 대법원이 고의개념을 인정함에 있어 일관성을 유지하고 있는 것은 아니다. 단속 경찰관이 승용차 보닛에 매달려 있는 상태에서 지그재그로 운전하여 그 경찰관이 도로에 추락한 후 차량 뒷바퀴에 부딪혀 상해를 입은 사안[37]과 술에 취한 피해자가 조수석 보닛 위에 엎드려 승용차 진행을 방해하자 승용차 보닛 위에 피해자를 태운 채 44미터 진행하다가 급정거하여 피해자가 도로에 떨어지면서 뇌손상 및 실명 등 중상해를 입은 사안[38]에서, 대법원은 미필적 고의를 인정한 바 있다. 이는 대법원이 보험사고 시 고의의 개념을 좁게 해석하고자 하는 방향성을 가지고 있기는 하지만, 개별적인 사안에 따라 미필적 고의를 인정하면서 보험자의 면책을 이끌어내고 있음을 알 수 있다.

3) 고의와 증명책임

보험사고의 고의에 대한 증명책임은 보험자가 부담해야 한다.[39] 고의 관련 면책사유에 대하

2018, 94면.

34 황현아, "2020년 보험 관련 중요 판례 분석", KiRi 보험법 리뷰, 보험연구원, 2021. 2. 8. 13-14면.

35 대법원 2010. 11. 11. 선고 2010다62628 판결.

36 대법원 2007. 10. 26. 선고 2006다39898 판결.

37 대법원 2001. 3. 9. 선고 2000다67020 판결.

38 대법원 2010. 1. 28. 선고 2009다72209 판결.

여 대법원은 "사실에 대한 증명은 법관의 심증이 확신의 정도에 달하는 것을 가리키고, 확신이란 자연과학이나 수학의 증명과 같이 반대의 가능성이 없는 절대적 정확성을 말하는 것은 아니지만, 통상인의 일상생활에 있어 진실하다고 믿어 의심치 않는 정도의 고도의 개연성을 말하는 것이고, 막연한 의심이나 추측을 하는 정도에 이르는 것만으로는 부족하다."고 판시한 바 있다.

고의의 입증 정도에 대하여는 고의를 추정할 수 있는 증명을 하면 되는 것으로 해석한다.[40] 대법원은 고의와 같은 내심의 의사는 이를 인정할 직접적인 증거가 없는 경우에 사물의 성질상 고의와 상당한 관련성이 있는 간접사실을 증명하는 방법에 의하여 입증할 수밖에 없고, 무엇이 상당한 관련성이 있는 간접사실에 해당할 것인가는 사실관계의 연결상태를 논리와 경험칙에 의하여 합리적으로 판단해야 한다고 보고 있다.[41]

한편, 형사재판에서는 합리적 의심의 여지가 없을 것이라는 가장 높은 수준의 입증을 요구하는 것이 타당하겠지만, 민사재판의 경우 증거의 우위라는 보다 낮은 수준의 입증을 요구하는 점에서 그 입증 정도에 차이가 있다는 점도 간과되어서는 아니 될 것이다.[42]

4) 사견

형사재판에서 증거불충분으로 보험사기 및 살인죄에 대해 무죄판결이 선고된 경우, 관련된 민사 보험금 청구 사건에서 법원이 보험금 부정취득 목적에 대해 어떠한 판단을 내릴 것인지가 문제된다. 과거 대법원은 배우자를 피보험자로 하여 고액의 생명보험에 가입한 후 살인청부업자 등에게 배우자 살인을 교사한 사례에서 그와 같은 생명보험계약은 보험금 부정취득 목적으로 체결한 것이라고 판단한 바 있다.[43] 그러나 최근 형사 사례와 같이 사고사인지 살인인지 여부가 불분명하여 형사재판에서 증거불충분으로 살인죄의 무죄가 선고된 경우, 관련 민사재판에서 보험금 부정취득 목적 여부에 대하여 도식적으로 형사사건의 결과를 민사상 무죄의 결론을 이끌어 내는 것은 바람직한 것은 아니라 하겠다. 형사재판에서 살인·보험사기에 대해 엄격한 증명책임 원칙히에 증거불충분으로 무죄가 선고되었더라도, 민사재판에서는 완화된 증명책

-----

39 대법원 2009. 3. 26. 선고 2008다72578 판결; 대법원 2009. 12. 10. 선고 2009다56603 판결; 대법원 2010. 5. 13. 선고 2010다6857 판결; 대법원 2012. 4. 13. 선고 2011다1828 판결.

40 양승규, 보험법 제5판, 삼지원, 2004, 143면.

41 대법원 2001. 3. 9. 선고 2000다67020 판결; 대법원 2004. 12. 10. 선고 2004다31401 판결; 대법원 2010. 1. 28. 선고 2009다72209 판결.

42 서울고등법원 2010. 7. 2 선고 2010나16542 판결.

43 대법원 2009. 5. 28. 선고 2009다12115 판결; 대법원 2000. 2. 11. 선고 99다49064 판결.

임을 인정하되, 통상인의 일상생활에 있어 진실하다고 믿고 의심치 않는 정도의 고도의 개연성이 있다면, 보험금 부정취득 목적을 인정하는 방향이 타당할 것이다.

V. 보험자의 특별해지권 도입 여부

1. 의의

상법은 보험계약자 등의 고지의무를 위반한 경우(제651조), 위험변경증가의 통지를 위반한 경우(제652조) 및 고의나 중과실로 인한 위험증가를 한 경우(제653조) 등에서 보험자의 법정해지권을 인정하고 있고, 실무상 "피보험자, 보험계약자가 고의로 보험사고를 발생시킨 경우에 보험계약을 해지한다."라고 하는 보통보험약관상 약정해지권이 인정되고 있다. 보험계약은 계속적 채권계약으로 일방당사자에게 심각한 불신행위가 있어 당사자 간의 신뢰관계가 파괴됨으로써 신의칙상 상대방에게 계약관계의 유지를 기대할 수 없는 경우가 발생할 수 있다. 최근 우리 대법원 역시 보험계약자 등의 부당한 보험금청구나 보험금 수령으로 인하여 보험계약의 기초가 되는 신뢰관계가 파괴되어 보험계약의 존속을 기대할 수 없는 중대한 사유가 있다고 인정된다면, 보험자는 보험계약을 해지할 수 있다고 판단한 바 있다.[44]

이와 같은 상법과 약관은 보험계약의 특성을 고려하여 보험계약자 등이 일정한 의무를 위반한 경우 보험자에게 해당 보험계약을 해지할 수 있는 권리를 부여하고 있다. 이러한 일반적 해지권과 달리 계약상대방 사이에 신의칙상 신뢰관계가 상실됨에 따라 더 이상 계약을 유지할 수 없는 경우에, 타방 상대방이 보험계약을 해지할 수 있는가에 대한 논의가 발생할 수 있다.[45] 이러한 논의는 독일 보험계약법상 판례와 학설을 통하여 확립되었고, 일본의 경우 일부 생명보험 약관에 명문화된 것으로 알려지고 있다.[46]

2. 인정 실익

특별해지권을 행사할지 여부는 보험자의 임의에 맡겨져 있다. 그러므로 각 보험자가 개별적으로 해지권을 행사하여야 할 것이다. 하지만 보험계약자가 다른 보험자와의 계약 등 다수보험계약을 맺고 있다는 사실만으로, 각 보험자가 자신의 보험계약 해당부분을 해지할 수 있는지는 문제이다. 다른 보험계약을 중복으로 체결하여 동일한 피보험자 사망 시 보험금 수령의 합금액이 현저하게 과대한 결과를 초래한 경우라면, 보험제도가 가지고 있는 본래의 목적에 반하는 상태로서 보험자의 특별해지권을 행사할 필요성에서 그 인정실익이 있다.

보험자의 특별해지권 인정의 영역은 저축성 보험의 영역에서보다는 보장성 보험의 영역에서 특히 두드러지게 나타난다. 보장성 보험의 경우에 동일한 급부로 하는 생명보험계약을 시간의 경과에 따라 자의든 타의든 누적적으로 보험계약을 체결하게 되고, 피보험자에게 어느 순간 보험사고가 발생하면 보험금청구권자는 거액의 보험금을 수령할 수 있는 기회를 갖게 된다. 상이한 보험자와 다수의 보장성 보험계약을 체결하게 되면, 보험금청구권자는 이러한 보험사고를 기다리는 수동적 입장 대신에 보다 능동적인 자세로 보험사고를 야기하고자 할 가능성이 높아질 수 있다.

보험계약자의 경제적 수입에 비하여 무리한 보험료를 납입하고, 보험사고가 발생하면 거액의 보험금을 수령하는 이러한 행태는 바람직한 보험제도로부터 유리된 것이다. 이 문제를 해소하기 위하여 독일과 일본에서는 특별사유에 의한 보험자의 중도해지제도가 인정되고 있다.

3. 주요국의 경우

1) 독일

독일 보험계약법상 보험자는 보험료불지급을 이유로 최초보험료의 지급지체에 대하여는 해제권을, 계속보험료의 지급지체에 대하여는 보험자의 해지권을 인정하고 있고,[47] 보험계약자가 고지의무를 위반하거나[48] 위험 증가의 경우[49]에도 보험자의 해지권을 인정하고 있다. 독

---

[47] 최초보험료에 대하여는 유주선, "독일 보험계약법상 최초보험료의 지급지체에 관한 연구", 안암법학, 제34권, 2011, 631면 이하; 계속보험료에 대하여는 유주선, "계속보험료 지급지체에 대한 법적 효과 – 한국과 독일의 비교법적 관점에서 – ", 법제연구, 제38호, 한국법제연구원, 2010, 265면 이하.

[48] Dazu Prölss/Martin, Versicherungsvertragsgesetz, 30. Aufl., 2018, § 19, Rdn. 120; Looschelders/Pohlmann, Versicherungsvertragsgesetz, Carl Heymann Verlag, 2010, § 19 Rdn. 57.

[49] Bruck/Möller, Versicherungsvertragsgesetz, 9. Aufl., 2008, § 24 Rdn. 6 ff.

일의 판례와 학설은 이와 같은 명문의 규정이 없는 경우에도 보험계약이 보다 높은 신의성실의 의무가 요구되는 계속적 계약이라는 관점에서 계약을 유지할 수 없는 중대한 사유가 인정되는 때에는 보험자의 해지권을 인정하여 왔다.[50] 보험계약자에게 인정된 중대한 사유로 인한 계약해지권 행사 사유로는 보험자가 재정적으로 어려움으로 인하여 보험사고 시 보험금을 지급해 주지 못하는 경우를 들 수 있다.[51] 이러한 중대사유로 인한 해지권 행사는 보험계약자의 권리뿐만 아니라, 보험계약자가 계약을 계속 유지하는 것이 기대되기 어려운 상황에 직면한 경우 보험자 역시 해지권 행사의 가능성을 인정해야 한다는 논의로 확대되었고,[52] 독일 연방대법원은 보험계약자가 보험금지급의 요건에 대한 잘못된 진술을 통하여 보험금을 사취하거나 사취하려고 시도하는 경우에 보험자의 중대한 사유로 인한 계약해지권을 인정하게 되었다.[53]

2) 일본

독일의 영향을 받은 일본에서는 보험자의 특별해지권을 인정하는 것이 통설과 판례의 입장이다.[54] 다만, 계약을 유지하기 곤란한 구체적인 경우가 어떤 것인가를 결정하는 것은 용이하지 않은 면이 있다. 보험자에게 광범위한 방어권을 인정하려는 특별해지권의 취지상 특별해지권 행사의 요건을 유형화하는 것은 쉬운 일이 아니다. 하지만 보험계약자 등이 고의사고를 초래한 경우나 제3자에게 보험사고 발생을 의뢰 또는 시사한 경우, 보험사고 발생을 가장한 보험금청구의 경우, 보험수익자 등이 보험자를 기망하여 실제보다 다액의 보험금취득 의도로 보험사고 발생의 원인 및 피해정도에 관하여 허위설명을 한 경우 등에서 보험자의 특별해지권이 인정될 수 있다고 한다.[55] 특히 흥미로운 점은 일본 보험실무상 계약등록제도에 따라 과거 5년간 체결된 여타의 보험계약을 확인하여 보험금의 수령금액이 지나치게 과다한 경우에, 보험자는 중대사유로 인한 계약해지권을 행사하여 보험금지급을 거부할 수 있도록 한다는 사항이다.[56]

....

50 최병규, "보험계약자 측의 부당한 행위와 보험계약 해지 가부 — 대법원 2020. 10. 29. 선고 2019다267020 판결에 대한 평석을 중심으로 —", 일감법학, 제48호, 건국대학교 법학연구소, 2021, 402면.

51 RG 28. 1. 1905, RGZ 60, S. 56: BGHZ 1, S. 334.

52 Römer/Langheid, Versicherungsvertragsgesetz, 4. Aufl., München, 2014, § 8, Rdn. 4.

53 BGH VersR 1985, S. 54; OLG Hamm VersR 2000, S. 1219.

54 長谷川仁彦, "重大事由によるとその課題(遡及效を中心として)", 保險學雜誌, 第571号, 2000, 41頁 注3).

55 中西正明, "傷害保險契約の法理", 有斐閣, 1992, 376-377頁.

56 岡田智司, "定額保險契約の累積と不正受給目的の關係", 文硏論集, No. 120, 1997, 132-133頁.

4. 적용요건

무엇보다도 보험료 납입과 급부합계액의 비례성이 검토될 수 있다. 여기서 간과하지 말아야 할 사항은 단순히 다른 보험계약의 존재를 알리지 않은 사실만 가지고는 특별해지권을 인정할 수 없다는 점이다. 그러나 다른 보험계약을 중복으로 보유하면서 동일피보험자에 관한 급부금액 등의 합계액이 현저하게 과대하여짐으로써 보험제도 본래의 목적에 반하는 상태가 된 경우에는 보험자가 특별해지권 인정을 해할 것으로 판단된다. 우리나라의 경우 대법원 판결로는 비록 민법 제103조를 적용했지만 '93년 2건, 94년 2건, 95년 20건, 96년 14건, 97년 13건 등으로 총 보험료는 월평균 500만 원에 총보험금 50억 원 해당하는 사안'인 99다49064 판결에 특별해지권이 적용될 수 있었을 것이고, 1993년과 1997년 사이에 다수의 보험회사와 14건의 보험계약 및 기타 37건의 보험계약을 체결했던 사안인 '99다33311 판결'(이 사건에서 대법원은 민법 제103조를 적용하지 않았다)을 들 수 있다. 이러한 사례들은 모두 다른 보험계약을 중복하여 체결하면서 피보험자의 급부금합계액이 현저히 과다하여 보험제도의 목적에 반하는 상태가 되는 경우라 할 수 있다.

5. 효과

1) 소급효 인정

특별해지권을 인정함에 있어 소급효를 인정해야 할 것인가에 대한 물음이 제기될 수 있다. 계약체결시부터 해제 시까지의 어느 시점에 소급하는지가 불분명하고 보험계약자 측을 지나치게 불안정하게 한다는 이유로 해제권행사의 효과는 장래에 미친다는 주장도 제기될 수 있지만, 특별해지권 행사의 소급효를 전혀 인정하지 않는다면, 해약권 인정의 취지를 달성하지 못한다는 이유로 해약의 소급효를 인정해야 할 것이다.

일본 판례의 경우 이를 인정한 바 있고,[57] 보험자와 보험계약자 간의 신뢰관계 전체를 붕괴시킬 행위가 있는 때, 예를 들면 다액의 보험금취득을 노리고 다수의 보험계약에 가입하는 때에는 계약체결 시까지 소급하여 소멸하는 것으로 보아야 할 것이다.

---

[57]　참고 판례로는 大阪地判昭和62年2月27日判決: 旭川地判平成12年7月19日判決.

2) 보험료의 반환 가능성

보험계약을 해지하는 경우에 보험자는 이미 수령한 보험료에 대한 반환 문제를 어떻게 처리해야 할 것인가의 논의가 제기될 수 있다. 여러 가지 의견이 제시될 수 있겠지만, 이때에는 보험계약자의 책임있는 사유로 보험계약이 무효로 되므로 보험료반환의무도 발생하지 않는다고 보아야 할 것이다. 다만, 혹자는 납입보험료를 지급해야 한다는 주장과 해약환급금을 지급해야 한다는 주장도 제기될 수 있겠지만, 보험자의 특별해지권이 인정되는 경우에는, 보험료반환이나 해약환급의 지급은 없는 것으로 보는 것이 타당한 것으로 판단된다. 한편, 특별해지권 요건의 존재에 관하여는 보험자가 입증해야 할 것이다.

3) 다른 보험자의 해지권 행사 여부

보험계약자가 현재 보험금 지급청구를 하거나 이미 보험금을 취득하는 등 다수의 보험계약에 기한 보험계약자 측이 권리를 행사한 경우에, 해당 보험자가 아닌 다른 보험자의 경우에 관련 보험계약의 해지권 행사가 가능할 것인가에 대한 물음이 제기될 수 있다. 하나의 보험자에 의하여 중대사유에 의한 특별해지권 행사가 인정된다면, 다른 보험자 역시 중대한 사유를 이유로 하여 해지권행사가 가능하다고 보는 것이 바람직한 것으로 판단된다.

6. 소결

독일과 일본에서는 보험계약자의 타방 당사자인 보험자는 중대한 사유로 인한 특별해지권 행사가 당해 계약을 최고 없이 즉시 가능하다는 법원칙을 인정되고 있음을 보았다. 보험계약이 계속적 계약의 일종인 점을 고려한다면, 신의칙에 위반할 정도로 보험제도를 불법적으로 이용하는 계약자에 대하여는 보험단체로부터 배척되는 특별해지권 행사는 상법이나 약관에 인정할 필요성이 있다.

보험금을 부정으로 취득하고자 하는 목적으로 체결된 보험계약은 근절되어야 한다. 민법 제103조에 따른 반사회성을 인정하여 보험계약 자체를 무효로 하거나 보험 선진국에서 인정되는 보험자의 보험계약 특별해지권을 인정, 보험자의 면책을 통하여 보험원리를 정상화하는 디딤돌이 되어야 할 것이다.

Ⅵ. 결 론

소득이나 경제사정에 비해 과다한 보험계약을 체결하여 거액의 보험금을 수령하고자 하는 인간의 사행심은 보험이 가지고 있는 불합리한 점이자 예방해야 할 하나의 특징으로 볼 수 있다. 보험제도가 가지고 있는 단체성을 근간으로 하여 선의의 보험계약자를 보호하고 악의의 보험계약자의 일탈을 예방하고자 하는 차원에서 보험금 부정취득을 목적으로 하는 계약은 예방되어야 할 것이다. 다만, 보험금 부정취득을 목적으로 한 경우라 하더라도 보험계약자가 처음부터 보험금을 부정으로 취득하고자 한 것인지를 판단하는 것은 그리 용이한 일이 아니다. 그런 측면에서 보험계약자의 직업 및 재산상태, 다수 보험계약의 체결 시기와 경위, 보험계약의 규모와 성질, 보험계약 체결 후의 정황 등 제반사정을 기초로 보험금 부정취득 목적을 추인할 수 있을 것이다.[58]

일정한 판단 기준을 법원이 제시하고 있기는 있지만, 보험금 부정취득 목적이 있는지는 사건별로 구체적 사실관계를 면밀하게 검토한 후 판단해야 하고, 앞에서 말한 특징들이 희박하다는 사실관계만을 가지고 민법 제103조가 배제되는 것으로 하는 도식적인 판단은 바람직한 것이 아니다. 비록 자발적인 계약체결 방식이 아니라 보험설계사를 통한 보장성 보험계약을 체결한 경우라 할지라도, 또한 단기간에 집중하여 보장성 보험을 계약을 체결한 것이 아니라 지속적인 기간을 두면서 누적적으로 거액의 보장성 보험만을 가입하는 방식 역시 의도적 보험사고를 야기할 가능성은 높아질 수 밖에 없을 것이다. 이러한 유형 또한 다수의 보험계약을 체결하여 보험금을 부정으로 취득할 목적으로 체결한 보험계약으로 보험제도를 일탈한 것으로 볼 수 있다.

민법 제103조와 관련하여 다음과 같은 이유로 보험금을 부정으로 취득하기 위하여 누적적으로 체결하는 보험계약은 무효로 인정되어야 할 것이다.

첫째, 다수의 생명·상해보험계약을 체결한 경우 피보험자의 수입 등을 참작해 지나치게 많은 보험료를 부담하고 또 다수의 보험계약을 체결하는 경우는 일종의 도박보험에 해당될 수 있다는 점과 피보험자의 보험사고 발생 시 고액의 보험금을 노린 것으로 도덕적 위험이 높을뿐만 아니라 선량한 사회질서에도 반하는 점에서, 이러한 보험계약의 효력은 인정되지 않아야 할 것이다.

둘째, 보험자는 선의의 보험계약자를 위해 보험단체를 형성하고 관리하는 지위에 있고, 악

58　대법원 2009. 5. 28. 선고 2009다12115 판결 등 다수.

의의 보험계약자에게 예상치 않은 보험금을 지급하게 함으로써 보험단체의 건전한 발전을 해하는 결과를 예방하기 위한 차원에서, 반사회질서 법리는 적극 활용될 필요가 있다.

셋째, 비록 형사사건에서 무죄 판결을 받았다 할지라도 누적적 보험계약을 체결한 후 어느 시점에 발생된 보험사고로 인하여 거액의 보험금을 편취하는 것은 보험제도의 원리에 합당한 것이 아니다. 보험금 부정취득을 목적으로 하는 보험계약의 경우 반사회성을 인정하여 보험계약 자체를 무효로 하거나 보험선진국에서 인정되는 보험자의 보험계약 특별해지권을 인정해야 할 것이다.

제16장

보험사기방지특별법의
주요 내용과 한계, 그리고 과제

I. 서 론

다양한 형태와 조직적이면서 지능화 되어 가고 있는 보험사기 및 보험범죄의 증가는 보험회사의 경영 악화를 야기하는 동시에 예정되어 있지 않은 보험금의 지급으로 인하여 다수의 선량한 보험계약자의 보험료 인상이라고 하는 불합리한 결과를 초래한다. 각각의 법규를 통해서 보험사기를 방지할 수 없는 것은 아니지만, 보험사기를 예방하고자 함에 있어서 실정법만으로는 미흡한 상태이다. 개선방안으로는 개별법에 보험사기를 담는 방법, 형법에 담는 방법, 보험업법에 담는 방법 또는 산재되어 있는 보험사기의 규정을 통일적으로 정비하기 위하여 특별법을 제정하는 방안 등이 제시된 바 있었다. 대처방안은 조금씩 차이를 보이고 있지만, 어떠한 방식으로든 보험사기가 근절되어야 한다는 목표에는 한목소리를 하고 있었다. 이러한 논의 결과 보험사기를 방지하기 위한 특별법으로서 '보험사기방지특별법(이하 특별법이라 함)'이 제정되었다. 동법은 보험사기행위의 조사·방지·처벌에 관한 사항을 정함으로써 보험계약자, 피보험자, 그 밖의 이해관계인의 권익을 보호하고자 하는 일련의 목적과 보험업의 건전한 육성과 국민의 복리를 증진하기 위한 또 다른 목적을 위하여 제정되었고(제1조), 2016년 3월 국회를 통과한 후 같은 해 9월 30일부터 시행되고 있다.

이하에서는 특별법에 대한 내용을 간략히 살펴보고, 동법 제정에도 불구하고 증가하는 보험사기 유형과 문제점을 검토한 후 대책을 살펴본다.

II. 보험사기방지특별법의 주요 내용과 그 한계

1. 주요 내용

1) 보험사기의 개념

특별법 제2조는 보험사기행위에 대한 개념을 정의하고 있다. 제정되기 전 입법(안)에는 보험사기는 보험사기에 대한 행위를 구체적으로 나열하는 방식을 취하고 있었다. 즉, 당시 특별법상 보험사기의 유형으로는 ① 보험사고의 원인·시기·내용 등을 조작하거나 피해의 정도를 과장하여 보험금을 청구하는 행위, ② 고의로 재산상의 손해를 발생시켜 보험금을 청구하는 행위, ③ 고의로 피보험자를 사상하여 보험금을 청구하는 행위, ④ 거짓이나 그 밖의 부정한 방법으로 보험금을 청구하는 행위 등이 제시되었다. 첫 번째 유형과 관련하여 "보험사기의 원인·시기·내용 등을 조작하거나 피해의 정도를 과장하여 보험금을 청구하는 행위"에서 '원인·시기·내용 등'이라는 표현을 사용하여 보험사기의 행위가 불명확하다는 지적과 네 번째 유형의 "거짓이나 그 밖의 부정한 방법"이라는 표현이 새로운 수법을 상정한 것으로 범위가 확장될 수 있다는 우려도 지적되었다.

보험사기방지특별법

제2조(정의) 이 법에서 사용하는 용어의 뜻은 다음과 같다.
1. "보험사기행위"란 보험사고의 발생, 원인 또는 내용에 관하여 보험자를 기망하여 보험금을 청구하는 행위를 말한다.
2. 생략

특별법은 구체적으로 나열되는 유형만을 보험사기행위로 하지 않은 것은 발의(안) 가운데 나목의 '고의로 재산상의 손해를 발생시켜 보험금을 청구하는 행위'와 다목의 '고의로 피보험자를 사상하여 보험금을 청구하는 행위'에서 피해 정도를 고의로 과장하여 보험금을 청구하는 경우까지 사기죄로 처벌하게 되면 처벌대상이 지나치게 확대될 우려가 있다는 점을 고려하여, "보험사고의 발생, 원인 또는 내용에 관하여 보험자를 기망하여 보험금을 청구하는 행위"라는 포괄적인 방식을 택하였다(제2조).

2) 보고의무

특별법 제4조는 보험회사는 보험계약의 보험계약자, 피보험자, 보험금을 취득할 자, 그 밖의 보험계약 또는 보험금 지급에 관하여 이해관계가 있는 자의 행위가 보험사기행위로 의심할 만한 합당한 근거가 있는 경우에는 금융위원회에 보고하도록 하고 있다.

> **보험사기방지특별법**
>
> **제4조(보험사기행위의 보고 등)** 보험회사는 보험계약의 보험계약자, 피보험자, 보험금을 취득할 자, 그 밖에 보험계약 또는 보험금 지급에 관하여 이해관계가 있는 자(이하 "보험계약자등"이라 한다)의 행위가 보험사기행위로 의심할 만한 합당한 근거가 있는 경우에는 금융위원회에 보고할 수 있다.

당초 특별법(안)은 두 개의 조문을 두고 있었다.

제1항은 "보험회사는 보험사기행위로 의심할 만한 합당한 근거가 있는 경우 그 행위를 지체 없이 금융감독원에 보고하여야 한다."는 내용을 두고 있었다. 법(안)의 경우 보고할 사유가 구체화되어 있지 않다는 지적이 있었다. 특별법은 보험회사에 보고의무를 부과하는 만큼 보고사유를 구체화하도록 하는 동시에 보험계약자 등 보고대상 행위의 범위에 대하여 '보험계약자, 피보험자, 보험금을 취득할 자, 그 밖의 보험계약 또는 보험금 지급에 관하여 이해관계가 있는 자'라고 하면서 그 범위를 구체화하였다. 법률(안) 제2항은 "제1항에 따른 보고를 한 보험회사(보험회사의 임직원을 포함한다)는 고의 또는 중대한 과실로 허위의 보고를 한 경우를 제외하고는 해당보험계약의 보험계약자 등에 대하여 손해배상의 책임을 지지 아니한다."고 규정하고 있었다.

그러나 보험회사의 보험사기행위에 대한 금융위원회의 보고 및 면책 조항이 보험금 지급의무의 해태로 연계될 수 있음을 고려하여 동 조항을 삭제하게 되었다.

3) 보험계약자 보호

법률(안) 제6조는 보험계약자 등의 보호 내용을 담고 있었다. 제1항은 "보험회사는 보험사기행위 조사 과정에서 보험계약자 등의 개인정보침해가 발생하지 않도록 노력하여야 한다."고 규정하고 있었다. 제1항은 크게 변경된 사항이 없다. '보험사기행위 조사'가 '보험사고 조사'로 변경되었고, 문맥을 명확히 하고자 하였다. 제2항은 "보험회사는 보험사기행위 조사를 이유로 정당한 사유 없이 보험금 지급을 미루거나 보험계약자, 피보험자, 보험수익자의 권익을 침해하는 행위를 하여서는 아니 된다."고 규정하고 있었으나, 보험계약자 보호를 위하여 보험금의 지급을 지체 또는 거절하거나 삭감하여 지급해서는 안 된다는 원칙과 함께, 보험사고 조사의 사유를 시행령에 구체적으로 규정해야 함을 요구하였다. 보험계약자 등을 보호하기 위한 내용은 현재 특별법 제5조가 대신하고 있다.

보험사기방지특별법

제5조(보험계약자 등의 보호) ① 보험회사는 보험사고 조사 과정에서 보험계약자등의 개인정보를 침해하지 아니하도록 노력하여야 한다.

② 보험회사는 대통령령으로 정하는 사유 없이 보험사고 조사를 이유로 보험금의 지급을 지체 또는 거절하거나 삭감하여 지급하여서는 아니 된다.

한편, 2024년 2월 13일부터 시행되고 있는 개정 특별법은 제5조의2와 제5조의3를 신설하여, 전자는 보험사기행위의 알선·권유 등을 금지하도록 하였고, 후자는 보험사기행위의 효율적인 조사를 위하여 금융위원회가 관계 행정기관, 보험회사 등에 보험사기행위 조사에 필요한 자료의 제공을 요청할 수 있도록 하였다.

4) 수사기관 등에 통보

법률(안) 제7조 제1항은 "금융위원회, 금융감독원, 보험회사는 보험사기행위 의심할 만한 합당한 근거가 있는 경우 관할 수사기관에 고발 또는 수사의뢰하거나 그 밖에 필요한 조치를 취할 수 있다."고 규정하고 있었다. 하지만, 이 내용은 특별법 제6조가 대신하고 있다.

보험사기방지특별법

제6조(수사기관 등에 대한 통보) ① 금융위원회, 금융감독원, 보험회사는 보험계약자등의 행위가 보험사기행위로 의심할 만한 합당한 근거가 있는 경우에는 관할 수사기관에 고발 또는 수사의뢰하거나 그 밖에 필요한 조치를 취하여야 한다.

② 제1항에 따라 관할 수사기관에 고발 또는 수사의뢰를 한 경우에는 해당 보험사고와 관련된 자료를 수사기관에 송부하여야 한다.

다만, "보험회사는 보험계약자 등의 행위가 보험사기행위로 의심할 만한 합당한 근거가 있는 경우"라고 변경하여 단순 문구를 수정하였고, "취할 수 있다."라는 문구를 "취하여야 한다."는 문구로 수정이 이루어졌다. 제2항의 경우도 "관련된 자료를 수사기관에 송부할 수 있다."는 사항을 "송부하여야 한다."라는 문구로 변경되었다.

5) 수사기관의 입원적정성 심사의뢰 등

특별법 제7조에 규정된 '수사기관의 입원적정성 심사의뢰'에 관한 사항은 법률(안)에 제시되지 않았던 내용이 신설된 것이다.

보험사기방지특별법

제7조(수사기관의 입원적정성 심사의뢰 등) ① 수사기관은 보험사기행위 수사를 위하여 보험계약자등의 입원이 적정한 것인지 여부(이하 "입원적정성"이라 한다)에 대한 심사가 필요하다고 판단되는 경우 「국민건강보험법」 제62조에 따른 건강보험심사평가원(이하 "건강보험심사평가원"이라 한다)에 그 심사를 의뢰할 수 있다.
② 건강보험심사평가원은 제1항에 따른 의뢰를 받은 경우 보험계약자등의 입원적정성을 심사하여 그 결과를 수사기관에 통보하여야 한다.

수사기관은 보험사기행위 수사를 위하여 보험계약자 등에 대한 입원적정성 심사가 필요하다고 판단되는 경우 건강심사평가원에 그 심사를 의뢰할 수 있도록 하였고(제1항), 건강보험심사평가원은 제1항에 따른 의뢰를 받은 경우에 입원적정성 여부를 심사하여 그 결과를 수사기관에 통보하도록 하였다(제2항). 이는 보험사기 조사수단의 확충 지원을 위한 제도지원의 측면에서 신설된 것이다.

한편, 2024년 2월 13일 제3항이 신설되었는데, 건강보험심사평가원은 입원적정성에 대한 체계적인 심사를 위하여 그 기준을 마련하는 내용과 이 경우 수사기관과 사전에 협의하도록 하였다. 또한 제7조의2에 보험회사로 하여금 자동차보험사기행위로 인하여 자동차보험료가 부당하게 할증된 사실을 확인한 경우 해당 보험계약자 또는 피보험자에게 보험사기 피해사실 및 후속 처리절차 등을 고지하도록 하였다.

6) 보험살인, 보험중상해 및 보험상해치사 처벌규정 삭제

법률(안) 제8조는 보험살인에 대한 처벌을 내용으로 하고 있었고, 제9조는 보험중상해와 보험상해치사에 대한 처벌을 그 내용으로 하고 있었다. 특별법은 현행법으로도 경합범 처벌이 가능하다는 측면에서 법률(안)의 규정 신설이 불필요하다고 판단하였다.

7) 보험사기죄와 상습범

법률(안) 제10조에 규정되어 있었던 '보험사기'라는 문구를 특별법 제8조에서 '보험사기죄'로 변경하였다. 큰 의미는 없다. 특별법 제9조는 '상습범'에 대한 사항을 신설하여 "상습으로 인한 제8조의 죄를 범한 자는 그 죄에 정한 형의 2분의 1까지 가중한다."는 내용을 신설하였다. 이는 형법상 사기죄의 경우 상습범 처벌조항이 있음을 고려한 것이다.

> **보험사기방지특별법**
>
> **제8조(보험사기죄)** 보험사기행위로 보험금을 취득하거나 제3자에게 보험금을 취득하게 한 자는 10년 이하의 징역 또는 5천만원 이하의 벌금에 처한다.(개정 전)
>
> **제9조(상습범)** 상습으로 제8조의 죄를 범한 자는 그 죄에 정한 형의 2분의 1까지 가중한다.

한편, 2024년 2월 13일 특별법 제8조 제2항이 신설되었는데, 제5조의2를 위반하여 보험사기행위를 알선·유인·권유 또는 광고한 자 역시 보험사기죄로 처벌할 수 있도록 하였다.

> **보험사기방지특별법(2024년 2월13일 개정)**
>
> **제8조(보험사기죄)** ① 다음 각 호의 어느 하나에 해당하는 자는 10년 이하의 징역 또는 5천만원 이하의 벌금에 처한다.
>
> 1. 보험사기행위로 보험금을 취득하거나 제3자에게 보험금을 취득하게 한 자
>
> 2. 제5조의2를 위반하여 보험사기행위를 알선·유인·권유 또는 광고한 자
>
> ② 제1항제1호의 경우 징역형과 벌금형을 병과할 수 있다. [전문개정 2024. 2. 13.]

8) 보험금 반환

　법률(안) 제13조에서 "제8조 내지 제11조로 확정판결을 받은 자는 해당 보험금에 대한 청구권이 소멸되고 이미 지급받은 보험금을 즉시 반환해야 한다."는 내용이 포함되고 있었다. 특별법 제정 전까지도 제12조에서 조문의 내용을 보다 더 명확히 하여 "제8조부터 제11조에 따라 유죄의 확정판결을 받은 자는 거짓으로 청구한 보험금의 범위에서 그 청구권이 소멸되고 이미 지급받은 보험금은 즉시 반환하여야 한다."는 사항이 포함되어 있었다. 하지만 특별법에 이 내용은 포함되지 않았고, 실무상 큰 문제로 남아 있는 상태였다.

2. 기타 내용

　제12조는 보험사기행위 조사업무에 종사하는 자 또는 해당 업무에 종사하였던 자로 하여금 직무수행 중 취득한 정보나 자료를 타인에게 제공 또는 누설하거나 직무상 목적 외의 용도로 사용하지 않도록 하고 있고, 제13조는 권한의 위탁에 대한 내용을 규정하고 있다. "금융위원회는 필요한 경우에는 이 법에 따른 권한의 일부를 대통령령으로 정하는 바에 따라 금융감독원의 원장에게 위탁할 수 있음"을 규정하고 있다. 제14조는 벌칙조항으로 조사권의 남용방지방안 및 비밀유지의무의 실효성 확보를 위하여 "제12조를 위반하여 직무수행 중 취득한 정보나 자료를 타인에게 제공 또는 누설하거나 목적 외의 용도로 사용한 자는 3년 이하의 징역 또는 3천만원 이하의 벌금에 처한다."고 규정하였으며, 제15조는 보험금의 부당한 지급거절 등 금지의 실효성을 확보하기 위하여 과태료 규정을 두었다.

3. 한계

　보험사기 근절을 위해 2016년 특별법이 도입되었음에도 불구하고, 보험사기는 지속적으로 증가하고 있는 모습이다. 2020년 기준 보험사기로 적발된 금액이 8,898억 원에 이르고 적발 인원은 10만 명에 이르는 수치를 나타내고 있다. 이는 특별법 도입 시점과 비교해 적발금액은 25%, 적발 인원은 19% 이상 증가한 수치로 특별법 도입의 실효성에 의문이 제기되고 있다.

　무엇보다도 보험사기에 있어서 문제점으로 지적되는 것은 보험사기 적발의 어려움이다. 그 어려움은 고의를 입증해야 한다는 점에 있는데, 그 예는 자동차 사기 유형과 의료 사기 유형에서 엿볼 수 있다.

　자동차 이용 고의사고의 경우 소수의 사고 내역만으로는 피의자가 고의로 충돌하였다는 정황증거에 그치기 때문에 범죄로 단정짓기 어려운 면이 있다. 동일한 패턴으로 다수의 사고를 발생시킨 자료가 축적되어야만 보험사에서 인지하여 조사를 시작할 수 있고, 수사를 의뢰한다고 할지라도 블랙박스 영상 분석 등 과학적 입증자료가 수반되어야 혐의입증이 가능하다.

의료관련 보험사기에서도 피의자의 입원이 적정한지 여부에 대한 기준이 의료인마다 다르기 때문에 피의자가 보험금 편취목적으로 장기 입원하였더라도 이것이 불필요한 입원이었음을 입증하기가 상당히 까다롭다. 내밀의 영역인 고의성 입증을 위해 과학적인 증거자료와 이에 대한 철저한 분석이 필요하다는 점에서, 수사를 의뢰하더라도 처벌에까지 이르는 경우는 20% 미만에 불과하다.

III. 최근 보험사기의 유형과 특별법의 선언적 규정

1. 자동차보험 분야

자동차보험 사기와 관련하여, 보험에 대한 일반대중의 그릇된 인식 초래가 가장 큰 문제점으로 지적될 수 있다. 최근 SNS나 인터넷 카페 등에서는 차량을 이용해 고의로 사고를 일으켜 보험금을 속여 뺏는 보험사기 공범을 모집하는 글을 어렵지 않게 발견할 수 있다. 실제로 보험사기가 무엇인지도 모르는 청소년을 포함한 일반인들을 대상으로 하여 보험사기 사건에 연루시키는 사례가 확대되고 있다.

이러한 보험사기가 점증하는 요인 중 하나로 지적되고 있는 것은 보험사기에 대한 고의에 대한 증명책임 문제이다. 자동차를 이용하여 발생한 것으로 추정되는 고의사고의 경우, 한 번의 사고나 소수의 사고 발생만으로는 피의자의 자동차 충돌사건이 고의로 발생했다는 사실은 정황증거에 그치게 된다. 그러한 소수의 충돌 사건만으로 피의자가 고의적으로 자동차사고를 유발했다고 단정하기에는 과도한 면이 있을 수 있기 때문이다. 보험사기를 주장하기 위해서는 동일한 패턴으로 다수의 사고를 발생시킨 자료가 축적되어야만 가능하다. 이러한 사건이 축적되면 보험사는 우연적인 사고가 아니라 보험사기로 인지하고 보험사기에 대한 조사에 착수하게 된다. 일련의 혐의가 드러나면 보험회사는 수사기관에 수사를 의뢰하게 되는데, 수사기관은 차량의 충돌회피에 대한 가능성을 염두해 두고 공학적 분석이나 블랙박스를 통한 영상 분석 등 과학적 입증 가능한 자료를 통하여 보험사기에 대한 혐의 입증이 가능하게 된다. 하지만 보험사기는 이러한 증명이 순조롭게 결론짓기 쉽지 않은 면이 있다.

2. 의료보험 분야

병원에 환자 공급의 대가로 진료비의 일부(10~30%)를 수수료로 챙기는 브로커 조직까지 등장해 환자를 보험사기 공범으로 끌어들이는 등 갈수록 조직화·지능화되어 일반인들을 보험사기 공범으로 유혹하는 사례가 급증하고 있다.

의료 관련 보험사기는 자동차 사건과 사뭇 다른 모습을 보여준다. 의료 사건에서는 피의자의 입원이 정말로 필요한 것인가에 대한 의문이 있다. 이러한 원인은 무엇보다 환자 입원에 대한 의료진들의 임의적인 판단에서 비롯된다. 환자 입원이 의료인마다 각기 달리 판정될 수 있기 때문에, 피의자가 보험금 편취목적으로 장기 입원하였다 할지라도 이것이 불필요한 입원이었음을 입증하는 것은 그리 용이하지 않게 된다.

우리나라는 의료행위 중 비급여항목에 대한 가격결정에 의사의 재량이 폭넓게 인정되고 있다. 이로 인해 의사는 수익을 위해 실손의료보험에 가입한 환자 대상으로 고액의 비급여 진료나 시술을 받게 하고 이를 실손의료보험에 전가하는 경우가 발생한다. 백내장 관련 비급여 검사비용을 수백만 원으로 책정하고 실손의료보험금으로 처리하기 위해 실제로는 통원 치료하였음에도 입원하여 검사받은 것으로 조작하는 백내장 보험사기가 대표적인 사례라고 할 수 있다.

최근에는 한발 더 나아가 이윤의 극대화를 위해 환자알선의 대가로 진료비의 일정 부분을 알선 수수료로 브로커(보험설계사 등 업계 종사자 출신이 상당수)에 지급하고 환자를 모집하는 사례도 증가하고 있다. 수수료로 지급된 부분을 보전하기 위해 비급여 비용을 보다 더 고액으로 책정하는 악순환이 일어나고 있다.

3. 보험 관련 종사자의 보험사기

보험업에 종사 경력이 있는 보험설계사나 보험 관련 업무에 종사하는 렌트카, 정비업자 또는 의료진들에 의한 보험사기가 증가하는 것도 주목해 보아야 할 대목이다. 환자 알선의 대가로 진료비의 10~30% 상당을 알선 수수료로 보험설계사 등 업계 종사자 출신이 상당수로 알려진 브로커에 지급하고 환자를 모집하는 사례가 여기에 속한다. 브로커에 지급된 수수료 부분은 의료비용을 보전하기 위해 비급여 비용을 보다 더 고액으로 책정하는 악순환이 일어나고 있다. 이러한 형태는 브로커, 환자, 의료종사자의 조직적 공모에 의하여 이루어지고 있는데, 브로커 조직이 전국 병원을 대상으로 하여 수술환자를 다단계 방식으로 공급, 유치환자 규모를 확대하게 된다. 의료기관, 환자 공모 진료기록을 허위로 작성하고, 허위 영수증을 발급하여 실손의료보험금을 편취하는 부도덕한 양태가 벌어지고 있는 것이다.

정비·부품업체 관련 보험사기 증가도 간과할 수 없는 수치이다. 수리비를 허위로 청구하여 자동차 보험금 6억 원을 편취한 공업사나 부품상이 검거된 사건이 있었다. 공업사와 부품상이 공모하여 수리하지 않은 부위를 허위로 수리하여 관련 비용을 청구하거나 부품가격을 부풀려 청구하는 것이 전형적인 모습이다. 허위 유리막코팅 수리비를 청구하여 자동차보험금 1억 원을 편취한 공업사 대표도 있었다. 사고차량 차주와 공모해 사고일자 이전 유리막코팅 시공 보증서를 위조해 수리비를 허위로 청구한 것이다.

4. 특별법의 선언적 규정 여부

내밀의 영역인 고의성 입증을 위해 과학적인 증거자료와 이에 대한 철저한 분석이 수반되어야 보험사기를 근절할 수 있다. 하지만 보험사기 특성상 그 적발의 어려움 때문에 보험사기가 증가하는 측면이 있고, 보험사기에 대한 일반인의 그릇된 인식 초래에 보험사기가 근절되지 않고 있다.

보험사기를 방지하기 위한 특별법이 제정되었음에도 불구하고, 그 건수나 금액이 감소되는 것이 아니라 점증하는 원인은 무엇일까에 대한 의문이 커져 간다. 법률이 있음에도 그 법률로 실효적인 효과가 발생하지 않는다는 점은 그 법률의 한계가 있다고 할 것이다. 실제로 특별법을 들여다보면, 갈수록 증가하는 보험사기를 예방하고자 하는 차원에서 보험사기를 정의하고, 처벌 조항을 강화하였으며, 수사기관에 금융감독당국 및 보험회사의 고발의무 등의 내용이 법률에 포함되었지만, 이는 하나의 선언적 의미를 부여하는 것에 그치고 있는 것이 아닌가 하는 생각이 든다. 또한 처벌조항이 강화되었다고는 하나 형법상 사기죄에 비해 벌금 상한이 일부 상향되었을 뿐이라는 주장도 제기되고 있다.

현행 특별법에 담기지 않은 사항이 많고 이를 개선하기 위해 많은 개정(안)들이 입법 발의되어 있다. 특별법 실효성 제고를 위해서 21대 국회에 4건의 개정안(20. 06. 30. 이주환 의원 발의안, 20. 07. 31. 윤창현 의원 발의안, 20. 12. 09. 홍성국 의원 발의안, 20. 12. 23. 김한정 의원 발의안 등)이 발의되었으나 동 법률안들은 모두 폐기되었다. 특별법 실효성 제고를 위하여 이러한 개정(안)들이 조속히 국회를 통과해야 할 것이다. 이러한 특별법과 함께 보험업법, 의료법 등 관련된 법령이나 제도개선도 보험사기를 예방할 수 있는 조치들이다. 특별법 실효성 제고를 위한 여러 가지 방안을 마련할 필요성이 있다.

IV. 개선방안

1. 심평원 입원적정성 심사기준 및 세부절차

1) 심사업무 지연

심평원 입원적정성 심사업무 지연 등이 문제점으로 지적되고 있다. 특별법제7조에 따라 수사기관은 보험사기행위 수사를 위해 입원적정성 심사 필요시 심평원에 심사를 의뢰하게 된다. 하지만 심사결과 회신의 지연이 문제되고 있다. 심평원의 미결건수 증가로 인한 심사결과 회신 지연(약 2년)으로 수사기관은 보험사기 적발에 어려움으로 발생하고 있다. 경찰은 수사개시 후 일정기간(약 3개월) 내 수사를 종결해야 하지만 심사지연 기간 동안 수사관의 인사이동 등 교체로 인해 수사진행이 불가능하게 된다.

2) 심사기준 부재와 증거능력 인정 여부

심평원 입원적정성 심사기준 및 세부절차가 부재하여 의료쇼핑 환자의 과다입원 보험사기 해결에 한계가 발생하고 있다. 심평원은 요통을 이유로 병원(839일)을 전전하는 메뚜기 환자를 적정한 것으로 평가하여 문제가 된 바 있다.[1]

한편, 증거능력과 관련된 난제도 발생하고 있다. 대법원은 심평원의 입원적성성 심사의견서는 작성자가 법정에 증인으로 출석 시 인정함을 판시한 바 있다. 이 사건에서 다툼이 된 것은 ' 형사소송법 제315조 제3호에서 규정한 '기타 특히 신용할 만한 정황에 의하여 작성된 문서'의 의미 및 이른바 보험사기 사건에서 건강보험심사평가원이 수사기관의 의뢰에 따라 그 보내온 자료를 토대로 입원진료의 적정성에 대한 의견을 제시하는 내용의 '건강보험심사평가원의 입원진료 적정성 여부 등 검토의뢰에 대한 회신'이 이에 해당하는지 여부'에 있었다.[2] 대법원은 심평원 자문의사의 입원진료 적정성 여부 검토의견서에 대해 전문(傳聞)증거로 규정, 증인 불출석을 사유로 증거능력 불인정하였다. 전문증거의 경우 작성자가 법원에 출석하여 성립을 인정치 않으면 형사소송법에 의해 증거능력이 부정된다.

---

1   2016년 9월 1일자 한국일보.

2   대법원 2017. 12. 5. 선고 2017도12671 판결.

318

대법원 2017. 12. 5. 선고 2017도12671 판결

상업장부나 항해일지, 진료일지 또는 이와 유사한 금전출납부 등과 같이 범죄사실의 인정 여부와는 관계없이 자기에게 맡겨진 사무를 처리한 내역을 그때그때 계속적, 기계적으로 기재한 문서는 사무처리 내역을 증명하기 위하여 존재하는 문서로서 형사소송법 제315조 제2호에 의하여 당연히 증거능력이 인정된다. 그리고 이러한 문서는 업무의 기계적 반복성으로 인하여 허위가 개입될 여지가 적고, 또 문서의 성질에 비추어 고도의 신용성이 인정되어 반대신문의 필요가 없거나 작성자를 소환해도 서면제출 이상의 의미가 없는 것들에 해당하기 때문에 당연히 증거능력이 인정된다는 것이 형사소송법 제315조의 입법 취지인 점과 아울러, 전문법칙과 관련된 형사소송법 규정들의 체계 및 규정 취지에 더하여 '기타'라는 문언에 의하여 형사소송법 제315조 제1호와 제2호의 문서들을 '특히 신용할 만한 정황에 의하여 작성된 문서'의 예시로 삼고 있는 형사소송법 제315조 제3호의 규정형식을 종합하여 보면, 형사소송법 제315조 제3호에서 규정한 '기타 특히 신용할 만한 정황에 의하여 작성된 문서'는 형사소송법 제315조 제1호와 제2호에서 열거된 공권적 증명문서 및 업무상 통상문서에 준하여 '굳이 반대신문의 기회 부여 여부가 문제 되지 않을 정도로 고도의 신용성의 정황적 보장이 있는 문서'를 의미한다(대법원 2015. 7. 16. 선고 2015도2625 전원합의체 판결 등 참조).

따라서 사무처리 내역을 계속적, 기계적으로 기재한 문서가 아니라 범죄사실의 인정 여부와 관련 있는 어떠한 의견을 제시하는 내용을 담고 있는 문서는 형사소송법 제315조 제3호에서 규정하는 당연히 증거능력이 있는 서류에 해당한다고 볼 수 없으므로, 이른바 보험사기 사건에서 건강보험심사평가원이 수사기관의 의뢰에 따라 그 보내온 자료를 토대로 입원진료의 적정성에 대한 의견을 제시하는 내용의 '건강보험심사평가원의 입원진료 적정성 여부 등 검토의뢰에 대한 회신'은 형사소송법 제315조 제3호의 '기타 특히 신용할 만한 정황에 의하여 작성된 문서'에 해당하지 않는다.

원심판결 이유를 앞서 본 법리와 기록에 비추어 살펴보면, 원심이 건강보험심사평가원이 작성한 입원진료 적정성 여부 등 검토의뢰에 대한 회신이 형사소송법 제315조 제3호에서 정한 '기타 특히 신용할 만한 정황에 의하여 작성된 문서'에 해당하지 않는다고 전제하여, 위 회신이 전문증거로서 증거능력 인정을 위한 요건을 구비하지 못하였다고 보아 그 증거능력을 배척한 것은 정당하다. 거기에 상고이유 주장과 같이 논리와 경험의 법칙을 위반하여 자유심증주의의 한계를 벗어나거나 형사소송법 제315조 제3호에 관한 법리 등을 오해한 위법이 없다.

심평원 공공심사위원회의 의사가 법원에 출석하지 않을 시 증거로 불인정되어 보험사기자에 대한 면죄부를 부여하는 부작용이 발생한다. 이런 측면에서, 입원적정성 심사기관을 심평원 외 수사관이 지정한 의학단체 등 제3의 외부 기관으로 확대 필요하며, 증인출석 없이 공공심사위원회 서면결과를 법원의 증거로 인정할 필요가 있다.

3) 개정안

김한정의원 발의(안)

현행	개정안
제7조(수사기관의 입원적정성 심사의뢰 등) ① · ②(생 략)	제7조(수사기관의 입원적정성 심사의뢰 등) ① · ②(현행과 같음)
〈신 설〉	③ 건강보험심사평가원은 제2항에 따른 입원적정성 심사를 위한 기준을 대통령령으로 정하는 바에 따라 마련하여야 한다. 이 경우 수사기관 등 대통령령으로 정하는 자와 사전에 협의하여야 한다.

동 개정안은 2024년 2월 13일 개정된 특별법에 따라 반영되었다.

2. 보험사기 컨트롤 타워

1) 필요성

유관기관으로 구성된 상설「정부합동 보험범죄전담대책반」이 사실상 활동 중지됨에 따라 효과적이고 통일성 있는 보험사기 대응에 한계가 발생하고 있다. 2009년 국무총리실 주도로 서울중앙지검에 설치되어 검찰청, 경찰청, 국토교통부, 금감원, 건보공단, 근로복지공단, 심평원, 생보협회, 손보협회 9개 기관이 참여하는 전담기구였으나 2017년도 말 협의체로 변경되어 명목만 유지된 상태이다. 보험범죄 예방·적발 등의 효율적인 추진체계 마련을 위해 컨트롤타워 역할을 수행할 범정부 차원의 보험범죄 전담기구를 마련할 필요성이 있다.

보험사기는 다른 사기와 달리 그 사건 자체가 지능화 및 집단화 되는 현상을 띠고 있다. 보험사기는 한 번 발생하면 타인에게 노출이나 학습이 되면서 모방성이 강하게 나타난다. 이러한 지능적인 보험사기행위를 효율적으로 조사하고 방지하기 위한 전담기구의 설치 필요성이 있다. 다른 국가들 역시 보험사기를 방지하기 위한 기구를 설치하고 있다. 다른 국가에 설치되어 있는 전담기구를 모형으로 하여 우리나라 역시 보험사기방지전담기구를 도입하기 위하여 보험사기방지특별법(안)은 제4조 제1항에 법적 근거를 마련하고자 하였다.

2) 개정안

현행	개정안
신설	제4조의2(보험사기행위 관련 전담조직의 설치 등) ① 자본금 규모 등 대통령령으로 정하는 기준을 충족하는 보험회사는 보험사기행위의 예방 및 대응을 위하여 보험사기행위 조사업무를 수행하는 전담조직(이하 "전담조직"이라 한다)을 설치하여야 한다. ② 제1항에 따른 보험회사는 전담조직이 보험사기행위 조사업무와 관련하여 준수하여야 하는 기준을 대통령령으로 정하는 바에 따라 마련하여야 한다.

3) 주요국

(1) 영국

보험범죄와 사기방지를 위한 제도적 장치로서 영국은 보험범죄·사기방지국(Crime & Fraud Prevention Bureau: CFPB)을 두고 있다. 동 기구는 경찰, 보험회사, 정부 부처, 각계 단체 및 보험업계의 보험사기 방지활동을 지원하는 역할을 한다. 주된 업무로는 사기방지정보 데이터베이스 구축 및 경보체계를 확립하여 회원사 및 외부의 문의에 응해주고 보험회사에 보험청구사기 관련 정보를 제공한다. 또한 보험업계, 경찰 및 당국 간 협조체계 및 정보교환에 중추적인 역할을 수행하는 동시에 동 기관들과 보험사기 예방 관련 홍보 캠페인 등을 수행하고 있다. 정부 차원의 보험범죄 전담방지기구가 존재하지 않는 영국은 경찰이나 검찰이 보험범죄를 다루고 있다. 영국보험회사 협회와 보험회사들이 설치한 보험사기방지관리소(The Claims Under-writing Exchange: CUE)가 있다. 동 기구는 자동차보험에 관한 각종 데이터베이스를 활용하여 보험사기 여부를 체크하고 있다.

(2) 미국

보험사기조사국(Insurance Fraud Bureau: IFB)과 전국보험범죄조사국(National Insurance Crime Bureau: NICB)을 들 수 있다. 미국의 경우 보험사기 및 보험범죄는 주정부 차원에서 운영하는 기구와 보험업계 차원에서 운영하는 기구로 구분된다. 주정부는 보험감독청 산하에 보험사기 방지활동을 수행하는 보험사기조사국이 있다. 주정부의 보험감독청은 보험사업에 대한 인·허가 및 감독과 검사를 담당한다. 보험사기조사국은 보험범죄와 사기행위의 방지, 보험금 부정청구의 방지 및 형사처벌을 위한 조사를 목적으로 하여 주 보험법에 의하여 설치한 법집행기관에 해당하며, 다른 법집행기관인 경찰이나 검찰 또는 연방수사국 등과 공조체제를 가지고 있다.

전국보험범죄조사국은 보험사기 조사서비스, 정보구축, 입법 작업, 보험사기방지를 위한 담당 직원에 대한 연수 및 보험범죄예방을 위한 홍보를 그 주된 임무로 하고 있다. 다른 회원사나 보험사기방지단체와 함께 관계 법령의 미비점과 법망의 취약점을 막을 수 있는 조치 등을 국회에 권고하거나 악의적인 보험금청구권자를 규제할 수 있는 법안을 마련하는 등 보험사기방지를 위한 입법적인 노력을 하고 있다.

(3) 프랑스

보험사기 방지 및 예방을 위한 비영리단체로서 보험사기방지기구는 보험사기에 관한 모든 정보의 수집, 집적, 가공, 전달 및 적절한 법적 수단의 활용, 경찰 및 정부관계자의 긴밀한 협조를 한다. 보험사기방지 전담 요원들이 각종 보험사기 관련 자료들을 상호 교환할 수 있는 정보교환센터를 운영하고 있고, 매년 각 보험종목에 대해 실제 사례를 토대로 수집된 정보를 기초로 하여 보험사기의 주요 원인, 유형, 발생장소 및 조건별로 파일을 운영하여 보험사기에 대한 새로운 지표와 양질의 위험선택의 토대를 제공하고 있다.

3. 보험업 관계자의 가중처벌

전문지식을 이용한 보험업 관계자(설계사, 의료관계자, 정비업체 등)의 보험사기행위는 일반 보험계약자의 보험사기 유인요인으로 작용하고 있어 그 파급력이 심각함에 따라 가중처벌하여 경각심 제고가 필요하다.

현행	개정안
제8조(보험사기죄) (생 략)	제8조(보험사기죄) ① (현행 제목 외의 부분과 같음)
⟨신 설⟩	② 다음 각 호의 어느 하나에 해당하는 자가 제1항의 죄를 범한 경우에는 그 죄에 정한 형의 2분의 1을 가중한다. 1. 「보험업법」에 따른 보험설계사, 보험대리점 또는 보험중개사(보험대리점 또는 보험중개사가 법인인 경우 그 임직원을 포함한다) 2. 「보험업법」에 따른 손해사정사 또는 손해사정업자 3. 「의료법」 제2조에 따른 의료인 또는 의료기관 종사자 4. 「자동차관리법」에 따른 자동차관리사업자 또는 자동차관리사업의 종사원

4. 보험사기자에 대한 경제적 제재강화

　현재는 보험사기로 유죄의 확정판결을 받더라도 범죄수익을 환수하기 위해서는 별도의 민사소송을 제기해야 한다. 이러한 소송은 장시간 지속되는 특징을 가지고 있는데, 민·형사 소송과정에서 피의자가 범죄수익을 은닉하는 등 범죄이익환수에 큰 장애요인으로 작용한다. 실제로 최근 4년간 보험사기 관련 통계를 살펴봐도 전체 적발금액 대비 환수액은 5%에도 미치지 못하는 상황이다. 보험사기 근절을 위해서는 보험사기로는 이익을 얻기 어렵다는 인식확산이 필요하다는 관점에서, 개정안은 실효적인 환수규정의 필요성을 제기하고 있다.

현행	개정안
신설	제11조의2(보험사기행위로 인한 보험계약의 해지 등) ① 보험계약자등이 제8조부터 제11조까지의 죄를 범하여 유죄의 확정판결을 받은 경우 이미 지급받은 보험금을 즉시 반환하여야 한다. ② 보험회사는 제8조부터 제11조까지의 죄를 범하여 유죄의 확정판결을 받은 자가 청구한 보험사기행위와 관련된 보험계약을 해지할 수 있다.

5. 보험사기 행위 유인 · 알선 및 광고 금지

　인터넷, SNS 등에서 보험사기행위의 알선·광고행위 금지 및 정보통신망을 이용한 보험사기 알선·광고행위에 대한 제재기준 마련이 필요하다.

현행	개정안
신설	제7조의2(보험사기행위의 알선 · 광고 금지) ① 누구든지 보험사기행위를 알선하거나 광고하여서는 아니된다. ② 금융위원회는 제1항을 위반한 행위가 「정보통신망 이용촉진 및 정보보호 등에 관한 법률」 제2조 제1호에 따른 정보통신망을 통하여 이루어진 경우 방송통신위원회에 대하여 필요한 조치를 할 것을 요청할 수 있다.

　2024년 2월 13일 개정된 특별법 제5조의2에 이러한 내용이 반영되었다. 발의(안)의 내용과 동일한 것은 아니지만 보험사기행위이 알선이나 광고 등의 부작용은 일부 해소될 것으로 기대된다.

보험사기방지특별법

제5조의2(보험사기행위의 알선·권유 등의 금지) 누구든지 보험사기행위를 알선·유인·권유 또는 광고하는 행위를 하여서는 아니 된다.[본조신설 2024. 2. 13.]

6. 공·민영보험 간 정보교류

민영 실손의료보험사기와 공단의 요양급여 부당청구가 결합된 공·민영보험 연계 보험사기가 증가하나 이에 대한 대책이 부재한 상태이다. 허위입원 또는 임의비급여 시술 후 실손의료비 및 공단 급여 청구사기 등이 여기에 해당한다. 공·민영보험 간 보험사기 정보 공유 부재로 인한 보험사기 적발 사각지대가 발생하고 있다. 공·민영보험 간 정보교류법, 즉 근거를 마련하여 금융위가 각 행정기관에 자료제출을 요청할 수 있는 권한 부여가 필요하다.

현행	개정안
신설	제5조의2(자료의 제공요청 등) ① 금융위원회는 보험사기행위의 조사를 위하여 필요하다고 인정되는 경우에는 관계 행정기관, 보험회사, 그 밖에 대통령령으로 정하는 기관·단체에 대하여 필요한 자료를 제공할 것을 요청할 수 있다. 이 경우 요청 가능한 자료의 범위는 대통령령으로 정한다. ② 제1항에 따른 자료의 제공을 요청받은 자는 정당한 사유가 없으면 그 요청에 따라야 한다.

동 개정(안)은 2024년 2월 13일 개정된 특별법제5조의3에 반영되었다.

보험사기방지특별법

제5조의3(자료제공의 요청 등) ① 금융위원회는 보험사기행위의 효율적인 조사를 위하여 관계 행정기관, 보험회사, 그 밖에 대통령령으로 정하는 기관·단체에 보험사기행위 조사에 필요한 자료의 제공을 요청할 수 있다. 이 경우 요청 가능한 자료의 종류 및 범위는 대통령령으로 정한다.

② 금융위원회는 제5조의2를 위반하는 행위를 조사하기 위하여 정보통신서비스 제공자(「정보통신망 이용촉진 및 정보보호 등에 관한 법률」 제2조제1항제3호에 따른 정보통신서비스 제공자를 말한다. 이하 같다)에 대하여 필요한 자료의 제출을 요청할 수 있다. 이 경우 요청 가능한 자료의 종류 및 범위는 대통령령으로 정한다.

③ 제1항 및 제2항에 따른 자료의 제공 및 제출의 요청을 받은 자는 정당한 사유가 없으면 이에 따라야 한다.

④ 금융위원회는 제1항 및 제2항에 따라 제공 및 제출받은 자료를 제공 및 제출받은 목적 외의 다른 목적으로 사용하여서는 아니 된다.

⑤ 금융위원회는 제5조의2를 위반한 행위를 발견한 경우 「방송통신위원회의 설치 및 운영에 관한 법률」 제18조에 따른 방송통신심의위원회에 대하여 같은 법 제21조제4호에 따라 심의 및 시정요구를 할 것을 요청할 수 있다. [본조신설 2024. 2. 13.]

V. 결 론

다양한 형태로 발생하고 있는 보험범죄를 근절하기 위하여, 감독당국을 포함한 보험업계는 여러 가지 방법으로 방지하고자 하지만, 실제로 그것을 예방하기에는 한계가 있다. 현재 효력을 발생하고 있는 법률을 통한 노력 역시 큰 효과를 제공하지 못하고 있다.

실정법을 통한 보험사기 방지의 노력과 함께 다양한 형태로 발생하고 있는 보험범죄를 근절하기 위하여 검찰이나 경찰 등 유관기관이 적극적으로 대응을 하고 있는 것은 사실이다. 그러나 유기적인 협조체계나 처벌강화에 대한 법률적인 근거가 존재하지 아니하여 보험범죄에 대응함에 있어서 한계에 봉착하고 있다. 특별법 제정은 이러한 점에서 큰 의미를 부여하기도 하였다. 하지만 실제적인 효과는 그리 크게 나타나지 않았다. 오히려 보험사기 사건은 점증하고 있다.

앞에서 제시한 입법적 개선사항 외에도 '비급여 관리체계 정비'와 '경찰수사관의 보험사기 수사 전문성 강화' 필요성도 요구되는 대목이다. 최근 국민의료비와 직결되는 국민건강보험과 실손의료보험 간 제도 협력의 필요성이 지속적으로 제기되고 있다. 이에, 건강보험과 민영실손의료보험 간 정책의 연계·추진을 위해 복지부·금융위가 공동 실태조사 등 협의·조정할 수 있는 국민건강보험법 및 보험업법 일부개정 법안이 2021년 9월 14일 국무회의에서 의결한 바 있다. 동 법률 제정만으로는 비급여를 이용한 과잉진료 등의 문제점을 해소할 수 없다고 판단되어 비급여 관리를 위한 공식 기구를 마련하여 비급여 표준화·의학적 타당성 및 비용효과 검증·신규도입 비급여 항목 관리 등 전반적인 관리가 필요하다.

또한 비급여 과잉진료를 통해 실손의료보험을 악용하는 경향으로 변화하고 있어 수사를 위해서는 보험·의료 관련 전문지식이 필요하다. 보험사기를 담당하는 경찰수사관을 상대로 보험사기 수사교육을 의무화하여 경찰수사관의 수사역량 강화할 필요성이 있다. 경찰수사연수원 내 심화 교육과정(경제범죄수사 등)을 보완하여 보험 사기 관련 전문지식 교육을 통한 이해도 제고가 필요하다. 보험사가 보험사기 적발가능성과 처벌수위를 높여 실효적 예방효과로 나타날 수 있도록 특별법에 대한 개정이 이루어져야 하며, 계몽을 통한 국민들의 의식의 변화가 있어야만 보험사기는 줄어들 것이다. 보험사기는 그 피해가 보험료 인상으로 이어져 선량한 보험가입자에게 전가되는 명백한 범죄행위인 만큼 보험금은 눈먼 돈이라는 그릇된 인식개선 역시 필요하다.

제17장

금융회사지배구조법과 보험업

I. 서 론

　금융회사의 지배구조는 회사의 경영과 관계된 다양한 이해관계자를 보호하여야 한다. 금융회사지배구조법은 금융회사의 건전한 경영과 금융시장의 안정성, 예금자 등을 포함한 금융소비자를 보호하기 위하여 제정된 법률이다. 상법 회사편에 규정되어 있는 주식회사나 상장회사 등과 비교하여 보면, 동법의 내용들은 지배구조에 있어서 보다 강화된 의무 등을 규정하고 있다.

　금융회사의 지배구조에 관한 법률(이하 '금융회사지배구조법'으로 축약함)에서 위임과 시행을 위한 동법 시행령 및 감독규정 개정안이 2024년 2월 입법예고되었고, 현재 발효된 상태이다. 본건 법률 개정은 금융회사 내부통제와 위험관리가 효과적으로 작동될 수 있도록 기존의 내부통제기준 마련의무 외에 금융회사 대표이사와 경영진에게 기준에 대한 적정한지 여부, 임직원의 기준 준수에 대한 사항 및 기준의 작동에 대한 여부 등을 상시적으로 점검하는 내부통제 관리의무를 부과하는 등을 주된 내용으로 하면서, '금융회사의 책무구조도 마련·제출 의무(법 제30조의3)', '임원 및 대표이사 등의 내부통제 관리의무(법 제30조의2 및 제30조의4)', '제재 및 책임감면(법 제35조의2)', '이사회의 내부통제 감시역할 강화(법 제15조 및 제16조)' 등의 내용을 규정하고 있다. 동 법률은 2024년 7월부터 시행되고 있다.

　금융회사에서 지배주주 또는 경영진의 이익과 상충하지 않아야 할 이해관계는 금융소비자의 이해관계라 할 수 있다. 이러한 측면에서 공공성이라고 하는 관점이 더욱 더 중요하게 고려되면서 보다 강력한 규율의 필요성이 요구될 수 있을 것이다. 그러므로 금융회사의 지배구조에 대한 규제는 금융규제적 관점에서 건전성 규제의 일환으로 우선적 이해가 요구될 수 있고, 개별 금융회사의 미시적 건전성 보호와 함께 금융시스템의 거시적 안정성 보장 및 금융소비자의 보호라고 하는 세 가지 기능이 고려되어야 할 것이다.

개정된 금융회사지배구조법은 책무구조도 마련을 요구하고 있다. 새로 도입되는 책무구조도의 마련·제출 및 대표이사와 경영진의 내부통제 관리 등과 관련하여 금융회사와 임직원이 취하여야 할 조치 및 부담하게 될 의무의 내용은 시행령 등 하위법령에서 구체적으로 규정되었다.

이하에서는 금번에 개정된 금융회사지배구조법의 주요 내용과 그 내용에 대한 법적 검토를 한 후, 연구의 중심은 보험업과 관련된 내용에 한정하여 진행하기로 한다.

II. 금융회사지배구조법의 제정 의미, 체계 그리고 한계

1. 금융회사지배구조법의 제정 의미

2006년 재정경제부의 통합금융법 도입 발표 이후, 금융기관의 핵심적인 업무가 명확히 구별되므로 금융업의 개별적 업종마다 서로 다른 규율체계를 유지해야 한다는 견해보다 금융선진국의 추세를 고려하여 금융업을 통합적으로 규율해야 한다는 주장이 제기되었다. 하지만 세계적 금융위기에 따른 감독 방법의 전환에 따라 이러한 통합금융규제에 관한 논의는 더 이상 진척되지 못했다.[1] 그러던 와중에 2008년 세계 금융위기가 발발하였고, 이에 대한 차원에서 정부는 그간 진척되지 못했던 금융회사 지배구조에 대한 관심과 함께 이에 대한 규율 차원에서 금융회사지배구조법을 제정하고자 하였다.[2] 금융회사지배구조법률(안)은 2015년 7월 국회 본회의를 통과하였고 2015년 7월 31일 공포되었으며 2016년 8월 1일부터 시행되었다.

금융회사지배구조법이 갖는 의미는 무엇보다도 금융업에 대한 통합적 규제방식에 있다. 동 법률은 기존의 6개의 법률에서 개별적 금융회사에 대한 지배구조를 규율하였던 방식으로부터

---

1   김정호·최병규·유주선·원동욱, 금융회사지배구조법안에 관한 연구, 손해보험협회 연구보고서, 한국경영법률학회, 2013, 7면 이하.

2   2011. 12. 16. 금융위원회에서는 금융회사의 지배구조에 관한 법률 제정안을 입법예고하였고 국회에서는 법안의 논의 중에 정부안의 내용과 다소 다른 많은 관련 법안이 의원입법의 형식으로 발의되었다. 2012년 정부안 및 15개 의원 발의 법률안 등 16개의 법률안을 대체하여 2015. 4. 국회 정무위원회는 위원회 대안을 제안한 바 있었다.

하나의 법률에서 금융업에 대한 동일한 규제방식을 택하고 있다. 통합적 규율방식을 택한 이유는 규제에 대한 형식적인 차원에서 업종에 따른 금융회사의 지배구조에 대한 차이를 배제하고 통일적이고 체계적으로 규정을 하기 위함이다.[3] 즉, 이러한 방식은 개별적인 금융업 간의 형평성을 향상시키기 위한 목적에서 동 법률이 제정된 것이다.

2. 개정 전 금융회사 지배구조법의 체계

금융회사지배구조법은 제9장으로 구성되어 있다.

제1장은 총칙으로 제1조는 동법에 대한 입법목적이, 제2조는 정의 규정이다. 제3조는 동법의 적용범위에 대하여, 제4조는 다른 법률과의 관계에 대한 내용을 규정하고 있다.

제2장은 임원에 대한 내용을 규정하고 있는데, 제1절은 임원의 자격요건이라는 제목으로 임원의 자격요건에 대한 상세한 내용은 제5조가, 제6조는 사외이사의 자격요건에 대하여, 제7조는 임원의 자격요건 적합여부 등에 대한 내용을 규정하고 있다. 제2절은 주요업무집행책임자에 대한 내용이 규정되어 있으며, 제9조는 주요업무집행책임자의 이사회 보고에 대한 내용을 담고 있다. 제3절은 임원 등 겸직에 대한 내용을 규정하면서, 겸직제한에 대하여는 제10조가, 겸직 승인 및 보고 등에 대하여는 제11조에서 규정하고 있다.

제3장은 이사회에 대한 내용으로 제1절은 이사회의 구성 및 운영 등에 대한 제목으로 이사회의 구성에 대하여는 제12조가, 이사회 의장의 선임 등에 대하여는 제13조가, 이사회의 운영 등에 대하여는 제14조가, 이사회의 권한에 대하여는 제15조에서 규정되어 있다. 제2절은 이사회 내 위원회에 대한 제목으로 이사회 내 위원회의 설치 및 구성에 대하여는 제16조가, 임원후보추천위원회에 대하여는 제17조가, 사외이사에 대한 정보제공에 대하여는 제18조가, 감사위원회의 구성 및 감사위원의 선임 등에 대하여는 제19조가, 감사위원회 또는 감사에 대한 지원 등에 대하여는 제20조가, 위험관리위원회에 대하여는 제21조가, 보수위원회 및 보수체계 등에 대하여는 제22조가, 금융지주회사의 완전자회사 등의 특례에 대하여는 제23조가 규정하고 있다.

제4장은 내부통제 및 위험관리 등에 대한 제목으로 내부통제기준에 대하여는 제24조가, 준법감시인의 임면 등에 대하여는 제25조가, 준법감시인의 자격요건에 대하여는 제26조가, 위험관리기준에 대하여는 제27조가, 위험관리책임자의 임면 등에 대하여는 제28조가, 겸직금지에

---

3 장윤제, "개정 금융회사 지배구조법의 주요내용과 과제", 기업법연구, 제38권 제1호, 기업법학회, 2024, 27면.

대하여는 제29조가, 금융회사가 준법감시인과 위험관리책임자에 대하여 그 직무를 수행할 수 있도록 하는 의무에 대하여는 제30조에서 규정하고 있다.

제5장은 대주주의 건전성 유지에 대한 제목으로 대주주 변경승인에 대하여는 제31조가, 최대주주의 자격 심사 등에 대하여는 제32조에서 규정하고 있었다.

제6장은 소수주주의 권리행사의 특례라는 제목으로, 소수주주권에 대하여는 제33조가 규정하고 있다.

제7장은 처분 및 제재절차라는 제목으로 금융회사에 대한 조치에 대하여는 제34조가, 임직원에 대한 제재조치에 대하여는 제35조가, 청문에 대하여는 제36조가, 이의신청 특례에 대하여는 제37조가, 기록 및 조회에 대하여는 제38조가, 이행강제금에 대하여는 제39조에서 규정하고 있다.

제8장은 보칙으로 권한의 위탁에 대하여는 제40조가, 공시에 대하여는 제41조에서 규정하고 있다.

제9장은 벌칙으로 제42조에서는 벌칙에 대한 세부적인 내용을, 제43조에서는 과태료를 규정하고 있다.

3. 기존 금융회사지배구조법의 적용 한계

기존 금융회사지배구조법은 내부통제기준에 대하여 금융회사가 마련해야 함을 규정하고 있었다. 동 법률을 통하여, 금융회사는 법령을 준수하고 건전하게 경영을 하며 주주 및 이해관계자 등을 보호하기 위하여 금융회사의 임직원이 직무를 수행할 때 준수하여야 할 기준 및 절차인 '내부통제기준'를 마련하지 않으면 아니 되었다.[4] 이와 같이 기존 금융회사지배구조법은 금융회사에게 '내부통제기준의 마련의무'를 분명하게 규정하고 있기는 하지만, 마련된 내부통제기준을 준수하거나 내부통제시스템이 효과적으로 작동할 수 있도록 하는 방식에 대하여는 규정하지 않고 있었다.[5] 이러한 입법 부작위는 금융회사들로 하여금 내부통제기준 마련에 대한 유인책을 부여하지 못할 뿐만 아니라, 업계 표준 내부통제기준을 그대로 활용하는 현상이 발생하게 되었다.

다만, 기존 법령상 내부통제의 효과를 높이기 위한 구체적인 조치에 대하여는 하위법규인 시

---

4   원동욱, "금융지배구조법의 주요 내용 및 향후 과제", 금융법연구 제9권 제1호, 한국금융법학회, 2012, 76-77면.
5   장윤제, "개정 금융회사 지배구조법의 주요내용과 과제", 기업법연구, 제38권 제1호, 한국기업법학회, 2024, 28면.

행령에서 규정되어 있었다. 즉, 시행령상 내부통제의 실효성을 위한 업무분장과 조직구조, 업무수행 절차, 이사회와 임원 또는 준법감시인이 수행하여야 하는 역할, 전문성을 갖춘 인력과 지원조직 등을 내부통제기준에 포함하도록 규정하고 있었지만, 금융회사들은 법령상 요구되는 형식적인 요건에만 관심을 두는 부작용이 발생하고 있었다.[6] 이러한 규제방식은 금융회사지배구조법상 내부통제기준 마련 의무에 대한 위반을 판단할 수는 있었지만, 구체적인 내부통제기준 등을 위반한 경우까지는 판단할 수 없었다. 특히, 이는 현재 상법상 이사의 감시의무로서 내부통제시스템 구축이 판례[7]를 통해 인정된 상태에서 한정된 규제체계로 인식되었다.

III. 개정 금융회사지배구조법의 주요 내용

1. 금융회사의 책무구조도 제출의무

1) 책무구조도 개념과 내용

개정 금융회사지배구조법은 책무구조도(responsibilities map) 도입을 통해 임원 개개인이 책임져야 하는 내부통제 대상 업무의 범위와 내용을 사전에 명확화하고자 한다. 이 책무구조도는 영국에서 운영되는 고위층 경영진 인증제도(SMCR: Senior Management & Certification Regime)[8]의 하나로 운영하는 책임명세서(Statement of Resposibility)와 책임지도(Resposibility Map)를 혼합한 형태로 볼 수 있는데, 전자가 고위경영진이 담당하는 직책과 책무를 상세하게 설명한 문서라고 한다면, 후자는 책임명세서의 내용을 한눈에 볼 수 있도록 작성된 것을 의미한다.[9] 이와 같이 내

---

6   김홍기, "금융회사지배구조법상 내부통제에 관한 검토", 상사판례연구 제36권 제4호, 한국상사판례학회, 2023, 79면 이하.

7   대법원 2021. 11. 11. 선고 2017다222368 판결. 대표이사가 회사의 목적이나 규모, 영업의 성격, 법령의 규제 등에 비추어 높은 법적 위험이 예상되는데도 이와 관련된 내부통제시스템을 구축하고 그것이 제대로 작동되도록 하기 위한 노력을 전혀 하지 않거나 위 시스템을 통한 감시·감독의무의 이행을 의도적으로 외면하여 다른 이사 등의 위법한 업무집행을 방지하지 못한 경우, 대표이사로서 회사 업무 전반에 대한 감시의무를 게을리한 것인지 여부에 대하여, 대법원은 "회사 업무의 전반을 총괄하여 다른 이사의 업무집행을 감시·감독하여야 할 지위에 있는 대표이사가 회사의 목적이나 규모, 영업의 성격 및 법령의 규제 등에 비추어 높은 법적 위험이 예상되는 경우임에도 이와 관련된 내부통제시스템을 구축하고 그것이 제대로 작동되도록 하기 위한 노력을 전혀 하지 않거나 위와 같은 시스템을 통한 감시·감독의무의 이행을 의도적으로 외면한 결과 다른 이사 등의 위법한 업무집행을 방지하지 못하였다면, 이는 대표이사로서 회사 업무 전반에 대한 감시의무를 게을리한 것이라고 할 수 있다."고 판시하였다.

8   이효섭·이석훈·안수현, 주요국 내부통제제도 현황 및 한국 내부통제제도 개선방향, 자본시장연구원 연구보고서, 2021, 31면 이하.

부통제로 인식되는 SMCR은 금융규제의 원칙중심주의를 채택하고 있는 영국 금융회사 임원들의 개별적인 책임을 확립하기 위한 측면에서 도입된 것이다. 결국, 고위관리자가 자신의 업무영역을 위반한 경우, 개인적인 책임을 부담해야 하는 것이라 하겠다.

우리나라 역시 영국의 책무구조도를 참조하여 도입한 것으로 볼 수 있는데, 우리의 책무구조도는 금융당국의 획일적인 규율이 아닌, 금융회사가 스스로 각자의 특성과 경영여건 변화에 맞는 내부통제시스템을 구축·운영하도록 하는 동시에, 임원 개개인의 책임을 명확히 정함으로써 내부통제에 대한 임원들의 관심과 책임감을 제고하려는 목적을 가지고 있다.[10] 책무구조도는 금융회사 대표이사(CEO)가 책무의 중복·공백·누락없이 마련해야 하며, 작성된 책무구조도는 이사회의 심의·의결을 거쳐 금융당국에 제출해야 한다. 책무구조도 도입으로 해당 임원의 책무가 명확해짐에 따라 금융회사는 임원이 해당 책무수행을 위한 전문성, 정직성, 신뢰성 등을 갖추고 있는지 확인해야 하는 의무도 부담하게 된다. 책무구조도 제출은 법률 시행 후 6개월 후부터 은행·지주회사에 적용되는 것을 시작으로 금융업권·규모별로 시행시기를 달리하여 규모가 큰 금융회사부터 시행된다.

2) 책무구조도 제출의무

금융회사의 대표이사는 내부통제와 위험관리 등을 의미하는 내부통제 의무를 부담하는 임원과 임원의 직책별로 책무를 배분한 문서인 책무구조도를 마련해야 하고, 이들을 금융위원회에 제출하지 않으면 아니 된다(법 제30조의3).

금융회사지배구조 감독규정은 책무구조도를 '임원별로 책무의 상세내용을 기술한 문서인 책무기술서 및 임원의 직책별 책무에 대한 체계도를 일괄적으로 파악 가능하도록 구분하여 작성토록 하였다(동 규정 제14조의3 제2항).[11] 책무기술서와 책무체계도의 내용은 일치하여야 하

---

9 이효섭·이석훈·안수현, 주요국 내부통제제도 현황 및 한국 내부통제제도 개선방향, 자본시장연구원 연구보고서, 2021, 12면.

10 정준아, "내부통제 관련 금융회사 지배구조법 개정안에 대한 검토 − 2023.9.11.자 윤한홍의원 대표발의안 관련 − ", 은행법연구, 제16권 제2호, 한국은행법학회, 2023, 255면.

11

금융회사지배구조 감독규정

제14조의3(책무구조도) ① 법 제30조의3제5항제4호에서 "금융위원회가 정하여 고시하는 사항"이란 다음 각 호를 말한다.
1. 책무구조도에 오류가 있는 경우
2. 책무구조도의 기재내용이 사실과 다른 경우

고, 각 책무가 명확하게 구분되도록 작성해야 하며, 책무체계도는 임원의 책무현황을 일괄 파악할 수 있도록 도식화하여 작성되어야 한다(동항 제2호 및 제3호).[12]

책무구조도 제출 기한은 이사회 의결일로부터 7영업일 이내로 규정하고(동조 제3항), 책무를 배분받는 임원, 직책, 책무, 보고체계가 변경되는 경우에도 동일한 요건과 절차를 거쳐 제출하여야 하나, 소관 업무영역의 변경이 없이 직책의 명칭이 변경되는 등 단순 수정의 경우는 제외한다(시행령 제25조의3 제5항).[13]

책무구조도에 오류가 있는 경우 및 기재내용이 사실과 다른 경우에도 금융위원회가 금융회사에 책무구조도의 정정·보완 제출을 요구할 수 있도록 한다(법 제30조의3 제5항). 여기에 해당하는 내용으로는 '형식을 제대로 갖추지 아니한 경우(제1호)', '중요사항을 누락한 경우(제2호)', '기재 내용이 불분명한 경우(제3호)' 등을 들 수 있고, 제호 '금융위원회가 정하여 고려하는 사항'은 감독규정 제14조의3 제1항이 규정하고 있다.[14]

....

② 대표이사등은 법 제30조의3제1항에 따른 책무구조도의 작성과 관련하여 다음 각 호를 준수하여야 한다.
1. 대표이사등은 법 제30조의2제1항에 따른 임원별로 책무의 상세내용을 기술한 문서(이하 "책무기술서"라 한다)와 임원의 직책별 책무체계를 일괄적으로 파악할 수 있는 도표(이하 "책무체계도"라 한다)를 작성한다.
2. 책무기술서와 책무체계도의 내용은 일치하여야 하며 각 책무가 명확하게 구분되도록 작성해야 한다.
3. 대표이사등은 임원의 책무 현황을 일괄하여 파악할 수 있도록 도식화하여 책무체계도를 작성하여야 한다.
4. 책무기술서에는 소관부서, 겸직 여부·내용, 주관회의체, 유관법령, 소관내규 등을 포함한 임원 및 직책의 기본정보, 책무의 상세 내용 등이 포함되어야 한다.
5. 책무체계도에는 임원별 성명, 직책, 책무 등이 포함되어야 한다.
6. 책무기술서와 책무체계도에는 임원의 책무 배분일자를 명확하게 표기해야 한다.
③ 법 제30조의3제1항에 따른 책무구조도의 제출기간은 이사회 의결일로부터 7영업일 이내로 한다. 다만, 법 제3조제2항에 따른 외국금융회사 국내지점은 영 제25조의3제4항에 따른 내부 의사결정기구 의결일로부터 7영업일 이내로 한다.
④ 그 밖에 책무구조도 작성·제출과 관련된 절차, 방법 등 필요한 사항은 감독원장이 정한다.

12 책무기술서에는 소관부서, 겸직 여부·내용, 주관회의체, 유관법령, 소관내규 등을 포함한 임원 및 직책의 기본 정보, 책무의 상세 내용 등이 포함되어야 하고(동항 제4호), 책무체계도에는 임원별 성명, 직책, 책무명 등이 포함 되어야 한다(동항 제5호).

13 **금융회사지배구조법 시행령**
제25조의3(책무구조도) 생략함.
⑤ 법 제30조의3제6항에서 "대통령령으로 정하는 변경"이란 다음 각 호의 변경을 말한다. 다만, 법 제30조의3제1항에 따른 책무구조도(이하 "책무구조도"라 한다)에서 정하는 임원 직책 명칭의 변경 및 그 밖에 금융위원회가 정하여 고시하는 경미한 사항의 변경은 제외한다.
1. 책무구조도에서 정하는 책무를 배분받은 임원의 변경
2. 책무구조도에서 정하는 임원 직책의 변경
3. 책무구조도에서 정하는 임원 책무의 변경 또는 추가 [본조신설 2024. 6. 18.]

14 **금융회사지배구조 감독규정**
제14조의3(책무구조도) ① 법 제30조의3제5항제4호에서 "금융위원회가 정하여 고시하는 사항"이란 다음 각

그 밖에 책무구조도 작성·제출과 관련된 절차, 방법 등 필요한 사항은 금융감독원장이 정하도록 하고 있다.

2. 내부통제와 책무

내부통제 등 관리의무를 담당하는 임원에게 배분되어야 할 책무는 지배구조법 등의 법률 등 및 그 밖에 대통령령으로 정하는 금융 관련 법령에서 정한 사항으로서 대통령령으로 정하고 있고(법 제30조의3 제1항), 여기서 '그 밖에 대통령령으로 정하는 금융 관련 법령'으로 금융회사지배구조법 시행령 제25조의3 제1항에서, 개인정보보호법, 공익신고자 보호법, 보험사기방지 특별법 등 26개 법률 및 법령에 열거된 법률의 하위법령·행정규칙으로 열거하고 있다.

동법 제30조의3 제1항에서 말하는 '그 밖에 대통령령으로 정하는 금융 관련 법령에서 정한 사항으로서 대통령령으로 정하는 책무'에 대하여는 동법 시행령 제25조의3 제2항에서 규정되어 있고, 보다 상세한 사항은 ([별표 1])에서 열거되어 있다.

책무구조도가 갖추어야 할 요건으로 법률상 요건(책무별로 담당하는 임원이 중복·공백·누락되지 않도록 함)에 추가하여 책무의 배분이 특정한 임원으로 하여금 편중되는 것을 금지하고 있다(동 시행령 제25조의3 제3항). 책무구조도 및 내부통제 등 관리의무와 관련된 임원(이하 '개정 법률상 임원')은 금융회사의 자산규모, 담당 직책의 특성 등을 고려해 대통령령으로 정하는 임원을 제외하거나 직원을 포함한다(법 제30조의2 제1항).

동법 시행령은 이사회의장이 아닌 사외이사를 임원의 범위에서 제외하고 있는데(시행령 제25조의2 제1항), 직원 중에서 외국 금융회사 국내 지점에서 임원에 준해 업무를 수행하는 자, 법률상 예외 규정에 따라 직원 중에서 선임된 준법감시인 또는 위험관리책임자, 그 밖에 담당 업무에서 임원에 준하여 해당 업무를 수행하는 직원(해당 부서 업무를 담당하는 임원이 없는 경우에 한함)은 임원의 범위에 포함한다(동조 제2항, 감독규정 제14조의2).[15]

호를 말한다.
1. 책무구조도에 오류가 있는 경우
2. 책무구조도의 기재내용이 사실과 다른 경우

[15]
금융회사지배구조 감독규정
제14조의2(내부통제등 관리의무) 영 제25조의2제2항제3호에서 "그 밖에 금융위원회가 정하여 고시하는 자"란 담당 업무에서 임원에 준하여 해당 업무를 수행하는 직원을 말하며, 해당 업무를 담당하는 임원이 없는 경우에 한한다.

법률에 규정된 임원의 선임 및 책무구조도상 직책 변경 외에 임원의 책무가 추가되는 경우(시행령 제8조의2)에도 금융회사가 임원의 자격요건 충족 여부를 확인하고, 공시 및 보고 의무를 이행해야 한다.[16]

3. 내부통제 등 관리의무 등

1) 임원의 이행해야 할 관리조치 내용

개정 법률은 금융회사의 임원이 책무구조도에서 정하는 자신의 책무와 관련해 내부통제 등이 효과적으로 작동할 수 있도록 이행하여야 할 관리조치로서 법률에 열거된 사항 외 그에 준하는 것으로 대통령령으로 정하는 사항을 추가할 수 있도록 하고 있다(법 제30조의2 제1항 제5호).

동법 시행령은 ① 법령·내부통제기준 등의 위반사항 내지 미흡한 사항에 대한 시정·개선 등 조치의 이행 여부 점검 등 사후관리조치, ② 임직원의 법령, 내부통제기준 등 준수를 위한 교육·연수·훈련 등의 실시 및 ③ 법령 또는 내부통제기준 등을 위반한 임직원에 대한 조사, 징계 및 징계 요구를 추가 규정하고 있다(시행령 제25조의2 제3항).[17]

2) 총괄적 관리조치 내용

대표이사가 내부통제 전반에 대한 최종 책임자로서 취해야 할 총괄적 관리조치에 대해서는

16
금융회사지배구조법 시행령
제8조의2(임원의 자격요건 적합 여부 보고 등) 법 제7조제1항제3호에서 "대통령령으로 정하는 경우"란 법 제30조의3제1항에 따른 책무구조도에서 정하는 임원의 책무를 변경하거나 추가하려는 경우를 말한다.

17
금융회사지배구조법 시행령
제25조의2(임원의 내부통제 등 관리의무) ① 법 제30조의2제1항 각 호 외의 부분에서 "대통령령으로 정하는 임원"이란 사외이사(법 제13조제1항에 따른 이사회 의장인 사외이사는 제외한다)를 말한다.
② 법 제30조의2제1항 각 호 외의 부분에서 "대통령령으로 정하는 직원"이란 다음 각 호의 자를 말한다.
1. 법 제25조제2항 단서에 따라 선임되는 준법감시인
2. 법 제28조제2항에서 준용하는 법 제25조제2항 단서에 따라 선임되는 위험관리책임자
3. 그 밖에 금융회사의 자산규모, 담당하는 직책의 특성 등을 고려하여 금융위원회가 정하여 고시하는 자
③ 법 제30조의2제1항제5호에서 "대통령령으로 정하는 관리조치"란 다음 각 호의 조치를 말한다.
1. 법 제30조의2제1항제4호에 따른 조치의 이행 여부에 대한 점검
2. 임직원이 법령 또는 법 제30조의2제1항제1호에 따른 내부통제기준등(이하 "내부통제기준등"이라 한다)을 준수하도록 하기 위하여 필요한 교육·훈련 등의 지원
3. 법 제30조의2제1항제1호부터 제3호까지의 규정에 따른 점검 과정에서 임직원의 법령 또는 내부통제기준 등의 위반 사항이나 내부통제 및 위험관리(이하 "내부통제등"이라 한다)에 관한 미흡한 사항을 알게 된 경우 해당 임직원에 대해 조사 및 제재조치를 할 것을 소속 금융회사에 요구하는 것 [본조신설 2024. 6. 18.]

개정 법률에 열거된 관리조치를 보다 구체화하거나 추가할 수 있도록 대통령령에 위임한다(법 제30조의4 제1항). 임직원의 법령 또는 내부통제기준 등 위반(이하 '위반')을 초래할 수 있는 잠재적 위험요인·취약분야(동항 제5호), 위반이 장기화, 반복되거나, 조직적으로 또는 광범위하게 확대되는 것을 방지하기 위한 조치(동항 제6호)에 관해서 동법 시행령 제25조의4에서 규정하고 있다.[18]

아울러 관리조치를 하는 과정에서 알게 된 법령 및 내부통제기준 등의 위반사항이나 내부통제 등에 관한 미흡한 사항에 대한 시정·개선 등 조치(동법 제30조의4 제1항 제7호)의 이행여부 점검 등 사후관리조치를 추가하고 있다(시행령 제25조의4 제3항).

3) 대표이사의 관리할 책임 내용

제30조의4와 관련하여, 개정 금융회사 지배구조법은 대표이사로 하여금 내부통제 및 위험관리의 최종책임 책임자로서 정책 및 기본방침 등을 포함한 다양한 영역에 대하여 점검하고,

---

[18]

금융회사지배구조법 시행령

제25조의4(대표이사등의 내부통제등 총괄 관리의무) ① 법 제30조의4제1항제5호에서 "대통령령으로 정하는 잠재적 위험요인 또는 취약분야"란 다음 각 호의 사항을 말한다.
1. 금융회사의 업무가 신규로 추가되는 등의 사유로 해당 업무와 관련된 내부통제기준등의 제정·개정이 필요한 사항
2. 내부통제등과 관련하여 임원이 담당하는 업무 간 또는 임직원과 소속 금융회사 간의 이해상충이 발생했거나 발생할 우려가 있는 사항
3. 금융회사의 특정 사업 부문 또는 취급 상품과 관련된 자산 또는 영업수익의 급격한 변동 또는 이상 징후가 있는 사항
4. 복수의 임원이 법 제30조의2제2항에 따라 보고한 동일하거나 유사한 내부통제등에 관한 사항
5. 금융회사가 특정 사업 부문 또는 취급 상품과 관련하여 임직원의 성과보수체계 또는 성과평가지표를 신설하거나 상당한 수준으로 변경 또는 조정하는 경우 해당 성과보수체계 또는 성과평가지표에 관한 사항
6. 그 밖에 제1호부터 제5호까지에 준하는 사항으로서 금융위원회가 정하여 고시하는 사항
② 법 제30조의4제1항제6호에서 "대통령령으로 정하는 조치"란 다음 각 호의 조치를 말한다.
1. 임직원의 법령 또는 내부통제기준등 위반사항을 알게 된 경우 다음 각 목의 조치
   가. 해당 위반행위와 연관된 다른 임직원이 있는지에 대한 점검
   나. 동일하거나 유사한 위반행위가 발생할 가능성에 대한 점검
   다. 동일하거나 유사한 위반행위의 발생을 방지하기 위한 조치
2. 특정 임직원이 동일하거나 유사한 업무를 장기간 수행함에 따라 발생할 수 있는 법령 또는 내부통제기준등의 위반행위를 방지하기 위한 조치
3. 법령 또는 내부통제기준등의 위반행위가 금융회사 본점의 여러 부서 또는 지점이나 그 밖의 영업소에 걸쳐 발생할 가능성에 대한 점검
4. 그 밖에 임직원의 법령 또는 내부통제기준등 위반이 장기적, 반복적 또는 조직적으로 이루어지거나 광범위하게 이루어지는 것을 방지하기 위한 조치로서 금융위원회가 정하여 고시하는 조치
③ 법 제30조의4제1항제8호에서 "대통령령으로 정하는 조치"란 같은 항 제7호에 따른 조치의 이행 여부에 대한 점검을 말한다. [본조신설 2024. 6. 18.]

잠재적 위험요인 또는 취약분야에 대한 점검 및 조치를 총괄적으로 실효성 있게 관리할 책임을 부여하고 있다.[19]

4) 임원의 대표이사에 대한 보고의무

금융회사지배구조법에서의 임원은 이사, 감사, 집행임원 및 업무집행 책임자를 말하며, 업무집행책임자란 이사가 아니면서 이사 등 업무를 집행할 권한이 있는 것으로 인정될 만한 명칭을 사용하여 금융회사의 업무를 집행하는 사람을 말한다. 개정 금융회사지배구조법은 이러한 임원이 내부통제 및 위험관리와 관련하여 책무구조도에서 정하는 본인의 책무와 관련한 내부통제기준 및 위험관리기준의 적정 마련 여부와 효과적 집행 운영 여부 점검을 요구한다. 또한 임직원이 법령 또는 내부통제기준등을 충실하게 준수하고 있는지 여부에 대하여 점검할 것을 요구하며, 시정 및 개선 조치를 하고 대표이사에게 관리조치의 내용과 결과 등을 보고할 것을 규정하고 있다.[20]

---

[19]

금융회사지배구조법

제30조의4(대표이사등의 내부통제등 총괄 관리의무) ① 금융회사의 대표이사등은 내부통제등의 전반적 집행 및 운영에 대한 최종적인 책임자로서 다음 각 호의 총괄적인 관리조치를 실효성 있게 하여야 한다.
1. 내부통제등 정책·기본방침 및 전략의 집행·운영
2. 임직원이 법령 및 내부통제기준등을 준수하기 위하여 필요한 인적·물적 자원의 지원 및 그 지원의 적정성에 대한 점검
3. 임직원의 법령 또는 내부통제기준등 위반사실을 대표이사등이 적시에 파악할 수 있도록 하기 위한 제보·신고 및 보고 등에 대한 관리체계의 구축·운영
4. 각 임원이 제30조의2에 따른 관리의무를 적절하게 수행하고 있는지 여부에 대한 점검
5. 임직원의 법령 또는 내부통제기준등 위반을 초래할 수 있는 대통령령으로 정하는 잠재적 위험요인 또는 취약분야에 대한 점검
6. 임직원의 법령 또는 내부통제기준등 위반이 장기화 또는 반복되거나 조직적으로 또는 광범위하게 이루어지는 것을 방지하기 위한 조치로서 대통령령으로 정하는 조치
7. 제1호부터 제6호까지 및 제8호에 따른 관리조치를 하는 과정에서 알게 된 법령 및 내부통제기준등의 위반사항이나 내부통제등에 관한 미흡한 사항에 대한 시정·개선 등 필요한 조치
8. 그 밖에 내부통제등의 효과적 작동을 위한 대통령령으로 정하는 조치
이하 생략함. [본조신설 2024. 1. 2.]

[20]

금융회사지배구조법

제30조의4(대표이사등의 내부통제등 총괄 관리의무) 생략함.
② 금융회사의 대표이사등은 다음 각 호의 사항에 관하여 이사회에 보고하여야 한다.
1. 제1항 각 호에 따른 관리조치의 내용과 결과
2. 제1항에 따른 관리조치를 수행하는 과정에서 알게 된 내부통제등에 관한 중요한 사항
3. 제30조의2제2항에 따라 임원이 보고하는 사항 중 중요한 사항
4. 제1호 및 제2호에 준하는 사항으로서 대통령령으로 정하는 사항
③ 제1항에 따른 관리조치 및 제2항에 따른 보고 등에 관하여 필요한 사항은 대통령령으로 정한다.

4. 이사회 권한 강화 사항

1) 내부통제위원회의 심의 · 의결사항

기존에 대표이사를 위원장으로 하던 내부통제위원회를 이사회 내 위원회로 설치하게 됨에 따라 개정 법률은 내부통제위원회의 심의 · 의결 사항 및 내부통제위원회의 소관 사항 중 감사위원회 내지 위험관리위원회에 담당하도록 할 수 있는 사항에 관해 하위법령에 위임하고 있다 (법 제22조의2).[21]

금융회사지배구조법 제22조의2 제2항에 따른 대표이사 및 임원의 관리조치 및 보고에 관한 점검이나 평가 및 필요한 조치 요구(동법 시행령 제17조의2)는 정관으로 정하는 바에 따라 감사위원회나 위험관리위원회가 담당하도록 할 수 있도록 규정하고 있다.[22]

개정 금융회사 지배구조법은 자산규모, 영위하는 금융업무를 고려하여 대통령령에 따라 이사회 내 임원후보추천위원회, 감사위원회, 위험관리위원회, 보수위원회를 설치하지 않도록 하는 회사를 제외하고, 전술한 위원회를 설치하도록 하는 회사의 경우 내부통제위원회를 설치하도록 하였다.

기존에 금융회사 지배구조법 시행령에서 정한 내부통제위원회는 위원장을 대표이사로 하는 위원회로서, 이사회 내 위원회로 규정하지 않고 있었다. 이에 대부분의 금융회사는 이사회 내 위원회로서 내부통제위원회를 두지 않고, 금융소비자보호법의 대응을 겸하는 금융소비자보호 내부통제위원회 또는 준법지원조직의 하나로서의 내부통제위원회로 운영되었다.

....

[21]

[본조신설 2024. 1. 2.]

금융회사지배구조법

제22조의2(내부통제위원회) ① 내부통제위원회는 다음 각 호에 관한 사항을 심의 · 의결한다.
1. 내부통제의 기본방침 및 전략 수립
2. 임직원의 직업윤리와 준법정신을 중시하는 조직문화의 정착방안 마련
3. 제14조제1항에 따른 지배구조내부규범의 마련 및 변경
4. 제24조제1항에 따른 내부통제기준의 제정 및 개정
5. 그 밖에 금융위원회가 정하여 고시하는 사항
② 내부통제위원회는 제30조의2제1항에 따른 임원과 제30조의2제2항에 따른 대표이사등이 각각 제30조의2 및 제30조의4에 따른 관리조치와 보고를 적절하게 수행하고 있는지 여부를 점검 · 평가하고 미흡한 사항에 대해서는 개선 등 필요한 조치를 요구하여야 한다.
③ 제1항 및 제2항에도 불구하고 대통령령으로 정하는 사항에 대해서는 금융회사의 정관으로 정하는 바에 따라 내부통제위원회가 아닌 감사위원회나 위험관리위원회가 담당하도록 할 수 있다. [본조신설 2024. 1. 2.]

[22] 금융회사지배구조법 관련하여, 기존에 대표이사를 위원장으로 하는 내부통제위원회에 관한 사항을 시행령 및 감독규정에서 삭제하였다(시행령안 제19조 제2항, 감독규정 제11조 제5항, 제7항 등).

2) 내부통제위원회의 주요 역할

(1) 이사회 내부통제 명확화

개정 금융회사 지배구조법은 이사회 내 위원회로 내부통제위원회를 둠으로써, 감독 기능을 하는 이사회와 업무집행 기능을 하는 경영진으로 이원화된 대규모 금융회사의 지배구조에서 대표이사가 내부통제를 총괄하고 이를 이사회가 감독하되, 이사회 내 위원회가 전문성을 발휘하여 이사회의 의사결정을 지원하도록 하고자 한다.

또한 이사회의 내부통제 및 위험관리에 관한 심의와 의결사항을 추가하고,[23] 이사회 내 소위원회로 내부통제위원회 신설 등을 통해 내부통제에 대한 이사회의 책임을 구체화하고자 한다. 이는 무엇보다도 이사회의 내부통제 역할을 명확화하고 지배구조의 견제와 균형의 원리를 제대로 작동시키고자 하는 의도가 있다.

(2) 내부통제위원회의 대체 위원회

향후 준법감시인, 위험관리책임자, 대표이사는 내부통제위원회에 관련된 업무의 보고를 수행해야 할 것이며, 내부통제위원회는 해당 업무보고에 대해 합리적으로 정보가 준비되고 보고되는지 확인하고 충분한 시간을 들여서 보고사항을 검토해야 할 것이다. 다만 위의 사항을 감사위원회 또는 위험관리위원회에서 담당하는 경우, 정관에 따라 내부 통제위원회를 설치하지 않을 수 있다. 이는 감사위원회와 위험관리위원회가 공통적으로 재무, 회계 및 위험관리의 역량을 필요로 하기 때문에 해당 위원회의 구성원들이 동 업무를 담당할 수 있기 때문이다. 특히 이사회의 구성원이 다양하고 많을 경우 다수의 이사회 내 위원회를 두어 운영하는 것이 합리적이지만, 이사회의 구성원이 적을 경우에는 다수의 이사회 내 위원회를 운영하는 것은 오히려 이사의 충실한 업무를 저해할 우려가 있다. 따라서 금융회사는 자사의 이사회 규모와 역량을 고려하여 내부통제위원회의 설치 여부를 판단할 필요가 있을 것이다.

---

23 내부통제위원회의 심의 및 의결사항은 ① 내부통제의 기본방침 및 전략의 수립, ② 임직원의 직업윤리와 준법정신을 중시하는 조직 문화 정착방안 마련, ③ 지배구조내부규범의 제정 및 개정, ④ 내부통제기준의 제정 및 개정, ⑤ 그 밖에 금융위원회가 정하여 고시하는 사항으로 규정되고 있다. 또한 내부통제위원회는 하여금 준법감시인 또는 위험관리책임자와 대표이사가 내부통제와 관련한 관리조치와 보고를 적절하게 수행하고 있는지 여부를 점검, 평가하고 미흡한 사항에 대해서 개선 등 필요한 조치를 요구하도록 의무가 부여되었다.

(3) 대표이사의 내부통제의무

개정 금융회사지배구조법은 이사회의 권한으로서 내부통제 및 위험관리 정책의 수립 및 감독에 관한 사항을 추가하였으며, 후술하는 대표이사의 등의 내부통제 등 총괄 관리의무를 감독하도록 조항을 신설하였다. 기존에도 내부통제기준 및 위험관리기준의 제정, 개정 및 폐지에 관한 사항은 이사회의 심의, 의결을 거치도록 하였으나, 개정 금융회사지배구조법은 관련 기준의 개폐뿐만 아니라 정책의 수립 및 감독을 통하여 수립된 기준이 실질적으로 작용하는 기제를 확인하고 검토하는 의무를 부여한 것이다. 이는 이사회가 대표이사 및 회사를 감독함에 있어 내부통제 및 위험관리를 직접적으로 감독하게 함으로써, 이전 대법원 판례[24]와 최근의 판례[25] 및 학자들의 논의에 의하여 구체화 된 이사회의 내부통제 감시의무를 반영한 것이다. 다만, 내부통제가 필요한 사업영역 및 운영절차는 복잡다기하며, 어느 분야에 있어 이사회가 어느 정도로 의무를 부담하는가에 대해서는 실무의 입장에서 명확하지 않을 수 있다.[26]

....

[24] 대법원 2008. 9. 11. 선고 2006다68636 판결. 대법원은 "대표이사는 이사회의 구성원으로서 다른 대표이사를 비롯한 업무담당이사의 전반적인 업무집행을 감시할 권한과 책임이 있으므로, 다른 대표이사나 업무담당이사의 업무집행이 위법하다고 의심할 만한 사유가 있음에도 악의 또는 중대한 과실로 인하여 감시의무를 위반하여 이를 방치한 때에는 그로 말미암아 제3자가 입은 손해에 대하여 배상책임을 면할 수 없다. 이러한 감시의무의 구체적인 내용은 회사의 규모나 조직, 업종, 법령의 규제, 영업상황 및 재무상태에 따라 크게 다를 수 있는바, 고도로 분업화되고 전문화된 대규모의 회사에서 공동대표이사와 업무담당이사들이 내부적인 사무분장에 따라 각자의 전문 분야를 전담하여 처리하는 것이 불가피한 경우라 할지라도 그러한 사정만으로 다른 이사들의 업무집행에 관한 감시의무를 면할 수는 없고, 그러한 경우 무엇보다 합리적인 정보 및 보고시스템과 내부통제시스템을 구축하고 그것이 제대로 작동하도록 배려할 의무가 이사회를 구성하는 개개의 이사들에게 주어진다는 점에 비추어 볼 때, 그러한 노력을 전혀 하지 아니하거나, 위와 같은 시스템이 구축되었다 하더라도 이를 이용한 회사 운영의 감시·감독을 의도적으로 외면한 결과 다른 이사의 위법하거나 부적절한 업무집행 등 이사들의 주의를 요하는 위험이나 문제점을 알지 못한 경우라면, 다른 이사의 위법하거나 부적절한 업무집행을 구체적으로 알지 못하였다는 이유만으로 책임을 면할 수는 없고, 위와 같은 지속적이거나 조직적인 감시 소홀의 결과로 발생한 다른 이사나 직원의 위법한 업무집행으로 인한 손해를 배상할 책임이 있다."고 판단한 바 있다.

[25] 종래 대법원은 이사의 감시의무 위반 인정 기준으로 "다른 이사의 업무집행이 위법하다고 의심할 만한 사유가 있음에도 이를 방치한 때"를 제시하였다(대법원 2004. 12. 10. 선고 2002다60467, 60474판결, 대법원 2007. 12. 13. 선고 2007다60080 판결 등). 그런데 대규모 회사의 경우 내부적인 위임·전결 규정에 따라 이사 각자가 자신에게 주어진 업무를 전담하여 수행함에 따라 위법하다고 의심할 만한 사유를 적극적으로 발견하기가 쉽지 않으며, 오히려 이를 외면할 우려도 있다는 점 등이 문제로 제기되었다. 황현영, "이사의 감시의무와 내부통제시스템에 관한 연구 - 대법원 2021. 11. 11. 선고 2017다222368 판결 - ", 법조, 제70권 제6호, 법조협회, 2021, 457-458면.

[26] 최현정, "개정 금융회사 지배구조법이 주요 내용과 실무상 문제점, 향후 과제에 대한 소고 - 23. 11월 금융회사 지배구조법 개정법률(안)을 중심으로 - ", 경제법연구, 제22권 제3호, 한국경제법학회, 2023, 84-85면. 예를 들어, 인사노무와 관련한 내부통제, 광고와 관련한 내부통제, 금융소비자보호에 관련한 내부통제, 담합과 관련한 내부통제 등에 있어 이사가 어느 분야에까지 내부통제체계 감독이 있어야 할지에 대해 의문이 있을 수 있다. 특히 금융회사의 내부통제 감시의무는 준법통제뿐만 아니라 위험관리 및 금융소비자보호를 통틀어 일컬어질 수 있으므로 이사회에게 지나친 의무를 부여하는 것이 아닐지 주의가 필요할 것이다. 이는 이사회 및 내부통제위원회가 준법감시인, 위험관리책임자, 대표이사에게 보고를 요구하고 검토해야 할 사안으로서 주의해야 할 뿐만 아니라, 후술하는 대표이사의 책임으로서도 주의해야 할 사안이다.

5. 기타사항

금융회사지배구조법에 따라 이사회 결의 없이 책무구조도를 마련한 경우라면 5천만 원, 임원의 선임 등 사실이나 적격성 여부 등에 관한 공시 혹은 보고를 이행하지 아니하거나 거짓으로 이행한 경우 또는 금융위원회에 책무구조도를 제출하지 않은 경우라면 각 1천 8백만 원의 과태료가 부과된다(시행령 [별표 2] 2. 초목 및 코목).

또한 내부통제기준의 설정운영기준에서 내부통제기준에서의 준수대상 법률을 '상법, 지배구조법령, 금융관계법령 및 금융소비자투자자 보호와 직접 관련이 있는 법률'에서 '상법, 형법, 금융관계법령 및 영 제25조의3 제1항의 법령 중 금융업 영위와 관련된 사항'으로 개정하였다(감독규정 [별표 2] 7.)

최근 사업연도 말 현재 자산총액이 5조 원 미만인 보험회사에 대해서는 책무구조도 최초 제출 기한을 개정 시행령의 시행일 이후 2년 이내로 유예하고 있다(시행령 부칙 제2조 제3호).

개정 금융회사 지배구조법은 임원의 내부통제 및 위험관리 관련 의무를 위반하거나 대표이사가 내부통제 및 위험관리 의무를 위반하는 경우 금융위원회의 제재조치를 할 수 있도록 하고 있다(동법 제42조 제3항 본문). 단, 해당 임직원의 관리나 감독 책임이 있는 임직원에 대한 조치는 제외된다. 왜냐하면 이는 조치의 대상이 임원 이상의 행위이기 때문이다. 한편, 임원이나 대표이사가 상당한 주의를 다하여 관리의무를 이행한 경우에는 제재조치로부터 감경이나 면제를 받을 수 있다(동법 제42조의 제3항 단서).

IV. 평가와 향후 과제

1. 평가

1) 지배구조의 선진화 방향

개정 금융회사지배구조법은 이사회와 대표이사, 임원의 기능과 역할에 대한 구분을 통해 대규모 상장회사로서의 기업지배구조에서 역할을 제시하였다는 데에 의미가 있다. 전통적으로 주식회사의 지배구조에 관한 이론에서 이사회는 대표이사와 경영진의 업무집행에 대한 감독과 경영전략에서의 지도 역할을 하며, 대표이사는 업무집행을 총괄하고 경영진은 각 분야별 업무집행을 하게 된다. 개정 금융회사지배구조법은 내부통제에 관하여 이러한 역할을 기능별로 분화하고 이에 대한 책임을 규정화하였다는 데에서 선진적 지배구조 확립에 의미를 가지는 것으로 볼 수 있다. 다만, 이러한 지배구조는 사외이사가 다수인 감독형 이사회가 있는 대규모 상장회사에 한정된 것으로 기업의 성장 규모가 성숙되기 전 사내이사 중심의 집행형 이사회로 구성된 회사에는 적합하지 않을 수 있다. 비록 대규모 상장회사의 기업지배구조에 대한 이해가 국내에서 널리 인식된 것으로 보이지는 않아 이러한 입법은 의미를 가질 수 있다고 하더라도, 이러한 규모 및 성숙기에 이르지 않은 금융회사의 지배구조에 대한 법률적 지도 역할에 있어서는 별도의 역할 또는 기능이 필요하지 않았을까 하는 아쉬움이 남는다.

2) 원칙 중심의 영국 책무구조도와 성문의 금융회사지배구조법상 규정

이번 금융회사 지배구조법 개정의 핵심은 책무구조도의 도입이라고도 볼 수 있다. 금융위원회의 보도자료에 따르면, 책무구조도는 FCA의 핸드북상의 지정책무, 총괄책무에 대한 사항을 참고한 것이다. 그러나 책무구조도 도입에 있어 금융회사가 참고할 만한 사례는 확인되지 않으며, 현행 금융회사지배구조법은 금융회사의 자율적인 책무구조도 작성에 책임을 맡겨두고 있다. 또한 책무구조도 작성에 대해 금융위원회가 보완 및 제출을 요구할 수 있으나, 그 보완 기준은 명확하게 하기 어려워 재량의 여지가 있을 것이다. 따라서 향후 금융위원회 고시로 제정될 보완 요구의 추가 기준을 구체화할 필요가 있으며, 더불어 금융회사가 참고할 수 있는 사례를 제공할 필요가 있다.[27]

3) 업종별 지침의 부재

개정 금융회사 지배구조법은 이사회와 경영진의 의무를 명시하고 그에 따른 책무를 명확히 할 것을 요구하고 있다. 이 점에서 있어서 감독이나 책임에 대한 수범자들의 인식은 보다 용이하다고 볼 수 있다. 그러나 업종별 차이를 두지 않은 점은 역시 문제점으로 지적될 수 있는바, 업종별로 지침이나 사례를 구체화하는 방안을 마련하는 것이 바람직할 것으로 판단된다. 특히,

---

[27] 장윤제, "개정 금융회사 지배구조법의 주요내용과 과제", 기업법연구, 제38권 제1호, 한국기업법학회, 2024, 39면 참조. FCA 핸드북의 SYSC(Senior Management Arrangements, Systems and Controls)의 24장은 고위 경영진과 인증의 방법: 지정책무의 할당에 대해 다루고 있다. 이 장에서는 FCA가 규정한 고위 경영진의 책임을 명확히 해야 하며, 이는 개정 금융회사 지배구조법의 책무구조도 및 그에 따른 관리책임 의무 부여의 취지와 유사하다고 볼 수 있다. 그러나 FCA 핸드북에서는 임원의 책무에 대한 사례 및 일반 회사, 소규모 기업, 해외법인에서의 책무 해당 여부에 대한 사례, 업종별 책무 해당 여부에 대한 사례를 보여주고 있어 원칙중심규제를 수범기업이 적용하기 용이하도록 지침을 제공하고 있다.

감독지침을 원칙 중심으로 운영하되 구체화할 경우, 수범자의 자율성과 명확한 규범 준수를 제고할 수 있을 것이다.[28]

2. 향후 과제

1) 추가적 지침 필요성

2024년 7월부터 시행되고 있는 개정 금융회사지배구조법의 핵심 사항은 책무구조도의 도입이라 할 수 있다. 다만, 감독규정은 책무기술서와 책무체계도에 담겨야 할 기본적인 정보만을 예시적으로 열거하고 있을 뿐이라는 지적이 제기될 수 있다. 금융회사가 책무구조도 작성의무를 이행하기 위해서는 추가적인 지침이 필요할 것이다. 실질적 측면에서는 '임원의 범위', '금융회사별로 책무구조도에 담을 책무의 내용을 어떻게 판별할 것인지', '해당 임원의 직책 및 책무의 상세한 내용'에 대한 지침이 필요할 것이다.

2) 사외이사의 임원 지위 배제

개정 법률상 임원의 범위에 관해서는 이사회의장이 아닌 사외이사를 모두 제외하는 것이 바람직한지 추가적인 검토가 필요하다. 직원이 어떠한 경우에 '담당 업무에서 임원에 준하여 업무를 수행'하는 것으로서 임원에 포함될 수 있는지 명확한 판단지침 또한 요구된다. 이사회 의장이 아닌 사외이사를 개정 법률상 임원의 범위에서 제외하는 것은 회사의 상시 업무에 종사하지 않는 사외이사에 대해서는 내부통제 관련 책임성에 관해 달리 취급하고자 한 것으로 이해할 수 있지만, 금융회사지배구조법상 이사회 내 위원회의 대표는 사외이사가 담당하므로 이사회 내 위원회 대표인 사외이사도 개정 법률상 임원의 범위에서 제외하는 것이 타당한지에 대하여는 의문의 여지가 있다.[29]

----

28 장윤제, "개정 금융회사 지배구조법의 주요내용과 과제", 기업법연구, 제38권 제1호, 한국기업법학회, 2024, 41면 참조. 일본 금융청의 감독지침의 경우, 검사 및 감독의 기본방침과 내부통제 및 위험관리(컴플라이언스, 리스크관리)에 대한 검사 및 감독에 대한 진행 방식(내부통제 및 위험관리 기본방침)을 2018년에 제시하고, 2022년에 대부업, 신용보증조합, 청산 및 이전 기관 등에 대한 종합 감독지침을 적용하도록 한 후 2023년에 금융중개업자 및 신탁업자, 보험회사 등에 대해, 2024년부터 은행 및 금융상품사업자에 대해 종합 감독지침을 적용하는 점을 참고할 수 있을 것이다.

29 개정 법률은 이사회의 내부통제 감시역할을 강화하기 위해 내부통제위원회를 이사회 내 위원회로 두게 하고, 대표이사 및 임원들의 관리의무 이행에 대해 점검·평가하고 개선 등 조치를 요구하도록 규정하고 있는바, 내부통제위원회의 대표 역시 사외이사가 담당하게 된다는 점을 고려할 필요가 있을 것이다.

3) 직원 담당업무에 대한 임원에 준하는 책임 규정

한편, 법률상 예외규정에 따라 직원 중에서 선임된 준법감시인 · 위험관리책임자나, 외국 금융회사 국내 지점에서 임원에 준하는 자에 더해 '담당 업무에서 임원에 준하여 해당 업무를 수행하는 직원(해당 부서 담당임원이 없는 경우에 한함)'을 개정 법률상 임원의 범위에 포함한 것은 회사의 인력활용에 따른 특수성을 반영하기 위한 것으로 볼 수 있다. 다만, 이 부분은 다른 예외규정과 달리 회사의 규모나 구조에 대한 제한 없이 일반적으로 적용되는 내용인바, 지나치게 넓게 해석되는 경우 권한상 내부통제 등 관리의무를 부담하기 적절하지 않은 자에게 책무가 배분될 우려가 있으므로, 이에 대한 구체적인 내용이 포함되어야 할 것이다.

4) 세부적인 지침 제시 필요성

대표이사 및 임원들이 수행해야 할 내부통제 등 관리조치에 관해 대통령령에 위임된 사항을 추가로 규정하여 수범자가 소관 책임영역에서 어떠한 조치들을 취해야 하는지 분명히 하였으나, 이러한 조치들을 어느 정도 수준으로 이행하여야 의무를 충족한 것인지에 대해서는 규정이 없다. 입법취지에 맞게 각 임원이 내부통제에 대한 책임의식을 갖고 내부통제 등이 효과적으로 작동하도록 조치하기 위해서는 세부적으로 이행해야 할 관리조치의 내용과 더불어 이러한 관리조치를 어느 정도로 이행하여야 내부통제 등 관리의무를 충족하는지에 대한 내용을 제시해주는 것이 타당하다.

책무구조도와 관리의무 도입의 핵심은 임원 제재에 있지 않고 임원 스스로 내부통제 등 관리의무를 충실히 이행하도록 유도하는 데 있는 바, 수범자가 관리의무 위반에 대한 법적 불확실성에 노출되는 것은 기업의 창의적 활동을 저해할 뿐 아니라 제도 도입 취지와 달리 실효적 내부통제로 이어지지 않을 수 있다. 따라서 책무를 부담하는 각 개인이 관리의무 충족 여부 및 법적 위험성을 가늠할 수 있도록 개정 법률 시행 이전에 판단지침이 제공될 필요가 있다.

3. 보험업과 관련한 사항

다른 금융회사와 달리, 보험회사는 횡령 등의 금융사고보다 보험상품 판매 관련 감독당국의 제재 또는 소비자 민원 예방에 문제 발생 가능성이 높은 편이다. 그런 측면에서 무엇보다도 완전판매 문화 정착을 위한 제도개선 노력이 가장 중요한 과제가 될 것이다. 판매채널을 담당하는 임원은 과당경쟁을 방지하고 완전판매 문화가 정착될 수 있도록 해야 한다. 이를 위해 담당 임원의 책무구조도에는 '판매수수료 제도 및 전략 수립이 과다한 경쟁을 예방하기에 충분한 것인지', '채널 소속 설계사에 대한 주기적 교육을 통해 완전판매문화 정착에 기여하고 있는 것인지', '판매채널 혹은 영업점이 내부통제 수준을 자체 점검할 수 있도록 절차가 수립되어 있는 것인지' 등을 고려해야 할 것이다. 불완전판매가 발생했다면 해당 판매조직을 관리나 감독한 사업부서 임원이 책임질 수 있다. 대표이사 또한 각 임원의 내부통제 등 관리의무를 총괄관리자의 입장에서 점검하고, 시스템적 실패가 발생할 만한 요인이 있는지를 확인할 필요가 있다.

점점 그 규모를 확대해 가고 있는 GA 영향력과 관련된 쟁점이 고려될 필요가 있다. 만약, GA에서 발생하는 불완전판매에 대해 보험회사 임원에게 책임을 물을 수 있는지에 대한 의문도 있다. GA는 금융회사지배구조법의 대상에 해당하지 않는다. 대규모 설계사 조직을 보유·운영하고 있지만, 보험회사만큼의 내부통제를 운영하는 체계가 마련되지 않은 실정이다. 현재 GA는 내부통제기준을 마련하고 준법감시인을 의무적으로 두는 '마련'의 의무만 있다. 제조와 판매를 분리하는 제판분리를 통해 설계사 조직을 보험사에서 떼어내는 경우가 많은데, 내부통제 공백에 대해 향후 제도적 보완이 있어야 할 것이다.

공정한 보험금 지급을 위한 제도 등의 체계를 정비하는 것이 요구된다. 보험상품과 관련된 사항도 생각해 볼 수 있다. 보험상품과 관련된 기초서류점검 관련 내부통제 등이 필요한 사항이다. 대리점, 설계사의 위법행위에 대한 원수사(위탁자)로서의 내부통제관리 이슈와 대리점, 설계사에 대한 내부통제관리 담당부서(임원)를 누구로 볼 것인지가 문제될 수 있다. 예를 들면, GA영업본부, 마케팅전략본부, 영업지원본부 등이 연관될 수 있다. 기초서류준수의무위반과 관련된 예를 들면, 보험금 지급심사위원회 등 협의체는 책무구조도상 임원이 아니지만 책임으로부터 완전히 배제되어 있다고 보기는 어렵다.

대형 보험회사와 중소형 보험회사에 대한 책무구조도 마련에 대한 차이점 고려의 필요성도 제기될 수 있다. 중소형 보험회사의 경우 책무구조도를 만드는 것 자체보다는, 향후 이를 이행할 수 있는 내부 관리체계를 수립하는 데 어려움이 있다. 책무구조도 운영이나 관리를 위해선 인적 또는 물적 자원의 지원이 현재보다 확대되어야 하는데, 중소형 보험회사의 경우 대형 보험회사에 비해 충분치 않은 면이 있다. 그러므로 회사의 특성 및 조직문화에 기반한 리스크를 감안하여 고위험영역에 대해 중점적으로 관리할 수 있는 체계를 수립하는 방안이 필요하다.

V. 결 론

개정된 금융회사지배구조법의 적용은 한편으로 금융회사 지배구조의 선진화를 위한 발판으로 삼을 수 있는 계기가 될 것으로 예상되지만, 또 다른 한편으로 금융회사 대표이사와 임원에게 상당한 부담으로 작용할 것으로 예상된다. 새로 도입되는 책무구조도 등을 포함한 새로운 제도와 정책은 시행 초기에 금융시장에 다소 혼란스럽게 다가오고 있다. 이는 보험업계에게도 마찬가지일 것이다. 보험업의 경우는 무엇보다 판매와 관련된 이슈가 가장 클 것으로 예상된다.

특별이익이나 승환계약 등 판매채널 관련 법규 위반 리스크가 상당할 것으로 예상되고, 금융소비자보호법상 보험회사의 판매조직 관리가 금융회사지배구조법 임원 등의 책임 문제로 등장할 가능성이 높다고 하겠다.

법인보험대리점(GA)이나 은행에서 보험상품을 판매하는 방카슈랑스 등과 관련된 불완전판매에 대해서도 보험회사 담당 임원의 관리 책임이 문제될 수 있다. 보험회사가 새로 상품을 출시하고 판매하는 과정에서도 상품 담당 임원, 소비자보호총괄책임자, 선임계리사, 준법감시인 등이 금융회사지배구조법에서 요구하는 각각의 책무를 제대로 이행해야 함을 의미한다.

그 외에도 자산운용과 관련된 이슈도 배제하기는 어려울 것이다. 자산운용은 특히 장래 보험금 지급을 위한 재원의 안정적 운영에 대한 내부통제가 필요한 부분에 해당하기 때문이다. 자산운영의 영역보다 중요한 영역은 보험금지급 심사 관련 사항이다. 보험은 약관에서 정한 바에 따른 보험금 지급인지 여부가 이슈가 되어 왔다. 특히, 최근에 보험계약자 측과 보험회사 사이에 사회적 문제를 야기한 자살보험금 지급 여부나 즉시연금 관련 분쟁은 금융회사지배구조법상 대표이사 및 임원에게 직결될 수 있는 문제라 할 것이다.

제18장

최초보험료의 지급지체와 법적 효과

I. 의 의

1991년 개정 전 우리 상법 제650조에는 최초보험료와 계속보험료를 구분하지 아니하고 보험료가 적당한 시기에 지급되지 아니한 때에는 보험자가 상당한 기간을 정하여 보험계약자에게 최고하고 그 기간 내에 지급하지 아니한 때에 한하여 계약을 해지할 수 있도록 하고 있었다.[1] 그러나 지급이 없으면 보험자의 책임이 개시되지 않는 최초보험료의 지체에 대한 효과와 이미 개시되고 있는 보험자의 책임에 대하여 지급기일에 그 지급이 없다고 해서 보험관계를 소멸시키는 방식과 동일해서는 안 된다는 취지하에 계속보험료에 있어서는 최초보험료의 경우와 달리 규정하고 있다.

독일 보험계약법이 보험료의 지급지체에 관한 문제를 최초보험료와 계속보험료를 구분하여 각각 제37조와 제38조에서 규정하고 있는 것과 유사하게, 현 우리 상법은 제650조 제1항에서 최초보험료의 지급지체에 대한 효과를 규정하고, 제2항에서는 계속보험료의 지급지체에 대한 효과를 규정하며, 타인을 위한 보험에서 보험계약자가 보험료를 지급지체하고 있는 사안에 대하여는 제3항이 규정하고 있다.

----

[1] 양승규, 보험법, 제5판, 삼지원, 2004, 155면.

보험계약 당사자인 보험자와 보험계약자가 보험계약을 체결하게 되면 보험계약자는 보험료지급의무를 부담한다(상법 제638조). 그리고 당사자의 다른 약정이 없으면 최초의 보험료를 수령한 때부터 보험자의 책임이 개시되기 때문에(상법 제656조), 일반적으로 보험계약자는 보험계약이 성립한 후 지체 없이 보험료의 전부 또는 제1회 보험료를 지급하게 된다(상법 제650조 제1항 제1문). 또한 보험계약이 성립한 때 보험자는 지체 없이 보험증권을 교부하여야 하지만(상법 제640조 제1 본문) 보험계약자가 보험료의 전부 또는 최초의 보험료를 지급하지 아니한 때에는 보험증권을 교부할 필요가 없다(제640조 제1항 단서). 반면 독일 보험계약법에서는 보험계약이 체결되고 보험료의 전부나 최초보험료에 대한 금액이 합의되었다면 보험료의 지급이 보험증권의 도달을 전제조건으로 하고 있다(제33조)는 점에서 약간의 차이를 보이고 있다.

독일 보험계약법 제37조는 최초보험료의 지급지체에 관한 내용을 규정하고 있다.[2] 2008년 독일에서는 대폭적인 개정을 한 보험계약법이 효력을 발생하고 있고,[3] 최초보험료의 지급지체로 인한 법적 효과에 관한 문제에 있어서도 새롭게 입법화 된 바, 그 내용에 대한 이해가 필요하다.

II. 독일 보험계약법상 최초보험료 지급지체

1. 보험계약법 제37조의 입법목적

독일 민법 제323조는 쌍무계약에서 채무자가 급부를 이행하지 않거나 계약에 합당한 이행을 하지 않는 경우에 대하여 규정하고 있다.[4] 이 경우 채권자는 계약에 대한 해제권을 행사할 수 있

---

[2] 독일 보험계약법 제37조(최초보험료의 납입지체) (1) 전부 또는 최초의 보험료를 제때에 납입하지 못한 경우, 보험자는 그 계약을 해제할 수 있다. 그러나 보험계약자가 책임 없이 보험료를 지급하지 않은 경우에는 그러하지 아니하다. (2) 보험사고의 발생 시 전부보험료와 최초보험료가 납입되지 않은 경우, 보험자는 급부에 대하여 책임을 지지 아니한다. 그러나 보험계약자가 책임 없이 보험료를 지급하지 아니한 경우에는 그러하지 아니하다. 보험자가 보험계약자에게 텍스트 형식의 특별한 통지나 보험증권에 눈에 띄는 지침을 통하여 보험료를 지급하지 않은 것에 대한 효과를 알려 준 경우에는 책임을 면하게 된다. 이필규·최병규·김은경 역저, 2009년 독일 보험계약법(VVG), 세창출판사, 2009, 25면.

[3] 김은경, "독일 보험계약법 개혁과 그 시사점", 상사법연구, 제25권 제4호 2007, 226면 이하; 최병규, "2007년 독일 보험계약법개정안에 관한 소고: 통칙부분을 중심으로", 상사판례연구, 제20집 제1권, 2007, 179면 이하.

[4] 독일 민법 제323조(급부의 불이행 또는 계약에 좇지 아니한 이행으로 인한 해제) (1) 쌍무계약에서 채무자가 이행기가 도래한 급부를 실행하지 아니하거나 계약에 좇아 실행하지 아니한 경우에, 채권자는 채무자에 대하여 급부 또는 추완을 위하여 상당한 기간을 정하였으나 그 기간이 경과한 때에는 계약을 해제할 수 있다. (2) 다음의 경우에는 기간설정이 요구되지 아니한다. 1. 채무자가 급부를 진지하게 종국적으로 거절한 경우, 2. 채무자가 계약에 정하여진 기일 또는 기간에 급부를 실현하지 아니하고 또 채권자가 계약에서 급부가 적시에 행하여지는 것에 자신의 급부이익을 결합시킨 때 또는 3. 당사자 쌍방의 이익을 형량하면서 즉시의 해제를 정당화하는 특별한 사

다.[5] 그러나 채권자가 해제권을 행사하기 위해서는 채무자의 계약위반이 우선 전제되어야 하고, 청구권을 행사함에 있어서 채무자의 항변과 같은 사항이 존재하지 말아야 하며 만기에 있어야 한다. 그리고 채무자에게 급부 또는 추완을 위한 기간을 정함에 있어, 급부에 대한 최고·적절한 기간 그리고 채권자의 협조를 요구하고 있다.

보험계약법 제37조 역시 보험계약 성립 후 채무자인 보험계약자가 최초보험료를 제때 지급하지 못하는 경우에 민법과 마찬가지로 해제권을 행사할 수 있도록 하고 있다. 하지만 민법 제323조와 달리, 채권자인 보험자는 추완을 위한 기간을 설정하는 등의 전제요건 없이 해제권을 행사할 수 있도록 하고 있다. 일반적인 채권법의 규정과 달리, 보험계약을 체결하고 난 후 일반적으로 책임을 개시하게 하는 최초보험료를 지급하지 않은 경우에, 기간을 설정하지 않고 보험계약에 대한 보험자의 해제권을 인정하고자 하는 보험계약법 제37조의 입법이유는, 무엇보다도 계약의 운명을 명확하게 제공하고자 하는 목적을 가지고 있다.[6] 그런 의미에서 최초보험료의 지급에 대한 지체를 규정하고 있는 보험계약법 제37조 제1항은 민법 제323조의 특별규정에 해당한다.

2. 최초보험료와 계속보험료

독일 보험계약법은 제37조와 제38조에서 최초보험료와 계속보험료를 구분하고 있다. 보험계약법은 최초보험료에 대한 개념을 정의하고 있지 않지만, 규정의 제목이 제시하다시피 최초보험료는 보험기간에 해당하는 보험료를 일시에 지급하는 '제1회적 보험료(einmalige Prämie)'뿐만 아니라 처음으로 지급하는 '첫 번째 보험료(die erste Prämie)'의 의미를 포함하고 있다. 보험계약법 제38조에서 지급지체를 규정하고 있는 계속보험료와 달리, 최초보험료는 실질적인 보험개시와 관계없이 시간적으로 보험기간의 가장 이른 시기에 지급하는 보험료와 관련이 있다.[7]

일반적으로 보험자의 위험부담은 보험계약이 체결 후에 개시된다. 그러나 계약당사자가 보험자의 위험부담을 계약체결 전 일정시점에서 개시하도록 합의할 수 있는 소급보험(독일 보험계약법 제2조)과 보험계약자가 보험계약을 청약하는 즉시, 즉 제1회 보험료를 지급하지 않았다

정이 있는 때. (3) 이하 생략.

5　Palandt, Bürgerliches Gesetzbuch, 69. Aufl., 2010, C.H.Beck, § 323 Rdn. 10 ff.

6　Looschelder/Pohlmann/Stagl, VVG, Carl Heymann Verlag, 2010, § 37 Rdn. 1.

7　BGHZ 21, 122 (132); OLG Hamburg VersR 1963, 819; Prölss/Martin, VVG, 28. Aufl., C.H.Beck, 2010, § 37, Rdn. 2; Lanheid/Wandt, Versicherungsvertragsgesetz, C.H.Beck, 2010, § 37, Rdn. 4.

하더라도 보험자가 자신의 위험을 인수하는 잠정보상의 영역(독일 보험계약법 제49조)에서는 보험계약자가 보험료를 지급하지 않더라도 보험자의 책임이 개시된다. 이 경우 첫 번째로 지급되는 보험료가 최초보험료로 인정되기 때문에, 최초보험료라는 개념이 반드시 보험자의 책임을 전제로 하는 것은 아니다. 소급보험과 잠정적인 보상에서 보험계약자가 지급하는 첫 번째 보험료에 관한 사항은 독일 보험계약법 제37조의 적용을 받게 된다.[8] 보험계약자의 계좌에 지급해야 금액이 없음으로 인하여 보험자가 최초보험료를 인출하지 못하게 되었고, 그 결과 양 당사자가 보험보호의 개시를 2개월 미루게 되었다면 그 경우에 지급되는 보험료 역시 최초보험료에 해당한다.[9]

계속보험료의 개념은 보험계약에서 매우 광범위하게 존재할 수가 있다. 우선 계속보험료는 독일 보험계약법 제37조에서 의미하는 최초보험료에 해당되지 않는 보험료를 의미한다.[10] 그 외에도 보험기간 중 보험료를 지급해야 할 기간의 경과 후에 지급되는 보험료,[11] 해지되었지만 계속 진행되고 있는 계약에 대한 보험료,[12] 계약의 발생 중 확정되는 보험료[13] 등은 계속보험료에 속하게 되고, 계속보험료의 지급지체에 대하여는 최초보험료의 지급지체와 다른 요건을 요구하고 있다.[14]

3. 개념구분의 실익과 구별기준

1) 구분의 실익

독일 보험계약법은 최초보험료의 지급지체와 계속보험료의 지급지체에 대하여 구분을 하고 있다. 이 양자의 구별의 실익은 어디에 있을까 하는 의문이 제기된다. 보험계약법 제38조가 계속보험료의 지급지체 시 보험계약자에게 2주간의 지급기한을 제공하고, 지급기한의 경과 후에는 해지할 수 있다고 규정하고 있다. 계속보험료의 지급지체와 관련하여 중요한 사항은 지

---

8   BGH 25. 6. 1956-II ZR 101/55, BGHZ 21, 122.

9   OLG Oldenburg 8. 10. 2003-3 U 52/03, NJW-RR 2004, 182.

10   BGHZ 21, 122; BGHZ 44, 178.

11   LG Hamburg VersR 51, 75.

12   Breslau JW 32, 2552.

13   ÖOGH VersR 73, 977; Wahle, VersR 61, 168.

14   유주선, "계속보험료 지급지체에 대한 법적 효과－한국과 독일의 비교법적 관점에서－", 법제연구, 제38호, 2010, 265면 이하.

급기한의 제공이다. 그리고 보험자가 계속보험료의 지급지체 시 해지하고자 한다고 입증과 관련하여 최고(Mahnung)가 매우 중요한 의미를 갖게 된다.[15] 반면에 보험계약법 제37조는 최초보험료의 지급지체 시 보험계약자의 보험료의 미지급에 대하여 귀책사유가 없는 경우 보험자는 어떠한 전제조건 없이 보험계약을 해제할 수 있다는 점에서 차이가 있다. 이 점에서 보험계약자가 지급하는 보험료가 최초보험료인지 아니면 계속보험료인지에 대한 구별의 실익이 있다.

2) 구별기준

이미 발생하고 있는 계약을 전환하는 계약이 발생할 수가 있다. 이 경우 전환된 계약의 첫 번째 보험료를 최초보험료로 보아야 할 것인가 아니면 계속보험료로 보아야 할 것인가의 문제가 제기될 수 있다.[16] 당사자의 의사에 따라 새로운 계약이 체결된 경우에만 단지 최초보험료에 해당한다. "계약의 동일성을 보장하는 조건하에" 예전의 계약이 단지 변경된 경우라면, 이는 최초보험료에 해당되지 않는다.[17]

계약의 변경과 관련하여 전환된 계약을 신계약으로 판단하기 위해서는, 예전 계약을 단지 변경하는 것에 그치지 않고 내용적으로 새로운 계약이라는 근거가 있어야 한다. 보험목적·보험금·보험료·보험기간 등의 본질적이면서 실제적인 변경사항이 존재한다면 새로운 계약으로 볼 수 있을 것이다. 그러나 새로운 청약형식이나 새로운 보험증권과 같이 형식적인 면에서 이루어진 변경은 계약의 변경이라고 볼 수 없고, 그 결과 보험료의 지급지체 시 최초보험료에 관하여 규정하고 있는 보험계약법 제37조를 적용하지 못한다.

보험금과 보험료가 본질적으로 변경되거나 계약에 다른 약관조항이 편입되는 경우에는 새로운 계약으로 보아야 한다.[18] 보험목적의 본질적인 변경, 예를 들면 차량보험에서 일부에 대한 부보사항을 전체로 변경한 경우라면, 이는 새로운 계약이라고 보아야 한다. 보험목적을 완전하게 교체하는 것 역시 새로운 계약에 해당한다. 그러나 자동차의 경우에는 주의해야 한다. 즉, 자동차를 양도하고 동일한 종류와 동일한 사용목적을 위하여 자동차를 마련한 경우에, 자동차보험약관 제6조 제5호는 계속보험료의 지급에 관한 보험계약법 제38조가 개입한다[19]고 규정하고 있다.

---

15 Rüffer/Halbach/Schimikowski/Karczwski, Versicherungsvertragsgesetz, 1. Aufl., 2009, § 37 Rdn. 2.

16 Prölss/Martin/Knappmann, Versicherungsvertragsgesetz, 28. Aufl., 2010, § 37 Rdn. 5.

17 ÖOGH VersR 86, 271; Hamm VersR 76, 1032; LG Würzburg VersR 69, 52.

18 OLG Köln 16. 7. 2002-9 U 48/01, VersR 2002, 1225.

19 Rüffer/Halbach/Schimikowski/Karczwski, a.a.O., § 37 Rdn. 5.

3) 상법 제650조 제3항에 대한 논의

우리 상법 제650조는 보험료의 지급과 지급지체에 대한 효과를 보험료의 종류에 따라 각각 다른 절차를 제시하고 있다. 제1항은 최초보험료에 있어서 지급지체에 대한 법적 효과를, 그리고 제2항은 계속보험료에 대한 지급지체의 효과를 규정하고 있다. 그리고 제3항은 "타인을 위한 보험에서 보험계약자가 보험료의 지급을 지체하고 있는 경우에 보험자는 그 타인에게도 상당한 기간을 정하여 보험료의 지급을 최고한 후가 아니면 그 계약을 해제 또는 해지 못한다."고 규정하고 있다. 그런데 타인을 위한 보험계약이 체결된 후 2개월 내에 보험료의 전부 또는 최초보험료를 지급하지 않은 경우 보험계약이 제1항에 따라 해제가 의제되는가, 아니면 제3항에 따라 보험자는 그 타인에게 상당한 기간을 정하여 보험료의 지급을 최고한 후가 아니면 그 계약을 해제 또는 해지 못하는 것으로 보아야 하는가에 대한 다툼이 있다.[20]

제1항의 규정을 적용하자는 입장[21]과 보험계약자에게만 최고하고 계약을 해지할 수 있는 것이 아니라 피보험자 또는 보험수익자에게도 보험계약자의 보험료미지급의 사실을 알리고 상당한 기간을 정하고 최고한 후 보험계약을 해제 또는 해지할 수 있다는 입장[22]이 있다. 후자의 입장에 동의하지만, 좀 더 구분하여 말하자면 타인을 위한 보험에서 보험계약자가 2개월 이내에 전부보험료나 최초보험료를 지급하지 아니하면 그 타인에게 상당한 기간을 정하여 최고를 이행하고 해제할 수 있다고 보아야 하고, 계속보험료의 경우에는 역시 상당한 기간을 정하여 그 타인에게 최고하되 최고하고 난 후 해제가 아닌 해지할 수 있다고 보는 것이 타당하다.

III. 최초보험료의 지급지체로 인한 법적 효과

1. 보험자의 해제의제조항과 해제권

1) 해제의제조항

보험계약법이 개정되기 전 제39조 제1항 제2문에 따르면, 최초보험료의 지급지체와 관련하

---

20 이기수 · 최병규 · 김인현, 보험 · 해상법, 상법강의 IV, 제9판, 박영사, 2015, 156면 이하.
21 채이식, 상법강의 IV, 박영사, 2001, 484면.
22 양승규, 보험법, 제5판, 삼지원, 2004, 187면.

여 "보험자가 기간 만기일의 3개월 이내에 보험료의 청구권이 재판상 주장되지 않을 경우 해제된 것으로 본다"고 하는 해제의제조항을 두고 있었다.[23] 계약당사자에 의한 보험계약이 체결되고 난 후 최초보험료를 곧 바로 지급하는 것이 일반적이지만, 그렇지 아니하고 여러 해가 지난 후 최초보험료의 지급을 통하여 보험계약자는 실질적으로 보험을 개시할 가능성을 갖게 되었다. 여전히 그는 지급하지 않은 보험료에 대한 채무를 가지고 있게 된다. 보험계약법 제38조 제1항 제2문에 해제의제조항을 마련함으로써 이러한 불합리함이 제거되었다.[24]

해제의제조항을 두게 되면 보험계약의 체결 후 최초보험료나 전부보험료가 적시에 지급되지 않은 경우에 계약의 운명은 유동적인 상태에 놓이게 된다. 보험자는 미지급된 보험료를 청구할 수 있는 3개월의 기간을 기다릴 수 있고, 그 기간이 지나면 해제의제의 효과를 얻게 된다.

2) 해제의제조항의 문제점

보험계약법은 제38조 제1항 제2문에 해제의제조항을 두고 있을 뿐만 아니라, 적시에 보험료를 지급하지 않은 보험계약자에 대하여 보험자의 해제권을 인정하고 있었다. 그러므로 개정 전 보험계약법에 의하면, 해제권이 보험자에 의하여 명백하게 행사될 수도 있고(제1항 제1문), 특정한 기간 동안에 보험자는 어떠한 행위를 하지 않고도 법률에 의하여 해제의 효과를 얻는 결과를 갖기도 하였다(제1항 제2문). 그 결과 보험관계가 보험자의 책임 없이 오랜 기간 동안 존재할 수 있는 유동적인 상태를 제거하는 장점도 있다.[25]

그러나 의제조항은 다음과 같은 점에서 다소 민감한 문제를 야기하게 되었다.[26] 만약 보험계약자가 지급하는 보험료가 수의사(Tierarzt)의 소견서 제출과 같은 보험계약자의 행위에 종속된 경우라면, 보험자는 해제의제조항을 적용함에 있어서 3개월 이내에 행위의무의 이행에 대한 소송을 제기했어야만 한다.[27] 만약 3개월의 기간 후나 해제의 의사표시의 도달 후에 최초보험료가 보험계약자에 의하여 지급된 경우, 이는 새로운 계약의 체결을 위한 청약으로 볼 수 있

---

23   개정 전 보험계약법 제38조 제1항 원문은 다음과 같다. "Wird die erste oder einmalige Prämie nicht rechtzeitig gezahlt, so ist der Versicherer, solange die Zahlung nicht bewirkt ist, berechtigt, vom Vertrag zurückzutreten. Es gilt als Rücktritt, wenn der Anspruch auf die Prämie nicht innerhalb von drei Monaten vom Fälligkeitstag an gerichtlich geltend gemacht wird."

24   해제의제조항을 입법하게 된 목적에 대하여는 Bruck/Möller, a.a.O., § 38 Anm. 25.

25   Prölss/Martin/Knappmann, a.a.O., § 37 Rdn. 33.

26   Römer/Langheid/Römer, Versicherungsvertragsgesetz, 2. Aufl., 2003, § 38 Rdn. 22.(개정 전 최초보험료에 대하여는 독일 보험계약법 제38조에서 규정되어 있었음).

27   Hamm VersR 77, 1117; LG Frankenthal VersR 53, 141; LG Hildesheim VersR 53, 225.

다.[28] 이 보험료의 수령은 묵시적인 청약의 승낙으로 인정된다.[29] 또한 보험료의 일부가 지급되고, 그 지급이 보험자의 면책을 누리지 못하는 경우에도 동일한 상황이 적용된다. 그 기간 사이에 발생하는 보험사고에 대하여 이미 보험자가 책임을 면하였다고 한다면, 그러한 면책은 그 이후 보험료의 지급을 통하여 배제되지 않게 되는 문제가 야기된다. 이러한 문제를 제거하기 위하여 2008년 보험계약법은 해제의제조항을 삭제하였다. 현 보험계약법에서는 전부보험료나 최초보험료의 미지급 시, 보험자는 단지 계약을 해제할 수 있는 권리만을 갖게 된다.

3) 해제권과 귀책사유

개정 전 보험계약법상 보험자가 해제권을 행사함에 있어, 보험계약자의 귀책사유에 대한 유무는 고려대상이 아니었다. 연방대법원의 판례와 기타 법원의 판단이 그것을 뒤따랐다.[30] 그러나 보험자가 면책을 주장하기 전에 시간적으로 2일이나 3일에 해당하는 지급기간을 민법 제242조(신의성실의 원칙)에 따라 보험계약자에게 인정해주지 않으면 아니 된다는 입장이 있었다.[31] 또한 자동차보험일반약관 제1조 제2항 제4호에는 보험자가 이의를 제기하기 위해서는 보험계약자의 귀책사유가 필수적인 것으로 규정하고 있었다. 그 결과 보험계약법의 입법자는 제37조 제1항에서 보험료를 지급하지 않은 경우 보험계약자에게 귀책사유가 없는 경우에만 보험자가 해제권을 행사할 수 있도록 개정하였다.[32]

현 보험계약법에 의하면, 보험계약자의 미지급이 그에 의하여 책임이 없다는 것을 입증하는 경우에는 해제권이 발생하지 아니한다.[33] 보험계약자가 지급을 위한 재정적인 재원을 마련하지 못한 경우에는 귀책사유로 받아들일 수 없다. 그러나 특별히 적시에 지급을 할 수 없는 경우, 예를 들면 단기간의 여행으로 인하여 당해 장소에 있지 않은 경우라든가 건강상의 이유로 병원에 입원하여 보험료를 지급하지 못한 경우와 같이 보험계약자의 일신상의 이유로 보험료를 지급하지 못한 경우에는 귀책사유에 해당한다.

---

28   Bruck/Möller, a.a.O., § 38 Anm. 24.
29   ÖOGH VersR 64, 599 m. Anm. Wahle＝ZVerkR 272.
30   BGHZ 47, 352; BGHZ 55, 281; Hamm VersR 74, 557; München VersR 64, 1264; Köln VersR 66, 156.
31   Berliner Kommentar zum VVG, Kommentar zum deutschen und österreichischen VVG, hrsg. von Honsell, 1999, § 38 Rdn. 29.
32   Langheid/Wandt, a.a.O., § 37 Rdn. 26 ff.
33   Begr. RegE BT-Drucks. 16/3945, S. 71.

2. 보험자의 면책

1) 보험자의 주지의무

(1) 의의

개정 전 "보험사고의 발생 시점에 보험료가 지급되지 아니한 경우에, 보험자는 급부의무에 대하여 책임이 없다."고 한 내용과 달리, 현 보험계약법 제37조 제2항 제2문은 새롭게 보험자의 주지의무(Belehrungspflicht)를 도입하고 있다.[34] 즉, 보험자가 보험계약자에게 텍스트 형식[35]의 특별한 통지나 보험증권에 눈에 띄는 표시를 통하여 보험료의 미지급에 대한 법적 효과를 제시하는 경우에만 보험자의 면책을 인정하고 있다. 동 조항은 보험료의 미지급에 대한 법적 효과를 보험계약자가 정확하게 인식시켜 주어야 한다는 경고의 기능이 있다.[36] 그러므로 이러한 새로운 내용은 개정 전에 판례와 실정법에서 발생하였던 차이점을 해결하게 되었다.[37] 계약상 합의에 나라 보험보호가 이미 최초보험료의 지급 진에 개시되지 않으면 안 되는 경우, 보험지의 주지의무를 통하여 보험계약자의 유사한 보호가치는 계속보험료의 지급에서와 같은 효과를 발생시키게 된다. 보험자가 보험계약자에 대하여 매우 폭넓게 면책의 효과를 향유하기 때문에, 그는 보험료가 지급되지 않거나 지급이 지체되는 경우에 발생할 수 있는 법적 효과를 보험계약자에게 명백하게 주지시켜 주어야 한다.[38]

(2) 방법과 형식

"주지의무"는 텍스트 형식의 특별한 통지나 보험증권에 눈에 띄는 표시를 해주어야 한다.[39] 경고의 목적이 있기 때문에 보험청약서나 차후의 철회문서로는 충분하지 않다.[40] 주지시켜 주어야 사항은 활자형태로 명확하게 작성되어야 한다. 일반적으로 보험증권의 앞면에 주지해야 할 사항이 이행되어야 하고, 만약 뒷면에 있는 경우에는 앞면에 뒷면의 지시사항을 알 수 있도

---

34 Niederleithinger, Das neue VVG, Nomos, 2007, S. 49 f.
35 독일 민법 제126b조는 텍스트 형식을 규정하고 있다. 텍스트 형식이란 의사표시의 한 방법인 바, 법률에 의하여 텍스트 방식으로 정해진 경우라면 의사표시가 서면으로 또는 문서에 재생이 가능한 다른 방법을 포함한다.
36 Begr. RegE BT-Drucks. 16/3945, S. 71.
37 Vgl. Römer/Langheid/Römer, a.a.O., § 38 Rdn. 15 f.; Prölss/Martin/Knappmann, a.a.O., § 37 Rdn. 16.
38 BGH 5. 6. 1985-IVa ZR 113/83, VersR 1985, 981; OLG Düsseldorf 8. 9. 1998-4 U 201/97, VersR 1999, 829.
39 Langheid/Wandt, a.a.O., § 37 Rdn. 30 f.
40 OLG Celle 4. 3. 1999-14 U 97/98, VersR 2000, 314.

록 충분히 인식시켜 주어야 한다.[41] 또한 주지시켜 주어야 할 사항은 내용상 적절하면서도 완전하게 이루어져야 한다. 특히 보험계약자가 보험보호의 혜택을 얻기 위해서 얼마의 금액을 지급해야 하는가에 대하여 명백하게 인식될 수 있어야 한다. 아무튼 법적 효과가 동반되어 있어야 하지만, 보험료를 지체 없이 지급해야 하거나 보험증권을 적시에 교부해야 한다는 사항을 단순히 지적해 주는 것만으로는 충분하지 않다.[42]

자동차보험에서는 책임보험료와 자기차량보험료에 대한 구분이 이루어져야 한다. 비록 보험계약자가 양자 중에서 단지 하나의 보험료를 지급한 경우에, 양 보험 가운데 하나에서 보험보호를 얻는다는 점을 보험자는 주지시켜 주어야 한다.[43]

2) 귀책사유

(1) 의의

독일 민법 제286조는 채무자의 지체에 대하여 규정하고 있고, 특히 제4항은 급부가 채무자에게 책임 없는 사유로 행하여지지 않은 경우에는 채무자는 지체에 빠지지 않는다고 규정하고 있다. 보험계약법 제37조가 보험료의 미지급을 이유로 보험자의 책임을 면하고 있다는 점에서는 개정 전이나 개정 후 내용의 차이를 발견할 수 없다. 그러나 개정 후 보험계약법은 보험료의 미지급에 대하여 보험계약자가 책임이 없는 경우에 보험자는 책임을 부담하도록 하고 있다는 점에서, 보험계약법 제37조 제2항 제1문이 민법 제286조의 제4항을 수용하고 있는 것을 알 수 있다.

(2) 보험자의 부책

보험계약법 제2항 제1문은 보험계약의 체결과 최초보험료의 지급 사이에 시간이 존재한다는 것을 알 수 있다. 보험료의 지급이전에 보험자의 위험인수는 배제된다. 달리 표현한다면 보험보호의 전제조건은 보험료의 청구 후에 지체 없는 보험료의 지급이다. 보험계약자의 보험료는 보험증권의 도착 후 2주 내에 지체 없이 지급되어야 하기 때문에(보험계약법 제33조),[44] 해제

41　LG Bremen 18. 5. 1994-4 S 125/94, VersR 1995, 287.

42　OLG Hamm 6. 12. 1978-125/78, VersR 1980, 178.

43　OLG Hamm 24. 1. 1990-20 U 160/89, VersR 1991, 220.

44　독일 보험계약법 제33조(만기) (1) 보험계약자는 보험료의 전부나 계속보험료가 합의된 경우라면 제1회 보험료를 보험증권이 도달한 후 2주 내에 지체 없이 지급하여야 한다. (2) 보험자로부터 보험료의 징수가 텍스트 형식으로 요구된 경우에야 비로소 보험계약자는 보험료를 지급할 의무가 발생한다. 이필규·최병규·김은경 역저, 2009

기간이 경과하기 전에 이미 보험사고가 발생하였고 보험료의 지급은 그 후에 이루어진 상황을 상상할 수 있다.

예시

보험계약자가 7월 1일에 합당한 지시사항을 포함하여 보험증권을 수령하였다. 보험개시로서 7월 1일이 규정되어 있었다. 7월 6일에 보험사고가 발생하였고 7월 10일에 보험료가 지급되었다.

이 경우 보험료가 보험사고 발생 시 지급되지 않았다 할지라도, 보험료지급에 대한 의무가 만기에 이르지 않았기 때문에 보험계약자는 보험사고 시점에 미지급에 대한 책임을 부담하지 않는 것이고, 그 결과 보험자는 보험금에 대한 급부책임으로부터 벗어날 수 없게 된다(제37조 제2항 제1문).[45]

3. 상대적 강행규정성

보험계약법 제42조는 제37조에 대하여 보험계약자의 부담으로 하는 조건은 받아들일 수 없도록 하고 있다. 그러나 잠정적인 보상영역과 소급보험의 영역에서는 보험계약자에 대하여 변경할 수 있는 여지를 제공하고 있다. 이는 상대적 강행규정으로써 보험계약자를 불이익하게 변경할 수 없다는 의미이다.

IV. 특징과 시사점

1. 특징

1) 우리나라의 경우

민법 제544조는 이행지체와 해제권의 행사에 관하여 규정하고 있다. 그것에 따르면, 계약당

년 독일보험계약법(VVG), 세창출판사, 2008, 24면.

45 Schmikoswski/Höra, Das neue Versicherungsvertragsrecht-Text, Erläuterungen, Arbeitshilfen, Materialen, 2008, S. 134 f.; a.A. Wandt/Ganster, Zur Harmonisierung von Versicherungsbeginn und Prämiefälligkeit durch AVB im Rahmen des VVG 2008, VersR 2007, 1034 (1035 f.), die das Kriterium des Vertretenmüssens erst für die Zeit nach der Eintritt der Fälligkeit für anwendbar halten.

사자 일방이 채무를 이행하지 아니한 경우 그 상대방은 계약을 해제하기 위해서는 상당한 기간을 정하여 이행을 최고하고 그 기간 내에 이행하지 아니한 경우에만 그 계약을 해제할 수 있다. 그러나 우리 보험계약법은 최초의 보험료를 지급하지 아니한 경우 보험자의 최고와 계약해제의 의사표시를 하지 않고도 계약성립 후 2개월이 경과하면 자동적으로 해제되는 것으로 하고 있다(상법 제650조 제1항).[46] 이는 우리의 보험계약에 관한 규정이 민법에서 정하고 있는 일정한 절차를 배제하고 있다는 점에서, 민법에 대한 특별규칙을 정하고 있음을 보여주고 있다.

2) 독일의 경우

독일 역시 보험계약법이 민법과는 다른 특별한 규칙을 정하고 있음을 알 수 있다. 독일 민법 제323조는 쌍무계약에서 채무자가 이행기가 도래한 급부를 이행하지 아니하거나 계약에 합당하게 이행하지 아니한 경우에, 채권자는 채무자에게 급부 또는 추완을 위한 상당한 기간을 정해주고 그 기간이 경과된 때에 그 계약을 해제할 수 있다고 규정하고 있다. 그러나 보험계약법 제37조에서는 전부보험료나 최초보험료를 적시에 지급하지 아니한 경우 해제권을 인정함에 있어 일정한 기간을 부여하지 아니하고 있다.

3) 소결

결국 우리나라와 독일은 보험계약이 민법에서 적용되는 일반적인 계약과 다른 특수한 계약이라는 점을 인정하고 있을 뿐만 아니라, 최초보험료에 대한 법규를 적용함에 있어서 민법과 다른 특별한 규칙하에 보험자의 해제권을 인정하고 있는 것을 알 수 있다.

2. 시사점

최초보험료의 지급지체와 관련하여, 2008년 독일은 보험계약법을 개정하면서 판례와 학계에서 논란이 되고 있던 사항을 정리하였다. 그리고 동시에 독일 보험계약법 입법자는 보험계약이 민법의 계약에서 출발하고 있다는 점을 인식하면서, 한편으로는 민법의 일부 내용을 수용하면서 또 한편으로는 민법의 특별규칙을 인정하고 있는 모습을 보여준다.

---

46 우리 상법상 최초보험료와 계속보험료의 법적 효과에 대하여는 정찬형, 상법강의(하), 제12판, 박영사, 2010, 576면 이하; 최준선, 보험법·해상법, 제3판, 삼영사, 2008, 123면 이하.

1) 해제의제조항

우리 상법 제650조 제1항은 최초보험료의 지급지체에 대하여 규정하면서, 보험료의 전부 또는 제1회 보험료를 지급하지 아니한 채 계약체결 후 2개월이 지나면 그 계약이 해제된 것으로 보는 해제의제조항을 두고 있다. 그 결과 보험계약자가 계약을 체결한 후 아무런 약정도 없이 2월이 경과할 때까지 보험료의 전부 또는 제1회 보험료를 지급하지 아니하면, 보험자는 보험계약에 대한 해제의 의사표시 없이 처음부터 그 계약은 효력이 없는 것으로 의제하고 있다.[47]

반면, 독일의 경우 개정 전 보험계약법은 해제의제조항을 두면서 보험자의 해제권을 인정하고 있었다. 이러한 상황은 보험자에게 있어, 한편으로는 보험료청구권을 행사하면서 또 한편으로는 보험사고에 대한 면책의 혜택을 향유할 수 있다는 점에서 비판의 여지가 있었고, 기간 만료 후에 보험료의 전부 또는 일부가 지급된 경우에 다양한 법적 문제들을 야기한다는 점에서 개정 보험계약법에서 해제의제조항을 삭제하였다. 그 결과 독일의 보험계약법은 전부보험료나 최초보험료의 지급지체 시 명백하게 보험자의 해제권만을 인정하고 있다. 우리 상법 제650조 제1항은 "…계약성립 후 2개월이 경과하면 그 계약은 해제된 것으로 보고 있다"는 규정을 두고 있어 불분명하면서도 다툼의 소지가 내포하는 해제의제조항을 두고 있는바, 해제의제조항 대신에 해제권으로 수정하는 방안이 타당성을 갖는다.

2) 귀책사유

독일 보험계약법 제37조 제1항 제1문에 따르면, 전부보험료나 최초보험료가 보험사고 발생 시에 지급되지 아니하면 보험자는 성립된 그 보험계약을 해제할 수 있고, 제37조 제2항 제1문에 따라 전부보험료나 최초보험료를 보험계약자가 지급하지 않는 한, 보험자는 보험금 지급에 대한 채무를 이행해야 할 의무가 없게 된다. 이 점은 개정 전에 규정되어 있던 보험계약법 제38조 제1항 제1문 및 제2항의 내용상 차이가 없다. 그러나 개정 후 보험계약법은 해제권 및 보험자의 면책과 관련하여 보험계약자에게 책임이 없는 경우에 대하여는 해제권의 행사를 제한하고 있을 뿐만 아니라, 보험자에게 책임을 면할 수 있는 권리 역시 배제하고 있다. 현 보험계약법은 독일 민법 제286조[48]에서 규정하고 있는 이행지체의 내용을 수용하고 있다. 그 결과 보험계약자가

---

47 양승규, 보험법, 제5판, 삼지원, 2004, 155면.

48 독일 보험계약법 제286조는 채무자의 지체에 대하여 규정하고 있다. 특히 채무자가 책임이 없는 상황으로 인하여 급부를 이행하지 않은 경우(급부가 중지되는 경우), 그는 이행지체에 빠지지 않는다고 제4항은 규정하고 있

적시에 보험료를 지급하지 아니한 경우, 보험계약자가 책임이 있는 경우에만 보험자의 면책의 법적 효과가 발생하게 되고, 그 귀책사유에 대한 입증은 보험계약자가 부담해야 한다.

우리나라의 상법 제650조 제1항은 단지 보험자의 해제의제조항만을 규정한 채, 독일의 보험계약법에서 볼 수 있는 귀책사유에 대한 면은 고려하고 있지 않다. 그러나 보험계약의 체결 후 최초보험료나 전부보험료를 지급하지 않았다고 하여 무조건적으로 보험자의 해제의제조항을 인정하는 대신에, 보험계약자가 책임 없이 당해 보험료를 지급할 수 없는 경우에는 보험자의 해제권이나 면책의 예외를 인정하는 방법을 모색하는 것이 타당할 것이다.

3) 주지의무

독일 보험계약법의 입법자는 최초보험료 지급지체 시 보험자의 면책을 주장하기 위해서는 새로운 의무가 존재해야 함을 규정하고 있다. 보험자가 해제권을 행사함으로써 그 계약이 소급하여 효력이 상실되고 보험자의 책임을 면하게 하는 것은 그 자체로 매우 중요한 의미를 갖기 때문에, 보험자에 대한 또 다른 전제조건을 규정함으로써 보험계약자를 보호하고자 한 것으로 판단된다. 그 결과 독일 보험계약법에서는 보험계약자가 보험료를 지급하지 못함에 대하여 책임이 있다고 할지라도, 보험자가 텍스트 형식에 의한 특별한 통지나 보험증권에 현저한 표시를 통하여 보험료를 지급하지 못한 경우에 보험계약자가 받게 되는 법적 효과를 알려주지 않았다고 한다면, 보험자는 보험금의 지급책임으로부터 벗어날 수 없게 된다(보험계약법 제37조 제2항). 그리고 특별한 통지나 보험증권의 도달에 대하여는 보험자가 입증을 부담해야만 한다.

우리나라 실무에서 보험계약을 체결함에 있어 보험계약자가 최초보험료를 지급하지 않았을 때의 법적 효과를 인식하지 못하는 경우를 왕왕 발견할 수 있다. 또한 보험자나 보험모집종사자가 이러한 사항을 적절하게 설명을 하지 않는 경우를 당연히 여길 수도 있다. 이에 대한 예방책을 마련하기 위하여, 독일 보험계약법에 입법화된 보험자의 주지의무를 수용하는 방안 또한 고려하는 것은 의미가 있다.

다. 우리 민법 제396조 참조.

V. 결 론

보험계약은 보험계약자와 보험자의 청약과 승낙이라고 하는 의사합치를 통하여 발생하게 된다. 보험계약의 효력으로서 계약당사자인 보험자와 보험계약자는 각각의 권리를 행사할 뿐만 아니라 의무를 부담하지 않으면 아니 된다. 특히 보험자의 보험금지급의무와 보험계약자의 보험료지급의무는 양 당사자가 부담해야 하는 의무 가운데 가장 중요한 의무라고 할 수 있고, 보험계약자의 보험료지급의무는 보험자가 보험금을 지급하기 위한 전제조건이 된다.

우리 상법 제650조 제1항에 규정되어 있는 내용과 독일 보험계약법 제37조의 규정내용을 보면, 양국의 입법자는 보험자의 책임개시를 전제조건으로 보험계약자의 최초보험료지급을 의무화하고 있다는 점에서 공통점을 찾을 수 있다. 양국은 민법의 채권자와 채무자의 관계에서 발생하는 법적 관계를 일부는 수용하면서도, 보험계약이라는 특수성을 인정하는 특별한 규칙을 정하여 보험자와 보험계약자의 이익관계를 조정하고 있다.

독일의 경우 2008년 보험계약법을 개정하면서, 개정 전보다 보험계약자의 보호에 세심한 배려를 하고 있는 모습이다. 특히 해제권의제조항의 삭제, 보험자의 해제권·면책의 권리와 관련하여 보험계약자가 책임이 없는 경우에 양 권리를 인정하고 있지 않는 내용 및 보험료 미지급 시 법적 효과를 보험계약자가 인식할 수 있도록 한 경우에만, 보험자의 면책을 주장할 수 있도록 한 규정에서 그러한 점을 찾아볼 수 있다.

제19장

계속보험료의 지급지체와 법적 효과

I. 의 의

상법 제656조에 의하면 보험계약이 성립되었다 하더라도 제1회 보험료의 지급이 없으면 다른 약정이 없는 한 보험자는 보험금 지급책임을 부담하지 아니한다. 보험계약자가 지급하는 보험료는 보험자의 책임이 전제가 되는 것이다. 상법은 제650조 제1항에 최초보험료의 지급지체에 대하여 규정하고 있고, 제650조 제2항에 계속보험료의 지급지체에 대하여 규정하고 있다. 전자는 계약체결 후 보험계약자는 보험료를 지급하여야 하며, 이를 지급하지 아니하면 계약성립 후 2개월이 지나면 해제된 것으로 본다고 규정하고 있다. 반면, 후자는 약정한 시기에 계속보험료가 지급되지 아니한 경우 보험자는 상당한 기간을 정하여 보험계약자에게 최고하고, 그 기간 안에 지급이 없는 때에는 계약을 해지할 수 있도록 하고 있다.

보험업계에서는 각종 보험약관에 계속보험료의 지급기일로부터 일정한 기간의 유예기간을 두고 그 기간 안에도 보험료의 지급이 없는 때에는 보험자가 계약해지의 의사표시를 기다리지 아니하고 보험계약의 효력을 상실하게 하는 규정을 두고 있었다. 이를 실효약관이라고 하는데, 그것의 인정 여부에 대한 다툼이 있었다.

우리 상법 제650조 제2항과 유사하게 규정하고 있는 독일 보험계약법 제38조를 살펴볼 필요가 있다. 특히 우리의 실무에서 인정하고 있었던 실효약관이 실정법과 충돌되면서 대법원이 실효약관을 받아들이지 않았던 이유를 살펴보고, 독일 보험계약법상 계속보험료를 지급하지 않은 경우 어떠한 방법으로 보험계약을 종결시키고 있는가를 고찰하는 것은 의미가 있다.

II. 우리 상법상 계속보험료의 지급지체에 대한 법적 효과

1. 보험자의 계약 해지권

1) 해지권의 행사요건

보험료의 지급시기는 당사자의 약정에 따르지만 제2회 이후의 계속보험료가 약정한 시기에 지급되지 아니한 때에는 보험자는 상당한 기간을 정하여 보험계약자에게 최고하고 그 기간 안에 지급되지 아니한 때에는 계약을 해지할 수 있다(상법 제650조 제2항). 그러나 보험자가 보험계약을 해지하기 위하여는 다음과 같은 네 가지 요건을 필요로 한다.[1] 첫째, 보험료가 약정한 시기에 지급되지 아니하였어야 한다. 약정한 시기라 함은 최초의 보험료의 지급이 있고, 보험자의 책임이 개시된 것을 조건으로 계약에서 정한 제2회 이후의 보험료지급기일이다. 그리고 보험료의 미지급은 보험계약자의 귀책사유로 인한 것이어야 한다. 둘째, 상당한 기간을 정하여 보험료지급채무자에게 보험료의 지급을 최고하여야 한다. 상당한 기간은 거래의 통념에 따라 정할 문제이나 2주 정도면 충분하다. 최고는 구두로든 서면으로든 상관이 없다. 셋째, 최고에서 정한 기간 안에 보험료의 지급이 없어야 한다. 그리고 넷째, 보험자는 계약해지의 의사표시를 하여야 한다. 보험료미지급으로 인한 계약의 해지는 위의 요건을 갖춘 때에 보험자의 일방적인 의사표시로 이루어지나, 그 해지의 의사표시는 보험계약자에게 도달한 때에 효력이 생긴다(민법 제111조).

2) 해지권 행사의 법적 효과

보험자가 보험료의 미지급을 이유로 보험계약을 해지한 때에는 보험계약은 장래에 대하여 그 효력을 잃고 따라서 해지된 이후에 보험사고가 생긴 경우에도 보험자는 보험금을 지급할 책임이 없다(상법 제655조). 그리고 보험자는 보험료의 미지급으로 보험계약을 해지한 때에는 보험자가 위험을 담보한 기간에 속하는 보험료기간에 대한 보험료의 지급을 보험계약자에게 청구할 수 있다.

---

1   양승규, 보험법, 제5판, 삼지원, 2004, 156면 이하.

2. 실효약관의 인정 여부

1) 실효약관의 의미

우리 상법 제650조 제2항에서 계속보험료의 지급이 없는 경우에 상당한 기간을 정하여 최고하고 난 후 보험계약을 해지할 수 있도록 하고 있다. 그럼에도 불구하고 우리의 손해보험과 생명보험의 영역에서 제2회 이후의 계속보험료 지급기일로부터 일정한 기간의 유예기간을 두고 그 기간 내에 보험계약자가 보험료를 지급하지 않은 경우, 최고나 해지의 의사표시를 하지 않는다고 할지라도 그 보험계약은 자동적으로 실효된다고 하는 실효약관을 이용하고 있었다.[2]

2) 실효약관에 대한 다툼

실효약관은 계속보험료의 지급이 지체되고 있는 경우에 '상당한 기간'을 정하여 최고하고 나서 그 계약을 해지할 수 있도록 한 상법 제650조 제2항과 충돌이 발생하고, 특히 상법 세663조가 보험계약자의 불이익을 금지하는 상대적 강행법규와 맞물려 심한 다툼을 야기하였다.[3]

(1) 유효설

보험계약에서 보험료를 분할로 지급하는 경우에 제2회 이후의 계속보험료 지급에 있어서 그 보험료의 지급기일로부터 일정한 유예기간을 설정하고, 그 기간까지 보험계약자가 보험료를 지급하지 아니한 때에는 그 이후에 보험계약의 효력이 상실된다는 실효약관은 상당한 유예기간을 두면 그 효력을 인정하여야 한다는 입장이다.[4] 이 견해는 결국 계속보험료의 지급기일로부터 상당한 유예기간을 두고 그 기간 동안에 보험자가 위험을 담보하고 있으므로 최고절차를 밟지 않고 보험계약의 실효를 인정하는 약관의 조항이 보험계약자에게 크게 불이익하게 변경한 것으로 보지 않는다는 것을 뜻한다.

(2) 무효설

상법 제650조 제2항은 상법 제663조에 의하여 상대적 강행규정이므로 계속보험료의 지급이

---

2   실효약관을 인정하고자 하는 입장으로는 장경환, "보험약관상 실효조항의 효력", 손해보험, 1998. 07, 21면.
3   법적 다툼에 대하여는 최병규, "보험계약에서 실효약관", 보험학회지, 제48집, 한국보험학회, 1996. 10, 247면 이하.
4   양승규, "보험료납입유예기간 경과의 효력", 보험학회지, 제33집, 한국보험학회, 1989. 03, 259면 이하.

없는 경우, 유예기간만을 설정하고 최고절차 없이 보험계약을 실효시키는 이른바 실효약관은 무효라고 보는 입장이다.[5] 이 견해는 상당한 기간을 보험료의 지급을 유예하고 있다 하더라도 최고를 하지 아니하고 보험계약의 효력을 잃도록 하는 약관조항은 상법 제650조 제2항보다 보험계약자 등에게 불이익하게 변경함으로써 제663조에 의하여 그 효력을 인정할 수 없다고 한다.

실효약관의 효력을 인정하고자 하는 입장은 모두 해지사유와 실효약관의 차이점 및 해지사유를 실효약관으로 합의함으로써 나타나는 계약법상 문제점을 간과하였을 뿐 아니라, 의사의 통지인 최고에서 설정되는 상당한 기간과 보험약관에서 부여된 유예기간의 기능상의 차이를 무시하고 있다는 점에서 실효약관의 유효성은 타당성이 없다고 주장한다.[6]

3. 대법원의 입장

1) 판례의 추이

1977년 대법원은 실효약관과 관련하여, "'보험료의 납입은 그 유예기간을 납입당일로부터 30일로 하고 그 유예기간을 도과하여 보험료를 납입하지 아니한 경우에는 보험계약은 별도 해지의 의사표시 없이 유예기간이 만료된 다음 날로부터 그 효력을 상실한다'고 정한 보험약관의 규정은 상법 제650조에 저촉되는 무효의 것이라고 볼 수는 없다."고 하였다.[7] 그러나 보험료지급을 월납으로 하고 유예기간을 30일로 한 생명보험약관상 실효약관의 효력을 인정한 대법원은 그 이유에 대해서는 명확하게 밝히지 않았다. 그 이후 역시 대법원은 보험료납입유예기간(14일)의 경과로 인하여 당연히 보험계약이 실효되는 것으로 약정한 경우에 구 상법 제650조(현행 제650조 제2항)가 적용되는지의 여부를 가리는 판결에서 "상법 제650조는 보험료미납을 원인으로 하여 보험자의 일방적인 의사표시로서 보험계약을 해지하는 경우에 있어 그 해지의 요건에 관한 규정으로서 보험자의 의사표시를 기다릴 필요 없이 보험료납입유예기간의 경과로 보험계약이 당연히 실효되는 것으로 약정한 경우에는 그 적용의 여지가 없다."고 하여 자동차종합보험의 보험료납입약관상의 실효약관의 효력을 인정하였다.[8] 그러나 1992년 대법원은 3일간의 간격을 두고 하나는 실효약관의 효력인정을,[9] 또 다른 하나는 그것의 불인정으로 판단[10]

---

5   이기수·최병규·김인현, 보험·해상법(상법강의 IV), 제9판, 박영사, 2015, 158면.
6   심상무, "계속보험료 지급지체에 관한 유예기간부 실효조항의 효력", 상사법연구, 제12집, 1993, 275면 이하.
7   대법원 1977. 9. 13. 선고 77다329 판결.
8   대법원 1987. 6. 23. 선고 86다카2995 판결.

하는 결과 심한 법적 불안정성을 야기하였다.

1995년 대법원은 마침내 전원합의체 판결에서, "분납보험료가 소정의 시기에 납입되지 아니하였음을 이유로 상법 제650조 소정의 최고와 해지절차를 거치지 아니하고 바로 보험계약이 해지되거나 실효됨을 규정하여, 보험자의 보험금지급책임을 면하도록 규정한 보험약관은 상법 제650조와 제663조에의 규정에 위배되어 무효라고 보아야 할 것이다. 이와 같은 다른 견해를 취한 대법원의 종래 판례(대법원 1977. 9. 13. 선고, 77다329 판결: 대법원 1987. 6. 23. 선고, 86다카2995 판결: 대법원 1992. 11. 27. 선고, 92다16128 판결)를 변경한다."고 하였다.[11]

2) 판례에 대한 분석

실효약관의 문제는 생명보험이나 손해보험 또는 자동차보험의 영역에서 종종 발생되었다. 기본적으로 대법원은 구 상법하에서 실무상 널리 이용되고 있는 실효약관에 대하여 보험관리상의 효용을 인정하여 그 유효성을 인정하고자 한 면이 있다. 당시 상법 제650조는 최초보험료와 계속보험료를 구분하지 않고 보험료가 적당한 시기에 지급되지 아니한 때에는 보험자가 상당한 기간을 정하여 보험계약자에게 최고하고 그 기간 내에 지급하지 아니한 때에 한해 계약을 해지할 수 있도록 하였다.

여기서 우리는 대법원의 일관되지 않은 모순된 태도를 볼 수 있게 된다. 대법원은 어느 판례에서는 상법 제650조와 실효약관의 적용은 아무런 관계를 갖지 않는다고 하면서 실효약관은 당연히 인정되어야 한다는 점을 내세우면서도,[12] 또 다른 판례에서는 상법 제650조 소정의 최고 및 해지절차를 지키지 아니하고 보험계약을 해지하거나 면책을 주장하는 경우 보험계약자의 불이익변경금지를 규정하고 있는 상법 제663조를 위반한 것[13]이라고 한다.

우리 상법 제650조에서 규정하고 있는 최고와 해지절차 없이 보험계약이 실효됨을 규정하는 실효약관은 실정법상 인정하기 어렵다고 판단된다. 대법원이 전원합의체에서 판시하고 있듯이 실효약관은 명확하게 상법 제650조 제2항을 위반하고 있으며, 이러한 위반은 보험계약자를 불이익하게 해서는 안 된다는 상법 제663조에 의하여 무효라고 보아야 할 것이다. 그런 측면에

----

9   대법원 1992. 11. 27. 선고 92다16218 판결.

10   대법원 1992. 11. 24. 선고 92다23629 판결.

11   대법원 1995 11. 16. 선고 94다56852 판결.

12   대법원 1987. 6. 23. 선고 86다카2995 판결; 대법원 1992. 11. 27. 선고 92다16218 판결.

13   대법원 1992. 11. 24. 선고 92다23629 판결.

서 대법원의 전원합의체 판결은 실효약관의 인정 여부에 대한 해석론의 다툼에 종지부를 찍은 것이라 하겠다.

4. 현행 표준약관

우리 상법 제650조 제2항은 상당한 기간을 정하여 보험계약자에게 최고하도록 규정하고 있을 뿐 그 방법에 대해서는 규정하고 있지 않으나 대부분의 보험회사는 서면으로 통보하고 있어 사업비가 과다 발생하고 있다는 지적이 있었다. 또한 전자문서로 받고자 하는 경우에도 서면으로 받아야 하는 불편을 야기하고 있다는 지적에 따라 2010년 생명보험표준약관과 장기손해보험표준약관에 대한 개정이 동일하게 이루어지게 되었다.[14]

생명보험표준약관 제26조에 따르면, 보험계약자가 제2회 이후의 보험료를 납입기일까지 납입하지 아니하고 보험료 납입이 연체 중인 경우에 보험자는 14일(보험기간이 1년 미만인 경우에는 7일) 이상의 기간을 최고기간으로 정하여 보험계약자에게 최고기간에 보험료를 납입한다는 내용과 그 기간에 납입하지 아니한 경우 최고기간이 끝나는 다음 날에 계약이 해지된다는 내용을 알려주도록 하고 있다. 알려주는 방법으로는 등기우편과 같은 서면, 음성녹음 또는 전자문서가 가능하다고 한다(제1항).

제1항에 따라 최고 등을 전자문서로 보험자가 안내하고자 할 경우에, 보험자는 보험계약자의 서면에 의한 동의를 얻어 수신확인을 조건으로 전자문서로 송신하여야 한다. 또한 보험계약자가 전자문서에 대하여 수신을 확인하기 전까지는 그 전자문서가 송신되지 아니한 것으로 본다. 보험자는 전자문서가 수신되지 아니한 것으로 확인되는 경우에는 제1항의 최고기간을 설정하여 제1항에서 정한 내용을 서면(등기우편 등) 또는 전화(음성녹음)로 다시 알려주도록 하고 있다(제2항).

---

14 생명표준약관 제12조과 장기손해보험표준약관 제12조는 보험료의 납입연체 시 최고와 계약의 해지에 대하여 규정하고 있다.

III. 독일 보험계약법상 계속보험료 지급지체의 법적 효과

1. 보험료의 구분과 입법목적

1) 최초보험료와 계속보험료의 구분

최초보험료란 보험기간에 보험료를 지급해야 할 의무를 부담하는 경우에 첫 번째로 부과되는 보험료를 의미한다.[15] 보험료가 유예되는 경우에는 동일한 사항이 적용된다. 그 결과 비록 보험계약법 제37조[16]에 잠정보상에 대한 보험료가 포함되어 있다고 할지라도 잠정적 보상의 동의 후에 최종적인 보험계약을 위한 첫 번째 보험료는 보험계약법 제37조의 규정의 적용하에 있게 된다.[17] 최초보험료는 실질적인 보험보호가 개시되기 위해서는 반드시 요구되는 보험료이다. 보험계약자의 계좌에 지급해야 금액이 없음으로 인하여 보험자가 최초보험료를 인출하지 못하였고, 그 결과 양 당사자가 보험보호의 개시를 2개월 미루게 되었다면 그 경우에 지급되는 보험료는 최초보험료에 해당하게 된다.[18]

특히 분할지급에서는 다양한 변형이 발생할 수 있다.[19] 보험료의 전체금액이 바로 만기가 되고 보험자는 그 보험료를 부분적인 유예로 인하여 단지 분할로 제기된 경우와 보험계약자에 대하여 일반적인 계약상 지급이 특정한 분할로 규정되어 있는 경우 등을 생각해 볼 수 있다. 첫 번째 사례에서는 전체금액과 관련하여 최초보험료가 존재하게 되고, 두 번째 사례에서는 단지 첫

---

15 독일 보험계약법상 최초보험료와 전부보험료를 소개하고 있는 것으로는 최기원, 보험법, 1998, 박영사, 93면을 참조하기 바람. 독일 보험계약법상 최초보험료란 보험료의 지급이 없으면 보험자의 책임이 개시되지 않게 되는 보험료를 의미하고, 제1회적 보험료(einmalige Prämie)란 전보험기간에 대하여 1회에 전부 지급하는 보험료를 말하고 일시급 보험료(einheitliche Prämie)라고도 한다. 한편 계속보험료란 그 지급이 없으면 이미 개시된 보험자의 책임이 더 이상 계속되지 아니하는 보험료를 말한다. 최초보험료는 항상 제1회 보험료(die erste Prämie)가 되지만 제1회 보험료가 항상 최초보험료가 되는 것은 아니다. 제1회 보험료의 지급을 유예하는 경우에는 먼저 보험자의 책임이 개시되고 난 후에 제1회 보험료의 지급이 있게 되므로, 이 경우의 제1회 보험료는 최초보험료가 아니고 계속보험료가 된다. 제2회 이후의 보험료는 항상 계속보험료가 된다.

16 독일 보험계약법 제37조(최초보험료의 지급지체) (1) 전부 또는 최초보험료가 제때에 지급되지 아니하면, 보험자는 보험계약을 해제할 수 있다. 그러나 보험료 부지급에 대하여 보험계약자가 책임이 없는 경우에는 그러하지 아니하다. (2) 보험사고가 발생 시 전부 또는 최초보험료가 지급되지 아니하면 보험자는 면책된다. 그러나 보험계약자가 부지급에 대하여 책임이 없는 경우에는 그러하지 아니하다. 보험계약자가 텍스트 형식의 특정한 통지를 통하여 또는 보험증권에 명시적인 지시를 통하여 보험료 부지급에 대한 법률효과를 알려준 경우에만 보험자는 면책된다. 이필규·최병규·김은경 역저, 2009년 독일 보험계약법(VVG), 세창출판사, 2009, 25면.

17 BGH 25. 6. 1956-II ZR 101/55, BGHZ 21, 122.

18 OLG Oldenburg 8. 10. 2003-3 U 52/03, NJW-RR 2004, 182.

19 Prölss/Martin/Knappmann, *Versicherungsvertragsgesetz, Kommentar zu VVG und EGVVG sowie Kommentierung wichtiger Versicherungsbedimgungen -unter Berücksichtigung des ÖVVG und österreichischer Rechtsprechung*, 27. Aufl. 2004, § 38 Rdn. 7.

번째 분할되는 금액이 최초보험료이며, 그다음에 지급되는 보험료는 계속보험료에 해당하게 된다. 결국 계속보험료라 함은 보험계약법 제37조가 의미하고 있는 전부보험료나 최초보험료가 아닌 각각의 보험료를 말한다. 만약 보험계약법 제37조에 따른 최초보험료가 지급되지 아니하였고 보험자가 해제권을 행사하지 않은 경우에는, 보험계약법 제38조가 규정하고 있는 계속보험료에 해당하게 된다.

2) 보험계약법 제38조의 입법목적

독일 민법 제323조는 쌍무계약에서 채권자는 급부나 후발적 이행을 위하여 적절한 기간을 부여한 후에 해제권을 행사할 수 있도록 규정하고 있다. 그러나 보험계약법 제37조는 보험계약자가 보험료채무를 이행하지 않은 경우에, 보험료의 미지급에 대하여 책임을 질 수 없는 경우를 제외하고 민법 제323조 제1항과 제2항에서 규정하고 있는 추완을 위한 기간설정(Nachfristsetzung) 없이 보험료채권자인 보험자는 해제권을 행사할 수 있도록 하고 있다. 결국 일반 채권법과 달리, 최초보험료를 지급하고 있지 않은 경우에 기간설정을 하지 않고 보험자는 해제권을 행사할 수 있는 것이다.

계속보험료의 지급의무를 부담하는 보험계약자의 지급지체를 규정하고 있는 보험계약법 제38조는 독일 민법 제323조[20]를 대신하는 특별규정에 해당한다. 독일 보험계약법 제38조[21] 제1항은 보험계약자가 계속보험료를 지급하고 있지 않은 경우에 대한 법적 효과를 규정하고 있다. 동조 제1항은 개정 전과 비교하여 내용상 변하지 않고 개정 전 보험계약법 제39조 제1항과 제4

....

20　독일 민법 323조(전혀 이행되지 않거나 계약에 합당하지 않은 급부로 인한 해제권) (1) 쌍무계약에서 채무자가 만기에 전혀 급부를 이행하지 않거나 또는 계약에 합당하지 않은 급부를 이행하는 경우, 급부나 추완을 위한 적정한 기간을 헛되이 지정하였다면 채권자는 그 계약을 해제할 수 있다. 그러나 다음의 사항, 즉 제1호. 채무자가 급부를 진지하고 최종적으로 거절한 경우 제2호. 채무자가 계약에서 정해진 약속이나 정해진 기간 내에 급부를 이행하지 아니하고 채권자는 계약에서 급부이익의 지속을 급부의 적시성에 결합하고 있는 경우 제3호. 양 당사자의 이익을 고려하여 즉시의 해제를 정당화하는 상황인 경우에는 기간설정이 의미 없게 된다. (3) 이하 생략.

21　독일 보험계약법 제38조는 계속보험료의 지급지체에 대하여 규정하고 있다. 각 항은 다음과 같다. (1항) 계속보험료가 적시에 납입되지 않은 경우 보험자는 보험계약자에게 그의 비용으로 텍스트 형식으로 적어도 2주간에 해당하는 지급기한을 정할 수 있다. 미지급금액, 이자 및 비용을 구체적으로 번호를 매기고 제2항과 제3항에 다른 기한경과와 관련한 법률효과를 기입한 경우라면 이 같은 기산을 정한 것은 유효하다. 통합된 보험계약의 경우라면 금액은 각각 독립하여 기재되어야 한다. (2) 보험사고가 기한의 경과 후에 발생하고 그때 보험계약자가 보험료, 이자 및 비용의 납일을 지체하고 있었던 경우 보험자는 면책이 된다. (3) 보험계약자가 납입지체를 하고 있는 한 보험자가 기한이 경과한 후에는 해지예고기간을 준수할 필요 없이 계약을 해지할 수 있다. 해지는 그 종료시점에 지체 중이면 그 기간 경과시점에 해지가 효력으로 발생하는 방식으로 할 수 있다. 보험계약자는 해지의 경우 명시적으로 이에 대하여 보험자로부터 지시받아야 한다. 보험계약자가 해지 후 1개월 내에 또는 기한의 경과 후 1개월 내에 보험료를 납입하면 계약은 유효하다. 제2항은 영향을 받지 않는다. 이필규·최병규·김은경 역저, 2009년 독일 보험계약법(VVG), 세창출판사, 2009, 26면.

항을 대신하고 있다. 제2항 역시 본질적으로 변함없이 개정 전 보험계약법 제39조 제2항에 상응하고 있다. 그러나 개정 전 제39조 제3항과 달리 크게 수정된 사항은 보험사고가 이미 발생한 경우에도 보험계약자가 보험료지급을 통하여 보험관계의 해지를 예방할 수 있도록 한 내용이다.[22]

2. 지급기간의 설정

지급기간을 설정하기 위해서는 보험계약자가 계속보험료를 적시에 지급하지 않아야 한다 (보험계약법 제38조 제1항 제1문). 여기서 중요한 사항은 급부이행이 아니라 급부행위의 적시성에 있다.[23] 과실이나 지체는 필요하지 않다. 보험계약자가 만기에 보험료를 객관적으로 지급하지 않았다는 사실만으로 지급기간을 설정하는 것이 가능하다. 하지만 보험계약자가 보험료를 적시에 명백하게 보험료를 지급할 수 있도록 보험자는 반드시 보험계약자가 알아야 할 사항을 제시하며 보험료를 지급할 수 있도록 하여야 한다. 만약 보험자가 보험료의 수령권한을 가지고 있었고 만기에 보험료가 적시에 계좌에서 인출될 수 있는 상황이었다면, 적시에 지급되지 않은 사항에 해당된다고 볼 수 없다.

적시에 보험계약자의 보험료가 지급되지 아니하면, 보험자는 보험계약자에게 그의 비용으로 적어도 2주간에 해당하는 지급기간을 설정할 수 있다. 건물보험(Gebäudeversicherung)에서 지급기간이 적어도 한 달의 기간이 주어져야 한다는 개정 전 보험계약법 제91조[24]는, 동 보험에 대하여 특별히 다루어야 할 필요성이 발생하지 않는다는 점에서 폐지되었기 때문에 이제 건물보험에도 역시 적용된다.[25] 이러한 경우에 기간을 정하기 위하여 언제 최고가 도달되어야 하는가가 명확히 정해져야 한다.[26]

기간 역시 명확히 표시되어야 한다. "최고도달 후 2주 이내에 지급이 이행되어야 한다"라고 하는 형식의 문구 사용은 타당하지 않다. 왜냐하면 그런 문구를 사용하게 되면 최고가 14일째 이행되는 경우에 지급은 기간에 합당한 것으로 짐작할 수 있기 때문이다. 반면에 법전(Gesetzestext)에 따르면, 최고도달 후 15일째 지급 역시 "직시에"로 볼 수 있게 된다.[27] "미지급된 금액을 송금하

---

22   Rüffer/Halbach/Schimikowski/Karczewski, *Versicherungsveretragsgesetz*, Nomos, 2009, § 38 Rdn. 1.

23   Vgl. Prölss/Martin/Knappmann, a.a.O., § 39 Rdn. 4.

24   § 91 Alt-VVG (Zahlungsfrist bei Gebäudeversicherung) Bei der Gebäudeversicherung muss die im Fall einer nicht rechtzeitigen Zahlung der Prämien nach § 39 zu bestimmende Zahlungsfrist mindestens einen Monat betragen.

25   BegrE, BT-Drucks. 16/3945, S. 71.

26   BGH 7. 10. 1992-IV ZR 247/91, NJW 1993, 130.

기 위하여 최고서면의 도달 후에 보험계약자는 2주간의 기간이라고 하는 시간을 가지고 있으며, 기간경과 후에 발생된 보험사고의 시점에 보험계약자가 보험료를 아직도 완전하게 지급하지 않았을 경우에는 보험보호가 발생하지 않는다."는 사항을 알려주었다고 해서 충분한 것은 아니다. 왜냐하면 실질적으로 최고서면은 무형식으로 송부된 것이고, 급부이행에 달려 있는 것이 아니라 급부행위의 적시성에 달려 있기 때문이다.[28]

3. 최고장의 내용

1) 기본원칙

최고장은 합당한 기간설정 외에 보험료의 미지급금액·이자·비용 등이 세부적 순번으로 작성되어 있어야 할 뿐만 아니라 기간경과와 결합된 법적 효과가 담겨 있어야 한다(제2항과 제3항). 반드시 담겨 있어야 할 위에 제시된 사항들이 존재하지 아니하면 지급에 대한 기간설정은 효력이 없게 된다. 그 결과 보험자는 제2항에 따른 면책을 주장할 수도 없고 제3항에 따라 해지권 역시 행사할 수 없다.

보험자가 보험계약자에게 "알려주어야 할 사항(Belehrung)"은 내용상 완전하고도 틀림이 없이 담겨 있어야 한다. 그 내용은 평균적인 보험계약자라면 이해할 수 있는 수준이면 된다. 그러므로 보험자는 개별적인 사항뿐만 아니라 법으로 정해진 지급기간을 지키지 않은 경우에 발생하는 전체적인 법적효과에 대하여도 알려주어야 한다.[29] 보험자의 "알려주어야 할 사항"을 통하여 보험계약자가 오판할 수 있는 가능성이 줄어들고 기간경과 후 지급은 보험계약자에게 더이상 효용가치가 없어지게 된다. 그러므로 지급지체의 효과로써 보험자의 급부의무에 대한 면책과 해지권은 "알려주어야 할 사항(Belehrung)"과 합의사항에 속하지 않는다. 법적 상황에 관하여 의심의 여지가 발생할 수 있는 경우 "알려주어야 할 사항(Belehrung)"은 보험계약자의 보험보호를 위하여 적절한 시간 내에 이루어져야 한다. 또한 전혀 관련이 없는 최초보험료의 미지급이나 다른 보험영역에서 고려되는 보험자의 "알려주어야 할 사항(Belehrung)"은 충분한 것이 아니다.[30] 엄격한 형식적 조치를 요구하고 있는 근거는 법적 안정성과 법적 명확성에 기인하

27　OLG München 15. 2. 2000-25 U 4815.99, VersR 2000, 1094.

28　OLG Oldenburg 16. 5. 2001-2 U 80/01, VersR 2002, 555.

29　BGH 9. 3. 1988-IVa ZR 225/86, VersR 1988, 484.

30　BGH 6. 10. 1999-IV ZR 118/98, VersR 1999, 1525.

고 있다.[31]

2) 세부적인 사항

　미지급금은 보험료, 이자 및 비용 등 세부적인 사항에서 순번으로 지정되어 있어야 한다. 보험증권에 개별적인 보험계약이 축약되어 있는 사례에서 각 보험에 해당하는 미지급된 보험료가 분리하여 안내되어야 한다(보험계약법 제38조 제1항 제2문). 이러한 사항은 책임보험과 자체보험이 종종 동시에 안내되는 특히 자동차보험에서 의미가 있다.[32] 만약 서로 다른 보험증권을 가진 법률적으로 독립적인 다수의 보험계약과 관련되는 경우, 미지급금에 대한 안내는 분리되어 제공되어야 한다. 지급청구 역시 명백하게 분리되어 있어야 한다. 또한 최초보험료와 계속보험료의 명백한 구분이 이행되어야 한다. 현실의 연체금액이 정확하고 타당하게 안내되는 것이 중요하다. 사소한 사항을 다수 청구하는 것(gerignfügige Zuvielforderung)은 최고의 효력을 발생하지 않게 한다.[33] 또한 보험자는 연체금에 대하여 한 푼도 빠짐없이 정확하게 계산해야 한다.[34]

　최고장은 민법 제130조[35]에 의하여 수취인의 수령영역에 도달되어 수취인이 일반적인 상황에 인식할 수 있어야 한다.[36] 주택의 우편함이나 그의 사물함에 투여하는 경우에, 일반적으로 그 함이 비워지는 것이 예상될 수 있는 시점에 편지가 도달되어야 한다. 여행 중이라든가 혹은 질병과 같은 수령인의 일신상의 장애는 그리 중요한 것이 아니다. 보험계약법의 특별한 사항으로써 보험계약법 제13조[37]가 효력을 갖게 된다. 보험계약자가 보험자에게 주소변경이나 성명변

31　BGH 9. 3. 1988-IVa ZR 225/86, VersR 1988, 484.

32　Vgl. BGH 9. 10. 1985-IVa ZR 29/84, VersR 1986, 54.

33　BGH 7. 10. 1992-IV ZR 247/91, NJW 1993, 130(215마르크 20센트 대신에 215마르크 80, 213마르크 60센트 대신에 213마르크 90센트, 548마르크 대신에 548마르크 60센트); OLG Oldenburg 8. 3. 2000-2 U 304/99, OLGR 2000, 142 (16센트는 매우 많은 것으로 판단); ferner Prölss/Martin/Knappmann, § 39 Rdn. 18; Römer/Langheid/ Römer, Versicherungsvertragsgesetz — Mit Pflichtveresicherungsgesetz(PflVG) und Kraftfahrzeug- Pflichtversicherungsverordnung (KfzPflVV), § 39 Rdn. 10.

34　OLG Oldenburg 8. 3. 2000-2 U 304/99, OLGR 2000, 142.

35　독일 민법 제130조(격지자에 대한 의사표시의 효력발생) (1) 타인에 대하여 행하여지는 의사표시를 격지자에게 하는 때에 그것이 상대방에게 도달하는 때에 효력이 발생한다. 의사표시가 상대방에게 도달하기 전이나 동시에 철회가 상대방에게 도달하는 때에는 의사표시는 효력이 발생하지 않는다. (2) 표의자가 의사표시를 발송한 후에 사망하거나 행위무능력이 되는 것은 의사표시의 효력에 대하여 영향을 미치지 아니한다. (3) 제1항과 제2항은 관청에 대한 의사표시에 대하여도 적용된다.

36　BGH 3. 11. 1976-VIII ZR 140/75, BGHZ 67, 271 (275).

37　독일 보험계약법 제13조(주소와 성명의 변경) (1) 보험계약자가 자신의 주소변경을 알리지 않은 경우에 보험계약자에게 보내는 의사표시는 보험자에게 알려진 보험계약자의 최종 주소로 송부된 등기우편으로 충분하다. 의사표시는 우편의 발송 후 3일째에 도달한 것으로 본다. 제1문과 제2문은 보험계약자의 성명변경의 경우에도 동일하게 적용된다. (2) 보험계약자가 자신의 영업범위 안에서 보험계약을 체결한 경우에는 영업소재지의 변경에

경을 고지하지 아니한 경우, 보험계약자에게 교부되는 의사표시에 대하여는 마지막으로 알려준 보험계약자의 주소나 성명에 대한 등기우편의 송부로 충분하다.[38] 만약 보험계약자에게로의 접근이 용이하지 않다면, 수령권한이 있는 것으로 간주될 수 있는 제3자에게 교부하는 것으로 충분할 수 있다. 그러므로 부부 중의 한 사람에게 교부하는 것(따로 사는 경우에는 해당되지 않는다), 결혼하지 않았지만 동거생활을 하는 동거인 또는 보험계약자가 부모님과 함께 사는 경우 부모님 그리고 보험계약자의 동의를 받고 그를 위하여 우편을 수령하는 가정부에게 교부하는 것으로 충분하다.[39]

등기로 송부하는 경우에, 집배원에 의하여 남겨진 통지서는 등기의 도달을 대치시키지 못한다. 왜냐하면 보험계약자가 서면에 대하여 알아야 하는 것이지, 단지 통지서만을 알아야 하는 것은 아니기 때문이다.[40] 그러나 보험계약자가 통지서를 수령하였음에도 불구하고 예측 가능한 방법으로 수취하고자 하는 노력을 하지 않는다고 한다면, 신의 성실의 원칙에 따라 그 서면은 보험계약자에게 적시에 도달한 것으로 보아야 할 것이다. 각각의 상황에서 다른 효과를 발생할 수 있는데, 만약 보험계약자가 짧은 기간(1~2주 정도) 집을 비우는 상태라면 보험자의 통지가 그에게 도달할 것에 대한 예방조치를 취할 필요는 없다.[41] 그러나 장기간 집을 비우는 경우라면 보험계약자는 보험자의 서면을 예상하지 않으면 아니 되는 한, 예방조치가 필요하다고 보는 것이 일반적이다.

4. 증명문제

1) 원칙

최고장의 본질적인문제는 보험계약자에게 최고장의 도달 여부에 있다. 실무상 주목해야 할 사항은 계속보험료의 미지급으로 인하여 보험자의 면책이나 해지권을 제기하는 경우에, 보험계약자는 최고장의 도달에 이의를 제기한다는 점이다. 입증의 용이함으로 인하여 등기의 이용 가능성도 있지만, 보험자는 비용 때문에 등기를 통한 최고장 송부를 꺼려한다. 그러나 최고장

있어서도 제1항 제1문과 제2문이 동일하게 적용된다.

38 Rüffer/Halbach/Schimikowski/Karczewski, Versicherungsveretragsgesetz, Nomos, 2009, § 38 Rdn. 9. 등기를 송부하는 것이 단지 일부에 불과하기 때문에 실무상 동 조항은 커다란 의미를 갖는 것은 아니라고 지적한다.

39 Prölss/Martin/Knappmann, a.a.O., § 39 Rdn. 19.

40 BGH 3. 11. 1976-VIII ZR 140/75, BGHZ 67, 271 (275); BGH 18. 12. 1970-IV ZR 52/69, VersR 1971, 262.

41 OLG Köln 20. 6. 1991-5 U 183/90, r＋s 1991, 290.

의 도달에 대하여 상세히 설명하고 입증해야 할 의무가 보험자에게 주어진다.[42] 단순한 송부는 도달을 입증하지 못한다는 점에서 문제의 소지가 있다.

보험대리인에게 행위를 돌보게 하는 경우에 보험계약자가 도달을 인정하는 경우가 가능하다. 하지만 세부적 사항에서 보험계약자와의 사이에서 의사표시의 내용에 관하여 알고 있지 않다고 한다면, 보험자가 이전에 제정해놓은 사항에서 도달을 인정하고자 하는 것은 주의를 요한다. 미리 제정해놓은 의사표시나 입증책임의 전환과 결합되어 이미 보험약관에 담겨 있는 도달에 관한 규정은 독일 민법 제308조 제6호,[43] 제309조 제12호[44]와 합치될 수 없다고 보아야 한다. 마침내 보험자가 수령증을 동반한 등기를 통하여 도달을 제공하고자 하는 경우, 이러한 문제들을 예방할 수 있다.[45] 수령증이 있는 등기를 통하여 매우 소중한 사항을 대량으로 송부하고자 하면서 도달의 보장을 얻고자 하는 자는 역시 대량방식에 대한 입증의 합당한 위험을 부담하지 않으면 아니 된다.[46]

특별한 사항은 투입등기(Einwurfeinschreiben)에서 발생한다. 여기에는 수령증과 통지서가 존재하지 않는다. 그러나 집배원에 의하여 어떠한 형식에서, 그리고 언제 배달이 이행되는가에 대하여 우선적으로 근무하고 있는 내부에 알려지게 된다. 서면이 실질적으로 수령자의 권한범위 내에 도달된다고 한다면, 외관상 도달의 입증은 긍정될 수 있을 것이다.

2) 세부적인 사항

수령증과 같은 사항으로 먼저 송부하고 나중에 보험자가 서면으로 먼저 송부한 최고가 고려되는 경우, 입증책임이 전환되는가에 문제가 판례에서 제기되었다.[47] 그러나 그러한 경우 입증

42　OLG München 21. 4. 2004-7 U 5648/03, VersR 674; OLG Köln 23. 10. 2001-9 U 226/00, r＋s 2001, 447; Römer/Langheid/Römer, a.a.O., § 39 Rdn. 21; Prölss/Martin/ Knappmann, a.a.O., § 39 Rdn. 14.

43　독일 민법 제308조는 평가를 유보한 금지조항을 담고 있다. 그리고 제6호에 도달의 의제를 규정하고 있는데, "특별한 의미 있는 약관사용자의 의사표시가 상대방 당사자에게 도달된 것으로 간주하는 조항"에 대하여 효력이 없는 것으로 하고 있다.

44　독일 민법 제309조는 평가유보 없는 금지조항을 담고 있다. 제12호는 입증책임에 관하여 규정하고 있는데, 약관사용자가 입증책임을 상대방 당사자에게 불리하게 변경한 조항, 특히 약관사용자가 1) 상대방 당사자에게 자신의 책임영역 내에 있는 제반사정의 입증책임을 부과하는 사항 2) 상대방 당사자에게 특정한 사실이 진실임을 인정하도록 하는 점에 대하여 무효로 하고 있다. 그리고 1)은 개별적으로 서명 또는 적격의 전자서명을 한 수령확인에 대하여 적용되지 않도록 하고 있다.

45　So zutr. auch OLG Köln 7. 5. 2004-9 U 75/03, r＋s 2004, 316.

46　LG Düsseldorf 24. 9 2004-20 S 82/04, r＋s 2006, 13.

47　So auch OLG Köln 23. 10. 2001-9 U 226/00, r＋s 2001, 447; OLG Köln 7. 5. 2004-9 U 75/03, r＋s 2004, 316; LG Düsseldorf 24. 9. 2004-20 S 82/04, r＋s 2006, 13.

책임이 보험계약자에게 전환되어 도달을 지체 없이 다투어야 하는 의무를 부담하지 않는다고 보는 것이 다수설이다.[48] 도달의 입증책임에 대하여 보험계약자가 부담해야 한다고 하는 것은, 법률이나 보험관계의 본질 그리고 신의 성실의 원칙에 의하여도 도출될 수 없다[49]고 할 것이다. 최고장 도달의 시점에 대하여는 보험자가 원칙적으로 입증책임을 부담한다.[50] 최고장의 도달이 확실하다면 이는 보험자가 주장하는 내용을 담고 있다고 보는 일반적일 것이다.[51] 그런데 보험계약자가 알고 있는 사항과 서면에 있는 사항이 서로 다른 내용이 있거나 하자 있는 내용이 있다고 한다면, 그는 그 하자에 대한 사항을 설명하고 입증을 해야 할 것이다.

5. 지급지체 시 면책

1) 기본원칙

설정된 기간의 경과 후에 보험사고가 발생하고 보험계약자가 보험료나 이자 혹은 비용의 지급의 시점에서 지연되고 있는 경우, 보험자는 급부로부터 면책[52]이 된다(제2항). 그러나 지체에도 불구하고 보험사고의 발생 전에 보험계약자가 보험료를 지급하면, 보험자는 보험금지급의 책임을 부담해야 한다. 반면에 보험사고가 이미 발생한 경우에 보험계약자가 지급의무의 시점이 지급지체 중에 있었느냐의 여부는 매우 중요하다. 그러므로 보험료가 적시에 지급되었다는 점은 보험계약자가 입증을 해야 한다.[53] 핵심이 되는 것은 급부의 이행이 아니라, 급부행위가 적시에 이루어져야 한다는 것이다. 지체는 보험자가 최고하였던 보험료를 가지고 발생한다. 그러므로 최고되지 않은 보험료의 지급지체는 고려대상이 될 수 없다.[54] 만약 보험료를 지급하지 않거나 지급지체에 대하여 보험계약자에게 과실이 존재한다면 보험자는 책임을 면하게 된다. 과실이 존재하지 않다는 설명에 대한 의무와 입증에 대한 의무는 보험계약자가 부담한다(독일 민법 제286조 제4항).[55] 만약 보험자의 행위로 인하여 보험계약자가 보험료의 액수를 명확하게 알

---

48 Römer/Langheid/Römer, a.a.O., § 39 Rdn. 16; Prölss/Martin/Knappmann, a.a.O., § 39 Rdn. 16
49 하급심 판례로서 반대 입장으로는 LG Hamburg 27. 6. 1991-405 O 161/90, VersR 1992, 85.
50 OLG Koblenz 28. 7. 2000-10 U 192/99, r + s 2000, 441; Römer/Langheid/Römer, a.a.O., § 39 Rdn. 23.
51 Prölss/Martin/Knappmann, a.a.O., § 39 Rdn. 28.
52 보험자의 면책에 대하여는 Terbille, Versicherungsrecht, Münchner Anwalts Handbuch, 2. Aufl., 2008, S. 91.
53 Römer/Langheid/Römer, a.a.O., § 39 Rdn. 24.
54 OLG Köln 16. 9. 1992-5 W 29/92, r + s 1992, 398.
55 민법 제286조는 채무자의 지체에 대하여 규정하고 있다. 특히 4항에서는 "급부의 이행이 채무자가 책임없는 사유로 인하여 중단된 경우, 보험계약자는 지체에 빠지지 않는다"고 규정하고 있다.

지 못하였지만, 그가 그 불확실함을 제거한 후 지급한 경우라면 과실이 존재하지 않는다.[56] 반면에 보험계약자 자신의 보험중개인이 이미 보험료를 초과하여 지불했다고 보험계약자에게 고지한 경우, 보험자의 최고장에 대하여 명백히 이의를 제기한 것은 하자 없는 과실로 입증되지 않는다.[57]

보험계약자가 비교적 적은 액의 보험료를 지체하고 있는 경우 역시 보험자의 면책은 인정된다. 만약 보험계약자가 알면서 의도적으로 보험료를 완전하게 지급하지 않는 경우, 미지급금이 매우 작은 금액이라는 것을 참작하여 형평성을 고려하고자 하는 여지는 발생하지 않는 것이다.[58] 다른 측면에서 그러한 상황은 보험자가 지급되는 보험료를 정확히 최고한 것으로부터 발생한다.

2) 면책의 예외

보험자의 면책에 대한 예외는 보험자가 법적 권리를 포기한 경우와 유예의 경우에 발생한다.

보험자가 제2항과 제3항에서 그에게 인정된 법적 효과를 포기한 경우에는, 보험자의 면책과 계약에 대한 보험자의 해지권은 발생하지 않는다.[59] 그러나 보험자가 보험사고 발생 후 이의제기 없이 보험료를 수령한 경우에는, 면책에도 불구하고 그는 보험료에 대한 청구권을 가지고 있기 때문에 그러한 포기는 인정될 수 없다.[60] 또한 지급되지 않아 최고를 받았거나 최고된 다수의 보험료 가운데 한 보험료가 보험자에 의하여 수령된 경우에는 포기에 해당하지 않는다. 그러나 만약 보험자가 보험기간 중에 원칙에 맞게 계속보험료를 수령하면서 1년이 경과한 계속보험료라는 이유로 하여 면책을 주장하는 것은 신의 성실의 원칙에 위반하는 사례로 볼 수 있다. 또한 유보된 최초보험료에도 불구하고 계속보험료를 보험계약자는 지급하기 때문에, 보험자는 보험계약자가 급부의무를 인식할 수 있도록 명확히 설명해주어야 할 의무가 있다.

보험자의 면책에 대한 예외로써 유예가 제시된다. 보험자가 계속보험료의 유예에 대하여 이미 설명한 경우에는 여러 가지 측면을 고려해 보아야 한다. 우선 그 유예가 보험사고 발생 전이

---

56   Prölss/Martin/Knappmann, a.a.O., § 39 Rdn. 26.

57   LG Berlin 8. 7. 2003-7 O 319/00, r＋s 2005, 95.

58   BGH 9. 3. 1988-IVa ZR 225/86, VersR 1988, 484; OLG Düsseldorf 3. 12. 2005-14 U 3/03, zfs 2006, 523 (Zahlung nur einer von zwei ausstehenden Raten über jeweils 32,20 DM); Prölss/Martin/Knappmann, a.a.O., § 39 Rdn. 19.

59   Hierzu im Einzelheiten Prölss/Martin/Knappmann, a.a.O., § 39 Rdn. 35; Römer/Langheid/ Römer, a.a.O., § 39 Rdn. 17.

60   BGH 24. 1. 1963-II ZR 89/61, VersR 1963, 376.

나 후에도 보장되는가에 대한 구분이 이루어져야 한다. 또 다른 측면에서 실질적으로 유예합의가 이루어졌지만 이에 대하여 당사자가 행위를 하지 않았던 점에 대하여 항상 명확히 확인되어야 한다.[61] 만약 유예의 합의가 이미 보험사고 발생 전에 이루어졌다면, 그 설정된 지급기간은 유예기간이 경과할 때까지 연장된다. 반면에 그 유예가 보험사고 발생 후에 이루어진 것이라면, 그 유예는 지급기간을 원칙적으로 관련시키지 못한다. 보험자의 급부의무는 미지급된 보험료의 보상이 이루어진 경우에 바로 그 시기(ex nunc)부터 발생하게 된다. 그러나 이러한 사례에서 보험자는 과거에 발생하였던 급부의무를 알려주어야 할 의무를 부담해야만 한다.

6. 계약의 해지

1) 해지의 의사표시

최고장과 관련하여 기간경과의 또 다른 법적 효과로써 보험자에 대하여, 보험계약자가 이행해야 할 보험료의 지급을 지체하고 있다고 하면 기간제한 없이 해지권이 발생하게 된다(제3항 제1문). 또 다른 측면에서 해지권은 지급기간의 지정과 결합되어 발생할 수 있고, 그 결과 보험계약자가 지급시점에 지체하고 있는 경우에 기간의 경과와 함께 해지권의 효력이 발생하게 된다(제3항 제2문). 실무에서 종종 발생하는 바와 같이 보험자가 두 번째에 언급된 종류와 방법에서 우선하고자 한다면, 그는 보험계약자에게 해지권을 행사할 시 그러한 사항을 명백하게 알려주어야 한다(제3항 제2문). 반면에 해지권이 최고장과 결합되어 있지 않다면, 그 해지권은 분리되어 명백하게 언급되어야 한다. 그러므로 단순하게 해지의 고지만으로는 충분한 것이 될 수 없다.[62]

해지권에 대한 시간적 제한에 대하여는 보험계약법이 규정하고 있지 않다. 그러므로 그 제한은 신의 성실의 원칙을 가지고 판단하게 된다. 보험자가 적절한 시간보다도 더 장시간 주저하였다면, 아주 극단적인 사례에서는 해지권의 실효를 야기하게 된다. 그러나 이것이 적용되기 위해서는, 현저한 시간이 경과되어야 하고 보험계약자는 보험자의 또 다른 행위를 통한 조건 속에서 정당하게 계약지속을 의도하고 있어야 한다. 그러나 이러한 사항과 관계없이 늦게 표시된 해지권은, 그것이 효력이 있다고 할지라도 보험계약법 제39조 제1항 제1문에 따라 해지권에 대한 적정한 숙려기간에 상응하는 시점까지만 보험료가 보험자에게 발생하게 된다. 타당한 근

---

61 이에 대하여 문제점을 지적한 것으로는 Prölss/Martin/Knappmann, a.a.O., § 39 Rdn. 37-41.
62 OLG Köln 19. 3. 1992-5 U 134/91, r + s 1992, 151 (.. werden wir kündigen).

거 없이 권리남용하에 해지권의 계속적인 지연을 통하여 보험자가 보험계약법 제39조[63]에 따라 발생하는 할당된 보험료의 청구를 증액하는 것은 허용될 수 없다.[64]

2) 해지권 효력의 상실

보험계약자가 해지권 행사 한 달 이내에 혹은 해지권이 기간지정과 결합되어 있는 경우, 기간경과 후 한 달 이내에 보험계약자가 보험료를 지급하게 되면 해지권은 효력을 발생하지 않는다(제3항 제3문). 동 규정은 이미 보험사고가 발생한 경우에, 보험계약자가 보험료의 지급을 통하여 보험자의 해지권을 여전히 저지할 수 있다는 점에서, 개정 전 제39조 제3항 제3문에 대한 본질적인 개정내용을 담고 있다.[65] 그럼에도 불구하고 제3항 제3문은 제2항의 영향을 받지 않는다고 규정함으로써, 보험사고가 기한의 경과 후에 발생하고 그때 보험계약자가 제반비용을 지체하고 있다고 한다면, 보험자는 여전히 보험금에 대한 면책이 허용된다. 새로운 규정으로 말미암아 보험료의 추후지급을 통하여 새로운 계약을 체결 시에 보험자가 보험료의 액수나 분리된 위험검토로 인하여 자격 있는 이익을 향유하게 되는 보험관계를 지속할 가능성이 보험계약자에게 계속 존재하게 된다.

IV. 비교법적 고찰을 통한 실효약관의 인정 여부

1. 전원합의체 판결에 대한 비판가능성

독일 보험계약법 제38조를 고찰함으로써, 우리와 비교법상 논의의 가치를 발견할 수 있는 영역은 실효약관의 인정 여부에 있다. 앞에서 제시한 바와 같이 대법원은 전원합의체 판결[66]로써

63　독일 보험계약법 제39조(기한 도래 전의 보험종료) (1) 보험관계가 보험기간이 경과하기 전에 종료하는 경우에 보험상의 보호가 존재하는 기간에 상응하는 보험료가 보험자에게 귀속한다. 보험관계가 제19조 제2항에 근거하여 해제가 되거나 악의에 의한 사기로 인하여 보험자가 취소를 한 경우 종료한다면 보험자에게 해제의 의사표시나 취소의 의사표시가 효력이 있을 시점까지 보험료는 귀속한다. 보험자가 제37조 제1항에 따라 해제한다면 적절한 운영비를 요구할 수 있다. (2) 제16조에 따라 보험관계가 종료하는 경우에는 보험계약자는 보험의 종료 이후에 해당하는 보험료에서 이 기간에 적용된 비용을 공제한 나머지 반환을 청구할 수 있다.

64　Vgl. auch schon zum frühren Recht bei § 40: OLG Düsseldorf 20. 2. 2001-4 U 107/00, VersR 2002, 217; OLG Loblenz 29. 9. 2000-10 U 193/99, VersR 2002, 699; aA Funck, VersR 2008, 163, der eine Obliegenheit der VR zum Ausspruch einer Kündigung verneint.

65　Begr. RegE, BT-Drucks. 16/3945, S. 71.

실효약관에 대하여 무효의 판단을 하였다. 그러나 실효약관을 인정하고자 하는 입장[67]은 다음과 같은 이유를 제시하면서 대법원의 판결에 대하여 비판한다.[68]

첫째, 실효약관이 보험자가 상법 제650조 제2항에 따라 최고와 해지의 절차를 밟는 경우에 부여되는 기간보다 훨씬 장기간의 유예기간을 부여하고 있다고 한다면, 상법 제650조 제2항보다 실효약관은 더 불이익한 것이라고 볼 수 없다.

둘째, 유예기간이 종료하고도 한참 지난 후에 보험사고가 발생한 경우, 보험자가 최고의 절차를 밟지 않았다고 해서 그 보험사고가 발생할 때까지 보험료를 지급하지 않은 보험계약자에게 보험금을 지급해야 함은 보험료를 지급기일에 성실히 지급한 다른 보험계약자와의 관계에서 공평한 것이 아니다.

셋째, 보험자가 보험료 지급기일이 도래하기 전에 그 지급기일이 언제라는 뜻과 그 지급기일부터 일정 유예기간이 경과할 때까지 보험료를 지급하지 아니하면 계약이 실효된다는 뜻을 통지함으로써 보험계약자 보호는 충분히 이루어질 수 있다. 그러므로 보험계약자 보호를 위해 지급기일이 도래한 후에 다시 보험자가 보험료를 최고해야 할 이유가 없다.

2. 최초보험료와 계속보험료 지급지체 시 절차상의 차이

변경된 대법원 판례에 의하여 상법 제650조 제2항의 절차를 거치지 아니하고 보험자가 보험계약을 해지하거나 실효됨을 규정하는 실효약관은 상법 제650조와 제663조를 위반하게 되어 인정하기 어렵다는 점은 명약관화하다. 우리 상법 제650조 제1항은 보험계약자가 계약 성립 후 지체 없이 제1회 또는 보험료를 지급하지 아니한 경우에, 다른 약정이 없는 한 계약 성립 후 2월이 경과하면 그 계약은 해제된 것으로 보고 있다. 이와 같이 최초보험료에 대해서는 보험자의 책임개시와 관련하여 불안한 법률관계를 명확히 하고자 하는 입법자의 의도가 담겨 있다. 그러나 계속보험료를 지체하는 경우에는 최초보험료의 경우와 달리 계약당사자가 중대한 이해관계를 가지고 있기 때문에 최고와 해지의 의사표시를 하도록 규정하고 있다는 지적은 의미가 있다.

---

66 대법원 1995. 11. 16. 선고 94다56852 판결.

67 장경환·권기범, "상법 제650조 제2항과 실효약관", 서울대학교 법학, 제40권 제1호, 서울대 아시아태평양법연구소, 1999. 5, 121면 이하.

68 장경환, "상법 제4편(보험) 제1장(통칙)의 주요 개정과제", 보험법연구, 제1권 제1호, 2007, 한국보험법학회, 17면. 장 교수는 제650조 제2항 단서를 신설하여 "다만, 지급기일로부터 2주 이상의 지급유예기간을 정하여 그 기간 내에 지급되지 아니하면 최고 없이 계약이 실효된다는 뜻을 지급기일 전 2주 이내에 보험계약자에게 통지하는 것으로 약정할 수 있다."는 내용을 제안하고 있다.

독일 보험계약법 역시 최초보험료의 지급지체와 계속보험료의 지급지체에 대하여 구분하여 입법하고 있다.[69] 보험계약법 제37조는 최초보험료의 지급지체를 규정하면서, 전부 또는 최초보험료를 제때에 지급하지 않은 경우에는 보험자가 그 계약을 해제할 수 있도록 하고 있다(제1항). 그리고 보험사고의 발생 시 전부보험료나 최초보험료가 지급되지 않은 경우, 보험자는 급부책임을 지지 아니하게 된다(제2항 제1문). 한편 보험자는 보험계약자에게 텍스트 형식으로 특별한 통지나 보험증권에 눈에 띄는 지침을 통하여 보험료를 지급하지 않음에 대한 효과를 알려주어야 한다(제2항 제2문). 만약 그것을 이행하지 아니한 경우에는 책임을 면할 수 없도록 하고 있다. 그러나 독일은 보험계약법 제38조에서 계속보험료의 지급지체에 대한 법적 효과를 규정하면서, 최초보험료의 지급지체를 정하고 있는 보험계약법 제37조와 다른 절차를 요구하고 있다는 점[70]을 잊어서는 아니 된다. 보험계약자가 적시에 계속보험료를 납입하지 않을 경우 보험자는 반드시 보험계약자에게 최고를 하되, 그의 비용으로 적어도 2주간의 기간을 정하여 지급을 할 수 있도록 하고 있다.[71]

3. 실효약관의 불인정

독일 보험계약법상 보험자는 보험계약자에게 독일 민법 제126b조[72]에서 정하고 있는 텍스트 형식으로 기간을 설정할 수 있도록 하고 있다. 최고의 송부에 대하여 입증을 보험자가 부담하기 때문에 서면을 이용하게 되는데, 이 최고장에 보험료의 미지급금액·이자·비용이 세부적으로 번호에 따라 작성되어 있어야 하며 기간경과와 결합된 법적 효과가 담겨 있어야만 한다. 우리나라와 마찬가지로 독일 보험계약법 역시 계속보험료의 경우에 최고장에서 정한 기간이 경과한 후에 보험사고가 발생하고 보험계약자가 보험료, 이자 및 비용을 납입하지 않는다면 보험자는 면책이 된다.

우리나라에서 계속보험료와 관련하여 중요하게 논의되고 있는 문제가 바로 실효약관이다. 그러나 독일의 보험계약법을 살펴보면, 보험계약에서 보험료를 분할하여 지급하기로 하는 경

---

69 Niederleithinger, *Das neue VVG*, Nomos, 2007, S. 40 f.

70 Looschelders/Pohlmann/Stagl, VVG, Carl Heymanns Verlag, 2010, Rdn. 4 ff.

71 Deutsch, *Das neue Versicherungsvertragsrecht*, VVE 2008, S. 137.

72 독일 민법 제126b조(텍스트 방식) 법률에 의하여 텍스트 방식이 정하여진 경우에는, 의사표시는 서면으로 또는 텍스트 방식에의 지속적 재생에 적합한 다른 방법으로 행하여져야 하고, 표의자가 표시되어야 하며 또한 의사표시의 종결이 이름의 모사(Nachbildung) 또는 다른 방법으로 인식될 수 있어야 한다.

우에 제2회 이후의 계속보험료의 지급기일로부터 일정한 유예기간을 두고 그 기간 안에 보험료를 지급하지 아니하면 보험계약의 효력을 상실하게 된다고 하는 실효약관은 인정되기 어렵다. 왜냐하면 독일 보험계약법 제38조 제1항에 규정된 바와 같이, 계속보험료의 지급지체로 인하여 보험자가 면책이 되기 위해서는 일정한 기간을 정하는 최고장을 발송하지 않으면 안 되기 때문이다. 이러한 사정은 우리의 경우와 다를 바 없다. 독일과 우리의 보험계약법이 유사하게 규정되어 있음에도 불구하고 우리나라에서 실효약관을 인정하는 것이 타당한가에 대하여는 의문이 있을 뿐만 아니라, 실효약관을 인정하게 되면 보험에 대한 전문지식이나 경제력에서 약자인 보험계약자의 보호를 소홀히 한다는 비판을 면하기 어렵다고 하겠다.

4. 해지예고부통지의 허용

우리 실정법상 보험자는 보험계약자가 계속보험료를 지체한 경우 반드시 일정한 기간을 정하여 최고를 하고 그 기간 내에 보험료를 지급하지 아니한 경우에야 비로소 계약을 해지할 수 있다. 이 경우 최고와 동시에 실효의 예고를 하는 것에 대한 인정 여부가 다투어질 수 있다. 보험자는 보험료지급에 대한 최고에서 지정된 기일 안에 보험료의 지급이 없으면 보험계약은 당연히 해지된 것으로 본다는 이른바 해지예고부통지[73]를 허용하는 것이 타당하다고 본다. 독일 보험계약법 역시 이 점을 인정하고 있다.[74] 보험자는 그 최고 기간 안에 보험료의 지급이 없으면 그 후에 보험사고가 발생하였다고 하더라도 보험계약을 해지하고 보험금의 지급을 거절할 수 있게 된다. 아무튼 계속보험료의 지급을 지체하고 있는 경우에 보험자가 보험계약을 해지하고자 한다면, 실정법의 해석상 최소한 한 번의 최고통지는 불가결한 것이다.

5. 특정한 타인에 대한 보험료 납입 최고 여부

1) 사실관계

E는 2013. 11. 26. 피고와 피보험자를 동생인 D으로 하여 「F」 계약(이하 '이 사건 보험계약'이라 한다)을 체결하였다. 이 사건 보험계약은 기본계약과 2개의 상해사망담보 특약(이하 '사망담보

....

73 Prölss/Martin/Knappmann, a.a.O., § 39 Rdn. 11; 반대의 견해로는 Brück/Möller, Versicherungsvertragsgesetz, Walter de Gruyter & Co, 1954, § 39 Rdn. 40.

74 실제로 우리나라 생명보험표준약관과 장기손해보험표준약관 제12조가 해지예고부통지를 반영하고 있다.

특약'이라 한다)을 포함한 18개의 선택계약으로 되어 있는데, 그중 사망담보 특약의 보험수익자만 D의 법정상속인으로 되어 있고, 나머지 부분은 모두 D을 보험수익자로 정하고 있다. D는 이 사건 보험계약의 보험기간 중인 2015. 2. 1. 승용차를 타고 가다가 다른 승용차와 충돌하는 사고로 병원으로 이송되던 중 사망하였다. D의 법정상속인인 원고들은 사망담보 특약에 따라 보험금을 청구하는 이 사건 소를 제기하였다. 이에 피고는 이 사건 보험계약 중 사망담보 특약 부분이 E의 보험료 미납으로 2014. 10. 3. 해지되었으므로 보험금 지급의무가 없다고 주장하였다.

2) 원심판단

원심은 이 사건 보험계약의 해지를 위해서는 상법 제650조 제3항에 따라 D에 대한 납입 최고절차가 필요함에도 이를 거치지 않았다고 판단하여 피고의 보험계약 해지 주장을 배척하였다. 원심이 든 이유는 다음과 같다.[75]

피고는 이 사건 보험계약을 이루는 각각의 계약은 별개의 보험으로 보아야 하는데, 피고가 사망담보 특약에 대해서만 해지를 하는 이상, 해당 계약의 보험수익자가 아닌 D에 대해서는 납입 최고절차가 필요하지 않다고 주장하고 있다. 그러나 이 사건 보험계약은 피고와 E 사이에 피보험자를 D으로 하여 체결된 「F」 계약이라는 하나의 보험계약이다. 피고는 E가 보험료의 납입을 지체하자 이 사건 보험계약에 기한 전체 보험료의 납입을 최고하면서 이를 이행하지 않는 경우 이 사건 보험계약 전체가 해지된다고 고지하였을 뿐 기본계약과 선택계약을 분리해서 납입을 최고하거나 해지를 통보하지 않았다. 이 사건 보험계약은 사망담보 특약의 보험수익자를 원고들로 정한 것을 제외하고 보험수익자를 모두 D으로 정하고 있어 원고들보다는 D가 이 사건 보험계약의 유지에 직접적이고 구체적인 이해관계를 가지고 있다고 보아야 하고, 원고들이 D의 사망 후 보험수익자로서 보험금을 청구하였다는 것은 사후적인 사정에 지나지 않는다. 피고가 하나의 보험계약에 기초한 전체 보험료의 납입을 최고하였음에도 그중 일부에 대한 해지를 할 수 있도록 하는 것은 일방 당사자의 의사에 따라 장래의 법률관계를 불안정하게 만들 우려가 크다.

3) 대법원 판단

2017다245620 판결에서 대법원은 "갑이 을 보험회사와 동생인 병을 피보험자로 하여 기본계

약과 상해사망담보 특약을 포함한 다수의 선택계약으로 구성된 종합보험계약을 체결하면서 상해사망담보 특약 부분은 병의 법정상속인을 보험수익자로, 나머지 부분은 모두 병을 보험수익자로 정하였는데, 병이 보험기간 중 교통사고로 사망하여 병의 법정상속인인 정, 무가 상해사망담보 특약에 따른 보험금을 청구하자, 을 회사가 위 보험계약 중 상해사망담보 특약 부분이 갑의 보험료 미납으로 보험사고 발생 전 해지되었다고 주장한 사안에서, 보험계약의 해지를 위해서는 상법 제650조 제3항에 따라 병에 대한 납입 최고절차가 필요한데도 이를 거치지 않았다고 판단하여 을 회사의 주장을 배척한 원심판결에 법리오해의 잘못이 없다."고 판단하였다.[76]

V. 결 론

보험계약은 보험계약의 당사자인 보험자와 보험계약자에 의하여 체결된다. 그리고 보험료의 지급과 동시에 보험자의 책임이 개시된다. 이 점 양국은 동일하다. 뿐만 아니라 보험계약자가 지급하는 최초보험료와 계속보험료의 지급지체 경우에 있어서도 양국의 입법자는 상호 유사하게 규정하고 있음을 알 수 있다. 특히 계속보험료의 지급을 지체하는 경우에는, 독일의 보험계약법이나 우리 상법 보험편은 반드시 보험자가 최고를 하지 않으면 아니 된다. 우리나라에서 인정하고자 하는 실효약관은 최고를 배제하고 일정한 기간만 지나면 보험계약이 실효되는 결과를 가져오기 때문에 보험계약자가 불이익하게 된다는 비판을 면하기 어렵다. 여러 영역에서 그 내용을 개정하였던 독일 보험계약법이 계속보험료의 지급지체를 규정하고 있는 내용을 크게 수정하지 않은 점은 계속보험료의 경우, 보험자의 보험계약자에 대한 최고가 반드시 필요하다는 점을 인식하고 있는 것이라 하겠다.

76　대법원 2022. 8. 19. 선고 2017다245620 판결.

제20장

보험계약에서 위험변경 · 증가 통지의무 및 위험유지의무

I. 서 론

보험계약은 일정한 기간 내에 발생하는 보험사고를 예정하고 사고 발생 시 보험금을 지급하는 계약에 해당한다. 운송보험이나 자동차보험과 같이 보험기간이 비교적 짧은 보험도 있지만 생명보험과 같은 보험은 일정한 기간 동안 계속하는 장기계약의 성격을 띠고 있다. 장기 보험계약을 포함한 보험의 경우 계약체결 후 체결 전의 위험과 달리 현저하게 변경 또는 증가된 위험이 존재할 수 있다. 보험기간 중에 변경된 위험의 경우에, 변경 전을 기준으로 한 보험계약을 유지하는 것은 타당하지 않을 것이다. 왜냐하면 보험료산정의 기초가 된 위험상태가 현저하게 변경된 경우에는, 체결 전 산정되었던 보험료와 사고 시 지급되는 보험금이 상등해야 하는 수지상등의 원칙에 어긋날 수 있기 때문이다. 그러므로 보험계약 체결 후 사정이 변경되었다면 이를 다시 산정하고 또는 교정해야 할 필요성이 있다. 이러한 재산정은 보험단체를 적정하게 유지할 수 있도록 하여 주는 동시에 보험가입자를 보호할 수 있도록 한다.

보험자는 다수의 보험계약자를 상대로 보험계약을 체결한다. 하나인 보험자가 다수의 보험계약자에 대한 정보를 수집하는 것은 그리 용이한 것이 아니다. 우리 보험법은 이러한 면을 고려하여 보험계약 체결 전이나 체결 후 보험계약자나 피보험자 또는 보험수익자가 보험자에게 협조를 해야 할 의무를 부과하고 있다. 이러한 의무는 보험계약에서 볼 수 있는 특유한 성질에 속한다.

II. 보험계약에서 위험인수와 위험의 변동가능성

1. 위험의 인수와 보험계약자 등의 고지의무

일반적인 계약의 경우 계약당사자들은 계약을 체결함에 있어 그 자신이 계약으로 인하여 발생할 수 있는 장점과 단점을 조사하고 또 이에 대비하게 된다. 보험계약도 계약법의 적용을 받는 이상, 계약당사자들은 계약체결 전에 계약관계로부터 발생할 수 있는 유리함과 불리함에 대한 사항을 고려하고 또 수집하여야 할 것이다. 보험계약자는 보험자에 의하여 제공되는 다양한 보험상품을 통하여 위험에 대한 경제적인 이익을 얻고자 자신의 유리한 방식과 내용을 가지고 계약관계에 들어서고자 할 것이고, 보험자는 보험계약을 체결하고자 하는 이들의 위험에 대한 정도를 조사하고 어떠한 조건으로 어떻게 급부를 제공할 것인가를 위하여 그들의 정보를 가지고 있어야 한다. 양 당사자가 계약체결을 위한 정보를 획득하기 위해서는 스스로 수집하는 것이 일반적이다. 그러나 보험계약은 일방의 보험자와 다수의 보험계약자에 의하여 체결된다는 점에서, 보험계약자로 하여금 자신의 정보를 보험자에게 제공해 주도록 하는 의무를 부담하고 있다. 다른 계약과 달리, 보험계약의 경우 계약체결 전에 보험계약자나 피보험자는 일정한 사항을 보험자에게 알려야 할 필요성이 있다.

보험계약의 체결단계에서는 보험계약자나 피보험자는 보험자가 피보험자의 위험을 측정할 수 있는 기초가 되는 사정을 보험자가 알고 있어야 한다. 보험자가 스스로 다수의 보험계약자에 대한 정보수집이 불가능하다는 점을 고려하여, 우리 보험계약법은 보험계약자나 피보험자가 보험자가 알아야 할 사항을 미리 알려주어야 하는 고지의무를 명시적으로 규정하고 있다.[1]

2. 보험기간 중 위험의 변동과 조정 필요성

1) 위험의 변동

보험계약의 경우 계약체결 당시에 측정된 위험의 변동이 생길 수 있다. 위험의 변동은 감소될 수도 있지만 증가될 수도 있다. 위험변경이나 증가의 개념은 보험기간 중에 발생할 것을 전제조건으로 한다. 보험계약체결 당시에는 예측되지 않았지만, 보험기간 중에 체결 당시의 위험

---

[1] 김은경, 보험계약법, 보험연수원, 2016, 189면 이하; 유주선, "고지의무의 법률적 문제와 개선방안", 경기법조, 제 20호, 2013, 758면 이하.

이 변경될 경우가 발생한다. 위험의 변경은 보험계약의 기초를 변경하는 것이다.[2] 보험계약의 체결 이후에 위험측정의 기초로 된 사정이 변경된 경우, 보험계약자 및 피보험자로 하여금 그러한 사정을 보험자에게 통지하도록 할 필요가 있다. 왜냐하면 위험의 변경은 보험계약의 기초를 변경하게 하는 것이거나 계약의 기초를 저해하는 것이기 때문이다. 보험계약이 체결된 후에 보험기간의 개시 전에 존재하였던 위험이 변경, 증가된 때에는 보험자가 최초에 인수한 위험의 전제조건에 변동이 생긴 것이다. 여기서 위험의 변경은 보험계약이 성립한 이후에 그 위험상태가 실제로 변경된 것을 전제로 한다. 보험계약 성립 전 위험상태는 고지의무의 대상에 해당한 것이지(상법 제651조), 위험의 변경 및 증가에 해당하는 것(상법 제652조)은 아니다.[3] 그런 측면에서 형편이 좋지 않은 위험상태가 계약 성립 전에 이미 존재하였음을 보험계약자가 계약체결 후 알게 된 경우에는 위험의 증가에 해당하는 것은 아니지만, 그럼에도 불구하고 보험계약자나 피보험자는 그 사실을 보험자에게 통지해야 할 필요성이 제기된다.[4] 왜냐하면 계약상대방인 보험자는 이를 알지 못할 가능성이 매우 높기 때문이다.

2) 계약관계의 조정가능성

보험계약에서 보험료는 보험자가 지급하는 보험금지급책임에 대한 대가로서 보험계약자가 지급하는 금액을 말한다. 보험계약자가 지급하는 보험료는 대수의 법칙에 따라 보험사고의 발생에 관한 개연율을 토대로 하여 산출된다. 보험료의 산출은 통계적인 확률을 이용하여 각 보험계약자가 지급하는 보험료의 총액이 보험사고로 지급될 보험금의 총액과 균형을 유지하도록 하지 않으면 아니 된다. 보험계약체결 전 보험계약자의 고지를 통하여 획득된 정보를 가지고 보험자는 지급받을 보험료와 보험사고 발생 시 지급할 보험금을 산출한다. 보험은 대수의 법칙에 의하여 위험단체 안에서 보험사고의 발생률에 따라 보험료총액과 보험금총액이 균형이 이루어지도록 설계되어 있다. 보험계약 체결 후 보험기간 중 체결 전의 위험과 달리 현저하게 변경 또는 증가된 위험이 존재할 수 있다. 보험기간 중에 위험상태가 변경된 경우 종래의 변경 전을 기준으로 한 보험계약을 유지하는 것은 타당하지 않을 것이다.[5] 보험료산정의 기초가

---

2 양석완, "보험계약에 있어서 위험의 변경·증가에 관한 법적 쟁점", 상사법연구, 제30권 제2호, 2011, 678면 이하.

3 양승규, 보험법, 제5판, 삼지원, 2004, 162면.

4 구 독일보험계약법 제29a조 참조. 이러한 사항은 개정 독일 보험계약법 제23조 제3항에서 유지되고 있다.

5 이기수·최병규·김인현, 보험·해상법(상법강의 IV), 제9판, 박영사, 2015, 70면.

된 위험상태가 현저하게 변경된 경우에는 보험계약에 영향을 미치게 되고 보험단체의 유지를 위태롭게 하며 궁극적으로는 보험가입자의 보호를 도모할 수 없는 상황에 직면할 수 있다. 보험계약 체결 후 계약체결 당시의 상황과 달리 위험이 변경된 경우나 보험계약자 등이 의도적으로 위험을 변경한 경우, 보험자는 이러한 상황을 인식하고 대처를 해야 할 필요성이 있다.

3. 보험계약자 등의 의도적 위험증가·변경 금지

보험기간 중 위험의 변경은 보험계약자나 피보험자의 의지와 상관없이 발생할 수도 있지만, 보험계약자 등이 의도적으로 위험을 변동 또는 증가시킬 가능성도 있다. 보험기간 중 위험의 증가로 보험사고발생의 가능성이 높아지고 이에 따라 보험사고가 발생하면 보험금지급책임을 발생시킨다. 보험기간 중 보험계약자나 피보험자는 고의 또는 중대한 과실로 보험사고 발생의 위험을 현저하게 변경 또는 증가시켜서는 아니 된다. 보험계약자나 피보험자는 보험계약체결 시의 위험사항이 변하지 않을 것을 전제로 하는 이른바 위험변경·증가금지의무를 부담해야 한다.[6]

III. 우리 보험계약법상 위험변경·증가 금지, 통지의무 및 위험유지의무

1. 위험변경·증가에 대한 통지의무

1) 의미

우리 상법은 보험기간 중에 보험계약자 또는 피보험자가 사고발생의 위험이 현저하게 변경 또는 증가된 사실을 안 때에는 지체 없이 보험자에게 통지하도록 하고 있다(제652조 제1항). 이것을 보험계약자의 위험변경 및 증가의 통지의무라 한다. 입법자가 이러한 통지의무를 규정한 것은 무엇보다도 보험단체 전체의 이익과 위험을 인수한 보험자 보호에 그 목적이 있다.[7] 위험이란 보험사고발생의 가능성을 나타낸다. 보험계약에 있어서 위험의 현저한 변경이나 증가라 함은 그 정도의 위험이 계약체결 당시에 존재하였다고 하면 보험자가 계약을 체결하지 않았다

---

6   최한준, "위험증가규정의 적용범위", 보험학회지, 제52호, 1998, 177면 이하.
7   박세민, 보험법, 제8판, 박영사, 2025, 438-439면.

든가 또는 적어도 동일한 조건으로는 그 계약을 체결하지 아니하였으리라고 생각되는 정도의 위험의 변경이나 증가를 말한다.[8] 이 통지의무의 부담주체는 보험계약자나 피보험자이다. 이들은 보험의 목적을 지배 및 관리하고 있어 자신의 주위환경에 대한 변화 등을 가장 잘 알 수 있는 자에 해당한다.

2) 성질

상법 제652조에 따른 보험계약자 등이 부담하는 통지의무의 법적 성질이 무엇인가에 대한 논의가 있다. 보험계약의 성립 후에 생기는 것이므로 순수한 채무(Pflicht)의 성질을 가지고 있다는 주장이 있지만, 위험변경·증가에 대한 통지의무는 보험기간 중에 발생하는 의무로서 그 의무를 게을리한 경우에 보험자의 계약해지에 의하여 보험보호를 받을 수 없는 간접의무(Obliegenheit)에 해당한다.

순수한 채무와 달리, 간접의무는 채권자에게 이행청구권·소권·집행가능성 및 의무의 위반으로 인한 손해배상청구권이 주어지지 않고, 채무자는 해당 의무를 이행했더라면 얻을 수 있는 이익을 얻지 못하는 결과를 초래한다.[9] 통지의무의 위반은 보험계약자가 단지 법률상 불이익인 보험자에 의하여 해지권행사가 가능할 수 있을 뿐이라는 점에서, 간접의무의 특징을 볼 수 있다.

3) 발생요건

위험변경이나 증가에 대한 보험계약자 등의 통지의무가 발생되기 위해서는 첫째, 위험의 변경 또는 증가가 보험기간 중에 발생해야 한다. 상법 제652조가 엄격하게 적용되기 위해서는 보험계약이 이미 성립하고 난 이후에 그 위험상태가 실제로 변경되어야 함을 요구한다. 보험계약자가 계약의 청약을 하고 보험자의 승낙을 받지 못한 상태에서 위험의 변경이 생긴 경우에, 보험계약자나 피보험자는 통지의무를 부담해야 하는가에 대한 물음이 제기될 수 있다.[10] 상법 제652조의 통지의무가 '보험기간 중'이라고 하고 있기 때문에, 청약의 의사표시를 하고 보험자가 인수를 하지 않은 상태에서 발생한 위험증가에 대하여는 통지의무가 발생하지 않는다는 주장이 있겠지만, "제23조로부터 전조까지가 보험계약의 청약으로부터 승낙이 있기 전에 생기고

---

8   대법원 2000. 7. 4. 선고 98다62909, 62916 판결.

9   이기수·최병규·김인현, 보험·해상법(상법강의 Ⅳ), 제9판, 박영사, 2015, 101면.

10   양승규, 보험법, 제5판, 삼지원, 2004, 161면.

그 위험의 증가를 보험자가 신청에 대한 승낙 시에 알지 못한 위험증가에 대하여도 적용한다.”
고 규정했던 구 독일 보험계약법 제29a조(청약의 승낙 전의 위험의 증가)를 참조하건대, 이는 우
리 상법상 위험증가라고 할 수 없고 이미 발생한 사실에 해당하므로 고지의무를 추가로 이행하
는 것으로 보아야 할 것이다.[11] 둘째, 위험의 변경이나 증가가 현저한 것이어야 한다. ‘위험의 변
경이나 증가가 현저한 것’이라 함은 ‘그 변경 또는 증가된 위험이 보험계약의 체결 당시에 존재
하고 있었다면 보험자가 계약을 체결하지 아니하였거나 적어도 그 보험료로는 보험을 인수하
지 아니하였을 것으로 인정되는 사실’을 의미한다.[12] 셋째, 보험계약자 또는 피보험자가 그 위
험의 현저한 변경이나 증가의 사실을 인지하였어야 한다. 그 위험의 변경이나 증가의 사실을 스
스로 알게 된 것이든, 다른 사람이 알려주어 알게 된 것이든 묻지 않는다. 다만, 보험자가 이미 위
험의 변경이나 증가사실을 알고 있다면 보험계약자나 피보험자는 이를 통지할 의무가 없다.[13]

4) 시기와 방식

보험사고 발생에 대한 위험이 현저하게 변경되었거나 증가된 경우에, 보험계약자 또는 피보
험자는 그 사실을 안 때에 지체 없이 통지해야 한다. 입법자는 ‘지체 없이’라는 용어를 사용함으
로써 그 의미를 구체적으로 밝히고 있지 않지만, ‘귀책사유 없이 가능한 한 빨리’의 의미를 가지
고 있다. 구체적인 시기는 사회통념에 따라 정하게 될 것이다. 위험변경이나 증가에 대한 통지
방식은 법률에 특별히 정해진 것이 없지만, 각종 보통보험약관은 보험계약자나 피보험자는 서
면으로 보험자에게 통지하도록 하고 있다.[14]

5) 위반효과

보험계약자 또는 피보험자가 위험변경이나 위험증가의 사실을 알면서 보험자에게 통지하
지 않은 경우에, 보험자는 그 사실을 안 날로부터 1개월 내에 보험계약을 해지할 수 있다. 1월의

11　현 독일 보험계약법 제23조 제1항은 고지의무에 관한 정부법안 제19조 제1항에 대응하는 규정으로 귀결된 것으
　　로 보험계약자의 청약은 통상은 신청의 의사표시라는 점에서 구법 제29a조의 규정은 필요 없게 되었다.
12　대법원 2014. 7. 24. 선고 2013다217108 판결.
13　대법원 2000. 7. 4. 선고 98다62909, 62916 판결.
14　화재보험표준약관 제15조 제1항 제4호는 ‘보험의 목적 또는 보험의 목적을 수용하는 건물의 용도를 변경함으로
　　써 위험이 증가하는 경우’에 지체 없이 서면으로 회사에 알려야 함을 규정하고 있다. 배상책임보험표준약관 제15
　　조 제1항 제3호 역시 서면으로 회사에 알려야 함을 규정하고 있다.

기간은 제척기간으로 보기 때문에, 이 기간이 경과하면 해지권을 행사할 수 없고 보험료증액청구권도 행사할 수 없게 된다.[15] 보험자가 위험변경 또는 증가통지의무의 위반을 이유로 보험계약을 해지한 때에는, 보험계약은 효력을 상실하게 되고 보험계약관계는 종료한다. 보험자는 그 위험의 현저한 변경 또는 증가의 사실을 알고 보험계약을 해지한 때까지의 기간에 대한 보험료를 청구할 수 있는 것으로 보아야 한다.[16] 또한 보험사고가 발생한 후에 보험자가 보험계약을 해지한 경우에도, 보험계약자가 그 사고가 위험변경 또는 증가의 사실과 인과관계가 없다는 증명을 하지 못하는 한 보험자는 보험금지급책임을 부담하지 않는다(제655조 단서 참조).

6) 하나의 보험회사에 대하여 피보험자가 동일한 여러 개의 보험계약이 체결되어 있는 경우, 여러 개의 보험계약에 관하여 보험계약자 또는 피보험자가 위험변경 증가 통지의무를 이행하였는지 여부

대법원은 "갑이 을 보험회사와 피보험자를 병, 피보험자의 직업을 일반 경찰관으로 하는 상해보험계약을 체결한 상태에서 병이 보험요율에 차이가 있는 화물차 운전기사로 직업을 변경하였고, 이후 갑이 을 회사와 피보험자를 병으로 하는 운전자 보험계약을 체결하면서 신규 발급된 운전자 보험증권에 병의 직업이 일반 경찰관으로 기재되어 있음을 확인하자 운전자 보험계약 체결 관련 업무를 담당하는 보험설계사에게 병의 직업 변경 사실을 통지하였는데, 그 후 병이 교통사고로 상해를 입게 되어 갑이 을 회사를 상대로 상해보험계약에 따른 보험금을 청구하자, 을 회사가 보험약관에서 정한 계약 후 알릴 의무 위반을 이유로 보험금을 감액하여 지급한다고 통지한 사안에서, 갑이 보험설계사에게 병의 직업 변경을 통지할 무렵 상해보험계약에 관하여도 을 회사에 상법 제652조 또는 상해보험약관에서 정한 '위험의 변경 또는 증가'와 관련한 통지의무를 이행하였다고 봄이 타당한데도, 이와 달리 본 원심판단에 법리오해 등의 잘못이 있다."고 판단하였다.[17]

---

15   최기원, 보험법, 제3판, 박영사, 2002, 262면.

16   Prölss/Martin, VVG, § 23 Rdn. 45.

17   대법원 2024. 11. 28. 선고 2022다238633 판결.

2. 위험유지의무

1) 의의

독일 보험계약법 제23조 제1항은 보험계약의 체결에 대한 의사를 표시한 후에 보험자의 동의 없이 위험을 증가하거나 제3자를 통하여 위험을 증가시키는 것을 금지하고 있다. 이를 보험계약자의 위험유지의무(Gefahrstandspflicht)라고 한다.[18] 우리 상법 제653조는 독일 보험계약법과 약간의 차이가 있다. 상법 제653조는 '보험계약자 등의 고의나 중과실로 인한 위험증가와 계약해지'라는 제목으로 '사고발생의 위험이 현저하게 변경 또는 증가시키는 것'을 금지하고 있다. 상법 제653조는 보험계약자 등이 계약체결 시점의 위험을 계약 체결 후에도 동일하게 유지해야 할 의무가 있는 것이 아니라, 고의 또는 중과실로 인한 것이 아닌 경과실로 인한 사고발생에 대한 '위험의 현저한 변경이나 증가'의 경우 보험자는 계약의 해지권행사를 장담할 수 없다.[19] 반면, 독일의 경우 고의 또는 중과실에 기인하여 통지의무를 위반한 경우에 언제든지 계약해지가 가능하고, 경과실에 기인한 경우에도 해지가 행사가 가능하지만, 그 기간은 고의나 중과실 요건과 달리하여 1개월 내에 해지권 행사가 가능한 것으로 하고 있다. 이 점 우리와 독일 보험계약법의 차이점이 발견된다.

2) 위반 시 법적 효과

보험계약자 등이 상법 제653조를 위반한 경우에, 보험자는 보험료증액청구권이나 계약해지권을 행사할 수 있다. 양 권리는 위반사실을 안 날로부터 1월 내에 행사되어야 한다.

(1) 계약해지권

보험계약자 등의 고의 또는 중대한 과실로 현저한 위험의 변경 또는 증가가 있는 경우에는 보험자는 보험계약해지권을 행사할 수 있다. 보험자의 보험계약해지권은 보험사고의 발생 전후를 묻지 아니한다. 제653조는 보험계약자 등의 통지의무를 부과하고 있지 않은데, 이는 의도적으로 위험을 현저하게 변경시킨 자가 보험자에게 통지하는 것을 기대하기 어렵다는 면을 고려

---

18 독일 보험계약법 제23조 제1항 참조, 이필규·최병규·김은경, 2009년 독일 보험계약법(VVG), 세창출판사, 2008, 20면.

19 양승규, 보험법, 제5판, 삼지원, 2004, 165면.

한 것이라 하겠지만, 신의칙상 보험계약자 등은 통지의무를 부담하는 것으로 해석해야 할 것이다.[20] 보험자의 해지권은 객관적인 위험변경이나 증가의 경우와 같이 보험자가 그 사실을 안 날로부터 1월이라는 제척기간을 두고 있다.

보험자가 계약을 해지하기 전에 그 위험의 변경이나 증가한 상태가 이전의 상태로 회복되었거나,[21] 보험사고가 발생한 이후에는 보험계약자 또는 피보험자나 보험수익자의 고의 또는 중대한 과실로 인한 위험의 변경이나 증가된 사실이 보험사고에 영향을 미치지 아니한 경우에는, 보험자의 계약해지권은 배제된다. 고의 또는 중대한 과실로 인한 위험의 현저한 변경이나 증가 사실이 보험사고와 인과관계가 없다는 사실에 대하여는 보험계약자가 증명해야 한다. 이 경우 보험자는 보험금지급책임을 부담하며 이미 지급한 보험금의 반환청구권도 행사할 수 없다.

(2) 보험료증액청구권

보험계약이 체결된 후 사정이 변경된 경우 원래의 보험계약에 영향을 미치게 되이 보험계약의 변경이 이루어져야 한다. 보험기간 중에 위험의 변동이 발생하면 보험계약자는 보험료감액청구권을, 보험자는 보험료증액청구권을 행사할 수 있다. 보험계약지, 피보험자 또는 보험수익자가 위험을 유지해야 할 의무를 위반하여 위험을 현저하게 증가시킨 경우에, 보험자는 계약을 해지하는 대신에 보험료증액청구권을 행사할 수 있다(제653조). 계약해지권 행사와 마찬가지로 그 사실을 안 날로부터 1월 내에 행사하여야 한다.

(3) 청구권의 순위

보험기간 중에 예기하지 아니하였던 사고발생의 위험이 현저하게 증가된 때에는 보험자는 그 위험이 증가된 상태에 따른 보험료율에 의하여 그 변경이나 증가 후의 보험료의 증액을 청구할 수 있게 된다. 계약체결 전의 위험이 변경 또는 증가되면, 보험자는 사정변경의 원칙을 근거로 하여 위험변경 전에 산출되었던 보험료 대신에 보험료의 증액을 청구할 수 있고, 보험료증액청구권을 거부하는 경우에는 보험계약을 해지할 수 있게 된다.[22] 우리 상법은 보험료증액청구권과 계약해지권의 우선적 순위를 두고 있지 않기 때문에, 보험자는 임의대로 양 권리를 선

---

20 김성태, 보험법강론, 법문사, 2001, 313면,

21 현 독일보험계약법 제24조 제3항을 참조. 구 독일보험계약법 역시 제24조 제2항에 그러한 내용을 담고 있었다.

22 프랑스 보험법은 "위험증가의 경우 보험자는 계약을 해지하거나 새로운 보험료율을 제시할 권리가 있고, 보험계약자가 그것을 승낙하지 아니한 때에는 보험계약은 해지된다."고 명시적으로 규정하고 있다(L.134-4 제3항).

택적으로 행사할 수 있다.

3. 양자의 비교

현저한 위험에 대한 변경과 증가에 대한 상법 제652조와 제653조는 적용요건과 법적 효과에서 차이가 있다.[23]

1) 주체

상법 제652조와 제653조는 일정한 의무를 부담해야 한다는 점에서는 동일하다. 그러나 부담주체에 있어서는 차이가 있다.[24] 전자의 경우 사고발생의 위험이 현저하게 변경 또는 증가된 사실이 있는 경우에, 그 사실을 통지해야 할 의무의 부담주체는 보험계약자와 피보험자에 한정된다. 반면, 653조는 의도적으로 보험사고 발생의 위험을 현저하게 변경 또는 증가시킬 수 있는 지위에 있는 자가 의무부담의 주체로 등장하게 된다. 손해보험의 경우에는 보험계약자나 피보험자가 위험을 유지해야 할 의무의 주체로 등장하고, 생명보험의 경우에는 보험계약자, 피보험자뿐만 아니라 보험사고의 발생 시 보험의 이익을 얻는 보험수익자도 의무를 부담해야 한다.

2) 고의 또는 중과실 여부

상법 제652조는 위험이 현저하게 변경되거나 증가된 원인에 대하여 묻지 않고 보험계약자나 피보험자가 현저하게 위험의 변경 또는 증가를 알게 된 경우에 발생하는 의무에 해당한다. 즉, 상법 제652조는 위험에 대한 변경이나 증가가 자신이 의도하지 않았던 객관적인 위험의 변동을 상정하고 있는 규정이라고 한다면, 상법 제653조는 보험계약자, 피보험자 또는 보험수익자가 주관적 요건인 고의 또는 중과실로 현저하게 위험을 변경하거나 증가한 경우에 적용된다.[25] 결국 객관적 위험과 주관적 위험으로 양자는 구분된다고 볼 수 있다.

---

23 양승규, 보험법, 제5판, 삼지원, 2004, 위험변경·증가의 통지의무에 대하여는 160면 이하. 위험유지의무에 대하여는 165면 이하.

24 주기동, "상법상 통지의무와 보험약관상 통지의무", 법조, 제562호, 2003, 8면.

25 양석완, "보험계약에 있어서 위험의 변경·증가에 관한 법적 쟁점", 상사법연구, 제30권 제2호, 2011, 690면.

3) 의무 내용

상법 제652조는 보험계약자나 피보험자가 위험이 현저하게 변경 또는 증가에 대한 사실을 알게 된 경우에 보험자에게 통지를 해야 할 의무를 부담한다. 위험이 증가된 원인을 묻지 아니하고 보험계약자나 피보험자가 위험을 증가하게 하는 일정한 사태의 발생을 안 경우에는 보험자에게 통지해야 한다. 반면, 상법 제653조는 보험계약자, 피보험자 또는 보험수익자 등의 통지의무를 부과하고 있지 않다.

4) 법적 효과

상법 제652조는 보험계약자와 피보험자의 통지의무를 부과하면서, 통지를 한 경우와 통지를 하지 않은 경우를 구분하고 있다. 통지를 한 경우에 보험자는 통지를 받은 때로부터 1월 내에 보험료의 증액을 청구하거나 계약을 해지할 수 있다(제2항). 반면, 통지를 하지 않은 경우에는 보험자는 위험 변경·증가 사실을 안 날로부터 1월 내에 계약을 해지할 수 있다(제1항). 반면, 제653조에 따라 보험자는 사고발생이 현저하게 변경 또는 증가된 경우에 보험료증액청구권 또는 계약해지권을 행사할 수 있다. 여기에서는 보험계약자 등은 통지의무를 부담할 필요가 없고, 위험의 현저한 변경과 증가의 사실을 알게 된 보험자가 일정한 기간 내에 양 권리를 행사하면 된다.

한편, 생명보험계약에서 보험사고 발생위험의 변경 또는 증가사실에 대한 통지의무를 해태하는 경우 보험금을 삭감하기로 하는 보험약관의 효력 및 위 약관에 대하여 상법 제653조 소정의 해지기간에 관한 규정이 적용되는지 여부에 대하여 대법원은 다음과 같이 판시한 바 있다.[26]

대법원 2003. 6. 10. 선고 2002다63312 판결

대법원은 "'피보험자가 직업 또는 직무의 변경 사실을 피고에게 알리지 않은 경우 변경 후 요율이 변경 전 요율보다 높을 때에는 변경 전 요율의 변경 후 요율에 대한 비율에 따라 보험금을 삭감하여 지급한다.'고 규정된 이 사건 보험약관 제10조 제4항의 의미를 '피보험자가 직업이나 직무의 변경 사실 통지의무 위반의 경우에 피고가 그 사실을 안 날로부터 1월 내에 한하여 보험계약을 해지할 수 있다.'고 규정한 약관 제17조 제2항과 관련하여 위 규정에 따라 보험계약을 해지한 경우에 한하여 보험금을 감액하여 지급할 수 있다는 것으로 해석한 것은 정당하다."고 하면서, "피보험자의 직업이나 직종에 따라

보험금 가입한도에 차등이 있는 생명보험계약에서 피보험자가 직업이나 직종을 변경하는 경우에 그 사실을 통지하도록 하면서 그 통지의무를 해태한 경우에 직업 또는 직종이 변경되기 전에 적용된 보험요율의 직업 또는 직종이 변경된 후에 적용해야 할 보험요율에 대한 비율에 따라 보험금을 삭감하여 지급하는 것은 실질적으로 약정된 보험금 중에서 삭감하여 지급하는 부분에 관하여 보험계약을 해지하는 것이라 할 것이므로 그 해지에 관하여는 상법 제653조에서 규정하고 있는 해지기간 등에 관한 규정이 여전히 적용되어야 할 것이다."라고 판시하고 있다.

대법원 2008. 1. 31. 선고 2005다57806 판결

"상법은 보험계약이 중도에 종료된 경우에 관하여 이른바 보험료불가분의 원칙에 관한 규정, 즉 보험자는 보험료 계산의 기초가 되는 단위기간인 보험료기간 전부의 보험료를 취득할 수 있고 미경과기간에 대한 보험료를 반환할 의무가 없다는 취지의 규정을 두고 있지 않으며, 오히려 상법 제649조 제1항과 제3항에서는 위 보험료불가분의 원칙과는 달리 보험사고의 발생 전에는 보험계약자가 언제든지 보험계약을 해지하고 미경과기간에 대한 보험료의 반환을 청구할 수 있도록 규정하고 있다.

한편, 상법 제652조 제2항은 보험기간 중에 사고발생의 위험이 변경되거나 증가되었다는 통지를 피보험자 등으로부터 받은 보험자가 보험료의 증액을 청구하거나 보험계약을 해지할 수 있도록 규정하면서도 보험계약이 해지된 경우 미경과기간에 대한 보험료 반환에 관하여 규정을 두지 않고 있다. 그러나 앞에서 본 보험료불가분의 원칙에 관한 우리 상법의 태도를 고려하여 볼 때, 보험자가 피보험자 등으로부터 사고발생의 위험이 변경 또는 증가되었다는 통지를 받고 이를 이유로 보험계약을 해지하는 경우, 보험약관에서 미경과기간에 대한 보험료를 반환하도록 정하고 있다면 그 보험약관은 유효하다고 보아야 하고, 그것이 상법 또는 상법상의 원칙에 위반하여 무효라고 볼 수 없다. 그리고 이는 보험기간 중에 보험사고가 발생하였으나 보험계약이 종료되지 않고 원래 약정된 보험금액에서 위 보험사고에 관하여 지급한 보험금액을 감액한 잔액을 나머지 보험기간에 대한 보험금액으로 하여 보험계약을 존속시키는 경우에도 마찬가지라고 할 것이다."

4. 대법원 판결 검토

1) 의의

상법 제652조에서 규정하고 있는 보험계약자 등의 위험변경증가의 통지와 보험자의 계약해지권과 관련하여, 대법원은 2014년 7월 24일, 동일한 날짜에 두 개의 유사한 사건을 판시하고 있다. 뒤에 언급되는 두 사건은 위험의 변경 및 증가 관련 사건에 해당되지만, 대법원은 서로 차이가 있는 결론을 도출하고 있다.[27] 이에 대하여 간략하게 고찰하기로 한다.

2) 2012다62318 판결

아들을 피보험자로 하여 상해로 후유장해를 입을 경우 보험금을 지급받는 보험계약을 체결한 이후에 피보험자가 운전면허를 취득하여 오토바이를 운전하다가 두개골 골절 등 상해를 입고 후유장해에 대한 보험금 지급을 청구하자, 보험회사가 오토바이 운전에 따른 위험의 증가를 통지하지 않았다는 이유로 보험계약을 해지하겠다는 의사를 표시한 사건에서,[28] 대법원은 "보험청약서에 오토바이 운전을 하였다면 보험회사가 보험계약을 체결하지 않았거나, 적어도 그 보험료로는 보험을 인수하지 않았을 것이라고 추정되는 점, 피보험자가 위 사고 이전에 오토바이 사고를 당한 적이 있는 점, 보험계약자는 보험청약서의 오토바이 소유 및 운전 여부를 묻는 질문에 '아니요'라고 대답함으로써 오토바이 운전이 보험 인수나 보험료 결정에 영향을 미친다는 점을 알게 되었다고 보이는 점 등에 비추어보면, 보험계약자는 피보험자의 오토바이 운전 사실과 그것이 보험사고 발생 위험의 현저한 변경·증가에 해당한다는 것을 알았다고 보이고 피보험자의 오토바이 운전 사실을 보험회사에 통지하지 않아 상법 제652조 제1항에서 정한 통지의무를 위반하였으므로, 보험회사는 상법 제652조 제1항에서 정한 해지권 행사가 가능하다."고 판시하였다.[29]

3) 2013다217108 판결

"보험계약을 체결한 후 피보험자가 직업 또는 직무를 변경하게 된 때에는 보험계약자 또는 피보험자는 지체 없이 보험회사에 알려야 한다."는 약관조항을 둔 보험자가 대학생을 피보험자(특히 종피보험자)로 하여 체결한 보험계약에서,[30] 대법원은 다음 두 가지 사항을 설시하였다.[31] 첫째, 약관조항의 명시·설명의무에 관한 사항이다. 대법원은 보험자가 명시·설명해야 하는 보험계약의 중요한 내용에 해당하는 것으로 보이는 위 약관조항은 상법 제652조 제1항 및

<hr>

27 양승규, "위험변경·증가와 보험계약의 해지 — 대법원 2014. 7. 24. 선고 2012다62318 판결 —", 손해보험, 제554호, 2015, 64면 이하; 박은경, "위험의 현저한 변경·증가 시 통지의무에 관한 판례 연구 — 대법원 2014. 7. 24. 선고 2013다217108 판결 —", 법학연구, 제58집, 2015, 137면 이하; 최병규, "보험법상 위험변경증가와 최근 판례 동향", 재산법연구, 제31권 제3호, 2014, 312면 이하.

28 대법원 2014. 7. 24. 선고 2012다62318 판결.

29 양승규, "위험변경·증가와 보험계약의 해지 — 대법원 2014. 7. 24. 선고 2012다62318 판결 —", 손해보험, 제554호, 2015, 64면 이하.

30 대법원 2014. 7. 24. 선고 2013다217108 판결.

31 박은경, "위험의 현저한 변경·증가 시 통지의무에 관한 판례 연구 — 대법원 2014. 7. 24. 선고 2013다217108 판결 —", 법학연구, 제58집, 2015, 137면 이하.

제653조가 규정하는 '사고발생의 위험이 현저하게 변경 또는 증가된' 경우에 해당하는 사유들을 개별적으로 규정하고 있는 것이어서 상법 제652조 제1항이나 제653조의 규정을 단순히 되풀이하거나 부연한 정도의 조항이라고 할 수 없는데도, 이와 달리 보아 보험회사에 명시·설명의무가 인정되지 않는다고 본 원심판결에 보험약관의 명시·설명의무 등에 관한 법리오해의 위법이 있다고 판시하였다. 둘째, 직업변경으로 인한 피보험자의 사고발생 위험에 대한 변경이나 증가의 인지 불가능성을 들 수 있다. 대법원은 "보험회사가 보험계약 체결 당시 피보험자(특히 대학생인 종피보험자)에게 직업 변경이 통지의무의 대상임을 알렸다던가, 방송장비대여 등 업종이 사회통념상 일반적인 대학생이 졸업 후 취업하는 것을 예상하기 어려운 직업이라든가, 방송장비대여 등 업종이 고도의 위험을 수반하는 직업이라는 등의 사정을 알 수 있는 자료가 없고, 나아가 피보험자가 직업 변경으로 사고발생의 위험이 현저하게 변경 또는 증가된다는 것을 알았다고 볼 자료가 없는데도, 보험회사가 통지의무 위반을 이유로 보험계약을 해지할 수 있다고 본 원심판결에 상법 제652조 제1항의 통지의무에 관한 법리오해 등 위법이 있다."고 판시하였다.

4) 검토

보험계약을 체결한 이후에 운전면허를 취득하여 오토바이를 운전하다가 상해를 입자 보험금을 청구한 사건에서, 우리가 주목해야 할 사항은 피보험자가 보험계약체결 당시 오토바이를 소유하지도 않았고 운전하지도 않았다는 사실이다. 보험계약자가 체결한 보험계약은 총 두 건이다. 제1보험계약 보통약관은 "보험계약체결 후 피보험자가 그 직업 또는 직무를 변경할 때 또는 피보험자의 연령을 정정할 때에는 보험계약자 또는 피보험자는 지체 없이 서면으로 회사에 알려야 하고, 그 알릴 의무를 이행하지 아니하였을 경우 회사는 손해발생의 전후를 묻지 않고 계약을 해지할 수 있다."고 규정하고 있다. 제2보험계약 보통약관은 "보험계약 체결 후 피보험자가 그 직업 또는 직무를 변경하거나 이륜자동차 또는 원동기장치 자전거를 직접 사용하게 된 경우 보험계약자 또는 피보험자는 지체 없이 서면으로 회사에 알려야 하고, 뚜렷한 위험의 증가와 관련된 위 알릴 의무를 이행하지 아니하였을 경우 회사는 손해발생의 전후를 묻지 않고 보험계약을 해지할 수 있다."고 규정하고 있다. 대법원이 판시하고 있는 바와 같이, 피보험자는 계약체결 당시에 오토바이를 소유하지도 않았고 운전하지도 않았음을 보험청약서에 기재하였고, 보험기간 중에 운전면허증을 받아 오토바이를 운전한 것은 명백히 보험사고의 발생위험의 현저한 변경·증가에 해당하는 것이라 하겠다. 위험의 변경·증가의 사실을 알고 있는 피보험자는 지체 없이 그 사실을 보험자에게 통지했어야만 했다. 피보험자의 통지의무위반에 대한 보험자의 해지권은 타당한 것이라 하겠다.[32]

2012다62318 판결이 '위험변경·증가와 계약의 해지'에 초점을 두고 있는 반면, 2013다217108 판결은 '위험변경·증가의 통지의무'에 관한 내용과 함께 '보험자의 보험약관에 대한 명시·설명의무'의 내용을 함께 다루고 있다. 양 판결은 이 점에서 차이를 보이고 있고, 결론에 있어서도 상당히 다른 결과를 초래하고 있다. 후자 판결의 경우, 2006년 12월 12일 피고 보험회사와 원고가 이 사건 보험계약을 체결하였다. 당시 피보험자는 직업급수 1급에 해당하는 대학생의 신분이었다. 그러나 이 사건 보험사고가 발생할 2012년 5월 20일에는 직업급수 2급에 해당하는 방송장비대여 등 업종에 종사하고 있었다. 여기서 제기되는 쟁점은 보험계약체결 시 보험자가 해당 약관조항을 설명해야 할 사항인가, 아니면 약관설명의무가 배제되는가에 있다.[33] 원심은 해당 약관조항은 상법 제652조에서 규정한 통지의무를 구체적으로 부연한 정도의 규정에 해당하거나 기래상 일반적이고 공통된 것이어서 보험자가 별도의 설명이 요구되지 않는 설명의무의 배제대상이라고 판시하였다.[34] 대법원은 이를 수용하지 않았다.[35] 대법원은 이 사건 약관조항은 상법 제652조 제1항 및 제653조가 규정한 '사고발생의 위험이 현저하게 변경 또는 증가된' 경우에 해당하는 사유를 개별적으로 규정하고 있는 것으로 상법의 규정을 단순히 되풀이 하거나 부연한 정도의 조항이라고 볼 수 없다는 점을 제시하였다. 더 나아가 대법원은 원고가 이 사건 약관조항의 내용을 충분히 잘 알고 있다거나 피보험자의 직업이 방송장비대여 등 업종으로 변경된 경우에 사고발생의 위험이 현저히 증가된 경우에 해당하여 이를 피고에게 지체 없이 통지하여야 한다는 점을 예상할 수 있었다고 볼 만한 자료가 없다는 점을 제시하면서, 보험계약체결 시 보험회사는 해당 약관조항을 구체적이면서 상세하게 설명할 의무가 존재한다는 점을 명백히 밝혔다.

---

32 보험계약체결 당시에 오토바이 운전하지 않음을 고지하였지만, 계약체결 후 운전면허증을 취득하여 운전을 하였다는 사실은 고의적인 위험증가사실이 있는 것으로 보아 상법 제653조가 적용되어야 하는 것이 아닌가 하는 지적으로는 양승규, "위험변경·증가와 보험계약의 해지 – 대법원 2014. 7. 24. 선고 2012다62318 판결 – ", 손해보험, 제554호, 2015, 64면 이하.

33 최병규, "보험법상 위험변경증가와 최근 판례 경향", 재산법연구, 제31권 제3호, 2014, 313면.

34 대구지방법원 2013. 11. 13. 선고 2013나300589 판결.

35 대법원 2014. 7. 24. 선고 2013다217108 판결; 대법원 판결을 긍정한 것으로는 박은경, "위험의 현저한 변경·증가 시 통지의무에 관한 판례 연구 – 대법원 2014. 7. 24. 선고 2013다217108 판결 – ", 법학연구, 제58집, 2015, 149면.

5. 소결

상법 제652조의 법문을 보면, 통지를 하지 않은 경우에 보험자는 보험료의 증액을 청구할 수는 없고, 오로지 계약의 해지권만을 행사할 수 있는 것처럼 읽힐 수 있다. 그러나 통지를 하지 않은 경우에도 보험료 증액청구권 행사는 가능할 것으로 판단된다. 상법 제653조는 통지의무를 부담할 필요가 없다. 이렇게 된다면, 통지 여부에 따른 차이는 존재하지 않게 된다는 점에서 양자의 차이가 없다는 입장[36]은 타당한 면이 없는 것은 아니라 하겠다. 적용요건에서 제653조는 제652조의 내용으로 포함될 수 있고 두 조문의 법률효과가 동일하다는 것을 고려하여 제653조의 존재의의는 상대적으로 약하다는 주장[37]도 같은 맥락이다.

제652조와 제653조가 적용요건 면에서 동일한 효과가 있다고 할지라도, 양자의 차이점을 간과할 수는 없다. 전자는 객관적인 위험의 변경 또는 증가만을 의미하고 있는 것임에 반하여, 후자는 보험계약자 등의 고의 또는 중대한 과실이라고 하는 주관적인 위험의 현저한 변경 또는 증가의 경우를 상정하고 있다. 현저한 위험은 보험계약자 등에 기인하지 않은 외부적인 환경변화에 의하여 발생할 수 있고, 보험계약의 이해관계자에 의한 의도적인 현저한 위험의 변경 또는 증가가 발생할 수 있다는 점에서, 양자의 구분에 대한 필요성은 있다. 특히, 후자의 경우에는 보험계약의 선의성을 위반한 점을 고려하여 보험자의 면책범위를 전자보다 폭넓게 인정해야 할 가능성이 부여되어야 할 것이다.

IV. 독일 보험계약법상 위험변경·증가 통지의무

1. 개요

독일 보험계약법 제23조에서 제27조까지 계약체결 후의 위험증가에 대한 규정을 두고 있다.[38] 제23조는 보험계약자의 주관적 위험이 증가될 수 없음을 규정하고 있고, 제24조는 위험증

---

36 박세민, 보험법, 제8판, 박영사, 2025, 441면.

37 최준선, 보험·해상법, 삼영사, 2008, 141면 이하.

38 이하에서는 위험증가금지와 통지의무에 대한 사항을 독일 보험계약법전에 있는 내용을 요약하는 방법으로 설명하기로 한다. 독일 문헌에 대한 보다 자세한 사항으로는 Römer/Langheid, VVG, C.H.Beck, 4. Aufl., 2014, §§ 23-27; Rüffer/Halbach/Schimikowski, VVG, Nomos, 2009, §§ 23-27; Beckmann/Matusche-Beckmann, Versicherungsrechts-Handbuch, 3. Aufl., C.H.Beck, 2015; Prölss/Martin, Versicherungsvertragsgesetz, C.H.Beck, 28. Aufl., 2010, §§ 23-27.

가에 따른 보험자의 해지권 행사에 대한 내용을 규정하고 있으며, 제25조는 해지권 행사 대신에 보험자는 보험료증액청구권을 행사할 수 있음을 규정하고 있다.[39] 제26조는 위험의 증가에 대한 의무를 위반한 경우에 보험자의 책임이 없음을 규정하고 있고, 제27조는 경미한 위험의 증가에 대하여는 제23조 내지 제26조가 적용되지 않음을 규정하고 있다. 보험기간 동안에 현저한 위험이 증가된다면, 보험계약법에 따라 보험자는 언제든지 보험계약을 해지하거나 위험증가에 따른 보험료의 증액을 청구할 수 있다. 우리 상법과 달리, 독일 보험계약법은 위험의 변경에 대하여는 침묵하면서 위험증가에 대한 내용만을 다루고 있다.[40]

2. 위험증가의 금지

보험계약자가 계약체결에 대한 의사를 표시한 후에 보험자의 동의 없이 위험을 증가하거나 제3자를 통하여 위험을 증가시키지 말아야 할 의무를 독일 보험계약법상 위험증가금지의무(Gefahrerhöhungsverbot)라고 한다.[41] 구 보험계약법 제23조는 '주관적 위험증가'라는 제목으로 보험계약자는 보험계약체결 후 위험을 증가시키거나 제3자에 의하여 위험을 증가시킬 수 없도록 하고 있었고(제1항), 보험계약자가 위험의 증가를 인식한 후 지체 없이 보험자에게 통지해야 할 의무를 부담해야 함을 규정하고 있었다. 즉, 보험계약자는 의도적으로 위험을 증가시켜서는 아니 되고, 위험증가의 사실을 알게 된 경우에는 통지의무를 부담하고 있었다.

구 보험계약법 제23조는 현 보험계약법 제23조와 유사한 모습을 띠고 있다. 양자를 비교해 보면, 단어 사용에 있어서 약간의 차이가 발견될 뿐 그 의미에 있어서는 차이가 없다. 현 보험계약법은 제3항을 신설하여 위험증가가 주관적인 요인과 관계없는 경우에도 지체 없이 보험자에게 통지해야 할 의무를 부담하도록 하고 있다. 그러나 이것은 구 보험계약법 제27조 제1항과 제2항에서 규정하고 있었던 객관적인 위험증가의 내용을 제23조 제3항으로 이전한 것뿐이다. 당시 제27조는 '객관적인 위험증가'라는 제목으로 주관적 위험증가 외에 객관적 위험의 증가를 금지하고 있었고, 그 위험증가를 인식한 후에는 바로 보험자에게 통지하도록 하고 있었다.

결국, 현 보험계약법 제23조는 구 보험계약법 제23조 제1항과 제2항 및 제27조를 모두 통합하여 하나의 조문을 두고 있는바, 그 내용은 '위험증가'라는 명칭으로 '주관적 위험'과 '객관적 위

39　Römer/Langheid, VVG, 4. Aufl., 2014, C.H.Beck, S. 247 ff.

40　김은경, "독일 보험계약법상 위험증가금지의 문제", 비교사법, 제16권 제3호, 한국비교사법학회, 2009, 365면 이하.

41　Rüffer/Halbach/Schimikowski, VVG, 2009, S. 210.

험'에 대하여 보험자에게 통지해야 함을 규정하고 있다. 즉, 제23조 제1항은 계약에 대한 의사를 표시한 후에 발생하는 위험증가에 대하여는 보험자의 사전 동의를 얻어야 함을, 제2항은 보험자의 사전 동의 없이 위험을 증가시켰거나 증가시켰음을 알게 된 경우에 지체 없이 보험자에게 통지해야 함을, 제3항은 주관적인 의도 없이 위험의 변경·증가가 발생한 경우 그 사실을 안 후 보험계약자는 지체 없이 보험자에게 이를 통지해야 함을 규정하고 있다.

3. 보험자의 해지권

1) 권리 행사

보험계약자가 계약체결에 대한 의사를 표시한 후에 보험자의 동의를 얻지 아니하고 위험을 증가시키거나 제3자를 통하여 위험을 증가시킨 경우에, 보험계약자는 통지의무를 부담해야 한다. 그러나 고의 또는 중대한 과실로 계약체결에 대한 의사표시를 한 후 보험자의 사전 동의를 득하지 아니하고 위험을 증가시켰거나 제3자를 통하여 위험을 증가시킨 경우(제23조 제1항)에 해당하면, 보험자는 언제든지 해당 보험계약을 해지할 수 있다. 현 보험계약법 제24조 제1항은 구 보험계약법 제24조 제1항을 계승하고 있다. 다만, 구 보험계약법은 그 위반이 보험계약자의 책임 없는 사유로 발생한 경우에는 그 해지권은 1개월 내에 행사될 수 있음을 규정하고 있었다(제24조 제1항 제2문). 이 내용은 변경되었다. 현 보험계약법은 구 보험계약법 제24조 제1항 제2문의 내용 대신에 '경과실에 기인한 경우에는 1개월 내에 보험자가 해지권을 행사할 수 있다.'고 규정하고 있다(현 보험계약법 제24조 제1항 제2문). 또한 보험자의 동의 없이 위험이 증가했거나 증가시켰음을 추후에 알게 된 경우(제23조 제2항), 또는 객관적인 위험증가의 경우(제23조 제3항)에도, 보험자는 1개월 이내에 계약해지권 행사가 가능한 것으로 하고 있다.

2) 권리 배제

현 보험계약법 제24조 제3항은 보험자의 해지권 행사가 배제될 수 있음을 규정하고 있다. 위험이 증가했음을 안 날로부터 1개월 내에 보험자가 해지권을 행사하지 않거나, 또는 위험 전에 존재했던 상황으로 되돌아간 경우라면, 제24조 제1항에 따른 언제든지 행사할 수 있는 해지권(보험계약자의 고의 또는 중과실로 인한 보험자의 해지권) 또는 제24조 제2항에 따른 1개월 내에 해지권 행사(계약체결 후 나중에 위험증가의 사실을 알게 된 후 통지의무 및 객관적인 위험증가의 경우에 통지의무의 위반에 따른 보험자의 해지권)는 소멸하게 된다. 현 보험계약법 제

24조 제3항은 구 보험계약법 제24조 제2항을 계승하고 있다.

4. 보험자의 면책

1) 의의

현 보험계약법 제26조는 위험증가로 인한 보험자의 면책을 규정하고 있다. 현 보험계약법 제26조는 구 보험계약법 제25조의 내용을 일부 수용하면서, 새로운 내용으로 대체하고 있다.

2) 구 보험계약법 제25조

구 보험계약법은 위험증가 후에 보험사고가 발생한 경우에 주관적 위험증가의 해당하면, 보험자의 급부의무는 면하는 것으로 하고 있었다(제25조 제1항). 그러나 보험계약자의 의무위반이 그의 책임 없는 사유로 인한 경우에는, 보험자는 보험금시급의 책임을 인정하고 있었다(제25조 제2항 제1문).

개정 전 주요 내용은 다음과 같다. 즉, 보험자의 지급책임이 발생함에도 불구하고 다만, 구 보험계약법에는 "주관적인 위험증가의 경우 보험자에게 통지해야 할 의무를 위반하고, 그 통지가 보험자에게 도달되었어야 할 시점이 1개월이 지난 후에 보험사고가 발생한 경우에는, 보험자는 보험금 지급책임을 면하게 된다(제25조 제2항 제2문). 그러나 보험자가 그 시점에 위험증가의 사실을 알았다면 그러하지 아니하다(제25조 제2항 제3문). 보험사고의 발생시점에 보험자의 해지권 행사기간이 경과하여 해지권이 행사되지 않았거나, 또는 위험의 증가가 보험사고 발생에 영향을 미치지 않아 보험자의 급부범위를 가지고 있던 경우에는, 보험자의 보험금지급책임은 여전히 남아 있다(제25조 제3항)."고 규정되어 있었다.

3) 현 보험계약법 제26조

현 보험계약법은 원칙적으로 구 보험계약법의 내용을 수용하고 있다. 그러나 주관적 위험증가의 경우(제23조 제1항), 고의와 중과실을 구분하여 고의로 인한 위험증가에 대하여는 보험자의 면책이 인정된다. 과실에 있어서는 경과실과 중과실이 구분된다. 특히 중과실의 경우에 보험계약자의 과실의 정도를 산정한 후, 보험자는 과실 비율에 따라 지급될 보험금을 정하게 된다(현 보험계약법 제26조 제2항 전단). 구 보험계약법이 중과실의 경우에 일괄적으로 보험자의 면책을 인정한 점을 변경하여, 중과실의 경우에도 보험자가 보험금지급책임을 부담할 수 있다는 점에서, 그 의미를 찾을 수 있다. 중과실이 존재하지 않음에 대한 증명은 보험계약자가 부담해야 한다(현 보험계약법 제26조 제2항 후단).[42]

현 보험계약법 제26조 제2항은 보험계약법 제23조 제2항과 제3항에 따른 통지의무를 위반한 경우에, 보험자가 보험금지급에 대한 책임을 면하게 되는 사항을 규정하고 있다. 특히, 보험계약자의 의사와 관계없이 위험이 증가한 사실을 그 자신이 알고 있음에도 불구하고, 이를 보험자에게 알려야 했을 시점보다 1개월 이후에 보험사고가 발생한 경우에, 보험자가 이 기간에 위험의 증가를 알지 못한 경우라면 보험자는 면책을 주장할 수 있다(제26조 제2항 제1문). 다만, 보험계약법 제23조 제2항과 제3항에 따라 통지의무의 위반이 고의가 아니라면 보험자는 면책되지 않는다(제26조 제2항 제2문). 중과실로 인하여 위반한 경우에는 여기에서도 비례보상원칙이 적용된다(제26조 제2항 제2문 후단).

5. 보험료증액청구권

보험자가 행사할 수 있는 권리로서 해지권 외에 보험료증액청구권을 행사할 수 있다(현 보험계약법 제25조 제1항). 보험자는 위험증가의 시점부터 자신의 업무기준에 근거하여 증가된 위험에 상응하는 보험료를 청구할 수 있고, 증가된 위험에 대한 부보를 배제할 수 있는 권리가 있다. 그러나 해지권 행사기간이 경과되거나 해지권 행사가 소멸된 경우에는, 보험자는 동 청구권을 행사할 수 없게 된다(제25조 제1항 제2문).

6. 보험계약자의 계약해지권

위험증가의 결과 10% 이상 보험료가 인상되는 경우에 해당하거나 보험자가 증가된 위험에 대하여 부보하지 않을 것으로 결정한 때에는 보험계약자는 보험계약을 해지할 수 있다(제25조 제2항 제1문). 보험자가 보험료인상을 통지하거나 증가된 부분만큼 위험에 대하여는 부보하지 않겠다는 의사를 통지할 때, 그는 보험계약자가 해지권을 행사할 수 있음을 알려주어야 한다. 해지권의 존재를 보험자가 알려준 경우에 한하여, 보험계약자는 보험자의 통지도달 후 1개월 내에 언제든지 그 계약을 해지할 수 있다.

---

[42]   최병규, "중과실비례보상제도의 도입가능성에 관한 연구", 일감법학, 제14호, 2008, 163면 이하.

7. 경미한 위험증가

구 보험계약법의 입법자는 위험의 경미한 증가에 대하여는 큰 의미를 두지 않았던 것으로 판단된다(제29조 제1문 참조). 또한 상황에 따라 위험증가를 통한 보험관계가 발생될 필요가 없음이 합의된 것으로 간주한 경우에는, 위험증가로 보지 않았다(제29조 제2문 참조).

현 보험계약법 제27조는 '경미한 위험증가'라는 제목으로 경미하게 위험을 증가하였거나 위험의 증가를 수인의 보험자가 공동으로 합의한 경우에는 제23조 내지 제26조의 규정내용은 적용되지 않도록 하고 있다. 현 보험계약법 제27조는 구 보험계약법 제29조를 계승하고 있다. 전자가 정량적인 경미한 위험증가를 고려한 것이라고 한다면, 후자는 정성적인 위험증가를 고려한 것이다.[43]

8. 증명책임

위험증가의 상태가 발생하여 보험자에게 해지권이 인정되는 경우라면 일반적으로 보험계약자에게는 적어도 중과실이 있었다는 점이 추정된다. 보험계약자는 자신의 행태가 중과실에 의한 행태가 아닌 그보다 더 경미한 관점에서 나타난 것이라고 하는 상황을 설명하고 이를 증명해야 한다. 보험사고와 위험증가 사이에 인과관계가 없다는 증명 역시 보험계약자가 부담하여야 한다. 즉, 위험증가가 보험사고의 발생에 영향을 미치지 아니하였거나 보험자의 이행의무의 범위에 영향을 미치지 아니하였다는 것을 보험계약자가 입증하여야 한다. 그러나 보험자의 동의 없이 위험을 증가하였거나 제3자를 통하여 위험을 증가시킨 제23조 제1항의 주관적 위험증가의 경우는 보험자에게 증명책임이 있다.

V. 비교법적인 검토를 통한 시사점 도출

독일 보험계약법은 우리 상법 보험편과 비교하여 위험증가에 대한 내용을 상세하게 규정하고 있는 모습이다.[44] 독일 법제의 연구를 통하여 몇 가지 주목할 사항과 시사점을 제시하고자 한다.

---

43 Rüffer/Halbach/Schimikowski, VVG, 2009, S. 232.
44 한기정, "보험계약상 위험변경증가에 대한 입법론적 고찰", BFL, 제48호, 서울대학교 법학연구소, 2011, 59면 이하.

1. 통지의무의 통일적 규정

독일 보험계약법은 제23조 내지 제27조에서 계약체결 전에 발생한 위험과 다른 위험증가에 대하여 세부적인 내용을 담고 있다. 주관적 위험증가와 객관적 위험증가를 구분하여 규정하고 있고, 계약의 의사표시를 하고 난 후부터 보험기간 동안에 위험증가에 대한 사항을 알고 있는 경우에는 지체 없이 보험자에게 통지하도록 하고 있다. 통지의무는 객관적 위험증가의 경우는 물론이거니와 주관적 위험증가의 경우도 동일하게 규정하고 있는 모습이다. 우리의 경우 객관적 위험증가의 경우에는 통지의무를 부과하고 있지만, 주관적 위험증가의 경우에는 명시적으로 규정하고 있지 않아 해석론을 통하여 통지의무가 있음을 도출하고 있다. 주관적 위험증가 역시 보험계약자로 하여금 통지의무의 부담을 입법적으로 해결해야 할 필요성이 있다.

2. 위험증가에 따른 보험자의 권리

1) 해지권과 보험료증액청구권

양국 모두 위험증가에 대한 통지의무를 위반한 경우에 보험자는 일정한 권리를 행사할 수 있다. 보험계약을 해지하거나 보험료증액청구권을 행사할 수 있다는 점은 동일한 사항이다. 통지의무의 법적 성질 역시 양국 모두 간접의무로 보는 것이 통설의 입장이다. 또한 독일이나 우리나라 모두 통지의무를 위반한 경우에, 보험자가 일률적으로 보험계약해지권을 행사하도록 한 것 대신에 계약당사자가 보험료를 상호 조정하여 보험계약관계를 유지할 수 있도록 하고 있다. 계약관계에서 일정한 사항을 위반하였다고 하여 보험관계를 무조건적으로 소멸시키는 것은 계약당사자 모두에게 불이익을 초래할 것이다. 양국은 계약당사자의 합의를 통하여 보험료를 조정할 수 있도록 하여, 보험자는 보험계약관계를 유지하여 계속적인 보험료 수령의 이익을 얻게 되고, 보험계약자는 인상된 보험료를 지급함으로써 보험보호의 혜택을 지속적으로 누릴 수 있게 된다.

2) 보험자의 담보배제 권리

독일 보험계약법은 위험증가에 대하여 보험자의 보험료증액청구권을 인정하고 있다. 즉, 보험자는 위험증가의 시점부터 자신의 업무기준에 근거하여 증가된 위험에 대한 합당한 보험료를 증액을 요구할 수 있다. 그러나 보험료의 증액이 반드시 보험자에게 매력이 아닐 경우도 발생할 수 있고, 또 부보에 대한 불만족이 보험자에게 발생할 수도 있다. 독일 보험계약법은 이 점을 고려하여 보험자에게 증가된 위험만큼의 보험보호를 배제할 권리를 인정하고 있다. 결국 보험자는 양 권리에 대하여 보험료증액청구권을 행사하거나 담보배제의 선택권을 행사할 수 있는 것이다. 독일 보험계약법 제25조가 이러한 면을 규정하고 있는데, 동 규정은 2008년 보험계약법 개정을 통하여 새롭게 도입된 규정에 해당한다.

3. 중과실에 대한 비례보상원칙

특히 주목해야 할 점은 보험자의 면책과 관련된 사항이다. 보험계약자는 고의로 의무를 위반한 경우에는 보험자의 보험금지급에 대한 면책을 주장할 수 있지만, 중대한 과실에 대하여는 보험계약자의 과실의 정도에 따라 보험금을 차등적으로 지급하도록 하고 있다. 이러한 지급방법은 2008년 개정 전에는 도입된 바 없었다. 실무상 제기될 수 있는 문제점이 없는 것은 아니지만, 고의와 중대한 과실을 동일한 선상에서 보는 것을 중단하고, 과실에 대하여 등급을 누어 보험금을 지급하고자 하는 노력은 매력적인 시도라 할 수 있다. 중과실이 없다는 사항에 대하여는 보험계약자가 증명을 하도록 하고 있다.

4. 보험계약자의 해지권

위험증가에 따라 보험자는 보험료증액청구권을 통하여 체결 전의 위험상황에 상응하는 모습으로 유지할 수 있다. 그러나 위험증가의 결과 보험계약자가 지급해야 하는 보험료가 10% 이상 증액이 요구되거나 증가된 위험에 대하여 보험자가 위험담보를 수용하지 않는 경우에, 보험계약자는 언제든지 보험계약에 대한 해지권을 행사할 수 있다. 위험증가에 따른 보전의 기회를 보험료증액청구권과 담보배제권을 보험자에게 부여하였다고 한다면, 일정 이상의 보험료 증액으로 인하여 보험계약자가 수용하기 어려운 경우이거나 증가된 위험이 부보될 수 없어 보험계약자의 실익을 얻기 어렵다고 한다면, 보험계약자는 보험계약을 해지함으로써 보험관계를 소멸할 수 있는 기회를 부여한 것이다.

5. 보험자의 보험금지급의무

독일 보험계약법은 위험증가로 인하여 발생할 수 있는 문제를 예방하기 위하여 보험계약자의 통지의무, 보험자의 해지권, 보험료증액청구권 등을 규정하고 있지만, 또 다른 측면에서 보험자가 급부를 면할 수 없는 경우를 명시적으로 규정하고 있다. 즉, 통지의무를 위반한 보험계약자가 불이익을 받는 것이 타당하지만, 위험의 증가가 보험사고의 발생이나 급부의무의 범위에 대하여 인과관계가 존재하지 않은 경우에는 보험자는 보험금을 지급해야 할 의무를 부담한다. 또한 보험사고의 발생시점에 보험자의 해지권 행사기간이 경과한 경우에도 역시 보험자는 보험금지급의무로부터 벗어날 수 없다.

VI. 결 론

보험계약체결과정에서 보험의 대상이 되는 위험의 범위는 확정되어야 하고, 또 보험자와 보험계약자는 이것에 대하여 상호 합의하여야 한다. 보험계약의 선의성으로 말미암아 보험계약자는 보험기간 동안 계약체결 전의 위험을 스스로 또는 제3자를 통하여 변경시켜서는 아니 되고, 변경 시 보험계약자는 보험자에게 통지의무를 부담해야 한다. 외부적인 요인에 의하여 위험변경이 발생하는 경우 역시 보험계약자는 이를 알게 된 즉시 보험자에게 통지해야 한다. 우리 상법 보험편과 독일 보험계약법은 전체적인 체계에서는 큰 차이가 있는 것은 아니다. 다만, 세부적인 사항에서 입법을 통하여 문제를 해결하고자 하는 독일 보험계약법의 내용은 우리에게 여러 가지 시사점을 주고 있다. 위험증가와 관련하여, 독일은 2007년 보험계약법 개정 전과 개정 후에 큰 차이점은 발견되지 않고 있다. 그러나 중과실 비례보상 제도를 도입한 점이나, 특정한 사항에 대하여 보험자의 담보배제권리를 인정하면서도 동시에 보험금지급의무를 명시적으로 실정법에 포함한 점은 보험계약법을 현대화하고자 하는 노력의 일면을 독일에서 엿볼 수 있다.

위험변경·증가의 금지의무 및 통지의무와 관련하여, 우리 상법은 2개의 조문을 두고 있다. 제652조에 따라 위험변경·증가의 경우 보험계약자는 지체 없이 보험자에게 통지해야 하고, 이를 게을리한 경우 보험자는 이를 안 날로부터 1개월 내에 계약을 해지할 수 있다. 또한 통지를 받을 경우라 할지라도, 보험자는 계약을 해지하거나 계약의 유지를 위하여 보험료증액청구권을 행사할 수 있다. 우리 상법이 위험의 변경이라는 개념을 배제하지 않으면서 위험증가의 문제를 해결하고 있는 반면에, 독일 보험계약법은 위험의 변경이라는 개념 대신에 위험의 증가에 중점을 두고 보험자와 보험계약자의 이익을 고려하고 있다. 위험변경이라는 개념은 위험의 증액에 대한 의미도 있지만 감소의 의미도 있다. 우리 상법은 특별위험의 소멸로 인한 보험계약자의 보험료감액청구권을 인정하고 있다(제647조). 이 점을 고려한다면, 변경의 개념은 큰 의미가 없을 것으로 판단된다. 성문법 체계를 가지고 있다는 점에서 독일이나 우리나라는 동일하다. 다만, 독일의 경우 보험계약법이라고 하는 실정법을 통하여 법적 안정성을 꾀하고 있는 점은 매우 의미 있는 것이라 하겠다.

제21장

보험금청구권의 소멸시효

I. 의 의

2002년 독일에서 채권법에 대한 대폭적인 개정이 이루어졌다. 급부장애의 분야에서 채무자가 의무를 위반하는 경우, 민법 제280조 제1항에 따라 채권자는 다양한 법적 구제수단을 행사할 수 있게 되었다. 이미 판례에서 인정되고 있었던 '계약체결상의 과실(Culpa in Contrahendo)'의 문제와 '적극적 채권침해(Positive Forderungsverletzung)' 등을 입법하는 동시에, 매매법과 도급법의 체계에 대한 변화가 있었다. 또한 소비자보호법을 민법에 수용하였고, 보통거래약관법 역시 민법에 포함시키는 작업이 이루어지게 되었다.

특히 보험계약법과 관련하여 관심을 끄는 분야는 개정된 소멸시효에 관한 내용이다. 미래의 불확실한 위험을 담보하기 위하여 보험계약자는 보험자와 보험계약을 체결하게 된다. 계약의 성립 후 보험계약자가 보험료를 지급하고 보험기간 동안에 보험사고가 발생하면, 보험계약자 또는 기타 이해관계자는 보험자에게 보험금을 청구하게 된다. 그러나 보험사고가 발생했다고 할지라도 종종 보험금청구권자가 보험금을 청구하지 않는 상황이 발생하게 된다. 이 경우 우리 보험계약법도 일반계약관계와 마찬가지로 일정한 기간이 지나면 보험금청구권을 행사할 수 있는 가능성을 배제하는 소멸시효를 두게 된다. 우리 상법은 제662조에 따라 보험금청구권자가 자신의 청구권을 3년간 행사하지 아니하면 소멸시효가 완성하게 된다. 장기간에 걸친 보험관계가 정리되지 않게 됨에 따라 발생할 수 있는 법률관계의 혼란과 불안정을 예방하고자 한 목적이 있다. 독일 보험계약법 역시 제15조에서 소멸시효의 정지에 관한 규정을 두고 있다.

II. 민법과 보험계약법에서 소멸시효의 전개: 독일

1. 민법의 경우

1) 일반적인 소멸시효

일반적인 소멸시효와 관련하여 독일은 2002년 민법 개정 시 소멸시효기간을 30년에서 3년으로 대폭 단축하고 있다(독일 민법 제195조). 개정 전 독일 민법은 30년의 일반적인 소멸시효의 원칙에서 출발하지만, 민법 전반에 소멸시효의 기간, 시기, 진행 등에서 다양한 예외를 인정하고 있었다. 특히 6주에서 30년의 기간에 걸쳐 있는 각종 소멸시효기간과 상이한 기산방법 및 특별한 정지사유 등을 파악하는 것은 법률가라 할지라도 쉽지 않다고 하는 비판과 독일 민법이 제정된 이래 소멸시효의 규정들이 변화된 사회현실을 반영하지 못하고 있다는 지적이 제기되었다. 그 결과 독일의 입법자는 단순하고 명백한 소멸시효제도의 정립을 위하여 통일적이면서도 일반적 소멸시효제도를 도입하게 된 것이다.

2002년 개정법은 일반적인 소멸시효에 있어서 청구권의 기초가 되는 제반사정에 대한 청구권자의 인식 내지 인식가능성을 전제로 하는 주관적 단기소멸시효와 인식가능성을 전제하지 않는 객관적 장기소멸시효의 이중적인 구조를 도입하였다.[1] 특히 일반적 소멸시효의 체계는 주관적 체계를 수용하여 청구권의 기초가 되는 제반사정과 채무자의 신원에 대한 청구권자의 인식 내지 중대한 과실로 인한 부지의 사실이 있는 연도(年度)가 종료한 때로부터 소멸시효기간이 시작되는 것으로 하고 있다(독일 민법 제199조 제1항). 그리고 또 다른 측면에서 독일 민법은 청구권자의 주관적 인식 내지 인식가능성이 없는 경우를 간과하지 않고 있는 점을 알 수 있다(독일 민법 제199조 제2항에서 제4항까지). 즉 이 경우 소멸시효의 시기를 무한히 연기할 수는 없는 것이므로 청구권의 주관적 사정과 상관없이 일정한 기간(30년이나 10년)이 경과하면 소멸시효가 완성되는 보충규정을 두고 있다.

2) 특별 소멸시효

모든 청구권을 일반적 소멸시효로 적용하는 것을 상상할 수 있지만, 청구권의 성질을 고려하여 일반적인 소멸시효기간의 이상으로 권리의 강제적 실현가능성을 부여해야 할 필요성이 있

---

1   Lorenz/Riehm, Lehrbuch zum neuen Schuldrecht, München 2002, Rdn. 36.

는 경우에 대하여는, 예외적으로 특별 소멸시효규정을 두고 있다. 예를 들면 민법 제197조는 소유권 및 다른 물권에 기한 청구권, 친족법 및 상속법상의 청구권, 기판력 있게 확정된 청구권, 집행할 수 있는 화해 또는 집행할 수 있는 증서에 기한 청구권 및 도산절차에서 행하여진 확정에 의하여 집행할 수 있게 된 청구권에 대하여 30년의 소멸시효기간을 두고 있다. 그 외 주관적 체계의 도입이 불가능한 것으로 인정되는 계약의 담보책임에 있어서도 독일 민법은 특별 규정을 두고 있다.

2. 보험계약법 제15조의 소멸시효

독일 보험계약법은 제15조에서 소멸시효의 정지에 대하여 규정하고 있다.[2] 제15조의 입법목적을 살펴보고 개정 전과 개정 후 어떠한 변화가 이루어졌는가를 고찰하기로 한다.

1) 내용의 변화

보험계약법 제15조는 개정 전 보험계약법 제12조[3]와 약간의 차이를 보이고 있다.[4] 세 개의 조문으로 구성되어 있던 개정 전 보험계약법 제12조는 개정 후 한 개의 조문으로 단순화되어 있음을 알 수 있다.

---

2 §15 (Hemmung der Verjährung) Ist ein Anspruch aus dem Versicherungsvertrag beim Versicherer angemeldet worden, ist die Verjährung bis zu dem Zeitpunkt gehemmt, zu dem die Entscheidung des Versicherers dem Anspruchsteller in Textform zugeht. 제15조(소멸시효의 정지) 보험계약에 근거하여 청구권의 행사가 보험자에게 신청된 경우에는 보험자의 결성이 청구권자에게 텍스트 형식으로 도달되기 전까지 소멸시효는 정지된다.

3 § 12 Alt-VVG(Verjährung; Klagefrist) (1) Die Ansprüche aus dem Versicherungsvertrag verjähren in zwei Jahren, bei der Lebensversicherung in fünf Jahren. Die Verjährung beginnt mit dem Schluss des Jahres, in welchem die Leistung verlangt werden kann. (2) Ist ein Anspruch des Versicherungsnehmers bei dem Versicherer angemeldet worden, so ist die Verjährung bis zum Eingang der schriftlichen Entscheidung des Versicherers gehemmt. (3) Der Versicherer ist von der Verpflichtung zur Leistung frei, wenn der Anspruch auf die Leistung nicht innerhalb von sechs Monaten gerichtlich geltend gemacht wird. Die Frist beginnt erst, nachdem der Versicherer dem Versicherungsnehmer gegenüber den erhobenen Anspruch unter Angabe der mit dem Ablauf der Frist verbundenen Rechtsfolge schriftlich abgelehnt hat.

4 Dazu Prölss/Martin, Versicherungsvertragsgesetz, 28. Aufl., Verlag C.H.Beck, 2010, § 15 Rdn. 1 ff.(Zum neuen Recht Rdn. 1f., zum alten Recht Rdn. 4 f.

소멸시효에 대한 개정 전과 후의 독일 보험계약법

개정 전 보험계약법 제12조 (소멸시효, 제소기간)	현 보험계약법 제15조 (소멸시효의 정지)
(1) 보험계약으로 인한 청구권은 2년으로 소멸시효가 완성한다. 생명보험의 경우에는 5년이다. 소멸시효는 보험급부를 청구할 수 있는 해의 말로부터 진행한다.	
(2) 보험계약자의 청구권이 보험자에게 신청된 경우에는 소멸시효는 보험자의 서면에 의한 결정이 도달할 때까지 정지된다.	보험계약으로부터 발생하는 청구권이 보험자에게 신청된 경우에, 소멸시효는 보험자의 결정이 청구권자에게 문서형식으로 도달한 때까지 정지된다.
(3) 청구권이 6개월 이내에 법원에서 주장되지 않는 한 보험자는 면책된다. 이 기간은 보험자가 보험계약자에게 기간경과로 인한 법적효과를 알려주면서 보험계약자의 청구권을 서면으로 거절한 때로부터 진행한다.	

　우선 6개월의 배제기간 내에 보험계약자를 통한 청구권의 재판상 주장을 규정하고 있던 개정 전 보험계약법 제12조 제3항의 제소기간은 삭제되었다. 또한 보험계약의 경우에 소멸시효에 대하여 인정되었던 특별규정을 삭제하고 있다(개정 전 보험계약법 제12조 제1항을 참조). 단지 개정 전 보험계약법 제12조 제2항의 정지 규정만이 계속해서 존재의 필요성이 인정되었고, 개정 전 제12조 제2항의 내용은 현 보험계약법 제15조에서 약간의 내용에 대한 변화가 있었다.[5]

2) 규정의 목적

　보험계약법 제15조는 소멸시효의 정지에 대한 내용을 담고 있다.[6] 장기간에 걸쳐 보험자와 협상을 해야 하는 경우에 소멸시효가 개시된다면 보험계약자는 불이익을 감수해야만 한다. 또한 보험금청구권자가 보험금을 청구하였음에도 불구하고 보험자에 의한 보험금지급결정이 되지 않은 상태에서 소멸시효의 기간이 경과하게 되는 경우 역시 보험계약자의 불이익이 발생할 수 있다. '보험계약자가 보험자로부터 보험금에 대한 지급의 결정을 수령한 경우에만 소멸

5　발생과정에 대하여는 Bruck/Möller, Versicherungsvertragsgesetz, De Gruyter Recht · Berlin, 9. Aufl., 2008, § 15 Rdn. 1 f.

6　보험계약법 제15조는 "Hemmung des Verjährung)이라는 제목을 달고 있다. 2002년 독일 민법의 현대화작업에서 개정 민법은 소멸시효와 관련하여 구민법상의 소멸시효의 정지(Hemmung), 완성유예(Ablaufhemmung) 및 중단(Unterbrechung)이라는 세 가지 시효장애사유를 그대로 계승하고 있다. 다만 개념의 명확성을 도모하기 위하여 소멸시효의 중단이라는 용어 대신에 재시작(Neubeginn)이라는 새로운 용어를 사용하고 있으며 종래의 중단사유들을 대폭 정지사유로 전환하여 규정하고 있다.

시효의 정지가 종료하게 된다'고 하는 보험계약법 제15조는 기본적으로 보험계약자를 보호하고자 하는 목적을 띠고 있다. 즉 보험계약자의 청구권이 유효한 것인지 아니면 유효하지 않은가에 대한 불투명한 상황에서 소멸시효의 기간이 계속해서 경과되어서는 아니 된다는 것이다.[7] 그러므로 동 규정은 보험금청구권자가 행사할 수 있는 청구권이 소멸시효를 통하여 상실될 수 있는 위험을 배제하는 효과를 갖게 된다.[8] 그러나 보험자의 결정이 보험금청구권자에게 도달된 경우에는 보호필요성을 배제함으로써 보험자와 보험금청구권자 간의 소멸시효에 대한 명확성이 발생한다.[9]

보험자의 결정이 보험금청구권자에게 도달하게 되면 소멸시효는 개시된다. 특히 주목할 만한 사항은 개정 전 보험계약법 제12조 제2항에서 신청된 청구권이 '보험계약자'에게만 발생하도록 하고 있는 것을 '보험계약으로부터 발생할 수 있는' 것으로 개정함으로써, 단지 보험계약자에게만 발생하는 것이 아니라, 저당권자(혹은 질권자)이나 양수인 등의 이해관계인의 청구권이 발생하는 경우에도, 소멸시효기 정지되도록 함으로써 보다 그 범위가 확장되고 있음을 알 수 있다.[10]

3. 보험계약의 민법에 적용

2008년부터 발효되고 있는 보험계약법은 독자적인 소멸시효규정을 가지고 있지 않다. 독자적인 규정을 가지고 있지 않다는 의미는 일반법인 민법의 적용을 받는다는 것을 의미한다. 그 결과 보험계약으로부터 발생하는 청구권에 대한 소멸시효는 독일 민법 제195조에 따라 3년의 일반적인 소멸시효기간이 적용된다.[11] 개정 전 보험계약법은 보험계약에서 발생하는 청구권

---

7   Rüffer/Halbach/Schimikowski/Muschner, Versicherungsveretragsgesetz, Nomos, 2009, § 15 Rdn. 1.

8   So zur Vorgängervorschrift OLG Hamm 13. 1. 1993-20 U 224/92, VersR 1473, r＋s 1993, 237.

9   Zur Regierungsbegründung Niederleithinger, Das neue VVG, Nomos, 2007, S. 123 f.

10   Begr. RegE, BT-Drucks, 16/3945, S. 64.

11   Begr. RegE, BT-Drucks. 16/3945, S. 64; 독일의 개정민법은 특별소멸시효가 적용되지 아니하는 모든 청구권의 일반소멸시효를 규정함에 있어 소멸시효기간을 종전의 30년에서 3년으로 대폭 단축하고 있다. 또한 개정 전과 달리 소위 소멸시효법의 주관적 체계를 채택하여 청구권의 기초가 되는 제반사정과 채무자의 신원에 대한 청구권자의 인식 내지 중대한 과실로 인한 부지의 사실이 있는 해가 종료한 때로부터 소멸시효기간이 시작되는 것으로 규정하고 있다. 그런데 청구권자의 주관적 인식 내지 인식가능성이 없는 경우에도 소멸시효의 시기를 무한히 연기할 수는 없는 것이므로, 청구권자의 주관적 사정과 상관없이 일정한 기간(10년 또는 30년)이 경과하면 소멸시효가 완성되는 것으로 하는 보충규정을 두고 이를 일반소멸시효의 최장기간이라고 명명하고 있다. 그런 측면에서 독일 개정민법상의 일반소멸시효는 청구권의 기초가 되는 제반사정에 대한 청구권의 인식 내지 인식가능성을 전제로 하는 주관적 단기소멸시효와 그러하지 아니한 객관적 장기소멸시효의 이중구조를 띠고 있다고 볼 수 있다. 독일 문헌으로는 Muschner/Wandt, Die Verjährung im Versicherungsvertragsrecht, MDR 2008, 609; Lorenz/Riehm,

에 대하여는 2년의 소멸시효기간을, 생명보험에 대하여는 5년의 시효기간을 정하고 있었다. 그러나 개정된 보험계약법은 민법에 규정된 3년의 소멸시효기간을 통일적으로 적용하고자 한다.[12]

III. 보험계약법상 소멸시효의 개시: 독일

1. 소멸시효의 전제요건

2008년 보험계약법이 개정된 후 발생하는 신계약은 민법 제199조 제1항[13]의 주관적 시스템의 영향을 받게 된다. 기간개시의 타당성을 갖기 위해서는 '청구권이 발생'되어야 한다는 객관적인 전제조건 외에 주관적인 요소로서 청구권의 원인이 되는 상황 및 채무자의 인식에 대한 필요성, 특히 '중대한 과실로 인한 인식부재'가 존재해야 한다. 그리고 소멸시효는 양 전제조건이 존재하는 그 연도(年度)의 경과와 함께 개시된다.[14]

1) 객관적 요소

보험계약으로부터 발생하는 청구권소멸시효기간의 기산점은 민법 제199조가 중요한 의미를 부여하고 있다. 민법 제199조는 일반소멸시효기간의 기산점에 대하여 규정하고 있고, 기산점이 개시되기 위한 조건으로 '청구권의 성립'을 요구하고 있다(제1항 제1호). 이는 청구권이 이행될 수 있는 경우에만 소멸시효의 기산점이 개시되는 것을 의미하게 된다.[15] 결국 보험금청구

Lehrbuch zum neuen Schuldrecht, München, 2002, Rdn. 36.

12 Terbille, Versicherungsrecht, C.H.Beck, 2. Aufl., 2008, Rdn. 335 f.

13 독일 민법 제199조(일반소멸시효기간의 기산점 및 최장기간) (1) 일반소멸시효기간은 다음의 연도가 끝나는 때로부터 진행한다. 1. 청구권이 성립하고, 2. 채권자가 청구권을 발생시키는 사정 및 채무자의 신원을 알았거나 중대한 과실 없이 알았어야 했던 연도 (2) 생명, 신체, 건강 또는 자유의 침해를 이유로 하는 손해배상청구권은, 그 성립 여부에 관계없이, 그리고 인식 또는 중대한 과실로 인한 불인식에 관계없이, 행위 시, 의무위반 시 또는 손해를 발생시키는 기타 사건의 발생 시로부터 30년의 소멸시효에 걸린다. (3) 기타의 손해배상청구권은 1. 인식 또는 중대한 과실로 인한 불인식에 관계없이 그 성립 시로부터 10년의 소멸시효에 걸리고, 2. 그 성립 여부에 관계없이, 그리고 인식 또는 중대한 과실로 인한 불인식에 관계없이, 행위 시, 의무위반 시 또는 손해를 발생시키는 기타 사건의 발생 시부터 30년의 소멸시효에 걸린다. 이 중 먼저 완료하는 기간이 기준이 된다. (4) 손해배상청구권은 인식 또는 중대한 과실로 인한 불인식에 관계없이 그 성립 시로부터 10년의 소멸시효에 걸린다. (5) 청구권이 부작위를 목적으로 하는 경우에는, 소멸시효는 청구권의 성립 시가 아니라 위반행위 시로부터 진행한다.

14 Palandt/Heinrich, BGB, C.H.Beck, BGB, 2010, § 199 Rdn. 2.

15 BGH 17. 2. 1971-VIII ZR 4/70, BGHZ 55, 340 (341); BGH 22. 2. 1979-VII ZR 256/77, BGHZ 73, 363 (365); BGH 18. 12. 1980-VII ZR 41/80, BGHZ 79, 176 (178).

권의 소멸시효기간은 보험계약법 제14조의 지급기한과 함께 개시되는 것으로 보아야 한다.[16]

보험사고가 발생하면 보험금청구권자는 보험금을 청구하게 된다. 보험금청구권자의 희망대로 재빨리 보험금이 지급되면 바라는 것이 없겠지만, 보험자는 보험금을 지급하기 전에 보험사고에 대한 검증과 조사를 수행하게 된다(보험계약법 제14조를 참조).[17] 보험자의 급부이행은 보험사고와 보험자가 급부이행의 범위를 확정하기 위한 조사가 이행된 후 이루어지게 된다. 이러한 지급기한이 타당성을 갖기 위해서는 때때로 보험계약자의 협조행위가 있어야 한다. 그러므로 보험계약자가 보험사고를 통지하지 않았거나 보험자가 요청하는 조사에 협조를 하지 않는 경우에는 소멸시효기간의 개시가 연기될 수 있다.[18] 그러나 보험자가 보통보험약관에 협조행위에 대한 간접의무(책무)를 정하고, 고의적인 간접의무(책무)의 위반 시 보험자는 책임이 없음을 주장할 수 있다(보험계약법 제28조 제2항). 반면 보험계약자는 간접의무의 위반이 보험사고의 발생이나 확정 또는 보험자의 급부의무의 확정이나 범위에 인과관계가 없는 경우라면, 보험자는 급부를 이행해야 한다(보험계약법 제28조 제3항).[19]

소멸시효기간의 개시와 관련하여, 판례는 간접의무를 통하여 보험계약자가 남용할 수 있는 행위를 방지하기 위하여 다양한 조치들을 제시하고 있다.[20] 즉 보험계약자가 협조의무를 이행하지 않거나 의무를 게을리하여 보험자가 취할 수 있는 이익을 현저하게 침해한 경우에는, 협조의무가 이행되었어야만 하는 그 시기에 소멸시효기간이 개시된 것으로 보고 있다. 또한 보험계약자가 설득력 있는 근거를 제시하지 않고 협조를 지연하고 있는 경우라든가 보험자의 급부의무에 대한 대항사유와 관련하여 보험자의 지위를 악화시키도록 하는 경우에는, 비록 그러한

....

16 BGH 55, 340 (341)-VII ZR 168/67, BGHZ 53, 222 (225); BGH 17. 2. 1971-VIII ZR 4/70, BGHZ 55, 340 (341); BGH 19. 12. 1990-VIII ARZ 5/90, BGHZ 113, 193; Palandt/Heinrich, BGB, § 199 Rdn. 3.

17 자세히는 유주선, "독일 보험계약법상 보험금급부의 지급기한", 고려법학, 제59호, 2010. 12, 23면 이하.

18 BGH 13. 3. 2002-IV ZR 40/01, VersR 2002, 698.

19 보험계약법 제28조(보험계약상의 책무위반) ① 보험사고가 발생하기 전 보험자에 대하여 보험계약자로부터 이행되어야 하는 계약상의 책무가 위반된 때에는 의무위반이 보험계약자의 고의 또는 중과실에 의한 경우 보험자는 의무위반 사실을 안 때로부터 1개월 내에 언제든지 그 계약을 해지할 수 있다. ② 보험계약자로부터 이행되어야 하는 계약상의 책무가 위반되어졌을 보험자가 급부를 할 의무가 없다는 계약을 정한 경우 보험계약자가 고의로 의무를 위반하였을 때에만 이행면제가 된다. 의무를 중과실에 의하여 위반한 경우에는 보험계약자의 의무위반의 비율에 따라 보험자의 급부의무는 공제된다. 중과실이 없었음에 대한 입증책임은 보험계약자에게 있다. ③ 의무의 위반이 보험사고의 발생이나 확정에 또는 보험자의 급부의무의 확정이나 범위에 인과관계가 없는 경우에는 보험자는 제2항과 달리 급부의무를 진다. 보험계약자가 책무를 악의로 위반한 경우에는 제1문은 적용되지 않는다. ④ 제2항에 따른 보험자의 전부 또는 일부의 면책은 보험사고의 발생 후 하게 되는 정보제공의무 또는 설명에 대한 간접의무의 위반 시 보험자가 보험계약자를 이 의무위반에 대한 법률효과를 텍스트 형식의 통지를 통하여 지시하였을 것을 전제로 한다. ⑤ 계약상의 책무를 위반한 경우 보험자가 계약을 해제할 수 있음을 정한 것은 무효이다.

20 BGH VersR 2002, 698＝r＋s 2002, 217＝NVersZ2002, 309.

것이 의도적이 아니라 할지라도, 그 이전에 기간개시가 발생하게 되는 것으로 판단하고 있다.

2) 주관적 요소 – 인식 또는 중대한 과실로 인하여 알지 못함

개정 전 보험계약법 제12조 제1항과 달리, 소멸시효기간의 개시와 관련하여 민법 제199조는 단지 객관적 전제조건에만 연결시키고 있지 않다. 이는 보험급부에 대한 청구권의 지급기한에 대하여도 동일하게 적용된다. 소멸시효기간의 개시에 대하여 민법 제199조 제1항은 부가적인 주관적인 요구사항을 기술하고 있다. "청구권을 근거하는 사실이나 채무자 그 자신에 의하여 채권자가 알았거나 중대한 과실로 알지 못한 것이 발생되어야 한다. 하지만 대부분의 보험관계에서 청구권의 지급기한에 대한 근거는 이미 보험계약자 등의 협력행위(예를 들면 보험사고의 통지·관련 서류의 교부)를 전제하고 있다. 그러므로 이러한 사례에서 보험금청구권자는 청구권을 행사할 수 있다는 사실을 인식하고 있다고 보는 것이 일반적이다. 보험계약자가 알고 있지 않은 보험사고에 대하여는 신고할 수 없는 것이 당연하다. 그러므로 실무상 주관적인 요소는 그리 큰 의미를 갖지 않다는 의견[21]도 제시되고 있다.

2. 기산점

소멸시효기간의 기산점은 독일 민법 제199조 제1항에 규정되어 있다. 일반소멸시효기간의 기산점은 청구권의 성립(제199조 제1항 제1문)과 채권자가 청구권을 발생시키는 사정 및 채무자의 신원을 알았거나 중대한 과실 없이 알았어야 했던 그 시점으로 보는 것이 아니라, 그러한 전제조건들이 충족되는 연도(年度) 말로부터 진행하게 된다.

3. 시효기간

1) 소멸시효의 원칙

2008년 1월 1일부터 새로운 계약은 원칙적으로 민법 제195조 이하의 규정에 따라 적용된다.[22] 민법 제195조에 따라 일반적인 소멸시효기간은 3년에 해당한다. 법률이 더 짧거나 더 장기의 소

---

21 Grote/Schneider, Das neue Versicherungsvertragsrecht, BB 2007, 2869 (2700).
22 Niederleithinger, A Rdn. 83; Deutsch, Das neue Versicherungsvertragsrecht, 6. Aufl., VVW, 2007, S. 128.

멸시효기간을 규정하고 있지 않거나 당사자가 기간을 연장하는 경우, 특히 기간을 단축하는 것을 합의하지 않는 한, 보험계약으로부터 나오는 모든 청구권은 일반적인 소멸시효원칙이 효력을 갖게 된다.

2) 소멸시효 최장기간의 제한

민법 제199조 제1항은 소멸시효가 개시되기 위한 주관적인 요소로서 채권자가 청구권을 발생시키는 사정에 대한 인식이나 중대한 과실로 인하여 알지 못한 것을 요구하고 있다. 하지만 채권자의 인식에 대한 시점이 대부분 정해지지 않고 있을 뿐만 아니라 특별한 상황에서 그러한 시점은 결코 개시되지도 않는 경우를 생각해 볼 수 있다. 그러므로 법적 안정성의 측면에서 채권자의 인식과 관계없이 경과하게 되는 부가적이면서 절대적인 최장기간이 정해져야 할 것이다. 독일 민법 제199조 제4항이 그것을 고려하고 있다. 손해배상청구권 이외의 청구권은 인식 또는 중대한 과실로 인한 인식하지 못한 것과 상관없이 그 성립 시로부터 10년의 소멸시효에 걸리거나(제199조 제3항 제1호), 그 성립 여부에 관계없이, 또한 인식 또는 중대한 과실로 인한 불인식에 관계없이 행위 시·의무위반 시·손해를 발생시키는 기타 사건의 발생 시부터 30년의 소멸시효에 걸리게 되는데(제199조 제3항 제2호). 이 중 먼저 완료되는 기간이 기준이 된다. 보험계약으로부터 발생하는 급부청구권에 대하여도 역시 동일한 효력을 발생하게 된다(민법 제199조 제4항).

4. 기간의 종료

독일 민법 제188조는 기간의 종료에 대하여 정하고 있다. 일(日)로 정해진 기간은 기간의 최종일의 경과로써 종료하게 된다(제188조 제1항). 주, 월 및 여러 개의 월을 합친 시간, 즉 년·반년(6개월의 기간)·6개월의 절반(3개월의 기간)으로 정해진 기간은, 제187조 제1항[23]의 경우에는 최종의 주 또는 최종의 월에서 그 명칭 또는 수(數)에 의하여 그 사건 또는 그 시점의 당일에 상응하는 날의 경과로써 종료하게 된다(제188조 제2항 전단). 제187조 제2항[24]의 경우에는 최종의 주

---

23 제187조(기간의 개시) ① 기간이 어떠한 사건의 발생으로 또는 하루의 어느 시점에 개시하는 것으로 정하여진 경우에는, 기간의 계산에 있어서 그 사건 또는 그 시점의 당일은 산입하지 않는다.

24 제187조(기간의 개시) ② 어느 날의 처음으로부터 기간이 개시되는 경우에는, 기간의 계산에 있어서 그날은 산입된다. 연령의 계산에 있어서 출생일에 대하여도 또한 동일하다.

또는 최종의 월에서 그 명칭 또는 수(數)에 의하여 그 사건 또는 그 시점의 당일에 상응하는 날의 전날의 경과로써 종료한다.

IV. 보험계약법상 소멸시효의 정지: 독일

1. 보험계약자의 신청

소멸시효의 정지를 규정하고 있는 민법에 대한 특별규정인 보험계약법 제15조는 개정 전 보험계약법 제12조 제2항과 비교하면 내용에 있어서 약간의 차이가 있다.[25] 소멸시효의 정지는 보험계약으로부터 발생하는 청구권이 신청되는 것에 달려 있다.[26] 신청은 손해통지를 통하여 묵시적으로 이행할 수 있는 청구권의 제기이다.[27] 손해통지는 보험계약자가 청구권을 행사할 것이라고 하는 것을 알 수 있도록 해야 한다. 보험계약자에 의하여 제기되는 청구권에 있어서, 청구권의 범위에 대한 구체적인 신고는 신청 시 반드시 필요한 것은 아니다.[28]

보험의 종류에 따라 보험계약자의 신청내용이 달라질 수 있다. 상해보험에서는 상해에 대한 순수한 통지만으로 충분하지 않다. 상해보험에서 대부분 다수의 급부사항이 계약적으로 보장(치료비용, 폐질보상)되기 때문에, 보험계약자는 어떠한 청구권을 주장할 것인가를 보험자에게 알려주어야만 한다. 자동차 책임보험에서는 피해를 당한 제3자가 보험자에 대하여 청구권을 행사하는 경우에, 그것은 충분한 것으로 볼 수 없다.[29] 보험계약자가 피해자에게 보험자의 주소와 보험번호를 고지한 경우에만 효력이 발생하게 된다.[30] 법률비용보험에서는 비용확정결의(Kostenfestsetzungsbeschluss)의 교부만으로 충분하다.[31] 또한 보험계약자가 충분한 신고를 하지 않은 경우에는, 청구권에 대한 효과적인 신청이 존재하지 않는 것[32]으로 보는 것이 타당하다.

....

25 Das gesetzliche Erfordernis der Schriftform ist durch das der Textform iSd § 126b BGB ersetzt worden.

26 OLG Hamm 2. 11. 1976-20 U 51/76, VersR 1977, 1155.

27 BGH 20. 1. 1955-II ZR 108/54, VersR 1955, 97; BGH 29. 9. 1960-II ZR 135/58, VersR 1960, 988 = NJW 1960, 2187.

28 BGH 25. 1. 1978-IV ZR 122/76, VersR 1978, 313.

29 OLG Köln 25. 4. 1985-5 U 171/84, r + s 1985, 235.

30 OLG Koblenz 27. 2. 1975-4 U 695/74, VersR 1975, 442; OLG Koblenz 11. 12. 1975-4 U 531/75, VersR 1976, 1080.

31 KG Berlin 24. 4. 1990-6 U 695/74, VersR 1975, 442; OLG Koblenz 11. 12. 1975-4 U 531/75, VersR 1976, 1080.

32 Vgl. etwa OLG Düsseldorf 13. 3. 1990-4 U 146/89, r + s 1991, 23.

2. 보험자의 결정과 소멸시효의 정지종료

1) 결정을 통한 정지종료

보험계약법 제15조는 보험자의 '결정'에 대하여 언급하고 있다. 보험자의 결정은 급부의무의 이유와 범위에 대한 명백하고도 최종적인 입장이다.[33] 이러한 결정은 보험자가 빠짐없이 그리고 철저하게 그 청구권을 설명하고자 하였다는 점을 보험계약자가 알 수 있도록 해야 한다.[34] 그러므로 보험자의 거절결정은 단지 정지를 종료하는 것일 뿐 아니라 정지를 허용하는 하나의 결정이기도 하다.[35]

2) 무응답을 통한 정지종료

보험계약자가 보험자의 질문에 대하여 대답을 하지 않을 경우에 정지가 종료되는가의 문제와 언제 종료되는가의 문제가 제기될 수 있다. 보험계약자가 보험자의 조사에 협력의무를 거절함으로써 정지의 경과를 신의 측에 위반하여 방해하는 경우에 정지의 종료가 고려된다. 이 경우 보험계약자가 타당한 행위를 했더라면 보험자가 본질적인 결정을 할 수 있었던 시기로 되돌아가 정지의 종료가 받아들여질 수 있다.[36] 보험자는 급부를 거절할 수 있게 되고, 보험자의 급부거절을 통하여 소멸시효가 개시된다.

3) 소구이익의 부존재로 인한 정지종료

보험계약자가 신청된 청구권을 분명하게 더 이상 소송을 제기할 수 없는 경우라면, 더 이상 보호의 필요성이 없다고 할 것이다.[37] 보험계약자가 협조를 하지 않는다는 것을 이유로 하여 보험자가 최종적으로 조사·산정(Regulierung)을 유보하는 경우에, 보험계약자의 이익은 이제 더 이상 보호가치를 갖지 못한다.[38] 이 경우 보험자를 통한 거절은 필요치 않는다. 청구권을 행사했음에도 불구하고 보험계약자가 필수적인 서류를 제출하지 않는 경우가 발생할 수 있다. 이 경

---

33 Looschelders/Pohlmann, Versicherungsveertragsesetz, Carl Heymanns Verlag, 2010, Rdn. 20 ff.

34 Vgl. OLG Düsseldorf 31. 3. 1998-4 U 78/97, VersR 1999, 873＝NVersZ 2000, 239.

35 BGH 30. 4. 1991-VI ZR 229/90, VersR 1991, 878＝NJW 1991, 1954.

36 Vgl. OLG Hamm 3. 11. 1976-20 U 51/76, VersR 1977, 1155.

37 BGH 14. 12. 1976-VI ZR 1/76, VersR 1977, 335.

38 OLG Celle 20. 10. 1994-8 U 164/93, VersR 1995, 1173.

우 보험자는 지금까지의 사실에 대한 설명(Sachvortrag)을 근거로 하여 손해사정을 결정할 수 있다는 점을 보험계약자에게 통보할 수 있다. 이러한 사항을 보험자가 통지하게 되면 소멸시효는 정지되지 않는다.[39]

3. 결정통보의 형식과 수령인

1) 형식

개정 전 보험계약법 제12조 제2항은 보험자의 결정을 서면으로 통보하도록 하고 있었다. 서면요구사항은 보험계약자 보호를 위하여 포기될 수 없는 사항이었다. 그러나 현 보험계약법 제15조는 서면을 유지하는 초안의 원칙적인 결정에 상응하면서, 텍스트 형식으로 수정하여 입법하게 되었다.

2) 수령인

원칙적으로 결정사항의 수령자는 보험계약자이다. 보험계약자가 청구권을 소지하고 있는 자에 해당하는 경우에만 결정사항의 수령자로서 효력이 있다. 제3자를 위한 보험의 경우와 같이 피보험자가 청구권을 가지고 있는 경우에 해당한다면, 보험자는 그 결정사항을 피보험자에게 교부해야 한다. 보험수익자나 진실한 채권자에 대하여도 동일함이 적용된다.[40]

4. 소멸시효의 정지에 대한 효력

1) 민법의 적용

민법 제209조[41]에 따라 소멸시효가 정지되는 기간은 소멸시효기간 안에 포함되지 않게 된다. 청구권의 제기 시 이미 소멸시효기간이 경과하게 되면, 보험계약자가 보험자의 효과적인 결정

---

39 OLG Düsseldorf 8. 3. 1999-4 U 175/98, VersR 2000, 756.

40 Vgl. Römer/Langheid/Römer, VVG, § 12 Rdn. 26.

41 민법 제209조(재판상 청구에 의한 시효중단) ① 소멸시효는 권리자가 청구권의 만족 또는 확인을 구하는 소송, 집행문의 부여나 집행판결의 선고를 구하는 소송을 제기한 때에는 중단된다. ② 다음 각 호의 사유는 소의 제기와 함께 동시된다. 1. 독촉절차에서의 독촉결정의 송달. 1의 a. 민사소송법 제794조 제1항 제1호에 정하여진 방법으로 제소 전 화해기관에 제소 전 화해를 신청함으로써 하는 청구권의 행사 2. 파산절차 또는 해상법상의 배당절차에서의 청구권의 신고 3. 소송에서의 청구권의 상계의 주장 4. 청구권(의 존부와 내용)이 그 결과에 달려 있는 소송에서의 소송고지 5. 집행행위의 착수 및 강제집행이 법원 또는 기타 관청의 관할에 속하는 경우에 강제집행의 신청.

을 수령할 때까지 소멸시효는 정지된다.[42] 하자가 있는 행위능력은 단지 소멸시효 경과를 정지한다. 소멸시효에 대한 개시나 기간은 수정되지 않는다.

2) 새로운 협의

보험자가 거절을 결정한 후에 양 당사자가 새로이 협의를 하는 경우에, 보험자가 진행되었던 결정이 어떠한 변화도 있어서는 안 된다는 점을 명시적으로 알려준 경우에만 단지 정지효력에 대하여 영향을 미치게 된다. 이러한 사례는 보험자가 그의 급부의무에 대한 물음을 다시 오픈한 것으로 간주하였고 새로이 결정하고자 하는 것을 고지한 경우에 해당된다.[43] 그러나 보험자가 급부의무의 문제를 새롭게 협의를 하는 경우에는 그러하지 아니하다. 새로운 협의는 협상대상에 대한 소멸시효의 정지에만 작용을 하게 된다.

예시

상해보험과 의료보험을 가지고 있는 보험계약자에게 보험사고가 발생되자 그는 청구권을 신청하였다. 보험자의 첫 번째 결정 후, 상해보험과 관련하여 양 당사자가 새로이 협의를 한다. 의료보험으로부터 발생하는 청구권은, 새로운 협의를 통하여 발생하는 소멸시효는 정지된다.[44]

---

3) 소송행위와 그 이외 행위

정지는 민법 제203조[45] 이하에 규정되어 있는 전제조건의 존재와 함께 발생하게 된다. 일부 소송의 경우에는, 소멸시효가 단지 소 제기당한 일부 청구권의 범위에서만 정지된다.[46] 유보하에 이행된 선급 지급 후 재청구를 제기한 보험자의 소송은 보상청구의 소멸시효가 정지되지 않는다.[47] 보험 옴부즈만에 대한 보험계약자의 항변은, 보험 옴부즈만 절차법 제12조 제1문에 따

---

42 Vgl. OLG Köln 17. 9. 1987-5 U 12/87, VersR 1987, 1210.

43 OLG Hamm 14. 7. 1993-20 U 6/93, VersR 1994, 465.

44 OLG Hamm 22. 11. 1991-20 U 145/91, VersR 1992, 729＝r＋s 1992, 146.

45 독일 민법 제203조(협의에서 시효정지) 채무자와 채권자 사이에 청구권 또는 청구권을 발생시키는 사정에 대한 협의가 진행 중인 때에는, 소멸시효는 일방 또는 타방이 협의의 계속을 거절할 때까지 정지한다. 소멸시효는 정지의 종료 후 적어도 3월이 경과하여야 완성한다.

46 BGH 2. 2. 1984-III ZR 13/83, VersR 1984, 390 (391).

47 OLG Köln 26. 10. 1989-5 U 55/89, VersR 1990, 373.

라 소멸시효를 정지하게 된다. 그러나 금융감독청(BaFin)에 하는 항변은 그러하지 아니하다.[48]

5. 상대적 강행규정

독일 보험계약법 제18조는 보험금청구권의 소멸시효가 정지된다고 하는 사항에 대하여 상대적 강행규정임을 규정하고 있다. 이는 보험계약자를 보호하고자 하는 규정임을 알 수 있다.[49] 그러므로 원칙상 보험자는 보험계약자를 불이익하게 하는 내용으로 보험약관을 변경해서는 아니 된다.

V. 우리나라 판례 분석과 개선방안

1. 민법상 소멸시효 기간

우리 민법에 따르면, 소멸시효는 권리를 행사할 수 있는 때로부터 시효기간이 개시된다(민법 제166조 제1항). 그리고 상법 제662조는 보험료청구권과 보험금청구권에 대한 특별히 민법과 달리, 보험료청구권에 대하여는 2년의 시효규정을 두고 있고 보험금청구권의 시효는 3년으로 하고 있다. 그러나 보다 중요한 의미를 갖는 것은 소멸시효에 대한 기산점이다. 보험금청구권 소멸시효 기산점에 대한 다툼이 실무에서 종종 발생한다.

2. 보험금청구권 소멸시효 기산점

1) 원칙: 보험사고 발생 시

대법원은 ˝보험금청구권은 보험사고가 발생하기 전에는 추상적인 권리에 지나지 아니할 뿐 보험사고의 발생으로 인하여 구체적인 권리로 확정되어 그 때부터 그 권리를 행사할 수 있게 되는 것이므로, 특별한 다른 사정이 없는 한 원칙적으로 보험금액청구권의 소멸시효는 보험사고가 발생한 때로부터 진행한다고 해석해야 할 것이고, 다만 보험사고가 발생한 것인지의 여부가 객관적으로 분명하지 아니하여 보험금청구권자가 과실 없이 보험사고의 발생을 알 수 없었던

48　AG Köln 30. 11. 1992-119 C 285/92, VersR 1993, 215.

49　Langheid/Wandt, Versicherungsvertragsgesetz, Verlag C.H.Beck, 2010, § 15 Rdn. 101.

경우에도 보험사고가 발생한 때로부터 보험금청구권의 소멸시효가 진행한다고 해석하는 것은, 보험금청구권자에게 너무 가혹하여 사회정의와 형평의 이념에 반할 뿐만 아니라 소멸시효 제도의 존재이유에 부합된다고 볼 수도 없으므로 이와 같이 객관적으로 보아 보험사고가 발생한 사실을 확인할 수 없는 사정이 있는 경우에는 보험금청구권자가 보험사고의 발생을 알았거나 알 수 있었던 때로부터 보험금액청구권의 소멸시효가 진행한다고 해석할 것이다."라고 판시한 바 있다.[50]

2) 예외: 보험금액청구권의 행사에 특별한 절차를 요구하는 때에는 그 절차를 마친 때, 또는 채권자가 그 책임 있는 사유로 그 절차를 마치지 못한 경우에는 그러한 절차를 마치는 데 소요되는 상당한 기간이 경과한 때

대법원은 "보험금액청구권의 소멸시효의 기산점은 특별한 사정이 없는 한 보험사고가 발생한 때라고 할 것이지만, 약관 등에 의하여 보험금액청구권의 행사에 특별한 절차를 요구하는 때에는 그 절차를 마친 때, 또는 채권자가 그 책임 있는 사유로 그 절차를 마치지 못한 경우에는 그러한 절차를 마치는 데 소요되는 상당한 기간이 경과한 때로부터 진행한다고 보아야 할 것이므로, 보험금액청구권의 소멸시효기산점을 판단함에 있어서는 그 보험사고가 무엇인지와 보험금액청구권을 행사하는 데 특별한 제한이 있는지를 확정하는 것이 중요한 전제가 된다고 할 것이다."라고 하면서, "이 사건 보험은 원심에서 인정한 바와 같이 그 보험금액의 확정 및 지급 절차가 마치 청산절차와 유사하게 진행되는 특수성이 있고, 그에 따라 채권자단이 위 운영규정에 따라 2회의 신문 공고를 하고 그 공고기간이 만료되어 채권신고가 마감됨으로써 보험금을 지급받을 채권자들 및 그 보험금액이 확정된다는 것이므로, 이 사건 보험금액청구권을 행사함에 특별한 정함이 있는 것으로서 그러한 보험금액 확정 절차가 마쳐지지 못하면 일응 보험금액청구권을 행사할 수 없고, 따라서 이 사건 보험금액청구권의 소멸시효는 앞서 본 법리에 따라 위 운영규정 소정의 절차를 마쳤거나, 채권자가 그 책임 있는 사유로 이를 마치지 못하였다면 운영규정에 정한 채권신고 마감절차를 거치는 데 필요하다고 볼 수 있는 시간이 경과한 때로부터 진행한다고 할 것이다. 그럼에도 불구하고, 이 사건 보험계약을 해석함에 있어서 참작하여야 할 여러 중요한 사정에 관한 심리를 다하지 아니한 채 소외 회사의 운임 채무가 확정된 위 대법원 판결시를 소멸시효 기산일로 본 나머지, 소외 회사가 언제 '도산 등'의 상태에 돌입하였다

50　대법원 2001. 4. 27. 선고 2000다31168 판결.

고 볼 것인지, 원고가 의사만 있었다면 위 운영규정에서 정한 채권신고 마감절차를 거칠 수 있었는지 여부에 관하여 심리하지 아니한 채 이 사건 보험금액청구권이 시효로 소멸되었다는 이유로 원고의 청구를 배척한 원심의 조치에는, 복합운송주선업 인·허가보증보험계약에 있어서 보험사고 및 소멸시효 기산점에 관한 법리를 오해하여 판결 결과에 영향을 미친 위법이 있다 할 것이다."라고 판시한 바 있다.[51]

3. 보험수익자의 보험금청구권 인지하지 못한 경우와 소멸시효

1) 사실관계

공무원인 C씨는 2009년 업무 스트레스로 우울증을 앓다 스스로 목숨을 끊었다. C씨는 사망 전인 1999년 3월과 2007년 3월 보험수익자를 배우자인 A씨로 지정하여 B사와 재해사망 특약이 포함된 보험계약 2건을 체결하였다. A씨는 2009년 12월 C씨가 사망하자 B사에 보험금을 청구했다. 보험사 B는 "보험계약에 따라 일반사망보험금은 지급할 수 있지만, 재해사망보험금은 지급할 수 없다"고 알려주었다. 한편, A씨는 2010년 공무원연금공단에 "과로와 스트레스로 C씨가 스스로 목숨을 끊었다"며 유족보상금 지급을 청구했지만 거부당해 소송을 제기했다. 법원으로부터 '공무상 질병'을 인정받아 2015년 최종 승소한 후, A씨는 다시 B사에 재해사망보험금 1억 5,000만 원의 보험금지급을 청구했다. 하지만 B사는 "약관상 C씨의 사망은 보험금을 지급하지 않는 보험사고인 데다 C씨가 사망한 지 2년이 지났기 때문에 보험금청구권이 소멸하였다"고 하면서 보험금지급을 거부하였다. A씨는 2016년 소송을 제기하였다.[52]

2) 대법원 판단

대법원은 업무 스트레스로 심한 우울증을 겪다 스스로 목숨을 끊은 경우에도 보험사는 재해사망보험금을 지급해야 한다고 판단하였다. 다만, 보험수익자가 이 같은 보험금청구권을 행사할 수 있음을 알지 못해 법률상 권리를 행사하지 못했더라도, 소멸시효는 진행되기 때문에 사고 발생 후 2년이 지났다면 보험금청구권을 행사할 수 없다고 판단했다.

---

51 대법원 2006. 1. 26. 선고 2004다19104 판결.
52 대법원 2021. 1. 14. 선고 2018다209713 판결.

3) 2017다281367 판결과의 비교

2017다281367 판결에서, 대법원은 "구 상법(2014. 3. 11. 법률 제12397호로 개정되기 전의 것) 제662조는 보험금청구권은 2년간 행사하지 아니하면 소멸시효가 완성한다고 규정하였다(위 상법 개정으로 보험금청구권의 소멸시효는 3년으로 변경되었다). 보험금청구권의 소멸시효는 특별한 다른 사정이 없는 한 원칙적으로 보험사고가 발생한 때부터 진행한다. 그렇지만 보험사고가 발생한 것인지 여부가 객관적으로 분명하지 아니하여 보험금청구권자가 과실 없이 보험사고의 발생을 알 수 없었던 경우에도 보험사고가 발생한 때부터 보험금청구권의 소멸시효가 진행한다고 해석하는 것은, 보험금청구권자에게 너무 가혹하여 사회정의와 형평의 이념에 반하고 소멸시효 제도의 존재이유에도 부합하지 않으므로, 이와 같이 객관적으로 보아 보험사고가 발생한 사실을 확인할 수 없는 사정이 있는 경우에는 보험금청구권자가 보험사고의 발생을 알았거나 알 수 있었던 때부터 보험금청구권의 소멸시효가 진행한다."고 판시하였다. 동 판결은 2018다209713 판결과 그 맥을 연결하고 있는 모습인데, 2017다281367 판결에서 대법원은 재해사망보험금청구권의 소멸시효 기산점은 원칙적으로 사망 시이고, 예외적인 사정이 인정되는 경우에는 보험금청구권자가 보험사고의 발생을 알았거나 알 수 있었던 때로 보아야 한다고 본다. 2017다281367 판결의 경우 대법원은 우울증으로 인한 자살이 자유로운 의사결정을 할 수 없었던 상태에서의 자살인지 여부, 망인의 보험이 단체보험이어서 보험금청구권자가 그 정확한 내용을 파악하기 어려운 사정 등은 인정되나 그 정도만으로는 위와 같은 예외적인 사정에 해당한다고까지 보기는 어렵다고 보아, 소멸시효 완성을 이유로 원고의 보험금청구를 기각한 원심 판단의 결론이 타당하다고 판단하여 상고를 기각한 바, 보험수익자가 보험금청구권 소멸시효 기간이 도과되기 전에 자신의 청구권을 적극적으로 행사해야 한다는 메시지를 전달하고 있다.

4) 2021다271947 판결

원고 보험회사와 보험계약자 겸 피보험자인 망인이 2009. 1. 21. 체결한 보험계약의 보험수익자인 피고가 망인이 2013. 3. 2. 사망한 보험사고와 관련하여 2013. 3. 11. 원고 회사에 사망보험금 청구를 하였으나(1차 보험금 청구) 원고 회사가 질병사망 보험금만을 지급하였고, 그 후 2019. 5. 15. 피고가 일반상해사망 보험금이 지급되었어야 한다고 주장하면서 다시 보험금 청구를 하자(2차 보험금 청구) 원고 회사가 소멸시효 완성을 이유로 일반상해사망보험금 지급채무 부존재확인을 구하였다. 본건 사안에서 원심은 피고가 소멸시효 기간 내에 1차 보험금 청구를 하였다는 사정을 들어 원고 회사의 소멸시효 완성 주장을 배척하였다. 그러나 대법원은 피고가 원고 회사에게 제1차 보험금청구를 한 것은 시효중단 사유로서의 최고에 해당하고, 이에 대하여 원고 회사가 피고에게 질병사망 보험금만을 지급한 것은 일반상해사망 보험금에 관한 지급거절 의사를 밝힌 것으로 평가할 수 있어 보일 뿐이며, 그 외에 원고 회사가 피고의 위 최고에 대하여 그 이행의 유예를 구하였다고 볼 사정이나, 피고가 위 최고 후 또는 질병사망 보험금을 지급받은 때로부터 6월 내에 민법 제174조 소정의 재판상의 청구, 파산절차참가, 압류 또는 가압류 등의 시효중단 조치를 취하였다는 사정이 없었음을 이유로 원고 회사의 소멸시효 완성 주장을 배척한 원심판결에는 법리오해 등의 잘못이 있다고 판시하였다.[53]

본건 사안에서 피고가 원고 회사에게 제1차 보험금청구를 한 것은 시효중단 사유로서의 최고에 해당하는데, 원고 회사가 피고에게 질병사망 보험금만 지급하고 일반상해사망 보험금의 지급을 거절한 것을 두고 원고 회사가 피고의 위 최고에 대하여 그 이행의 유예를 구하였다고 볼 수는 없다고 할 것이다. 따라서 피고가 위 최고 후 또는 질병사망 보험금을 지급받은 때로부터 6월 내에 재판상의 청구, 파산절차참가, 압류 또는 가압류 등의 시효중단 조치를 취하였다는 사정이 존재하지 않는 상황에서, 대법원이 타당하게 판단하고 있는 바와 같이, 피고의 제2차 보험금청구는 이미 소멸시효가 완성되었다고 보아야 할 것이다.

4. 개정논의

자살로 인한 보험사고는 보험금청구권 소멸시효의 문제와 밀접한 연관을 가지고 있다. 소멸시효 기간 자체는 민법상 소멸시효 제도라는 큰 틀에서 함께 논의하는 것이 타당하다고 할 수 있겠지만, 보험금청구권의 특수성을 고려하여 소멸시효의 중단이나 정지 사유를 별도 마련해야 할 필요성이 제기되었다.[54] 다양한 입법안이 제시되었다.

1) 보험금청구권 소멸시효 중단사유 추가 방안

2016년 7월 12일 발의된 보험업법에 대한 개정발의(안)이다. 이 법안의 특징은 보험계약자 측의 보험금지급청구를 보험금청구권 소멸시효 중단사유로 추가하는 방안으로 보험업법 제103

---

53 대법원 2022. 1. 27. 선고 2021다271947 판결.

54 박은경, "보험금청구권 소멸시효제도 개선을 위한 상법 개정안 연구", 2017년 한국금융법학회 특별 학술대회, 2017년 9월 8일, 생명보험교육문화센터 3층 대회의실, 53면 이하.

조의2(시효의 중단)를 신설하는 내용을 제시한다.

보험업법 현행	보험업법 개정안
없음	제103조의2(시효의 중단) ① 보험계약자, 피보험자 또는 보험금을 취득할 자의 보험금 지급 청구는 보험금청구권 소멸시효 중단의 효력을 가진다. ② 제1항에 따라 중단된 소멸시효는 보험금 지급 여부에 대한 회신이 있을 때부터 새로 진행한다.

2) 금융감독원 분조위 조정신청과 보험금청구권 소멸시효 중단사유 추가 방안

2016년 7월 21일 보험자의 책임 있는 사유로 보험금의 전부 또는 일부를 지급받지 못한 경우 금융분쟁조정위원회에 분쟁조정 신청을 한 경우 보험금청구권 소멸시효 중단사유로 하는 방안이 제시되었다. 즉, 현 상법 제662조의 본문을 1항으로 하고, 제2항과 제3항을 신설하는 내용이다.

현행	개정안
상법 제662조(소멸시효) 보험금청구권은 3년간, 보험료 또는 적립금의 반환청구권은 3년간, 보험료청구권은 2년간 행사하지 아니하면 시효의 완성으로 소멸한다.	상법 제662조(소멸시효) ① 보험금청구권은 3년간, 보험료 또는 적립금의 반환청구권은 3년간, 보험료청구권은 2년간 행사하지 아니하면 시효의 완성으로 소멸한다. ② 제1항에 따른 보험금청구권의 소멸시효는 다음 각 호의 어느 하나의 사유로 인하여 중단된다. 1. 보험자의 책임 있는 사유로 보험금의 전부 또는 일부를 지급받지 못한 경우 2. 「금융위원회의 설치 등에 관한 법률」 제51조에 따른 금융분쟁조정위원회에 분쟁조정 신청을 한 경우 ③ 제2항 제1호에 따라 중단된 보험금청구권의 소멸시효는 보험금청구권자가 지급받지 못한 보험금의 청구가 가능함을 알았거나 알 수 있었던 때로부터 새로 진행한다.

3) 보험금청구권 소멸시효기간 5년으로 연장 방안

2017년 1월 16일 상법 제662조에 규정되어 있는 3년의 보험금청구권의 소멸시효기간을 5년으로 연장하고, 단서조항을 신설하여 보험업법 제95조의2에서 규정하고 있는 바와 같이, 보험자가 설명의무 및 설명확인 절차를 간과한 경우에는 보험금청구권의 소멸시효가 걸리지 않도록 하는 방안이 제시되었다.

4) 소멸시효 연장과 보험금청구권 기산점의 명확화 방안

2017년 2월 2일 두 가지의 변경을 핵심으로 하는 방안으로 첫째, 보험금청구권 소멸시효 기간을 현재의 3년에서 5년으로 연장하여 보험금청구권자의 이익을 보다 더 고려하고자 하는 내용과 둘째, 보험금청구권의 기산점을 명확히 하고자 하는 방안, 즉 보험금청구권의 소멸시효의 기산점을 보험계약자 측의 청구권이 발생하였음을 알았거나 중대한 과실이 없었다면 알 수 있었던 때로 규정하고자 하였다.

5. 주요국의 경우

일본과 독일 등의 보험계약 관련 법률을 고찰함으로써, 우리 상법 개정안의 내용에 대한 의미를 파악해 볼 수 있다.

1) 일본

일본 보험법은 보험금청구권, 보험료반환청구권, 보험료적립금반환청구권의 소멸시효기간을 3년으로 하고, 보험료청구권의 소멸시효기간을 1년으로 규정하고 있다(보험법 제95조 제1항, 제2항).[55] 일본의 경우 손해보험과 생명보험을 구분하여 전자에 대하여는 2년으로, 후자에 대하여는 3년으로 정하고 있었으나, 현 보험법은 그 차이를 인정하고 있지 않은 모습이다.

2) 독일

독일 보험계약법 제15조는 보험금청구권 소멸시효의 정지(중단)에 관한 규정을 두고 있다.[56] 즉, 보험계약자로부터 발생하는 청구권이 보험자에게 신청된 경우에, 소멸시효는 보험자의 지

---

55 김선정, "일본의 보험법개정과 시사점 — 총론과 공통규정을 중심으로 — ", 상사법연구, 제28권 제4호, 한국상사법학회, 2010, 38면.

56 유주선, "보험금청구권의 소멸시효와 시효기간의 정지 — 독일 보험계약법을 중심으로 — ", 경영법률, 제21집 제4호, 한국경영법률학회, 2011, 486면 이하.

급결정의 결정이 보험금청구권자에게 문서형식으로 도달할 때까지 정지(중단)된다는 내용이다. 보험금청구권자가 보험금을 청구했음에도 불구하고 보험자에 의한 보험금지급결정이 되지 않은 상태에서 소멸시효의 기간이 경과하게 되는 경우에는 보험계약자의 불이익이 발생할 수 있다는 점을 고려한 것이다.

3) 프랑스

프랑스는 원칙적으로 보험금청구권의 소멸시효를 2년으로 한다. 그러나 생명보험계약 가운데 보험계약자와 보험수익자가 다른 경우에는 2년이 아니라, 소멸시효기간을 10년으로 연장하고 있다(보험계약법 제114-1).[57]

4) 유럽보험계약법

2002년 유럽보험계약법 준칙에 따르면 보험자의 지급보험금액 결정한 때 또는 결정하였을 것으로 보는 때로부터 3년, 보험사고 발생 후 최장 10년을 넘지 못한다는 규정을 두고 있다(동 준칙 제7-102조).[58] 또한 생명보험계약의 경우에는 소멸시효기간을 30년으로 연장하고 있는 모습이다.

5) 중국

중국은 보험사고의 발생을 알았거나 알 수 있었던 날로부터 일반보험은 2년, 생명보험은 5년으로 규정하고 있다. 생명보험의 영역에서 이와 같이 장기간의 둔 이유는 보험계약자나 피보험자가 보험수익자와 다른 경우가 많아 보험사고의 발생을 보험수익자가 즉시 알 수 없는 경우가 있다는 점을 고려한 것이다.[59]

---

57 정진세 · 김성태 역, 프랑스보험계약법, 법무부, 2016, 61면.
58 한창희, 보험법, 제3판, 국민대학교 출판부, 2017, 274면 이하.
59 박은경, "보험금청구권 소멸시효제도 개선을 위한 상법 개정안 연구", 2017년 한국금융법학회 특별 학술대회, 2017년 9월 8일, 생명보험교육문화센터 3층 대회의실, 60면.

6) 검토 및 평가

발의된 입법안과 주요국의 입법례를 보면, 각국마다 보험금청구권의 소멸시효를 다양하게 규정하고 있다는 점이 발견된다. 일본은 우리나라와 유사한 체계를 가지고 있다. 다만, 보험료청구권 소멸시효기간에 1년의 차이가 있을 뿐이다. 독일의 경우는 소멸시효에 대한 사항은 민법을 통하여 적용하도록 하는 방식을 취하면서, 보험금청구권이 정지(중단)될 수 있는 사정을 고려하여 보험계약자의 불이익이 발생하지 않도록 하는 모습이다. 위의 국가들은 일반보험과 생명보험에 대한 구분을 하지 않고 통일적으로 규정하고 있다.

반면, 프랑스의 경우는 생명보험계약에서 보험계약자와 보험수익자가 차이가 있는 타인을 위한 보험계약은 10년으로 대폭 연장하고 있는 모습이며, 유럽보험계약법 준칙은 보다 더 연장되어 30년으로 하고 있다. 중국 보험법 역시 일반보험과 생명보험을 구분하여 보험금청구권의 소멸시효를 달리 정하고 있다. 이는 생명보험계약에서 보험계약자와 보험수익자가 다른 경우에, 보다 더 보험수익자의 권리를 보호하고자 하는 면이 있다.

각국의 입법례를 보면 그 국가의 사정에 따라 보험금청구권의 소멸시효기간을 달리 정하고 있다. 그런 점에서 본다면, 우리 상법 제662조가 보험금청구권 소멸시효를 3년으로 한 것은 큰 문제가 없다고 생각한다. 생명보험과 손해보험의 영역을 구분하여 소멸시효기간을 정해야 한다는 주장이 있는데, 이러한 주장이 타당한 것인가에 대하여는 의문이 있다. 손해보험이든 생명보험이든 보험사고가 발생하고, 발생한 후 일정한 기간 내에 보험금을 청구할 수 있도록 하는 일정한 기간을 정함에 있어서, 차이를 두는 점은 설득력이 떨어진다. 오히려 보험금 지급을 청구할 수 있는 자가 그 청구권이 있음을 인지할 수 있도록 하는 방안 마련이 중요하다고 하겠다.

6. 소결

1) 기산점

독일은 소멸시효의 기산점을 독일 민법에 준용함으로써 소멸시효에 대한 복잡하고 시대에 뒤떨어진 부분을 개정하여 현실성을 갖추는 동시에 통일성을 기하고자 하였다. 우리 상법 제662조는 보험금청구권에 대하여 기산점을 어떻게 할 것인가에 대하여 명확하게 규정하고 있지 않다. 보험금청구권에 관한 시효의 기간을 2년에서 3년으로 하는 것도 중요한 사항이 될 수 있겠지만, 오히려 소멸시효의 기산점을 상법 보험편에 보다 명백하게 규정하는 것이 타당할 것이다.

2) 주관적인 요건의 명문화

독일 보험계약법은 개정 전과 달리 소멸시효의 기간개시가 객관적인 요건 이외에도 주관적 요건이 요구된다. 즉 보험금청구권의 소멸시효가 개시되기 위해서는 보험자에 의하여 채권자가 보험금청구권의 근거사실을 알았거나 중대한 과실로 인하여 알지 못했어야 한다(민법 제199조 제1항). 일반적으로 보험사고가 발생하면 보험금청구권자가 보험자에게 보험금을 청구한다는 점에서, 보험금청구권자의 주관적 요건은 당연하다고 볼 수도 있지만 그러한 인식 없는 상황이 발생할 소지도 존재한다. 그럼에도 불구하고 민법 제199조 제4조에 따라, 보험금청구권에 대한 소멸시효에 대하여는 10년의 최장기간을 갖게 된다.

우리 대법원은 보험금청구권의 시효기간의 개시와 관련하여 원칙적으로 보험사고설을 취하고 있으나, 예외적으로 보험사고의 발생 여부가 객관적으로 분명하지 아니한 경우에는 보험가입자가 보험사고의 발생을 알았거나 알 수 있었던 때로부터 진행한다고 한다.[60] 이는 우리 대법원이 원칙적으로 보험사고설을 취하면서 때때로 보험소비자를 보호하기 위하여 예외적으로 판단하고 있다고 하겠다. 하지만 이러한 대법원의 판단은 법적 불안정을 야기할 수 있는 소지가 있다. 우리의 보험금청구권에 대한 소멸시효와 관련하여, 객관적인 요건 이외에 주관적인 요건으로 채권자로서 보험계약자 측의 인식을 명문으로 규정하는 것이 타당한 면이 있고, 소멸시효가 정지되는 사항을 명확하게 명문화하여 보험계약자의 이익을 고려하는 방안이 마련되어야 할 것이다.

3) 보험자 결정의 도달

보험사고가 발생하면 보험계약자 측은 보험자에게 보험금을 신청하거나 청구하게 된다. 이 경우 보험금청구권과 동시에 보험금청구권에 대한 시효가 기산되는 것으로 해석될 수 있다. 그러나 보다 중요한 사항은 보험금청구에 대한 보험자의 결정과 그 결정이 보험금청구권자에게 도달되어야 한다는 점이다. 그러므로 소멸시효가 개시되기 위해서는 보험자의 결정이 보험계약자에게 도달되어야 하고, 그 도달에 대한 증명은 보험자가 부담하도록 하는 내용이 명시적으로 규정하는 것이 합리적인 방안이라 하겠다.

---

[60] 대법원 판례는 보험사고발생시점 이외에도 보험가입자의 객관적 인식가능성이라는 기준을 병행하여 보험금청구권의 소멸시효기산점을 정하고 있다(대법원 1993. 7. 13. 선고 92다39822 판결; 대법원 2002. 9. 6. 선고 2002다30206 판결; 대법원 2006. 1. 26. 선고 2004다19104 판결 등).

제3편
손해보험 일반적인 영역

제22장

손해보험의 기초

I. 손해보험의 의의

보험계약자가 약정한 보험료를 지급하고 피보험자의 재산에 불확실한 사고가 발생하여 재산상 손해가 생기면 보험자가 이를 보상하는 보험이 손해보험이다. 손해보험계약 당사자 일방이 약정한 보험료를 지급하고 재산에 불확정한 사고가 발생할 경우에 상대방이 일정한 보험금이나 그 밖의 급여를 지급할 것을 약정한다(상법 제638조). 손해보험계약 역시 인보험계약과 마찬가지로 보험계약자와 보험자 사이의 청약과 승낙의 의사표시를 통한 낙성계약에 해당한다. 위험을 인수한 손해보험자는 보험사고로 인하여 생길 피보험자 재산상의 손해를 보상할 책임이 발생하게 된다(상법 제665조).

II. 손해보험의 특색

인보험이 사람의 생명이나 신체를 대상으로 한다는 점과 달리, 손해보험은 보험목적이 재산이라는 점이 첫 번째로 들 수 있는 특색이다. 보상하는 방식이 비정액이라는 점도 유의할 필요가 있다. 즉, 손해액을 기준으로 보상하기 때문에 정해진 금액을 지급하는 것이 아니라 비정액보상의 방식을 띠고 있다. 하지만 비정액보험이라고 해서 반드시 물(物)보험이어야 함을 의미하는 것은 아니다. 상해보험이나 질병보험은 인보험 영역이기는 하지만 보상방식에 손해액을 기준으로 지급이 결정되기 때문에 비정액방식에 해당한다.

III. 이득금지의 원칙과 예외

1. 원칙

이득금지의 원칙은 손해보험에서 중요한 징표로 제시된다. 실손보상의 원칙이라고 하는 이 득금지의 원칙은 피보험자가 손해의 전보를 넘어서 이득을 얻을 수 없다는 원칙을 의미한다.[1] 손해의 보상을 목적으로 하고 있는 손해보험의 경우, 피보험자는 손해보험에 의해 본인이 입은 손해를 보상받기는 하지만 손해 이상의 것을 받아서는 아니될 것이다. 보험가입을 이유로 피보 험자가 사고발생 직전의 경제상태보다도 좋은 혜택을 얻게 된다면, 오히려 보험사고를 야기하 는 경우도 발생할 수 있다. 이 점을 고려하여 손해보험은 이득금지의 원칙을 적용하고 있다.

상법에서 이득금지의 원칙이 발현되는 모습은 다음과 같다.

첫째, 손해보험자는 피보험자의 재산상 손해를 보상할 책임을 부담한다(제665조).

둘째, 피보험이익에서 등장하고 있는데, 피보험자가 보험목적에 대해서 이익이 없으면 해당 계약은 무효이다.

셋째, 보험가액과 관련된 사항이다. 보험가액은 피보험이익을 금전으로 평가한 금액이고, 이것을 초과하는 보상은 허용되지 않도록 하고 있다. 그러므로 보험금액이 보험가액을 초과할 경우, 보상액은 보험가액을 초과할 수 없도록 하고 있다(제669조, 제672조).

넷째, 보험가액과 및 손해액 산정과 관련된 사항이다. 보험가액은 사고발생의 시점을 기준 으로 산정하고(제671조), 손해액은 손해발생의 시점과 장소의 가액에 의해서 산정한다(제676 조 제1항). 대법원도 이 점을 명시적으로 밝히고 있다. 즉, 피보험자의 보상액은 사고발생 시를 기준으로 하게 되므로, 피보험자가 손해를 초과하는 이익을 얻을 수는 없다고 할 것이다. 다만, 기평가보험은 예외이다.

----

1   한기정, 보험법, 제3판, 박영사, 2021, 409-450면.

> **대법원 2002. 3. 26. 선고 2001다6312 판결**
> 원래 손해보험에 있어서 보험자가 보상할 손해액은 그 손해가 발생한 때와 곳의 가액에 의하여 산정하는 것이 원칙이지만(상법 제676조 제1항 본문), 사고발생 후 보험가액을 산정함에 있어서는 목적물의 멸실 훼손으로 인하여 곤란한 점이 있고 이로 인하여 분쟁이 일어날 소지가 많기 때문에 이러한 분쟁을 사전에 방지하고 보험가액의 입증을 용이하게 하기 위하여 보험계약체결 시에 당사자 사이에 보험가액을 미리 협정하여 두는 기평가보험제도가 인정되는바, 이하 중략.

다섯째, 상법은 보험금을 지급한 보험자는 피보험자가 보험목적 또는 제3자에 대하여 갖는 권리를 대위하여 취득하도록 하고 있다(제681조, 제682조). 이러한 보험자대위에 의해서 피보험자의 권리는 보험자에게 이전하게 된다.

2. 예외

이득금지원칙의 예외로서 기평가보험과 보험가액 불변경주의를 들 수 있다.

상법 제670조는 기평가보험을 규정하면서, 당사자간에 보험가액을 정한 때에는 그 가액은 사고발생 시의 가액으로 정한 것으로 추정한다고 하고 있다. 다만, 그 가액이 사고발생 시의 가액을 현저하게 초과할 때에는 사고발생 시의 가액을 보험가액으로 한다. 결국, 보험계약의 당사자는 보험가액을 약정한 경우 그것이 사고발생 시 가액을 현저하게 초과한 경우가 아니라면 그 효력은 인정됨을 의미한다.

상법 제689조는 운송보험의 보험가액에 관한 내용을 규정하고 있다. 제1항은 운송물의 보험에 있어서는 발송한 때와 곳의 가액과 도착지까지의 운임 기타의 비용을 보험가액으로 하고, 제2항은 운송물의 도착으로 인하여 얻을 이익은 약정이 있는 때에 한하여 보험가액 중에 산입하도록 하고 있다. 보험가액 불변경주의를 의미한다. 다만, 이 가액은 사고가 발생한 시점의 가액과 차이가 날 수가 있는데, 선박보험(제696조 제1항)과 적하보험(제697조)이 그러하다.

상법 제676조는 보험계약의 당사자가 신가보험을 약정하면 신품가액에 의하여 손해액을 약정할 수 있는 신가보험을 규정하고 있다. 보험계약당사자의 약정을 통하여 신품가액을 통한 손해액을 약정할 수 있음을 알 수 있다.

이득금지원칙의 예외를 인정하는 이유는 손해보상을 관철시키는 데 있어 발생하는 문제점을 해소하고자 하는 정책적인 측면이 있다. 즉, 초과이득을 제공하는 것을 주된 목적으로 하는 것이 아니라, 보험이 갖는 효용을 높이고자 하는 것에 주된 목적이 있다고 하겠다.

IV. 보험가액과 보험금액

1. 보험금액

일반적으로 보험자가 지급하는 보험금액은 대수의 법칙에 따라 산정된 보험료에 대한 반대 급부로서 이행된다. 여기서 우리는 보험금액과 보험가액을 이해할 필요가 있다.[2] 보험계약의 당사자가 약정에 의하여 정한 보험자의 급부의무의 최고한도를 보험금액이라고 한다면, 보험 가액은 피보험이익을 금전으로 평가한 가액을 의미한다. 보험금액은 손해보험이나 인보험에 서 모두 인정되는 개념이지만, 보험가액은 손해보험 가운데 물건보험에 적용되는 개념이다. 손 해보험계약은 그 성질상 피보험자가 어떤 이득을 받는 것이 아니라 손실을 보상받는 측면, 즉 손실보상계약에 해당한다. 물건보험에서 있어서 보험자는 보험가액 이상으로 보험계약자에 게 손해보상을 하지 아니한다. 결국 피보험자의 보험사고로 인하여 그가 입은 손해액은 보험가 액에 의하여 최고의 한도가 정해지고, 보험자의 손실보상액은 보험금액에 의하여 그 범위가 제 한된다. 손해보험계약에서 보험자의 보상책임은 법률상 최고한도가 보험가액이라고 한다면, 계약상 최고한도는 보험금액에 해당한다.

2. 피보험이익

1) 개념

이득금지의 원칙은 피보험이익과도 연관이 있는데, 피보험이익이라 함은 손해보험계약에 서 피보험자가 보험의 목적에 대해 갖는 경제적 이익을 의미한다. 이는 손해보험계약의 필수 요소로서, 보험사고 발생 시 피보험자가 입는 손해를 보상하는 기준이 된다. 보험에 가입한 자 가 보험의 목적에 대하여 아무런 경제적 이익이 없음에도 불구하고 보험사고 발생 시 보험금을 지급받는 것은 이득금지의 원칙에 반하게 되고, 경제적 이익이 있다고 할지라도 이를 초과하여 보험금을 지급하는 경우에도 이득금지의 원칙에 반하게 된다.

---

2   보험가액과 보험금액에 대한 개념은 독일법이나 우리법 모두 마찬가지이다. 자세히는 양승규, 보험법, 제5판, 삼 지원, 2004, 204면.

2) 이익설과 관계설

피보험이익을 설명하는 입장으로 이익설과 관계설이 있다. 전자에 따른 피보험이익의 개념은 피보험자가 손해가 발생할 수 있는 보험목적에 대해 갖는 경제적 이익을 의미하고,[3] 후자에 따른 피보험이익 개념은 보험목적에 대해서 보험사고가 발생하여 피보험자가 손해를 입게 되는 경우 피보험자와 보험목적과의 경제적 이해관계를 의미하게 된다.[4]

3) 상법상 피보험이익

상법 제668조, 제672조 등에서 피보험이익의 개념을 이해할 수 있다. 제668조는 '보험계약의 목적'이라는 제목으로, "보험계약은 금전으로 산정할 수 있는 이익에 한하여 보험계약의 목적으로 할 수 있다."고 규정하고 있다. 이는 이익설에 입각한 피보험이익을 엿볼 수 있다. 한편 제668조나 제672조는 피보험이익이라는 용어 대신에 '보험계약의 목적'이라는 용어를 사용하고 있는데, 이는 보험사고의 객체를 의미하는 보험목적과는 차이가 있다.

4) 기능

피보험이익의 개념은 이득금지의 원칙과 밀접한 연관을 맺고 있다. 손해는 이익이 있음을 전제조건으로 하고, 보험의 본질상 손해의 범위에서만 그 이익이 발생하는 것을 상정한다. 이런 측면에서 실손보상의 전제로 피보험이익을 요구하게 된다.

이득금지의 원칙은 보험의 도박화와 인위적 사고 예방에 기여하게 되고, 피보험이익 역시 동일한 효과의 목적을 가지고 있다고 하겠다.

3. 보험가액

보험가액은 보험사고 발생 시 피보험자가 입게 되는 손해액의 최고한도액에 해당하는 것으로서 보상받을 수 있는 최고한도액을 의미한다. 달리 표현하면, 보험가액은 피보험이익의 금전적 평가액으로서 보험사고 발생 시 보험자가 지급할 수 있는 최대 금액을 나타낸다. 이는 보험

---

3   최기원, 보험법, 제3판, 박영사, 2002, 281면.
4   양승규, 보험법, 제5판, 삼지원, 2004, 195면; 이기수 · 최병규 · 김인현, 보험 · 해상법(상법강의 IV), 제9판, 박영사, 2015, 183면.

계약 체결 시 보험자와 보험계약자가 협정하여 결정할 수 있으며, 이를 기평가보험이라고 한다. 보험가액은 보험계약당사자가 임의로 협의하여 결정한 금액으로 객관적으로 결정할 수 없을 때 사용된다.

보험금액은 보험계약 체결 시 보험자와 보험계약자가 합의한 금액으로서, 보험사고 발생 시 지급할 금액의 최고한도를 의미한다. 보험가액과 보험금액의 차이는 보험의 형태를 결정하는 중요한 요소에 해당하는데, 예를 들면, 보험가액이 보험가입금액보다 높은 경우 일부보험이 되어 손해액의 비율만큼만 보상되며, 보험가입금액이 보험가액보다 높은 경우 초과보험 또는 중복보험이 되어 보험가액까지만 손해액을 보상받게 된다. 따라서 보험 가입 시 보험가액과 보험금액을 명확히 이해하고, 자신의 자산 가치를 정확히 반영하여 적절한 보험가입금액을 설정하는 것이 중요하다. 이를 통해 보험금 지급 시 손해를 최소화하고, 재정적 안정을 유지할 수 있다.

제23장
보험계약법상 초과보험

I. 의 의

보험가액과 보험금액은 양자가 일치하는 경우도 있고 상이한 경우도 있다. 보험가액과 보험금액이 일치하는 경우를 전부보험이라고 한다면, 보험금액이 보험가액에 미달하는 경우가 일부보험이며, 보험금액이 보험가액을 초과하는 경우가 초과보험이다. 한편, 동일한 내용의 복수의 보험계약들을 복수의 보험자와 체결한 경우에, 그 보험금액들의 합계가 보험가액을 초과하는 경우가 중복보험이다. 초과보험은 보험가액을 전제로 하는 손해보험의 영역에서 등장하고, 이러한 초과보험의 해당 여부는 원칙적으로 보험계약 체결 시의 보험가액이 기준이 된다. 초과보험은 보험계약자의 의도에 의하여 발생하는 경우도 있고, 경제상황에 따른 변화로 인하여 보험가액이 변동됨으로써 초과보험이 발생하기도 한다.

실손 보상을 원칙으로 손해보험에서 보험계약자가 고액의 보험금액을 수령하고자 하는 인위적인 보험사고를 야기할 수 있다. 이러한 요구에 의하여 보험계약법은 초과보험에 대한 일정한 규제를 하게 되었다. 보험금액이 보험계약의 목적의 가액을 초과한 초과보험에 대하여 의용상법은 그 초과한 부분을 무효로 하고 있었다(의용상법 제631조). 그러나 제정 상법에서는 가급적이면 계약당사자의 의사를 중시하기 위하여 법률상 당연히 무효로 하지 않고, 이때에는 보험자나 보험계약자는 보험료와 보험금액의 감액을 청구할 수 있도록 하였다. 초과보험에 대한 법적 검토를 하기 위해서는 보험가액과 보험금액의 개념파악이 우선해야 한다. 보험자가 보상해야 할 법률상의 최고한도액이 보험가액이라고 한다면, 당사자가 정한 보험자가 보상책임의 약정최고한도액이 보험금액이다. 보험금액은 보험가액 한도에서 당사자가 자유롭게 정할 수 있지만, 보험가액 이상으로 정하는 것은 보험계약법이 인정하지 않고 있다. 보험가액과 보험금액은 상호 일치할 수도 있지만, 일치하지 않을 수도 있다. 후자의 경우에 발생하는 문제가 바로 초과보험, 중복보험 그리고 일부보험이다.

II. 독일 보험계약법 제74조에 대한 개관

1. 입법 변화

초과보험에 대한 변화

구분	독문	국문
구 독일 보험계약법 제51조	(1) Ergibt sich, dass die Versicherungssumme den Wert des versicherten Interesses (Versicherungswert) erheblich übersteigt, so kann sowohl der Versicherer als auch der Versicherungsnehmer verlangen, dass zur Beseitigung der Überversicherung die Versicherungssumme, unter verhältnismäßiger Minderung der Prämie mit sofortiger Wirkung, herabgesetzt wird. (2) Ist die Überversicherung durch ein Kriegsereignis oder durch eine behördliche Maßnahme aus Anlaß eines Krieges verursacht oder ist sie die unvermeidliche Folge eines Krieges, so kann der Versicherungsnehmer das Verlangen nach Absatz 1 mit Wirkung vom Eintritt der Überversicherng abstellen. (3) Schliesst der Versicherungsnehmer den Vertrag in der Absicht, sich aus der Überversicherung einen rechtswidrigen Vermögensvorteil zu verschaffen, so ist der Vertrag nichtig; dem Versicherer gebührt, sofern er nicht bei der Schließung des Vertrags von der Nichtigkeit Kenntnis hatte, die Prämie bis zum Schluß der Versicherungsperiode, in welcher er diese Kenntnis erlagnt.	(1) 보험금액이 피보험이익의 가액(보험가액)을 현저하게 초과하는 경우에는, 보험계약자와 보험자는 초과보험의 배제를 위하여 보험료의 감액되는 비율에 따라 보험금액이 감액할 것을 요구할 수 있다. (2) 초과보험이 전쟁발생이나 전쟁으로 인한 관청의 조치로 발생하거나, 또는 초과보험이 불가피한 전쟁으로 인한 결과인 경우에는, 보험계약자는 초과보험의 발생효력을 가지고 제1항에 따른 요구사항을 배제할 수 있다. (3) 보험계약자가 초과보험에 의하여 불법적인 재산상의 이익을 꾀할 의도로 계약을 체결한 경우라면 그 계약은 무효이다; 보험자가 계약을 체결함에 있어 무효라는 사실을 알지 못한 경우에는, 그가 이러한 사실을 알았던 보험기간의 종료에 이르는 그 시점까지의 보험료는 보험자에게 귀속된다.

구분	독문	국문
현 독일 보험계약법 제74조	(1) Übersteigt die Versicherungssumme den Wert des versicherten Interesses (Versicherungswert) erheblich, kann jede Vertragspartei verlangen, dass die Versicherungssumme zur Beseitigung der Überversicherung unter verhältnismäßiger Minderung der Prämie mit sofortiger Wirkung herabgesetzt wird. (2) Schließt der Versicherungsnehmer den Vertrag in der Absicht, sich aus der Überversicherung einen rechtswidrigen Vermögensvorteil zu verschaffen, ist der Vertrag nichtig; dem Versicherer steht die Prämie bis zu dem Zeitpunkt zu, zu dem er von den die Nichtigkeit begründenden Umständen Kenntnis erlangt.	(1) 보험금액이 피보험이익의 가액(보험가액)을 현저히 초과하는 경우에는 각 계약당사자는 초과보험을 배제하기 위하여 보험금액을 보험료의 비율에 맞추어 즉시 감액할 것을 요청할 수 있다. (2) 보험계약자가 초과보험에 의하여 불법적인 재산상의 이익을 꾀할 의도로 계약을 체결한 경우라면 그 계약은 무효이다; 무효가 되는 상황을 안 시점까지의 보험료는 보험자에게 귀속한다.

보험계약법 제74조 제1항은 구 보험계약법 제51조 제1항의 문구의 일부 변경이 이루어진 것이고, 내용적인 측면에는 큰 변화가 없다. 다만, 구 보험계약법 제51조 제2항에 규정되어 있있던 전쟁발생의 결과로 야기되는 중복보험은 현 보험계약법이 수용하지 않았다. 동 규정은 1943년 4월 6일 보험계약법을 개정하면서 처음으로 보험계약법에 포함된 바 있었는데, 그러한 내용은 너무나 진부한 것으로 판단되었기 때문이다.[1] 현 보험계약법 제74조 제2항은 사기적 초과보험에 해당하는데, 동 규정은 기본적으로 구 보험계약법 제51조 제3항에 상응하는 내용이다. 초과보험에 대한 구 보험계약과 현 보험계약법을 비교해 보면, 진부하다고 판단된 구 보험계약법 제51조 제2항만이 삭제된 것이고, 그 외에는 양자의 큰 차이점은 없다고 하겠다.

2. 적용범위

독일 보험계약법 제2장은 손해보험에 대한 사항을 규정하고 있다. 보험계약법 제74조는 손해보험 부문에서 규정되고 있음을 알 수 있는데, 이것은 초과보험이 단지 손해보험의 영역에 대하여만 효력이 있다는 것을 보여준다. 그러한 측면에서 보험계약법 제74조는 정액보험에 적용되지 않고, 인보험의 경우에도 적용되지 않는다.[2] 또한 상해를 당한 경우 보험총액까지 보상되는 위험보험의 경우에도, 동 규정은 적용되지 않는다.[3] 이러한 보험의 경우에는 합의한 대로

---

1   Begr. zu § 74 BT Druck. 16/3945, S. 78.

2   BGH 30. 5. 1990-IV ZR 22/89, NJW 1990, 2808; Beckmann/Matusche-Beckmann/Lorenz, § 1 Rdn. 87; Prölss/Martin/Kollhosser, § 51 Rdn. 2.

각각의 손해가 보험금액의 범위까지 보상되어야 하고, 더 적은 보험가액과 관련이 없다는 점이 고려된 것이다. 그러나 손해보험의 영역에 해당되기는 하지만 책임보험(Haftpflichtversicherung) 은[4] 보험가액이 확정될 수 있는 경우에 한하여 단지 보험계약법 제74조가 적용될 수 있다.[5] 그러 나 비록 민영 의료보험이 손해보험의 종류에 따라 산정된다 할지라도, 독일 판례는 민영 의료 보험의 영역에서는 제74조가 적용되지 않는 것으로 보고 있다.[6]

3. 민법 행위기초 장애에 대한 특별규정

1) 행위기초의 장애

독일 민법 제313조는 행위기초의 장애(Störung der Geschäftsgrundlage)에 대한 내용을 규정하고 있다.[7] 법률행위는 어떠한 상황의 존재를 전제로 하여 성립하는 수가 많다. 이러한 상황이 애초 부터 존재하지 아니하였거나 존재하였더라도 후에 그 상황이 변경되거나 소멸하면 이제 그 상 황이 존재하였음을 전제로 한 내용 그대로 법률행위의 효력을 관철하는 것은 불합당한 결과가 된다. 독일 판례는 오래 전부터 행위기초이론을 발전시켜 이러한 경우 계약의 내용을 수정하거 나 계약을 해제·해지할 수 있도록 하였다.[8]

독일 민법 제313조는 이러한 판례의 집적을 법률에 수용한 것이다.[9] 이를 토대로 독일 입법자 는 민법 제313조 제1항에 "계약의 기초가 된 사정이 계약체결 후 현저히 변경되고, 그 변경이 만 약 당사자들이 이를 예견할 수 있었다면 계약을 체결하지 아니하였거나 다른 내용으로 계약을 체결하였을 경우에 해당하고, 개별적인 모든 사정, 특히 계약상 또는 법률상의 위험분배를 고 려하면 당사자 일방에게 원래의 계약에 구속되는 것이 기대될 수 없는 때에는 계약의 조정을 요 구할 수 있다."는 것을 명시적으로 규정하였다.

---

3   Römer/Langheid/Römer, § 51 Rdn. 1; Prölss/Martin/Kollhosser, § 51 Rdn. 2; DEutsch, Rdn. 297.

4   BGH 31. 3. 1976-IV ZR 29/76, VersR 1976, 847; Römer/Langheid/Römer, § 59 Rdn. 3.

5   Prölss/Martin/Kollhosser, § 51 Rdn. 2.

6   OLG Frankfurt 24. 5. 2006-3 U 145/05, OLGR Frankfurt 2006, 949; Römer/Langheid/Römer, § 51 Rdn. 1.

7   Palandt/Palandt, Bürgerliches Gesetzbuch, bearbeitet von Bassenge, Brundermüller, Diederichssen, Edenhofer, Ellenberger, Grüneberg, Sprau, Thorn, Weidenkaff, 69. Aufl., 2010, § 313 Rdn. 2 ff.

8   Medicus Dieter, Bürgerliches Recht, 17. Aufl., Carl Heymanns Verlag KG · Köln · Berlin · Bonn · München, 1996, S. 100 ff. 우리 나라에서는 이영준, 민법총칙, 개정증보판, 박영사, 2007, 82면 이하.

9   최초 판례로는 RG 103, 328. 주관적 행위기초에 대하여는 BGH NJW 95, 592; 01, 1204; BAG NJW 91, 1563. 객관적 행위 기초에 대하여는 BGH 131, 209; 128, 231; 61, 153.

2) 보험계약법상 특별규정

독일 민법 제313조는 행위기초가 변경된 것에 대한 계약당사자의 조정의 가능성을 인정하고 그것을 조정할 수 있는 권리가 있다고 하면서 일반적인 내용을 담고 있는 규정에 해당한다. 그러나 일반적인 내용을 담고 있는 민법 제313조를 가지고 특수한 계약형태인 보험계약에서 그대로 적용함에는 한계가 있었다. 독일 보험계약법은 이러한 '구성요건의 추상적인 면'과 '법적 효과의 불명확'이라는 민법의 한계를 고려하여, 손해보험계약에서 계약체결 당시의 상황과 비교하여 보험금액이 보험가액을 현저하게 초과한 경우라면, 각 계약당사자에게 일정한 권리를 행사할 수 있도록 하였다. 민법 제313조에서 규정되어 있는 내용과 달리, 보험계약법 제74조는 행위기초의 장애에 대한 요건을 보다 더 명확히 하고, 불명확하게 규정된 법적 효과를 보다 분명하게 제시하고 있다.

3) 전부보험, 초과보험 및 일부보험

보험가액과 보험금액이 일치하는 전부보험이 일반적인 것이나, 이 양자가 일치하지 않는 경우가 발생할 수 있다.[10] 이 경우 초과보험과 일부보험의 문제가 발생하게 된다. 보험계약법 제74조에 규정된 초과보험과 제75조에 규정된 일부보험에 대한 규정은 아주 밀접한 관련을 가지고 있다. 일부보험은 보험사고 발생 시 보험금액이 보험가액보다 낮은 경우에 발생하게 된다. 그러한 측면에서 보험금액과 보험가액이 달라지는 초과보험과 일부보험은 예외적인 상황으로 볼 수 있다. 전부보험의 경우 보험금액이 피보험이익의 전체가액에 도달하거나 초과하게 되지만, 일부보험의 경우에는 그 반대의 현상이 발생하게 된다.

4) 초과보험의 유형

보험계약법 제74조에서 말하는 초과보험이 발생하기 위해서는 보험금액이 보험가액을 현저하게 초과해야 한다. 이러한 전제조건은 이미 보험계약을 체결할 당시에 발생할 수도 있다. 이를 선행적 초과보험(anfängliche Übersicherung)이라 하고, 보험기간 동안에 보험금액에 비하여 보험가액이 현저하게 감소하는 경우가 발생할 수 있다. 이를 후천적 초과보험(nachträgliche Übersicherung)이라 한다.[11] 그러나 이와 달리 분류하는 것도 가능하다. 단순한 초과보험(Einfache

---

10   Rüffer/Halbach/Schimikowski, VVG, 1. Aufl., Nomos, 2009, S471.

11   Römer/Langheid, VVG, 4. Aufl., 2014, § 74 Rdn. 2.

Übersicherung)과 사기적 초과보험(Betrügische Übersicherung)으로 구분하는 경우도 있다.[12] 당사자의 선의인 경우에 보험금액이 보험가액을 현저하게 초과하는 경우를 전자라 한다면, 보험계약자가 사기적인 의도를 가지고 보험계약을 체결하는 경우는 후자에 해당한다. 여기서는 단순한 초과보험과 사기적 초과보험으로 구분하여 설명하기로 한다.

III. 단순한 초과보험의 적용요건과 법적 효과

1. 적용요건

1) 의의

단순한 초과보험이 성립하기 위해서는 보험금액이 보험가액을 현저하게 초과하여야 한다. 보험계약법 제74조에서 말하는 보험금액은 전체계약에 대하여 적용할 뿐만 아니라 개별적인 지위에서 합의된 구분된 보험금액에 대하여도 효력을 발생한다. 보험가액은 여기서 피보험이익을 의미한다. 부보된 물건의 경우에 보험가액은 보험계약법 제88조에 따라 물건의 '일반적인 가액(Gemeine Wert)'을 의미한다.[13] 보험계약법 제88조는 보험계약자에 대한 개별적인 사례에서 그 물건이 가지고 있는 개별적인 가치를 의도하고 있는 것이 아니라, 그 물건이 누구에게나 가질 수 있는 객관적인 가치를 의도하고 있다.[14] 이를 '거래가액(Verkehrswert)'이라 할 수도 있고 '일반적인 가액(Gemeiner Wert)'으로 명명하는 것도 가능하다.[15] 그러나 보험가액은 특별한 규정인 보험계약법 제88조나 제136조로부터 발생하는 경우도 있고, 보험약관을 통하여 발생하는 경우도 있으며, 경우에 따라서는 시가나 신가도 가능하다.

----

12 Prölss/Martin, VVG, 28. Aufl., 2010, 단순한 초과보험에 대하여는 § 51 Rdn. 3, 사기적 초과보험에 대하여는 § 51 Rdn. 15.

13 보험계약법 제88조는 물보험의 보험가액에 대하여 "달리 합의하지 않는 한, 보험이 물건이나 물건 전부와 관련된 경우에 보험계약자가 보험사고 시점에 보험 목적의 재구입이나 원상복구를 위해 신품가격의 상태에서 신구 사이의 차이에서 발생하는 감가분을 공제하여 지급해야 하는 금액을 보험가액으로 본다."고 규정하고 있다.

14 Prölss/Martin, VVG, 28. Aufl., 2010, § 88 Rdn. 2.

15 RGZ 97, 44 (46); BGH VersR 480, 481.

2) 시점

현저한 초과보험은 감액청구권을 행사하는 시점에 존재하고 있어야 한다. 언제부터 초과보험이 발생한 것인지, 어떠한 이유로 초과보험이 발생하였는지, 초과보험이 의도된 것인지 아닌지에 대하여는 중요한 것이 아니다.

3) 현저함

초과보험의 예방이 피부로 느낄 만한 보험료 감액을 야기하는 경우라면 이 초과보험은 현저한 것에 해당된다. 어느 정도의 범위를 현저한 것으로 볼 수 있을 것인가는 개별적인 사례의 상황에 달려 있다. 보험계약법 제76조는 협정가액을 규정하고 있는데, 제76조 제2문 후단에 해당하는 '현저하게 초과된 협정가액'의 경우에는 현저한 것으로 볼 수 있다. 초과보험은 지속적이어야 한다. 비록 초과보험이 현재는 비중이 있는 것으로 보이지만, 전체적으로 보아 그리 현저한 것으로 볼 수 없는 경우라면, 예측할 수는 있지만 일시적인 초과보험에 해당될 수 있다. 초과보험의 배제가 감지할 수 있는 보험료할인을 야기하는 경우에 초과보험이 현저한 것이다.[16] 그러나 비록 일시적인 초과보험이 주요한 시점에 관련되어 중요하게 보인다 할지라도, 그것이 단지 일시적인 것에 해당하는 경우에는 현저한 것에 해당되지 않는다.[17] 언제나 현저한 차이는 존재한다고 하는 확고하게 정해진 한계는 제시될 수 없다. 그러한 한계는 언제나 개별적인 사례의 상황을 고려하면서 정해져야 할 것이다.[18] 그러나 독일 판례는 일반적으로 10%의 차이는 현저한 것으로 받아들여지고 있다.[19]

2. 법적 효과

보험계약법 제74조에 따른 보험계약자와 보험자는 감액청구권을 행사할 수 있다. 피보험자는 동조에서 규정되고 있는 권리를 행사할 수 없다. 제1항에 따른 권리는 하나의 형성권에 해당한다.[20] 동 권리는 상대방 있는 의사표시를 통하여 이행되고, 보험자나 보험자의 수령대리인에

---

16   Prölss/Martin/Kollhosser, § 51 Rdn. 7; Römer/Langheid/Römer, § 51 Rdn. 2.

17   Prölss/Martin/Kollhosser, § 51 Rdn. 7, § 57 Rdn. 11 f.; Römer/Langheid/Römer, § 51 Rdn. 2.

18   BGH 4. 4. 2001-IV ZR 138/00, NJW 2001, 3539; Terbille/Terbille, 2. Aufl., § 2 Rdn. 308.

19   BGH 4. 4. 2001-IV ZR 138/00, NJW 2001, 3539; Prölss/Martin/Kollhosser, § 51 Rdn. 7, § 57 Rdn. 11 f.; Römer/Langheid/Römer, § 51 Rdn. 2; Terbille/Terbille, 2. Aufl., § 2 Rdn. 308/ Marlow/Spuhl, S. 155 f.

게 그 의사표시가 도달된 경우에 효력을 발생하게 된다. 전제조건이 충족되면 형성의 의사표시는 현재까지의 효력이 있던 계약을 장래를 향하여 즉각적인 효력으로 변경시킨다. 보험금액은 현재의 보험가액으로 감액되고, 보험료 역시 보험금에 비례하여 감소된다. 보험료 감액의 범위는 보험자의 요율체계로부터 발생하게 된다.

피보험자[21]가 아닌 보험계약당사자로서 보험자와 보험계약자는 보험금과 보험금에 합당하게 보험료 감액청구권을 행사할 수 있다. 이 권리는 형성권적인 성질을 가지고 있으므로, 일방적인 의사표시를 통하여 상대방에 대하여 주장될 수 있다.[22] 그 효력은 의사표시의 도달과 함께 장래를 향하여 발생하고,[23] 소급적 효력은 주장될 수 없다. 이러한 경우 보험금액은 현실적인 보험가액으로 감액되고, 보험료는 그에 상응하여 줄어들게 된다. 동시에 감액된 보험료의 범위는 보험자의 해당되는 협정요금(Tarif)으로부터 나오고, 그것에 자동적으로 상응하게 되는 것이 아니라 보험금액 감소의 백분율에 따르게 된다.[24]

3. 일부보험과의 관련성

보험가액이 다시 보험금액에 대하여 현저하게 상승하는 경우에는, 보험계약법 제75조에서 규정하고 있는 일부보험이 발생할 수 있다. 이러한 경우에는 초과보험과 반대로 일방적인 형성권의 의사표시로 가능한 것이 아니라, 단지 당사자의 합의를 통하여 예방될 수 있다.

IV. 사기적 초과보험의 적용요건과 법적 효과

1. 적용요건

1) 대상

사기적 초과보험이 존재하기 위해서는 보험금액을 합의하기 전에 고의가 전제되어야 한다.

---

20   Bruck/Möller/Möller, § 51 Anm. 23 ff.; BK/Schauer, § 51 Rdn. 19.
21   Prölss/Martin/Kollhosser, § 51 Rdn. 9.
22   H.M. Prölss/Martin/Kollhosser, § 51 Rdn. 11; Römer/Langheid/Römer, § 51 Rdn. 3.
23   Prölss/Martin/Kollhosser, § 51 Rdn. 11; Römer/Langheid/Römer, § 51 Rdn. 3.
24   Prölss/Martin/Kollhosser, § 51 Rdn. 11; Römer/Langheid/Römer, § 51 Rdn. 4.

추후 증액합의의 경우에도 상응하여 동 규정이 효력을 발생한다. 독일 민법 제166조에서 규정하고 있는 그의 의사표시대리인, 대표자, 인지대리인도 보험계약자와 동등한 지위를 인정한다. 동일한 보험계약에서 다수 보험계약자 중 1인의 고의가 있으면 사기적 초과보험으로 충분하다.

2) 위법적 재산상 이익

보험사고가 발생하고 난후, 보험금청구권자가 구체적으로 필요로 하는 부분을 초과하는 손해 보상의 수령은 위법적 재산상의 이익이 된다. 보험계약법은 법규에서 사기라는 용어를 사용하고 있지 않지만, '보험계약을 체결할 때 보험계약의 목적의 가액을 부당하게 평가하여 재산상의 이익을 얻을 목적'이라는 면을 고려하면, 이를 사기로 판단해도 무리가 없는 것으로 판단된다.

3) 고의

초과보험을 통하여 위법적인 재산상의 이익이 보험계약자나 피보험자에게 흘러 들어가게끔 하는 의도가 있어야 한다.[25] 여기서 보험사고를 야기하고자 하는 의도는 요구되지 않는다. 보험사고 발생 후 보험가액의 상상을 보험자에게 매개하는 것은 일반적으로 고의적인 면이 인정될 수 있다.[26] 반면, 보험계약자가 일부보험을 예방하기 위한 목적으로 미리 대비한 의도적인 것은 고의로 보지 않는다.[27]

2. 법적 효과

사기적 초과보험의 경우에는, 초과된 보험에 한정되는 것이 아니라, 전체 보험계약은 처음부터 무효가 된다. 사기의도가 단지 부분규정에 대하여 관련되는 경우라 할지라도, 또한 구분되는 보험금액을 가지고 개별적인 지위에 대하여 관련이 있다고 할지라도 그 무효는 전체 계약을 포함한다. 치유는 고려되지 않는다. 보험자가 계약체결 시 보험계약의 무효에 관하여 예외적으로 알지 못했던 경우에, 보험자는 보험계약법 제39조 제1항 제1문과 달리 이 사실을 알게 된

25　　LG Hamburg VersR 60, 316 (317).

26　　S. auch BGH VersR 63, 78 (79).

27　　Dazu Martin, SVR, S I 19-22.

시점까지 보험료를 요구할 수 있다. 이것을 통하여 행위를 조정할 수 있는 의도가 있음을 알 수 있다. 그 외에 지급된 계약상 급부는 독일 민법 제812조 제1항 제1문에 따라 부당이득의 법리에 의하여 반환되어야 한다. 독일 민법 제819조는 "수령자가 수령 시 법적 원인의 흠결을 알았거나 후에 이를 안 때에는, 그는 수령 시 또는 흠결을 안 때로부터, 반환청구권이 그때에 소송계속된 경우에 준하여 반환의 의무를 진다(제1항)."고 하고 있고, "수령자가 급부의 수령으로 인하여 법률상의 금지 또는 선량한 풍속에 위반하는 때에는, 수령자는 급수령 시로부터 동일한 내용의 의무를 진다."고 규정하고 있다. 이는 악의의 경우 및 법률위반이나 양속위반의 경우에 책임을 가중하고 있는 내용을 담고 있다. 사기적 초과보험의 경우 보험계약자는 독일 민법 제819조에 따라 가중된 책임을 부담해야 하는 경우도 발생할 수 있다. 또한 독일 형법 제263조, 제22조와 관련하여 독일 민법 제823조 제2항에 따른 보험자의 불법행위로 인한 손해배상청구권 행사는 아무런 영향을 받지 않는다.

초과보험으로부터 위법적인 재산적 이익을 제공받기 위하여 보험계약자가 의도적으로 계약을 체결하는 경우에 사기적인 초과보험이 존재하게 된다. 동시에 보험계약자에게 이미 계약체결 시점에 부정적인 의도가 존재해 있어야 한다.[28] 계약체결과 보험금액의 나중에 증액하려는 시점은 동일하다.[29] 동시에 위법적인 재산적 이익은, 보험사고에서 피보험이익을 초과하여 과도한 보험금액의 기획하에 지급되는 각각의 손해이다.

제2항의 전제조건이 존재하게 되면, 전체적인 계약은 처음부터 무효이다. 만약 사기의도가 단지 개별적인 계약부분, 즉 분리된 보험금액을 가지고 있는 개별적인 지위(Position)와 관련되는 경우에, 무효는 전체의 계약을 포함한다.[30] 무효는 치유되지 아니한다. 사기의 예방을 위하여, 무효로 될 수 있는 이유에 대한 상황을 보험자가 알았던 그 시점까지 보험료를 수령하게 하고 있다.[31]

형법 제263조, 제22조 및 제23조와 관련하여 민법 제823조 제2항에 따라 손해배상청구권은 배제되지 않는다. 손해상황(Schadensposition)으로서 보험자의 일반적인 행정비용과 체결비용 및 자본비용 등이 고려된다. 그러한 청구권은 사기가 비교적 이른 시기에 폭로된 경우에 발생하게 된다. 왜냐하면 이러한 경우 보험자에게 남겨진 보험료가 일반적으로 보험관계의 초기에 발생하는 체결비용과 행정비용을 상응하지 못하기 때문이다. 그 외에 보험자는 이미 이행된 보험급

---

28 Prölss/Martin/Kollhosser, § 51 Rdn. 15; Römer/Langheid/Römer, § 51 Rdn. 5.
29 Prölss/Martin/Kollhosser, § 51 Rdn. 15; Römer/Langheid/Römer, § 51 Rdn. 5.
30 Prölss/Martin/Kollhosser, § 51 Rdn. 17.
31 Begr. RegE, BT-Druck, 16/3945, S. 78.

부에 대하여는 민법 제812조 제1항 제1문 전단에 따라 반환을 청구할 수 있고, 보험계약자는 민법 제819조[32]에 따라 가중된 책임을 부담하게 된다.[33] 악의적인 사기를 규정하고 있는 민법 제123조에 따라 취소의 가능성이 발생하고, 만약 제2항에 따른 무효가 확정될 수 없는 경우에 발생하게 된다. 왜냐하면 초과보험의 전제요건이 입증될 수 없기 때문이다.

V. 보험자의 상담의무, 증명책임 및 변경 가능성

1. 보험자의 상담의무

원칙적으로 보험계약자는 그 자신이 보험금액의 선택에 대한 책임을 부담해야 한다. 한편, 보험계약법 제6조는 보험자의 상담의무를 규정하고 있다. 동법 제6조는 "청약이 권유된 보험을 판단하기가 어렵거나 보험계약사의 인적 요소와 상황 등에 대하여 특정의 사유가 존재하는 경우, 보험자는 보험계약자의 희망이나 필요에 따라 질의에 답하여야 하고, 상담비용과 보험계약자로부터 지급된 보험료와의 적절한 관계를 고려하여 상담을 해야 하며, 특정의 보험에 대하여 해야 할 조언과 그와 관련한 근거 등을 알려주어야 한다."고 규정하고 있다(제1항 본문). 보험자는 보험계약법 제6조에 따라 상담의무를 이행해야 할 의무를 부담해야 한다.

원칙적으로 부보되는 물건의 가액을 고지하고, 충분한 보험보호에 애쓰는 것은 보험계약자의 본분이다. 보험계약자는 부보되는 물건에 대하여 보험자보다도 더 잘 알고 있다.[34] 다른 측면에서 소비자에 대한 상담의무를 보험자가 이행하게 되므로,[35] 보험자는 가능한 한 의미 있는 보험보호가 이루어지도록 노력하지 않으면 아니 된다. 이러한 상황은 '현저하지 않은 차이의 위험은 보험자에 의하여 부담될 수 있어야 하고, 현저한 차이의 위험은 보험계약자에 의하여 부담되어야 한다.'는 초과보험과 일부보험에 관한 규정의 상호작용에서 나타나게 된다. 만약 현저한 일부보험이 보험중개자 또는 보험자의 상담의무에 대한 위반의 문제가 발생하게 되면, 보

---

32 민법 제819조(악의의 경우 및 법률위반이나 양속위반의 경우 책임가중) (1) 수령자가 수령 시에 법적 원인의 흠결을 알았거나 후에 이를 안 때에는, 수령자는 수령 시 또는 흠결을 안 때로부터, 반환청구권이 그때에 소송 계속된 경우에 준하여 반환의 의무를 진다. (2) 수령자가 급부의 수령으로 인하여 법률상의 금지 또는 선량한 풍속에 위반하는 때에는, 수령자는 급부수령 시부터 동일한 내용의 의무를 진다.

33 Prölss/Martin/Kollhosser, § 51 Rdn. 18.

34 Terbille/Terbille, 2. Aufl., § 2 Rdn. 314.

35 Terbille/Terbille, 2. Aufl., § 2 Rdn. 315.

험계약자는 동법 제63조나 제6조에 따라 손해배상청구권을 행사할 수 있게 된다.

2. 증명책임

일반적인 원칙에 따라 감액의 전제조건에 대하여는, 감액을 요구하는 자가 입증책임을 부담하게 된다.[36] 사기의도가 존재한다는 것과 그것에 근거하여 초과보험이 존재한다는 것은 보험자가 입증을 해야 하고,[37] 보험자의 인식에 대하여 보험계약자가 부담한다.[38] 양자에게 입증의 어려움이 존재하기 때문에, 징표(Indiz)가 중요한 의미를 발생하게 된다. 초과보험의 객관적인 사실에 대하여, 사기적인 의도를 입증하기 위하여 또 다른 상황, 예를 들면 가중된 보험계약자의 책임가능성,[39] 부서진 물건에 대하여 보험금 산정을 위하여 고가의 위장매입가격을 제시[40] 하거나 보험계약자를 통한 방화[41] 등이 발생해야 한다. 이러한 징표들은 단지 그것만으로든 혹은 전체적인 일견에서 상응하는 추론과 입증을 가능하게 한다.[42] 주택건축보험의 보험금으로써 토지매입가격의 신고와 관련하여, 만약 보험계약자가 건물을 헐고 토지에 다시 건축하는 것을 결정했다고 한다면, 그러한 토지매입가격의 신고는 사기의도에 대한 충분한 징표가 될 수 있다. 결과적으로 보험계약자에게 그 건물은 쓸데없는 것이었다.[43]

3. 변경 가능성

보험계약법 제87조에 따라 보험계약법 제74조에 관한 사항은 보험계약자의 불이익으로 변경하지 못한다. 그 외에 제2항 전단은 보험자의 이익을 위하여 강행적인 면을 띄고 있다.[44]

---

36   Prölss/Martin/Kollhosser, § 51 Rdn. 20; Römer/Langheid/Römer, § 51 Rdn. 3.

37   OLG Karlsruhe 5. 6. 1997-12 U 33/96, VersR 1998, 977.

38   Prölss/Martin/Kollhosser, § 51 Rdn. 20; Römer/Langheid/Römer, § 51 Rdn. 5.

39   BGH 5. 5. 1982-IVa ZR 207/80, VersR 1982, 689; Prölss/Martin/Kollhosser, § 51 Rdn. 20.

40   BGH 19. 11. 1962-II ZR 207/60, BB 1963, 290; Prölss/Martin/Kollhosser, § 51 Rdn. 20.

41   BGH 5. 5. 1982-IVa ZR 207/80, VersR 1982, 689; Prölss/Martin/Kollhosser, § 51 Rdn. 20.

42   BGH 5. 5. 1982-IVa ZR 207/80, VersR 1982, 689; OLG Bremen 22. 5. 2003-2 U 97/02, VersR 2004, 107.

43   Schleswig-Holsteinisches OLG 17. 12. 1992-16 U 5/92, r + s 1995, 26.

44   Begr. RegE, BT-Drucks, 16/3945, S. 78; allgM, Prölss/Martin/Kollhosser, § 51 Rdn. 21; Römer/Langheid/Römer, § 51 Rdn. 6.

VI. 결 론

　손해보험계약에서 보험계약 당사자의 합의에 의하여 정한 보험금액이 보험사고로 인하여 받을 수 있는 최고한도인 보험가액을 초과하는 상황을 예상해 볼 수 있다. 이것은 계약체결 시에 발생할 수도 있고, 경기상황의 변경으로 인한 피보험이익 가치의 감소의 경우에도 발생할 수 있다. 그러나 문제가 되는 것은 보험계약자는 받을 수 있는 최고한도의 보험가액 이상의 보험료를 불필요하게 지급하게 되는 결과를 초래하게 된다는 점이다.

　독일 보험계약법 입법자는 이러한 점을 고려하여 계약당사자에게 보험금액이나 보험료를 조정할 수 있는 권리를 부여한 것이다. 보험료와 급부청구권인 보험금액청구권 사이의 보상관계가 단지 경미한 차이를 보이는 경우에는 중요한 의미를 갖지 못한다. 그러나 그 차이가 현저한 경우에는 이를 규율해야 할 필요성이 제기된다. 독일 보험계약법 입법자는 동법 제74조에서 초과보험이라는 제목으로 손해보험에서 보험금액과 보험가액의 현저한 차이가 발생하는 경우에, 이를 합리적으로 조정할 수 있는 법적 효과를 규정하고 있다.

　우리 상법은 제669조에서 초과보험에 대한 내용을 규정하고 있다. 보험금액이 보험계약의 목적의 가액을 현저하게 초과한 경우에는 계약의 양 당사자는 보험료와 보험금액의 감액을 청구할 수 있고(제1항), 초과보험계약이 보험계약자의 사기로 인하여 체결된 때에는 그 계약을 무효로 하고 있으며, 보험자는 그 사실을 안 때까지 보험료를 청구할 수 있다(제4항). 이렇게 본다면, 우리 상법 제669조와 독일 보험계약법 제74조는 규정된 내용에 있어서 큰 차이점이 없다고 하겠다.

제24장

손해방지의무

I. 의 의

보험제도는 동질적인 위험하에 있는 다수인이 대수의 법칙에 따라 우연적인 사고발생의 개연율을 기초로 하여 공동의 재산을 구성하고, 이러한 공동준비재산으로부터 경제적인 수요를 필요로 하는 자를 위하여 존재하게 된다. 경제적인 수요를 필요한 자가 보험계약자이고, 그것을 위하여 보험료라고 하는 일정금액을 지급하게 된다. 보험료를 지급받은 상대방인 보험자는 보험사고가 발생하였을 경우에 축적된 보험금을 지급하게 된다.

우리 상법은 보험에 대하여 크게 인보험과 손해보험으로 구분하고 있다.[1] 인보험에 대하여는 상법 제727조가 규정하고 있는데, 사람의 생명 또는 신체에 관하여 보험사고가 생길 경우에 보험계약이 정하는 바에 따라 보험금액 기타의 급여를 하기로 하는 보험을 말한다. 인보험이 사람의 생존이나 사망에 대하여 보험보호를 하고 있다고 한다면, 손해보험은 재산상의 손해에 대한 급부를 지급하는 보험이라고 할 수 있다. 그러므로 손해보험은 보험사고로 인하여 생길 피보험자의 재산상 손해를 보상할 것을 목적으로 하는 보험인 것이다.

손해방지의무는 바로 손해보험계약에서 발생하는 보험계약자 등의 대표적인 의무 중의 하나이다.[2] 우리 상법 제657조에 의하면, "보험계약자 또는 피보험자, 보험수익자는 보험사고의

---

1   양승규, 보험법, 제5판, 삼지원, 2004, 33면.
2   우리 상법은 손해보험에 대하여만 손해방지의무를 규정하고 있지만, 독일의 경우 상해보험에도 인정하고 있다.

발생을 안 때에는 지체 없이 보험자에게 그 통지를 발송하여야 한다"고 하면서 보험사고 발생에 대하여 보험계약자 등이 통지를 해야 할 의무를 부과하고 있다. 그리고 제680조에는 "보험계약자와 피보험자는 손해의 방지와 경감을 위하여 노력하여야 한다"고 하면서 보험계약자 등에게 손해방지의무를 부담하도록 하고 있다. 전자는 보험계약 전반에 걸쳐 보험계약자 등이 부담해야 하는 의무라고 한다면, 후자는 특히 손해보험에서 보험사고가 발생한 후에 보험계약자 등이 이행해야 할 의무를 규정하고 있다. 보험계약자 또는 피보험자는 보험사고가 생기기 전에는 위험변경·증가의 통지의무(제652조)와 위험유지의무(제653조)를 지고 있으나, 일단 보험사고가 발생하였을 때에는 그 손해의 방지 또는 감소를 위하여 합리적인 조치를 강구할 의무가 발생하게 된다.

II. 손해방지의무의 법적 성질, 요건 및 법적 효과

1. 의의

보험제도는 공동의 위험단체를 전제로 하여 동질적인 위험에 대비하고자 하는 것으로, 보험계약은 우연한 보험사고가 발생해야만 보험금이 지급되는 사행계약의 성질을 갖고 있다. 그러므로 보험금을 수령하고자 투기나 도박 등의 도덕적 위험이 발생할 수도 있다. 보험계약자가 보험단체의 구성원이 되면, 보험자는 보험계약자의 위험을 인수하게 된다. 그 결과 보험기간 중에 보험사고가 발생하여 보험계약자에게 손실이 발생하게 되면, 보험자는 보험금 지급에 대한 부담이 있게 된다. 원칙적으로 보험기간 중에 보험사고로 인하여 손해가 발생한다고 할지라도 보험계약자나 피보험자는 그 손실을 부담해야 할 의무는 존재하지 않는다.

그러나 보험계약이 일종의 사행계약으로서 사실상 보험이 도덕상의 위험을 일으키기 쉬운 폐단이 있으므로 보험자에 대한 신의성실의 원칙이 요구되고, 또 손해의 발생과 확대는 가능한 한 막아야 한다는 공익적 이유가 존재한다. 그러므로 보험계약자는 보험기간 중에 보험사고로 인한 손해가 발생한 경우, 그 사고에 대하여 안 경우에는 보험자에게 통지를 해야만 하고 손해의 확대를 방지하기 위하여 손해방지의무를 부담해야만 한다.[3] 우리 상법이 보험계약자 등에

개정 전 독일 보험계약법 제183조.

3 이기수·최병규·김인현, 보험·해상법(상법강의 IV), 제9판, 박영사, 2015, 225면.

게 동 의무를 부과하고 있는 것은, 손해방지의무를 장려하는 공익적인 측면과, 이 비용은 보험
사고의 발생으로 인한 손해이면서 보험자의 이익을 위해서도 필요하다는 측면에 있다.[4]

2. 법적 성질

손해방지의무는 보험계약당사자의 계약에 의하여 발생하는 의무가 아니다.[5] 단지 보험사고
가 발생한 경우에 한하여 보험계약자 등에게 부과하는 법정의무이다. 일반적인 다른 계약과 달
리, 보험계약은 사행계약 성질을 띠고 있기 때문에 계약당사자인 보험계약자뿐만 아니라 보험
계약상의 이익을 받는 피보험자에게 특별히 법이 인정한 의무인 것이다.

보험계약자 등이 고지의무나 위험변경증가의 통지의무를 위반할 경우에는 보험자는 그 보
험계약을 일정한 기간 내에 해지를 할 수 있다. 그러나 고지의무나 통지의무와 달리, 손해방지
의무는 보험자가 의무이행을 강제할 수는 없다고 할지라도, 만약 보험계약자 등이 손해방지의
무를 위반함으로써 손해가 발생한 경우에는 손해배상청구권이나 손해보상액의 공제가능성
이 발생한다.[6]

3. 손해방지의무의 요건

1) 손해방지의무자

손해방지의무자는 보험계약자와 피보험자이다. 피보험자는 보험의 목적에 피보험이익을
갖고 이를 관리·보관하는 지위에 있기 때문에 당연히 손해방지의무가 있다. 그리고 타인을 위
한 보험계약에 있어서 보험계약자는 보험의 목적에 직접적 이해관계가 있는 것은 아니지만, 가

---

4 양승규, 보험법, 제5판, 삼지원, 2004, 235면.

5 손해방지의무의 발생요건에 대하여는 보험·해상법(상법강의 IV), 제9판, 박영사, 2015, 226면에서 첫째, 보험사
고가 발생하여야 한다. 둘째, 손해발생가능성의 인식이 있어야 한다. 즉 보험계약자나 피보험자가 보험사고발생
후에 그로 인한 손해가 생길 것을 인식하여야 한다는 것을 의미한다. 여기에서의 손해는 매우 넓은 개념으로서
보험사고로 인한 직접적 재산상 손실뿐만 아니라 그로부터 발생하는 제2차적 간접적으로 발생하는 비용의 지출
등도 포함한다. 셋째, 반대의 특약이 없어야 한다. 과거에는 보험자가 손해방지비용을 부담하지 않는다고 특약
을 할 수 있는지의 여부에 관하여 대립이 있었다. 다수설에 따르면, 그러한 특약은 공익을 위한 강행규정인 상법
제680조의 규정에 반하여 무효라고 주장하였다. 반면에 보험금액의 한도 내에서만 손해방지비용을 부담한다는
특약은 유효하다고 하는 제한적 유효설을 주장하는 입장도 있었다. 그러나 현행 상법은 보험계약법의 규정을 모
두 상대적 강행규정으로 하고 있기 때문에, 상법 제680조에 반하여 손해방지비용을 보험자가 부담하지 않는다
든가 제한하는 약관의 규정은 상법 제663조에 의하여 무효가 된다.

6 양승규, 보험법, 제5판, 삼지원, 2004, 231면.

령 창고업자나 운송업자가 물건의 소유자를 위하여 보험계약을 체결한 경우와 같이 보험의 목적에 용이하게 접근할 수 있는 지위에 있으므로, 이 경우에도 손해방지의무가 있는 것으로 본다. 보험계약자 또는 피보험자의 대리인도 동 의무를 부담하는 것으로 본다.[7]

2) 주관적 요건

상법 제680조는 주관적 요건을 명시적으로 밝히지 않고 있다는 점에서, 보험계약자 등이 알지 못하는 보험사고의 발생에 대해서는 손해방지의무가 적용되지 않는 것으로 본다. 중과실로 알지 못한 경우에 손해방지의무가 적용되는가에 대하여, 이를 긍정하는 입장[8]과 보험계약자 등에게 탐지의무 부과라고 하는 과도한 면을 고려하여, 이를 부정하는 입장[9]도 있다. 보험계약자와 피보험자가 경과실로 상법 제680조 제1항 전문에서 정한 손해방지의무를 위반한 경우, 보험자가 의무 위반과 상당인과관계가 있는 손해에 대하여 배상을 청구하거나 보험금과 상계할 수 있는지 여부 및 이러한 법리는 재보험의 경우에도 마찬가지로 적용되는지 여부에 대하여, 대법원은 다음과 같이 판시한 바 있다.[10]

> ### 대법원 2016. 1. 14. 선고 2015다6302 판결
>
> "보험계약자와 피보험자는 손해의 방지와 경감을 위하여 노력하여야 한다(상법 제680조 제1항 전문). 보험계약자와 피보험자가 고의 또는 중대한 과실로 손해방지의무를 위반한 경우에는 보험자는 손해방지의무 위반과 상당인과관계가 있는 손해, 즉 의무 위반이 없다면 방지 또는 경감할 수 있으리라고 인정되는 손해액에 대하여 배상을 청구하거나 지급할 보험금과 상계하여 이를 공제한 나머지 금액만을 보험금으로 지급할 수 있으나, 경과실로 위반한 경우에는 그러하지 아니하다. 그리고 이러한 법리는 재보험의 경우에도 마찬가지로 적용된다."

3) 객관적 요건

보험사고가 발생해야만 보험계약자나 피보험자는 손해방지의무를 부담하게 된다. 보험사

---

7   김은경, 보험계약법, 보험연수원, 2016, 360면.
8   손주찬, 상법(하), 제11정증보판, 2005, 591면.
9   한기정, 보험법 제3판, 박영사, 2021, 530면: 박세민, 보험법, 제8판, 박영사, 2025, 603면.
10   대법원 2016. 1. 14. 선고 2015다6302 판결.

고 발생 시 피보험자의 법률상 책임 여부가 판명되지 아니한 상태에서 피보험자가 손해확대방지를 위한 긴급한 행위를 함으로써 발생한 필요·유익한 비용을 보험자가 부담하여야 하는지 여부에 대하여, 대법원은 "손해보험에서 피보험자가 손해의 확대를 방지하기 위하여 지출한 필요·유익한 비용은 보험자가 부담하게 되는바(상법 제680조 제1항), 이는 원칙적으로 보험사고의 발생을 전제로 하는 것이므로, 손해보험의 일종인 책임보험에 있어서도 보험자가 보상책임을 지지 아니하는 사고에 대하여는 손해방지의무가 없고, 따라서 이로 인한 보험자의 비용부담 등의 문제도 발생할 수 없다 할 것이나, 다만 사고발생 시 피보험자의 법률상 책임 여부가 판명되지 아니한 상태에서 피보험자가 손해확대방지를 위한 긴급한 행위를 하였다면 이로 인하여 발생한 필요·유익한 비용도 위 법조에 따라 보험자가 부담하는 것으로 해석함이 상당하다."고 판시하고 있다.[11]

또한 대법원은 "상법 제680조 제1항이 규정한 손해방지의무는 원칙적으로 보험사고의 발생을 전제로 하는 것이나, 보험사고가 발생한 것과 같게 볼 수 있는 상태가 생겼을 때에도 그때부터 피보험자의 손해방지의무가 생기는 것이다."라고 하면서 예전 판례[12]와 함께 제시하고 있다.[13]

4) 의무의 정도

보험계약자 등이 부담해야 하는 손해방지의무의 정도를 어떻게 해석해야 하는가에 대한 물음이 제기될 수 있는데, 통설은 보험계약자 등이 보험에 가입되어 있지 않은 경우에 자신의 이익을 위해 행할 손해방지행위의 정도가 의무이행의 기준으로 보고 있다.

5) 범위

보험계약을 체결하기 전에 보험계약자가 이행해야 하는 고지의무나 보험기간 중에 위험변경이나 증가에 대한 통지의무와 달리, 보험계약자 등의 손해방지의무는 보험사고를 전제조건으로 하여 발생하게 된다. 더 나아가 보험사고가 발생하였다 하더라도 보험계약에서 전손에 대하여만 보험금을 지급하겠다는 내용을 담고 있는 경우에 분손의 위험이 있는 경우에는 방지의무가 발생하지 않게 된다.[14]

---

11 대법원 1993. 1. 12. 선고 91다42777 판결.

12 대법원 2008. 4. 24. 선고 2007다1715 판결.

13 대법원 2016. 1. 28. 선고 2013다74110 판결.

보험계약자 등의 손해방지의무는 보험사고 발생 시 손해의 발생을 방지해야 하는 내용을 담고 있을 뿐만 아니라, 손해 발생 시 손해의 확대를 방지하는 행위도 포함한다. 손해방지와 경감의 노력은 행위의 목적이 있으면 되지, 반드시 그 효과가 있어야만 가능한 것은 아니다.

4. 위반 시 법적 효과

제680조는 단지 보험계약자 등의 손해방지의무만을 규정하고 있을 뿐, 보험계약자 등이 손해방지의무를 게을리한 경우에 대한 법적 효과를 규정하고 있지 않아, 학자들 사이에 견해의 다툼이 발생하게 되었다.[15]

1) 학설의 다툼

손해방지의무를 위반한 효과에 대하여, 손해방지의무자의 경과실로 인한 의무위반의 경우와 고의·중과실로 인한 의무위반의 경우를 구분하여 설명하는 견해가 있다.[16] 전자의 경우에는 채무불이행에 관한 일반원칙에 따라 보험자는 그로 인한 손해의 배상을 청구하거나 보험금에서 손해를 공제하고 지급하면 되고, 후자의 경우에는 보험자는 보상책임을 면하게 하면 된다는 것이다.

그 외에도 의무위반이 경과실이나 중과실, 고의에 의하였는가 하는 것을 구별하지 않고 일반원칙에 따라서 보험자는 보험금에서 그로 인한 손해액을 공제하고 보험금을 지급하면 된다는 입장이 있지만, 경과실의 경우는 제외하고 고의·중과실로 인한 의무위반의 경우에만 보험자는 지급할 보험금에서 보험계약자 또는 피보험자가 손해방지의무를 이행했을 때 방지 또는 경감할 수 있었다고 인정되는 보험자의 손해액을 공제 또는 상계하여 지급할 수 있다는 견해가 타당한 면이 있다.[17]

이러한 학설의 다툼으로 인한 불명료성을 방지하고자 개정의 필요성이 제기되었다.

14　양승규, 보험법, 제5판, 삼지원, 2004, 232면.

15　이기수·최병규·김인현, 보험·해상법(상법강의 IV), 제9판, 박영사, 2015, 229면.

16　최기원, 보험법, 제3판, 박영사, 2002, 265면.

17　양승규, 보험법, 제5판, 삼지원, 2004, 224면.

2) 판례의 입장

1971년 대법원은 손해방지비용과 관련하여, "해상보험증권상의 담보조건이 영국 해상보험법상의 분손담보약관 및 손해방지약관에 의한 것일 때에는 이른바 현실전손·추정전손의 경우뿐만 아니라 추정전손이 성립하지 아니하여 위부가 부적합한 경우에도 소정비율로 정한 단독해손과 담보위험에 기인한 손해를 방지하기 위한 비용은 보험자가 부담한다"고 판시하고 있다.[18]

1994년 대법원은, "손해보험에서 피보험자가 손해의 확대를 방지하기 위하여 지출한 필요·유익한 비용을 보험자가 부담하게 되어 있는 경우, 이는 원칙적으로 보험사고의 발생을 전제로 하는 것이므로 보험자가 보상책임을 지지 아니하는 사고에 대하여는 손해방지의무가 없고, 따라서 이로 인한 보험자의 비용부담 등의 문제도 발생할 수 없는 원칙이지만, 다만 사고발생 시 피보험자의 법률상 책임 여부가 판명되지 아니한 상태에서 피보험자가 손해확대방지를 위한 긴급한 행위를 했다면 이로 인하여 발생한 필요·유익한 비용도 손해확대방지를 위한 비용으로서 보험자가 부담하는 것으로 해석해야 한다. 또한 자동차소유자인 피보험자가 사고 직후 자신에게 손해배상책임이 있는지 여부를 판단하기 어려운 가운데 중상을 입어 의식을 잃은 피해자를 신속하게 치료를 받게 함으로써 더 이상의 피해상태의 악화를 방지하기 위하여 치료비 채무의 연대보증을 하였다면, 피보험자의 책임 유무가 가려지지 아니한 상태에서 그가 손해배상책임을 져야 할 경우에 대비하여 한 최소한도의 손해확대방지행위라고 보아야 하므로, 이로 인하여 보험회사의 면책통보 이전까지의 치료비로서 피보험자가 지출한 금원은 보험회사가 보상하여야 할 손해확대방지비용에 해당한다"고 판시하였고,[19] 1995년에는 "상법 제680조가 규정한 손해방지비용이라 함은 보험자가 담보하고 있는 보험사고가 발생한 경우에 보험사고로 인한 손해의 발생을 방지하거나 손해의 확대를 방지함은 물론 손해를 경감할 목적으로 행하는 행위에 필요하거나 유익하였던 비용을 말하는 것이므로, 위 제680조는 손해방지의무자인 보험계약자 또는 피보험자가 손해방지 및 그 경감을 위하여 지출한 필요하고 유익한 비용은 보험금액을 초과한 경우라도 보험자가 이를 부담하도록 규정하고 있다"고 판시하고 있다.[20]

---

18 대법원 1971. 1. 11. 선고 71다2116 판결.
19 대법원 1994. 9. 9. 선고 94다16663 판결: 동지 대법원 1993. 1. 12. 선고 91다42777 판결.
20 대법원 1995. 12. 8. 선고 94다27076 판결

3) 소결

학자들의 견해나 대법원 판례를 중심으로 정리를 해본다면, 손해방지방법을 선택함에 있어 보험계약자 등에게 중대한 과실이 없는 한 손해방지를 위한 비용은 모두 손해방지의무의 이행 비용이 되어야 할 것이다. 보험계약자나 피보험자로 하여금 안심하고 손해방지의무를 다할 수 있도록 하기 위하여, 보험자는 필요 또는 유익비용과 보상총액이 보험금액을 초과하더라도 이를 보상하여야 할 것이다(제680조 단서). 이는 보험계약자 등의 노력으로 인하여 실제로 손해가 방지되거나 이익이 발생했을 필요는 요구되지 않는다. 그러므로 손해의 방지와 경감의 노력은 손해방지의 목적만 있으면 되는 것이지, 그 효과가 반드시 생겨야 하는 것은 아니라고 해야 할 것이다.

5. 2021다201085, 201092 판결

상법 제680조 제1항에서 정한 '손해방지비용'의 의미 및 책임보험에서 건축물 등에 발생한 누수와 관련하여 실시된 방수공사의 비용이 손해방지비용에 해당하는지에 대한 판결이 있었다.[21] 대법원은 "상법 제680조 제1항은 '보험계약자와 피보험자는 손해의 방지와 경감을 위하여 노력하여야 한다. 그러나 이를 위하여 필요 또는 유익하였던 비용과 보상액이 보험금액을 초과한 경우라도 보험자가 이를 부담한다.'라고 정하고 있다. 여기에서 '손해방지비용'이란 보험자가 담보하고 있는 보험사고가 발생한 경우에 보험사고로 인한 손해의 발생을 방지하거나 손해의 확대를 방지함은 물론 손해를 경감할 목적으로 하는 행위에 필요하거나 유익하였던 비용을 말하는 것으로서, 원칙적으로 보험사고의 발생을 전제로 한다. 피보험자의 책임 있는 사유로 제3자에게 발생한 손해를 보상하는 책임보험에서는 건축물 등에 누수가 발생하더라도 그것이 피보험자의 책임 있는 사유로 제3자에게 손해를 입힌 경우에 비로소 보상 대상이 된다.

누수 부위나 원인은 즉시 확인하기 어려운 경우가 많고, 그로 인한 피해의 형태와 범위도 다양하다. 또한 누수와 관련하여 실시되는 방수공사에는 누수 부위나 원인을 찾는 작업에서부터 누수를 임시적으로 막거나 이를 제거하는 작업, 향후 추가적인 누수를 예방하기 위한 보수나 교체 작업 등이 포함된다. 따라서 방수공사의 세부 작업 가운데 누수가 발생한 후 누수 부위나 원인을 찾는 작업과 관련된 탐지비용, 누수를 직접적인 원인으로 해서 제3자에게 손해가 발생

21　대법원 2022. 3. 31. 선고 2021다201085(본소), 2021다201092(반소) 판결.

하는 것을 미리 방지하는 작업이나 이미 제3자에게 발생한 손해의 확대를 방지하는 작업과 관련된 공사비용 등은 손해방지비용에 해당할 수 있다. 구체적인 사안에서 누수로 인해 방수공사가 실시된 경우 방수공사비 전부 또는 일부가 손해방지비용에 해당하는지는 누수나 그로 인한 피해 상황, 피해의 확대 가능성은 물론 방수공사와 관련한 세부 작업의 목적이나 내용 등을 살펴서 개별적으로 판단해야 한다."고 하였다.

대법원은 상법 제680조 제1항에서 말하는 '손해방지비용'은 '보험자가 담보하고 있는 보험사고가 발생한 경우에 보험사고로 인한 손해의 발생을 방지하거나 손해의 확대를 방지함은 물론 손해를 경감할 목적으로 하는 행위에 필요하거나 유익하였던 비용을 말하는 것'이라고 이미 판단한 바 있다.[22] 본건 대법원 판결은 이러한 법리를 다시 확인하면서, 누수사고와 관련된 '손해방지비용'의 의미에 대하여 방수공사의 세부 작업 가운데 누수가 발생한 후 ① 누수 부위나 원인을 찾는 작업과 관련된 탐지비용, ② 누수를 직접적인 원인으로 해서 제3자에게 손해가 발생하는 것을 미리 방지하는 작업이나 이미 제3자에게 발생한 손해의 확대를 방지하는 작업과 관련된 공사비용 등은 손해방지비용에 해당할 수 있음을 밝혀주고 있다.

III. 손해방지의무에 대한 개선방안

1. 불완전법규로서 상법 제680조

우리 상법 제680조 제1조에 본문은, "보험계약자와 피보험자는 손해의 방지와 경감을 위하여 노력하여야 한다"고 규정하고 있고, 단서에는 "이를 위하여 필요 또는 유익하였던 비용과 보상액이 보험금액을 초과한 경우라도 보험자가 이를 부담해야만 한다"고 하고 있다. 동법 제1항 단서에 따르면, 손해방지비용과 보상액이 보험금액을 초과하더라고 특별한 제한 없이 보험자가 부담해야 한다. 그러나 손해방지의무를 규정하고 있는 상법 제680조 제1항 전단은, 보험계약자와 피보험자에게 손해방지의무가 있다고만 규정하고 있을 뿐, 그 위반의 효과는 규정되어 있지 않다는 측면에서 불완전 법규라는 비난의 소지가 있었다. 또한 실무에서 사용되는 약관들은 이 의무위반의 효과로서, 방지 또는 경감할 수 있었을 것으로 인정되는 손해액을 보험자가 지급할 보험금에서 공제할 수 있는 것으로 규정하고 있다.

---

[22] 대법원 2003. 6. 27. 선고 2003다6958판결, 대법원 2007. 3. 15. 선고 2004다64272판결 등.

> **손해보험표준약관 제17조(손해방지의무)** 보험사고가 생긴 때에는 계약자 또는 피보험자는 손해의 방지와 경감에 힘써야 한다. 만약 계약자 또는 피보험자가 고의 또는 중대한 과실로 이를 게을리한 때에는 방지 또는 경감할 수 있었을 것으로 밝혀진 값을 손해액에서 뺀다. 화재보험표준약관 제17조와 배상책임보험표준약관 제18조 2항에서 그와 유사한 내용을 규정하고 있었다.

손해방지의무와 관련하여 동 약관을 적용하고자 한다면, 이들 약관규정이 상법 제663조가 규정하고 있는 "보험계약자 등을 불이익하게 변경하지 못한다"라고 하는 상대적 강행규정에 위반될 수 있다는 다툼의 소지가 발생하게 된다.[23]

또한 단서 조항 역시 "손해방지비용과 보상액이 보험금액을 초과하여 지급할 수 있음"을 실정법에 인정함으로써 "보험자의 보험급부책임의 최고한도는 보험금액으로 한다"는 보험계약의 구조가 허구화될 수 있는 비판에 직면하고 있어, 개정을 통하여 보완해야 한다는 목소리가 있었다. 상법 개정위원들은 손해방지의무의 이행을 확보하기 위한 목적과, 이들 약관 규정들이 상법 제663조에 위반 여부에 대한 다툼을 예방하고자 손해방지의무의 위반효과를 상법에 명문화하고자 하였던 것이다.

2. 검토 사항

1) 위반효과에 대한 부존재

손해방지의무를 위반한 법적 효과를 명문화[24]함에 있어, 상법 개정위원들은 다음의 사항들을 고려하였다.[25]

첫째, 악의적인 행위를 하는 보험계약자나 피보험자에게 지급해야 하는 보험금에 대하여 일정한 제재를 가하고자 한다. 보험기간 중에 보험사고가 발생하였을 경우에, 보험계약자 또는 피보험자는 이를 안 경우에는 손해를 방지하거나 손해를 경감하기 위한 조치를 취하는 노력을

---

23   장경환, 상법 보험편 개정시안 공청회, 법무부, 77면.

24   독일에서는 보험계약자가 '악의'로 손해방지의무를 위반한 경우에는 인과관계가 없더라도 보험자가 면책되도록 규정하고 있다(독일 보험계약법 제82조 제4항). 이는 악의의 보험계약자를 제재하기 위한 면에서는 바람직하지만, 상법에서는 악의와 고의를 구별하는 것이 일반적이지 않다. 따라서 손해방지의무의 위반과 손해의 발생 및 확대 간의 인과관계가 있는 경우에 한하여 보험자가 보험금지급책임을 면하거나(악의를 포함한 고의로 인한 의무위반의 경우), 보험금을 감액할 수 있는 것(중과실로 인한 의무위반의 경우)으로 해야 할 것이다.

25   장경환, 상법 보험편 개정시안 공청회, 법무부, 77면.

해야 한다. 그러나 이러한 사항을 인식하고 있는 보험계약자나 피보험자가 고의적으로 손해방지나 경감조치를 취하지 아니하면서도 거액의 보험금을 취득하는 것은 문제가 있다는 것이다.[26] 그 결과 손해방지나 경감의무를 위반함으로써 확대된, 즉 손해방지·경감조치를 취했다면 경감할 수 있었던 손해액을 지급해야 할 보험금에서 공제하고자 하는 것이 타당하다는 다수의 입장을 따르고자 하였다.[27] 또한 상법상 고지의무 등 간접의무의 위반요건으로 의무자의 고의 또는 중과실을 요구하는 것과 균형을 맞추고, 보험계약자를 보호하기 위하여 보험계약자가 경과실로 인하여 손해방지의무를 위반한 경우에는 불이익을 주지 않도록 하고자 하였다.

둘째, 손해방지의무의 위반과 그 위반으로 인한 손해의 확대 사이에 인과관계가 있어야 한다는 점을 간과하지 않았다. 보험계약자가 손해방지의무를 위반함으로써 손해가 발생하였다고 한다면, 당연히 보험계약자는 보험으로부터 얻을 수 있는 이익을 받지 못한다. 그러나 손해방지의무의 위반을 했다 할지라도, 그 위반이 손해의 발생 및 확대와 인과관계가 없다고 한다면 보험자는 그 의무위반으로 특별히 불이익을 입은 것이 아니다. 그러므로 손해방지의무를 위반한 것을 이유로 보험자가 보험금을 지급하지 않거나 보험금을 감액하는 것은 타당하지 않다는 것이다.[28]

2) 손해방지비용의 보상한도

손해방지비용이란, 보험계약자 또는 피보험자가 보험사고로 인한 손해의 방지 또는 경감을 위하여 필요하고도 유익한 비용을 의미한다. 그런 측면에서 손해방지비용은 보험계약에 의하여 보험자가 담보하는 위험으로 인한 손해를 방지하거나 경감시키기 위하여 소요되는 비용이고, 보험자가 담보하는 않는 위험으로 보험의 목적에 생길 손해의 방지를 위하여 든 비용은 이것에 포함되지 않는 것으로 본다.[29] 상법 제680조 제1항 후단은 보험계약자 등의 손해방지의무 이행을 장려하기 위하여, 손해방지비용이 손해보상액과 합산하여 보험금액(보험가입금액)을 초과하더라도 그 전액을 보험자가 부담하도록 규정하고 있다. 1991년 보험계약법이 개정되기

---

26   서돈각·정완용, 상법강의(하), 제4전정판, 법문사, 1998, 417면.
27   양승규, 보험법, 제5판, 삼지원, 2004, 234면.
28   화재의 위력이 엄청나서 보험계약자가 손해방지·경감조치를 취했다고 하더라도 건물이 전소되었을 경우에는, 보험자는 보험계약자가 그 조치를 취하지 아니하였더라도 손해방지의무의 위반효과를 원용할 수 없다고 할 것이다.
29   대법원 1977. 1. 11. 선고 71다2116 판결.

이전에서는 보험약관에서 손해방지비용은 보험자가 부담하지 않는다든가 보험금액의 한도에서만 부담한다고 정한 경우에 그 약관의 효력을 인정하는 유효설과 동 약관을 부인하는 무효설의 다툼이 있었다. 그러한 현 상법은 보험계약법의 규정을 모두 상대적 강행규정으로 하고 있으므로 상법 제680조에 반하여 손해방지비용을 보험자가 부담하지 않는다든지 제한하는 약관을 정하고 있다면, 상법 제663조에 의하여 무효라고 할 것이다.

1993년 대법원은 "손해배상책임이 없는 피보험자가 가해자로서 교통사고 직후에 자신의 책임유무를 판단하기 어려운 가운데 의식을 잃고 있는 피해자를 신속하게 치료받게 함으로써 피해상태의 악화를 방지하기 위하여 치료비 지급채무를 지급보증하고 치료받게 하여 가해자가 치료비를 지출하였다면 보험자의 면책통보 시까지 발생한 치료비는 손해방지비용으로 보험자가 보상하여야 한다"고 판시[30]하였고, 이어 1994년 대법원은 손해방지비용과 관련하여, "손해보험에서 피보험자가 손해의 확대를 방지하기 위하여 지출한 필요, 유익한 비용을 보험자가 부담하게 되어 있는 경우 이는 원칙적으로 보험사고의 발생을 전제로 하는 것이므로 보험자가 보상책임을 지지 아니하는 사고에 대하여는 손해방지의무가 없고 따라서 이로 인한 피보험자의 비용부담 등의 문제도 발생할 수 없는 것이 원칙이지만, 다만 사고발생 시 피보험자의 법률상 책임 여부가 판명되지 않은 상태에서 피보험자가 손해확대방지를 위한 비용으로서 보험자가 부담하는 것으로 해석하여야 하는바, 이 사건 경우는 원고가 이 사건 트럭의 소유자로서 사고 직후 자신에게 손해배상책임이 있는지 여부를 판단하기 어려운 가운데 중상을 입어 의식을 잃은 피해자를 신속하게 치료를 받게 함으로써 더 이상의 피해상태의 악화를 방지하기 위하여 위 치료비 채무의 연대보증을 한 것으로서 원고의 책임유무가 가려지지 아니한 상태에서 그가 손해배상책임을 져야 할 경우에 배비하여 한 최소한의 손해확대방지행위라고 보아야 할 것이므로 이로 인하여 피고회사의 면책통보 이전까지의 치료비로서 원고가 지출한 금원은 피고가 보상하여야 할 손해확대방지비용에 해당한다"고 판시하였다.[31]

상법 개정위원들은 보험자는 보험금액에 따른 보험료를 받으면서도 보험급부책임은 보험금액과 무관하게 지급됨으로써, '보험자의 보험급부책임의 최고한도를 보험금액으로 한다'는 보험계약구조의 허구화와, '수치상등의 원리'에 반하는 사항을 문제점으로 제기하였다.

---

[30] 대법원 1993. 1. 12. 선고 91다42777 판결.
[31] 대법원 1994. 9. 9. 선고 94다16663 판결.

3) 보험자의 지시

손해방지비용과 관련하여 보험약관에서, 보험자가 부담하지 않는다든가 보험금액의 한도에서만 부담한다고 정한 경우에 그 약관의 효력은 인정할 수 없다는 것이 타당하다고 이미 설명하였다. 그러나 보험자의 지시에 의한 비용은 보험금액을 초과하더라도 보험자가 부담하도록 해야 하지만, 개정 전 독일 보험계약법 제63조 제1항에 의하여 보험자의 지시에 의하지 아니한 비용은 보험금액을 한도로 보험자가 부담하도록 하여야 한다는 입장이 있었다.[32]

(1) 지시요청의무

상법 제680조 제1항 전단은 손해방지의무로서 보험계약자가 손해의 방지와 경감을 위하여 노력하여야 할 것(손해방지·경감조치의무)만을 규정하고 있다. 비교법상 독일의 개정 전 보험계약법은 손해방지의무의 일부로써 지시요청의무를 규정하고 있지 않은 것을 볼 수 있다(독일 보험계약법 제62조 제1항, 개정법 제82조 제2항). 그런 측면에서 우리 역시 이번 개정안에서 지시요청의무를 손해방지의무의 일부로 받아들이지 않았다.[33]

(2) 긴급한 사정이 있는 경우

보험계약자가 긴급한 사정으로 보험자의 지시를 구할 수 없었던 경우에는, 보험계약자 등을 불이익하게 해서는 안 된다는 주장이 있을 수 있다. 그러나 상법 개정위원들은 이러한 경우에

---

32 양승규, 보험법, 제5판, 삼지원, 2004, 235면.

33 그 이유에 대하여는 장경환, 상법 보험편 개정시안 공청회, 법무부. 80면 이하. 첫째, 손해방지의무의 요체는 보험계약자에게 사정에 따라 적절한 손해방지·경감조치를 취하도록 하는 데 있으므로, 보험계약자가 손해방지비용의 전액을 보상받고자 보험자의 지시를 구하는 것은 그의 재량에 맡길 일이고, 그것조차 보험계약자에게 의무로 부과하여 그 위반에 대해 제재를 가할 필요는 없기 때문이다. 즉 보험계약자가 보험자의 지시를 구하지 않았더라도 손해방지·경감조치를 사정에 따라 적절하게 취했다면, 굳이 손해방지의무를 이행하지 않은 것으로 볼 필요는 없는 것이다. 둘째, 지시요청의무를 규정한 독일 보험계약법과 그 개정안에 의하더라도 이 의무는 그리 중요한 의미를 지니지 못하기 때문이다. 즉 보험계약자가 보험자의 지시를 구했다고 하더라도, 보험자가 이에 대해서 지시를 해야 할 의무를 지게 되는 것은 아니다. 또한 보험계약자가 지시요청의무를 위반했다고 하더라도, 이 의무위반과 손해확대 간에 인과관계가 없으면 손해방지의무의 위반효과를 적용할 수 없다(개정 전 독일 보험계약법 제62조, 현 제82조 제4항). 그런데 보험계약자가 손해방지·경감조치를 취하여 손해의 확대를 저지하였다면, 손해의 확대가 없었으므로 지시를 구하지 않은 것과 손해확대 간의 인과관계가 있을 여지가 없게 된다. 요컨대, 손해방지·경감조치를 취했느냐가 관건이고 지시요청의무의 독자적인 의미는 별로 없는 것이다. 물론 보험계약자가 보험자의 지시를 구하여 그 지시에 따라 조치를 취했다면 손해가 생겨나지 않았거나 손해경감의 효과가 더 컸을 것으로 인정되는 경우에는, 지시요청의무의 위반에 대한 책임을 물을 수도 있을 것이다. 그러나 그러한 경우는 많지 않을 것으로 생각된다. 왜냐하면 보험자의 지시를 의무적으로 해야 하는 것도 아니고, 통상적인 조치와는 다른 특별한 조치를 지시할 수 있는 경우란 별로 없기 때문이다.

도 손해방지비용의 보상에서 특별한 취급을 하지 않고자 한다.[34] 그 결과 긴급한 사정이 있는 경우라 할지라도, 보험자는 그의 지시가 없었던 한 손해방지비용을 손해보상액과 합하여 보험금액의 한도 내에서 보상해야 할 것이라고 한다.

독일 보험계약법

제82조(손해방지 및 감소의무) (1) 보험계약자는 보험사고의 발생 시 손해를 방지하고 감소하도록 하여야 한다. (2) 무리가 따르지 않는 범위 내에서 사정이 허락하는 한 보험계약자는 보험자의 지시에 따르거나 지시를 구해야 한다. 복수의 보험자가 보험계약에 관여하고 있으나 그들 사이에서 서로 다른 지시가 내려진 경우에 보험계약자는 자신의 의무에 상응하는 판단에 근거하여 조치를 취해야 한다. (3) 보험계약자가 제2항 및 제3항에 따른 책무를 고의로 위반한 경우 보험자는 급부의무를 면한다. 중과실에 의한 위반의 보험자는 자신의 급부의무를 보험계약자의 과실의 정도에 따라 감액할 수 있다; 중과실이 없음에 대하여는 보험계약자가 증명해야 한다. (4) 책무의 위반이 보험사고의 확정이나 급부를 이행할 범위에 인과관계가 없다면 보험자는 제3항과 달리 급부를 이행하여야 한다. 보험계약자가 자신의 책무를 악의로 위반한 경우에 전문은 적용되지 않는다.

제83조(비용보상) (1) 제82조 제1항과 제2항에 따라 보험계약자가 지출한 비용에 대하여 주어진 상황에 따라 필요하다고 인정되는 한 보험자는 이를 상환하여야 한다. 보험계약자의 청구가 있는 경우 지출에 필요한 비용은 선급하여야 한다. (2) 보험자가 급부를 감액할 수 있는 경우 비용도 제1항에 따라 그에 상응하게 감액할 수 있다. (3) 보험자의 지시에 따른 결과 발생한 비용이 기타의 손해보상과 합하여 보험금액을 초과하는 경우에도 지급되어야 한다. (4) 동물보험의 경우에 사료, 관리 및 동물병원에서의 진료 및 처치비용은 제1항 내지 제3항에 따라 상환되어져야 하는 비용에 포함되지 아니한다.

---

34 그 이유에 대하여는 장경환, 상법 보험편 개정시안 공청회, 법무부. 81면 이하. 그 이유는 다음과 같다. 첫째, 손해방지·경감조치의 긴급성을 이유로 보험자의 지시가 없었더라도 손해방지비용의 보상원칙(손해방지비용과 손해보상액의 합계액을 보험금액의 한도 내에서 보상한다는 원칙)에 대한 예외를 인정한다면, 이 보상원칙이 크게 퇴색될 우려가 있기 때문이다. 왜냐하면 손해방지·경감조치를 위해야 하는 경우는, 정도의 차이는 있겠지만 보기에 따라서는 대부분 긴급을 요하는 경우이기 때문이다. 둘째, 보험자가 지시를 한다는 것은, 손해보상액과 손해방지비용의 합계액을 보험금액을 초과하여 보상하게 될지도 모른다는 위험을 감수하는 것이 된다. 따라서 보험금액의 한도 내의 보상을 원칙으로 하는 한, 보험자에게 지시를 해야 할 의무를 지울 수는 없는 것이다(보험자에게 지시의무를 지운다면 보험자가 보험금액을 초과하여 보상하는 것이 오히려 원칙적인 것이 될 것이다). 이처럼 보험자의 지시에 수반되는 위험과 그 지시의 재량성을 고려할 때, 긴급한 사정이 있었다는 이유로 보험자의 지시가 없었던 경우를 지시가 있었던 것으로 다루는 것은 무리라는 이유를 제시한다.

상법 개정(안)

현행법	개정안
제680조(손해방지의무) ① 보험계약자와 피보험자는 손해의 방지와 경감을 위하여 노력하여야 한다. 그러나 이를 위하여 필요 또는 유익하였던 비용과 보상액이 보험금액을 초과한 경우라도 보험자가 이를 부담한다. ② 삭제	제680조(손해방지의무) ① 보험계약자와 피보험자는 보험사고가 생긴 때에 그 사고로 인한 손해의 방지와 경감을 위하여 노력하여야 한다. ② 보험계약자 또는 피보험자가 제1항의 의무를 고의로 위반한 경우에는 보험자는 보험금액의 지급책임을 면하고, 중대한 과실로 인하여 위반한 경우에는 보험자는 이 의무가 이행되었더라면 방지 또는 경감할 수 있었던 손해액을 보상액에서 공제할 수 있다. 그러나 제1항의 의무위반이 손해의 발생 및 확대에 영향을 미치지 아니한 경우에는 그러하지 아니하다. ③ 보험자는 제1항의 의무의 이행을 위하여 필요 또는 유익하였던 비용과 보상액을 보험금액의 한도 내에서 부담한다. 그러나 이 의무의 이행이 보험자의 지시에 의한 것인 경우에는 그 비용과 보상액이 그 보험금액을 초과하는 때에는 보험자가 이를 부담한다.

3. 기대효과

상법에 보험계약자 등이 손해방지의무를 위반한 경우에 대한 법적 효과를 명문화하게 된다면 그동안 불완전한 법규라는 비난으로부터 벗어날 수 있게 될 것이다. 그리고 손해방지의무를 실제로 효용가치가 있도록 하고, 실무에서 사용되고 있는 약관조항에 대하여도 법적인 근거를 부여하게 된다는 점에서 의미를 갖게 된다.

상법 개정(안)은, 고의로 인한 손해방지의무 위반에 대해서는 보험자가 면책될 수 있도록 하고 중과실로 인한 이 의무 위반에 대해서는 보험금을 감액할 수 있도록 하고자 한다. 또한 이 의무 위반과 손해의 발생·확대 간의 인과관계가 없으면 그 면책이나 감액을 허용하지 않고자 한다. 이러한 명확한 규정을 통하여, 이 의무위반이 있다고 할지라도 그 위반이 경과실로 인한 경우라거나 또는 고의·중과실로 인한 것이더라도 손해의 발생·확대와 인과관계가 없는 경우라고 한다면, 보험자가 보험금의 전액을 지급하게 하여 보험계약자나 피보험자의 보호를 도모하게 될 것이다.

보험계약자가 지출한 비용이 손해보상의 대상이 되는 손해액에 해당하는지 아니면 손해방지비용에 해당하는지의 다툼을 줄이고, 보험급부의 체계가 보험계약의 원리에 따라 정립하게 된다. 보험자는 원칙적으로 손해보상액과 손해방지비용의 합계액을 보험금액의 한도 내에서 보상하는 것으로 하고, 단 보험자가 특정의 손해방지·경감조치를 지시하고 보험계약자가 이 지시에 따라 손해방지비용을 지출한 경우에만 예외적으로 손해보상액과 손해방지비용의 합계액을 보험금액을 초과하여 보상하는 것으로 함으로써 보험경영의 합리화에 기여하게 될 것이다.

4. 검토

상법 개정(안) 제680조 제3항은, 손해방지를 위하여 초래된 비용보상에 대하여 보험금액의 한도에서 보상하는 것을 원칙으로 하고 있다. 그러나 손해방지의무의 이행이 보험자의 지시에 따라 이행한 경우에 대하여는 보험금을 초과하는 보상을 할 수 있음을 규정하고 있다.

상법 개정(안)이 보험자의 지시가 있는 경우에만 보상액과 손해방지비용이 보험금액을 초과하여 보상받을 수 있도록 하고 있고, 보험자의 지시를 받을 수 없는 급박한 경우에는 보험계약자가 손해방지비용을 부담하게 되므로 문제가 있다는 지적[35]이 있다. 만약 이렇게 된다면, 보험계약자에게는 엄격한 손해방지의무를 지우면서도 전손의 경우에 보험자의 지시가 없으면 손해방지비용을 전혀 보상받지 못하게 된다는 점에서 개정(안)을 받아들이기 어렵다는 주장이다. 그런 결과 "보험사고가 발생한 경우에 피보험자가 보험의 목적의 손해를 방지하고 경감하기 위하여 지출한 필요하고 합리적인 비용은 보험자가 이를 부담한다. 보험자의 비용의 보상액은 손해보상액과는 별도로 산출하고, 보험금액을 초과할 수 없다"는 중국의 보험법 제42조와 2003년 영국의 국제선박보험약관의 제9조 제5항을 참고할 것을 제안한다.

그러나 독일에서도 손해방지·경감조치를 취해야 할 긴급한 사정이 있는 경우에는 보험계약자에게 지시요청의무를 면하게 하여 손해방지의무의 위반효과(보험자의 면책 또는 보험금의 감액)를 주지 않는 데 그치고 있을 뿐(개정 전 보험계약법 제62조 제1항, 현 제82조 제2항), 그렇다고 해서 손해방지비용의 보상에까지 특별한 취급을 하고 있지 않다. 보험계약자가 손해방지·경감조치를 취해야 할 긴급한 사정으로 인해 보험자의 지시를 구하지 않고 조치를 취했다면, 그 조치를 취함으로 인해 보험금의 지급에서 불이익(보험자의 면책 또는 보험금의 감액)을 받지 않게 되는 것이고, 손해방지비용의 보상에서까지 특별한 예외를 인정받아야 하는 것은 아

---

[35] 한창희, "보험계약상 손해방지의무의 개정방향에 관한 재검토", 손해사정연구, 제1권 제1호, 2008. 08, 43면.

니라는 주장이 타당하다고 하겠다.

IV. 결 론

2008년 상법 개정(안)은 보험계약자 등의 손해방지의무를 인정함에 있어서 고의와 중과실로 구분하여 손해방지의무의 인정범위를 정하고자 하였다. 고의로 손해방지의무를 위반한 경우에는 보험자의 면책을 규정하고, 중과실의 경우에는 의무이행 시 방지 또는 경감하였을 손해를 감액하여 보상하고자 한 것이다. 그동안 불완전법규로 비판을 받아온 상법 제680조를 정비하여 손해방지의무의 인정 범위를 명확히 하고자 한 점은 의미가 있다고 하겠다. 특히, 손해방지비용과 보상액이 보험금액을 초과한 경우에도 보험자가 부담해야 한다는 내용을, 보험자의 지시가 있는 경우에 한하여 보험계약자 등이 발생한 손해방지비용은 보험금액을 초과하여 보상하도록 개정한다면, 보다 더 보험의 원리에 합당한 면을 갖추게 될 것이다.

제25장

타인을 위한 보험계약과 보험목적의 양도

I. 타인을 위한 보험계약의 의의

상법에서 보험계약자는 (타인의) 위임을 받거나 위임을 받지 아니하고 특정 또는 불특정의 타인을 위하여 보험계약을 체결할 수 있다(상법 제639조 제1항 본문). 타인을 위한 보험계약이 체결되면, 타인은 수익의 의사를 표하지 아니하여도 당연히 보험금청구권자가 된다(상법 제639조 제2항 본문). 상법 제639조 제1항 단서는 타인을 위한 손해보험의 경우에 있어서 특별한 사항을 규정하고 있다. 타인을 위한 손해보험에서 그 타인의 위임이 없는 때에는 보험계약자는 이를 보험자에게 고지하여야 하고, 그 고지가 없는 때에는 타인이 그 보험계약이 체결된 사실을 알지 못하였다는 사유로 보험자에게 대항하지 못한다(상법 제639조 제1항 단서). 보험계약자의 보험자에 대하여 고지하도록 한 이유는 보험자가 피보험자에게 그 자를 위한 보험계약이 체결되었음을 알리는 기회를 주어 도박보험의 위험을 방지하고, 그 타인이 피보험자로서 통지의무(상법 제652조, 제657조)·위험유지의무(상법 제653조) 또는 손해방지의무(상법 제680조) 등을 이행할 수 있도록 하기 위함이다.

II. 타인을 위한 보험계약의 법적 성질

타인을 위한 보험계약은 인보험 영역에서는 보험계약자와 보험수익자가 다른 경우를 의미하고, 손해보험 영역에서는 보험계약자와 피보험자가 다른 경우를 의미한다. 후자의 대표적인 사례로는 건물의 임차인이 임대인을 피보험자로 하여 화재보험계약을 체결하는 경우를 들 수 있고, 보증보험 역시 타인을 위한 보험에 해당한다. 이러한 타인을 위한 보험은 계약을 체결한 자와 계약에 대한 효과를 수익하는 자가 다르다는 점에서, 민법의 제3자를 위한 계약의 모습을 띤다. 민법과 다른 특수한 성질을 가지고 있다는 점에서, 타인을 위한 보험계약의 법적 성질을 민법상 제3자를 위한 계약으로 보는 것(판례의 입장)[1] 대신에 제3자를 위한 특수한 계약으로 보는 것이 타당하다.

III. 타인을 위한 보험계약의 요건

손해보험계약에서 타인을 위한 보험이 되기 위해서는 다음과 같은 사항이 고려되어야 한다.

첫째, 계약을 체결하는 상대방 사이에 타인을 위한다는 의사표시가 있어야 한다. 타인을 위한 것의 의미는 보험계약상의 이익인 보험금청구권을 갖는다는 것을 의미하는 것이지, 보험금청구권자를 대신해서 보험금을 수령할 수 있는 권한을 갖는다는 것은 아니다.[2] 이러한 의사표시는 반드시 명시적인 것을 의미하는 것은 아니다. 한편, 보험청약서상 손해보험의 피보험자 또는 인보험의 보험수익자 부분에 공란으로 되어 있는 경우가 왕왕 발생한다. 통설은 이 경우 자기를 위한 보험으로 추정한다.

둘째, 타인의 특정 여부는 보험계약의 성립요건에 해당되지 않는다. 그러므로 보험계약 체결 시 특정해도 되고, 추후에 정한다 할지라도 보험계약이 성립되는 것에는 아무런 영향을 미치지 않는다.

셋째, 타인의 위임 여부는 타인을 위한 보험계약의 성립요건에 해당되지 않는다. 그러므로 타인의 위임에 의해 타인을 위한 보험계약이 체결되기도 하고, 위임이 없더라도 타인을 위한 보험계약이 체결되기도 한다. 이 점 상법 제639조 제1항이 명시적으로 밝히고 있다.

1　대법원 1974. 12. 10. 선고 73다1591 판결.
2　한기정, 보험법, 제3판, 박영사, 2021, 436-437면.

IV. 타인을 위한 보험계약의 효력

타인을 위한 보험계약은 그 성질상 피보험자가 그 수익의 의사표시를 하지 아니한 경우라 할지라도, 당연히 그 계약상의 이익을 받을 수 있다(상법 제639조 제2항 본문). 또한 보험사고가 발생하면 직접 보험자에 대하여 보험금액 기타의 급여를 청구할 수 있다.[3] 그러나 이 경우에도 보험자는 보험계약자와의 관계에 기한 모든 항변사유로써 피보험자에게 대항할 수 있으므로, 보험계약자가 고지의무 등에 위반한 경우에는 보험계약을 해지할 수 있다(상법 제651조).

보험계약자뿐만 아니라 피보험자도 상법의 규정에 의하여 각종의 의무를 부담해야 하고(상법 제651조, 제652조, 제653조, 제657조), 일정한 경우에는 예외적으로 보험료지급의무(상법 제639조 3항 단서)도 부담한다. 또한 보험계약자는 보험금액 기타의 급여청구권을 갖지는 않으나, 보험계약자는 그 타인에게 보험사고로 인한 손해를 배상한 때에는 일정한 범위 안에서 보험자에 대한 보험금액의 지급을 청구할 수 있다(상법 제639조 2항 단서). 그 밖의 보험증권교부청구권(상법 제640조) · 보험료감액청구권(상법 제647조) · 보험료반환청구권(상법 제648조) · 보험사고 발생 전의 보험계약해지권(상법 제649조 제1항 본문) 등 일반적인 보험계약자의 권리를 갖는다. 다만, 보험사고 발생 전의 계약해지권은 보험계약자가 보험증권을 소지하고 있지 않는 한, 그 타인의 동의를 얻어서만 행사할 수 있다(상법 제649조 제1항 단서). 보험계약자는 보험계약의 직접 당사자로서 보험료지급의무 등 각종의 의무를 부담한다(상법 제639조 제3항 본문, 제652조, 제653조, 제657조, 제680조).

V. 보험목적의 양도

1. 개념

상법상 피보험자가 보험의 목적을 양도한 때에 양수인은 보험계약상의 권리와 의무를 승계한 것으로 추정하고 있다(상법 제679조 제1항). 보험계약상의 권리와 의무를 승계한 것으로 추정되는 보험목적의 양도가 성립하기 위해서는 첫째, 양도인과 보험자 간에 유효한 보험계약관계가 존재하여야 한다. 둘째, 보험목적은 특정되고 개별화된 물건이어야 한다. 셋째, 보험목적

---

3   대법원 1981. 10. 6. 선고 80다2699 판결; 대법원 1992. 11. 27. 선고 92다20408 판결.

은 물권적 양도방법에 의하여 양도되어야 한다. 여기에서 승계추정의 의미를 밝혀야 할 필요가 있다. 양도인은 보험목적을 양도하면 피보험이익을 상실하고 보험계약은 효력을 잃게 된다. 이로 인하여 양도 이후에 양도인이 부담하게 되는 보험료는 헛된 것에 해당한다. 한편, 양수인은 자신을 피보험자로 하는 보험계약을 체결하기 전까지 무보험상태에 놓이게 된다. 보험자는 보험계약의 효력 상실로 인하여 보험고객을 잃게 되는 상황에 직면하게 된다. 보험계약 관계자의 이익을 고려하여 이와 같이 승계추정의 규정이 우리 상법에 도입된 것이다.

> **대법원 1991. 8. 9. 선고 91다1158 판결**
>
> "상법 제679조에 의하면, 피보험자가 보험의 목적을 양도한 때에는 보험계약으로 인하여 생긴 권리를 동시에 양도한 것으로 추정한다고 규정되어 있는바, 위 규정의 취지는 보험의 목적이 양도된 경우 양수인의 양도인에 대한 관계에서 보험계약상의 권리도 함께 양도된 것으로 당사자의 통상의 의사를 추정하고, 이것을 사회경제적 관점에서 긍정한 것이고 동조에 위반한 법률행위를 공서양속에 반한 법률행위로서 무효로 보아야 할 것으로는 해석되지 아니하므로 위 규정은 임의규정이라고 할 것이고, 따라서 당사자간의 계약에 의해 위 규정의 적용을 배제할 수 있다고 할 것이다."

2. 구분

상법 제679조는 양도인과 양수인의 합의에 따른 특정승계에 해당한다. 우리 상법은 양도인과 양수인의 그러한 의사를 추정한 것뿐이지 보험관계가 이 규정으로 승계되는 것은 아니다. 보험관계의 승계는 보험계약상의 권리·의무가 포괄적으로 승계되는 상속이나 합병과 구별되는 점에 유의해야 한다. 포괄승계는 법률의 규정에 따라 발생하게 되는 것이다. 또한 피보험자가 보험사고의 발생으로 인하여 보험자에 대하여 가지는 보험금지급청구권을 타인에게 양도하는 것과도 구별된다.

3. 효력

보험목적이 양도되면 양수인은 보험계약상의 권리를 취득하므로 보험금청구권을 갖는다. 즉, 양수인은 피보험자의 지위를 취득한다. 양수인은 보험계약상 또는 상법상 피보험자로서 부담해야 하는 각종의 의무(상법 제652조, 제653조, 제657조, 제680조)를 부담해야 한다. 양도인의 피보험자로서 갖는 권리와 의무가 양수인에게 이전되는 관계는 추정되는 것에 불과하므로(상법 제679조 제1항 후단), 당사자가 반대의 입증을 한 때에는 이전의 효력이 생기지 않게 되는데 이 경우 그 보험계약은 피보험이익의 소멸로 인하여 당연히 실효하게 된다.

VI. 양도인 또는 양수인의 보험자에 대한 통지

1. 의의

상법은 보험목적의 양도가 있으면 그의 양도인 또는 양수인이 보험자에 대하여 지체 없이 그 사실을 통지하도록 규정하고 있다(상법 제679조 제2항). 이러한 통지는 그 통지의무자가 양도인 또는 양수인인 점 등에서 지명채권양도의 통지의무자가 양도인인 점(민법 제450조 제1항)과 구별된다. 양도인 또는 양수인의 이러한 통지를 보험자 기타 제3자에 대한 대항요건으로 보는 견해(대항요건설)와 내항요건은 아니며 단순히 보험자의 보호를 위한 규정으로 보는 견해(비대항요건설)로 구분된다. 보험계약상의 권리와 의무승계의 효력은 양도인과 양수인의 당사자 사이에만 미치는 것이 아니라, 보험자 기타 제3자에 대하여도 그 효력이 미친다고 보아야 실익이 있다는 점 등에서 볼 때 양도인 또는 양수인의 통지의무는 민법 제450조와 같은 대항요건으로는 볼 수 없다.

양수인은 보험목적의 양수를 보험자에게 통지하지 않았다 하더라도 보험약관에 다른 정함이 없는 한 보험목적의 양수사실을 입증하여 보험금을 청구할 수 있다. 다만, 보험목적이 선박이거나(상법 제703조의2 제1호) 또는 자동차의 경우에는(상법 제726조의4) 상법의 특별규정에 의하여 보험자의 동의 또는 승낙을 얻은 경우에 한하여 보험계약으로 인한 권리와 의무를 승계한다. 보험목적의 양도사실을 모르고 보험금을 양도인에게 지급하여도 양수인은 이의를 제기할 수 없으며, 이로 인하여 보험자가 손해를 입은 때에는 통지의무자는 이를 배상하여야 한다.

2. 화재보험보통약관상 해지사유

보험계약자가 보험목적의 양도에 따른 통지의무를 위반하였으나 그로 인해 현저한 위험의 변경 또는 증가가 없는 경우, 화재보험보통약관상의 해지사유가 되는지 여부에 대한 다툼이 있었다.[4]

> ### 대법원 1996. 7. 26. 선고 95다52505 판결
>
> "보험목적물의 양도를 보험계약자의 통지의무 사유로 들고 있는 화재보험보통약관 제9조와 '현저한 위험의 변경 또는 증가와 관련된 제9조에 정한 계약 후 알릴 의무를 이행하지 아니하였을 때'를 보험계약의 해지사유로 들고 있는 같은 약관 제11조 제2항의 규정을 종합하여 보면, 화재보험의 목적물이 양도된 경우 그 양도로 인하여 현저한 위험의 변경 또는 증가가 있고 동시에 보험계약자 또는 피보험자가 양도의 통지를 하지 않는 경우에는 보험자는 통지의무 위반을 이유로 당해 보험계약을 해지할 수 있으나, 보험목적의 양도로 인하여 현저한 위험의 변경 또는 증가가 없는 경우에는 양도의 통지를 하지 않더라도 통지의무 위반을 이유로 당해 보험계약을 해지할 수 없다고 봄이 상당하다."

3. 현저한 변경 또는 증가와 보험자의 증명책임

보험계약자가 보험목적을 양도한 경우 이로 인하여 위험의 변경 또는 증가가 있었는지 여부는 보험목적물의 사용·수익방법의 변경 등 양도 전후의 구체적인 여러 사정을 종합하여 인정하고 판단하여야 한다. 대법원은 "보험계약자가 보험목적의 양도에 따른 통지의무를 위반하였으나 그로 인해 현저한 위험의 변경 또는 증가가 없는 경우라면, 화재보험보통약관상 해지사유에 해당되지 않는다."고 판단하였다. 따라서 화재보험의 목적물의 양도로 인하여 소유자가 바뀌었다고 하여 당연히 통지의무의 대상이 되는 것은 아니고, 위험의 현저한 변경 또는 증가가 있었다는 점을 보험회사가 입증하여야 할 것이다.[5]

> ### 대법원 1996. 7. 26. 선고 95다52505 판결
>
> "손해보험에 있어서 보험의 목적이 양도된 경우에 관하여 상법 제679조 제2항은 그 양도인 또는 양수인은 보험자에 대하여 지체 없이 그 양도사실을 통지하여야 한다고 규정하고 있을 뿐 그 통지의무를 위반한 경우에 대하여 아무런 제재규정을 두고 있지 않으나, 원심이 인용한 화재보험보통약관 제9조는 제1항에서 보험계약을 맺은 후 보험의 목적에 아래와 같은 사실이 생긴 경우에는 보험계약자 또는 피보험자는 지체 없이 서면으로 회사에 알리고 보험증권에 그 확인을 받아야 한다고 규정하면서 그 제2호에서 '양도할 때'를 들고 있고, 같은 약관 제11조 제2항은 보험회사는 아래와 같은 사실이 있을 경우에는 계약을 해지할 수 있다. 다만 그 사실을 회사가 안 때로부터 1개월이 지났거나 회사의 중대한 과실로 알지 못한 때에는 해지할 수 없다고 규정하면서, 그 제2호에서 '현저한 위험의 변경 또는 증가와 관

---

4 대법원 1996. 7. 26. 선고 95다52505 판결.
5 대법원 1996. 7. 26. 선고 95다52505 판결.

련된 제9조에 정한 계약 후 알릴 의무를 이행하지 아니하였을 때' 를 들고 있으며, 같은 조 제3항은 제2항에 의한 계약의 해지가 손해의 발생 후에 이루어진 경우에도 회사는 그 손해를 보상하지 아니하나 그 손해가 제2항 제1, 2호의 어느 하나의 사실로 생긴 것이 아님이 증명된 경우에는 보상한다고 규정하고 있는바, 위와 같은 약관의 규정을 종합하여 보면 화재보험의 목적물이 양도된 경우 그 양도로 인하여 현저한 위험의 변경 또는 증가가 있고 동시에 보험계약자 또는 피보험자가 양도의 통지를 하지 않는 경우에는 보험자는 통지의무 위반을 이유로 당해 보험계약을 해지할 수 있으나, 보험목적의 양도로 인하여 현저한 위험의 변경 또는 증가가 없는 경우에는 양도의 통지를 하지 않더라도 통지의무 위반을 이유로 당해 보험계약을 해지할 수 없다고 봄이 상당하다 할 것이다."

제26장

보험자대위권

I. 의 의

보험사고로 말미암아 피보험자가 보험자로부터 손해보상을 받은 다음 제3자에 대한 청구권을 행사하도록 하는 것은 이득을 허용하는 것이고, 그렇다고 해서 제3자의 배상책임을 면제시키는 것도 불합리하다. 여기에서 손해보험계약의 발달 초기부터 손해보험계약의 기본원리의 하나인 이득금지의 원칙과 형평의 관념에 따라 보험자대위제도가 발전하였다.[1] 보험자대위의 근거를 손해보상계약성에 찾는 것은, 손해보험계약이 일종의 손해보상계약으로서 보험사고로 인하여 피보험자에게 어떤 이득을 주려는 것이 아니라 단순히 보상만을 목적으로 한다는 점에서 당연히 보험자대위가 인정된다는 입장이다.[2] 이는 우리나라의 지배적인 견해로서, 보험자대위는 손해보험계약의 성질상 보험사고로 피보험자에게 이중의 이득을 주지 않으려는데 그 근거를 두고 있다. 피보험자로 하여금 이득을 얻도록 하여서는 안 된다는 원칙은 손해보험계약의 법적 성질에서 오는 논리적인 요청이 아니고, 보험계약이 피보험자에 의한 보험사고의 유발이나 도박 등의 부정행위에 이용될 위험을 방지하기 위한 수단으로서 인정된다.

---

1   양승규, 보험법, 제5판, 삼지원, 2004, 237면.
2   서돈각·정완용, 상법강의(하), 법문사, 1998, 418면.

II. 상법상 보험자대위

1. 개념

보험사고로 인하여 손해가 생긴 경우에 보험자가 피보험자에 대하여 보험금을 지급하는 것은 보험료지급에 대한 대가 급여인 위험부담의 현실화에 지나지 않기 때문에, 보험사고가 보험관계 밖에서 어떻게 피보험자에게 경제적 영향을 주는가는 보험계약과 관계가 없다고 할 것이다. 그러나 보험사고가 발생한 경우에, 피보험자가 보험의 목적에 관하여 아직 잔존물을 가지거나 또는 제3자에 대하여 손해배상청구권을 취득하는 일이 있다. 보험자가 이에 관계없이 보험금을 지급한다면, 피보험자는 오히려 이중의 이득을 얻게 되는 결과가 된다. 그래서 상법은 보험자가 피보험자에게 보험금을 지급한 때에는, 일정한 요건하에 피보험자가 가지는 권리가 보험자에게 이전하는 것으로 하고 있다. 이를 보험자대위(Subrogation, Abtretung des Schadensersatzanspruchs des Versicherten)라고 한다. 보험자대위에서는 보험자가 보험사고로 인한 손실을 피보험자에게 보상하여 주고, 그 피해자 또는 보험계약자가 보험의 목적이나 제3자에 대하여 가지는 권리를 법률상 당연히 취득하게 된다.

2. 법적 성질

보험자대위의 내용인 보험의 목적에 관한 권리 또는 제3자에 대한 권리의 이전은, 보험자가 피보험자에게 보험금액을 지급함으로써 법률상 당연히 발생하게 된다.[3] 즉 당사자 사이의 의사표시를 요하지 않는다. 보험자대위에 따르는 잔존물에 대한 권리의 이전의 경우에는 인도 또는 등기를 요하는 물권변동(민법 제186조, 제188조)의 절차를 밟지 않고도 보험자는 당연히 제3자에게 그 권리를 주장할 수 있고, 제3자에 대한 권리의 이전의 경우에도 지명채권양도의 대항요건(민법 제450조)의 절차를 거치지 아니하고 채무자 그 밖의 제3자에게 대항할 수 있기 때문에, 보험자대위의 법적 성질은 '민법상의 손해배상자의 대위(민법 제399조)'와 유사한 면이 있다.[4]

---

3   이기수·최병규·김인현, 보험·해상법(상법강의 IV), 제9판, 박영사, 2015, 202면.
4   양승규, 보험법, 제5판, 삼지원, 2004, 236면.

3. 구분

보험자가 대위할 피보험자의 권리는 피보험자의 보험의 목적물에 대한 것(잔존물 대위: 상법 제681조) 일수도 있고, 보험의 목적과 관련된 피보험자의 제3자에 대한 권리(청구권 대위: 상법 제682조)일 수도 있다. 보험자대위는 손해보험의 경우에 인정되고 인보험에서는 이를 금지하는 것이 원칙(상법 제729조 본문)이나, 당사자의 약정에 의하여 인보험 가운데 상해보험에서는 이것이 가능하다(제729조 단서). 인보험은 대개 정액보상방식이다. 이 경우 청구권대위가 적용될 여지가 없다. 다만, 비정액 보상방식인 상해보험은 당사자가 이득 금지를 목적으로 청구권대위를 약정하면 이 경우에 한해서 이득 금지를 적용하게 된다.

Ⅲ. 잔존물대위

1. 구분

우리 상법 제681조에 의하면, "보험의 목적의 전부가 멸실한 경우에 보험금액의 전부를 지급한 보험자는 그 목적에 대한 피보험자의 권리를 취득한다"고 규정하고 있다. 즉 항공기가 추락한 후 남은 엔진, 난파된 선박 등 보험사고 후 남은 물건에 대한 피보험자의 권리가 보험금액 전액을 지급한 보험자에게 당연히 이전되는 경우를 바로 잔존물 대위라고 한다.[5] 결국 잔존물대위를 인정하게 되면, 물건보험에서 있어서 보험의 목적이 훼손되어 그 본래의 경제적 기능을 전부 잃은 경우에 그 잔존물의 가액을 평가하지 아니하고 전손으로 취급하여 보험금액을 전부 지급한 경우에 그 잔존물에 대한 피보험자의 권리를 보험자에게 이전시키게 되는 것이다.

2. 요건

잔존물대위가 발생하려면, 우선적으로 보험사고로 인한 보험의 목적이 전부 멸실되어야 한다. 여기서 전부멸실이라 함은 목적물이 물리적으로 완전히 소멸한 것을 의미한 것이 아니라 목적물이 동일성을 상실하여 보험자가 보험가액을 기준으로 전손으로 보상한 경우를 의미한다.[6] 둘째, 보험자가 전손으로 약정한 보험금액 전부를 지급하여야 한다. 여기서 보험금액은 상

---

5   최준선, 보험법·해상법, 제3판, 삼영사, 2008, 198면.

법 제680조상의 손해방지비용과 상법 제676조 제2항에 규정되어 있는 손해산정비용까지도 포함하는 것으로 본다. 그리고 마지막으로 당사자는 특약으로 대위권의 포기가 없어야 한다. 보험의 목적에 대한 보험자의 권리취득은 보험자의 이익을 도모하기 위한 것이지만 경우에 따라서는 오히려 불이익이 되는 때도 발생한다. 즉, 선박이 침몰한 경우 보험자는 침몰선과 잔존물을 제거하여야 할 공법상의 의무[7]도 부담해야 하지만, 제거하지 않은 동안에 발생할 수 있는 손해배상책임의 불이익이 발생할 수 있다.[8] 이 경우 보험자는 특약으로 잔존물에 대한 권리의 포기가 가능한 것이다.

3. 효과

보험의 목적이 전부 멸실되고 보험자가 보험금액의 전부를 지급하게 되면 보험자는 피보험자의 권리를 취득하게 되는데, 여기서 피보험자의 권리라 함은 피보험자가 보험의 목적에 대하여 가지는 피보험이익에 관한 모든 권리로 보아야 한다. 그 결과 보험의 목적에 대한 피보험자의 소유권 외에 경제적인 이익이 있는 한 저당권도 여기에 포함되어야 할 것이다.[9]

권리이전의 시기는, 상법 제681조가 규정하고 있는 바와 같이 보험자가 보험금액을 전부 지급한 때로 보는 것이 타당하다.[10] 한편 보험가액의 일부를 보험에 붙인 일부보험의 경우는, 보험자가 보험금액의 보험가액에 대한 비율에 따라 보상할 책임을 지므로(상법 제674조) 보험자가 보험금액의 전부를 지급하면 보험금액의 보험가액에 대한 비율에 따라 피보험자가 보험의 목적에 대하여 가지는 권리를 취득하게 된다(상법 제681조 단서).

....

6　이기수 · 최병규 · 김인현, 보험 · 해상법(상법강의 IV), 제9판, 박영사, 2015, 205면.

7　개항질서법 제26조(장애물 등의 제거) ① 지방해양항만청장은 개항(開港)의 항계(港界)안 또는 항계(港界)의 부근에서 船舶(선박)의 항행(航行)을 방해하거나 항행(航行)에 위험(危險)을 미칠 우려가 있는 표류물(漂流物) · 침전물(沈沒物)등의 물건을 발견한 때에는 그 물건의 소유자(所有者) 또는 점유자(占有者)에 대하여 그 제거를 명(命)할 수 있다. ② 지방해양항만청장은 제1항의 규정에 의한 명령을 이행하지 아니하거나 그 물건의 소유자 또는 점유자를 알 수 없는 경우에는 대통령령이 정하는 바에 의하여 그 물건을 제거할 수 있다. 이 경우 제거에 쓰여진 비용은 그 물건의 소유자 또는 점유자의 부담으로 하되, 당해물건의 소유자 또는 점유자를 알 수 없는 경우에는 대통령령이 정하는 바에 의하여 당해물건을 처분하여 그 비용에 충당한다.

8　최기원, 보험법, 제3판, 박영사, 2002, 293면.

9　양승규, 보험법, 제5판, 삼지원, 2004, 232면 이하.

10　대법원 1981. 7. 7. 선고 80다1643 판결.

IV. 청구권대위

1. 개념

잔존물대위와 달리, 상법 제682조상의 청구권대위는 제3자의 행위로 인하여 피보험자의 손해가 발생하고 보험자가 보험금액을 지급한 경우에, 보험금을 지급한 한도에서 보험자에게 제3자에 대한 보험계약자 또는 피보험자의 권리를 취득하게 되는 경우를 말한다. 우리 상법이 청구권대위를 규정한 것은, 단지 피보험자 등의 제3자에 대한 손해배상청구권이 있음을 전제로 하여 지급한 금액의 한도에서 그 청구권을 대위한다는 취지에 불과한 것이라 볼 수 있다.[11] 보험금액의 지급은 보험계약상의 의무로서 지급하는 것으로 반드시 보험계약에서 정한 한도의 모든 금액을 지급하여야 하는 것은 아니다.[12] 일부를 지급하여도 그 지급한 범위 안에서 그 대위권을 행사할 수 있다는 점에서, 보험의 목적에 대한 보험자대위의 경우와 다른 것이다.

2. 인정 근거

보험계약상 피보험자는 제3자의 불법행위로 보험사고가 발생한 경우에, 불법행위를 원인으로 하여 불법행위자인 제3자에게 손해배상을 청구할 수 있고 보험계약에 의한 보험금을 청구할 수 있다. 법적으로 다른 원인에 의한 독립된 청구권이므로 양 청구권의 행사가 가능하게 된다. 그러나 우리의 입법자가 보험금을 지급하면 청구권대위에 의하여 피보험자가 가지고 있던 제3자에 대한 권리를 보험자가 취득하도록 한 것은, 본래 손해보험이 손해의 보상을 목적으로 하므로 피보험자가 보험사고의 발생으로 이중의 이득을 취하게 되는 것을 방지하고자 한 것이다.[13] 또한 보험자가 피보험자에게 보험금을 지급함으로써 불법행위를 한 자의 채무를 면하게 하는 것 또한 "보험사고의 발생에 책임이 있는 자는 누구도 책임을 면하지 못한다"고 하는 형평의 관념에 따른 것이다.[14]

---

11 대법원 1981. 7. 7. 선고 80다1643 판결.

12 최기원, 보험법, 제3판, 박영사, 2002, 293면.

13 양승규, "보험자대위에 관한 연구", 서울대학교대학원박사학위논문, 1975, 35면.

14 Amtliche Begründung zu § 67 VVG Neudruck, 1963, S. 139..

3. 요건

청구권대위가 발생하려면 '피보험자에게 손해가 생기는' 제3자의 가해 행위가 있어야 한다.[15] 청구권대위의 요건으로 손해를 가하는 행위는 위법행위는 물론이고 적법행위도 가능하다. 대법원 역시 "보험사고에 의하여 손해가 발생하고 피보험자가 그 손해에 관하여 제3자에게 손해배상 청구권을 갖게 되면 보험금을 지급한 보험자는 제3자에게 귀책사유가 있음을 입증할 필요가 없이 법률의 규정에 의하여 당연히 그 손해배상 청구권을 취득하게 된다고 할 것이므로, 상법 제682조 소정의 '제3자의 행위'란 '피보험이익에 대하여 손해를 일으키는 행위'를 뜻하는 것으로서 고의 또는 과실에 의한 행위만이 이에 해당하는 것은 아니다."라고 판시하고 있다.[16] 그리고 제3자에 대한 피보험자의 권리가 존재해야 하고, 피보험자의 손해가 비록 제3자의 행위로 말미암아 발생하였다 하더라도 보험자는 보험계약에 따라 피보험자에게 그 손해를 보상하는 보험금을 지급해야 한다.

1) '제3자 행위'의 의미

제3자의 행위라 함은 보험계약의 목적인 피보험이익에 대하여 손해를 일으키는 행위로서 방화와 같은 불법행위 외에도 임차인의 실효 등을 이유로 한 채무불이행을 포함하는 것으로 이해한다.[17]

2) 제3자의 범위

상법 제682조의 원문에 따라 제3자의 범위를 정한다면, 보험자와 보험계약자 그리고 피보험자 이외의 자를 말한다. 손해보험에서 보험계약자와 피보험자가 동일한 '자기를 위한 보험계약'을 체결한 경우에 제3자의 책임 있는 사유로 보험의 목적물이 소실된 때에 보험금을 지급한 보험자는, 제3자에 대한 피보험자의 권리를 취득하는 것은 당연하다. 한편 손해보험계약에서 보험의 목적에 대하여 피보험이익을 가지고 있는 자가 피보험자로 될 수 있는데, 상법 제639조

------

15 대법원 1988. 12. 13. 선고 87다카311 판결에서, "상법 제682조의 보험자대위에 대하여 보험자가 취득하는 권리는 당해 사고발생 자체로 인하여 피보험자가 제3자에 대하여 가지는 불법행위로 인한 손해배상청구권이나 채무불이행으로 인한 손해배상청구권에 한한다"고 판시하고 있다.
16 대법원 1995. 11. 14. 선고 95다33092 판결.
17 양승규, 보험법, 제5판, 삼지원, 2004, 246면.

제1항에 따르면 보험계약자는 그 타인의 위임이 있고 없고를 묻지 아니하고 그 타인이 피보험이익의 주체가 될 수 있는 한 그 타인을 위하여 보험계약을 체결할 수 있음을 규정하고 있다.

여기서 제기되는 문제가 바로, 타인을 위한 보험계약의 경우 보험계약자도 제3자에 포함되는가에 대한 물음이다. 부정설에 따르면, 타인의 위한 손해보험계약에서 보험계약자는 보험계약의 직접적인 당사자로서 보험금청구권을 제외하고는 보험계약상의 권리와 의무를 가지고 있다는 점에 주목하고 있다.[18] 그러므로 타인을 위한 손해보험에서 보험사고가 생긴 경우에 피보험자가 보험자에게 보험금을 청구한다 하더라도 보험계약자는 제3자와는 다른 지위를 갖고 있다는 점을 유의해야 한다[19]고 한다.

긍정설에 따르면, 보험자대위의 입법취지가 보험사고로 인하여 이중이득을 보는 자나 보험사고에 대한 책임을 면하는 자가 없도록 하는 데 있다는 점과 타인을 위한 손해보험은 오로지 피보험자의 보호를 목적으로 한 보험으로서 피보험자의 보험계약자에 대한 권리도 이전될 수 있으므로 제3지의 범위에 보험계약자도 포함된다고 한다.[20] 판례 또한 긍정설에 따르고 있다.[21]

피보험자가 다른 사람들과 함께 공동불법행위를 범한 경우에 피보험자는 제3자에 포함되지 않지만, 다른 공동불법행위자들은 제3자에 포함된다. 이들은 청구권대위의 대상이 되는 제3자에 해당하는 것이다. 공동불법행위자 중 1인과 체결한 보험계약에 따라 보험자가 손해배상금을 지급하여 공동불법행위자들이 공동 면책된 경우 보험계약을 체결한 공동불법행위자의 다른 공동불법행위자에 대한 구상권 행사를 할 수 있는가에 대하여, 대법원은 이를 긍정하고 있다.[22]

> ### 대법원 1998. 12. 22. 선고 98다40466 판결
>
> "승용차 운전자인 갑과 을 회사 소유 화물차 운전자의 과실이 경합하여 병 회사의 버스 승객들이 상해를 입은 사고에서, 병 회사는 그 운전자의 과실이 없다고 하더라도 위 버스의 운행자로서 위 피해자들에 대하여 자동차손해배상보장법상의 배상책임을 부담하고, 한편 을 회사와 갑 역시 위 화물차 및 승용차의 운행자 또는 공동불법행위자로서 위 피해자들에 대하여 손해배상책임을 부담하며, 병 회사와 을 회

---

18 손주찬, 상법(하), 박영사, 2006, 596면. 보험계약자는 보험증권교부청구권(상법 제640조)을 비롯한 보험료지급의무(상법 제650조), 위험변경증가의 통지의무(상법 제652조), 위험유지의무(상법 제653조), 보험사고발생통지의무(상법 제667조) 및 손해방지의무(상법 제680조) 등을 지고 있다.

19 양승규, 보험법, 제5판, 삼지원, 2004, 238면.

20 채이식, 상법강의(하), 박영사, 2003, 564면; 최기원, 보험법, 제3판, 박영사, 2002, 275면 이하.

21 대법원 1989. 4. 25. 선고 87다카1669 판결; 대법원 1990. 2. 9. 선고 89다카21965 판결.

22 대법원 1998. 12. 22. 선고 98다40466 판결.

> 사 및 갑의 위 각 책임은 부진정연대채무의 관계에 있다고 할 것인즉, 이러한 경우 병 회사의 보험자가 병 회사와 체결한 보험계약에 따라 위 피해자들에게 그 손해배상금을 보험금으로 모두 지급함으로써 을 회사와 갑도 공동면책이 되었다면, 병 회사는 을 회사에게 그 부담 부분에 대한 구상권을 행사할 수 있다."

한편, 청구권대위를 인정하지 않았던 대법원 판결들도 있다. 관심 있는 몇 개의 판결을 살펴본다. 대법원은 "상법 제682조 소정의 보험자대위는, 보험사고로 인한 손해가 보험계약자 또는 피보험자 아닌 제3자의 행위로 인하여 생긴 경우에 보험금액을 지급한 보험자가 보험계약자 또는 피보험자의 그 제3자에 대한 권리를 취득하는 제도이므로, 보험계약의 해석상 보험사고를 일으킨 자가 위 법 소정의 "제3자"가 아닌 "피보험자"에 해당될 경우에는 보험자는 그 보험사고자에 대하여 보험자대위권을 행사할 수 없는 것이다."라고 판시한 바 있고,[23] 또 다른 사건에서 "보험자대위의 법리에 의하여 보험자가 제3자에 대한 보험계약자 또는 피보험자의 권리를 행사하기 위해서는 손해가 제3자의 행위로 인하여 생긴 경우라야 하고 이 경우 제3자라고 함은 피보험자 이외의 자가 되어야 할 것인바, 자동차종합보험 보통약관에 피보험자는 기명피보험자 외에 기명피보험자의 승낙을 얻어 자동차를 사용 또는 관리 중인 자 및 위 각 피보험자를 위하여 자동차를 운전 중인 자(운행보조자를 포함함) 등도 포함되어 있다면, 승낙피보험자의 행위로 인하여 보험사고가 발생한 경우 피보험자가 승낙피보험자에 대하여 손해배상채무부담에 관한 약정에 기하여 청구권을 갖는다 하여도 보험자가 보험자대위의 법리에 의하여 그 권리를 취득할 수 없다."고 판시한 바 있다.[24]

한편, 피보험자와 생계를 같이하는 가족이 제3자에 포함되는가에 대한 다툼에 대하여는 2014년 상법 제682조 제2항의 개정으로 일단락되었다. 피보험자와 생계를 같이하는 가족에 대해서는 청구권대위가 적용되지 않고, 다만 손해가 가족의 고의로 인해 발생한 경우 청구권대위가 적용되는 것으로 규정한 것이다. 이러한 변경은 예전 판례(2002다32547 판결; 2009다27452 판결)들을 반영한 것으로 볼 수 있다.

---

23 대법원 1991. 11. 26. 선고 90다10063 판결.
24 대법원 1993. 1. 12. 선고 91다7828 판결.

대법원 2002. 9. 6. 선고 2002다32547 판결

피보험자의 동거친족에 대하여 피보험자가 배상청구권을 취득한 경우, 통상은 피보험자는 그 청구권을 포기하거나 용서의 의사로 권리를 행사하지 않은 상태로 방치할 것으로 예상되는바, 이러한 경우 피보험자에 의하여 행사되지 않는 권리를 보험자가 대위취득하여 행사하는 것을 허용한다면 사실상 피보험자는 보험금을 지급받지 못한 것과 동일한 결과가 초래되어 보험제도의 효용이 현저히 해하여진다 할 것이고, 무면허면책약관은 보험약관에 있어서의 담보위험을 축소하고 보험료의 할인을 가능하게 하는 데 그 취지가 있는 것이기는 하나, 그 경우에도 피보험자의 명시적이거나 묵시적인 의사에 기하지 아니한 채 무면허 운전자가 피보험자동차를 운전한 경우에는 면책조항의 예외로서 보험자가 책임을 지는 점에 미루어 무면허 운전자가 동거가족인 경우에도 보험자의 대위권 행사의 대상이 되는 것으로 해석한다면, 무면허 운전자가 가족이라는 우연한 사정에 의하여 면책약관에 위배되지 않은 보험계약자에게 사실상 보험혜택을 포기시키는 것이어서 균형이 맞지 않는 점 등에 비추어, 무면허운전 면책약관부 보험계약에서 무면허 운전자가 동거가족인 경우 특별한 사정이 없는 한 상법 제682조 소정의 제3자의 범위에 포함되지 않는다고 봄이 타당하다.

대법원 2009. 8. 20. 선고 2009다27452 판결

"구 자동차손해배상 보장법(2008. 2. 29. 법률 제8852호로 개정되기 전의 것) 제37조 제1항에 의하여 같은 법 제26조 제1항에 따른 보장사업에 관한 업무를 건설교통부장관으로부터 위탁받은 보장사업자가 피해자에게 보상금을 지급한 경우 그 보장사업자는 같은 법 제31조 제1항에 따라 같은 법 제3조에 의하여 손해배상책임이 있는 자에 대하여 가지는 피해자의 손해배상청구권을 대위행사할 수 있다. 그렇지만, 손해배상채무자가 피해자의 동거친족인 경우에는 피해자가 그 청구권을 포기하거나 용서의 의사로 권리를 행사하지 아니할 것으로 예상되고, 이와 같이 피해자에 의하여 행사되지 아니할 것으로 예상되는 권리를 보장사업자가 대위취득하여 행사하는 것을 허용한다면 사실상 피해자는 보험금을 지급받지 못하는 것과 동일한 결과가 초래될 것이며, 이는 자동차 보유자가 납부하는 책임보험료 중 일정액을 정부가 분담금으로 징수하여 교통사고를 당하고도 보상받지 못하는 피해자에 대하여 법에서 정한 일정한 한도 안에서 손해를 보상하는 사회보장제도의 일종인 보장사업의 취지와 효용을 현저히 해하는 것이 되어 허용될 수 없다."

4. 효과

청구권대위의 요건이 갖추어지면, 보험계약자 또는 피보험자의 제3자에 대한 권리가 보험자에게로 이전된다. 보험자대위권은 보험자가 피보험자에게 손해보상을 함으로써 법률상 당연히 생기는 것이므로 대항요건, 즉 그 권리이전의 통지 또는 승낙을 필요로 하지 않는다.

이전할 권리에는 보험계약자와 피보험자의 권리 모두가 포함되고, 채무자인 제3자에는 보험계약자가 포함된다고 보아야 할 것이므로 피보험자의 보험계약자에 대한 권리까지도 포함되는 것이다.

V. 다른 공동불법행위자의 보험자에 대한 구상권

1. 의의

보험자대위와 관련하여 흥미로운 판결이 지속되고 있다. 2024다249729 판결 역시 우리의 관심을 끌고 있는 보험자대위 법리에 따라 취득한 구상권과 관련된 문제였고, 여기에 소멸시효기간이 주요 쟁점이 되었다.[25]

문제가 되었던 부분은 원고가 피고에 대하여 행사하는 권리의 성격은 무엇인가에 따라 소멸시효기간이 달라진다는 점이었다. 첫째 주장은 공동불법행위자 중 1인의 보험자인 원고가 피해자에게 손해배상금을 모두 지급한 경우 다른 공동불법행위자들의 보험자인 피고에게 직접 구상권을 행사하는 경우에는 구상금 채권의 소멸시효기간이 5년에 해당한다고 한다. 이와 다른 입장은 원고가 갑이 피고에 대하여 가지는 직접적인 구상권을 취득하는 보험자대위의 법리에 따라 구상권을 취득하였다고 보고, 이 경우에는 소멸시효기간이 10년이라는 주장이다.

2. 대상판결

1) 사실관계

원고는 A차량에 관하여, 피고는 B차량에 관하여 각각 자동차보험계약을 체결한 보험자이다. A는 2016. 4. 14. 16:00경 A차량을 운전하던 중 2차로에 주차된 B차량 뒤에서 나오는 보행자(이하 '피해자'라고 한다)를 충격하는 교통사고를 야기하였다. 이에 원고는 2016. 5. 20.부터 2022. 5. 23.까지 피해자에게 합의금 및 치료비 명목으로 58,197,890원을 지급하였다. 원고는 피해자의 치료비를 지급하여 피해자의 피고에 대한 손해배상청구권을 대위취득하였음을 이유로 17,459,360원의 지급을 청구하였다. 이에 피고는 사고가 발생한 날로부터 5년이 경과하여 피해자의 권리가 시효소멸하였으므로 원고가 대위할 권리가 없고, 그렇지 않더라도 원고가 소 제기 5년 이전에 지급한 치료비에 대한 구상금채권은 시효소멸하였다고 항변하였다.

....

25   대법원 2024.9.27. 선고 2024다249729 판결.

2) 사건의 쟁점

원고는 2023.2.3. 이 사건 소를 제기하였다. 원고는 대위채권의 소멸시효는 10년이라고 주장하고 있는 반면에, 피고는 보험자 간의 직접구상채권의 소멸시효는 5년이므로 일부금액(16,801,170원)은 소멸시효가 도과하여 그 기간이 경과하지 않은 금액(41,396,720원) 중 피고의 과실비율(20%)에 상응하는 구상금(8,279,344원)만을 지급하겠다고 맞섰다. 그러므로 이 사건의 쟁점은 보험사 간 구상채권의 소멸시효 기간이다.

3) 판결의 요지

(1) 제1심

제1심[26]에서 법원은 공동불법행위자들과 각각 상행위인 보험계약을 체결한 보험자들 상호 간에 있어서 공동불법행위자 중의 1인과 사이에 보험계약을 체결한 보험자가 피해자에게 손해배상금을 보험금액의 범위 내에서 지급하고 다른 공동불법행위자의 보험자가 부담하여야 할 부분에 대하여 직접 구상권을 행사하는 경우 그 손해배상금 지급행위는 상인이 영업을 위하여 하는 행위라고 할 것이므로, 그 구상금 채권은 보조적 상행위로 인한 채권으로서 그 권리를 행사할 수 있는 때로부터 5년간 행사하지 아니하면 소멸시효가 완성된다는 점,[27] 소멸시효의 기산점은 구상권이 발생한 시점, 즉 보험자가 피해자에게 손해배상금을 지급한 때라는 점[28]을 판시하였다.

법원은 원고가 이 사건 소로 구하는 구상금 채권 중 소 제기일로부터 역산하여 5년(2018. 2. 3.) 이전에 피해자에게 지급된 손해배상금에 대한 구상금 채권은 시효로 소멸하였다고 판단하였다.

(2) 제2심

제2심[29]에서 법원은 제1심과 동일하게 원고가 피고에게 직접 구상권을 행사하는 경우 원고의 손해배상금 지급행위는 상인이 영업을 위하여 하는 행위인 관계로 그 구상금채권은 보조적 상행위로 인한 채권이어서 소멸시효기간은 그 권리를 행사할 수 있는 때로부터 5년이 되므로,

---

26 서울중앙지방법원 2024. 1. 17. 선고 2023가소1129489 판결.

27 대법원 1998. 7. 10. 선고 97다17544 판결 등.

28 대법원 1999. 6. 11. 선고 99다3143 판결 등.

29 서울중앙지방법원 2024. 5. 22. 선고 2024나7566 판결.

원고가 이 사건 소를 제기한 때로부터 역산하여 5년이 되는 시점 이전에 피해자에게 지급한 손해배상금에 대한 구상금채권은 시효로 소멸하였다고 판단하였다.

(3) 대법원 판단

대법원은 원고가 이 사건 청구원인으로 내세우는 청구권은 원고차량 운전자의 보험자인 원고가 피해자에게 손해배상금을 보험금으로 모두 지급하여 공동면책 됨으로써 상법 제682조의 보험자대위 법리에 따라 취득한 원고차량 운전자의 피고에 대한 구상권으로 봄이 타당하므로, 위 구상금채권의 소멸시효기간은 10년이고, 그 기산점은 원고가 현실로 피해자에게 손해배상금을 지급한 때이므로, 원고가 피해자에게 손해배상금을 지급한 때로부터 10년이 경과하기 전에 이 사건 소를 제기함으로써 위 구상금채권의 소멸시효는 중단되었다고 보아, 이와 달리 판단한 원심을 파기환송하였다.

대법원의 판시이유는 다음과 같다. 공동불법행위에서 공동불법행위자들과 각각 보험계약을 체결한 보험자들은 그 공동불법행위의 피해자에 대한 관계에서 상법 제724조 제2항에 따른 손해배상채무를 각자 직접 부담하는 것이므로, 공동불법행위자 중의 1인과 보험계약을 체결한 보험자가 피해자에게 손해배상금을 보험금으로 모두 지급함으로써 공동불법행위자들의 보험자들이 공동면책 되었다면, 그 손해배상금을 지급한 보험자는 다른 공동불법행위자들의 보험자들이 부담하여야 할 부분에 대하여 직접 구상권을 행사할 수 있다. 이 경우 그 손해배상금 지급행위는 상인이 영업을 위하여 하는 행위이므로, 그 구상금채권은 보조적 상행위로 인한 채권으로서 그 권리를 행사할 수 있는 때로부터 5년간 행사하지 아니하면 소멸시효가 완성한다.[30]

한편, 위와 같이 공동불법행위자 중 1인의 보험자가 피해자에게 손해배상금을 보험금으로 모두 지급함으로써 공동면책 되었다면, 피보험자인 공동불법행위자는 다른 공동불법행위자들을 상대로 그들의 부담 부분에 대하여 구상권을 행사할 수 있을 뿐만 아니라, 상법 제724조 제2항에 따라 다른 공동불법행위자들의 부담 부분에 대한 구상권을 그들의 보험자들에게 직접 행사할 수 있고, 손해배상금을 지급한 보험자는 상법 제682조의 보험자대위의 법리에 따라 자신의 피보험자가 다른 공동불법행위자들의 보험자들에 대하여 갖는 직접적인 구상권을 취득하여 그 보험자들에게 행사할 수 있다.

이같이 보험자대위의 법리에 따라 취득한 피보험자의 다른 공동불법행위자들 및 그들의 보

----

30   대법원 1998. 7. 10. 선고 97다17544 판결.

험자들에 대한 구상권의 소멸시효 기간은 일반채권과 같이 10년이고, 그 기산점은 구상권이 발생한 시점, 즉 구상권자가 현실로 피해자에게 손해배상금을 지급한 때이다.[31] 위와 같이 공동불법행위자 중의 1인과 보험계약을 체결한 보험자가 피해자에게 손해배상금을 보험금으로 모두 지급한 경우 다른 공동불법행위자들의 보험자들에 대하여 직접 구상권을 가짐과 동시에 상법 제682조에 따라 피보험자의 다른 공동불법행위자들의 보험자들에 대한 구상권을 대위 취득하게 되나, 이러한 '구상권'과 '보험자대위권'은 내용이 전혀 다른 별개의 권리이다.[32]

3. 구상채권의 발생 근거

책임보험자들 중 1인의 보험자가 피해자에게 보험금을 지급하고 다른 공동불법행위자의 보험자에게 구상권을 행사하는 법리는 두 가지로 설명되고 있다. 첫 번째는 상법 제682조의 보험자 대위행사이고, 두 번째는 상법 제724조 제2항에 따른 피해자 직접청구권을 매개로 한 책임보험자간의 직접구상권 행사이다.

먼저 '상법 제724조 제2항에 따른 피해자 직접청구권을 매개로 한 책임보험자 간의 직접구상권 행사의 법리'를 살펴보고 '민법상 변제자 대위 법리'를 검토한 뒤, 대법원이 판단한 상법 제682조의 보험자 대위행사의 법리를 검토해 본다.[33]

1) 직접 구상권 행사를 인정하는 견해

(1) 논거

직접 구상권 행사와 관련된 판례로는 96다19765 판결을 들 수 있다. 동 판례에서는 "공동불법행위의 경우 공동불법행위자들과 각각 보험계약을 체결한 보험자들은 각자 그 공동불법행위의 피해자에 대한 관계에서 상법 제724조 제2항에 의한 손해배상채무를 직접 부담하는 것이므로, 이러한 관계에 있는 보험자들 상호간에는 공동불법행위자 중의 1인과 사이에 보험계약을 체결한 보험자가 피해자에게 손해배상금을 보험금으로 모두 지급함으로써 공동불법행위자들의 보험자들이 공동면책되었다면 그 손해배상금을 지급한 보험자는 다른 공동불법행위자들

<hr>

31 대법원 1998. 12. 22. 선고 98다40466 판결; 대법원 1999. 6. 11. 선고 99 다3143 판결.
32 변제자대위에 관한 대법원 2009. 2. 26. 선고 2005다32418 판결.
33 윤찬영, "교통사고 피해자에 대한 보험금지급에 기한 보험자대위의 허용 가부 – 대법원 1999. 6. 11. 선고 99다3143 판결의 비판적 분석에 기초하여 – ", 저스티스, 통권 제125호, 한국법학원, 2011, 208-214면.

496

의 보험자들이 부담하여야 할 부분에 대하여 직접 구상권을 행사할 수 있다"고 판시하고 있다.[34]

(2) 실익

(가) 신속한 피해자 구제

만약 직접 구상권 행사를 막는다면 공동불법행위자 중의 1인의 보험자가 피해자에게 손해배상금을 보험금으로 모두 지급한 다음 그 피보험자인 공동불법행위자의 다른 공동불법행위자에 대한 구상권을 보험자대위에 기하여 행사할 수밖에 없는데 다른 공동불법행위자에게는 자력이 부족할 가능성이 있다. 보험자들이 그러한 상황을 염두에 둔다면 결국 사고발생의 책임이 확정되기 이전까지 보험금 지급을 회피하게 되고 결과적으로 보험제도를 통한 피해자의 신속하고 충분한 구제가 유명무실해진다. 직접 구상권 행사를 허용한다면 보험자들은 자신의 보험업계에서의 평판을 고려해 보험금을 먼저 지급하고 이후 다른 공동불법행위자의 보험자와 정산을 할 수 있고, 피해자에 대한 신속한 구제가 가능해진다.

(나) 시효의 이익

보험자가 피보험자인 공동불법행위자의 다른 공동불법행위자에 대한 구상권을 대위행사하는 경우 그 구상권의 소멸시효는 보험금 지급으로 공동면책된 시점으로부터 10년의 시효기간에 걸린다. 다만, 직접 구상권의 소멸시효의 시효기간에 관하여 대법원은 "공동불법행위자들과 각각 상행위인 보험계약을 체결한 보험자들 상호간에 있어서 공동불법행위자 중의 1인과 사이에 보험계약을 체결한 보험자가 피해자에게 손해배상금을 보험금액의 범위 내에서 지급하고 다른 공동불법행위자의 보험자가 부담하여야 할 부분에 대하여 직접 구상권을 행사하는 경우 그 손해배상금 지급행위는 상인이 영업을 위하여 하는 행위라고 할 것이므로, 그 구상금채권은 보조적 상행위로 인한 채권으로서 그 권리를 행사할 수 있는 때로부터 5년간 행사하지 아니하면 소멸시효가 완성한다"고 판시하여 5년의 시효에 걸린다는 입장이다.

34　대법원 1998. 9. 18. 선고 96다19765 판결.

2) 민법상 변제자의 대위 법리

(1) 논거

96다19765 판결에서 갑의 보험자인 원고가 상법 제724조 제1항에 의하여 형식적으로는 피해자인 무에 대하여 채무자이지만, 실질적으로는 갑의 무에 대한 채무를 병존적으로 인수한 채무자로서 실질적으로는 제3자의 채무변제에 해당하므로, 민법 제481조 변제자대위 규정에 의하여 무의 피고1에 대한 직접청구권과 피고2에 대한 손해배상청구권을 대위하여 행사할 수 있다는 주장이 있다.[35]

(2) 실익

이 견해의 장점은 첫째, 논리적으로 대단히 명쾌하다는 점과 둘째, 시효가 현실로 피해자에게 손해배상금을 지급한 때로부터 진행되고 그 기간이 10년이나 됨에 따라 시효제도의 왜곡이 발생할 수 있음에 반하여, 피해자 무의 피고2 또는 피고1에 대한 손해배상청구권 내지 직접청구권의 시효기간에 걸리게 되어 보험관계의 조속한 처리 및 종결이 가능하게 된다는 점을 들 수 있다.[36]

3) 본 사안의 경우

대법원은 보험자대위법리 또는 직접구상권법리 적용이 모두 가능하다고 설명하고 있으며, 본 사안의 경우에는 원고가 제출한 소장에는 사건명이 '구상금'으로 기재되어 있는 반면, 원고가 주장하는 청구권의 법적 근거에 관하여는 '원고는 피해자에게 손해배상금을 보험금으로 지급함으로써 상법 제682조에 따라 피해자의 피고에 대한 손해배상채권을 대위 취득하였다.'라는 취지로 기재되어 있어, 원고의 이 사건 청구원인이 피고에 대한 직접적인 구상권인지 아니면 보험자대위권인지 분명하지 않다고 보았다.

다만, 대법원은 원고가 준비서면에서 구상금채권의 소멸시효기간은 10년이라는 취지로 주장하였고 이를 뒷받침하는 대법원 1996. 3. 26. 선고 96다3791 판결의 법리를 제시하면서, 원고가

---

35 제철웅, "수인의 불법행위자 중 1인의 보험자가 피해자에게 손해를 보상한 경우의 구상관계 — 대법원 1996. 6. 11. 99다3143(법원공보 1999, 1377)", 인권과 정의, 제287호, 대한변호사협회, 2000, 126-127면.

36 윤찬영, "교통사고 피해자에 대한 보험금지급에 기한 보험자대위의 허용 가부 — 대법원 1999. 6. 11. 선고 993143 판결의 비판적 분석에 기초하여 —", 저스티스, 통권 제125호, 한국법학원, 2011, 213면.

보험자대위의 법리에 따라 취득한 피고에 대한 구상권의 소멸시효는 원고가 공동면책행위를 한 때로부터 기산되고 그 기간은 10년이라고 주장하였다는 점 등을 종합하여 고려하였다. 이에 따라 원고가 이 사건 청구원인으로 내세우는 청구권은 원고차량 운전자의 보험자인 원고가 피해자에게 손해배상금을 보험금으로 모두 지급하여 공동면책 됨으로써 상법 제682조의 보험자대위 법리에 따라 취득한 원고차량 운전자의 피고에 대한 구상권으로 봄이 타당하다고 판단하였다.

이러한 대법원의 판단은 본 사안 구상채권의 발생근거를 상법 제724조 제2항에 따른 직접구상권 행사가 아니라 상법 제682조의 보험자대위행사로 본 것이다.

4. 보험자대위법리에 따른 책임보험자 간의 대위구상 문제

1) 청구권대위의 제3자

(1) 피보험자의 제3자성

청구권대위의 첫 번째 요건은 보험사고로 인해 야기된 피보험자의 손해가 제3자의 행위에 의한 것이어야 한다는 점이다. 제3자는 보험사고를 야기하여 피보험자에게 손해배상의무를 부담하는 자로서 원칙적으로 보험자, 보험계약자, 피보험자를 제외한 자를 말한다. 따라서 보험사고를 야기한 자가 보험계약상의 피보험자의 범주에 속하는 경우 그 자는 청구권대위에서의 제3자에 해당되지 않는다.

(2) 공동불법행위자

제3자의 수는 불문하므로 피보험자가 다른 사람들과 함께 공동으로 불법행위를 저지른 경우에 다른 공동불법행위자들은 제3자에 포함된다. 이때 불법행위를 저지른 피보험자의 보험자가 보험계약에 따라 손해배상금을 지급하여 다른 공동불법행위자들이 공동면책된 경우, 이들 공동불법행위자들은 제3자에 해당되므로 보험자는 이들 공동면책된 불법행위자들에 대하여 피보험자가 가지는 구상권을 대위행사할 수 있다.

2) 행위의 유형과 손해의 발생

제3자의 행위에 의해 보험사고가 야기되고 이로 인해 손해가 발생하여야 하는데, 여기에서 손해는 전손 이외의 분손의 경우도 포함한다. 보험가액의 일부에 대해서만 보험에 가입한 일부 보험의 경우에도 청구권대위가 가능하다.

3) 보험금 지급

(1) 대위권 발생 시점

손해가 제3자의 행위로 인하여 생긴 경우에 피보험자에게 보험금을 지급한 보험자는 그 시점에서 지급한 금액의 한도에서 제3자에 대한 보험계약자 또는 피보험자의 권리를 취득한다.

보험금 외에 손해방지비용이 있어서 이것도 지급해야 하는 경우에는 보험자가 이들 비용도 지급해야 대위권을 행사할 수 있다. 대위의 시점은 보험자가 피보험자에게 보험금을 지급한 때이다.[37]

(2) 적법한 지급

보험자가 피보험자에게 지급하는 보험금은 당해 보험계약이 유효한 상태에서 보험계약에 따른 적법한 지급이어야 한다. 따라서 보험자가 면책되는 보험사고이거나 담보하지 않는 손해임에도 불구하고 이를 무시하고 보험금을 지급한 경우 이는 부적법한 지급 또는 임의의 지급이므로 보험자에게 대위권은 발생하지 않는다.

5. 제3자에 대한 권리의 존재

보험계약자나 피보험자가 제3자에 대하여 권리를 가지고 있어야 보험자가 대위권을 행사할 수 있다. 일반적으로 보험자는 보험금을 지급함으로써 피보험자가 제3자에 대해 가지는 불법행위 또는 채무불이행에 의한 손해배상청구권을 당연히 대위취득하게 된다.

37　대법원 1999. 4. 12. 선고 92다200 판결.

6. 법적 효과

1) 권리의 이전

(1) 당연 이전

보험자는 피보험자에게 지급한 보험금의 한도 내에서 제3자에 대한 보험계약자 또는 피보험자의 권리를 법률상 당연히 취득한다. 보험자가 피보험자에게 보험금을 지급한 때에 법률상 당연히 취득하는 것이므로, 당사자 간의 의사표시나 통지, 승낙 등 지명채권양도의 대항요건 등의 절차를 밟을 필요가 없다. 권리의 이전을 양 당사자나 어느 일방이 인식하였는지의 여부도 묻지 않는다.

(2) 이전되는 권리

보험자에게 이전되는 권리로는 가) 채무불이행 또는 불법행위에 따른 손해배상청구권, 나) 공동해손분담청구권, 다) 사용자책임에 따른 손해배상청구권, 라) 직접청구권 등이 있다. 이 중 직접청구권을 자세히 살펴보고자 한다.

책임보험에서 제3자(피해자)는 피보험자(가해자)가 책임을 질 사고로 입은 손해에 대하여 보험금액의 한도 내에서 보험자에게 직접 보상을 청구할 수 있는데(제724조 제2항 본문), 이를 피해자의 직접청구권이라 한다. 피해자의 보험자가 자신의 피보험자인 피해자에게 보험금을 지급한 후에 피해자가 가해자의 보험자에 대해 가지는 직접청구권을 피해자의 보험자는 대위할 수 있다.[38]

2) 소멸시효와 기산점

공동불법행위자중의 1인과 보험계약을 체결한 보험자가 대위취득하는 권리는 자신과 보험계약 관계에 있는 피보험자가 다른 공동불법행위자들에 대하여 가지는 권리이다. 이 권리는 피해자가 가해자인 공동불법행위자들에 대해 가지는 불법행위에 따른 손해배상청구권이 아니고 공동불법행위자 간에 인정되는 구상권이다. 공동불법행위자들의 보험자들 중에서 보험금을 모두 지급한 보험자가 청구권대위에 의해서 다른 공동불법행위자 또는 그들의 보험자에 대

---

[38] 대법원 1999. 6. 11. 선고 99다 3143 판결.

해 가지는 권리의 소멸시효와 기산점은 대위에 의해 취득한 권리 자체를 기준으로 판단해야 하며 이러한 취지에서 민사채권 성질을 가지는 구상권의 소멸시효는 일반채권과 같이 10년으로 완성된다고 해석함이 상당하고 그 기산점은 구상권이 발생한 시점, 즉 구상권자가 현실로 피해자에게 지급한 때이다.[39]

3) 보험자대위 법리에 따른 책임보험자 간 대위법리의 논리적 한계

대상판결에서 법원은 원고가 보험자대위의 법리에 따라 피보험자가 다른 공동불법행위자의 부담 부분에 대한 구상권을 취득하여 공동불법행위자의 보험자인 피고에게 행사할 수 있다고 판시한다. 그러나 원고가 다른 공동불법행위자의 보험자에게 구상권을 행사할 수 있는지에 대한 충분한 근거가 부족하다고 볼 여지가 있다. 피보험자와 아무런 계약관계가 없는 피고에게 어떠한 권리를 행사할 수 있는지부터가 의문이 있고 그 권리가 구상권이라는 것도 의문이다. 원고가 A의 보험자라고 할지라도 A가 피고에 대하여 취득할 수 없는 권리를 대위하는 것으로 판단되기 때문이다.

7. 결론

대상 판결에서 대법원은 보험자대위 법리 또는 직접구상권 법리 모두 적용 가능하다고 판단하고 있다. 그러나 판례의 추이를 살펴보면 보험자대위 법리에 따른 책임보험자 간의 대위구상에 대한 지속적인 비판이 제기되어 왔음에도 불구하고 여전히 보험자대위 법리를 적용하고 있다.

이런 측면에서 최근 대법원은 직접구상권 법리를 적용하는 경향이 있다는 의견도 없는 것이 아니고, 또 동 법리의 장점으로 상법으로 법정화시킨 직접청구권은 피해자보호를 위한 것이라는 장점도 제시된다. 그런데 판례는 직접청구권을 피해자에게 먼저 변제한 다른 공동불법행위자 보호를 위해서도 인정하고 있다. 이는 공동불법행위자를 피해자와 동일시하는 태도로 볼 수 있다. 하지만 사고의 피해자는 책임보험계약상의 피보험자가 될 수 없을 뿐만 아니라, 엄연히 분리되는 지위를 가지고 있다.

상법상의 보험자대위는 보험계약자 또는 피보험자의 권리를 대위하는 것인데, 피해자가 피보험자의 지위를 갖고 있지 않은 상황이라면, 이러한 대위법리가 논리적으로 도출되지 않는다.

----

39 대법원 1999. 2. 5. 선고 98다22031 판결.

대법원의 이와 같은 법리구성이 상법 제682조 제2항의 법문언만으로는 한계가 있다는 지적은 타당성이 있다고 하겠다.

VI. 타인을 위한 손해보험과 보험계약자의 지위

1. 타인을 위한 손해보험과 보험금청구권

손해보험계약에서 보험의 목적에 대하여 피보험이익을 가지고 있는 자가 피보험자로 될 수 있는데, 보험계약자는 그 타인의 위임이 있고 없고를 묻지 아니하고 그 타인이 피보험이익의 주체가 될 수 있는 한, 그 타인을 위하여 보험계약을 맺을 수 있다. 타인을 위한 손해보험계약이라 함은 보험계약자가 타인을 피보험자로 하여 자기의 이름으로 체결한 손해보험이고, 이 경우에 그 타인은 당연히 그 계약의 이익을 받는다(상법 제639조 제1항).

타인을 위한 손해보험의 법적 성질은, 판례에 의하면 민법상 제3자를 위한 계약(민법 제539조)으로 본다.[40] 하지만 그 타인은 수익의 의사표시를 하지 아니하였다 하더라도 손해보험계약의 피보험자로서 보험사고가 발생한 때에 보험자에게 직접 손해보상을 청구할 수 있다. 이에 따라 보험계약자는 원칙적으로 보험금청구권을 가지지 않는다. 다만, 타인을 위한 손해보험계약에서 보험계약자와 피보험자는 이해관계가 대립되는 당사자로서 보험사고로 말미암아 보험의 목적에 생긴 손해에 대하여 피보험자가 보험자에게 보험금청구권을 행사하지 아니하고 보험계약자에 대한 손해배상을 청구함으로써 그 손해를 배상한 때에는 보험계약자는 그 타인의 권리를 해하지 않는 범위 안에서 보험자에게 보험금액의 지급을 청구할 수 있다(상법 제639조 제2항 단서).

---

40 대법원 1974. 12. 10. 선고 73다1591 판결. 대법원은 "원판결 판단취의는 상사에 관하여 특별한 규정이 없으면 민법의 규정이 원칙적으로 적용된다는 전제하에 본건 이행보증계약의 법적 성질을 민법상의 제3자를 위한 계약의 법적 성질을 구유한다고 판단하면서, 다만 상법 제649조 소정 사유, 즉 보험사고가 발생하기 전에 보험계약자에 의하여 계약의 전부 또는 일부가 임의 해지된 경우에는 그 해지의 효과로서 그 범위에서 민법 제541조의 적용이 배제된다는 것이며 민법상의 제3자를 위한 계약에 있어서도 수익의 의사표시 후의 제3자의 지위를 규정한 민법 제541조의 규정은 계약당사자가 제3자의 권리발생 후에 있어서도 그 권리를 변경소멸시킬 수 있음을 미리 유보한 때에는 그 제한된 권리의 범위 내에서만 적용이 있는 것으로서 원판결은 상사에 관하여는 민법 규정의 적용이 전연 배제된다든가 또는 타인을 위한 보험계약에 있어 민법 제541조의 규정이 전적으로 배제된다고 판단한 것은 아니므로 원판결에 소론 이유불비나 법리오해가 있을 수 없다."고 판시하였다.

2. 보험계약자의 지위

타인을 위한 손해보험계약에서 보험계약자는 보험계약의 직접적인 당사자로서 보험금청구권을 제외하고는 보험계약상의 권리와 의무를 가진다. 즉 보험계약자는 보험증권교부청구권(상법 제640조)을 비롯한 일정한 권리를 가지고, 보험계약을 체결할 때에 고지의무(상법 제651조)를 질뿐 아니라 보험료지급의무(상법 제650조), 위험변경증가·통지의무(상법 제652조), 위험유지의무(상법 제653조), 보험사고발생통지의무(상법 제667조) 및 손해방지의무(상법 제680조) 등을 지고 있다. 그리고 보험계약자의 고의 또는 중대한 과실로 생긴 보험사고에 대하여는 보험자는 보험금지급책임을 면한다(상법 제659조). 그러므로 타인을 위한 손해보험에서 보험사고가 생긴 경우에 피보험자가 보험자에게 보험금을 청구한다 하더라도 보험계약자는 제3자와는 다른 지위를 가지는 것이고, 제3자와 구별할 아무런 실익이 없는 것은 아니다.

VII. 보험자대위와 보험계약자에 대한 권리

1. 제3자에 대한 보험자대위

피보험자의 손해가 제3자의 행위로 인하여 생긴 경우에 보험금액을 지급한 보험자는 그 지급한 금액의 한도에서 그 제3자에 대한 보험계약자 또는 피보험자의 권리를 취득한다(상법 제682조). 이것이 이른바 제3자에 대한 보험자대위이다. 보험사고로 인한 손해가 제3자의 행위로 생긴 경우에 피보험자는 보험계약상 보험자에게 보험금을 청구할 수 있을 뿐 아니라 그 사고를 일으킨 제3자에 대하여 손해배상을 청구할 수 있다. 이 경우 보험자가 피보험자에게 보험금을 지급하여 그 손해를 보상한 때에는 그 피보험자의 제3자에 대한 권리는 보험자에게 귀속하게 되는 것이 바로 보험자대위이다. 이것은 손해보험의 성질상 또는 보험사고로 인한 피보험자의 이중이득을 금지하기 위하여 보험정책상 인정된 제도로서 보험금을 지급한 보험자에게 피보험자의 제3자에 대한 권리는 법률상 당연히 이전되는 것이다.

2. 보험계약자의 제3자 여부

제3자에 대한 보험자대위를 인정하기 위해서는 보험사고로 인한 피보험자의 손해가 제3자의 행위로 말미암은 것이고, 보험자가 그 손해를 피보험자에게 보상하였어야 한다. 여기에서 타인을 위한 손해보험계약의 경우 보험계약자의 책임 있는 사유로 보험사고가 생겨 피보험자가 입은 손해를 보상한 경우에 그 보험계약자를 제3자로 볼 수 있느냐에 대한 다툼이 있다.

1) 긍정설

타인을 위한 손해보험의 경우 보험계약자도 제3자에 포함된다고 보는 입장이다. 즉, 이 견해에 의하면 가령 건물의 임차인이 소유자인 임대인을 위하여 화재보험에 들었거나 운송인이 화주를 위하여 운송보험에 든 경우에 보험계약자인 임차인 또는 운송인의 과실로 보험사고가 생겨 그 목적물에 멸실·훼손된 때에는 보험계약자는 제3자로 보게 된다.

대법원 1989. 4. 25. 선고, 87다카1669 판결은 "타인을 위한 손해보험계약에서 보험계약자는 비록 보험자와의 사이에서는 계약당사자이고 약정된 보험료를 지급할 의무자이자만 그가 피보험이익의 주체가 아니라는 그 지위의 성격에 비추어 보면 보험자대위에 있어서 보험계약자와 보험계약자 아닌 제3자를 구별하여 취급하여야 할 법률상의 이유는 없는 것이고, 따라서 타인을 위한 손해보험계약자가 당연히 제3자의 범주에서 제외되는 것은 아니라고 보아야 할 것이다"라고 판시하여 타인을 위한 손해보험의 보험계약자를 제3자로 보아 운송인의 과실로 생긴 손해를 보상한 보험자에게 대위권을 인정하고 있다.

2) 부정설

타인을 위한 손해보험의 보험계약자는 보험료지급의무 등 갖가지 의무를 지고 있을 뿐 아니라 그의 고의 또는 중대한 과실로 보험사고가 생긴 때에는 보험자가 보험금지급책임을 지지 않게 되는 보험계약의 당사자이므로 이를 제3자로 볼 수는 없다고 보는 입장이다.

상법 제682조에서 "그 제3자에 대한 보험계약자 또는 피보험자의 권리를 취득한다"라고 규정하고 있는 것도 보험계약자를 제3자와 대비시키고 있는 것으로 해석되고, 또 건물의 임차인이나 운송인의 경우도 그 물건에 대하여 피보험이익을 가지고 있을 뿐만 아니라 그 목적물의 손해에 대한 배상책임을 담보하는 책임보험에 가입한 경우에는 그들은 피보험자이고 제3자로 다룰 수는 없다는 것이다(상법 제719조, 제725조 참조).

상법 제639조 제2항 단서에서 "타인을 위한 손해보험계약의 경우에 보험계약자가 그 타인에게 보험사고의 발생으로 생긴 손해의 배상을 한 때에 보험자에게 보험금액의 지급을 청구할 수 있다."라고 규정하고 있는 것은 보험계약자에 대한 보험자의 대위권을 부인한 것이라 할 수 있고, 이에 따라 타인을 위한 손해보험의 보험계약자는 제3자로 볼 수 없다는 견해가 옳다. 다만, 타인을 위한 손해보험에 속하는 보증보험의 경우에는 보험사고로 인하여 보험금을 지급한 보험자는 주채무자인 보험계약자에게 구상권을 행사할 수 있는데(이행보증보험약관 제10조 참조), 이는 보증보험의 특성에서 오는 것이라 하겠다.

3) 소결

타인을 위한 손해보험에서 보험계약자를 제3자에 포함시키는 긍정설의 입장과 달리, 보험계약자는 보험계약의 당사자로서 제3자로 볼 수 없다고 하겠다. 보험계약자의 과실로 보험사고 발생 시 보험금을 지급한 보험자는 보험계약자에 대하여 제3자로 볼 수 없다고 보아야 할 것이다.

제4편

손해보험 각론

제27장

화재보험과 보험금청구권 상실조항

I. 의의

화재보험은 화재를 보험사고로 하며, 보험의 목적인 물건에 대하여 생길 손해를 보상하는 손해보험의 일종이다. 우리 상법은 손해보험계약에 대하여 제683조 이하에 규정하고 있다. 화재보험계약을 체결한 화재보험자는 화재로 인하여 발생할 손해를 보상할 책임을 부담하게 된다 (상법 제683조). 화재보험은 우선적으로 육상의 건물 등에 발생하는 화재에 관한 보험으로, 피보험자에게는 손해의 보상이라는 직접적인 이익을 부여하게 된다. 건물과 그 수용물에 발생한 화재로 인하여 생긴 손해를 전보하는 것을 내용으로 하는 종래의 화재보험은 시간이 지남에 보다 광범위한 개념으로 발전하게 되는데, 오늘날 화재보험은 낙뢰·파열·폭발 등의 위험을 담보하게 됨으로써 담보범위가 보다 더 확대하고 있으며, 더 나아가 비용손해도 전보하며 특약에 의하여 담보범위가 보다 더 종합화되어 가고 있다.[1] 즉, 각종의 특별약관에 의하여 직접손해뿐만 아니라 상실된 수익이나 생계비 등의 간접손해도 보상을 받음으로써 생활의 안정을 도모하는 기능을 부여하게 된다.

---

[1]   최기원, 보험법, 제3판, 박영사, 2002, 353면.

II. 화재보험의 법적 성질

화재보험의 법적 성질에 대한 물음이 제기될 수 있다. 2009다43355 판결에서 대법원은 화재보험은 손해보험의 일종임을 명시적으로 밝히며, 책임보험의 성격을 갖는 것은 아니라고 판시하였다.

> **대법원 2011. 2. 24. 선고 2009다43355 판결**
>
> 보험계약에 편입된 보통약관에 보험회사가 보험에 가입한 물건이 입은 화재에 따른 직접손해, 소방손해, 피난손해 등을 보상하도록 되어 있는 경우에, 그 보통약관에 의하여 체결된 보험계약은 손해보험의 일종인 화재보험으로서의 성격을 갖는 것임이 분명하고, 이러한 화재보험은 다른 특약이 없는 한 피보험자가 그 목적물의 소유자인 타인에게 손해배상의무를 부담하게 됨으로써 입게 되는 손해까지 보상하기로 하는 책임보험의 성격을 갖는다고는 할 수 없다(대법원 1997. 5. 30. 선고 95다14800 판결, 대법원 2003. 1. 24. 선고 2002다33496 판결 참조).

또한 동일한 사건에서 제기된 부동산 매수인이 자신을 피보험자로 하여 체결한 화재보험계약이 자기를 위한 보험계약인지 여부에 대하여, 대법원은 " 특별한 사정이 없는 한 이는 자기를 위한 보험계약이라고 봄이 상당하다."고 판단한 바 있다.

III. 화재보험의 요소

1. 보험사고

상법은 화재보험계약에 대하여, 화재로 인하여 생긴 손해를 보상하기 위한 손해보험계약임을 밝히고 있다(제683조). 여기서 화재가 무엇을 의미하는가에 대한 물음이 제기되는데, 화재라 함은 보통의 용법에 의하지 아니하고 독립한 연소력을 가진 연소작용으로 인한 재해 또는 사회통념상 화재로 볼 수 있는 성질과 규모를 가진 화력의 연소작용을 의미한다.[2] 보험사고로서 화재가 되기 위해서는 첫째, 통상의 용법을 벗어나고, 둘째, 독립하여 연소할 수 있어야 하며, 셋째,

---

2   양승규, 보험법, 제5판, 삼지원, 2004, 271면; 최기원, 보험법, 제3판, 박영사, 2002, 195면.

화력에 의한 연소작용이 있어야 한다.[3] 화재의 개념은 계약당사자 간의 특약에 의하여 그 범위를 변경 또는 제한할 수 있고, 실무상 화재라고 하는 것이 무엇인가에 대하여 의미를 갖는 것은 보험사고가 보험자의 보상책임에 해당되는가의 문제로 귀결될 것이다.

2. 보험목적

화재보험에서 보험의 목적에 대하여 상법은 아무런 규정을 두고 있지 않다는 점에서 보험의 목적이 무엇인가에 대한 물음이 제기될 수 있다. 상법 제685조는 화재보험증권에 기재해야 할 사항을 규정하면서, 건물(제1호)과 동산(제2호)이라는 단어를 제시하고 있다. 그러나 동조는 건물보험에서 건물을, 동산보험에서 동산을 예상한 것에 불과한 것이므로, 건축 중의 건물이나 완성 후 미등기된 건물 및 전기제품·기계기구·가구·의류 등도 동산의 화재보험의 경우에 집합보험이 될 수 있다고 할 것이다.[4]

3. 피보험이익

화재보험계약에 있어서 피보험이익은 보험의 목적의 소유자로서의 피보험이익, 임차인으로서의 피보험이익 및 저당권자로서 피보험이익 등으로 구분될 수 있다.[5] 이와 같이 화재보험계약에서 동일한 보험의 목적에 대하여 피보험자가 다를 때에는 그 피보험이익도 달라진다. 그러나 피보험이익의 내용이 명확하지 않는 경우에는, 일반적으로 소유자의 피보험이익을 계약의 목적으로 본다.[6]

4. 화재보험증권

상법 제640조는 보험계약이 성립한 후 지체 없이 보험증권을 교부하도록 하고 있다. 화재보험증권에는 손해보험증권에 기재해야 할 사항 외에, 제1호 건물을 보험의 목적으로 한 때에는 그 소재지, 구조와 용도. 제2호 동산을 보험의 목적으로 한 때에는 존치한 장소의 상태와 용도.

----

3   박세민, 보험법, 제8판, 박영사, 2025, 700-701면.
4   최기원, 보험법, 제3판, 박영사, 2002, 357면.
5   양승규, 보험법, 제5판, 삼지원, 2004, 273면.
6   최기원, 보험법, 제3판, 박영사, 2002, 358면.

제3호 보험가액을 정한 때에는 그 가액 등을 기재해야만 한다.

IV. 보험금청구권 상실 약관조항

화재보험에서 보험사고가 발생하면 보험자는 사고를 조사하는 절차를 밟게 된다.[7] 보험사고가 발생하면, 보험계약자는 허위적 손해, 보험금 과다 청구, 손해 조사 회피 및 방해 같은 일들을 야기할 수 있다. 이러한 경우를 대비하여 보험자는 보험금청구권 상실조항을 근거로 하여 보험금청구권이 상실됨을 주장할 수 있게 된다.

1. 약관규정

일반적으로 다음과 같은 내용을 가지고 피보험자는 손해에 대하여 보험금청구권이 상실됨을 규정하고 있다.

> **보험금청구권의 상실**
>
> 아래와 같은 경우에는 피보험자는 손해에 대한 보험금청구권을 잃게 됩니다.
> (1) 보험계약자 또는 피보험자가 손해 통지 또는 보험금 청구에 관한 서류에 고의로 사실과 다른 것을 기재하였거나 그 서류 또는 증거를 위조하거나 변조한 경우
> (2) 보험계약자, 피보험자 또는 이들의 대리인이 상당한 이유 없이 손해의 조사를 방해 또는 회피한 경우

2. 약관의 취지

화재보험은 실제 물건의 손해액을 보상하는 보험인 동시에, 지급받는 보험금의 규모가 고액이라는 점에서 사행성을 강하게 드러난다. 또한 인보험과 달리 물건의 손해액 등을 조사하기 위하여 보험자는 보험계약자에게 사고발생 및 손해액과 관련되는 자료를 요청하게 된다. 보험자의 보험금은 이와 같이 보험계약자 측에서 제공하는 보험금청구와 관련된 서류의 심사를 통

---

[7]   전상봉, "화재보험에서의 보험사기와 보험금청구권 상실조항 판례 검토", 동부화재(손해보험에 있어서의 제 문제 연구), 2010, 296면 이하.

하여 지급하게 된다. 다른 보험영역과 달리 화재보험은 '보험금청구권 상실조항'을 약관에 두고 있다.

대법원 역시 본 조항에 대하여 "보험자가 보험계약상의 보상책임 유무의 판정, 보상액의 확정 등을 위하여 보험사고의 원인, 상황, 손해의 정도 등을 알 필요가 있으나, 이에 관한 자료들은 계약자 또는 피보험자의 지배·관리 영역 안에 있는 것이 대부분이므로 피보험자로 하여금 이에 관한 정확한 정보를 제공하도록 할 필요성이 있다. 피보험자가 이에 반하여 서류를 위조하거나 증거를 조작하는 등으로 신의성실의 원칙에 반하는 사기적인 방법으로 과다한 보험금을 청구하는 경우에는 그에 대한 제재로서 보험금청구권을 상실하려는 데 있다"고 판단하고 있다.[8]

또 다른 판결에서 "'보험계약자 또는 피보험자가 손해의 통지 또는 보험금청구에 관한 서류에 고의로 사실과 다른 것을 기재하였거나 그 서류 또는 증거를 위조하거나 변조한 경우 피보험자는 손해에 대한 보험금청구권을 잃게 된다.'고 규정되어 있는 보험계약의 약관 조항의 취지는 피보험자 등이 서류를 위조하거나 증거를 조작하는 등 신의성실의 원칙에 반하는 사기적인 방법으로 과다한 보험금을 청구하려는 데 있는 것으로 보아야 할 것이다."라고 하는 대법원의 판시[9]에 약관의 취지를 알 수 있다.

3. 보험금청구권 상실 범위

보험금청구권의 상실 범위문제는 허위·과다한 보험금청구권자에 대하여 그 청구사실이 확인된 경우에 각 보험목적물에 대한 피보험자 등의 보험금청구권을 어느 범위까지 상실시킬 수 있는 것인가에 대한 물음이다. 전부 상실하는 것으로 판단한 것도 있고, 전부 상실에 대한 반대 입장을 표명한 판결도 나타나고 있다.

1) 전부 상실

2005년 대법원은 "첫째, 화재보험계약을 체결하면서 항목별로 그 가액을 계산하여 보험계약을 체결하였다고 하여도 각 항목별로 별개의 보험계약을 체결한 것으로 볼 수 없고, 둘째, 일부 무효나 일부 취소의 법리는 계약체결상의 일부 하자를 어떻게 취급할 것인지의 문제인 반면,

---

8   대법원 2006. 11. 23. 선고 2004다20227, 20234 판결.
9   대법원 2007. 2. 22. 선고 2006다72093 판결.

허위청구로 인한 보험금 청구권 상실은 보험계약의 최대 선의성에 기초한 것으로서 그 성질을 달리하므로 이에 일부 무효나 일부 취소의 법리를 적용할 수 없다.”고 하면서 그 일부에만 보험금청구권을 상실하는 것이 아니라 보험계약 전체에 대하여 청구권을 상실하는 것으로 보고 있다.[10] 대법원이 그러한 결론을 이끌어내는 이유는 “고의로 허위의 통지를 하거나 위조 또는 변조된 서류를 증거로 제출하는 등 신의성실의 원칙상 허용될 수 없는 경우에만 보험금청구권을 상실하게 하는 것으로 규정하고 있으므로 피보험자에게 가혹하다고 볼 수 없다.”는 점을 들고 있다.

2) 일부 상실

2005년 대법원 판결과 달리 2007년 판결에서 대법원은 “약관의 내용은 개개 계약체결자의 의사나 구체적인 사정을 고려함이 없이 평균적 고객의 이해가능성을 기준으로 하여 객관적, 획일적으로 해석하여야 하고, 고객보호의 측면에서 약관 내용이 명백하지 못하거나 의심스러운 때에는 고객에게 유리하게, 약관작성자에게 불리하게 해석하여야 한다”고 판시하면서, “독립한 여러 물건을 보험목적물로 하여 체결된 화재보험계약에서 피보험자가 그중 일부의 보험목적물에 관하여 실제 손해보다 과다하게 허위의 청구를 한 경우에 허위의 청구를 한 당해 보험목적물에 관하여 위 약관조항에 따라 보험금청구권을 상실하게 되는 것은 당연하다 할 것이나, 만일 위 약관조항을 피보험자가 허위의 청구를 하지 않은 다른 보험목적물에 관한 보험금청구권까지 한꺼번에 상실하게 된다는 취지로 해석한다면, 이는 허위 청구에 대한 제재로의 상당한 정도를 초과하는 것으로 고객에게 부당하게 불리한 결과를 초래하여 신의성실의 원칙에 반하는 해석이 된다고 하지 않을 수 없다. 따라서 앞서 본 약관해석의 원칙에 따라, 위 약관에 의해 피보험자가 상실하게 되는 보험금청구권은 피보험자가 허위의 청구를 한 당해 보험목적물의 손해에 대한 보험금청구권을 의미한다고 해석함이 상당하다.”고 판단하고 있다.

4. 보험금청구권자가 다른 경우

경제적으로 독립한 여러 물건을 보험목적으로 하여 체결된 화재보험계약에 있어서 보험목적에 따라 보험금청구권자를 달리하는 경우가 발생할 수 있다. 이와 관련하여 대법원은 “일부

10 　대법원 2005. 6. 9. 선고 2005다15444 판결.

보험금청구권자의 보험금청구에 대해서만 허위의 청구 등으로 인한 보험금청구권 상실의 사유가 있는 경우에, 그러한 사유가 없는 보험금청구권자의 보험금청구를 허용하는 것이 신의성실의 원칙에 반한다는 등의 특별한 사정이 없는 한, 허위의 청구 등으로 인한 보험금청구권 상실의 효력은 허위의 청구 등 신의성실의 원칙에 반하는 행위를 한 당해 보험금청구권자의 보험금청구에 한하여 미치고, 그러한 사유가 없는 보험금청구권자의 보험금청구에는 미치지 않는다고 해석함이 상당하다.”고 판시한 바 있다.

V. 약관조항의 효력 문제

1. 상대적 강행규정 위반 여부

경제적인 면이나 전문적인 지식을 갖추고 있는 보험자와 보험에 대하여 잘 모르는 보험계약자 사이에 체결되는 보험계약은 약자로서 부당한 대우를 받을 가능성이 제기된다. 대부분의 보험계약은 보험자의 일방적인 입장에서 작성되는 보험약관의 제공을 통하여 발생하게 된다. 보험약관을 통한 보험계약이 보험계약자에게 불이익하게 직면할 가능성이 상당히 높다고 볼 수 있다. 이러한 불합리한 점을 예방하기 위하여 상법은 당사자의 특약에 의하여 보험계약자 등을 불이익하게 변경할 수 없다는 규정을 두고, 보험에 대한 전문지식이 부족한 보험계약자 등을 보호하고자 한다.

2. 유·무효 여부

보험금청구권 상실조항은 상법에서 규정하고 있지 않는 내용을 약관에 포함하여 사용함에 따라 동 약관규정이 유효한가에 대한 물음이 제기된다. 이와 관련하여 2006년 대법원은 “상법에서 이 약관조항과 같은 면책사유를 규정하고 있지 않고, 이 사건 약관 조항이 피보험자에게 상법에서 규정하지 않은 손해에 관한 증빙서류의 제출을 요구하고 있다고 하더라도, 그와 같은 사유만으로 이 사건 약관 조항이 불이익변경금지에 관한 상법 제663조에 위반되는 것으로 볼 수 없다.”고 하면서, “이 약관 조항에서 말하는 손해의 통지 또는 보험금청구에 관한 서류 또는 증거를 피보험자에게 제출의무가 있는 서류 또는 증거로 한정할 아무런 근거가 없다.”고 판시[1]하면서 보험금청구권 상실 약관조항이 상법 제663조에 위반되는 것이 아니라는 판단을 하였다.

VI. 화재보험의 우연성과 책임보험성 여부

1. 의의

2009다56603 판결에서 대법원은 '화재보험에서 화재 발생의 우연성이 추정되는지 여부', '화재보험약관에서 면책사유로 정한 '보험계약자나 피보험자의 고의 또는 중대한 과실로 발생한 손해'에 해당하는 사실에 관한 증명책임자(=보험자) 및 그 증명의 정도', '피보험자 등이 보험금청구 등에 관한 서류 또는 증거를 위조 또는 변조한 경우에는 보험금청구권을 상실한다.'는 내용의 화재보험 약관조항의 취지와 해석 방법 및 위 약관조항에 의해 피보험자가 상실하게 되는 보험금청구권의 범위 등에 관한 사항을 판단하였다.

2. 화재보험의 화재발생의 우연성

상법 및 화재보험약관 규정의 형식 및 취지, 화재가 발생한 경우에 보험자에게 면책사유가 존재하지 않는 한 소정의 보험금을 지급하도록 함으로써 피보험자로 하여금 신속하게 화재로 인한 피해를 복구할 수 있게 하려는 화재보험제도의 존재의의에 비추어 보면, 화재보험에서 화재가 발생한 경우에는 일단 우연성의 요건을 갖춘 것으로 추정되고, 다만 화재가 보험계약자나 피보험자의 고의 또는 중과실에 의하여 발생하였다는 사실을 보험자가 증명하는 경우에는 위와 같은 추정이 번복되는 것으로 보아야 한다.

3. 증명책임의 방식

화재보험계약의 약관에서 "보험계약자나 피보험자의 고의 또는 중대한 과실로 발생한 손해에 대하여는 보상하지 아니한다."고 규정하고 있는 경우에 보험자가 보험금 지급책임을 면하기 위해서는 위 면책사유에 해당하는 사실을 증명할 책임이 있고, 여기에서의 증명은 법관의 심증이 확신의 정도에 달하게 하는 것을 가리키고, 그 확신이란 자연과학이나 수학의 증명과 같이 반대의 가능성이 없는 절대적 정확성을 말하는 것은 아니지만, 통상인의 일상생활에 있어 진실하다고 믿고 의심치 않는 정도의 고도의 개연성을 말하는 것이고, 막연한 의심이나 추측을 하는 정도에 이르는 것만으로는 부족하다.

....

11   대법원 2006. 11. 23. 선고 2004다20227 · 20234 판결.

4. 화재보험의 책임보험성 여부

손해보험에 있어서 보험의 목적물과 위험의 종류만이 정해져 있고 피보험자와 피보험이익이 명확하지 않은 경우에 그 보험계약이 보험계약자 자신을 위한 것인지 아니면 타인을 위한 것인지는 보험계약서 및 당사자가 보험계약의 내용으로 삼은 약관의 내용, 당사자가 보험계약을 체결하게 된 경위와 그 과정, 보험회사의 실무처리 관행 등 여러 사정을 참작하여 결정하여야 할 것인바, 임차인이 임차건물과 그 안에 있는 시설 및 집기비품 등에 대하여 피보험자에 대하여는 명확한 언급이 없이 자신을 보험목적의 소유자로 기재하여 화재보험을 체결한 경우, 이러한 화재보험은 다른 특약이 없는 한 피보험자가 그 목적물의 소유자인 타인에게 손해배상의무를 부담하게 됨으로써 입게 되는 손해까지 보상하기로 하는 책임보험의 성격을 갖는다고는 할 수 없다.

제28장
운송보험

I. 운송보험계약의 체계

  우리 상법은 운송보험계약과 관련하여 5개의 조문을 두고 있다. 운송보험자의 책임이라는 내용을 규정하고 있는 상법 제688조를 비롯하여, 운송보험의 가액에 대하여는 상법 제689조가 규정하고 있다. 상법에 따른다면, 운송물의 보험가액은 발송한 때와 곳의 가액과 도착지까지의 운임 기타의 비용을 보험가액으로 하고 있다. 운송물의 도착으로 인하여 얻을 이익은 약정이 있는 때에 한하여 보험가액중에 산입하도록 하고 있다. 상법 제690조는 운송보험증권에 대한 사항을 규정하고 있다. 운송보험은 손해보험에 해당한다. 그러므로 운송보험에는 손해보험증권에서 규정하고 있는 일반적 사항으로서 보험의 목적, 보험사고의 성질, 보험금액, 보험료와 그 지급방법, 보험기간을 정한 때에는 그 시기와 종기, 무효와 실권의 사유, 보험계약자의 주소와 성명 또는 상호, 보험계약의 연월일 및 보험증권의 작성지와 그 작성연월일 등을 기재하여야 하며(상법 제666조), 그 외에 운송의 노선과 방법, 운송인의 주소와 성명 또는 상호, 운송물의 수령과 인도의 장소, 운송기간을 정한 때에는 그 시기, 보험가액을 정한 때에는 그 가액 등을 기재하도록 하고 있다. 상법 제691조는 운송의 중지나 변경과 계약의 효력에 대하여 규정하고 있다.

  상법 659조는 보험자의 면책을 통칙규정에 두고 있다. 즉, 보험사고가 보험계약자 또는 피보험자나 보험수익자의 고의 또는 중대한 과실로 인하여 생긴 때에는 보험자는 보험금액을 지급할 책임이 없다. 상법은 운송보험계약의 경우에 다시 특칙을 두어 운송보조자의 고의 또는 중과실에 대하여 보험자의 면책을 규정하고 있는데, 보험사고가 송하인 또는 수하인의 고의 또는 중대한 과실로 인하여 발생한 때에는 보험자는 이로 인하여 생긴 손해를 보상할 책임이 없음을 규정하고 있다.

II. 운송보험계약의 의의

운송보험계약의 범위를 어디까지 두어야 할 것인가에 대한 물음이 제기된다. 우선 상법에서 규정하고 있는 운송업에 대한 고찰이 필요하다. 상법은 상행위편 제9장에서 운송업에 대하여 규정하고 있다(상법 제125조에서 제150조). 상법이 규정하고 있는 운송업은 육상운송만을 가리킨다. 그러므로 여기서 운송인이라 함은 육상운송인만을 의미하고, 해상운송인은 선박소유자ㆍ정기용선자 등 별도를 용어로 사용되고 있다(상법 제782조 제1항). 우리 상법이 운송업에 대하여 육상 또는 호천, 항만에서 물건 또는 여로의 운송을 영업으로 하는 것으로 하고 있기 때문에(상법 제125조), 호천ㆍ항만에서의 운송도 육상운송에 포함되는 것으로 볼 수 있지만 실제로 항만에서의 보험사고는 해상보험에 준하고 있다는 점에서, 운송보험은 호천에서의 보험사고만을 가리키는 것으로 보아야 할 것이다.

운송보험은 광의의 의미에서 육상운송보험뿐만 아니라 해상운송보험이나 항공운송보험도 포함되는 것으로 볼 수 있다.[1] 그러나 상법 보험편에 규정되어 있는 운송보험계약은 육상운송의 목적인 운송물의 운송에 관한 사고로 인하여 생긴 손해의 보상을 목적으로 하는 손해보험계약을 의미하는 것으로 보아야 할 것이다. 운송보험자는 다른 약정이 없으면 운송인의 운송물을 수령한 때로부터 수하인에게 인도할 때까지 생길 손해를 보상할 책임이 발생한다(상법 제688조). 다만, 해상운송보험에 관하여는 상법이 별도의 규정을 두고 있고(상법 제693조 이하), 항공운송보험에 대하여는 상법이 아무런 규정을 두고 있지 않고 약관에 따라 적용되기 때문에, 보험계약에서 말하는 운송보험은 육상운송보험만을 그 대상으로 하고 있다고 할 것이다.[2]

---

1   양승규, 보험법, 제5판, 삼지원, 2004, 283면.
2   최기원, 보험법, 제3판, 박영사, 2002, 379면.

III. 운송보험의 내용

운송보험계약에서 보험의 목적물은 운송물이다. 운송물이라고 하는 객체가 보험의 목적이기 때문에, 운송에 이용되는 기차라든가 자동차는 운송보험의 목적에 해당되지 않게 된다. 여객의 생명이라든가 신체 역시 운송보험의 목적에서 배제된다. 운송보험계약상 보험사고는 운송물의 운송 중에 발생할 수 있는 모든 사고가 포함될 수 있다.[3] 충돌, 탈선과 같은 운송에 동반되는 특유한 사고는 물론이거니와 도난, 파손, 화재 및 침수 등 운송물에 손해를 미치는 모든 위험 역시 운송보험계약상의 보험사고에 해당하고 부보가 가능한 것으로 하고 있는데, 운송 중의 운송물은 운송인의 지배하에 있어 피보험자의 감독이 불가능하기 때문에 있다고 할 것이다.[4]

운송보험에서 피보험이익은 운송물에 대하여 가지는 피보험자의 이해관계이다. 그러므로 운송보험에 있어서 운송물의 소유자가 그 도착으로 얻을 이익, 즉 상법 제689조 제2항에 규정하고 있는 희망이익이 피보험이익이 될 수 있다.[5] 또한 운송인이 운송 중의 사고로 운임을 받지 못하게 되는 경우에, 그 운임손해나 운송인의 송하인 또는 수하인에게 손해배상책임을 지게 되는 경우의 손해 역시 소극적 이익으로서 피보험이익에 해당될 수 있다. 보험기간에 대하여는 상법 제688조가 규정하고 있다. 특약이 없는 한, 운송물이 운송인의 보관 중에 있는 기간으로 하고 있다.

손해보험의 경우 일반적으로 보험가액은 손해가 발생한 때와 장소의 가액으로 하게 된다(상법 제676조). 그러나 운송보험의 경우는, 당사자 간에 보험가액에 대한 다른 약정이 없는 한 보험가액불변주의에 따라 발송한 때와 곳의 가액과 도착지까지의 운임 기타의 비용의 합계액을 보험가액으로 하고 있다(상법 제689조 제1항).

IV. 화물운송 관련 판례

2016다221023 판결에서 대법원은 약관조항에 관한 명시·설명의무가 제대로 이행되었더라도 그러한 사정이 보험계약의 체결 여부에 영향을 미치지 않은 경우, 약관조항이 명시·설명의무의 대상이 되는 보험계약의 중요한 내용이라고 할 수 있는지 여부에 대한 판단을 하였다. 동

---

3 박세민, 보험법, 제8판, 박영사, 2025, 716면.
4 이기수·최병규·김인현, 보험·해상법(상법강의 IV), 제9판, 박영사, 2015, 251면 이하.
5 양승규, 보험법, 제5판, 삼지원, 2004, 284면.

사건에서 대법원은 "일반적으로 보험자 및 보험계약의 체결 또는 모집에 종사하는 사람은 보험계약의 체결에 있어서 보험계약의 중요한 내용에 대하여 구체적이고 상세한 명시·설명의무를 지고 있다. 그러나 명시·설명의무가 인정되는 것은 어디까지나 보험계약자가 알지 못하는 가운데 약관의 중요한 사항이 계약 내용으로 되어 보험계약자가 예측하지 못한 불이익을 받게 되는 것을 피하고자 하는 데 근거가 있으므로, 만약 약관조항에 관한 명시·설명의무가 제대로 이행되었더라도 그러한 사정이 보험계약의 체결 여부에 영향을 미치지 아니하였다면 약관조항은 명시·설명의무의 대상이 되는 보험계약의 중요한 내용이라고 할 수 없다."고 하면서, "화물운송주선업 등을 영위하는 갑 주식회사가 을 보험회사와 체결한 적재물배상책임보험의 보통약관에서 '보상하는 손해'에 관하여 피보험자가 화주로부터 수탁받은 시점으로부터 수하인에게 인도하기까지의 운송 과정(차량운송 및 화물운송 부수업무) 동안에 발생한 보험사고로 수탁화물에 대한 법률상의 배상책임을 부담함으로써 입은 손해를 보상한다고 규정한 사안에서, 위 보험계약은 화물자동차 운수사업법에 따라 일정 규모 이상의 화물자동차를 소유하고 있는 운송사업자나 특정 화물을 취급하는 운송주선사업자 등이 반드시 가입하여야 하는 의무보험으로서, 보험계약자인 갑 회사로서는 보험금 지급대상이 되는 보험사고가 '차량운송 및 화물운송 부수업무'가 이루어지는 육상운송 과정 동안에 발생한 보험사고에 한정되고 수탁화물을 적재한 차량이 선박에 선적되어 선박을 동력수단으로 해상구간을 이동하는 경우에는 제외된다는 설명을 들었더라도 보험계약을 체결하였을 것으로 보이므로, 위 약관조항은 명시·설명의무의 대상이 되는 보험계약의 중요한 내용이라고 할 수 없다."고 판시하였다.

제29장

해상보험

I. 해상보험의 의의

해상보험은 해상사업에 관한 사고로 인하여 선박, 적하 등에 생긴 손해를 보상하는 것을 목적으로 하는 손해보험을 의미한다(상법 제693조).

II. 해상보험의 분류

1. 피보험이익에 따른 분류

해상보험은 피보험이익에 따라 선박보험, 적하보험, 운임보험 등으로 구분된다.[1] 선박보험은 선박을 보험목적으로 하는 보험으로, 선박 자체를 포함하여 선박의 속구, 연료, 양식 기타 항해에 필요한 모든 물건이 선박보험의 목적에 포함된다(상법 제690조 제2항).

대법원에 따르면, "리스회사 甲과 선박 등에 관한 리스계약을 체결한 리스이용자 乙이 그 계약에 따라 리스선박에 대하여 협회선박기간보험약관이 적용되는 선박보험계약을 체결하면서 피보험자를 '소유자 甲, 관리자 乙'로 한 사안에서, 乙은 위 보험계약의 준거법인 영국 해상보

---

1   박세민, 보험법, 제8판, 박영사, 2025, 730-733면; 한기정, 보험법, 제3판, 2021, 611-612면.

험법상 그 보험계약에 관하여 피보험이익이 있다."고 판단하고 있다.[2] 또 다른 사건에서 "손해보험계약은 피보험이익에 생긴 손해를 진보하는 것을 목적으로 하는 것이며 선박보험에 있어 피보험이익은 선박소유자의 이익외에 담보권자의 이익, 선박임차인의 사용이익도 포함되므로 선박임차인도 추가보험의 보험계약자 및 피보험자가 될 수 있다."고 판단한 바 있다.[3]

적하보험은 해송운송물을 보험목적으로 하는 것으로, 선적한 때와 장소의 적하가액과 선적 및 보험에 관한 비용을 보험가액으로 한다(상법 제697조). 한편, 운임보험은 해상위험으로 인해 받을 수 없게 된 운임을 피보험이익으로 하는 보험에 해당하고, 희망이익보험은 적하가 목적지에 무사히 도착하면 얻을 것으로 기대되는 이익을 부보하는 보험에 해당한다. 상법 제698조는 희망이익보험의 보험가액에 관한 내용을 규정하고 있는데, 동 규정에 따라 적하의 도착으로 인하여 얻을 이익 또는 보수의 보험에 있어서는 계약으로 보험가액을 정하지 아니한 때에는 보험금액을 보험가액으로 한 것으로 추정한다.

선비(船費)보험과 선주책임상호보험이 있다. 전자는 선박의 의장(艤裝: 출항을 위하여 선박에 필요한 선구(船具)나 기계장비)이나 기타 선박의 운항에 요구되는 모든 비용을 담보하는 보험을 의미하고, 후자는 해상보험계약에 의해 인수되지 않은 위험을 담보하기 위하여 선박소유자, 임차인, 용선자 등이 조합원 자격으로, 선주책임상호보험조합을 결성하여 운영하는 책임보험을 뜻한다.

2. 보험기간에 따른 분류

항해보험, 기간보험, 혼합보험 등으로 구분된다. 항해보험은 특정한 항해를 기준으로 하여 이를 보험기간으로 하는 보험으로 적하보험에 많이 이용된다. 기간보험은 일정한 기간을 보험기간으로 하는 보험으로 선박보험에 주로 이용되고, 혼합보험은 일정한 기간과 특정한 항해를 기준으로 보험기간을 정하는 보험을 의미한다.

3. 보험계약 확정 여부에 따른 분류

확정보험과 예정보험으로 구분된다. 전자는 보험계약의 내용 전부가 보험계약 체결 시점에

---

2   대법원 2010. 9. 9. 선고 2009다105383 판결.
3   대법원 1988. 2. 9. 선고 86다카2933 판결.

확정되어 있는 보험을 의미하고, 예정보험은 보험계약 체결 시점에 보험계약의 내용 일부가 확정되지 않은 보험을 의미한다.

"보험계약자는 포괄보험 적격거래에 대하여 한국수출보험공사에게 보험에 가입하여야 할 의무를 부담하고 한국수출보험공사는 보험계약자의 보험가입 신청에 대하여 그 인수를 거부할 수 없도록 한 단기수출보험포괄보험특약은 보험계약자가 일정 기간 중에 성립된 수출계약 전부를 보험계약에 부보하겠다는 예약의 성질을 가지고 있어 보험계약자가 개별적 수출계약마다 수출통지라는 예약완결권을 행사함으로써 한국수출보험공사와의 보험계약이 체결되는 것이라고 할 것이므로, 그 조건에 합치하는 모든 수출계약에 대하여 보험자인 한국수출보험공사의 책임이 자동적으로 발생하는 것은 아니라 보험계약자가 한국수출보험공사에게 수출통지를 함으로써 비로소 이에 대한 보험관계가 성립되는 것으로 해석함이 상당하다."는 대법원 판단[4]을 보건대, 예정보험의 경우 포괄적인 보험계약이 예약의 형태로 미리 체결되고, 보험계약자의 예약완결권 행사에 의해 본계약이 체결되는 형태를 볼 수 있다.

III. 해상보험과 기업성 특징

1. 해상보험과 사적 자치

해상보험은 일반 가계보험과 다른 특징을 가지고 있다. 해운업자나 무역업자들이 해상위험에 대비하여 체결하는 보험인 해상보험은 보험계약자와 보험자 사이의 협상력의 차이, 정보불균형 등의 문제를 두지 않기 때문에, 상법상 불이익변경금지의 규제를 받지 않는다(상법 제663조 단서). 그러므로 보험자와 보험계약자 간 사적 자치가 적용된다.

2. 해상보험에 불이익변경금지원칙의 적용을 배제하는 상법 제663조 단서의 규정 취지

96다23818 판결에서, 대법원은 "상법 제663조 단서가 해상보험에 같은 법조 본문 소정의 보험계약자 등의 불이익변경금지원칙이 적용되지 아니하도록 규정하고 있는 취지는 해상보험이

보험계약자와 보험자가 서로 대등한 경제적 지위에서 계약조건을 정하는 이른바 기업보험의 일종으로 보험계약의 체결에 있어서 보험계약자의 이익보호를 위한 법의 후견적 배려는 필요하지 않고 오히려 어느 정도 당사자 사이의 사적 자치에 맡겨 특약에 의하여 개별적인 이익조정을 꾀할 수 있도록 할 필요가 있고, 또한 해상보험에 있어서는 그 보험의 성격상 국제적인 유대가 강하고 보험실무상으로도 영국법 준거조항을 둔 영문 보험약관이 이용되고 있는 실정이므로 불이익변경금지원칙을 일률적으로 적용하여 규제하는 것이 반드시 옳다고 할 수 없다는 고려에서 나온 것이다.”라고 판시하였다.

이와 관련하여 대법원은 “수산업협동조합중앙회에서 실시하는 어선공제사업은 항해에 수반되는 해상위험으로 인하여 피공제자의 어선에 생긴 손해를 담보하는 것인 점에서 해상보험에 유사한 것이라고 할 수 있으나, 그 어선공제는 수산업협동조합중앙회가 실시하는 비영리 공제사업의 하나로 소형 어선을 소유하며 연안어업 또는 근해어업에 종사하는 다수의 영세어민들을 주된 가입대상자로 하고 있어 공제계약 당사자들의 계약교섭력이 대등한 기업보험적인 성격을 지니고 있다고 보기는 어렵고 오히려 공제가입자들의 경제력이 미약하여 공제계약 체결에 있어서 공제가입자들의 이익보호를 위한 법적 배려가 여전히 요구된다 할 것이므로, 상법 제663조 단서의 입법취지에 비추어 그 어선공제에는 불이익변경금지원칙의 적용을 배제하지 아니함이 상당하다.”고 하면서, “분납 공제료가 소정의 시기에 납입되지 아니하였음을 이유로 상법 제650조 제2항 소정의 절차를 거치지 아니하고 곧바로 공제계약이 실효됨을 규정한 수산업협동조합중앙회와 선박 소유자 사이의 어선보통공제약관 조항은 상법 제663조의 규정에 위배되어 무효이다.”라고 판단하였다.

3. 보험계약상 영국법 등 외국법 준거약관의 효력과 보험계약자 등의 불이익 변경금지

90다카25314 판결에서, 대법원은 “보험증권 아래에서 야기되는 일체의 책임문제는 외국의 법률 및 관습에 의하여야 한다는 외국법 준거약관은 동 약관에 의하여 외국법이 적용되는 결과 우리 상법 보험편의 통칙의 규정보다 보험계약자에게 불리하게 된다고 하여 상법 제663조에 따라 곧 무효로 되는 것이 아니고 동 약관이 보험자의 면책을 기도하여 본래 적용되어야 할 공서법의 적용을 면하는 것을 목적으로 하거나 합리적인 범위를 초과하여 보험계약자에게 불리하게 된다고 판단되는 것에 한하여 무효로 된다고 할 것인데, 해상보험증권 아래에서 야기되는 일체의 책임문제는 영국의 법률 및 관습에 의하여야 한다는 영국법 준거약관은 오랜 기간 동안에 걸쳐 해상보험업계의 중심이 되어 온 영국의 법률과 관습에 따라 당사자 간의 거래관계를 명확하게 하려는 것으로서 우리나라의 공익규정 또는 공서양속에 반하는 것이라거나 보험계약자의 이익을 부당하게 침해하는 것이라고 볼 수 없으므로 유효하다.”고 판시한 바 있다.

IV. 해상보험과 준거법

1. 영국법 준거조항의 효력

90다카25314 판결에서, 대법원은 “영국법 준거약관의 적하보험계약을 체결함에 있어 화물을 적재하고 출항한 선박으로부터 사고의 발생이 예상되는 전문을 수령한 사실을 감춘 경우, 위 전문 수령사실은 영국해상보험법 제18조 제2항 소정의 고지의무의 대상에 해당하므로 보험사가 같은 법 세17조, 제18조에 의해 고지의무 위반을 이유로 위 보험계약을 해지힌 것은 적법하고, 거기에 우리 상법 제651조 소정의 제척기간이나 상법 제655조의 인과관계에 관한 규정은 적용될 여지가 없다.”고 판시하였다.[5] 이상과 같은 내용을 보건대, 해상보험의 경우 우리 상법 보험편의 규정보다도 영국 해상보험법 및 영국 판례 등이 중요한 법원이 되고 있음을 알 수 있다.

2. 준거법으로서 영국법 준거조항

해상보험의 경우 국내 법률의 적용과 관련된 쟁점이 제기되고 있다. 국제적 표준으로 사용되는 보험증권이나 표준약관에는 대부분 영국법 준거조항을 두고 있는데, 이와 관련된 실무적으로 제기되는 내용을 살펴본다.

95다28779 판결에서 대법원은 선박보험계약상 영국법준거약관의 효력 및 영국 해상보험법상 고지의무 위반으로 인한 보험계약의 해지에 인과관계를 요하는지 여부에 대하여 판단하였다.

> **대법원 1996. 3. 8. 선고 95다28779 판결**
>
> 해상보험증권 아래에서 야기되는 일체의 책임문제는 영국의 법률 및 관습에 의하여야 한다는 영국법준거약관은 오랜 기간 동안에 걸쳐 해상보험업계의 중심이 되어 온 영국의 법률과 관습에 따라 당사자

---

[5] 대법원 1991. 5. 14. 선고 90다카25314 판결.

간의 거래관계를 명확하게 하려는 것으로서 우리나라의 공익규정 또는 공서양속에 반하는 것이라거나 보험계약자의 이익을 부당하게 침해하는 것이라고 볼 수 없어 유효하므로, 영국법준거약관이 적용되는 선박보험계약에 있어서 고지의무 위반을 이유로 한 보험계약의 해지에 관하여는 영국 해상보험법 제18조, 제17조가 적용되고 같은 법 소정의 고지의무 위반을 이유로 한 보험계약의 해지는 우리 상법 제651조 소정의 그것과는 그 요건과 효과를 달리하고 있어 이에 대하여 상법 제655조의 인과관계에 관한 규정은 적용될 여지가 없다.

영국 해상보험법 및 관습에 의할 경우 고지의무 불이행과 보험계약 체결 사이에 인과관계 있는 것만이 중요한 사항으로서 고지의무의 대상이 되는지 여부에 대하여 대법원은 "영국 해상보험법 및 관습에 의하면 고지의무 불이행과 보험계약 체결 사이에 인과관계가 있는 것만을 중요사항으로 보아 고지의무의 대상으로 하고 있는 것은 아니다."라고 판시한 바 있다.[6]

영국법이 준거법이 됨에 따라 우리 대법원은 "영국 해상보험법 제39조 제5항의 규정에 의하면 기간보험의 경우에는 피보험자가 선박의 감항능력이 없음을 알면서도 항해하게 한 때에 한하여 보험자가 면책될 수 있다."라고 하거나 추정전손과 관련하여 "영국 해상보험법의 규정과 관습에 의하면, 추정전손에 해당하는지 여부의 판단은 위부통지 당시에 객관적으로 실제 발생한 사실이 기초가 되어야 하고, 피보험자가 주관적으로 알고 있었던 사실이 그 판단의 기초가 되는 것은 아니며, 추정전손에 해당하는지 여부에 대한 판단의 기준시점은 보험자가 피보험자로 하여금 위부통지 혹은 그 통지에 대한 거절시점에서 소송이 제기된 것과 같은 지위에 있게 되는 것에 명시적으로 동의하지 않는 이상, 위부통지시의 사실관계가 아니고, 보험금 청구소송의 제소시(at the commencement of the action)에 존재하는 사실관계에 의하여 그 여부가 판단된다."고 판시하고 있다.[7]

V. 영국 해상보험법상 워런티 위반과 그 효과

94다60332 판결에서, '준거법을 영국 해상보험법으로 정한 보험증권상 감항증명서의 발급을 명시적 담보조건으로 한 경우, 매 항해 시마다 감항증명서를 발급받지 않은 것이 영국 해상보

---

6 대법원 1998. 5. 15. 선고 99다26221 판결

7 대법원 2002. 6. 28. 선고 2000다21062 판결.

험법상의 담보특약 위반에 해당되는지 여부'와 '영국 해상보험법상의 담보특약 위반의 효과'에 대한 판단을 하였다.

대법원은 전자와 관련하여 "보험증권에 그 준거법을 영국의 법률과 관습에 따르기로 하는 규정과 아울러 감항증명서의 발급을 담보한다는 내용의 명시적 규정이 있는 경우 이는 영국 해상보험법 제33조 소정의 명시적 담보에 관한 규정에 해당하고, 명시적 담보는 위험의 발생과 관련하여 중요한 것이든 아니든 불문하고 정확하게(exactly) 충족되어야 하는 조건(condition)이라 할 것인데, 해상보험에 있어서 감항성 또는 감항능력이 '특정의 항해에 있어서의 통상적인 위험에 견딜 수 있는 능력(at the time of the insurance able to perform the voyage unless any external accident should happen)'을 의미하는 상대적인 개념으로서 어떤 선박이 감항성을 갖추고 있느냐의 여부를 확정하는 확정적이고 절대적인 기준은 없으며 특정 항해에 있어서의 특정한 사정에 따라 상대적으로 결정되어야 하는 점 등에 비추어 보면, 부보선박이 특정 항해에 있어서 그 감항성을 갖추고 있음을 인정하는 감항증명서는 매 항해시마다 발급받아야 비로소 그 담보조건이 충족된다."고 판시하고, "영국 해상보험법상의 담보특약 위반이 있는 경우 설사 보험사고가 담보특약 위반과 아무런 관계없이 발생하였다고 하더라도 보험자는 보험증권에 명시적 규정이 있는 경우를 제외하고는 자동적으로 그 담보특약 위반일에 소급하여 그 보험계약상의 일체의 책임을 면한다."고 판단한 바 있다.

또 다른 사건에서 대법원은 "보험회사가 영국법 준거약관에 의하여 영국 해상보험법이 적용되는 워런티(warranty) 약관 조항을 사용하여 해상운송업자인 보험계약자와 선박에 관한 보험계약을 체결한 사안에서, 위 워런티 약관 조항은 보험계약자가 일정 기한까지 현상검사와 그에 따른 권고사항을 이행할 것을 워런티 사항으로 정하고 있으므로, 보험자는 보험계약자가 워런티의 의미 및 효과를 이해할 수 있도록 구체적으로 설명할 의무를 부담하고, 보험계약자가 해상운송업에 종사하고 있다 하더라도 대형 해운회사나 무역회사와 같이 해상보험계약의 전담부서에 전문가를 두어 보험계약을 체결하고 있다는 등의 특별한 사정이 없는 한 보험자의 별도 설명 없이도 워런티의 내용과 효과를 잘 알고 있거나 충분히 예상할 수 있었던 것이라고 보기 어렵다고 한 원심의 판단이 정당하다."고 판단한 바 있다.[8]

---

8   대법원 2010. 9. 9. 선고 2009다105383 판결.

VI. 보험위부와의 차이

1. 개념

보험위부란 보험의 목적이 전부 멸실한 것과 동일시할 수 있는 일정한 경우에 피보험자에게 보험금의 전액을 청구할 수 있게 하고 피보험자가 가졌던 보험의 목적물에 대한 권리를 보험자가 취득하게 하는 제도를 말한다.

> **제710조 (보험위부의 원인)** 다음의 경우에는 피보험자는 보험의 목적을 보험자에게 위부하고 보험금액의 전부를 청구할 수 있다. 〈개정 1991.12.31〉
> 1. 피보험자가 보험사고로 인하여 자기의 선박 또는 적하의 점유를 상실하여 이를 회복할 가능성이 없거나 회복하기 위한 비용이 회복하였을 때의 가액을 초과하리라고 예상될 경우
> 2. 선박이 보험사고로 인하여 심하게 훼손되어 이를 수선하기 위한 비용이 수선하였을 때의 가액을 초과하리라고 예상될 경우
> 3. 적하가 보험사고로 인하여 심하게 훼손되어서 이를 수선하기 위한 비용과 그 적하를 목적지까지 운송하기 위한 비용과의 합계액이 도착하는 때의 적하의 가액을 초과하리라고 예상될 경우

2. 보험자대위와의 차이점

보험자가 보험의 목적에 대한 피보험자의 권리를 취득한다는 점에서 보험위부는 보험의 목적에 대한 보험자대위와 유사한 면이 있다. 그러나 양자는 몇 가지 점에서 구별되는데, 보험자대위는 법률의 규정에 의한 당연한 권리의 취득인 데 반하여 보험위부는 피보험자의 의사표시에 따른 권리의 취득이라는 점에서 차이가 있다. 보험자대위는 보험금의 지급을 요건으로 하는 데 반하여 보험위부는 이를 요하지 않는다는 점도 다른 점이다. 보험자대위에서는 보험금액 이상으로 대위하지 못하지만, 보험위부에서는 보험자가 피보험자에게 지급한 보험금액보다 위부목적물의 가액이 큰 경우에도 그 목적물을 취득할 수 있다.

3. 법적 성질

보험위부는 불요식의 법률행위로서 보험자의 승낙의 의사표시를 요하지 않는 단독행위에 해당한다. 상법 제716조, 제717조가 보험자의 위부에 관한 승인 또는 불승인에 대하여 규정하고 있

다. 하지만 이는 위부권을 행사함에 있어서 보험자의 승낙이 필요하다는 것을 의미하는 것은 아니고, 피보험자의 일방적 의사표시에 의하여 법적 효과가 발생하는 형성권의 일종에 해당한다.[9]

한편, 영국 해상보험법(Marine Insurance Act, 1906)상 위부에 대한 보험자의 묵시적 승인이 증거에 의하여 명백히 증명되어야 하는지 여부 및 영국 해상보험법의 법리와 관습상 보험자 또는 피보험자가 구조작업에 착수한 것이 위부의 승인이나 포기로 해석될 수 있는지 여부에 대하여, 대법원은 "영국 해상보험법(Marine Insurance Act, 1906)상 위부는 보험의 목적이 전부 손실된 것과 같이 볼 수 있는 일정한 사정이 발생한 경우 피보험자가 보험금액 전부를 보상받기 위한 전제조건으로서 피보험자가 보험의 목적에 잔존하는 자기의 일체의 이익을 보험자에게 이전하는 것으로, 이에 대한 위부의 승인은 보험자의 행위에 의하여 묵시적으로도 인정될 수 있으나, 보험자의 묵시적 승인은 증거에 의하여 명백히 증명되어야 한다. 그리고 영국 해상보험법의 법리와 관습에 의하면, 위부의 통지를 받은 보험자가 구조작업에 착수했다고 해서 이것이 위부의 승인으로 해석되지 않으며 반대로 피부험자가 구조작업에 착수했다고 해서 위부의 포기로 해석되지 않는다."고 판단하였다.[10]

4. 보험위부의 요건

첫째, 위부의 통지가 필요하다. 피보험자가 보험위부를 하고자 할 경우에는 위부를 할 수 있는 원인이 생긴 때부터 상당한 기간 안에 보험자에게 그 통지를 발송해야 한다(상법 제713조). 보험위부의 원인이 있다고 해서 보험자의 전손전보의무가 당연히 생기는 것은 아니다. 그러므로 피보험자는 보험위부를 선택하여 행사해야 한다. 피보험자가 위부권을 실제로 행사하기 위해서는 보험의 목적을 위부하고 보험금액의 전부를 청구한다는 의사표시를 하는 위부의 통지가 필요하다고 하겠다. 여기서 상당한 기간이라 함은 피보허자가 위부의 원인을 증명하고 위부권을 행사할 수 있는 합리적 기간을 의미한다.[11] 피보험자는 위부를 포기할 수도 있다. 위부권을 상실하거나 위부를 포기하더라도 보험금청구권까지 잃게 되는 것은 아니므로, 피보험자는 통상의 방법에 따라 손해를 입증하여 보험금을 청구할 수는 있다.

둘째, 위부는 무조건이어야 한다(상법 제714조 제1항). 따라서 보험위부를 하는 경우에는 조

---

9 한기정, 보험법, 제3판, 박영사, 2021, 625면.

10 대법원 2013. 9. 13. 선고 2011다81190, 2011다81206 판결.

11 양승규, 보험법, 제5판, 삼지원, 2004, 339면.

건이나 기한을 붙일 수 없다. 만약 보험위부에 조건이나 기한을 붙이는 것을 허용하면 당사자 사이의 법률관계를 신속·간명하게 처리하고자 하는 위부제도의 취지에 반하게 된다.

셋째, 보험위부는 원칙적으로 보험의 목적의 전부에 대하여 이를 해야 한다(위부의 불가분성). 보험위부는 보험의 목적이 전손과 동일시되는 때 인정되는 것이므로, 원칙적으로 불가분이기 때문이다. 이는 보험의 목적의 전부에 대하여 하도록 해서 보험자가 부당한 손해를 입지 않도록 하기 위한 목적이 있다. 다만, 예외적으로 위부의 원인이 보험의 목적의 일부에만 생긴 때는 그 부분에 대해서만 보험위부를 할 수 있다(상법 제714조 제2항). 보험위부의 원인이 일부에 대하여 생긴 때란 선박과 적하 전부를 보험에 붙였으나, 선박 또는 적하 중 하나에만 위험이 발생한 때를 말한다. 이러한 예외적인 경우에, 피보험자가 위부권을 행사하게 되면 보험의 목적물에 대하여 피보험자와 보험자는 공유자의 지위에 있게 된다. 또한 일부보험의 경우에는 보험금액의 보험가액에 대한 비율에 따라서만 보험위부를 할 수 있다(상법 제714조 제3항).

넷째, 피보험자가 보험위부를 함에 있어서는 보험자에 대하여 보험의 목적에 관한 다른 보험계약과 그 부담에 속한 채무의 유무와 그 종류 및 내용을 통지해야 한다(상법 제715조 제1항). 이는 보험자에게 중복보험의 유무 및 보험의 목적에 담보물권이 설정되었는지 여부를 알리고, 보험자로 하여금 그에 미리 대비할 수 있도록 하기 위한 목적이 있다. 이 통지는 보험위부의 통지와는 다른 것이므로 반드시 위부 통지의 기간 안에 해야 하는 것은 아니다. 보험자는 이 통지를 받을 때까지 보험금액의 지급을 거부할 수 있을 뿐이다(상법 제715조 제2항). 피보험자가 보험위부를 하는 경우 보험금지급 기간에 관하여 당사자 사이에 다른 약정이 있는 때는, 그 보험금지급 기간은 보험자가 이 통지를 받은 날부터 기산한다(상법 제715조 제3항).

다섯째, 보험위부는 형성권의 일종이므로 보험자의 승인 없이도 피보험자의 일방적 의사표시만으로 그 효력이 생긴다. 그러나 보험자는 보험위부의 성립에 대하여 이의를 할 수 있다. 보험자가 승인을 하지 않고 이의를 한 때는 피보험자는 구체적인 증거를 제시하여 보험위부의 원인을 증명해야 보험금액의 지급을 청구할 수 있다(상법 제717조). 보험자가 위부를 승인한 때는 피보험자는 보험위부의 원인을 증명할 필요가 없이 보험금을 청구할 수 있게 되고, 또 보험자는 후일 그 위부에 대하여 다시 이의를 하지 못한다(상법 제716조). 그러나 보험위부의 승인이 착오나 사기·강박으로 인한 것인 경우 보험자는 그 승인의 무효 또는 취소를 주장할 수 있다.

5. 보험위부의 효과

1) 적극설과 소극설

보험자의 권리를 취득하게 된다. 보험위부가 있는 경우 보험자는 피보험자의 위부 통지를 승인함으로써 보험목적의 잔존물에 대한 권리를 승계할 수 있다. 여기에 의견 대립이 있다.

보험금을 지급한 보험자는 피보험자의 제3자에 대한 손해배상청구권뿐 아니라 계약상의 권리 등을 대위할 수 있고, 잔존물의 매각대금 등 피보험자가 회복한 이익을 대위할 수도 있다는 입장(다수설)[12]과 위부요건의 충족 여부에 관하여 분쟁이 있을 수도 있는 상태에서 무조건 제3자에 대한 권리까지 이전한다고 하면 권리관계가 불분명해질 우려가 있고 또 제3자에 대한 권리의 이전은 보험금 지급 후(상법 제682조, 청구권대위)로 미루는 것이 형평상 타당하다는 점을 이유로 피보험자의 제3자에 대한 권리는 이전되지 않는다고 보는 입장(소수설)[13]의 대립이 있다. 다만 선박보험에서 피보험자의 운임 청구권은 보험자가 보험위부에 의하여 취득하는 권리에 포함되지 않는다. 왜냐하면 운임은 독립하여 보험의 목적이 되는 것이고 선박보험의 목적은 아니기 때문이다.

위부된 물건에 대하여 보험자는 피보험자와 동일한 지위에 있는 것으로 보아야 하고, 이런 측면에서 피보험자가 제3자에 대해 가지는 권리도 보험자가 취득하는 것으로 보아야 할 것이다.

2) 피보험자의 권리와 의무

보험의 목적을 위부한 때는 피보험자는 보험자에게 보험금액 전부에 대한 보상을 청구할 수 있다(상법 제710조). 그러나 보험위부의 원인이 보험목적의 일부에 대하여 생긴 경우에 이를 위부한 때는 그 부분에 대한 보험금액만을 청구할 수 있다(상법 제714조 제2항 단서). 이 경우에 보험금액의 지급 한도는 보험계약상의 보험금액과 보험가액에 의하여 되는데, 특약이 없는 한 기평가보험의 경우에는 협정보험가액(상법 제670조 참조)이고, 미평가보험의 경우에는 상법 제696조 내지 제698조의 규정에 의하여 산정한 보험가액을 한도로 보험금액의 범위에서 보험자가 보상해야 할 금액이다. 일부보험의 경우에는 보험자는 보험금액의 보험가액에 대한 비율에

---

12   양승규, 보험법 제5판, 삼지원, 2004, 345면: 박세민, 보험법, 제8판, 박영사, 2025, 784면; 한기정, 보험법, 제3판, 박영사, 2021, 629면.

13   서돈각·정완용, 상법강의(하), 제4전정판, 법문사, 1998, 457-458면.

따라 보상 책임을 진다(상법 제714조 제3항).

피보험자는 보험위부를 한 때는 보험금액의 수령 여부를 묻지 않고, 보험의 목적에 관한 모든 서류를 보험자에게 교부해야 한다(상법 제718조). 이것은 보험위부로 인하여 보험의 목적에 관한 권리가 보험자에게 이전하므로, 보험자의 권리행사를 용이하게 하기 위한 것이다. 보험의 목적에 관한 서류로는 선박국적증서·등기증서 등이 있다. 또한 피보험자는 보험위부의 효과가 발생한 후에도 손해방지의무 등을 부담한다. 따라서 손해방지 등을 위하여 들어간 비용에 대해서는 피보험자가 보험자에게 청구할 수 있다.

제30장

책임보험

I. 의 의

1. 개념

책임보험은 피보험자가 보험기간 중의 사고로 인하여 제3자에게 배상할 책임을 진 경우에 보험자가 이를 보상할 것을 목적으로 하는 손해보험의 일종이다(상법 제719조). 책임보험은 일반의 손해보험에 있어서와 같이 특정한 보험의 목적에 대하여 피보험자가 보험사고로 직접 입은 손해를 보상하는 적극보험에 해당하는 것이 아니다. 피보험자의 책임에 돌아갈 사고로 말미암아 제3자에게 발생한 손해를 보상함으로써 발생하는 간접손해를 보험자가 보상하기로 하는 보험이다.

2. 기능

자본주의 경제의 발전과 더불어 발생한 보험이 바로 책임보험이다. 경제의 발달로 말미암아 경제생활이 복잡해지고 더불어 사업자의 책임이 엄격해짐에 따라 동 보험이 발전한 것이다. 책임보험은 업무상 타인에게 손해배상책임을 지게 될 위험이 있는 사람이 그 책임을 보험자에게 돌림으로써 자신의 경제적 안정을 꾀하고자 하는 데서 출발하였다.[1] 책임보험은 1차적으로는

---

[1] 최기원, 보험법, 제3판, 박영사, 2002, 429면.

피보험자의 이익에 봉사하는 것이나, 책임보험자는 피보험자의 제3자에 대한 손해배상책임을 담보하고 있으므로 책임보험계약상의 이익은 궁극적으로는 피보험자의 불법행위채권자에게 돌아가게 된다.[2] 그러므로 책임보험은 피보험자를 보호하는 자위적 기능을 부여하는 동시에 피해자를 보호하는 사회적 기능을 동시에 가지고 있다.

책임보험의 보험자가 피해자와 피보험자 사이의 손해배상 확정판결에서 지급을 명한 소송촉진등에관한특례법 소정의 지연손해금까지 지급할 책임이 있는지 여부에 대하여 대법원은 다음과 같이 판시하고 있다.[3]

대법원 2000. 10. 13. 선고 2000다2542 판결

"자동차보험에 있어서 피보험자의 명시적·묵시적 승인하에서 피보험자동차의 운전자가 무면허운전을 하였을 때 생긴 사고로 인한 손해에 대하여는 보상하지 않는다는 취지의 무면허운전 면책약관은 무면허운전이 보험계약자나 피보험자의 지배 또는 관리가능한 상황에서 이루어진 경우에 한하여 적용되는 것으로서, 이 경우에 있어서 묵시적 승인은 명시적 승인의 경우와 동일하게 면책약관이 적용되므로 무면허운전에 대한 승인 의도가 명시적으로 표현되는 경우와 동일시 할 수 있는 정도로 그 승인 의도를 추단할 만한 사정이 있는 경우에 한정되어야 하고, 무면허운전이 보험계약자나 피보험자의 묵시적 승인하에 이루어졌는지 여부는 보험계약자나 피보험자와 무면허운전자의 관계, 평소 차량의 운전 및 관리 상황, 당해 무면허운전이 가능하게 된 경위와 그 운행 목적, 평소 무면허운전자의 운전에 관하여 보험계약자나 피보험자가 취해 온 태도 등의 여러 사정을 함께 참작하여 인정하여야 하며(대법원 2000. 5. 30. 선고 99다66236 판결 참조), 보험계약자나 피보험자가 과실로 운전자가 무면허임을 알지 못하였다거나 무면허운전이 가능하게 된 데에 과실이 있었다거나 하는 점은 무면허운전 면책약관의 적용에서 고려할 사항이 아니다(대법원 1999. 11. 26. 선고 98다42189 판결 참조)."

II. 책임보험의 종류

1. 강제책임보험과 임의책임보험

보험가입의 강제성의 유무에 따른 분류이다. 자동차로 인한 피해자의 보호라는 사회적인 요

---

2   양승규, 보험법, 제5판, 삼지원, 2004, 347면,
3   대법원 2000. 10. 13. 선고 2000다2542 판결.

청에 따라 자동차를 보유한 자들에게 보험가입을 법률로 강제하는 보험이 강제책임보험(의무책임보험)이라고 하고, 법률상 보험가입이 강제되지 아니한 보험, 즉 보험가입자의 가입 여부가 임의적 보험이 바로 임의책임보험이다.

> **헌법재판소 1991. 6. 3. 89헌마 204 결정**
>
> 헌법재판소는 "화재보험계약체결의 강제는 어디까지나 예외적인 것이어야 하며 엄격한 요건 아래서만 인정되어야 할 것으로서 목적달성을 위하여 최소한의 범위로 국한시켜야 하며 다른 합법적 대체수단이 없는 필요 부득이한 제한이어야 하는데 화재로 인한 화재보상과 보험가입에 관한 법률 제5조의 특수건물부분에 동법 제2조 제3항 가목 소정의 "4층 이상의 건물"을 포함시켜 보험가입을 강제하는 것은 개인의 경제상의 자유와 창의의 존중을 기본으로 하는 경제질서와 과잉금지의 원칙에 합치되지 아니하여 헌법에 위배된다"고 한 바 있다.

2. 유한배상책임보험과 무한배상책임보험

피해자 1인 또는 사고를 기준으로 보험자의 보상책임의 한도액이 정해진 보험이 유한배상책임보험이라고 한다면, 무한배상책임보험은 보험자의 보상책임의 한도액을 정하지 아니하고 피보험자가 일정한 사고로 말미암아 제3자에 손해배상책임을 짐으로서 입은 손해를 모두 보상하는 보험을 뜻한다.

3. 영업책임보험, 전문직업인책임보험 및 개인책임보험

피보험자의 영업으로 인하여 타인에게 배상책임을 짐으로써 입은 손해를 보상하는 보험이 영업책임보험(자동차책임보험, 생산물배상책임보험 등)이라고 한다면(상법 제721조), 일정한 직업에 종사하는 사람이 피보험자로써 그 직업(의사, 공인회계사, 회사의 임원 등)과 관련하여 타인에게 손해배상에 대한 책임을 보상하는 보험은 전문직업인책임보험에 해당한다. 반면 개인책임보험은 피보험자가 개인적인 책임으로 타인에게 손해배상책임을 짐으로써 입은 손해를 보상하는 보험을 의미한다.

4. 대인배상책임보험과 대물배상책임보험

피보험자의 타인에 대한 인적인 손해의 영역인가, 아니면 물적인 손해인가에 대한 구분이다.

피보험자가 타인의 사망이나 신체의 손상 등의 인적 손해를 보상하는 보험이 대인배상책임보험이라고 한다면, 피보험자가 타인의 물건에 대하여 발생하는 손해를 보상하는 보험은 대물배상책임보험이다.

III. 책임보험계약에서 가해자와 피해자

1. 피해자의 지위

책임보험계약은 보험자와 보험계약자 사이에 이루어지고 피해자인 제3자의 존재를 그 전제로 하고 있다. 피보험자는 피보험이익을 가지고 있기 때문에 보험금청구권을 갖게 된다. 그러므로 피해자는 책임보험계약에 있어서 직접적인 계약의 당사자에 해당되지 않는다. 그러한 면에서 책임보험을 이해하게 된다면, 책임보험은 피보험자를 위한 보험에 해당되고, 피해자에게 보험금청구권을 인정하는 피해자를 위한 보험(상법 제639조)은 아니라고 할 것이다. 즉 책임보험의 기능은 본래 오로지 피보험자의 이익을 위하여 발생한 것이라고 해야 할 것이다.

2. 피해자의 직접청구권

책임보험계약에 있어서 보험자는 피보험자가 제3자에 대하여 손해배상책임을 짐으로써 입은 재산상의 손해를 보상하는 것을 목적으로 한다. 종국적으로 책임보험자로부터 보험금의 지급은 피해자인 제3자에게 귀속되어야 하므로 경제적인 수익자는 피해자라고 할 것이다. 그러므로 피해자는 직접이든 간접이든 보험자와 일정한 관계를 유지할 수밖에 없는 지위에 있게 된다. 그리하여 책임보험의 발전에 따라 피해자가 보험자에 대하여 아무런 관계를 가지지 않는다는 관념은 점점 사라지게 되었다. 이제 책임보험의 발달은 어떻게 피해자인 제3자를 보호해야 할 것인가의 문제로 귀결하게 되었고, 프랑스법과 우리 상법은 원칙적으로 피해자의 지위를 보장하고, 이를 보다 강화하고자 하는 차원에서 피해자의 직접적 청구권을 인정하게 되었다. 책임보험은 피해자 보호기능이 매우 강하다는 측면에서, 기능적으로는 책임보험은 피해자를 위한 보험이라 할 수 있다.

3. 상법의 태도

현재의 상법으로 개정되기 전 보험계약에 있어서는 보험자는 보험계약자에게 통지를 하거나 보험계약자의 청구가 있는 때에는 제3자에게 보험금액의 전부 또는 일부를 직접 지급할 수 있음을 인정하여, 간접적으로 보험자가 피해자에게 보험금을 지급할 수 있도록 하고 있었다.

현 상법은 원칙적으로 "보험자는 피보험자가 책임을 질 사고로 인하여 생긴 손해에 대하여 제3자가 배상을 받기 전에는 보험금액의 전부 또는 일부를 피보험자에게 지급하지 못한다."라고 하고 있고(상법 제724조 제1항), 책임보험의 경우 피해자인 제3자에게 보험자에 대한 보험금청구권을 인정하고 있다(상법 제724조 제2항 본문). 동 규정의 내용에 따라 책임보험에서 피해자가 보험자에게 직접청구권을 행사할 수 있게 된다.

'자동차보험약관에 상법 제724조 제1항과 같은 내용의 지급거절조항이 있는 경우, 보험자가 피보험자의 보험금청구를 거절할 수 있는지 여부'와 '피해자가 피보험자들을 상대로 제기한 손해배상 청구소송에서 손해배상금을 지급하라는 내용의 화해권고결정이 확정된 경우에도 피해자가 피보험자들로부터 실제 배상을 받기 전에는 보험자가 상법 제724조 제1항 및 자동차보험약관상 지급거절조항에 따라 피보험자들의 보험금지급청구를 거절할 수 있는지 여부'에 대한 대법원의 판결이 있다.[4]

> **대법원 2007. 1. 12. 선고 2006다43330 판결**
>
> "보험회사의 자동차보험약관상 상법 제724조 제1항의 내용과 같이 피보험자가 제3자에게 손해배상을 하기 전에는 피보험자에게 보험금을 지급하지 않는다는 내용의 지급거절조항을 두고 있지 않다면 보험자는 그 약관에 의하여 상법 제724조 제1항의 지급거절권을 포기한 것으로 보아야 하지만, 만약 약관에 명시적으로 지급거절조항을 두고 있다면 달리 지급거절권을 포기하거나 이를 행사하지 않았다고 볼 만한 특별한 사정이 없는 한 보험자는 상법 제724조 제1항 및 지급거절조항에 의하여 피보험자의 보험금지급청구를 거절할 권리가 있다."
>
> "피해자가 피보험자들을 상대로 제기한 손해배상 청구소송에서 손해배상금을 지급하라는 내용의 화해권고결정이 확정된 경우에도 자동차보험약관상 '보험자는 손해배상청구권자가 손해배상을 받기 전에는 보험금의 전부 또는 일부를 피보험자에게 지급하지 않으며, 피보험자가 지급한 손해배상액을 초과하여 지급하지 않습니다' 는 지급거절조항이 있다면, 보험자는 피해자가 피보험자들로부터 실제 배상을 받기 전에는 상법 제724조 제1항 및 위 지급거절조항에 따라 피보험자들의 보험금지급청구를 거절할 수 있다."

----

[4] 대법원 2007. 1. 12. 선고 2006다43330 판결.

IV. 피해자의 보험금 청구권

1. 의의

책임보험에서 피해자인 제3자는 보험자에 대하여 직접 아무런 권리도 가지지 않는 것이 계약법의 일반원칙이다. 그러나 책임보험계약의 이익은 궁극적으로는 피해자에게 돌아가게 되므로, 보험사고로 인한 피보험자의 손해배상책임이 생겼을 때에 피해자가 보험자에 대하여 직접 보험금을 청구할 수 있도록 하는 것은 피해자의 보호를 위하여 필요하다. 상법은 책임보험계약에서 보험사고가 생긴 때에 피해자에게 보험금청구권을 인정하게 되었다. 책임보험계약에서 피해자의 보험금청구권은 피보험자의 책임 있는 사유로 생긴 제3자의 손해에 대하여 피보험자가 배상책임을 지는 손해배상금을 보험자에게 직접 청구할 수 있는 권리이다. 책임보험에서 피해자의 권리가 한층 더 강화되어 있음을 알 수 있다.

그러나 어떠한 법적인 원인에 의하여 보험의 이해당사자로부터 배제되어 있는 피해자에게 직접청구권을 인정해야 하는가에 대하여 의문이 제기된다. 그것과 상관없이 우리 상법에 따른다면, 어느 경우에나 보험자가 보험금을 피해자에게 지급한 때에는 피보험자는 그 한도에서 피해자에 대한 책임에서 벗어나게 된다.

2. 적용 범위

종래의 상법은 제725조는 "임차인 기타 타인의 물건을 보관하는 자가 그 지급할 손해배상을 위하여 그 물건을 보험에 붙인 경우에는 그 물건의 소유자는 보험자에 대하여 직접 그 손해의 보상을 청구할 수 있다"라고 규정하고 있었다. 단지 임의책임보험의 영역과 관련하여, 피해자인 물건소유자의 보험금청구권을 인정하고 있었고, 자동차손해배상보장법을 비롯한 강제책임보험법에서는 피해자의 직접청구권을 법으로 정하고 있었다. 그러나 개정상법 제724조 제2항 본문은 "제3자는 피보험자가 책임을 질 사고로 입은 손해에 대하여 보험금액의 한도 내에서 보험자에게 직접 보상을 청구할 수 있다."라고 규정하여 피해자의 직접청구권을 모든 책임보험계약으로 확대하여 인정하고 있다. 다만, 그것이 타당한가에 대하여는 의문이 있다. 왜냐하면 독일 보험계약법은 우리나라 상법과 달리 직접청구권에 대하여 달리 규정하고 있기 때문이다. 즉, 독일 보험계약법 제115조는 피해자인 제3자가 보험자에 대하여 직접청구권을 행사하기 위한 요건으로 '의무보험법에 따라 발생하는 보험상 의무이행을 위한 책임보험의 경우'라든가, '보험계약자의 재산에 대하여 파산절차가 개시되거나 파산재산의 부족으로 파산청구가 거절되거나 임시파산관재인이 임명된 경우' 또는 '보험계약자의 거주지가 불분명한 경우'로 한정하여 규정되어 있다. 이는 피해자의 보험자에 대한 직접청구권이 양자 사이의 법적 관계가 아니라는 점을 고려하여, 매우 예외적인 사안에 대하여 조심스럽게 인정하고자 하는 면이 있다고 하겠다.

3. 법적 근거와 법적 성질

1) 법적 근거

책임보험계약에서 보험자에 대한 제3자의 직접청구권의 근거에 대하여 다양한 견해가 제시되고 있다. 책임보험의 본래의 성격에 두는 견해, 법규의 효과라고 보는 견해 및 계약당사자의 의사표시에 의한 효과라고 보는 견해 등이 제시되고 있으나, 책임보험에서 피해자를 보호하기 위하여 법이 정책적으로 인정하는 권리로 보아야 할 것이다. 즉, 법규의 효과라는 입장이 타당하다.

2) 법적 성질

피해자의 직접청구권의 법적 성질이 무엇인가에 대하여, 과거 대법원은 보험금청구권이라는 입장을 드러낸 적도 있지만,[5] 그 뒤 대법원은 "피해자의 직접청구권의 법적 성질은 보험자가 피보험자의 피해자에 대한 손해배상채무를 병존적으로 인수한 것으로 보험자에 대하여 가지는 손해배상청구권이다"라는 판결[6]이나 "보험자가 피보험자의 피해자에 대한 손해배상채무를 병존적으로 인수한 것으로서 피해자가 보험자에 대하여 가지는 손해배상청구권이지 피보험자가 보험자에 대해 가지는 보험금청구권이 변형되거나 이에 준하는 권리가 아니다."라고 판시[7]하고 있다.

손해배상청구권이 타당하다. 책임보험은 그 구조상 피해자가 가해자에 대하여 갖는 손해배상청구권을 전제로 하여 발생하게 된다. 피해자의 직접청구권을 법규에서 인정하고 있는 것은

----

5   대법원 1993. 4. 13. 선고 93다3622 판결.
6   대법원 1995. 7. 25. 선고 94다52911 판결.
7   대법원 2000. 6. 9. 선고 98다54397 판결.

피해자가 손해배상청구권을 가해자에게 행사하기보다 배상의 가능성이 높은 보험자로 돌린 것이라는 점에서, 직접청구권의 법적 성질은 손해배상청구권에 다름 아니라 하겠다.[8] 그 외에도 직접청구권은 법률이나 약관을 통해 피해자를 보호하도록 하고 있는바 그 법적 성질을 보험금청구권으로 인정하게 된다면 불법행위에 기한 손해배상청구권에 비하여 소멸시효기간이 단축되어 피해자 보호에 소홀해 질 수 있다는 점,[9] 일본(자동차손해배상보장법 제16조)이나 독일(보험계약법 제115조) 등 비교법적인 측면을 고려해 보았을 때, 손해배상청구권이 타당하다고 하겠다.

4. 보험사고와 보험범위

1) 보험사고

(1) 의의

제3자인 피해자가 보험자에게 직접 보험금을 청구하기 위해서는 먼저 보험기간 중에 피보험자가 책임을 질 사고로 손해를 입었어야 한다(상법 제724조 제2항 본문). 피보험자가 책임을 질 사고라 함은 책임보험계약에서 보험자가 담보하고 있는 위험에서 생긴 사고에 한정한다. 이와 관련하여 보험사고가 무엇인지에 대한 다툼이 발생한다.

(2) 손해사고설

손해사고설이라 함은 제3자에 대해 피보험자가 배상책임을 부담하게 되는 원인이 되는 사고 또는 약관에서 정해진 손해사고가 제3자에게 발생한 것을 보험사고로 보는 입장이다.[10]

(3) 손해배상청구설

피해자인 제3자가 가해자인 책임보험의 피보험자에게 사고로 인해 발생한 손해에 대하여 재판상 또는 재판 외의 손해배상청구를 한 시점을 보험사고로 보는 입장이다.[11]

---

8   김성태, "직접청구권의 성질과 시효", 민사판례연구, 제16권, 민사판례연구회, 1994, 184-185면.

9   박세민, 보험법, 제8판, 박영사, 2025, 828면.

10   양승규, 보험법, 제5판, 삼지원, 2004, 358면; .이기수·최병규·김인현, 보험·해상법(상법강의 Ⅳ), 제9판, 박영사, 2015, 273면.

11   최기원, 보험법, 제3판, 박영사, 2002, 435-436면.

(4) 책임부담설

피보험자가 제3자에게 배상책임을 부담하는 경우, 즉 제3자에 대하여 부담할 채무가 판결이나 화해 등에 의해 확정된 경우를 보험사고로 보는 입장이다.[12]

(5) 사견

손해사고설, 손해배상청구설, 책임부담설 외에도 피보험자가 피해자에게 손해배상의무를 이행하는 것을 보험사고로 보는 배상책임이행설 등이 제시될 수 있으나, 대법원의 판결[13]을 고려하여 손해사고설이 타당한 것으로 판단된다. 여기서 대법원은 "피보험자가 생산한 제품으로 인하여 타인의 재물을 손괴하여 법률상 배상책임을 부담함으로써 입는 손해를 보상하기로 하는 영업배상책임보험계약의 보험사고는 제품의 파손사고 자체가 아니라 그 파손으로 인한 타인의 재물의 손괴"라고 보았다. 이 점에서 보험사고는 손해사고에 입각한 것으로 판단할 수 있다.[14]

2) 보험범위

보험자가 제3자의 청구에 대하여 지급할 보험금의 한도는 그 책임보험계약에서 정해지고 있다. 보험자는 무한배상책임보험계약의 경우에는 피보험자가 그 사고로 인하여 책임을 지게 되는 제3자의 모든 손해를 보상하여야 하나, 유한배상책임보험계약의 경우에는 그 계약에서 정한 보험금액을 한도로 피해자가 입은 손해를 보상하게 된다.

V. 피해자 직접청구권과 보험자 · 피보험자 의무

1. 보험자의 통지의무

보험자는 피해자인 제3자로부터 직접 보험금지급의 청구를 받은 때에는 지체 없이 이를 피

---

12   최준선, 보험법 · 해상법, 제3판, 삼영사, 2008, 274면.
13   대법원 2000. 6. 9. 선고 98다54397 판결.
14   박세민, 보험법 제8판, 박영사, 2025, 801-802면; 한기정, 보험법, 제3판, 박영사, 2021, 639-640면.

보험자에게 통지하여야 한다(상법 제724조 제3항). 이것은 책임보험자는 피보험자가 지급할 손해배상금을 보험계약에 의하여 그 제3자에게 보상하는 것이므로, 피보험자가 그 사실을 알려주어야 할 필요가 있다. 더 나아가 보험자는 가해자인 피보험자로부터 얻어야 할 협조사항이 있을 수 있기 때문에, 상법은 보험자의 피보험자에 대한 통지의무를 부과하고 있다.

2. 피보험자의 사고통지의무

피보험자가 제3자로부터 배상청구를 받은 때에는 보험자에게 지체없이 그 통지를 발송하여야 한다. 청구과정에서 보험자가 직접 또는 간접으로 관여하고 적절한 대비를 하기 위함이다. 2014년 개정 전 상법 제722조는 '피보험자가 제3자로부터 배상의 청구를 받은 때에는 지체없이 보험자에게 그 통지를 발송하여야 한다.'고 규정하고 있었다. 하지만 통지를 하지 않은 경우의 위반효과에 대한 내용은 규정되어 있지 않았다. 이와 관련하여 실무에서 배상청구 통지의무를 게을리하여 증가된 손해에 대해서는 보험자가 면책된다는 약관 규정이 유효한가에 대한 물음이 제기되었다. 주된 쟁점은 피보험자의 소송통지의무를 규정한 자동차보험보통약관의 취지와 배상청구 통지의무를 게을리 하여 증가된 손해에 대해서 보험자의 면책 규정이 유효한가에 있었다.[15]

> ### 대법원 1994. 8. 12. 선고 94다2145 판결
>
> "가. 피보험자의 소송통지의무를 규정한 자동차보험보통약관 제50조의 취지는, 소송을 제기당한 피보험자가 소송에 적절히 대응하지 않아 부적정한 손해배상액을 명하는 판결을 받은 후 그 판결금액을 보험회사에게 청구할 수 있다고 한다면 이는 실손해를 전보한다는 자동차보험의 본래의 취지에 반하고 보험회사로 하여금 부당한 불이익을 입게 하는 것이므로 그와 같은 폐해를 피하고 후일의 분쟁을 방지하기 위하여 소송이 제기된 때에는 그 소송에서 적정한 배상액이 정해지도록 보험회사에게 직접, 간접으로 소송에 관여할 기회를 주기 위한 것이다.
>
> 나. 만약 피보험자가 보험회사에게 피해자 등으로부터 소송을 제기당한 사실을 통지하여 보험회사로 하여금 소송에 실질적으로 관여할 수 있도록 하였거나 소송에서 피해자의 사고 당시의 수입액에 관한 자료를 제출하였다면 판결에서 피해자의 수익상실로 인한 손해액이 과다하게 인용되는 것을 방지할 수 있었음에도 이를 게을리한 사정이 있다면, 자동차보험보통약관 제50조의 취지로 보아 피보험자의 의무해태로 인하여 적정 손해액 이상으로 판결에서 인용된 손해액에 대하여는 보험회사에게 보상의무가 없다고 봄이 상당하다."

15　대법원 1994. 8. 12. 선고 94다2145 판결.

대법원은 동 사건에서 약관 규정의 유효로 판단하였다. 한편, 2014년 상법 개정 시 상법 제722조에 대한 일부 내용이 신설되었다.

개정 전	제722조(피보험자의 사고통지의무) 피보험자가 제3자로부터 배상의 청구를 받은 때에는 지체없이 보험자에게 그 통지를 발송하여야 한다
개정 후	제722조(피보험자의 배상청구 사실 통지의무) ① 피보험자가 제3자로부터 배상청구를 받았을 때에는 지체 없이 보험자에게 그 통지를 발송하여야 한다. ② 피보험자가 제1항의 통지를 게을리하여 손해가 증가된 경우 보험자는 그 증가된 손해를 보상할 책임이 없다. 다만, 피보험자가 제657조제1항의 통지를 발송한 경우에는 그러하지 아니하다. [전문개정 2014. 3. 11.]

즉, '피보험자의 배상청구 사실 통지의무'라는 제목 변경과 함께 제2항이 신설된 것이다. 이러한 내용의 신설은 피보험자가 손해배상책임의 원인이 된 보험사고 발생에 관하여 통지를 발송하였다면, 그 후 배상청구 사실을 통지하지 않았거나 게을리했다는 것을 이유로 하여 손해에 대해 보험자가 면책되지 않는다는 점을 명확히 하였다는 점을 의미한다.

3. 피보험자의 협조의무

피보험자는 자신의 책임 있는 사고로 손해를 입은 피해자가 보험자에게 손해배상을 청구한 경우에 보험자의 요구가 있을 때에는 필요한 서류, 증거의 제출, 증언 또는 증인의 출석에 협조하여야 한다(상법 제724조 제4항). 피보험자의 보험자에 대한 협조의무는 피해자가 직접 보험금을 청구한 경우뿐 아니라, 보험자가 담보하는 사고로 제3자가 손해를 입어 그 책임관계를 확정짓는 경우에도 적용된다.

VI. 보험자의 항변권

상법 제724조 제2항 단서에 따라, 보험자는 피보험자가 그 사고에 관하여 가지는 항변으로써 제3자에게 대항할 수 있게 된다. 보험자는 보험계약자 또는 피보험자에 대한 보험계약상의 항변사유로써 피해자에게 대항할 수 있음을 규정한 것이다. 이는 피해자인 제3자는 가해자인 피보험자에 대한 손해배상청구권을 전제로 보험자의 책임한도액의 범위에서 보험금을 청구하는 것이므로 보험자가 피보험자의 제3자에 대한 항변으로써 대항할 수 있도록 하는 것이 합리적이라 하겠다. 보험자의 책임이 피보험자에 대한 것보다 피해자에 대한 것이 클 수는 없기 때문이다.

VII. 방어비용

피보험자가 제3자의 청구를 방어하기 위하여 지출한 재판상 또는 재판외의 필요비용은 보험의 목적에 포함된 것으로 한다. 피보험자는 보험자에 대하여 그 비용의 선급을 청구할 수 있다(상법 제720조 제1항).

상법 제720조 제1항 소정의 '방어비용'의 의미 및 보험사고 발생 시 피보험자와 보험자의 법률상 책임 여부가 판명되지 아니한 상태에서 피보험자가 피해자가 제기한 소송에 응소하여 지출하였거나 지출할 것이 명백히 예상되는 필요비용이 이에 해당하는지 여부에 대하여, 대법원이 다음과 같이 판시한 바 있다.[16]

대법원 2002. 6. 28. 선고 2002다22106 판결

"상법 제720조 제1항에서 규정한 '방어비용'은 피해자가 보험사고로 인적·물적 손해를 입고 피보험자를 상대로 손해배상청구를 한 경우에 그 방어를 위하여 지출한 재판상 또는 재판 외의 필요비용을 말하는 것으로서, 방어비용 역시 원칙적으로는 보험사고의 발생을 전제로 하는 것이므로, 보험사고의 범위에서 제외되어 있어 보험자에게 보상책임이 없는 사고에 대하여는 보험자로서는 자신의 책임제외 또는 면책 주장만으로 피해자로부터의 보상책임에서 벗어날 수 있기 때문에 피보험자가 지출한 방어비용은 보험자와는 무관한 자기 자신의 방어를 위한 것에 불과하여 이러한 비용까지 보험급여의 범위에 속하는 것이라고 하여 피보험자가 보험자에 대하여 보상을 청구할 수는 없다고 할 것이나, 다만 사고발생 시 피보험자 및 보험자의 법률상 책임 여부가 판명되지 아니한 상태에서 피해자라고 주장하는 자의 청구를 방어하기 위하여 피보험자가 재판상 또는 재판 외의 필요비용을 지출하였다면 이로 인하여 발생한 방어비용은 바로 보험자의 보상책임도 아울러 면할 목적의 방어활동의 일환으로 지출한 방어비용과 동일한 성격을 가지는 것으로서 이러한 경우의 방어비용은 당연히 위 법조항에 따라 보험자가 부담하여야 하고, 또한 이 때의 방어비용은 현실적으로 이를 지출한 경우뿐만 아니라 지출할 것이 명백히 예상되는 경우에는 상법 제720조 제1항 후단에 의하여 피보험자는 보험자에게 그 비용의 선급을 청구할 수도 있다."

---

16 대법원 2002. 6. 28. 선고 2002다22106 판결.

피보험자가 담보의 제공 또는 공탁으로써 재판의 집행을 면할 수 있는 경우에는 보험자에 대하여 보험금액의 한도 내에서 그 담보의 제공 또는 공탁을 청구할 수 있고(상법 제720조 제2항), 제1항 또는 제2항의 행위가 보험자의 지시에 의한 것인 경우에는 그 금액에 손해액을 가산한 금액이 보험금액을 초과하는 때에도 보험자가 이를 부담하여야 한다(동조 제4항).

한편, 책임보험의 피보험자가 제3자로부터 보험사고로 인한 손해배상청구소송을 당하여 지출한 변호사 보수와 관련한 부가가치세를 매출세액에서 공제받거나 환급받을 수 있는 경우, 부가가치세 상당액이 보험사고로 인하여 피보험자가 지출한 방어비용에 해당하는지 여부가 문제된 사건[17]에서 대법원은 부가가치세 상당액은 방어비용에 해당되지 않는다고 판단하였다.

> **대법원 2018. 5. 15. 선고 2018다203692 판결**
>
> "책임보험의 피보험자가 제3자로부터 보험사고로 인한 손해배상청구소송을 당하여 그 소송에서 방어하기 위하여 변호사 보수를 지출한 경우, 피보험자가 부가가치세 납세의무자인 사업자이고, 변호사 보수와 관련한 부가가치세가 자기 사업을 위하여 공급받은 재화나 용역에 대한 것으로서 부가가치세법상 매입세액에 해당하여 피보험자의 매출세액에서 공제받거나 환급받을 수 있다면, 부가가치세 상당액은 보험사고로 인하여 피보험자가 지출한 방어비용에 해당하지 않는다. 그리고 피보험자가 현실적으로 부가가치세액을 공제받거나 환급받은 때에만 위 부가가치세액을 손해액에서 공제하는 것이 아니라, 피보험자가 부가가치세액을 공제나 환급받을 수 있음에도 자기의 책임으로 공제나 환급을 받지 못하였다면 그로 인한 불이익은 피보험자가 부담해야 하므로, 그 부가가치세도 방어비용에서 공제하여야 한다."

보험사고 발생 시 피보험자와 보험자의 법률상 책임 여부가 판명되지 아니한 상태에서 피보험자가 피해자가 제기한 소송에 응소하여 지출하였거나 지출할 것이 명백히 예상되는 필요비용이 이에 해당하는지 여부에 대하여, 대법원은 "방어비용 역시 원칙적으로는 보험사고의 발생을 전제로 하는 것이므로, 보험사고의 범위에서 제외되어 있어 보험자에게 보상책임이 없는 사고에 대하여는 보험자로서는 자신의 책임제외 또는 면책 주장만으로 피해자로부터의 보상책임에서 벗어날 수 있기 때문에 피보험자가 지출한 방어비용은 보험자와는 무관한 자기 자신의 방어를 위한 것에 불과하여 이러한 비용까지 보험급여의 범위에 속하는 것이라고 하여 피보험자가 보험자에 대하여 보상을 청구할 수는 없다고 할 것이나, 다만 사고발생 시 피보험자 및 보험자의 법률상 책임 여부가 판명되지 아니한 상태에서 피해자라고 주장하는 자의 청구를 방

어하기 위하여 피보험자가 재판상 또는 재판 외의 필요비용을 지출하였다면 이로 인하여 발생한 방어비용은 바로 보험자의 보상책임도 아울러 면할 목적의 방어활동의 일환으로 지출한 방어비용과 동일한 성격을 가지는 것으로서 이러한 경우의 방어비용은 당연히 위 법조항에 따라 보험자가 부담하여야 하고, 또한 이 때의 방어비용은 현실적으로 이를 지출한 경우뿐만 아니라 지출할 것이 명백히 예상되는 경우에는 상법 제720조 제1항 후단에 의하여 피보험자는 보험자에게 그 비용의 선급을 청구할 수도 있다."라고 판시한 바 있고,[18] 보험약관에 손해방지비용과 관련한 별도의 규정을 두고 있는 경우, 그 규정이 당연히 방어비용에 대하여도 적용되는지 여부에 대하여, 대법원은 "상법 제680조 제1항에 규정된 '손해방지비용'은 보험자가 담보하고 있는 보험사고가 발생한 경우에 보험사고로 인한 손해의 발생을 방지하거나 손해의 확대를 방지함은 물론 손해를 경감할 목적으로 행하는 행위에 필요하거나 유익하였던 비용을 말하는 것이고, 같은 법 제720조 제1항에 규정된 '방어비용'은 피해자가 보험사고로 인적·물적 손해를 입고 피보험자를 상대로 손해배상청구를 한 경우에 그 방어를 위하여 지출한 재판상 또는 재판 외의 필요비용을 말하는 것으로서, 위 두 비용은 서로 구별되는 것이므로, 보험계약에 적용되는 보통약관에 손해방지비용과 관련한 별도의 규정을 두고 있다고 하더라도, 그 규정이 당연히 방어비용에 대하여도 적용된다고 할 수는 없다."고 판단한 바 있다.[19]

---

18 대법원 2002. 6. 28. 선고 2002다22106 판결.
19 대법원 2006. 6. 30. 선고 2005다21531 판결.

제31장

자동차보험

I. 의 의

손해보험 가운데 자동차보험에 대하여는 상법 제726조의2가 규정하고 있다. 자동차보험계약의 보험자는 피보험자가 자동차를 소유, 사용 또는 관리하는 동안에 발생한 사고로 인하여 생긴 손해를 보상할 책임이 있다. 자동차보험은 자동차 자체에 생긴 물적 손해나 피보험자 자신이 자동차사고로 인해 입은 인적 손해 또는 자동차사고로 타인의 생명이나 신체에 대하여 손상을 입히거나 타인의 재물을 멸실·훼손한 경우에 발생하는 손해를 보상하는 것을 대상으로 한다.

II. 대인배상책임보험

1. 강제 대인배상책임보험

대인 배상책임보험이라 함은 피보험자동차의 사고로 타인의 생명이나 신체에 대하여 손해를 입혀서 그 배상책임을 지게 되는 경우 이를 보상하는 보험을 말한다. 피보험자동차는 보험증권에 기재된 자동차를 의미한다(표준약관 제1조 제14호). 대인배상책임보험 I이 자동차손해배상보장법(이하 '자배법'이라 한다)상 가입이 강제된다. 즉, 자배법에 따라 그 가입이 강제되

550

는 것으로서, 피보험자가 보험기간 중 자동차의 운행에 의해서 사람이 사망 또는 부상을 당함으로써 피해자에게 배상책임을 지게 되는 경우에 보험자가 일정한 보험금을 지급하게 되는 보험이 자동차손해배상책임보험이다.[1]

대법원 1997. 5. 16. 선고 97다7431 판결

"자동차손해배상보장법 제3조 소정의 자기를 위하여 자동차를 운행하는 자는 자동차에 대한 운행을 지배하여 그 이익을 향수하는 책임주체로서의 지위에 있는 자를 의미한다 할 것인바, 운송의뢰인과 운송인 간의 제품운송 용역계약의 내용에다가 화물차가 운송의뢰인의 용도에 맞게 개조되었고, 적재함 외부에 운송의뢰인의 명칭이 도색되어 있으며, 운송의뢰인의 배차 지시에 따라 전적으로 운송의뢰인의 제품만을 운반하고 있었다고 보이는 점 및 사고 당시 화물차를 운전한 운전자는 운송의뢰인의 배차 지시에 따라 운송의뢰인의 공장으로 오던 중이었던 점 등을 종합해 보면, 운송의뢰인은 사고 당시 화물차의 운행을 지배하는 책임주체로서의 지위에 있었으므로 운송의뢰인과 운송인은 공동으로 그 화물차에 대한 운행지배 및 운행이익을 누리고 있다."

고속도로에서 1차 사고로 정차한 관광버스의 승객 일부가 버스에서 하차하여 갓길에 서서 사고상황을 살피다가 얼마 지나지 않아 2차 사고를 당하여 사망한 사안에서, 자배법상 승객에 해당하는지 여부에 대하여, 대법원은 "망인이 2차 사고 시에도 운행 중인 관광버스의 직접적인 위험범위에서 벗어나지 않았으므로 자배법 제3조 단서 제2호의 승객에 해당한다."고 판시한 바 있다.[2]

대법원 2008. 2. 28. 선고 2006다18303 판결

"자동차손해배상 보장법 제3조는 그 본문에서 자기를 위하여 자동차를 운행하는 자는 그 운행으로 인하여 다른 사람을 사망하게 하거나 부상하게 한 때에는 그 손해를 배상할 책임을 진다고 규정하고, 그 단서 제2호에서는 승객이 사망하거나 부상한 경우에 있어서 그 사망 또는 부상이 그 승객의 고의나 자살행위로 인한 것인 때에 한하여 책임을 지지 아니한다고 규정하여, 자동차 사고로 승객이 사망하거나

---

1   자동차보유자는 자동차의 운행으로 다른 사람이 사망하거나 부상한 경우에 피해자(피해자가 사망한 경우에는 손해배상을 받을 권리를 가진 자를 말한다. 이하 같다)에게 대통령령으로 정하는 금액을 지급할 책임을 지는 책임보험이나 책임공제(이하 "책임보험 등"이라 한다)에 가입하여야 한다(자배법 제5조 제1항). 만약 의무보험에 가입되어 있지 아니한 자동차는 도로에서 운행하여서는 아니 된다(자배법 제8조).

2   대법원 2008. 2. 28. 선고 2006다18303 판결.

부상당한 경우 운행자는 승객의 사망 또는 부상이 그 승객의 고의나 자살행위로 인한 것임을 주장·입증하지 않는 한 운전상의 과실 유무를 가릴 것 없이 승객의 사망이나 부상에 따른 손해를 배상할 책임을 부담한다.”

“승객이란 자동차 운행자의 명시적·묵시적 동의하에 승차한 사람을 의미하는데, 반드시 자동차에 탑승하여 차량 내부에 있는 사람만을 승객이라고 할 수 없고, 운행중인 자동차에서 잠시 하차하였으나 운행중인 자동차의 직접적인 위험범위에서 벗어나지 않은 사람도 승객의 지위를 유지할 수 있으며, 그 해당 여부를 판단함에는 운행자와 승객의 의사, 승객이 하차한 경위, 하차 후 경과한 시간, 자동차가 주·정차한 장소의 성격, 그 장소와 사고 위치의 관계 등의 제반 사정을 종합하여 사회통념에 비추어 결정하여야 한다.”

2. 임의 대인배상책임보험

1) 개념

피보험자가 자동차의 사고로 다른 사람을 사망케 하거나 부상케 하여 법률상의 손해배상책임을 진 경우에 그 손해를 보상받기 위하여 임의적으로 체결하는 보험을 자동차임의책임보험이라 한다. 자동차손해배상책임보험만으로 대인사고를 담보할 수 없는 경우에 인정되는 보험에 해당한다. 대인배상보험 II가 여기에 해당한다.

2) 피보험자 범위

자동차의 소유자 또는 자동차를 사용할 권리가 있는 자로서 자기를 위하여 자동차를 운행하는 자가 피보험자가 된다.

대법원 1991. 9. 24. 선고 91다19906 판결

“소외 양희진이 그의 소유인 승용차를 운전하던 중 정차시킨 후 자동차 열쇠를 그대로 꽂아둔 채 잠시 부근에 있는 약국에 수금을 하러 간 사이에, 뒷좌석에 타고 있던 그의 친구인 소외 임대부가 위 자동차를 앞으로 빼기 위하여 시동을 걸고 진행하다가 가속기를 순간적으로 너무 세게 밟은 잘못으로 자동차가 중앙선을 넘어 반대편 버스정류장의 인도상으로 돌진하여 그곳에 있던 원고를 충격하여 부상하게 한 이 사건 교통사고를 일으킨 사실, 위 양희진이 피고와 간에 위 자동차에 관하여, 자신과 그의 부모·배우자·자녀등을 피보험자로 하여, 피보험자가 위 자동차의 운행으로 인하여 타인을 죽게 하거나 부상하게 함으로써 자동차손해배상보장법에 의하여 부담하게 될 손해배상액을 피고가 보상하기로 하되,

피보험자가 아닌 사람의 운전으로 생긴 손해는 보상하지 아니하기로 하는 내용의 자가운전자동차종합 보험계약을 체결한 사실 등을 인정한 다음, 이 사건 교통사고는 피보험자가 아닌 위 임대부가 위 자동차를 운전하던 중 그의 과실로 인하여 발생한 것으로서, 위 양희진은 이 사건 교통사고가 발생할 당시 위 자동차의 운전자의 지위에 있었다고 볼 수 없으므로, 피고는 이 사건 교통사고로 인한 보상책임을 부담하지 아니하는 것이라고 판단하였다."

대법원은 "자가운전자동차종합보험의 피보험자가 자동차를 정차시킨 후 자동차 열쇠를 그대로 꽂아 둔 채 잠시 부근 약국에 수금을 하러 간 사이에 뒷좌석에 타고 있던 친구가 정차상태를 바로잡기 위하여 운전하다가 일으킨 교통사고에 대하여 피보험자에게 자동차관리상의 과실이 있는 것으로 평가되는 것은 별론으로 하고 위 교통사고가 일어날 당시 피보험자가 위 보험약관상의 자동차운전자로서의 지위를 여전히 갖고 있었다고는 볼 수 없다고 하여 보험회사의 위 보험약관에 따른 보상책임이 없다." 판시하였다.

III. 대물배상책임보험

1. 의의

대물배상책임보험은 피보험자동차의 사고로 타인의 재물에 대하여 손해를 입혀서 그 배상책임을 지게 되는 경우에 보상하는 보험에 해당한다. 표준약관에 따르면, 피보험자가 피보험자동차를 소유·사용·관리하는 동안에 생긴 피보험자동차의 사고로 인하여 다른 사람의 재물을 없애거나 훼손하는 물적 사고로 법률상 손해배상책임을 짐으로써 입은 손해를 보상하는 보험이 대물배상책임보험이다(제6조 제2항).

2. 강제 대물배상책임보험과 임의 대물배상책임보험

자동차의 운행으로 다른 사람의 재물이 멸실되거나 훼손된 경우 사고 1건당 2천만 원 내에서 피해자에게 발생한 손해액을 부보하는 것으로 가입이 강제되는 보험을 의미한다(자배법 제5조 제2항, 동법시행령 제3조 제3항) 강제로 가입해야 하는 금액을 초과하는 손해액을 부보하기 위한 것으로 가입 여부가 자유로운 보험이 임의 대물배상책임보험이다.

3. 보험사고와 피보험자

피보험자동차의 소유, 사용, 관리 중에 타인재물에 대한 사고가 대물배상책임보험의 보험사고에 해당한다. 피보험자동차의 운행에 한정하지 않고, 피보험자동차의 소유, 사용, 관리 중의 사고라는 점에서 대인배상책임보험과 동일하다.

대물배상책임보험의 피보험자로는 기명피보험자, 친족피보험자, 승낙피보험자, 사용피보험자, 운전피보험자 등을 들 수 있다(표준약관 제7조). 다만, 자동차 취급업자가 업무상 위탁받은 피보험자동차를 사용하거나 관리하는 경우에는 승낙피보험자 또는 운전피보험자로 보지 않는다(표준약관 제7조 제3호 단서).

4. 보험목적과 보험금액

대물배상책임보험의 보험목적은 피보험자가 피보험자동차에 의한 타인재물에 대한 사고로 인하여 부담하는 법률상 손해배상책임이다. 법률상 손해배상책임이라 함은 자동차의 운행으로 손해배상책임(자배법 제5조 제2항)을 포함하여 민법상 불법행위책임과 사용자배상책임을 포함할 수 있다.

보험금액에는 제한이 없으며, 당사자가 정할 문제이다. 다만, 사고 1건당 보험금액 2천만 원까지는 가입이 강제된다(자배법 제5조 제2항, 동법 시행령 제3조 제3항).

5. 면책사유

표준약관 제8조는 면책사유를 규정하고 있다. 해당 내용은 다음과 같다.

제1항은 「대인배상Ⅱ」와 마찬가지로 「대물배상」에서도 보상하지 않는 내용에 해당한다. ① 보험계약자 또는 기명피보험자의 고의로 인한 손해, ② 기명피보험자 이외의 피보험자의 고의로 인한 손해, ③ 전쟁, 혁명, 내란, 사변, 폭동, 소요 또는 이와 유사한 사태로 인한 손해, ④ 지진, 분화, 태풍, 홍수, 해일 등 천재지변으로 인한 손해, ⑤ 핵연료물질의 직접 또는 간접적인 영향으로 인한 손해, ⑥ 영리를 목적으로 요금이나 대가를 받고 피보험자동차를 반복적으로 사용하거나 빌려 준 때에 생긴 손해,[3] ⑦ 피보험자가 제3자와 손해배상에 관한 계약을 맺고 있을 때 그 계

------

3   다만, 다음 각목의 어느 하나에 해당하는 경우에는 보상한다. ⓐ 임대차계약(계약기간이 30일을 초과하는 경우에 한함)에 따라 임차인이 피보험자동차를 전속적으로 사용하는 경우 (다만, 임차인이 피보험자동차를 영리를

약으로 인하여 늘어난 손해, ⑧ 피보험자동차를 시험용, 경기용 또는 경기를 위해 연습용으로 사용하던 중 생긴 손해 등이다.[4] 또한 제8조 제3항은 다음과 같은 사유에 해당하는 손해는 「대물배상」에서 보상하지 않는다. ① 피보험자 또는 그 부모, 배우자나 자녀가 소유·사용·관리하는 재물에 생긴 손해, ② 피보험자가 사용자의 업무에 종사하고 있을 때 피보험자의 사용자가 소유·사용·관리하는 재물에 생긴 손해, ③ 피보험자동차에 싣고 있거나 운송중인 물품에 생긴 손해,[5] ④ 다른 사람의 서화, 골동품, 조각물, 그 밖에 미술품과 탑승자와 통행인의 의류나 휴대품에 생긴 손해, ⑤ 탑승자와 통행인의 분실 또는 도난으로 인한 소지품에 생긴 손해 등이다.[6]

IV. 자기차량손해보험

자기차량손해보험은 피보험자가 피보험자동차를 소유, 사용, 관리하는 동안에 발생한 사고로 인하여 피보험자동차에 직접적으로 생긴 손해를 보상하는 보험에 해당한다(표준약관 제21조). 자기차량손해보험은 물건보험으로서 손해보험에 해당하고, 피보험자는 기명피보험자이다(표준약관 제22조). 자기차량손해보험의 보험사고는 피보험자동차의 소유, 사용, 관리 중에 발생한 피보험자동차의 사고를 가리킨다. 피보험자동차의 운행 중으로 한정하지 않고, 피보험자동차의 소유, 사용, 관리 중의 사고라는 점은 대인배상보험 Ⅱ와 동일하다.

표준약관 제23조는 「자기차량손해」에서 보상하지 않는 손해는 다음과 같다. ① 보험계약자 또는 피보험자의 고의로 인한 손해, ② 전쟁, 혁명, 내란, 사변, 폭동, 소요 및 이와 유사한 사태로 인한 손해, ③ 지진, 분화 등 천재지변으로 인한 손해, ④ 핵연료물질의 직접 또는 간접적인 영향으로 인한 손해, ⑤ 영리를 목적으로 요금이나 대가를 받고 피보험자동차를 반복적으로 사용하거나 빌려 준 때에 생긴 손해. 다만, '임대차계약(계약기간이 30일을 초과하는 경우에 한함)에 따라 임차인이 피보험자동차를 전속적으로 사용하는 경우(다만, 임차인이 피보험자동차를 영

목적으로 요금이나 대가를 받고 반복적으로 사용하는 경우에는 보상하지 않는다), ⓑ 피보험자와 동승자가 「여객자동차운수사업법」에 따른 토요일, 일요일 및 공휴일을 제외한 날의 출·퇴근 시간대(오전 7시부터 오전 9시까지 및 오후 6시부터 오후 8시까지를 말한다)에 실제의 출·퇴근 용도로 자택과 직장 사이를 이동하면서 승용차 함께타기를 실시한 경우 등이다.

4 다만, 운전면허시험을 위한 도로주행시험용으로 사용하던 중 생긴 손해는 보상한다.

5 그러나 탑승자의 신체를 보호할 인명보호장구에 한하여 피해자 1인당 200만 원의 한도에서 실제 손해를 보상한다.

6 그러나 훼손된 소지품에 한하여 피해자 1인당 200만 원의 한도에서 실제 손해를 보상한다.

리를 목적으로 요금이나 대가를 받고 반복적으로 사용하는 경우에는 보상하지 않는다'와 '피보험자와 동승자가 「여객자동차운수사업법」에 따른 토요일, 일요일 및 공휴일을 제외한 날의 출·퇴근 시간대(오전 7시부터 오전 9시까지 및 오후 6시부터 오후 8시까지를 말한다)에 실제의 출·퇴근 용도로 자택과 직장 사이를 이동하면서 승용차 함께타기를 실시한 경우' 등에는 보상한다. ⑥ 사기 또는 횡령으로 인한 손해, ⑦ 국가나 공공단체의 공권력 행사에 의한 압류, 징발, 몰수, 파괴 등으로 인한 손해(그러나 소방이나 피난에 필요한 조치로 손해가 발생한 경우에는 그 손해를 보상한다), ⑧ 피보험자동차에 생긴 흠, 마멸, 부식, 녹, 그 밖에 자연소모로 인한 손해, ⑨ 피보험자동차의 일부 부분품, 부속품, 부속기계장치만의 도난으로 인한 손해, ⑩ 동파로 인한 손해 또는 우연한 외래의 사고에 직접 관련이 없는 전기적, 기계적 손해, ⑪ 피보험자동차를 시험용, 경기용 또는 경기를 위해 연습용으로 사용하던 중 생긴 손해(다만, 운전면허시험을 위한 도로주행시험용으로 사용하던 중 생긴 손해는 보상한다), ⑫ 피보험자동차를 운송 또는 싣고 내릴 때에 생긴 손해, ⑬ 피보험자동차가 주정차중일 때 피보험자동차의 타이어나 튜브에만 생긴 손해(다만, 다음 중 '다른 자동차가 충돌하거나 접촉하여 입은 손해', '화재, 산사태로 입은 손해', '가해자가 확정된 사고로 인한 손해('가해자가 확정된 사고'라 함은 피보험자동차에 장착되어 있는 타이어나 튜브를 훼손하거나 파손한 사고로, 경찰관서를 통하여 가해자(기명피보험자 및 기명피보험자의 부모, 배우자, 자녀는 제외)의 신원이 확인된 사고를 말한다)'는 보상한다(타이어나 튜브의 물리적 변형이 없는 단순 오손의 경우는 제외), ⑭ '보험계약자, 기명피보험자', '30일을 초과하는 기간을 정한 임대차계약에 의해 피보험자동차를 빌린 임차인(임차인이 법인인 경우에는 그 이사, 감사 또는 피고용자(피고용자가 피보험자동차를 법인의 업무에 사용하고 있는 때에 한함)를 포함한다.)', '기명피보험자와 같이 살거나 생계를 같이 하는 친족' 등의 어느 하나에 해당하는 자가 무면허운전, 음주운전 또는 마약·약물운전을 하였을 때 생긴 손해 등이다.

V. 자기신체사고보험

1. 개념

표준약관 제12조는 자기신체사고보험을 규정하고 있다. 자기신체사고보험이라 함은 피보험자가 피보험자동차를 소유, 사용, 관리하는 동안에 생긴 사고로 인하여 죽거나 다친 때 그로 인한 손해를 보상하는 보험에 해당한다. 동 보험은 인보험의 일종으로, 상해와 그로 인한 사망을 담보한다. 다만, 대법원은 자기신체사고보험을 상해보험으로 본다.

대법원 2004. 7. 9. 선고 2003다29463 판결

자동차상해보험은 피보험자가 피보험자동차를 소유 · 사용 · 관리하는 동안에 생긴 피보험자동차의 사고로 인하여 상해를 입었을 때에 보험자가 보험약관에 정한 사망보험금이나 부상보험금 또는 후유장해보험금 등을 지급할 책임을 지는 것으로서 인보험의 일종이기는 하나, 피보험자가 급격하고도 우연한 외부로부터 생긴 사고로 인하여 신체에 상해를 입은 경우에 그 결과에 따라 보험약관에 정한 보상금을 지급하는 보험이어서 그 성질상 상해보험에 속한다.

2. 보상 방식

보상의 방식은 정액형과 비정액 모두 가능하다. 다만, 비정액 보상방식의 경우라면, 자기신체사고보험은 손해보험형 상해보험이 된다.[7]

대법원 2008. 6. 12. 선고 2008다8430 판결

자기신체사고 자동차보험은 인보험의 일종인 상해보험으로서 상법 제729조 단서에 의하여 보험자는 당사자 사이에 다른 약정이 있는 때에는 피보험자의 권리를 해하지 아니하는 범위 안에서 그 권리를 대위하여 행사할 수 있다(대법원 2001. 9. 7. 선고 2000다21833 판결, 대법원 2002. 3. 29. 선고 2000다18752, 18769 판결 등 참조).

손해보험형 상해보험의 경우, 상법 제672조에 따른 중복보험에 해당하는 여러 개의 자기신체사고보험계약이 체결되고, 그 보험계약의 총 합계액이 피보험자가 입은 손해액을 초과하는 경우에는 중복보험의 법리가 적용된다. 또한 상법 제729조 단서 관련 청구권대위의 경우, 보험자는 계약당사자 사이에 청구권대위를 한다는 약정이 있으면, 피보험자의 권리를 해하지 않는 범위에서 그 권리를 대위할 수 있다.[8] 다만, 상법 제729조의 취지가 피보험자의 권리를 보호하기

위하여 인보험에서의 보험자대위를 일반적으로 금지하면서 상해보험에 있어서 별도의 약정이 있는 경우에만 예외적으로 이를 허용하는 것인 이상, 이러한 약정의 존재 및 그 적용 범위는 보험약관이 정한 바에 따라 이를 엄격히 해석하여야 하는 것이 원칙이라 할 것이므로, 보험자는 특별한 사정이 없는 한 보험약관이 예정하지 아니하는 피보험자의 손해배상청구권을 대위할 수는 없다.[9]

3. 보험목적과 피보험자

자기신체사고보험의 보험목적은 피보험자의 생명 또는 신체이다. 그러므로 인보험의 성격을 가지고 있다. 자기신체사고보험의 피보험자는 표준약관 제13조에 따라 계약당사자가 정할 사항이다. 일반적으로 피보험자에 기명피보험자의 가족이 포함될 수 있다. 대법원은 '자동차종합보험약관에서 자기신체사고에 관하여 피보험자가 피보험자동차를 소유·사용·관리하는 동안에 생긴 피보험자동차의 사고로 죽거나 다친 때 그로 인한 손해를 보상한다고 하면서 기명피보험자의 부모, 배우자 및 자녀가 피보험자에 포함된다고 정한 경우, 피보험자인 기명피보험자의 부모 등이 피보험자동차를 소유·사용·관리하는 동안에 생긴 피보험자동차의 사고로 다른 피보험자인 기명피보험자의 부모 등이 죽거나 다친 때가 자기신체사고에 해당하는지 여부'에 대한 판단을 하였다.[10]

> **대법원 2014. 6. 26. 선고 2013다211223 판결**
>
> 자동차종합보험약관에서 '대인배상 Ⅱ'에 관하여 기명피보험자의 부모, 배우자 및 자녀(이하 '기명피보험자의 부모 등'이라고 한다)가 죽거나 다친 경우를 보험회사의 면책사항으로 정하는 한편, '자기신체사고'에 관하여 피보험자가 피보험자동차를 소유·사용·관리하는 동안에 생긴 피보험자동차의 사고로 죽거나 다친 때 그로 인한 손해를 보험회사가 보상한다고 하면서, 기명피보험자의 부모 등을 피보험자에 포함시키고 실제 손해액에서 대인배상 Ⅰ, Ⅱ에 의해 보상받을 수 있는 금액 등을 공제한 잔액을 자기신체사고보험금으로 지급한다고 정하고 있다면, 이러한 약관의 내용 및 체계와 아울러 기명피보험자의 부모 등이 죽거나 다친 경우를 대인배상 Ⅱ의 보상대상에서 제외한 취지가 일정 범위의 친족 간 사고에서 기명피보험자의 부모 등이 사고로 손해를 입은 경우에는 가정 내에서 처리

1991. 12. 31.>

9 대법원 2008. 6. 12. 선고 2008다8430 판결.

10 대법원 2014. 6. 26. 선고 2013다211223 판결.

함이 보통이고 손해배상을 청구하지 않는 것이 사회통념에 속하며 이러한 경우의 보호는 별도의 보험인 자기신체사고보험에 의하도록 하는 데 있는 점 등을 종합해 볼 때, 자기신체사고의 피보험자인 기명피보험자의 부모 등이 피보험자동차를 소유·사용·관리하는 동안에 생긴 피보험자동차의 사고로 다른 피보험자인 기명피보험자의 부모 등이 죽거나 다친 때는 위와 같은 약관에서 정한 자기신체사고에 해당한다고 보아야 하고, 죽거나 다친 다른 피보험자인 기명피보험자의 부모 등이 직접 피보험자동차를 소유·사용·관리한 경우로 한정하여 해석할 것은 아니다.

VI. 기명피보험자와 승락피보험자 승인 여부

1. 기명피보험자와 승낙피보험자

기명피보험자라 함은 피보험자동차를 소유, 사용, 관리하는 자 중에서 보험계약자가 지정하여 보험증권의 기명피보험자란에 기재되어 있는 피보험자를 의미한다(표준약관 제1조 제13호 가).

반면, 승낙피보험자라 함은 기명피보험자의 승낙을 얻어 피보험자동차를 사용하거나 관리하는 자를 말한다(표준약관 제1조 제13호 다). 승낙의 방식은 기명피보험자가 승낙피보험자에게 직접적으로 승낙을 하든, 전대를 승낙하는 등 간접적으로 하든 무방하다.

2. 묵시적 승인 여부

자동차보험의 만 26세 이상 한정운전 특별약관에 규정된 '피보험자동차를 도난당하였을 경우'의 의미 및 기명피보험자가 운전가능연령 미달자에게 자동차를 빌려준 경우, 이를 그 승낙피보험자의 지시 또는 승낙을 받은 다른 운전가능연령 미달자의 운전에 대한 묵시적 승인으로 볼 수 있는지 여부에 대한 다툼이 있었다. 대법원은 다음과 같이 판시한 바 있다.[11]

대법원 2006. 1. 13. 선고 2005다46431 판결

"자동차보험의 만 26세 이상 한정운전 특별약관 제2조 제2항에 규정된 '피보험자동차를 도난당하였을 경우'라 함은 피보험자의 명시적 혹은 묵시적인 의사에 기하지 아니한 채 제3자가 피보험자동차를

---

11   대법원 2006. 1. 13. 선고 2005다46431 판결.

운전한 경우를 말하고, 기명피보험자의 승낙을 받아 자동차를 사용하거나 운전하는 자로서 보험계약상 피보험자로 취급되는 승낙피보험자의 승인만이 있는 경우에는 원칙적으로 피보험자의 묵시적인 승인이 없는 것으로 보아야 하나, 보험약관상 피보험자동차를 운행할 자격이 없는 운전가능연령 미달자에게 자동차를 빌려 준 경우에는 그 대여 당시 다른 운전가능연령 미달자가 승낙피보험자의 지시 또는 승낙을 받아 그 자동차를 운전하는 것을 승인할 의도가 있었음을 추단할 수 있는 직접적 또는 간접적 표현이 있는 때에 해당한다고 보아야 한다."

또한, 자동차보험계약에서 만 26세 이상 한정운전 특별약관에 가입된 기명피보험자가 타인에게 피보험자동차의 운전을 허락하는 경우, 운전자의 연령을 확인할 의무가 있는지 여부 및 위의 확인을 게을리하여 운전가능연령 미달자에게 자동차를 빌려 준 경우, 그 승낙피보험자의 지시 또는 승낙을 받은 다른 운전가능연령 미달자의 운전에 대한 묵시적 승인이 있었다고 볼 것인지 여부에 대하여 대법원은 다음과 같이 판시한 바 있다.[12]

대법원 2006. 1. 13. 선고 2005다46431 판결

"자동차보험계약에서 만 26세 이상 한정운전 특별약관에 가입된 기명피보험자는 자신의 선택에 따라 적은 보험료를 내는 특혜를 받는 만큼 타인에게 피보험자동차의 운전을 허락하는 경우에는 운전자의 연령이 운전가능연령에 해당한다고 믿을 만한 특별한 사정이 없는 한 운전자의 연령을 확인할 의무가 있고, 그 확인을 게을리함으로써 운전가능연령 미달자에게 자동차를 빌려 준 경우에도 그 승낙피보험자의 운전은 물론 그의 지시 또는 승낙하의 다른 운전가능연령 미달자의 운전 역시 달리 특별한 사정이 없는 한 당초의 한정운전 특별약관 위반상태의 연장에 불과하여 이를 예견할 수 있었던 것으로 봄이 상당하다 할 것이니, 위 운전가능연령 미달자의 운전은 승낙피보험자의 승인뿐만 아니라 기명보험자의 묵시적인 승인의 의도도 있었던 때에 해당한다고 보아야 한다."

------

12   대법원 2006. 1. 13. 선고 2005다46431 판결.

제32장

보증보험

I. 의 의

보증보험은 '보험'이라는 용어에서 알 수 있듯이 보험에 해당하면서, 민법상 보증의 성격을 동시에 가지고 있다. 보증보험계약은 보증보험자와 채무자 사이에 체결되는 손해보험이지만, 민법상 보증은 보증인과 채권자 사이에 체결되는 계약에 해당한다. 상법 제726조의5는 '보험계약자가 피보험자에게 계약상의 채무불이행 또는 법령상의 의무불이행으로 인한 손해를 입힌 경우 그 손해를 보상하는 것을 목적으로 하는 보험'이라고 하면서 보증보험의 개념을 정하고 있다.

대법원은 이미 89다카25912 판결에서 "보증보험이란 피보험자와 어떠한 법률관계를 가진 보험계약자(주계약상의 채무자)의 채무불이행으로 인하여 피보험자(주계약상의 채권자)가 입게 될 손해의 전보를 보험자가 인수하는 것을 내용으로 하는 손해보험으로 형식으로는 채무자의 채무불이행을 보험사고로 하는 보험계약이나 실질적으로는 보증의 성격을 가지고 보증계약과 같은 효과를 목적으로 하는 것이므로 보증보험계약은 주계약등의 법률관계를 전제로 하고 보험계약자가 주계약에 따른 채무를 이행하지 아니함으로써 피보험자가 입게 되는 손해를 보험약관의 정하는 바에 따라 그리고 그 보험계약금액의 범위 내에서 보상하는 것이다."라고 하면서, 보증보험이 보험의 형식을 띤 보증으로 파악한 바 있다.[1]

---

1   대법원 1990. 5. 8. 선고 89다카25912 판결.

II. 구 별

1. 보증보험과 신용보험

보증보험과 신용보험은 채무자의 신용위험을 담보하게 된다는 점에서 유사한 면이 있다. 그러나 채무자가 보험계약자인 제3자를 위한 계약이 보증보험이라고 한다면, 채권자가 보험계약자이면서 피보험자의 형태를 띠는 것이 신용보험이다. 양자는 유사한 면이 있지만 다른 점이 있는 것이다.

2. 보증보험과 책임보험

보증보험은 책임보험과도 차이가 있다. 책임보험이 피보험자의 제3자에 대한 채임을 부보하는 것이라면, 보증보험은 보험계약자의 피보험자에 대한 책임을 부보한다. 보증보험의 경우, 그 보증성에 따라 피보험자가 보험약관이 정한 채무명의 없이 보험자에 대한 직접청구권을 취득하는지 여부에 대한 물음이 제기된 바 있었다.

3. 관련 판례

대법원은 "보험계약자인 가압류 신청인 등의 부당신청으로 인하여 피보험자인 피신청인 등이 손해배상청구권 및 소송비용 상환청구권에 관한 채무명의를 받은 경우 이의 변제를 보험자가 보증하는 공탁보증보험계약은 피보험자가 보험기간 중의 약정사고로 인하여 제3자에게 손해배상책임을 지게 되는 경우 보험자가 피보험자에게 이를 보상하여 주는 보험계약인 책임보험계약과는 그 기본성격, 피보험자, 담보되는 손해의 종류와 책임의 성질, 보험의 주된 목적 등이 상이하여 책임보험계약상 법률의 규정에 의하여 특별히 인정되는 피해자(제3자)의 직접청구권 규정인 상법 제724조 제2항을 위 공탁보증보험에 직접 혹은 유추적용할 수는 없다."고 하면서, " 보증보험계약이 실질적으로는 보증의 성격을 가지고 보증계약과 같은 효과를 목적으로 하는 것이어서 보험자는 보험계약자가 주계약에 따른 채무를 이행하지 아니함으로써 피보험자가 입게 되는 손해를 보상하는 것이라 할지라도 그 보상은 보험약관이 정하는 바에 따라 그 보험금액의 범위 내에서 보상하는 것이니, 보증보험계약의 보증성에서 곧바로 피보험자가 보험약관이 정한 채무명의 없이도 보험자에 대하여 직접청구권을 취득한다고 볼 수는 없다."고 판시한 바 있다.[2]

한편, 보증보험적 성격을 가지고 있는 공제사업과 관련하여, 중개업자가 장래 공제사고를 일으킬 의도로 한국공인중개사협회와 공제계약을 체결하고 나아가 실제로 공제사고를 일으켰다 하더라도, 그러한 사정만으로 공제계약의 성립요건인 우연성이 결여되었다고 보거나 공제계약을 무효로 볼 수 있는지 여부에 대하여, 대법원은 이를 무효로 볼 수 없다고 판시하고 있다.[3]

대법원 2012. 8. 17. 선고 2010다93035 판결

"공인중개사의 업무 및 부동산 거래신고에 관한 법률 제42조에 의하여 한국공인중개사협회(이하 '협회'라고 한다)가 운영하는 공제사업은, 비록 보험업법에 의한 보험사업은 아닐지라도 성질에 있어서 상호보험과 유사하고 중개업자가 그의 불법행위 또는 채무불이행으로 거래당사자에게 부담하게 되는 손해배상책임을 보증하는 보증보험적 성격을 가진 제도로서 협회가 중개업자와 체결하는 공제계약은 기본적으로 보험계약의 본질을 갖고 있으므로, 적어도 공제계약이 유효하게 성립하기 위해서는 공제계약 당시에 공제사고의 발생 여부가 확정되어 있지 않아야 한다는 '우연성'과 '선의성'의 요건을 갖추어야 한다. 여기서 '우연성'이란 특정인의 의사와 관계없는 사고라는 의미의 우연성을 뜻하는 것이 아닐 뿐만 아니라, 특정인의 어느 시점에서의 의도와 장래의 실현 사이에 필연적·기계적인 인과관계가 인정되는 것도 아니므로, 중개업자가 장래 공제사고를 일으킬 의도를 가지고 공제계약을 체결하고 나아가 실제로 고의로 공제사고를 일으켰다고 하더라도, 그러한 사정만으로는 공제계약 당시 공제사고의 발생 여부가 객관적으로 확정되어 있다고 단정하여 우연성이 결여되었다고 보거나 공제계약을 무효라고 볼 수 없다."

III. 체 계

1. 정의 규정

상법 제726조의5는 보험보험의 개념을 정의하고, 보증과 보험의 법적 성질을 가지고 있음을 명시적으로 규정하고 있다. 상법 제726조의6은 보증보험계약에서 적용되지 않는 보험계약법 규정을 밝히고 있는데, 상법 제726조의7은 보증보험의 보증성을 반영하여, 그 성질에 반하지 아니한 범위에서 보증채무에 관한 민법의 규정을 준용한다는 사실을 밝히고 있는 것이다. 타인을

2　　대법원 1999. 4. 9. 선고 98다19011 판결.
3　　대법원 2012. 8. 17. 선고 2010다93035 판결.

위한 보험에 관한 규정 중 상법 제639조 제2항 단서(손해보험계약의 경우 보험계약자가 그 타인에게 보험사고의 발생으로 생긴 손해의 배상을 한 때에는 보험계약자는 그 타인의 권리를 해하지 아니하는 범위 안에서 보험자에게 보험금액의 지급을 청구할 수 있다)를 적용하지 않음을 규정하고 있다(제1항).

2. 보험계약자의 보험금청구권 배제

보증보험은 타인을 위한 보험의 성격을 가지고 있다. 보험계약자가 타인에게 배상을 한 경우 상법 제639조 제2항 단서에 따라 보험자에게 보험금 지급을 청구할 수 있는지 여부가 문제가 되었다. 개정된 상법은 보증보험의 경우 타인을 위한 보험이라 할지라도, 보험자가 보험계약자의 피보험자에 대한 채무이행을 보증하는 것이므로, 보험계약자의 보험금청구권은 인정할 수 없음을 명시적으로 규정한 것이다.

3. 보험계약법 일부규정 적용배제

상법 제726조의6 제2항은 보험계약자(채무자)의 고의 또는 중대한 과실이 있다 하더라도 이에 대한 피보험자(채권자)의 귀책사유가 없다면, 고지의무위반으로 인한 계약해지(상법 제651조), 위험변경증가통지의무와 계약해지(상법 제652조), 보험계약자(채무자) 등의 고의나 중과실로 인한 위험증가의 계약해지(상법 제653조), 보험자의 면책사유(상법 제659조 제1항)에 관한 사항을 적용하지 아니함을 명시적으로 규정하고 있다.

이는 피보험자(채권자)에게 귀책사유가 없음에도 불구하고 단지 보험계약자(채무자)가 고지의무 등을 이행하지 아니한 것에 대해 계약해지 등을 하게 되면, 보증보험계약이 타인을 위한 보험계약으로서의 기능을 제대로 발휘하지 못하기 때문에, 이를 고려한 입법이라 하겠다. 상법 제726조의6 제2항 보증보험에 대한 규정은 기존의 판례나 학설의 통일적인 면을 고려하여 명시적으로 규정한 것으로 평가받을 수 있다.

4. 입법 반영 주요 판례

1) 고지의무위반으로 인한 계약해지 적용 배제

보험자가 보험계약자의 사기를 이유로 보증보험계약을 취소한 경우, 피보험자의 보험금청

구권이 인정되는지 여부에 대하여 대법원은 다음과 같은 요지로 판시하였다.[4]

대법원 1999. 7. 13. 선고 98다63162 판결

"보험계약자인 채무자의 채무불이행으로 인하여 채권자가 입게 되는 손해의 전보를 보험자가 인수하는 것을 내용으로 하는 보증보험계약은 손해보험으로서, 형식적으로는 채무자의 채무불이행을 보험사고로 하는 보험계약이지만 실질적으로는 보증의 성격을 가지고 보증계약과 같은 효과를 목적으로 하고, 그중 자동차할부판매보증보험과 같은 경우 피보험자는 보증보험에 터잡아 할부판매계약을 체결하거나 혹은 이미 체결한 할부판매계약에 따른 상품인도의무를 이행하는 것이 보통이므로, 일반적으로 타인을 위한 보험계약에서 보험계약자의 사기를 이유로 보험자가 보험계약을 취소하는 경우 보험사고가 발생하더라도 피보험자는 보험금청구권을 취득할 수 없는 것과는 달리, 보증보험계약의 경우 보험자가 이미 보증보험증권을 교부하여 피보험자가 그 보증보험증권을 수령한 후 이에 터잡아 새로운 계약을 체결하거나 혹은 이미 체결한 계약에 따른 의무를 이행하는 등으로 보증보험계약의 채권담보적 기능을 신뢰하여 새로운 이해관계를 가지게 되었다면 그와 같은 피보험자의 신뢰를 보호할 필요가 있다 할 것이므로, 수재무사에 해당하는 보험계약자가 보증보험계약 체결에 있어서 보험자를 기망하였고, 보험자는 그로 인하여 착오를 일으켜 보증보험계약을 체결하였다는 이유로 보증보험계약 체결의 의사표시를 취소하였다 하더라도, 이미 그 보증보험계약의 피보험자인 채권자가 보증보험계약의 채권담보적 기능을 신뢰하여 새로운 이해관계를 가지게 되었다면, 피보험자가 그와 같은 기망행위가 있었음을 알았거나 알 수 있었던 경우이거나, 혹은 피보험자가 보험자를 위하여 보험계약자가 제출하는 보증보험계약 체결 소요 서류들이 진정한 것인지 등을 심사할 책임을 지고 보험자는 그와 같은 심사를 거친 서류만을 확인하고 보증보험계약을 체결하도록 피보험자와 보험자 사이에 미리 약정이 되어 있는데, 피보험자가 그와 같은 서류심사에 있어서 필요한 주의의무를 다하지 아니한 과실이 있었던 탓으로 보험자가 보증책임을 이행한 후 구상권을 확보할 수 없게 되었다는 등의 특별한 사정이 없는 한 그 취소를 가지고 피보험자에게 대항할 수 없다."

2) 보험자의 면책사유

상법 제659조 제1항과 관련된 보험자의 면책사유의 적용배제에 대하여는 대법원 1995. 7. 14. 선고 94다10511 판결이 입법에 영향을 미쳤던 것으로 평가할 수 있다.

---

4   대법원 1999. 7. 13. 선고 98다63162 판결.

> **대법원 1995. 7. 14. 선고 94다10511 판결**
>
> "리스이용자의 계약상 채무불이행으로 인한 손해의 보상을 목적으로 한 리스보증보험도 보험계약의 일종이므로 일반적으로 상법상 보험에 관한 통칙규정이 적용되는 것이나, 이 보증보험은 보험금액의 한도 내에서 리스이용자의 채무불이행으로 인한 손해를 담보하는 것으로서 보험자는 리스이용자의 채무불이행이 고의에 의한 것이든 과실에 의한 것이든 그 손해를 보상할 책임을 지는 보증에 갈음하는 기능을 가지고 있어 보험자의 그 보상책임의 법률적 성질은 본질적으로 보증책임과 같다고 할 것이므로, 상법 제659조 제1항은 리스보증보험계약이 보험계약자의 사기행위에 피보험자인 리스회사가 공모하였다든지 적극적으로 가담하지는 않았더라도 그러한 사실을 알면서도 묵인한 상태에서 체결되었다고 인정되는 경우를 제외하고는 원칙적으로 그 적용이 없다."

3) 보증보험의 보증성 반영

이는 보증보험이 보험성과 보증성을 모두 보유한다는 양면성을 반영한 것으로 보험성을 중시하기는 하지만 보증으로서의 성질을 반영하기 위하여 민법 규정을 준용한 것이라 하겠다.

IV. 보증보험의 법률관계

1. 계약당사자와 보험목적

보증보험은 타인을 위한 보험계약으로 보험계약자와 피보험자가 서로 다르다. 피보험자는 보험수익자의 지위를 갖기 때문에 계약당사자에 해당되지 않는다. 그러므로 피보험자는 계약해지권이나 취소권을 행사할 수 없다.

> **대법원 2002. 11. 8. 선고 2000다19281 판결**
>
> 보증보험계약은 보험계약자인 채무자의 채무불이행으로 인하여 채권자가 입게 되는 손해의 전보를 보험자가 인수하는 것을 내용으로 하는 타인을 위한 손해보험계약이라고 할 것인바, 이러한 보증보험계약에 있어서 보험계약자의 고지의무 위반을 이유로 한 해지의 경우에 계약의 상대방 당사자인 보험계약자나 그의 상속인(또는 그들의 대리인)에 대하여 해지의 의사표시를 하여야 하고, 보험금 수익자에게 해지의 의사표시를 하는 것은 특별한 사정(보험약관상의 별도기재 등)이 없는 한 효력이 없다고 할 것이며, 이러한 결론은 그 보증보험계약이 상행위로 행하여졌다거나 혹은 보험계약자의 소재를 알 수 없다는 이유만으로 달라지지는 않는다.

보증보험에서 보험목적은 계약이나 법률에 의해 피보험자가 보험계약자에 대하여 갖는 채권이다. 보험자가 피보험자에게 담보하는 채무이행의 내용은 보험계약자와 피보험자 사이에 체결되는 합의에 따라 정해진다. 보증보험계약은 이러한 주계약을 전제로 성립하게 되는데, 장차 체결될 주계약을 전제로 한 보증보험계약도 가능한가에 대하여, 대법원은 이행보증보험계약을 체결할 당시 보험계약자와 피보험자 간의 주계약이 이미 확정적으로 유효하게 성립되어 있어야 하는 것은 아니라는 취지로 판단하고 있다.[5]

> **대법원 1999. 2. 9. 선고 98다49104 판결**
>
> "이행보증보험은 채무자인 보험계약자가 채권자인 피보험자에게 계약상의 채무를 이행하지 아니함으로써 손해를 입힌 경우에 보험자가 그 손해의 전보를 인수하는 것을 내용으로 하는 손해보험으로서 보험계약자의 피보험자에 대한 계약상의 채무이행을 담보하는 것이므로, 이행보증보험계약에 의하여 보험자가 피보험자에게 담보하는 채무이행의 내용은 채권자와 채무자 사이에서 체결된 주계약에 의하여 정하여지고 이러한 주계약을 전제로 이행보증보험계약이 성립하지만, 그 주계약이 반드시 이행보증보험계약을 체결할 당시 이미 확정적으로 유효하게 성립되어 있어야 하는 것은 아니고 장차 체결된 주계약을 전제로 하여서도 유효하게 이행보증보험계약이 체결될 수 있다."

2. 보험사고와 보험기간

1) 보험사고

보험사고는 보험계약자가 피보험자에게 계약상의 채무불이행이나 법령상의 의무불이행이다. 2015년 11월 26일 대법원은 '보증보험에서 보험사고가 무엇인지 결정하는 기준', '보증보험계약의 목적이 주계약의 하자담보책임기간에 발생한 하자에 대하여 보험계약자의 하자보수의무 불이행으로 인한 손해를 보상하기 위한 것인데 보험기간을 주계약의 하자담보책임기간과 동일하게 정한 경우, 하자담보책임기간에 발생한 하자에 대하여 보험기간이 종료된 후 보험사고가 발생하더라도 보험자가 책임을 지는 계약인지 여부' 및 '보험금청구권의 소멸시효 기산점 및 소멸시효 기산점에 관한 증명책임의 소재' 등에 대한 판단을 하였다.[6]

---

5   대법원 1999. 2. 9. 선고 98다49104 판결.
6   대법원 2015. 11. 26. 선고 2013다62490 판결.

> **대법원 2015. 11. 26. 선고 2013다62490 판결**
>
> "보험사고란 보험계약에서 보험자의 보험금 지급책임을 구체화하는 불확정한 사고를 의미하는 것으로서, 보증보험에서 보험사고가 구체적으로 무엇인지는 당사자 사이의 약정으로 계약내용에 편입된 보험약관과 보험약관이 인용하고 있는 보험증권 및 주계약의 구체적인 내용 등을 종합하여 결정하여야 한다(대법원 2006. 4. 28. 선고 2004다16976 판결, 대법원 2014. 6. 26. 선고 2012다44808 판결 등 참조). 그리고 보증보험증권에 보험기간이 정해져 있는 경우에는 보험사고가 그 기간 내에 발생한 때에 한하여 보험자가 보험계약상의 책임을 지는 것이 원칙이지만, 보증보험계약의 목적이 주계약의 하자담보책임기간 내에 발생한 하자에 대하여 보험계약자의 하자보수의무 불이행으로 인한 손해를 보상하기 위한 것임에도 불구하고 보험기간을 주계약의 하자담보책임기간과 동일하게 정한 경우 특단의 사정이 없으면 위 보증보험계약은 그 계약의 보험기간, 즉 하자담보책임기간 내에 발생한 하자에 대하여는 비록 보험기간이 종료된 후 보험사고가 발생하였다고 하더라도 보험자로서 책임을 지기로 하는 내용의 계약이라고 해석함이 상당하다(대법원 2001. 5. 29. 선고 2000다3897 판결, 대법원 2008. 8. 21. 선고 2008다31874 판결 참조)."
>
> "보험금청구권의 소멸시효는 특별한 사정이 없는 한 민법 제166조 제1항의 규정에 의하여 보험사고가 발생한 때부터 진행하고, 그 소멸시효의 기산점에 관한 증명책임은 시효의 이익을 주장하는 사람에게 있다(대법원 2012. 8. 23. 선고 2012다18748 판결 등 참조)."

2) 보험기간

(1) 원칙

보험자가 보험증보험계약상 책임을 부담하는 기간으로서 이 기간 내에 보험사고가 발생해야 한다. 대법원은 이행보증보험계약의 주채무의 이행기일을 그 도래 전에 보험기간을 초과하여 연기하여 준 경우, 그 연기된 이행기일에 주채무를 이행하지 못한 것이 보험금 지급사유가 되는지 여부에 대하여 다음과 같이 판단하고 있다.[7]

> **대법원 1997. 4. 11. 선고 96다32263 판결**
>
> "이행보증보험계약은 주계약에서 정한 채무의 이행기일이 보험기간 안에 있는 채무를 이행하지 아니함으로써 발생한 피보험자가 입은 손해를 보상하기로 한 보험계약이므로, 피보험자가 보험계약 당시의 준공기한이 도래하기 전에 미리 준공기한을 연기하여 준 나머지 보험계약자가 연기되기 전의 이행

---

[7] 대법원 1997. 4. 11. 선고 96다32263 판결.

기일에 채무불이행을 한 바가 없게 되었고, 피보험자와 보험계약자 사이에 주계약상의 준공기한을 연기하였다 하더라도 보험회사와 보험계약자 사이의 보험계약상의 보험기간도 당연히 변경된다고 할 수 없으므로, 이와 같이 연기된 이행기일이 보험기간 이후임이 분명한 이상 비록 연기된 이행기일에 이행이 없었다고 하더라도 이는 보험사고가 약정 보험기간 이후에 발생한 것으로 보험계약에서 정한 보험금지급사유에 해당되지 아니한다.”

(2) 예외

보증보험에서 보험기간 내에 보험사고가 발생해야 보험자가 책임을 부담해야 한다는 것이 반드시 지켜지지는 않는다.

대법원 2015. 11. 26. 선고 2013다62490 판결

“보증보험증권에 보험기간이 정해져 있는 경우에는 보험사고가 그 기간 내에 발생한 때에 한하여 보험자가 보험계약상의 책임을 지는 것이 원칙이지만, 보증보험계약의 목적이 주계약의 하자담보책임기간 내에 발생한 하자에 대하여 보험계약자의 하자보수의무 불이행으로 인한 손해를 보상하기 위한 것임에도 불구하고 보험기간을 주계약의 하자담보책임기간과 동일하게 정한 경우 특단의 사정이 없으면 위 보증보험계약은 그 계약의 보험기간, 즉 하자담보책임기간 내에 발생한 하자에 대하여는 비록 보험기간이 종료된 후 보험사고가 발생하였다고 하더라도 보험자로서 책임을 지기로 하는 내용의 계약이라고 해석함이 상당하다(대법원 2001. 5. 29. 선고 2000다3897 판결, 대법원 2008. 8. 21. 선고 2008다31874 판결 참조).”

3) 보험목적

보증보험에서 보험목적은 계약이나 법률에 의하여 발생하는 피보험자의 보험계약자에 대한 채권이다. 보증보험자가 피보험자에게 담보하는 채무이행의 내용은 피보험자와 보험계약자 사이에 체결된 계약에 의해 정해진다. 일반적으로 보증보험계약은 이러한 주계약을 전제로 하여 성립한다. 하지만 실무상 이행보증보험계약을 체결할 당시 보험계약자와 피보험자 간의 주계약이 이미 확정적으로 유효하게 성립되어 있어야 하는지 여부에 대한 물음이 제기되었는데, 대법원은 보증보험계약 당시 주계약이 확정적으로 유효하게 성립되어 있을 필요는 없고, 장차 체결될 주계약을 전제로 한 보증보험계약체결도 가능하다고 판단한 바 있다.

> **대법원 1999. 2. 9. 선고 98다49104 판결**
>
> 이행보증보험은 채무자인 보험계약자가 채권자인 피보험자에게 계약상의 채무를 이행하지 아니함으로써 손해를 입힌 경우에 보험자가 그 손해의 전보를 인수하는 것을 내용으로 하는 손해보험으로서 보험계약자의 피보험자에 대한 계약상의 채무이행을 담보하는 것이므로, 이행보증보험계약에 의하여 보험자가 피보험자에게 담보하는 채무이행의 내용은 채권자와 채무자 사이에서 체결된 주계약에 의하여 정하여지고 이러한 주계약을 전제로 이행보증보험계약이 성립하지만, 그 주계약이 반드시 이행보증보험계약을 체결할 당시 이미 확정적으로 유효하게 성립되어 있어야 하는 것은 아니고 장차 체결된 주계약을 전제로 하여서도 유효하게 이행보증보험계약이 체결될 수 있다.

V. 보험자의 의무

1. 의의

보험계약자의 채무불이행이라는 보험사고 발생과 이로 인한 피보험자에게 발생하는 재산상 손해는 보험자의 손해보상의무를 야기한다. 하지만 보험계약자의 고의나 중과실에 의한 보험사고의 경우, 보증보험의 본질상 보험자는 책임을 부담하지 않는다(상법 제726조의6 제2항). 약관상 피보험자의 책임있는 사유로 인하여 생긴 손해 역시 부보범위에서 제외하는 경우도 발생한다.

2. 보증보험에서 보험자의 전보책임의 발생 요건

대법원은 "보증보험은 보험계약자의 채무불이행에 따른 피보험자의 손해를 전보하는 것을 목적으로 하는 것이므로, 보험자의 전보책임이 발생하기 위하여는 보험계약자의 주계약상의 채무불이행이라고 하는 보험사고의 발생과 이에 기한 피보험자의 재산상 손해의 발생이라는 두 가지 요건을 필요로 하고, 위 두 요건은 별개의 문제라고 할 것이다."라고 판시한다.[8]

---

8   대법원 1999. 6. 22. 선고 99다3693 판결.

3. 피보험자의 책임 있는 사유

선급금 이행보증보험의 보험약관상 "보험자는 피보험자의 책임 있는 사유로 생긴 손해는 보상하지 아니한다."는 규정이 상법 제659조 제1항, 제663조에 위반되거나 약관의규제에관한 법률 제6조, 제7조에 위반되어 무효인지 여부에 대한 다툼이 발생하였다.

대법원은 선급금 이행보증보험약관에서 "보험자는 피보험자의 책임 있는 사유로 생긴 손해는 보상하지 아니한다."고 규정하고 있는 경우, 위 약관 규정은 보상하지 아니하는 피보험자의 재산상 손해에 관한 규정이라 할 것이고, 한편 상법 제659조 제1항은 "보험사고가 보험계약자 또는 피보험자의 고의 또는 중대한 과실로 인하여 생긴 때에는 보험자는 보험금을 지급할 책임이 없다."고 규정하고 있는바, 위 상법 규정은 보증보험에는 그대로 적용될 수 없는 규정일 뿐 아니라 보상하지 아니하는 보험사고에 관한 규정이므로, 두 규정은 별개의 요건에 관한 것으로서 서로 저촉 여부의 문제가 발생할 수 없는 것이고, 위 약관 규정이 보상하지 아니하는 피보험자의 귀책사유를 상법 제659조 제1항보다 넓게 규정하였다 하여 위 약관 규정이 상법 제659조 제1항 및 불이익변경을 금지한 같은 법 제663조의 규정에 위반된다고 할 수 없으며, 또한 위 약관 규정이 신의성실의 원칙에 반하여 공정을 잃은 것이라거나, 상당한 이유 없이 사업자의 손해배상 범위를 제한하거나 사업자가 부담하여야 할 위험을 고객에게 이전시키는 조항이라고 볼 수도 없으므로 약관의규제에관한법률 제6조, 제7조에 위반되어 무효라고 할 수도 없다."고 하면서, "물품공급계약을 주계약으로 하는 선급금 이행보증보험계약의 보험약관상 "보험자는 피보험자의 책임 있는 사유로 생긴 손해는 보상하지 아니한다."라고 규정되어 있는 경우, 그 보험계약에 있어서 공급 금액, 공급 내용 및 공급 기간과 지급된 선급금액뿐만 아니라 그 밖에 기성금의 지급 방법 및 선급금의 물품대금에의 상계충당 방법에 관한 내용도 보험계약상 중요한 사항으로서 보험자는 이에 관한 주계약상의 약정을 기초로 보험을 인수하는 것이므로, 피보험자가 기성금의 지급 방법에 관한 주계약상의 약정에 따라 기성금을 지급하였더라면 보험사고 발생 시에 잔존하는 선급금을 미정산금액과 상계하여 선급금반환채권이 존재하지 않았을 것임에도 주계약상의 약정에 어긋나게 기성금을 과다 지급함으로써 선급금과 상계할 미정산금액이 존재하지 않게 됨으로써 선급금을 반환받지 못하게 되었다면 피보험자가 선급금을 반환받지 못하게 된 손해는 위 선급금 이행보증보험약관 소정의 보험자의 면책사유인 '피보험자의 책임 있는 사유로 생긴 손해'에 해당한다고 보아야 한다."고 판시하였다.[9]

4. 피보험자의 손해방지의무

피보험자의 손해방지의무와 관련하여, 대법원이 '이행보증보험의 법적 성질 및 이행보증보험에 있어 보험자가 민법 제434조를 준용하여 보험계약자의 채권에 의한 상계로 피보험자에게 대항할 수 있는지 여부'에 대한 쟁점이 있었다. 이에 대하여 대법원은 "이행보증보험은 보험계약자인 채무자의 주계약상 채무불이행으로 인하여 피보험자인 채권자가 입게 되는 손해의 전보를 보험자가 인수하는 것을 내용으로 하는 손해보험으로서 실질적으로는 보증의 성격을 가지고 보증계약과 같은 효과를 목적으로 하는 점에서 보험자와 채무자 사이에는 민법상의 보증에 관한 규정이 준용되므로, 이행보증보험의 보험자는 민법 제434조를 준용하여 보험계약자의 채권에 의한 상계로 피보험자에게 대항할 수 있고, 그 상계로 피보험자의 보험계약자에 대한 채권이 소멸되는 만큼 보험자의 피보험자에 대한 보험금 지급채무도 소멸된다."고 판시한 바 있다.[10]

VI. 문제점

1. 보증보험의 범위문제

보증보험은 보험사고를 보험계약자의 피보험자에 대한 채무나 의무의 불이행으로 정하고 있다. 채권자인 보험계약자가 채무자인 타인의 채무나 의무의 불이행으로 인하여 입은 손해를 보상할 것을 목적으로 하는 신용보험에 대하여 상법상 보증보험의 영역에서 배제하고 있다. 보증보험의 범위를 보다 확대할 필요성이 있다.

2. 준용규정의 문제점

상법 제726조의7 단서는 "성질에 반하지 아니하는 범위에서 보증채무에 관한 민법의 규정을 준용한다"라고만 규정하고 있다. 어느 정도의 범위에서 민법의 규정이 준용되는지가 불확실하다는 지적이 지속적으로 제기되고 있다. 보증인과 주채무자의 항변권 규정(민법 제433조)과

9 　대법원 1999. 6. 22. 선고 99다3693 판결.
10 　대법원 2002. 10. 25. 선고 2000다16251 판결.

보증인과 주채무자의 취소권 등 규정(민법 제435조), 공동보증의 분별의 이익 규정(민법 제439조), 주채무자에 대한 시효중단의 보증인에 대한 효력 규정(민법 제440조), 수탁보증인의 구상권 규정(민법 제441조) 가운데 어느 규정을 준용할 수 있다는 것인지가 명확하지 않다.

3. 개선방안

1) 신용보험의 도입

보증보험은 보험사고를 보험계약자의 피보험자에 대한 채무나 의무의 불이행으로 정하고 있다. 채권자인 보험계약자가 채무자인 타인의 채무나 의무의 불이행으로 인하여 입은 손해를 보상할 것을 목적으로 하는 신용보험에 대하여 상법상 보증보험의 영역에서 배제하고 있는바, 신용보험을 보증보험의 영역에 확대시키는 방안을 모색할 필요가 있다.

물론 보증보험과 신용보험은 구별의 실익이 있다고 볼 수 있다. 보증보험은 타인을 위한 보험의 영역에 해당하나, 신용보험은 채권자가 채무부의 채무나 의무 불이행의 위험을 보험자에게 전가하기 위해 스스로 계약을 체결하는 자기를 위한 보험에 해당하기 때문이다. 그러나 보험업법[11]은 보증보험을 타인을 위한 손해보험으로 한정하지 않고 있고(보험업법 제2조 제1호 나목),[12] 보증보험업을 하기 위해서는 다른 손해보험과 구별하여 별도의 허가를 얻도록 하고 있다(보험업법 제4조 제1항 제2호 라목). 이는 보험업법이 양자 모두 채무불이행을 보험사고로 한다는 점에서 유사한바, 신용보험을 광의의 보증보험의 영역에 포함시킨 것으로 판단된다. 이 경우 보증보험을 타인을 위한 보험으로 규정하고 있는 상법 보험편과 신용보험까지 포함하여 보증보험의 영역으로 다루는 보험업법과의 불일치를 해소해야 할 필요성이 있다.

2) 준용규정의 명확화

상법 제726조의7(준용규정)는 "보증보험계약에 관하여는 그 성질에 반하지 아니하는 범위

---

11 보험업법 제2조 제1호 나목 손해보험상품을 제시하면서, 보증보험계약에 대하여 "위험보장을 목적으로 우연한 사건(다목에 따른 질병·상해 및 간병은 제외한다)으로 손해(계약상 채무불이행 또는 법령상 의무불이행으로 발생하는 손해를 포함한다)에 관하여 금전 및 그 밖의 급여를 지급할 것을 약속하고 대가를 수수하는 계약으로서 대통령령으로 정하는 계약"임을 규정하고 있다. 보험업법 시행령 제1조의2(보험상품) ③ 법 제2조 제1호 나목에서 "대통령령으로 정하는 계약"이란 다음 각호의 계약을 말한다. 4. 보증보험계약.

12 구 보험업법(법률 제10303호. 2010년 5월 17일 개정됨)에서는 '매매·고용·도급 그 밖의 계약에 의한 채무 또는 법령에 의한 의무의 이행에 관하여 발생한 채권자 그 밖의 권리자의 손해를 보상할 것을 채무자 그 밖의 의무자에게 약속하고, 채무자 그 밖의 의무자로부터 그 보수를 수수하는 것을 포함한다.'라고 규정하고 있었다.

에서 보증채무에 관한 민법의 규정을 준용한다."고 규정하고 있다. 동 규정의 경우 특히 '보증채무에 관한 민법규정을 준용'이라는 문구는 어느 정도의 범위에서 민법 규정이 준용될 수 있는지에 대한 의문이 발생하고 있다.[13]

보증보험은 보험의 성질과 보증의 성질을 가지고 있다. 실무상 문제되는 것은 손해보험에 관한 상법 보험편의 규정을 적용할 수도 있고, 민법상 보증에 관한 규정이 적용될 수도 있는 모호함이 발생하고 있는바, 이에 대한 개정이 요망된다.

3) 보험자의 대위권과 구상권

(1) 의의

보증보험약관에 따르면, 보험금을 지급한 보험자는 보험계약자에게 대위 및 구상을 할 수 있음을 규정하고 있다.[14] 이 경우 보험자대위에 관한 규정이 적용되는지 아니면 민법상 보증의 규정의 적용 여부가 문제가 된다.

(2) 상법 제682조(보험자대위권) 및 민법 제481조(변제자대위권)

보험자(또는 변제자)가 피보험자(또는 채권자)에게 보험금(또는 채무)을 지급함과 동시에 피보험자(또는 채권자)의 보험계약자(또는 채무자)에 대한 권리가 보험자에게 이전되고, 보험계약자(또는 채무자)는 피보험자(또는 채권자)에 대하여 가지는 항변으로서 보험자(변제자)에게 대항할 수 있다. 이 경우 법률상 당연히 권리가 이전되는 것이므로 대위채권의 소멸시효 기간도 그 권리의 이전과 함께 새로이 개시되는 것이 아니라 진행된다.

대법원은 "보험자대위에 관한 상법 제682조의 규정을 둔 이유는 피보험자가 보험자로부터 보험금액을 지급받은 후에도 제3자에 대한 청구권을 보유, 행사하게 하는 것은 피보험자에게 손해의 전보를 넘어서 오히려 이득을 주게 되는 결과가 되어 손해보험제도의 원칙에 반하게 되

---

13 민법상 보증채무와 관련된 조문은 '보증인과 주채무자의 항변권 규정(제433조)', '보증인과 주채무자의 취소권 등의 규정(제435조)', '공동보증의 분별의 이익 규정(제439조)', '수탁보증인의 구상권 규정(제441조)' 등이 있음.

14 이행보증보험약관 제13조(구상 및 대위) ① 회사는 보험금을 지급한 때에는 보험계약자에 대하여 구상권을 가지며, 피보험자의 이익을 해치지 아니하는 범위 안에서 피보험자가 계약자에 대하여 가지는 권리를 대위하여 가집니다. 이하 생략. 현대해상화재보험에서 판매하는 상품으로서 '건설공사계약이나 납품계약 등 각종 계약에 따르는 상품으로서, 각종 계약의 준공공사 또는 검수 후 하자담보 책임기간 동안 하자보수 또는 보완을 위하여 납부하는 하자보증금에 대신하여 활용하는 것'과 관련하여, 이행(하자)보증약관 제20조도 동일한 내용을 규정하고 있다.

고 또 배상의무자인 제3자가 피보험자의 보험금수령으로 인하여 그 책임을 면하게 하는 것도 불합리하므로 이를 제거하여 보험자에게 그 이익을 귀속시키려는 데 있고 이와 같은 보험자대위의 규정은 타인을 위한 손해보험계약에도 그 적용이 있다.”라고 판시한다.[15] 보증보험 역시 보험이라는 측면에서 본다면, 보험계약자에 대한 보증보험자의 청구권대위 행사는 가능하다고 볼 수 있을 것이다.

하지만 보증의 성질을 가지고 있는 보증보험의 경우는 이와 달리 보아야 할 점이 있다. 즉, 보험자의 보험금 지급은 보증채무의 이행이고, 이로 인하여 피보험자인 채권자의 보험계약자인 주채무자에 대한 채권을 소멸하게 된다. 민법 제481조 변제자대위와 달리, 상법 제682조 청구권대위는 이미 소멸한 채권의 대위행사를 가능하게 하는 제도가 아니다. 다만, 보증인 지위에 있는 보증보험자는 주채무자인 보험계약자에 대하여 취득한 구상권의 범위 내에서 채권자인 피보험자의 채권을 대위행사하는 변제자대위가 타당하다. 대법원 역시 “납세보증보험은 보험금액의 한도 안에서 보험계약자가 보증 대상 납세의무를 납기 내에 이행하지 아니함으로써 피보험자가 입게 되는 손해를 담보하는 보증보험으로서 보증에 갈음하는 기능을 가지고 있어, 보험자의 보상책임을 보증책임과 동일하게 볼 수 있으므로, 납세보증보험의 보험자가 그 보증성에 터잡아 보험금을 지급한 경우에는 변제자대위에 관한 민법 제481조를 유추적용하여 피보험자인 세무서가 보험계약자인 납세의무자에 대하여 가지는 채권을 대위행사할 수 있다.”고 하면서 보험자의 변제자대위 법리를 적용하고 있다.

(3) 민법 구상권(제441조)

약관에 다른 정함이 없는 한, 보증의 성질을 갖는 보증보험자는 수탁보증인으로서 민법 제441조에 따른 구상권을 행사할 수 있다.

구 건설공제조합법에 따라 조합원의 하자보수의무를 보증한 건설공제조합과 주계약상 보증인의 관계(=공동보증인) 및 그들 중 어느 일방이 자기의 출재로 채무를 소멸시킨 경우 민법 제448조에 의하여 상대방에게 구상권을 행사할 수 있는지 여부에 대하여, 대법원은“구 건설공제조합법(1996. 12. 30. 법률 제5230호로 제정된 건설산업기본법 부칙 제2조 제1호로 폐지)에 따라 건설공제조합이 조합원으로부터 보증수수료를 받고 그 조합원이 다른 조합원 또는 제3자와의 도급계약에 따라 부담하는 하자보수의무를 보증하기로 하는 내용의 보증계약은, 무엇보다

15　대법원 1990. 2. 9. 선고 89다카21965 판결.

채무자의 신용을 보완함으로써 일반적인 보증계약과 같은 효과를 얻기 위하여 이루어지는 것으로서, 그 계약의 구조와 목적, 기능 등에 비추어 볼 때 그 실질은 의연 보증의 성격을 가진다 할 것이므로, 민법의 보증에 관한 규정, 특히 보증인의 구상권에 관한 민법 제441조 이하의 규정이 준용된다. 따라서 건설공제조합과 주계약상 보증인은 채권자에 대한 관계에서 채무자의 채무이행에 관하여 공동보증인의 관계에 있다고 보아야 할 것이므로, 그들 중 어느 일방이 변제 기타 자기의 출재로 채무를 소멸하게 하였다면 그들 사이에 구상에 관한 특별한 약정이 없다 하더라도 민법 제448조에 의하여 상대방에 대하여 구상권을 행사할 수 있다."고 판단하였다(다수의견).[16]

구상권과 변제자대위권은 동일한 목적을 실현하는 권리에 해당하지만, 법적 성격이 서로 다른 권리에 해당하는 점에서, 구상금에 관한 지연손해금 약정이 변제자대위권을 행사하는 데 적용될 수는 없다고 하겠다.[17]

보증의 법리가 적용되기 때문에 주채무가 부존재하는 경우 보증채무도 존재하지 않게 된다. 이러한 사실을 모르고 보험금을 지급한 보증보험자가 피보험자에게 비채변제로 인한 부당이득반환청구권을 행사할 수 있는 것인지, 아니면 주채무자에게 구상권을 행사할 수 있는 것인지에 대한 다툼에 대하여, 대법원은 "보증보험이란 피보험자와 어떠한 법률관계를 가진 보험계약자(주계약상의 채무자)의 채무불이행으로 인하여 피보험자(주계약상의 채권자)가 입게 될 손해의 전보를 보험자가 인수하는 것을 내용으로 하는 손해보험으로서, 형식적으로는 채무자

---

16 대법원 2008. 6. 19. 선고 2005다37154 전원합의체 판결. 하지만 "(가) 건설공제조합의 하자보수보증 또는 보증보험사의 하자보수보증보험은 보험적 성격도 가지고 있으므로, 주계약상 보증인과 건설공제조합 또는 보증보험사 사이에 상호 구상을 통하여 비용의 전부나 일부를 상대방에게 전가하는 것은 손해보험계약의 본질상 원칙적으로 허용되지 아니한다. (나) 설령 건설공제조합의 하자보수보증 또는 보증보험사의 하자보수보증보험을 민법상 보증에 준하는 것으로 보아 주계약상 보증인과의 사이에서 구상을 허용한다고 하더라도 일률적으로 상호 구상이 허용된다고 할 수는 없고 그 계약관계의 구체적인 내용을 살펴서 상호 구상이 허용되는지 여부를 가려야 하는바, 일반적인 관급공사 도급계약의 경우는 주채무자인 수급인의 하자보수의무 불이행 시 보증인과 건설공제조합 또는 보증보험사에 대한 이행청구의 순서 등에 비추어 건설공제조합 또는 보증보험사의 채무와 주계약상 보증인의 채무가 통상적인 공동보증채무관계에 있다고 할 수 없다. 즉, 주계약상 주채무자와 보증인이 모두 하자보수의무를 이행하지 아니하여 건설공제조합이나 보증보험사가 보증금이나 보험금을 지급한 경우에는 건설공제조합이나 보증보험사가 주계약상 보증인에 대하여 구상할 수 있지만, 이와 달리 주계약상 보증인이 건설공제조합이나 보증보험사의 보증금 또는 보험금 지급에 앞서 하자보수에 관한 면책행위를 한 경우에는 건설공제조합이나 보증보험사의 보증금 또는 보험금 지급의무는 발생하지 아니하므로 주계약상 보증인은 건설공제조합 또는 보증보험사와 공동으로 채무를 부담하는 관계에 있지 아니하여 구상권을 행사할 수 없고 채권자인 도급인을 대위하여 보증금 또는 보험금 지급청구도 할 수 없다."는 다른 의견도 제시되었다.

17 대법원 2009. 2. 26. 선고 2005다32418 판결. 채무를 변제할 이익이 있는 자가 채무를 대위변제한 경우에 통상 채무자에 대하여 구상권을 가짐과 동시에 민법 제481조에 의하여 당연히 채권자를 대위하나, 위 구상권과 변제자 대위권은 그 원본, 변제기, 이자, 지연손해금의 유무 등에 있어서 그 내용이 다른 별개의 권리이므로, 대위변제자와 채무자 사이에 구상금에 관한 지연손해금 약정이 있더라도 이 약정은 구상금을 청구하는 경우에 적용될 뿐, 변제자대위권을 행사하는 경우에는 적용될 수 없다.

의 채무불이행을 보험사고로 하는 보험계약이나 실질적으로는 보증의 성격을 가지고 보증계약과 같은 효과를 목적으로 하는 것이므로, 민법의 보증에 관한 규정, 특히 보증인의 구상권에 관한 민법 제441조 이하의 규정이 준용되고, 보증채무자가 주채무를 소멸시키는 행위는 주채무의 존재를 전제로 하므로, 보증인의 출연행위 당시 주채무가 성립되지 아니하였거나 타인의 면책행위로 이미 소멸되었거나 유효하게 존속하고 있다가 그 후 소급적으로 소멸한 경우에는 보증채무자의 주채무 변제는 비채변제가 되어 채권자와 사이에 부당이득반환의 문제를 남길 뿐이고 주채무자에 대한 구상권을 발생시키지 않는다.”고 판시하였다.[18]

보증인이 채권자에게 보증채무를 이행하여 채무자에 대한 채권자의 주채권을 소멸하게 한 경우 보증인은 채무자에 대한 새로운 구상채권을 원시취득하는 것이다. 이 경우 구상권의 소멸시효기간은 구상권이 발생하여 이를 행사할 수 있는 시점부터 진행한다. 동시에 소멸시효기간은 구상채권이 민사채권이냐 상사채권이냐에 따라 10년 또는 5년의 시효가 적용된다.

4) 적용상 문제점

양자는 권리의 행사, 소멸시효의 기산점, 항변권행사 여부, 행사의 범위 등에서 차이가 발생한다.

(1) 권리의 행사의 경우

보험자대위(변제자대위)는 피보험자(채권자)의 권리를 이전(대위)받아 행사함에 반하여, 구상권은 자신이 원시취득한 구상채권 행사한다.

(2) 소멸시효의 기산점과 기간의 경우

보험자대위(변제자대위)는 대위에 의하여 이전되는 권리 자체를 기준으로 판단하는 것임에 반하여, 구상권은 구상권이 발생하여 행사할 수 있는 시점부터 진행하게 된다.

(3) 항변권 행사 여부의 경우

보험자대위(변제자대위)는 보험계약자(채무자)는 피보험자(채권자)에 대하여 가지고 있는 항변으로 보험자(변제자)에 대하여 항변 가능하다. 반면, 구상권은 보증인이 미리 채무자에게

---

18   대법원 2012. 2. 23. 선고 2011다62144 판결.

통지를 하지 않고 변제 기타 출재로 주채무를 소멸시킨 경우 채무자는 채권자에게 대항할 수 있는 사유로 보증인에게 대항 가능하다.

(4) 권리행사 범위의 경우

보험자대위(변제자대위)는 지급한 보험금(변제한 금액)의 범위로 제한하는 것임에 반하여, 구상권은 출재액, 면책된 날 이후의 법정이자, 필요비 및 기타 손해를 포함한다.

제5편
인보험의 일반적인 영역

제33장

인보험 일반론

I. 의 의

상법은 "피보험자의 생명 또는 신체에 관하여 보험사고가 생기면 보험자는 보험계약이 정하는 보험금액 기타의 급여를 지급할 책임을 진다."라고 하면서 인보험에 대한 내용을 규정하고 있다. 여기서 부보의 대상은 생명과 신체이고, 지급되는 급여의 대상은 급여로 정하고 있으며, 보험금지급은 보험계약이 정하는 방식으로 하고 있다. 인보험에서 보험사고는 사망, 생존, 상해, 질병 등을 들 수 있다.

II. 종 류

우선, 인보험은 생명을 보험목적으로 하는 생명보험이 있다. 이러한 생명보험은 보험사고가 사망인 사망보험과 보험사고가 생존인 생존보험으로 구분된다. 한편, 신체를 보험목적으로 하는 인보험은 상해를 보험사고로 하는 상해보험과 질병을 보험사고로 하는 질병보험으로 구분된다.

상법은 제727조부터 제729조까지 인보험 관련 일반적인 내용을 규정하고 있고, 제730조부터 재736조까지 생명보험에 대하여, 제737조부터 제739조까지 상해보험에 대하여, 제739조의2부터 제739조의3까지 질병보험에 대한 내용을 규정하고 있다.

III. 특 성

인보험은 다음과 같은 특징을 가지고 있다.

첫째, 보험금의 지급방식이 정형성을 원칙으로 하지만 비정형성도 가지고 있다. 즉, 생명보험에 대하여는 보험계약에서 정해진 급부를 지급하는 방식을 띠지만, 상해보험이나 질병보험은 비정액보상방식을 띠고 있다.

둘째, 원칙적으로 피보험이익을 요구하지 않는다. 일반적인 손해보험(특히, 物보험)의 경우 피보험이익의 요건이 적용되기 때문에 피보험이익을 가진 자만이 손해를 보상받을 수 있지만, 상해보험이나 질병보험은 이러한 요건이 요구되지 않는다.

셋째, 보험계약자, 피보험자, 보험수익자의 중과실로 인한 보험사고의 경우 보험자는 보험금지급책임을 면할 수 없도록 하고 있다(상법 제732조의2, 제739조, 제739조의3).

생명보험에서는 보험계약자 등의 중과실에 의한 사고의 경우에도 보험자가 면책될 수 없도록 한 이 사건 법률조항이 영업의 자유, 계약의 자유를 침해하여 위헌인지 여부에 대하여, 헌법재판소는 "이 사건 법률조항은 보험계약자측의 중과실로 인한 사고에 있어서 보험자의 면책을 인정하지 않음으로써 소비자인 인보험의 보험계약자측, 특히 생명보험의 보험수익자로 되는 유족의 생활보장을 도모하는 데에 그 입법취지가 있으므로 그 입법목적의 정당성은 인정된다. 중과실과 경과실의 구별이 상대적이며, 그 경계가 모호한 데다가 보험계약자측이 현저히 약자의 지위에 있어 보호의 필요성이 있음에 비추어 볼 때, 이 사건 법률조항에 의하여 자유를 제한하는 정도는 상반되는 법익과의 균형을 해할 정도로 과도하지는 않아 입법재량의 범위를 벗어났다고 볼 수 없으므로 보험자의 영업의 자유, 보험자와 보험계약자 사이의 계약의 자유를 침해하였다고 할 수 없다.

중대한 과실이라는 것은 그 태양과 범위를 한정할 수 없고, 위험이 상존하는 현대생활의 복잡성에 비추어볼 때 중대한 과실로 인한 보험사고를 일으킬 가능성이 있는 보험계약자와 그렇지 않은 보험계약자라는 분류가 가능한지 여부를 단정할 수 없으며, 설령 그러한 분류가 가능하다 하더라도 중대한 과실로 인한 사고발생에 관한 개인차는 보험단체 구성원간의 동질성을 해할 정도는 아니고, 보험계약자측은 중과실로 인한 사고에서도 보험혜택을 받을 수 있다는 점에서는 모두가 같은 취급을 받으므로, 위 규정이 보험계약자의 평등권을 침해한다고도 할 수 없다."고 판시하였다.[1]

넷째, 원칙적으로 보험자대위를 금지하고 있다. 특히, 인보험에서 보험목적대위는 절대적으로 금지된다. 인보험에서 전손 후 잔존하는 보험목적은 생명 또는 신체에 해당하는 것인데, 보험자가 이에 대한 권리를 취득하는 것은 사회질서에 반하는 것으로 허용될 수 없다고 하겠다. 다만, 인보험에서 청구권대위는 원칙적으로 금지된다. 보험자대위는 실손보상의 원칙을 실현함에 목적으로 두고 있기 때문에, 실손보상이 아닌 정액보상을 원칙으로 하는 인보험은 그러한 적용이 없다고 할 것이다.

대법원 역시 "상법 제729조 전문이나 보험약관에서 보험자대위를 금지하거나 포기하는 규정을 두고 있는 것은, 손해보험의 성질을 갖고 있지 아니한 인보험에 관하여 보험자대위를 허용하게 되면 보험자가 보험사고 발생 시 보험금을 피보험자나 보험수익자(이하 '피보험자 등'이라고 한다)에게 지급함으로써 피보험자 등의 의사와 무관하게 법률상 당연히 피보험자 등의 제3자에 대한 권리가 보험자에게 이전하게 되어 피보험자 등의 보호에 소홀해질 우려가 있다는 점 등을 고려한 것이므로, 피보험자 등의 제3자에 대한 권리의 양도가 법률상 금지되어 있다거나 상법 제729조 전문 등의 취지를 잠탈하여 피보험자 등의 권리를 부당히 침해하는 경우에 해당한다는 등의 특별한 사정이 없는 한, 상법 제729조 전문이나 보험약관에서 보험자대위를 금지하거나 포기하는 규정을 두고 있다는 사정만으로 피보험자 등이 보험자와의 다른 원인관계나 대가관계 등에 기하여 자신의 제3자에 대한 권리를 보험자에게 자유롭게 양도하는 것까지 금지된다고 볼 수는 없다."라고 판시하고 있다.[2]

다만, 상해보험이나 질병보험의 경우에는 계약당사자의 약정을 통해 비정액보상방식을 취할 수 있다. 상법은 제729조 단서에서 "그러나 상해보험의 경우에 당사자 간에 다른 약정이 있는 때에는 보험자는 피보험자의 권리를 해하지 아니하는 범위 안에서 그 권리를 대위하여 행사할 수 있다."라고 하면서, 비정액보상방식을 취하고 있는 상해보험과 질병보험에서 예외적으로 청구권대위를 인정하고 있다.

1　헌법재판소 1999. 12. 23. 선고 98헌가12,99헌가3·10,99헌바33·50·52·62·65(병합) 전원재판부 [상법제732조의2위헌제청, 상법제732조의2위헌소원] [헌집11-2, 659].

2　대법원 2007. 4. 26. 선고 2006다54781 판결.

Ⅳ. 유 형

1. 자기의 보험계약과 타인의 보험계약

보험계약자가 보험계약을 체결함에 있어 피보험자를 먼저 지정해야 한다. 인보험에서의 피보험자는 생명 또는 신체에 관하여 붙여진 자연인을 의미하게 된다. 이러한 인보험에서 보험계약자가 자신을 피보험자로 하는 보험계약을 '자기의 보험계약'이라고 한다. '자기의 보험계약'과 같이 보험계약자 스스로 피보험자가 되는 경우도 있지만, 타인인 제3자가 피보험자가 되는 경우도 있다. 이때 보험계약자가 자기 이외의 제3자를 피보험자로 하여 보험을 체결하는 계약이 '타인의 보험계약'이다. 이러한 타인의 인보험에는 다시 자기를 위한 보험과 타인을 위한 보험으로 구분할 수 있다.

2. 자기를 위한 보험계약과 타인을 위한 보험계약

보험사고가 발생한 경우 보험수익자를 누구로 할 것인가가 문제된다. 보험계약자 자신이 보험수익자로 등장하는 경우를 '자기를 위한 보험계약'이라고 한다. 이 경우에 피보험자에게 보험사고가 발생하면 보험계약자 자신이 보험금을 수령하게 된다.

타인을 위한 보험계약의 경우 보험계약자는 자기를 보험수익자로 하지 않고, 보험계약자가 아닌 제3자가 보험금을 수령할 수 있도록 하기도 한다. 이러한 제3자가 보험수익자가 되는 경우를 '타인을 위한 보험계약'이라고 한다. 그러므로 보험계약자 이외의 제3자가 보험수익자로 되는 '타인을 위한 보험계약'은 보험계약자와 피보험자가 다른 '타인의 보험계약'과는 구분되어야 한다.

제6편

생명보험 각론

제34장

생명보험상 사망사고와 피보험자의 서면동의

I. 의 의

생명보험은 보험계약자가 타인을 피보험자로 하여 계약을 체결하는 것을 '타인의 생명보험계약'이라고 한다. 타인의 사망을 보험사고로 하는 타인의 생명보험계약은, 아무런 제한 없이 인정하게 되면 이를 악용할 가능성이 발생하게 된다. 즉 타인의 생명보험계약에서, 보험계약자나 보험수익자 그리고 기타 이해관계인들은 보험금을 취득하기 위하여 의도적으로 피보험자를 살해할 가능성이 있을 뿐만 아니라 보험이 도박의 대상이 될 소지가 있다.

각 국가는 타인의 생명보험계약에 일정한 제한을 두고 있다. 우리 상법 제731조 제1항에 의하면, "타인의 사망을 보험사고로 하는 보험계약에는 보험계약 체결 시에 그 타인의 서면에 의한 동의를 얻어야 한다."고 규정하고 있다. 동 규정의 근거하에 대법원은 타인의 사망보험계약의 체결 시에 그 타인의 동의가 흠결되면, 해당 보험계약은 확정적 무효라고 하면서 본 규정을 매우 엄격하게 해석하고 있다.[1]

피보험자가 1인인 개인보험과 달리, 단체의 대표자가 그 단체의 구성원의 전부 또는 일부를 피보험자로 하여 보험자와 1개의 보험계약을 체결하는 단체보험이 있다. 상법 제735조의3 제1항에 의하면, "단체가 규약에 따라 구성원의 전부 또는 일부를 피보험자로 하는 생명보험계약을 체결하는 경우에는 제731조를 적용하지 아니한다."고 규정하고 있는데, 이는 타인의 생명보

----

1   대법원 2006. 6. 29. 선고 2005다11602 판결.

험에서 요구하는 피보험자의 서면동의의 요건을 면제한다는 취지와 단체보험의 실무적인 편의를 제공하고 있다. 일반적으로 단체보험계약은 단체의 대표자가 보험계약자가 되며 피보험자나 피보험자의 상속인을 보험수익자로 하여 단체보험에 가입하게 된다. 하지만 단체보험계약에서 상법은 보험수익자의 지정에 관하여 특별히 규정하고 있지 않은 관계로, 보험계약자는 단체의 구성원인 피보험자를 보험수익자로 하여 '타인을 위한 보험계약'을 체결할 수도 있고, 보험계약자 자신을 보험수익자로 하여 '자기를 위한 보험계약'을 체결[2]할 수도 있어 문제점이 제기되었다.

개인보험에서 상법 제731조와 관련된 피보험자의 서면동의에 관한 문제점이 검토되어야 한다. 단체보험에서 피보험자의 서면동의를 면제하고 있는바, 단체규약의 의미 및 보험계약자가 동시에 보험수익자인 경우에 피보험자의 보호 문제에 대하여도 검토되어야 한다.

II. 타인의 생명보험계약

1. 생명보험계약의 의의

사람은 출생과 함께 사망의 운명을 타고 난다. 하지만 사람마다 사망의 시기는 일정하지 아니하다. 그러므로 각각의 사람은 자신의 노후생활의 안정을 꾀하거나 또는 뜻밖의 실업이나 사망한 경우 가족의 생계를 위한 보장을 요구하게 된다. 생명보험계약이란 당사자의 일방인 보험자가 상대방 또는 제3자의 생사에 관하여 일정한 금액을 지급할 것을 약정하고, 이에 대하여 상대방이 보수를 지급할 것을 약정하는 보험계약을 말한다(상법 제730조). 이러한 생명보험의 목적은 피보험자의 노후생활과 수입의 감소 또는 피보험자가 일찍이 사망한 경우에 그 유족의 생활을 보장하고자 하는 데 있다.[3]

---

2 대법원 1999. 5. 25. 선고 98다59615 판결.

3 이기수·최병규·김인현, 보험·해상법(상법강의 IV), 제9판, 박영사, 2015, 354면 이하.

2. 생명보험계약의 구분

1) 자기의 생명보험계약

보험계약자가 보험계약을 체결함에 있어 피보험자를 먼저 지정해야 한다. 피보험자는 손해보험과 인보험에 따라 그 뜻을 달리하고 있다. 손해보험에 있어서 피보험자는 보험사고의 발생으로 생긴 재산상의 손해보상을 보험자에게 직접 청구할 수 있는 사람을 의미하고,[4] 인보험에서의 피보험자는 생명 또는 신체에 관하여 붙여진 자연인을 의미하게 된다. 이러한 인보험에서 보험계약자가 자신을 피보험자로 하는 보험계약을 '자기의 생명보험계약'이라고 한다.[5]

2) 타인의 생명보험계약

보험계약자가 '자기의 생명보험'과 같이 보험계약자 스스로 피보험자가 되는 경우도 있지만, 타인인 제3자가 피보험자가 되는 경우도 있다. 이때 보험계약자가 자기 이외의 제3자를 피보험자로 하여 생명보험을 체결하는 계약이 '타인의 생명보험계약'이다.[6] 이러한 타인의 생명보험에는 다시 자기를 위한 생명보험과 타인을 위한 생명보험으로 구분할 수 있다.

(1) 자기를 위한 생명보험계약

보험사고가 발생한 경우 보험수익자를 누구로 할 것인가가 문제된다. 보험계약자 자신이 보험수익자로 등장하는 경우를 '자기를 위한 생명보험계약'이라고 한다. 이 경우에 피보험자에게 보험사고가 발생하면 보험계약자 자신이 보험금을 수령하게 된다.[7] 아내가 남편을 피보험자로 하여 생명보험계약을 체결하고, 보험수익자를 아내로 하는 경우가 전형적인 예이다.

(2) 타인을 위한 생명보험계약

보험계약자는 자기를 보험수익자로 하지 않고, 보험계약자가 아닌 제3자가 보험금을 수령할 수 있도록 하기도 한다. 이러한 제3자가 보험수익자가 되는 경우를 '타인을 위한 생명보험계

---

4   양승규, 보험법, 제5판, 삼지원, 2004, 93면.
5   생명보험에서 가장 기본적인 형태의 보험계약이라고 볼 수 있다(보험계약자＝피보험자).
6   결국 타인의 생명보험계약에서는 보험계약자와 피보험자가 상이하게 된다.
7   보험계약자가 보험수익자인 경우이다(보험계약자＝보험수익자).

약'이라고 한다. 그러므로 보험계약자 이외의 제3자가 보험수익자로 되는 '타인을 위한 생명보험계약'[8]은 보험계약자와 피보험자가 다른 '타인의 생명보험계약'과는 구분되어야 한다.

3. 피보험자의 서면동의와 관련된 사례

1) 피보험자가 1인인 경우

(1) 보험모집인이 서명한 경우[9]

원고인 부인 갑은 을 보험자와 자기의 남편 병을 피보험자로 하는 '암치료보험계약'을 체결하고 보험료를 납입하였다. 보험계약자 갑의 선택에 따라 보험계약을 체결하기로 약정한 후, 보험모집인이 회사로 돌아와 보험계약자의 위임에 따라 보험청약서를 스스로 작성하고 피보험자의 자필서명란에 피보험자의 서명을 하였다. 보험약관에 의하면 암으로 진단, 입원, 통원, 사망할 경우에 보험금을 지급하도록 규정되어 있었다. 보험기간 중 피보험자는 위암진단 수술을 받았고, 이에 따라 보험수익자는 보험금지급을 청구하였다. 이에 대해 보험자는 계약체결 시 청약서상의 피보험자의 자필서명란에 기재된 이름이 피보험자의 자필서명이 아니라는 이유로 피보험자의 동의 없이 체결된 이 건 보험계약은 무효라고 주장하면서 보험금의 지급을 거절한 사건이다.

(2) 보험계약자가 서명한 경우[10]

보험계약자 갑과 보험모집인 을이 피보험자 병이 참석한 자리에서 보험계약을 체결함에 있어, 그 당시 병이 을로부터 보험계약의 내용에 관하여 설명을 들었고 이에 명시적으로 동의한 이후 자신은 글을 잘 모른다고 하면서 보험계약자 갑에게 보험청약서의 피보험자 자필서명란에 자신을 대행하여 서명하도록 요청하였다. 이에 따라 보험계약자 갑이 그 자리에서 피보험자 병을 대행하여 보험청약서의 피보험자 자필서명란에 병의 이름을 기재해 넣은 사건이다.

---

8   피보험자가 보험수익자가 되는 경우이다(피보험자＝보험수익자).

9   대법원 1996. 11. 22. 선고 96다37084 판결.

10   대법원 2006. 12. 21. 선고 2006다69141 판결.

(3) 대법원의 판단

첫 번째 사건에서 대법원은, 타인의 사망을 보험사고로 하는 보험계약에는 보험계약 체결 시에 그 타인의 서면에 의한 동의를 얻어야 한다는 상법 규정 제731조 제1항을 위반하였기 때문에 그 보험계약은 무효라고 판시하였다. 그리고 타인의 사망을 보험사고로 하는 보험계약에 있어서 피보험자가 서면으로 동의의 의사표시를 해야 하는 시점은 '보험계약체결 시'라고 하며 매우 엄격하게 해석하였다.

두 번째 사건에서 대법원은, 타인의 사망을 보험사고로 하는 보험계약에 있어 피보험자인 타인의 동의는 각 보험계약에 대하여 개별적으로 서면에 의하여 이루어져야 하고 포괄적인 동의 또는 묵시적이거나 추정적 동의만으로는 부족하다는 점을 적시하였다.[11] 그리고 피보험자인 타인이 참석한 자리에서 보험계약을 체결하면서 보험계약자나 보험모집인이 그 타인에게 보험계약의 내용을 설명한 후 그 타인으로부터 명시적으로 권한을 수여받아 보험청약서에 그 타인의 서명을 대행하는 경우에는, 그 타인의 서명동의는 적법한 대리인에 의하여 유효하게 이루어진 것으로 보아야 한다고 판시하였다. 즉 타인으로부터 특정한 보험계약에 대하여 서면동의를 할 권한을 구체적이고 개별적으로 수여받았음이 분명한 자가 그 권한 범위 내에서 그 타인을 대리 또는 대행하여 서면동의를 한 경우에, 타인의 서면동의는 유효하다는 것이다.

2) 피보험자가 여러 명인 경우

(1) 사례제시[12]

피고 갑 보험회사의 보조참가인 을 기업은 이 사건 공동원고들의 피상속인인 망인을 비롯하여 회사근로자 700여 명을 피보험자로, 보조참가인을 보험계약자인 동시에 보험수익자로 하여, 피보험자의 사망 혹은 재해를 보험사고로 하는 단체보험을 체결하고 사용자 측 대표 3인의 서명 및 날인과 함께 피보험자인 근로자 측 대표 3인의 서명 및 날인이 기재된 규약내용확인서를 피고인 보험회사에 제출하였다. 하지만 위 규약내용확인서에 기재된 근로자 측 대표 3인 명의의 서명 및 날인은 근로자 측 대표가 아닌 참가인 회사의 경리부 직원들이 참가인에 대한 대출금 채권자인 피고 사이에 대출금이율조정의 목적으로 이 사건 보험계약에 가입하면서, 그 구비서류의 일환으로 임의로 작성한 것에 불과하였다. 또한 위 규약내용확인서의 작성 및 이 사

---

11   대법원 2006. 9. 22. 선고 2004다56677 판결.

12   대법원 2006. 4. 27. 선고 2003다60259 판결.

건 보험가입사실에 대하여, 근로자들에게 공고하고 동의를 구하거나 해당 노동조합과 협의하여 동의를 구한 바도 없었다.

위 보험계약의 체결 후 망인이 업무상의 재해로 사망하자 을 기업은 갑 보험회사에 위 단체보험계약상의 보험금지급을 청구하였다. 하지만 갑 보험회사는 을 기업이 이 사건 보험가입과 관련한 근로자들의 서면동의 혹은 그에 갈음하는 규약으로서 제출한 위 규약내용확인서는 그 피보험자인 근로자들의 적법한 대표권 없는 자들이 임의로 작성한 것에 불과하여, 상법 제735조의3 제1항 소정의 규약 혹은 상법 제731조 소정의 서면동의로서의 요건을 구비하지 못하였다 하여 보험계약의 무효를 주장하였다. 이에 망인의 유족들인 원고들은 피고 갑 보험회사에 대하여 보험금청구소송을 제기하게 된 것이다.

(2) 대법원의 판단

대법원은 위의 사건에 대하여 다음과 같은 요지로 판결을 하였다. 단체보험계약에 대하여 아주 세부적으로 제시하고 있는바 이를 요약하여 기술하고자 한다.

첫째, 상법 제735조의3의 규정에 따라 단체보험에 해당하려면 소정의 규약에 따른 보험계약을 체결한 경우이어야 한다. 그러한 규약이 갖추어지지 아니한 경우에는 상법 제731조에 의하여 피보험자인 구성원들의 서면에 의한 동의를 받아야 보험계약의 효력이 발생한다.

둘째, 상법 제735조의3에서 말하는 규약의 의미는 단체협약, 취업규칙, 정관 등 그 형식을 막론하고 단체보험의 가입에 관한 단체내부의 협정에 해당하는 것이고, 당해 보험가입과 관련하여 상세한 사항까지 규정할 것을 요하지 않는다. 하지만 강행법규인 상법 제731조 소정의 피보험자의 서면동의에 갈음하는 것인 이상 취업규칙이나 단체협약에 근로자의 채용 및 해고, 재해부조 등에 관한 일반적 규정을 담고 있는 것만으로는 안 된다.

셋째, 규약을 구비하지 못한 단체보험이 유효하기 위해서는 상법 제731조에서 말하는 서면동의만이 허용된다.

넷째, 피보험자가 서면으로 동의의 의사표시를 하거나 그에 갈음하는 규약의 작성에 동의하여야 하는 시점은 상법 제731조의 규정에 의하여 보험계약체결 시까지이다.

다섯째, 도박보험이나 피보험자에 대한 위해의 우려 이외에 피해자의 동의 없이 타인의 사망을 사행계약상의 조건으로 삼는 데서 오는 공서약속의 침해의 위협성을 배제하고자 상법 제735조의3의 입법취지를 고려하여야 하는바, 위 법조 소정의 규약이나 서면동의가 없는 상태에서 단체보험계약을 체결한 자가 위 요건의 흠결을 이유로 그 무효를 주장하는 것은 특단의 사정이 없는 한 신의성실의 원칙에 반한다고 볼 수는 없다.

여섯째, 보험모집인은 보험계약자에게 피보험자의 서면동의 등의 요건에 관하여 구체적이고 상세하게 설명하여 보험계약자로 하여금 그 요건을 구비할 수 있는 기회를 주어 유효한 보험계약이 체결되도록 하는 주의의무가 있다. 이를 위반하여 보험사고 발생 시 보험계약자가 보험금을 수령하지 못하게 되었다면 구 보험업법 제158조 제1항에 의하여 손해배상책임이 있다.[13]

일곱째, 단체보험에서 보험계약자는 단체의 구성원인 피보험자를 보험수익자로 하여 '타인을 위한 보험계약'으로 체결할 수도 있고, 보험계약자 자신을 보험수익자로 하여 '자기를 위한 보험계약'으로 체결할 수도 있다.

III. 타인의 생명보험계약에서 피보험자의 동의

보험자가 보험계약자와 보험계약을 체결함에 있어서, 다양한 기준에 따라 보험계약이 구분된다.[14] 강제성의 유무에 따라 공보험과 사보험, 보험사고발생의 객체에 따라 인보험과 물보험 그리고 보험금의 지급방법에 따라 손해보험과 정액보험으로 나누어진다. 또한 타인의 생명보험에서 피보험자의 수에 따라 개인보험과 단체보험으로 구분하게 된다.

1. 개인보험과 단체보험

1) 개인보험

개개의 물건 또는 사람을 보험의 목적으로 하는 보험을 '개별보험(Einzelversicherung)'이라고 한다. 특정인을 위한 생명보험이나 특정한 선박을 목적으로서 하는 선박보험 등이 여기에 속한다. 한편, 하나의 피보험자가 소유하는 여러 개의 보험목적물에 대하여 1개의 계약을 체결하는 보험을 '집합보험(Kollektivversicherung)'이라고 한다.[15] 집합보험은 어떤 특정한 집합된 물건을

---

13 개정된 보험업법 제102조(모집을 위탁한 보험회사의 배상책임) ① 보험회사는 그 임원·직원·보험설계사 또는 보험대리점이 모집을 함에 있어서 보험계약자에게 가한 손해를 배상할 책임을 진다. 다만, 보험회사가 보험설계사 또는 보험대리점에 모집을 위탁함에 있어서 상당한 주의를 하였고 또한 이들이 행하는 모집에 있어서 보험계약자에게 가한 손해의 방지에 노력한 경우에는 그러하지 아니하다. ②항과 ③항은 생략. 동조는 보험업법에서 삭제되고, 금융소비자보호법 제44조에서 이와 같은 내용이 규정되어 있다.

14 보험계약의 구분에 대하여는 이기수·최병규·김인현, 보험·해상법(상법강의 IV), 제9판, 박영사, 2015, 7면 이하.

15 최기원, 보험법, 제3판, 박영사, 2002, 18면.

보험의 목적으로 하는 특정보험(상법 제686조)과 그 집합된 물건을 수시로 교체되는 것이 예정되는 총괄보험(상법 제687조)으로 나뉜다.[16] 개별보험에서 개별적인 물건이 아니라, 피보험자를 하나의 특정한 사람으로 하여 그의 생사를 보험사고로 하는 것이 바로 '개인보험(Einzellebensversicherung)' 이다.[17] 이러한 개인보험은, 부부·부자 등의 2인이나 동업자 등 복수인을 피보험자로 하고, 그중 1 인이 사망한 경우에 생존한 자가 보험금을 지급받게 되는 '연생보험(Versicherung auf verbundenes Leben)'과 구분된다. 실무상 연생보험은 보험계약자가 남편이면서 남편이 주피보험자로, 아내 를 종피보험자로 하여 두 명의 피보험자로 하는 보험계약을 체결할 수도 있고, 더 나아가 총 3인 의 피보험자로 하는 경우도 있다.

2) 단체보험

개인보험이나 연생보험과는 달리 단체에 속하는 불특정다수인을 일괄하여 피보험자로 하 는 것을 '단체보험(Gruppenversicherung)'이라고 한다. 이 경우에는 단체의 대표자가 그 단체의 구성원의 전부 또는 일부를 피보험자로 하여 보험자와 1개의 보험계약을 체결함으로써 성립하 게 된다.[18] 그러므로 이러한 단체보험은 통일된 이익을 지닌 다수인에 대한 보험보호를 집합적 으로 파악하여 규율하려는 성격을 지닌다.[19] 개인생명보험에서 피보험자는 그의 생사가 보험 금지급의 조건이 되는 사람으로서, 보험계약자와 피보험자가 동일한 사람이 아닌 '타인의 생 명보험'을 체결할 수 있는 것과 마찬가지로, 단체의 대표자를 보험계약자로 하고 단체의 구성 원을 피보험자로 하는 보험계약을 체결할 수 있는 것이다.

---

16 양승규, 보험법, 제5판, 삼지원, 2004, 35면.

17 최기원 교수는 단생보험이라고 한다. 보험법, 제3판, 박영사, 2002, 610면.

18 1917년 미국의 NCIC(National Convention of Insurance Commissioners)의 단체보험모델법안에서 단체보험은 "단체 생명보험은 50인 이상의 종업원을 유진사 혹은 무진사로 하여 사업주에게 발행된 1매의 보험증권에 의하여 보장 하는 보험형태"라고 정의하고 있다.

19 장경환, "단체보험의 보험수익자", 고시계, 1998. 5, 114면.

2. 개인보험에서 피보험자의 서면동의

1) 각 국의 입법례

(1) 이익주의

이는 피보험자인 타인의 생명에 대하여 어떠한 이익을 가지는 자만이 보험계약을 체결할 수 있다는 입법례이다. 이러한 입법주의에 의하면 부부, 부자 혹은 채권자와 채무자의 관계 등 이해관계의 존재가 계약의 성립요건이다. 그러므로 계약의 체결 시에 이해관계가 없으면 그 계약은 무효가 된다. 이는 영국과 미국에서 채택되고 있다.

(2) 친족주의

이러한 입법례는 피보험자의 상속인 또는 일정한 범위의 친족만이 보험수익자가 될 수 있도록 하여, '타인의 생명보험'의 이용범위를 매우 제한히는 측면이 있다. 현재 받아들이는 에는 없으며, 일본의 구상법이 이에 속하였다.

(3) 동의주의

타인의 사망을 보험사고로 하는 타인의 생명보험계약을 체결함에 있어 그 타인인 피보험자의 동의를 요구하는 입장이다. 그러므로 이 경우에는 피보험자가 될 타인의 동의를 얻어야만 유효한 계약을 성립시킬 수 있게 된다. 독일, 프랑스, 오스트리아, 일본 및 우리나라 상법이 취하고 있는 태도이다.

2) 상법상 서면동의

1991년 상법이 개정되기 이전에는 동의의 방식에 대하여 아무런 제재를 두지 않았다. 하지만 실무상 계약체결 시 계약신청서에 서밍 또는 기명날인하여 동의하는 것이 의례적인 일이었다. 이것을 상법이 받아들여 현재 상법 제731조에 의하여 서면동의를 요구하게 된 것이다. 또한 동의는 개별 보험계약별로 행해져야 하며, 장래에 체결될 모든 사망보험에 대해 미리 동의하는 포괄적 동의는 인정될 수 없다고 한다.[20] 타인의생명보험에서 피보험자의 동의라 함은 해당 사

....

20   대법원 2003. 7. 22. 선고 2003다24451 판결; 대법원 2006. 9. 22. 선고 2004다56677 판결.

망보험계약의 피보험자로 되는 것에 대해 찬성하는 의사표시이고, 그것의 법적 성질은 준법률행위이다. 실정법상 동의의 방식은 서면이므로 구두 또는 묵시적인 동의는 인정되지 않게 된다.

3) 전자서명 또는 공인전자서명에 의한 방식

정보통신기술의 발전으로 사법적인 거래방식의 발달이 눈부시게 일어나고 있다. 보험거래에서도 전통적인 대면방식의 거래가 점차 온라인 거래 등 비대면 거래로 진화하고 있는데, 이것은 정보통신기술의 발달이 중요한 역할을 담당한 탓이다. 이러한 변화는 스마트폰과 태블릿 PC 등 모바일 기기의 보급이 확대되고 모바일 전자문서의 기술적 환경이 발전함에 따라 더욱 발달하고 있는데 그 대표적인 것이 모바일 전자청약시스템이다. 태블릿 PC를 통한 자산관리 컨설팅부터 보험상품 설계 및 가입에 이르는 전반적인 절차를 간편하게 처리한다. 이러한 서면 동의 방식의 채택으로 비대면 온라인 거래의 활성화가 되지 못하고 있었다.

서면에 의한 동의 방식은 관련 서류의 공급·출력·배송·보관 등의 번거로움과 비용이 발생하고, 원본 서류의 손실 및 분실로 인한 계약자의 정보보호에 문제가 발생할 가능성이 있으며, 최근의 전자문서 활성화를 위한 법령 개정 추세와 전자금융거래가 증가되고 있는 사회적인 현상을 반영하지 못하여 금융산업 발전을 저해한다는 지적이 있었다. 기존의 대면계약 방식의 비중이 점차 축소되고, 전화, 사이버몰, 인터넷 등에 의한 비대면 보험가입 비중이 증가하고 있다. 대면계약의 경우에도 기존의 전통적인 서면방식이 아닌 태블릿 PC 등을 통한 비서면 계약체결 방식으로 전환하게 된 것이다.

상법 개정

개정(전)	개정(후)	비고
제731조(타인의 생명의 보험) ①타인의 사망을 보험사고로 하는 보험계약에는 보험계약 체결 시에 그 타인의 서면에 의한 동의를 얻어야 한다. ②(생략)	제731조(타인의 생명의 보험) ①--- --- 서면(「전자서명법」 제2조 제2호에 따른 전자서명 또는 제3호에 따른 공인전자서명이 있는 전자문서를 포함한다)----------------. ②(현행과 같음)	서면동의 방식과 동등한 가치 또는 우수한 가치가 있는 전자서명 또는 공인전자서명에 의한 방식 추가

4) 동의의 시기에 대한 의문

(1) 의의

상법 제731조 제1항에 의하면, 타인의 사망보험의 경우에 그 타인의 동의는 '보험계약 체결 시'에 서면동의를 얻어야 한다고 규정하고 있다. 이러한 실정법에 근거하여 대법원은 계약체결 시에 서면동의가 행해지지 않는 이상 타인의 생명보험계약은 무효라는 입장을 융통성 없이 확고하게 견지하고 있다.[21] 일부의 학자들이 피보험자의 서면동의를 효력발생요건으로 보면서 그 서면동의는 반드시 계약체결 시에 행해져야 한다고 주장한다.[22] 이러한 입장은 상법 제731조 제1항이 도박보험의 위험성, 피보험자 살해의 위험성 및 공서양속의 침해위험성을 배제하고자 하는 규정이므로 입법목적에 타당하다고 한다.[23]

대법원은 보험계약의 시기와 방법에 대한 규정을 추인할 수 없는 강행법규로 보고 있다.[24] 이렇게 본다면 피보험자의 동의는 상법 제731조에 따라 '계약체결 시'까지 행해져야 하고, 이 시기에 피보험자의 동의가 없는 타인의 생명보험계약은 무효가 된다.[25] 하지만 피보험자의 서면동의에 대한 강행법규성은 인정하지만, 서면동의를 반드시 계약체결 전까지 얻어야 하는 것에 관한 의문이 제기된다.[26]

(2) 강행규정 여부

상법 제731조의 입법취지는 대법원이 밝힌 바대로, 동의의 시기와 방식을 명확히 함으로써 분쟁의 소지를 없애려는 데 있다.[27] 하지만 본 규정을 더 구체적으로 검토해 보면, 피보험자 모르게 보험계약을 체결한 보험계약자나 보험수익자가 피보험자의 사망을 적극적 혹은 소극적으로 기대하여 피보험자에게 피해를 초래할 도덕적 위험을 방지하기 위하여 서면동의를 요구토록 하는 면에 더 비중이 있다. 여기서 서면동의라고 하는 것은 피보험자 스스로가 자신의 사

------

21 대법원 1996. 11. 22. 선고 96다37084 판결; 대법원 1998. 11. 27. 선고 98다23690 판결; 대법원 2003. 7. 22. 선고 2003다24451 판결.

22 김성태, 보험법강론, 법문사, 2001, 838면 이하.

23 강대섭, "피보험자의 서면동의 없이 체결된 보험계약의 효력", 상사판례연구, 제15집, 2003, 856면.

24 동 조항의 엄격성이 완화되어야 한다는 점을 지적한 것으로 이기수, "타인의 생명보험계약", 저스티스, 제30권 제1호, 1997, 134면 이하.

25 양승규, 보험법, 제5판, 삼지원, 2004, 454면.

26 이 점에 대해서 이미 최준선, "타인의 생명보험계약", 판례월보, 제327호, 1997, 50면.

27 대법원 2006. 9. 22. 선고 2004다56677 판결.

망을 보험사고로 하는 생명보험계약에 대해 이의가 없다는 의사표시이다. 그렇다면 보험계약을 체결한 후 보험사고 발생 전에만 서면으로 동의의 의사표시를 하여도 그 법적 효력에 있어서 차이는 없게 된다. 또한 보험계약체결 시가 아니라, 보험사고 발생 전에 서면동의를 하는 것이 선량한 풍속 기타 사회질서에 위반된다는 주장에도 그리 설득력이 있다고 보기도 어렵다.

(3) 사후추인의 인정 여부

보험계약자와 타인의 피보험자가 보험모집인이 제시하는 청약서에 서명을 한다면, 사후추인에 대한 실익은 없을 것이다. 하지만 생명보험에 속하는 보험이고 신체검사를 요하지 않으면서, 어느 한 사람이 본인을 보험계약자로 하고 타인을 피보험자로 하여 보험계약을 체결하는 수가 있다. 예를 들면 해외에 장기 근무하는 남편을 대리하여 그의 처가 보험계약자로 남편을 피보험자로 하여 보험계약을 체결할 경우를 생각해 볼 수 있다. 실무상 보험계약은 보험모집인이 등장하여 보험에 대한 필요성을 설명하고 이를 체결하도록 권유하게 된다. 원칙적으로 피보험자 자신이 자필서명을 해야 하겠지만, 이때 피보험자는 부득이하게 구두로 의사표시를 하고 보험계약자가 서명하는 것을 상상할 수 있다. 그리고 귀국하여 보험사고가 발생하기 전에 피보험자의 서면에 의한 추인의 의사표시를 교부할 수도 있다. 보험계약이 성립한 후 동의가 있을 때에는 계약의 무효가 치유될 수 있는 방법을 인정한다 할지라도 보험자 입장에서는 손실이 발생되지 않는다. 부득이한 사정으로 피보험자가 보험계약 성립 전에 동의를 표시하지 못하였다 할지라도, 추후 서면동의에 의한 의사표시를 함으로써 보험의 혜택을 받을 수 있는 기회를 보장해주는 것이, 보험계약자 측이나 보험자 측 모두가 보험의 장점을 향유하는 것이다.[28] 보험사고가 발생하기 전에 추인을 인정하기 위한 방안 마련 필요성이 있다. 하지만 보험사고가 발생한 후에 사후동의는 인정될 여지가 없다.

(4) 비교법적인 관찰

우리나라와 같은 동의주의 입법방식을 갖고 있는 독일과 일본에서도 타인의 서면동의를 효력발생요건으로 보고 있다. 하지만 우리나라와 달리, 양 국가는 계약체결 후의 추인을 인정하

---

[28] 한기정, "타인의 사망보험에서 피보험자의 동의 흠결시 법적 효과에 관한 연구", 보험개발연구, 제17권 제3호, 2006, 104면 이하에서 피보험자의 동의를 얻어 비소급적 추인을 인정하고, 이를 보험자가 추인의무를 부담하는 것으로 법제화해야 한다고 주장한다.

고 있다. 독일은 보험계약법 제159조 제2항 제1문[29]에 동의의 중요성을 감안하고 동의를 둘러싼 분쟁을 방지하고자 서면에 의한 동의만을 인정하고 있다. 동 조항의 목적은 타인의 생명을 가지고 투기하는 것을 방지하는 데 있다. 하지만 독일 보험계약법은 동의의 시기에 대하여는 아무런 규정을 두고 있지 않다. '계약체결 시'라는 내용이 존재하지 않지만 동의가 계약체결 시 존재해야 하며 사후추인이 인정될 수 없다는 견해[30]가 있지만, 그 동의는 사후에도 가능하도록 하며 동의가 있기까지는 유동적인 무효상태에 있다는 견해[31]가 타당하다.

일본 상법 또한 타인의 사망보험에 있어서 피보험자의 동의가 필요하다는 점을 적시하고 있지만, 동의시기를 제한하고 있지 않다(일본 상법 제674조 제1항). 일본 역시 과거에는 동의가 계약체결 시까지 행해져야 하는 입장이 있었다. 하지만 현재 일본의 다수설에 의하면, 계약체결 시에 동의가 행해질 것을 원칙으로 하지만 계약체결 후에도 동의가 가능한 것으로 보고 있다. 독일의 경우와 마찬가지로 일본 역시 계약체결 시 피보험자의 동의가 없는 경우를 유동적 무효상태로 보고 있다. 다른 성문법 국가에서도 피보험자의 동의와 관련하여 '계약체결 시'라고 하는 내용을 삽입하지 않고 있는바, 차후에 본항에 대한 개정이나 단서를 삽입하여 보다 정치한 조문의 필요성이 요구된다.[32]

3. 단체보험에서 피보험자의 서면동의

1) 단체보험의 특징

단체보험은 기본적으로 근로자의 복리후생을 위한 보험으로 인식한다. 기업은 근로자에게 안정적인 생활을 보장하고, 사회보장제도를 보완해야 하는 측면에서 단체보험이 탄생하게 된

---

29   § 159 (Versicherte Person) ② Wird die Versicherung für den Fall des Todes eines anderen genommen und übersteigt die vereinbarte Leistung den Betrag der gewöhnlichen Beerdigungskosten, so ist zur Gültigkeit des Vertrags die schriftliche Einwilligung des anderen erforderlich.(피보험자) 제2항 타인의 사망을 보험이 인수되고 합의된 급부가 일반적인 장례비용을 추가되는 경우에, 계약의 유효를 위하여 타인의 서면동의가 요구된다.

30   Prölss, Versicherungsvertragsgesetz, 14. Aufl. (1963), S. 702.

31   Römer/Langheid, Versicherungsvertragsgesetz Kommentar, 2. Aufl. 2003, § 159 Rdn. 18; Prölss/Martin, Versicherungsvertragsgestz, 24. Aufl. (1988), S. 701.

32   개정 전의 상법 제731조 제1항은 "타인의 사망을 보험사고로 하는 보험계약에는 피보험자의 동의를 얻어야 한다"고 규정하여 '계약체결 시'라는 내용이 없었지만, 지난 1991년에 개정되면서 피보험자의 동의시기와 방식을 명확히 하고자 하였다. 그러므로 본 내용의 삭제보다는 동의시기를 완화해야 하는 목소리가 높다. 실지로 상법 제731조 제3항을 신설하여, "계약체결 시 또는 권리의 양도 시에 피보험자의 동의가 없었던 경우 피보험자는 계약체결 또는 권리의 양도 후 1월 내에, 그때까지 보험사고가 발생하지 않은 경우에 한하여 동의를 할 수 있다. 이때에는 처음부터 동의가 있었던 것으로 본다"는 제안이 제시되고 있다.

것이다. 이러한 단체보험은 우수한 인력을 확보하고, 생활안정에 따른 생산성을 높임으로써 정리해고라든지 기업구조조정 등에서 발생하는 노사관계의 분쟁을 해결하는 데 유용한 제도적 기능을 하게 된다.[33] 하지만 단체보험은 보험계약자와 특별한 관계에 있는 여러 사람에게 단체의 이익을 위하여 한 번의 계약으로 체결된 보험이므로 개인보험과는 여러 가지 측면에서 차이를 보이고 있다.

우선 언더라이팅업무를 단체로 하게 된다. 개인보험과는 달리 각각의 단체 구성원에 대하여 보험부보적격 여부를 묻는 것이 아니라, 단체를 하나의 보험계약단위로 하여 보험계약의 심사나 선택이 이루어지게 된다.[34]

둘째, 단체보험은 개인보험에 비하여 대량판매와 대량관리로 인하여 마케팅의 비용과 사무관리비용을 절약할 수 있기 때문에 보험료가 저렴하다. 여러 사람이 하나의 단체로서 저렴한 보험료를 납입하는 점은 보험계약자 측에 도움이 되며, 합리적이고 관리가능한 단일한 대규모의 계약을 체결한다는 측면에서 보험자에게도 이익이 된다.

셋째, 단체보험계약은 보험자와 단체의 대표자 사이에 계약체결로 성립된다는 점이다. 그리므로 단체의 구성원인 피보험자는 보험계약의 당사자가 아니며, 보험계약의 당사자가 아니므로 구성원 개개인에게는 보험증권이 교부되지 않는다.

단체보험에서 계약을 체결하는 형식은 기본적으로 개인보험계약과 같다. 그리고 단체보험은 단체의 대표자가 보험계약자로서 그 단체의 구성원들 일부 또는 전부를 피보험자로 하여 부보하는 타인의 생명보험계약이며 또한 기본적으로 '타인을 위한 생명보험계약'이다.[35] 단체보험에서 보험계약자는 단체 혹은 피보험단체의 대표자이다. 개인보험의 보험계약자와 마찬가지로 단체인 보험계약자 역시 고지의무와 보험료의 지급의무를 부담하게 된다. 하지만 고지의무와 관련하여 개인보험과 달리, 단체보험청약서상의 질문표, 단체에서 행한 건강진단서, 평균사망률이나 이재율에 대한 자료 혹은 그 밖의 위험선택에 필요한 사항에 대하여 고지를 해야 한다. 보험자는 단체보험을 인수할 때에 건강진단서 사본과 같은 기초적인 자료를 수집하게 되는데, 이런 측면에서 개인보험보다 보험계약자의 고지의무의 범위가 완화된 것이라고 할 수 있다.

한편, 보험계약자로서 단체는 보험료의 지급의무를 부담하게 된다. 단체의 대표자와 구성원

---

33   김문재, "단체보험계약의 법적성질과 피보험자의 동의", 상사판례연구, 제20집 제2권, 2007, 83면.
34   주기종, "단체보험계약의 기본적 법률관계", 상사법연구, 제20권 제2호, 2001, 508면.
35   단체보험의 정의규정을 필요성에 대해서는 김문재, "상법상 단체보험규정에 대한 개정의견", 상사판례연구, 제12집, 2001, 505면 이하.

의 합의에 따라 단체가 부담할 수도 있고, 단체와 구성원들이 일부씩 부담할 수도 있다. 그것과 관계없이 보험자에 대한 보험료의 지급의무는 단체가 지며, 단체의 대표자는 구성원들의 분담금이 정해져 있는 경우에는 이를 징수하여 보험자에게 지급해야 한다. 또한 보험계약자는 위험의 증가 또는 피보험자의 변동 등을 보험자에게 통지해야 할 의무가 있다.[36]

2) 단체규약의 목적

단체보험계약은 '타인을 위한 생명보험계약'의 일종으로서 유상·쌍무·낙성계약의 성질을 갖고 있다. 우리 상법은 제731조에 "타인의 사망을 보험사고로 하는 보험계약에서는 보험계약 체결 시에 그 타인의 서면에 의한 동의를 얻어야 한다"고 규정하여, 타인의 사망을 보험사고로 하는 보험에서 보험계약자 또는 보험수익자 기타 이해관계인 등이 보험금을 노리고 고의적인 살인 등의 보험사고를 내거나 사망보험을 사행적으로 이용하는 것을 방지하고 있다. 하지만 단체보험과 관련하여 우리 상법 제735조의3은 단체가 규약에 따라 구성원의 전부 또는 일부를 피보험자로 하는 생명보험계약을 체결하는 경우에는 상법 제731조를 적용하지 아니한다고 하여 피보험자의 동의를 요구하고 있지 않다. 단체보험은 일정한 규약에 따라 단체의 구성원을 위하여 체결되므로 도박이나 투기의 위험이 적기 때문에 개별적인 피보험자의 동의를 요하지 않는 것이다.[37]

단체보험의 유효요건으로서 요구하는 '규약'의 의미는 단체협약, 취업규칙, 정관 등 그 형식을 막론하고 단체보험의 가입에 관한 단체내부의 협정에 해당하는 것으로서, 반드시 당해 보험가입과 관련한 상세한 사항까지 규정하고 있을 필요는 없지만, 대표자가 구성원을 위하여 일괄하여 계약을 체결할 수 있다는 취지는 담겨 있어야 할 것이다.[38] 그러므로 단체규약이나 취업규칙, 노동협약 등이 동의와 등가하게 평가될 수 있는 구체적 규정을 담고 있다면, 피보험자의 동의에 갈음할 수 있다.[39]

한편, 취업규칙에 생명보험가입에 대한 조항을 두고 "보험금의 전부 또는 상당 부분은 사망퇴직금 또는 사망위로금의 지급에 충당한다."고 하는 규정을 두는 경우에 근로자가 취업규칙

---

36 안동섭, "단체보험", 월간고시, 1990. 2, 70면.
37 고택근, "피보험이익의 개념확장", 상사법연구, 제16권 제2호, 1997, 517면 이하.
38 대법원 2006. 4. 27. 선고 2003다60259 판결.
39 김선정, "타인의 생명보험계약에서의 동의요건", 상사판례연구, 제20집 제2권, 2007, 8면.

등에 기명날인하는 시점에서 그 내용을 볼 수 있다면, 기업과 근로자 간에 보험가입에 동의하는 합의가 있었다고 볼 수 있다. 결국 상법 제735조의3의 제1항을 해석하면, 근로자의 동의가 있었다고 볼 수 있는 규약 등이 존재하거나 근로자의 대표에 의한 합의가 있는 경우에는, 피보험자의 동의가 필요하지 아니한 경우라고 볼 수 있다. 하지만 ① 규약이 존재하지 않는 경우, ② 규약이 단순히 퇴직금, 사망위로금 등만 규정하고 있고 보험가입을 예측할 수 없는 내용인 경우, ③ 단체보험 가입 후에 새로 단체의 구성원이 추가되는 경우 등은 피보험자의 동의가 필요하다고 하겠다.

3) 단체가 보험계약자이면서 보험수익자인 경우 서면동의

단체보험계약의 보험수익자와 관련하여 지난 1999년 대법원[40]은 상법 등 관련규정이 없으므로 보험계약자인 기업은 타인을 위한 보험계약도 가능하지만, 자기를 위한 보험계약도 가능하다는 입장을 견지하게 되었다. 이러한 대법원의 입장에 따른다면, 단체의 대표자가 자신을 보험수익자로 하고, 그의 종업원을 피보험자로 하여 보험계약을 체결하고 보험기간 중에 피보험자에게 보험사고가 발생하면 대표자가 보험금 전액을 수령할 수 있는 가능성을 인정하게 된다.

한편, 상법 제735조의3 제1항과 관련하여 '피보험자인 종업원 개개인의 동의 없이 그 대표자를 보험수익자로 하여 단체보험에 가입하는 것'이 헌법 제10조에 규정된 피보험자의 존엄과 가치 및 행복권을 침해하는가에 대한 문제[41]를 헌법재판소가 다루었다. 헌법재판소는 이 사건 법률조항은 단체구성원들의 복리 증진 등 이익에 기여하는 바가 있고, 동의요건을 전적으로 없애는 것이 아니라 단체보험의 특성에 따라 집단적 동의로 대체하는 것에 불과할 뿐만 아니라, 그 방법 또한 합리성을 가지고 있다고 하였다.[42] 즉, 헌법재판소는 "이 사건 법률조항이 타인의 생명보험의 피보험자로 되는 단체구성원들을 위험에 노출시키고 본인이 알지 못하는 사이에 생명보험의 피보험자로 되게 함으로써 인간의 존엄성과 가치를 훼손하고 그들의 행복추구권을 침해하는 것이며, 국가의 기본권 보장의무에 위배되는 것이라고 할 수 없다."[43]고 하며, 이 사건 법률조항은 헌법 제10조에 위배되지 않는다고 판시하였다.

....

40 대법원 1999. 5. 25. 선고 98다59613 판결.

41 대전고등법원, 위헌제청결정, 1998. 6.3. 97나6184.

42 헌법재판소 1999. 9. 16. 선고 98헌가6.

43 상법 제735조의3 제1항의 위헌성 검토에 대해서는 고평석, "단체보험에 관한 상법 제735조의3 제1항에 관한 위헌성 검토", 상사법연구, 제18권 제2호, 한국상사법학회, 1999, 100면 이하.

하지만 단체가 보험계약자가 되어 그 구성원을 피보험자로 하여 체결하는 경우, 단체가 보험수익자가 된다면 단체보험의 성질을 제대로 반영한 것이라고 볼 수 없다. 단체의 구성원의 후생복리를 도모한다는 단체보험의 제도적 취지상 원칙적으로 단체의 구성원을 보험수익자로 지정해야 한다. 만약 단체 그 자신이 보험계약자이면서 보험수익자로 지정하고자 한다면, 구성원의 동의를 얻은 경우에만 가능하도록 하는 것이 바람직하다.[44] 결국 단체보험에서 보험수익자는 원칙적으로 피보험자나 피보험자의 상속인이 되어야 함에도 불구하고, 단체 자신이 보험계약자이면서 보험수익자로 지정하고자 한다면 피보험자의 서면동의가 필요하다고 할 것이다.[45]

4) 단체보험 서면동의 위반 효과

대법원은 "단체의 규약으로 피보험자 또는 그 상속인이 아닌 자를 보험수익자로 지정한다는 명시적인 정함이 없음에도 피보험자의 서면 동의 없이 단체보험계약에서 피보험자 또는 그 상속인이 아닌 자를 보험수익자로 지정하였다면 그 보험수익자의 지정은 구 상법 제735조의3 제3항에 반하는 것으로 효력이 없고, 이후 적법한 보험수익자 지정 전에 보험사고가 발생한 경우에는 피보험자 또는 그 상속인이 보험수익자가 된다."고 판단하였다.[46]

2014년 개정된 상법 제735조의3 제3항에 따르면, 단체보험계약상 보험계약자를 보험수익자로 지정하는 경우 피보험자의 서면 동의를 받아야 한다. 개정 전에 비하여 피보험자의 권리가 강화된 점은 진일보한 것이지만, 그럼에도 불구하고 동 규정 위반 시 보험계약 자체가 무효인지 아니면 보험수익자 지정만 무효인지에 대한 불명확함이 있었다. 금번 대법원 판결은 동 규정 위반 시 보험계약 자체를 무효로 보았던 이전 대법원 판례[47]와는 달리, 보험수익자 지정만을

------

44 2007년 상법 개정위원회는 단체가 규약에 따라 구성원의 전부 또는 일부를 피보험자로 하는 생명보험계약을 체결하는 단체보험계약에 있어서 다음 세 가지 안을 검토하였다. 제1안: 단체보험계약의 경우 보험계약자가 피보험자가 아닌 자를 보험수익자로 지정하는 때에는 단체의 규약에 명시적인 정함이 없는 한 그 피보험자의 서면에 의한 동의를 얻도록 한다(장경환, 상사법연구, 제24권 제2호 (2005), 319면; 양승규, "상법개정의 착안사항(1)", 상법개정의 착안점, 법무부, 2000, 19면 이하). 제2안: 보험계약자가 피보험자가 아닌 자를 보험수익자로 지정하는 때에는 그 피보험자의 서면에 의한 동의를 얻어야 하는 것으로 한다. 제3안: 단체보험계약의 경우 보험계약자가 피보험자 또는 그 유족이 아닌 자를 보험수익자로 지정하는 때에는 피보험자의 서면에 의한 동의를 얻도록 하면서도, 보험금을 피보험자 또는 그 유족에게 지급하기 위한 재원으로 편입하는 것을 주된 목적으로 단체보험계약이 체결되는 경우에는 그 본래의 취지에 부합하기 때문에 동의를 요하지 아니하는 것으로 한다. 그리고 개정안에는 제735조의3 제3항에, "제1항의 보험계약의 경우 보험계약자가 피보험자가 아닌 자를 보험수익자로 지정하는 때에는 단체의 규약에 명시적인 정함이 없는 한 그 피보험자의 서면에 의한 동의를 얻어야한다"고 제안하고 있다.

45 장경환, "상법 제4편(보험편) 개정의견", 상사법연구, 제24권 제2호, 한국상사법학회, 2005, 318면 이하.

46 대법원 2020.2.6. 선고 2017다215728 판결.

47 대법원 2006. 4. 27. 선고 2003다60259 판결.

무효로 보아 피보험자의 상속인에게 보험금을 지급할 수 있는 통로를 열어주었다는 점이 인상적이다.

IV. 결 론

대법원은 개인생명보험계약에서 피보험자의 자필에 의한 서면동의 없이 체결되는 보험계약은 무효라고 판시하고 있다. 이러한 판단은 실정법을 엄격하게 적용하고 있음을 알 수 있다. 하지만 독일이나 일본의 대륙법 체계를 검토해 보건대, 우리 상법 제731조는 너무 엄격하게 규정되어 있다. 그러므로 동의시기를 제시하고 있는 '계약체결 시'라는 사항에 대한 재고가 요구된다. 부부나 부자 간의 아주 긴밀한 관계에서 생명보험의 필요성이 존재한다면, 보험계약자나 보험자의 상호이익에 피해가 되지 않는 한 제한적으로 완화하는 것이 타당하다. '계약체결 시'라고 하는 문언 대신에, '보험사고가 발생하기 전'이라고 개정하든가, 아니면 새로 단서를 삽입하는 것이 바람직하다.

상법 제732조의3의 단체보험계약을 체결하는 경우에 서면동의가 필요치 않다는 의미는, 언제나 서면동의가 없어도 된다는 말이 아니다. 단체규약이 피보험자의 개별적 동의와 등가하게 평가될 수 있는 구체적 내용을 담고 있어야 한다. 취업규칙 등에 생명보험가입에 관한 조항을 두고, 보험금의 지급은 사망퇴직금이나 사망위로금의 지급에 충당하는 규정을 두고 있고 근로자가 서면에 날인하였다면 피보험자의 동의에 갈음할 수 있을 것이다. 그리고 새로 단체의 구성원이 되는 자가 피보험자로 편입되는 경우, 규약에 명확한 규정이 존재하지 않는다면 피보험자로 될 자에게 서면 동의를 받아야 한다. 하지만 새로운 구성원이 단체협약에 대하여 보험의 내용을 충분히 인식하고 있다면, 굳이 개별 피보험자의 서면동의는 요구하지 않다. 간과하지 말아야 할 것은 단체보험에서 보험수익자는 기본적으로 피보험자의 상속인이 되어야 한다는 점이다. 그렇지 않고 단체 자신이 보험계약자이면서 보험수익자로 지정하고자 한다면, 반드시 피보험자의 서면동의가 요구된다.

제35장

상법 제732조 15세 미만자 등의 보험계약의 금지

I. 서 론

생명보험계약과 관련한 쟁점은 다양하게 등장한다. 보험계약자가 자기를 피보험자로 하여 계약을 체결하는 자기의 생명보험계약뿐만 아니라 타인을 피보험자로 하여 계약을 체결하는 타인의 생명보험계약에서도 보험금지급, 면책, 제한 등과 관련된 다툼이 보험계약자와 보험금청구권자 사이에서 발생한다. 계약당사자 사이에 생명보험계약 체결 후, 보험자가 보험금을 지급하게 되는 사유로는 피보험자의 사망이나 생존 그리고 사망이라는 보험사고인데, 문제가 되는 주된 영역은 피보험자의 사망과 관련된 보험사고이다.

타인의 사망보험은 보험계약자와 피보험자가 각각 다른 사람으로서 피보험자가 사망하는 되는 경우를 상정한다. 이러한 타인의 생명보험계약의 경우 위험 예방에 미숙한 미성년자 등을 피보험자로 제한 없이 인정하게 되면, 보험제도를 악의적으로 이용할 가능성이 발생하게 된다. 즉, 보험계약자나 보험수익자 등 이해관계인들이 고의적으로 보험사고를 유발하여 보험금을 취득하고자 할 가능성이 높아질 수 있다. 이러한 현상은 보험제도에서 금지되어야 하는 도덕적 해이와 밀접한 관련을 맺고 있다. 이 점을 고려하여 주요국은 보험계약자와 피보험자가 서로 다른 타인의 사망보험계약의 경우에 피보험자가 될 수 있는 대상에 대한 일정한 제한을 가하고 있다. 우리나라 역시 상법 제732조를 두고 제기되는 문제점을 예방하기 위한 방안을 마련하고 있다.

우리 상법 제732조는 15세 미만자에 대하여 사망을 보험사고로 하는 보험계약체결을 금지하고 있다. 동 규정에 따른 피보험자의 대상으로는 심신상실자와 심신박약자가 포함된다. 다만, 2014년 개정 상법은 제732조에 단서를 신설하여, 심신박약자와 단체보험의 경우 해당 피보험자가 의사능력이 있는 때에는 계약체결 가능성을 열어주었다.

여기에서는 상법 제732조와 관련된 법적 쟁점을 다루되, 단체보험이나 시민안전보험의 영역에서 15세 미만자를 예외적으로 피보험자로 허용하는 것이 가능한가에 대한 사항을 살펴보고자 한다. 더 나아가 '15세 미만자'의 경우 예외적 허용을 넘어 전면적 허용 가능성'에 대하여도 검토한다.

II. 상법 제732조의 입법취지와 주요 내용

I. 입법 취지

우리 상법은 정신능력이 온전하지 못한 자들을 사망보험의 악용으로 인한 도덕적 위험을 방지하고자, 상법 제732조에서 15세 미만자, 심신상실자 또는 심신박약자의 사망을 보험사고로 하는 보험계약은 무효로 하여, 그 효력을 인정하지 않고 있다. 동 규정을 입법하게 된 것은 15세 미만자 등이 유효한 동의를 할 수 없다는 점과 설사 그들이 동의를 했다고 할지라도 그들의 동의에 의한 사망보험계약은 당연히 무효라고 함으로써 도덕적 해이로 인한 보험금지급 발생 가능성을 예방하고자 하는 측면이 있다.[1]

> **현행 상법 규정**
>
> **제732조(15세미만자등에 대한 계약의 금지)** 15세미만자, 심신상실자 또는 심신박약자의 사망을 보험사고로 한 보험계약은 무효로 한다. 다만, 심신박약자가 보험계약을 체결하거나 제735조의3에 따른 단체보험의 피보험자가 될 때에 의사능력이 있는 경우에는 그러하지 아니하다.

이러한 보험계약은 피보험자의 동의 여부와 무관하게, 보험수익자가 누구인지에 관계없이 무효가 된다. 이들이 자유로운 의사에 기한 동의를 기대할 수 없다는 점을 고려한 것이라 하겠

---

1   양승규, 보험법, 제5판, 삼지원, 2004, 455면.

다. 상법 제732조는 15세 미만자 등의 생존보험에는 적용되지 아니하고, 심신상실자나 심신박약자가 금치산선고나 한정치산선고를 받았는가 여부와는 관계가 없으며, 장애인복지법 등의 장애인으로 등록되었는가 여부와도 관계가 없다.[2]

2. 상해보험 적용 가능성

우리 상법 제732조는 절대적 강행법규로 이해되는데, 이러한 피보험자의 사망사고에 대하여 상해보험계약에도 동일하게 적용해야 하는가의 문제가 제기될 수 있다.

피보험자가 사람이고 상해보험 역시 인보험 영역이라는 점을 고려한다면, 본 조문에 의하여 사망사고를 포함하는 상해보험계약 역시 체결할 수 없는 것으로 보는 것이 합당할 것으로 보인다. 하지만 대법원은 이와 다른 판단을 한 바 있다.[3] 동 판결의 흥미로움은 다음과 같은 사실관계에서 볼 수 있다. 즉, 15세 미만 자녀의 자녀보험을 가입한 이후 사망담보가 주계약으로 설정된 것을 확인한 보험계약자가 상법을 근거로 보험자에게 15세 미만자의 사망을 담보로 한 주계약은 원천적으로 무효이며 해당 보험계약 자체가 무효가 되므로 지금까지 납부한 보험료는 모두 반환을 요구하게 된다.

본 사건에서 대법원은 15세 미만자의 사망담보가 주계약인 보험의 경우 사망담보를 제외한 담보들은 정상적인 효력이 있다고 판단하였다. 즉, 대법원은 15세 미만자 등의 사망을 보험사고로 한 사망보험계약의 경우 피보험자의 동의가 있었는지 여부와 상관하지 않고, 또 보험수익자가 누구인지를 묻지 아니하고 무효라고 판단하였다. 다만, 대법원은 민법 제137조에서 규정된 '법률행위의 일부무효' 법리에 따라 상해사망 보장이 없었더라도 해당 어린이보험에 가입했을 것이라면 나머지 계약은 유효하다는 판단을 내렸다. 이는 미성년자의 사망보장은 원천적으로 무효이나 그 외의 보장의 경우 소비자가 가입했을 필요성이 인정될 경우 무효로 볼 수 없다는 취지로 이해할 수 있다.

3. 15세 미만자 연령의 변경 가능성

해마다 여름이면 우리나라는 태풍 피해로 예상할 수 없는 물적 · 인적 피해에 노출되곤 한다.

2 　정동윤 편집대표, 주석 상법(보험 II), 제2판, 한국사법행정학회, 상법 제732조에 대한 최병규 기술, 2015, 469면.
3 　대법원 2013. 4. 26. 선고 2011다9068 판결.

특히, 문제가 되는 것은 인적 피해이고, 그 대상이 15세 미만의 청소년인 경우에는 우리 사회에 미치는 파장은 매우 크다고 볼 수 있다. 우리나라 지방자치단체는 시민안전보험 제도를 운영하고 있다. 그런데 태풍 힌남노 피해로 사망한 희생자 유가족에게 지급하고자 하는 보험금을 청구하는 과정에서, 15세 미만의 청소년은 현행법상 '15세 미만 상해사망 보험계약 금지' 규정으로 인하여 보험금을 수령하지 못하는 결과가 발생하고 있다.

이를 해소하기 위한 방안으로 상법 일부 개정법률(안)이 발의되었다.[4] 청소년이 일상생활에서 수학여행 중 교통사고로 사망하는 등의 사고가 일어나고 있음에도 상법상 해당 규정으로 인하여 유가족이 충분한 보상을 받지 못하는 상황을 개선하고자 하는 조치에 해당한다. 동 법률(안)은 재난이나 감염병 등으로 인하여 발생하는 사고와 학교, 청소년단체 등이 단체로 활동하는 과정에서 일어날 수 있는 사고를 대비하고자 하는 목적을 가지고 있다. 즉, 15세 미만자의 사망을 보험사고로 하는 보험의 경우에는 현행법과 달리 예외적으로 보험에 가입할 수 있도록 하는 방안이다.

상법 신·구 규정 비교

현 행	개 정 안
第732條(15歲未滿者等에 對한 契約의 禁止) 15歲未滿者, 心神喪失者 또는 心神薄弱者의 死亡을 保險事故로 한 保險契約은 無效로 한다. 다만, 심신박약자가 보험계약을 체결하거나 제735조의3에 따른 단체보험의 피보험자가 될 때에 의사능력이 있는 경우에는 그러하지 아니하다.	第732條(15歲未滿者等에 對한 契約의 禁止) -- -------------------------. 다만, 다음 각 호의 경우에는 그러하지 아니하다.
<신 설>	1. 야외학습·수련·여행 등 그 활동의 명칭과 실시장소를 불문하고 학교·청소년단체 등에서 실시하는 단체활동에서 발생할 수 있는 사고 또는 재난·감염병 등으로 발생할 수 있는 사고를 대비하기 위하여 15세미만자가 제735조의3에 따른 단체보험의 피보험자가 되는 경우
<신 설>	2. 심신박약자가 보험계약을 체결하거나 제735조의3에 따른 단체보험의 피보험자가 될 때에 의사능력이 있는 경우

4　김병욱 의원 대표발의안, 2022. 12. 20. 의안번호 제19025호 등. 그 외에도 소병철 의원 대표발의안(22. 10. 11), 백혜련 의원 대표발의안(22. 10. 12), 김정재 의원 대표발의안(22. 10. 13) 등이 있다.

III. 주요국의 경우

1. 프랑스

프랑스 보험법은 타인의 생명보험계약을 체결하는 것을 인정하는데, 계약체결 시 피보험자의 서면동의가 없는 경우에는 무효로 한다. 또한 12세 미만 미성년자를 피보험자로 하는 사망보험계약은 일률적으로 금지하고, 12세 이상 미성년자에 대한 계약은 허용하되 친권자 등의 승낙과 피보험자의 서면동의를 요한다.

> **프랑스 보험법**
>
> **Article L 132-3(무능력자를 피보험자로 하는 보험)** 누구도 12세 미만의 미성년자, 후견을 받는 성인, 입원 정신병원에 입원 중인 사람의 생명에 관해서 사망보험을 체결할 수 있다. 이 금지에 위반하여 체결된 모든 보험은 무효이다.[5]

피보험자의 동의는 보험계약에 대해 피보험자가 되는 것을 승낙하는 자기 결정의 의사표시에 해당한다. 또한 보험수익자에 대한 신뢰와 위험평가에 대한 허가의 의사표시로서 도덕적 위험을 회피하기 위한 조치이다. 그러므로 피보험자가 동의의 의사를 표시하였다면, 타인의 생명에 대한 보험계약 체결 시 사전에 보험계약자의 도덕적 위험이 배제된 것으로 평가할 수 있다.

프랑스 보험법상 사망보험체결의 금지대상은 미성년자이긴 하나 그 연령을 12세 미만으로 하고 있다. 이 점이 우리나라와 차이를 보여주고 있다. 또한 성년피후견인, 정신요양시설에 수용된 자에 대하여 사망보험계약을 체결하는 경우에도, 이것은 금지되는 계약에 해당한다. 그러므로 이를 위반하여 체결된 모든 사망보험계약은 무효에 해당하게 된다.

프랑스에서 미성년자의 무능력은 일반적인 것으로 인식될 수 있으나, 필요한 경우 행위능력에 대해 각각의 법률행위에 의해 구별하고 있다. 생명보험에 대해 일정한 연령 제한은 1904년 입법과정 시 13세부터 15세 사이에 논의되었으나, 1930년 7월 13일 제58조에서 12세 미만으로 되었다.[6]

....

5   Code des Assurances, Article L. 132-3 Il est défendu à toute personne de contracter une assurance en cas de décès sur la tête d'un âge de moins de douze ans, d'un majeur en tutelle, d'une personne placée dans un établissement psychiaatrique d'hospitalisation. Toute assurance contractée en violation de cette prohibition des nulle.

6   김두환, "미성년자를 피보험자로 하는 사망보험계약에 대한 소고", 경영법률, 제29집 제3호, 한국경영법률학회,

12세 미만 미성년자를 피보험자로 하는 사망보험계약은 무효이고, 이러한 보험을 존재시키는 것이 잠재적 도덕적 위험을 유발하는 것으로 평가할 수 있다. 12세 이상 미성년자에 대한 사망보험계약은 친권이 부여된 부모, 후견인, 재산관리인의 승낙 없이는 타인이 체결할 수 없다. 그러한 승낙이 있더라도 행위무능력자 자신의 동의는 필요하다.[7] 이러한 것은 프랑스 민법상 유언능력과 같은 것인데, 16세 미만의 자는 유언에 대해 절대적 무능력자이나, 친권이 해제되지 않은 16세 이상 미성년자는 법률이 성년자에게 처분을 허락한 재산의 2분의 1 한도에서 유언으로 처분할 수 있으나 대리인이 대리할 수는 없다.[8] 무능력자인 미성년자에 대해 자신의 권리를 부여하고 있고, 미성년자를 피보험자로 하는 사망보험계약 체결에 대해 미성년자 스스로 결정할 수 있도록 하고 있음을 알 수 있다.

한편, 예외적으로 프랑스에는 친권해제라는 규정이 있다. 이 경우에 미성년자도 행위능력자로 간주되는 경우가 있다.[9] 미성년자가 만 16세에 달했을 경우 부모 중 일방 또는 쌍방의 청구로 재판관은 정당한 사유가 있는 경우에 친권해제선언을 할 수 있다. 친권해제의 효과로 미성년자에게 모든 민사행위에 대해 행위능력을 부여한다.

2. 독일

보험계약법 제150조는 생명보험의 피보험자에 대한 내용을 규정하고 있다. 제1항은 자기의 생명보험과 타인의 생명보험 관련 사항으로,[10] 우리나라 보험계약법에서 인정하는 것과 유사하다.

제2항은 본 주제와 밀접한 관련을 가지고 있다.[11] 타인의 사망보험계약을 체결하는 경우에, 보험계약에서 합의된 급부가 통상의 장례비용을 초과하는 계약이 유효하기 위해서는 그 타인이 서면동의라고 하는 일정한 요건을 요구하고 있다.[12]

2019, 331면.

7   Code des Assurances, Article L. 132-4 Une assurance en cas de décès ne peut être contractée par une autre personne sur la tête d'un mineur parvenu à l'âge de douze ans sans l'autorisation de celui de ses parensts qui est investi de l'autorité parentale, de son tuteur ou de son curateur. Cettre autorisation ne dispense pas du consentement personnel de l'incapable. A défaut de cette autorosation et de ce sonsetement, la nullité du contrat est prononcée à la demande de tout intéressé.

8   김두환, "미성년자를 피보험자로 하는 사망보험계약에 대한 소고", 경영법률, 제29집 제3호, 한국경영법률학회, 2019, 331면.

9   Code Civil, Art. 477.

10   §150 Versicherte Person (1) Die Lebensversicherung kann auf die Person des Versicherungsnehmers oder eines anderen genommen werden. 이하 생략함.

11   최병규, "타인의 상해보험에서 피보험자 동의여부에 대한 고찰 – 서울중앙지방법원 2014. 7. 8. 선고 2013나43894 판결에 대한 분석을 중심으로 – ", 재산법연구, 제35권 제1호, 한국재산법학회, 2015, 155면 이하.

독일 보험계약법

제150조 (피보험자) (1) 생략
(2) 타인의 사망보험에 대한 보험계약에서 합의된 급부가 통상의 장례비용에 해당하는 금액을 초과하는 경우 계약이 유효하기 위해서는 그 타인의 서면에 의한 동의가 필요하다. 이하 생략.

독일법은 타인의 서면동의를 요구하지 않는 경우 역시 규정하고 있는데, 기업의 노령연금 단체보험의 경우가 여기에 해당한다. 또한 동법 제2항 제3문은 "타인이 행위무능력자이거나 제한된 행위능력자이거나 또는 그를 위하여 후견인이 선임된 경우이고 타인을 위한 대리권이 보험계약자에게 속하는 경우에는 보험계약자는 동의를 함에 있어서 타인을 대리할 수 없음"을 규정하고 있다.[13]

동조 제3항은 부모 중의 1인이 미성년인 자녀의 일신에 대하여 보험을 가입하여 주는 경우에 계약상 피보험자가 7세까지 사망한 경우에도 보험자가 급부의무를 부담하고, 그 사고에 대하여 합의된 급부가 통상의 장례비용의 액을 초과하는 때에는 자녀의 동의와 특별대리인의 선임을 요한다.[14] 요컨대 부모 중 일방이 만 7세 미만 미성년의 자를 피보험자로 하는 보험계약을 체결하는 경우 통상의 장례비용을 넘지 않는 한도에서 피보험자 동의를 요구하지 않는다.

결국 타인의 사망보험계약에서 합의된 급부가 통상의 장례비용을 초과하는 경우, 해당 계약이 효력을 얻기 위해서는 그 피보험자의 서면동의가 있어야 한다는 독일 보험계약법 제150조 제2항을 반대로 해석하면, 사망을 보험사고로 하는 보험계약의 경우 통상적인 장례에 지급되는 보험금액에 보험자가 지급해야 하는 금액이 이르지 못한 경우라면 반드시 피보험자의 서면에 의한 동의가 요구되는 것은 아니다.

동 규정에서 정하고 있는 장례비용의 상한선은 감독관청이 확정한 통상적이고 그 액수를 표

12　§ 150 Versicherte Person (2) Wird die Versicherung für den Fall des Todes eines anderen genommen und übersteigt die vereinbarte Leistung den Betrag der gewöhnlichen Beerdigungskosten, ist zur Wirksamkeit des Vertrags die schriftliche Einwilligung des anderen erforderlich; dies gilt nicht bei Kollektivlebensversicherungen im Bereich der betrieblichen Altersversorgung.

13　§ 150 Versicherte Person (2) 앞 부분 생략. 제2문. Ist der andere geschäftsunfähig oder in der Geschäftsunfähigkeit beschränkt oder ist für ihn ein Betreuer bestellt und steht die Vertretung in den seine Person betreffenden Angelegenheiten dem Versicherungsnehmer zu, kann dieser den anderen bei der Erteilung der Einwilligung nicht vertreten.

14　§ 150 Versicherte Person (3) Nimmt ein Elternteil die Versicherung auf die Person eines minderjährigen Kindes, bedarf es der Einwilligung des Kindes nur, wenn nach dem Vertrag der Versicherer auch bei Eintritt des Todes vor der Vollendung des siebenten Lebensjahres zur Leistung verpflichtet sein soll und die für diesen Fall vereinbarte Leistung den Betrag der gewöhnlichen Beerdigungskosten übersteigt.

준으로 하게 된다.[15] 장례비용과 같은 정도의 보험금액에 대하여는 피보험자의 생명에 위해가 될 정도의 위험성은 없다고 하는 판단에서 비롯된 것이다. 다만, 감독관청이 정한 이 금액에 보험자와 보험계약자 사이의 계약의 유효성을 다루는 데에 있어서 직접적인 의미를 가지는 것은 아니다. 그럼에도 불구하고 통상적인 장례비용을 초과하는 보험금액을 대상으로 하는 타인의 사망보험계약은 장례비용을 초과하는 부분에 대하여만 무효가 되는 것이 아니고 계약 전체를 무효로 한다. 또한 통상적인 장례비용에 해당하는 금액은 생명보험계약의 구체적인 항목을 이루는 각각의 피보험자의 개별계약을 기준으로 판단하는 것이 아니고, 피보험자가 체결한 생명보험계약 전체를 놓고 그 금액을 판단하면 될 것이다. 한 명의 피보험자에 대하여 중복적인 생명보험계약이 체결된 경우에는 이 금액도 모두 합산하여 판단하는 것이 타당할 것이다.

3. 일본

일본의 초기 민간 생명보험회사인 메이지생명유한회사는 피보험자의 연령을 15세 이상으로 하였고, 주로 저소득자를 대상으로 하는 소액보험제도인 간이생명보험에서는 가입 가능한 피보험자 연령은 12세 이상이었다.[16]

당시 이들 보험의 보상 목적은 가족 중의 생계를 유지하는 사람을 잃었을 경우의 유족 보상이라 생각이었다. 취업 전 미성년자를 피보험자로 하는 생명보험은 1931년 간이생명보험법을 모태로 하고 있는바, 소아보험은 만3세 이상 12세 미만의 미성년자가 그 대상이었다. 이 보험은 유년자를 피보험자로 하는 사망보험에 해당되는 것이었고, 도덕적 위험에 대한 우려가 있었다. 다만, 보험자에 의하여 지급되는 보험금이 소액이라는 점에서 큰 문제가 되지 않았다.

현재 일본은 독립된 보험법을 토대로 보험계약관계를 규정하고 있다. 하지만 프랑스와 독일과 달리, 일본은 미성년자를 피보험자로 하는 사망보험에서 피보험자인 미성년자 동의요건에 대한 특별한 내용을 담고 있지 않다. 다만, 일반적인 것은 만 15세 미만 미성년자가 친권자의 동의를 얻어야 하고, 만 15세 이상 미성년자의 경우에는 미성년자 본인과 친권자 쌍방의 동의를 얻어야 한다.[17]

15 　독일의 경우 일상적인 장례비용으로 감독관청이 확정한 액수는 8000유로라고 한다. 이는 2001년 보험감독청에 의하여 발표된 기준인데 현재도 이 기준을 표준적인 액수로 보고 있다; BAV VerBAV 2001, 133.

16 　김두환, "미성년자를 피보험자로 하는 사망보험계약에 대한 소고", 경영법률, 제29집 제3호, 한국경영법률학회, 2019, 334면.

17 　김두환, "미성년자를 피보험자로 하는 사망보험계약에 대한 소고", 경영법률, 제29집 제3호, 한국경영법률학회,

4. 시사점

독일 보험계약법에서 얻을 수 있는 시사점으로는 "보험계약으로 합의된 급부의 범위가 통상의 장례비를 넘는 경우에는 타인의 서면에 대한 동의를 필요로 하고 있고, 이를 넘지 않는 경우에는 투기목적이 없다고 보아 이러한 동의를 요구하고 있지 않다."는 점에 있다.

피보험자의 사망을 보험사고로 하는 생명보험의 경우 그가 동의를 한다는 것은, 보험금액의 내용이라든가 보험수익자가 누구인지에 대하여 명확히 인식하고 있다고 볼 수 있고, 이와 관련하여 조금이라도 미혹되는 점이 있다면 동의를 거부하고 보험계약의 효력을 없앨 수 있기 때문이다. 우리나라에서 15세 미만자에 대한 보험계약 허용 시 독일 보험계약법은 좋은 시사점을 제공하고 있다.

프랑스 보험법 역시 독일 보험계약법 못지 않게 긍정적인 시사점을 제공하고 있다. 15세라고 하는 기준을 정한 것은 상법 보험법이 개정된 지 최소한 30년이 경과한 시점이다(1991년 12월 31일을 기준으로 함). 민법상 불법행위의 경우 책임을 질 수 있는 책임능력은 보통 12세 이상이면 인정하는 것이 일반적이고, 형법상 책임무능력자는 14세 미만으로 하고 있다. 이 점을 고려한다면, 15세라는 기준을 보다 완화하는 방안을 모색해 볼 수 있다.

한편, 우리 상법 역시 종래에 계약이 금지되는 미성년자의 연령을 18세로 하던 것을 개정 상법에서 15세 미만으로 낮춘 바 있다. 이는 미성년자인 공장근로자들을 보호하기 위함이었다.[18]

IV. 법적 검토 −학교안전법과의 관계−

1. 학교안전법의 입법 취지

학교안전법을 법적 근거로 하여 학교안전사고보상공제사업이 실시되고 있다. 동법은 학교안전사고를 예방하고, 교직원을 포함한 학생이 학교안전사고로 피해를 입은 경우에 신속하고 적정하게 보상을 받을 수 있게 된다. 초·중·고등학생의 경우 아직 미성숙단계에 있다는 점과 주된 생활과 교육의 공간이 학교라는 점에서, 각종 사고로 인한 피해가 학교생활을 통하여 발

2019, 335면.

18 최기원, 보험법, 제3판, 박영사, 2002, 617면.

생하게 된다.[19]

이때 학생들 사이에서 어느 일방의 귀책사유를 밝혀서 손해배상을 받는 것이 곤란한 경우도 있고, 청소년들의 책임능력을 인정하기 어려운 상황도 발생하여, 피해자의 보상에 대한 공백이 발생할 가능성이 있다. 이러한 문제점을 해소하기 위한 상호부조적 사업 운영이 바로 학교안전 공제사업이다.

안전공제사업은 전국 시·도별로 안전공제회를 통하여 이루어지는데, 안전공제회 제도가 존재하지 않았을 당시에는 교사와 학교장의 불법행위에 대하여 민법 제750조 불법행위책임을 부담하거나, 제758조 사용자배상책임으로 손해를 부담하는 구조였다. 하지만 이러한 안전사 고와 관련하여 피해 학생의 부모와 교사 또는 학교장 간의 갈등이 다수 발생하였고, 교사의 징 계나 형사 책임 등의 공방 등이 문제점으로 대두되었으며, 지역 간 공제회를 두고 있었지만 민 법상 사단법인의 형태상 재원마련의 어려움과 각 지역 공제회별 상이한 보상기준 등의 부작용 이 발생하였다.[20] 이러한 문제점을 해결하기 위하여 2006년 "학교안전사고 예방 및 보상에 관한 법률(이를 '학교안전법'이라 한다)"이 제정되었다.

현재 학교안전공제회 등을 통하여 청소년 단체 활동시 만일의 사고에 대비할 수 있다. 학교 안전공제회는 학교안전법에 근거하여 교육활동 중 사고의 경우 학교안전공제회로부터 보상 이 가능하다.[21] 하지만 이러한 보상은 다음과 같은 요건의 충족을 전제로 한다.

학교안전법 제정 전후 비교[22]

구분	법률시행 이전	법률시행 이후
학교안전공제회 가입대상	유치원, 초·중·고, 평생교육시설 외국인학교(가입대상 제외)	유치원 및 초·중·고, 평생교육시설(의무가입 외국인학교(임의가입)
급여지급범위 확대 및 급여기준	시·도 공제회별로 상이	학교 안팎의 교육활동 중에 일어나는 모든 사고로 보상범위 확대 최소한의 보상기준 마련

<hr>

19 김성욱, "학교안전사고를 규율하는 특별법에 관한 연구", 법과 정책, 제25집 제3호, 제주대학교 법과 정책연구원, 2019, 60면.

20 최미리·박정훈, "학교 안전사고가 교사의 교육활동에 미치는 영향", 시큐리티연구, 제14호, 한국경호경비학회, 2007, 537면.

21 조규성·최병규·유주선·김형진, "학교안전사고 예방 및 보상에 관한 법률 해설서(개정판)", 학교안전공제중 앙회, 2023, 18면 이하.

22 국민권익위원회(사회제도개선담당관), "학교안전 공제제도 실효성 제고를 위한 제도개선", 국민권익위원회, 2010, 2면.

구분	법률시행 이전	법률시행 이후
가입대상자	학생	학생·교직원 및 교육활동참여자
급여종류 확대	요양급여, 장해급여, 유족급여	요양급여, 장해급여, 유족급여, 간병급여, 장례비 교직원 등이 비용 지출한 경우 이를 보전
보상대상 확대	※ 공제급여 지급대상 제외 등하교시간 중 사고 위탁급식에 의한 사고 가해자가 있는 사고 천재지변에 의한 사고 자해자살	※ 공제급여 지급대상 등하교 중 발생한 사고 급식관련사고 학교폭력사고(선지급 요청을 받은 경우에 한하며 국민건강보험법의 범위 내로 지급) 천재지변에 의한 사고 학교안전사고가 원인인 자해, 자살사고 등 포함
법인의 종류	민법에 의한 사단법인	제정 법률에 의한 특수법인
사고발생통지의 기한	시도 학교안정공제회별로 상이	사고발생 시 지체없이 통지(의무사항)

2. 정규 교과 활동의 교육활동 인정

1) 학교의 교육과정 또는 학교장이 정하는 교육계획 및 교육방침에 따른 활동일 것

「유아교육법」, 「초·중등교육법」에 따라 교육부장관이 정하는 정규 교육과정 또는 학교의 연간 교육계획 및 학교장이 정하는 교육방침에 따라 학교장이 계획 또는 승인하였어야 한다. 따라서 교육활동과 유사한 활동이라 하더라도 학생들이 학교장의 승인 없이 사적으로 행한 활동의 경우 이 법 제2조에서 규정하는 교육활동으로 보기는 어려운 면이 있다. 하지만 하급심에 따르면(2016가합58135), 학교장 승인 없이 교사와 학생이 방학중 갯벌체험을 가서 익사한 경우, 창의적 체험활동에 해당한다는 등의 근거로 교육활동성을 인정한 바 있다. 또한 재결과 판례 경향이 학교장의 묵시적 승인이 인정되는 경우 교육활동성을 넓게 인정하고 있는바, 앞으로 교육활동의 범위는 보다 확대될 가능성도 있다.

2) 학교장의 관리·감독하에 행하여지는 활동일 것

학교장의 관리·감독을 교육활동의 요건으로 하는 이유는 학교장의 관리·감독이 없을 경우 학교안전사고 발생의 위험도가 현저히 증가하고, 학교의 손해배상책임을 대신하는 성격도 갖고 있는 학교안전공제제도의 취지에 부합하지 않기 때문이다.

수업 등 정규교과활동은 학교장의 관리·감독 여부가 교육활동 해당 여부의 중요한 구별기준이 되므로, 학교장의 관리·감독의 범위를 확정하는 것이 필요하다. 통상적으로 교내·외에서 행하는 교원의 임장하에 행하는 수업 등 정규 교과 활동의 경우에는 교육활동으로 볼 수 있다.

학교 밖에서 이루어지는 활동 중 특히 학교장이 교육활동 위탁계약에 따라 특정 시설이나 단체에 학생들을 보내고 관리·감독책임이 학교장에서 수탁자로 위임되는 경우 학교장의 관리·감독하의 교육활동으로 볼 수 있는지가 문제된다. 위탁교육활동도 학교안전법 제2조 제4호의 교육활동이므로 위탁교육활동 중 발생한 사고에 대한 보상책임은 공제회에서 부담해야 한다는 입장, 위탁교육활동은 학교안전법 제2조 제4호의 교육활동으로 보기 어려우므로 위탁교육활동중 발생한 사고에 대한 보상책임은 당해 수탁기관에서 부담해야 한다는 입장, 위탁교육활동은 학교안전법 제2조 제4호의 교육활동에 해당하나 위탁교육활동 중 발생한 사고에 대한 보상책임은 당해 수탁기관에서 우선적으로 부담해야 한다는 입장이 대립하고 있다. 이에 따라 공제회에서는 위탁교육이라 하더라도 학교장의 관리·감독 범위를 벗어났다는 특별한 사정이 없는 이상 교육활동으로 처리하는 것이 다수이다.

그러나 학교장이 직접 학생들의 지도·감독을 위임하고 학생의 참가를 승인·허가한 경우까지를 학교장의 관리·감독 범위 밖으로 해석한다면 교육활동의 범위를 지나치게 좁게 판단하여 학교장의 면책범위를 확장함으로써, 학생과 교직원을 학교안전사고로부터 보호하려는 입법 취지에 어긋난다는 비판이 제기될 수 있다. 중앙회 학교안전공제보상재심사위원회는 전국체전을 준비하기 위해 학교장의 승인 하에 체육회의 씨름훈련에 참가하던 중 발생한 사고에 관하여 소속 교원의 지도·감독이 없었고 체육회가 실시하는 훈련이었다 하더라도, 학교장이 체육회의 훈련 참가 요청 및 명단 통보에 대해 훈련 참가를 승인·허가한 사실은 확인되므로, 교육활동으로 인정한 바 있다.

3) 수업, 특별활동, 재량활동, 과외활동, 수련활동 또는 체육대회 등의 활동일 것

수업, 특별활동, 재량활동, 과외활동, 수련활동 또는 체육대회 등의 활동은 열거 규정이 아닌 예시규정으로 보아야 한다. 따라서 예시된 활동이 아니라 하더라도 이에 준하는 정규 교과활동은 교육활동에 해당하는 것으로 볼 수 있다. 「초·중등교육법」에 따라 교육부장관이 고시하는 교육과정은 9차 교육과정에서 창의적 체험활동이 정규 교육과정으로 편입되었으며, 상기 열거된 특별활동과 재량활동이 현행 교육과정에 따른 창의적 체험활동에 해당된다.

3. 등·하교 및 학교장 인정 행사 또는 대회 참가 활동

1) 등·하교 중인 시간

학교안전법은 등·하교시간도 교육활동에 포함함으로써 학교장의 관리·감독이 미치지 않는 영역까지도 교육활동 범위로 확장하였다. 이는 일본 「독립행정법인 스포츠센터진흥법 시행령」 제5조의 영향을 받은 것이다. 또 「공무원연금법 시행규칙」 제14조는 공무원이 통상적인 경로와 방법으로 출·퇴근하는 중 사고를 공무상 사고로 인정하는 것의 영향도 받았다. 따라서 등·하교의 범위에 관하여는 관련 법령 및 법원 판례를 참고하여 합리적인 범위를 정하여야 할 것이다.

학교와 하교의 목적지(거주지나 기숙사 등)로 가는 경로 사이에 하교의 목적 이외에 다른 목적의 방문지(학원, 놀이터, PC방 등)가 있고 상당한 시간을 방문지에서 보내 등·하교의 연속성이 사라지는 경우라면, 이를 통상적인 경로로 볼 수 없을 것이며, 경로를 이탈한 시간부터 교육활동으로 보기는 어렵다. 또한 통상적인 방법으로 하교하여야 하므로 도보, 대중교통, 자전거, 자가 차량 등에 의한 등·하교가 이에 해당할 것이며, 일반시민의 건전한 상식에 비추어 학생의 등·하교 방법으로 통상적으로 볼 수 없는 방법은 이에 해당하지 않다고 할 것이다.

2) 등·하교 시간의 종료 시점

공무원 퇴근의 종료 시점에 대한 대법원의 판례[23]를 참고할 때, 등·하교의 시작과 종료는 거주지의 대문을 나오거나 들어간 순간 또는 집합건물의 건물 내 개별호실로 들어가거나 나오는 순간으로 보아야 할 것이다.[24]

---

[23] <변경 후> 대법원 판례: 아파트 등 집합건물의 경우 퇴근 종료시점은 아파트 건물 현관을 통과하는 시점이 아니라 아파트 건물 내의 개별호실로 들어서는 순간으로 보아야 한다(대법원 2009. 10. 15. 선고 2009두11447 판결). <변경 전> 행정법원 판례: 아파트 등 집합건물의 경우 건물의 문에 들어서는 순간 발생한 재해는 이미 퇴근이 종료됐다고 보아 공무상 재해로 볼 수 없다(서울행정법원 제5부 2004. 12. 21. 선고 2004구합12797 판결).

[24] 대법원 2009. 10. 15. 선고 2009두11447 판결, 망인이 부대의 퇴근 버스를 이용하여 관사 아파트로 돌아온 이상 퇴근을 위한 순리적인 경로와 방법을 선택한 것이라고 전제한 다음, 아파트에 거주하는 경우의 퇴근 종료시점은 아파트 건물 현관을 통과하는 시점이 아닌 아파트 건물 내의 개별 호실로 들어서는 순간으로 보아야 한다는 이유로 망인이 아파트 건물 현관을 통과한 후 계단에서 입은 이 사건 상이가 퇴근 중 상이에 해당한다.

3) 학교장 인정 각종 행사 또는 대회 등에 참가하여 행하는 활동

학교장이 인정하는 각종 행사 또는 대회는 최초 법률 제정안 연구 시 제안된 "국가 또는 지방자치단체 등이 주최하는 행사로서 학교의 장이 인정하는 행사에의 참가활동, 학교의 장이 인정하는 체육대회, 예술대회 등 각종 대회 참가활동"의 개념을 축약시킨 것으로 볼 수 있다. 법 취지와 가목과의 관계 등을 고려하였을 때 교육목적의 공적인 행사 등에 학교장이 참가를 승인하고 정규교과 활동에 준하여 인정한 경우, 학교의 대표 자격으로 학교장의 인정하에 교육목적의 대회에 참가한 경우 등을 예로 들 수 있다. 정부의 창의적 체험활동, 외부 체험활동 등 강화 시책에 따라 학교장 인정 행사 또는 대회 참가 활동의 인정 범위를 확대하여 달라는 교육 현장의 요구가 커질 것으로 예측되며, 교육정책의 변화를 고려할 때 이는 불가피할 것으로 판단된다.

4. 교육활동 및 학교안전사고 관련 판례

1) 인정

(1) 학교 교육활동인 관악산 등반 후 귀가 시 택시에 부딪혀 발생한 사고

대법원 2015. 6. 11. 선고 2015다3464 판결

교육활동인 관악산 등반에 참가한 이후, 피공제자는 담당교사가 지시한 하산경로(외나무다리를 지나 서울대학교 관악캠퍼스 내 서울대 신공학관 옆에서 버스를 타고 서울대입구전철역에서 내려 지하철을 타고 가는 것)와 달리 서울대 신공학관에 도착한 다른 학생 5명과 함께 서울대신공학관에서 서울대 정문까지 걸어가기로 하였는데 담당교사의 승인을 받았고, 담당교사는 서울대 정문에서 뒤쳐진 학생 및 걸어서 내려올지도 모를 학생을 귀가 지도하였다. 이와 같이 서울대정문까지 걸어가던 피공제자는 서울대학교 관악캠퍼스 내 도로를 무단횡단하던 중 제한속도인 시속 30킬로미터를 넘어 시속 49킬로미터의 과속으로 진행하던 택시에 부딪혀 외상성 지주막하 출혈, 미만성 축삭손상 등의 상해를 입었고, 소송 도중 사망하였는바, 해산장소(두개의 돌탑)와 집(서울 구로구 신도림동) 간의 합리적 경로와 방법에 의한 귀가시간 중 사고가 발생한 것이므로 학교안전사고에 해당한다.

(2) 등교 직후 학교 2층 복도에서 쓰러져 1개월 이내에 사망한 사고

대법원 2012. 12. 13. 선고 2011다111961 판결

○○고등학교는 정상적인 1교시 이전에 별도의 0교시 수업을 진행하기 위하여 학생들은 07:40분경까지 등교하였는데, 피공제자는 평소 반복된 0교시 수업으로 육체적, 정신적으로 상당한 스트레스가 누

적된 상태에서, 사건 당일 평소와 같은 시간대(07:05경)에 집을 나섰으나 마을버스가 제시간에 오지 않는 바람에 지각을 할까봐 전전긍긍하다가 뒤늦게 온 마을버스를 타고 학교 후문 부근에서 내린 사실, 그 후 피공제자는 어떻게 해서든 등교시간을 지키기 위해 급하게 교실을 뛰어갔고, 그 와중에 같은 날 07:43경 학교 2층 복도에서 심계항진 및 호흡곤란 등으로 인해 갑자기 의식을 잃고 쓰러지고, 1개월 이내 '악성부정맥의증'으로 사망한 사고에 대하여 대법원은 학교안전사고로 인정하였다.

(3) 스카우트 선서식 참석 후 구름사다리에서 추락한 사고

서울고등법원 2017. 4. 21. 선고 2016다2069025 판결

행사에 앞서 학교장에게 보고한 내부 결재내용과 학부모들에게 보낸 초대장을 보면, 이 사건 행사는 사고 당일 14:40경부터 17:40경까지 총 3시간 동안 진행되는 것으로 예정되어 있었고, 행사 종료 후 지도교사의 지도로 간식을 먹었고 간식시간은 16:40 무렵 종결되었는바, 이 사건 사고는 그로부터 불과 20분 뒤인 17:00경 후자 놀이시설을 이용했던 것이 아니라 친구들과 무리를 지어 학교운동장 안에 있는 놀이시설(구름사다리)로 이동하여 놀던 중 발생한 것으로 '교육활동 전후의 통상적인 학교체류시간'에 발생한 것으로서 학교안전사고로 인정되었다.

(4) 한국스카우트 하계야영대회 중 수영장에서 발생한 사고

대법원 2015. 7. 23. 선고 2015다210743 판결

피공제자는 ○○초등학교 교사의 인솔 아래 한국스카우트연맹 산하 서울북부연맹 은평지구연합회가 개최하는 '은평지구연합회 하계야영대회'에 참가하여 A주식회사 콘도 내 야외수영장에서 수영하다가 물에 빠져 저산소성 뇌 손상등의 상해를 입은 사고에 대하여 학교안전사고로 인정하였다.

2) 불인정

(1) 교사의 등·하교 중에 발생한 사고

대구지방법원 2017. 2. 9. 선고 2016가단110694 판결

학교안전법이 정하는 '학교안전사고'는 교육활동 중에 발생하는 사고를 의미하고, 위 교육활동이란 기본적으로 학교장의 관리·감독하의 활동을 의미하며, 이에 더하여 이러한 활동과 밀접하게 관련된 등·하교 과정도 추가적으로 포함시킨 것으로 보아야 하므로, 위 법 제2조 제4호와 같은 법 시행령 제2조의 '등·하교'는 '학교의 교육과정 등에 참여하기 위해 학생이 등·하교하는 경우'를 의미하는 것이지, 이러한 학생의 교육활동을 감독하기 위하여 교사가 출·퇴근하는 과정까지를 포함하는 것으로 볼 수 없다.

(2) 휴식시간에 범죄행위로 상해를 입은 경우

서울중앙지방법원 2015. 4. 30. 2013가단5035712 판결

1교시 수업을 마친 쉬는 시간에 학교 운동장 농구 코트 앞에서 가해학생이 피공제자의 왼쪽 손목을 잡아 돌려 몸이 공중으로 뜬 순간 왼쪽 어깨 부분에서 통증을 느껴 비명을 지르고 그대로 농구장 바닥에 떨어져 좌측 견관절부 상완골 근위부 골절 등의 상해를 입고, 가해학생이 소년보호사건으로 송치되어 보호처분을 받은 사안에서 법원은 학교안전사고로 인정하지 않았다.

(3) 소결

상기 판례들은 반드시 15세 미만자만을 대상으로 한 것은 아니라는 점에서, 본 주제와 관련하여 논의의 실익을 반감시키는 것은 있지만, 상법 제732조에 따라 15세 미만자 등이 상해사망보험의 혜택을 받지 못하는 경우에, 학교안전법에 근거를 둔 학교안전공제회의 급부가 가능한가를 검토해 보는 것은 실익이 있다. 결론적으로 본다면, 학교안전법상 공제 혜택은 그리 용이하지 않을 것으로 판단된다. 특히, 주목해야 할 사항은 학교안전법 제2조 제4호 다목에서 정하고 있는 교육활동과 관련된 시간을 특별히 정하고 있다는 점이다.

동 시행령이 정하고 있는 교육활동과 관련된 시간이라 함은 '통상적인 경로 및 방법에 의한 등·하교 시간', '휴식시간 및 교육활동 전후의 통상적인 학교체류시간', '학교장의 지시에 의하여 학교에 있는 시간', '학교장이 인정하는 직업체험, 직장견학 및 현장실습 등의 시간' 등이다. 이렇게 본다면, 갑작스런 태풍으로 인하여 위험에 직면한 15세 미만자의 사망에 대한 급부는 학교안전법상 급부대상은 용이하지 않을 것이다.

V. 결 론

상법 제732조는 15세 미만자를 포함하여 심신박약 또는 심신상실 상태에 있어 자신의 결정에 따라 동의를 할 수 있는 능력이 없다고 판단되는 자들에 대하여 사망보험계약의 피보험자가 될 수 없음을 규정하고 있다. 이는 사회적 약자인 이들을 도덕적 위험으로부터 보호하기 위한 것이다. 즉, 사망보험금의 취득을 위하여 희생될 위험성이 크기 때문으로 법 제정 취지에 따라 현행 상법을 그대로 유지해야 한다는 입장이 제시될 수 있다.

국회에 발의된 입법(안)을 들여다보면, 보험범죄 악용가능성이 낮은 단체보험이나 시민안전보험에 대하여 15세 미만자에게도 사망보험계약의 경우 피보험자로서 인정하고자 하는 방안은 긍정적인 면이 있다. 작년 힌남노로 인한 발생한 사고는 특히 후자인 시민안전보험과 관련되고, 사망자에 대하여 최대 2,000만 원에 달하는 보험금을 포항시는 지급하게 된다. 상법 제732조가 15세 미만자 보호와 도덕적 해이를 방지하고자 하는 목적이 있다는 점은 명확하다. 하지만 비교법적 검토는 우리의 전향적인 입법 태도를 요구하고 있다.

독일 보험계약법에서 눈여겨 볼 대목은 보험금액의 범위에 따른 동의 유무이다. 우리 상법은 15세 미만자에 대하여 보험계약 자체를 무효로 하고 있는 반면에 독일 보험계약법은 피보험자의 가입제한을 두고 있지 않다. 다만, 피보험자의 장례비를 넘지 않는 경우에는 피보험자의 서면동의를 요구하지 않고 있다. 이와 같은 입법 태도는 장례비를 받기 위해서 피보험자를 사망케 하지는 않을 것이라는 믿음에 있다고 할 것이다. 그런 측면에서 장례비를 넘는 경우에는 15세 미만자에 대하여 보험계약을 무효로 하고, 장례비를 넘지 않은 15세 미만자의 사망의 경우에는 서면동의를 통한 보험계약 체결가능성을 열어두는 방안을 제시할 수 있다. 이 방안이 갖는 의미는 15세 미만자에 대한 장례비 정도의 보험금을 받을 수 있는 보험계약 체결 가능성을 부여한다는 점이다.

프랑스 보험법은 연령기준을 두고 있다는 점에서, 우리나라와 유사한 입법체계이다. 하지만 그 기준되는 연령에서 상대적으로 우리나라에 비교해 완화하여 운용하고 있다. 우리나라는 개정 전 18세였던 것을 현재 15세로 운용하고 있다. 시대의 흐름을 반영하여 연령의 기준을 프랑스 보험법 체계처럼 완화할 수 있는 방안이 제시될 수 있다. 이 방안이 갖는 의미는 12~14세까지 피보험자가 될 수 있게 되고, 이를 통하여 사망보험이 갖는 기능의 범위는 확대될 수 있는 여지를 제공하게 된다. 다만, 동 방안을 도입한다고 할지라도 피보험자의 서면동의는 필수적이라 할 것이다.

주요국의 사례에서 본 바와 같이, 독일이나 일본은 우리나라와 달리 피보험자의 지위에 대한 제한이 없다. 이를 고려한다면, 우리나라 역시 15세 미만자에 대하여 사망보험의 피보험자가 될 수 없는 규정은 바람직하다고 볼 수 없다. 삭제가 가능하다고 본다. 일본의 경우와 같이, 15세 미만자에 대하여도 전면적으로 사망보험계약의 피보험자로 허용하자는 방안이 제시될 수 있지만, 장례비 상당액을 기준으로 하여 일정한 제한을 가하고 있는 독일법제가 보다 더 합리적일 수 있다. 장례비 상당액을 기준으로 지급되는 보험금이 결정된다면, 피보험자의 사망 관련 도덕적 해이는 그리 많이 발생하지 않을 것이기 때문이다.

제36장

생명보험계약상 보험수익자 지정

I. 서 론

생명보험계약이라 함은 보험자가 보험계약자로부터 보험료를 받고 피보험자의 생명에 관한 보험사고가 생길 경우에 약정한 보험금액을 지급하기로 하는 인보험계약의 일종이다(상법 제730조). 생명보험계약은 자기가 보험계약자이면서 자신이 보험수익자가 되는 경우도 있지만, 타인을 보험수익자로 지정하는 경우가 빈번하게 발생한다. 후자의 경우는 보험계약자가 타인을 보험수익자로 하여 체결한 보험계약으로 타인을 위한 생명보험이라고 한다.

손해보험과 달리 생명보험은 원칙적으로 피보험이익이라는 개념을 인정하지 않고 있다. 보험계약자는 자신이 아닌 자기의 자녀나 처 등을 보험수익자로 지정하는 것이 가능하다. 이러한 경우 외에도 생명보험은 다양한 형태의 계약관계가 발생할 수 있다. 우선 보험계약자와 피보험자가 동일하면서 보험수익자만이 다른 경우가 있고, 피보험자와 보험수익자가 같으면서 보험계약자가 다른 경우도 존재할 수 있으며, 보험계약자와 피보험자 그리고 보험수익자 모두 다른 경우도 상상해볼 수 있다. 이와 같은 생명보험에서 중요한 문제를 담고 있는 사항이 바로 보험수익자 지정에 대한 문제이다. 생명보험에서 보험수익자는 손해보험에서 피보험자의 지위에 해당한다. 즉, 보험사고가 발생한 경우에 보험금을 지급받을 자로 정해진 자가 바로 보험수익자인 것이다.

우리 상법 보험편은 보험수익자 지정에 관한 사항을 규정하고 있다.[1] 우리 보험계약법은 독일 보험계약법의 내용과 유사한 체계를 가지고 있는바, 독일의 보험계약법상 규정되어 있는 보험수익자 지정에 관한 입법적인 태도를 고찰해 볼 필요성이 있다. 독일 보험계약법은 생명보험의 보험수익자 지정에 관하여 두 개의 조문을 두고 있다. 제159조에는 보험수익자 지정에 관한 사항을 규정하고 있고, 제160조는 보험수익자 지정의 해석에 관한 내용을 규정하고 있다.

II. 독일 보험계약법상 보험수익자에 대한 지정

1. 의의

개정되기 전 독일 보험계약법 제166조를 계승한 조문이 현 보험계약법 제159조이다.[2] 보험계약자는 보험수익자 지정을 철회할 수도 있고, 철회하지 않을 수도 있다. 실제로 실무에서도 철회할 수 있는 지정과 철회할 수 없는 지정으로 구분하여 적용하고 있다. 독일 보험계약법 제159조는 생명보험계약의 영역에서 일정한 경우에 제3자에게 보험금을 지급할 수 있는 여지를 제공하고 있다. 타인을 위한 생명보험은 민법에서 인정되고 있는 제3자를 위한 계약의 법리와 유사하다. 민법에서 인정되고 있는 제3자를 위한 계약이 계약당사자의 합의를 요구하고 있는 반면에,[3] 타인을 위한 보험계약의 경우에는 보험자와 보험계약자 사이의 명시적인 합의가 없다고 할지라도 보험계약자는 일방적으로 제3자를 수익자로 지정하고 또 필요한 경우에는 그를 변경할 권리를 가지고 있다는 점에서, 양자는 차이가 있다. 제159조는 제2항과 제3항에서 지정·변경권을 철회할 수 있는 경우와 철회할 수 없는 경우를 구분하여 그것에 대한 법적 효과를 달리 규정하고 있다. 제2항의 경우 지정·변경권을 철회할 수 있는 보험수익자로 지정된 제3자는

---

1 장경환, "피보험자의 변경으로 인한 새 피보험자의 기존의 사망보험금 수익자 지정에 대한 동의 여부", 경희법학, 제39권 제1호, 경희대학교 법학연구소, 2004, 153면 이하; 장경환, "보험수익자 재지정권 불행사시의 보험수익자의 확정시점", 보험법연구, 제1호, 한국보험법학회, 1995, 229면 이하; 노일석, "보험수익자의 지정·변경", 금융법연구, 제7권 제2호, 한국금융법학회, 2010, 193면 이하; 홍진희·김판기, "타인을 위한 생명보험계약의 수익자 지정과 변경 – 유언에 의한 방법을 중심으로 –", 인권과 정의, 제420호, 대한변호사협회, 2011, 58면 이하.

2 독일 보험계약법 제159조(보험수익자 지정) (1) 명시적 합의가 없는 경우 보험계약자는 보험자의 동의 없이 제3자를 보험수익자로 지정하고 이미 지정된 수익자를 그 밖의 타인으로 변경할 권한이 있다. (2) 지정변경권이 유보된 보험수익자로 지정된 제3자는 보험자의 급부에 대한 권리를 보험사고 발생으로 비로소 취득한다. (3) 지정변경권이 유보되지 않은 상태의 보험수익자는 보험수익자로의 지정과 동시에 보험자의 급부에 대한 권리를 취득한다. 이필규·최병규·김은경 역저, 2009년 독일 보험계약법(VVG), 세창출판사, 2009, 69면 이하.

3 독일 민법 제328조(제3자를 위한 계약) 1) 제3자에게 급부할 것을 정하는 계약은 그 제3자가 직접 급부를 청구할 권리를 취득하는 것을 내용으로 체결될 수 있다. 2) 제3자가 그 권리를 취득하는지, 제3자의 권리가 즉시 또는 일정 요건 아래서만 성립하는지, 나아가 당사자들에게 제3자의 권리를 그의 동의 없이 소멸시키거나 변경할 권한이 유보되는지는, 특별한 정함이 없으면 제반 사정 특히 계약의 목적으로부터 추단될 수 있다.

보험자의 급부에 대한 권리를 보험사고 발생으로 비로소 취득하게 된다. 제3항의 경우는 지정·변경권이 철회할 수 없는 상태를 상정하고 있다. 이 경우 보험수익자는 보험수익자로의 지정과 동시에 보험자의 급부에 대한 권리를 취득하게 된다. 개정 전 보험계약법이 저축성생명보험의 영역에서만 적용되는 것으로 하고 있었으나, 현 보험계약법은 모든 종류의 생명보험에 대한 적용이 가능하게 되었다. 직업능력상실보험이나 상해보험 역시 제159조의 적용가능성이 있다.[4]

2. 구성요건

보험계약자는 보험수익자 지정에 대하여 여러 가지 방법으로 제한을 가할 수 있다. 보험계약자가 지정에 대한 철회를 유보할 수 있는 방법 이외에도 보험수익자에게는 사망 시에만 급부를 하도록 하고, 생존 시에는 보험계약자 자신 또는 다른 사람이 수익자가 되도록 하여 나누는 방법도 가능하다. 독일 보험계약법 제159조의 제1항에 따르면, 보험계약자는 생명보험의 경우에 보험계약자 자신이 아닌 제3자를 보험수익자로 지정할 권한이 있을 뿐만 아니라, 새로운 사람으로 변경할 수 있는 권한을 가지고 있다. 철회할 수 없는 경우라면, 보험계약자의 그 지정의 변경가능성은 배제된다. 보험수익자의 지정과 그 변경은 보험계약자의 보험자에 대한 일방적인 수령을 요하는 의사표시이다. 그러므로 그 의사표시는 보험자에게 도달되어야 하며, 보험자의 대리인의 경우에도 도달로써 효력이 발생할 수 있다(독일 보험계약법 제69조의 제1항). 보험자 측의 승인을 요구하지 않지만, 보험수익자로 될 사람에게 단순한 통지로는 보험수익자의 지위를 획득할 수 없다.

3. 철회에 대한 유보가능성

1) 철회를 유보한 수익자 지정

보험수익자 지정을 철회할 수 있는 것이 일반적인 것이다.[5] 그런 측면에서 본다면, 의문이 있는 경우에는 독일 보험계약법 제159조 제1항에 따라, 보험계약자는 보험수익자 변경이 가능한 철회할 수 있는 수익자지정권을 행사할 수 있다. 독일 보험계약법 제159조 제2항은 그 수익자의 권리가 철회의 유보하에 인정된 경우에는 보험수익자는 보험자의 급부에 대한 권리를 보험사

4　　보험계약법 제176조, 제185조를 참조.
5　　독일 저축성생명보험표준약관 제13조 제1항 제2문.

고 발생으로 비로소 취득한다. 계약에서 정한 일시가 경과하거나 피보험자의 사망이 있어야 급부를 취득할 수 있는 것이다. 그때까지는 그에게는 단지 불확실한 법적 지위에 있다.[6] 철회를 유보한 수익자 지정이라 함은 모든 종류의 수익권을 변경할 수 있음을 의미한다. 수익자 지정의 취소를 포함하여 교환이나 그 권리의 확대 및 제한에 대한 사항까지 포함한다고 하겠다. 이러한 변경권은 보험수익자 측의 법적 지위의 확정이 성립됨으로써 종료하게 된다. 즉, 보험사고 발생이 그것이다. 철회는 법률에 의해 특별한 형식을 필요로 하지 않고 명시적인 의사표시를 요하는 것도 아니다.[7] 보험관계의 해지에는 수익자 지정의 묵시적 철회가 보통 포함되어 있어서 환급금(Rückkaufswert)은 보통 보험계약자에게 귀속이 된다.[8] 보험자에게 도달함으로써 철회가 유효하게 되면 해당 수익자 지정은 소멸하거나 변경된다. 새로운 수익자가 지정되지 않으면 보험급부는 다시 전적으로 보험계약자에게 귀속되거나 또는 그 상속재산으로 귀속이 된다.

2) 철회를 유보하지 않은 수익자 지정

철회를 유보하지 않은 수익자 지정은 처음부터 이루어질 수 있고 또 일반적인 수익자의 지정 후 사후적인 변경에 의하여 이루어질 수도 있다. 독일 보험계약법 제159조 제1항의 해석규정과 보험계약자에게 미치는 효과와 관련하여 철회할 수 없는 수익자지정은 계약상 명시적인 특정이 요구된다. 독일 보험계약법 제159조 제2항에 의하면 보험수익자는 보험계약자의 보험자에 대한 지정으로써 곧바로 보험급부청구권을 취득한다. 다만, 그 이후부터 보험수익자는 보험금청구권을 처분할 수 있는 권리를 행사할 수 있게 된다.

4. 법적 효과

1) 보험수익자의 권리

보험수익자로 지정됨으로써 보험수익자는 일반적으로 보험계약으로부터 발생하는 모든 청구권을 행사할 수 있게 된다. 보험금청구권을 포함한 잉여금배당청구권과 환급금이 여기에 포함된다.[9] 보험자는 보험계약자에 부담해야 할 의무도 있지만, 보험수익자에 대하여 예외적으

---

6   BGH, VersR 1993, S. 690.
7   OLG Köln, VersR 2002, S. 1544.
8   BGH, VersR 1993, S. 690.

로 계약상 부수의무를 부담하게 된다. 보험계약상의 정보제공의무가 그러한 의무에 해당된다.[10]

2) 수익자지정의 소멸

수익자지정은 보험계약자가 철회권을 행사함으로써 소멸되는 것 외에도 여러 가지 방법으로 사후에 소멸할 수 있다. 철회할 수 있는 수익자 지정의 경우에는 보험사고발생 전 보험수익자의 사망의 경우를 들 수 있다. 철회할 수 없는 수익자 지정의 경우와는 달리 철회할 수 있는 경우의 보험수익자는 아직 상속될 수 있는 법적 지위를 갖지 못하고 있다. 따라서 이 경우는 보험수익자 측의 취득가능성은 소멸하고 보험계약자에게나 그 상속재산으로 귀속이 된다. 보험수익자 지정은 일반규정에 의한 취소에 의하여서도 소멸한다. 또한 해제조건의 성취에 의하여도 소멸하게 된다.

5. 변경가능성

우리 상법 제663조는 상법에 있는 규정에 비하여 약정으로 보험계약자 등을 불이익하게 변경하지 못하도록 하는 상대적 강행규정성을 인정하고 있다. 상법 보험편 전부를 상대적 강행규정화하고 있다는 점에서 그 특징을 엿볼 수 있다. 그러나 독일 보험계약법은 각각의 영역에 대하여 보험자와 보험계약자의 사적 자치를 인정하고 있다. 수익자지정의 문제를 규정하고 있는 독일 보험계약법 제159조는 임의규정으로 되어 있다.

III. 독일 보험계약법상 보험수익자 지정의 해석

1. 보험계약법 개정

현 보험계약법 제160조[11]는 개정 전 보험계약법 제167조와 제168조를 수용하면서, 용어를 현

9　BGH, VersR 2003, S. 1022.

10　2007년 독일 보험계약법은 동법 제166조 제4항(" (4) 사용자가 종업원을 위하여 체결한 생명보험에서는 보험자는 제38조 제1항에 의한 지급기간 및 보험의 변경 발생을 텍스트 형식으로 피보험자에게 알려주어야 하며, 피보험자에게 최소 2개월의 지급기간을 보장하여야 한다")에서 사업장의 노령보험의 범주에서 그러한 의무를 부과하고 있다. 신의측상의 장보의무에 대해서는 OLG Köln, VersR 1990, S. 1263 참조.

11　독일 보험계약법 제160조(보험수익자 지정의 해석) (1) 한 수익자에 의하여 취득하지 않은 지분은, 다른 수익자의

실에 맞추어 다듬었다.[12] 그 이상 변화된 사항은 없다. 개정 전 보험계약법이 저축성보험에 한정하여 적용한 반면, 현 보험계약법 제160조는 그 범위를 확대하여 적용하도록 하고 있다는 점에서 주목할 만한 사항이다.[13] 제3항은 개정되기 전 보험계약법 제168조를 통합하였다.

2. 보험계약법 제159조와 제160조의 관련성

1) 보험수익자 지정

보험계약법 제159조는 "보험수익자 지정"이라는 제목으로 제1항에서, 계약당사자 사이에 정함이 없는 경우에, 보험계약자는 보험자의 동의를 얻지 아니하고 제3자를 보험수익자로 지정할 수 있을 뿐만 아니라, 지정된 제3자 대신에 다른 사람을 보험수익자로 지정할 수 있음을 규정하고 있다(제1항). 제2항과 제3항은 지정·변경권을 유보한 경우와 지정·변경권을 유보하지 않고 확정한 경우로 구분하여, 보험수익자 권리의 발생시점을 정하고 있다. 지정·변경권이 유보된 경우에는, 보험사고가 발생해야만 비로소 보험수익자는 보험자에 대하여 급부청구권을 행사할 수 있게 된다(제2항). 그러나 지정·변경권이 유보되지 않고 확정된 경우라 한다면, 보험수익자는 보험계약자의 보험수익자에 대한 지정으로서 이미 보험자에 대한 급부청구권을 취득하게 된다(제3항).

2) 보험수익자 지정의 해석

보험계약법 제160조는 보험수익자 지정의 해석에 관한 규정이다. 보험계약자는 보험수익자를 1인으로 지정할 수도 있고, 수인으로 지정할 수도 있다. 보험수익자가 수인인 경우, 만약 보험계약자가 각 보험수익자의 몫을 지정하지 아니한 경우라 한다면, 각자는 균등한 비율에 따라 보험금을 받을 권리가 있다(현 보험계약법 제160조 제1항: 개정 전 보험계약법 제167조 제2항 제

것으로 된다. (2) 보험계약자의 사망 후에 보험자의 급부가 보험계약자의 상속인에게 이행되어야 하는 경우에, 정한 사항이 없다고 한다면 사망 당시에 상속자의 자격이 있는 자들은 상속지분의 비율에 따라 수익자의 권한을 갖게 된다. 그 상속에 대한 포기는 수익권자의 자격에 대하여 아무런 영향을 미치지 않는다. (3) 보험자의 급부에 대한 권리가 수익자인 제3자에 의하여 취득되지 않을 경우에는 이는 보험계약자에게 귀속한다. (4) 국고가 상속인으로 지정된 때에는, 제2항 제1문의 의미의 수익권은 국고에게 발생하지 않는다. 이필규·최병규·김은경 역저, 2009년 독일 보험계약법(VVG), 세창출판사, 2009, 70면.

12 개정 전 보험계약법 § 167조 참조.

13 Prölss/Martin, VVG, § 159 Rdn. 2.

1문). 보험자의 급부가 보험계약자의 사망 후에 보험계약자의 상속인에게 이행되어야 하는 경우, 사망 시 상속인을 상속분의 비율에 따라 보험금청구권을 행사할 수 있다(현 독일보험계약법 제160조 제2항 제1문: 개정 전 보험계약법 제167조 제2항 제1문). 이 경우 상속인이 그 상속을 포기한 경우라도 보험금청구권의 행사에는 영향을 미치지 않는다(현 보험계약법 제160조 제2항 제2문: 개정 전 보험계약법 제167조 제2항 제2문). 보험수익자로서 지정된 상속인은 그 상속인의 지위에서 보험금청구권을 가지고 있기는 하지만, 보험계약에서 보험수익자로 지정되었기 때문에, 그의 고유한 권리로서 보험금청구권을 행사하게 된다. 피보험자의 보험사고로 말미암아 보험자의 급부가 발생하고, 그 급부에 대한 권리가 수익권자인 제3자에 의하여 취득되지 않는 경우라 한다면, 그러한 급부청구권은 보험계약자에게 발생한다(제3항).

3. 다수 보험수익자의 지분

1) 두수에 따른 수익 추정

제1항은 다수의 보험수익자가 존재하는 경우 지분을 대한 정함이 없는 경우라면 균등하게 이들에게 주어지도록 하고 있다. 또한 어느 수익자가 자신의 지분을 취득하지 않는 경우에는 그 지분에 대하여는 다른 수익자들에게 귀속된다. 제1항은, 수익권이 서로 또는 동일한 순위로 수인에게 인정되기는 하지만, 개별적인 수익권자의 지분이 수익의 의사표시에서 정해져 있지 않은 사례를 규정하고 있다. 이러한 경우에 보험계약자가 동일한 지분, 즉 두수에 따라 수익의 권한을 부여해야 한다는 점을 제1항은 말하고 있다. 그러므로 수익자는 각각 그들 자신을 위하여 상응하는 지분을 청구할 수 있는 권리가 주어진다.[14] 결국 제1항은 누가 수익자인지에 대하여 초점을 두고 있는 것이 아니라, 지분의 범위가 정해지지 않은 사항에 대하여 다툼이 벌어질 수 있는 사항을 예방하고자 하는 목적을 가지고 있다. 수익권자는 연대채권자에도 해당되지 않고(독일 민법 제428조),[15] "지분적 공동재산"(Bruchteilgemeinschaft: 민법 제741조)[16]을 형성하는

---

14 Schwintowski/Brömmelmeyer/Ortmann, VVG, § 160 Rdn. 3, der auch von einer "Teilbezugsberechtigung" spricht.

15 독일 민법 제428조(연대채권자) 수인이 가지는 동일한 급부를 청구할 권리에 관하여 각 채권자가 급부 전부를 청구할 수 있으나, 채무자는 1회의 급부만을 실행할 의무를 지는 경우에(연대채권자), 채무자는 임의로 채권자 중 1인에게 급부할 수 있다. 채권자 중 1인이 이미 이행의 소를 제기한 때에도 또한 같다.

16 민법 제741조(지분적 공동) 권리가 수인에게 공동으로 귀속하는 때에는, 법률로부터 달리 해석되지 아니하는 한 제742조 내지 제758조가 적용된다(지분적 공동). 민법 제742조(지분의 균등) 지분권자의 지분은 의심스러운 때에는 균등한 것으로 한다.

것도 아니다.[17]

2) 제1항 제1문의 적용불가능성

(1) 수익자 지정의 불명확한 경우

누가 수익자인가 대한 그러한 종류의 다툼은 일반적인 해석규정에 따라서 결정되어야 하고, 특별한 전제조건이 존재하는 경우에는 보험계약법 제160조 제2항 제1문에 따라 결정되어야 한다. 예를 들면, 보험계약자가 이혼이나 재혼의 경우에 수익자로서 "혼인한 여자(Ehefrau)"로 표시된 경우에, 수익을 승인한 시점에 있는 "부인"을 의미하는 것으로 보아야 하는지, 아니면 보험계약자의 사망시점에 있는 "부인"을 수익자로 보아야 하는지에 대한 결정문제가 발생할 수 있다.[18] 그래서 제2항은 상세한 정함이 없이 상속인에 대한 보험급부가 지급되도록 정해진 경우, 의심이 있다면 피보험자 사망 시에 상속인의 자격이 있는 자들이 그 상속분의 비율에 따라 수익을 받을 권리가 있음을 규정하고 있다.

(2) 수익권의 순위

보험계약자가 수익자로서 수인의 자를 지정하면서, 그들 사이에 순위를 정했다고 한다면, 제1항 제1문은 적용되지 않는다.[19] 이러한 사례에서 우선적 순위를 갖는 수익자는 항상 그다음 순위를 갖는 수익자에 앞서 전체 보험청구권을 취득한다. 우선적 순위를 갖는 수익자가 그의 권리를 취득하지 않는 경우에만, 그다음 순위를 갖는 수익자가 수익자로서 기능을 갖게 된다. 수익의 의사표시에 순위가 있음을 인정하는 판례가 있다.[20] 재판부는 "혼인한 부인이나 자녀"들이 지정된 경우에만, 이미 수익의 의사표시로서 순위가 있음을 인정하고 있다. 만약 수인의 수익권자가 순서대로 지정되어 있고, 순번이 정해져 있는 경우라면, 역시 위 판례가 적용되고 있는 것과 같은 동일한 효력이 발생한다.[21]

---

17   Vgl. BGHZ 13, 226 (241); BGH VersR 1955, 99 (100); ferner BGH VersR 1953, 210; BGH VersR 1954, 83.

18   Vgl im Übrigen BK/Schwintowski, VVG, § 167 Rdn. 6.

19   BK/ Schwintowski, VVG, § 161 Rdn. 6; Schwitoski/Brömmelmeyer/Ortmann, VVG, § 160 Rdn. 5 für die Bestimmung "Ehefrau oder Kinder"; zur nachrangigen Bezugsberechtigung § 159 Rdn. 46.

20   LG Saarbrücken NJW 1983, 180.

21   KG Berlin r + s 2005, 341 (342).

(3) 수익권자가 분리된 경우

보험계약자는 수인의 보험수익자를 지정함에 있어, 급부를 누적적으로(kumulativ) 청구할 수 있거나 공동으로(gemeinsam) 또는 선택적으로(alternativ) 청구할 수 있다. 맨 뒤에 있는 선택적으로 청구할 수 있는 보험급부는 생존사고와 사망사고에 따라 수익권이 분리하는 형태에서 가능하거나 순번을 정함으로써 가능하게 된다. 이와 같은 상황에서 보험계약법 제160조 제1항은 적용되지 않는다.[22]

(4) 상속인의 수익권

보험계약자가 그의 "상속인"으로서 수인을 수익자로 지정한 경우에는, 보험계약법 제160조 제1항이 적용되지 않는다. 이 경우에는 제2항 제1문이 효력을 발생하게 된다. 동 규정에 따르면, 보험금액에 대한 지분은 상속분의 비율에 따라 분배가 이루어진다.

4. 수익자로서 상속인

1) 상속인의 지정

보험계약자의 사망에 대하여 그의 상속인을 수익자로 지정한 경우라면, 정함이 없는 경우 보험계약자의 사망시점에 상속자로 지정된 자가 보험수익자로서 권한이 주어진다(제2항 제1문). 그러므로 이 경우 수익의 의사표시가 중요한 의미를 갖는 것이 아니다. 제2항 제1문은 서로 다른 유형, 즉 '유언에 따른 상속인'과 '법정 상속인'에 대한 사항을 구분하지 않고 있다.[23] 그러나 보험계약자를 통하여 달리 정해진 사항이 주어져 있지 않는 한, 수익권이 '법정 상속인'이나 '유언에 따른 상속인'에게 인정된 경우에, 동 규정이 적용될 수 있다. 각각 상속자로 지정된 자는 민법상 상속에 관한 규정에 따라 정해지게 된다. 특히, 제2항 제1문이 '사망'을 주요한 시점으로 보고 있기 때문에, 수익의 의사표시를 교부한 후에 태어난 상속인들(사망시점에 비록 생명이 만들어져 있기는 하지만 아직 태어나지 않은 아이를 포함하여) 역시 수익권한이 있다.

상속인이 수익자로 지정되어 있고, 보험계약자가 그의 유언장에서 우선적 상속인과 그다음 순위 상속인을 정한 경우라 한다면, 단지 우선적 상속인이 수익권의 자격이 있다.[24] 제2항은 매

---

22   Looschelders/Pohlmann/Peters, VVG, § 159 Rdn. 4.

23   Vgl. BK/Schwintowski, VVG, § 167 Rdn. 12.

우 좁게 해석되어야 한다.[25] 그러므로 상속인이 "상속인"으로 수익의 자격이 있는 경우에만, 단지 적용되는 것으로 보아야 한다.[26] 반면, 유언자가 그의 자녀와 같이 동시에 상속인이 되는 자를 수익자 자격을 갖도록 하는 경우에는 제2항이 적용되지 않는다.[27]

2) 수익권에 대한 지분

제1항 제1문의 규정과 달리, 제2항 제1문은 보험계약자가 수익자로서 "상속인"의 지정과 함께 수익권을 장래의 상속자에 대하여 상속지분에 비례하여 부여해야 함을 추정하고 있다.[28] 제2항 제1문은, 정함이 없는 경우에 보험계약자가 수익자로서 명백하게 '그의 상속인(보험계약자의 상속인)'을 지정한 특별한 경우에 대한 두 가지 해석규칙을 규정하고 있다. 사망시점에 상속인으로 자격이 되어 있는 자들이 의도되고 있다는 점과 — 제1항 제1문의 해석규칙과 달리 — 상속권한이 있는 자는 동일한 지분에 대하여 수익자격이 주어져야 한다는 것이 아니라 상응하는 상속지분에 따라야 한다는 점을 의미한다. 각각의 상속인은 보험급부에 대한 지분을 분리하여 보험자에게 요구할 수 있다.[29] 각각의 수익자격이 있는 상속인은 그의 상속분의 비율에 따라, 상응하는 보험금액의 상응하는 부분에 대하여 자신의 고유적이면서도 독자적인 청구권을 행사하게 된다.[30] 그러므로 보험금액과 관련하여, 상속인의 인적 결합은 "지분적 공동체(Bruchteils-)나 합수조합(Gesamthandgemeinschaft)"으로 볼 수 없다.[31]

보험계약에 따른 수익자가 민법 제1942조 이하에 따라 그의 상속을 포기한다고 할지라도, 보험급부에 대한 그의 청구권을 상실하는 것은 아니다(보험계약법 제159조 제2항 제2문).

3) 상속의 거절

제2항 제2문은, 상속의 거절은 상속자의 수익권에 전혀 영향을 미치지 않는다는 점을 명확히

---

24   OLG Schleswig ZEV 1995, 415; OLG Schleswig ZEV 1999, 107m Anm. Muscheler ZEV 1999, 229; sowie Schmalz/Brüggemann ZEV 1996, 84 (89).

25   Römer/Langheid, VVG, § 167 Rdn. 2.

26   HK-VVG/Nrambach, VVG, § 160 Rdn. 3.

27   HK-VVG/Nrambach, VVG, § 160 Rdn. 2.

28   BK/Schwintowski, VVG, § 167 Rdn. 10.

29   BGHZ 13, 226 (241); BGH VersR 1981, 371 (372); VersR 1954, 281.

30   Vgl. Looschelders/Pohlmann/Peters, VVG, § Rdn. 7; Schwintowski/Brömmelmeyer/Ortmann, VVG, § 160 Rdn. 25.

31   Prölss/Martin/Kollhosser, VVG, 27. Aufl., § 167 Rdn. 2.

하고 있다.[32] 동 규정은, 수익자로서 상속인의 지정에 대하여, 이는 청구자격의 개별적인 것으로 하는 하나의 방식으로 보고 있다.[33] 단지 "상속인"의 지정을 통하여, 수익권은 사망 시에 지정된 상속인이 해당 재산을 상속하는 것과는 독립되어 있어야 한다. 이는 "유언에 따른" 상속이 수익권자로서 지정된 경우에도 역시 동일한 사항이 적용된다.[34] 그러므로 제160조 제2항 제2문은 수익자격이 있는 상속인이 보험금청구를 상속으로부터 취득하는 것이 아니라, 그 자신의 이익을 위하여 생명보험계약을 근거로 하는 직접적인 방식으로 취득하게 하는 전망의 이득(장점)으로서 등장하게 될 것이다.[35]

반면에 수익권이 보험계약자에게 발생하고, 이 자가 사망한 경우라 한다면, 보험급부에 대한 청구권은 상속재산에 속하게 된다. 이러한 상황에서 상속인이 그의 상속재산을 거절하는 경우라면, 보험금액과 관련된 사항 역시, 그는 그의 상속부분을 상실하게 된다.[36] 만약 보험계약자가 독일 공무원연금법 제40조 내지 제44조의 의미의 유족들을 수익자로 지정하였지만, 사망 시 그러한 유족들이 존재하지 않는 경우라면, 제2항 제2문은 적용되지 않게 된다.[37] 이러한 경우에 수익권은 보험계약자에게 속하게 되고, 그러므로 상속재산에 속하게 된다. 공무원연금법 제40조 내지 제44조의 기준을 충족하지 못하는 유족들은 보험금액에 대한 상속법상의 청구권을 취득하게 된다. 그가 상속재산을 거절하게 된다면, 보험금액에 대한 청구권 역시 상실하게 된다.[38]

4) 상속인으로서 국고

다른 상속인이 존재하지 않다고 하는 사실(민법 제1964조 제1항)을 상속법원이 명확히 확인한 경우에는, 국고가 법률적인 상속인이 될 것이라고 하는 추정의 근거가 된다. 이 경우에 국고가 수익권한이 있는가에 대한 물음이 제기된다. 제4항은 명백하게 이를 배제하고 있다. 보험계약자가 수익권지정을 그의 상속인(들)에게 승인하고, 사망 시에 국가 상속인으로 의제되는 경우에, 국고에게 보험자에 대한 우선권은 발생하지 않는다. 보험급부는 상속재산에 속하게 되

---

32   BGHZ 32, 44 (47) (Interessen-Unfallversicherung); Römer/Langheid, § 167 Rdn. 2.

33   Deutlich BayOLG VersR 1995, 649.

34   Römer/Langheid, § 167 Rdn. 6; BK/Schwintowski, § 167 Rdn. 12; vgl. BayOLG VersR 1995, 649.

35   Vgl. Petersen AcP 204 (2004) 832 (837); näher hierzu § 159 Rdn. 9.

36   Vgl. BGHZ 32, 44 (47) (Insassen-Unfallversicherung).

37   OLG Frankfurt/M, VersR 1996, 358 (360).

38   Siehe OLG Frankfurt/M, VersR 1996, 358 (360); vgl. LG Hamburg VersR 1957, 677 (678).

고, 단지 상속재산의 부분만이 국가에 의하여 취득될 수 있다. 동 규정은 일반적으로 보험계약자의 가정적인 의사에 상응하고, 그 외에 국고가 상속채권자보다 우선하여 보험금액을 취득하는 것을 예방한다. 그러므로 제4항은 수익권자와 상속재산채권자에 대한 이익 사이에서 후자의 이익으로 돌아가게 함으로써, 발생하는 갈등을 결정하고 그 결과 국고에게 제2항의 '특권'을 거부한다.[39]

5. 수익권을 취득하지 않은 경우

보험계약자가 수익자를 지정하였지만, 그 자가 어떠한 이유로 인하여 수익권을 취득하지 못하였다면, 수익권과 관련하여 생명보험계약은 하나의 하자를 암시하게 한다(제3항). 그러한 사례에서 보험계약자가 보험수익자로서 효력을 발생하게 함으로써, 그 하자는 봉합된다. 사망사고의 급부에 관련된 사항이라고 한다면, 그 수익권은 자연적으로 보험계약자의 상속인에게 속하게 된다.[40] 수인의 수익자가 지정되고, 그들 가운데 아무도 수익권을 취득하지 못하는 경우에도 역시 동 규정은 효력을 발생한다.[41]

어떠한 이유로 인하여 지정권자가 수익권을 취득하지 못한 것은 그리 중요한 것이 아니다. 민법 제333조의 의미에서 그가 그의 권리를 거절한 경우가 여기에 해당될 수 있다.[42] 보험계약자가 "혼인상 부인"이라고 하는 개념을 가지고 수익자에 대한 물음에 대해서도 고려해야 할 사항이 있다. 그가 보험계약을 체결하는 시점에 혼인을 하지 않았고, 보험사고가 발생할 때까지 자기 고유의 기대에 반하여 혼인이 이루어지지 않았던 경우를 상상해 볼 수 있다. 법률적인 아내가 아닌 경우가 여기에 해당한다. 역시 이 경우에 보험계약자가 청구권소유자로 남아 있게 된다. 무효의 또는 효력이 취소되는 수익의 의사표시에 관한 사례 역시 여기에 해당된다.[43] 사망사고에 대하여 유보적인 수익자가 보험계약자와 동시에 또는 그 전에 사망한 경우에도 동일한 효력을 발생한다.[44] 반면, 유보되지 않은 수익자는 그 권리를 즉시 취득하게 되고, 그 결과 그 청구

---

39   BK/Schwintowski, VVG, § 167 Rdn. 3.

40   Römer/Langheid, VVG, § 168 Rdn. 1.

41   Schwintowski/Brömmelmeyer/Ortmann, VVG, § 160 Rdn. 27.

42   Vgl. Prölss/Martin/SChneider, VVG, § 160 Rdn. 11; BK/Schwintiwski, VVG, § 167 Rdn. 2 ff. 독일 민법 제333조(제3자에 의한 권리의 거절) 제3자가 낙약자에 대하여 계약에 기하여 취득한 권리를 거절한 경우에는, 그 권리는 취득되지 아니한 것으로 본다.

43   ZB BGH VersR 1981, 371; auch schon BGH VersR 1962, 405; Römer/Langheid, VVG, § 168 Rdn. 1; BK/Schwintowski, VVG, § 168 Rdn. 6; a.A. Schwintowski/Brömmelmeyer/Ortmann, VVG, § 160 Rdn. 20 und 27.

권은 그의 상속인에게 넘어간다.

6. 합의가능성

보험계약법 제160조는 단지 해석규정(법률적인 추정)을 담고 있는 한, 보험계약자가 그의 수익의 의사표시에서 다른 규정을 적용하는 경우라 한다면, 동 규정은 미리 적용되지 않는다. 그러나 그 이외의 경우에 있어서 제160조는 합의가능성이 있다. 제1항 제2문 및 제3항과 관련하여 실무상 다른 규정들이 발생할 수 있다. 종종 수익자격으로서 우선적 권리를 갖는 표시자가 그의 권리를 취득하지 말아야 하는 경우에, 보험계약자는 그다음 순위를 갖는 수익자를 지정한다. 그다음 순위를 갖는 수익자는 제3항에 따른 보험계약자의 청구권 및 제1항 제2문에 따라 남은 수익자의 청구권보다 선순위에 있다.

IV. 우리나라의 경우

1. 의의

우리 보험계약법 역시 보험계약자는 자기의 생명보험이나 타인의 생명보험에 있어서 타인을 보험수익자로 하여 타인을 위한 생명보험을 체결할 수 있다. 타인의 생명보험에서 피보험자 이외의 제3자를 보험수익자로 지정하는 경우에는 그 피보험자의 동의를 얻어야 한다(상법 제734조 제2항). 자기의 생명보험에서 타인을 보험수익자로 한 보험을 타인을 위한 자기의 생명보험, 타인의 생명보험에서 타인을 보험수익자로 한 보험을 타인을 위한 타인의 생명보험이다. 타인의 생명보험에서 보험수익자를 지정하지 아니한 때에는 보험계약자를 위한 보험으로 볼 수는 없고, 피보험자를 위한 보험으로서 피보험자가 사망한 경우에는 그 피보험자의 상속인을 보험수익자로 보는 것이 타당하다.

2. 보험수익자의 권리

민법상 타인을 위한 계약과 달리, 타인을 위한 생명보험의 경우 타인인 보험수익자는 당연히

44　BGH VersR 1967, 795.

보험계약상의 이익을 받게 된다(상법 제639조 제2항 전단). 타인을 위한 생명보험계약에서 보험수익자는 보험계약상의 이익을 가지고, 보험사고의 발생을 조건으로 보험금청구권을 갖게 된다.[45] 의심스러운 경우, 보험계약자는 보험자의 동의를 얻지 아니하고 제3자를 보험수익자로 지정할 수 있을 뿐만 아니라, 지정된 제3자 대신에 다른 사람을 보험수익자로 지정할 수 있다. 보험계약자가 보험수익자의 지정·변경권을 가지고 있기 때문에, 생명보험계약에서 보험수익자의 지위는 상당히 불안정한 상태에 놓여 있는 존재이다. 한편, 보험수익자의 보험금청구권은 타인을 위한 생명보험계약의 효력에서 생겨나는 고유권에 해당한다.[46] 그러므로 보험계약에서 보험수익자가 지정되어 있는 때에는, 비록 보험계약자 또는 피보험자의 재산상속인이라 할지라도, 보험자에 대하여 보험금지급청구권을 행사할 수 없다.[47]

3. 보험수익자의 지정과 변경

1) 의의

생명보험계약은 장기간에 걸치는 계약에 해당하므로 보험계약자가 계약 당시의 사정변경에 따라 보험수익자를 지정하거나 변경하고자 하는 경우가 발생할 수 있다. 상법은 보험계약자에게 타인을 위한 생명보험을 체결함에 있어 보험수익자의 지정이나 변경권을 인정하고 있다(상법 제733조 제1항). 보험계약자는 자기를 위한 보험계약을 체결하면서 자신을 보험수익자로 되어 있는 것을, 제3자를 다시 지정하여 보험수익자를 변경할 수 있다. 보험수익자의 지정 및 변경권은 보험계약자가 보험자의 동의를 받지 아니하고 자유롭게 행사할 수 있다. 일종의 형성권으로서 상대방의 수령을 요하지 아니한다.[48]

2) 보험수익자 지정

보험계약자가 보험수익자를 지정하는 경우에 구체적으로 보험수익자의 성명을 표시하여 특정인을 지정하거나, 피보험자의 배우자 또는 상속인으로 표시할 수 있다. 또한 보험계약자는

---

45 이기수·최병규·김인현, 보험·해상법(상법강의 IV), 제9판, 박영사, 2015, 413면.

46 대법원 2004. 7. 9. 선고 2003다29463 판결; 대법원 2007. 11. 30. 선고 2005두5529 판결.

47 양승규, 보험법, 제5판, 삼지원, 2004, 457면.

48 박세민, 보험법, 제8판, 박영사, 2025, 1168면.

보험수익자를 1인으로 지정할 수도 있고, 수인으로 지정할 수도 있다. 보험수익자로서 지정된 상속인은 그 상속인의 지위에서 보험금청구권을 가지고 있기는 하지만, 보험계약에서 보험수익자로 지정되었기 때문에, 그의 고유한 권리로서 보험금청구권을 행사하게 되는 것이다.[49]

3) 보험수익자 변경

타인을 위한 생명보험에서 보험수익자로 지정된 자는 보험계약상 수익의 의사표시를 기다리지 않고 당연히 그 이익을 받는다(상법 제639조 제2항). 그러므로 아무런 제한 없이 보험계약자는 보험수익자를 변경할 수 있다.[50] 보험계약자가 보험수익자의 변경을 유보한 경우라면, 보험계약자는 언제든지 보험수익자를 변경할 수 있다. 또한 보험수익자가 보험사고 발생 전에 사망한 경우라고 한다면, 보험계약자는 임의로 보험수익자를 변경할 수 있다(상법 제733조 제3항 제1문).

4) 보험계약자의 해지권

보험계약에서 보험계약자는 자신의 계약을 자유롭게 해지할 수 있는 것이 원칙이다.[51] 상법 제649조는 '보험사고가 발생하기 전에는 보험계약자는 언제든지 보험계약을 해지할 수 있다'는 점을 규정하고 있다. 그러나 제1항 제2문에서 '타인을 위한 보험계약의 경우에, 보험계약자는 그 타인의 동의를 얻지 아니하면 그 계약을 해지할 수 없을 뿐만 아니라, 제3자를 위한 계약에서 제3자인 타인의 권리가 발생한 후에는 당사자가 이를 변경 또는 소멸하지 못한다'는 점을 밝히고 있다. 그 결과 보험계약자가 이미 보험수익자를 지정한 경우라면, 그는 해당 보험계약을 임의적으로 해지하지 못하고, 이미 지정된 보험수익자의 동의를 얻은 후에만 변경할 수 있음을 의미한다.

5) 대항요건

보험계약자의 보험수익자에 대한 지정과 변경권은 보험자나 새로운 보험수익자의 동의를

---

49 서울고등법원 1974. 7. 4. 선고 73나2464 판결.

50 최기원, 보험법, 제3판, 박영사, 2002, 622면.

51 최병문, "타인을 위한 생명보험계약의 해지 − 대법원 2012. 6. 28. 선고 2012다25562 판결 − ", 선진상사법률연구, 제66호, 법무부, 2014, 141면 이하.

요구하고 있지 않다. 그러나 우리 상법은 보험계약자가 계약체결 후에 보험수익자를 지정 또는 변경할 때 보험자에 대하여 통지를 하도록 하고 있다. 그 통지를 하지 아니하면, 이로써 보험자에게 대항하지 못하게 된다(상법 제734조 제1항). 보험자가 지정이나 변경에 대한 통지를 받지 않는 경우라면, 보험자는 그러한 사실을 모르고 보험금을 지급하게 되는 상황에 발생하게 될 것이다. 보험자의 보험금에 대한 이중지급을 방지하고자 하는 목적하에 규정된 조문이다.[52]

4. 상법 제734조의 내용

1) 제2항의 주된 내용

우리 상법 제734조는 제1항에서 보험계약자는 보험수익자의 지정 또는 변경할 권리가 있음을 규정하고 있다. 제2항 제1문은 보험계약자가 보험수익자의 지정권을 행사하지 아니하고 보험계약자가 사망한 경우를 규정하고 있다. 보험계약자가 보험수익자에 대한 지정권을 행사하지 않은 경우 피보험자는 보험수익자가 되고, 보험계약자가 보험수익자에 대한 변경권을 행사하지 아니하고 사망하면 보험수익자의 지위는 그대로 유지된다. 그러나 보험계약자가 사망한 경우에는 그 승계인이 보험계약자의 보험수익자 지정 및 변경권을 가지고 있는 경우라면 그 승계인의 지정 및 변경권을 행사하게 된다(상법 제733조 제3항 제3문).

2) 제3항의 주된 내용

보험수익자가 보험존속 중에 사망한 경우에는 보험계약자는 다시 보험수익자를 지정할 수 있다. 본래 보험금청구권은 금전채권으로서 상속재산으로 되는 것이므로 그것은 상속 또는 양도할 수 있는 것이다. 그러나 보험수익자를 정하는 데는 그 사람의 개성이 중시되기 때문에 보험계약자의 재지정권을 인정하고 있다.[53] 다만, 보험계약자도 그 지정권을 행사하지 아니하고 사망하면 보험수익자의 상속인을 보험수익자로 하고 있다(상법 제733조 제3항 제2문).

---

[52]　이기수 · 최병규 · 김인현, 보험 · 해상법(상법강의 IV), 제9판, 박영사, 2015, 416면.
[53]　양승규, 보험법, 제5판, 삼지원, 2004, 461면.

3) 제4항의 주된 내용

보험계약자가 보험수익자의 지정권을 행사하기 전에 피보험자가 사망한 경우에는 피보험자의 상속인이 보험수익자로 된다(상법 제733조 제4항). 보험계약자의 보험수익자에 대한 지정·변경권은 보험기간 중에 행사할 수 있다. 그러나 보험사고가 발생하고 난 후에는 그 권리를 행사할 수 없다. 이제 보험수익자는 자신의 권리에 따라 보험자에 대한 보험금청구권을 행사할 수 있게 된다. 보험계약자가 그 권리를 행사하기 전에 보험사고가 발생한 경우에는 보험계약자의 지정·변경권도 소멸하게 되고, 피보험자 또는 보험수익자의 지위는 그대로 확정된다.

5. 피보험자의 동의

타인의 보험의 경우에 타인의 동의는 중요한 의미를 가지고 있다.[54] 타인을 위한 생명보험의 경우도, 피보험자가 보험계약자가 아닌 타인의 사망보험의 경우에는 보험계약자의 지정과 변경권을 행사하기 위해서는 피보험자의 서면에 의한 동의를 얻어야 한다(상법 제734조 제2항, 제731조 제1항). 보험사고의 발생 전에 피보험자의 서면동의를 얻지 못한 때에는 피보험자의 상속인 또는 이미 지정된 보험수익자가 보험금을 청구하는 지위를 확보하게 된다.

6. 2019다204869 판결(생명보험계약상 보험수익자의 권리)

1) 사실관계

망인은 2009년 6월 29일 ○○손해보험자와 이 사건 보험계약을 체결하였다(계약기간: 52년, 가입유형: 100세 만기형, 사망 시 수익자: 피고, 만기 시 수익자: 소외 2, 보험료: 월 210,000원). 망인은 만성신장병으로 투병하다가 2017년 10월 8일 사망하였다. 2016년 12월 2일경 망인은 보험수익자 변경권을 행사하였다. 이로 인해 보험수익자가 피고에서 원고로 변경되었다. 그 사실을 보험자에게 통지하지는 아니한 상태에서 2017년 10월 8일 망인이 사망한 것이다. 이에 원고는 피고를 상대로 보험금청구권의 양도 및 그에 따른 양도통지절차의 이행을 구하는 소를 제기하였다.

54　유주선, "타인의 생명보험계약에서 피보험자의 동의요건에 관한 연구", 안암법학, 제25호, 2007, 945면 이하.

2) 대법원 판단

대법원은 "보험계약자인 망인의 보험수익자 변경권 행사로 인해 보험수익자가 피고에서 망인의 단독상속인인 원고로 변경되었고, 그 후 망인이 사망하여 원고가 보험금 채권을 취득하게 된 이상 원고는 피고에게 보험금 채권의 양도를 구할 법률상의 이익이 없다."는 이유로(다만 원고로서는 보험자에게 보험수익자가 원고로 변경된 사실을 통지하면서 보험금의 지급을 청구할 수 있음), 원고의 청구를 인용한 원심판결을 파기하고 소를 각하하였다.[55]

3) 법적 쟁점

본 사건과 관련하여 쟁점이 되는 것은 보험계약자의 보험수익자 지정·변경권의 법적 성질에 관한 사항과 보험수익자 변경을 보험회사에 통지하지 아니한 경우에 발생하는 법적 효과 및 보험수익자로 변경된 단독 상속인이 변경되기 전 보험수익자를 상대로 하여 보험금 채권의 양도를 구하는 소를 제기할 수 있는가에 있다.

4) 평가

본 사안을 들여다보면, 2016년 12월 2일 망인은 보험수익자를 피고에서 원고로 변경한 바 있고, 2017년 10월 8일 망인의 사망으로 인하여 이미 이 사건 보험금 채권은 원고에 있다. 보험계약자가 사망하였지만 아직 구 보험수익자가 보험금을 수령하기 전이라면 지정된 보험수익자는 보험계약자의 의사표시에 따라 그 자신이 보험수익자라는 사실을 증명하고 보험자에게 보험금을 청구하면 될 것이다. 타당하게도 대법원은 원고가 피고에게 보험금 채권에 대한 양도나 양도통지해야 할 절차가 요구되지 않는다고 판단하고 있다.

하지만 금번 판결에서도 아직 해소되지 않는 문제는 수익자 변경권에 관한 사항이다. 대법원은 보험계약자의 보험수익자 변경권은 형성권적 성질을 가지고 있는 상대방 없는 단독행위로 본다. 또한 상법 제734조 제1항에 따라 보험수익자 변경 후 보험계약자는 보험자에게 이를 통지해야 한다. 그렇지 않으면 보험자에게 대항하지 못하게 된다. 본 사건에서 쟁점이 되지 않았지만, 수익자 변경의 의사표시가 보험자나 보험수익자가 인식하기 어려운 경우 상호 분쟁이 발생할 수 있는바, 수익자 지정·변경권의 경우 상대방 있는 단독행위로 하여 상대방에게 도달하도

---

55   대법원 2020. 2. 27. 선고 2019다204869 판결.

록 하는 것이 하나의 해결방안이 될 수 있을 것이다.

V. 결 론

독일 보험계약법은 보험수익자 지정에 관하여 보험계약법 제59조와 제60조를 두고서 보험수익자 문제에 대한 해결을 모색하고 있고, 우리나라는 상법 보험편 제733조와 제734조 두 개의 조문을 가지고 보험수익자 문제를 해결하고 있다. 두 국가가 실정법에 두 개의 조문만을 두고 있다는 점에서 유사한 면이 있다고 하겠지만, 내용에 있어서는 약간의 차이가 있다. 독일 보험계약법은 무엇보다도 보험계약자가 보험수익자의 지정 및 변경에 대하여 철회를 유보할 수 있는 가능성과 철회불가능성을 법문에 담고 있는 반면에 우리 상법은 해석론에 의지하고 있는 모습에서 차이점이 발견된다.

독일 보험계약법의 경우, 보험수익자가 수인인 경우 보험계약자가 각 보험수익자의 몫을 지정하지 아니한 경우라 한다며, 각자는 균등한 비율에 따라 보험금을 받을 권리가 있고, 보험자의 급부가 보험계약자의 사망 후에 보험계약자의 상속인에게 이행되어야 하는 경우 사망 시 상속인은 그 상속분의 비율에 따라 보험금청구권을 행사할 수 있음을 명시적으로 규정하고 있다. 이 경우 상속인이 그 상속을 포기한 경우라도, 보험금청구권의 행사에는 영향을 미치지 않는다.

독일 보험계약법과 달리, 우리의 경우 보험계약자가 보험수익자의 지정권을 행사하지 아니하고 사망한 경우 피보험자를 보험수익자로 하고 있음을 명시적으로 밝히고 있다. 반면, 독일의 경우 이와 달리 해석되는 것에 유념해야 할 것이다. 이 점 국가의 정책적인 고려가 들어가 있는 것이라 하겠다.

제7편
상해보험과 제 약관 쟁점

제37장

상해보험

I. 의 의

상법은 상해보험계약에 대하여, 피보험자의 신체에 상해가 발생한 경우 보험자가 보험금액 및 기타의 급여를 지급할 책임이 있는 계약으로 정의하고 있다(제737조). 동 규정은 상해보험의 보험목적은 신체이고, 보험사고는 상해이며, 보상방식은 보험금액 기타의 급여임을 말해주고 있다. 보상방식에 있어서 상해보험은 정액형과 비정액형 모두 허용한다.

생명보험의 보험목적은 생명이고, 상해보험의 보험목적은 신체이다. 양자 모두 사람을 보험대상으로 하고 있다는 점에서, 인보험에 해당한다. 상법은 이러한 점을 고려하여 생명보험에 관한 규정이 상법 제732조를 제외하고 상해보험에 준용되도록 하고 있다(제739조 참조). 상법 제732조는 15세 미만자, 심신상실자, 심신박약자의 사망을 보험사고로 하는 보험계약을 무효로 하고 있다. 상법 제739조는 상법 제732조를 준용하지 않기 때문에, 15세 미만자 등에 대한 상해를 보험사고로 하는 보험계약은 유효하게 된다.

보험자대위에 있어서도 상해보험은 생명보험과 차이를 보여준다. 생명보험은 청구권대위가 허용되지 않지만, 상해보험은 당사자 사이에 다른 약정이 있는 경우 피보험자의 권리를 해하지 않는 범위에서 보험자는 그 권리를 대위할 수 있다(상법 제729조).

II. 상해보험의 보험사고 요건

1. 상법과 약관상 요건

보험계약법은 상해보험계약에 대하여 "피보험자가 급격하고 우연한 외래사고에 의해 신체에 상해를 입었을 때에 보험금액 기타의 급여를 할 것을 약정하는 보험계약"으로 정의하고 있고 (상법 제737조), 질병·상해보험표준약관은 "보험기간 중에 발생한 급격하고도 외래의 사고로 피보험자가 신체에 입은 상해"를 보험사고로 정의하고 있다(동 약관 제2조 제2호 가목). 여기서 상해보험의 보험사고가 충족되기 위해서는 급격성, 외래성 및 우연성 등의 요건이 제시된다.[1]

2. 급격성

상해보험에서 급격성은 무엇보다도 시간적 간격이 거의 없는 상태로서, 피보험자가 예견하지 않았거나 예견할 수 없는 순간 갑자기 발생함을 의미한다.[2] 타인으로부터 갑자기 구타를 당하는 경우라든가 길을 가다가 개로부터 공격을 받은 경우, 또는 날아온 돌에 맞아 부상을 입은 경우 등은 급격성이 인정될 수 있다. 급격성의 인정 여부를 판단하는 것은 그리 쉽지 않은데, 순간적으로 물건을 들어 올리다가 허리를 다친 경우는 급격성을 인정할 수 있지만, 계속적이면서 반복적으로 무거운 물건을 들어 올리다가 발생한 허리의 기능장애는 급격성이 인정되지 않는 것으로 본다.[3] 그러므로 급격성은 사고의 내용이나 성질에 따라 구체적·개별적으로 판단해야 할 것이다. 한편, 만취 상태에서 숙소로 돌아와 혼자 잠을 자다가 기도폐색에 의하여 질식사 한 사건에서, 대법원은 피보험자의 보험사고는 상해보험의 우연성과 함께 급격성이 충족되는 것으로 보았다.[4]

---

1 이기수·최병규·김인현, 보험·해상법(상법 IV), 제9판, 박영사, 2015, 440면.

2 박세민, 보험법, 제8판, 박영사, 2025, 1201면.

3 임용수, 보험법, 법률정보센터, 2006, 516면.

4 대법원 1998. 10. 13. 선고 98다28114 판결.

3. 외래성

1) 개념

외래의 사고라 함은 상해 또는 사망의 원인이 피보험자의 신체적 결함, 즉 질병이나 체질적 요인 등에 기인한 것이 아닌 외부적 요인에 의해 초래된 모든 것을 의미한다.[5]

2) 98다28114 판결

대법원은 "상해보험에 가입한 피보험자가 술에 취하여 자다가 구토로 인한 구토물이 기도를 막음으로써 사망한 경우, 보험약관상의 급격성과 우연성은 충족되고, 나아가 보험약관상의 '외래의 사고'란 상해 또는 사망의 원인이 피보험자의 신체적 결함, 즉 질병이나 체질적 요인 등에 기인한 것이 아닌 외부적 요인에 의해 초래된 모든 것을 의미한다고 보는 것이 상당하므로, 위 사고에서 피보험자의 술에 만취된 상황은 피보험자의 신체적 결함, 즉 질병이나 제실적 요인 등에서 초래된 것이 아니라 피보험자가 술을 마신 외부의 행위에 의하여 초래된 것이어서 이는 외부적 요인에 해당한다고 할 것이고, 따라서 위 사고는 위 보험약관에서 규정하고 있는 '외래의 사고'에 해당하므로 보험자로서는 수익자에 대하여 위 보험계약에 따른 보험금을 지급할 의무가 있다."고 판단하였다.[6]

3) 2000다25965 판결

대법원은 "피보험자가 욕실에서 페인트칠 작업을 하다가 뇌교(뇌교) 출혈을 일으켜 장애를 입게 되었으나, 뇌교출혈이 페인트나 시너의 흡입으로 발생한 것이 아니라 피보험자가 평소 가지고 있던 고혈압증세로 인하여 발생한 것으로 보아 보험계약에서 정한 우발적인 외래의 사고가 아니다."라고 판단하였다.[7] 결국, 외래성을 인정할 것인가, 말 것인가의 여부는 상해가 신체의 결함에서 발생하는 것이 아닌 외부적인 사고에 기인해야 한다는 점을 인식해야 할 것이다.

---

5   대법원 2007. 12. 13. 선고 2007다67920 판결.
6   대법원 1998. 10. 13. 선고 98다28114 판결.
7   대법원 2001. 7. 24. 선고 2000다25965 판결.

648

4) 2004다52033 판결

대법원은 "상해보험은 피보험자가 보험기간 중에 급격하고 우연한 외래의 사고로 인하여 신체에 손상을 입는 것을 보험사고로 하는 인보험으로서, 일반적으로 외래의 사고 이외에 피보험자의 질병 기타 기왕증이 공동 원인이 되어 상해에 영향을 미친 경우에도 사고로 인한 상해와 그 결과인 사망이나 후유장해 사이에 인과관계가 인정되면 보험계약 체결 시 약정한 대로 보험금을 지급할 의무가 발생하고, 다만 보험약관에 계약체결 전에 이미 존재한 신체장해, 질병의 영향에 따라 상해가 중하게 된 때에는 그 영향이 없었을 때에 상당하는 금액을 결정하여 지급하기로 하는 내용이 있는 경우에는 지급될 보험금액을 산정함에 있어서 그 약관 조항에 따라 피보험자의 체질 또는 소인 등이 보험사고의 발생 또는 확대에 기여하였다는 사유를 들어 보험금을 감액할 수 있다."고 판단하였다.[8]

5) 2006다49703 판결

대법원은 "원고가 휴일인 2001. 10. 1. 오전 무렵 자신의 집 근처에 있는 밤나무에 올라갔다가 추락하였는데(이하 '이 사건 추락사고'라 한다), 그 후 원고가 송영삼이 운전하는 구급차에 실려 병원으로 가던 중 같은 날 12:40경 다른 차량과 충돌하여 위 구급차가 오른쪽으로 한 바퀴 돌면서 길가의 공업사 담을 충격하고 멈추는 사고(이하 '이 사건 교통사고'라 한다)가 발생한 사실, 이 사건 교통사고 당시 원고는 위 구급차 내에 설치된 간이침대 위에 3개의 안전벨트를 착용하고 누워 있다가, 위와 같이 구급차가 공업사 담을 충격하는 바람에 위 간이침대가 뒤집히면서 원고의 가슴이 위 간이침대 옆 의자에 충격된 사실, 원고는 이 사건 추락사고로 인하여 척추에 상해를 입었다가, 그 후 이 사건 교통사고로 인하여 위와 같이 또 다른 충격을 받음으로써, 이미 척추에 입은 상해가 가중되어, 제12번 흉추 골절에 의한 하지완전마비 등 이 사건 약관 [별표 4] 신체장해등급분류표의 제1급에 해당하는 이 사건 상해를 입은 사실 등을 인정한 다음(이 사건 상해에 있어 이 사건 교통사고가 기여한 비율은 10%로 인정하였음), 피고는 원고에게 이 사건 공제계약에 의한 휴일교통재해장해공제금을 지급할 의무가 있다."고 하면서, 상해보험의 경우 피보험자의 체질 또는 소인 등이 보험사고로 인한 후유장해에 기여하였다는 사유로 보험금을 감액할 수 없다고 판단하였다.[9]

----

8   대법원 2005. 10. 27. 선고 2004다52033 판결.
9   대법원 2007. 4. 13. 선고 2006다49703 판결.

4. 우연성

1) 우연성과 우연한 사고

우연성이란 피보험자에게 발생한 상해의 원인인 사고가 피보험자가 예측할 수 없게끔 뜻하지 않게 발생하는 것을 의미한다.[10] 대법원 역시 '우연한 사고'라 함은 "사고가 예측할 수 없는 원인에 의하여 발생하는 것으로서, 고의에 의한 것이 아니고 예견하지 않았는데 우연히 발생하고 통상적인 과정으로는 기대할 수 없는 결과를 가져오는 사고"로 보고 있다.[11] 우연성과 관련된 대법원 판결은 다수 발견된다. 몇 가지만 살펴보기로 한다.

2) 2001다55499 판결

대법원은 "피보험자가 술에 취한 상태에서 출입이 금지된 지하철역 승강장의 선로로 내려가 지하철역을 통과하는 전동열차에 부딪혀 사망한 경우, 피보험자에게 판단능력을 상실 내지 미약하게 할 정도로 과음을 한 중과실이 있더라도 보험약관상의 보험사고인 우발적인 사고에 해당한다."고 판단하였다.[12]

3) 2008다78491 판결

대법원은 "상해보험의 피보험자가 후복막강 종괴를 제거하기 위한 개복수술과정에서 의료진의 과실로 인한 감염으로 폐렴이 발생하여 사망한 사안에서, 피보험자가 위 수술에 동의하였다는 것만으로 의료과실로 인한 상해의 결과까지 동의하고 예견하였다고 볼 수는 없고, 위 사고는 오히려 피보험자의 고의에 의한 것이 아니고 그가 예측할 수 없는 원인에 의하여 발생한 것으로 '우연한 사고'에 해당한다고 볼 가능성을 배제할 수 없다."고 판단하였다.[13]

4) 2005다49713 판결

대법원은 "부부싸움 중 극도의 흥분되고 불안한 정신적 공황상태에서 베란다 밖으로 몸을

---

10   이기수·최병규·김인현, 보험·해상법(상법강의 IV), 제9판, 박영사, 2015, 442면.
11   대법원 2001. 11. 9. 선고 2001다55499 판결; 대법원 2010. 8. 19. 선고 2008다78491 판결.
12   대법원 2001. 11. 9. 선고 2001다55499, 55505 판결.
13   대법원 2010. 8. 19. 선고 2008다78491, 2008다78507 판결.

던져 사망한 경우, 위 사고는 자유로운 의사결정이 제한된 상태에서 망인이 추락함으로써 사망의 결과가 발생하게 된 우발적인 사고로서 보험약관상 보험자의 면책사유인 '고의로 자신을 해친 경우'에 해당하지 않는다."고 판단하였다.[14]

III. 상해사망보험의 법적 성질

1. 논의의 실익

상해사망보험이라 함은 상해로 인한 사망, 즉 상해사망을 보장하는 보험을 말한다. 상해사망보험은 상해보험적인 요소가 있지만 사망보험적인 요소도 포함되어 있다는 점이 특징이다. 이 논의의 실익은 무엇보다도 상해사망보험의 법적 성질에 따라 상법 제732조의 적용 여부가 달라질 수 있다는 점이다.

2. 판례

대법원은 자동차상해사망보험에 대하여 상해보험으로 보았다.[15] 2003다29463 판결에서, 대법원은 "자동차상해보험은 피보험자가 피보험자동차를 소유·사용·관리하는 동안에 생긴 피보험자동차의 사고로 인하여 상해를 입었을 때에 보험자가 보험약관에 정한 사망보험금이나 부상보험금 또는 후유장해보험금 등을 지급할 책임을 지는 것으로서 인보험의 일종이기는 하나, 피보험자가 급격하고도 우연한 외부로부터 생긴 사고로 인하여 신체에 상해를 입은 경우에 그 결과에 따라 보험약관에 정한 보상금을 지급하는 보험이어서 그 성질상 상해보험에 속한다."고 판시하였다.

3. 학설

학자들은 대법원 판결의 입장에 동조하는 견해[16]도 있고, 이를 따르지 않는 견해[17]도 있다. 하

----

14   대법원 2006. 3. 10. 선고 2005다49713 판결.
15   대법원 2004. 7. 9. 선고 2003다29463 판결.
16   양승규, 보험법, 제5판, 삼지원, 2004, 485면.
17   이경재, "상해보험에서 '상해로 인한 사망'의 경우 상법적용에 관한 연구", 보험금융연구 13-1, 2002, 18면.

지만 '상해사망이 외부성을 띠고 있다는 점', '상해사망은 상해처럼 그 발생 여부나 발생 시기가 모두 불확정하다는 점' 등을 보건대, 상해사망은 일반사망과는 차이가 있으므로 상해보험으로 보아야 할 것이다.

IV. 무보험자동차에 의한 상해 담보특약의 법적 성질

대법원은 "피보험자가 무보험자동차에 의한 교통사고로 인하여 상해를 입었을 때 그 손해에 대하여 배상할 의무자가 있는 경우 보험자가 약관에 정한 바에 따라 피보험자에게 그 손해를 보상하는 것을 내용으로 하는 무보험자동차에 의한 상해 담보특약(이하 '무보험자동차특약보험'이라고 한다)은 상해보험의 성질과 함께 손해보험의 성질도 갖고 있는 손해보험형 상해보험이다.

그러므로 하나의 사고에 관하여 여러 개의 무보험자동차특약보험계약이 체결되고 그 보험금액의 총액이 피보험자가 입은 손해액을 초과하는 때에는 손해보험에 관한 상법 제672조 제1항이 준용되어 보험자는 각자의 보험금액의 한도에서 연대책임을 지고, 이 경우 각 보험자 사이에서는 각자의 보험금액의 비율에 따른 보상책임을 진다."고 판단하였다.[18]

V. 면책사유

상해보험의 면책사유 역시 법적 면책사유와 약정 면책사유로 구분될 수 있다. 법적 면책사유로는 고의로 야기한 보험사고에 대하여 보험자는 보험금 지급책임이 없다(상법 제659조). 하지만 생명보험의 경우 보험계약자, 피보험자 또는 보험수익자의 중과실로 야기된 보험사고에 대하여는 보험자가 지급책임을 부담해야 한다(상법 제739조, 제732조의2). 약정 면책사유에 대하여는 상해보험약관에서 개별적으로 보험자의 면책사유를 규정하고 있다. 이와 관련하여 다양한 법적 다툼이 야기되고 있는바, 이는 후설하기로 한다.

---

18 대법원 2024. 2. 15. 선고 2023다272883 판결. 동 판결은 2000다30127 판결, 2005다35516 판결, 2016다217178 판결 등 이전의 판례 입장을 계승하고 있다.

제38장

무면허 · 음주운전면책약관

I. 의 의

법무부는 상법 보험편을 일부 개정한 지 16년 만에 개정 시안을 마련하여, ① 보험의 건전성 확보 및 선량한 보험계약자 보호 ② 보험산업의 성장과 변화된 현실 반영 ③ 장애인과 유족의 보호 ④ 현행법의 미비점 보완 등을 개정방향으로 하고 관계기관 의견 조회를 실시, 공청회 및 입법예고를 마친 후 마무리하고자 하였다. 우리 상법에 의하면 보험자는 기본적으로 보험사고에 대하여 보험금을 지급해야 하지만, 보험계약이 투기 또는 도박 등의 목적으로 악용되는 것을 예방하기 위하여 보험자에게 보험금의 지급책임을 부담하지 않는 보험자면책규정을 두고 있다. 보험계약자 등의 인위적인 보험사고에 대하여 보험자에게 책임을 면하게 하는 것이다.

우리나라 도로교통법은 무면허 운전과 음주운전을 금지하고 있다. 여기서 무면허운전이라 함은 운전면허를 교부받지 아니하고 운전을 한 경우와 운전면허의 취소나 정지 중에 운전하는 경우를 총칭한다(도로교통법 제40조, 보험약관 제10조 참조).[1] 그래서 무면허운전에는 실질적으로 운전기술이 없어 운전할 수 없는 경우와 실질적으로는 운전기술이 있으나 형식적으로 면허증을 받지 못했거나 교통법규의 위반 등으로 인하여 운전면허가 취소 또는 정지된 경우가 있

---

[1] 도로교통법 제87에 의하면, 운전면허를 받지 아니한 경우는 운전면허시험에 합격하지 못한 경우를 가리키며, 운전면허의 취소나 정지는 운전면허를 받을 자격이 없는 사람이 운전면허를 취득하였거나 적성검사를 받지 않았기 때문에 신체적인 운전적성이 확인되지 않는 등 운전을 하기 적절치 못한 경우에 대하여 지방경찰청장이 운전면허의 정지나 취소처분을 내린 경우를 말한다.

다. 음주운전이라 함은 도로교통법에서 규정하고 있는 한계치 이상으로 술을 마시고 운전하는 것을 말한다. 도로교통법 및 동법 시행령은 혈중알코올농도 0.05% 이상인 상태에서 운전하는 것을 음주운전으로 보고 있다.[2]

무면허와 음주운전으로 인한 교통사고는 여전히 감소하지 않고 있는 실정이다. 무면허운전이나 음주운전으로 인한 사고는 피보험자는 물론 타인의 생명이나 신체를 해하는 사고를 유발함으로써, 그에 대한 우려가 매우 심각하다. 자동차로 인한 사고로 인한 피보험자의 상해를 담보하는 보험으로는 상해보험과 자동차보험의 자기신체사고보험이 있다. 양 보험은 모두 보험약관에 무면허운전이나 음주운전으로 인한 보험사고의 경우에는 보험자가 면책된다는 면책약관을 두고 있다.[3]

한편, 대법원은 상해보험보통약관의 무면허·음주운전면책약관조항에 대하여 상법 제732조의2, 제739조 및 제663조에 의하여 무효라고 판시하였다.[4] 대법원의 이러한 결정에 대하여 심한 비판이 제기되었고, 상법 보험편의 개정에 맞추어 상법 제732조의2가 논의에 포함된 바 있었다. 이에 당시 제시되었던 개정안에 초점을 두고 무면허·음주운전면책약관의 유효성 여부를 검토해 보기로 한다.

II. 보험자면책과 상해보험에서 무면허·음주운전

1. 보험자면책의 의의

보험계약법이나 보험약관은 약정보험기간 내에 보험사고가 발생한 경우에도 보험자가 보험금을 지급할 필요가 없는 경우가 있는데, 이를 '보험자의 면책사유'라고 한다.[5] 이러한 보험자의 면책사유는 보험계약이 우연한 사고로 같은 위험에 놓여 있는 사람들의 모임인 보험단체 안에서 위험을 이전시키고 분배시키기 위한 조정제도라는 점, 그리고 보험계약자 등에 의한 도덕적 위험을 방지하고 나아가 보험사고의 건전한 관리를 위한다는 점에서 요구된다. 보험자의 면책사유는 법률에 의하여 일정한 경우 보험자의 면책사유를 인정하는 '법정면책사유'와 보통보

---

2 도로교통법 제41조 제1항, 제107조의2, 동법 시행령 제31조를 참조.
3 상해보험보통약관 제5조 제1항, 개인용자동차보험보통약관 제33조 제1항 3호.
4 대법원 1998. 10. 20. 선고 98다34997 판결.
5 양승규, 보험법, 제5판, 삼지원, 2004, 139면.

험약관에 의하여 보험자의 면책사유를 기재하는 '약정면책사유'로 구분하게 된다.

보험자의 면책사유에 대하여는 통칙규정인 상법 제659조에서 보험계약자 등의 고의 또는 중대한 과실로 인한 보험사고의 경우 보험자의 책임을 면하도록 하고 있다. 그리고 인보험에서는 상법 제732조의2에, "사망을 보험사고로 하는 보험계약에는 사고가 보험계약자 또는 피보험자나 보험수익자의 중대한 과실로 인하여 생긴 때에도 보험자는 보험금액을 지급할 책임을 면하지 못한다."고 규정하고, 상해보험이 생명보험에 준용하도록 하고 있다(상법 제739조). 이와 같이 인보험에서 손해보험과 달리 특칙을 인정한 것은 사람의 생명이나 신체에 관하여 보험사고가 생긴 경우에 보험자보다는 피보험자나 그 유족을 두텁게 보호하기 위한 정책적인 배려에 있다. 보험계약에서 보험자의 면책은 결국 보험자의 급부의무를 제한하는 효과를 의미하게 된다.[6]

2. 보험자면책사유와 구별

1) 담보위험제외사유

보험자가 보험금을 지급하지 않아도 되는 사유인 "보험자의 면책사유(Exception)" 외에 처음부터 담보위험으로부터 배제하는 사유가 있다. '보험자의 면책사유'가 보험사고의 원인을 제한하는 사유로서 보험기간 중에 보험사고가 발생하더라도 사고의 원인과 결과 사이에 인과관계가 있는 경우(보험계약자 또는 피보험자의 고의나 중대한 과실로 보험사고가 생긴 때)에만 보험자가 면책을 주장할 수 있음에 반하여, '책임면제사유(Exclusion)'는 보험사고의 결과를 제한하는 사유로서 보험자가 처음부터 보험계약에서 그 위험을 담보의 대상에서 제외하기 때문에 원인과 결과 사이의 인과관계에 관계없이 보험자는 면책된다.[7] 그러나 담보위험제외사유도 일반적으로 보험사고와 관련하여 보험자의 책임을 제한하는 데 사용하고 있고, 보험약관에서 정하고 있는 면책사유가 책임면제사유에 해당하느냐 아니면 담보위험제외사유에 해당하느냐의 구분이 명확한 것은 아니므로, 구체적인 상황에 따라 판단해야 할 사항이다.

---

6   채이식, "보험계약상 면책사유에 관한 소고", 기업환경의 변화와 상사법(춘강손주찬교수고희기념논문집), 삼성출판사, 1993, 610면.

7   자동차종합보험보통약관 제10조 제2항 제4호는 대인배상에 관한 보험회사의 면책사유의 하나로 피해자가 배상책임있는 피보험자의 피용자로서 근로기준법에 의한 재해보상을 받을 수 있는 사람인 경우를 들고 있는바, 이 면책조항은 노사관계에서 발생하는 재해보상에 대하여는 산업재해보상에 의하여 전보받도록 하고 제3자에 대한 배상책임을 전보하는 것을 목적으로 하는 자동차보험의 대인배상범위에서는 이를 제외하고 있는데, 이와 같이 자동차보험에서 피용자의 업무상의 재해사고를 면책사유로 하는 것이 여기에 해당한다.

2) 보험계약의 해지

보험자의 면책사유 외에, 보험자는 일정한 사유가 있는 경우에 해지의 의사표시를 함으로써 보험금 지급을 면하는 수가 있다. 우리 상법은 제650조(보험료지급의무의 해태), 제651조(고지의무위반), 상법 제652조(위험변경증가의 통지의무위반) 등에서 보험계약자, 피보험자 또는 보험수익자가 보험계약상 주어진 의무를 이행하지 않으면, 일정한 기간 후에 보험계약을 해지할 수 있도록 하고 있다. 보험자는 해지사유가 있으면 보험사고의 발생 전후를 불문하고 보험계약을 해지하여 보험금 지급책임을 면하게 된다(상법 제655조). 그러므로 결과적인 측면에 본다면 계약의 해지는 보험자의 면책사유와 유사하다고 할 수 있다. 하지만 면책사유의 경우에는 보험자가 그 사실을 주장하면 보험금 지급책임을 면하지만, 해지사유의 경우에는 일정한 기간 내에 반드시 의사표시를 하여야 해지의 효과로서 면책이 된다는 점에서 그 차이가 있다.[8]

3. 상해보험과 무면허·음주운전면책

상해보험계약은 피보험자가 급격하고도 우연한 외래의 사고에 의해 신체에 상해를 입었을 때에 보험금액 기타의 급여를 할 것을 약정하는 보험계약이다(상법 제737조). 그러므로 다음과 같은 요건이 갖추어져야 한다. 상해보험의 사고는 피보험자의 신체의 상해이고, 상해를 원인으로 하는 사망은 상해보험의 범위에 해당되지만, 질병이나 그 밖의 원인으로 인한 사망은 상해보험자의 책임범위에 속하지 않는다. 이러한 상해보험은 다음과 같은 요건을 필요로 한다.[9]

첫째, 급격성이 요구된다. 이는 시간적으로 빠른 것을 의미하는 것이 아니라, 피보험자가 예견하지 아니하였거나 예견할 수 없는 순간에 생긴 것을 뜻한다.

둘째, 우연성이다. 이것은 피보험자의 고의로 인한 것이 아니라, 뜻하지 않게 상해를 입은 것을 의미한다.

셋째, 외래성이다. 이는 상해의 원인이 신체의 내부에서 기인하지 않아야 됨을 뜻한다. 그러므로 외래적 원인에 의한 것이면 그 전에 내부적인 신체질환이 있더라도 그 자체는 문제가 되지 않는다.

상해보험은 특히 자동차운전자와 관련하여, 무면허운전이나 음주운전의 경우 도로교통의

---

8 양승규, "범죄로 인한 보험사고와 보험자의 책임 – 인신사고관련 판례를 중심으로 – ", 2007년 추계학술발표회, 성신여자대학교, 2007. 10. 13, 7면

9 상해보험약관 제3조 제1항; 독일 상해보험보통약관 제2조 제1항.

안전을 해치는 대형사고의 원인이 되므로, 보험보호의 대상에서 제외하여 보험자의 책임을 면하고자 하는 노력을 기울여 왔다. 그러므로 각종의 상해보험약관에서는 '피보험자는 무면허운전·음주운전으로 인한 보험사고로 생긴 상해에 대하여는 보상하지 아니한다.'는 보험자 면책조항을 마련하고 있다.[10]

III. 무면허·음주운전면책약관의 유효성

1. 비교법적인 고찰

1) 독일의 입법

독일 상해보험약관 제2조 제1항 2호는 "피보험자는 고의로 범죄행위를 저질렀거나 시도함으로써 입은 상해"를 면책사유로 하고 있다. 판례 또한 무면허운전은 이 면책사유에 해당하는 것으로 보고 있다. 그리고 동 약관 제2조 제1항 1호에서는 정신질환의 결과로 생긴 피보험자의 상해와 마찬가지로 '음주로 생긴 상해'를 면책사유로 하고 있다. 운전자의 의식장해는 혈중알코올농도에서 비롯된 것이고, 그것은 형법상의 운전부적격으로 되는 것이다. 그러므로 독일의 상해보험약관에 따르면 무면허·음주운전은 고의적인 범죄행위의 실행이라 할 수 있고, 그 운전 중의 사고로 피보험자의 상해를 입은 경우에는 보험자는 보상책임을 지지 않게 된다.[11]

독일의 보험계약법에는 특별히 사망을 보험사고로 하는 보험에 있어서 중과실의 경우에도 보험금을 주도록 규정하고 있지 않다. 다만, 상해에 대해서는 독일 보험계약법 제181조에서 고의 면책을 규정해 두고 있다. 그리고 생명보험에 대해서는 독일 보험계약법 제169조, 제171조 및 관계된 자의 고의에 의한 살해의 경우 면책에 대하여 규정하고 있다. 또한 독일 보험계약법은 개별적인 경우마다 상대적 강행규정화하고 있다는 점이 우리와 다르다.[12]

---

10 2003년 개정된 상해보험약관과 자동차종합보험약관의 자기신체사고보험의 경우에는 대법원의 판결에 따라 무면허운전과 음주운전면책조항을 삭제하였다.

11 양승규, "범죄로 인한 보험사고와 보험자의 책임 – 인신사고관련 판례를 중심으로 –", 2007년 추계학술발표회, 성신여자대학교, 2007. 10. 13, 4면.

12 최병규, "무면허·음주운전면책에 대한 소고", 기업법연구, 제5집, 한국기업법학회, 2000, 421면 이하.

2) 우리나라의 실정법

(1) 1991년 개정 전 면책조항

1991년 개정 전 상법 제659조 제1항은, 보험계약자 등의 고의 또는 중과실에 의한 사고를 원칙적인 보험자의 면책사유로 규정하였고, 제2항 본문에서는 예외적으로 사망보험과 상해보험에서 보험계약자 등의 고의에 의한 사고만을 면책사유로 하고 중과실에 의한 사고는 보험자의 책임을 인정하고 있었다. 그리고 단서조항에서 범죄인을 보호하지 않는다는 뜻에서 사형집행에 의한 사망의 경우에는 중과실에 대해서도 면책한다고 규정하고 있었다.

이러한 실정법에 대하여, '도덕적 위험의 우려가 높은 상해보험의 경우에는 보험계약자 등의 중과실에 대해서도 보험자가 면책되는 것으로 해야 한다.'는 면과 사형제도는 보험제도와 별개의 제도이므로 보험계약법에서 이를 특별히 예외적인 것으로 다룰 필요가 없다는 면을 고려하여, 동 조항을 다듬을 필요가 있었다.

(2) 현 상법의 면책조항

1991년 상법 개정 시 앞의 주장을 받아들였다. 우선 상법 제659조 제1항은 그대로 유지하였고, 상법 제659조 제2항 본문에 있던 상해보험을 삭제하고 동 조항은 사망보험에서의 중과실책임 규정으로만 존재하게 되었다. 그리고 조문의 체계상 생명보험에 관한 부분으로 옮겨 제732조의2를 신설하게 되었다. 그 결과 상법 제659조 제2항은 삭제하게 되었다.[13]

이제 현 상법 제732조의2는 특칙규정으로서, 사망을 보험사고로 한 보험계약에서 보험계약자 또는 피보험자나 보험수익자의 중과실의 경우에도 보험금을 지급할 것을 규정하고 있다. 생명보험에 해당하는 동 규정을 둔 이유는 피보험자가 사망하였을 때 그 유족 등의 보험수익자를 보호하기 위한 정책적인 고려이다.[14]

1991년 개정 전 상법 제659조 제2항 본문에서 사망보험 외에 상해보험도 보험계약자 등의 고의에 의한 사고만을 면책사유로 하고 중과실에 의한 사고는 보험자의 책임을 인정한 것은 문제가 있다고 하여 이 조항에서 상해보험을 삭제하고 그 결과 이 조항은 사망보험에서 중과실책임 규정으로 남게 되었고, 조문의 체계상 생명보험에 관한 부분에 상법 제732조의2를 신설하여 해

13　장경환, "개정 보험계약법의 개관(하)", 고시계, 1992년 4월 호, 118면.

14　이기수, 보험법·해상법학(상법강의 IV), 제9판, 박영사, 2015, 105면 이하.

결하였다. 하지만 상해보험을 규정하고 있는 상법 제739조에서, 상법 제732조를 제외하고 생명보험에 관한 규정을 모두 준용하도록 함에 따라, 중과실로 인한 보험사고의 경우에도 보험자가 책임을 부담하도록 하고 있는 제732조의2는 상해보험에서도 동일하게 적용하게 되었다.

(3) 상대적 상행규정성

보험계약자는 일반적으로 보험자보다 보험에 관하여 경험이나 지식에 있어서 열등한 위치에 있다. 그러므로 보험계약자와 보험자가 사적자치에 의하여 자유롭게 계약을 체결하게 된다면, 우월적 지위에 있는 보험자는 그에게 유리한 보험계약의 내용이나 해석을 통하여 보험계약자를 불이익한 상태로 빠뜨릴 염려가 있다. 그러므로 우리 상법 제663조는 "이 편의 규정은 당사자의 특약으로 보험계약자 또는 피보험자나 보험수익자의 불이익으로 변경하지 못한다."라고 규정하여 열악한 보험계약자를 보호하고자 하고 있다. 보험계약자 등을 유리하게 하고 보험자에게 불리하게 하는 약관은 다당하다는 측면에서, 이를 상대적 강행규정이라고 한다.[15]

2. 판례의 입장

1) 사건개요

소외 갑은 을 보험자와 급격하고도 우연한 외래의 사고로 신체의 상해를 입었을 경우에 보험보호를 받을 수 있는 상해보험계약을 체결하였다. 계약체결 후 갑은 자동차운전면허도 없이 혈중알코올농도 0.13%가량의 술을 마시고 술에 취한 상태에서 타인 소유의 승용차의 열쇠를 절취하여 운전하던 중 다른 차량의 뒤 부분을 들이받아 흉부 좌상 등의 상해를 입고 인근 병원에서 치료를 받다가 사망하였다.

을 보험자의 보통보험약관 제7조 제1항 제4호에는 "회사는 피보험자의 무면허 또는 음주운전으로 인한 보험사고에는 손해를 보상하지 않는다"고 규정되어 있었다. 이에 갑의 상속인은 위 약관이 상법 제732조의2, 상법 제739조 및 제663조에 위반되어 무효라고 하며, 보험금지급을 주장하였다. 반면에 보험자는 설사 위 약관이 동 규정들에 의하여 무효라 하더라도, 소외 갑의 미필적 고의에 의한 사고라 하여 보험금을 지급할 이유가 없다고 주장하며 채무부존재확인의 소를 제기한 사건이다.

---

15   최병규, "무면허·음주운전면책에 대한 소고", 기업법연구, 제5집, 한국기업법학회, 2000, 399면 이하.

2) 보험사고의 고의성 여부

보험사고가 고의를 동반한 것이라면 보험자는 면책을 주장하게 된다. 서울고등법원은 "소외 갑이 무면허이므로 별다른 운전기술이 없었던 것으로 추정되고, 또한 사고 당시 혈중알코올농도 0.13%의 주취상태에 있었음에 비추어 당시의 판단능력이나 운동능력이 극히 저하된 상태에 있었음을 미루어 짐작하기에 어렵지 아니하고, 일반적으로 통상인이라면 운전기술이 미숙한 자가 음주 상태에서 차량을 운전하는 경우 자칫 위험에 대한 대처능력의 결여 등으로 교통사고를 일으켜 운전자 자신 또는 타인의 신체나 생명에 심각한 위해를 초래할 수 있음은 능히 예견할 수 있는 일이라 할 것이다. 따라서 이러한 상태에 있는 갑이 더구나 전혀 운전해본 적이 없는 타인의 차량을 훔쳐 타고 시야에 장애가 따르는 새벽녘에 통행이 빈번할 것으로 예상되는 편도 4차로의 대로까지 진출하는 것을 감행하였다면 이 사건 보험사고와 같은 교통사고의 결과를 충분히 예견하고서도 이를 용인한 셈이라 하겠고, 나아가 갑은 실제 그 차량을 운행하는 과정에서 충분히 예상되었던 바로 그 사유로 말미암아 스스로 용인한 바 있는 사고를 일으켜 자신의 사망이라는 결과까지 초래하였다고 볼 수 있다."고 하면서,[16] '갑의 사망에 따른 이 사건 보험사고는 그에 이르기까지 전과정을 종합하여 볼 때 고의에 의한 사고라고 말할 수는 없어도 갑의 미필적 고의에 의한 사고라고 능히 평가될 만한 것이다.'라고 판단하면서, '원고회사는 이 사건 보험계약에 기해 피고들에 대하여 지게 될 이 사건 보험사고에 따른 보험금 지급채무는 존재하지 아니한다.'고 판단하였다.

3) 중과실 여부

대법원은 "피보험자가 운전면허 없이 혈중알코올농도 0.13%의 주취상태에서 시동열쇠가 꽂혀 있는 채로 골목길에 주차되어 있던 타인의 차량을 훔쳐 무단운행을 하던 중 신호대기로 정차 중이던 차량을 추돌하여 사망한 사안에서, 위 사고가 비록 피보험자 타인의 차량을 절취하여 무면허, 음주상태로 운전을 하던 중에 발생한 것이라고 하더라도 그 고의는 특별한 사정이 없는 한 차량의 절취와 무면허, 음주운전 자체에 관한 것이고 직접적으로 사망이나 상해에 관한 것으로 볼 것은 아니며, 피보험자가 무면허라고 하여도 그가 차량을 절취한 장소로부터 사고지점까지 약 10km를 운전한 점에 비추어 운전기능이 없었다고 추정할 수는 없을 뿐만 아니라

---

[16] 　서울고등법원 1998. 6. 30. 선고 98나2091 판결.

술김에 열쇠가 꽂혀 있는 차량을 절취하여 운행하게 된 점 등에 비추어보더라도, 다른 특별한 사정이 없는 한, 위 사고는 피보험자가 사고발생 가능성을 인식하면서도 이를 용인하고 감행한 미필적 고의에 의한 사고라기보다는 피보험자의 과실로 평가되는 행위로 인하여 발생하였다고 보는 것이 타당하다."고 하면서, "상법 제732조의2는 "사망을 보험사고로 한 보험계약에는 사고가 보험계약자 또는 피보험자나 보험수익자의 중대한 과실로 인하여 생긴 경우에도 보험자는 보험금액을 지급할 책임을 면치 못한다."라고 규정하고 있고, 위 규정은 상법 제739조에 의해 상해보험계약에도 준용되며 한편, 상법 제663조는 당사자 간의 특약으로 보험계약자 또는 피보험자나 보험수익자에게 불이익하게 위 각 규정을 변경하지 못하도록 규정하고 있는바, 상해 또는 사망을 보험사고로 하는 보험계약상의 무면허·음주운전 등 면책약관이 만일 보험사고가 전체적으로 보아 고의로 평가되는 행위로 인한 경우뿐만 아니라 과실(중과실 포함)로 평가되는 행위로 인한 경우까지 보상하지 아니한다는 취지라면 과실로 평가되는 행위로 인한 사고에 관한 한 위 각 규정들에 위배되어 무효라고 봄이 상당하다."고 판시하였다.[17]

IV. 실정법의 문제점

상법 제732조의2·제739조와 관련하여 상법 제663조는 상대적으로 보험자보다 약한 보험계약자 등을 보호하기 위하여 보험계약법의 내용보다 보험계약자 등에게 불리하게 보험약관을 규정하지 못하도록 금지하고 있다.[18] 대법원은 타인의 차량을 절취하여 무면허·음주 상태로 운전을 하다가 타인을 사망이나 상해에 이르게 한 것이, 피보험자가 사고발생 가능성을 인식하면서도 이를 용인하고 감행한 미필적 고의에 의한 사고라기보다는 피보험자의 과실로 평가한다.[19] 그리고 이와 같은 무면허와 음주운전으로 인한 사고를 고의가 아닌 과실로 인정하게 된다면, 보험자에 의하여 제시되는 "피보험자의 무면허나 음주운전이라는 사유로 생긴 손해는 보상하지 아니한다."고 하는 무면허면책약관이나 음주운전면책약관은 보험계약자 등을 불이익하게 변경하는 것이 되므로, 동 약관은 무효가 된다.

....

17 대법원 1998. 10. 20. 선고 98다34997 판결.
18 상법 제663조 상대적강행규정에 대한 비판으로는 장경환, "무면허·음주운전면책 위헌결정에 대한 의견", 손해보험, 2000. 2, 18면 이하.
19 무면허운전과 음주운전이 결합된 사건에 대한 판결로는 대법원 1998. 10. 20. 선고 98다34887 판결.

대법원의 입장으로 말미암아 무면허운전이나 음주운전 중의 사고로 피보험자가 입은 상해에 대하여 고의가 있었다는 사실을 입증하지 못하면 그 약관조항은 무효가 되어 보험자의 보상책임을 면하지 못하게 된다.[20] 이는 반사회적인 무면허·음주운전을 하여 보험사고를 일으킨 피보험자에 대하여도 보험보호를 하게 되는 비합리적인 상황이 발생하게 된다. 그러므로 현행 상법 제732조의2의 개정의 필요성이 제기되는 것이다.

V. 상법 개정방안

상법 제737조의2를 신설하여 반사회성 또는 고도의 위험성이 있는 행위 중 대통령이 정하는 경우에는 상해를 보험사고로 하는 보험계약에서 중과실에 의해 보험사고가 발생해도 보험자는 보험금 지급책임을 면할 수 있는 여지가 마련되어야 할 것이다.

대부분의 상해보험약관에는, ① 뇌질환·질병·심신상실, ② 임신·출산·유산 또는 외과적 수술 그 밖의 의료처치, ③ 형의 집행, ④ 선박공무원, 어부, 사공 기타 선박에 탑승하는 것을 직무로 하는 자가 직무상 선박에 탑승하고 있는 동안 입은 상해, ⑤ 핵연료물질 또는 핵연료물질에 의하여 오염된 물질의 방사성·폭발성 그 밖의 유해한 특성에 의한 사고, ⑥ 방사선 조사 또는 방사능 오염을 비롯하여 생명·신체에 중대한 영향을 미칠 수 있는 위험한 행위로서 ⑦ 전문등반, 글라이더 조종, 스카이다이빙, 스쿠터다이빙, 행글라이딩 등의 위험한 운동, ⑧ 모터보트·자동차, 오토바이에 의한 경기·시범·시운전, ⑨ 항로의 항공기가 아닌 다른 항공기의 조종 등도 보험자의 면책사유로 규정되어 있다. 동조를 신설하여 반사회성 또는 고도의 위험성을 동반하고 '중대한 과실'로 인정되는 무면허와 음주운전에 대하여 보험자는 면책사유로 정할 수 있게 되고, 더 나아가 무면허와 음주운전면책약관의 효력을 인정받게 될 것이다.

---

20 양승규, "범죄로 인한 보험사고와 보험자의 책임 – 인신사고관련 판례를 중심으로 – ", 2007년 추계학술발표회, 성신여자대학교, 2007. 10. 13, 7면. 상법 제732조의2의 규정을 삭제하여 인보험의 경우에도 제659조를 적용하는 주장을 한다.

제39장

상해보험 정신질환면책약관

I. 서 론

　자본주의 경제사회에서 개별적인 경제주체는 경제생활을 유지·운영·발전시키는 과정에서 예측할 수 없는 우연한 사고에 직면하게 된다. 이러한 경제주체는 우연하게 발생하는 위험에 대비하기 위하여 여러 가지 대비책을 강구하게 된다. 그러한 대비책 가운데 보험은 동일한 위험에 놓여 있는 사람들이 하나의 위험단체를 구성하여 일정한 금액을 출연하여 기금을 마련하고, 사고를 당한 자에게 일정한 금액을 지급하여 경제생활의 안정을 도모하고자 하는 제도이다.[1] 보험계약자의 청약에 대한 의사표시에 대하여 보험자가 승낙하면 보험계약은 성립하게 된다. 보험계약에 따라 보험계약자는 일정한 금액의 보험료를 납입하고, 보험자는 보험사고 발생 시 그에 대한 반대급부로 보험금을 지급하게 된다. 보험자가 책임을 부담하게 되는 보험금의 지급은 우연한 사고의 발생을 전제로 한다. 그러나 이러한 보험금을 지급받기 위하여 의도적으로 보험사고를 야기하는 경우가 발생할 수도 있다. 상법에 의하면 보험자는 보험사고 발생 시 보험금을 지급해야 하지만, 보험사고가 투기 또는 도박 등의 목적으로 악용되는 것을 예방하기 위하여 보험자의 면책규정을 두고 있다. 이러한 인위적인 보험사고의 경우에는 보험의 선의성·윤리성의 원칙을 위반한 것이므로 보험자에게 책임을 면하게 하는 것이다.

　생명보험표준약관 제16조는 보험금을 지급하지 아니하는 보험사고에 대한 내용을 규정하

1　양승규, 보험법, 제5판, 삼지원, 2004, 22면 이하.

고 있다. 동 조에서 피보험자가 고의로 자신을 해친 경우에는 보험자의 면책이 인정되지만, 피보험자가 정신질환등으로 자유로운 의사결정을 할 수 없는 상태에서 자신을 해친 사실이 증명된 경우라면, 그러하지 않도록 하고 있다. 생명보험의 영역과 달리 상해보험의 경우에는 피보험자의 심신상실 또는 정신질환의 경우에 보험자의 면책을 인정하고 있었다.

이하에서는 상해보험에서, "심신상실 및 정신질환 면책약관(이하 '정신질환면책약관'이라 한다)"의 유·무효와 관련된 법적인 문제를 고찰하고 있다.

II. 상해보험사고와 정신질환면책약관

1. 상해보험사고요건으로서 우연성

상해보험사고의 우연성과 관련된 판례는 다수 있지만, 아래 1)와 2)의 판례들을 통하여 우연성 여부를 가름할 수 있다.

1) 중대한 과실 관련성

'술을 평소에 좋아하고 주벽이 심한 편이었던 자가 술에 취한 상태에서 타고 있던 택시를 세워 내린 후 교량 난간을 넘어 다리 아래로 뛰어내려서 익사한 사안'에서, 대법원은 "망인이 추락 당시 병적인 명정상태에 있었던 이상, 비록 망인에게 평소 주벽이 심함에도 불구하고 명정에 이를 정도로 과음에 중과실이 있다고 하더라도, 이는 우연한 사고에 해당한다."라고 판시하였고,[2] '피보험자가 술에 취한 상태에서 출입이 금지된 지하철역 승강장의 선로로 내려가 지하철역을 통과하는 전동열차에 부딪혀 사망한 사안'에서, 대법원은 "피보험자에게 판단능력을 상실 내지 미약하게 할 정도로 과음을 한 중과실이 있더라도, 보험약관상의 보험사고인 우발적인 사고에 해당한다."고 판시한 바 있다.[3] 여기서 우리는 대법원이 '예견하지 않았다고 하는 부분'

....

2   대법원 1998. 10. 27. 선고 98다16043 판결.

3   대법원 2001. 11. 9. 선고 2001다55499, 55505 판결. 대법원은 "… 이 사건 사고 당시 위 김창세가 사람의 출입이 금지된 지하철역 승강장의 선로로 내려가 지하철역을 통과하는 전동열차에 부딪혀 사망할 수도 있다는 사실을 분별할 수 있을 정도로 변별능력을 갖추고 있었다고 보기 어렵고, 술에 취한 나머지 판단능력 등이 미약한 상태에서 선로에서 소변을 누면서 선로 위로 올라오라는 동료의 말을 거부하는 등 단순히 충동적이고 반사적으로 반응하다가(김창세는 돈을 가불하여 주지 아니한 이정수에게 술김에 객기를 부리기 위하여 위와 같은 행동을 하였다고도 추측하여 볼 수 있다) 급기야 지하철역을 통과하는 전동열차에 부딪혀 사망한 것으로 봄이 상당하다고 하여,

을 고의와 같은 의미로 해석하여야 하는지, 아니면 중과실을 의미하는 것인지를 주목해볼 필요가 있는데, 대법원은 '고의' 개념 대신에 '중대한 과실'이라는 개념을 사용하면서, 앞의 두 사건에서 상해보험의 보험사고로 판단하고 있다.

2) 외과적 수술 관련성

상해보험의 경우에 외과적 수술로 인한 상해나 사망의 경우에는 보험사고로 볼 수 있는가에 대한 다툼이 발생할 수 있다. 대법원은 "피보험자가 겨드랑이 밑의 악취제거를 위한 수술 중에 급성심부전증으로 사망한 경우에 상해보험사고에 해당하지 않는 것"으로 보았다.[4] 질병 등을 치료하기 위한 외과적 수술 기타 의료처치가 행하여지는 경우, 피보험자는 일상생활에서 노출된 위험에 비하여 상해가 발생할 위험이 현저히 증가하므로 그러한 위험을 처음부터 보험보호의 대상으로부터 배제하고자 하는 목적이 있다.[5] 한편, '피보험자가 종합건강검진을 위하여 전신마취제인 프로포폴을 투여받고 수면내시경 검사를 받던 중 검사 시작 5분 만에 프로포폴의 호흡억제 작용으로 호흡부전 및 의식불명 상태가 되어 사망한 사건'에서, 대법원은 신체의 상해나 질병 등을 치료하기 위한 외과적 수술 등에 기한 상해가 아니라 순수한 건강검진 목적의 의료처치에 기하여 발생한 상해는 이 사건 면책조항의 대상이 아니라고 판단한 바 있지만,[6] 상해 또는 질병의 치료가 프로포폴을 이용한 수면마취를 통하여 이루어지는 것이 일반적인 바, 그 의료처치의 목적이 다르다고 하여 동일한 행위에 대하여 위험성을 달리 한 대법원의 판단에 의문이 없는 것은 아니다.

2. 상당인과관계

상해사고의 외래성 및 상해 또는 사망 사이에 상당인과관계가 존재해야만 보험자는 보험금 지급책임을 부담한다. 상당인과관계란 상해사건의 사고원인이 상해의 결과에 대한 중요한 원

김창세가 전동열차와 충돌 당시 술에 취한 상태에 있었던 이상 이 사건 사고는 김창세가 예견하지 못한 우발적인 사고에 해당하므로, 비록 김창세에게 판단능력 등을 상실 내지 미약하게 할 정도로 지나치게 과음하여 사람의 출입이 금지된 위험한 지하철 선로 위에 내려간 중대한 과실이 있다고 하더라도, 이 사건 보험약관에서 정하고 있는 보험사고에 해당한다."고 판시하고 있다.

4　대법원 1980. 11. 25. 선고 80다1109 판결.
5　대법원 2010. 8. 19. 선고 2008다78491, 78507 판결.
6　대법원 2014. 4. 30. 선고 2012다76553 판결.

인인 경우이거나 또는 병존하는 다른 원인이 공동으로 작용한 때에 그 사고원인이 병존하는 다른 원인과 대체로 보아 같은 정도로 상해의 결과에 영향을 미치는 경우를 뜻한다.[7] 대법원은 "…문과 창문이 닫힌 채 방안에 에어컨이 켜져 있었고 실내온도가 차가웠다는 사정만으로 망인의 사망 종류 및 사인을 알 수 없다는 검안 의사의 의견과 달리 망인의 사망 원인이 '에어컨에 의한 저체온증'이라거나 '망인이 에어컨을 켜 둔 채 잠이 든 것'과 망인의 '사망' 사이에 상당한 인과관계가 있다고 볼 수 없다."고 판시한 사건[8]이 전자와 관련이 있다고 한다면, "의료비담보 특별약관에 정한 '사고로 상해를 입고 그 직접 결과로서 요양기관에서 치료를 받은 경우'라 함은 사고로 입은 상해가 주요한 원인이 되어 생화기능 또는 업무능력에 지장을 가져와 피보험자가 입원하여 치료를 받게 되거나, 요양기관에서 치료를 받을 경우를 말하고 사고로 입은 상해 이외에 피보험자가 가진 기왕의 질환 등이 공동원인이 되었다 하더라도 사고로 인한 상해와 치료 사이에 통상 일어나는 원인 결과의 관계가 있다고 인정되는 이상 여기서 말하는 직접 결과에 해당한다고 봄이 상당하다."고 한 대법원의 판단은 후자와 관련성을 갖는다.

3. 증명책임

상해보험사고가 발생하는 경우 보험금청구권자는 보험자에게 보험금을 청구하게 된다. 이때 보험사고의 요건과 사고 사이의 인과관계에 대한 증명을 누구 부담해야 하는가의 문제가 발생한다. 상해보험에서 보험사고의 우연성에 관한 증명, 사고의 외래성 및 상해라는 결과와 사이의 인과관계에 대한 증명은 보험금청구권자가 부담해야 한다는 것이 대법원의 입장이다.[9] 이를 보험계약법에 명시적으로 규정하는 입법적 해결방안을 고려해볼 수도 있지만, 우리나라의 경우 실정법상 아무런 규정을 두고 있지 않은 상태이다.

독일은 보험계약법 제178조 제2항 단서에서 "우연성은 반대의 입증이 있기까지 추정함"을 명시적으로 규정하고 있다. 우리나라와 마찬가지로 독일의 경우, 보험사고의 요건 중 급격성이나 외래성에 대해서는 보험금청구권자가 증명을 해야 한다. 그러나 면책을 주장하기 위해서 독일의 경우에는 우연성이 존재하지 않는다는 반대의 증거가 요구된다. 독일의 추정규정은 보험금청구권자의 입증에 대한 곤란성을 완화해주는 기능을 하게 된다. 상해보험에서 우연성에 대

---

7 박세민, 보험법, 제8판, 박영사, 2025, 1208-1209면.
8 대법원 2010. 9. 30. 선고 2010다12241, 122258 판결.
9 대법원 2003. 11. 28. 선고 2003다35215 판결.

한 증명의 곤란으로 인하여 피보험자 등의 청구가 적지 않게 기각될 수 있다는 점을 고려한다면, 우리의 경우 독일의 보험계약법을 적극 수용할 필요성이 있다.

4. 정신질환면책약관 개정 추이

1) 개념

보험자는 상법 제4편 보험편과의 관계에서, 보통보험약관에 상법의 규정을 그대로 원용하기도 하고, 상법의 규정을 변경 또는 상법의 규정을 보충하는 보충조항 등을 통하여 면책규정을 두게 된다.[10] 상해보험약관은 '피보험자의 고의, 피보험자의 자해, 자살, 자살미수, 형법상의 범죄행위 또는 폭력행위, 피보험자의 질병 또는 심신상실, 정신질환으로 인한 상해 등'의 경우에 보험자의 면책을 인정하고 있는데, 이 가운데 "심신상실이나 정신질환 등의 상해"를 면책으로 하고 있는 내용을 정신질환면책약관이라 한다.[11] 상해보험에서 정신질환 등에 대하여 보험자의 면책을 인정하고 있는 것은 보험사고로서 인정될 수 있는 우연하면서도 급격한 외래의 사고라는 요건들을 충족하지 못하고 있기 때문이다. 최근 우울증으로 인한 자살이 지속적으로 증가하면서 실무에서 보험자의 면책사유로 정한 정신질환면책약관에 대한 법적 문제가 쟁점으로 부각되고 있다.

2) 약관 변동 사항

(1) 의의

보험업법 제2조 제1호는 보험 상품으로 생명보험상품, 손해보험상품 및 제3보험상품을 인정하고 있다. 제3보험상품으로는 상해보험, 질병보험 및 간병보험을 규정하고 있고, 과거 제3보험 표준약관의 경우 생명보험사는 생명보험표준약관을 이용해서 상해보험계약을 체결하였고, 손해보험사는 '특종보험표준약관'과 '장기손해보험표준약관'을 이용하여 계약을 체결하고 있었다.[12] 2010년 1월 29일 그동안 이용되었던 '특종보험표준약관'은 삭제되고, '장기손해

---

10 서돈각·정완용, 상법강의(하), 제4전정, 법문사, 1998, 366면.

11 장경환, "상해보험 및 생명보험에서의 피보험자의 정신장애와 의식장애", 법학, 제49권 제4호, 서울대학교 법학연구소, 2008, 346면.

12 조규성, "손해보험사의 상해보험 약관에서 규정하고 있는 '피보험자의 정신질환' 면책조항의 효력에 관한 판례 고찰 ― 대법원 2015. 6. 23. 선고 2015다5378 판결 ― ", 법학연구, 제56권 제4호, 부산대학교 법학연구소, 2015, 194면.

보험표준약관'은 '질병·상해표준약관'으로 변경되면서 지금은 '생명보험표준약관'과 '질병·상해보험표준약관'에 의하여 각각 상해보험계약을 체결하고 있다.

(2) 생명보험의 경우

생명보험표준약관 제16조는 보험금을 지급하지 않는 사유를 규정하고 있다. 제1호에서 '피보험자가 고의로 자신을 해친 경우'에는 보험자는 면책이지만, '피보험자가 정신질환 등으로 자유로운 의사결정을 할 수 없는 상태에서 자신을 해친 사실이 증명된 경우에는 그러하지 아니하다.'라고 규정하여 보험자의 부책을 규정하고 있었다. 2010년 1월 29일 개정된 생명보험표준약관 제17조 제1호 단서 가목 제2문에 따르면 "피보험자가 심신상실 등으로 자유로운 의사결정을 할 수 없는 상태"로 변경하고 있는데,[13] 정신병과 같은 정신질환보다 정신질환 이외의 의식장애를 포함하는 개념인 '심신상실'이 적용범위를 확대할 수 있다는 점을 고려한 것이라 하겠다. 이러한 변경은 이제 피보험자의 의사결정무능력상태를 초래하는 사유로서 정신질환 이외에 정신장애 외에 의식장애 등 구 약관에서 적용하는 것보다 그 범위를 확장하여 보험자의 부책을 유도한 것으로 보일 수도 있지만,[14] 의사결정무능력상태를 초래하는 정신장애나 의식장애가 반드시 정신질환에 한하는 것이 아니라는 점을 주의적으로 밝히는 것에 그 의미가 있다고 하겠다.[15]

(3) 상해보험의 경우

개정 전 손해보험사가 이용하던 장기손해보험표준약관 제14조 제1항 제6호는 보상하지 않는 손해로서 '피보험자(보험대상자)의 심신상실 또는 정신질환'을 두고 있었다. 지금은 폐지된 특종보험표준약관 제7조 제1항 제5호 역시 동일한 내용을 두고 있었다. 그러나 2010년 1월 29일 개정되어 사용되고 있는 질병·상해보험표준약관은 '피보험자(보험대상자)의 고의'에 대하여는 종전과 마찬가지로 보상하지 아니하지만, '피보험자(보험대상자)가 심신상실 등으로 자유로운 의사결정을 할 수 없는 상태에서 자신을 해친 경우에는 보험금을 지급한다.'는 형식으로 변경 사용되고 있다. 이러한 형태는 2022년 9월 30일 개정된 질병·상해보험약관에도 동일한 내용으로 반영되어 있다.

---

13 2022년 9월 30일 개정된 생명보험표준약관에도 동일한 내용으로 규정되어 있다.

14 임동섭, 현장에서 활용하는 손해사정실무(제3보험편), 보험연수원, 2015, 408면.

15 양승규·장경환, "피보험자의 자살과 사망보험금", 보험법연구, 제4권 제2호, 2010, 211면.

III. 정신질환면책약관의 유·무효 판단

1. 보험자의 면책 이유

사망을 보험사고로 하는 생명보험계약은 자살을 보험자의 면책사유로 규정하고 있다. 그 자살은 자기의 생명을 끊는다는 것을 의식하고 그것을 목적으로 의도적으로 자기의 생명을 절단하여 사망의 결과를 발생케 한 행위에 해당한다. 그러나 그것이 피보험자가 정신질환 등으로 자유로운 의사결정을 할 수 없는 상태에서 사망의 결과를 발생케 한 경우까지 포함하는 것은 아니다.[16] 피보험자가 자유로운 의사결정을 할 수 없는 상태에서 사망의 결과를 발생케 한 직접적인 원인행위가 외래의 요인에 의한 것이라면, 그 사망은 피보험자의 고의에 의하지 않은 우발적인 사고로서 보험사고의 사망에 해당될 수 있다.[17]

상해보험계약상 정신질환면책약관은 피보험자의 정신질환을 피보험자의 고의나 피보험사의 자살과 별노의 독립된 면책사유로 규정하고 있다.[18] 보험자가 정신질환에 대한 보험사고를 면책으로 한 이유는 첫째, 피보험자의 정신질환으로 인식능력이나 판단능력이 약화되어 상해의 위험이 현저히 증대된 경우 그 증대된 위험이 현실화되어 발생한 손해는 보험보호의 대상으로부터 배제하려는 데에 있다. 둘째, 보험에서 인수하는 위험은 보험 상품에 따라 달리 정해질 수 있는 것을 고려한 것이다. 상해보험에서 보험자가 얼마의 보험금을 지급할 것인가의 지급범위와 보험계약자로부터 지급받는 보험료율 등 보험 상품의 내용을 어떻게 구성할 것인가의 문제는, 보험 상품을 판매하는 보험자의 정책에 따라 결정되는 것이고, 피보험자에게 보험기간 개시 전의 원인에 의하거나 그 이전의 발생한 신체의 장해가 있는 경우에 그로 인한 보험금 지급의 위험을 인수할 것인지 등도 당사자 사이의 약정에 따르게 된다.[19] 그러므로 만일 피보험자가 정신질환에 의하여 자유로운 의사결정을 할 수 없는 상태에 이르렀고 이로 인하여 보험사고가 발생한 경우라면, 위 면책사유에 의하여 보험자의 보험금지급의무가 면제되는 것으로 보아야 한다.

---

16 대법원 2006. 3. 10. 선고 2005다49713 판결.

17 대법원 2008. 8. 21. 선고 2007다76696 판결.

18 장경환, "상해보험 및 생명보험에서의 피보험자의 정신장애와 의식장애", 법학, 서울대학교 법학연구소, 제49권 제4호, 2008, 331면 이하 참조.

19 대법원 2013. 10. 11. 선고 2012다25890 판결.

2. 해당 판례 검토

1) 의의

　　정신질환면책약관과 관련하여 우리에게 관심을 주었던 사건은 2006년 3월 10일 대법원 판결이다.[20] '남편에 대한 재정보증 내지 경제적 문제로 남편뿐만 아니라 시댁, 친정과 계속 갈등을 겪어 왔으며, 세 자녀를 돌보면서 남편의 회사업무도 돕는 등 과도한 업무에 시달려 오기도 했고, 출산 후 이 사건 사고에 이르기까지 불과 1년 만에 충수절제술을 받고 각종 병명으로 병원에 오가며 신체적, 정신적으로 많이 쇠약해져 있었던 사정이 피보험자인 아내에게 있었다. 이 사건 당일 남편인 원고 1이 술에 취하여 귀가하였다가 망인이 손위 동서(원고 1의 형수)와 전화를 하면서 원고 1에 대한 재정보증문제로 언쟁을 하는 것을 보고 망인에게 전화기를 던지고 자녀들이 보는 앞에서 수회 뺨을 때리자 망인도 흥분하여 텔레비전을 넘어뜨리는 등으로 격렬하게 부부싸움을 한 사정이 있었고, 원고 1이 함께 죽어버리자고 하면서 망인의 멱살을 잡고 베란다 난간으로 끌고 가서 망인의 상체를 베란다 밖으로 밀고, 자녀들은 망인이 떨어지지 않도록 다리를 잡고 울면서 원고 1에게 애원을 하여 만류하는 상황에서, 원고 1이 하던 행동을 멈추고 베란다를 떠나 거실로 가는 순간 망인이 베란다 밖으로 뛰어내렸던 사안'에서, 대법원은 "정신이 쇠약해진 상태에서 부부싸움 도중 극도로 흥분되고 불안한 정신적 공황 상태에서 추락하여 사망한 경우라면 우발적인 사고에 해당한 것으로 보아 보험자의 보험금지급책임이 있다."고 판단하였다.[21] 쟁점이 되는 것은 자유로운 의사결정을 할 수 있는 상태의 존재 여부에 있다.[22] 피보험자의 자살이 심신상실 등으로 자유로운 의사결정을 할 수 있는 상태에서 사망의 결과를 초래한 것인지, 자유로운 의사결정을 할 수 없는 상태에서 사망의 결과를 초래한 것인지에 대한 판단은 각각의 사안에 따라 달라질 수 있다.[23]

20　대법원 2006. 3. 10. 선고 2005다49713 판결.

21　동 판결에 대한 비판적 입장으로는 양승규, "생명윤리와 자살약관에 대하여", 보험법연구, 제2권 제2호, 2008, 26면 이하.

22　장경환, "상해보험 및 생명보험에서의 피보험자의 정신장애와 의식장애", 법학, 서울대학교 법학연구소, 제49권 제4호, 2008, 353면.

23　대법원 2011. 4. 28. 선고 2009다97772 판결.

2) 자유로운 의사결정이 없는 상태

자유로운 의사결정이 없는 상태로 인정된 판결로는 2005다49713 판결을 들 수 있다.[24] '극도로 모멸스럽고 격분된 순간을 벗어날 방편으로 피보험자인 망인이 베란다에서 투신한 사건'에서, 대법원은 자유로운 의사결정이 없는 상태로 보았다.[25] 또한 "피보험자(망인)는 술에 취한 나머지 판단능력이 극히 저하된 상태에서 신병을 비관하는 넋두리를 하고 베란다에서 뛰어내리는 등의 객기를 부리다가 마침내 음주로 인한 병적인 명정으로 인하여 충동적으로 베란다에서 뛰어내려 사망한 사건"에서,[26] 대법원은 이는 우발적인 외래의 사고로서 보험약관에서 재해의 하나로 규정한 추락에 해당되어 사망보험금의 지급대상이 된다고 판단한 원심을 수긍한 바, "심신을 상실한 나머지 자유로운 의사결정을 할 수 없는 상태"로 판단하였다.[27]

3) 자유로운 의사결정이 있는 상태

대법원이 자유로운 의사결정이 있는 상태로 본 판결로는 다음을 들 수 있다. '망인(피보험자)은 꼼꼼하고 과묵한 성격으로 1남 1녀를 두고 있으며, 자살행위 당시 가정이나 직장에서 별다른 어려움이 없었고, 우울증 등 정신질환으로 치료받은 사실도 전혀 없었고, 직장생활 역시 별 문제없이 정상적으로 근무해오고 있었다. 다만, 휴가를 받기 위하여 담당 의사에게 불안, 의욕저하 등을 호소하면서 직장을 쉬기 위하여 진단서를 요구한 사실이 있었고, '우울성 에피소드'로 된 진단서를 발급받은 사실이 있었다. 망인은 유서를 작성하였는데, 손위 동서에게 사무실에 있는 자신의 짐을 모두 없애고 사무실 컴퓨터에 저장된 파일도 삭제해달라는 요청이 들어 있었다.' 이런 사실관계를 토대로 대법원은 "이 사건의 경우 비록 망인이 당일 우울성 에피소드 진단을 받기는 하였으나, 그 발병 시기가 그다지 오래된 것이 아니고, 여러 가지 정황들을 보건대, 이 사건에서 자살은 정신질환 등으로 자유로운 의사결정을 할 수 없는 상태에서 이루어진 것으로 볼 수 없다."고 판단하였다.[28]

---

24 대법원 2006. 3. 10. 선고 2005다49713 판결.

25 비판적인 입장으로는 장경환, "상해보험 및 생명보험에서의 피보험자의 정신장애와 의식장애", 법학, 서울대학교 법학연구소, 제49권 제4호, 2008, 353면 이하.

26 대법원 2008. 8. 21. 선고 2007다76696 판결.

27 이에 대한 비판은 김정주, "생명보험계약에 있어서 정신질환 등으로 인한 자살과 보험금 지급의 문제 - 최근 판례를 중심으로 - ", 보험법연구, 제4권 제2호, 한국보험법학회, 2010, 52면 이하.

28 대법원 2011. 4. 28. 선고 2009다97772 판결.

4) 판단 기준

　정신질환 또는 심신상실 상태란 사물을 변별하거나 의사를 결정할 능력이 없는 상태에 이를 정도의 정신장해 상태를 의미하는 것으로 볼 수 있고, 정신질환 등으로 자유로운 의사결정을 할 수 없는 상태의 해당 여부는 개별적인 사안에 따라 달라질 수 있을 것이다.[29] '피보험자의 정신병 증세'라든가 '피보험자가 자살을 하게 된 동기', '어디서 어떤 형태로 자살이 이루어진 것인가' 등과 '피보험자의 경제적인 상황'이라든가 '지병 또는 가정불화' 등이 주요한 판단요소가 될 수 있다. 그런 측면에서 자살을 감행할 당시에 의식이 있었는가의 문제를 해석함에 있어 보험금 수취의 목적이 있었는가의 문제를 절대적인 요소로 삼아서는 안 될 것이라는 주장[30]은 타당성이 있다. 자살행위자인 피보험자가 우울증을 앓고 있다고 하여 자살감행 시에 의사결정능력이 상실되었거나 현저하게 약화되어 있었다고 추정하는 것은 타당한 것은 아니다.[31]

　유서가 존재하는가의 여부, 신변정리를 한 흔적이 있는가 여부 등을 통하여 피보험자의 자유로운 의사결정의 유무를 판단해야 할 필요성이 있다고 생각되며,[32] 주치의로부터 중증 우울증 치료가 필요하다는 진단을 받은 바 있고 주위 사람들로부터 피보험자의 이상한 행동에 대한 증언이 있었다면, 이는 자유로운 의사결정이 없는 것으로 판단할 수 있다. 그렇지만 피보험자인 자살행위자가 자살의 장소를 물색한다든가 자살방법의 고려, 또는 정련된 글씨로 유서를 남긴 흔적이 있다면, 자유로운 의사결정이 없는 것이라 할 수는 없을 것이다. 그러므로 대법원이 설시하는 바와 같이,[33] 자유로운 의사결정을 할 수 없는 상태에서의 사망이었는지 여부는 자살자의 나이와 성행, 자살자의 신체적·정신적 심리상황, 그 정신질환의 발병 시기, 그 진행경과와 정도 및 자살에 즈음한 시점에서의 구체적인 상태, 자살자를 에워싸고 있는 주위상황과 자살 무렵의 자살자의 행태, 자살행위의 시기 및 장소, 기타 자살의 동기, 그 경위와 방법 및 태양 등을 종합적으로 고려하여 판단해야 할 것이다.

29　박세민, "생명보험약관의 자살부책조항에서 심신상실 상태에서의 자살과 관련된 해석상의 문제점에 관한 연구", 고려법학, 제76호, 고려대학교 법학연구원, 2015, 373면.

30　김철호, "생명보험약관상 자살면·부책조항에 대한 검토", 경영법률, 제21권 제4호, 2011, 105면 이하.

31　김형기·이광호, "생명보험계약에 있어서 자살면책조항의 개선방향", 삼성금융연구소, 2004년 3월, 2면.

32　권영문, "생명보험에서 피보험자의 자살과 보험자의 면책 여부", 판례연구, 제23집, 부산판례연구회, 2012, 805면 이하.

33　대법원 2006. 4. 14. 선고 2005다70540, 70557 판결.

3. 약관 무효설

1) 의의

상법 제659조는 보험계약자 등의 고의 또는 중과실로 인한 보험사고의 경우 보험자의 면책을 인정하고 있다. 동 규정은 통칙 규정으로서 손해보험이나 인보험의 영역에서 일반적으로 적용되는 것으로 하고 있다. 한편, 상법 제732조의2는 생명보험의 영역에서 사망을 보험사고로 하는 보험계약의 경우 사고가 보험계약자 또는 피보험자나 보험수익자의 중대한 과실로 발생한 경우에는 보험자의 급부책임을 인정하고 있고, 상법 제739조는 동법 제732조를 제외하고 상해보험에 대하여 이 생명보험에 관한 규정을 준용하고 있다.

2) 면책의 확장가능성

상법 제663조를 제시하면서 심신상실 또는 정신질환면책약관의 무효를 명시적으로 설시한 판결은 보이지 않지만, 고층건물에서 베란다 밖으로 뛰어내려 사망한 사안에서 대법원의 "상법 제659조 제1항 및 제732조의2 입법 취지에 비추어볼 때, 사망을 보험사고로 하는 보험계약에 있어서 자살을 보험자의 면책사유로 규정하고 있는 경우, 그 자살은 사망자가 자기의 생명을 끊는다는 것을 의식하고 그것을 목적으로 의도적으로 자기의 생명을 절단하여 사망의 결과를 발생케 한 행위를 의미하고, 피보험자가 정신질환 등으로 자유로운 의사결정을 할 수 없는 상태에서 사망의 결과를 발생케 한 경우까지 포함하는 것은 할 수 없을 뿐만 아니라(이하 생략)…"라고 설시하고 있다.[34] 대법원은 해당 약관에서 보험자의 면책사유로 규정하고 있는 '정신질환으로 사고'의 경우는 고의로 인한 사고가 아님에도 불구하고 무조건적으로 보험자의 면책을 인정하는 결과가 되어 동 상법 규정의 취지에 반하게 되는 문제점을 초래한다고 판단한다.

3) 무효설

피보험자가 심신상실 또는 정신질환으로 인하여 입은 상해는 자유로운 의사결정능력이 상실된 상태에서 입은 상해로서 고의로 입은 상해로 볼 수 없고, 나아가 상법 제739조 및 제732조의2는 상해보험에서도 생명보험에서와 마찬가지로 피보험자의 고의사고에 대해서만 보험자의

---

34 대법원 2006. 3. 10. 선고 2005다49713 판결 참조.

면책을 허용하고 있다는 점을 고려하여, 정신질환면책약관은 이러한 상법 규정들을 보험계약자 등에게 불이익하게 변경한 것으로서 상법 제663조 본문에 따라 무효라고 주장[35]도 있으며, 정신질환 등으로 자유로운 의사결정을 할 수 없는 상태에서 자살하면 보험금을 지급하도록 판단하는 대법원의 판결과 정신질환면책약관을 통하여 면책을 인정하고 있는 모습은 대법원과 면책약관의 양립할 수 없는 모순을 야기하고 있다고 하면서, 동 약관조항은 무효라는 주장[36]이 제기되고 있었다.

4. 약관 유효설

1) 의의

보험계약에 보험자는 보험사고 발생 시 보험계약자의 위험을 담보하게 된다. 그러나 보험계약을 규정하고 있는 상법 보험편이나 보험약관에 따라 보험자는 일정한 사유에 대하여 자신의 책임을 부담하지 않는 보험자의 면책을 인정한다. 이를 통하여 보험단체 내에서 보험계약자의 위험을 방지하고, 보험사업의 합리적인 관리를 꾀하고자 한다. 이러한 보험자의 면책사유는 책임면제사유(exception)와 담보위험제외사유(exclusion)로 구분될 수 있다.[37] 전자는 사고의 원인에 따라 보험자의 책임을 면제하는 사유로서, '피보험자의 고의, 자해, 자살, 자살미수, 형법상의 범죄행위 또는 폭력행위' 등이 해당한다. '피보험자의 질병 또는 심신상실, 정신질환으로 인한 상해'는 후자에 해당하는 것으로, 보험자가 그 보험계약에서 위험을 담보하지 않는 결과를 초래한다고 볼 수 있다.

2) 계약 당시 위험담보 배제

심신상실이나 정신질환의 상해발생에 대한 현저한 증가와 이를 담보하는 보험료를 포함하지 않았기 때문에 약관의 무효를 주장하는 것은 타당하지 않다는 주장[38]이 제기될 수 있다. 피보

---

35 조규성, "손해보험사의 상해보험 약관에서 규정하고 있는 '피보험자의 정신질환' 면책조항의 효력에 관한 판례고찰 – 대법원 2015. 6. 23. 선고 2015다5378 판결 – ", 법학연구, 제56권 제4호, 통권 86호, 부산대학교 법학연구소, 2015, 212면.

36 최병규, "상해사망보험금지급과 심신상실 면책약관의 유효 여부", 기업법연구, 제29권 제3호, 통권 제62호, 한국기업법학회, 2015, 169면.

37 양승규, 보험법, 제5판, 삼지원, 2004, 139면. Patterson. Essentials of Insurance Law, 2d, 1957, p. 246; Keeton/Widiss, Insurance Law, 988, pp. 287, 254.

험자가 '자유로운 의사결정'이 있는 상태에서 사회생활을 하다가 당하게 되는 '통상의 상해위험'만을 담보하는 일반 상해보험과 달리, 상해보험에서 정신질환의 경우에 급부를 제공하지 않겠다는 보험자의 약관조항은 애초부터 그 보험범위 밖에 있으므로, 상법 제739조 및 제732조의2의 적용 여부를 떠나 보험자의 책임을 인정해서는 안 된다는 것이다.

3) 보험사고로서 외래성의 부재

상해보험의 요건으로 외래성이 존재하지 않다는 이유를 들 수 있다. 심신상실 또는 정신질환으로 인한 피보험자의 상해는 고의에 의한 것이 아니기 때문에, 우연성의 요건을 인정할 수 있지만, 해당 보험사고는 사고 당시에 존재하는 심신상실이나 정신질환의 병적인 상태 또는 질병 종속적인 상태로 인하여 발생한 것이므로, 상해사고의 외래성의 요건이 충족되지 않다는 점을 든다.[39]

4) 약관효력 인정

심신상실이나 정신질환으로 인한 상해는 애초부터 상해보험에서 담보될 수 없는 성질의 것이므로, 이 면책조항은 상해보험에서 담보되는 상해를 전제로 고의의 상해에 대해서만 보험자가 면책될 수 있다는 상법 제739조 및 제732조의2의 취지에 반하여 무효가 된다고 할 수 없다는 주장[40]이 설득력을 갖게 된다. 이 면책조항은 상해보험에서 담보되는 상해를 전제로 고의의 상해에 대해서만 보험자가 면책될 수 있다는 이 상법 규정들의 취지와 관련성이 없기 때문에, 동 약관조항은 무효로 볼 수는 없다는 것이다.

---

38 장경환, "상해보험 및 생명보험에서의 피보험자의 정신장애와 의식장애", 법학, 제49권 제4호, 서울대학교 법학연구소, 2008, 346면.

39 다만, 2008년 독일상해보험약관 제5.1.1조 제2문은 피보험자가 상해사고를 당하여 심신상실 또는 정신질환이 생기고, 당시 그 심신상실 또는 정신질환으로 인하여 상해를 입은 경우에는, 그 상해는 선행하는 상해사고로 인한 것이므로 보험자가 보험금지급책임을 부담해야 함을 규정하고 있다.

40 장경환, "상해보험 및 생명보험에서의 피보험자의 정신장애와 의식장애", 법학, 제49권 제4호, 서울대학교 법학연구소, 2008, 346면 이하.

IV. 최근 대법원 판결의 추이와 검토

1. 판례의 추이

1) 2015다5378 판결

정신질환면책약관에 대하여, 2015년 6월 23일 동 약관이 유효하다는 대법원의 판결이 있다.[41] 동 판결은 원고 보험회사와 보험계약자 사이에 2004년과 2007년에 각각 1건씩 체결한 상해보험에 관련된 것이었고, '피보험자의 질병 또는 심신상실'과 '피보험자의 정신질환으로 인한 상해로 생긴 손해'를 보험자가 보상하지 아니한 손해로 하고 있었다. "피고 망인인 피보험자는 이혼한 막내 누나가 운영하는 사무실에서 일하며 같은 건물 내에서 생활하여 오던 중 정신분열증이 발병하여 병원에 수회 입원하는 등 신경정신과 치료를 받고 우울증 약을 복용하여 왔다. 망인은 신경정신병원에 입원하였다가 증상이 호전되어 퇴원하여 누나의 집으로 귀가한 후 1주일 경과 후에 밀양시 소재 야산으로 등산을 가겠다며 나가 직접 차를 운전하여 약 1시간 거리에 있는 능선 소나무 가지에 나일론 끈을 묶어 사망하였다. 망인의 누나들인 3인의 공동피고는 이 사건 사고를 이유로 보험회사에 상해사망보험금의 지급을 청구한 사건"에서,[42] 대법원은 동 약관의 유효함을 인정하면서 보험자의 보험금지급책임은 없다고 판단하였다.[43]

원심[44]은 피보험자가 정신질환 등으로 자유로운 의사결정을 할 수 없는 상태에서 사망의 결과를 발생한 경우에는 자살에 관한 면책사유에 해당될 수 없다는 법리에 비추어, 이 사건 면책조항 중 '피보험자가 정신질환으로 인한 상해' 부분은 피보험자가 정신질환으로 자유로운 의사결정을 할 수 없는 상태에서 자살한 경우까지 포함하는 것으로 해석하는 한 약관의 규제에 관한 법률 제6조 제1항, 제2항 제1호에 의하여 무효라고 보아야 한다는 이유로 보험자의 면책주장을 배척하였다.[45] 그러나 대법원은 피보험자가 고의 없이 경부압박 등 외래의 상해를 입고 사망

----

41 대법원 2015. 6. 23. 선고 2015다5378 판결.

42 동 판례에 대한 평석으로는 김선정, "피보험자의 정신질환에 기한 상해사고를 면책사유로 한 약관조항의 해석", 생명보험, 2015년 8월, 48면 이하; 양승규, "정신질환으로 생긴 상해에 대한 면책약관의 효력 – 대법원 2015. 6. 23. 선고 2015다5378 판결 – ", 손해보험, 2015년 12월, 75면 이하.

43 비판적 입장으로는 최병규, "상해사망보험금지급과 심신상실 면책약관의 유효 여부", 기업법연구, 제29권 제3호(통권 제62호), 2015, 160면 이하.

44 부산고등법원 2014. 12. 23. 선고 2014나1935 판결.

45 원심판결은 자살의 경우 우연성과 급격성 및 외래성을 요건으로 하는 상해보험의 담보위험을 충족할 수 없는바 상해보험의 본질을 간과한 것으로 판단된다. 자세히는 양승규, 손해보험, 2015년 12월, 77면.

한 경우이지만 정신질환에 의한 상해 및 그를 직접원인으로 하는 사망인만큼 면책사유에 해당
한다고 판단하였다.[46]

2) 2015다217546 판결

2015년 9월 24일 대법원은 피보험자가 약물과다복용으로 사망한 것은 중한 우울증으로 인하
여 자유로운 의사결정을 할 수 없는 상태에서 사망의 결과를 발생하게 한 경우에 해당한다고 하
면서 정신질환면책약관의 유효를 인정하였다.[47] 이 사건을 자세히 살펴보면, 피보험자는 2012
년 6월경부터 재학 중인 학교에서 심리상담을 지속적으로 받아오다가 2012년 10월 22일부터
2013년 6월 12일까지 우울증으로 정신과 치료를 받았다. 그 사이 정신과 약을 다량 복용하는 방
법으로 두 번에 걸쳐 자살시도를 한 바 있었으며, 2013년 10월 16일 소주와 정신과 약을 다량 복
용하여 약물 중독으로 사망하였다. 이 사건 상해사망 특별약관 제5조에 의하여 준용되는 보통
약관 제16조 제1항은 '피보험자의 고의'(제1호), '피보험자의 자해, 자살 등'(제4호), '피보험자의
질병'(제5호), '피보험자의 심신상실 또는 정신질환'(제6호) 등을 원인으로 한 손해를 보상하지
아니하는 손해로 열거하고 있었다. 1심과 2심은 원고가 우울증으로 자유로운 의사결정을 할 수
없는 상태에서 사망에 이르게 된 경우까지 면책조항을 마련해둔 약관은 무효라고 판단해 보험
계약자 측 원고승소의 판결을 하였지만, 대법원은 피보험자의 정신질환을 자살과 별도의 독립
된 면책사유로 규정하고 있다고 해서 이를 고객에게 부당하게 불리한 공정성을 잃은 조항으로
볼 수 없고, 보험에서 인수하는 위험은 보험 상품에 따라 달리 정해질 수 있다는 점을 고려하여
정신질환면책약관의 유효성을 인정하였다.

3) 2015다34956, 34963 판결

대법원은 2015년 10월 15일 다시 한번 정신질환면책약관의 유·무효에 관한 판단을 하였다.[48]
어린이집을 운영하는 피보험자가 망인의 부친을 허위로 어린이집에 근무하는 교사로 등록하

---

46 평석으로는 김선정, "피보험자의 정신질환에 기한 상해사고를 면책사유로 한 약관조항의 해석 – 대법원 2015. 6.
23. 선고 2015다5378 판결(파기환송) – ", 생명보험, 2015년 8월, 52면 이하.

47 대법원 2015. 9. 24. 선고 2015다217546 판결.

48 대법원 2015. 10. 15. 선고 2015다34956, 34963 판결. 동 판결에 대한 평석으로는 김선정, "약관의 소급적용 요건 및 약
관조항이 고객에게 부당하게 불리하여 공정성을 잃은 조항인지 여부 – 대법원 2015. 10. 15. 선고 2015다34956, 2015
다34963 판결(파기환송) – ", 생명보험, 2015년 12월, 53면 이하.

여 적발되어 벌금을 받은 적이 있고, 가끔씩 가슴이 답답하다는 호소를 한 적이 있었다. 그녀는 발작 증세를 보이며, 수십 번에 걸쳐 자택 안방에 있는 장롱 문짝에 넥타이나 스카프로 자살을 시도한 적이 있었다. 2012년 6월 20일 신경정신과의원에서 우울 및 불안증상으로 치료를 받은 바 있고, 2012년 7월 14일부터 11월 12일까지 우울증 및 불면증 등으로 치료를 받은 바 있었던 피보험자는 2012년 12월 17일 20시 30분경 남편과 딸들이 집 안에 있는 상황에서 안방의 장롱 문짝에 스카프를 걸고 목을 매어 경부압박질식으로 사망하였다.

1심과 2심은 이 사건 망인이 스스로 목을 매어 사망한 것은 망인의 신체적 결함에 의하여 의한 것이 아닌 우발적인 외래사고로서 이 사건 보험계약의 보장대상인 상해에 의한 보험사고로 보았다.[49] 이 사건 망인의 사망은 보험자의 면책사유인 고의 또는 자살에 해당하지만 망인이 자유로운 의사결정을 할 수 없는 상태에서 자살한 것이어서 이 사건 보험계약에서 보험자의 보험금지급의무가 발생하는 보험사고 본 것이다. 대법원은 정신질환 등으로 자유로운 의사결정을 할 수 없는 상태에서 사망의 결과를 초래한 것이므로, 이 사건 면책사유인 '피보험자의 고의로 인한 사고'에는 해당되지 않는 것으로 판단하였지만, 피보험자의 정신질환을 독립된 면책사유로 규정하고 있고, 이러한 인수위험은 보험 상품에 따라 달라지는 것이라고 하면서 동 약관의 유효성을 인정하였다.[50]

2. 법적 쟁점

1) 피보험자의 고의성 여부

보험계약자나 피보험자 또는 보험수익자의 고의에 한 보험사고의 경우에, 보험자는 보험금 지급책임을 부담하지 아니한다(상법 제659조). 2015다5378 판결과 관련하여, 원심은 피보험자의 자유로운 의사결정을 할 수 없는 상태에서 사망의 결과를 발생하게 한 직접적인 원인행위가 외래의 요인에 의한 것이라면, 그 사망은 피보험자의 고의에 의하지 않은 우발적인 사고로서 상해보험의 보험사고에 해당하는 것으로 보았다.[51] 원심은 망인이 스스로 나일론 끈으로 목을 매어 사망한 결과는 망인의 신체의 질병 등과 같은 내부적 원인에 기한 것이 아니라 나일론 끈

---

49 울산지방법원 2014. 9. 17. 선고 2013가합8614(본소), 2014가합3173(반소) 판결.

50 김혜영, "피보험자의 자살과 보험약관상 정신질환면책조항에 대한 고찰", 보험법연구, 제10권 제1호, 한국보험법학회, 2016, 121면 이하.

51 참조할 대법원 판결로는 대법원 2014. 4. 10. 선고 2013다18929 판결.

에 의한 경부압박으로 인한 질식 등 망인 신체의 외부로부터 작용한 원인이 기한 것이므로 '외래의 사고'에 해당하는 것으로 보았고, 망인이 자유로운 의사결정을 할 수 없는 상태에서 사망하였으므로, 이는 망인의 고의에 의하지 않은 '우연한 사고'에 해당한 것으로 보았던 것이다.[52] 대법원은 '원심이 이 사건 사고를 자유로운 의사결정을 할 수 없는 상태에서 사망의 결과를 초래한 것으로 본 것'을 인정하였고, 사망의 결과를 발생케 한 직접적인 원인행위가 외래의 요인에 의한 것이라면 그 보험사고는 피보험자의 고의에 의하지 않는 우발적 사고로서 보험사고인 사망에 해당할 수 있는 것으로 보았다.[53]

2015다34956, 34963 판결에서도 대법원은 '피보험자인 망인이 스스로 목을 매어 사망한 것은 중한 정신질환 등으로 자유로운 의사결정을 할 수 없는 상태에서 사망의 결과를 발생케 한 경우에 해당하므로, 이 건 약관에서 정한 면책사유인 피보험자의 고의에 의한 손해에 해당한다고 볼 수는 없다.'고 한 원심의 판결을 인용하였다. 결국 지속적인 사례에서 '피보험자가 자유로운 의사결정을 할 수 없는 상태에서 사망의 결과를 발생하게 한 직접적인 원인행위가 외래의 요인에 의한 것이라면, 그 사망은 피보험자의 고의에 의하지 아니하는 우발적인 사고로서 보험사고인 사망에 해당하는 것'이라는 대법원의 판단은 설득력이 있다고 하겠다.[54]

2) 약관규제법 위반 여부

2015다5378 판결과 관련하여, 원심[55]은 법원은 만일 정신질환으로 인한 상해에 관한 면책사유를 정한 이 사건 각 보험계약의 해당약관을 '정신질환 등으로 자유로운 의사결정을 할 수 없는 상태에서 사망의 결과를 발생케 한 경우'까지 포함하는 것으로 새긴다면, 정신질환면책약관은 약관의 규제에 관한 법률 제6조 제1항 제1호에서 정하는 고객에게 부당하게 불리한 조항에 해당할 것이어서 공정성을 잃은 조항으로 무효라고 판단한다. 그러나 대법원은 "이 사건 면책약관 중 '피보험자의 정신질환으로 인한 상해' 부분은 피보험자가 정신질환으로 자유로운 의사결정을 할 수 없는 상태에서 자살한 경우까지 포함하는 것으로 해석하는 한 약관의 규제에 관한 법률 제6조 제1항, 제2항 제1호에 의하여 무효라고 보아야 한다는 이유로 원고의 면책주장

---

52 부산고등법원 2014. 12. 23. 선고 2014나1935 판결.

53 대법원 2015. 6. 23. 선고 2015다5378 판결.

54 대법원 2015. 9. 24. 선고 2015다217546 판결.

55 부산고등법원 2014. 12. 23. 선고 2014나1935 판결.

을 배척한" 원심의 판단은 약관의 무효에 관한 법리를 오해하여 판결에 영향을 미친 위법이 있다고 판단을 하였다.[56]

2015다34956, 34963 판결과 관련 1심 판결에서 법원[57]은 '심신상실 또는 정신질환에 의한 손해의 경우에 어떠한 예외 없이 무조건적으로 보험회사의 보험금 지급책임이 면제'되도록 하고 있는 이 사건 약관 제16조 제1항 제6호는 고객에게 부당하게 불리한 조항에 해당하여 무효라고 판시하였다. 동 법원은 "손해보험사에서 주로 취급하는 상해사망보험과 생명보험사에서 취급하는 생명보험은 모두 사망사고를 보험사고로 하는 것인바, 망인이 만일 생명보험에 가입하였다면 자유로운 의사결정을 할 수 없는 상태에서의 자살에 해당하는 경우 보험사고에 해당되고, 더 나아가 가입일로부터 2년이 경과되어 자살의 경위에 대하여 따져볼 필요도 없이 보험사고에 해당한다 할 것인데, 이 건 상해사망보험은 사망사고를 보험사고로 함에도 이 건 약관 제16조 제1항 제6호에 따라 보험자의 면책을 인정하게 되어 자의적인 차별이 발생한다고 볼 수밖에 없는 점 등에 비추어볼 때, 이 건 보통약관 제16조 제1항 제6호를 피보험자의 자유로운 의사에 기한 자살이었는지 여부와 관계없이 일체의 심신상실 및 정신질환으로 인한 손해를 면책하는 것으로 해석하는 한, 이는 약관의 규제에 관한 법률 제6조 제2항 제1호에서 정하고 있는 고객에게 부당하게 불리한 조항에 해당하여 무효이다."라고 판시한 바 있었다.[58]

그러나 대법원은 "이 사건 면책약관 중 피보험자의 정신질환으로 인한 상해 부분은 피보험자가 정신질환으로 자유로운 의사결정을 할 수 없는 상태에서 자살을 한 경우까지 포함하는 것으로 해석하는 한 약관의 규제에 관한 법률 제6조 제1항, 제2항 제1호에 의하여 무효라고 보아야 한다는 이유로 원고(보험자의 채무부존재확인)의 면책주장을 배척한 원심의 판단에 약관의 무효에 관한 법리를 오해하여 판결에 영향을 미친 위법이 있다."고 하면서 원심 판결을 파기하고 환송하였다.[59]

56　대법원 2015. 6. 23. 선고 2015다5378 판결.
57　울산지방법원 2014. 9. 17. 선고 2013가합8614, 2014가합3173 판결.
58　항소심 역시 마찬가지이다. 부산고등법원 2015. 5. 12. 선고 2014다6824, 6831 판결.
59　대법원 2015. 10. 15. 선고 2015다34956, 2015다34963 판결.

V. 결 론

이 장에서는 정신질환면책약관과 관련하여 정신질환으로 인한 상해의 경우에 보험자가 면책할 수 있는가에 대한 논의를 전개하였다. 보험계약법이나 보통보험약관을 통하여 보험자는 보험금을 보상하지 않아도 되는 사유를 상세하게 규정하고 있다. 상해보험표준약관은 피보험자의 고의나 피보험자의 정신질환으로 인한 상해에 대한 보험사고에 대하여 면책을 규정하고 있었다. 피보험자의 정신질환으로 인한 상해로 생긴 손해는 피보험자의 고의나 자살과 달리 별도의 독립된 면책사유로 규정한 것이었다. '피보험자의 정신질환으로 인한 상해로 인한 손해'에 대하여 보험자의 책임을 인정하지 않았던 상해보험표준약관은 현재 질병·상해보험표준약관으로 변경되어 '피보험자의 심신상실 등으로 자유로운 의사결정을 할 수 없는 상태에서 자신을 해친 경우'로 수정되어 운용되고 있다.

실무에서 쟁점은 정신질환면책약관 조항이 약관규제법에 위반되는가에 대한 사항이다. 최근 대법원은 정신질환면책약관은 고객에게 부당하게 불리하여 공정성을 잃은 조항이라고 할 수는 없다고 판단하고 있다. 보험자가 고의나 자살과 달리 정신질환으로 인한 보험사고에 대하여 면책사유를 두고 있는 것은 피보험자의 정신질환으로 인한 인식능력이나 판단능력의 악화로 상해의 위험이 증대되는 상황을 고려한 것이고, 보험의 원리와 강행규정에 반하지 않는 이상 보험자는 보험상품에 따라 인수하는 위험을 정할 수 있다고 본다. 생명보험의 영역이 아닌 상해보험의 영역에서 대법원의 그러한 판단은 그 타당성을 부인하기에는 어렵다고 하겠다. '피보험자가 정신질환에 의하여 자유로운 의사결정을 할 수 없는 상태에 이르렀고 이로 인하여 보험사고가 발생한 경우라면, 위 면책사유에 의하여 보험자의 보험금지급의무가 면제된다.'고 하는 대법원의 판단은 타당한 것이다.

제40장

기왕증 감액약관

I. 개 념

　상해보험에서 보험자가 보상하는 상해가 되기 위해서는 우연성, 급격성 및 외래성의 요건이 충족되어야 한다. 피보험자의 기왕증, 체질 등이 상해의 발생 또는 정도에 기여하였다면 보험자는 보험금을 감액할 수 있는 것인가에 대한 기왕증감액약관에 대한 문제가 실무에서 발생하였다. 기왕증감액약관이라 함은 상해보험약관에는 계약체결 전 이미 존재한 신체장해, 질병의 영향에 따라 상해가 중하게 된 때에는 그 영향이 없었을 때에 상당하는 금액을 결정하여 지급하기로 하는 약관을 말한다. 기왕증과 관련하여 손해보험사의 상해보험약관에는 기왕증으로 인한 상해의 결과, 즉 후유장해가 중해진 경우에만 그 기여분을 공제한다는 취지의 규정을 두고 있었고, 종래 생명보험사의 상해보험약관에는 기왕증으로 인한 상해의 결과가 중해졌는지 여부와 관계없이 기왕증이 존재하기만 하면 그에 해당하는 장해급여금을 공제한다는 취지의 규정을 두고 있었다.[1] 이하에서는 기왕증의 기여도에 따른 보험금 감액을 정하고 있는 약관의 유·무효에 대한 사항을 검토하고자 한다.

---

[1]　남하균·장덕조, "기왕증감액약관 — 대법원 2015. 3. 26. 선고 2014다229917, 229924 판결 —", 금융·법연구, 제12권 제2호, 한국금융·법학회, 2015, 194면.

II. 판 례

1. 약관규정이 있는 경우

상해보험의 약관에 피보험자의 기왕증의 영향으로 상해가 중하게 된 때에는 보험금을 감액한다는 규정이 있는 경우, 보험자가 그 약관에 따라 보험금을 감액하여 지급할 수 있는지 여부에 대하여, 대법원은 "상해보험은 피보험자가 보험기간 중에 급격하고 우연한 외래의 사고로 인하여 신체에 손상을 입는 것을 보험사고로 하는 인보험으로서, 일반적으로 외래의 사고 이외에 피보험자의 질병 기타 기왕증이 공동 원인이 되어 상해에 영향을 미친 경우에도 사고로 인한 상해와 그 결과인 사망이나 후유장해 사이에 인과관계가 인정되면 보험계약 체결 시 약정한 대로 보험금을 지급할 의무가 발생하고, 다만 보험약관에 계약체결 전에 이미 존재한 신체장해, 질병의 영향에 따라 상해가 중하게 된 때에는 그 영향이 없었을 때에 상당하는 금액을 결정하여 지급하기로 하는 내용이 있는 경우에는 지급될 보험금액을 산정함에 있어서 그 약관 조항에 따라 피보험자의 체질 또는 소인 등이 보험사고의 발생 또는 확대에 기여하였다는 사유를 들어 보험금을 감액할 수 있다."고 판시한 바 있다.[2]

또한 "원심은 그 채택 증거를 종합하여, 피고(반소원고, 이하 '피고'라고만 한다)가 1998. 4. 28. 원고와 사이에, 피고가 급격하고도 우연한 외래의 사고(이하 '보험사고'라고 한다)로 인하여 상해를 입고 그 직접 결과로써, ① 후유장해를 입었을 경우 보험가입금액 1,000만 원에 후유장해의 정도에 따라 별도로 정한 지급률을 적용하여 산출한 금액을 후유장해보험금으로 지급받고, ② 입원치료를 받은 경우 피해일로부터 180일 한도로 입원일에 대하여 입원 1일당 1만 원의 임시생활비 보험금을 지급받으며, ③ 지급률이 50% 이상 되는 후유장해상태가 되었을 경우에는 매 사고 시마다 보험가입금액 6,000만 원의 0.1배액의 자립지원자금 보험금을 보험만기일(2008. 4. 28.)까지 매년 사고해당일에 지급받기로 하는 내용의 신피닉스 상해보험계약(이하 '제1보험계약'이라고 한다)과 보험사고로 인하여 상해를 입고 그 직접 결과로써 후유장해를 입었을 경우 보험가입금액 3,000만 원에 지급률을 곱하여 산출한 금액을 후유장해보험금으로 지급받기

---

[2] 대법원 2005. 10. 27. 선고 2004다52033 판결. 여기서 대법원은 상해보험의 약관에서 후유장해보험금 지급의무의 발생 요건을 후유장해지급률 합계 80% 이상의 후유장해를 입은 경우로 규정하고, 이와 별도로 보험금액 산정에 있어서 기왕증 기여도의 감액 요건과 방법에 관한 규정을 두고 있는 경우, 위 약관에 정한 바에 따라 산정된 후유장해지급률 합계가 80% 이상이면 보험금 지급의무가 발생하고, 기왕증은 보험금액 산정에 있어 그 기여분을 감액하면 된다고 하였다.

로 하는 내용의 내맘에 쏙드는 암보험계약(이하 '제2보험계약'이라고 한다)을 각 체결한 사실, 피고가 2002. 3. 24. 승용차를 운전하고 교차로를 지나다가 개인택시에 충격당하는 이 사건 사고를 당하여 사고일부터 2002. 4. 4.까지 12일간 입원치료를 받은 사실, 그 후 피고가 추간판탈출증 등으로 인한 요추부 및 경추부의 장해에 대하여 2003. 1. 3. 1차 후유장해 판정을, 2004. 3. 19. 2차 후유장해 판정을, 2004. 10. 12. 3차 후유장해 판정을 각 받았고, 원고는 위 각 후유장해 판정 결과를 기초로 합계 40%의 보험금 지급률을 인정하여 피고에게 제1보험계약에 기한 후유장해보험금 합계 400만 원(＝보험가입금액 1,000만 원×지급률 40%), 임시생활비 보험금 12만 원(＝입원일수 12일×1만 원), 제2보험계약에 기한 후유장해보험금 합계 1,200만 원(＝보험가입금액 3,000만 원×지급률 40%) 등을 지급한 사실, 그 후 피고가 2005. 2. 4. 좌측 비골신경마비 증상에 대하여 추가로 10%의 후유장해 판정을 받았으나, 원고는 피고의 위 증상이 이 사건 사고의 직접적인 결과로 나타난 것으로 볼 수 없다는 이유로 추가 보험금의 지급을 거절한 사실 등을 인정한 다음, 피고가 이 사건 시고 직후 좌측 하지 마비 증상을 보였던 점 등 그 판시와 같은 사정들을 종합해보면, 피고의 위 좌측 비골신경마비 증상은 이 사건 사고로 인하여 발생한 후유장해로 봄이 상당하다고 판단하여, 원고는 피고에게 그 후유장해에 대한 제1, 2보험계약에 기한 후유장해보험금을 지급할 의무가 있고, 또한 피고는 제1보험계약에 기한 자립지원자금 보험금을 지급받을 수 있는 요건(지급률이 50% 이상되는 후유장해상태가 되었을 때)을 충족하게 되었다."고 하면서 약관상 '피보험자가 약관 소정의 상해를 입고 이미 존재한 신체장해 또는 질병의 영향으로 약관 소정의 상해가 중하게 된 경우 보험자는 그 영향이 없었던 때에 상당하는 금액을 결정하여 지급한다.'고 규정되어 있는 경우, 이 기왕증기여도 감액에 따라 보험금을 감액하여 지급할 수 있다고 한다.[3]

또 다른 판결도 주목해볼 만하다. 대법원은 "상해보험의 보통약관에 '피보험자가 약관 소정의 상해를 입고 이미 존재한 신체장해 또는 질병의 영향으로 약관 소정의 상해가 중하게 된 경우 보험자는 그 영향이 없었던 때에 상당하는 금액을 결정하여 지급한다.'고 규정되어 있는 경우, 그 취지는 보험사고인 상해가 발생하였더라도 보험사고 외의 원인이 부가됨에 따라 본래의 보험사고에 상당하는 상해 이상으로 그 정도가 증가한 경우 보험사고 외의 원인에 의하여 생긴 부분을 공제하려는 것이고, 따라서 여기의 '약관 소정의 상해가 이미 존재한 신체장해 또는 질병의 영향으로 중하게 된 경우'에서 '중하게 된 경우'에는 피보험자가 사망에 이른 경우가 포함

3　대법원 2009. 11. 26. 선고 2008다44689,44696 판결.

되지 않는다고 볼 수 없다.”고 판시하였다.[4] 대법원은 사고와 상해 및 그 결과인 사망 사이에 인과관계가 인정되는 이상 보험자의 사망보험금 지급의무는 발생하고, 다만 약관을 통하여 보험금산정에서 기왕증으로 인한 위험을 인수하지 않겠다는 의사를 명확히 하고 있는 것이라 할 것이다.

2. 약관규정이 없는 경우

대법원은 “원고가 휴일인 2001. 10. 1. 오전 무렵 자신의 집 근처에 있는 밤나무에 올라갔다가 추락하였는데(이하 ‘이 사건 추락사고’라 한다), 그 후 원고가 송영삼이 운전하는 구급차에 실려 병원으로 가던 중 같은 날 12:40경 다른 차량과 충돌하여 위 구급차가 오른쪽으로 한 바퀴 돌면서 길가의 공업사 담을 충격하고 멈추는 사고(이하 ‘이 사건 교통사고’라 한다)가 발생한 사실, 이 사건 교통사고 당시 원고는 위 구급차 내에 설치된 간이침대 위에 3개의 안전벨트를 착용하고 누워 있다가, 위와 같이 구급차가 공업사 담을 충격하는 바람에 위 간이침대가 뒤집히면서 원고의 가슴이 위 간이침대 옆 의자에 충격된 사실, 원고는 이 사건 추락사고로 인하여 척추에 상해를 입었다가, 그 후 이 사건 교통사고로 인하여 위와 같이 또 다른 충격을 받음으로써, 이미 척추에 입은 상해가 가중되어, 제12번 흉추 골절에 의한 하지완전마비 등 이 사건 약관[별표 4] 신체장해등급분류표의 제1급에 해당하는 이 사건 상해를 입은 사건에서,[5] 대법원은 “상해보험은 피보험자가 보험기간 중에 급격하고도 우연한 외래의 사고로 인하여 신체에 손상을 입는 것을 보험사고로 하는 인보험으로서, 상해사고가 발생하기 전에 피보험자가 고지의무에 위배하여 중대한 병력을 숨기고 보험계약을 체결하여 이를 이유로 보험자가 상법의 규정에 의하여 보험계약을 해지하거나, 상해보험약관에서 계약체결 전에 이미 존재한 신체장해 또는 질병의 영향에 따라 상해가 중하게 된 때에는 보험자가 그 영향이 없었을 때에 상당하는 금액을 결정하여 지급하기로 하는 내용의 약관이 따로 있는 경우를 제외하고는 보험자는 피보험자의 체질 또는 소인 등이 보험사고로 인한 후유장해에 기여하였다는 사유를 들어 보험금의 지급을 감액할 수 없다.”고 하면서 약관조항이 없다면 기왕증, 체질 등의 기여도에 따른 보험금 감액을 할 수 없다는 판단을 하고 있다.[6]

---

4   대법원 2002. 10. 11. 선고 2002다564 판결.

5   대법원 2007. 4. 13. 선고 2006다49703 판결.

6   참조할 판례로는 대법원 1999. 8. 20. 선고 98다40763, 40770 판결.

이미 대법원은 "피고(반소원고, 이하 '피고'라고만 한다)가 1996. 6. 19. 화물자동차를 운전하던 중, 소외인 운전의 화물자동차에 충격당하고, 같은 날 ○○ ○○정형외과의원에 입원하여 제4-5요추간 추간판 탈출증 등의 병명으로 진단을 받고 이에 대한 치료를 받아 오다가, 1996. 7. 3. 미세현미경에 의한 추간판 수핵 제거수술을 받은 사실, 피고는 그 후로도 같은 의원 및 명재의원 등을 전전하면서 1997. 1. 14.까지 총 210일 동안 같은 상해부위에 대하여 입원 및 통원치료를 받았는데, 그중 입원기간이 204일에 이른 사실, 피고는 사고 전부터 제4-5요추간 수핵에 약간의 퇴행성 변화가 있었으나, 이 사건 사고로 인하여 비로소 심한 요통 및 하지방사통 등의 증상이 나타났고, 보존적 치료만으로는 증상에 호전이 없자 이와 같이 수핵 제거수술을 받기에 이른 사실을 인정한 다음, 이러한 인정 사실에 의하면, 비록 피고에게 기왕증으로 제4-5요추간 추간판 탈출증이 있었다고 하더라도, 이 사건 사고로 인하여 그 병적 증상이 발현되거나 또는 악화됨으로써 이에 대한 치료가 필요하게 되었으므로, 피고의 제4-5요추간 추간판 탈출증은 급격하고도 우연한 외래의 사고로 신체에 입은 상해에 해당하고, 피고가 입은 상해의 부위와 정도, 그에 대한 치료경과 및 내역 등에 비추어 볼 때, 피고의 입원일수 204일은 이 사건 사고로 입은 상해를 치료하는 데 필요하고도 적정한 기간에 해당하므로, 원고(반소피고, 이하 '원고'라고만 한다)는 피고에게 이 사건 각 상해보험계약에 기한 보험금을 지급할 의무가 있다."고 판단한 바 있다.[7]

III. 학설의 다툼

1. 무효설

기왕증을 이유로 보험금을 감액하겠다는 것은 실손보상의 원칙이 지배하는 손해보험에서 나타당한 것이지 보험사고 시 손해의 유무 및 실손해액에 관계없이 약정된 보험금을 지급하는 조건부 금전급부 계약인 정액보험의 본질에는 반하는 것으로 그 효력을 인정할 수 없다고 하면서 기왕증감액약관의 무효를 주장하는 입장이 있다.[8] 이 입장은 보험자는 보험계약 체결 시 피

7　대법원 2002. 3. 29. 선고 2000다18752, 18769 판결.

8　남하균·장덕조, "기왕증감액약관 − 대법원 2015. 3. 26. 선고 2014다229917, 229924 판결 − ", 금융법연구, 제12권 제2호, 한국금융법학회, 2015, 198면 이하에서 첫째, 약관의 존재 여부에 따라 이원적으로 해결하는 접근방식이 파생한 현실적 문제점이다. 판례가 약관상 규정이 있을 때에만 감액을 적용한다고는 하나 결국 모든 보험자들이 이 약관규정을 둠으로써 상해보험은 손해보험화하였다고 보이고, 상해보험에서는 정액보험이 사실상 사라진 것이 된다고 한다. 특히 판례의 영향으로 상해보험이 아니라 전형적인 정액보험으로 분류되는 생명보험약관에서

보험자의 생명·신체에 대한 보험인수 여부를 심사하고 있으며, 또한 피보험자가 고지의무를 위배하여 병력을 숨긴 경우 보험계약을 해지할 수 있으므로 기왕증은 이 제도로 해결하여야 한다고 주장한다. 따라서 상해보험에 있어서 '기왕증기여도 감액약관'을 두고 있다고 할지라도 정액보험의 본질상 보험금 감액은 허용되어서는 아니 된다고 한다.[9]

2. 유효설

"질병과 우연한 외래의 사고로 인한 상해가 경합되어 중대한 결과가 발생한 경우, 질병의 영향으로 악화된 부분은 외래성이 결여되어 상해보험이 담보할 수 없는 위험이므로, 당연히 이 부분을 제외하고 질병의 영향이 없었으면 악화되지 않았을 결과만을 담보하여야 한다."고 하면서 기왕증감액약관의 유효성을 인정하는 견해가 있다.[10] 동 약관조항이 보험료의 인하, 도덕적 위험의 억제 등의 효과를 기대할 수 있다는 점을 고려하면 보험계약자 등에게 부당하게 불리하다고 볼 수 없다고 하면서 당사자의 사적 자치에 맡기는 것이 타당하다는 견해 역시 유효설의 입장에 해당한다.[11] 이 견해에 따르면, "상해의 발생 또는 확대에 우연하고 급격하며 외래의 사고가 유일하거나 결정적인 원인으로 작용해야만 하는 것은 아니라고 하면서, 비록 기왕증이나 체질 등도 기여했다고 하더라도, 우연하고 급격하며 외래의 사고가 상해의 발생 또는 확대에 상당한 인과관계를 갖는다면, 그것으로 보험자의 보상책임을 인정하기에 충분한 것으로 보아야 한다."고 주장한다.

도 기왕증기여도 감액조항을 두고 있는 실정이라는 점을 비판한다. 둘째, 상해사망보험의 정액보험의 본질에 관한 사항을 지적한다. 정액보험은 손해전보를 목적으로 하는 것이 아니므로 구체적인 손해액을 산정할 필요가 없고, 사고와 상해사망 사이에 상당인과관계가 인정되는 한 보험자로서는 보험계약 및 약관에 정해진 보험금 전액을 지급할 의무가 있다. 그런데 순정액보험으로 분류되는 상해사망보험의 경우까지 판례는 약관이 있는 경우 감액을 허용하여 손해보험적 성격을 도입하고 있는 것은 정액보험의 본질을 훼손한다고 주장을 한다. 셋째, 상해보험의 체계상의 문제가 발생한다고 한다. 현재 상해보험은 상법 보험편에서도 인보험으로 분류되어 있고, 상법 제739조는 생명보험의 규정을 준용한다. 법률이 상해보험을 생명보험의 일종으로 두고 있음에도 불구하고, 대법원은 상해사망의 경우 손해보험적인 요소를 반영하고 있는 모습을 비판한다. 넷째, 논리적 근거의 결여를 지적한다. 판례는 약관규정이 없는 경우에는 상해보험의 인보험성을 근거로 내세우며 기왕증 감액을 부정한다. 그런데 약관규정이 있을 때에는 상해사망보험의 경우마저 감액할 수 있다는 입장을 취한다. 그러나 그 근거를 제시하고 있음을 지적한다.

9 박기억, "정액보험계약에 관한 소고", 법조, 제52권 제4호, 법조협회, 2003, 124면; 장덕조, 보험법, 제3판, 법문사, 2016, 473면 이하.

10 양승규, "기왕증과 상해의 인과관계", 손해보험, 제414호, 한국손해보험협회, 2003, 62면 이하.

11 한기정, 보험법, 제3판, 박영사, 2021, 824면.

IV. 결 론

생명보험계약상 감액조항의 존재에 대하여 부정적인 입장은 대체로 상해보험의 정액보험성과 이를 통한 보험계약자 보호기능을 강조하고 있는 모습이다. 상해보험의 정액보험성은 현행법의 체계상 부인할 수 없는 사실이지만 절대적인 것은 아니다. 상해보험의 기능상 어느 정도 손해보험화한 현실을 무시하기는 어려우며, 보다 근본적으로 상해보험의 성격을 재정리하는 작업이 필요하다고 하겠다. 현재로서는 약관상 감액조항이 없는 경우에는 당연히 정액보험금이 지급되어야 하지만, 보험금감액조항이 있는 경우에는 이 조항 역시 유효한 것으로 보아야 할 것이다.

기왕증감액약관과 관련하여, 자동감액조항은 보험계약체결 시 보험자가 설명하여야 할 중요사항인지 여부도 문제가 될 수 있다(상법 제638조의3, 약관규제법 제3조). 일반적으로 설명하여야 할 중요사항으로는 보험약관에 기재되어 있는 보험상품의 주요한 내용, 보험료율의 체계, 보험자의 면책사유 등이다. 이 사건 자동감액조항은 보험자의 지급을 감액하는 것에 해당하므로 보험자는 설명의무를 부담해야 할 것이다. 기왕장해감액약관은 거래상 일반적이고 공통된 것이어서 보험계약자가 별도의 설명 없이 충분히 예상할 수 있었던 사항에 해당된다고 볼 수 없고, 법령에 의하여 정하여진 것을 되풀이하거나 부연하는 정도에 불과한 사항이라고 볼 수도 없으며, 보험계약자나 그 대리인이 보험계약에 관한 경험상 이미 알고 있는 사항에도 해당되는 것도 아니다. 그러므로 보험자는 반드시 동 약관조항을 보험계약자에게 교부·설명해야 하는 의무를 부담해야 할 것이다.

제41장

마약 투여 후 상해사고와
보험자의 책임

I. 서 론

　사망을 포함한 상해보험에 있어서 고의에 의한 보험사고는 손해보험과 마찬가지로 보험자의 면책사유에 해당하지만(상법 제659조), 보험계약자 등의 중대한 과실로 인하여 발생한 보험사고는 인보험의 규정이 적용되어 보험자의 면책사유에 해당하지 않는다(상법 제732조의2, 제739조).[1] 이에 따라 해당 보험계약의 보험자는 중과실에 의한 보험사고에 대해 보험금지급책임을 지게 된다. 이러한 상법 규정이 존재함에도 불구하고 2000년 즈음까지 '자동차보험의 자기신체사고 등 상해담보'에서는 '음주 또는 무면허운전'을, '장기손해보험의 표준약관'에서는 2010년 전까지 '형법상의 범죄행위 및 폭력행위' 등을 보험자의 면책사유로 규정하고 있었다.[2] 특히, 자동차보험 자기신체사고 면책약관에서는 피보험자의 "마약 또는 약물 복용 중 사고"를 별도로 명시한바 있다.[3]

　그런데 대법원 1990. 5. 25. 선고 89다17591 판결[4]이 무면허운전 면책약관과 관련하여 상법 제

1　인보험에서 보험계약자 등의 중과실에 대해 보험자의 보상책임을 인정하는 취지는 사망보험의 수익자인 유족의 생활보장 및 중과실과 경과실의 구별이 상대적이고 그 경계가 모호한 점, 보험계약자 측이 현저히 약자의 지위에 있어 보호의 필요성이 있는 점 등으로 동조에 정한 입법목적의 정당성은 인정된다(헌법재판소 1999. 12. 23. 98헌가12 결정 참조).

2　유관우·이현열, 인보험약관해석(생명보험 및 장기손해보험표준약관), 앨림G&P, 2006, 302-303면.

3　남원식·김형진·안승태, 실무자들이 쓴 자동차보험이론(개정·증보판), 한올출판사, 2005, 125면.

4　과거 음주·무면허 면책약관에 대해 보험사고가 전체적으로 보아 고의로 평가되는 행위로 인한 경우뿐만 아니

732조의2 및 제739조의 해석상 '한정적 무효'의 입장을 밝힌 이래로, 판례가 일관되게 '음주 또는 무면허운전 면책약관'에 대해 한정적 무효설의 입장을 취하면서 자동차보험약관에서 해당 면책사유들이 삭제되었고 그에 따라 보험자의 책임이 인정되는 보험사고로 변경되었다.[5] 이러한 기조 아래 자동차보험에서 '음주 또는 무면허운전 면책약관'과 별개로 존재하던 '마약·약물중독 면책약관'이 2013년경 삭제되었고, 장기손해보험에서 존재하던 '형법상의 범죄행위 또는 폭력행위 면책약관' 또한 2010년 4월[6] 대대적인 약관개정으로 삭제되기에 이르렀다.[7]

이처럼 질병·상해보험표준약관에서 실질적으로 고의의 보험사고를 제외한 다른 면책사유가 삭제됨에 따라 보험자의 보상책임 범위에 음주·무면허 운전 외에도 마약 등의 약물중독, 폭력행위 등과 같은 반사회적 행위가 포함되는 결과를 초래하였다. 이로 인해 보험자에 대해서는 불량위험의 인수나 범죄행위 또는 고도의 위험행위에 대하여 보험보호를 거절할 수 있는 보험자의 자유로운 의사결정이 원천적으로 봉쇄되었다.[8] 한편, 보험의 단체성 측면에서도 보험자의 보상책임 범위가 지나치게 확장됨으로써 보험금지급 가능성이 높아졌고 그에 따라 보험료의 과도한 인상이 유발되어 선량한 보험계약자에게 악영향을 미치고 있다.

이하에서는 ① 독일, 일본이 상해보험에 있어서 '상해'의 개념을 어떻게 정의하고 있는지, ② 각국의 상해보험 관련 법규에서는 무엇을 보험자의 면책사유로 인정하고 있는지, ③ 각국의 상해보험 관련 약관 중 마약이나 약물로 인해 발생한 보험사고를 보험자의 면책사유로 인정하는 규정이 존재하는지에 대하여 검토하기로 한다.

라 과실(중과실 포함)로 평가되는 행위로 인한 경우까지 보상하지 아니한다는 취지라면 과실로 평가되는 행위로 인한 사고에 관한 한 무효라고 판시하였다(대법원 1996. 4. 26. 선고 96다4909 판결; 대법원 1998. 3. 27. 선고 97다27039 판결 등).

5   동일한 취지로 최근 대법원 2014. 9. 14. 선고 2012다204808 판결에서도 상해보험의 유형인 자동차보험 자기신체사고담보에서 보험사고 발생 시 피보험자의 안전띠 미착용 등 법령위반의 사유가 존재하는 경우에 보험금을 일부 감액하는 '안전띠 미착용 감액조항'에 대하여 안전띠 미착용이 보험사고 발생원인으로서 고의에 의한 것이 아니므로 무효라고 판단한 것은 상법 제732조의2, 제739조 및 제663조의 해석에 충실한 것으로 보인다.

6   당시 보험업감독업무시행세칙 제5-13조 별표 15조에 규정되어 있던 '질병·상해보험약관'은 2010. 1. 29.에 개정되어, 2010. 4. 1.부터 시행되었다. 이하에서는 '2010년 4월 개정약관' 이라 칭한다.

7   최병규, "마약투약과 상해사망여부 - 서울중앙지법 2018. 5. 10. 선고 2017가합533964 판결에 대한 평석을 중심으로 -", 경영법률 제29권 제1호, 한국경영법률학회, 2018, 229-230면 참고.

8   김성태, 보험법강론, 법문사, 2002, 273면; 박세민, 보험법, 제5판, 박영사, 2019, 296면; 보험사고 발생의 위험이 현저히 증대된 경우 증대된 위험이 현실화되어 발생한 손해는 보험보호의 대상으로부터 배제할 수 있고, 보험자가 인수하는 위험은 보험상품에 따라 달리 정할 수 있다. 그 대표적인 예로, 대법원 2015. 6. 23. 선고 2015다5378 판결에서는 상해보험약관이 피보험자의 정신질환을 피보험자의 고의나 자살과 별도로 독립된 면책사유로 규정한 경우 이를 담보배제사유로 보아 당해 면책사유의 유효성을 인정하였다.

II. 주요국의 입법례

1. 독일

1) 상해의 개념

독일 상해보험에서 보험사고는 '피보험자가 급격하게 외부로부터 신체에 발생한 사건으로 인해 의도치 않은 건강상의 피해를 입은 것'을 의미한다.[9] 이에 따르면 급격하게 외부로부터 신체에 발생한 '상해사건'을 통해 피보험자가 의도치 않은 건강상의 피해를 입으면 '상해'가 존재하는 것이 된다. 즉, 상해보험의 보험사고는 '급격한 외부의 사건일 것', '우연성이 있을 것', '건강상의 피해를 입을 것'을 갖추어야 한다.

여기서 먼저, '급격한 외부의 사건'과 관련하여 살펴보면 ① '급격함'은 '신속함'에 더해 '사건의 발생을 예상할 수 없었다는 사실'을 내포한다. 즉, 이는 짧게 제한된 시간 안에 예상하지 못한 사건이 발생하고 작용하는 것을 의미한다. 이러한 요건은 손해가 장기간에 걸쳐 확대되는 상황을 담보에서 배제하기 위한 것이다. 그리고 ② 급격한 '사건'이 '외부'로부터 '신체'에 작용하여야 한다. 즉, 이는 외부의 힘이 피보험자의 신체에 작용하는 것을 의미한다. 다만, 이로 인해 외부적인 건강상의 피해가 발생하였는지, 내부적인 건강상의 피해가 발생하였는지의 여부는 중요하지 않다.

다음으로 '우연성'은 피보험자가 의도치 않게 건강상의 피해를 입는 것을 의미한다. 이때 우연성은 사건 자체가 아니라 사건의 결과인 건강상의 피해와 관련된 것으로, 이에 따라 피보험자가 고의로 건강상의 피해를 야기한 것은 우연성이 인정되지 않는다. 이러한 우연성은 반대의 증명이 있을 때까지 추정된다.

마지막으로 '건강상의 피해'는 신체적 온전함을 해치는 것을 의미한다. 즉, 의학적 기술규정에 따라 객관적인 건강상의 피해가 확정되어야 하며, 피보험자가 건강상의 피해를 입었다고 느

---

9   VVG §178 Leistung des Versicherers - (2) Ein Unfall liegt vor, wenn die versicherte Person durch ein plötzlich von außen auf ihren Körper wirkendes Ereignis unfreiwillig eine Gesundheitsschädigung erleidet. Die Unfreiwilligkeit wird bis zum Beweis des Gegenteils vermutet(독일보험계약법 제178조 (보험자의 급부) 제2항 - 보험사고는 피보험자가 급격한 외래의 사고로 인하여 우연하게 건강에 손상을 입은 경우를 말한다. 우연성은 반대의 입증이 있기까지 추정된다(이필규·최병규·김은경 역, 2009년 독일 보험계약법(VVG), 세창출판사, 2009, 78면)); AUB(Allgemeine Unfallversicherungsbedingungen) 2014 §1.3. (Unfallbegriff) - Ein Unfall liegt vor, wenn die versicherte Person durch ein plöotzlich von außen auf ihren Köper wirkendes Ereignis (Unfallereignis) unfreiwillig eine Gesundheitsschäigung erleidet(독일상해보험약관 제1.3조 (사고개념) - 사고발생은 피보험자가 급격하게 외부로부터 자신의 신체에 발생한 사건으로 인해 의도치 않은 건강상의 피해를 입었을 때 발생한다) 참고.

끼는지의 여부와 같은 주관적인 기준은 중요하지 않다.[10]

2) 독일의 보험계약법

독일보험계약법 제183조[11]에서는 상해보험의 보험계약자[12] 및 보험수익자가 고의로 보험사고를 초래한 경우 전자에 대해서는 '보험자가 면책된다.'고 규정하고 있고, 후자에 대해서는 '보험수익자 지정이 이루어지지 않은 것으로 본다.'고 규정하고 있다. 이처럼 독일보험계약법은 상해보험에 있어 보험계약자에 의한 고의의 보험사고에 대해서만 보험자를 면책하고 있다는 점이 특징이다.

그런데 동법은 상해보험의 보험계약자[13] 및 피보험자[14]가 고의로 보험사고를 초래한 경우에 대해서는 보험자의 책임과 관련하여 아무런 규정을 두지 않고 있다. 따라서 보험계약자 및 피보험자가 고의로 보험사고를 초래한 경우 보험자가 책임을 면하는지 아니면 책임을 그대로 부담하는지의 여부는 명확히 알 수 없다. 또한 동법은 손해보험과는 달리[15] 상해보험의 보험계약자, 피보험자, 보험수익자가 중과실로 보험사고를 초래한 경우에 대해서도 보험자의 책임과 관련하여 아무런 규정을 두지 않고 있다.

----

10 독일 상해보험상의 상해의 개념에 관한 자세한 내용은 노일석, "미국의 약복용으로 인한 사망과 보험", 보험법연구, 제9권 제2호, 한국보험법학회, 2015, 376-379면 참고.

11 VVG § 183 Herbeiführung des Versicherungsfalles - (1) Der Versicherer ist nicht zur Leistung verpflichtet, wenn im Fall des § 179 Abs. 2 der Versicherungsnehmer vorsätzlich durch eine widerrechtliche Handlung den Versicherungsfall herbeiführt. (2) Ist ein Dritter als Bezugsberechtigter bezeichnet, gilt die Bezeichnung als nicht erfolgt, wenn der Dritte vorsätzlich durch eine widerrechtliche Handlung den Versicherungsfall herbeiführt(독일보험계약법 제183조 (보험사고의 초래) 제1항 - 보험자는 제179조 제2항의 규정에 의한 경우에 있어서 보험계약자가 고의로 불법행위에 의해 보험사고를 야기한 경우에는 면책된다, 제2항 - 제3자가 보험수익자로 지정된 경우 그 제3자가 고의로 불법행위에 의해 보험사고를 야기한 경우에는 그 지정은 이루어지지 않은 것으로 본다).

12 여기서의 보험계약자는 보험계약자와 피보험자가 다른 '타인의 상해보험'에서의 보험계약자를 의미한다.

13 여기서의 보험계약자는 보험계약자와 피보험자가 동일한 '자신의 상해보험'에서의 보험계약자를 의미한다.

14 여기서의 피보험자는 보험계약자와 피보험자가 동일한 '자신의 상해보험'의 피보험자와 보험계약자와 피보험자가 다른 '타인의 상해보험'의 피보험자를 모두 의미한다.

15 독일보험계약법 제81조 제2항에서는 손해보험계약에 있어 보험계약자가 중과실로 보험사고를 초래한 경우 보험자의 책임과 관련하여 다음과 같이 규정하고 있다. VVG § 81 Herbeiführung des Versicherungsfalles - (2) Führt der Versicherungsnehmer den Versicherungsfall grob fahrlässig herbei, ist der Versicherer berechtigt, seine Leistung in einem der Schwere des Verschuldens des Versicherungsnehmers entsprechenden Verhältnis zu kürzen(보험계약자가 중과실로 보험사고를 초래한 경우 보험자는 자신의 급부를 보험계약자의 과실에 상응하여 감액할 권한이 있다).

3) 독일의 상해보험약관

독일 상해보험약관 제5조[16]에서는 총 12개의 하위규정을 통해 상해보험에 있어서 보험자의 면책사유를 규정하고 있다. 동약관은 다시 제5.1조 이하에서 5개의 하위규정(제5.1.1조 - 제5.1.5조)을 통해 '보험자가 면책되는 보험사고'를 규정하고, 제5.2조 이하에서 7개의 하위규정(제5.2.1조 - 제5.2.7조)을 통해 '보험자가 면책되는 건강상의 손상'을 규정하여 보험자의 면책사유를 구분하고 있다. 이러한 규정들 중에서 마약·약물흡입 및 중독행위에 관한 면책사유가 존재하는지와 관련하여서는 동약관 제5.1.1조[17]를 살펴볼 필요가 있다.

동조는 정신장애 또는 의식장애로 인한 보험사고를 면책사유로 규정하고 있으면서, 동시에 그 의식장애를 발생시키는 원인으로 약물의 복용과 의식을 손상시키는 약물 또는 기타 물질의 사용 등을 규정하고 있다. 이 같은 원인들 중에서 마약·약물흡입 및 중독행위는 의식을 손상시키는 약물 또는 기타 물질의 사용에 해당한다고 할 것인바,[18] 독일 상해보험약관에는 피보험자의 마약·약물흡입 및 중독행위에 대한 보험자의 면책사유가 존재한다고 볼 수 있다.[19]

그런데 실제 독일에서는 마약[20] 투여와 관련하여 강력한 처벌규정이 존재하지 않는 관계로 마약 투여를 음주운전과 유사하게 취급하고 있는 것으로 보인다.[21] 즉, 마약 투여는 알코올의 영

---

16 독일상해보험약관의 편제는 각 조문아래 하위규정을 두는 방식으로 구성되어 있다. 예를 들어 제5조의 경우 제5.1조 이하 5개의 하위규정(제5.1.1조 - 제5.1.5조)과 제5.2조 이하 7개의 하위규정(제5.2.1조 - 제5.2.7조)으로 구성되어 있다.

17 AUB(Allgemeine Unfallversicherungsbedingungen) 2014 §5.1.1 (Ausgeschlossene Unfälle) - Unfälle der versicherten Person durch Bewusstseinstöorungen sowie durch Schlaganfäalle, epileptische Anfäalle oder andere Krampfanfäalle, die den ganzen Köorper der versicherten Person ergreifen. Eine Bewusstseinsstöorung liegt vor, wenn die versicherte Person in ihrer Aufnahme- und Reaktionsfäahigkeit so beeinträachtigt ist, dass sie den Anforderungen der konkreten Gefahrenlage nicht mehr gewachsen ist. Ursachen füur die Bewusstseinsstöorung köonnen sein: ● eine gesundheitliche Beeinträachtigung, ● die Einnahme von Medikamenten, ● Alkoholkonsum, ● Konsum von Drogen oder sonstigen Mitteln, die das Bewusstsein beeinträachtigen(독일상해보험약관 제5.1.1조 (제외되는 보험사고) - 의식장애, 뇌졸중, 간질 발작 또는 피보험자의 전신에 영향을 미치는 기타 발작으로 인한 피보험자의 사고. 의식장애는 피보험자의 수용 및 대응능력이 저하되어 더 이상 특정 위험상황의 요구사항을 충족시킬 수 없을 때 발생한다. 의식장애의 원인은 다음과 같다. ● 건강상의 장애 ● 약물의 복용 ● 음주 ● 의식을 손상시키는 약물 또는 기타 물질의 사용).

18 이와 관련하여 해당 면책사유에 마약·약물흡입 및 중독행위로 피보험자에게 의식장애가 발생하지 않고 바로 사망한 경우도 포함되는지가 문제되나 이러한 경우도 면책사유에 포함된다고 해석한다(노일석, "미국의 약복용으로 인한 사망과 보험", 보험법연구, 제9권 제2호, 한국보험법학회, 2015, 387면 참고).

19 노일석, "미국의 약복용으로 인한 사망과 보험", 보험법연구, 제9권 제2호, 한국보험법학회, 2015, 387면 참고.

20 예를 들어, 코카인, 모르핀, 헤로인, 아편, 마리화나, 해시시 등을 말한다.

21 독일은 1921년에 아편법을 제정한 이후, 1971년에 아편법을 마약법(Betaubngsmittelgestz, BtMG)으로 개정하였다. 그리고 1981년 마약법을 개정하였는데, 당시 개정법의 핵심은 인간의 건강보호를 일차적 목표로 하여 기존 처벌 위주의 정책에 따른 폐해를 바로잡는 것이었다. 이러한 기조를 바탕으로 하여 2000년 이후 마약법 개정에 있어서는 새롭게 등장하는 마약에 대한 관리기준을 제시했다. 즉, 독일마약법은 마약남용예방과 치료정책이 강조됨에 따라 마약투여에 대한 형사적 처벌을 자제하고 있다. 이에 스스로 마약을 소비하고 이로 인해 발생하는 자기건강

향과 유사하게 신경계에 영향을 미쳐 억제력과 지적·운동능력을 저하시키는 역할을 한다고 하여, 마약복용 후의 효과를 무시한 것은 중과실에 해당한다고 보아 그에 따른 비례보상[22]을 적용하고 있다. 이에 더해 약물투여 그 자체는 보험자의 책임에 영향을 미치지 않는다고 보지만, 알코올이나 다른 약물과 함께 투여함으로써 판단능력에 영향을 미쳐 보험사고를 초래한 경우에는 그 약물복용설명서 등에 기재된 부작용에 대한 주의의무해태를 이유로 중과실비례보상을 적용할 수 있다.[23]

2. 일본

1) 상해의 개념

일본의 경우 일반적으로 인간의 신체에 발생할 수 있는 사고를 보험의 보장대상으로 한다는 점에 있어서는 상해보험이 생명보험과 동일하다고 보지만, 인간의 생사만을 보험사고 한다는 점에 있어서는 상해보험이 생명보험과 다르다. 즉, 상해보험에 있어서 보험사고는 상해를 원인으로 하는 사망사고에 한정되지 않는다. 이와 같이 상해보험은 ① 상해의 경우 그 발생이 불확실한 점, ② 상해로 인한 결과의 태양이나 정도가 불확정적인 점에 있어서는 손해보험과 유사한 면모가 존재한다고 본다. 한편, 일본 상해보험에서의 보험사고는 '급격'하고 '우연'한 '외래'의 사고에 의해 피보험자가 신체에 손상을 입는 것을 의미한다.[24] 즉, 상해보험의 보험사고는 '급격성', '우연성', '외래성'을 갖추어야 한다.

여기서 먼저, '급격성'이란 원인사고로부터 결과(상해)의 발생까지 시간적 간격이 없거나 그

의 침해는 처벌하지 않는다. 다만, 마약의 소비를 위해 무허가로 마약을 소지한 경우에는 독일마약법 제29조에 의해 처벌된다(김일옥·김순행·박진실, "독일국가전략의 고찰을 통한 한국마약정책에의 시사점", 중앙법학, 제22집 제2호, 중앙법학회, 2020, 111-115면 참고).

22 '중과실비례보상'이란 보험계약자 측의 의무위반에 대한 과실을 경과실과 중과실로 나누어 경과실에 의한 의무위반의 경우에는 보험자에 대해 전부 급부이행책임을 부여하고, 중과실에 의한 의무위반의 경우에는 보험자를 완전히 면책하지 않고, 의무위반과 보험사고 사이에 상당인과관계를 검토한 후 위반의 정도에 따라 보험금을 감액하는 방식으로 보상책임을 부여하는 것을 말한다(Gesetzenentwurf der Bundesregierung, *Entwurf eines Gesetzes zur Reform-VVG*, 11., Oktober, 2006, Drucksache 16/3945, S. 123-124; 최병규, "중과실비례보상제도의 도입가능성에 관한 연구", 일감법학, 제14호, 건국대학교 법학연구소, 2008, 177면; 김은경, "중과실비례보상제도에 대한 소고", 보험법연구, 제2권 제2호, 한국보험법학회, 2008, 71면).

23 Meschkat/Nauert, *VVG-Quoten Leistungskürzung in der Sach- und Kaskoversicherung sowie KH-Regress-*, Lucherhand, 2008, S. 9.

24 일본의 보험실무상 상해보험약관에서는 상해를 '급격하고 우연한 외래의 사고에 의해 그 신체에 입은 상해'에 대하여 각종의 보험금을 지급하는 것으로 정하거나, '급격하고 우발적인 외래의 사고' 중 일정한 것을 '뜻밖의 사고'라고 정의하여, 이에 따라 발생한 사망·장해·입원 등을 급부사유로 정하는 것이 많다(山下友信·米山高生, 保險法解說, 有斐閣, 2010, 149頁).

간격이 지극히 짧은 것을 의미한다. 예를 들어 자동차사고에 의한 상해는 급격한 사고의 전형적인 예시이다.

다음으로 '우연성'이란 피보험자가 사고원인으로 인해 상해라는 결과가 발생할 수 있다는 사실을 예상할 수 없었던 것을 의미한다. 손해보험계약의 정의에 포함되는 '우연성'[25]과 구별하기 위해 이를 '우발성'이라고 하기도 한다. 예를 들어 계곡으로의 추락사고나 화재에 의한 화상 등은 우연성이 인정되지만 피보험자의 자살이나 자해에 의한 사망이나 상처 등은 그 결과가 피보험자의 예측 범위 내에 있으므로 우연성이 인정되지 않는다.[26]

마지막으로 '외래성'이란 상해의 원인이 피보험자의 신체 외부로부터 작용하는 것을 의미한다. 이 요건은 신체의 내부에 존재하는 원인에 따른 사고를 제외한다는 취지로 질병보험과 그 보장범위를 구별하는 기준이 된다. 이 때 외래성 요건과 관련하여 질병이 아니라는 소극적 증명을 보험금청구권자에게 요구하거나, 질병면책조항이 존재하는 경우 보험자가 주장·증명해야 할 면책사유의 유무를 보험금청구권자에게 전환하는 것은 보험계약자 측에 가혹하다는 비판이 있다.[27]

2) 보험법

일본 보험법 제80조[28]에서는 상해질병보험의 보험계약자, 피보험자, 보험수익자가 고의 또는 중대한 과실로 보험사고를 초래한 경우,[29] 그리고 전쟁이나 기타 변란에 의해 보험사고가 발

----

25 손해보험계약에 있어 '우연성'이란 손해보험계약의 체결시점에 있어 장래를 향하여 보험사고가 발생할 것인지 발생하지 않을 것인지가 미확정인 상태를 의미한다.

26 大阪高裁 昭和62年(1987) 4月 30日 昭和61年(ネ)第1907号 · 判例時報, 第1243号, 120頁 참고.

27 山下友信, 保険法 (第4版), 有斐閣, 2019, 358-361頁 참고.

28 保険法 第八十条（保険者の免責）- 保険者は, 次に掲げる場合には, 保険給付を行う責任を負わない. ただし, 第三号に掲げる場合には, 給付事由を発生させた保険金受取人以外の保険金受取人に対する責任については, この限りでない. 一 被保険者が故意又は重大な過失により給付事由を発生させたとき. 二 保険契約者が故意又は重大な過失により給付事由を発生させたとき(前号に掲げる場合を除く.). 三 保険金受取人が故意又は重大な過失により給付事由を発生させたとき(前二号に掲げる場合を除く.). 四 戦争その他の変乱によって給付事由が発生したとき(일본보험법 제80조(보험자의 면책) - 보험자는 다음의 경우에는 보험급부를 행할 책임을 부담하지 않는다. 다만, 제3호에서 정하는 경우에는 급부사유를 발생시킨 보험수익자 이외의 보험수익자에 대한 책임에 대해서는 그러하지 아니하다. 제1호 - 피보험자가 고의 또는 중대한 과실로 급부사유를 발생시킨 경우, 제2호 - 보험계약자가 고의 또는 중대한 과실로 급부사유를 발생시킨 경우(전 호에 열거된 경우는 제외함), 제3호 - 보험수익자가 고의 또는 중대한 과실로 급부사유를 발생시킨 경우(전 2호에 열거된 경우는 제외함), 제4호 - 전쟁이나 기타 변란에 의해 급부사유가 발생한 경우).

29 이와 관련하여 '중대한 과실'을 넓게 해석하는 경우 피보험자를 포함한 보험계약자 측의 보험에 대한 기대가 손상될 수 있다는 등의 이유로 중과실을 면책사유에 포함시키는 것에 대해 소극적인 의사를 나타내는 견해가 존재한다(大串淳子·日本生命保険生命保険研究会, 解説保険法, 弘文堂, 2009, 83頁).

생한 경우 보험자는 면책된다고 규정하고 있다. 이에 따라 피보험자 등이 고의 또는 중대한 과실로 상해 및 질병을 발생시키고, 그 결과로 피보험자가 사망하거나 치료 등을 받은 경우 보험자는 면책된다.[30] 예를 들어, 피보험자의 자해행위나 약물중독은 동조에 따라 면책의 대상이 된다. 이처럼 일본 보험법은 사망보험계약에 있어서는 피보험자 등의 고의면책만 인정하는 반면(일본 보험법 제51조[31]), 상해질병보험계약에 있어서는 피보험자 등의 고의면책에 더해 피보험자 등의 중과실에 의한 보험사고의 초래도 보험자의 면책사유로 인정하고 있다는 점이 특징이다.[32]

중과실 면책에 있어서 '중과실'의 해석과 관련하여 일본의 판례[33] 및 다수설[34]은 일반민사법상의 중과실의 의미에 관한 최고재판소 판례[35]에 따라 이를 엄격하게 해석한다. 이에 의하면 중과실이란 거의 고의에 가깝게 현저하게 주의를 결여한 상태에서 행위한 것을 의미한다. 즉, 조금만 주의를 기울였다면 해당 사고의 발생을 회피할 수 있었음에도 불구하고 이를 해태하여 거의 고의라고 할 수 있는 심각한 부주의를 행한 것을 말한다.[36]

3) 상해보험보통보험약관

일본 상해보험보통보험약관은 제3조[37]와 제4조를 통해 상해보험에 있어서 보험자의 면책사

---

30 이와 관련하여 '상해 또는 질병'으로 피보험자가 '사망'한 경우에 있어서는 ① 상해 또는 질병에 대해 고의 또는 과실이 존재하는 것으로는 부족하고, ② 사망에 대해서도 고의 또는 과실이 필요하다고 본다(위의 책, 83頁).

31 保險法 第五十一条 (保険者の免責) - 死亡保険契約の保険者は, 次に掲げる場合には, 保険給付を行う責任を負わない. ただし, 第三号に掲げる場合には, 被保険者を故意に死亡させた保険金受取人以外の保険金受取人に対する責任については, この限りでない. 一 被保険者が自殺をしたとき. 二 保険契約者が被保険者を故意に死亡させたとき(前号に掲げる場合を除く.). 三 保険金受取人が被保険者を故意に死亡させたとき(前二号に掲げる場合を除く.). 四 戦争その他の変乱によって被保険者が死亡したとき(일본보험법 제51조(보험자의 면책) - 사망보험계약자의 보험자는 다음의 경우에는 보험급부를 행할 책임을 부담하지 않는다. 다만, 제3호에서 정하는 경우에는 피보험자를 <u>고의</u>로 사망케 한 보험수익자 이외의 보험수익자에 대한 책임에 대해서는 그러하지 아니하다. 제1호 - 피보험자가 자살한 경우, 제2호 - 보험계약자가 피보험자를 <u>고의</u>로 사망하게 한 경우(전 호에 열거된 경우는 제외함), 제3호 - 보험수익자가 피보험자를 <u>고의</u>로 사망하게 한 경우(전2호에 열거된 경우는 제외함), 제4호 - 전쟁이나 기타 변란에 의해 피보험자가 사망한 경우).

32 山下友信 · 米山高生, 保険法解説, 有斐閣, 2010, 433, 437頁 참고.

33 東京地判 平成15年(2003) 6月23日 平成13年(ワ)第3604号 · 「判例タイムズ」第1141号, 227頁; 大阪高裁 平成元年(1989) 12月26日 平成1年(ネ)第703号 · 「判例タイムズ」第725号, 210頁; 東京高裁 平成4年(1992) 12月25日 平成2年(ネ)第2929号 · 「判例タイムズ」第858号, 243頁.

34 戸出正夫, "商法第641条所定の重過失の意味", 「石田滿先生還暦記念論文集 : 商法 · 保険法の 現代的課題」, 文眞堂, 1992, 304頁.

35 日本最判 昭和32年(1957) 7月9日 昭和27年(オ)第884号 · 「最高裁判所民事判例集」第11巻 第7号, 1203頁; 日本最判 昭和51年(1976) 3月19日 昭和47年(オ)第541号 · 「最高裁判所民事判例集」第30巻 第2号, 128頁.

36 山下友信, 保険法 (第4版), 有斐閣, 2019, 355頁.

37 傷害保険普通保険約款 第3条 (保険金を支払わない場合-その1) - (1) 当会社は, 次のいずれかに該当する事由

유를 상세하고 폭넓게 규정하고 있다는 것이 특징이다. 그중 특수한 상황(운동이나 경기 등)을 전제로 하여 보험자의 면책사유를 규정한 동약관 제4조를 제외하고, 일반적인 상황에서의 보험자 면책사유를 규정한 동약관 제3조를 살펴보면 다음과 같다.

일본 보험법 제80조 제1호에서 제3호가 규정하고 있는 고의·중과실 면책사유는 동약관 제3조 제1항 제1호 및 제2호에 규정되어 있고, 동법 제4호가 규정하고 있는 전쟁 등 면책사유는 동약관 제9호에 규정되어 있다. 그리고 동약관의 나머지 면책사유들 중 피보험자의 행위와 관련된 것을 살펴보면, 제3호는 피보험자의 자살행위와 범죄행위 또는 투쟁행위, 제4호는 피보험자가 음주, 약물흡입상태에서 운전하는 동안의 사고, 제5호는 피보험자의 질병 및 심신상실, 제6호는 피보험자의 임신·출산, 제7호는 피보험자에 대한 외과적 수술이나 그 의료처치, 제8호는 피보험자의 형집행 등을 보험자의 면책사유로 규정하고 있다. 그 외 동약관 제10호부터 제13호는 지진이나 핵연료물질, 방사능 오염 등으로 인한 사고도 보험자의 면책사유로 규정하고 있다.

によって生じた傷害に対しては, 保険金を支払いません。① 保険契約者(注1)または被保険者の故意または重大な過失 ②①に規定する者以外の保険金を受け取るべき者(注2)の故意または重大な過失。ただし, その者が死亡保険金の一部の受取人である場合には, 保険金を支払わないのはその者が受け取るべき金額に限ります。③ 被保険者の自殺行為, 犯罪行為または闘争行為 ④ 被保険者が次のいずれかに該当する間に生じた事故 ア. 法令に定められた運転資格(注3)を持たないで自動車等を運転している間, イ. 道路交通法(昭和35年法律第105号)第65条(酒気帯び運転等の禁止)第1項に定める酒気を帯びた状態で自動車等を運転している間, ウ. 麻薬, 大麻, あへん, 覚せい剤, シンナー等の影響により正常な運転ができないおそれがある状態で自動車等を運転している間 ⑤ 被保険者の脳疾患, 疾病または心神喪失 ⑥ 被保険者の妊娠, 出産, 早産または流産 ⑦ 被保険者に対する外科的手術その他の医療処置。ただし, 外科的手術その他の医療処置によって生じた傷害が, 当会社が保険金を支払うべき傷害の治療によるものである場合には, 保険金を支払います。⑧ 被保険者に対する刑の執行, ⑨ 戦争, 外国の武力行使, 革命, 政権奪取, 内乱, 武装反乱その他これらに類似の事変または暴動(注4) ⑩ 地震もしくは噴火またはこれらによる津波 ⑪ 核燃料物質(注5)もしくは核燃料物質(注5)によって汚染された物(注6)の放射性, 爆発性その他の有害な特性またはこれらの特性による事故 ⑫ ⑨から⑪までの事由に随伴して生じた事故またはこれらに伴う秩序の混乱に基づいて生じた事故 ⑬ ⑪以外の放射線照射または放射能汚染(일본상해보험보통보험약관 제3조 (보험금을 지급하지 않는 경우 - 제1) 제1항 - 당 회사는 다음의 어느 하나에 해당하는 사유에 의해서 발생한 상해에 대해서는 보험금을 지급하지 않습니다. 제1호 - 보험계약자(주1) 또는 피보험자의 고의 또는 중대한 과실, 제2호 - 제1호에서 규정하는 자 이외의 보험금을 수령해야 하는 자(주2)의 고의 또는 중대한 과실. 다만, 그가 사망보험금의 일부의 수익자인 경우에 지급하지 않는 보험금은 그 자가 받아야 할 금액에 한합니다, 제3호 - 피보험자의 자살행위, 범죄행위 또는 투쟁행위, 제4호 - 피보험자가 다음 중 하나에 해당하는 동안 발생한 사고 가. 법령에 정해진 운전자격(주3)을 가지지 않고 자동차 등을 운전하는 동안, 나. 도로교통법(1960년 법률 제105호) 제65조(음주운전 등의 금지) 제1항에서 정하는 음주상태에서 자동차 등을 운전하는 동안, 다. 마약, 대마, 아편, 각성제, 시너 등의 영향으로 정상적인 운전을 할 수 없는 우려가 있는 상태에서 자동차 등을 운전하는 동안, 제5호 - 피보험자의 뇌질환, 질병 또는 심신상실, 제6호 - 피보험자의 임신, 출산, 조산 또는 유산, 제7호 - 피보험자에 대한 외과적 수술 기타 의료처치. 다만, 외과적 수술 그 외의 의료처치에 의해서 생긴 상해가 당회사가 보험금을 지급해야 할 상해의 치료에 의하는 것일 경우에는 보험금을 지급합니다, 제8호 - 피보험자에 대한 형의 집행, 제9호 - 전쟁, 외국의 무력행사, 혁명, 정권탈취, 내란, 무장반란 기타 이와 유사한 사변 또는 폭동(주4), 제10호 - 지진이나 분화 또는 이로 인한 해일, 제11호 - 핵연료 물질(주5) 혹은 핵연료 물질(주5)에 의해 오염된 물건(주6)의 방사성, 폭발성, 기타 유해한 특성 또는 이들의 특성에 의한 사고, 제12호 - 제9호에서 제11호까지의 사유에 따라 발생한 사고 또는 이로 인한 질서혼란에 기초하여 발생한 사고, 제13호 - 제11호 이외의 방사선 조사 또는 방사능 오염).

이러한 규정에 마약·약물흡입 및 중독행위에 관한 면책사유가 존재하는지와 관련하여서는 동약관 제3조 제3호를 살펴볼 필요가 있다. 동호는 피보험자의 범죄행위를 면책사유로 규정하고 있는데, 피보험자의 마약·약물흡입 및 중독행위는 이와 같은 범죄행위에[38] 해당한다고 할 것이다. 아울러 일반상해사고에 대해 동약관 동조 제4호 다목의 마약 등 약물흡입상태에서 운전중 사고를 유추적용할 수도 있다. 결국 일본 상해보험보통보험약관에는 피보험자의 마약·약물흡입 및 중독으로 인한 사고에 대해 보험자의 면책사유가 존재함을 확인할 수 있다.

Ⅲ. 비교법적 고찰

먼저, 상해보험의 보험사고에 해당하는 상해의 성립요건과 관련하여 독일은 ① 급격한 외부의 사건, ② 우연성, ③ 건강상의 피해라는 요건을 갖추어야 하는 한편, 일본은 ① 급격성, ② 우연성, ③ 외래성이라는 요건을 갖추어야 한다. 이를 독일의 요건을 기준으로 하여 비교하면 '급격한 외부의 사건'은 일본의 '급격성'과 '외래성' 요건을 포괄하는 개념이라 할 수 있고, '우연성'은 두 국가의 공통된 요건이다. 그런데 독일의 경우 일본과는 다르게 '건강상의 피해'라는 요건을 추가적으로 요구하고 있다. 건강상의 피해는 상해로 인한 결과의 발생 즉, 손해의 발생에 해당한다고 할 수 있다. 이를 볼 때 상해의 성립을 위해서는 급격성, 우연성, 외래성의 요건을 갖추어야 한다는 점은 독일과 일본이 같으나, 이에 더해 독일은 건강상의 피해라는 손해의 발생까지 갖추어야 한다.

다음으로 보험법상 보험자의 면책과 관련하여 독일 보험계약법은 제183조에서 보험계약자(보험계약자와 피보험자가 상이한 경우에 있어서의 보험계약자를 의미함) 및 보험수익자가 고의로 보험사고를 초래한 경우에만 보험자를 면책하는 반면, 일본 보험법은 제80조에서 보험계약자, 피보험자, 보험수익자가 고의로 보험사고를 초래한 경우에 더해 중과실로 보험사고를 초래한 경우에도 보험자를 면책하고 있다. 이를 볼 때 고의로 초래된 보험사고에 대해 보험자가 면책된다는 점은 독일과 일본이 같으나, 일본의 경우에는 보험계약자, 피보험자, 보험수익자의 중과실로 초래된 보험사고에 대해서도 보험자가 면책되는 점에서 차이가 있다.

마지막으로 상해보험약관상 마약·약물흡입 및 중독행위에 대한 보험자 면책사유의 존재

---

[38]　각성제단속법(覚せい剤取締法) 제19조 및 제41조의3 제1항 제1호, 아편법(あへん法), 제9조 및 제52조의2, 마약 및 향정신성의약품단속법(麻薬及び向精神薬取締法) 제64조의2 등에 해당한다.

와 관련하여 독일 상해보험약관이 제5.1.1조에서 의식을 손상시키는 약물 또는 기타 물질의 사용에 따른 의식장애로 인한 보험사고를 보험자의 면책사유로 규정한 것을 보면 마약·약물흡입 및 중독행위에 관한 면책사유가 존재한다고 볼 수 있다. 한편, 일본 상해보험보통보험약관이 제3조 제3호에서 피보험자의 범죄행위로 인한 보험사고를 보험자의 면책사유로 규정한 것을 보면 일본 또한 마약·약물흡입 및 중독행위에 관한 면책사유가 존재함을 확인할 수 있다.

IV. 결론

상해보험에 있어서 상해의 성립과 보험법상 보험자의 면책과 관련하여 우리나라도 ① 상해의 성립요건으로 급격성, 우연성, 외래성의 요건을 갖추어야 하는 점, ② 보험계약자, 피보험자, 보험수익자가 고의로 초래한 보험사고에 대해 보험자를 면책시키는 점을 고려하면 이에 대한 내용은 독일 및 일본의 입법례와 유사하다고 할 수 있다. 그러나 우리나라의 경우 2010년 4월 약관개정 이후로 '형법상 범죄행위'나 '마약·약물흡입 중 사고'와 같은 면책사유가 각종 상해보험약관에서 삭제됨에 따라 독일 및 일본과는 달리 그와 관련한 면책사유가 존재하지 않는다는 점에서 차이가 존재한다. 이러한 차이는 우리나라 상해보험에서도 독일 및 일본과 같이 마약·약물흡입 및 중독행위를 비롯한 일정영역의 범죄행위에 대해 보험자의 면책사유를 마련할 필요성이 있다는 점을 시사한다.

우리나라에서 제기되고 있는 문제점을 개선하기 위해 현행 질병·상해보험표준약관에서 보험자의 보상하지 않는 손해(이하 '면책사유'라고 한다)로 규정하고 있는 ① 고의에 의한 보험사고, ② 피보험자의 임신, 출산, ③ 전쟁, 외국의 무력행사, 혁명, 내란, 사변, 폭동 등에 더하여, 적어도 반사회적 행위로 인한 보험사고는 보험자의 면책사유로 인정할 필요가 있다.

나아가 현행 질병·상해보험의 표준약관의 경우 면책사유를 담보배제사유와 책임면제사유로 구분하지 않고 규정하고 있는 점, 2010년의 약관 개정으로 담보배제사유에 해당하는 면책사유들이 삭제되면서 상법의 면책조항 해석과 관련하여 논쟁이 발생할 수밖에 없는 구조가 된 점[39] 등을 고려하여 질병·상해보험표준약관상 면책사유를 '담보배제사유'와 '책임면제사유'

---

[39]　현재 생명보험표준약관(2019. 12. 20.) 제5조는 보험계약자, 피보험자, 보험수익자의 고의만을 면책사유로 규정하고 있고, 질병·상해표준약관(2019. 12. 20.) 제5조 제1항 제4호 및 제5호는 그 외에 상대적 면책사유로 임신·출산, 전쟁·폭동 등과 같은 위험한 활동을 열거하고 있는바, 일단 '급격·우연·외래'라는 상해성이 인정되는 사고가

로 나누어, 질병 및 공서양속이나 사회질서에 반하는 행위는 '담보배제사유'로, 위험의 빈도나 심도가 높은 사고 및 불가피한 상해는 '책임면제사유'로 구분하여 운용할 필요가 있다.[40]

발생하면 보험담보에 포함시킨 후 면책사유 여부를 판단하는 체계를 가지고 있다.
40　김형진, "고지의무위반의 효과에 관환 법적 연구", 건국대학교 대학원 박사학위논문, 2020, 145면.

제8편

실손의료보험

제42장

실손의료보험의 문제점과 개선방안

I. 서 론

보험은 동질의 경제상 위험에 놓여 있는 다수가 하나의 단체를 구성하여 보험료를 납부하며 공동자금을 축적하고, 우연한 사고를 입은 사람에게 보험금을 지급하여 경제적 불안에 대비하는 제도이다. 즉, 우연한 사고로 인한 위험 이전을 목적으로 하고 발생한 제도가 바로 보험이다. 우리의 경제생활의 위험을 대비하기 위한 보험은 다양한 영역을 커버하고 있지만, 실손의료보험은 개인의 실손 보험비의 일부를 지원해주는 형태이기에 개인의 경제적인 부담을 줄여주고, 국민의 의료권선택이라는 부분에서 중요한 의미를 제공한다.

정부에 의한 의료개혁추진은 국민의 의료비 부담을 덜어주고 의료 접근성을 높인다는 점, 필수의료진의 비필수의료 분야로 이동하는 현상을 막을 수 있다는 점, 과잉 의료 공급 및 수요 발생, 환자의 도덕적 해이 등의 문제점들을 해소할 수 있다는 장점이 있지만, 비급여를 관장하는 보건복지부 등의 협조 없이는 이루어질 수 없는 상황이다.

실손의료보험 가입자 수는 해마다 증가하면서 국민의 수요와 필요에 부응하고 있고 기대수명 증가에 따른 질병 발생을 고려할 때, 실손의료보험의 필요성은 당연한 것이지만, 보험사의 대규모 적자, 과잉진료, 보험사기, 청구 절차의 복잡성, 의료비의 투명성 등의 측면에서 개선해야 할 영역이 많다.[1]

....

1   실손의료보험은 실무상 '실손의료보험'이라는 용어로 사용되지만, 여기에서는 의료보험이라는 점을 명확히 하

이하에서는 실손의료보험의 개념과 활용, 제기되는 문제점 등을 살펴보고, 실손의료보험과 관련된 법적 쟁점을 검토한 후, 개선방안을 제시하고자 한다.

II. 실손의료보험의 개념, 연혁 그리고 문제점

1. 실손의료보험의 개념

1) 개념

실손의료보험은 보험가입자가 질병 또는 상해로 병원에서 치료를 받는 경우 보험회사가 손해보험이면 피보험자, 생명보험이면 보험수익자에게 발생한 실제 의료비를 보상해주는 보험상품이다.[2] 보상의 범위는 모든 질병이나 상해에 대한 보상이 아닌 피보험자가 계약한 내용의 질병이나 상해에 대한 보상이 일반적이다. 이는 질병이나 부상으로 인해 발생한 고액의 진료비가 가계에 부담되는 것을 방지하기 위해 일정의 보험료를 낸다는 공통점이 있다.

하지만 국민건강보험공단이 관리·운영하다가 필요시 제공하여 국민이 필요한 의료서비스를 받을 수 있도록 하는 사회보장제도인 국민건강보험은 국민이 의무로 가입하도록 하여 급여 및 필수 의료를 국민건강보험공단(공공기관)에서 보상해주고, 실손의료보험은 국민건강보험에서 보장하지 않는 항목과 비급여 항목 중 해당 필요 상품을 피보험자의 자유로운 선택에 의해 가입함으로써 사보험 회사가 보상한다는 점에서 차이가 있다.

이와 같이 국민건강보험과 실손의료보험은 헌법 제34조 제1항 내지 제4항[3] 에 따른 국가의 의무와 관련하여, 국민의 질병이나 상해에 대해 의료비 부담을 경감시키기 위한 제도에 해당한다고 볼 것이다. 특히, 실손의료보험은 국민건강보험에서 보장하지 않는 범위를 보장하여 보충적으로 작용한다는 점에서 국민의 제2의 국민건강보험이라고 불리고 있다.

기 위하여 '실손의료보험'이라는 명칭을 통일하여 사용하기로 한다.

2   전한덕, "실손의료보험 청구절차 개선을 위한 법적과제", 법과 기업 연구, 제13권 제2호, 서강대학교 법학연구소, 2023, 128면.

3   헌법 제34조에 따른 건강과 관련된 국가의 주요 의무는 다음과 같다.
      가. 국민의 인간다운 생활을 할 권리를 보장하는 것.
      나. 국가는 사회보장, 사회복지의 증진에 노력할 의무를 지는 것.
      다. 신체장애자 및 질병·노령 등 기타사유로 생활능력이 없는 국민을 보호하는 것.

2) 성격

실손의료보험의 성격을 파악하기 위해서는 우선 생명보험과 손해보험의 차이점을 살펴볼 필요가 있다.[4]

생명보험과 손해보험의 차이

구분	생명보험	손해보험
피보험자	보험사고의 객체인 사람	보험사고 발생할 때 손해보상을 받을 권리를 가진 사람
보험금 청구권자	보험수익자	피보험자
보험목적	사람에 한하여 15세 미만자, 심신상실자, 심신 박약자는 사망보험의 피보험자가 될 수 없다.	사람, 법인, 물건 등 피보험이익 요건을 충족하는 것이면 모두 가능
피보험이익	개념이 존재하지 않음	보험가액
보험금 지급범위	계약 체결 시 약정한 보험금	보험금액과 보험가액 범위 내에서 실손보상
보험자 대위	불인정(단, 상해보험 등 실손 보상 개념이 있는 경우 특약에 의해 보험자 대위 인정 가능)	인정

생명보험의 피보험자는 보험사고의 객체인 사람이지만 손해보험의 피보험자는 보험사고 발생 시 손해보상을 받을 권리를 가진 사람이다. 또한 보험금 청구권자는 생명보험에서 보험수익자, 손해보험에서는 피보험자로 달리하고 있다. 보험의 목적에서는 생명보험은 사람에 한하여 특정 조건이 있고, 손해보험은 피보험이익 요건을 충족하는 것이면 모두 가능하다. 피보험의 이익은 손해보험만 보험가액이며, 보험금 지급범위는 생명보험은 계약 체결시 약정한 보험금으로 정액 보상이고, 손해보험은 보험금액과 보험가액범위 내인 실손보상이다. 마지막으로 보험자 대위는 생명보험은 불인정이 원칙이지만, 상해보험 등 실손 보상개념이 있는 경우 특약에 의해 가능하다. 반면 손해보험은 인정한다. 실손의료보험의 보장방식은 국민건강보험법과 의료급여법에서 정한 의료급여와 비급여의 합계액에서 자기부담금을 공제한 금액을 보장한다.[5] 급여 항목은 국민건강보험에서 공단부담금과 자기부담금으로 구성되고, 비급여 항목은

....

4 제3보험은 손해보험과 인보험(생명보험, 상해보험 등) 중 어느 한쪽으로 구분하기 어려운 보험으로 손해보험과 인보험 모두가 공통으로 영위할 수 있는 보험(상해보험, 질병보험, 장기간병(개호)보험)을 의미한다.

국민건강보험에서 보상하지 않는 법정 비급여 항목을 이야기한다. 실손의료보험은 실제로 본인이 지급한 금액만 한도 내에서 보상받는 방식의 손해보험과 비슷한 맥락을 지녀 보상의 범위에서는 손해보험의 성격을 지니고 있다. 또한 사람의 생명 또는 신체를 대상으로 한다는 점에서 상법상의 인보험의 성격을 가지고 있다. 이러한 실손의료보험은 보험업법 분류에서의 생명보험과 손해보험으로만으로의 분류는 다소 무리가 있으며, 모두가 공통으로 영위할 수 있는 제3보험에 해당한다고 볼 수 있다.

2. 실손의료보험의 추세

2014년부터 2019년까지 진료비 규모는 꾸준히 증가하며, 2020년에 잠시 하락했다가 다시 2021년도에 증가하는 추세이다. 비급여 진료비 또한 같은 형태를 띠고 있다. 이는 연령 및 성별을 불문하고 전체적으로 질병 발생률이 높아짐을 의미한다. 또한 실손의료보험 지급보험금 현황에서 보면, 2020년부터 2022년까지 급여 및 비급여 항목의 실손의료보험금 지급이 꾸준히 증가하다가 2022년의 비급여 항목은 감소한다. 실손의료보험은 건강보험에서 보장하지 않는 항목을 보장하는 것으로, 그 규모가 증가하였다는 것은 비급여 진료비 증가는 곧 개인의 진료비 부담과도 연관성이 있어 부담이 증가됨을 의미한다.

한편, 기대수명 증가에 따른 노령층 인구의 증가와 진료비 부담 경감을 목적으로 한 실손 의료 보험 가입자 수가 증가함에 따라 보험사 측에서 지급하고 있는 보험금이 늘어나고 있는 추세이며,[6] 과잉진료나 허위 진료 등에 따른 보험금 지급 사례가 늘어남에 따라 보험계약자와 보험자 측의 소송도 잦아지고 있다. 또한 실손의료보험의 10대 비급여 진료과목 중 현재 대표적으로 문제로 지적되고 있는 영역은 백내장과 도수치료인데, 이 또한 기대수명 증가와 연관성이 높다. 그 밖에 지구온난화와 이상기후 등으로 인해 최근 발생한 코로나19와 같은 질병이 발생하고, 독감과 감기 형태도 해마다 달라지듯 점차 질병의 다양성 또한 고려해야 할 필요가 있다.

기대수명 증가 및 질병 발생률의 증가, 실손의료보험 가입자 수 증가 등으로 인한 국민의 의료 부담 경감과 의료의 접근성 확대를 위해 필요하며, 이러한 실손의료보험은 시대(세대)에 따라 보상의 범위, 운영 방식 등을 달리하면서 발전을 해왔다.

---

5   전한덕, "실손의료보험 청구절차 개선을 위한 법적과제", 법과 기업 연구, 제13권 제2호, 서강대학교 법학연구소, 2023, 133면.

6   김경선, "실손의료보험 현황과 과제", KIRI 리포트 제584호, 보험연구원, 2023.12, 20면.

3. 세대별 실손의료보험상품의 내용

1) 연혁

(1) 1세대 실손의료보험 이전(1962년부터 2003년 5월까지)

　　1962년 보험업법(1962. 1. 15. 시행 및 제정, 보험업법 제10조)이 제정될 때부터 생명보험과 손해보험은 ① 인수하는 위험이 본질적으로 다르고 ② 생명보험회사와 손해보험회사에 노출된 리스크가 각각 다르므로 각 리스크별로 관리되어야 한다는 점에서 경영을 금지하였다. 이후 1968년 생명보험과 손해보험의 겸영문제가 논의되었고, 1971년 1월 손해보험회사가 상해보험업을 겸영할 수 있도록 보험업법 제10조로 개정되었다(1971. 1. 19. 시행). 이러한 법적 근거가 원인이 되어 영역 다툼이 심화되었고, 1977년 보험업법 제10조 전문 개정을 통해 겸영금지 예외가 확대되어 상해보험, 인보험 또는 손해보험으로 구분하기 어려운 보험(재무부 장관이 정하는 보험)을 예외로 추가하였다(1978. 3. 1. 시행).[7] 1999년부터는 대통령령을 통해 겸영 가능한 보험 종목을 추가하였으며, 2003년에는 제10조 제2호(대통령령으로 정할 수 있는 보험종목)와 제3호(대통령령으로 정하는 기준에 따라 제3보험의 보험종목에 부가되는 보험)가 추가되어 겸영이 확대된 지금의 보험업법 제10조의 형태이다.[8]

　　손해보험회사가 실손보상 상해보험을 국내 처음 도입한 것은 1963년이다.[9] 이후 1978년 재무부는 질병보험을 생명보험사와 손해보험사의 겸영대상보험으로 지정하여 생명보험사는 정액보상을, 손해보험사는 실손형 보험을 판매하도록 하였다.[10] 1997년 7월에는 제3보험업의 생명보험사와 손해보험사의 겸영이 허용되어 재정경제원은 상품관리규정을 개정하여 모두 주계약으로 취급할 수 있도록 하였다. 손해보험회사는 정액보험이 허용되었으나 생명보험회사에는 실손형 보험 판매를 허용하지 않았다.[11] 1999년 손해보험회사는 상해 및 질병으로 인한 의료비 중 본인부담분을 보상으로 하는 의료비 보상보험을 판매하며 실질적으로 실손의료 보험을 판매하기 시작하였으며,[12] 2003년 5월에는 생명보험회사에 실손형 제3보험을 허용(개인실

7　고은희, "생명보험업과 손해보험업의 겸영금지원칙에 관한 연구", 경희대학교 일반대학원 법학박사, 2020, 114-117면.

8　성대규·안종민, 한국보험업법(개정 제2판), 도서출판 두남, 2015, 132면.

9　한국소비자원, "실손의료보험금 지급의 문제점 및 개선방안", 조사보고서, 2017, 3면.

10　생명보험협회, 생명보험협회 60년사 총론편, 생명보험협회, 2010, 13-104면.

11　고은희, "생명보험업과 손해보험업의 겸영금지원칙에 관한 연구", 경희대학교 일반대학원 법학박사, 2020, 118면.

12　한국소비자원, "실손의료보험금 지급의 문제점 및 개선방안", 조사보고서, 2017, 3면.

손의료보험은 2년 뒤 적용)하는 등 보험업법을 전면 개정하여 제3보험업을 재편하였다.[13] 이로 인해 생명보험회사는 단체실손의료보험이 취급가능하게 되었다(11월 시행).

(2) 1세대 실손의료보험(2003년 8월부터 2009년 9월까지)

기존 1세대 실손의료보험은 자기부담률이 손해보험의 경우 0퍼센트이고, 생명보험은 20퍼센트이다. 이로 인해 의료기관 이용시 개인이 부담하는 비용이 없어 의료이용량 증가를 유발시켜 보험회사의 재무건전성과 건강보험재정을 악화시킬 우려가 있다는 문제가 제기되었다. 2009년 6월 22일 보험감독규정으로 실손의료보험에 자기부담금 제도가 도입되었으나,[14] 국민건강보험에 부담한 비용보다 민간의료보험이 혜택이 적고, 영리 목적인 민간의료보험의 보험자는 질병이나 상해위험이 적은 피보험자를 선택하여 사회적 연대가 무너지는 등 국민건강보험의 보장률 강화가 우선시 되어야 한다는 상반된 의견이 제시되었다.[15] 또한 2003년 5월 보험업법의 개정을 통해 같은 해 11월 생명보험회사도 단체실손의료보험 취급이 가능하게 되었고, 2005년에는 제3보험 분야 개인 실손보상보험 취급이 가능하게 되었다. 이에 따라 가입조건 보험료 등은 가입상품이나 가입자의 상황에 따라 달라질 수 있고, 일반적으로, 1년 단위로 갱신할 수 있다.

(3) 2세대 실손의료보험(2009년 10월~ 2017년 3월까지)

1세대 실손의료보험에서 제기한 의견 상충은 결국 2009년 6월 22일 자기부담금 도입제도를 2009년 10월 1일부터 실손의료보험 상품을 표준화하여 실행하였다.[16] 2세대 실손의료보험은 입원, 통원 치료에 대해 보장하며, 치료비 청구 시 정액제 방식이 도입되었고, 비례보상 방식이 적용되었다. 또한 정신 건강에 대한 치료와 예방적 치료에 대한 보장도 포함되었고, 특정치료 및 약제에 대한 보장도 포함되었다. 2세대 실손의료보험은 시기마다 갱신기간과 자기부담률을 달리하고 있는데, 먼저 선택형 1의 경우 2009년 10월부터 2015년 8월까지 실행하였으며, 갱신기간은 3년이고 자기부담률은 10퍼센트였다. 선택형 2는 2015년 9월부터 2017년 3월까지 실행하

---

13 고은희, "생명보험업과 손해보험업의 겸영금지원칙에 관한 연구", 경희대학교 대학원박사학위논문, 2020, 118-119면.

14 KDI보도자료, "개인의료보험제도 개선 방안", 2009. 6. 22.

15 이진석, "민간의료보험이 아니라 공적의료보상체계 강화가 필요하다.", 참여연대사회복지위원회, 2000, 월간 복지동향 Issue 22.

16 한국소비자원, "실손의료보험금 지급의 문제점 및 개선방안", 조사보고서, 2017, 4면.

였고, 갱신기간은 1년이며, 자기부담률은 급여와 비급여로 나누어 급여는 10퍼센트, 비급여는 20퍼센트이다. 이후 2013년 1월부터 2017년 3월까지는 표준형 상품을 실행하였고, 갱신기간은 1년으로 주기가 짧아졌으며, 자기부담률은 20퍼센트로 상향되었다. 오늘날에 이르기까지 2세대 실손의료보험 실행 이후 실손의료보험의 상품구조는 동일한 형태를 취하게 되었다.

(4) 3세대 실손의료보험(2017년 4월부터 2021년 6월까지)

3세대 실손의료보험이 들어서면서 기존 실손의료보험에서 많은 변화가 있었다. 먼저 MRI, CT 등 비급여 항목에 관한 보장이 강화되며 보장범위가 확대되었다. 또한 가입연령의 제한이 있었고, 청구절차가 간소화되어 병원에서 직접 청구할 수 있는 시스템이 도입되었다. 3세대 실손의료보험은 표준형과 선택형으로 나눌 수 있으며, 표준형과 선택형은 2017년 4월부터 실행하여 2021년 6월까지 판매하였다. 먼저 표준형은 갱신기간이 1년이고, 자기부담률은 20퍼센트이며, 특약으로 30퍼센트가 추가되어 있다. 신택형은 갱신주기 1년으로, 지기부담률은 급여는 10퍼센트, 비급여는 20퍼센트로 2세대 실손의료보험의 선택형 2와 동일하다. 다만, 특약 30퍼센트가 추가되었다는 점에서 차이가 있다. 3세대 실손의료보험은 실손의료보험사 간의 경쟁을 유도하며, 실질적인 혜택이 개선되어 소비자에게 좀 더 나은 조건을 제공할 수 있게 되었다.

(5) 4세대 실손의료보험(2021년 7월부터 현재까지)

4세대 실손의료보험은 비급여 항목에 대한 보장이 강화되어 비급여 진료나 약제에 대한 보장 수준이 높아졌다. 또한 보험금 지급방식에 있어서 진료비 청구 시 보험사가 직접 병원에 지급함으로써 소비자의 금전적인 부담이 줄어드는 효과가 있으며, 보험료가 보장내용의 차이에 따라 3세대 실손의료보험보다 저렴하여 소비자의 선택의 폭을 넓힐 수 있다. 가입조건은 더욱 다양해지며, 연령대별 맞춤 상품이 제공되어 편리성이 증가 되었다. 4세대 실손의료보험은 갱신기간이 1년으로 전 실손의료보험과 갱신기간이 동일하며, 자기부담률은 주계약(급여)은 20퍼센트이고, 특약(비급여)는 30퍼센트이다. 4세대 실손의료보험은 비급여 진료나 특히 약제에 대한 보장수준이 높아졌으며, 진료비 청구절차가 개선되어 소비자의 편의성과 금전적인 부담을 줄였다. 또한 보험료가 저렴해지며, 연령대별로 맞춤형 상품을 제공하는 등 소비자 측면에서 긍정적인 변화를 가져왔다.

4. 문제점

1) 보험사 손해율

보험을 운용하는 기본 원리 중 하나는 위험 공동체에의 존재에 있다. 보험 가입자들이 각자 일정한 보험료를 내고, 이를 하나의 기금으로 모아 보험사고가 발생한 가입자에게 보상을 하게 된다.[17] 건강한 사람과 아픈 사람이 함께 보험료를 부담하면서 위험을 분산시키고, 사회 전체의 경제적 안정을 도모하는 역할을 하는 것을 특징으로 한다. 실손의료보험은 4세대까지 변경하여 위험공동체를 해치지 않는 수준의 손해율을 형성하고자 하였으나, 현재 생성된 4세대 보험의 손해율은 점점 확대되고 있다.

1세대와 2세대는 요율을 조정하여 손해율을 관리하였지만, 3세대의 손해율은 150%를 넘었고, 4세대의 손해율도 급격히 증가하는 추세이다. 이런 손해율의 발생은 보험의 위험공동체를 위협하는 수준에 이르고 있다.

2) 선의의 보험가입자 피해

실손의료보험(특히 비급여 항목 포함)이 위험공동체의 기금을 훼손하는 문제가 발생하고 있다. 자기 부담금이 낮고 의료비를 거의 전액 보장하는 실손의료보험의 제공은 피보험자인 환자로 하여금 의료 소비를 증가시키는 요인이 되었다. 즉, 환자 입장에서 실질적인 의료비 부담이 거의 없기 때문에, 불필요한 진료나 과잉진료를 받으려는 유인이 발생한 것이다.[18]

백내장 수술 시 필수적인 단초점 인공수정체 대신 고가의 다초점 인공수정체를 선택하는 사례가 많아졌다. 보험사는 예상보다 더 많은 보험금 지급을 부담함에 따라 보험자와 보험계약자 사이의 수지상등의 원칙이 유지될 수 없었다. 이러한 현상은 위험공동체의 선의의 보험계약자로 하여금 보험료 인상이라는 부작용이 야기되었다.

---

17 양승규, 보험법, 제5판, 삼지원, 2004, 22면.
18 홍지민, "건강보험에서 도덕적 위태", 월간손해보험, 통권 제659호, 손해보험협회, 2023. 10, 38면.

III. 실손의료보험의 법적 쟁점

1. 백내장 과잉의료 부당 관련 사건

1) 사실관계

해당 사건의 보험계약자 A는 자신을 피보험자로 하여 질병통원실손의료비(외래)[가입금액 250,000원], 질병통원실손의료비(처방조제)[가입금액 50,000원], 상해질병입원실손의료비(가입금액 50,000,000원) 등을 담보하는 내용의 보험에 가입하고 있었다. 해당 보험에서는 ① 피보험자가 질병으로 인하여 병원에 통원하여 치료를 받거나 처방조제를 받은 경우 통원의료비로서 외래(외래제비용, 외래수술비) 및 처방조제비를 보상하며, ② 피보험자가 상해 또는 질병으로 인하여 병원에 입원하여 치료를 받은 경우 입원의료비(입원실료, 입원제비용, 입원수술비)를 보상하는 것으로 하고 있었다.

> **해당 보험의 약관상 입원 및 통원의 정의**
>
> **입원:** 의사가 피보험자(보험대상자)의 질병 또는 상해로 인하여 치료가 필요하다고 인정한 경우로서 자택 등에서 치료가 곤란하여 병원, 의료기관 또는 이와 동등하다고 인정되는 의료기관에 입실하여 의사의 관리를 받으며 치료에 전념하는 것
>
> **통원:** 의사가 피보험자(보험대상자)의 질병 또는 상해로 인하여 치료가 필요하다고 인정하는 경우로서, 병원에 입원하지 않고 병원을 방문하여 의사의 관리하에 치료에 전념하는 것

2) 쟁점

해당 사건에서 A는 2019. 8. 9. 서울 소재 B 안과 의원에 내원하여 양안에 노년성 백내장의 진단을 받고, B 의원에서 2019. 8. 16. 좌안에 대하여, 2019. 8. 17.에는 우안에 대하여 백내장 수술을 받았다. 위와 같이 A가 받은 백내장 수술이 입원치료에 해당하는 것인지 통원치료에 해당하는 것인지 여부가 문제되었다. 입원치료에 해당하는 경우에는 입원의료비 지급 대상으로서 가입금액 50,000,000원 한도가 적용되며, 통원치료에 해당하는 경우에는 통원의료비(외래) 지급 대상으로서 가입금액 250,000원 한도가 적용되는 것이다.[19]

19　서울고등법원 2022. 1. 20. 선고 2021나2013354, 2021나2013361 판결. 해당 판결에서는 피보험자가 백내장의 치료와

3) 판단

백내장 수술은 건강보험이 적용되는 급여 항목과 비급여 항목이 혼재한다. 비급여 항목에 대한 실손의료보험 가입자, 의료기관, 보험사 간의 갈등은 지속적으로 문제가 되어 왔다. 보험사들은 백내장 수술비가 차지하는 비중이 높아지자 보험금 지급 심사 요건을 강화하거나 적극적으로 소를 제기하기도 한다. 원고 측에서 내장 수술의 경우 일반적으로 6시간 이상 의료진의 지속적인 관찰 내지 관리가 필요하거나 입원이 필요한 수술에 해당한다고 보기 어렵고, 이 사건에서도 수술 준비부터 수술 종료까지 약 2시간이 소요되었을 뿐, 피보험자에게 수술 후 의사의 관찰이나 관리가 필요한 부작용 등 특별한 문제가 없었기 때문에 입원을 전제로 한 보험금 지급 대상이 아님을 주장하였다.

대법원은 "입원이라 함은 환자의 질병에 대한 저항력이 매우 낮거나 투여되는 약물이 가져오는 부작용 혹은 부수효과와 관련하여 의료진의 지속적인 관찰이 필요한 경우, 영양상태 및 섭취 음식물에 대한 관리가 필요한 경우, 약물투여·처치 등이 계속적으로 이루어질 필요가 있어 환자의 통원이 오히려 치료에 불편함을 끼치는 경우 또는 환자의 상태가 통원을 감당할 수 없는 상태에 있는 경우나 감염의 위험이 있는 경우 등에 환자가 병원 내에 체류하면서 치료를 받는 것으로서, 보건복지부 고시인 '요양급여의 적용기준 및 방법에 관한 세부사항' 등의 제반 규정에 따라 환자가 6시간 이상 입원실에 체류하면서 의료진의 관찰 및 관리하에 치료를 받는 것을 의미한다"는 원칙을 제시하였다.[20] 또한, 입원실 체류시간만을 기준으로 입원 여부를 판단할 수는 없고, 환자의 증상, 진단 및 치료 내용과 경위, 환자들의 행동 등을 종합하여 판단해야 한다는 것과 함께, 내장 수술 후 입원의 필요성이 없다고 판시를 하였다.[21]

2. 맘모톰 절제술 관련 사건

1) 사실관계

H 보험회사에 실손의료보험을 든 환자 47명은 A씨가 운영하는 병원에서 진공보조장치 맘모

관련하여 단초점 인공수정체가 아닌 다초점 인공수정체를 이용한 수술을 받은 경우 약관에서 보상하지 않는 손해인 '시력교정술'에 해당하는지 여부도 쟁점이 되었으나, 여기에서는 입원치료 또는 통원치료 해당 여부 쟁점에 대해서만 살펴보도록 한다.

20 대법원 2006. 1. 12. 선고 2004도6557 판결.
21 대법원 2022. 6. 16. 선고 2022다216749 판결.

톰(mammotome)을 이용한 유방양성병변 절제술(맘모톰 절제술)을 받았다. A씨는 맘모톰 절제술을 받은 환자들에게 모두 8,300여 만 원의 진료비를 받았고, 환자들은 현대해상으로부터 위 진료비에 상당하는 8,000여 만 원을 실손의료보험금으로 수령했다. H보험회사와 같은 실손의료보험계약의 보험자들은 2019년경부터 요양기관이 수진자인 피보험자들에게 행한 맘모톰 절제술이 임의 비급여 진료행위로서 무효이므로 피보험자들이 수령한 보험금은 법률상 원인 없이 지급된 것이라고 주장하며, 피보험자들에 대한 보험금 상당의 부당이득반환채권을 피보전채권으로 피보험자들을 대위하여 요양기관을 상대로 진료비 상당의 부당이득반환을 구하는 채권자대위소송을 제기하였다. H보험회사도 2019년 5월 A씨를 상대로 이와 동일한 유형의 이 사건 채권자대위소송을 제기하였다.[22]

2) 쟁점

임의 비급여 진료란 '국민건강보험 요양급여의 기준에 관한 규칙'에 규정되지 않은 진료행위로, 임의 비급여 진료를 하고 진료비를 받는 행위는 무효이다. 따라서 임의 비급여 진료를 하고 진료비를 받은 병원은 진료비를 환자들에게 부당이득으로 반환할 의무가 있고, 환자들이 이에 대해 실손의료보험을 들고 보험사로부터 보험금을 받았다면 보험사에 보험금을 반환해야 한다. 금번 사건에서 쟁점이 된 것은 임의 비급여 진료행위인 '맘모톰 절제술'을 받은 환자들에게 실손의료보험금을 지급한 보험회사가 피보험자인 환자들을 대위해 진료비를 받은 병원을 상대로 진료비 상당의 부당이득금 반환청구을 할 수 있는가에 있었다.

3) 판단

대법원은 종전의 대법원 2022. 8. 25. 선고 2019다229202 전원합의체 판결을 인용, "채권자대위소송에서 보전의 필요성이 인정되기 위하여는 우선 적극적 요건으로서 채권자가 채권자대위권을 행사하지 않으면 피보전채권의 완전한 만족을 얻을 수 없게 될 위험의 존재가 인정되어야 하고, 나아가 채권자대위권을 행사하는 것이 그러한 위험을 제거하여 피보전채권의 현실적 이

---

22 H보험회사가 실손의료보험 가입자 47명을 대위해 맘모톰 절제술을 하고 진료비를 받은 병원장 A씨를 상대로 "진료비 상당의 부당이득반환을 요구하는 채권자대위소송을 제기하였다. 대법원은 현대해상이 피보험자들의 자력 유무에 관하여 아무런 주장·증명을 하지 않아 채권자대위의 요건인 보전의 필요성을 인정할 수 없다"고 판단하였다. 이는 1심에 이어 H보험회사의 청구를 각하한 원심을 확정한 것이다.

행을 유효·적절하게 확보하여 주어야 하며, 다음으로 소극적 요건으로서 채권자대위권의 행사가 채무자의 자유로운 재산관리행위에 대한 부당한 간섭이 된다는 사정이 없어야 한다"며 "피보험자가 요양기관의 진료행위에 대하여 진료비를 지급한 다음 실손의료보험계약상의 보험자에게 그 진료행위에 관한 보험금을 청구하여 이를 지급 받았는데, 보험자가 진료행위가 위법한 임의 비급여 진료행위로서 무효라고 주장하면서 피보험자를 대위하여 요양기관을 상대로 부당이득반환채권을 행사하는 형태의 채권자대위소송에서 채무자인 피보험자가 자력이 있는 때에는 보전의 필요성이 인정된다고 볼 수 없다"고 밝혔다.[23]

이어 "원심은 이 사건 소 중 채권자대위권에 기한 부당이득반환청구 부분은 원고가 피보험자들의 자력 유무에 관하여 아무런 주장·증명을 하지 않아 보전의 필요성을 인정할 수 없다고 판단하였다"며 "이 부분 판단에 상고이유 주장과 같이 채권자대위권 행사에서의 보전의 필요성에 관한 법리를 오해하여 판결에 영향을 미친 잘못이 없다."고 판시했다.

3. 본인부담상한제 관련 사건

1) 사실관계

2015년 손해보험사 B사의 실손의료보험(실손보험)에 가입한 A씨. 지난 2018년 혈관 박리 증상으로 입원 등 치료를 받고 1000여 만 원의 치료비를 지급했다. 이후 A씨는 B사에 실손의료보험금을 청구했지만 B사는 '본인부담상한제'에서 돌려받는 돈 500만 원을 제외하고 보험금을 지급했다. 이에 A씨는 소송을 제기하였다.

2) 쟁점

대법원(2022다215814)은 실손의료보험 가입자 A씨(피고)의 항소로 진행된 부당이득금 반환청구 소송에서 원고(보험사) 승소 판결을 내렸다. 판결의 핵심이 된 것은 약관의 해석이다. A씨가 가입한 실손의료보험 약관에서 B보험사는 '보상하지 않는 손해' 항목에 국민건강보험법상 요양급여 중 본인부담금 내용을 명시했다. 이에 법원은 해당 상품의 약관이 환급이 가능한 부분(본인부담금상한제)을 규정하며 본인부담금상한제를 명시하고 본인부담금상한제의 방법을 설명하고 있다고 판단했다. 해당 상품의 기본 원리인 실손보상의 원칙을 고려해야 한다고

---

23   대법원 2023. 2. 23. 선고 2021다304045 판결.

결론을 내렸다. 가입자의 소득이 많을수록 본인부담상한액이 줄어들어 보험료나 보험금이 달라질 수 있지만 이는 사회보장 확대에 따른 반사적 효과일 뿐이라고도 덧붙였다. 다만, 대법원의 이 같은 판단에도 본인부담금상한제 관련 논란이 완전히 끝난 것은 아니라는 분석이다. 지난 2009년 10월 이전에는 '보상하지 않는 손해' 항목에 본인부담금상한제 관련 내용이 없기 때문이다.

3) 판단

대법원은 "소액사건이므로 소액사건심판법 제3조 각 호의 사유가 있는 때에 한하여 상고할 수 있는데, 상고 이유의 주장은 어느 것도 해당하지 않아 상고를 기각하고 관여 대법관의 일치된 의견으로 주문과 같이 판결한다"고 하였다. 피고인이 재심사유가 있지 않는 한 더 이상 법적 다툼을 벌일 수 없고 2심 판결 선고대로 확정되었된 것이다.[24]

2심 판결에 따르면 본인부담상한제 보험금 지급은 보험사가 규정한 약관에 따라야 한다. 2009년 10월 이후 계약은 약관상 '보상하지 않는 손해' 항목에 국민건강보험법상 요양급여 중 본인부담금 내용을 명시했다는 것이 근거다. 2009년 10월 실손의료보험 표준약관이 개정되면서 '국민건강보험법에 따른 요양급여 중 본인부담금의 경우 공단으로부터 사전 또는 사후 환급이 가능한 금액은 보상하지 않는다'는 내용이 들어갔다. 따라서 2009년 10월 이후 계약은 환급금액을 보험금에서 제외하고 이전 계약은 환급금액도 포함해 받을 수 있을 전망이다. 다만, 계약 날짜 기준으로 보험금 지급 차별이라는 소비자들의 반발과 본인부담상한제 문제점 등은 아직 해결되어야 할 숙제이다.

4. 시사점

최근 대법원의 실손의료보험 관련 판결들은 보험금 과잉 지급 축소화, 임의 비급여와 실손의료보험의 관계, 실손의료보험과 공적 의료보장제도의 관계라는 세 가지 큰 흐름 속에서 변화하고 있다고 볼 수 있다.

---

24 대법원 2022.7.14. 선고 2022다215814 판결.

1) 보험금 지급범위와 원칙의 재확립

본 판례들 ① 백내장 수술 후 입원 인정 여부(2022다216749), ② 맘모톰 절제술의 비급여 문제(2021다304045), ③ 본인부담상한제 공제 문제(2022다215814)는 실손의료보험금 지급을 둘러싼 핵심적인 쟁점들을 다루고 있으며, 이를 종합적으로 분석하면 실손의료보험의 지급 범위와 원칙을 재확립하려는 법원의 태도를 확인할 수 있다.

백내장 수술에서 종전에 대법원 판례에 의해 정의되어 왔던, 입원의 정의를 다시금 확인함으로써, 백내장 수술에 입원이 필요하지 않다는 점을 명확히 밝혀 준 것으로 판단할 수 있다. 실손의료보험 약관에서 의사의 소견도 중요하지만, 객관적인 자료[25]를 토대로 입원을 결정하는 영향 정도가 커진 것으로 판단할 수 있으며, 이는 기존에 백내장 수술에서 실손의료보험금 지급의 원인으로 중요하게 여겨지던 입원의 여부의 논쟁에 대해 영향을 끼친 것이라 하겠다.

2) 채권자대위소송의 한계

보험사가 피보험자를 대신하여 채권자 대위소송을 벌일 때 자력의 유무에 따라 판단이 달라진다는 것이 다시 한번 확인되었다. 또한 부당이득반환채권을 대위행사할 경우 이 사건 피보험자들의 자유로운 재산관리행위에 대한 부당한 간섭이 될 여지 또한 상당하다고 판단하여, 이에 대한 채권자 대위 자격이 없다고 한 것이다.

3) 실손의료보험과 공적 의료보장제도의 관계

실손의료보험과 공적 의료보장제도의 관계 정립 공적 지원(본인부담상한제 등)은 실손의료보험금 지급에서 공제될 수 있다(2023다283913). 건강보험공단이 지원하는 본인부담상한제 환급액은 공적 지원의 일환으로, 실손의료보험금 지급 대상에서 공제할 수 있다. 실손의료보험은 실제 부담한 의료비만 보장하는 것이 원칙이므로, 건강보험 등으로 일부 비용을 보전받았다면 실손의료보험금 지급액이 줄어든다는 점이 명확해졌다. 이는 실손의료보험과 건강보험이 보장하는 의료비 영역을 명확하게 구분하려는 법원의 태도로 볼 수 있다.

---

25 2022다216749의 판결에서 피보험자 측의 백내장 수술에서 수술준비부터 수술종료시점까지 2시간이 소요된 것을 확인하고, 이에 대한 수술의 정도에서는 입원이 필요하지 않다고 판단함.

IV. 개선방안

1. 보험상품의 측면

1) 상품구조 개편

실손의료보험의 표준화를 통해 보장 범위를 단순화하고 사회보장적 기능을 강화하는 방안이 마련되어야 할 것이다. 보험상품 간 보장 내용과 구조를 일관되게 정리하여 소비자가 이해하기 쉽고, 불필요한 의료비 지출을 줄이도록 개편한다. 이는 보험사 간 경쟁을 투명하게 하고, 소비자의 선택을 용이하게 하며, 보험사의 손해율을 적절히 조정하기 위함이다. 소비자 혼란이 감소되어 보험상품이 단순화되고 비교 및 선택이 쉬워진다는 효과를 기대할 수 있다. 또한 불필요한 비급여 항목 이용을 줄여 보험료 인상을 억제해야 하며, 과잉의료비 청구를 감소하여 경영 안정성을 증가하는 동시에 보험사의 재정건전성을 강화시켜야 할 것이다.

2) 보험료 차등화

보험료 차등화는 실손의료보험의 지속 가능성을 높이기 위해 가입자의 의료 이용 패턴에 따라 보험료를 다르게 책정하는 제도이다. 즉, 의료비를 많이 사용하는 사람은 보험료를 더 내고, 적게 사용하는 사람은 보험료를 할인받는 구조이다. 또한 일반질환자와 중증질환자를 구분하여 급여 자기부담률을 차등화 하는 방안도 고려할 필요가 있다. 예를 들어, 중증 치료는 현행제도를 유지하도록 하되, 비중증 치료는 보장한도를 현행 5천 → 1천만 원, 자기부담률 현행 30% → 50% 등으로 보장을 합리화하는 방안도 고려해 볼 필요가 있다.

3) 공 · 사보험 협력 강화

공공보험(국민건강보험)과 민간 실손의료보험 간의 협력을 강화하는 것은 보험 체계의 효율성을 높이고, 중복 보장 문제를 해소하며, 국민의 의료비 부담을 적절히 조정하는 데 중요한 역할을 한다. 현재 실손의료보험이 건강보험의 보완적 역할을 수행하고 있지만, 두 보험 간의 연계 부족으로 인해 여러 문제점이 발생하고 있다. 따라서 공 · 사보험 협력 강화를 통해 체계적인 의료보장 시스템을 구축하는 것이 필요하다.

2. 비급여 부분

비급여 표준화는 의료서비스의 비급여 항목(공적 보험으로 보장되지 않는 의료 서비스)의 기준을 명확히 하고 관리하는 정책이다. 이는 특히 실손의료보험에서의 과잉 진료와 도덕적 해이를 방지하고, 의료비의 투명성을 높이는 데 중요한 역할을 한다. 비급여 표준화를 위한 방안으로 다음과 같은 사항이 제시될 수 있다.

첫째, 비급여 진료비용 고지제도의 활성화이다. 비급여 진료비용 고지제도는 의료법 제45조와 동법시행규칙 제42조의 2 규정에 따라 비급여 항목의 가격을 보건복지부가 제정한 비급여 진료비용 고지지침상의 서식에 따라 병원의 인터넷 홈페이지에 게시하는 등의 방법으로 환자 또는 환자 보호자에게 공개하는 제도이다. 고지 대상의 경우, 보건복지부가 마련한 비급여 진료비용 등의 고지지침에 따르면 고지대상은 ① 국민건강보험요양급여의 기준에 관한 규칙 제9조 별표2의 비급여 대상, ② 건강보험 행위 급여 · 비급여 목록표 및 급여 상대가치 점수 고시의 비급여 목록, ③ 치료재료 급여 · 비급여 목록 및 급여상한금액표 고시의 비급여 목록, ④ 약제 급여 목록 및 급여상한금액표 고시 약제 이외의 비급여 약제, ⑤ 건강보험 행위 급여 목록에 있는 항목 중 요양급여의 적용기준 및 방법에 관한 세부사항고시에 따른 비급여 항목, ⑥ 의료법 제45조 제2항에 따른 진료기록부 사본, 진단서 등 제증명수수료 ⑦ 선택진료에 관한 규칙 제5조 별표에 따라 추가비용을 징수할 수 있는 선택진료 항목이다.[26] 제도는 그 자체는 문제가 없는 것으로 보이지만, 실효성에 있어서 한계가많이 발생하고 있는바 효과적인 정책이 되도록 강구할 필요가 있다.

둘째, 비급여 진료비 확인제도의 제도적 정착 필요성이다. 비급여 진료비 확인제도는 환자가 병원에서 비급여 진료를 받을 때, 진료비 항목과 비용을 미리 확인하고 동의하도록 하는 제도이다. 이는 환자에게 진료비에 대한 정보 접근성을 보장하고, 의료기관의 투명성을 높이기 위한 정책적 조치이다. 국민건강보험 가입자만이 진료비 확인요청이 가능하고 가입자의 진료비 확인요청이 없는 경우 진료비 확인요청제를 잘 모르는 경우 환자의 권리를 보호할 수 없다. 또한, 부당한 진료비로 확인되어도 요양기관은 환불만 하면 별도의 제재를 받지 않기 때문에 부당한 진료비의 과다 청구가 지속적으로 발생하고 있고 요양기관은 진료비 환불을 조건으로 민원 취하를 종용하여 부당한 진료비 징수사실을 은폐하는 경우도 있다. 이에 대한 대책이 마

---

26   박세민, "비급여에 대한 건강보험 요양급여비용 산정기준", 보험학회지, 제144집, 한국보험학회, 2018, 12면.

련되어야 할 것이다.

셋째, 비급여 진료 기준 마련 필요성이다. 비급여 진료기준을 마련하면, 진료비 기준이 명확해져 환자의 비용이 줄어들며 환자의 의료 선택권이 강화된다. 또한 비급여 항목에 대한 명확한 기준으로 업무가 간소화 되며 진료비 분쟁이 감소된다. 표준화된 비급여 진료기준을 준수하도록 한다면, 의료시장에서 소비자와 보험사로부터 비급여에 대한 신뢰도가 상승하게 될 것이다.

넷째, 진료비 실태조사 필요성이다. 국민건강보험공단에서 2004년 이후 전체 진료비를 조사하는 제도이나 조사대상이 1개월 진료분에 불과하여 통계에 대한 신뢰가 낮고, 비급여 서비스 항목단위로 수집하지 않고 비급여 세부항목과 그 가격 및 사용량을 알 수 없다는 한계점이 있다. 비급여 항목의 종류와 사용 빈도, 비급여 항목의 가격과 지역별, 병원급별 차이, 비급여 항목의 진료 목적 및 적정성 등을 조사하여 투명한 정책 수립과 의료 소비자의 신뢰도 향상, 보험 재정의 건정성을 도모할 수 있을 것이다.

3. 기타사항

그 외에도 실손의료보험이 제자리를 찾아 올바른 기능을 하기 위해서는 다음과 같은 사항들이 고려되어야 할 것이다.

첫째, 실손허위 과잉진료를 금지하는 방안이다. 비의료인인 보험회사나 소비자가 전문적인 의료영역에 관한 사항을 심사하는 것은 쉽지 않다. 따라서 보험사의 내부심사가 아니라 전문심사기구의 심사를 통해 허위 과잉진료를 적발할 필요성이 있다. 보건당국과 금융당국이 공조하여 심사 및 감시할 수 있는 제도나 체계를 마련할 필요가 있다.

둘째, 오·남용 의료광고 규제방안이다. 최근 실손의료보험으로 고가의 비급여 의료비를 돌려받는다는 식의 의료광고가 만연하고 있다. 실손의료보험을 이용한 불법 광고를 단속하고 처벌을 강화하는 방안이 마련되어야 하고, "보험으로 전액 보장" 같은 문구는 게시를 금지하되, 의료광고를 사전에 심의하여 과잉 진료를 유도하는 내용 역시 차단하여야 할 것이다.

셋째, 소비자 교육 및 정보 제공 필요성이다. 여러 가지 유튜브 강의나, 책자발급을 통해 소비자들에게 실손의료보험 오·남용 광고의 문제점을 알리고, 합리적인 의료서비스 이용을 유도할 수 있는 방안이 마련되어야 할 것이다. 또한 의료 관련 가격정보를 홈페이지나 관련 앱에 게시하고 이를 공시함으로써, 소비자가 적정 진료비를 파악하고 선택할 수 있는 제도적인 장치마련 필요성도 있다.

넷째, 과잉 의료진료를 하는 의료기관에 대하여 모니터링을 강화하고 준수해야 할 사항을 위반하는 경우에는 제재를 보다 강화해야 할 것이다. 제재의 강화는 선언적인 문구로는 바람직하지 않다. 명시적이면서도 실현가능한 제재 규정을 법률에 수용하여, 합리적인 규제책이 마련되어야 할 것이다.

V. 결 론

실손의료보험은 국민의 의료비 부담을 줄이는 중요한 역할을 하지만, 최근 몇 년간 과잉진료, 오남용, 불필요한 보험금 청구 과정 등 여러 문제점이 발생하면서 그 효율성과 신뢰성에 대한 의문이 제기되었다. 이러한 문제를 해결하기 위해 실손의료보험 제도의 개선이 시급하다. 최근 불거진 의대 증원, 의료 대란 사태와 더불어 이 사태의 문제에 실손의료보험 역시 얽혀 있는 것으로 판단된다.

실손의료보험은 국민건강보험을 보완하며, 국민의 의료비 부담을 완화하는 중요한 역할을 하고 있다. 그러나 실손의료보험의 운영 과정에서 다양한 법적 쟁점과 구조적 문제가 지속적으로 제기되고 있으며, 이러한 문제를 해결하지 않는다면 실손의료보험의 지속 가능성이 위협받을 수 있다. 실손의료보험의 지속가능성을 위해서는 실손의료보험에서 발생하고 있는 문제점에 대하여 명확한 진단하고, 이 문제점과 부작용을 해소해야 하는 주무부처는 무엇을 해야 할 것인가를 단기적 과제와 중·장기적 과제로 구분하여 점차적으로 실행에 나가야 할 것이다.

비급여에 대한 관리는 실손의료보험의 비정상을 정상적으로 돌리는 데 매우 중요한 과제에 해당한다. 관할부처인 보건복지부는 심각하게 이 문제에 관심과 제도 마련에 집중해야 할 것이다. 비급여 항목의 관리 강화와 표준화는 개선되어야 할 핵심적인 최우선 과제에 해당한다. 비급여 표준화와 공개를 통해 소비자에게 정보를 공개하고 과잉 진료와 불필요한 보험금 청구를 줄이며 보험료 인상을 억제할 수 있는 방안이 마련되어야 한다. 특히, 법제화를 통해 비급여 항목에 대한 관리 체계와 제재를 명확히 할 필요가 있고, 공·사보험 간의 협력체 구성도 필수적이다.

실손의료보험 제도의 신뢰성과 지속 가능성을 높이기 위해서는 정부, 의료기관, 보험사, 그리고 소비자가 함께 협력하여 실효성 있는 해결책을 마련해야 한다. 이를 통해 실손의료보험이 보다 효율적이고 지속 가능한 방식으로 운영될 수 있으며, 궁극적으로 국민의 의료 접근성을 보장하고 건강한 보험 생태계를 구축하는 데 기여하는 정책이 마련되어야 할 것이다.

참고문헌

▌ 국내문헌

곽윤직, 채권각론, 박영사, 2003.

곽윤직, 민법총칙(민법강의 I), 제7판, 박영사, 2007.

김기현, 재보험실무, 보험연수원, 1996.

김성태, 보험법강론, 법문사, 2001.

김은경, 보험법, 보험연수원, 2016.

김정호, 상법강의(하), 법문사, 2000.

김형배, 채권총론, 박영사, 1998.

박세민, 보험법, 제8판, 박영사, 2025.

서돈각·정완용, 상법강의(하), 제4전정판, 법문사, 1998.

손주찬, 상법(하), 제6정증보판, 박영사, 1997.

손주찬, 상법(하), 박영사, 2006.

양승규, 보험법, 제5판, 삼지원, 2004.

이기수·최병규·김인현, 보험·해상법(상법강의 IV), 제9판, 박영사, 2015.

이성남, 보험업법, 씨아이알, 2022.

이영준, 민법총칙, 박영사, 2007.

이용석, 보험업법, 두남, 2021.

이철송, 상법총칙·상행위법, 제5판, 박영사, 2007.

임용수, 보험법, 법률정보센터, 2006.

장덕조, 보험법, 제3판, 법문사, 2016.

정찬형, 상법강의(하), 제10판, 박영사, 2008.

정희철, 상법학(하), 박영사, 1990.

지원림, 민법강의, 홍문사, 2002.

채이식, 상법강의(하), 박영사, 2003.

최기원, 보험법, 제3판, 박영사, 2002.

최준선, 상법사례연습(하), 삼조사, 2005.

최준선, 보험법·해상법, 제3판, 삼영사, 2008.

한기정, 보험업법, 박영사, 2019.

한기정, 보험법, 제3판, 박영사, 2021.

▌**독일문헌**

Berliner Kommentar zum VVG, Kommentar zum deutschen und österreichischen VVG, herg. von Honsell, 1999(Zit.: BK/Bearbeiter).

Bruck Ernst/Möller Hans, Versicherungsvertragsgesetz, De Gruyter Recht · Berlin, 9. Aufl., 2009.

Langheid Theo/Wandt Manfred, Münchener Kommentar zum Versicherungsvertragsgesetz, C.H.Beck, 2010.

Looschelders Dirk/Pohlmann Petra, Versicherungsvertragsgesetz, Carl Heymanns Verlag, 2010.

Palandt Otto/Heinrichs Helmut, BGB, 69. Aufl., Verlag C.H.Beck, 2010.

Prölss Jürgen/Martin Anton, Versicherungsvertragsgesetz, Kommentar zu VVG und EGVVG sowie Kommentierung wichtiger Versicherungsbedingungen-unter Berücksichtigung des ÖVVG und österreichischer Rechtsprechung, 28. Aufl. 28., 2010.

Prölss Jürgen/Martin Anton, Versicherungsvertragsgesetz, Kommentar zu VVG und EGVVG sowie Kommentierung wichtiger Versicherungsbedingunge -unter Berücksichtigung des ÖVVG und österreichischer Rechtsprechung, 27. Aufl., Verlag C.H.Beck, München, 2004.

Römer Wolfgan/Langheid Theo, Versicherungsvertragsgesetz-Mit Pflichtveresicherungsgesetz(PflVG) und Kraftfahrzeug-Pflichtversicherungsverordnung (KfzPflVV), Kommentar, 2. Aufl. 2003.

Rüffer Wilfred/Halbach Dirk/Schimikowski Peter, Versicheurngsvertragsgesetz, Nomos, 2009.

찾아보기

ㅅ

ㅇ

ㅊ

ㅋ

ㅌ

저자 소개

유주선(俞周善) 교수

현) 강남대학교 법행정세무학과(법학 담당)
　　고려대학교 법과대학 졸업
　　독일 마부르크대학교 법학석사
　　독일 마부르크대학교 법학박사

▌학회활동

전) (사)한국보험학회 회장
현) (사)한국경영법률학회 회장
현) (사)한국상사법학회 부회장
현) (사)한국보험법학회 부회장
현) (사)한국기업법학회 부회장
현) (사)한국상사판례학회 부회장
현) (사)디지털금융법포럼 부회장
현) (사)한국금융법학회 감사

▌경력사항

전) 보험개발원 보험정보망 운영위원회 운영
　　위원
전) 대한변호사협회 법률서비스보험 특별위
　　원회 위원
전) 환경부 환경책임보험제도 국·공영화 협
　　의체 위원
현) 손해보험협회 규제심의위원회 위원장
현) 국토교통부 공제분쟁조정위원회 소위원장
현) 국토교통부 자동차손해배상보장사업 채
　　권정리위원회 위원
현) 금융감독원 금융분쟁조정위원회 전문위원

▌저서

상법요해, 제10판, 도서출판 정독, 2025. (5인 공저)
기업법I, 제2판, 도서출판 씨아이알, 2022.
법학의 철학적 탐구, 도서출판 씨아이알, 2022.
기업법II, 도서출판 씨아이알, 2022.
핀테크와 법, 제3판, 도서출판 씨아이알, 2020.
(3인 공저)
민사소송법, 제2판, 도서출판 씨아이알, 2018.
(2인 공저)
상법, 형지사, 2016.
회사법, 제2판, 형지사, 2016. 등

최신 개정 보험법[제2판]

초판발행 2018년 8월 30일
2 판 발 행 2025년 8월 14일

저　　　자 유주선
펴 낸 이 김성배
펴 낸 곳 도서출판 씨아이알

책임편집 신은미
디 자 인 백정화, 엄해정
제작책임 김문갑

등록번호 제2-3285호
등 록 일 2001년 3월 19일
주　　　소 (04626) 서울특별시 중구 필동로8길 43(예장동 1-151)
전화번호 02-2275-8603(대표)
팩스번호 02-2265-9394
홈페이지 www.circom.co.kr

I S B N 979-11-6856-350-6 93360

* 책값은 뒤표지에 있습니다.
* 파본은 구입처에서 교환해드리며, 관련 법령에 따라 환불해드립니다.
* 이 책의 내용을 저작권자의 허가 없이 무단 전재하거나 복제할 경우 저작권법에 의해 처벌받을 수 있습니다.